U0596242

國家社科基金項目

巴蜀全書規劃項目

理學叢書

張栻集

一

〔宋〕張栻 著
楊世文 校點

中華書局

圖書在版編目(CIP)數據

張栻集/(宋)張栻著;楊世文點校. —北京:中華書局,
2015.11(2022.6 重印)
(理學叢書)
ISBN 978-7-101-10731-9

Ⅰ.張…　Ⅱ.①張…②楊…　Ⅲ.理學-中國-南宋
Ⅳ.B244.99

中國版本圖書館 CIP 數據核字(2015)第 025664 號

責任編輯:孟慶媛

理學叢書
張 栻 集
(全五册)
〔宋〕張 栻 著
楊世文 點校
*
中華書局出版發行
(北京市豐臺區太平橋西里 38 號 100073)
http://www.zhbc.com.cn
E-mail:zhbc@zhbc.com.cn
三河市博文印刷有限公司印刷
*
850×1168 毫米 1/32 · 54⅛印張 · 14 插頁 · 953 千字
2015 年 11 月第 1 版　2022 年 6 月第 2 次印刷
印數:2501-3500 册　定價:180.00 元

ISBN 978-7-101-10731-9

張栻像（中國五百名人圖典）

張栻像（清殿藏本）

張栻手迹與子澄知縣書，見鳳墅帖前帖卷十五

張栻手書"招隱"摩崖石刻,位於廣西桂林隱山北牖洞口。下有小記:"淳熙戊戌歲六月丙戌,廖季能置酒,約詹體仁、張敬夫登千山觀,泛舟西湖,荷花雖未盛開,山光清淨,自足消暑。視北牖洞前有勝地,體仁欲爲小亭,名以'招隱'。敬夫北歸有日,不及觀斯亭之經始,獨預書'招隱'二字以貽之。"

南軒先生文集卷第廿

書

答朱元晦

示及諸君操舍出入之説呂子約所論病痛頗多後二説亦頗得之然其間似未仔細按孟子此章首以牛山之木爲喻又以夜氣爲説而引孔子之言爲證以明人之不可不操而存也心本無出入然操之則在此舍之則不在焉方其操而存也謂之入可也（本在內也）及其舍而忘也謂之出可也（非心出在外蓋不見乎此也）無

宋殘本南軒先生文集，存卷五至卷三十二，凡二十八卷，宋寧宗時浙江刊本，今藏台北故宫博物院。版框高二十・八釐米，寬十六・三釐米。每半葉十行，小注雙行，行均十七字。

新刊南軒先生文集卷之一

廣漢張　栻敬夫　著

翠巖堂　慎思齋　刊

詞

風雩亭詞

嶽麓書院之南有層丘焉於登覽爲勝建安劉公命作亭其上以爲青衿遊息之地廣漢張某名以風雩又繫以詞

眷麓山之面陝有谿谼之一宫俯青林兮對起背絕壁之穹窿獨樵牧之往來委榛莽其蒙茸試叟臾而郤視翕衆景之來宗擢連娟之脩竹森偃蹇之喬松山靄靄以雲闔谷窈窈而潛通翩兩翼兮前張擁千麓兮從帶湘江之浮綠矗遠岫兮積空何地靈之久閟彷經始乎今公恍榱宇之宏開列闌

明嘉靖劉氏翠巖堂慎思齋刊南軒先生文集書影。

理學叢書出版緣起

理學也稱道學、性理之學或義理之學，興起於北宋。主要代表人物有程顥、程頤，相與論學的有張載、邵雍，後人又溯及二程的本師周敦頤，合稱「北宋五子」。南宋朱熹繼承和發展了二程學説，並汲取周、張、邵學説的部分内容，加以綜合，熔鑄成龐大的體系，建立了理學中居主流地位的學派；與此同時，也有以陸九淵爲代表的理學别派與之對峙。南宋末，朱學確立了主導地位。元代理學北傳，流播地區更廣。明代，程朱理學仍是正統官學，但陳獻章由宗朱轉而宗陸，王陽明繼之鼓吹心學，形成了理學中另一佔主流地位的學派。清初理學盛極而衰，雖仍有勢力，但頹勢已難挽回，一世學風逐漸轉變爲以乾嘉樸學爲主流。理學從産生到式微，經歷約七個世紀。而它在思想界影響的廣泛深入，超過兩漢經學、魏晉玄學、南北朝隋唐的佛學。

理學繼承古代儒學，融會佛老，探討了宇宙本原、認識真理的方法途徑、世界的規律性和人類本性等哲學問題，提出了比較完整的哲學體系，並涉及道德、教育、宗教、政治等諸多領域，繼承改造了許多舊有的哲學範疇和命題，也提出了不少新的範疇和命題，進行了細緻的推究。「牛毛繭絲，無不辨晰」（黄宗羲明儒學案凡例），雖有煩瑣的一面，也有精密的一面。就理論思維的精密程度而論，確有度越前代之處。在我國哲學思想發展史上起過重大的作用，在國際上也有影響。作爲民族哲學遺産的一部分，我們没有理由無視它的歷史存在。

建國以來，學術界對理學的研究取得了很大成績。但在一段時間内，由於「左」的思想影響，妨礙了對理學進行實事求是、全面系統的研究，相關古籍資料的整理也未能很好地開展。近幾年情況有了很大變化，有關的論文、專著多起來了，有關的學術討論會也不斷召開。爲配合研究需要，國務院古籍整理出版規劃小組制訂的一九八二至一九九〇年的古籍整理出版規劃中列入了理學叢書，並開列了選目。這套叢書將由中華書局陸續出版。

理學著作極爲繁富，有大量經注、語録、講義和文集。私人撰述之外，又有官修的讀物，如性理大全、性理精義；也有較通俗的以至訓蒙的作品，使理學得以向下層傳播。本叢書只收其中較有代表性的著作。凡收入的書，一般只做點校，個别重要而難懂的可加注釋，或選擇較有參考價值的舊注本進行點校。熱切期望學術界關心和大力支持這項工作。

中華書局編輯部　一九八三年五月

總目

前言

一

張栻（一一三三—一一八〇），字敬夫，又字欽夫，號南軒，又號樂齋、葵軒，謚曰宣，後世稱爲張宣公。漢州綿竹（今四川綿竹）人，徙居長沙（今湖南長沙）。南宋著名理學家、哲學家和教育家，湖湘學派的主要代表人物和集大成者。一生探求和宣傳「聖人之道」，崇信周敦頤、二程等開創的理學，並積極加以推闡和發揚光大，形成自己特有的思想體系。當時東南地區還有朱熹、吕祖謙等著名學者聚徒講學，傳播理學思想。他們與張栻交誼深厚，相互切磋，以道相期，相得益彰。張、朱、吕三人被時人譽爲「東南三賢」。以張栻爲代表的「湖湘學」、以朱熹爲代表的「閩學」和以吕祖謙爲代表的「婺學」鼎足而三，對當時和後世都産生了重大影響。

綿竹張氏是唐代名相張九齡弟九皋之後。張栻的父親張浚（一〇九七—一一六四），字德遠，徽宗時進士，是南宋初著名的抗金主戰派代表，出將入相，歷仕高宗、孝宗兩朝近四十年。建炎、紹興間，力排衆議，堅決主張抗金，以恢復中原爲己任。歷任知樞密院事、川陝宣撫處置使、都督諸路軍馬，拜右相。秦檜執政後，對外議和。紹興七年（一一三七），張浚被逐出朝廷，貶永州（今湖南零陵），又謫居連州（今廣東連州），後重新回到永州。紹興三十一年（一一六一）金兵南侵，張浚在度過了長達二十年的貶逐生活後被召回朝，重新起用。但因北伐失利，又受到主和派排擠，隆興二年（一一六四）五月被迫離開朝廷，行至江西餘干去世。張浚曾受學於程頤弟子涪陵譙定，著有紫巖易傳十卷、論語解四卷、春秋解六卷、中庸解一卷、中興備覽十一篇等。著名的門人有王十朋、楊萬里等。

張栻幼承庭訓，好學深思，穎悟夙成，早著令聞。「浚愛之，自幼常令在旁，教以忠孝仁義之實。」〔一〕張栻青少年時代，隨其父輾轉各地。張浚貶居永州、連州期間，張栻跟隨在

〔一〕楊萬里誠齋集卷一一五張左司傳，四部叢刊景宋本。

父親身邊。知連州王大寶是一位博學之士，精易、書、詩學。張浚命張栻從王大寶遊學〔一〕。張浚還親自教授儒家經典。張浚邃於周易，傳於張栻。

紹興二十年（一一五〇）以後，張栻隨父親移居永州，繼續學習儒家經典，並受到周、程理學思想的薰陶。紹興二十九年（一一五九）己卯，他輯録孔子弟子顔淵的言行爲希顔録，立志以儒家聖賢爲榜樣，以道爲己任，「如莊子等諸書所載顔子事多削去」〔二〕。他聽説五峰先生胡宏在衡山傳播二程之學，遂去信求教質疑〔三〕。紹興三十一年（一一六一）張栻前往衡山拜見胡宏，問河南程氏之學，胡宏「一見，知其大器，即以所聞孔門論仁親切之指

〔一〕王大寶（一一九四—一一七〇）字元龜，潮州海陽（今廣東潮安）人。建炎二年進士，授南雄州教授、歷官知連州、知袁州，除國子司業、崇政殿説書，直敷文閣、知温州，提點福建刑獄。官終禮部尚書。宋史卷三八六有傳。

〔二〕新刊南軒先生文集卷二十五答胡季隨。

〔三〕胡宏（一一〇五—一一六一），字仁仲，崇安（今福建武夷山市）人，曾師從二程門人楊時及侯仲良，是二程的再傳弟子。終生不仕，隱居衡山二十餘年，傳道授業，以振興道學爲己任，「開湖湘之學統」，爲南宋初著名的理學家。著作主要有知言、五峰集等。清儒全祖望評論説：「紹興諸儒所造，莫出五峰之上。」見宋元學案卷四十二五峰學案。

告之」〔一〕，張栻遂得爲胡宏弟子。胡宏對張栻的人品學識十分欣賞，他在給友人孫正孺的信中説：「敬夫特訪陋居，一見真如故交，言氣契合，天下之英也。見其胸中甚正大，日進不息，不可以淺局量也。河南之門，有人繼起，幸甚幸甚！」〔二〕胡宏對張栻抱有很高的期望，視之爲二程理學的傳人。可惜當年胡宏就去世了。張栻師從胡宏的時間雖然不長，但受胡宏思想的影響很大。後來張栻在繼承胡宏理學思想的基礎上，對其師説也有所修正。

張栻對胡宏非常推崇，稱讚知言一書「其言約，其義精，誠道學之樞要，制治之蓍龜也」〔三〕。他還接受了胡宏的「性爲未發之中，心爲已發之和」、「性爲體，心爲用」等思想。爲此張栻和朱熹曾圍繞胡宏知言一書展開過討論。朱熹在張栻的影響下，最初接受了胡

〔一〕朱熹朱文公文集卷八十九右文殿修撰張公神道碑，四部叢刊本。

〔二〕五峰集卷二。魏了翁鶴山先生集卷三十四答張大監忠恕：「南軒初謁五峰，五峰首以『忠清』二事令其反覆究玩，書問至數次往反，最後五峰答書曰：『聖門有人，吾道甚幸。』由此遂定師友之分。」又劉壎隱居通議卷三南軒契合：「南軒先生張宣公初問學於五峰先生胡明仲，一見即契合，宣公欣然歸，語人曰『如拔出九泉之下，而升之九霄之上』，其所得如此。想當時必有超世絶俗之論，惜不傳也。」

〔三〕新刊南軒先生文集卷十四胡子知言序。

宏的觀點，隨後對「心爲已發」之旨産生了懷疑，經過反復辯論、思考，於宋孝宗乾道五年（一一六九）提出「性體情用」、「心統性情」的主張，否定了胡宏、張栻「已發乃可言心」的觀點。朱熹還編寫了胡子知言疑義，對胡宏「性體心用」説、「天理人欲同體異用」論和「性無善惡」論進行了辨析。張栻後來也修正了自己的觀點，認識到「心、性分體用，誠爲有病」，但對朱熹的「心統性情」説也提出了不同意見：「統字亦恐未安，欲作『主性情』，如何？」〔一〕反映了張栻不墨守、不盲從的求實精神。

紹興三十一年（一一六一），張浚奉旨自便，以觀文殿大學士判潭州。張栻隨父來到長沙，居於城南之妙高峰，築城南書院，以教來學者。宋孝宗即位後，鋭意恢復，「慨然以奮戰仇虜、克復神州爲己任」〔二〕。張浚被任命爲樞密使，開府治戎，主持北伐。張栻被辟爲宣撫司都督府書寫機宜文字，除直秘閣。張栻「時以少年，内贊密謀，外參庶務，其可綜畫，幕府之人皆自以爲不及也」〔三〕。張栻秉承父志，力主抗金，反對議和。他曾因軍事入

〔一〕朱文公文集卷七十三胡子知言疑義引。
〔二〕朱文公文集卷八十九右文殿修撰張公神道碑。
〔三〕宋史卷四二九張栻傳。

奏，進言孝宗「上念宗社之讎恥，下閔中原之塗炭，惕然於中而思有以振之」。並以理學思想勉勵孝宗，認爲「此心之發即天理之所存也」。要求孝宗「誠願益加省察，而稽古親賢以自輔焉，無使其或少息也，則不惟今日之功可以必成，而千古因循之弊亦庶乎其可革矣」〔一〕。不久北伐失利，主和派得勢，張浚再次南貶，死於餘干。張栻料理完喪事後，又多次上疏言事，反對議和，認爲「吾與虜人乃不共戴天之仇」，要求朝廷「明詔中外，公行賞罰，以快軍民之憤，則人心悦，士氣充，而敵不難却矣」，「繼今以往，誓不言和，專務自强，雖折不撓，使此心純一，貫徹上下，則遲以歲月，何功之不成！」〔二〕奏疏遞上去後，没有得到回應。

當時知潭州劉珙〔三〕對張栻的學問和人品非常敬重。潭州有座嶽麓書院，始建於北宋初。乾道元年（一一六五），劉珙對它進行了重建，次年建成後，請張栻主持講學。張栻對

〔一〕〔二〕朱文公文集卷八十九右文殿修撰張公神道碑。

〔三〕劉珙（一一二二—一一七八），字共父，一字恭父，崇安（今福建武夷山市）人。宋史卷三八六有傳，另見朱文公文集卷九十四劉樞密墓記、卷八十八觀文殿學士劉公神道碑、卷九十七劉公行狀。珙父子羽，建炎、紹興之間佐川陝軍，與張栻父張浚關係甚篤，叔父子翬（屏山）是朱熹的老師，故劉珙與張栻、朱熹情好甚密。

劉珙興學之舉極爲稱讚，寫了潭州重修嶽麓書院記一文。從此張栻往來於湘江兩岸的城南、嶽麓二書院，傳道授業，「示學者以公私義利之辨」〔一〕，培養出大批學術和政治人材，促進了湖湘地區學術文化的發展。張栻入講嶽麓書院，標志湖湘學派的形成，與當時的閩學（以朱熹爲代表）、婺學（以吕祖謙爲代表）、江西學（以陸九淵兄弟爲代表）等具有同等重要的影響，而「湖南一派，在當時最爲鼎盛」〔二〕。

在當時講學諸先生中，朱熹對張栻最爲推重。在乾道三年（一一六七）以前，朱熹與張栻有過兩次會面。他們鴻雁傳書，商討學術。朱熹稱讚張栻「名質甚敏，學問甚正」〔三〕。乾道三年（一一六七）九月，朱熹由弟子范念德、林用中陪同，從福建崇安啓程，經長途跋涉，來到長沙，與張栻會見，切磋學術。他們一起討論了很多理學上的重大問題，包括中庸的「已發」、「未發」，察識、涵養之序，以及「太極」、「仁」等範疇。朱熹與張栻相處不久，

〔一〕胡宗楙張宣公年譜卷上，民國間刻本。
〔二〕宋元學案卷五十南軒學案。
〔三〕朱文公文集續集卷五答羅參議。

就强烈地感覺到張栻「學問愈高，所見卓然，議論出人意表」〔一〕。二人在主要理學問題上雖没有重大分歧，但在對一些具體問題的看法上仍有不盡一致之處，以至反復辯論，經久不絶。「是時范念德侍行，嘗言二先生論中庸之義，三日夜而不能合。」〔二〕通過這次互相討論，二人對理學上的很多問題有了比較一致的看法，而以朱熹接受張栻的觀點爲多。朱熹在長沙共逗留了兩個月。他們還一起遊覽衡山。當時正是寒冬，張栻、朱熹、林用中三人一路唱和，共作詩一百四十九首。後來由張栻作序，編爲南嶽倡酬集。此後張、朱二人書信往來不斷。據統計，僅保存在南軒集中張栻給朱熹的書信、問答就達七十四篇；保存在朱文公文集中朱熹給張栻的書信、問答也有五十四篇。另外還有許多題詩作序、往來唱和之作。二人交往之密切、情誼之篤厚，由此可見一斑。

乾道五年（一一六九），由劉珙薦舉，張栻除知撫州，未上，改知嚴州（今浙江建德）。十二月到任。恰好這年八月，吕祖謙以太學博士添差嚴州教授。張、吕二人早就相互傾慕，關係密切。他們相與論學，彼此啓迪。張栻還爲吕祖謙所編閫範一書作序。在知嚴州任

〔一〕朱文公文集卷二十四與曹晉叔書。
〔二〕王懋竑朱子年譜卷一下，中華書局，二〇〇六年。

上，張栻問民疾苦，訪聞百姓丁鹽錢絹負擔過重，上奏朝廷，得以蠲免其半。第二年五月，朝廷召張栻爲尚書吏部員外郎。不久，又兼侍講，除左司員外郎。在都期間，孝宗召對達六七次之多，張栻所言「大抵皆修身務學，畏天恤民，抑僥倖，屏讒諛」〔一〕。他不避權貴，敢於直言，得罪了宰相虞允文，在朝僅一年，就被排擠離朝，出知袁州（今江西宜春）。

乾道七年（一一七一）十二月，張栻回到長沙故居。在以後的三年時間裏，張栻往來於城南、嶽麓二書院，主持教事，並對自己的一些著作進行了整理、定稿。乾道九年（一一七三），張栻完成了對論語説、孟子説的修訂。這兩部書都是張栻最重要的著作，標志着張栻理學思想的最後確立和成熟。

張栻退居三年以後，「上復念公」，詔除舊職，知静江府（治今廣西桂林）、經略安撫廣南西路。廣西地處西南邊陲，統領二十五個州，民族混雜，俗尚讎殺，荒殘多盜，素稱難治。張栻到任以後，充分顯示了他經世治民的卓越才幹。他「簡州兵，汰冗補闕」，並「申嚴保伍法」，整頓社會治安。他還對少數民族實行安撫政策，「於是群蠻帖服」〔二〕。他又發

〔一〕宋史卷四二九張栻傳。
〔二〕宋史卷四二九張栻傳。

佈諭俗文，教育當地百姓移風易俗。並毀淫祠，興學校，表彰周敦頤、程顥、程頤「三先生」，在士子中傳播理學思想。他還主動爲民請命，奏改諸州息錢，並減陽朔、荔浦、修仁三縣税米，改革馬政，重定鹽法並官賣鹽價。這些措施都對減輕百姓負擔有利。由於他有突出的政績，淳熙五年（一一七八），朝廷特詔轉承事郎，進直寶文閣。不久除秘閣修撰、荆湖北路轉運副使，改知江陵府（今湖北江陵），安撫本路。到任後，首嚴緝捕之令，整頓軍政，一日去貪吏十四人。又加强社會治安，懲辦盜賊。禮遇將帥，加恤士伍，將士感悦，戎政日修。後又彈劾信陽守劉大辯濫招流民，奪民熟田，怙勢希賞，請論其罪。但朝廷對劉的行爲不予追究，僅把劉調往其他郡了事。張栻志不獲伸，遂上章求去。

這時張栻已經得疾。淳熙七年（一一八〇）二月二日，病逝於江陵府舍，終年四十八歲。臨終前，他寫了最後一道奏疏，勸孝宗「親君子，遠小人，信任防一己之偏，好惡公天下之理」〔一〕。四天以後，朝廷才下達了張栻以右文殿修撰提舉武夷山沖佑觀的詔命。由於張栻對發展理學的傑出貢獻，宋寧宗嘉定八年（一二一五）八月己丑追謚曰宣，理宗景

〔一〕宋史卷四二九張栻傳。

定二年（一二六一）下詔從祀孔子廟庭。

二

張栻雖然享年不永，但一生中主要從事講學、教育活動和學術研究，傳播和發展理學，寫過大量的著作，據朱熹所作右文殿修撰張公神道碑：「平生所著書，唯論語説最後出，而洙泗言仁、諸葛忠武侯傳爲成書。其他如書、詩、孟子、太極圖説、經世編年之屬，則猶欲稍更定焉而未及也。」可知許多著作都是未完之稿，在後來流傳過程中散失的也很多〔一〕。失傳的著作主要有以下幾種：

希顔録。早在紹興二十九年（一一五九）張栻二十七歲時，就裒集孔子大弟子顔淵的言行爲希顔録上、下篇。他輯該書的目的是爲了「與同志之士以顔子爲準的，致知力行，

〔一〕關於張栻的著作及版本，可參考四川大學古籍所編現存宋人别集版本目録（巴蜀書社，一九八九年），劉琳、沈治宏編現存宋人著述總録（巴蜀書社，一九九二年）。另外侯安國有張南軒先生文集三考（四川大學碩士學位論文，一九八八年），沈治宏有張栻著述考（載天府新論一九九二年第二期），做了不少考訂工作。蔡方鹿一代學者宗師——張栻及其哲學（巴蜀書社，一九九一年）也論及張栻生平、著述及其學術思想，有開創之功。

趨實務本，不忽於卑近，不遺於細微，持以縝密而養以悠久，庶乎有以自近於聖人之門牆」。遂「本諸論語、易、中庸、孟子所載，而參以二程先生之論，以及於濂溪、横渠與夫二先生門人高弟之説，列爲一卷。又採家語所載顔子之言有近是者，與夫揚子雲法言之可取者，並史之所記者存之於後」。至於莊子等書所載顔子之事，則多削去。該書一出，「往往爲朋友所傳寫」，逐漸流傳開來。但後來張栻認爲「去取倫次多所未善」。如南軒集卷二十五答吕子約書云：「希顔録舊來所編，不甚精切。顔子氣象，但當玩味於論語中，及考究二程先生所論，則庶幾得所復求矣。」乾道元年（一一六五）八月，他又對其「復加考究，定著爲一卷，又附録一卷」〔二〕。在宋代已有該書刻本，陳振孫直齋書録解題卷九有著録。

〔二〕新刊南軒先生文集卷三十三跋希顔録。胡宏五峰集卷三有題張敬夫希顔録。又五峰集卷二與張敬夫曰：「又辱示希顔録，足見稽考之勤，輒忘固陋，肆筆寫真，所聞未必皆當也。敬夫所得，却以見告至望。先賢之言，去取大是難事。如程子語録云：『顔子合下完具，只是小，要漸漸充擴之。』此乃常人，非顔子也。既是小，則如何謂之完具？若論秉彝，則人人完具也，何獨顔子？顔子所以資禀過人者，正以其大，便有一箇合德于天地氣象也。此段正先生所謂一兩字錯，便轉了，只知得他意，此類是矣。又如正蒙云：『顔氏之進，則欲一朝而至焉，可謂好學也已。』似如此迫切，亦説顔子未著也。文中子之言誕漫不親切，揚子雲淺陋不精通，莊子坐忘費力，心齋支離，家語『如不容然後見君子』，恐亦未免于陋也。敬夫猛勇精進，諸人有未到處，他日當自見。以下喻謙勤，故不敢不摘其一二也。」可知胡宏對希顔録亦有微詞。

明清以後未見著録。

經世紀年。乾道三年（一一六七）正月，經世紀年一書脱稿。張栻經世紀年序云，「本朝嘉祐中，康節邵先生雍出於河南，窮往知來，精極於數，作皇極經世書，上稽唐堯受命甲辰之元，爲編年譜」；張栻乃「因康節之譜，編自堯甲辰至皇上乾道改元之歲，凡三千五百二十有二年，命之曰經世紀年，以便觀覽。間有鄙見，則因而明之」〔一〕。可知該書是在邵雍皇極經世一書基礎上改編、擴充而成的一部年表，目的是爲了黜偏霸，尊正統。朱熹對該書評價頗高，稱「其論甚正」，並嘗告之以書中牴牾處〔二〕。張栻在世時該書即

〔一〕新刊南軒先生文集卷十四經世紀年序。

〔二〕朱文公文集卷四十五答廖子晦：「經世紀年其論甚正，然古人已嘗言之。如漢高后之年，則唐人已於武后、中宗紀發之；蜀漢之統，則習鑿齒漢晉春秋已有此論矣。堯以甲辰年即位，乃邵康節皇極經世説，諸家之説亦有同者，此則荒忽不可究知。敬夫所説牴牾處，必是謂武王克商之年，泰誓序作十一年，經作十三年，而編年之書乃定從序説。鄉見柯國材説，以洪範考之，訪於箕子是十三年事，必是當年初克商時，便釋其囚而問之，不應十一年已克商，至兩年後乃問之也。其説似有理，亦嘗以告敬夫，敬夫大以爲然。其書已嘗刊行，至是遂止。敬夫之服善如此，亦難及也。」

已刊行，流傳於世。陳振孫直齋書録解題卷四、蜀中廣記卷九十二著録。清代以後不見傳本。

洙泗言仁。乾道七年（一一七一）十二月歸長沙後，張栻序定洙泗言仁一書。自序云：「蓋仁者天地之心，天地之心而存乎人，所謂仁也。」「自孟子没，寥寥千有餘載，論語一書家藏人誦，而真知其旨歸者何人哉？　至本朝伊洛二程子始得其傳，其論仁亦異乎秦漢以下諸儒之説矣。」「因哀魯論所載，疏程子之説於下，而推以己見，題曰洙泗言仁。」〔一〕張栻曾就此書與朱熹、吕祖謙等友人展開討論，朱熹對張栻編此書頗有批評，認爲「類聚孔孟言仁處，以求夫仁之説，專一如此用功，不免長欲速好徑之心」〔二〕。朱熹還對門人説：「南軒洙泗言仁編得亦未是。聖人説仁處固是仁，然不説仁處不成非仁？　天下只有這個道理，聖人説許多説話都要理會，豈可只理會説仁處，不説仁處便掉了不管？」〔三〕後來張栻

〔一〕新刊南軒先生文集卷十四洙泗言仁序。
〔二〕朱文公文集卷三十一答張敬夫。
〔三〕朱子語類卷一一八，中華書局，一九八六年。

也進行了一些修訂。如關於「當仁不讓於師」之義、「孝悌爲仁之本」、「巧言令色鮮仁」等義，都接受朱熹的意見作了改正〔一〕。朱熹答李伯諫〔二〕：「欽夫此數時常得書，論述甚多。言仁及江西所刊太極解蓋屢勸其收起印板，似未甚以爲然，不能深論也。」可知此書於乾道八、九年間已有刻本。尤袤遂初堂書目有著録，後失傳。

書説。本集卷二十七答范主簿書云：「書説比寄酒誥到元晦（朱熹）處，曾見否？某近讀諸誥，反復其温厚和平之氣，深足以感發人。若夫編簡脱誤處，則不必强爲之説也。」張栻撰書説，並以酒誥一段寄示朱熹。四朝聞見録甲集「南軒書説」條云：「南軒酒誥一段，解『天降命，天降威』處，誠千百年儒者所不及。」並備載其説。案魏了翁張晞顔墓志銘〔三〕記載，張庶（晞顔）曾「侍宣公護輤歸長沙，留九年。宣公辟嶽麓書院，教授後學，嘗讀書，遇解釋，屬君筆之，題曰南軒書説」。則書説初爲張晞顔記録，後經張栻整理。明王圻

〔一〕新刊南軒先生文集卷二十答朱元晦秘書。
〔二〕朱文公文集續集卷四。
〔三〕鶴山先生大全集卷七十九，四部叢刊本。

續文獻通考卷一七三著録無逸解一卷，後未見著録。但據朱熹所撰神道碑，該書並没有最後定稿。諸家目録也不見著録。

詩説。南軒集卷二十八與吴晦叔云：「日與諸人理會詩，方到唐風。向來元晦所編，多去諸先生之説，某意以爲諸先生之説雖有不同，然自各有意思，在學者玩味如何，故盡載程子、張子、吕子、楊氏之説。其他諸家，有可取則存之，如元晦之説，多在所取也。此外尚或有鄙意，即亦附之於末。」又卷二十一答朱元晦秘書云：「詩解諸先生之説盡編入，雖覺泛，學者須是先教如此考究。」這封信提到胡寔（廣仲）之死，可知作於乾道九年。該書是作者裒録二程以來諸理學家對詩經的解説，並附以己見。據朱熹神道碑，該書也是未完之稿。今無傳本，吕祖謙吕氏家塾讀詩記載張栻詩説十餘條，其他一些宋元詩學文獻中亦有引録，我們作了輯佚，可見其大略。

中庸解。南軒集卷二十五答胡伯逢云：「中庸解録未畢，今寫三段去，大綱規摹如此也，未知如何？」永樂大典中録有片段遺文。

通鑑論篤。朱熹答李伯諫〔一〕：「長沙書來説，又分門編本朝事及作論篤一書，雖盜蹠之言有可取者，亦載其中。不知作此等文字是何意思，使人都理會不下。」可知此書作於乾道八、九年間。陳振孫直齋書録解題卷四著録三卷，注云：「侍講廣漢張栻敬夫撰，取通鑑中言論之精確者表而出之，多或全篇，少至一二語，去取甚嚴，可以見前輩讀書眼目之高。」宋史藝文志著録四卷。焦竑國史經籍志著録二部，各三册，都非完帙。清代以後不見著録。

太極圖説解義。張栻非常推崇周敦頤的太極圖。他在淳熙二年（一一七五）作的濂溪周先生祠堂記説：「某嘗考先生之學，淵源精粹，實自得於其心，而其妙乃在太極一圖，窮二氣之所根，極萬化之所行，而明主静之爲本，以見聖人之所以立人極，而君子之所當修爲者，由秦漢以來，蓋未有臻於斯也。」淳熙六年（一一七九）所作南康軍新立濂溪祠記又説：「惟先生崛起于千載之後，獨得微旨於殘編斷簡之中，推本太極，以及乎陰陽五行之

〔一〕朱文公文集續集卷四。

流布，人物之所以生化，於是知人之爲至靈，而性之爲至善，萬理有其宗，萬物循其則，舉而措之，則可見先生之所以爲治者，皆非私知之所出，孔孟之意於以復明。」早在乾道六、七年間，朱熹曾將自己作的太極圖解寄給張栻徵求意見，張栻回信説：「太極圖解析理精詳，開發多矣，垂誨甚荷。向來偶因説話間妄爲它人傳寫，想失本意甚多。要之言學之難，誠不可容易耳。圖解須子細看，方求教，但覺得後面亦不必如此辯論之多，只於綱領處拈出可也。」〔一〕因張栻對朱子所解有所不安，故作太極解義闡發周敦頤太極圖説。張栻解義作成於乾道八年（一一七二），刻板於高安。據朱熹右文殿修撰張公神道碑，張栻太極圖説「欲稍更定焉而未及也」。太極圖説即太極圖説解義，又稱太極解義。尤袤遂初堂書目著録南軒太極圖解，趙希弁郡齋讀書附志著録張子太極解義一卷。趙書注云：「張宣公解周元公太極之義也。」宋以後不見著録。宋本周元公集、真德秀西山讀書記等書録有片段，但非全貌。我們從明弘治中琴川周木刻本濂溪周元公全集中却發現了完整的南軒

〔一〕新刊南軒先生文集卷二十二答朱元晦。

解義，能够窺其原貌。因此可以説，張栻太極圖説解義並没有散佚〔一〕。張栻還作有太極圖解序及後序二文，南軒集未收，見録於各種周濂溪集的太極圖説後。

南軒先生問答。趙希弁郡齋讀書附志著録南軒先生問答四卷，注云：「右張宣公栻答

〔一〕元、明時，張栻太極圖説解義一直流傳。元吴澄吴文正集卷三答田副使第三書：「來書取南軒先生張氏太極圖解首章之説，甚當。然請博觀南軒太極圖全解及今文集、語録諸書，還曾解『太極』二字爲渾元、渾沌否？還曾謂理在先、氣在後否？南軒圖解之下文云：『非太極之上復有所謂無極也，太極本無極，言其無聲臭之可名也。』又云：『無極之真，二五之精，妙合而凝，非無極之真爲一物，與二五之精相合也，言未嘗不存於其中也。』南軒此言，即與朱子所言及老拙所言一同。賣花擔上前後兩籃，不曾遍看，但見前籃一朵之花，便自買取，而不復顧其後籃之花爲何如，況望能於洛陽諸處名園中萬紫千紅而一一識之乎？朱子初焉説太極與南軒不同，後過長沙謁南軒，南軒極言其説之未是，初亦未甚契，既而盡從南軒之説，有詩謝南軒曰：『我昔抱冰炭，從君識乾坤。始知太極藴，要妙難名論。』及南軒死，有文祭之曰：『始參差以畢序，卒爛熳而同流。』是晦庵太極之説盡得之於南軒，其言若合符節。明公取南軒而不取晦庵，何也？」又明楊士奇東里集續集卷十七太極解：「南軒張宣公太極解，余録於廬陵清湖羅德崇先生。先生名獻，先待制同年，寧都州判求師之從子。少從遊先祖兄弟，與先諭德相好，爲人狷介不苟合。嘗爲武昌府學訓導，時余客武昌，無日不辱見過，所畜雖片簡尺牘，無不辱惠教。一日酌余江濱小樓，醉留宿，覺夜已二鼓，起燒筍瀹茗，論太極，先生誦此解甚熟。余時未有本也，遂請録之。明日就他處求本參對，無一字誤。因竊歎前輩讀書用功切實如此，非後學所當師乎？自余録此本，至今二十有四年矣，用志之以示後人。」

門人之所問也。」今南軒集卷二十九至卷三十二共四卷爲「答問」，共十六篇，其中有答門人弟子問，如答胡季隨、答陳平甫等篇；也有答朋友問，如答朱元晦等篇。未知趙希弁著録之書是否即南軒集四卷「答問」之單行本。

南軒語録。陳振孫直齋書録解題卷九著録南軒語録九卷，注云：「蔣邁所記張栻敬夫語。」文淵閣書目卷四、國史經籍志性理類都著録該書。清代以後未見著録。黄震黄氏日鈔摘抄了南軒語録若干條。又魏了翁鶴山集卷七十九張晞顔墓志銘記，張庶（晞顔）也曾「記南軒語，題曰誠敬心法」。

三家禮範。陳振孫直齋書録解題卷六著録有四家禮範五卷，注云：「張栻、朱熹所集司馬、程、張、吕氏諸家，而建安劉珙刻於金陵。」朱熹跋三家禮範：「長沙郡博士邵君囦得吾亡友敬夫所次三家禮範之書，而刻之學宫。」〔二〕明楊士奇東里集續集卷十八文公家禮曰：「右朱子家禮一册，今士大夫家多遵用之，間亦有置疑其間者。余偶於朱季寧家得張南軒三家禮範，後有武林應本中所識及家禮辨數條，其論皆有理，因録置於後云。」可見在

〔二〕朱文公文集卷八十三。

明朝時此書還有流傳。後世書目未見著録。

南軒奏議。朱熹編南軒文集，没有將張栻的奏議文字收入其中。關於這一點，朱熹後來在答胡季隨書中解釋説：「南軒文集方編得略就，便可刊行，最好是奏議文字及往還書中論事處，確實痛切，今却未敢編入，異時當以奏議自作一書，而附論事書尺於其後，勿令廣傳，或世俗好惡稍衰，乃可出之耳。」〔一〕可知朱熹不收奏議文字和論事書尺，是因爲顧忌「世俗好惡」，不便廣傳，想留待以後單獨編爲一書。後來朱熹是否編南軒奏議已不得而知，但南宋時確有一部十卷本南軒奏議刊行流傳，陳振孫直齋書録解題卷二十二、馬端臨文獻通考卷二四七都有著録。明代文淵閣書目、國史經籍志也有著録，注云「缺」。此後未見著録，可能在明末清初就散失了。由於朱熹編張栻文集不收奏議文字，今天我們看不到張栻的完整奏議，這不能不是一件憾事。

〔一〕朱文公文集卷五十三。

三

張栻現存的著作主要有：

南軒易説（殘）。又名南軒先生張侍講易説。乾道九年前後，張栻裒集繫辭説。此書是張栻裒集程頤、張載、楊時易説而成，並斷以自己的心得。本集卷二十八答吴晦叔云：「繫辭説已裒集。」又據卷三十答陳平甫書，陳平甫「欲請足下以己精思，探三聖人之用心，又會以河南、龜山、漢上之説，續成上下繫、説卦、序卦、雜卦解五篇，傳之同志，以貽後代。」張栻答云：「某近裒集伊川、横渠、楊龜山繫辭説未畢，亦欲年歲間記鄙意於下。如漢上之説雜而不知要，無足取也。」該書是未定之稿。張栻在淳熙中與朱元晦書云：「於所講論皆無疑，獨易説未得其安，亦恐是從來許多意思未能放下，俟更平心易氣徐察也。」〔一〕元至元二十九年（一二九二），贛州路儒學學正胡順父曾刊行南軒易説。胡順父序稱：「至元壬辰，魯人東泉王公分司廉訪章貢等路。……嘗誦伊川易傳，特缺繫辭，留心訪求，遂得

〔一〕新刊南軒先生文集卷二十三。

南軒解説易繫。」於是「善寫家藏」，後又刊行。明文淵閣書目著録南軒易説一部四册、南軒易説一部三册、南軒繫辭説一部四册。國家圖書館現藏曹溶鈔本南軒先生張侍講易説五卷。四庫本據曹溶鈔本傳寫，始於繫辭「天一地二」章，僅存繫辭上卷下、繫辭下、説卦、序卦、雜卦，分爲三卷。沈家本枕碧樓叢書本據曹溶鈔本刊行，分作五卷，乃將説卦、序卦、雜卦三篇析爲三卷，内容大體與四庫本無異，但個别字句有出入，四庫本較枕碧樓叢書本爲善。張栻著有易説，殆無疑義。惜全本無存，讀者難窺全貌。好在宋元以後，歷代易著對南軒易説多有徵引，多少可以彌補這一缺憾。我們從馮椅厚齋易學、俞琰周易集説、李簡學易記、董真卿周易會通、胡一桂易附録纂注、熊良輔周易本義集成、胡震周易衍義、胡廣等周易傳義大全、刁苞易酌、沈起元周易孔義集説、喬萊易俟、張烈讀易日鈔、程廷祚大易擇言等書中拾遺搜殘，鈎稽吉光片羽。讀者將此本與傳世張栻南軒易説結合，自可大體恢復其原貌。

論語解。又稱論語説、癸巳論語解、南軒論語解、南軒論語説、論語南軒解、語解、語説。乾道九年（一一七三），張栻所撰論語説、孟子説二書稿成。其論語説序云：「學者，學乎孔子者也。論語之書，孔子之言行莫詳焉，所當終身盡心者，宜莫先乎此也。……本朝河南君子始以窮理居敬之方開示學者，使之有所循求，以入堯舜之道，於是道學之傳復明於千載之下。然近歲以來，學者又失其旨，曰『吾惟求所謂知而已』，而於躬行則忽焉。……此特未知致知力行互相發之故也。……輒因河南餘論，推以己見，輯論語說，爲同志者切磋之資。」認爲近世學者務高遠而忽卑近，致知與力行背離，於是撰此書闡發「致知力行之原」，推明孔孟、二程等「聖賢之意」，欲使學者於此二端「兼致其力」，「始則據其所知而行之，行之力則知愈進，知之深則行愈達」。實際上早在乾道三年（一一六七）前後，張栻已開始撰寫論語說。朱熹於乾道三年去長沙與張栻會晤，在與曹晉叔書中曾提到：「九月八日抵長沙，今半月矣，相與講明其所未聞，日有問學之益。敬夫學問愈高，所見卓然，議論出人意表。近讀其語說，不覺胸中洒然，誠可歎服。」〔一〕所謂語說，疑即是未完稿的論語說。乾道八年張栻在與吴晦叔書中説：「某近日無事，亦頗作論語章句，方畢學而篇，續亦旋寄。」乾道九年癸巳（一一七三）完成初稿，故又稱癸巳論語解。此後張栻對此書多次進行了修訂，並向朱熹等好友徵求意見。如本集卷二十八與吴晦叔云：「今夏

〔一〕朱文公文集卷二十四。

（淳熙元年，一一七四）以來，時時再看語孟說，又多欲改處，緣醫見戒，未欲多作文字。近日方下筆改正語說，次當及孟子。」淳熙四年（一一七七），張栻在答朱元晦書中說：「論語日夕玩味，覺得消磨病痛，變移氣質，須是潛心此書，久久愈見其味。舊說多所改正，他日首以求教。向來下十章癸巳解望便中疏其繆見示。」又卷二十四答朱元晦書云：「某比改定得語解數篇，未及寫去。先進以後，後來過目，有可示教，一一條示，至幸至幸！」朱熹對張栻的著作提出過不少中肯的意見，許多都被他接受。張栻回信說：「語說荐荷指喻，極爲開警，近又删寫一過，續寫去求教。」朱熹張南軒文集序說：「敬夫所爲諸經訓義，唯論語說晚嘗更定，今已别行，其他往往未脱藁時學者私所傳録，敬夫蓋不善也。」〔一〕論語說爲張栻平生著作之「最後出」者，宋時已有刻本〔二〕。陳振孫直齋書録解題卷三著録南軒論語說十卷，趙希弁郡齋讀書附志著録論語說三卷。今存版本主要有：通志堂經解本、張宣公全

〔一〕朱文公文集卷七十六。

〔二〕吕祖謙東萊集别集卷八與朱侍講元晦（四庫本）：「詹體仁近亦送葵軒論語來，比癸巳本益復穩密，以此尤欲見晚年論述，刊定畢，併與元藁送示，爲幸受之。」又朱熹朱文公文集卷三十四答吕伯恭：「詹體仁寄得新刻欽夫論語來，比舊本甚不干事。若天假之年，又不應止於此，令人益傷悼也。」可知乾道癸巳本與淳熙改本差别較大。

集本（題爲南軒先生論語解十卷）、四庫全書本、摛藻堂四庫全書薈要本、學津討原本、叢書集成初編本（題爲癸巳論語解十卷）。

孟子解。又稱癸巳孟子說、南軒孟子說、孟子詳說、孟子南軒解、孟子張宣公解。孟子解也於乾道九年完成初稿。自序云：「歲在戊子（乾道四年，一一六八），栻與二三學者講誦於長沙之家塾，輒不自揆，綴所見爲孟子說。明年冬，會有嚴陵之命，未及終篇。辛卯歲（乾道七年，一一七一）自都司罷歸，秋冬行大江，舟中讀舊說，多不滿意，從而删正之，其存者蓋鮮矣。還抵故廬又二載，始克繕寫。……今七篇之書廣大，包含至深至遠，而循求有序，充擴有方，在學者篤信力行何如爾。雖然，予之於此蓋將終身焉，豈敢以爲成說以傳之人哉？特將以爲同志者講論切磋之資而已。題曰『癸巳孟子說』云者，蓋將斷此而有考於異日也。」乾道八年（一一七二）在與吴晦叔書中說：「孟子解向來老兄先要盡心，今録呈，煩細看，有以見告，是所望也。」在答胡廣仲中說：「某歸來，方足成（葵軒孟解）後數篇。又更改舊説不停手。」寄吕伯恭云：「孟子解雖已寫出，其間毛病改綴不停，正如春草，旋剗旋有，且欲自家體當，遽敢傳諸人？」孟子説成書後，張栻多次徵求朱熹的意見。在淳熙三年（一一七六）答朱元晦書中説：「所寄孟子數義，無不精當。某近頗得暇，再删改舊説，方得十數段，俟旋寫去求教。」此時孟子解已有刻版，張栻認爲該書是未定之稿，不欲刊行，在朱熹的幫助下，刻版得以抹去。爲此張栻致書朱熹表示感謝云：「孟子解等鋟版得遂漫去。非兄致力，豈能便爾？感幸感幸！」〔一〕淳熙四年給朱熹的信中説：「孟子欲再改過，終緣公務斷續，蓋雖退食，其於庶事又有當考究思慮者，不敢放下耳。」但不久，建寧書坊出現了盜版的孟子解，張栻對此事極爲重視，又致信朱熹説：「某近聞建寧書坊何人將癸巳孟子解刻版，極皇恐。非惟見今删改不停，恐誤學者，兼亦甚不便，日夜不遑，已移文漕司及府中日下毁版，且作書抵鄭、傅二公矣，更望兄力主張，移書苦言之，且諭書坊，不勝幸甚！此价回，欲知已毁之報，甚望之！」但鄭丙（少嘉）等人没有聽取張栻的意見，因此張栻派專人去建寧「面看劈版」，並請朱熹「煩力一言」〔二〕。據朱熹所撰神道碑，孟子説等書張栻「猶欲稍更定焉而未及也」，並非最後定稿。但論語説推明致知力行之原，孟子説明於王霸義利之辨，比較全面系統地反映了張栻的理學思想，都是他最具代表性的著作。孟子説今存多種版本：通志堂經解本、張宣公全集本（題爲南軒先生孟子説

〔一〕新刊南軒先生文集卷二十三答朱元晦書。
〔二〕新刊南軒先生文集卷二十四答朱元晦書。

七卷)、四庫全書本、摛藻堂四庫全書薈要本(題爲癸巳孟子説七卷),各本文字基本上無甚差異。

漢丞相諸葛忠武侯傳。乾道二年(一一六六)前後,張栻撰成漢丞相諸葛忠武侯傳一卷。張栻對諸葛亮十分推崇,認爲「三代衰,五伯起,而功利之説盈天下,謀國者不復知正義明道之爲貴」,而諸葛亮正是「正其誼不謀其利,明其道不計其功」的典型,故大力加以表彰。以爲陳壽三國志傳諸葛亮,「凡侯經略次第,與夫燭微消患、治國用人、馭軍行師之要,悉闇而不彰」〔一〕,於是取裴注及他傳所見諸葛亮事迹,成此一編。書成後,張栻寄示朱熹等友人徵求意見。該書在宋時即已刊刻,流傳很廣。陳振孫直齋書録解題、趙希弁郡齋讀書附志皆著録。今存宋刻本,藏上海圖書館。四部叢刊續編諸本據宋本影印。另外還有宛委别藏本、明辨齋叢書初編本、十萬卷樓叢書本、續古逸叢書本等。

南軒先生文集。張栻的文集在死後才編刻。據朱熹南軒文集序説,張栻死後,其弟張杓(定叟)「裒其故稿,得四巨編」,請他編定。朱熹認爲:「吾友平生之言,蓋不止此也」,

〔一〕漢丞相諸葛忠武侯傳跋。

於是「復益爲訪求，得諸四方學者所傳，凡數十篇，又發吾篋，出其往還書疏讀之，亦多有可傳者，方將爲之定著繕寫，歸之張氏，則或者已用別本摹印，而流傳廣矣。」這個摹印流傳的「別本」，可能就是張杓所裒的張栻「故稿」。朱熹對這個本子是不滿意的，認爲所收「蓋多向所講焉而未定之論，而凡近歲以來談經論事、發明道要之精語，反不與焉」。他「於是乃復亟取前所蒐輯，參伍相校，斷以敬夫晚歲之意，定其書爲四十四卷」。朱熹在答方賓王書中說：「敬夫『未發』之云，乃其初年議論，後覺其誤，即已改之。但舊說已傳，學者又不之察，便加模刻，爲害不細。往時嘗別爲編次，正爲此耳。然誤本先行，此本後出，遂不復售，甚可恨也。」〔一〕在其所作的南軒集序中也說：「敬夫天資甚高，聞道甚早，其學之就，既足以名於一世，然察其心，蓋未嘗一日以是而足也。比年以來，方且窮經會友，日反諸心，而驗諸行事之實，蓋有所謂不知年數之不足者，是以其學日新而無窮。其見於言語文字之間，始皆極於高遠，卒反就於平實，此其淺深疏密之際。後之君子，其必有以處之矣。顧以序次之不時，使其學之出於前而異於後者，猶得以雜乎篇帙之間，而讀者或不能

〔一〕朱文公文集卷五十六。

無疑信異同之感，是則予之罪也夫！」「敬夫所爲諸經訓義，惟論語説晚嘗更定，今已別行，其他往往未脱稿時，學者私所傳録，敬夫蓋不善也，以故皆不著；其立朝論事及在州郡條奏民間利病，則上意多向納之，亦有頗施行者，以故亦不著；獨取其經筵口義一章，附於表奏之後，使敬夫所以堯舜吾君，而不愧其父師之傳者，讀者有以識其端云。」朱熹編定的南軒文集與當時流傳的「別本」最大的不同在於「斷以敬夫晚歲之意」，而删去了所謂張栻的「早歲未定之論」，使張栻的早期著作不見於文集之中。此外，對於諸經訓義以及「其立朝論事及在州郡條奏民間利病」的奏議文字也不予收録。

大約在張栻去世後第四年（淳熙十一年，一一八四），朱熹完成了南軒文集的編纂工作，並親自撰序，交付建陽書商刊刻。這年，朱熹在答胡季隨書中説：「南軒文集方編得略就，便可刊行。」〔一〕答宋深之也説：「南軒文，此間鏤版有兩本：其一熹爲序者，差不離；黄州亦有官本，篇秩尤多，然多是少作，可恨也。」〔二〕但在付刻過程中遇到一些周折。書商拖延時日，到淳熙十三年（一一八六）仍未完工。朱熹在答詹帥書中説：「欽夫文集久刻未

〔一〕朱文公文集卷五十三。

〔二〕朱文公文集卷五十三。

成，俗人嗜利難與語，然亦一面督之，得即納去。次孟子説，渠已不幸，無復增修，刻亦無害，恐未能使其無遺憾於九原耳。」[一]在答胡季隨書中説：「南軒集誤字已爲檢勘，今却附還。其間空字向來已直書，尤延之見之，以爲無益而賈怨，不若刊去，今亦不必補，後人讀之，自當默喻也。但序文後段若欲删去，即不成文字，兼此書誤本之傳，不但書坊而已，黄州印本亦多有舊來文字，不唯無益，而反爲累，若不如此説破，將來必起學者之疑。故區區特詳言之，其意極爲懇到，不知何所惡而欲去之耶？且世之所貴乎南軒之文者，以其發明義理之精，而非以其文詞之富也。今乃不問其得失是非，而務多取，又欲删去序文緊切意思，竊恐未免乎世俗之見，而非南軒所以望乎後學之意。試更思之，若必欲盡收其文，則此序意不相當，自不必用，須别作一序，以破此序之説乃可耳。若改而用之，非惟熹以爲不然，南軒有靈，亦必憤歎於泉下也。」[二]由此可知，當時争論的問題主要有三點：一是因涉及某些人物，爲免「賈怨」而刊去的文字空缺是否直書補足，二是序文後段是否删除，三是張栻的「舊來文字」是否不加甄别予以收録。最後，經過妥協，南軒文集基本上按

〔一〕朱文公文集卷二十七。
〔二〕朱文公文集卷五十三。

照朱熹編纂之本付印。這就是通常所説的「淳熙甲辰本」。

清初一些藏書家書目，如季振宜的季滄葦藏書目、徐乾學的傳是樓宋元板書目都著録了宋刻本南軒文集，且均未注明殘缺。因此可以推測直到清初，宋刻本南軒文集尚爲足本。到民國丁卯（一九二七），傅增湘查點故宫藏書，發現了宋刻本南軒文集，但已經爲殘缺之本。考書中避宋孝宗、光宗、寧宗諱，該本可能是宋寧宗時翻刻淳熙本。傅氏在藏園群書經眼録卷十四中記云：「是書缺一至四卷、三十三至四十四卷，共缺十六卷。當時進呈者以二十九至三十二卷各卷剜改爲一至四卷，以充完帙。」傅氏取道光二十五年乙巳（一八四五）刊本進行了校勘，並作校宋本南軒先生集跋。該殘本現藏台北故宫博物院。一九八一年，該院將其收入「善本叢書」影印出版，首冠蔣復璁影印宋刊本南軒文集序，末附昌彼得宋槧南軒先生文集跋。昌彼得先生對該本作了詳細考證。

宋殘本與通行諸本相比，各有優長，但宋殘本也與通行諸本有不少差異。如與明劉氏翠巖堂慎思齋刊本相較，宋殘本多出卷十一敬齋記一篇。卷三十答陳平甫書宋本多答問五則。其他如卷十潭州重修嶽麓書院記、卷十四經世紀年序、孟子講義序、胡子知言序、闔範序諸篇，文句多有不同。其餘個別字句上的差異，更不勝枚舉。因此，宋殘本有很高的校勘價值。當然也有不少字句，今本較宋殘本更好一些。

除宋殘本外，今存還有明、清時期各種刻本。明代重要刻本主要有以下幾種：（一）弘治十一年（一四九八）沈暉序四十四卷本；（二）弘治黑口本；（三）弘治、正德年間黑口殘本；（四）嘉靖元年（一五二二）劉氏翠巖堂慎思齋刊本（簡稱劉本），題爲新刊南軒先生文集四十四卷；（五）嘉靖十年（一五三一，另説刻於嘉靖二十二年、嘉靖二十三年）聶豹刻南軒文集節要六卷本；（六）嘉靖四十一年（一五六二）繆補之刻四十四卷本（簡稱繆本）。清代傳本南軒集更多，主要有：（一）康熙四十五年（一七〇六）錫山華氏（華希閔）劍光書屋刊本（簡稱華氏本），此本據繆本重刊。（二）乾隆四十三年（一七七八）四庫全書鈔本，此本與劉氏慎思齋本基本一致，當據劉本鈔入，但字句略有差異，當有校訂。（三）道光乙巳（一八四五）陳鍾祥主持綿邑洗墨池翻刻康熙華氏本（簡稱道光本），並將論語説、孟子解和詩文集合刻，名爲宋張宣公詩文集論孟解合刻（通常稱張宣公全集）。該刻現存多部，國家圖書館藏有傅增湘手校本（以宋殘本爲參校本）。（四）道光己酉（一八四九）劉慶遠主持綿邑洗墨池校刊道光乙巳本宋張宣公詩文集論孟解合刻（通常稱張宣公全集）。（五）咸豐甲寅（一八五四）吕華賓主持南軒祠據道光舊版重新校刊張宣公詩文集論孟解合刻(通常稱張宣公全集)。光緒辛卯(一八九一)及民國九年(一九二〇)又兩次據此本修補印行。(六)康熙四十八年(一七〇九)張伯行正誼堂刻南軒先生文集節本七卷。該本還有同治五年(一八六六)福州正誼書院重刊正誼堂全書本、叢書集成初編本及國學基本叢書本。(七)康熙三十三年(一六九四)武林張氏遥述堂刻南軒先生詩集七卷。(八)雍正十年(一七三二)冠英堂重刊南軒先生詩集八卷。其中第八卷爲附録。(九)清鈔本南軒先生詩集七卷,有吴騫跋、傅增湘校並跋。

我們對張栻留傳下來的著作進行整理,編爲張栻集,收録内容如下:

一、南軒易説三卷。

二、南軒先生論語解十卷。

三、南軒先生孟子説七卷。

四、新刊南軒先生文集四十四卷。

五、南軒先生集補遺一卷。

六、漢丞相諸葛忠武侯傳一卷。

七、南軒易説鈎沈一卷。

八、南軒詩説鈎沈一卷。

九、太極圖説解義鈎沈一卷。

十、附録一卷。

其中南軒易説以文淵閣四庫全書本爲底本，校以枕碧樓叢書本。論語解以通志堂經解本爲底本，校以張宣公全集本、四庫全書本、摛藻堂四庫全書薈要本、學津討原本、叢書集成初編本等。孟子説以通志堂經解本爲底本，校以張宣公全集本、四庫全書本、摛藻堂四庫全書薈要本等。南軒集現存版本較多，以嘉靖元年（一五二二）劉氏翠巖堂慎思齋新刊南軒先生文集（簡稱劉本）「最爲罕見」（傅增湘藏園群書經眼録卷十四）。我們將其與繆本、華氏本比較，不僅刊刻時間更早，且文字質量與内容完整性上更勝一籌。故以此爲底本，校以宋殘本（宋本）、繆本、四庫全書本（四庫本）、正誼堂全書本、道光本及其他諸本，並參考宋元以來各種文獻進行校勘。朱熹所編南軒文集不收張栻早年之作及奏議文字，張栻的許多這類作品散見於各種文獻之中，我們盡力加以網羅蒐集，輯爲南軒先生集補遺一卷。漢丞相諸葛忠武侯傳以四部叢刊續編影印宋刻本爲底本，校以十萬卷樓叢書本、續古逸叢書本、宛委别藏本、明辨齋叢書初編本等。另外一些失傳的張栻著作，吉光片羽，足堪寶貴，我們輯録了南軒易説鈎沈一卷、南軒詩説鈎沈一卷、太極圖説解義鈎沈一卷。張栻著作，匯於一編。爲了方便讀者，我們還蒐集了有關張栻著作的序跋資料和生平傳記資料，作爲附録。

楊世文

二〇一三年元旦於四川大學

南軒易説

目録

南軒易説卷一

繫辭上卷下

天一地二，天三地四，天五地六，天七地八，天九地十。

陽數奇，一三五七九是也；陰數偶，二四六八十是也。故生於天者成於地，生於地者成於天，而天地五十五之數所以成變化，行鬼神，昆蟲之出入、草木之生死不外乎是。

天數五，地數五，五位相得而各有合。天數二十有五，地數三十，凡天地之數五十有五，此所以成變化而行鬼神也。

一三五七九者，此天數二十有五也；二四六八十者，此地數三十也。合天地之數乃見五行，其五位相得而各有合也。故天一生水，其性陽，而地六之陰以成之。地二生火，其性陰，而天七之陽以成之。天三生木，其性陽，而地八之陰以成之。地四生金，其性陰，而天九之陽以成之。天五生土，其性陽，而地十之陰以成之。此一與六共宗，二與七共朋，三與八爲友，四與九同道，五與十相守，故曰五位相得而各有合。天數二十有五，合地數三十，此天地自然之數五十有五也。夫天地自然之數，盈虛消息，往來不停，變化雖妙，而數有以成之。若月令所謂鳩化爲鷹，雀化爲鴿，林木乃茂，草木黄落，可以曆數推而迎之者，此天地之數有以成其變化也。鬼神雖幽而數有以行之，若其神勾芒、其神祝融、其神蓐收、其神玄冥，各司其時，各治其職者，此天地之數有以行鬼神也。

大衍之數五十，其用四十有九。分而爲二以象兩，掛一以象三，揲之以四以象四時，歸奇於扐以象閏，五歲再閏，故再扐而後掛。

大衍之數本於天地之數五十有五，而大衍之數五十者，以五在五十之中也。大衍之數五十，其用四十有九者，虛一爲用也。譬之土分旺於四季而不可見。神農書云：「脾脈不可見，見則人必死。」由此觀之，天地之數五十有五，而大衍之數止於五十者也。夫棊以虛其一，故善弈者莫能。軍萬二千五百五十有五爲一軍，惟其所奇者五人，所以軍之變無窮也。天有十干而辰有十二，此其所以善曆者莫能窮也。大衍之數五十，其用止於四十有九者，非不用一也。方其初也，而一已在其中矣。其道生於一，立於兩，成於三。揲著之法，虚一爲無用之用，所以象道之用四十九數；會而總之，所以象道之未判；分之於左右手，離之以爲二，所以象兩者，不止於兩儀也，凡所謂兩者無所不象也；掛一於指，所以象三者，不止於三才，所謂三者無所不象也；揲之以四，分蓍而揲之，皆以四四爲數者，所以象四時也；歸奇於扐，歸其四之餘蓍合於掛者，所以象閏。五歲再閏，故再扐而後掛，再扐再歸奇也。兩也，三也，四時也，閏月也，皆自然之數也。五歲再閏者，天有三百六十五度四分度之一，日行遲，一歲一周天，以全數言之，則一年行三百六十度餘有六度，一歲之間所剩六度，又有六小月，是十二日也；三年之中凡三十六日，故閏一月又剩六日，五年之中積二十四日，加此六日，故五歲再閏。揲蓍之法，歸此三之奇數共成一扐，與閏同也。揲蓍法者，用蓍草四十九分爲左右手，左小指内掛一莖，先以左手内四莖數之，留其餘，如未遇四即留之，復以右手内四莖數之，又以其餘并左右手餘作一處，仍以小指内所掛一莖湊之，如此則第一揲若非五即九也。留下第一揲所餘者蓍，只將餘蓍依前揲復分左右手，亦以所掛一莖湊之，第二揲不四即八也。第三揲亦如前，其數亦不四即八也。每爻三變然後成一爻，第一揲不五即九，第二揲不四即八，第三揲亦不四即八，此所謂十有八變而成卦也。若三者俱多爲老陰，謂初得九，次二、次三俱得八是也。此得純坤一拆。若三者俱少爲老陽，謂初得五，次二、次三俱得四是也。此得純乾一單。兩少一多爲少陰，初與二、三之間或得四、或得五而有八也；或二揲得四，一揲得九，皆爲兩少一多也。此得巽、離、兑。兩多一少爲少陽，初與二、三之間或得九，或得八而有四也；或二揲得四，一揲得五，皆兩多一少也。此得震、坎、艮。善揲者看左手即知右手。第一揲左手餘一即知五也，左手餘二亦知五也，左手餘三亦知五也，左手餘四亦知九也。第二揲左手餘一即知四也，餘二亦知四也，餘三即知八也，餘四即知八也。此觀天數乃知地數，每以兩手揲其餘，各以其所掛湊。

乾之策二百一十有六，坤之策百四十有四，凡三百有六十。當期之日，二篇之策萬有一千五百二十，當萬物之數也。

此特論乾、坤二篇之策，不論六子之策。夫揲蓍之法，三者俱少爲老陽，而三少之餘凡三十六，故陽爻有三十六數焉。總乾六爻，則是乾之策二百一十六也。三者俱多爲老陰，而三多之餘凡二十四，故陰爻有二十四數焉。總坤六爻，則是坤之策百四十有四也。總乾、坤之策則爲三百六十，總六十四卦則爲萬有一千五百二十。以三百六十當期之日，以萬有一千五百二十當萬物之數也。此皆自然相當也。一歲之内，舉成數而言之，故以乾、坤之策當三百六十爲期之日也。自乾、坤終於坎、離爲上篇，自咸、恒終於既濟、未濟爲下篇也。此二篇有三百八十四爻，陰陽各居其半。故乾之爻一百九十二，每爻三十六，一百九十二爻共計六千九百一十二策；坤之爻一百九十二，每爻二十四，一百九十二爻共計四千六百單八策也。以乾之六千九百一十二策合坤之四千六百單八策，都總萬有一千五百二十策也，以象萬物之數。是度之長短，量之多寡，天之星辰，皆不逃於萬有一千五百二十。然此特乾、坤，老陰老陽之數耳。而震、坎、艮爲少陽之數。少陽之數七也，四七二十八，每爻二十八，一百九十二爻積五千三百七十六策。巽、離、兑爲少陰之數，少陰之數八也，四八三十二，每爻三十二，一百九十二爻積六千一百四十四策。共總少陰、少陽之數，亦萬有一千五百二十。大抵易之數不離於七九八六。乾之策九，四九三十六；坤之策六，四六二十四；震、坎、艮之策七，四七二十八；巽、離、兑之策八，四八三十二。

是故四營而成易，十有八變而成卦，八卦而小成。引而伸之，觸類而長之，天下之能事畢矣。顯道神德行，是故可與酬酢，可與祐神矣。

分而爲二，掛一以象三，揲之以四，歸奇於扐，凡四營然後成一爻，每爻三揲，則十八變以成其卦也。自此衍而信之，則八卦之象可以窺天地之數；自此觸類而長之，則一卦可成六十四。卦道之奥妙，其原本於天也，然道自此而顯；德行之塵迹，其原本於人也，然德行自此而神。其粗可以出同民患，故可與酬酢；其精可以贊化育，故可與祐神。

子曰：「知變化之道者，其知神之所爲乎！」

大而天地，散而萬物，舉皆囿於造化之道，而爲其推遷者也。然變化豈能自運邪？有神以行其變化者也，故知變化之道者其知神之所爲乎！變者自無而出有，化者自有而歸無。日月之往來，寒暑之迭運，雷霆之震驚，風雨之散潤，以至山岳之鼎峙，江河之流注，草木之榮枯，蟲魚之出没，無非變化之道有以爲之樞機。然變者不能以自變，有神以變之；化者不能以自化，有神以化之。故知變化之道者，疑若窺測其妙也，然能知神之所爲而已。至於陰陽不測者，此又非知變化之道者所能知也。

易有聖人之道四焉：以言者尚其辭，以動者尚其變，以制器者尚其象，以卜筮者尚其占。

易者無形之聖人，而聖人者有形之易。故易乃聖人之道，而聖人者乃盡易之道者也。

故指易以爲聖人可也，指聖人以論易亦可也。故曰：「易有聖人之道四焉。」故指其所之者易之辭也，以言者尚之，則言無不當矣；化而裁之者易之變也，以動者尚之，則動無不時矣；象其物宜者易之象也，制器者象之，則可以盡制物之智；極數知來者易之占也，卜筮者尚之，則可以窮先知之神。人能言以尚其辭，動以尚其變，制器以尚其象，卜筮以尚其占，則人皆可以爲舜，塗人可以爲禹，此無他，以其得聖人之道故也。

是以君子將有爲也，將有行也，問焉而以言，其受命也如嚮，無有遠近幽深，遂知來物。非天下之至精，其孰能與於此！

世之君子將欲有爲而建功立業，將欲有行而進用撫世，詎可不問之以言，播之天下，傳之四方？故民之從之，速於置郵傳命，不啻如嚮之應聲者，以聖人之言不以遠邇而有間，不以幽深而罔測。凡物之來干我者，近在眉睫之間，遠在八荒之外，莫不知之，自非盡易之至精，安能與此？

參伍以變，錯綜其數，通其變遂成天地之文，極其數遂定天下之象，非天下之至變其孰能與於此？

三五，天地參而伍之義也〔一〕。一與六共宗，二與七共朋，三與八成友，四與九同道，五與十相守，此參天地之數而成其行。伍所以爲變也，以天之一而錯於地而生水，以地之二而錯於天而生火，以至天三錯地而生木，地四錯天而生金，凡此者謂之錯其數也。老陽之數總於九，老陰之數總於六，以至少陰之數總於八，少陽之數總於七，凡此者謂之綜其數也。人能參伍天地之數以通其變，則水火金木〔二〕經緯於天地之間以成天地之文者，能成之而使之無虧矣。人能錯綜天地之數以極其數，則老陽、老陰、少陽、少陰見天地之賾以定天下〔三〕之象者能定之而無疑矣。自非盡易之至變，其孰能與於此！

易无思也，无爲也，寂然不動，感而遂通天下之故，非天下之至神其孰能與於此！

夫至精猶有所思也，惟易則本无所思；至變猶有所爲也，惟易則本无所爲。无思无爲，如鑑也，然形至則應；如谷也，然聲至則應。无思无爲，寂然不動，感而遂通天下

〔一〕胡廣等周易傳義大全卷二二引南軒張氏曰：「三五天也，參而伍之人也。」

〔二〕金木：枕碧樓叢書本作「木金」。

〔三〕天下：枕碧樓叢書本作「天地」。

之故，所以極天下之至神也。

夫易，聖人之所以極深而研幾也。唯深也，故能通天下之志；唯幾也，故能成天下之務；唯神也，故不疾而速，不行而至。

深者理之奥，能極深則天下之志果有不通者乎？幾者事之微，能研幾則天下之務果有不成者乎？然深之所以通天下之志者，以其窮理之奥，而天下之好惡取舍、從違去就，揆之以理，莫不一以貫之而無所遺也。幾之所以成天下之務者，以其察事之微，而天下之得失利害、成敗存亡，圖之於微，莫不預爲之計而無所廢也。然深也有待於極，不極則不能造其至；幾也有待於研，不研則不能窮其精。故通天下之志，成天下之務，可以指其方隅而言之也。至於神則不疾而速，初未嘗疾而速也，感而遂通者乎！不行而至，初未嘗行而至也，寂然不動者乎！

子曰「易有聖人之道四焉」者，此之謂也。

夫自至精至變而造於至神，自唯深唯幾而造於唯神，其原皆自於以言者尚其辭、以動者尚其變、以制器者尚其象、以卜筮者尚其占，以易有聖人之道四焉。君子將有爲也，將有行也，皆可以至於聖人之道，故終之以此。

子曰：「夫易何爲者也？夫易，開物成務，冒天下之道，如斯而已者也。」

此堯帝之命羲和曆象日月星辰，推此以敬授人時者也；武王之訪箕子以陳洪範，以立九疇，演此以相協民居者也。萬物所聽者命，命此而已；萬物所由者道，道此而已。而易果何爲哉？未嘗贅虧於其間也，未嘗損益於其間也。易之開物，則因其數之自生者從而與之開也。如出乎震，相見乎離，説言乎兑，勞乎坎，俾之流通而無所壅遏者歟？易之成務，則因其數之自成者從而與之成也。如制禮於履，作樂於豫，明政於賁，設教於臨，俾之就緒而無所墜廢者歟？夫開物則物咸得其性，成務則物咸有成功，凡道之在範圍之中者，莫不冒之而無所遺，此易所以用數而不役於數者歟？

是故聖人以通天下之志，以定天下之業，以斷天下之疑。

惟天下之數能開物也，故聖人用之，其深足以通天下之志；惟天地之數能成務也，故聖人用之，其幾足以定天下之業；惟天地之數能冒天下之道也，故聖人用之，其神足以斷天下之疑。

是故蓍之德圓而神，卦之德方以知，六爻之義易以貢。聖人以此洗心，退藏於密，吉凶與民同患。

甚哉，天地之數！所以成變化，行鬼神，大而日月寒暑，微而草木昆蟲，未有不冒於此者。聖人之意，以謂青黄黼黻吾固見之也，謂天下皆離婁可乎？金石絲竹吾固聞之也，謂天下皆師曠可乎？將欲家至户曉而形之於言，則言有不可傳者；將欲鴻編大策而載之於書，則書有不可盡者。於是生蓍立卦而著其六爻之義者，是乃示天下後世以天地之數者也。故蓍之四十九，其分、其掛〔一〕、其揲以四，歸奇於扐，運量無窮者，此圓而神也。卦之六十四，或奇或偶，有小大之異别，陰陽之殊致，吉凶已定者，此方以知也。至於六爻，或征而吉，則以動而有功者貢於人也；或征而凶，則以動而有咎者貢於人也。其得失存亡、憂虞悔吝，雜然貢於人而均獲其利者，此六爻之義交易而貢於人也。夫蓍之四十九，乃衍天地之數也；卦之六十四，乃備天地之數也；爻之三百八十四，乃通天地之數也。聖人以此而示天下之人，其心休焉，一疵不染，滌除澡雪，無遑遽之勞，無怵迫之患，退藏於密，恬淡無爲，是乃善與人同患者也，非以蓍卦六爻濟斯民之患而洗心退藏者乎？大抵厥初生民不知多寡也，聖人爲斗量以

〔一〕掛：原作「卦」，據枕碧樓叢書本改。

畀之，則不必爲之較龠合而民咸知其多寡矣。民不知輕重也，聖人爲權衡以畀之，則不必爲之較錙銖而民咸知其輕重矣。夫民之於吉凶，其甚於多寡輕重也。聖人爲之蓍，爲之卦，爲之六爻以濟民行，使天下之人咸知其是非利害、得失臧否，吾又何必訾爲以憂其故邪？以此洗心，退藏於密，是乃吉凶與民同患者乎！

神以知來，知以藏往，其孰能與於此哉？古之聰明睿知神武而不殺者，夫是以明於天之道而察於民之故，是興神物以前民用，聖人以此齋戒，以神明其德夫？

古本綴上文「聖人以此洗心，退藏於密，吉凶與民同患，神以知來，知以藏往」作一段。說者云，屏思慮而安其厥躬者，聖人同患於民而不汩其身也；察安危以存其古訓者，天下知其吉凶而均獲其利也。如此，天下之民皆即蓍之神以知其來，可以探賾而索隱，可以鉤深而致遠。見不見之形，抽不抽之緒。三揲而一爻具，十八變而一卦成。衍忒以是而決，臧否由是而著。此神以知來，蓍可以窮天地之數也。即卦之知以藏其往，可以鑒古昔之興衰，可以察前日之得失。堯舜致衣裳之治，湯武成炳虎之文。考明夷而知箕子，觀既濟而知高宗。囊括太始，包裹太極。此知以藏往，卦可以該天地之數也。能盡此以推之天下與來世，乃古之聰明睿知神武而不殺者夫！今夫伏羲之始作八卦，神農之制耒耜，黄帝之迎日推策，堯之曆象日月星辰，舜之在璿璣玉衡以齊七政，夏禹之連山，成湯之歸藏，文王之重卦，武王之洪範，孔子之十翼，皆覺之於心，悟之於性，其聰所以聞天下之不聞，其明所以見天下之不見，其睿則默識心通，不待教而能者乎！其知則神解意悟，不待學而知者乎！夫聰明睿知則智周乎萬物，必思道濟天下，此神武而不殺，俾民知懼，無有師保，如從父母，甲兵不施，刑措不用，而人爲君子之歸者，此聖人濟民行者乎！今夫變化之推遷，陰陽之運量，七宿軫轉，六甲内馴，無非天之道也。禍福之倚伏，利害之相摩，進退存亡，吉凶悔吝，無非民之故也。聖人知幽明之故，知死生之説，知鬼神之情狀，所謂天之道固已明之也久矣；吉事有祥，象事知器，占事知來，所謂民之故固已察之也熟矣。奈何知進而不知退，知存而不知亡，昧於消息盈虚者，又烏能明於天之道邪？安其危而利其菑，樂其所以亡，暗於得失利害者，又烏能察於民之故邪？聖人憂之，是興神物，以前民用，乃所以爲天下後世設也。蓍，植物也，足以揲天地之數；龜，動物也，足以見天地之象。故天能生之而不能興之。惟聖人用其四十九，而幽贊於神明者，所以興其蓍也；鑽之七十二，而置之前者，所以興其龜也。天下之民其終不倦而樂於有爲，亹亹不忘而勇於有行者，以其有蓍龜以前之也。聖人深居簡出，利用安身，齋以去其不一之思，戒以防其不測之患，神明其德，有莫知其所以然者矣。

是故闔户謂之坤，闢户謂之乾。一闔一闢謂之變，往來不窮謂之通。見乃謂之象，形乃謂之器，制而用之謂之法，利用出入，民咸用之謂之神。

夫自太極既判，兩儀肇焉，故闔户之坤所以包括萬物而得陰也；闢户之乾所以敷生萬物而得陽也。即乾坤之一闔一闢，所以謂之變；即乾坤之往來不窮，所以謂之通。夫乾坤者，生成萬物之體也；變化者，乃乾坤生化萬物之用也。其覆載範圍之中可得而見者謂之象也；可指其形者謂之器也；有聖人制而用之，所以謂之法也；利用出入，民咸用之而不可測者謂之神也。

是故易有太極，是生兩儀，兩儀生四象，四象生八卦，八卦定吉凶，吉凶生大業。

易有太極者，函三爲一，此中也。如立天之道曰陰與陽，而太極乃陰陽之中者乎！立地之道曰柔與剛，而太極乃剛柔之中者乎！立人之道曰仁與義，而太極乃仁義之中者乎！此太極函三爲一，乃皇極之中道也。是以聖人作易，所謂六爻者乃三極之道，故三才皆得其中，是乃順性命之理也。爰自太極既判，乃生兩儀者，在天爲陰陽，在地爲柔剛，在人爲仁義。雖曰陰陽，不可指爲陰陽，雖曰柔剛，不可指爲柔剛，雖曰仁義，不可指爲仁義，乃儀則具存而有對代者也。夫有兩儀則一與六共宗，二與七共朋，三與八同道，四與九相友，存一而六具，有二而七存，有三而八著，有四而九生。此七九八六乃易之四象。天一之水得六而居北，於卦爲坎；地二之火得七而居南，於卦爲離；天三之木得八而居東，於卦爲震；地四之金得九而居西，於卦爲兑。是以坎之數六，去三而餘三，此三畫之乾所以生於西北；離之數七，去三而餘四，此四畫之巽所以生於東南；兑之數九，去三而餘六，此六畫之坤所以生於西南；震之數八，去三而餘五，此五畫之艮所以生於東北。乃四象生八卦也。及夫八卦既具，則乾之策乃四九三十六策，坤之策乃四六二十四策，震、坎、艮之策乃四七之策也，巽、離、兑之策乃四八之策也。道之妙也由是而顯，德之粗也由是而神，可與祐神，可與酬酢，則吉凶豈有不定者乎？吉凶既定，則知其利之可興，害之可除。伏羲之興網罟，神農之制耒耜，黄帝、堯、舜之垂衣裳，與夫帝之所興，王之所成，所以舉而措之天下之民者，無非本於此也。

是故法象莫大乎天地，變通莫大乎四時，縣象著明莫大乎日月，崇高莫大乎富貴，備物致

用，立成器以爲天下利，莫大乎聖人，探賾索隱，鉤深致遠，以定天下之吉凶，成天下之亹亹者，莫大乎蓍龜。

夫易有太極，而降以生兩儀，兩儀生四象，四象生八卦，八卦定吉凶，吉凶生大業，此易之興乎世，聖人之興乎易，易所以垂之天下後世者也。雖然，物固有法象，至於法象之大者莫大乎天地；物固有變通，至於變通之大者莫大乎四時；水火固著明矣，然垂象著明，惟在天之日月爲莫大也；爵齒固崇高矣，然崇高之極，惟寶位之富貴爲莫大也。以至備物致用，立成器以爲天下利〔一〕，俾民養生喪死、仰事俯育用之不窮者，所以莫大於聖人也。探賾索隱，鉤深致遠，定天下之吉凶，俾民避害趨利，去危即安，以前民用者，所以莫大於蓍龜也。

是故天生神物，聖人則之；天地變化，聖人效之；天垂象，見吉凶，聖人象之；河出圖，洛出書，聖人則之。

天生神物，謂蓍龜之探賾索隱、鉤深致遠者是也；聖人則之以明易之象數。天地變

〔一〕利：原脱，據枕碧樓叢書本補。

化，謂陰陽之消息盈虚、往來進退者是也；聖人效之而爲六十四卦。天垂象，謂天之經緯錯雜〔一〕、縱横昭著者是也；聖人象之而爲三百八十四爻。夫易之象數卦爻，聖人皆得於心而必參之天地者，蓋聖人之心與天地之心相似，其愛人之心初未嘗不同也。然天欲雨，山川必先雲氣，况易之興也，豈無先至之祥乎？是以聖人必終之以河出圖、洛出書而又則之者，則其皇天以興其易者乎〔二〕！又況「河圖不出，吾已矣夫」，孔子嘗有是嘆。「九洛之事，治成德備」，莊周嘗有是言。聖人則之，度其時以卜其道之將興於世也。大抵通於天者河也，有龍馬負圖而出，此聖人之德上配於天，而天降其祥也。中於地者洛也，有神龜載書而出，此聖人之德下及於地，而地呈其瑞也。聖人則之，故易興於世，然後象數推之，以前民用，卦爻推之，以濟民行，而推之天下後世也。而世儒之説，乃謂伏羲得河圖、洛書以作八卦，果如是，則不當曰伏羲始畫八卦也。而鄭康成溺於緯書，乃云河圖有九篇，洛書有二篇。而孔安國又以河圖爲八卦，洛書爲九疇。此皆蕪穢聖經者矣。甚者以天生神物、天地變化與夫天垂象、河出圖、

〔一〕錯雜：枕碧樓叢書本作「錯綜」。
〔二〕則其皇天以興其易者乎：「則其」疑當作「其則」。

洛出書爲四象者，此尤不經，學者不可不辨。

易有四象，所以示也；繫辭焉，所以告也；定之以吉凶，所以斷也。

易自太極既判，兩儀生四象。夫四象既具，而列於四方，分爲五行，而七九八六之數乃生八卦，此易所以示者，言其示於人也。是以聖人當辨物正言，而又斷之以辭，故爲繇辭，而又爲爻辭，爲之彖辭，而又爲之象辭，皆繫續其辭，所以告者，言其告於人也。夫易有四象以示其人，示其吉凶也；至於不得已而有辭以告其人者，告其吉凶也。夫示人以吉凶，告人以吉凶，無非俾人自採也。然猶有安其危而利其菑、樂其所以亡者，故定之以吉凶，如畫一之易知，如白黑之易辨，斷然使人易知也。故征吉貞凶、貞吉征凶、大吉終吉之類，有凶終凶之類，聖人至此可謂至矣盡矣。

易曰：「自天祐之，吉无不利。」子曰：「祐者，助也。天之所助者順也，人之所助者信也。履信思乎順，又以尚賢也。是以自天祐之，吉无不利也。」

在天有理，惟順以循其理，則天必眷顧而不違；在人有心，惟信以結其心，則人必歸往而來輔。大有上九以謂吾之信固足以感乎人矣，然賢者人之所望也，詎可不以吾之信以信其賢乎？吾之順固足以格乎天矣，然賢者天之所賚也，詎可不以吾之順以順其賢乎？始焉盡信順之德，獲天人之助，終焉推信順之德，以之而尚賢，如此則其謙足以格天，其誠足以動天，自天祐之，吉无不利，固其宜也。由此觀之，則天不妄祐人，而人當反求諸己，如大有之上九，庶幾獲祐而無所愧也。

子曰：「書不盡言，言不盡意。」然則聖人之意其不可見乎？子曰：「聖人立象以盡意，設卦以盡情僞，繫辭焉以盡其言，變而通之以盡利，鼓之舞之以盡神。」

言蔓衍而无窮，非書之簡册所能載；意幽深而罔測，非言之聲音所能窮也。然則聖人之意其不可見乎？此立象所以盡意也。又況以言告人，告之愈切，而認其言者求之愈遠，不若立象而示人以意。是以瞽者不識日，問人而人告之曰，日之明也如燭。他日有捫其籥以爲日者。又告之曰，日之圓如盂。他日有捫其盤以爲日者矣。夫告之以其明如燭，其圓如盂，言之切者也，奈何認其言而失之遠者，乃捫籥以爲日，而捫盤以爲日焉？此言不能盡意也。聖人憂之，所以立天以象乾，立地以象坤，以至以雷、以水、以山而象震、坎、艮焉，以風、以火、以澤而象巽、離、兑焉。凡易者象也，象也者像此者也。無適而非象者，欲其即象以求其意，非吝於言也，慮天下後世求之於言而失之遠也。賾不易見也，聖人見賾而立象，此象所以盡意也。變不易觀也，聖人觀變而立卦，此卦所以盡情僞也。情不易知也，聖人達情而爲辭，此繫所以盡其言也。凡此三者，聖人作易而寓於書者也。若夫變而通之者，俾民仰事俯育，養生送死，耕而食，織而衣，舟楫以濟其川塗，室宇以禦其風雨，一日不可無，萬世不可易，均獲其利者，此推之卦象繫辭，變而通之以盡其利者歟？鼓之舞之，其道密庸，其化罔測，動靜變化，易其思慮，德威之震疊，德風之摇蕩，由之而罔覺，用之而不知，咸妙於神者：此推其卦象繫辭，鼓之舞之以盡其神者歟？

乾、坤，其易之緼邪？乾、坤成列而易立乎其中矣。乾、坤毁則无以見易，易不可見，則乾、坤或幾乎息矣。

乾、坤，其易之門邪？言易出入於乾、坤也。乾、坤，其易之緼邪？言易含畜於乾、坤也。故乾成位乎上，坤成位乎下，而易立乎其中矣。故乾、坤者人之四支，而易者人之精神也。方其首圓足方，胸南背北，則精神有所託而立乎其中矣。若夫四支隳廢，則精神散而之他，而手足亦幾乎息矣。夫乾、坤初未嘗毁，而易亦未嘗不可見也。聖人設此辭者，欲天下後世求易者當即乾、坤以求之歟？

是故形而上者謂之道，形而下者謂之器，化而裁之謂之變，推而行之謂之通，舉而措之天

下之民謂之事業。

道不離形，特形而上者也；器異於道，以形而下者也。試以天地論之。陰陽者形而上者也，至於穹窿磅礴者，乃形而下者歟？離形以求道，則失之恍惚，不可爲象，此老莊所謂道也，非易之所謂道也。易之論道器，特以一形上下而言之也。然道雖非器，禮樂刑賞，是治天下之道也。禮雖非玉帛，而禮不可以虛拘；樂雖非鐘鼓，而樂不可以徒作。刑本遏惡也，必託於甲兵，必寓於鞭扑；賞本揚善也，必表之以旂常，必銘之於鍾鼎。是故形而上者之道託於器而後行，形而下者之器得其道而無弊。聖人悟易於心，覺易於性，在道不泥於無，在器不墮於有，徼妙並觀，有無一致。故化而裁之者明乎道器，窮而能變也；推而行之者察乎道器，變而能通也。舉而措之天下之民，以至於爲網罟、爲耒耜、作舟車、作書契，天下後世不可無，萬世不可易，乃推其道器舉而措之天下，而世之人指之爲事業也。

是故夫象，聖人有以見天下之賾，而擬諸其形容，象其物宜，是故謂之象。聖人有以見天下之動，而觀其會通，以行其典禮，繫辭焉以斷其吉凶，是故謂之爻。極天下之賾者存乎卦，鼓天下之動者存乎辭，化而裁之存乎變，推而行之存乎通，神而明之存乎其人，默而成

之，不言而信存乎德行。

聖人見天下之賾所以立象者，示人以賾也。聖人見天下之動所以生爻者，示人以動也。然象固示人以賾矣，苟不寓之於卦，何以極天下之賾乎？爻固示人以動矣，苟不託之於辭，何以鼓天下之動乎？故由象而畫卦，自爻而爲辭，聖人之於天下何其憂之甚深而慮之甚切也！然象之與卦，爻之與辭，皆載在方册，化而裁之，不失其中，必存乎能通其變者乎？推而行之，無有紀極，必存乎能變而通者乎？神而明之，傳之於心者存乎其人，如伏羲、神農、堯、舜、文王〔一〕、周、孔者是也。默而成之，悟之於理者，不言而信，存乎德行，如文王之亨于岐山，箕子之明夷利貞，顔子之殆庶幾，而得其不遠復，孟子之明仁義，而終身未嘗言易者是也。大傳後世所傳，聖人之言，其終之以「神而明之存乎其人，默而成之，不言而信存乎德行」，深慮天下後世徒泥其簡册言語，而不能求聖人之心者乎？

〔一〕文王：枕碧樓叢書本作「文武」。

南軒易説卷二

繫辭下[一]

八卦成列，象在其中矣；因而重之，爻在其中矣；剛柔相推，變在其中矣；繫辭焉而命之，動在其中矣。吉凶悔吝者，生乎動者也。

四象生八卦，方八卦成列，而象已在其中矣。然止有八卦，而八卦之道未備，故因而重之，則立天之道曰陰與陽，立地之道曰柔與剛，立人之道曰仁與義，而爻已在其中矣。爻有剛柔，或以剛居柔，或以柔推剛，而變已在其中矣。聖人觀其會同以行其典禮，繫辭焉而命之而不能自已者，其動已在其中矣。或吉或凶而有得失，或悔或吝而有憂虞，皆生於動者乎！謂在其中者，言非自外至者也。

[一] 繫辭下：原無「下」字，據枕碧樓叢書本補。

剛柔者立本者也，變通者趣時者也，吉凶者貞勝者也，天地之道貞觀者也，日月之道貞明者也，天下之動貞夫一者也。

六爻之義有奇有耦，此剛柔所以立本也。至於九六迭居，此剛柔變通以趣時者也。或以剛位而居之以柔，或以柔位而居之以剛，無非趣時以盡變者乎！夫變動以利言，吉凶以情遷，故吉凶所以生乎動也。若得貞固之道，則寂然不動，確乎不拔，禍亦不至，吉凶無得而動之者，此吉凶以貞勝者也。聖人以此齋戒，以神明其德者乎！故天位乎上，地位乎下，爲法象之大而以觀於天下者，以貞而能長久也。日昱乎晝，月昱乎夜，爲垂象之大而以著明於天下者，以貞而能久照也。觀天下之動，知者之所謀，勇者之所争，紛紛藉藉，不能自已者，此天下之動貞夫一者也。

夫乾，確然示人易矣；夫坤，隤然示人簡矣。爻也者，效此者也；象也者，像此者也。爻象動乎内，吉凶見乎外，功業見乎變，聖人之情見乎辭。

人人能法乾、坤之易簡，則聖人之易不復作矣。竊觀乾確然在上，其日月星辰、虹霓雲霧與夫晝夜有常而可準，寒暑有數而可推，此示人以易也，奈何仰觀諸天者不明乎乾之易，轉而爲難者有之？坤隤然在下，其山川草木、蟲魚鳥獸與夫勤勞則所獲者厚，荒棄則不能有秋，此示人以簡也，奈何俯察於地者不明乎坤之簡，轉而爲繁者有之？此衆人在天地之間，行矣而不著，習矣而不察，終身不能與天地相似，而知其易簡之至德。聖人憂之，所謂見天下之動而立爻者，乃象乾、坤之易簡以示人者歟？使人人明乎乾、坤之易簡，聖人必不爲之譊譊也。夫爻象動於内者，謂指其易簡於幽隱之中也；吉凶見乎外者，謂示其易簡於得失之際也；功業見乎變者，謂易簡其功業於從權者也；聖人之情見乎辭者，謂命其易簡而見於言者也。

天地之大德曰生，聖人之大寶曰位，何以守位曰仁，何以聚人曰財，理財正辭，禁民爲非曰義。

天以陽而運於上，萬物資始，是以大生焉；地以陰而載於下，品物流形，是以廣生焉。此生者乃天地之大德也。聖人贊天地之化育，必得大寶之位，然後可配天地之大生也。有仁焉以守位，所以博施濟衆，乃利其生者也；有財焉以聚衆人，所以近悦遠來，乃養其生者也；有義焉理其財，而使之流通，正其辭而使之輯洽；禁民爲非者，慮其有以害其生者也。天地之道簡而大，聖人之道曲而詳。簡而大者所以止曰大德、曰生。至於聖人，則以位而繼之以仁，以財而繼之以義，所以推其天地之大德者歟！

古者包犧氏之王天下也，仰則觀象於天，俯則觀法於地，觀鳥獸之文與地之宜，近取諸身，遠取諸物，於是始作八卦，以通神明之德，以類萬物之情。作結繩而爲網罟，以佃以漁，蓋取諸離。

聖人之於易，覺之於心，悟之於性，神而明之，默然而成之，見天下之賾，見天下之動，抑何待於俯仰以觀、遠近以取哉？蓋聖人以作易之法以傳之天下後世，示其有循而體自然乎？仰則觀象於天，如觀其日月星辰、虹霓雲霧，皆取其自然之象也；俯則觀法於地，如觀其江河山嶽、草木蟲魚，皆取其自然之法也。觀鳥獸之文，如鴻之儀，如虎之炳是也。觀其物之文，則知物之理從可知矣。觀地之宜，如丘園之物産，如坎窞之幽悔，則四時之氣從可知矣。近取諸身，則乾爲首、坤爲腹之類是也；遠取諸物，則乾爲馬、坤爲牛之類是也。於是始作八卦，以通神明之德，以類萬物之情者乎！上古之時，禽獸多而人民少，獸蹄鳥跡之道交於中國。故包犧氏爲之網罟以教民佃漁者，非徒使民知鮮食之利，抑亦去其害而俾民得安其居也。蓋取諸離者，夫離以一陰而麗乎二陽之間，鳥獸之麗於網，魚鼈之麗於罟，其義其畫皆可得而推者乎！

包犧氏没，神農氏作，斲木爲耜，揉木爲耒，耒耨之利以教天下，蓋取諸益。日中爲市，致

天下之民，聚天下之貨，交易而退，各得其所，蓋取諸噬嗑。

夫天產之物，食之所以生精；地產之物，食之所以生氣。民之初生，搏裂禽獸，茹毛飲血，非徒暴殄天物，而淫亂之風滋熾。聖人憂之，故爲耒耜以教稼穡，而地產所以養其氣也。蓋耒耜之利所以取諸益者，上震爲動，下巽爲入，農人所以深耕易耨，發土膏而成五穀，其致用在耒耜，所以獲其益也。雖然，山居者足於鳥獸而不知水之所生，水居者足於魚鼈而不知山之所產，故物貨貿遷，以其所有易其所無者，日中爲市，致天下之民，則遠近可以輻湊，交易而退，各得其所，則出入可以相友。必取諸噬嗑者，蓋噬嗑成卦，離上而震下。離明乎上，萬物皆相見，爲市之時也；震動乎下，除物之間無所不合，交易而退，各得其所也。

神農氏没，黄帝、堯、舜氏作，通其變使民不倦，神而化之使民宜之。易窮則變，變則通，通則久，是以自天祐之，吉无不利。黄帝、堯、舜垂衣裳而天下治，蓋取諸乾、坤。

包犧、神農、黄帝、堯、舜皆制器以利天下者也，獨至於黄帝、堯、舜乃曰通其變使民不倦，神而化之使民宜之，何也？蓋伏羲、神農制爲網罟以教之佃漁，耒耜以教之耕耨，爲市以教之交易。夫民知飲食則嗜欲既滋，民有貨財則貪求愈熾，黄帝、堯、舜不能通其變，則攘奪誕謾之俗生，而乖爭陵犯之變起。此無他，以其飽食煖衣，逸居而無教也。況伏羲、神農至黄帝、堯、舜之時，上下數千百年，無一簡册之可傳，言語之相授，所謂易窮則變，變則通，通則久者，皆先聖後聖以心相傳故也。故在黄帝、堯、舜之時，不得不通其變也。惟通易之變，則從之者無斁，使民不倦也；惟神而化之，則由之而不失，故使民宜之也。此無他，以伏羲、神農創業於前，知萬世之下必有得易之道如黄帝、堯、舜者，窮而能變，變而能通，通而能久者也。故其運量無窮，上下與天地同流而無紀極，故曰「自天祐之，吉无不利」也。況夫乾確然示人易矣，坤隤然示人簡矣。天地以簡易示人，而天下之人習矣而不著，行矣而不察，於是聖人作衣裳以被於身，以啓迪天下之民。故垂綃爲衣，其色玄而象道，襞幅爲裳，其色纁而象事，所以法乾、坤而易之，俾民知有君臣，知有父子，知有尊卑貴賤之分，以至飛潛動植、山川鬼神莫不各安其分者，蓋取諸乾、坤者乎！

刳木爲舟，剡木爲楫，舟楫之利，以濟不通，致遠以利天下，蓋取諸涣。

衣裳之垂，固欲遠近之民不觀而化，然川途之險阻則有所不通。惟夫舟車之利既興，則日月所照，霜露所墜，莫不拭目觀天下如一家，中國如一人矣。是以刳其木而中虛，刳其木而上鋭。舟所以載物，而楫所以進舟，致遠以利天下。而取諸涣者，蓋涣之成卦，上巽而下坎，象曰「利涉大川，乘木有功也」；而「涣」者又有散釋之義，舟楫之用，豈非散釋險難之器乎？

服牛乘馬，引重致遠以利天下，蓋取諸隨。

物之重者，人力不能勝，故聖人穿牛鼻者，所以引其重；地之遠者，人力不能致，故聖人絡馬首者，所以致其遠。夫牛之角能觸人也，聖人因其順而俾之引重；夫馬之蹄能踶人也，聖人因其健而俾之致遠。皆因其性而不逆，故動以説而隨其人也，故於卦取隨。

重門擊柝，以待暴客，蓋取諸豫。

夫川有舟楫，陸有牛馬，塗既通，則居民資之，水者坐而至越，陸者坐而至燕。然暴客亦可至也，故重門以禦之，所以爲寇者不能攻；擊柝以驚之，所以爲盜者不能竊。然必取於豫者，成卦二陰在前，其耦也如重門，一陽在中，其動也如擊柝，又有能豫備而能悦懌之象。

斷木爲杵，掘地爲臼，臼杵之利，萬民以濟，蓋取諸小過。

心懷恐懼，則口銜芻豢而不知味。今也川塗險阻有舟車牛馬以代其勞，暴客之侵有重門擊柝以爲之備，於是斷木爲杵，掘地爲臼，以去其糠粃，以治其稻糧。粒食既精，饔飧既備，而萬民以濟者，蓋取諸小過也。小過之成卦，上動而下止，而又聖人知艱食矣，復爲杵臼以治其五穀，此小過者乎！

弦木爲弧，剡木爲矢，弧矢之利，以威天下，蓋取諸睽。

外有門柝以防其暴客，內有杵臼以治其粒食，而無以威其不軌，則雖有險而不能守，雖有粟而不能食，此弧矢之利不可緩也。夫弦木爲弧，剡木爲矢，此聖人非取其利於攻取也，將以威天下之大不軌，使强梗變心，姦回易慮，有所懼耳。蓋取諸睽者，睽之爲卦，火動而上，澤動而下，此事雖不同，乃相須以爲用也。不特遠方睽乖之民必待弦矢以威之，又有取睽之義者。後世有六弓之制，竹矢之利，所以極其巧者乎！

上古穴居而野處，後世聖人易之以宮室，上棟下宇，以待風雨，蓋取諸大壯。

冬則穴居以避其寒，夏則野處以逃其暑。當是時也，鳧居雁處而無常者，以外有侵軼之患故也。今也弧矢以威其不軌，然後可以營宮室之制。棟則上之而有所承，宇則下之而有所覆，震風雷雨，賴其帡幪，則爲壯也亦大矣！蓋大壯之成卦，二陰在上，有風雨之象，四陽在下，有棟宇之象。始取其壯而已，非取其宮室之美而丹楹刻桷也。

古之葬者，厚衣之以薪，葬之中野，不封不樹，喪期无數。後世聖人易之以棺椁，蓋取諸大過。

生而庇大廈，死而棄之中野，不可也。生而居奥室，死而蠅蚋姑嘬之，又不可也。不封不樹，則無以識之。喪期無數，則無以節之。聖人易之以棺椁，故棺周於身，椁周於土。棺椁之制既興，則封之樹之，不忘其地也；喪期有數，不忘其時也。必取諸大過者，大過之成卦，二陰周乎四方，有棺椁之象；又君子不以天下儉其親，於此而過亦無害也。

上古結繩而治，後世聖人易之以書契，百官以治，萬民以察，蓋取諸夬。

門柝之制，足以防民之侵軼；弓矢之利，足以威民之不軌。此皆小人之過惡顯然易見，可得而治也。若夫事之情僞是非、有無虚實，此包藏於内，有不可測者，是以聖人制爲書契。故書以記久而明遠，契以結信而止訟，百官之務雖煩而以此治，萬民之情雖隱而以此察，此决去小人無所容縱於其間也。故必取諸夬者，蓋夬者决去小人，而君子之道長者乎！

是故易者象也，象也者像也，彖者材也，爻也者效天下之動者也。是故吉凶生而悔吝著也。

易者道也。夫道也者，臣不能告之於君，父不能告之於子。以其不可告之於人，故象以像之，乃所以盡其意也。是以易者象也，言其無適而非象也。謂之象者，乃所以象此以告人者歟？且以八卦論之，近取諸身，象乾以首，象坤以腹；而又遠取諸物，象乾以馬，象坤以牛。衍而伸之，觸類而推之，無適而非象也。至於彖則統論卦義，如木之有材，或主一爻所在，或言二體相與，其終始本末，兼該具備，智者思過半矣。至於爻則盡其趨時之變，所以效天下之動，或以陽居陰，或以陰居陽，或以貞吉而征凶，或以征吉而貞凶，其周流六虛，不可爲典要，君子動則觀其變者。雖然，易者象也，象也者像此者也，謂之象則言其象之材而已，謂之爻則言其象之變而已。至於吉凶則悔吝著也，故悔者有改過之意，至於吉則悔之著也；吝者有文過之意，至於凶則吝之著也。故悔吝者小疵，而吉凶則言乎得失。至於吉凶，乃悔吝之昭著而不可掩者焉。

陽卦多陰，陰卦多陽，其故何也？陽卦奇，陰卦耦，其德行何也？陽一君而二民，君子之

道也；陰二君而一民，小人之道也。

震、坎、艮皆陽卦也，然其畫皆一陽而二陰；巽、離、兑皆陰卦也，然其畫皆一陰而二陽，此其所因者何也？三陽之卦皆資乾之一體而成，故其數奇以大，而奇者爲之主也；三陰之卦皆資坤之一體而成，故其數耦以小，而耦者爲之主也。本其所得之德、所行之行而言之，則陽一君而二民，以大者宜在上也；陰二君而一民，以小者宜在下也。大者在上，故能進陽而抑陰，長君子而卑小人，是以爲君子之道也。小者在下，則陰進於陽而陽退聽焉，小人乘時射利而君子伏焉，是以爲小人之道也。

易曰：「憧憧往來，朋從爾思。」子曰：「天下何思何慮！天下同歸而殊塗，一致而百慮。天下何思何慮！日往則月來，月往則日來，日月相推而明生焉。寒往則暑來，暑往則寒來，寒暑相推而歲成焉。往者屈也，來者信也，屈信相感而利生焉。尺蠖之屈，以求信也；龍蛇之蟄，以存身也；精義入神，以致用也；利用安身，以崇德也。過此以往，未之或知也。窮神知化，德之盛也。」

思者索其所欲，慮者防其所惡。思而有所欲，慮而有所惡，皆生於心之有妄也。此咸九四所以憧憧於兩剛之間，有求而往，有求而來，朋從爾思，有所繫慮，不能無心而待物，又安知天下本同歸也，而人自殊塗；本一致也，而人自百慮。故日月以往來而明生，寒暑以往來而歲成，尺蠖以屈而致信，龍蛇以蟄而存身。故天地之道，日月寒暑，任氣之自運，初無思慮也；萬物之理，尺蠖龍蛇，委形之自然，初無思慮也。是以達乎此理，故精義入神以致用，此能爲可用也；利用安身以崇德，此不求其必用也。始焉精義入神，以致吾身之用，及夫利用，宜乎爲用所惑，亟於求用矣，乃安身以崇德，此得乎同歸一致之理，而明乎何思何慮者也。雖然，此特有用之可名也。故日月寒暑則運此者也，尺蠖龍蛇則由此者也。精義入神以致用，則造此而極其自得者也；利用安身以崇德，則覺此而極其高明者也。故過此以往，則雖聖人自爲，不敢知焉。未之或知者，猶書所謂「我不敢知」是也，所以窮神知化而造於德之盛焉。

易曰：「困于石，據于蒺藜，入于其宮，不見其妻，凶。」子曰：「非所困而困焉名必辱，非所據而據焉身必危。既辱且危[一]**，死期將至，妻其可得見邪？」**

困，人所不免也，要在處之有道，困而不失其所亨者，乃爲君子。困之六三應於上六，

〔一〕既辱且危：原作「既危且辱」，據枕碧樓叢書本及十三經注疏本周易正義改。

而上六無情，屹然不動，有類於石者也。下乘於九二，然九傷己，有類於蒺藜者也。有應於上，將以求名；今困於石，此非所困而困焉，名必辱也。有依於下，將以安身；今據於蒺藜，此非所據而據焉，身必危也。夫在困之時，名辱身危，有死之理，此身不行道，雖主饋之妻且不可見，宜乎凶也。

易曰：「公用射隼于高墉之上，獲之无不利。」子曰：「隼者禽也，弓矢者器也，射之者人也。君子藏器於身，待時而動，何不利之有？動而不括，是以出而有獲，語成器而動者也。」

解之六三，以貪殘小人輒居高位，有隼居高墉之象。而上六韜已成之器，乘可爲之時，故發强剛毅，誅鋤强梗，如摧枯拉朽，動而不括，出而有獲，以解其悖戾之心者，亦以成器而動故也。

子曰：「小人不恥不仁，不畏不義，不見利不勸，不威不懲，小懲而大誡，此小人之福也。」易曰「屨校滅趾，无咎」，此之謂也。

仁義所以責於君子，小人不以不仁爲恥，不以不義爲畏。夫仁義不足責，故非利則不勸，非威則不懲也。人不知義而所見者利，苟不早有以懲之，則將至於無父無君，其禍有不可勝言者。此噬嗑之初九所以制之於其小，屨校滅趾而使之不行，乃小懲而大誡也。使小人知所忌憚，不敢肆其暴戾，是乃小人之福也。

善不積不足以成名，惡不積不足以滅身。小人以小善爲无益而弗爲也，以小惡爲无傷而弗去也，故惡積而不可掩，罪大而不可解。易曰：「何校滅耳，凶。」

善之於惡皆曰積。善固可欲也，然不積亦未至於成名；惡固可惡也，然不積亦未至於滅身。奈何小人以小善未足以成名而不爲，以小惡未足以滅身而不去，終至惡積而不可掩，罪大而不可解，至於噬嗑上九「何校滅耳，凶」。由此觀之，初之「屨校〔一〕滅趾」，使之不行者，豈非小人之福乎？

子曰：「危者，安其位者也；亡者，保其存者也；亂者，有其治者也。是故君子安而不忘危，存而不忘亡，治而不忘亂，是以身安而國家可保也。」易曰：「其亡其亡，繫于苞桑。」

否之九五：休天下之否，而天下已向於泰通之時也。然古之人君在解則必思夙吉，在既濟則必思豫防。故人皆樂於安也，乃安而不忘危；人皆知其存也，乃存而不忘亡；人皆習於治也，乃治而不忘亂。如此則身安而國家可保，故曰「其亡其亡，繫于苞

〔一〕校：原脱，據枕碧樓叢書本補。

桑」。夫審其亡之戒而繫之苞桑，則根本固而不可動摇矣。

子曰：「德薄而位尊，知小而謀大，力小而任重，鮮不及矣。」易曰：「鼎折足，覆公餗，其形渥，凶。」言不勝其任也。

古之人，方其人君任用之際，必自揣其才力可以勝其任乎，然後膺人君顧託，庶幾上不負其社稷，下不負其生靈。鼎之九四：德薄而位尊，知小而謀大，力小而任重，如鼎之折足，其形流汗而凶也，蓋不能自揣以勝其所任乎！

子曰：「知幾其神乎！君子上交不諂，下交不瀆，其知幾乎！幾者動之微，吉之先見者也。君子見幾而作，不俟終日。」易曰：「介于石，不終日，貞吉。」介如石焉，寧用終日？斷可識矣。君子知微知彰，知柔知剛，萬夫之望。」

豫之六二：當天下悦豫之時，人皆樂通於物而爲悦也，六二乃介然如石。當是時也，上交於五不爲諂諛也，下交於初不爲褻瀆也，乃介如石焉。其方寸之地淵静，而物來能名，事至能斷，寧用終日？斷可識矣。故在微而能知彰，在柔而能知剛，宜乎天下萬民望之而爲標準也。

子曰：「顔氏之子其殆庶幾乎！有不善未嘗不知，知之未嘗復行也。」易曰：「不遠復，无

祗悔，元吉。」

復貴於早。顔氏之子有不善未嘗不知，知之未嘗復行。方其萌於心，謀於慮，乃改其過而不行，此近於復之初九，所以无祗悔也。

天地絪緼，萬物化醇，男女構精，萬物化生。易曰：「三人行則損一人，一人行則得其友。」言致一也。子曰：「君子安其身而後動，易其心而後語，定其交而後求。君子修此三者，故全也。危以動則民不與也，懼以語則民不應也，无交而求則民不與也，莫之與則傷之者至矣。易曰：「莫益之，或擊之，立心勿恒，凶。」

天下之理惟一致者能得其要，用志不分乃凝於神。苟挾二三之心，狐疑之志，則安能盡誠而進於德乎？損之六三所謂「三人行則損一人，一人行則得其友」，能致一者也；益之上九「莫益之，或擊之，立心勿恒，凶」，不能致一者也。竊觀天地絪緼，萬物化醇，此二氣所以致一也。男女構精，萬物化生，此六子所以致一也。身不安則存諸己未定，孰能爲人乎？故安其身而後動可也。心不易則是非毀譽懷於胸中，而與之交戰，能無懼乎？故易其心而後語可也。交不定則好惡異尚而情不通，孰肯應乎？故定其交而後求可也。益之上九「立心勿恒」，不能盡此，所以致凶。邵子曰：絪，氣之相因；絪，氣之相溫。相因以爲合，相溫以爲和，此萬物之化也醇而已。醇者其氣也，所謂精神生於道者也。男女構精，萬物化生，則生者精也。道散而有一以至萬，則萬物皆出於一。人之所以致一者，順性命之理，而不以妄易真，以復其本而已。此損之六三言致一也。

子曰：「乾、坤，其易之門邪？」乾陽物也，坤陰物也。陰陽合德而剛柔有體，以體天地之撰，以通神明之德。其稱名也雜，而不越於稽其類，其衰世之意邪？

易寓於乾、坤，乾、坤可以見易。故乾、坤乃易之門，言易之道出入於乾、坤之兩間者乎！以卦言之，乾之三奇乃陽物也，坤之三耦乃陰物也。三奇三耦索而爲六子，互體卦變積而爲六十四，此陰陽合德而剛柔有體也。夫四時之迭運，五行之攸序，皆天地之撰也。聖人作易，所以體天地之撰者，如損、益之盈虛，剥、復之進退，乃體天地之撰者乎！陰陽之造化，剛柔之消長，皆神明之德也。聖人作易，所以通神明之德者，如知死生之説，知幽明之故，乃通神明之德者乎！是以「三易」之稱，或曰歸藏而始於坤，或曰連山而始於艮，或曰周易而始於乾、坤。此三者之名雖曰雜也，然其畫皆六，其卦皆八，初未嘗越於道也。然考其類之所在，則夏曰連山，商曰歸藏，周曰周易，皆世衰道微者乎！

夫易，彰往而察來，而微顯闡幽，開而當名辨物，正言斷辭則備矣。

論易之神，彰往察來；論易之道，微顯闡幽。往來以時，言或往或來，以其無常，人不能知也；惟易之神，往者彰之，來者察之。微幽以理言，或微或幽，人不能察也；惟易之道，微者顯之，幽者闡之。易之神、易之道，儻非乾坤開而當名辨物，正言斷辭，則易之道安能備而無窮乎？是以乾陽物，其數爲奇；坤陰物，其數爲耦。陽奇陰耦以示之，然後即其健而名之以乾，即其順而名之以坤，以至六子、六十四卦當其名也。夫名既當，則剛柔之物〔一〕雖曰相雜，蓋有自然而辨者矣。言天下之至賾而爲象，言天下之至動而爲爻，以至吉凶者言乎其失得，悔吝者言乎其小疵，皆正其言也。夫言既正，則辭之指其所者蓋有自然而斷者矣。

其稱名也小，其取類也大，其旨遠，其辭文，其言曲而中，其事肆而隱。因貳以濟民行，以明失得之報。

〔一〕物：枕碧樓叢書本作「義」。

夫名卦曰睽而已，而天地之事同、男女之事類在焉。名卦以恒而已，而日月之久照、四時之九〔一〕成在焉。此稱名小而取類大也。利用安身，窮神知化，九四之意深矣，其辭乃曰「憧憧往來，朋從爾思」而已。絪縕化醇，男女構精，損六三之意遠矣，其辭乃曰「三人行則損一人，一人行則得其友」而已。此其旨遠，其辭文也。在同人未嘗言同，所言者類族辨物、大師相克之事。其言雖曲也，乃中其尚同大過之弊也。在鼎所載者以木巽火亨飪之事，其事甚肆而易見也，然所寓者皆養賢享帝與夫取新之道隱於其間也，是以民之雖安其危而利其菑，樂其所以亡，甚者有知者疑而不能肆其謀，有力者疑而不能肆其勇，此聖人之作易所以因民之疑以濟其民行，所以明其失得〔二〕之報。

易之興也，其於中古乎？作易者其有憂患乎？是故履，德之基也；謙，德之柄也；復，德之本也；恒，德之固也；損，德之修也；益，德之裕也；困，德之辨也；井，德之地也；巽，德之制也。履和而至，謙尊而光，復小而辨於物，恒雜而不厭，損先難而後易，益長裕而不

〔一〕九：枕碧樓叢書本同。疑當作「久」。

〔二〕失得：原作「得失」，據枕碧樓叢書本乙。

設，困窮而通，井居其所而遷，巽稱而隱。履以和行，謙以制禮，復以自知，恒以一德，損以遠害，益以興利，困以寡怨，井以辨義，巽以行權。

伏羲、神農、黄帝、堯、舜之時，上下數千百年，民淳事簡，三畫足以周天地〔一〕之情，八卦足以盡事物之變。當是時也，易不以不興而亡也。及夫周之文王在商受之時，有君人之大德，内文明而外柔順，望道而未見，於是重伏羲之一卦而八，八卦而六十四，一爻而六，六爻而三百八十四。此易所以興於中古也。然六十四卦皆濟民行而出民於憂患也，而特取九卦以言之者，蓋涉世路始於履，終於巽，則庶幾免人道之患也，此所以三言之。是以君子以非禮勿履，欲崇其德，必始於禮，履爲德之基。謙者處後而人先之，君子有終，不可須臾去也，故曰「謙，德之柄」。人復而反本則不逐於末，故曰「復，德之本」。人而無恒，不可以作巫醫，故恒則德之固而不可動摇乎！損去其害德者，德自此而修矣。益者日益以增而進，故綽然有餘也。在困窮之時，不待言而德自辨矣，風雨然後知雞鳴不已，歲寒然後知松柏之後彫也。積德如井，内不失己，外

〔一〕天地：枕碧樓叢書本作「天下」。

不失人，而又不改焉，所以爲德之地。巽以行權，巽爲木〔一〕，言其曲直不執一節；巽爲風，言其去來不知所自。德至於巽，則達權通變，制於事而不執於一方，如工之制器者乎！孔子論乾之九三曰：「知至至之，可與幾也。」蓋言九三不中，能知中之可至，此知幾也。故中者可至之地，不及於中非至也，過於中非至也。禮而行其大同於人，而又得不失於中也，故曰「履和而至」。謙之彖曰：「謙尊而光。」此又復云者，言尊者知謙，則合并天下衆善，善爲君子之光者矣。人知〔二〕復貴乎早，方其發於心，萌於慮，如顔子之不遠復，此小而辨於物也，若夫物交物則引之而已。白而易汙者不若涅而不緇，剛而易折者不若磨而不磷。故有恒德者雜之而不厭，然後見其道之久也。去其害己，懲忿窒欲，所以爲難也；及夫毁己遠害則復易焉。天下之益，有心爲之，此出於作爲，所以爲設也。人君之益天下，天地之益萬物，長之裕之，皆貴於不設，因其自然可也。在困而能通者，所以爲君子也。是以經曰：「困而不失其所亨者，其唯君子乎！」故窮阨禍患，人不我知，君不我用，此困宜乎窮也；然君子致命遂志，而其道常

〔一〕木：原作「本」，據枕碧樓叢書本改。
〔二〕知：枕碧樓叢書本作「之」。

通者，乃困而不失其所亨也。能存諸己，然後可以推而及人。井居其所，乃存諸己，往來井井，遷而及人者也。凡爲人者必失己，爲己者必失人，惟井居其所而遷，此物我兩存也。有智名者，智有時而窮；有勇名者，勇有時而竭。曾不知巽之爲道，時之或文或質，事之或寬或猛，皆稱其宜，殆求其迹而不可見者，此「巽稱而隱」者乎！人之行或太過，或不及，或爲人，或爲己，不得其節者多矣。惟履有以和其行，則仁不失於姑息，義不失於刻剥，信不至於失己，智不至於穿鑿，此履所以和行也。謙之象曰：「稱物平施。」而傳謙以輕爲戒，故君子之謙，非樂於下人者也；德言盛，禮言恭，謙以制禮而未嘗過也。有不善未嘗不知，知之未嘗復行也，此豈非自知乎？此非因人而知，乃悟之於心，覺之於性也，故曰「復以自知」。德惟一動罔不吉，德二三動罔不凶。恒之君子，素富貴行乎富貴，素貧賤行乎貧賤，其德如天地之貞觀，日月之貞明，終始如一，故曰「恒以一德」。九卦所論，皆修身行己之事。「損以遠害，益以興利」，非謂去天下之害、興天下之利也。害於己者遠之，如懲忿窒欲是也；利於己者興之，如遷善改過是也。遠害之遠，如「遠佞人」之遠；興利之興，如「興於詩」之興。在困而怨者，不能樂天者也。然人皆有情，能寡其怨者亦可貴也。欲知義，觀諸井則義明矣，此井所以辨義。九卦惟井爲象之顯然者，所以明其義。人之出處進退、取舍辭受，即井以明之，故内能存己，外不絶物，乃爲義也。孔子論「可與共學，未可與適道；可與適道，未可與立；可與立，未可與權」，此權不易至也。至於「巽以行權」，則人道之患莫能及矣，所以終之以此。

易之爲書也不可遠，爲道也屢遷。變動不居，周流六虚，上下无常，剛柔相易，不可爲典要，唯變所適。其出入以度，外内使知懼，又明於憂患與故，无有師保，如臨父母。初率其辭而揆其方，既有典常。苟非其人，道不虚行。

易之書所以載道，以其載道，故不可遠。如居則觀其象而玩其辭，動則觀其變而玩其占，譬之日月之於人，水火之養生，人雖欲遠之，有不可得者，故曰不可遠，故其爲道也屢遷。觀其變動不居，周流六虚，此言六爻無定位也；上下無常，剛柔相易，此言六爻無定體也。惟變動不居，周流於六位之間，故六位爲虚器；惟上下无常，而莫適乎剛柔之用，故剛柔无定體。非若册之有典而太常可考也，非若體之有要而衆形可會也，唯變所適而已。凡此者，皆言其爲道也屢遷者歟！其出以度外，則无外患也；其入以度内，則无内患也。易之辭各指其所之，此其所以内外使知懼也。出門者固有功矣，遯出者固无咎矣，然不出户者，在節乃爲知時；入于林中者固吝矣，入于坎窞者固勿用矣，然視履而旋者，在履乃爲有慶，是其可懼也如此。辭之所告，非特使之知懼，又明憂患與夫憂患之所因，此書之不可遠也，「无有師保，如臨父母」焉。夫師者教之道而有所欽也，保者輔其功而有所愛也。夫有師保而後欽愛者，此學而後知，教而後能，非天性之自然也。人之於易，不待師保，而欽愛之心如臨父母，此附麗不以膠漆，約束不以纆索，不可遠之道出於天性之自然者乎！大抵易之辭，其告人也各指其所之，有上有下，有內有外，循其辭而揆其所指之方，則不迷其所向。其道雖不可爲典要，與其書則有典可循，有常可道也。凡此者皆以其書之不可遠者歟！嗚呼！人能弘道，非道弘人。雖載道而不可遠道，雖屢遷而未始有常，神而明之，存乎其人者也，苟非其人，則道安能虚行乎？

易之爲書也，原始要終，以爲質也。六爻相雜，唯其時物也。其初難知，其上易知，本末也。初辭擬之，卒成之終。若夫雜物撰德，辨是與非，則非其中爻不備。噫！亦要存亡吉凶，則居可知矣。

如乾之卦，所以原陽之始，要陽之終；如坤之卦，所以原陰之始，要陰之終。此爲質也，此卦之德方以知也。至於觀其會通，以行其典禮者，時也；「分陰分陽，迭用柔剛」者，物也。六爻相雜，唯其時物，此六爻之義所以易以貢也。其初難知，謂凡爻之初，辭隱而難知者，謂初辭擬之故也。凡爻之上，辭顯而易知者，謂卒成之終故也。此本末所以不同者如此。若夫或以陽居陰，或以陰居陽，其物之交錯者，此雜物也。或中或不中，或正或不正，其德之迭作者，此撰德也。辨其當於理者爲是，辨其悖於理者爲非，其唯中爻乎！二三四五是也。易之中爻，其辨是與非者可謂備矣。苟明乎此而求其要，則存亡吉凶可坐而知矣。

知者觀其彖辭，則思過半矣。二與四同功而異位，其善不同，二多譽，四多懼，近也。柔之爲道，不利遠者，其要无咎，其用柔中也。三與五同功而異位，三多凶，五多功，貴賤之等也。其柔危，其剛勝邪？

彖者，言乎象者也，蓋言卦之不言之意，具於象者乎！彖者，材也，蓋言卦之兼該之體備於此者乎！故智者觀其彖辭，則所得者已七八矣，又何必中爻雜物撰德而辨其是非乎？二與四皆陰，而二居内，四居外；三與五皆陽，而三爲臣，五爲君：是謂同功而異位也。二與四雖俱陰也，然二多譽者，以進於君而令聞令望歸之也；四多懼者，以其近於君而抑權損勢也。然柔之爲道，固當有所麗而不利於遠，若夫其要无咎，則所貴者在其中爾。此二所以遠而多譽，以其得於柔中，故其要无咎也。三與五雖俱陽也，然三多凶者，以其居下卦之上而近於賤；五多功者，以其居上卦之中而處其貴故也。然三也以柔處之則危而不安，以剛處之則重剛而勝也。論二與四，詳於二而略於四；論三與五，詳於三而略於五：此互相備，即此以見彼也。

易之爲書也，廣大悉備，有天道焉，有人道焉，有地道焉。兼三才而兩之，故六；六者非他也，三才之道也。道有變動，故曰爻；爻有等，故曰物；物相雜，故曰文；文不當，故吉凶生焉。

易之爲書，所以載三才之道，此其所以爲廣大悉備也。立天之道曰陰與陽，立地之道曰柔與剛，立人之道曰仁與義：此易所以六畫而成卦，六位而成章。六者非他，乃三才之道也。三才之道，其所變動如天之陰陽，地之柔剛，人之仁義。有所變動也，如陽氣下降，陰氣上升，柔來而文剛，剛上而文柔，仁濟之以義，義濟之以仁。此天地之道，有所變動以趨其時者，乃所以爲爻也。觀爻之二四有遠邇之殊，三五有貴賤之異，或多譽而多懼，或多凶而多功，其等等不可移者，所以爲物也。至於三五之陽而以柔居之，縱横錯綜，經緯无常，此物之相雜，故曰文也。文之不當則宜凶也，而併與吉言者，蓋不當而凶，乃知其當而吉故也。

易之興也，其當殷之末世、周之盛德邪？當文王與紂之事邪？是故其辭危。危者使平，易者使傾，其道甚大，百物不廢。懼以終始，其要无咎，此之謂易之道也。

道汙則從而汙，此商之末世也；道隆則從而隆，此周之盛德也。觀諸文王與紂，則危者使平，易者使傾，蓋可知矣。文王囚于羑里，望道未見，以其小心翼翼而尊其易，故危者使平也。紂貴爲天子，以其殺戮無辜而悖於易，故易者使傾也。其道甚大，世之百物所以不廢者，易有以行乎天地之中，故無廢墜也。既懼其始，使人防微杜漸；又懼其終，使人持盈守成。其要之以无咎而補過，乃易之道也。

夫乾，天下之至健也，德行恒易以知險；夫坤，天下之至順也，德行恒簡以知阻。能説諸心，能研諸侯之慮，定天下之吉凶，成天下之亹亹者。

健者，疑若不知險也；今乾爲天下之至健，其德行常易，故知險而不爲陰所陷，豈非至健乎？順者，疑若不知阻也；今坤爲天下之至順，其德行常簡，故知阻而不爲陽所拒，豈非至順乎？大抵易則易知，簡則易從，故能説諸心；知險知阻，故能研諸慮。

心之説也，不忤於理；慮之研也，不昧於事。則得者爲吉，失者爲凶。吉凶既定，則凡勉於事功者，莫不弘之不息以成其功矣。

是故變化云爲，吉事有祥，象事知器，占事知來〔一〕。

聖人悟易於心，而天道之變化、人事之云爲，得之於心者如此，則知幾之神，吉事有祥也。推此以利養生民，故象事知器；推此以吉凶，與民同患，故占事知來。變者陽也，化者陰也，謂之變化，此陰陽未辨者乎？云者言也，爲者行也，謂之云爲，此言行未著者乎？聖人之心術，雖融貫天人之道於方寸之間，其見微知著，觀往知來，無非吉事有祥也。故推之以制器，則利養天下之民；推之以爲占，則吉凶與民同患。

天地設位，聖人成能；人謀鬼謀，百姓與能。

天能天而不能地，地能地而不能天，所賴聖人成其能。夫聖人之能成天地，其能可謂大矣。然又且明謀之人，如詢于芻蕘是也；幽謀之鬼神，如質諸卜筮是也。如是則不忍以爲能，故百姓莫不歸美以與其能矣。

〔一〕「是故變化云爲」至「占事知來」原與上段「莫不弘之不息以成其功矣」相連，據枕碧樓叢書本分段。

八卦以象告，爻彖以情言，剛柔雜居，而吉凶可見矣。

「八卦成列，象在其中矣」，此八卦所以告人以象。至於爻者變也，彖者材也，皆有辭者，此聖人以情而言於人也。剛柔雜居，則交通以趨時，而或失或得，故吉凶見焉。

變動以利言，吉凶以情遷。

乾之德有利有正；變動以利言，非正也。人之生有性有情；吉凶以情遷，非性也。正則無變動矣，性則無吉凶矣。六爻之變動，將以圖利而免害也；六爻之吉凶，無非以情而感物也。

是故愛惡相攻而吉凶生，遠近相取而悔吝生，情僞相感而利害生。

彼之所愛，此或惡之；此之所惡，彼或愛之：此愛惡出於情之不同，而吉凶所以生也。遠者或有求於近，近者或有求於遠：此遠近出於分之不等，而悔吝所以生也。以情感者或應之以僞，以僞感者或應之以情：此情僞出於心之不一，而利害所以生也。此聖人作易，畢羅天下之事者乎！

凡易之情，近而不相得則凶；或害之，悔且吝。

天下之物，同聲相應，同氣相求，所以相近而相得也。廟堂之上，閨門之中，鄉黨之間，學校之内，皆貴乎近而相得也。今也近而不得，其爲患也異乎行道之人，故大則凶，小則害，其微則爲悔吝矣。考諸易爻，莫不皆然，故云凡易之情。

將叛者其辭慚，中心疑者其辭枝，吉人之辭寡，躁人之辭多，誣善之人其辭游，失其守者其辭屈。

叛而親離者内負所愧，故其辭慙；疑而備豫者蔓衍不根，故其辭必枝；吉人爲善不足，故言出於不得已，故其辭寡；躁人之急於自售，故言必期於見信，故其辭多；人有善也，誣而謗之，則其辭不敢正言人之非，故曰其辭游；失其守則不能直己以見道，故曰其辭屈。聖人既有以知人之情，又有以察人之辭，何異疏而不漏者乎？

南軒易説卷三

説卦

昔者聖人之作易也，幽贊於神明而生蓍，參天兩地而倚數，觀變於陰陽而立卦，發揮於剛柔而生爻，和順於道德而理於義，窮理盡性以至於命。

義在我也，命在天也。天下之人皆知義命，則聖人之易不作矣。惟夫不知義者甘心於自暴自棄，不知命者奔競而患得患失，此聖人不得已而生蓍倚數，立卦生爻，凡以爲天下知義命者設也。是以天地能生蓍之形而不能生蓍之用。惟聖人之德贊於神明，故分之、卦之、揲之以四，歸奇於扐，生其用而至於圓而神也。一三五七九皆陽數也，獨以一三五參之而用九，此倚其陽數也；二四六八十者皆陰數也，獨以二四兩之而用六者，此倚其陰數也。特取九六而不用夫七八者，乃參天兩地而倚其數也。純陽爲乾，純陰爲坤，及夫陰陽之變，則陽卦多陰，陰卦多陽，此卦所以立也。剛柔者所以立本，變通者所以趨時，必待發其所藴，揮其所聚，此爻所以生也。道者出于天，德者得于己，能和順道德，自然於義无所亂也，故曰理於義，如此則人盡矣。萬物有自然之理，一身有自然之性，能窮理盡性，自然於命無所負矣，故曰至於命，如此則天道盡矣。

昔者聖人之作易也，將以順性命之理，是以立天之道曰陰與陽，立地之道曰柔與剛，立人之道曰仁與義。兼三才而兩之，故易六畫而成卦；分陰分陽，迭用柔剛，故易六位而成章。

君子不謂性，有命存焉。故凡耳之於聲，目之於色，鼻之於臭，口之於味，四支之於安佚，雖曰性也，詎可以性而害其命乎？君子不謂命，有性存焉。凡仁之於父子，義之於君臣，禮之於賓主，智之於賢者，聖人之於天道，雖曰命也，詎可以命而害其性乎？奈何中古以降，人僞日滋，天機日澆，以性滅命者必以人而勝天，以命廢性者必以天而勝人，天人之理顛倒錯亂。聖人作易，方其未作之前，其意已在焉，故曰將以順性命之理者也。是以二與四同功，而初亦如之；三與五同功，而上亦如之。此分陰分陽也。居剛者不必皆剛，而或以柔；居柔者不必皆柔，而或以剛。此迭用柔剛也。分之以示其理之之經也，迭用以示其理之之緯也，此六位而成章者，經緯交錯而成也，易道至此成矣。

天地定位，山澤通氣，雷風相薄，水火不相射，八卦相錯，數往者順，知來者逆，是故易逆數也。

自太極生兩儀，兩儀生四象，四象生八卦。故八卦者，乃聖人闡其神明之德以示人者也。是以天運乎上，地處乎下，此天地定其位也。山之殺瘦，澤之增肥，此山澤通氣也。雷之震驚至於拔山，風之鼓舞至於振海，各恃其功，故曰相薄。火之炎上其性燥，水之流下其性濕，不可相近，故曰不相射。此麗於有形，涉於有數，其勢若不相悖者也。及夫聖人作易，乾、坤交通而天地之位或上或下，艮、兑相與而山澤之氣或止或悦，以至震、巽合而雷風迭用，坎、離濟而水火成功，此八卦相錯，而六十四卦三百八十四爻可以窮造化之大，測鬼神之幽。逆而推之，則四象、兩儀與夫太極之遠可坐而致也。大抵天下之事數往者順，知來者逆，故善作樂者必求之於無聲，欲制禮者必求之於太始。易之於天下，皆逆數以察其來，故易逆數也，逆如逆暑逆寒之謂，豫爲之主者也。

雷以動之，風以散之，雨以潤之，日以烜之，艮以止之，兑以説之，乾以君之，坤以藏之。

陽氣升而阻於陰，此雷所以動而震發其萬物也；陰氣達而礙於陽，此風所以散而吹嘘其萬物也。陰之不固而成和於陽者，此雨所以潤萬物，異乎灌溉之勞也；陽之所宗而不爍於陰者，此日所以烜萬物，異乎爓火之微也。此四者，取其生物也，故主象以言之。物之小大長短之不同，剛柔緩急之不等，椿菌各安其壽夭，鵬鷃各得其巨細，物物有正性，物物有正命者，有艮以止之者歟？太和所稟而無所乖戾，大順所鍾而無所偏陂，勞者自此而少息，華者自此而向成者，有兑以説之者歟？夫有風雷以作其氣，有雨日以成其形，而又有艮以止其分，兑以説其情，豈無司其造化之權者乎？此乾所以君之也；豈無冥其出入之機者乎？此坤所以藏之也。此四者，取其成物也，故主卦以言之。

帝出乎震，齊乎巽，相見乎離，致役乎坤，説言乎兑，戰乎乾，勞乎坎，成言乎艮。萬物出乎震，震東方也；齊乎巽，巽東南也。齊也者，言萬物之潔齊也。離者明也，萬物皆相見，南方之卦也；聖人南面而聽，天下嚮明而治，蓋取諸此也。

帝者神之應，而生物之所宗也。帝出乎震，於方爲東，於時爲春，萬物從之而出。方其出也，草昧而不齊，汙穢而不潔，惟至於東南然後齊而潔，潔齊然後可以相見。故離也者，於方爲南，於時爲夏，萬物亨嘉而相見。聖人出人天之本宗，應帝王之興起，南面而聽，天下嚮明而治，亦體天道以臨其人者也。故曰「蓋取諸此」，言其不恃其明以聽天下者乎？

坤也者地也，萬物皆致養焉，故曰致役乎坤。兑正秋也，萬物之所説也，故曰説言乎兑。戰乎乾，乾西北之卦也，言陰陽相薄也。坎者水也，正北方之卦也，勞卦也，萬物之所歸也，故曰勞乎坎。艮東北之卦也，萬物之所成終而所成始也，故曰成言乎艮。

坤西南也，乃夏、秋之交也，然萬物皆致養於坤，如萬物資生者是也。至於出機入機，出冥入冥，生於此而反於此，未始暫停，而坤乃隤然在下，此致役乎坤也。萬物自出乎震，相見乎離，而又致役乎坤，可謂勞乎！至兑之西方，於時爲秋，所以少息，此萬物所以説也。至於西北，則陽自外來而爲主於内，陰恃已盛之勢而未肯聽命，此戰乎乾，所以陰陽相薄也。坎也者，萬物交精乎天一，今也復歸於此，故曰勞乎坎。勞者如勞師之勞，勞其還也。惟艮介乎東北之地，乃春冬之交，萬物所從出入之方，所以成其終而成其始，故曰「成言乎艮」。

神也者，妙萬物而爲言者也。

夫八卦各有所在也，而神則無在而無不在；八卦各有所爲也，而神則無爲而無不爲。謂之生萬物乎？然未嘗不成萬物也；謂之成萬物乎？然未嘗不生萬物也。强名之曰「神」者，即其妙萬物而强名之也。

動萬物者莫疾乎雷，撓萬物者莫疾乎風，燥萬物者莫熯乎火，説萬物者莫説乎澤，潤萬物者莫潤乎水，終萬物始萬物者莫盛乎艮。故水火相逮，雷風不相悖，山澤通氣，然後能變化，既成萬物也。

此論六子。萬物不能以自生，有雷以動之，有風以散之；萬物不能以自成，有火以燥之，有澤以説之，有水以潤之。然終之而萬物有所歸，始之而萬物有所出者，此莫盛乎艮也。前言天地定位，山澤通氣，終於水火不相射，蓋言八卦各立以爲體也；此言水火相逮，終於山澤通氣者，蓋言六子交通爲用也。水之飲酌有待於火，火之烹飪有須於水：此水火相逮也。雷之震驚，有風以散之；風之鼓舞，有雷以先之：此雷風不相悖也。山之氣下，下通乎澤；澤之氣上，上通乎山：此山澤通氣也。惟六爻交相爲用，故變者自無而有，化者自有而無，此既成萬物者乎！

乾，健也；坤，順也；震，動也；巽，入也；坎，陷也；離，麗也；艮，止也；兑，説也。

乾之純陽，故其性健；震得其陽而在下，故動也；坎得其陽而在中，故陷也；艮得其陽而在上，故止也。凡此者，皆得其陽而未全者也。坤之純陰，故其性順；巽得其陰而在下，故入也；離得其陰而在中，故麗也；兑得其陰而在上，故説也。凡此者皆得其陰而不全者乎！

乾爲馬，坤爲牛，震爲龍，巽爲雞，坎爲豕，離爲雉，艮爲狗，兑爲羊。

乾得陽而健，故爲馬者，以其致遠也；坤得陰而順，故爲牛者，以其任重也；震爲龍者，龍善動而升降自如，而東方之七宿其象蒼龍也；巽爲雞者，雞知時善變，而工商執雞者亦如其知時；坎爲豕者，豕主汙濕，其性趨下也；離爲雉，雉性耿介，而外文明也；艮爲狗，言其能止人而又止於人也；兑爲羊，言其外柔而内狠也。凡此者皆遠取諸物也。

乾爲首，坤爲腹，震爲足，巽爲股，坎爲耳，離爲目，艮爲手，兑爲口。

其形上圓而五官寓，而衆陽之所會者首也。五臟六腑之所存，而陰虚有所受者腹也。足在下而善動；震一陽而在乎二陰之下，善動者也，故震爲足。股輔上而善隨；一陰伏乎二陽之下，善動者也，故巽爲股。坎爲耳；耳者内陽也，而又爲水，故耳必下而能聽。離爲目，目者内陰也，而又爲火，故目必仰而能視。艮爲手，執之而有，釋之而無，而四支之所止也。兑爲口，出言以説人，飲食以説體，此兑所以爲口也。凡此者，皆近取諸身也。

乾天也，故稱乎父；坤地也，故稱乎母；震一索而得男，故謂之長男；巽一索而得女，故謂之長女；坎再索而得男，故謂之中男；離再索而得女，故謂之中女；艮三索而得男，故謂之少男；兑三索而得女，故謂之少女。

老陽爲父，故乾爲父；老陰爲母，故坤爲母。老陽能變，故自下而索震爲長男，自中而索坎爲中男，自上而索艮爲少男；老陰能變，故自下而索巽爲長女，自中而索離爲中女，自上而索兑爲少女。

乾爲天，爲圜，爲君，爲父，爲玉，爲金，爲寒，爲冰，爲大赤，爲良馬，爲老馬，爲瘠馬，爲駁馬，爲木果。

乾爲天者，運而不息，得諸陽而在上者也。圜者運而無窮，而考工記謂衣裳畫火爲圜，亦以象乾也。爲君、爲父，道之尊也；爲玉、爲金，德之貴也。乾位在亥，其陽氣自下而升，故陰氣凜冽而爲寒，凝結而爲冰。其畫皆一，故爲大赤，異乎坎之爲赤也。

爲良馬者言其性，爲老馬者言其數，爲瘠馬者言其剛，爲駁馬者言其變，爲木果者言其陽氣能生[一]者乎！

坤爲地，爲母，爲布，爲釜，爲吝嗇，爲均，爲子母牛，爲大輿，爲文，爲衆，爲柄，其於地也爲黑。

坤爲地者，言其隤然下載，上承於天也。爲母者，親而不尊，生産而萬物育也。爲布者，言其無遠無近，行地無疆，德合無疆者也。爲釜者，化物而不化於物者也。爲吝嗇者，其静也翕，而歛藏爲事也。爲均者，其勢均平，而無偏陂者也。爲子母牛，善載而生生也。爲大輿，方而下載者也。文事武備，宜乎坤爲文也。其畫皆耦，故爲衆也。用處物之後，而持其權者柄也。其於地也爲黑者，陰之色也，異乎乾之爲大赤。

震爲雷，爲龍，爲玄黄，爲旉，爲大塗，爲長子，爲决躁，爲蒼筤竹，爲萑葦。其於馬也，爲善鳴，爲馵足，爲作足，爲的顙。其於稼也，爲反生。其究爲健，爲蕃鮮。

陽氣自下而上者，故爲雷也。潛升在己，而動之以時者，故爲龍也。震爲四時之首，

[一] 生：枕碧樓叢書本作「升」。

天地始交，二氣未分，故爲玄黄。方春而發生，萌芽條達，故爲旉。萬物由之而出，異乎艮之徑路，故爲大塗。對女而言，故爲長男。爲長子者，亦以其一索而得之。陽動於下，物莫能遏，故其性以燥。根之盤結而下，其剛者爲竹，其柔者爲蘆葦，皆一陽在下故也。凡物不得其平則鳴，在下而不得其平，故爲馬之善鳴也。後足白謂之馵，見爾雅。左爲陽而右爲陰。後足左白則陰不先動，從陽而作故也。爲作足者，一陽性動而作於下也。二陰在外而著見，故爲的顙。凡五穀草木之實必倒生焉，言其陽陰〔一〕自下而生。在人亦然。凡陽有自然之性，震之究必終於爲乾，故其究爲健。於春而蕃鮮，震其時乎！

巽爲木，爲風，爲長女，爲繩直，爲工，爲白，爲長，爲高，爲進退，爲不果，爲臭。其於人也，爲寡髮，爲廣顙，爲多白眼，爲近利市三倍。其究爲躁卦。

曲直不一，即從權也，故爲木。善入而無形，故爲風。一索爲坤，故爲長女。能屈能伸，故爲繩直。制器不專於一方而用其隱，故爲工。白受采而無不入也，故爲白。不

〔一〕「陰」字疑爲衍文。

自矜，故爲長。自下而人高之，故爲高。巽則進退不果，故爲進退，又爲不果也。臭達乎遠而無不通，故爲臭。髮者血之餘也，一陰在内，其氣耗，故爲寡髮。二陽在上，昭然顯白，故爲廣顙。木開竅爲目，金於色爲白；巽爲木而在巳，金生於巳而尅木焉，故爲多白眼。離爲南方，日中之市，而巽去離不遠也，故爲近利市三倍。凡物極則反，故巽順之至，究則爲躁卦，以陰本自性者乎！

坎爲水，爲溝瀆，爲隱伏，爲矯輮，爲弓輪。其於人也，爲加憂，爲心病，爲耳痛，爲血卦，爲赤。其於馬也，爲美脊，爲亟心，爲下首，爲薄蹄，爲曳。其於輿也，爲多眚，爲通，爲月，爲盜。其於木也，爲堅多心。

一陽在内，二陰在外，内明外晦，故爲水也。爲溝瀆者，水之流行者也；爲隱伏者，水之淵深者也。爲矯者以曲而直，爲輮者以直而曲，有矯輮而外之勢，不泛濫而潰亂者，古人之行水者如此。弓蓋二十有八，所以蔽其車之上；輪輻三十，所以載其下；爲弓輪所以行坎之險也。水之爲物，生北而北方之志爲恐，恐則加於憂也。五行之氣，在藏於心爲火，坎爲水，則勝於火，故於心爲病。水在藏爲腎，開竅於耳，而坎一在中，故爲耳痛。氣爲陽而血爲陰，周流於四支，亦猶水之天地間〔一〕，故爲血。其一在中，異乎乾之純陽爲大赤也，故爲赤。陽在其中，其於馬爲美脊。其性善動，故爲亟心。其性趨下，故爲下首。險而多陷，故爲薄蹄而不利於行，馬援傳注云「蹄欲厚」故也。盈科而後進故爲曳。平原易野〔二〕，故輿行而無阻也。在坎故多眚。萬折而歸於東故爲通。外晦内明故爲月。行於陰而善陷故爲盜。水生木，而一生其中，故爲堅多心。

離爲火，爲日，爲電，爲中女，爲甲胄，爲戈兵。其於人也，爲大腹，爲乾卦，爲鼈，爲蟹，爲蠃，爲蚌，爲龜。其於木也，爲科上槁。

離爲南方，故爲火。外明内晦，故爲日。此明於陽者也。在幽而明，故爲電。此明於陰者也。再索於坤而得之，故爲中女。甲胄外堅，所以象離之畫；戈兵上鋭，所以象火之性。腹陰而有容，坤爲腹，而離得坤在中，故爲大腹。暵其萬物，故爲乾卦。鼈無耳而併精於目，如離之明。蟹用心之躁，如離之性也。蠃上鋭而有所麗，其象離之

〔一〕亦猶水之天地間：據上文，似當作「亦猶水之周流於天地間」。

〔二〕平原易野：「易」字疑誤，或當作「廣」。

形乎？蚌内陰而産珠，其象離之中虚乎？至於龜則於人爲靈，於己則昧於此，外明内晦也。火尅木而槁，故爲「科上槁」。

艮爲山，爲徑路，爲小石，爲門闕，爲果蓏，爲閽寺，爲指，爲狗，爲鼠，爲黔喙[一]**之屬。其於木也，爲堅多節。**

艮之一陽上而止其所，故爲山也。徑小也，路大也，萬物自此而入故小，自此而出故大，故爲徑路，而又爲小石也。蓋石之小者，有可轉之理，乃能動能静者乎？一陽在上，而往來出入莫不由於斯者，此門闕也。果者，一陽在上之象也；蓏者，二陰在下之象也。閽人譏其出入而爲之啓閽[二]，寺人相道出入之事而糾之。閽人掌其奇服怪民不入：此司外者也。寺人掌内宫之戒令：此司内者也。爲指，乃四支之止，亦指其出入者也。爲狗，止而能止人者也。爲鼠，陰而止其所者也。狗陽而能止其所者乎？黔，黑色之潛者，而艮爲東北；喙，吐納出入，其又止於上者也。堅，剛在内，則此爲「堅多節」者歟？

〔一〕喙：原作「啄」，據枕碧樓叢書本改。
〔二〕閽：枕碧樓叢書本作「閉」。

兑爲澤，爲少女，爲巫，爲口舌，爲毁折，爲附决。其於地也，爲剛鹵，爲妾，爲羊。

澤能畜水而説物於枯悴之時，故兑爲澤。三索於坤而得之，故爲少女。爲巫，以言語而説神，而又以説人者也；爲口舌，以言而説人，以食而説己。兑正秋，故毁折，異乎震之蕃鮮也。震爲决躁，以其剛陽；至於兑則不能决物，附於人而决之耳。剛鹵者色白，外柔而内剛者也。爲妾，陰之不正而説于人者乎？羊者，外説而狠者乎？

序卦

有天地，然後萬物生焉。盈天地之間者唯萬物，故受之以屯。屯者盈也，屯者物之始生也。物生必蒙，故受之以蒙。

天地者，萬物父母，故有萬物然後天覆乎上，地載乎下，而萬物在天地間，充滿宇宙，此盈天地之間者唯萬物也。夫天地之氣始交，而陰陽之氣甄陶孕育，勾而未萌，甲而未拆，此屯所以爲物之始生也。其生也蒙，雜而未著，故受之以蒙也。

蒙者蒙也，物之穉也。物穉不可不養也，故受之以需。需者，飲食之道也。飲食必有訟，故受之以訟。

蒙者，蒙也。此始生之初，自然而蒙也，異乎物之蒙而蒙也，此物之幼穉不可不養者乎？故受之以需。需者，乃養之以中正，不失其陰陽之和，故爲飲食之道也。夫飲食人之大欲，不得其欲而必致訟，故受之以訟。

訟必有衆起，故受之以師。師者衆也，衆必有所比，故受之以比。比者比也，比必有所畜，故受之以小畜。

烹鼋勿與，遂萌簒殺之心；採桑侵疆，乃起戰爭之患。故始乎訟而衆起，故受之以師也。夫自五人爲伍，積而至萬二千五百人爲師，此師所以爲衆。然而無所比，安能統而歸於一乎？故受之以比者，言其相親比而有所畜止，故受之以小畜。

物畜然後有禮，故受之以履。履而泰然後安，故受之以泰。泰者通也。

以内言之，嘉會足以合禮；以外言之，萬物盛多可以備禮，故受之以履〔一〕也。履得其道，則所履者泰，無適而不安矣。此履所以受之以泰。泰者，陰陽交感而無所間，故爲通也。

〔一〕履：原作「禮」，據枕碧樓叢書本改。

物不可以終通，故受之以否；物不可以終否，故受之以同人。與人同者物必歸焉，故受之以大有。有大者不可以盈，故受之以謙。有大而能謙，必豫，故受之以豫。豫必有隨，故受之以隨。以喜隨人者必有事，故受之以蠱。蠱者事也。

治亂之相仍，如環之無端，故物安有久通者乎？故受之以否。夫泰而驕者所以致否，否而畏者所以復泰，此物不可終否，故受之以同人也。人能樂以天下，與天下同其樂，憂以天下，與天下同其憂，此與人同也，而物歸焉，故受之以大有。有天下之大者不可自任其聰明，要在持之以謙。惟能持之以謙，故優游而無事矣，故謙以受之以豫。惟能悦以動，故天下之人如蟻之慕羶、蛾之赴火矣。此象所以必有所隨也。天下之人，推之不去，却之不得，中心説而從之，然後建立功業，必有成績。此以喜隨人者必有事，故受之以蠱，而蠱者事也。

有事而後可大，故受之以臨，臨者大也。物大然後可觀，故受之以觀。可觀而後有所合，故受之以噬嗑，嗑者合也。物不可以苟合而已，故受之以賁，賁者飾也。致飾然後亨則盡矣，故受之以剥，剥者剥也。物不可以終盡，剥窮上反下，故受之以復。復則不妄矣，故受之以无妄。

事之在天下，未有驟而大者，必積累以成之，然後至於大。有事而後可大，故受之以臨。臨者，二陽進而四陰退，駸駸已向於大矣。天下皆山也，惟泰山可觀；天下皆水也，惟東海可觀；況於人乎？惟物大然後可觀；惟其可觀，然後有所合也。太公居東海之濱，伯夷居北海之濱，所以盍歸於文王者，以文王可觀，然後有所合也，故受之以噬嗑。夫有物間之，故欲合而不可得矣；惟噬而後嗑，此噬嗑所以爲合〔一〕，去小人而君子合也。然物不可以苟合，無故而合，必以無故而離。聖人必綢繆委曲，憂其合之易，則散之亦易也，故受之以賁。賁者，飾之以禮而爲之文飾也。夫賁者，設飾則貴於文者。夫文之太過，則滅其質而有所不通，故致飾則亨有所盡。言其不通，故受之以剥。剥者，五陰剥一陽，此所以爲剥也。然寒極則生暑，陰極則生陽，陰窮於上則陽復於下：此窮上反下，故受之以復。凡天下之事皆妄也，惟復而反本則無妄，然後受之以无妄。

有无妄然後可畜，故受之以大畜。物畜然後可養，故受之以頤，頤者養也。不養則不可

〔一〕合：原作「噬」，據枕碧樓叢書本改。

動，故受之以大過。物不可以終過，故受之以坎，坎者陷也。陷必有所麗，故受之以離，離者麗也。

天之生民，有孚於中，能有其无妄，則所養大矣，故受之以大畜。物畜然後可以推而養人，故受之以頤。頤者養也。不養安能出而應世，動而有爲乎？不成則不遠也，故頤然後繼之以大過也。故大過也，從權以濟其一時。然大過有弊，物不可以終過，故受之以坎。夫物過其中則陷而入於險矣；陷而入於險，必思有所附麗而出其險，故受之以離，離者麗也。上經始於乾、坤而終於坎、離者，此其序也。

有天地然後有萬物，有萬物然後有男女，有男女然後有夫婦，有夫婦然後有父子，有父子然後有君臣，有君臣然後有上下，有上下然後禮義有所錯。

序卦上經之首不言乾、坤，下經之首不言咸者，蓋天地者形也，乾、坤者天地之道也，於序卦言天地，欲人即天地以求其乾、坤者歟？有心爲感，無心爲咸，於序卦言夫婦而不言咸者，欲人即夫婦以求其無心之咸者歟？蓋乾、坤與咸初無所受故也。未有天地，而萬物安從生？及夫天位乎上而施其氣，地處乎下而生其形，此有天地然後有萬物也。夫乾，天也，故稱乎父，所以成男；坤，地也，故稱乎母，所以成女：此有萬物然後有男女也。男女者，言其自然之别也。男正位乎外，必有以代其終；女正位乎内，必有以造其始者。此男女睽而其志通。故有男女然後有夫婦者，言其自然之配也。夫婦之道，納采問名，親迎下嫁，不敢苟合者，以父子之道已肇於此也。謂之父子，言其有自然之繼也。父子之間，視安問寢，合室異居，不敢褻瀆者，以君臣之道已著於此也。謂之君臣，言其有自然之分也。至於有君臣則上下之分不得不嚴，所謂男女、夫婦、父子，其尊卑高下咸有自然之分也。知自别於萬物之中者，以其有上下，而禮爲之節文，義爲之設飾，而禮義有所錯故也。

夫婦之道，不可以不久也，故受之以恒，恒者久也。物不可以久居其所，故受之以遯，遯者退也。物不可以終遯，故受之以大壯。物不可以終壯，故受之以晉，晉者進也。

君子以永終知敝。使三十之男、二十之女夫婦偕老，而無華落色衰之棄，此夫婦之道所以貴於恒而久也。此咸而受之以恒，而恒爲久也。夫流水不濁，户樞不蠹，物之久居其所，則蠱而易壞，故受之以遯，遯者知退而有所遷者也。夫遯而退則弱，然柔弱所以致强壯也，故受之以大壯。物壯則老其可久乎？故受之以晉，晉者柔進而上行故也。

進必有所傷，故受之以明夷，夷者傷也。傷於外者必反其家，故受之以家人。家道窮必乖，故受之以睽，睽者乖也。

日中則昃，月滿則虧，故進而不已，必有所傷，故受之以明夷，明夷者，明入地中而有所傷也。人困苦則呼父母。林回棄千金之璧，負赤子而趨，故傷於外者必反於家。夫家固有父子之親、夫婦之愛，然身不行道，則父子夫婦無復親矣。此家道窮則乖離而不和，此家人所以繼之以睽，而睽所以爲乖也。

乖必有難，故受之以蹇，蹇者難也。物不可以終難，故受之以解，解者緩也。緩必有所失，故受之以損。損而不已必益，故受之以益。

三軍同心則胡越一家，六親不和則舟中咸作敵。睽乖而不和，宜乎有難也，故受之以蹇。蹇，見險而止，所以爲難。然皇天多難，所以增益其所不能，故勾踐之伯生於會稽，而桓公[一]之伯生於在莒，此物不可以終難，故受之以解。解者脱於險，而人情之所懈怠，有攸往夙吉者，世鮮其人，故曰「解者緩也」。夫在解而緩，則所失多矣，故受

〔一〕桓公：原作「威公」，蓋避宋欽宗趙桓之諱而改。今徑回改。

之以損。凡物有損而致益，如木落則糞本是也；損而不已必益，故受之以益也。

益而不已必決，故受之以夬，夬者決也。決必有所遇，故受之以姤，姤者遇也。物相遇而後聚，故受之以萃，萃者聚也。聚而上者謂之升，故受之以升。升而不已必困，故受之以困。

天下之事，益而不已則失其常分，如斷鶴續鳧，揠苗助長，反爲害矣。故益而不已，有必決之理，而夬者決也。善惡不兩立，邪正不並行，有所間則君子無相遇之理，故決去小人，則君子交而遇也，故受之以姤，而姤者，天地交也。凡物相遇然後聚，如羊狼不同囿，鳳鷙不同林，此不相遇，故不相聚也。惟同聲相應，同氣相求，此遇也，故爲萃也，言其合聚而不散也。天下之物，散之則小，合而聚之，則積小以成其高大，故聚而上者升也。升於德則聖敬日躋，若夫冥升，則有所蠱壞而困矣，故受之以困。

困乎上者必反下，故受之以井。井道不可不革，故受之以革。革物者莫若鼎，故受之以鼎。主器者莫若長子，故受之以震。震者動也。物不可以終動，止之，故受之以艮。艮者止也。

凡人，困於功名富貴然後可從於儉約，故困於上者必反下，故受之以井。井居其所不可革，其道則不可不革，故受之以革。革生爲熟，革剛爲柔，此革物者莫若鼎。鼎者天下之重器，主之者其惟長子乎！故受之以震。震以一陽在下，故動。飄風不終朝，驟雨不終日，此物不可以終動，止之，故受之以艮。而艮者，一陽在上，二陰在下，故爲止也。

物不可以終止，故受之以漸，漸者進也。進必有所歸，故受之以歸妹。得其所歸者必大，故受之以豐，豐者大也。窮大者必失其居，故受之以旅。

藏舟於壑，藏山於澤，可謂固矣；夜半有力者負之而走，此物不可以終止，故受之以漸。漸者，止於下而漸於上，不終於止而有進也。凡進者欲有歸也，故受之以歸妹。得其所歸者，如文王得伯夷、太公之歸，此其所以大也，故受之以豐，豐者明之盛大之時。然日中必昃，月盈必食，天地盈虛，與時消息，勿憂，宜日中可也，豐而太過，則失其所居矣，故受之以旅。

旅而無所容，故受之以巽，巽者入也。入而後説之，故受之以兑，兑者説也。説而後散之，故受之以渙，渙者離也。物不可以終離，故受之以節。

旅者，親寡之時，無所容也，惟巽然後得所入，故受之以巽，而巽者入也。入於道故有見而説，故巽而受之以兑。惟説於道，故推而及人，説而後散，故受之以涣。涣者，乃萬民離散，不安其居，故爲離也。凡物之離者必有時而合，故受之以節，而節者，順其人心，説以行險。

節而信之，故受之以中孚。有其信者必行之，故受之以小過。有過物者必濟，故受之以既濟。物不可窮也，故受之以未濟終焉。

節天下以其節之道而民信之，此出於中心之誠信，非勉强也，故受之以中孚。人能有其信，雖蠻貊之邦可行矣，此有其信者必行之，故受之以小過。能高於人而過之，然後可以濟天下，此小過受之以既濟。然事至於既濟，則人情倦於有爲，事之隳廢而物之窮也，故受之以未濟，然後民勉於從事矣。此易所以終之以未濟。

雜卦

乾剛，坤柔，比樂，師憂。

☰ ☷ 此二卦無反對之畫。

比 ䷇ 師

序卦所以言易道之常，雜卦所以言易道之變，此古有是言也。殊不知易之雜卦乃言卦畫反對，各以類而言，非雜也，於雜之中有不雜存焉。乾三畫，奇剛也；坤三畫，耦柔也；比一陽居五，而民樂而從之；師一陽居二，而民憂而畏之。

臨、觀之義，或與或求。

臨 ䷒ 觀 ䷓

臨者，上有與於下；觀者，下有求於上。或與或求，乃一時之義。

屯見而不失其居，蒙雜而著。

屯 ䷂ 蒙 ䷃

物在屯難之中，其居常蒙雜，顯蒙而性當自著。

震，起也；艮，止也。

震 ䷲ 艮 ䷳

一陽在下，故震爲起；一陽在上，故艮爲止。

損、益，盛衰之始也。

損 ䷨ 益 ䷩

損而不已必益，爲盛之始；益而不已必決，爲衰之始。

大畜，時也；无妄，災也。

大畜 ䷙ 无妄

惟大畜之君子，所以能安其時。若无妄而有妄者，乃爲災也。

萃聚，而升不來也。

萃 ䷬ 升

天地之理，有聚有散，惟順以説，故聚也；有往有來，惟聚而升，故不來也。

謙輕，而豫怠也。

謙 ䷎ 豫

謙而不持重者失於輕，豫而不警戒者失於怠也。

噬嗑，食也；賁，无色也。

噬嗑 ䷔ 賁

噬嗑，除其間所以養其生，故曰食也；賁者設飾，然終於白，賁故無色也。

兑見而巽伏也。

兌 ䷹ 巽

兌一陰在上，故見；巽一陰在下，故伏。

隨，無故也；蠱，則飭也。

隨 ䷐ 蠱

能隨者則窮而能變，豈有故邪？事之蠱壞，要在致力以治之，故蠱爲飭，而飭有勁急之義。

剝，爛也；復，反也。

剝 ䷖ 復

剝者五陰剝一陽，而勢之爛有不救之理；復者一陽生於下，而復反其所也。

晉，晝也；明夷，誅也。

晉 ䷢ 明夷

晉爲日中，過則明有所傷，故爲誅也。誅言其傷。

井通，而困相遇也。

井 ䷯ 困

井，内不失己，外不失人，無所蔽也，故爲通。至於困，則敵然邂逅，有不可免者。

咸，速也；恒，久也。

咸 ䷞ 恒

咸之無心，故應之也速；恒者久於其道，故恒者久，不可欲速也。

渙，離也；節，止也。

渙 ䷺ 節

渙者，民情散而離也；節者，民情有所憚而止也。

解，緩也；蹇，難也。

解 ䷧ 蹇

天下之難既解，故安於佚樂。每失於緩蹇者，見險而止故爲難。

睽，外也；家人，内也。

睽 ䷥ 家人

睽者，言其在外之迹若不相通；家人，由内以及外也。

否、泰，反其類也。

否 ䷋ 泰

否，君子退而小人之類進也；泰，君子進而小人之類退也。此其類所以相反也。

大壯則止，遯則退也。

大壯 ䷡ 遯

四陽長而不可過，故大壯則止也；二陰長而馴致，有害君子之理，故陽當退。

大有，衆也；同人，親也。

大有 ䷍ 同人

大有之時，時和歲豐，萬物盛多，故爲衆也。惟與人同，故人皆歸而親之。

革，去故也；鼎，取新也。

革 ䷰ 鼎

革弊所以去其故，鼎亨所以取其新。

小過，過也。

小過 ䷽ 此卦無反對之畫。天下失其中者，故小有所過，以復其中。是過也，乃所以救其不中者乎！

中孚，信也。

中孚 ䷼ 與小過卦相對而變者也。天之生民，其中有信，此信由中也，故爲中孚。

豐，多故也；親寡，旅也。

豐 ䷶ 旅

天下豐大之時，其事故云多也。在旅之時，失上下之交，故爲親寡。

離上而坎下也。

離 ䷝

坎 ䷜ 此卦無反對之畫，乃相對而變者也。離，火炎上；坎，水流下。其自然之性不可易也。

小畜，寡也；履，不處也。

小畜 ䷈ 履

密雲不雨，所濟者寡。履行而不失其中，不處也。

需，不進也；訟，不親也。

需 ䷄ 訟

需者有所待，故不進；訟者險而健，人誰親也？

大過，顛也。

大過 ䷛ 此卦無反對之畫。當本末弱之時，當從權以濟其難，蓋時之顛危故也。

姤，遇也，柔遇剛也。

姤 ䷫ 夬

一陰始生，乃柔遇也。作易者進陽而退陰，以一陰之生爲遇，言出其不意也。一陽之生爲復，言反其所也。

漸，女歸，待男行也。

漸 ䷴ 歸妹

漸有所待，如女之待男然後行，言其不躁進也。

頤，養正也。

頤 ䷚ 此卦無反對。所養不正，則是養其小者以害其大者也。

既濟，定也。

既濟 ䷾

既濟，天下之分皆得其所，故定也。

歸妹，女之終也。

婦妹 ䷵

女子以嫁爲歸，此終身仰望，所以爲終也。

未濟，男之窮也。

未濟 ䷿

男子有志於四方，今也剛柔失位而不當，故未濟，其已矣夫！

夬，決也，剛決柔也，君子道長，小人道憂也。

何世無君子，何世無小人？欲有君子而無小人，是欲有陽而無陰也。使小人之道有所憂危而不安者，亦爲足矣。雜卦乃以其類相生，惟乾、坤、坎、離、小過、大過、中孚、頤八卦無反對，此聖人之深意，惟穆伯長、老蘇明之，諸家並不達此。

南軒先生論語解

目録

南軒先生論語解序〔一〕

學者，學乎孔子者也。論語之書，孔子之言行莫詳焉，所當終身盡心者，宜莫先乎此也。聖人之道至矣，而其所以教人者，大略則亦可睹焉。蓋自始學則教之以爲弟、爲子之職，其品章條貫，不過於聲氣容色之閒，洒掃應對進退之事，此雖爲人事之始，然所謂天道之至賾者，初亦不外乎是，聖人無隱乎爾也。故始其始〔二〕則有致知力行之地，而極其終則有非思勉之所能及者，亦貴於行著習察，盡其道而已矣。孔子曰：「道之不行也，我知之矣，知者過之，愚者不及也。道之不明也，我知之矣，賢者過之，不肖者不及也。」秦漢以來，學者失其傳，其閒雖或有志於力行，而其知不明，擿埴索塗，莫適所依，以卒背於中庸。本朝河南君子始以窮理居敬之方開示學者，使之於致知力行有所循守，以入堯舜之道。

〔一〕該序又見各本南軒集卷十四、五百家播芳大全文粹卷一〇七、國朝二百家名賢文粹卷一五三。

〔二〕始其始：南軒先生文集卷十四所收論語説序作「自始學」。

然近歲以來，學者又失其旨，汲汲〔一〕求所謂知，而於躬行則忽焉，本之不立，故其所知特出於臆度之見，而無以有諸躬，識者蓋憂之。此特未知二者〔二〕互相發之故也。孔子曰：「學而不思則罔，思而不學則殆。」歷攷聖賢之意，蓋欲使學者於此二端兼致其力，始則據其所知而行之，行之力則知愈進，知之深則行愈達。是知常〔三〕在先，而行未嘗不隨之也。知有精粗，必由粗以至精；行有始終，必自始以及終。内外交正，本末不遺，條理如此，而後可以言無弊。然則聲氣容色之閒，洒掃應對進退之事，乃致知力行之原也，其可舍是而他求乎！顧栻何足以與明斯道，輒因河南餘論，推以己見，輯論語説，爲同志者切磋之資，而又以此序冠於篇首焉。乾道九年五月壬辰朔，廣漢張栻序。

〔一〕汲汲：前引作「曰吾惟」。
〔二〕二者：前引作「致知力行」。
〔三〕常：原作「嘗」，據前引改。

南軒先生論語解卷第一

學而篇

子曰：「學而時習之，不亦說乎？有朋自遠方來，不亦樂乎？人不知而不慍，不亦君子乎？」

學貴於時習。程子曰：「時復紬繹，浹洽於中也。」言學者之於義理，當時紬繹其端緒而涵泳之也。浹洽於中故說。說者，油然内慊也。有朋自遠方來，則己之善得以及人，而人之善有以資己，講習相滋，其樂孰尚焉！樂比於說爲發舒也。雖然，朋來固可樂，而人不知亦不慍也。蓋爲仁在己，豈與乎人之知與不知乎？門人記此首章，不如是則非所以爲君子也。〔一〕

〔一〕真德秀論語集編卷一、西山讀書記卷二十所引作：「人有所當知、有所當能，皆天理也。惟夫人未之知能也，則貴於學焉。學之爲言效也，效夫善而勉之於己也。學貴於時習者，重復温繹其所已知已能者也。蓋不習不時，則其趣不熟，其守不固，荒疎危殆，雖暫得之，亦且失之矣。惟夫學焉而時習之，則浹洽貫通，其說有不可既焉。有朋自遠方來，志同者應講習相資，其樂孰尚。樂之義比於說，爲發舒也。雖然，朋來固可樂，而人之不知亦不慍也，蓋爲仁由己，亦豈與於知不知乎？」

有子曰：「其爲[一]人也孝弟，而好犯上者鮮矣；不好犯上而好作亂者未之有也。君子務本，本立而道生。孝弟也者，其爲仁之本與？」

「其爲人也孝弟」，與孟子所言「其爲人也寡欲」、「其爲人也多欲」立語同。蓋言人之資質有孝弟者，孝弟之人和順慈良，自然鮮好犯上。不好犯上，況有悖理亂常之事乎？「君子務本」，言君子之進德每務其本，本立則其道生而不窮。孝弟乃爲仁之本，蓋仁者無不愛也，而莫先於事親從兄。人能於此盡其心，則夫仁民愛物皆由是而生焉。故孝弟立則仁之道生。未有本不立而末舉者也。或以爲由孝弟可以至於仁，然則孝弟與仁爲異體也，失其旨矣。

子曰：「巧言令色，鮮矣仁。」

此所[二]謂巧言令色，欲以悦人之觀聽者，其心如之何？故爲鮮矣仁。若夫君子之修身，謹於言辭容色之閒，乃所以體當在己之實事，是求仁之要也。

曾子曰：「吾日三省吾身：爲人謀而不忠乎？與朋友交而不信乎？傳不習乎？」

〔一〕所：原作「何」，據四庫本改。

爲人謀而有不忠，處於己者不盡也；與朋友交而不信，施於彼者不實也；傳而不習，則無以有諸躬。曾子以是三者自省焉，可謂爲己篤實之功矣。

子曰：「道千乘之國，敬事而信，節用而愛人，使民以時。」

道千乘之國，猶言治千乘之國之道也。敬事者，事無小大，一於敬也。信者，信於己也。一作「不欺之也」。節用者，爲之制度也。愛人者，無往而不存其愛也。使民以時，愛人者之先務也。於是五者之中，敬事而信，又其本也。蓋敬與信不立，則無適而可耳。以是五者爲先，王政之行，斯有序而四達矣。嗟乎！爲治而不本於此，則不得爲善治。蓋如木之有根，水之有源，有此而後三代之法度可得而興也。

子曰：「弟子入則孝，出則弟，謹而信，汎愛衆，而親仁。行有餘力，則以學文。」

入孝出弟，謹行信言，汎愛親仁，皆在己切要之務。行有餘力，則以學文，非謂俟行此數事有餘力而後學文也，言當以是數者爲本，以其餘力學文也。若先以學文爲心，則非篤實爲己者矣。文謂文藝之事。聖人之言，貫徹上下，此章雖言爲弟爲子之職、始學者之事，然充而極之，爲聖爲賢，蓋不外是也。此數言先之以孝弟，蓋孝弟人道之所先，必以是爲本，推而達之也。

子夏曰：「賢賢易色，事父母能竭其力，事君能致其身，與朋友交，言而有信，雖曰未學，吾必謂之學矣。」

賢賢而敬見於色，事父母竭其力之所至，事君不敢有其身，交朋友而言有信：是人也，可謂忠信篤實者矣，雖使其未學，而其所行固學之事也。子夏之意，非謂能如是則不待夫學也，蓋以所貴乎學者在此而不在彼，欲使學者務其本也。此章首言賢賢易色，夫能親賢，則固學之先務也；不曰不學而曰未學，辭蓋涵蓄矣。

子曰：「君子不重則不威，學則不固。主忠信。無友不如己者。過則勿憚改。」

學以重爲先。重者，視聽言動之際，不敢以易也。夫然，故暴慢遠而德性尊，其思必專，其行必果，其守必篤，學之所以固也。不然，則無以持其外，而非心易以入，雖得之，必失之。「主忠信」，「主」字有力。蓋斯須而不忠信，則思慮言行皆無所據依，同於無物也。主乎忠信，則立於實地，德所以進也。「無友不如己」者，取友之道，不但取其如己者，又當友其勝己者。以友天下之士爲未足，又尚論古之人，此取友之道也。若友不如己者，則足以惰志而害德矣。「過則勿憚改」，見過則改也。人所以不能改過者，以其憚之；故勿憚則其改過也速矣。夫重者，嚴於外者也。忠信者，存乎中者也。存乎中所以制其外，嚴於外所以保其中也。而資友以輔之，改過以成之，君子之學不越於是而已矣。

曾子曰：「慎終追遠，民德歸厚矣。」

慎非獨不忽之謂，誠信以終之也；追非獨不忘之謂，久而篤之也。凡事如是，所以養德者厚矣。人之視效而作興，其有不趨於厚乎？厚者，德之所聚而惡之所由消靡也。

子禽問於子貢曰：「夫子至於是邦也，必聞其政，求之與？抑與之與？」子貢曰：「夫子温良恭儉讓以得之。夫子之求之也，其諸異乎人之求之與！」

和順積中，則英華發於外，而況於聖人乎？温良恭儉讓，聖人之德容見於接人之際者。子貢亦可謂形容之至矣。想當時之人，望其儀形，固已盎然悦服，而況於聆其話言乎？「夫子之求之也，其異乎人之求之與」，言在他人則求而得之，在夫子則人自樂告，不即人而人即之也。雖然，夫子至是邦必聞其政，而未有能委國而授政於夫子者，何與？蓋見聖人之儀形而樂告之者，秉彝好德之良心也；而卒不能授以政者，則以夫私欲害之之故也。程子曰：「温，和厚也。良，易直也。恭，莊敬也。儉，節制也。

讓，謙遜也。」

子曰：「父在觀其志，父没觀其行。三年無改於父之道，可謂孝矣。」

父在，人子有不得行其志者。志欲爲之而有不得行焉，則孝子之所以致其深憂者，亦可得而推矣。「父没觀其行」者，首於其居喪之際而觀之也。三年無改於父之道，志哀而不暇他問也。或曰：如其非道之甚，則亦待三年乎？蓋三年無改者，言其常也，可以改而可以未改者也。若悖理亂常之事，則孝子其敢須臾以寧？不曰孝子成父之美，不成父之惡乎？曰父之道，則固非悖理害常之事也。一本云：舊説謂父在能觀其志而承順之，父没觀其行而繼述之，又能三年無改於父之道，可謂孝矣。此説文理爲順。「三年無改於父之道」，尹氏謂孝子之心有所不忍也。

有子曰：「禮之用，和爲貴。先王之道斯爲美，小大由之。有所不行，知和而和，不以禮節之，亦不可行也。」

禮主乎敬，而其用則和。有敬而後有和，和者，樂之所生也。禮樂必相須而成，故禮以和爲貴。先王之道以此爲美，小大由之，而無不可行也。然而有所不行者，以其知和之爲貴，務於和而已，不能以禮節之，則其弊也流，故亦不可行也。蓋爲禮而不和，與夫和而無節，皆爲偏弊也。禮樂分而言之，則爲體爲用，相須而成；合而言之，則本一而已矣。

有子曰："信近於義，言可復也；恭近於禮，遠恥辱也。因不失其親，亦可宗也。"

信謂言信，恭謂貌恭，復謂其言可踐也。言而不可復，則不可行，將至於失其信矣。或欲守其不可復之言，則逆於理，而反害於信矣。恭而過於實，則適足以爲招恥辱之道，而非所以爲恭矣。此皆徇於外，而不近於禮義之故也。故信近於義，則其言可復也；恭近於禮，則遠於恥辱矣。因恭信而不失親，近於禮義，則亦可宗尚矣。蓋以其務實循本，而非慕其名以事於外者也。若夫安於禮義，則此又不足以言之矣。

子曰："君子食無求飽，居無求安，敏於事而慎於言，就有道而正焉，可謂好學也已。"

於食與居而無求飽求安之意，於事則敏所當行，於言則慎所以出，又孜孜焉就有道以求正，則是人也，物欲不行，而惟理〔一〕之是趨耳，斯不謂之好學乎？然必終之以就有道而正焉，蓋世固有不徇物欲而勉於言行者。然其所學，毫釐之差，則其所謂敏者有

〔一〕理：真德秀西山讀書記卷十九作"理義"。

非所當敏，而所謂慎者有非所當慎，其弊有不可勝言者矣。故必就夫有道而正，然後爲好學也。正者，言吾之偏也，同世而親其人，異世而求之書，皆爲就有道也。

子貢曰：「貧而無諂，富而無驕，何如？」子曰：「可也，未若貧而樂，富而好禮者也。」子貢曰：「詩云『如切如磋，如琢如磨』，其斯之謂與？」子曰：「賜也始可與言詩已矣，告諸往而知來者。」

貧而諂，富而驕，是爲物欲所驅，小人之爲也。貧而無諂，富而無驕，則免於惡矣，然質美者或能之。若夫樂與好禮，則進於善道，有日新之功，其意味蓋無窮矣。子貢知其爲道學自修者之事，故引「切磋」、「琢磨」之詩以對，謂有其質必學以成之也，可謂告往而知來者矣，如是而後可與言詩。雖然，安於無諂無驕而不知進學，固未足貴；而所謂無諂無驕者，學者亦未可忽也。居貧而有一毫求之之意，處富而有一毫恃之之心，皆諂與驕也。此病未除，而曰吾樂與好禮，未之聞也。必也無諂無驕，而後樂與好禮可得而進焉，又不可以不知也〔一〕。

〔一〕真德秀論語集編卷一、西山讀書記卷三十三所引作：「諂、驕皆惡也。無諂無驕，則免於惡矣。然質美者能之，若夫樂與好禮，則非致知力行所造日深者無此味也。」

子曰：「不患人之不己知，患不知人也。」

有患人不己知之心，則外馳而非爲己者矣。夫學本爲何事，而患人不己知乎？而其患不知人者，以夫取友之差，用人之失，正以在己之未明故爾，蓋所當用力者也。此篇列於魯論之首，所記大抵皆欲學者略文華、趨本實，敦篤躬行，循序而進，乃聖人教人之大方。從事於此，則不差也。其間所載「道千乘之國」，亦是言爲治之本，務其本而後可以馴致，成己成物一也。學者宜深味此意。不然，貪高慕遠，而卒無實地可據，豈不殆哉！

爲政篇

子曰：「爲政以德，譬如北辰，居其所而衆星共之。」

北辰，謂之極者，以其居中不遷，而衆星所宗，實其樞紐也。德者，所以爲民極也。詩曰：「予懷明德，不大聲以色。」子曰：「聲色之於以化民，末也。」故修己而百姓安，篤恭而天下平。自三代以後，爲治者皆出於智力之所爲，而無復此味矣。

子曰：「詩三百，一言以蔽之，曰思無邪。」

詩三百篇，美惡怨刺雖有不同，而其言之發，皆出於惻怛之公心，而非有他也，故「思無邪」一語可以蔽之。學者學夫詩，則有以識夫性情之正矣。然學詩者非平心易氣、反復涵泳之，則亦莫能通其旨也。

子曰：「道之以政，齊之以刑，民免而無恥；道之以德，齊之以禮，有恥且格。」

德、禮者治之本。政、刑非不用也，然德立而禮行，所謂政、刑者蓋亦在德、禮之中矣。故其涵泳薰陶有以養民之心，使知不善之爲恥，而至於善道。若其本不立，而專事於刑政之末，則民有苟免之意，而不知不善之爲恥，何以禁其非心乎？後世之論治及於教者鮮矣。

子曰：「吾十有五而志于學，三十而立，四十而不惑，五十而知天命，六十而耳順，七十而從心所欲不踰矩。」

此章聖人身爲之度，使學者知聖可學而至，而學不可以躐等也。夫志學者，其本也，譬諸木之區萌，水之一勺，必有是本而不已焉。曰「志學」者，心存乎正而不他也。聖人之所以爲聖人者，以其有始有卒，常久日新而已。必積十年而一進者，成章而後達也。夫子固生知之聖，而每以學知爲言者，明修道之教以示人也。「立」者，得於己而不失也。「不惑」者，理明義精，無所疑也。「知天命」者，究極夫天之所爲也。「耳順」者，入乎耳者無不通也。「從心所欲不踰矩」者，不勉不思，而皆天則也。

孟懿子問孝。子曰：「無違。」樊遲御，子告之曰：「孟孫問孝於我，我對曰無違。」樊遲曰：「何謂也？」子曰：「生事之以禮，死葬之以禮，祭之以禮。」

無違，謂無違於理也。禮者，理之所存也。生事之以禮，以敬養也；死葬之以禮，必誠必信也；祭之以禮，致敬而忠也。親雖有存没之閒，而孝子之心則一而已。存是心而見於節文者無不順，所謂「以禮」也。以孟懿子之不能問也，故因樊遲之御以告之。使懿子因聖人之言而有發，則夫三家之所以養其親，與所以葬、所以祭者，皆違理之甚者也，其敢斯須而安之乎？

孟武伯問孝。子曰：「父母惟其疾之憂。」

人子以父母之心爲心，舍有疾之外，其他無以憂其親者，則其一舉足、一出言之不敢忘可知矣。然而不幸而遇疾可也，若所以衛養者不謹，自取疾疢以貽親憂，則亦爲非孝而已。

子游問孝，子曰：「今之孝者是謂能養，至於犬馬皆能有養，不敬，何以别乎？」

事親以敬爲本，養而不知敬，則但爲養而已，是何以别乎？以敬爲本，則所以養者固亦在其敬之中矣。

子夏問孝。子曰：「色難。有事，弟子服其勞；有酒食，先生饌；曾是以爲孝乎？」

色難，記所謂愉色婉容者是已，蓋非愛敬之至，和順充積，則形於外者不能常然也。意者子夏於事親之際猶或少此與？游、夏聖門高第，其於致養服勤蓋所優爲，故一則告之以「敬」，一則告之以「色難」，皆勉其所未盡，而所以進之者遠矣。

子曰：「吾與回言，終日不違如愚，退而省其私，亦足以發，回也不愚。」

不違如愚者，心潛默識，非言語之可形也；一作「潛心默識，無疑之可復也」。退而察其私，則亦足以發明斯道。是夫子之所言者，顔子體之於日用之中而無閒也。此其「請事斯語」之效歟？善學者以身履之爲貴。聖人之觀人，亦攷其實有諸己者何如耳。

子曰：「視其所以，觀其所由，察其所安，人焉廋哉！人焉廋哉！」

所以，謂其所爲也。即其所爲者而視之，其事善矣，則當觀其所從由之道果爲善乎？爲利乎？人固有同爲一事，而所發有善利之分者矣。其所由者是，則又當察其所安者焉。所安，謂心之所主。人固有一事所發之善，而平日之所存未必在是者矣。觀詳於視，而察深於觀，觀人之法亦盡於此矣。然而在己者未明，則亦何以察人乎？若在己則當於存主處用功。所安者正道，則所由者不差，而其失鮮矣。

子曰："温故而知新，可以爲師矣。"

温故，存其所已能者也。知新，進其所未及者也。此雖兩義，而實相通。惟能温故，是以知新也。可以爲師者，言其温故知新爲可師也。程子曰：如此處極要理會，若只認温故知新可以爲人師，則氣象窄狹矣。學者推此一端，庶幾可以味聖賢之辭意矣。

子曰："君子不器。"

器者，拘於一物。凡人可以器言者，皆以其才而論之也。器雖有小大，然其爲拘於才而有限則一也。若君子則進於德，進於德則氣質變化，而才有弗器者矣。

子貢問君子。子曰："先行其言，而後從之。"

君子主於行，而非以言爲先也。故其言之所發，乃其力行所至，言隨之也。夫主於行而後言者爲君子，則夫易於言而行不踐者是小人之歸矣。子貢非不能踐言者，然未免於多言。夫子恐其有時而或以言爲主，而行有未精也，是以深警焉。夫未之能踐而言，與夫力行所至而言者，其意味有閒矣，學者宜深察之。

子曰：「君子周而不比，小人比而不周。」

君子小人之分，公私之間而已。周則不比，比則不周，天理人欲不並立也。君子内恕以及人，其於親疏遠近賢愚處之無不得其分，蓋其心無不溥焉，所謂周也。若小人則有所偏係而失其正，其所親暱皆私情耳，所謂比也。

子曰：「學而不思則罔，思而不學則殆。」

學者，學乎其事也，自洒掃應對進退而往，無非學也。然徒學而不能思，則無所發明，罔然而已。思者，研窮其理之所以然也。然徒思而不務學，則無可據之地，危殆不安矣。二者不可不兩進也。學而思則德益崇，思而學則業益廣，蓋其所學乃其思之所形，而其所思即其學之所存也。用功若此，内外進矣。

子曰：「攻乎異端，斯害也已。」

「攻」如「攻木」之攻，雖小道，必有可觀者焉。致遠恐泥，是以君子弗爲，即此意也。一本作：異端之説，非無可喜，惟其偏蔽，一或攻之，則害於心術而難反。或解此章「攻」如「攻伐」之攻，以爲惡異端而力攻之，適足以自敝。夫將以正人心，則異端之攻亦有不得而已者。然君子貴於反經而已矣。

子曰：「由！誨女知之乎？知之爲知之，不知爲不知，是知也。」

子路勇於進，於知與不知之閒，容有察之未精者，故夫子語之以知之之道。蓋於其所能知與其所未知者，皆能察其實而無自欺，非心平氣和守約務實者莫之能也。於此而博學、審問、慎思、明辨，則其不知者亦終將知之矣。故曰「是知也」，言是乃知之道也。不然，强以不知爲知，是則終身不知而已。

子張學干禄。子曰：「多聞闕疑，慎言其餘，則寡尤；多見闕殆，慎行其餘，則寡悔。言寡尤，行寡悔，禄在其中矣。」

子張之學干禄，豈若世之人慕夫寵利者哉？亦曰士而禄仕，其常理耳。夫子獨告之以得禄之道，謂在我者謹於言行而寡夫尤悔，則固得禄之道。夫謹言行者，非期於得禄也，亦非必得禄也。曰「禄在其中矣」，辭氣不迫，而義則完矣。若告之以士不可以求禄，則理有所未盡，而亦非長善救失之方也。子張於道少深潛縝密之功，或以爲難能而未仁，或以爲堂堂而難與並爲仁，蓋可見也。故夫子告之以闕疑、闕殆，又曰慎言其餘、慎行其餘，若是其謹矣，而猶於尤悔曰寡焉，則所以約之者深矣。

哀公問曰：「何爲則民服？」孔子對曰：「舉直錯諸枉，則民服；舉枉錯諸直，則民不服。」

哀公之時，强臣擅命，民幾不知有公室矣。患民之不服而問焉，亦有激而然也。夫子之告之者雖爲哀公而言，其實先王所以得民心者不越是也。蓋善善而惡惡，乃兆民之彝性；在上者舉錯得義，則莫不盎然而誠服，蓋有以順其彝故也。不然，則將憪然而不服，以咈其性故耳。使哀公而明此義，則君子聚於朝，人心一於下，何畏乎强臣，而何患公室之不競哉！雖然，在上者焉知枉直而舉錯之？亦曰公其心而已矣。

季康子問：「使民敬，忠以勸，如之何？」子曰：「臨之以莊則敬，孝慈則忠，舉善而教不能則勸。」

古之治天下者，修之吾身而已耳。夫臨民以莊，孝於親，慈於下，善者舉之，不能者教之，此皆在我所當爲，非爲欲使民敬忠以勸而爲之也。然臨之以莊而民敬心生，孝慈而民忠於己，舉善教不能而民感悦以勸，其應蓋有不期然而然者，則修之吾身，豈不至約乎？季康子不知自反，而望於民者深，而有是問；夫子以正理告之耳。

或謂孔子曰：「子奚不爲政？」子曰：「書云：孝乎！惟孝，友于兄弟，施於有政。是亦爲政，奚其爲爲政？」

「惟孝，友于兄弟」，孝於親則必友于兄弟也。孝友篤於家，則其施於有政亦是心而已。然則雖不爲政，而在家庭之閒，躬行孝友之行，爲政之道固在是矣，何待夫爲政哉！蓋或者勉夫子以爲政之事，而夫子告之以爲政之道也。

子曰：「人而無信，不知其可也。大車無輗，小車無軏，其何以行之哉？」

車無輗軏則無以行，人而無信則亦不可行也。信者以實之謂，言以實則其言爲有據，行以實則其行爲可常。不然，則無所憑依，妄而已矣。此與「雖州里行乎哉」之行同意。夫學者信以爲本，則德可進，業可廣；若不務信其言行，而徒慕高遠，終不可行而已矣。

子張問：「十世可知也？」子曰：「殷因於夏禮，所損益可知也；周因於殷禮，所損益可知也；其或繼周者，雖百世可知也。」

三王之禮，各因前世而損益之，蓋曰隨時循理而已。以殷、周已驗之迹而推之，則夫百王繼承損益之常道蓋可得而知矣。若夫自嬴秦氏廢先王之典，而一出於私意之所爲，有王者作，其於繼承之際，非損益之可言，直當盡變革之。然其所爲變革者，亦不過因其時而損益三代之禮云耳，故曰王天下有三重焉，其寡過矣乎？此亦雖百世可知也。一本云：三王之禮各因前世而損益之，其所因者五典五禮之大綱也，其損益者見於節目文質之隨時也。以殷、周已驗之迹而推之，則夫百王繼承損益之常道蓋不可得而易此矣。後有作者，欲法先王之善治，則先立大綱，而所謂損益者隨時以制其宜焉，則亦何遠之有？謂之百世可知者，不亦信矣？

子曰：「非其鬼而祭之，諂也；見義不爲，無勇也。」

祀典：自天子至於庶人，祭各有其分，不可紊也。蓋有是理則有是鬼神，故於所當祭而祭，則其鬼享；若無是理則亦無是鬼神也，而祭何爲哉？是徒爲諂而已。見其義之不安，則當速止耳；而不能止者，狃於習俗故也。雖然，是特其見義之未明耳。使其了然於鬼神之情狀，則其於義之所在，有爲之而莫禦者矣。

南軒先生論語解卷第二

八佾篇

孔子謂：「季氏八佾舞於庭，是可忍也，孰不可忍也！」

季氏以陪臣而僭天子之舞，目睹其數而安焉，於是而忍爲，則亦何往而不忍也？亂臣賊子之萌，皆由於忍而已，忍則安之矣。

三家者以雍徹。子曰：「『相維辟公，天子穆穆』，奚取於三家之堂？」

佾之用八，著見於目者也；雍之詩，天子與相之言，著聞於耳者也。是二者，皆不待究其義而可知，猶且安焉，則凡僭亂之事何所不可爲也？程子曰：魯用天子禮樂，成王之賜，伯禽之受，皆非也。其因襲之弊，遂使季氏僭八佾，三家僭雍徹，故仲尼於此著之。

子曰：「人而不仁，如禮何？人而不仁，如樂何？」

禮樂無乎不在，而其理則著於人心。人仁則禮樂之用興矣，人而不仁，其如禮樂何〔一〕？

林放問禮之本。子曰：「大哉問！禮，與其奢也，寧儉；喪，與其易也，寧戚。」

禮者理也，理必有其實而後有其文。文者，所以文其實也。若文之過，則反浮其實而害於理矣。周之末世，其弊蓋如此，林放獨能以禮之本爲問，亦可謂得所問矣。夫禮而失於奢，寧過於儉也；喪而易焉，寧過於戚也。蓋儉與戚其實則存，奢則遠於實，易則亡其實，其文雖備，無益也。言禮而又言喪，所以深示其本也。

子曰：「夷狄之有君，不如諸夏之亡也。」

夷狄雖政教所不加，然亦必有君長以統莅之，然後可立也。春秋之世，禮樂征伐自諸侯出，降而自大夫出，又降而陪臣竊國命，是以聖人傷歎，以爲夷狄且有君，不如諸夏之無君也。夫諸夏者禮義之所出也，今焉若此，其變亦憯矣，此春秋之所爲作。

季氏旅於泰山。子謂冉有曰：「汝弗能救與？」對曰：「不能。」子曰：「嗚呼！曾謂泰山不

〔一〕真德秀論語集編卷二、西山讀書記卷六引作：「此聖人使人知禮樂之原也。不仁之人，雖欲爲禮樂，其如禮樂何？蓋是心存而後敬與和生焉，禮樂之所由興也。」

如林放乎？」

林放猶能問禮之本，泰山豈受非禮之祭乎？ 蓋鬼神雖幽，不外乎理，人心猶所不安也，謂神其聽之乎？ 曰「曾謂泰山不如林放乎」，辭氣不迫，而鬼神之理亦可得而推矣。 或疑季氏雖天子之禮樂亦且僭之，何有於諸侯，而孔子欲救之。 意者當冉有爲家臣之時，初有旅泰山之事，故夫子欲其救之以爲之兆，而冉有蓋不能也。

子曰：「君子無所争，必也射乎！ 揖讓而升，下而飲，其争也君子。」

争生於有己，君子克己者也，是以無所争。 惟射疑於可争，而君子之於射，於以正己而觀德耳。 揖讓而後升，去位而舉爵，其雍容辭遜，自反而下人之意蓋如此，然則其争也君子乎？ 於射而不争，則他可知矣。

子夏問曰：「『巧笑倩兮，美目盼兮，素以爲絢兮』，何謂也？」子曰：「繪事後素。」曰：「禮後乎？」子曰：「起予者商也，始可與言詩已矣。」

凡禮之生，生於質也，無其質則禮安從施？ 素雖待於絢，然素所以有絢也，無其質則何絢之有？ 曰繪事後素者，謂質爲之先，而文在後也。 子夏於此知禮之爲後，可謂能默會之於語言之外矣。 故夫子有「起予」之言。 子夏在聖門「文學」之科，而其所得蓋如此，可謂知本矣。子貢、子夏或有所興起，而得之於詩，或誦詩而有以感發吾之至意，皆善爲詩者也。

子曰：「夏禮吾能言之，杞不足徵也；殷禮吾能言之，宋不足徵也。文獻不足故也，足則吾能徵之矣。」

文謂典章，獻謂故老之賢者。杞、宋在當時，是二者皆有所不足，故於稽攷咨詢有闕焉。則夫二代之禮，聖人雖能言其意，而度數節文之實，蓋有不得而徵者矣。無徵不信，是以聖人或闕焉。夫以聖人之生知而學，至於前代制作之原固已默識而無餘矣，然至於事爲之著，必攷文獻於故國，有所不足，又從而闕之。其問禮於老聃、問官名於郯子，及史之闕文，皆是意也，非惟至誠無息，不自有其聖智，而於制作之實，文理密察又如此。

子曰：「禘自既灌而往者，吾不欲觀之矣。」

禘者，天子之大祭；祫者，諸侯之大祭。魯諸侯也，而用天子之禮以祭，位與時俱不稱，則爲無是鬼神矣。灌者，求神之始。夫子謂自灌而往皆不欲觀，蓋既無是鬼神，則其節文雖多，亦妄而已。或以爲於始祭之時，精意不至，則其餘不足觀。此意雖美，然聖人不他言祭祀，而獨以禘爲言，以是知蓋爲魯設。程子之説精矣。

或問禘之説。子曰：「不知也，知其説者之於天下也，其如示諸斯乎！」指其掌。

或問禘之説而對以不知者，蓋聖人難於斥言之，欲問者深思其故也。夫禮者，天之秩也。禘之爲禮，惟天子得用之，而諸侯不得用之者，蓋天理之所當然也。天下萬事皆有所當然者，天之所爲也。苟知禘之説，則於治天下之道如指諸掌之易明，亦曰循其理而已矣。

祭如在，祭神如神在。子曰：「吾不與祭，如不祭。」

「祭如在」，謂祭其先如在者，如其生存也。「祭神如神在」，謂天子祭百神，諸侯祭其境内山川之類也。「如神在」者，如其神靈之接也。此皆誠之不可揜也。「吾不與祭，如不祭」者，不誠則無物也。夫所謂神者，天地其神之至歟！以至於天地之閒運行變化者，與夫山林、川谷、丘陵能出雲爲風雨者，是皆神也。天子有天下則得兼祭之，諸侯有一國則得祭其境之望而已。有是鬼神則有是禮樂，皆誠之所存也，非明於天地之性者，曷足以究鬼神之情狀哉！

王孫賈問曰：「與其媚於奥，寧媚於竈，何謂也？」子曰：「不然，獲罪於天，無所禱也。」

奥者，室神之主。程子曰：奥喻貴臣，竈喻用事者。此乃家人禱祠之言，王孫賈舉以爲問，其意則欲夫子媚於己也。夫子謂苟獲罪於天，則媚奥媚竈皆何所益？蓋胸中所存，一有不直，則爲獲罪於天矣。夫欲求媚，是不直之甚者也。斯言即禱祠而論之，而所以答其意者亦無不盡矣。

子曰：「周監於二代，郁郁乎文哉！吾從周。」

周監於夏商，而制作郁郁乎文哉，言其盛且備，不可以有加也，故聖人欲從周。若使聖人居制作之位，大體則從周，然其閒損益之宜，如行夏時，乘殷輅，則有之矣。

子入太廟，每事問。或曰：「孰謂鄹人之子知禮乎？入太廟，每事問。」子聞之曰：「是禮也。」

禮以敬爲主。宗廟之事嚴矣，其大體聖人固無不知也，至於有司之事，則容亦有所不知者焉。知與不知，皆從而問，敬其事也。或以爲不知禮，聖人告之以「是禮也」，所以明禮意之所存也。

子曰：「射不主皮，爲力不同科，古之道也。」

君子之射，以觀德行、習禮樂也，豈爲力哉？不主皮，言不以貫革爲主也。不以貫革爲主，則君子之所以爲射者蓋可知矣。「爲力不同科」，大程子曰：「言與爲力而射者不同科也。」夫弧矢之利，以威天下，執弓矢而禦侮，勞力者小人之事，君子之射意不爲此。曰「古之道也」，言當時失此意也。

子貢欲去告朔之餼羊，子曰：「賜也！爾愛其羊，我愛其禮。」

魯自文公，告朔之禮廢矣。餼羊雖存，子貢之意以爲禮既廢矣，餼羊何爲？徒爲煩費而已。夫子之意，以爲禮雖廢而羊存，庶幾後之人猶有能因羊以求禮者，是則羊雖虚器，固禮之所寓也，故曰「爾愛其羊，我愛其禮」。玩夫子之辭意，則子貢之欲去羊，其亦隘狹而少味矣。

子曰：「事君盡禮，人以爲諂也。」

聖人斯言，傷時人不知事君之禮也。曰「盡禮」，則非有所加也，適當其宜而已。觀鄉黨所載，與夫拜下之從，則可見也。盡禮而人以爲諂，則時人之不知禮可知矣。特曰「人以爲諂也」，聖人道大德弘，故其言含蓄如此。

定公問：「君使臣，臣事君，如之何？」孔子對曰：「君使臣以禮，臣事君以忠。」

定公發此問，蓋亦有所感發也；聖人告之者，乃君臣相與之常道，雖帝王之世不越是矣。使臣以禮，如傳所謂敬大臣、體羣臣之類是也；事君以忠，無以有己，有犯而無隱也。君使臣以禮，臣事君以忠，則上下交而泰，治興矣。然在人君端本之道，以禮使臣，則羣臣得盡其忠，不然，懼賢者之日遠，而小人之日親也〔一〕。

子曰：「關雎樂而不淫，哀而不傷。」

哀樂，情之爲也，而其理具於性。樂而至於淫，哀而至於傷，則是情之流而性之汩矣。樂而不淫，哀而不傷，發不踰，則性情之正也，非養之有素者其能然乎？關雎之詩，樂得淑女以配君子，至於鍾鼓樂之，琴瑟友之，所謂樂而不淫也；哀窈窕，思賢才，至於寤寐思服，展轉反側，所謂哀而不傷也。玩其辭義者，可不深體於性情之際乎？

哀公問社於宰我，宰我對曰：「夏后氏以松，殷人以柏，周人以栗。」曰：「使民戰栗。」子聞之，曰：「成事不説，遂事不諫，既往不咎。」

社各用其所宜之木而已，非有所取義也。哀公聞周人以栗之言，遽曰「使民戰栗」，蓋素有欲用刑威之心，故因言發見也。宰我於此，所當正義以捄其失，而曾莫之告也，

〔一〕真德秀論語集編卷二所引作：「使臣以禮，如所謂敬大臣、體群臣之類是也。事君以忠，如所謂無以有已、有犯無隱之類是也。」

無乃使之益安於其所趨乎？故夫子重言以責之，謂汝以爲成事而不說乎？以爲遂事而不諫乎？以爲既往而不咎乎？既非此三者，奈何而不告也？然而是三言者，後世人臣往往借以爲說，則亦不可以不辨。夫事既成而不可說，則當引去，而不當尸其位也。君所專而不得諫，在下位則可，非爲大臣與任事者設也。既往固不可咎，然亦有當推咎者，所以使之革其舊而圖其新也。

子曰：「管仲之器小哉！」或曰：「管仲儉乎？」曰：「管氏有三歸，官事不攝，焉得儉？」「然則管仲知禮乎？」曰：「邦君樹塞門，管氏亦樹塞門；邦君爲兩君之好，有反坫，管氏亦有反坫。管氏而知禮，孰不知禮？」

管氏急於功利，而不知道義之趨，大抵其器小也。或者聞小器之言，則疑以爲儉；聞其三歸具官，則又疑其知禮。蓋當時習俗尊慕霸者，聞聖人之言而惑之也。聖人因其所疑，摭事以告。然所謂三歸、具官、塞門、反坫，固無非在器小之中也。學者深潛聖人之意，真知夫管仲之果爲小也，而後知曾西畏子路而不爲管仲者矣。或曰：聖人常大管仲之功矣，而小其器，何也？聖人之言，抑揚高下，各有攸當，功雖大，亦何害其爲器之小乎？

子語魯大師樂曰：「樂其可知也：始作，翕如也；從之，純如也，皦如也，繹如也，以成。」

周衰樂廢，蓋雖其聲音亦失之矣。聖人因其義而得其所以爲聲音者，而樂可正也，故曰「樂其可知也」。翕如，始作而合也；純如，縱之純一而和也。雖合而和，然高下清濁，明白而不相奪倫也，故又曰皦如也。至於繹如也以成，則相繼而有餘也。先王之樂，其聲音之所爲至者亦具此矣。玩夫此，則其制始終之序亦可得而尋矣。

儀封人請見，曰：「君子之至於斯也，吾未嘗不得見也。」從者見之，出曰：「二三子何患於喪乎？天下之無道也久矣，天將以夫子爲木鐸。」

封人蓋必有見於聖人容色辭氣之閒而發是言，門人有取云耳，言二三子何患於夫子之不得時與位乎？天下無道之久，天固將使夫子振斯文以覺方來也。蓋封人知文之在兹，是乃天意耳。

子謂：「韶盡美矣，又盡善也。」謂：「武盡美矣，未盡善也。」

舜紹堯之緒，從容揖遜而有天下；武王翦紂之暴，一戎衣而有天下。雖聖人之心初無二致，揖遜征伐，時焉而已，然征伐之事，聖人豈所欲哉？有所不得已焉耳。蓋時異則事異，事異則所爲憂樂亦異，故其見於樂之聲容者，亦不容無不同者焉。是則韶、武之俱爲盡美者。聖人之心一也，武之未得爲盡善者，時與事之不同也。故成湯有「予有慙德」之言，蓋以爲不幸所值之時如此，有慙於舜禹之事也。嗟乎！是武王之心也。

子曰：「居上不寬，爲禮不敬，臨喪不哀，吾何以觀之哉！」

居上之主於寬，與禮之主於敬、喪之主於哀同。蓋不寬則失所以爲長人之本，其他雖有所爲，尚何觀乎？爲禮而不敬，臨喪而不哀，則繁文末節雖多，亦何以觀也？然寬非縱弛之謂，總其大綱，使人得以自效也。

里仁篇

子曰：「里仁爲美。擇不處仁，焉得知？」

居以親仁爲美，而所自處，其可不擇而處仁乎？不知擇，是不知也。故孟子因擇術之論，而曰：夫仁，天之尊爵也，人之安宅也，莫之禦而不仁，是不知也〔一〕。

〔一〕真德秀論語集編卷二、西山讀書記卷六所引曰：「里，居也。里仁爲美，言人以居仁爲美也。人以居仁爲美，苟不知擇而處焉，是不智也。擇而處之，乃利仁之事。然處之之久，則將安之矣。」

子曰：「不仁者不可以久處約，不可以長處樂。」

君子之可以久處約，可以長處樂，安於理而已。不仁者勉强而暫處則有之，若差久焉則移，於約、樂而無所不至矣〔一〕。

「仁者安仁，知者利仁。」

安仁者其心純一，不待勉强，而無不在是也。利仁者知仁之美，擇而爲之，故曰利也。上蔡謝氏曰：安仁則一，利仁則二。安仁者非顏、閔以上去聖人不遠者不知此味也。

子曰：「唯仁者能好人〔二〕，能惡人。」

好善而惡惡者，性也。凡人之好惡，每以己加焉而失其正，惟仁者爲能克己，故能好人，能惡人，莫非天下之公理而已。

子曰：「苟志於仁矣，無惡也。」

志於仁則無不善。蓋元者善之長，存乎此，何惡之有？惟其有不存焉，則流於不善矣。

〔一〕真德秀論語集編卷二所引曰：「自非上智生知之流，則利仁之事，正所當用力耳。」

〔二〕人：原作「仁」，據四庫本改。

子曰：「富與貴，是人之所欲也；不以其道得之，不處也。貧與賤，是人之所惡也；不以其道得之，不去也。」

有得富貴之道，有得貧賤之道。蓋正而獲伸者理之常，此以其道而得富貴者也。不正而詘者亦理之常，此以其道而得貧賤者也。然世蓋有反是而富貴貧賤者矣，所謂不以其道也。惟君子則審其在己，不爲欲惡所遷。故枉道而可得富貴，己則守其義而不處，在己者正矣。不幸而得貧賤，己則安於命而不去，此其所以無入而不自得也。一本云：富貴，人之所欲；貧賤，人之所惡。此人情所同，然不以其道得處，富貴則不處，不以其道得去，貧賤則不去。豈君子欲惡之情有異於人哉？於人之所欲而不處，於人之所惡而不去，蓋其欲惡有甚於富貴貧賤者，惟道所在而已。

「君子去仁，惡乎成名？」

君子之所以爲君子者，以其不已於仁也。去仁則何自而成君子之名哉？蓋仁者，人之道而善之長，未有舍是而可他求者也。

「君子無終食之閒違仁，造次必於是，顛沛必於是。」

「君子無終食之閒違仁」，是心無時而不存也；「造次必於是，顛沛必於是」，主一之功也。

子曰：「我未見好仁者，惡不仁者。好仁者無以尚之；惡不仁者其爲仁矣，不使不仁者加乎其身。有能一日用其力於仁矣乎？我未見力不足者。蓋有之矣，我未之見也。」

好仁非深造者不能，故曰無以尚之。其次則惡不仁；惡不仁，是亦爲仁者也。知惡不仁，則知勉於仁矣。不使不仁之事加見於其身，蓋知惡而遏止之也。曰「有能一日用其力於仁矣乎？我未見力不足者」，用力於仁，無力不足之患。人皆有是道也，病不求耳，豈患力不足哉？又曰「蓋有之矣，我未之見也」，用力於仁者，豈可謂天下無之乎？特未之見耳。所以待天下與勉學者之意，反復抑揚，可謂弘大而深切矣。

子曰：「人之過也，各於其黨。觀過，斯知仁矣。」

君子之過於厚，過於愛，雖曰過也，然觀其過而其心之不遠者可知矣。若小人之過，則失於薄，傷於忍，夫所謂薄與忍者，是豈人之情也哉？而其失至此，則其所陷溺者亦可知矣，故曰「觀過，斯知仁矣」。

子曰：「朝聞道，夕死可矣。」

人爲萬物之靈，其虚明知覺之心，可以通夫天地之理，故惟人可以聞道。人而聞道，則是不虚爲人也，故曰「夕死可矣」。然而所謂聞道者，實然之理，自得於心也，非涵養體察之功精深切至，則焉能然？蓋異乎異端驚怪恍惚之論矣〔一〕。

子曰：「士志於道，而恥惡衣惡食者，未足與議也。」

學道者以務實反本爲要，恥惡衣惡食者，其心何如哉？外馳如此，雖曰志於道，豈足與議道乎？

子曰：「君子之於天下也，無適也，無莫也，義之與比。」

適、莫，兩端也。適則有所必，莫則無所主。蓋不失之於此，則失之於彼，鮮不倚於一偏也。夫義，人之正路也，倚於一偏，則莫能遵於正路矣。惟君子之心無適也，而亦無莫也，其於天下惟義之親而已。蓋天下事事物物皆有義焉，義者存於中而形於外者也。無適、無莫，而義之與比，猶孟子所謂勿忘、勿助長，而必有事焉者也。孟子言學者之用工，而此言君子之存心耳。或曰異端無適無莫矣，而不知義之比，此其所以異於吾儒，蓋失之矣。夫異端之所以不知義者，正以其有適有莫之故也，蓋未有不墮於一偏者。若果能無適無莫，則所謂義者，蓋森然自得於物則之中矣。

〔一〕真德秀西山讀書記卷十五所引作：「所謂聞道者，蓋涵養體察，積習精深，而自得於實理，非若異端驚怪恍惚超悟直入之論也。」

子曰：「君子懷德，小人懷土；君子懷刑，小人懷惠。」

君子小人趣向之異，故所懷不同，大抵公私之分而已。懷德懷刑，好善惡惡之公心也；懷土懷惠，苟安務得之私意也。然則在上者當顯其爲比之道，德刑之明，則君子懷之，而天下莫不歸往矣。不然，區區求小人之比已，而仁賢不歸心，豈能致治哉？

子曰：「放於利而行，多怨。」

放，依也。放於利而行者，凡事每求便利於己也。怨由不得其欲而生。彼雖每求便利，而事亦豈能盡利於己哉？不得其欲，則怨矣。其胸次擾擾，無須臾以寧也。若夫君子正己而已，無所求利，故無不足，而奚怨之萌哉？

子曰：「能以禮讓爲國乎？何有？不能以禮讓爲國，如禮何？」

爲國以禮，其言不讓，夫子所以哂季路。然則能以禮讓，固爲國之本，蓋和順輯睦之所由興也；不能以禮讓，則其爲國也，將如禮何？謂禮雖在，天下其將如之何哉？是亦無以爲國矣。

子曰：「不患無位，患所以立；不患莫己知，求爲可知也。」

「患所以立」，「求爲可知」，皆爲己者之事也。立者，所以立其身也；可知者，實之在己者也。若有患其位與人莫己知之心，一毫之萌，則爲徇於外矣。不患無位，而患所以立；不患莫己知，而求爲可知，則君子爲己之學蓋可知矣。若曰使在己有可知之實，則人將自知之，則是亦患莫己知而已，豈君子之心哉？

子曰：「參乎！吾道一以貫之。」曾子曰：「唯。」子出，門〔一〕人問曰：「何謂也？」曾子曰：「夫子之道，忠恕而已矣。」

道無不該也，而有隱顯、本末、内外之致焉。程子所謂如百尺木，自根本至毫末皆一貫也。若隱顯、本末、内外之致，泯然莫别，則所謂一以貫之者亦何所施哉？夫子之告曾子，當其可也，曾子蓋默識之矣，故答門人之問，獨舉忠恕爲言，可以見曾子自得之深也。夫忠爲體，恕爲用，實有是體，則實有是用。用之周乎物，是其體之流行發見而已，體用一源故也，此豈非一貫之妙歟？聖人全乎此，天之道也，曾子所稱「夫

〔一〕門：原作「問」，據四庫本改。

子忠恕」是已。賢者求盡乎此，人之道也，子思所稱忠恕是已〔一〕。

子曰：「君子喻於義，小人喻於利。」

喻，謂通達其趣也。蓋君子心存乎天下之公理，小人則求以自便其私而已，其所趣所行，久且熟也，能無喻乎？喻則好篤而不可反矣。此君子小人之分也。

子曰：「見賢思齊焉，見不賢而内自省也。」

蓋莫非爲己而已。

子曰：「事父母幾諫，見志不從，又敬不違，勞而不怨。」

事親者，心存乎其親，聽於無聲，視於無形。其體之精矣，故幾微所形，必得於心。諫於其未著，爲易反也。「見志不從，又敬不違」，河東侯氏曰：加誠敬而不違其幾諫之初心，蓋積其誠意如此，勞而不怨，竭力而不弛也。

〔一〕真德秀論語集編卷二、西山讀書記卷十五所引作：「聖人之心，於天下之理無所不該，雖内外、本末、隱顯之致各有其分，然未嘗不一以貫之也。故程子曰：『如百尺木，自根本至毫末皆一貫。』夫子之告曾子當其可耳，曾子蓋默識之，故答門人之問，獨舉『忠恕』爲言，可以見曾子自得之深也。夫忠爲體，恕爲用，實有是體，則實有是用。用之周乎物，是其體之流行發見而已。」

子曰：「父母在，不遠遊，遊必有方。」

以親之心爲心也。

子曰：「三年無改於父之道，可謂孝矣。」

解見上。

子曰：「父母之年不可不知也，一則以喜，一則以懼。」

以年之盛衰，察氣之强弱，而喜懼存焉，亦人子盡心於其親之一事也。

子曰：「古者言之不出，恥躬之不逮也。」

君子以行不逮言爲恥，故言不輕其出。言之不出，則其勉於躬行者，力可知也。夫子懼學者務於言而行有弗篤，則趨於薄也，故言古之學者蓋如此。

子曰：「以約失之者鮮矣。」

凡人事事以節約存心，則有近本之意，雖未能皆中節，而其失則鮮矣。

子曰：「君子欲訥於言而敏於行。」

言則欲訥，行則欲敏，蓋篤實自修，無一毫徇外之意也。言欲訥者，畏天命；行欲敏者，恭天職。

子曰：「德不孤，必有鄰。」

德立於己，則天下之善斯歸之，蓋不孤也。如善言之集，良朋之來，皆所謂有鄰也。至於天下歸仁，是亦不孤而已矣。

子游曰：「事君數，斯辱矣；朋友數，斯疏矣。」

「數」由必有而然。事君而必君之信己，與朋友交而必交情之固，是皆爲私意之所加，而數之所由生也。推此可見彼，既厭而數不止，能無辱與疏乎？

南軒先生論語解卷第三

公冶長篇

子謂：「公冶長可妻也，雖在縲絏之中，非其罪也。」以其子妻之。子謂：「南容邦有道不廢，邦無道免於刑戮。」以其兄之子妻之。 陸音：絏，息列反。今本作紲。

門人記此，以見聖人取人託子之道。南容之行固高於公冶長，然公冶長雖在縲絏而非其罪，則其人能謹於行可知，其所遇特無妄之災耳。己之子、兄之子，何以異其配也？或以其材，或以其時焉耳。爲避嫌之論者，是以私意觀聖人者也。

子謂：「子賤君子哉若人！魯無君子者，斯焉取斯？」

意者子賤資質成就，君子人也。夫子謂使魯無君子，則子賤亦何所取法而若是乎？此非特歎魯國之多賢，蓋言美質係乎薰陶之效如此也。

子貢問曰：「賜也何如？」子曰：「女，器也。」曰：「何器也？」曰：「瑚璉也。」

子貢之問，蓋欲因師言以省己之所未至也。而夫子告之，抑揚高下，所以長善而救其失者備矣。謂之器，則固適於用，然未若不器之周也。謂之瑚璉，則以其美質可以薦之宗廟也。然瑚璉雖貴，終未免於可器耳。賜也味聖人之言意，即其所至而勉其所未至，則亦何有窮極哉！

或曰：「雍也仁而不佞。」子曰：「焉用佞？禦人以口給，屢憎於人。不知其仁，焉用佞？」

佞之所以焉用者，以其禦人以口給，屢憎於人，因其有才辨，而流入於不善也。若不知其仁，則焉用佞？蓋在仁者則發而中節，佞與不佞，何足以言之哉？

子使漆雕開仕，對曰：「吾斯之未能信。」子説。

夫子使漆雕開仕，知其可以施於有政也；而開自謂斯未能信，蓋胸中一毫有未盡，不可以自欺也。其篤志近思之功爲如何哉！則其所至蓋未可量也，故子説。然則學者自謂能信者，其未知用其力者歟？

子曰：「道不行，乘桴浮於海，從我者其由與！」子路聞之喜。子曰：「由也好勇過我，無所取材。」

乘桴浮海，歎道之不行也。「從我者其由與」，以子路之勇於爲也。然夫子豈輕去中國而勇往者哉？子路聞之而喜，則以爲夫子之必往也，故曰「好勇過我，無所取材」。程子謂材與裁通用。夫聖人之勇不可過也，而過焉，是未知所裁度也。先後之閒，辭氣抑揚，而理亦無不盡矣。

孟武伯問：「子路仁乎？」子曰：「不知也。」又問，子曰：「由也，千乘之國可使治其賦也，不知其仁也。」「求也何如？」子曰：「求也，千室之邑、百乘之家可使爲之宰也，不知其仁也。」「赤也何如？」子曰：「赤也，束帶立於朝，可使與賓客言也，不知其仁也。」

仁難言也，而孟武伯遽問子路之仁。若以爲未仁，則子路蓋進於此者；若以爲仁，則仁之義通上下，而言語其全，雖聖人不敢居也，故但告以「不知也」，武伯可以深思自省矣。武伯復有問，而併及於求與赤，則各舉其所能者告之。夫可使治賦、可使爲宰、可使與賓客言，非是心之存者不能然也。就此上觀其仁則可，語仁之成名則難也，故又曰「不知其仁也」。學者反復玩味，知仁之難言如是，則致知力行，終吾身焉可也。

子謂子貢曰：「女與回也孰愈？」對曰：「賜也何敢望回？回也聞一以知十，賜也聞一以知二。」子曰：「弗如也，吾與女弗如也。」

子貢問「賜也何如」，欲因師言以自省也。夫子謂「女與回也孰愈」，使之反己而自省也。當時師弟子閒所以相與者蓋如此。聞一知十，聞其端而究其極也；聞一知二，告往而知來者。夫聞一知十，豈特顔子天資之絶人哉？蓋學問涵養至此也。子貢知其不敢望回，是亦其達也；夫子因其自知，從而勉之曰「吾與女弗如也」。程子曰：聖人豈有所不及者哉？所以勉子貢進學也。一本云：夫子既然其言，又稱之曰「吾與女弗如也」。與其「弗如也」之言，所以長其善而勉其所未及也。

宰予晝寢。子曰：「朽木不可雕也，糞土之牆不可杇也；於予與平聲，下同。何誅？」子曰：「始吾於人也，聽其言而信其行；今吾於人也，聽其言而觀其行，於予與改是。」

宰予昏惰而溺志，夫子以其質之不美也，故以朽木糞牆爲喻，而責之特深，蓋害道莫此爲甚也。聽言而信行，蓋聖人之聽言固異乎人之聽言也，然又將觀行焉，則益精矣。謝氏曰：聖人之道雖得於生知，而亦有待於更事之多也。

子曰：「吾未見剛者。」或對曰：「申棖。」子曰：「棖也慾，焉得剛？」

能自克之謂剛。蓋莫難制者人欲也，爲慾所牽，志不立矣，焉得剛？

子貢曰：「我不欲人之加諸我也，吾亦欲無加諸人。」子曰：「賜也，非爾所及也。」

此與「己所不欲，勿施於人」、「施諸己而不願，亦勿施於人」同意。然而彼二言者，皆爲仁之方，恕之道也，故皆有勿辭。勿者，禁止之意。若子貢之言，不欲人之加諸己者，即欲不加諸人。是則不待禁止，油然公平，物我一視，仁者之事也。其曰「非爾所及」者，正所以勉其强恕而抑其躐等也。

子貢曰：「夫子之文章可得而聞也，夫子之言性與天道不可得而聞也。」

文章謂著於言辭者。夫子之文章，人人可得而聞也；至於性與天道，則非聞見之所可及，其惟潛泳積習之久而有以自得之。自得之，則性與天道亦豈外乎文章哉？曰「性」，又曰「天道」者，兼天人性命之藴而言之也。

子路有聞，未之能行，惟恐有聞。

有所聞而實未副，一本作「而行之未逮」。勇者之所恥也。惟恐有聞，則其篤於躬行可知。門人記此，亦可謂善觀季路矣，然比之得一善，拳拳服膺而不失者，則未免有强力之意耳。

子貢問曰：「孔文子何以謂之文也？」子曰：「敏而好學，不恥下問，是以謂之文也。」

聖人制謚，其法非一端，蓋取人之周也。故經天緯地謂之文，而勤學好問亦謂之文。

子貢疑孔文子不足以當此謚，而不知所取各有義，其善不可没，而其不足者自不可揜矣。

子謂：「子産有君子之道四焉：其行己也恭，其事上也敬，其養民也惠，其使民也義。」

子産此四者爲得君子之道。君子之道亦多矣，子産有此四者而已，他固未盡得也。聖人與人爲善，故特舉其所長焉。行己恭，謹重而不侮也；事上敬，忠實而不欺也；養民惠，以慈愛涵養之也；使民義，役之以時，用之不私也。子産養民惠、使民義矣，而孟子猶謂不知爲政，則所謂政者蓋有在矣。

子曰：「晏平仲善與人交，久而敬之。」

聖人論豫之六二「介于石，不終日，貞吉」，以爲君子上交不諂，下交不瀆，爲知幾。蓋交道易以陵夷，非正其志者莫之能守也。交久而敬不衰，亦可謂善矣。聖人於人，雖一善必録，天地之心也。一本云：以平仲行乎國政之久，而其見稱於聖人者獨善交一事，則其餘無取焉，亦可見也。

子曰：「臧文仲居蔡，山節藻棁，何如其知也？」

所貴乎知者，爲其明見理〔一〕之是非也。僭上失禮之事，而處之不疑，則其昧於理孰大於是？蓋方其時，世俗以小慧爲知，故於文仲有惑焉。夫子明之，使人知夫所謂知者，在此而不在彼也。

子張問曰：「令尹子文三仕爲令尹，無喜色；三已之，無愠色。舊令尹之政，必以告新令尹。何如？」子曰：「忠矣。」曰：「仁矣乎？」曰：「未知，焉得仁？」「崔子弑齊君，陳文子有馬十乘，棄而違之。至於他邦，則曰猶吾大夫崔子也。違之。之一邦，則又曰猶吾大夫崔子也。違之。何如？」子曰：「清矣。」曰：「仁矣乎？」曰：「未知，焉得仁？」

子文、文子之事，聖人以清、忠目之。就此事上言，只可謂之清、忠也。而子張遽以仁爲問，是未能究夫仁者之心也。曰「未知，焉得仁」，言未知其他，據此事言之，不得謂之仁也。若知微子、箕子、比干之所以稱三仁，則知二子之事只可以爲清、忠，而不可謂之仁矣。一本云：仁者之爲，亦有時可以謂之忠、清，然指人一忠一清事便以爲仁，則不可。

季文子三思而後行，子聞之，曰：「再，斯可矣。」

〔一〕見理：真德秀西山讀書記卷九所引作「義理」。

思至於再，則事之是非可否可見矣。過是而猶有思焉，則是爲計較利害，而非誠其思者也。

子曰：「甯武子邦有道則知，邦無道則愚。其知可及也，其愚不可及也。」

發舒才智爲易，收斂才智爲難，非約以自守而不役於外者不能然也。曰「其愚不可及也」，謂人所難也。然而猶有知愚之心也。其與用則行、舍則藏者，意味相去有閒矣。

子在陳曰：「歸與！歸與！吾黨之小子狂簡，斐然成章，不知所以裁之。」

聖人道不行於當時，故退而明諸書以私淑諸人。方聖人歷聘之時，詩、書、禮、樂之文固已付門人次序之矣。及聖人歸於魯，而後有所裁定，所謂删詩、定書、繫周易、作春秋也。狂簡之士，雖行有不揜，而其志大，蓋能斐然以成章矣。至於義理之安，是非之平，詳略之宜，則必待聖人裁之而後爲得也。

子曰：「伯夷、叔齊不念舊惡，怨是用希。」

以夷、齊平日之節觀之，疑其狹隘而不容矣。今夫子乃稱其不念舊惡，何其宏裕也！蓋於其所爲，亦率夫天理之常，而其胸中休休然，初無一毫介於其閒也。若有一毫介於其閒，則其私意之所執，而豈夷、齊之心哉？味夫子「不念舊惡，怨是用希」之言，則庶幾可以得之矣。「怨是用希」者，己無所怨於人，而人亦無所怨於己也。

子曰：「孰謂微生高直？或乞醯焉，乞諸其鄰而與之。」

順理之謂直，計較作爲，有纖毫之枉，則害於直矣。意者時人以微生高爲直，故夫子舉此以明直之理。

子曰：「巧言令色足恭，左丘明恥之，丘亦恥之。匿怨而友其人，左丘明恥之，丘亦恥之。」

是皆常人之所忽，而不以爲恥者，惟君子學以爲己，不忍須臾自欺，故以爲恥。觀諸此，則丘明之爲人可知矣。言己亦恥之，以明丘明所恥之爲得也〔一〕。

顔淵、季路侍，子曰：「盍各言爾志？」子路曰：「願車馬衣輕裘與朋友共，敝之而無憾。」顔淵曰：「願無伐善，無施勞。」子路曰：「願聞子之志。」子曰：「老者安之，朋友信之，少者懷之。」

人而不仁，病於有己。故雖衣服車馬之間，此意未嘗不存焉。子路蓋欲克其私於事事物物之間者，其志可謂篤，而用工可謂實矣。至於顔子，則又宏焉。理之所在，何

〔一〕真德秀西山讀書記卷二十五所引尚有：「又可以味聖人與人爲善，其辭氣温厚如此。」

有於己？則其於善也奚伐？爲吾之所當爲而已，則其於勞也奚施？蓋存乎公理，而無物我之間也。然而猶所謂「誠之者人之道」。至於孔子，則純乎天矣。物各付物，止於其分，而無不得焉。此「誠者天之道也」。聖賢之分固宜爾，然而學者有志於求仁，則季路之事亦未宜忽也。要當如此用力，以爲入德之途，則夫顏子之事可以馴致。不然，慕高遠而屑卑近，將終身無所進益而已耳。

子曰：「已矣乎！吾未見能見其過而內自訟者也。」

人惟安於所偏，狃於所習，是以鮮能見其過。就或知其爲過，不能自訟，又從而文之者蓋多矣。能見其過而內自訟，則懲創之深，省察之力，其必能徙舊而新是圖。若是，則進於德也孰禦？

子曰：「十室之邑，必有忠信如丘者焉，不如丘之好學也。」

聖人斯言，使學者知夫聖可學而至，雖有其質而不學，則終身爲鄉人而已。忠信者質之美，蓋以實而不欺者也。聖人不居生知，所以勉人以學也。

雍也篇

子曰：「雍也，可使南面。」

有長人之德也。

仲弓問子桑伯子。子曰：「可也，簡。」仲弓曰：「居敬而行簡，以臨其民，不亦可乎？居簡而行簡，無乃太簡乎？」子曰：「雍之言然。」

仲弓問子桑伯子，夫子之爲可也，而取其簡，仲弓於此遂發居敬、居簡之論，可謂善領聖人之意矣。夫主一之謂敬，居敬則專而不雜，序而不亂，常而不迫，其所行自簡也。若夫居簡，則是以「簡」之一字横在胸中，反害於敬，而失行簡之本矣。故仲弓以爲太簡，而程子謂多却一簡字者是也。如是而曰行簡，是爲疏略而已，夫豈簡之得哉？

哀公問：「弟子孰爲好學？」孔子對曰：「有顔回者好學，不遷怒，不貳過。不幸短命死矣。今也則亡，未聞好學者也。」

凡怒之所以遷者，以其起怒於己也。於己起怒，故溢於氣，發於辭，横於胸中而不能化，移於他物而莫之止。君子非無怒，怒其逆於理而已。理之所在，如鑑付形，各適其可，己何預乎？然則奚遷之有？凡過之所以貳者，以其所以爲過之根者不除也。不知懲改者固不足問，就有能見其過，而遏之之心一或有懈，則其端復乘閒而萌矣。君子非無過也，隱微之閒有所未慊則謂之過。惟其涵養純熟，天理昭融，於過之所形，無纖介之滯，其化也如日之銷冰，然則奚貳之有？是二者，蓋克己復禮，心不違仁者之事也。如是而後謂之好學。然則孔門之所謂學者，蓋可知矣。有志於道者，其可不以此爲標的乎？

子華使於齊，冉子爲其母請粟。子曰：「與之釜。」請益。曰：「與之庾。」冉子與之粟五秉。子曰：「赤之適齊也，乘肥馬，衣輕裘。吾聞之也，君子周急不繼富。」原思爲之宰，與之粟九百，辭。子曰：「毋！以與爾鄰里鄉黨乎！」

子華爲夫子使於齊，使子華而有所不給，則夫子固周之也，而子華無是之患也。其使也爲師使，以義行也。夫以義行，而其資足以給，則可以無與也。冉有爲其母請粟，疑可以與也，故與之少，以見其義，而冉子莫喻也。原思爲宰，宰有常禄，粟雖多，不得而辭也。使原思雖甚有餘，而其常禄亦豈得而辭哉？故聖人於子華謂「周急不繼富」，於原思謂「毋，以與爾鄰里鄉黨」，其義可見矣。蓋取與辭受，莫不有其則焉，天之理也。聖人從容而不過，賢者審處而不違，若以私意加之，則失其權度，或與其所不當與，爲傷惠，而或辭其所不當辭，亦反爲有害於廉矣。

子謂仲弓曰：「犂牛之子，騂且角，雖欲勿用，山川其舍諸？」

此言用人不當以世類而廢也。犂牛之子而騂其色，是能變其氣類。且當其可用之時，雖欲不用之於郊，而山川之祀，亦豈得而廢之乎？言其不得不用也。聖人之取人，廣大無方如此。以此語仲弓，意者仲弓取人之方或未廣歟？觀其問政，聞舉賢才之言，則曰「焉知賢才而舉之」，與夫子所謂「舉爾所知，爾所不知，人其舍諸」者，其廣狹固可知矣。

子曰：「回也，其心三月不違仁，其餘則日月至焉而已矣。」

心不違仁，私欲不萌，天理常存也。三月，言其久且熟也，而猶有不違焉，未若聖人之純乎天也。顏子之所以爲未化者，正在此耳。日月至焉，與三月不違者，固有間矣，然亦見道明而用力堅者。由是而不已焉，則亦可馴致矣〔一〕。

季康子問：「仲由可使從政也與？」子曰：「由也果，於從政乎何有？」曰：「賜也可使從政也與？」曰：「賜也達，於從政乎何有？」曰：「求也可使從政也與？」曰：「求也藝，於從政乎何有？」

此章可見聖人之用才也。三子者，各有所長，故皆可以從政。果則有斷，斷於義也；達則不滯，通於理也；藝則善裁，不失序也。此豈獨天資之美哉？蓋亦學力所致，因其質而有所成就焉耳。

季氏使閔子騫爲費宰。閔子騫曰：「善爲我辭焉！如有復我者，則吾必在汶上矣。」

顔、閔、曾子不仕於當時，蓋易之「潛龍」，而孟子所謂天民之事也。方是時，行道濟世，則孔子之任。若三子者，雖列國之諸侯有不得而禄仕之也，而況季氏得以臣之

〔一〕真德秀論語集編卷三、西山讀書記卷六所引作：「人具生道以生，其心未有不仁者也。一毫私欲萌於中，則違仁矣。惟不遠而復者，私欲不萌，故其仁無時而不存焉。三月，言其久而熟也，而不違焉，未若聖人之渾然無間也。日月至焉，與三月不違者固亦異矣，然非見道明而用力堅，亦未易日月至也。由是而不已焉，則亦可馴致矣。」

乎？門人記閔子之事於季康子問由、賜、冉求之後，則其相去亦可見矣。

伯牛有疾，子問之，自牖執其手，曰：「亡之，命矣夫！斯人也而有斯疾也！斯人也而有斯疾也！」

如顏子、伯牛之死，乃可謂之命。蓋其修身盡道，以至所爲謹疾者亦無有憾也，而止於是，則曰命而已。若有取死召疾之道，則是有所致而至，而非天命之正矣，孟子所謂「立乎巖牆之下」者也。

子曰：「賢哉回也！一簞食，一瓢飲，在陋巷，人不堪其憂，回也不改其樂。賢哉回也！」

顏子之樂，簞食瓢飲也。言簞食瓢飲之，貧人所不堪，而不足以累其心而改其樂耳。然則其樂果何所樂哉？安乎天理而已矣。學者要當從事於克己，而後顏子之所樂可得而知也〔一〕。

冉求曰：「非不説子之道，力不足也。」子曰：「力不足者中道而廢，今女畫。」

爲仁未有力不足者，故仁以爲己任者，死而後已焉。今冉求患力之不足，非力不足

〔一〕真德秀西山讀書記卷二十八所引作：「此不可以想像求也，惟用力於克己，則庶幾其得之耳。」

也，乃自畫耳。所謂中道而廢者，如行半塗而足廢者也。士之學聖人，不幸而死則已矣，此則可言力不足也；不然，而或止焉，則皆爲自畫耳。畫者，非有以止之，而自不肯前也。

子謂子夏曰：「女爲君子儒，無爲小人儒。」

儒而有君子小人之分者，固不越乎爲己與爲人也。小人爲其所見之小耳，區區以爲人爲心，不亦小乎？以此告子夏者，懼其既博於文，而未能反約也。然此亦子夏初年時耳。孔門弟子之進於學，固有月異而歲不同者。問答語言抑揚之間，要須詳味也。

子游爲武城宰，子曰：「女得人焉爾乎？」曰：「有澹臺滅明者，行不由徑，非公事，未嘗至於偃之室也。」

子游爲宰，而夫子以得人爲問。此政之先務也，後之爲政者蓋鮮知此義矣。行不由徑，則所趨無欲速見利之意；非公事未嘗至於偃之室，則不苟徇於私情。然則斯人之存心可謂正矣。子游亦善觀人哉！

子曰：「孟之反不伐，奔而殿，將入門，策其馬，曰：非敢後也，馬不進也。」

奔而爲殿，固已難能；及將入門，是國人屬耳目之時也，孟之反非惟不敢有其功，又且自掩其功，其中心深自抑損如此，故聖人有取焉。爲學之害，矜伐居多，聖人取孟之反所以教門人也。

子曰：「**不有祝鮀之佞，而有宋朝之美，難乎免於今之世矣。**」

必有祝鮀之巧言與宋朝之令色，而後可以免於世，則世衰道微可知。中人已下，以利害存心者，鮮不爲之變易矣。此聖人所以歎也。

子曰：「**誰能出不由户？何莫由斯道也？**」

道不可須臾離，可離非道也。即父子而父子在所親，即君臣而君臣在所嚴。夫婦之有别，朋友之有信，以至於一飲食起居之閒莫不有道焉。故曰「誰能出不由户，何莫由斯道也」，謂未有出而不由户者，何事而不由於道乎？道雖不可離如此，然人之違之者亦多矣。人雖自違之，而道亦未嘗離也。是以君子敬以持之，顛沛必於是，造次必於是，而惟恐其或失也。

子曰：「**質勝文則野，文勝質則史。文質彬彬，然後君子。**」

文質偏勝，則事理不得其中，故必以彬彬爲貴也。彬彬者，内外相濟之意，非涵養深厚者莫能然也。夫有質而後有文，質者本也。然質之勝則失於疏略而無序，故當修勉而進其文，是則文者所以行其質也。若文或勝焉，則失於繁冗而没實，故當敦篤而反其質，是則質者所以約其文也。此道問學以進於君子者也。雖然，以二者論之，若未得中，而有所偏勝。與其失而爲府史之史，無亦寧爲野人之野乎？亦不可以不知也。

子曰：「人之生也直，罔之生也幸而免。」

天理本直，在人則順其性而不違，所謂直也。直者生之道。循理而行，雖命之所遭有不齊焉，而莫非生道也。罔則昧其性，冥行而已，是與遊魂爲變者相去幾何？則其生也，特幸免耳。

子曰：「知之者不如好之者，好之者不如樂之者。」

知之者，知有是道也；好之者，用工之篤也；至於樂之，則工夫至到而有以自得矣。譬之五穀，知者知其可食者也，好者食之者也，樂者食之而飽者也。知之而後能好之，好之而後能樂之。知而不能好，則是知之未至也；好之而未及於樂，則是好之未至也。此古之學者所以自强而不息者與？

子曰：「中人以上，可以語上也；中人以下，不可以語上也。」

此以其氣質言也。聖人之教，各因其才而篤焉。以中人以下之質，驟而語之高且遠者，非惟不能入，且將妄意躐等，豈徒無益，其反害者有矣。故不驟而語之以上，是乃所以漸而進之，使之切問近思而自得之也。然而聖人之言，本末備具，雖自其卑與近者告之，而其至理亦豈外乎？是特其爲教循循有序，至於愚之明，柔之强，則中人以下之質蓋亦有可得而變者矣〔一〕。

樊遲問知，子曰：「務民之義，敬鬼神而遠之，可謂知矣。」問仁，曰：「仁者先難而後獲，可謂仁矣。」

民之義，百姓所公共之義，如大學所謂「民之所好好之，民之所惡惡之」是也。敬鬼神而不能遠，是惑而已；遠而不敬，是忽而已。敬而能遠，而後爲得。二者皆知之事也。若先有先難後獲，先其難而後其獲也。勉爲其難，不計所獲，循循不已，久自有至。

〔一〕真德秀論語集編卷三所引作：「聖人之道，精粗雖無二致，但其施教則必因其材而篤焉。蓋中人以下之質，驟而語之太高，非惟不能以入，且將妄意躐等，而有不切於身之弊，亦終於下而已矣。故就其所及而語之，是乃所以使之切問近思而漸進於高遠也。」

蘄獲之意，則固已自累其心，而有害於天理矣。无妄之六二「不耕穫，不菑畬」，而象曰「未富也」，蓋此義也[一]。

子曰：「知者樂水，仁者樂山。知者動，仁者静。知者樂，仁者壽。」

動静者，仁知之體。樂水樂山，言其體則然也。動則樂，静則壽，行所無事，不其樂乎？常永貞固，不其壽乎？雖然，知之體動，而理各有止，静固在其中矣。仁之體静，而周流不息，動亦在其中矣。動静交見，體用一源，仁知之義，非深體者莫能識也。

子曰：「齊一變至於魯，魯一變至於道。」

自當時觀之，則齊强而魯弱矣。聖人觀人之國，蓋不如此。齊自管仲相桓公，急於功利，先王之法廢革殆盡矣。魯雖不能舉行先王之法，然其法猶在，未至若齊之變亂也。齊一變而至於魯，謂當易其功利之爲而反之正也；魯一變而至於道，則神而明之，存乎其人而已。味聖人之意，則知所以爲國之道在此而不在乎彼也。

〔一〕真德秀論語集編卷三所引作：「難莫難於克己，勉爲其難，不計其獲，循循不已，久自有所至。若先有蘄獲之意，則固已自累其心而有害於天理矣。无妄之六二『不耕穫，不菑畬』，而象曰『未富也』，蓋此意也。」

子曰：「**觚不觚，觚哉！觚哉！**」

觚而失所以爲觚之制，其得謂之觚乎？故有是物必有是則，苟失其則，實已非矣，其得謂是名哉？故凡言君不君、臣不臣、父不父、子不子，皆以失其則故也。至於人生於天地之中，其所以名爲人者，以天之降衷，善無不備也。失其所以爲人之道，則雖名爲人也，而實何如哉？聖人重歎於觚，意蓋深遠矣。

宰我問曰：「仁者雖告之曰『井有人焉』，其從之也？」子曰：「何爲其然也？君子可逝也，不可陷也；可欺也，不可罔也。」

宰我發此問，亦不可不謂之切問也。謂仁者惟知求仁，患難有所不恤也。夫子所以告之者，理則無不盡矣。蓋其可逝、可欺者，惻隱之心，不逆詐，不億不信也；而其不可陷、不可罔者，心與理一一作「理不可昧」。故也。於此亦可以究仁者之心矣。

子曰：「**君子博學於文，約之以禮，亦可以弗畔矣夫。**」

博學於文，廣聞見也；約之以禮，守規矩也。聞見雖多，而不能約以規矩，則操履不實，亦豈得不違畔乎？故必博文而約禮，然後可以弗畔。學者必弗畔，而後可以有進。若顏子所謂博文約禮，則異乎是，言蓋有輕重也。

子見南子，子路不說。夫子矢之曰：「予所否者，天厭之！天厭之！」

當時過衛國者必見寡小君，衛人以爲請，則烏得而不見？子路以夫子之見强而出於不得已也，故不悦。夫子則謂吾道之否如是，天實厭吾道，則何愠乎？此樂天者之事也。若使道之將行，夫子聽衛國之政，則所以正君而定國者必有道矣。而不得位以行焉，則其在衛國也，而見小君，庸得已乎？此非天而何哉？

子曰：「中庸之爲德也，其至矣乎！民鮮久矣。」

德合於中庸，則至當而無以加矣。中者，言其理之無過不及也；庸者，言其可常而不易也。世衰道微，民汩於私意，以淪胥其常性，鮮有是德久矣。夫子蓋歎之也。

子貢問曰：「如有博施於民而能濟衆，何如？可謂仁乎？」子曰：「何事於仁？必也聖乎！堯舜其猶病諸。夫仁者，己欲立而立人，己欲達而達人。能近取譬，可謂仁之方也已。」

博施濟衆之義固大，而不當以此言仁也。聖亦仁之成名耳，非謂仁未及乎此也。以仁之爲道，不當如此求也，故夫子既告之以博施濟衆之爲大，而又語之以仁焉。夫仁道難名，惟公近之。人惟有己則有私，故物我坐隔，而昧夫本然之理。己欲立而立人，己欲達而達人，於己而譬，所以化私欲而存公理也。然便以此爲仁，則未可。此仁之方也，於其方而用力，則可以至於仁焉。先言仁者而後以仁之方結之，聖人之示人至矣。一本云：博施濟衆之義固大。然博施濟衆，特以見夫功用，而非所以明仁也。聖亦仁之成名，非謂仁未及乎此也。以仁之爲道，不當如此求也。欲進乎是，其惟近取譬乎？近取譬者，體之於吾身而推之，此恕之道也，所以爲仁之方也。於其方而用力，則可以進於仁焉。知能近取譬爲仁之方，則知以博施濟衆言仁者，其亦汎而無統矣。

南軒先生論語解卷第四

述而篇

子曰："述而不作，信而好古，竊比於我老彭。"

"述而不作"，有所傳述而不自作也；"信而好古"，言信古而好之也。"竊比於我老彭"，老彭亦述而不作、信而好古者也。聖人之發斯言，欲使學者稽古務實，而不敢苟作也。夫以聖人之德之至，而其辭氣遜讓温厚如此，學者所宜反復誦味而不厭也。

子曰："默而識之，學而不厭，誨人不倦，何有於我哉？"

默而識之，非言意之所可及，蓋森然於不睹不聞之中者也。在己則學不厭，施諸人則誨不倦，成己成物之無息也，何有於我哉？汲郡吕氏曰，言我之道，舍是三者之外復何有？此説於文義爲順。蓋聖人常指而示之近，使學者能於此求聖人，於此學聖人，則亦可以有得矣。然而是三言者，其本在於默而識之。世之言默識者，類皆想象億度，驚怪恍惚，而曰「吾默識矣」，不知聖門實學，貴於履踐，隱微之際，無非真實，蓋所謂存乎德行者也〔一〕。

子曰：「德之不脩，學之不講，聞義不能徙，不善不能改，是吾憂也。」

聖人言以是爲憂，所以深勉學者也。夫德不脩則無以有諸躬，學不講則無以明乎善，聞義不能徙則何有於義？不善不能改，則安於不善而已，是豈不可憂乎？爲學之要，不越乎修德講學、徙義遷善而已。

子之燕居，申申如也，夭夭如也。

門人可謂善觀聖人矣。方燕居之際，在衆人易以怠惰，若君子則不至於惰，然未免於執持也。未免於執持，其能申申、夭夭乎？申申，和樂中正也；夭夭，温裕安舒也。一本云：申申，舒泰也；夭夭，和治也。聖人聲氣容色之所形，如影之隨形，無往而不在也〔二〕。

子曰：「甚矣！吾衰也久矣！吾不復夢見周公。」

〔一〕真德秀西山讀書記卷二十所引作：「默而識之，言不暇論説，默識夫理之所當然也。在己則學不厭，施諸人則誨不倦，成己成物之無息也。」

〔二〕在：原缺，據四庫本補。又，以上十一字，真德秀西山讀書記卷三十二引作「盛德之至，不勉而中也」。

夫子夢見周公之心，周公思兼三王之心也。方夫子盛時，庶幾道之將行，以周公之事業措之天下，雖夢寐閒，亦思存周公之爲，而若見其人也。至於既老而力衰，知道之終不可行也，故曰「久矣不復夢見」焉。若以爲聖人思念周公，而見其儀容於夢，則是有所滯而不化。且周公不可見，而見之夢焉，亦甚非聖人之心也。

子曰：「志於道，據於德，依於仁，遊於藝。」

遊泳於道，履踐於德，體切於仁，遊涉於藝。藝者，亦以養吾德性而已。

子曰：「自行束脩以上，吾未嘗無誨焉。」

束脩，始見禮也。苟以禮來，聖人未嘗不誨焉。人皆可爲聖賢，聖人未嘗拒其進也。

子曰：「不憤不啓，不悱不發。舉一隅不以三隅反，則不復也。」

此聖人教人之方也。學貴於思，思而後有得。憤悱者，思慮積久，鬱而未暢，誠意懇切，形於外也。憤則見於顔色，悱則見於辭氣。於是而啓其端，發其蔽，則庶幾其聽之之專，而感之之深也。然告之亦舉一隅耳，必待其以三隅反而後復之，此古之教者所以爲從容而使人繼其志之道也。若不以三隅反，則是未能因吾言而推類，苟遽以復之，則於彼亦無力矣。

子食於有喪者之側，未嘗飽也。子於是日哭，則不歌。

臨喪則哀，食何由飽？哭者哀之至，歌者樂之著，一日之間，二者不容相襲若此也。學者法聖人而勉之，亦足以養忠厚之心也。

子謂顏淵曰：「用之則行，舍之則藏，惟我與爾有是夫！」

用之則行，舍之則藏，龍德正中，隨時隱見者也。君子所性，大行不加，窮居不損。其行也，豈有意行之？而其舍也，亦豈有意於藏之？因時用舍，而道有行藏，惟顏子幾於化，故足以與此。

子路曰：「子行三軍，則誰與？」子曰：「暴虎馮河，死而無悔者，吾不與也。必也臨事而懼，好謀而成者也。」

仲由自負其勇，不避禍害，謂夫子有三軍之事，惟己可與，故以爲言。夫子因其病而捄之，以爲犯難而輕死，非君子所貴。蓋死或至於傷勇故也。臨事而懼，戒懼於事始，則所以爲備者周矣。好謀者或失於寡斷，好謀而成，則思慮審，而其發也必中矣。敬戒周密如此，古之人所以能成天下之事而不失也，豈獨可行三軍而已哉？若徒以暴虎馮河爲勇，則是輕犯禍害，非君子之所貴也。

子曰：「富而可求也，雖執鞭之士，吾亦爲之；如不可求，從吾所好。」

夫子謂富不可求，非特謂命有定而不可强也。謂命有定而不可强，雖賢於僥幸而冒昧者，然在聖賢之分，則未足道也。夫子謂富不可求者，正以於義不可故耳。言使其於義而可，雖執鞭之士亦有時而可爲矣。其如義不可求何？則姑從吾所好而已。吾所好者，義是也。然則所安者義，而命蓋有不必言者矣。

子之所慎：齊、戰、疾。

事神莫嚴於齋，用人莫重於戰，養身莫切於疾，故尤致其慎焉。夫子未嘗親夫戰陳之事也，而門人知其所慎者，以其平日所言，而知其重之也。味所謂「臨事而懼，好謀而成」之語，則亦可見矣。

子在齊，聞韶，三月不知肉味，曰：「不圖爲樂之至於斯也！」

韶之盡善盡美，聖人聞之，有所深感於其中。蓋後世雖有作者，虞帝弗可及也已。然至於三月之久猶忘味焉，則幾於不化矣。故程子以三月爲音字。聖人之心，不如是其固也。

冉有曰：「夫子爲衛君乎？」子貢曰：「諾，吾將問之。」入曰：「伯夷、叔齊何人也？」曰：「古

之賢人也。」曰：「怨乎？」曰：「求仁而得仁，又何怨？」出曰：「夫子不爲也。」

叔齊之讓伯夷，以爲伯夷之長當立，無兄弟之義，而何以爲國乎？伯夷之不受國，以爲叔齊之立，父命也，無父子之義，而何以爲國乎？二人者，寧去國而存此矣。衞輒之事，國人論之，以爲蒯聵既得罪於先君而出奔，而輒受先君之命，宗國不可以無主，則立輒而拒蒯聵可也。曾不知蒯聵父也，輒子也。父子之義先亡，而國其可一日立乎？故子貢以夷、齊之事爲問。方是時，夫子在衞，輒立之事蓋難言也。賜也微其辭以測聖人之旨，可謂善爲辭者矣。中有所悔慕，皆謂之怨。其曰「怨乎」者，謂二子委國而去，獨不顧其宗國而有所悔於中乎？夫子告之以「求仁而得仁」，謂二人者求夫天理之安而已，夫豈利害之計乎？明乎此，而後知古人所以處身謀國之宜矣。

子曰：「飯疏食，飲水，曲肱而枕之，樂亦在其中矣。不義而富且貴，於我如浮雲。」

君子所性，大行不加，窮居不損，飯疏飲水，而樂之在其中者，亦莫不然。然則其於外物也何有？故視不義之富貴如浮雲。然易曰：「崇高莫大乎富貴。」富貴本非可以浮雲視，惟其非義，則浮雲耳。苟義所當居，聖賢固亦居之，特所樂不存也。一本云：濂溪周子嘗令學者尋顏子、仲尼所樂何事，此不可以想象推尋也，惟用力於克己，是乃求之之道也。

子曰：「加我數年，五十以學易，可以無大過矣。」

夫子未贊易之前，易書殽亂，傳者失其旨。五十以學易者，夫子之意，謂今有所未暇，加數年而後可修也。程子曰，如八索之類，皆過也。云學、云大過者，皆謙辭也。雖然，自夫子贊易而易道始備，垂於萬世而不過也。而後之學者或泥於象數，而其義復以不明。善乎程子之言曰：推辭攷卦，可以知變，象與占在其中矣。由辭以求易，而明夫所謂體用一源、顯微無閒者，則庶幾聖人學易之旨可得而求也。

子所雅言，詩、書、執禮，皆雅言也。

夫子常教人者，詩、書、執禮也。執禮者，人所執行之禮，所謂曲禮者也。以此三者教人，使之涵泳踐履，循循有序，性與天道亦豈外是而他得哉？在學者用工何如耳。

葉公問孔子於子路，子路不對。子曰：「女奚不曰，其爲人也，發憤忘食，樂以忘憂，不知老之將至云爾。」

子路以葉公不知聖人，且欲擬其形容，而未知所對也。夫子之意，則以爲即其近者告之斯可矣。夫子蓋嘗自謂「十室之邑，必有忠信，獨不如己之好學」；而今所言「發憤忘食，樂以忘憂，不知老之將至」者，亦好學之至者也。然則聖人之所以異於人者，果獨在於好學耶？夫子蓋生而知之者，而未嘗居焉，使人知聖由學而可至也。然生而好學，則是其所爲生知者固亦莫揜矣。謂聖人所以異於人者在於好學，亦豈不可乎？

子曰：「我非生而知之者，好古敏以求之者也。」

門人見夫子之聖，謂生而知之不可跂及也，故夫子以是告之，使果能好古敏以求之，則聖人亦豈不可希哉？玩味辭氣，其循循善誘，可謂至矣。

子不語怪、力、亂、神。

聖人一語一默之閒，莫不有教存焉。語怪則亂常，語力則妨德，語亂則損志，語神則惑聽，故聖人之言未嘗及此。雖然，就此四者之中，鬼神之情狀，聖人亦豈不言之乎？特明其理，使人求之於心而已，若其事則未嘗言之也。門人記聖人之所雅言與夫所不語者而垂教焉，抑可謂察之精矣。

子曰：「三人行，必有我師焉。擇其善者而從之，其不善者而改之。」

見人之善不善也，而皆我師焉。古人之學，無非爲己而已。雖然，就一人之身，而有善有不善焉，亦莫非吾師也。擇其善者而從之，其不善者而改之，此蓋進善無窮之意，非若老氏以不善人爲資而利之也。夫有利之之心，則是已自陷於不善也。毫釐之差，君子謹諸。

子曰：「天生德於予，桓魋其如予何！」

「天生德於予」，言天命德於己也。天命德於己，桓魋其如之何？使不幸而不免於難，亦天也，桓魋其亦如之何哉？雖然，人受天地之中以生，天之生斯人，無不具德於其性也，人則自息之耳，惟聖人爲能全夫天之所命。曰「天生德於予」，而所爲與天理無間者，亦自可見矣。

子曰：「二三子以我爲隱乎？吾無隱乎爾。吾無行而不與二三子者，是丘也。」

夫子之道猶天然，門弟子學焉而莫及，則疑以爲有隱。夫子從容告之曰：「二三子以我爲隱乎？吾無隱乎爾。」蓋道無不在，聖人何隱乎爾？所謂無行而不與二三子者，蓋視聽言動之際無非教也。二三子苟能體之，自近而用力焉，則知聖人果無毫髮之可隱也，在二三子勉之何如耳。

子以四教：文、行、忠、信。

聖人之教人，不越乎是四者。學文則知廣，敦行則身修，忠信則德進。學者勉於是，則內外交益，日有所進而月有所將也。忠信本一事，而謂之四教者，忠則實諸己，信則篤諸人，在學者之成身，當以爲兩事而並勉也。文居其首者，教以博文爲先也。

子曰：「聖人吾不得而見之矣，得見君子者斯可矣。」子曰：「善人吾不得而見之矣，得見有恒者斯可矣。亡而爲有，虛而爲盈，約而爲泰，難乎有恒矣。」

聖人、君子以學言，善人、有恒者以質言。聖人者，肖天地者也；君子者，具其體而未能充盡者也。故聖人不得而見，得見君子斯可矣。善人資稟醇篤，無惡之稱；有恒者則能謹守常分而已。故善人不得而見，得見有恒者斯可矣。以善人之質而進學不已，聖蓋可幾。有恒者力加勉焉，亦足以有至也。若夫己無而以爲有，己虛而以爲盈，在約而以爲泰，則是驕矜浮虛不務實者，其能以有恒乎？未能有恒，況可言學乎？

子釣而不綱，弋不射宿。

此聖人愛物之心也。釣而不綱，不欲盡物也；弋不射宿，不忍乘危也。於此亦可玩味聖人之仁心矣。

子曰：「蓋有不知而作之者，我無是也。多聞，擇其善者而從之；多見而識之；知之次也。

天下之事，莫不有所以然，不知其然而作焉，皆妄而已。聖人之動，無非實理也，其有不知而作者乎？雖然，知未易至也，故又言知之次者，使學者有所持循，由其序而至焉。多聞，擇善而從，多見而識其善，此雖未及乎知之至，然知之次也。擇焉識焉而不已，則其知將日新矣。

互鄉難與言，童子見，門人惑。子曰：「與其進也，不與其退也，唯何甚？人潔己以進，與其潔也，不保其往也。」

以互鄉之俗惡，而童子又非得與先生長者抗禮者，而夫子見之，故門人惑焉。夫子謂其進之志則善。與其進之志善也，而不與其退而不善也。若於進而志善之時，以其退而不善而拒之，則何甚也？聖人之心，天也，其有已甚者乎？則又反復言之，謂凡人潔己以進，則當與其潔耳，固不可保其往也。此所謂「顯比王用，三驅至公」之心也。

子曰：「仁遠乎哉？我欲仁，斯仁至矣。」

仁豈遠於人乎？患人不欲之耳，欲之斯至。不曰「至仁」而曰「斯仁至矣」，蓋仁非有方所而可往至之也，欲仁而仁至，我固有之也。

陳司敗問：「昭公知禮乎？」孔子曰：「知禮。」孔子退，揖巫馬期而進之，曰：「吾聞君子不黨，君子亦黨乎？君取於吳，爲同姓，謂之吳孟子。君而知禮，孰不知禮？」巫馬期以告，子曰：「丘也幸，苟有過，人必知之。」

他國之大夫問吾國之君知禮與否，則但可告之以知禮而已。及巫馬期以司敗之言告，則又豈可謂取同姓爲知禮乎？若言爲君隱之意，則淺露已甚，而失前對之本意矣，故但引己之過而已。然而取同姓之爲非禮，其義固已在其中矣。聖人辭氣之間，其天地造化與？

子與人歌而善，必使反之，而後和之。

歌者，歌詩也。於其歌之善也，使反之而後和，非獨與人爲善也，反復抑揚，至於再三，則所以感人者益深矣。是亦所以長其善也與？

子曰：「文，莫吾猶人也。躬行君子，則吾未之有得。」

言文吾無不與人同者，於躬行之君子則未見。聖人之意，欲使學者不但既其文而務乎其實也。夫所謂文者，威儀藝文之事，可得而見者也。躬行之實，則在夫縝密篤至，存乎人之所不見者也。此顏、閔之徒所以獨出於衆人者歟？

子曰：「若聖與仁，則吾豈敢？抑爲之不厭，誨人不倦，則可謂云爾已矣。」公西華曰：「正唯弟子不能學也。」

夫子雖不居聖，然玩味辭氣，其所以爲聖者亦可得而見矣。夫盡仁道者聖人也，爲之不厭，誨人不倦，聖人之仁，天之無疆也。

子疾病，子路請禱。子曰：「有諸？」子路對曰：「有之。誄曰：『禱爾于上下神祇。』」子曰：「丘之禱久矣。」

子路請禱，而夫子告之以「有諸」，蓋欲子路深省夫禱之理也。苟知其有是理，則知夫子之何用禱也。而子路未之達，獨舉誄以爲證，於是從而告之曰「丘之禱久矣」。蓋禱者悔過遷善之意，平日之思慮云爲，神之聽之，未嘗斯須離也，一有未順，則逆於神理，是則當禱也。若夫聖人之心，則所謂天且弗違，而況於鬼神乎？獨曰「丘之禱久矣」，辭氣謙厚，而所以啓告子路者亦至也。

子曰：「奢則不孫，儉則固。與其不孫也，寧固。」

奢儉皆爲失中。奢則不孫，爲其矜夸也；儉則固，爲其拘執也。雖然，固之爲病，特未能趨於中耳，而其所爲自守者猶近本焉。至於不孫之爲害，則馳騖畔散，惡之所由起也。聖人斯言，非勉學者爲儉而已也，蓋使之知夫奢之爲害之甚，而儉猶可取，則庶有得於務本趨約之意云耳。

子曰："君子坦蕩蕩，小人長戚戚。"

正己而不求諸人，故坦蕩蕩；徇欲而不自反，故長戚戚。坦蕩蕩，非謂放懷自適，無所憂慮之謂也，謂求之在己，而無必於外，故常舒泰云耳。

子温而厲，威而不猛，恭而安。

和順充積，則其發見必温，然温而厲也。德盛者其威必著於外，然威而不猛也。從容中理者其貌必恭，然恭而安也。温而不厲則和而無制，有害於温矣；威而猛則爲物所憚，有病於威矣；恭而不安則不可以持久，有損於恭矣。從容而全盡者，其惟聖人乎？門人形容至此，亦可謂善學矣。

泰伯篇

子曰："泰伯其可謂至德也已矣！三以天下讓，民無得而稱焉。"

三讓，程子曰：不立一也，逃之二也，文身三也。夫泰伯之讓，誠難知也。以君之元子，而棄宗國以逃身，本中夏而從夷狄之爲，不亦冒先王之大禁歟？而泰伯安然行之，非聖人孰能明其爲至德也？至德，謂德之至也。泰伯知文王有聖德，天之所命，當使天下被其澤，故致國於王季，爲文王也。故曰以天下讓，言其至公之心，爲天下而讓也。變而止乎中，非達權樂天者其能與於此乎？惟其事情深遠，故民無得而稱，而聖人獨知其爲至德也。或曰泰伯之心，知文王得國則周必有天下乎？非然也，以是存心，則是利夫天下者也。泰伯知文王得國則天下必被其澤而已，至於周之有天下，則泰伯豈加毫末於此哉？此又不可以不知也。

子曰：「恭而無禮則勞，慎而無禮則葸，勇而無禮則亂，直而無禮則絞。」

恭、慎、勇、直，皆善道也。然無禮以爲之本，則過其節而有弊，反害之也。蓋禮者，其節之存乎人心者也，恭而無禮則自爲罷勞，慎而無禮則徒爲畏懼，勇而無禮則流於陵犯，直而無禮則傷於訐切。然則其弊如此，其貴於恭、慎、勇、直者何哉？蓋有禮以節之，則莫非天理之當然；無禮以節之，則是人爲之私而已。是故君子以約諸己爲要也。

君子篤於親，則民興於仁；故舊不遺，則民不偷。

君子，謂在上者也。篤於親而民興於仁，故舊不遺而民不偷，蓋仁義之心，人皆有之，有以示之，斯感而應矣。夫上之人所爲若是者，非爲欲以動民而爲之也。敦篤於吾之所當爲，而其應自爾也。

曾子有疾，召門弟子曰：「啓予足！啓予手！詩云：『戰戰兢兢，如臨深淵，如履薄冰。』而今而後，吾知免夫！小子！」

曾子當死生之際，其言如此，與易簀之意同。蓋安死順生，純是義理也。啓手足之義，示保其身而無傷也。戰兢臨履，曾子平日之心敬而無失，至是而知免於戾，所謂全而歸之也。夫以形體言之，且不可傷，則其天性可得而傷乎？舉其顯，而隱者可知矣。

曾子有疾，孟敬子問之。曾子言曰：「鳥之將死，其鳴也哀；人之將死，其言也善。君子所貴乎道者三：動容貌，斯遠暴慢矣；正顔色，斯近信矣；出辭氣，斯遠鄙倍矣。籩豆之事，則有司存。」

所貴乎道者三事，謂其動容貌而能循於法則也，正顔色而根於誠實也，出辭氣而不悖於倫理也。此三者豈可驟爲而强致哉？必也平日莊敬篤實，涵養有素，而後其發見乃能如此。此所貴夫道也若此，則禮之本既立矣。至於刑名度數之事，則付之有司，使任職焉可也。蓋本既立，則末無不舉矣。意者孟敬子務詳於末，而未知其本故歟？一本云：或曰此與非禮勿視、勿聽、勿言、勿動之意同乎？曰：有異哉？夫子之言制於外所以養其中也，曾子之言存於中而以正其外者也。學者當識内外交正之意。

曾子曰：「以能問於不能，以多問於寡，有若無，實若虛，犯而不校，昔者吾友嘗從事於斯矣。」

以能問於不能，以多問於寡，樂善而無厭也。有若無，實若虛，有善而不居也。犯而不校，不動於血氣而安於理也。非心不違仁者，其能之乎？嘗從事於斯者，蓋顏子由克己以至於無我也。

曾子曰：「可以託六尺之孤，可以寄百里之命，臨大節而不可奪也。君子人與？君子人也。」

可以託孤，可以寄命，與夫臨大節而不可奪，非剛毅篤實者其能之乎？曰「君子人與」，疑辭也；「君子人也」，斷辭也。言其人雖未盡君子之道，而節操若是，可以謂之君子乎？蓋謂之君子則可也。

曾子曰：「士不可以不弘毅，任重而道遠。仁以爲己任，不亦重乎？死而後已，不亦遠乎？」

弘有寬廓之意，毅有特立之意。弘與毅相須者也。士之所任者重，而其道遠，非弘毅則何以勝其重而致其遠乎？所爲任之重者，以仁爲己任故也。仁者人之道，爲士者求所以盡人之道，其任重矣。然所爲仁者其道蓋無窮，非可以易進而速成也。用力以終吾身焉，顧所至何如耳，然則非弘毅其可哉？

子曰：「興於詩，立於禮，成於樂。」

此學之序也。學詩則有以興起其性情之正，學之所先也。禮者所據之實地，學禮而後有所立也。此致知力行，學者所當兼用其力者也。至於樂，則和順積中，而不可以已焉，學之所由成也。此非力之可及，惟久且熟而自至焉耳。

子曰：「民可使由之，不可使知之。」

此言聖人能使民由是道，而不能使民知之也。凡聖人設教，皆使民之由之也。聖人非不欲民之知之；然知之係乎其人，聖人有不能與，故曰「不可使知之」。然使之由之，所謂知之之道固在其中矣。蓋有由之而不知者，未有不由而能知之者也。然則孟子所載放勳之言曰「使自得之」者，與此異乎？無以異也。蓋曰自得，則亦係乎彼而已。

子曰：「好勇疾貧，亂也。人而不仁，疾之已甚，亂也。」

好勇則果於爲，如是而疾貧，能無爲亂乎？不仁之人，疾之過甚，無所容身，能無爲亂乎？此二者，在上者不可以不知也。先王有以厚民之生，使其有勇者不至於疾貧；有以養其不才，使其不仁者不至於無所容。斯已亂之道也。

子曰：「如有周公之才之美，使驕且吝，其餘不足觀也已。」

此言才美之不足恃，當以德爲貴也。古之聖人如周公者才藝之多，故借以明之。驕則無以來天下之善，吝則不能與人共由於善，雖才美如周公，亦何爲哉？蓋驕者氣盈，挾其有也；吝者氣歉，懷不足也。害德者固多端，而二者其總目也。蓋徇於血氣者，不失之盈，則失之歉耳。

子曰：「三年學，不至於穀，不易得也。」

穀者取其成實之意，故以訓善焉。善者實也。三年學矣，而不至於善，善之難得也如此，然則可不孜孜以自强乎？爲仁由己，勉而不舍，自有所至，固不可以預期歲月，而逆計所成也。聖人〔一〕勉學者之意深矣。

子曰：「篤信好學，守死善道，危邦不入，亂邦不居。天下有道則見，無道則隱。邦有道，貧且賤焉，恥也；邦無道，富且貴焉，恥也。」

此章言士之自處當如是，然篤信好學其本歟？惟篤信好學而後能守死善道，蓋非見善之明，則其能守之而不易乎？危邦不入者，不入其國也；亂邦不居者，雖在其國而可去之也。有道則見，道可行之時也；貧賤則可恥，以其無可行之實故也。無道而隱，道不可行之時也；富貴則可恥，以其屈己而喪道故也。

子曰：「不在其位，不謀其政。」

止其分也。謀其政云者，已往謀之也。若有從吾謀者，則有時而亦可以告之矣。

子曰：「師摯之始，關雎之亂，洋洋乎盈耳哉！」

聖人自衛反魯，然後樂正，雅、頌各得其所。師摯實傳其聲音者也。

子曰：「狂而不直，侗而不愿，悾悾而不信，吾不知之矣。」

〔一〕聖人：「聖」原作「勉」，據四庫本改。

狂者進取，侗者未有知，悾悾者拘執。然是三者，有可以進學之理。蓋進取者不爲枉曲，而直可取也；未有知者不敢自以爲能，而愿可取也；拘執者不敢食其言，而信可取也。由是而教行焉，則可救其所短而進之於道。若狂而不直，侗而不愿，悾悾而不信，則又巧僞生於其間，併與其可取者而去焉，無爲足望矣。

子曰：「學如不及，猶恐失之。」

學者當常懷不及之心。懷不及之心，猶恐夫心之或放也，況於自是自恕者乎？以一善自居，以一知自喜，自足者也。今日不爲，曰姑待明日；小事放過，曰爲其大者，自恕者也。此皆人欲所由長，而本心所由失也。

子曰：「巍巍乎！舜、禹之有天下也而不與焉。」

舜、禹之有天下，豈有一毫與乎其間哉？天與之，人與之耳。天與之，人與之，舜、禹順乎天人之心而履乎其位，於我何加哉？此其德所以爲巍巍也。

子曰：「大哉！堯之爲君也！巍巍乎！唯天爲大，唯堯則之。蕩蕩乎！民無能名焉。巍巍乎其有成功也！煥乎其有文章！」

此章言帝堯君道之大也。天下之巍巍崇高者莫若天之爲天也，而堯法則之。曰「則之」，則無一毫不與天相似矣。堯之道蕩蕩廣大，無所不該，而其用則密，故民無得而名。民雖無得而名，然巍巍之成功，焕乎之文章不可揜也。蓋其功業文章，乃其道之顯見者也。其至賾者不可得而窺，而其至顯者不可得而隱，天之道然也，聖人之道然也。

舜有臣五人而天下治。武王曰：「予有亂臣十人。」孔子曰：「才難，不其然乎？唐虞之際，於斯爲盛，有婦人焉九人而已。」

此所謂才者，言能全盡夫天生此民之才者也。如左氏稱才子，必齊聖、廣淵、明允、篤誠之類。舜之五臣、武王之十亂，皆相與共成天下之治者，非但可任一職而已也。邑姜助成正家之事而天下治焉，亦婦人之有聖德者也。

「三分天下有其二，以服事殷，周之德其可謂至德也已矣！」

三分天下有其二，以服事殷，非特文王也，武王之初亦然，故統言周之至德，不但曰文王也。蓋紂未爲獨夫，文武固率天下以事紂者也。三分天下有其二，天下之歸往如此，而翼翼小心，以盡其臣子之恭，非德合中庸者其能之乎？故稱至德也。

子曰：「禹，吾無閒然矣。菲飲食，而致孝乎鬼神；惡衣服，而致美乎黻冕；卑宮室，而盡力

乎溝洫。禹，吾無閒然矣。」

禹之有天下，無所與於己，故飲食則菲，衣服則惡，宮室則卑，所欲不存焉，而於事神之際則盡其誠，於朝廷之禮則盡其敬，於保民之事則盡其力，皆所以成其性耳。惟其不存於彼，故能克盡於此。再言其無閒者，言其無可得而議如此也。此與惡旨酒而好善言之意同。禹之爲聖，本由學而成，皆其工夫至到者也。

南軒先生論語解卷第五

子罕篇

子罕言利與命與仁。

夫子之言，明其義之所當然耳。義所當然，則亦無不利者，夫子特罕言之也。至於命與仁，凡夫子之所言何莫非是理，而何隱乎爾也？在學者潛心何如耳。然夫子未嘗指言之也，謂之罕亦可矣。

達巷黨人曰：「大哉孔子！博學而無所成名。」子聞之，謂門弟子曰：「吾何執？執御乎？執射乎？吾執御矣。」

達巷黨人大孔子之博學，而疑其不能以偏成也，夫豈知本末精粗一以貫之之道哉？故夫子但舉一藝自居，而又於藝之中復居其次者，以見夫道之無乎不在。若善觀聖人，則於此亦可以得之；不然，則愈失之也。其言則謙而不居，其意則完備矣。

子曰：「麻冕，禮也；今也純儉，吾從衆。拜下，禮也；今拜乎上，泰也，雖違衆，吾從下。」

聖人於斯世，豈有意於從違哉？皆道之所在焉耳。於其儉則不嫌於從俗，於其泰則不避於違衆，聖人之意蓋可見矣。

子絶四：毋意、毋必、毋固、毋我。

聖人豈獨無意哉？蓋發於心者莫非實理，無一毫私意也，若有所作爲，皆私意耳。必者，必欲其然也。固者，執而不化也。我者，有己也。意與我相近，必與固相類，然而不同也。意則發見，而我則其所存也。必則期於事之前，而固則凝於事之後也。毋字與無通。夫子之於四者，非待有所禁止，蓋自無有耳。絶云者，無之甚也。然四者之病，始於意而成於我，故大學之道，必在於誠其意。

子畏於匡，曰：「文王既没，文不在兹乎？天之將喪斯文也，後死者不得與於斯文也；天之未喪斯文也，匡人其如予何？」

「文」也者，所以述是道而有傳也。「文王既没，文不在兹」，聖人以斯文爲己任也。己之在與亡，斯文之喪與未喪係焉。是二者，豈人之能爲哉？天也。不曰喪己而曰喪斯文，蓋己之身即斯文之所在也。方夫子畏於匡之時，所謂易、詩、書、春秋皆未討論也，故以爲天之將喪斯文，則後死者不得與於斯文。夫使後死者而果不得與於斯文，則其不免於難，亦非匡人之所能爲也。汲郡吕氏曰：畏者，有戒心也。

太宰問於子貢曰：「夫子聖者與？何其多能也！」子貢曰：「固天縱之將聖，又多能也。」子聞之，曰：「太宰知我乎？吾少也賤，故多能鄙事。君子多乎哉？不多也。」

太宰見夫子多能，而疑其聖者在此，故云。然子貢則謂夫子蓋天命以大聖之質，多能特其餘耳。夫子聞之，恐太宰謂聖必待多能，則甚有害也，故謙以自居。其意則欲太宰知夫多能雖不害其爲君子，然爲君子不在多能也，故曰「君子多乎哉？不多也」。

牢曰：「子云：吾不試，故藝。」

謂不試於事業，故所見者藝而已。門人載牢所記夫子之言於此，申前章之意也。

子曰：「吾有知乎哉？無知也。有鄙夫問於我，空空如也。我叩其兩端而竭焉。」

此章之意，亦恐學者以聖道爲高遠，而聖人爲有隱也。曰「吾有知乎哉？無知也」，謂爾以爲吾有餘知乎？蓋無餘知也。凡所以告二三子者無不盡矣，雖使鄙夫持空空之質而問，所以告之者亦未嘗不就其兩端，而無不盡者焉。蓋語近而其遠者未嘗不具焉，語卑而其高者未嘗不存焉。形而上曰道，形而下曰器，而道與器非異體也。

聖人有隱乎爾哉？在學者體之何如耳。

子曰：「鳳鳥不至，河不出圖，吾已矣夫！」

非必鳳至圖出而後爲至治之世。鳳至圖出，蓋治世之徵也。聖人斯言，歎明王之不興，而道之終不行耳。

子見齊衰者、冕衣裳者與瞽者，見之，雖少，必作；過之，必趨。

愛敬生於中而形於外，惟聖人爲能有常而無失也。於齊衰，哀有喪也；於冕衣裳，貴達尊也；於瞽者，矜困窮也。推之，則帝王所以治天下之綱要也。

顔淵喟然歎曰：「仰之彌高，鑽之彌堅。瞻之在前，忽焉在後。夫子循循然善誘人，博我以文，約我以禮，欲罷不能。既竭吾才，如有所立卓爾。雖欲從之，末由也已。」

「仰之彌高」，愈探而愈覺無窮也；「鑽之彌堅」，愈進而愈覺難入也；「瞻之在前」，則若不及；「忽焉在後」，則又過之。蓋得其中爲難也，非工夫深至者其能發是言乎？雖然其高未易攀也，其堅未易入也，聖人之中未易可得也，而夫子則循循然善誘人，從容不迫，以其序而進之。其所爲循循善誘者，不過博文約禮而已。博文者，使之集衆義於見聞之間也；約禮者，使之宅至理於隱微之際也。一作：「博文，格物致知也；約禮，克己復禮也。」博而約，學之大端不越是矣。惟夫子循循善誘如此，故使我欲罷不能焉，蓋自不能以已也。「既竭吾才，如有所立卓爾」，盡吾之才以極其至，則見夫所立之卓爾，必曰如有言其始見之端的者然也。卓爾者，其聖人之中歟？「雖欲從之，末由也已」，言己雖見是，而不能遂止於是。蓋誠者天之道，由誠之而進，非大而化不能以與此。蓋至此非力之所能爲也，此顏子之所以喟然歎歟！反復誦味此章，則顏子學聖人始終之功，孔子教人先後之序，與夫聖人之道之至，皆可得而研求矣。

子疾病，子路使門人爲臣。病閒，曰：「久矣哉，由之行詐也！無臣而爲有臣。吾誰欺？欺天乎！且予與其死於臣之手也，無寧死於二三子之手乎！且予縱不得大葬，予死於道路乎！」

子路欲爲臣之意，以夫子嘗爲大夫，有家臣以任其喪事，蓋不爲過，意欲尊其師也。不知方是時，夫子退而閒處，無家臣之時也；因疾之病而强爲之，是欺而已。所謂天者，理而已[一]。理不應有而强使之有，故曰欺天。子路孔門之高弟，而所見若是之偏

[一] 以上七字據真德秀論語集編卷五、西山讀書記卷二十九所引補。

者，蓋意有毫釐之差，則流於欺詐而不自覺耳。故君子戰兢自持，而每懼其或偏也。

子貢曰：「有美玉於斯，韞匵而藏諸？求善賈而沽諸？」子曰：「沽之哉！沽之哉！我待賈者也。」

子貢以美玉爲喻，疑夫子將終藏不售也。夫子則以君子豈不欲用於世乎？其不輕售者，待其可耳。子貢謂求善賈，則非矣。待賈者，循乎天理；而求善賈，則己心先動矣。

子欲居九夷。或曰：「陋如之何？」子曰：「君子居之，何陋之有？」

欲居九夷與乘桴浮海之歎同，或人未之喻，則以爲真欲往也，故疑其陋，以爲不可居。夫子之所以告之者，乃行乎夷狄之道。蓋忠信篤敬，無入而不自得也。

子曰：「吾自衛反魯，然後樂正，雅、頌各得其所。」

聖人未删詩以前，篇章交錯，不以其序者亦多矣。故反魯之後，然後樂正，雅、頌各得其所。獨舉雅、頌，蓋其大者耳。

子曰：「出則事公卿，入則事父兄，喪事不敢不勉，不爲酒困，何有於我哉？」

此章視之若易能，然行之而無憾則未易也。蓋於天理之當爲者求盡其道，而於人情之易動者不踰其則，雖聖人亦極乎是理而已。夫子之教人，每指而示之近，使之有履踐之實，人人皆可勉焉，行而有至，則存乎其人，充盡則聖人矣。

子在川上曰：「逝者如斯夫！不舍晝夜。」

此無息之體也。自天地日月以至於一草木之微，其生道何莫不然？體無乎而不具也。君子之自强不息，所以體之也。聖人之心，純亦不已，則與之非二體矣。川流，蓋其著見易察者，故因以明之。

子曰：「吾未見好德如好色者也。」

好德，因人之秉彝；而目之於色，亦出於性也。然此則溺其流而不止，彼則汩其情而不察，是何歟？則以夫物其性故耳。故君子性其性，而衆人物其性。性其性者，天則之所存也；物其性者，人欲之所亂也。若好德如好色，則天則存而人欲遏，性情得其正矣。

子曰：「譬如爲山，未成一簣，止，吾止也。譬如平地，雖覆一簣，進，吾往也。」

雖覆一簣，然進則不可量；雖餘一簣，然止則無所望。學以成德爲貴也。止者，吾止也；進者，吾往也。進止係乎己，而由人乎哉？

子曰：「語之而不惰者，其回也與！」

若以不惰爲專心致志，則其他門人高弟亦能然，何獨回也？所謂「語之而不惰」者，謂不惰其言也。蓋顔子聞夫子之言，默識心通，躬行實踐，是夫子之言昭明發見於顔子日用中也，此之謂不惰。

子謂顔淵曰：「惜乎！吾見其進也，未見其止也。」

此顔子既没之後，夫子稱之之辭也。蓋其日進無疆，於聖爲幾矣。然未至於聖，則猶有所進焉。至於聖則止矣，所謂止者，大而化之，止於中而成乎天也。此顔子所以有「雖欲從之，末由也已」之歎與？横渠張子曰：「未至聖而不已，故仲尼賢其進；未得中而不居，故惜乎未見其止。」

子曰：「苗而不秀者有矣夫！秀而不實者有矣夫！」

養苗者不失其耘耔，無逆其生理。雨露之滋，日夜之養，有始有卒，而後可以臻厥成。或舍而弗耘，或揠而助長，以至於一暴十寒，則苗而不秀，秀而不實矣。學何以異於是？有其質而不學，苗而不秀者也；學而不能有諸己，秀而不實者也。夫仁亦在夫熟之而已矣。

子曰：「後生可畏，焉知來者之不如今也？四十、五十而無聞焉，斯亦不足畏也已。」

後生可畏，以其進之不可量也。然苟至於四十、五十，猶於道無所聞，則其不能激昂自進可知。因循至是，則亦無足畏者矣。辭氣抑揚之閒，學者所宜深味也。雖然，有至於四十、五十而知好學，如中庸所謂困知勉行者，聖人猶有望焉。若後生雖有美質，而悠悠歲月，則夫所謂四十、五十者，將轉盼而至，可不懼哉！

子曰：「法語之言，能無從乎？改之爲貴。巽與之言，能無說乎？繹之爲貴。說而不繹，從而不改，吾末如之何也已矣。」

「法語之言」，明義而正告之也，如孔子對齊景公「君君、臣臣、父父、子子」之類是已。「巽與之言」，委曲而開導之也，如孟子告齊宣王「是心足以王矣」之類是已。自非肆於惡而無所忌憚者，其聞法語之言也，能無面從乎？其聞巽與之言也，能無悅於心乎？然而聞善者將以善其身也，於法言則當佩服躬行，而改其未合者；於巽言則當紬繹思慮，而究其所以然者。若是，斯有以善其身矣。苟惟心悅而不繹其故，面從而不改其非，則亦何有於己哉？故雖聖人亦末如之何也。

子曰：「主忠信。無友不如己者。過則勿憚改。」

成都范氏曰：「如此類皆夫子所常言，弟子各以所聞記之，故又見於此。」

子曰：「三軍可奪帥也，匹夫不可奪志也。」

志者，中有所主也。三軍雖衆，其帥可奪者，資諸人故也；匹夫雖微，有志則不可奪者，存諸己故也。夫使志而可奪，則不得謂之志矣。雖然，此所謂志，謂守其道而不渝，如虞人非其招不往之類是也。若守認私意，而不知徙義，則是失其所主，謂之任意則可耳，非志也。

子曰：「衣敝緼袍，與衣狐貉者立，而不恥者，其由也與？不忮不求，何用不臧？」子路終身誦之。子曰：「是道也，何足以臧？」

衣敝緼袍，與衣狐貉者立而不恥，此不可作細事看。惟不忽於卑近，實用力於斯者，乃知其未易耳。蓋人惟有己而有物，有物故有忮，有己故有求。不忮不求，則私欲不行，而善道可進，將何用而不善？子路聞夫子之言，以爲道如是足矣，遂有終身誦之之意。夫不忮不求，非不善也，而子路終身誦之，則不足以爲善矣。蓋不忮不求之外，必有事焉，至於聖不可知，皆由道而進也。苟終身誦夫不忮不求而已，則亦不過於利仁者之事，而有所止也。聖人先後抑揚，所以成德達才之道可謂至矣。

子曰：「**歲寒然後知松柏之後彫也。**」

力量之淺深，平時未易見也，惟當利害艱難之際，則可見其所守者矣。人徒見其臨事之能處也，而不知其自守之有素也。松柏之質堅剛矣，獨於歲寒之時，而後人知其後彫耳。

子曰：「**知者不惑，仁者不憂，勇者不懼。**」

三者天下之達德，君子之所以成身也。「不惑」者，見理明也；「不憂」者，其樂深也；「不懼」者，守己固也。然固有不惑不懼，而其樂未充者，涵養其德性未至也，不憂其深矣乎？

子曰：「**可與共學，未可與適道；可與適道，未可與立；可與立，未可與權。**」

志於正而不他，然後可與共學；而由其序，然後可與適道；有諸己，然後可與立；充實積久，理明義精，然後可與權。事事物物，莫不有中。中者，天理之當然，不可過而不可不及者也。毫釐之差則失之矣，何以取中而不失乎？所以貴於能權也。權者，權其輕重而適其平之謂。此君子所以貴於時中也。或者不知權之所以爲中，乃指爲反經合道。夫經者，道之所以爲常也；權者，所以權其變而求合夫經也。既反經矣，尚何道之合乎？以至於堯、舜之禪，湯、武之伐，周公之誅，蓋亦如夫夏葛冬裘，飢食渴飲，當其可而已，非理明義精，疇足以識之哉？

「唐棣之華，偏其反而。豈不爾思，室是遠而。」子曰：「未之思也，夫何遠之有？」

此夫子所删去之詩，亦非今所存唐棣篇中語也。其意則以爲唐棣之華則翩其反矣，非不爾思，而室則遠矣。夫子謂道非遠人，特未之思耳，以詩語之，未安也，故删而不取。詳味夫子斯言，辭則抑揚，意蓋無窮也。夫道以爲易知乎？則精微之際，未易可擇也；以爲難知乎？則其天然之理，本自不隱也。曰易，則學者將忽而不克究；曰難，則學者將怠而不知進。曰「未之思也，夫何遠之有」，而顯微之幾，循求之序，亦涵蓄而備盡矣。

鄉黨篇

此篇所記，於夫子言語、容貌、衣服、飲食之際，可謂察之精矣。門人亦善學聖人哉！蓋聖人之道，如是其高深也，茫然測度，懼夫汎而無進德之地也，故即其顯見之實而盡心焉。存而味之，則而象之，於此有得，則内外並進，體用不離，而其高深者爲可以馴致矣，真善學聖人者哉！百世之下，讀是篇者亦可以知所用力也。

孔子於鄉黨，恂恂如也，似不能言者。

恂恂，信順之貌。似不能言者，自卑而先人也。信順而貴讓，處鄉黨之道則當然也。

其在宗廟朝廷便便，言惟謹爾。

便便，於事敬肅也。言惟謹，於言簡嚴也。在宗廟朝廷則當然也。

朝，與下大夫言，侃侃如也；與上大夫言，誾誾如也。

河東侯氏曰：誾誾，中正而敬也；侃侃，和樂而敬也。敬一也，誾誾、侃侃，上下之交也。

君在，踧踖如也，與與如也。

此君在位之時，在朝、在廟、燕見皆然也。楊氏曰：「踧踖，不敢寧處也。」張子曰：「與與，容色不忘向君也。」

君召使擯，色勃如也，足躩如也。揖所與立，左右手，衣前後，襜如也。趨進，翼如也。賓退，必復命曰：「賓不顧矣。」

「色勃如」者，變色也。「足躩如」者，改容也。承君命而起敬也。「揖所與立，左右手」，順所向也。「衣前後，襜如也」，左右手而衣亦隨之合節也。「趨進，翼如」，如翼之張也。「賓退，必復命」者，敬終其事而紓君敬也。此皆爲擯相之時容節然也。

入公門，鞠躬如也，如不容。立不中門，行不履閾。過位，色勃如也，足躩如也，其言似不足者。

入公門則改容而不敢少肆，非必君之在焉也。「立不中門」，避所尊也；「行不履閾」，行以度也。行不履閾，非獨入公門爲然，特於此記之耳。「過位，色勃如也，足躩如也，其言似不足者」，過位亦君不在焉之時也，「其言似不足」者，雖在君虛位之前，與人言亦不敢少舒也。夫君不在焉，而莊敬也如此，則其事君之誠可知矣。若以爲虛位而不之起敬，則履霜堅冰，所致有不可勝言者矣。

攝齊升堂，鞠躬如也，屏氣似不息者。出降一等，逞顔色，怡怡如也。没階，趨進，翼如也。復其位，踧踖如也。

摳衣而升公堂，則容改矣。屏氣如無息，心莊而氣肅也。出降一等，色始舒也。没階翼如，復位踧踖，始終以敬也。自「攝齊升堂」以下，升而有事於公堂之節也。自「出降一等」以下，降歸其班列之節也。此君在之時也。

執圭，鞠躬如也，如不勝。上如揖，下如授。勃如戰色，足蹜蹜，如有循。享禮，有容色。私覿，愉愉如也。

執圭，鞠躬如不勝，敬其事若不克也。上則如揖，下則如授，升降之容也。勃如戰色，戒懼也。足蹜蹜如有循，不舉足而曳踵也。此皆以重圭之故也。大夫聘於他國，則執圭、享禮有容色。程子曰：享燕之時，一於莊則情不通。此既聘而享之時也。私覿，愉愉如也，既享而私覿，則又和悦矣。自其在宗廟朝廷以下，皆孔子爲大夫時出入起居之節也。

君子不以紺緅飾，紅紫不以爲褻服。

紺，齊服；緅，練服。不以飾，别嫌疑，重喪祭也。紅紫閒色，不以爲褻服，君子無時不居正也。范氏曰：言君子則不獨夫子，凡君子皆當然。

當暑，袗絺綌〔一〕**，必表而出之。**

袗，單也。表而出之，孔氏曰「加上衣也」，蓋嫌其見體耳。一衣服之閒，莫不有義存

〔一〕綌：原作「絺」，據何晏論語集解改。

焉，豈苟云乎哉？

緇衣，羔裘；素衣，麑裘；黄衣，狐裘。

內外以稱也。君子惡夫不稱也。

褻裘長，短右袂。

孔氏曰：裘長主温，袂短便事。

必有寢衣，長一身有半。

程子曰：疑上文當連齊而言，故曰必有。蓋齊日不用常日之寢衣，所以致其嚴也。長一身有半，因是而言寢衣之制也。

狐貉之厚以居。

尹氏曰：居，家居也。家居取其適於温而已，若夫接賓客之際，固不可。

去喪無所不佩。

異吉凶也。佩亦有所當佩。楊氏曰：佩非特玉而已，蓋若觿礪之類，皆佩焉。

非帷裳，必殺之。

楊氏曰：裳亦有殺，惟朝祭之服用正幅如帷然，則不殺。蓋朝祭之服，義取於正幅而已，其他固當殺也。

羔裘玄冠，不以弔。

弔必變服，稱其情也。

吉月，必朝服而朝。

程子曰：孔子在魯致仕時，月朔朝也。蓋雖致其事，而猶往月朔之朝，盡爲臣之恭也。

齊，必有明衣，布。齊，必變食，居必遷坐。

「明衣，布」，孔氏曰沐浴衣也。此正與「必有寢衣」義同。「必有寢衣」合在此句下。變食遷坐，蓋皆變易其常，致敬而不敢遑寧也。

食不厭精，膾不厭細。

食，飯也。或曰厭當作平聲，言不待精細者，而後屬厭也。蓋聖人於飲食非有所擇也，苟非如下所云不食之類，則食無精粗，皆可以飽耳。

食饐而餲，魚餒而肉敗，不食。色惡，不食。臭惡，不食。失飪，不食。不時，不食。割不正，不食。不得其醬，不食。

饐，傷濕也；餲，味變也；餒，潰而耗也；敗，渝而壞也；色惡，非其本色也；臭惡，失其芬香之正也；失飪，失生熟之節也；不時，非食時也；割不正，解牲之不以其制也；不得其醬，調味之不以其宜也。割不正，疑是謂燕享之時耳。夫飢而食，天之理也，聖人所欲不存，豈有一毫加意於此哉？而有所不食者，亦以其理之所未安耳，蓋從容乎天則如此。

肉雖多，不使勝食氣。唯酒無量，不及亂。沽酒、市脯，不食。不撤薑食，不多食。食以五穀爲主，肉氣不可使勝穀，養生之道則然也。彼徇於味者，則豈是之思哉？飲酒隨其多寡之分，主於不及亂而已。程子曰：不獨不可亂志，只血氣亦不可使亂，浹洽而已，可也。沽酒、市脯不食，謝氏曰：與康子饋藥不敢嘗同意。食不去薑，辛甘皆所以養，亦不可闕也。不多食，食以節也。聖人衛生之嚴如此，非私其身也，蓋無乎不盡其道而已。在他人非慢易以輕身，則取利以自私而已。

祭於公，不宿肉。祭肉不出三日，出三日不食之矣。公家之祭不宿肉，受神惠於公，所欲亟以及人也。家祭之肉不出三日，懼其或敗，而起人之褻易，非事神之道也。故或出三日則寧不食焉。一本云：出三日則人將不食而厭棄之，非所以敬神之意也。

食不語，寢不言。

先儒謂直言曰言，答述曰語。專一於寢食，非言語時也。

雖疏食菜羹，瓜祭，必齊如也。

食必祭先農，菜必祭先圃，蓋報本之義。故物雖粗薄，而於其祭也，必亦致其嚴肅焉，誠之所存，非徒然也。

席不正，不坐。

正於外所以養其中也。舉此一端，他皆然耳。

鄉人飲酒，杖者出，斯出矣。

少而從長，順也。舉此一端，餘可見也。

鄉人儺，朝服而立於阼階。

禮之有儺，所以驅攘癘氣，有是理故有是事也。朝服而立於阼階，敬其事，且以存室神也。

問人於他邦，再拜而送之。

誠於其所問也。

康子饋藥，拜而受之，曰：「丘未達，不敢嘗。」

大夫有賜拜而受之，禮也。未達而不敢嘗，謹疾也。不以告則害於直，故敬受而直告之。於此一事之閒，而得三善焉。

廄焚，子退朝，曰：「傷人乎？」不問馬。

仁民愛物，固有閒也。方退朝，始聞之時，惟恐人之傷，故未暇及於馬耳。

君賜食，必正席先嘗之。君賜腥，必熟而薦之。君賜生，必畜之。

敬君之賜也。正席而嘗，以示變也；用之祖考，示不敢易也。楊氏曰：食則或恐餕餘，故不敢祭；惟腥乃可熟而薦也；生則畜之，以待有事，無故不敢殺也。

侍食於君，君祭先飯。

程子曰：恐君之客己也。蓋禮賜之食，而君客之，則命之祭然後祭；今於君之祭，己即先飯，如爲君嘗食。然恐君之客己，而不敢當也，必先飯者，以食爲先也。

疾，君視之，東首，加朝服，拖紳。

雖不興，不忘恭也。

君命召，不俟駕行矣。

孟子曰：孔子當仕，有官職，而以其官召之也。若非當仕，而以其官召之，則君之召也，固當度義而行。度義而行，乃所爲敬君，而不敢欺也。

入太廟，每事問。

解已見上。

朋友死，無所歸，曰：「於我殯。」

無所歸，謂無親戚任之者，則其責在朋友矣。

朋友之饋，雖車馬，非祭肉不拜。

朋友與己敵，其通有無，蓋常義也。故其饋雖多，可以無拜；於祭肉則拜之，重其先也。

寢不尸，居不容。

寢不尸，體不肆也；居不容，安舒而已，非惰也。一本有：門人之察聖人，其詳至於寢處之際無不盡者，昔人之學固如此哉？

見齊衰者，雖狎，必變。見冕者與瞽者，雖褻，必以貌。

狎謂與之習熟者，褻謂見之頻數者。

凶服者式之，式負版者。

此車中之容，哀有喪，重民數也。

有盛饌，必變色而作。

不虛其禮意也。

迅雷風烈必變。

敬天之怒也。

升車，必正立執綏。

此升車之節也。一説引曲禮：君出就車，則僕併轡授綏。綏，所以總轡者也。四馬兩驂凡六轡，攬之爲難，故以綏總之，然後便於執。立不正，則轡有掣縱，故必正立而後六轡均調。

車中不内顧，不疾言，不親指。

三者非獨恐其惑衆也，蓋以其非在車之容故耳。夫道不可須臾離，可離非道，是無往而不爲道也。聖人言語、容貌、衣服、飲食至纖至悉之間，無不盡其節，非聖人之循之也，聖人之德之盛固無非道之所存也。在學者之進德，則當以聖人爲準的，致精於事事物物之閒，謹其節而求所以勿失者焉。故中庸曰：「禮儀三百，威儀三千，待其人而後行，苟不至德，至道不凝焉。」

色斯舉矣，翔而後集。

此非止爲事君而言。色斯舉矣，炳先見於幾微也；翔而後集，從容審度而後處之也。若是則悔吝何由而至乎？

曰：「山梁雌雉，時哉時哉！」子路共之，三嗅而作。

横渠曰：雌雉，魯俗一時所貴。仲尼傷薄俗易流，所美非是；仲由不達，乃具羞以饋。三嗅者，示衆好之必察也；不食者，知所以美之非美也。

南軒先生論語解卷第六

先進篇

子曰：「先進於禮樂，野人也；後進於禮樂，君子也。如用之，則吾從先進。」

野人、君子，由後人之稱也。前人於禮樂務其質，而於文有所未足；後人則習其文而日盛矣。惟其文之盛，故以前輩爲野人，而自謂爲君子。文勝而過質，則於禮樂之實反有害，故聖人思反本，而有從先進之言。程子曰：若用於時，救文之弊，則吾從先進，小過之義也。今也純儉，吾從衆，「奢則不遜，儉則固，與其不遜也，寧固」，此之謂也。或曰：然則從周之説奈何？蓋文莫備於周，大體固當從周，而其末流文勝之弊，則不可以不正也。從先進與從周，固各有義耳。

子曰：「從我於陳、蔡者，皆不及門也。德行：顔淵、閔子騫、冉伯牛、仲弓；言語：宰我、子貢；政事：冉有、季路；文學：子游、子夏。

從夫子於陳、蔡者，自顏淵而下，當時偶不在門，故夫子思其時人才之盛而稱之。所謂言語、政事、文學，皆由一道入而有所自得者。至於德行，則默而成之，以造其全，蓋不可以一事名也。彼三者，未免利仁之事；進乎德行者，則安仁之事也。

子曰：「回也，非助我者也，於吾言無所不説。」

常人聞夫子之言，不能疑而問，與問而不當，固無所助也，學者則有助矣。疑而問，問而益，得以發其精微，若子夏之起予是也。謂顏子非助我者，以其於吾言無所不説。蓋回聞夫子之言，無不得於其心，而無疑之可復故也。

子曰：「孝哉，閔子騫！人不閒於其父母昆弟之言。」

「閒」與禹「吾無閒然」之「閒」同。凡有所未盡，則有閒而可言；處之盡其道，人無得而閒然也。

南容三復白圭，孔子以其兄之子妻之。

三復白圭之章，其感於中者深矣。謹言如此，則謹行可知。言者人之所易故也。

季康子問：「弟子孰爲好學？」孔子對曰：「有顏回者好學，不幸短命死矣，今也則亡。」

必若顏子而後謂之好學，他人皆不得與焉，則聖門問學之方蓋可知矣。

顏淵死，顏路請子之車以爲之椁。子曰：「才不才，亦各言其子也。鯉也死，有棺而無椁。吾不徒行以爲之椁，以吾從大夫之後，不可徒行也。」

聖人正大之情，天地之情也。才不才，亦各言其子。謂才與不才雖異，而彼此均爲其子也。鯉雖不可以並淵，然在己則子也，無椁則亦已矣。淵雖賢，而父之葬子也，亦稱家之有無而已，又何必强爲之椁乎？夫子視淵固猶子也，不得舍車於鯉，則亦不得舍車於淵矣。

顏淵死，子曰：「噫，天喪予！天喪予！」顏淵死，子哭之慟。從者曰：「子慟矣！」曰：「有慟乎？非夫人之爲慟而誰爲？」

謂天之喪己者，以顏淵之死而卜天意，懼斯道之不傳也。哭之慟，而從者曰「子慟矣」，門人恐聖人哀之過也。聖人有過乎？情之至而不自知其慟，故曰「有慟乎」。然謂非夫人而誰爲，則其節固在乎其中矣。

顏淵死，門人欲厚葬之。子曰：「不可。」門人厚葬之，子曰：「回也視予猶父也，予不得視猶子也。非我也，夫二三子也。」

葬以禮者，謂得其理也。顏子簞食瓢飲，居於陋巷，及其死，門人乃欲厚葬之，則失其理矣。夫子止之而不可得，謂回雖視予猶父，而己不得視之猶子，以有顏路故也。其曰「非我也，夫二三子也」，其誠於幽明之際如此。顏子之在聖門，門人莫先焉，故於其喪也，門人記夫子之所以處之者甚詳，所謂仁之至而義之盡者也。

季路問事鬼神，子曰：「未能事人，焉能事鬼？」曰：「敢問死？」曰：「未知生，焉知死？」

人以鬼神與死爲異事，而不知其爲常也，蓋不越於理而已。由聚散故有死生，由幽明故有人鬼。能事人，則能事鬼矣；知生，則知死矣。事人者，事君、事親、事長之類是也；知生者，知所以生也。然則所謂事鬼神之理與死之理，豈外是乎哉？故君子之於學，務於其近而已，而其遠者莫之能違也。若異端則以鬼神與死別爲一説，驚怪恍惚，而其失莫之窮也。

閔子侍側，誾誾如也；子路，行行如也；冉有、子貢，侃侃如也。子樂。若由也，不得其死然。

一於篤敬，故誾誾；進於和樂，故侃侃；直而果，故行行。有諸中，形於外莫揜也，故夫子樂其實焉。若由也不得其死，然謂如由之氣象，蓋有不得其死之理。此爲疑之之辭，而因以警之也。孔悝被劫，子路死之，誠不可以不死，謂之不得其死不可也。

然其從孔悝，則有爲之死之理，始擇之未善也，則不幾於不得其死乎？若比干則可謂得其死者矣。然則求生以害仁者，謂之不得其生可也。子路雖不得其死，而與是類固不可同日而語矣。

魯人爲長府，閔子騫曰：「仍舊貫如之何？何必改作？」子曰：「夫人不言，言必有中。」

先儒謂長府爲藏貨財之府。貨財之府無過而改爲，得無示人以崇利聚斂之意乎？故閔子以爲當仍舊貫，而不必改也。言必有中者，中於理也。

子曰：「由之瑟，奚爲於丘之門？」門人不敬子路，子曰：「由也升堂矣，未入於室也。」

以瑟爲言者，蓋瑟之聲音，象其中之所存也。子路之氣稟偏於剛，雖其學之有至，氣質不爲不變。然於其所偏，終有化之未能盡者，在聖人之門爲有未和〔一〕也。斯言所以警子路而進之，而門人聞此，遂有不敬子路之意，蓋未知子路之所至，與夫聖人發言之意也，故復從而開曉之。夫自得其門而入，以至於升堂，其爲次序淺深亦已多矣，其於用力亦可謂至矣，獨未及夫閫奥之地耳。由室而言，在堂者則爲未至，所當

〔一〕和：四庫本作「知」。

勉以進也；由宫牆之外而望其升堂者，則不亦有間乎？聖人斯言，非特以發明子路，亦所以使門人知學之有序也。

子貢問：「師與商也孰賢？」子曰：「師也過，商也不及。」曰：「然則師愈與？」曰：「過猶不及。」

子張高明，故常開擴；子夏敦篤，故常收斂。開擴則未免於有過，收斂則未免於有不及。然二子之過、不及甚微，特未得其中而已。夫子謂過猶不及，過與不及爲未得其中則均也。今以論語所載二子之言行觀之，其所過與不及者蓋亦可得而見矣。

季氏富於周公，而求也爲之聚斂而附益之。子曰：「非吾徒也，小子鳴鼓而攻之，可也。」

此哀公十年用田賦之事也。冉有時爲季氏宰，攷之國語，蓋嘗以此事訪於夫子，而卒莫之救。以冉有爲宰之時，而季氏之賦倍他日，此夫子所以有聚斂附益之歎，而孟子又發無能改於其德之論也。冉有既爲季氏之臣，所當救正其非，使之由於法度；今既不能正，而又順其所爲。私門益以封殖，則公室益以衰弱，此求之所以得罪於聖門爲深也。原求所以至此，蓋不能如閔子見幾而作，因循陵遲而不自知也。有志於學者亦鑒諸。

柴也愚，參也魯，師也辟，由也喭。

愚則專而有所不通，魯則質而有所不敏，辟則文煩，喭則氣俗。此皆其氣禀之偏，夫子言之，使之因其所偏，矯厲而擴充也。然曾子之魯，其爲學篤實，故卒能深造於道，非唯質不足以病之，而適所以成之也。

子曰：「回也其庶乎！屢空。賜不受命，而貨殖焉，億則屢中。」

顔子之庶幾於聖人，以其屢空也。空者，意、必、固、我不留於中也。然猶曰屢焉，特未若聖人之純焉耳。聖人則絶四矣。顔子不貳過，有不善未嘗不知，知之未嘗復行者也。賜不受命而貨殖，賜之貨殖亦豈如他人哉？特未免有意於豐約之閒耳。此則於天命之自然者爲不能受其正，而其聰明所及，億度而多中焉，以其資禀之高故也。然億而屢中，則不能以皆中也。苟惟天理之安，則不待於億，而無往不中矣。聖門惟子貢聰明亞於顔子，故聖人嘗問以與回孰愈，而於兹又發此義，所以進之者遠矣。程子曰：此亦子貢始時事耳，其晚歲所進，蓋不可以是論也。

子張問善人之道。子曰：「不踐迹，亦不入於室。」

程子曰：「所謂善人者，不爲不善也，故不必踐舊迹而已，有不善則能改之矣。雖然，亦不能造道之遠奥也。苟能之，則賢遠也，不止爲善人而已。或曰：善人者，未能有諸己乎？曰：不能有之，則安得善？然所謂有諸己者，蓋亦有淺深，故善人謂其不能有諸己則不可，然謂其盡夫有諸己之道，則亦未也。

子曰：「論篤是與，君子者乎？色莊者乎？」

惟其言之篤厚是與，當與其君子者乎？與其色莊者乎？君子謂行稱其言者，色莊謂行違於言、居之不疑者。此言取人當聽言而觀行也。

子路問：「聞斯行諸？」子曰：「有父兄在，如之何其聞斯行之？」冉有問：「聞斯行諸？」子曰：「聞斯行之。」公西華曰：「由也問『聞斯行諸』，子曰『有父兄在』；求也問『聞斯行諸』，子曰『聞斯行之』。赤也惑，敢問。」子曰：「求也退，故進之；由也兼人，故退之。」

聞義固當勇於爲，然有父兄在，則亦有不可得而專爲者。若不稟命而行，則反傷於義。子路有聞，未之能行，惟恐有聞，其勇蓋如此，於所當爲，不患其不能爲也，特患爲之之意或過焉，而於其當稟命而行者有所闕焉耳。若冉求之資稟失之弱，不患其不稟命也，患其於所當爲者，逡巡畏縮而爲之不力耳。聖人一進之，一退之，所以約之於義理之中，而使無過不及之患，其成德達才之道可謂至矣。

子畏於匡，顏淵後。子曰：「吾以女爲死矣。」曰：「子在，回何敢死？」

夫子以顏子之後，而憂其或不免。若顏子之言之意，則謂夫子免於難則已，亦何敢果於死？聖人微服而過宋，爲死之傷勇故耳，則顏子亦烏得果於死哉？然或不幸而不得免焉，則亦有之矣。

季子然問：「仲由、冉求，可謂大臣與？」子曰：「吾以子爲異之問，曾由與求之問！所謂大臣者，以道事君，不可則止。今由與求也可謂具臣矣。」曰：「然則從之者與？」子曰：「弑父與君，亦不從也。」

季子然樂由、求之從己，而稱之爲大臣，故夫子小之，而爲之言大臣以道事君之事。道謂正理，不可謂不合於正理也。有不合於正理，則爲大臣者必從而止之〔一〕。由、求爲季氏之臣，坐觀其失而不之止，是不以道事君也，直尸禄備數而已，故曰具臣。然則從之者與？季子以其不能止，則當無不從也。方是時，季氏無君之心已著矣，謂弑父與君亦不從者，非惟言由、求所長，抑可以使之聞而懼也。或曰：弑父與君亦不

〔一〕真德秀論語集編卷五所引作：「大臣不枉道以徇人，其不合則有去而已。」

從，何必由、求而能之〔一〕？　曾不知順從之臣，其始也惟利害之是徇而已，履霜堅冰之不戒，馴至蹉跌，以至於從人弑父與君者蓋多矣。　如荀彧、劉穆之之徒，其始從曹操、劉裕之時，亦豈遂欲弑父與君哉？　惟其漸浸順長，而勢卒至此耳。　雖然，自弑父與君以下，苟一事不以道而苟從之，皆爲失大臣事君之義，如由、求未免乎是也。　至如他人之因循以陷於大惡，則由、求不至乎是也。　然在聖門固亦不免於具臣之譏矣。

子路使子羔爲費宰。　子曰：「賊夫人之子。」子路曰：「有民人焉，有社稷焉，何必讀書然後爲學？」子曰：「是故惡夫佞者。」

子羔學未充而遽使爲宰，其本不立，而置之事物酬酢之地，將反戕賊其心矣。　故夫子有賊夫人子之歎。　夫民人社稷，固無非學，而學固不獨在於書籍之閒。　然學必貴於讀書者，以夫多識前言往行，古之人所以畜德者實有賴乎是。　德立於己而後可以言，無適而非學也。　至於上聖生知之流，宜莫待乎讀書矣。　而夫子每以好古爲言，蓋聖雖生知，而亦必由是以成之也。　如子路之言，將使學者以聰明爲可恃，而無復敦篤潛

〔一〕「或曰」以下，真德秀論語集編卷五所引作：「或曰：此何必由、求而後能之？」

泳之功，其甚至於廢古而任意，爲弊有不可勝言者。原子路發是言，特禦人以口給耳，而不知其失之若此也。故夫子曰「是故惡夫佞者」，所以責之之深也。

子路、曾晳、冉有、公西華侍坐，子曰：「以吾一日長乎爾，毋吾以也。居則曰『不吾知也』，如或知爾，則何以哉？」子路率爾而對曰：「千乘之國，攝乎大國之閒，加之以師旅，因之以饑饉，由也爲之，比及三年，可使有勇，且知方也。」夫子哂之。「求，爾何如？」對曰：「方六七十，如五六十，求也爲之，比及三年，可使足民。如其禮樂，以俟君子。」「赤，爾何如？」對曰：「非曰能之，願學焉。宗廟之事，如會同，端章甫，願爲小相焉。」「點，爾何如？」鼓瑟希，鏗爾，舍瑟而作，對曰：「異乎三子者之撰。」子曰：「何傷乎？亦各言其志也。」曰：「莫春者，春服既成，冠者五六人，童子六七人，浴乎沂，風乎舞雩，詠而歸。」夫子喟然歎曰：「吾與點也！」三子者出，曾晳後。曾晳曰：「夫三子者之言何如？」子曰：「亦各言其志也已矣。」曰：「夫子何哂由也？」曰：「爲國以禮，其言不讓，是故哂之。惟求則非邦也與？安見方六七十如五六十而非邦也者？惟赤則非邦也與？宗廟會同，非諸侯而何？赤也爲之小，孰能爲之大？」

聖人因四子侍坐之際，從容以問之，將使之深省，且有發也。三子之對，皆非偶然而爲是言，所謂「可使有勇，且知方」者，蓋有勇而無義則亂，勇而知方，教之所行也。所謂「可使足民」者，使百姓均平，無不足之患也。言三年而可使如此，其先後條貫素定於胷中，而知其然也。所謂「願爲小相」者，習乎先王禮文之事也。三子者自體察其力之所至，此皆言其實也。向使用力不素，驟聞聖人之問，非茫乎無所措，則泛然肆其説矣。至於曾晳則又異乎是，其鼓瑟舍瑟之閒，門人記之如此之詳者，蓋已可見從容不迫之意矣。言莫春之時，與數子者浴乎沂水之上，風涼於舞雩之下，吟咏而歸，蓋其中心和樂，無所係累，油然欲與萬物俱得其所。玩味辭氣，温乎如春陽之無不被也。故程子以爲此即是堯、舜氣象，而亦夫子「老者安之，朋友信之，少者懷之」之意也。晳之志若此，自非其見道之明，涵泳有素，其能然乎？然而未免於行有不揜焉，則以其於顔氏工夫有所未能盡耳。夫子以三子之言之實也，故曰「亦各言其志也已矣」。禮者爲國之理也，言之不讓，則爲廢禮，而失所以爲國之理矣。如求與赤則庶幾乎能讓者，故復因以稱之。

顔淵篇

顔淵問仁。子曰："克己復禮爲仁。一日克己復禮，天下歸仁焉。爲仁由己，而由人乎哉？"顔淵曰："請問其目。"子曰："非禮勿視，非禮勿聽，非禮勿言，非禮勿動。"顔淵曰："回雖不敏，請事斯語矣。"

克盡己私，一由於禮，斯爲仁矣。禮者，天則之不可踰者也，本乎篤敬，而發見於三千三百之目者，皆禮也。曰"一日克己復禮"者，此言克己之至也。"天下歸仁"者，無一物之不體，無一事之不該也。"爲仁由己，而由人乎哉"，言爲仁在己用功，非他人所得而與也。"非禮勿視，非禮勿聽，非禮勿言，非禮勿動"，克己之目也。勿者，禁止之辭，用力之要也。不言思者，程子四箴所謂"由乎中而應乎外，制於外所以養其中"也。或曰：克己之功，自始學至於成德，皆所當從事乎？曰：然。始學者當隨事自克，覺其爲非禮則克之。克之力，則所見漸深；所見深，則其克也益有所施矣。及其至也，苟有一毫人爲，皆爲非禮，克之之功，猶在所施。至於大而化之，則成乎天，而後無所用夫克矣。夫以顔子聞夫子之言，宜其默識心通，而方且問克己之目，而請事斯語，此顏子之學聖人所以爲有始有卒也。學者果欲從事於聖門，則可不以顏子爲準的哉！

仲弓問仁。子曰：「出門如見大賓，使民如承大祭。己所不欲，勿施於人。在邦無怨，在家無怨。」仲弓曰：「雍雖不敏，請事斯語矣。」

「出門如見大賓，使民如承大祭」，蓋平日之涵養一於敬，故其出門使民之際，皆是心也。「己所不欲，勿施於人」，强恕者爲仁之方也。凡人有欲而不得則怨，若夫平易公正，欲不存焉，則己無所怨於人；和平之效，人亦何所怨於己哉？故曰「在邦無怨，在家無怨」。

司馬牛問仁。子曰：「仁者其言也訒。」曰：「其言也訒，斯謂之仁矣乎？」子曰：「爲之難，言之得無訒乎？」

人之易其言者，以其未知用力也。用力愈深，則其言也愈不敢易矣，故仁者之言必訒。以其爲之之難也，司馬牛蓋易其言者，故夫子以此告之，使之深省乎用力之難而勉之也。觀牛聞夫子之言而遽曰「斯謂之仁矣乎」，則牛之易其言可知矣。

司馬牛問君子。子曰：「君子不憂不懼。」曰：「不憂不懼，斯謂之君子已乎？」子曰：「內省

不疚，夫何憂何懼？」

司馬牛蓋多憂者，故因其問君子，而以「不憂不懼」告之。不憂不懼，固足以盡君子之道也。若牛之意，則以爲漠然忘其憂懼而已，疑以爲未足以言君子也。不知聖人之所謂「不憂不懼」者，以夫内自省察，無所愧病，故得其樂，而物莫之嬰也。能進於是，非君子乎？曾子之守約蓋此也。使司馬牛而知所從事，則勉之於己而已；不然，徒膠擾於憂懼之域，而何益乎？

司馬牛憂曰：「人皆有兄弟，我獨亡。」子夏曰：「商聞之矣：死生有命，富貴在天。君子敬而無失，與人恭而有禮。四海之内皆兄弟也。君子何患乎無兄弟也？」

牛之兄弟司馬魋也。牛以其爲惡不能以自保也，故有孤立而亡兄弟之憂。若子夏之意，則以在外者不可以强求，而在己者可得而修勉。故知死生之有命，則當受其正而已；知富貴之在天，則當行吾義而已。張子曰：論死生則曰有命，以言其氣也；語富貴則曰在天，以言其理也。夫死生則有命，富貴則在天，君子夫何爲乎？以敬而無失爲主，其接人則恭而有禮而已。敬而無失，在己居敬而不違也；恭而有禮，待人恭遜而中節也。此乃人道正理，以行於世，而人自樂親之，四海之内何莫而非兄弟？

是則何孤立之憂乎？易所謂「顯比」者，是其義也。

子張問明。子曰：「浸潤之譖，膚受之愬，不行焉，可謂明也已矣。浸潤之譖，膚受之愬，不行焉，可謂遠也已矣。」

呂氏曰：「譖者，毁人之行；愬者，愬己之私；浸潤者，漸進而已，内有所未入；膚受者，面從而已，心有所未然。明者知幾，遠者慮終，必拒其始，然後譖愬不得行。不然，則始雖漸進，久則言入；始雖面從，久則心然。」兹説備矣。

子貢問政。子曰：「足食，足兵，民信之矣。」子貢曰：「必不得已而去，於斯三者何先？」曰：「去兵。」子貢曰：「必不得已而去，於斯二者何先？」曰：「去食。自古皆有死，民無信不立。」

生則有死，人之常理。至於無信，則欺詐傾奪，無復人理，是重於死也。夫食與兵固爲急務，然信爲之本，無信則雖有粟而誰與食？雖有兵而誰與用哉？

棘子成曰：「君子質而已矣，何以文爲？」子貢曰：「惜乎，夫子之説君子也！駟不及舌。文猶質也，質猶文也。虎豹之鞟猶犬羊之鞟。」

文猶質，質猶文，言文質相似，俱不可無也。「虎豹之鞟猶犬羊之鞟」，言苟文可去，則虎豹之鞟與犬羊之鞟何異？此可見文質之俱不可無也。夫有其質則有其文。質者文之本，而文者所以成其質也。質立矣，而文生焉。體用兼備，表裏兼資，君子所以爲彬彬也。

哀公問於有若曰：「年饑，用不足，如之何？」有若對曰：「盍徹乎？」曰：「二，吾猶不足，如之何其徹也？」對曰：「百姓足，君孰與不足？百姓不足，君孰與足？」

哀公以用不足爲憂，而有若之對，循其本以告之。夫徹者，周家什一之法。徹法行而百姓無不足之患，百姓足則國斯强固，而君以安榮，亦無不足之憂矣。儒者謀人之國，未有不循其本而言之也。使哀公思夫二之猶不足，而有若乃欲損之，以爲足國之道在乎是，則庶乎知爲政所當損益者矣。

子張問崇德、辨惑。子曰：「主忠信，徙義，崇德也。愛之欲其生，惡之欲其死。既欲其生，又欲其死，是惑也。『誠不以富，亦祇以異。』」

崇德辨惑，修身切要之務也。以忠信爲主，而見義則徙焉，則本立而日新，德之所以崇也。不主忠信，則無徙義之實；不能徙義，則其所主亦有時而失其理；二者蓋相須也。人之生死有命，豈容我欲之乎？以愛惡之私情，而欲人之生死，其爲惑也，不亦甚乎？推此一端，則凡欲之而妄者，皆惑也。引詩爲證，言此其誠實之不富，祇以自取異云耳。

齊景公問政於孔子。孔子對曰：「君君，臣臣，父父，子子。」公曰：「善哉！信如君不君、臣不臣，父不父、子不子，雖有粟，吾得而食諸？」

爲政以叙彝倫爲先。彝倫不叙，則節目雖繁，亦無以順治矣。君君、臣臣、父父、子子，此彝倫所爲叙也，雖堯、舜之治亦不越乎此，貴於盡其道而已。楊氏曰：「景公雖知斯言之善，而不能反求其所以然，所謂説而不繹也。」

子曰：「片言可以折獄者，其由也與！」子路無宿諾。

聽獄之辭，以片言决其是非，而人無不順聽者，則以其平日之履行有以信於人故也。記語者復載其無宿諾之事，古注訓宿爲預。尹氏曰：不預諾，所以全其信也。蓋推此一端，則可見季路平日所以自盡者，宜其有以信於人也。

子曰：「聽訟，吾猶人也。必也使無訟乎！」

聖人之意，不以聽訟爲能，而以無訟爲貴也。夫人之所以至於争訟者，必有所由而然，於其本而正之，則訟可亡也。故教之以孝愛，而悖慢之訟亡矣；教之以禮遜，而傾奪之訟亡矣。以至於均田有制，民得其養，而田野之訟何自而興？昏姻以禮，不失其時，而昏姻之訟何自而興？凡此皆使之無訟之道也，況於在聖人立之斯立，道之斯行，綏之斯來，動之斯和，有同於化育之功者乎？記語者載此以承上章，則有以見仲由之道爲未弘也。

子張問政。子曰：「居之無倦，行之以忠。」

以子張之難能，其於爲政之方，不患其不能知而行也；所患者誠意不篤，有時而或倦，徇於其外，有時而不實耳。居之無倦，則誠存於己；行之以忠，則實周於事。充之，則聖人之所以爲政者，亦無越乎此也。

子曰：「博學於文，約之以禮，亦可以弗畔矣夫！」

解見前。

子曰：「君子成人之美，不成人之惡；小人反是。」

君子充其忠愛之心，於人之美，其樂之如在己也，從而扶持之，又從而勸長之，惟欲其美之成也。於人之惡，則從而正救之；正救之不可，則哀矜之，惟患其惡之成也。若小人則以刻薄爲心，幸人之有過，而疾人之勝己。則非徒坐視其入於惡，又從而擠之；非徒欲其美之不成，又從而毁之。君子小人之所操存，未嘗不相反也。

季康子問政於孔子。孔子對曰："政者，正也。子帥以正，孰敢不正？"

爲政之本，正己爲先。帥以正，則無敢不正者，蓋己正而後教之，則人樂從之。不然，雖刑罰日施，亦莫之禁矣。

季康子患盜，問於孔子。孔子對曰："苟子之不欲，雖賞之不竊。"

横渠張子曰：假設以子不欲之物賞子使竊，子必不竊。故爲政者先乎足民，使民無所不足，則不見可欲，而盜心息矣。蓋盜生於欲之不足，使之足乎此，則不欲乎彼。此古人弭盜之原也。

季康子問政於孔子曰："如殺無道以就有道，何如？"孔子對曰："子爲政，焉用殺？子欲善而民善矣。君子之德風，小人之德草，草上之風必偃。"

在上者志存於殺，則固已失長人之本矣，民亦將以不肖之心應之，又焉能禁止其惡乎？欲善者，欲民之善也，所謂以人治人也。是心純篤，發見於政教之閒，民將率從丕變，如風之所動，其孰有不從者？然則民之所以未之從者，則吾欲善之誠不篤而已。

子張問：「士何如斯可謂之達矣？」子曰：「何哉，爾所謂達者？」子張對曰：「在邦必聞，在家必聞。」子曰：「是聞也，非達也。夫達也者，質直而好義，察言而觀色，慮以下人。在邦必達，在家必達。夫聞也者，色取仁而行違，居之不疑。在邦必聞，在家必聞。」

聞與達異。聞，謂人知之；達，謂道行於家邦也。若有求聞之異，則其心外馳矣，烏能達乎？以質直爲尚而好義，則能實進於善矣。察言而觀色，則酬酢之方，進退之宜，皆有以審處矣。慮以下人，則能自克其驕矜之意矣。若是，則處己處人皆得其道，其何往而不可行乎？固不問夫人之知與不知也。色取仁而行違者，其色若有取於仁，而中心不然。若是者，雖欲以竊取一時之譽，而自心以及家邦，豈復有可行之實哉〔一〕？

樊遲從遊於舞雩之下，曰：「敢問崇德、修慝、辨惑。」子曰：「善哉問！先事後得，非崇德與？攻其惡，無攻人之惡，非脩慝與？一朝之忿，忘其身以及其親，非惑與？」

樊遲於夫子從容於舞雩之時而有問焉，所謂崇德、修慝、辨惑者，亦可謂之切問矣，故

〔一〕真德秀論語集編卷五、西山讀書記卷三十二所引作：「聖人論達，蓋爲己篤實工夫。若有求聞之意，則其心外馳矣。色取仁者，其色則有取於仁，其行則違，如內交要譽，惡其聲之類，一毫萌於中，皆所謂行違也。雖然，使其有所不安於心，則庶乎可使之反者，惟其居之不疑，則終爲不仁而已矣。」

夫子善之。先事後得，先其所事而不計其得，此德所以崇也；若先有求得之心，反傷於德矣。攻己之惡，而不暇攻人，此慝所以修也；若專意於攻人之惡，則其心先有害，而於己亦莫之省矣。忿之不忍，至於忘身以及親，此惑之大者也，是可不謹於微而懲其源乎？此三者，皆修身之要務，斯須之不可忘者也。

樊遲問仁。子曰：「愛人。」問知。子曰：「知人。」樊遲未達。子曰：「舉直錯諸枉，能使枉者直。」樊遲退，見子夏，曰：「鄉也吾見於夫子而問知，子曰『舉直錯諸枉，能使枉者直』，何謂也？」子夏曰：「富哉言乎！舜有天下，選於衆，舉皋陶，不仁者遠矣；湯有天下，選於衆，舉伊尹，不仁者遠矣。」

原人之性，其愛之理乃仁也，知之理乃知也。仁者視萬物猶一體，而況人與我同類乎？故仁者必愛人。然則愛人果可以盡仁乎？以愛人爲可以盡仁則未可，而其所以愛人者，乃仁之所存也。至於問知，而諭以「知人」者，亦猶是耳。樊遲未達，疑其未可以盡也，夫子復告之以「舉直錯諸枉〔一〕，能使枉者直」，言知人之功用如此。遲猶

〔一〕枉：原作「往」，據四庫本改。

有疑焉，而訪之子夏。觀遲之在孔門，雖資稟之鈍，然亦務實者，故凡遲之所疑者，在他人則亦忽而不之疑也，其於師友之際，問辨之不置如此。子夏聞夫子之言而富之，舉舜、湯之事以擴其心，於此蓋可見知人之爲大矣。

子貢問友。子曰：「忠告而善道之，不可則止，毋自辱焉。」

忠告者，有不善則告之而無隱也；善道者，以善誘掖之也。斯二者，亦足以盡友道矣。苟其不以爲可則止焉，蓋友以義合者也，故不可則有止之義。若强聒焉，非徒無益，反以自辱，傷友道矣。

曾子曰：「君子以文會友，以友輔仁。」

朋友講習與夫攝以威儀，莫非文也。爲仁固由己，而亦資朋友輔成之。輔云者，左右翼助之意。蓋非惟切磋之益，其從容浹洽，相觀而善，所輔爲多。

南軒先生論語解卷第七

子路篇

子路問政。子曰：「先之，勞之。」請益。曰：「無倦。」

身率之於前，而勸相之於後，充此固足以盡爲政始終之道矣。而子路猶請益焉，則告之以「無倦」，使之敦篤乎是二者而已。

仲弓爲季氏宰，問政。子曰：「先有司，赦小過，舉賢才。」曰：「焉知賢才而舉之？」曰：「舉爾所知。爾所不知，人其舍諸？」

先有司，則事有所任；赦小過，則人得展其才；舉賢才，則可以成治而善俗。爲政亦不越是三者之爲要矣。人才誠未易知也，故仲弓有「焉知賢才而舉之」之問。「舉爾所知。爾所不知，人其舍諸」，此立賢無方之公心也，然則又奚患賢才之不聞哉？

子路曰：「衛君待子而爲政，子將奚先？」子曰：「必也正名乎？」子路曰：「有是哉？子之

迂也，奚其正？」子曰：「野哉，由也！君子於其所不知，蓋闕如也。名不正則言不順，言不順則事不成，事不成則禮樂不興，禮樂不興則刑罰不中，刑罰不中則民無所措手足。故君子名之必可言也，言之必可行也。君子於其言，無所苟而已矣。」

此雖爲衛國而發，實爲天下國家之要也。正名之道，莫先於人倫之際。當時衛國自其人倫蓋已不正矣，故夫子首以爲言。以子路之賢，而以爲迂，迂謂其難行也。聖人以爲野者，以其不闕其所不知也，於是爲之言正名之道。天尊地卑，乾坤定矣。凡在天地間，洪纖高下，是非美惡，有其物，有其事，則有其名，蓋理之所定也。名之不正，則洪纖高下失其倫，是非美惡紊其宜，言之斯不順矣。言之不順，則咈於人心，而人莫之服，事之所以不成也。事不成則失其序而不和，禮樂之所以不興也。禮樂不興，則必至於從事於刑罰，以强人之從己，則刑罰不中，而民無所措其手足矣。名之不正，其弊蓋至此。若夫君子，則其名必可言，其言必可行，言未嘗有所苟，以其正名爲先故耳。

樊遲請學稼。子曰：「吾不如老農。」請學爲圃。曰：「吾不如老圃。」樊遲出。子曰：「小人哉，樊須也！上好禮則民莫敢不敬，上好義則民莫敢不服，上好信則民莫敢不用情。夫

如是，則四方之民襁負其子而至矣，焉用稼？」

樊遲請學稼圃之意，以爲在上者當廑力以先民也。夫子荅以不如老農、老圃，謂非君子所當事者也。樊遲既出而復申言之者，遲無以復而義有未盡也。「小人」云者，爲其所見者小人之事也；孟子所謂「有大人之事、有小人之事」，正本此意。夫上之所好，下之所從也，而有弗從者，好之未至焉耳。上好禮則篤於恭讓，故民視之而莫不尊敬焉；上好義則動而得其宜，故民心爲之厭服焉；上好信則誠意下孚，故民亦用其情而無敢欺焉。感應之機，固不遠也，是非徒有以得其國之民，四方之人莫不願爲之氓矣。區區欲下從農圃之事以得民者，其亦小矣。

子曰：「誦詩三百，授之以政，不達；使於四方，不能專對；雖多，亦奚以爲？」

人情事理，皆具於三百篇之中，故誦之而可以達政。三百篇皆易其心而後語，得其所以言者也，故誦之而可以專對。若誦詩矣，而於此二者無得焉，則是誦言而忘味者也。

子曰：「其身正，不令而行；其身不正，雖令不從。」

從違之本，不係於令，係於所以示之者何如耳。

子曰：「魯、衛之政，兄弟也。」

魯、衛之先固兄弟也，而方春秋之時，二國之政陵夷亦無以異也，故聖人歎息焉。

子謂：「衛公子荆善居室。始有，曰苟合矣；少有，曰苟完矣；富有，曰苟美矣。」

公子荆無求富之心，於其合也，完也，美也，而皆曰苟焉，則其欲不競於物可知矣，此所以爲善居室。

子適衛，冉有僕。子曰：「庶矣哉！」冉有曰：「既庶矣，又何加焉？」曰：「富之。」曰：「既富矣，又何加焉？」曰：「教之。」

庶矣，則當富之；富矣，則當教之。聖賢仁民之意無窮，而施之爲有序也。冉有亦可謂善問矣。

子曰：「苟有用我者，期月而已可也，三年有成。」

期月而大綱立，三年而治功成。然三年之所成者，即其期月所立之規摹者也，充之而已矣。

子曰：「善人爲邦百年，亦可以勝殘去殺矣。誠哉是言也！」

善人相繼百年之間，其教化之所及，亦可使民不由於惡。若夫進乎此，則其風化固不止於此也，故繼之以「王者必世而後仁焉」。

子曰：「如有王者，必世而後仁。」

使民皆由於仁，非仁心涵養之深，仁政薰陶之久，莫能然也。此則非善人之所及矣。

子曰：「苟正其身矣，於從政乎何有？不能正其身，如正人何？」

聖賢之論爲政，未有不本於正身者也。正其身矣，則其推於有政亦是理而已。身且不能正，其於正人若之何哉？後世之治，未有能使人心悦誠服者，以此也。

冉子退朝，子曰：「何晏也？」對曰：「有政。」子曰：「其事也。如有政，雖不吾以，吾其與聞之。」

事，止於一事而已。若政，則綱紀存焉。政雖有但爲一事者，而其所該固非止乎是事而已也。季氏之所爲，冉子之所得與者事耳；苟有意於政，則豈有不咨於孔子者乎？冉子以事爲政，聖人辨之，亦因以警之也。

定公問：「一言而可以興邦，有諸？」孔子對曰：「言不可以若是其幾也。人之言曰『爲君難，爲臣不易』。如知爲君之難也，不幾乎一言而興邦乎？」曰：「一言而喪邦，有諸？」孔子對曰：「言不可以若是其幾也。人之言曰『予無樂乎爲君，惟其言而莫予違也』。如其善

而莫之違也，不亦善乎？如不善而莫之違也，不幾乎一言而喪邦乎？」

此二言者，興喪之端實分焉。蓋知夫爲君之難，則必思所以自勉者，而其易將至矣。惟樂其從而不察其不善，則讒諂面諛之人至與之俱淪亡而後止矣。聖人之言含蓄而無弊，故問一言可以興喪，則以爲言不可以若是而舉其幾者焉。幾，近也。既曰「爲君難，爲臣不易」，必曰「如知爲君之難」而後以爲幾焉；既曰「惟其言而莫予違」，必曰「如不善而莫之違也」，而後以爲幾焉；亦可見立言之密矣。

葉公問政。子曰：「近者說，遠者來。」

近者樂其澤，遠者慕其風，此政之善也。然未有澤不及於近，而能使人慕之者也。

子夏爲莒父宰，問政。子曰：「無欲速，無見小利。欲速則不達，見小利則大事不成。」

欲速則期於成，而所爲者必苟，故反以不達。見小利則徇目前而忘久遠之謀，故反以害大事。不欲速，不見小利，平心易氣，正義明紀，爲其可繼而已矣。以子夏之規模，夫子恐其小成也，故以此告之。

葉公語孔子曰：「吾黨有直躬者，其父攘羊，而子證之。」孔子曰：「吾黨之直者異於是：父爲子隱，子爲父隱，直在其中矣。」

直者，順其天性而不以人爲害之者也。父子之親，性之理也。其更相爲隱，是乃若其性之自然，而非有所加於其間也。若於所當隱而不之隱，則是逆天性之理，斯爲不直矣。世之循名而不究其實者，其於君臣父子之際，咈其所以爲直之理，幾何其不若是哉？

樊遲問仁。子曰：「居處恭，執事敬，與人忠，雖之夷狄，不可棄也。」

居處恭，亦敬也，端莊儼恪之謂。執事敬，當是事則主是事也。與人忠，無敢欺，無敢慢也。要須從事之久，則下學上達，意味日深，仁其在是矣。雖之夷狄，不可棄也。以言其工夫不可間斷也。

子貢問曰：「何如斯可謂之士矣？」子曰：「行己有恥，使於四方，不辱君命，可謂士矣。」曰：「敢問其次？」曰：「宗族稱孝焉，鄉黨稱弟焉。」曰：「敢問其次？」曰：「言必信，行必果，硜硜然小人哉！抑亦可以爲次矣。」曰：「今之從政者何如？」子曰：「噫，斗筲之人，何足筭也！」

聖人三答子貢之問，雖有淺深，然皆篤實爲己之事。士之爲士，以實爲貴也。行己有恥，不爲不義也。使於四方，不辱君命，周於用也。宗族稱孝，鄉黨稱弟，雖未知其見於用何如，然其孝弟之行已信於人也。至於言必信，行必果，雖有未能合於義，而亦區區庶幾期於自守者。「小人」云者，謂所見之小耳。子貢初有疑於今之從政者，於是而知夫子之意有在，則又以爲問焉。程子曰：「志苟急於斗筲，惟恐其不能暴見也。」蓋徇外而不務實，則不可謂之士矣。

子曰：「不得中行而與之，必也狂狷乎！狂者進取，狷者有所不爲也。」

中行，謂中道上行者。狂者所見高明，而行有未及乎其見；狷者所守堅確，而見有未得乎其理。不得中行，則斯二者亦可以與之進而裁之於中也。蓋狂者力行以踐之，則其見不差；狷者致知以明之，則其守不失；而中可得矣。

子曰：「南人有言曰：人而無恒，不可以作巫醫。善夫！不恒其德，或承之羞。」子曰：「不占而已矣。」

巫醫專精於祭祀疾病之際，非無恒者所可爲也。無恒者雖巫醫且不可爲也。聖人善斯言，而引易之爻義，謂不恒其德者，必至於羞辱承之。又斷之曰「不占而已矣」，謂理之必然，不待占決而可知也。

子曰：「君子和而不同，小人同而不和。」

和者，和於理也；同者，同其私也。和於理則不爲苟同，同其私則不能和義，天理、人欲不兩立也。

子貢問曰：「鄉人皆好之，何如？」子曰：「未可也。」「鄉人皆惡之，何如？」子曰：「未可也。不如鄉人之善者好之，其不善者惡之。」

鄉人皆好之、皆惡之，未可以其人爲善也。蓋鄉人有善惡，則其好惡不容不異。若皆好之，恐未免於同乎流俗也；若皆惡之，恐未免於崖異絶世也。故不若鄉人之善者好之，其不善者惡之，則其爲善誠善矣。

子曰：「君子易事而難説也。説之不以道，不説也；及其使人也，器之。小人難事而易説也，説之雖不以道，説也；及其使人也，求備焉。」

易事者，平恕之心也；難説者，正大之情也。其所説者義理而已，非説人之説己也。故説之不以道則不説，與人爲善，而取人不求備，故使人則器之。小人則徇於一己之私而已，故順己則喜，而不察其非道也；勝己則忌，而惟欲責其全也。此公私之分也。

子曰：「君子泰而不驕，小人驕而不泰。」

泰者心廣而體胖，驕者意盈而氣盛也。驕則何由泰？泰則奚驕之有？然而能不驕矣，而未之泰者，則亦有之。蓋雖能制其私，而涵養未至，未免乎拘迫者也。

子曰：「剛毅木訥近仁。」

剛毅木訥，言其質也。剛則所執者强，毅則其行必果，木者質樸，訥者澀鈍。反是，其去仁遠矣。雖然，有剛毅木訥之質，亦從事於學，而後可以至於仁。不然，其質雖近仁，而亦莫由進也。一本云：訐較作爲，害仁爲甚，故以剛毅木訥之質爲近仁焉。

子路問曰：「何如斯可謂之士矣？」子曰：「切切偲偲，怡怡如也，可謂士矣。朋友切切偲偲，兄弟怡怡。」

切切，善道相磨之意。偲偲，思慮相成之意。朋友之閒，不越是二端而已。至於兄弟，則特可言怡怡焉。以怡怡爲主，而所謂長善救失者，蓋亦在怡怡之中矣。若有害於怡怡，則爲先失所以處兄弟之道矣，而餘何言乎？以子路之剛果，故告之以此。

子曰：「善人教民七年，亦可以即戎矣。」

以善人而教民至於七年之久，而猶曰亦可以即戎，言兵之不易也如此。然所謂即戎者，如易「利用行師」、「利用侵伐」之類。

子曰：「以不教民戰，是謂棄之。」

所謂教者，教之以君臣、父子、長幼之義，使皆有親其上、死其長之心，而又教之以節制，如司馬法是也。若未之教而驅之戰，則是棄之死地而已矣。

憲問篇

憲問恥。子曰："邦有道穀，邦無道穀，恥也。"

邦有道而禄食，理之順且常也；若無道之世，退而處約，乃其常耳，而可榮以禄焉，則必枉其道，爲可恥也。

"克、伐、怨、欲不行焉，可以爲仁矣？"子曰："可以爲難矣，仁則吾不知也。"

克、伐、怨、欲不行，亦可謂能制其私欲者矣，然克、伐、怨、欲之根猶在也。若夫仁者之心，則克、伐、怨、欲無自而萌焉，故制之於流，未若澄之於源也。欲進於是，其惟克己乎？

子曰："士而懷居，不足以爲士矣。"

懷居者志不立，其何以爲士乎？

子曰："邦有道，危言危行；邦無道，危行言孫。"

危者，高特之意。君子非固欲危其言行也，介然守道，不徇於世，自世人視之，見其高且特耳。行有一定之操，故不以世之有道無道而改，若夫言則可孫矣。孫言所以辟禍也。其孫也，亦豈枉其理哉？特含蓄而不敢盡耳。尹氏曰：爲國者使士言孫，不亦殆哉！

子曰：「有德者必有言，有言者不必有德。仁者必有勇，勇者不必有仁。」

「有德者必有言」，其有言也，和順積中，而發見自然也。「仁者必有勇」，其有勇也，其惻怛之中誠形於外也。固有務於言實未至者矣，故有言者不必有德；固有勇於爲而未必中於道者矣，故有勇者不必有仁。是以君子惟德之務，而言非所先也；惟仁是求，而勇非所病也。

南宫适問於孔子曰：「羿善射，奡盪舟，俱不得其死然。禹、稷躬稼而有天下。」夫子不答。南宫适出，子曰：「君子哉若人！尚德哉若人！」

方是時，天下以力相高，而不知貴德。南宫适之言，謂强力不可恃，而德之爲尊也。夫子不答者，以其有禹、稷之言，答之則是已當之也，而以其言之善，則從而美之，使學者知尚德之意也。言禹、稷之德而獨稱其躬稼者，舉其見於行事之實也。南宫适亦知言哉！

子曰："君子而不仁者有矣，夫未有小人而仁者也。"

斯須之閒，心不在焉，則爲不仁，是故君子戰兢自持而唯恐失之也。若小人則戕賊陷溺者之深，雖秉彝之端不容盡殄，而不能以自達也。

子曰："愛之能勿勞乎？忠焉能勿誨乎？"

愛之斯勞之矣，忠焉斯誨之矣。勞者勸其善以長之也，誨者語其失以救之也。君子之於人也，忠愛之情篤，故長善救失之意無窮已焉。

子曰："爲命，裨諶草創之，世叔討論之，行人子羽修飾之，東里子産潤色之。"

鄭，小國也，介於大國之間，其所以能自保者，亦以辭命之善。而其辭命之善，則以夫衆賢之力耳。草創者，具其大綱也；討論者，攷之古、驗之今而詳訂之也；修飾者，善其辭氣也。至於潤色之際，則命幾於成矣，必經子産之手點化之，而後其精神氣象爲備也。聖人稱之，以見爲命猶當假衆賢之力，則夫事有大於是者又可知矣。雖然，鄭獨其爲命之善可以自保而已，假使賢才有進於此，而經理其國皆無憾如此，則豈特僅自保而已乎？凡此皆聖人言外之意也。

或問子産。子曰：「惠人也。」問子西。曰：「彼哉彼哉！」問管仲。曰：「人也，奪伯氏駢邑三百，飯疏食，没齒，無怨言。」

子産之德惠爲勝，故獨以此目之。「彼哉彼哉」，謂其人之不足稱也。「人也」云者，古注云，如詩所謂「伊人」，當從此説。蓋如曰之人也云爾，舉其奪邑而人不怨，則可見其爲政之得宜也。凡夫子之稱管仲，皆舉事以言之，聖人抑揚之意，固亦可見。

子曰：「貧而無怨難，富而無驕易。」

富而無驕易，不矜於外物者能之。至於貧而無怨，非内有所安者不能也。或謂世固有處貧賤而無失，至於一旦當富貴之地，則失其本心。然則難易之論，有時而不然耶？此蓋未知夫無怨之味也。所謂處貧賤而無失者，特未見其失於外耳，又烏能保其中之無怨耶？蓋一毫有所不平於其中，皆爲怨矣，故貧而無諂易，貧而無怨難。無怨則進於樂矣。

子曰：「孟公綽爲趙、魏老則優，不可以爲滕、薛大夫。」

老者，行義爲人所尊之稱。趙、魏老在當時號爲家事治者，公綽之不欲其德可取也，故以爲趙、魏老則優。若夫滕、薛則小國也，大夫之職煩勞，意者公綽之才有所不足，故不可爲耳。大抵用人之方，貴於處之得其當而已。

子路問成人。子曰：「若臧武仲之知，公綽之不欲，卞莊子之勇，冉求之藝，文之以禮樂，亦可以爲成人矣。」曰：「今之成人者何必然？見利思義，見危授命，久要不忘平生之言，亦可以爲成人矣。」

兼四子之美而文之禮樂，然後可以爲成人。蓋體不備不足以爲成人，故四子之美必兼得之。雖兼之矣，而不文之以禮樂，則亦將失其序而不和，故必文以禮樂而後可也。文之以禮樂，道問學之事也；語成人之極致，至於聖人之踐形而後爲盡，故此言亦可以爲成人矣。然而又言其次者，聖人所以引而進之也。見利思義，無苟得也；見危授命，無苟避也；久要不忘平生之言，不食其言也。是雖未有過人之才，而亦敦篤忠信之人。故在今日論之，亦可以爲成人，此亦思狂狷之意耳。

子問公叔文子於公明賈曰：「信乎，夫子不言、不笑、不取乎？」公明賈對曰：「以告者過也。夫子時然後言，人不厭其言；樂然後笑，人不厭其笑；義然後取，人不厭其取。」子曰：「其然，豈其然乎？」

公叔文子，意者簡默重厚之士，故人之稱之如此。聖人質之於其門人，將以察其然也。公明賈之言則善矣，然非公叔文子之所及也。蓋如賈之所言，非和順積中，發而中節者莫能然。不直謂不然，而爲之疑辭，曰「其然，豈其然乎」，聖人辭氣含洪忠厚如此。

子曰：「臧武仲以防求爲後於魯，雖曰不要君，吾不信也。」

武仲出奔邾，自邾如防，使來告曰：「苟守先祀，無廢二勳，敢不辟邑？」於是魯立臧爲焉。尹氏曰：「據邑以請立，非要君而何？」不知義者，將以武仲之存先祀爲賢也，故夫子正之。

子曰：「晉文公譎而不正，齊桓公正而不譎。」

程子曰：晉文公欲率諸侯以朝天子，正也；懼其不能，故譎而行之，召王以就焉。人獨見其召王之非，而不見其欲朝之本心，是以譎而掩其正也。齊桓本侵蔡，遂至於楚而伐之，責其職貢之不修，其行非正，然其所執之事正，故稱其伐之正，而不見其行事之本譎，是以正而掩其譎也。聖人發其心迹，使晉人勤王之志顯，且使後世知慎所舉，而不失其正也。雖然，桓、文皆未爲盡善也。聖人斯言，使知夫立意雖正，而用之之差，則反害其本意；又使人知夫所行雖正，而本意發之未善者，亦終不可掩也。大抵始終一出於正，表裏粹然而無疵，乃爲善耳〔一〕。

子路曰：「桓公殺公子糾，召忽死之，管仲不死，曰未仁乎？」子曰：「桓公九合諸侯，不以兵車，管仲之力也。如其仁！如其仁！」子貢曰：「管仲非仁者與？桓公殺公子糾，不能死，又相之。」子曰：「管仲相桓公，霸諸侯，一匡天下，民到于今受其賜。微管仲，吾其被髮左衽矣！豈若匹夫匹婦之爲諒也？自經於溝瀆而莫之知也。」

夫子所以稱管仲者，皆仁之功也。問其仁而獨稱仁之功，則其淺深亦可知矣。只爲子路疑其未仁，子貢疑其非仁，故舉其功以告之。若二子問管仲仁乎，則所以告之者異矣。聖人問答抑揚之意，學者當深味之。

公叔文子之臣大夫僎，與文子同升諸公。子聞之，曰：「可以爲文矣。」

志在上賢，而不萌媢忌之心，以斯一善，其謚以文可也。

子言衛靈公之無道也，康子曰：「夫如是，奚而不喪？」孔子曰：「仲叔圉治賓客，祝鮀治宗廟，王孫賈治軍旅。夫如是，奚其喪？」

〔一〕真德秀論語集編卷七、西山讀書記卷二十五所引作：「詳觀召陵討罪之舉、城濮怒楚之戰，則可見矣。二君皆以功利爲心，爲三王之罪人則同，然就其中行事之跡，又有譎正之異。」

以衛靈公之無道，然所用得其才，猶足以無喪。雖然，僅能維持，使之勿喪而已。若身正於上，而用得其人，則孰禦焉！

子曰：「其言之不怍，則爲之也難。」

易其言者，實必不至。若聽其言而不怍，則知其爲之難也矣。故古者言之不出，恥躬之不逮，而仁者之言必訒也。

陳成子弒簡公，孔子沐浴而朝，告於哀公曰：「陳恒弒其君，請討之。」公曰：「告夫三子。」孔子曰：「以吾從大夫之後，不敢不告也，公曰告夫三子者！」之三子告，不可。孔子曰：「以吾從大夫之後，不敢不告也。」

春秋之時，三綱淪，九法斁，至於弒父與君，亦莫之禁也。孔子因陳恒之事，而正討賊之舉，此天下之大幾也。斯事一正，亂臣賊子無所容迹，三綱可整，九法可序，而天下之事可以次第而舉矣。沐浴而朝，敬其事以卜天意也，而公使告夫三子者，孔子豈不知三子之必不以爲可哉？然當是時，孔子已去位而從大夫之後，君使之告，則不可以不告也。雖然，是殆天意而已矣。程子曰：使當時之説得行，則將上告天子，下告方伯，請命於周，率與國而討之，東周其復興乎？若如左氏所載，以魯之半加齊之半之說，則是以力而不以義也，豈孔子之心哉？

子路問事君。子曰：「勿欺也，而犯之。」

盡誠而不欺，犯顔而納忠，事君之義，大要盡是矣。然勿欺其本也。勿欺矣，則誠信充積，一不得已，有時而犯之，則有以感動之。若忠信有所不足，於事君之道爲未盡，而徒以犯顔爲事，亦鮮味矣。以子路之剛果，不患其不能犯，故告之以勿欺之爲主焉。

子曰：「君子上達，小人下達。」

達者，達盡其事理也。上達者反本，天理也；下達者趨末，人欲也。皆云達者，如「君子喻於義，小人喻於利」，皆云喻也。

子曰：「古之學者爲己，今之學者爲人。」

學以成己也；所謂成物者，特成己之推而已。故古之學者爲己而已，己立而爲人之道固亦在其中矣。若存爲人之心，則是徇於外而遺其本矣。本既不立，無以成身，而又將何以及人乎？一本云：學以成己也。古之學者爲其所當然而已，若爲人而學，其作輟皆以人而已，豈所以爲學哉？

蘧伯玉使人於孔子，孔子與之坐，而問焉曰：「夫子何爲？」對曰：「夫子欲寡其過，而未能

也。」使者出，子曰：「使乎！使乎！」

公明賈之稱文子，其言雖美，而實則失之。伯玉之使，其言雖謙，而意義永，事情稱也。夫欲寡過而未能，非篤於進德修業者莫知此味也，則伯玉之賢可知矣，而其使之才亦可知矣。

子曰：「不在其位，不謀其政。」

解已見上。

曾子曰：「君子思不出其位。」

位非獨禄位之稱，大而君臣父子，微而一事一物之間，當其時與其地，所思有所止而無所越，皆爲不出其位也，非有主乎其中者，其能然乎？

子曰：「君子恥其言而過其行。」

言過其行，則爲無實之言，是可恥也。恥言之過行，則其篤行可知矣。

子曰：「君子道者三，我無能焉：仁者不憂，知者不惑，勇者不懼。」子貢曰：「夫子自道也。」

君子之道不越是三者而已矣。自學而言之，則知知、仁守、勇决三者所當並進也。自德而言之，勇之成名有未及乎知，而知之成名有未造乎仁也。夫子言之而不居，郁乎其忠厚，而浩乎其無窮也。

子貢方人。子曰：「賜也賢乎哉！夫我則不暇。」

擬議人之優劣，非知者其能之乎？故亦可謂之賢。而曰「夫我則不暇」，求之他人，不若篤其在己也。聖人抑揚之間，所以長善捄失者，宜深味也。

子曰：「不患人之不己知，患其不能也。」

四端、五典，雖聖人不自以爲能盡也，而况於學者？其不能之患，何有極乎？而何所願乎外也？若有一毫患人不己知之心萌於中，則其害甚矣。

子曰：「不逆詐，不億不信，抑亦先覺者，是賢乎？」

逆詐、億不信者，智術之用，而先覺者誠信之存。蓋誠信充積於內，則人之情僞、事之幾微自無得而逃，如鑑明於此而妍醜莫隱也。若先以逆與億加之，則吾固已自墮於欺妄之域矣。雖使有時而或中，至於情僞之交，幾微之會，必不能以先覺，是猶反鑑而索照也。雖然，固有不逆詐、不億不信而不能先覺者，則以夫天資雖美，而誠身之未至也，故必曰先覺之是賢，此所以貴乎學也。一本云：「孔注『先覺，人情者，是寧能爲賢乎？』此解文義順。蓋人必欲以先覺爲賢，則未免於逆詐、億不信，而不知其在己者先陷於巧僞矣。君子可逝也，不可陷也；可欺也，不可罔也；

又何必以能逆億於先爲賢乎？曰「抑亦先覺者是賢乎」，辭氣何其温厚而含蓄也。

微生畝謂孔子曰：「丘何爲是栖栖者與？無乃爲佞乎？」孔子曰：「非敢爲佞也，疾固也。」

包注：「固，謂疾世固陋。」此解是。栖栖，猶皇皇也。佞，口給也。疾，猶病也。微生畝謂夫子皇皇歷説，類夫尚口者；夫子以爲非敢爲佞，病夫世之固陋云爾。病世之固陋，而欲以啓告之，則有所不得已焉者。微生之流，蓋未知聖人天地生物之心也。

子曰：「驥不稱其力，稱其德也。」

驥之得稱，爲其德，不爲其力也，而況於君子，豈不以尚德爲貴乎？苟無其德，雖曰有才，其得謂之君子乎？

或曰：「以德報怨，何如？」子曰：「何以報德？以直報怨，以德報德。」

以怨報怨，固爲刑戮之民，然以德報怨，亦私意耳。蓋所謂怨者，猶横在胷中故也。若君子之心，則何怨之存？以直答之而已。直者，蓋待人之常道，順理之是非也。以待人之常道待怨者，則怨之不存可知矣。然於有德者，則不能以忘，德之之意未嘗不存，蓋亦非姑息之謂，特周旋曲折之閒每致其敦篤焉耳。此忠厚之心也。一本云：怨有輕重。若施於己之怨，則犯而不校，何報之有？若君父、兄弟、交遊之怨，則義有當報者。於所不當報而不報，於所當報而報，皆順夫理之當然，此所謂直也，直則非動於血氣可知矣。

子曰：「莫我知也夫！」子貢曰：「何爲其莫知子也？」子曰：「不怨天，不尤人，下學而上達。知我者其天乎！」

「莫我知」之歎，所以發問者。賜有問焉，可謂達矣。無所必於天，故不怨；無所期於人，故不尤。惟篤其在己者而已，下學而上達是也。下學上達，謂下學，人事，而上達，天理，天理初不外乎人事也。「知我者其天乎」，所謂天者，理而已。聖人純乎天道，故其發言自然如此。

公伯寮愬子路於季孫。子服景伯以告曰：「夫子固有惑志於公伯寮，吾力猶能肆諸市朝。」子曰：「道之將行也與，命也！道之將廢也與，命也！公伯寮其如命何！」

莫之致而至者，命也。道之廢興有命，公伯寮何所預於其間哉？不曰己而直曰道之將行與廢，方之孟子「予之不遇魯侯」之論，亦可以見聖賢氣象之分矣。

子曰：「賢者辟世，其次辟地，其次辟色，其次辟言。」

辟世者，超然遠舉，不與世事接也。如太公、伯夷居海濱之時。辟地，不居亂邦也。

辟色，禮貌衰則去之者也。辟言，言弗行則去之者也。程子曰：「四者雖以大小次第言之，然非有優劣也，所遇不同耳。」

子曰：「作者七人矣。」

橫渠張子曰：「謂伏羲、神農、黄帝、堯、舜、禹、湯制法興王之道，非有述於人者也。」

子路宿於石門。晨門曰：「奚自？」子路曰：「自孔氏。」曰：「是知其不可而爲之者與？」

聖人非不知道之不可行，而皇皇於斯世者，天地生物之心也。晨門，蓋賢者之隱於抱關擊柝，知其不可爲而遂已者也。彼雖知世之不可以爲，而未知道之不可以已也。然而玩其辭氣，緩而不迫，則其所養有過於荷蕢之果者與！

子擊磬於衛，有荷蕢而過孔氏之門者曰：「有心哉，擊磬乎？」既而曰：「鄙哉，硜硜乎！莫己知也，斯已而已矣。深則厲，淺則揭。」子曰：「果哉，末之難去聲矣。」

荷蕢聞磬聲，以有心量夫子。然彼獨未知夫子之心也，則以爲區區然欲世之知而已，故謂莫己知，則可以已。深則當厲，淺則當揭，人不己知，則當已也。「果哉，末之難矣」，謂其言之果而無得與之辨論矣。難去聲如楚狂接輿，則欲下而與之言，荷蓧丈人則使子路反見之，蓋察其辭氣，恐或可告語故耳。

子張曰：「書云『高宗諒陰，三年不言』，何謂也？」子〔一〕曰：「何必高宗？古之人皆然。君薨，百官總己以聽於冢宰三年。」

子張疑人君之不可以三年不言也，故有此問。此特以利害論，而未究夫事理之實也。冢宰之職，統百官，均四海，三年之間，百官蓋總己以聽矣。夫君勑五典以治天下，而廢三年之達喪，何以教民孝乎？夫子謂古之人皆然，蓋言此天下之常經，古人之通道故耳。

子曰：「上好禮則民易使也。」

上篤於禮，則民興辭遜而順其長上，故易使也。

子路問君子。子曰：「修己以敬。」曰：「如斯而已乎？」曰：「修己以安人。」曰：「如斯而已乎？」曰：「修己以安百姓。修己以安百姓，堯、舜其猶病諸。」

脩己之道，不越乎敬而已。敬道之盡，則所爲修己者亦無不盡，而所以安人、安百姓者皆在其中矣。蓋一於篤敬，則其推之家以及於國、以及於天下，皆是理也。極其

〔一〕子：原無，據四庫本補。

至，天地位焉，萬物育焉，兆民雖衆，其有不得其所安者乎？是則「修己以敬」一語，理亦無不盡者。子路疑其未足也，則告之以「修己以安人」。安人是己之所推而已，又疑其未足也，則告之以「安百姓」。安百姓是安人之備者而已，又曰「堯、舜其猶病諸」，欲子路之毋忽於斯也。凡覆載之内，堯、舜固欲己之澤均被之也，有未能焉，是堯、舜之所病也，此修己以敬無窮意。

原壤夷俟。子曰：「幼而不孫弟，長而無述焉，老而不死，是爲賊。」以杖叩其脛。

原壤放達自居而不由於禮。攷之檀弓，於其母死，升木而歌，則可見其人矣，其在莊周、列禦寇之下乎？聖人於其夷踞以俟，叩其脛而數之，以爲幼而不率其幼，長而無可稱述，如是而老而不死，亦賊於天理而已。蓋幼者當孫弟，是乃天理也。於是而不率，則無往而不爲賊天理矣。方是時，原壤亦長矣，而聖人自其幼不孫弟數之，則見其弊之所自也。意原壤是時猶可以告，故叩脛而告之，是亦教者之一術也。一本云：聖人之教人，必使之自幼而習於小學之事。蓋孫弟乃學之本也。

闕黨童子將命。或問之曰：「益者與？」子曰：「吾見其居於位也，見其與先生並行也。非求益者也，欲速成者也。」

闕黨童子意者其將命有若成人，故或人疑其爲求益者也。夫子之意，以爲童子當爲童子之事而已。童子坐則隅，不敢居於位也；行則左右，不敢與先生並行也。今居位而並行，是不止乎童子之所習，而自進乎成人之列，有躐等之意，無自卑之心，烏能以求益乎？故以爲欲速成者而已。如物之生，循其序而生理達焉；若欲速成，則反害其生矣。故聖門之學，先之以洒埽應對進退之事，所以長愛敬之端，而防敖惰之萌，使之循而有進也，其可忽諸？

南軒先生論語解卷第八

衛靈公篇

衛靈公問陳於孔子。孔子對曰：「俎豆之事，則嘗聞之矣。軍旅之事，未之學也。」明日遂行。

夫子之在衛，靈公雖無道，然亦嘗側聞夫子之所趣矣。顧方以問陳爲言，與夫子之意可謂背馳。夫子所以答之者，則以己之所學者在此而不在彼，以其不合也，故明日而行焉。夫自春秋之時言之，諸國以强弱爲勝負，軍旅之事宜在所先，而俎豆之事疑若不急者矣。曾不知國之所以爲國者，以夫天叙天秩者實維持之也。爲國者志存乎典禮，則孝順和睦之風興，協力一心，尊君親上，其强孰禦焉？不然，三綱淪廢，人有離心，國誰與立？軍旅雖精，果何所用哉？獨曰「俎豆之事」者，俎豆之於禮教，猶陳之於軍旅，對其問陳之辭也。蓋俎豆雖有司之事，然實理之所寓，而教之所由興也。

使靈公而有志乎俎豆之間，則推而達之，必有不可已者，於其所爲，一日而不敢安者矣。

在陳絶糧，從者病，莫能興。子路愠見曰：「君子亦有窮乎？」子曰：「君子固窮，小人窮斯濫矣。」

子路之愠，以爲夫子之德之盛，疑其不當窮也，此不幾於不受命乎？夫子答之之意，以爲命之不齊，君子、小人皆有窮也，特君子能守，而小人流於濫爲異耳。濫者，汎溢之稱，言失其守也。怨天尤人，有動於中，則將失其守矣。

子曰：「賜也，女以予爲多學而識之者與？」對曰：「然，非與？」曰：「非也，予一以貫之。」

賜之學博矣，夫子欲約之也，故進而語之。多學而識之，固賜之所以觀聖人者。賜聞斯言，而遽曰「非與」，知夫子將有以告己也，亦可謂達矣。告之以「予一以貫之」，使之極夫體之所該而用之所宗也，所謂約我以禮者與？雖然，學必博而後可歸於約。多學而識之，固學者所當從事也。若遽欲躐等，以進夫一貫之妙，而於所謂博以文者曾有所未習焉，是爲終於窮大失居而已。夫子之告子貢與告曾子，理則一，而告之之意則有異也。於參也所以達其至，於賜也所以迪其歸，二子所造蓋有淺深，故所以告之之意不同，然在教者之當其可則亦一也。此亦子貢初年時事耳，至於論夫子之得邦家者，則所謂一貫之理蓋識之矣。

子曰："由，知德者鮮矣。"

知德者鮮，以其踐履之未至，故不能真知其味。夫子以此告子路，使之勉進於德，而不以聰明强力爲可恃也。

子曰："無爲而治者，其舜也與！夫何爲哉？恭己正南面而已矣。"

曰"無爲而治"，又曰"夫何爲哉"，蓋叙典秩禮，命德討罪，莫非天也，舜何所爲於其閒哉？恭己以正南面而已。"恭己"則奉順而不失也；"正南面"云者，猶云以是居正位而已。獨稱舜者，禮樂法度至舜而備，人見其制作之盛，而不知其本無爲也。

子張問行。子曰："言忠信，行篤敬，雖蠻貊之邦行矣；言不忠信，行不篤敬，雖州里行乎哉？立，則見其參於前也；在輿，則見其倚於衡也，夫然後行。"子張書諸紳。

篤敬者，敦篤於敬也。言忠信，則言有物；行篤敬，則行有恒。以是而行，何往而不可？故雖居蠻貊之邦亦可行也。蓋人雖不己知，而在己者亦未嘗不行焉。若夫言不忠信，行不篤敬，則妄而已，故雖州里亦有所不可行也。立則見其參於前，在輿則見其倚於衡，使之存乎忠信篤敬之理也。存之不素，而欲保之於言行之閒，難矣。存而不舍，則見於言行者斯不違焉，如是而後可以行也。子張書諸紳，請事而不敢忘也。

子曰：「直哉，史魚！邦有道如矢，邦無道如矢。君子哉，蘧伯玉！邦有道則仕，邦無道則可卷而懷之。」

史魚可以謂之直而已，然能伸而不能屈，未盡君子之道。若蘧伯玉之卷而懷之，則能因時而屈伸者也，故謂之君子，然比於用則行、舍則藏者，則猶有卷而懷之之意，未及乎潛龍之隱見也。

子曰：「可與言而不與之言，失人；不可與言而與之言，失言。知者不失人，亦不失言。」

可與不可，非知者孰能審之？失人則非所以成物，失言則非所以成己。然非所以成物，是亦有害於成己也。

子曰：「志士仁人，無求生以害仁，有殺身以成仁。」

人莫不重於其生也，君子亦何以異於人哉？然以害仁則不敢以求生，以成仁則殺身而不避，蓋其死有重於生故也。夫仁者，人之所以生者也，苟虧其所以生者，則其生也亦何爲哉？曾子所謂得正而斃者，正此義也。志士，志於仁者，與仁人淺深雖有間，然是則同也〔一〕。

子貢問爲仁。子曰："工欲善其事，必先利其器。居是邦也，事其大夫之賢者，友其士之仁者。"

器利則事善，所事者賢，所友者仁，爲己者之先務也。若所事與所友汎而不知擇，則其亡焉者不自知矣。

顔淵問爲邦。子曰："行夏之時，乘殷之輅，服周之冕。樂則韶舞。放鄭聲，遠佞人。鄭聲淫，佞人殆。"

聖人監四代之事而損益之，以爲百王不易之典，此其大綱也。其綱見於此，而其目則著於春秋。以此答顔淵，惟顔子可以與於斯也。"放鄭聲，遠佞人"，亦爲邦之大法也。以其易溺而難防，故重言曰"鄭聲淫，佞人殆"。聖人每致戒於斯者，非聖人必待戒乎此也；於此以設戒，是乃聖人之道也。"放鄭聲，遠佞人"，而後四代之法度可以

〔一〕真德秀西山讀書記卷六所引作："仁人於理之當然，如飢食渴飲也。志士，謂志於仁者，亦能擇而處之矣。"

興行而無斁矣。

子曰：「**人無遠慮，必有近憂。**」

慮之不遠，其憂即至，故曰近憂。易於「履霜」即曰「堅冰至」，以見其憂之在近也。慮患於履霜之初，則有以弭憂矣。

子曰：「**已矣乎！吾未見好德如好色者也！**」

世之誠於好德者鮮，夫子所以歎道之難行也。

子曰：「**臧文仲其竊位者與！知柳下惠之賢而不與立也。**」

位於朝者以薦賢相先爲義。既知其賢，而不與立，是冒居其位而已，故爲竊據也。

子曰：「**躬自厚而薄責於人，則遠怨矣。**」

厚者，敦篤也。躬則自厚，而責望於人則薄，其所處豈不有餘裕乎？然則何怨之有？孟子所謂發而不中、不怨勝己者，反求諸己而已。小人不篤之己，而責於人者深，其心未嘗須臾而得其平也。

子曰：「**不曰如之何、如之何者，吾末如之何也已矣。**」

侯氏曰：天下之事，當防微杜漸於未然之前，故不曰如之何；若至於已然，横流極熾，無可奈何之後，雖聖人亦無如之何矣。故曰「如之何者，吾末如之何也已矣」。

子曰：「羣居終日，言不及義，好行小慧，難矣哉！」

羣居之益，爲夫講習於義理也。若終日相處，不及於義，而徒以小慧爲能，非惟無益，反有損矣，故曰「難矣哉」。蓋義者，天理之公；小慧，則才知之私而已。不講求義理之歸，而相高以私知，其損豈不大乎？故小慧之行，義之賊也。

子曰：「君子義以爲質，禮以行之，孫以出之，信以成之，君子哉！」

義以方外，是義爲用也。而此章則以義爲體，蓋物則森然具於秉彝之内，此義之所以爲體也。必有是體，而後品節生焉，故禮所以行此者也。其行之也以遜順，則和而不失，故遜所以出此者也，而信者又所以成此者也。蓋義爲體，而禮與遜所以爲用，而信者又所以成終者也。信則義行乎事事物物之中，而體無不具矣。

子曰：「君子病無能焉，不病人之不己知也。」

病無能者，非他也，病夫履行之無其實也。

子曰：「君子疾没世而名不稱焉。」

有是實則有是名。名者，所以命其實也。終其身而無實之可名，君子疾諸，非謂求名於人也。

子曰：「**君子求諸己，小人求諸人**。」

君子無適而非求諸己，小人無適而非求諸人。求諸己則德日進，求諸人則欲日肆，君子小人之分蓋如此也。楊氏曰：君子雖不病人之不己知，然亦疾没世而名不稱也；雖疾没世而名不稱，而所求者亦反諸己而已。三者文不相蒙，而義實相足，此亦記言者之意。

子曰：「**君子矜而不争，羣而不黨**。」

矜莊以自持，則易以不和，而失於争；羣居而相與，則易以有比，而失於黨。君子非與人異也，處己嚴而不失其和，故矜而不争；君子非與人同也，待物平而不失其公，故羣而不黨。惟敬者爲能處此而弗失也。

子曰：「**君子不以言舉人，不以人廢言**。」

以言舉人，則行不踐者進矣。此固不可也。然而雖使小人言之而善，亦不害其爲善言也。以人廢之，則善言棄矣。故君子雖不以言舉人，而亦不以人廢言，公心無蔽也。

子貢問曰：「有一言而可以終身行之者乎？」子曰：「其恕乎！己所不欲，勿施於人。」

人之患莫大於自私。恕者，所以克其私而擴公理也。己所不欲，勿施於人，恕之方也，是所當終身而行之者，極其至則仁也。忠恕，體用也。獨言行恕者，蓋於其用力處言之，行恕則忠可得而存矣。

子曰：「吾之於人也，誰毁誰譽？如有所譽者，其有所試矣。斯民也，三代之所以直道而行也。」

毁者指其過，譽者揚其美。誰毁誰譽，謂吾於人初無毁譽之意也，而有所譽者，必有所試，因其有是實而稱之。春秋之時，風俗雖不美，然民無古今之異。三代所以直道而行者，亦斯民也。順理之謂直，可毁可譽，在彼循其理而已。先王命德討罪，亦若是也。不云如有所毁譽，而獨言譽者，聖人樂與人爲善之心也。且必有所試而後譽，則其毁抑又可知矣。

子曰：「吾猶及史之闕文也。有馬者借人乘之，今亡矣夫！」

有馬借人乘之，己雖有馬，不能乘習，則借人乘習之。史有闕文，以待來者，其意亦猶是也。言始猶及見，而今則亡，歎風俗之日趨於薄也。

子曰：「**巧言亂德，小不忍則亂大謀**。」

巧言之亂德，以其不本於誠實也。小不忍之亂大謀，以其輕發於血氣也。故進德者以謀言爲先，當大事者以忍性爲本。

子曰：「**衆惡之，必察焉；衆好之，必察焉**。」

天下之善惡，有如黑白之易明者，衆之好惡固所同也。至於事若善而其情則有害，事若不善而其情或可取，此衆人之所惑，而君子之所察也。如孟子於仲子、匡章是已。故衆之好惡，君子必察焉。取於衆而察於獨，理斯無蔽矣。

子曰：「**人能弘道，非道弘人**。」

道不遠人，顧充之何如耳。充盡其道即是聖人，故曰人能弘道。然道非於衆人之身而不足，而於聖人之身有餘也，道固自若耳，故曰非道弘人。

子曰：「**過而不改，是謂過矣**。」

過而能改，改則其過亡矣。若過而不改，則其過常存，斯爲過矣。

子曰：「**吾嘗終日不食，終夜不寢，以思，無益，不如學也**。」

學原於思，思固所以爲學也。然思至於忘寢與食，而不以學濟之，則亦爲無益也。學者所以習而行之也。習而行之，則其思爲益矣。此章非以思爲無益也，以思而不學則無益耳。聖人固不爲無益之思也，即已而言所以教也。

子曰：「君子謀道不謀食。耕也，餒在其中矣；學也，禄在其中矣。君子憂道不憂貧。」

謀道與食之心不兩存也。謀者，思慮營爲之也。耕本爲求飽而已，豈望餒哉？而豐荒之不齊，則餒存焉。譬之學者本爲求道而已，豈望禄哉？而上之人知而舉之，則禄存焉。學者不求禄之心，如耕者之不望餒可也，重之曰「君子憂道不憂貧」，惟憂道故謀道，惟不憂貧故不謀食。

子曰：「知及之，仁不能守之，雖得之，必失之。知及之，仁能守之，不莊以涖之，則民不敬。知及之，仁能守之，莊以涖之，動之不以禮，未善也。」

知及乎此，而仁不能守此，則未能保之於己也。仁能守之，則在己者實矣，又須莊以涖之，而後内外相成而無弊。而又欲動之以禮，然後爲盡善。動之以禮者，以禮教民風動之也。此雖統言爲政之道至此而後善，然所以成己亦一而已。

子曰：「君子不可小知，而可大受也；小人不可大受，而可小知也。」

君子所存者大，故不可以小者測知，而可以當其大者；小人局於狹小，其長易見，故不可以任大，而可以小知之。大受，如學者之學聖人有爲者之當大任是也。小人用過其量則敗矣，而其小有才知，亦不可廢也。君子而小知，則不盡於用；小人而大受，則必敗於事。此其爲任賢使能之異也與？

子曰：「民之於仁也甚於水火。水火吾見蹈而死者矣，未見蹈仁而死者也。」

夫民所以不肯爲仁若是其甚者，其故何哉？私欲蔽之也。能克其私，則其於仁也孰禦？

子曰：「當仁不讓於師。」

夫子嘗曰「有能一日用其力於仁矣乎？我未見力不足者」；又曰「我欲仁，斯仁至矣」；又曰「爲仁由己」；於此又明「不讓於師」之義。蓋道不遠人，爲之在己，雖所尊敬，亦無所與讓。聖人勉學者使之用其力也。

子曰：「君子貞而不諒。」

貞者，貞於義也；諒者，執小信也。貞於義則信在其中，若但執其小信，而於義有蔽，則失其正，而反害於信矣。蓋貞於義者，公理所存，而執小信者，私意之守而已。

子曰：「事君，敬其事而後其食。」

事君者，主於敬其事而已。官有尊卑，位有輕重，而敬其事之心則一也。後其食，猶後獲之意，然則爲貧而仕則奈何？孔子嘗爲委吏矣，亦曰「會計當」而已矣；嘗爲乘田矣，亦曰「牛羊茁壯長」而已矣，蓋亦以敬其事爲主也。若曰爲貧而仕，食焉而已，遑卹其事，則失其義矣。

子曰：「有教無類。」

人所稟之質雖有不同，然無有善惡之類，一定而不可變者。蓋均是人也，原其降衷何莫而不善？故聖人有教焉，所以反之於善也。教之行，愚者可使之明，柔者可使之强，其有氣類之不可變者乎？然堯之子不肖，舜之子亦不肖，則氣類又若有異，何也？蓋氣有可反之理，人有能反之道，而教有善反之功，其卒莫之能反者，則以其自暴自棄而已。

子曰：「道不同，不相爲謀。」

君子以義，小人以利。義利之所趨不同，烏能相爲謀乎？

子曰：「辭達而已矣。」

辭取於達意則止。蓋過是則爲徇於辭，而反害於實故也。

師冕見，及階，子曰：「階也。」及席，子曰：「席也。」皆坐，子告之曰：「某在斯，某在斯。」師冕出，子張問曰：「與師言之，道與？」子曰：「然，固相師之道也。」

道無往而不存。聖人之動静語默，無往而非道，蓋各止於其所而已。師冕之見，及階則告之階，及席則告之席，既坐則歷告之以在坐者，蓋待瞽者之道當然爾。子張竊窺而有問焉，夫子以爲固相師之道，辭則近而意亦無不盡矣。事事物物，莫不有其道，蓋所當然者，天之所爲也。夫以一日之閒，起居則有起居之道，飲食則有飲食之道，見是人則有待是人之道，遇是事則有處是事之道，道不可須臾離也，一失所宜，則爲廢是道矣。是故君子戰兢自持，顛沛必於是，造次必於是，惟懼其失之也。夫惟天下之至誠一以貫之，道之所在，如影之隨形，蓋無往而非是矣。

季氏篇

季氏將伐顓臾，冉有、季路見於孔子曰：「季氏將有事於顓臾。」孔子曰：「求！無乃爾是過與？夫顓臾，昔者先王以爲東蒙主，且在邦域之中矣，是社稷之臣也，何以伐爲？」冉有曰：「夫子欲之，吾二臣者皆不欲也。」孔子曰：「求！周任有言曰：『陳力就列，不能者止。』危而不持，顛而不扶，則將焉用彼相矣？且爾言過矣。虎兕出於柙，龜玉毁於櫝中，是誰之過與？」冉有曰：「今夫顓臾，固而近於費；今不取，後世必爲子孫憂。」孔子曰：「求！君子疾夫舍曰欲之，而必爲之辭。丘也聞有國有家者，不患寡而患不均，不患貧而患不安。蓋均無貧，和無寡，安無傾。夫如是，故遠人不服，則脩文德以來之。既來之，則安之。今由與求也相夫子，遠人不服而不能來也，邦分崩離析孔注：民有異心曰分，欲去曰崩，不可會聚曰離析。而不能守也，而謀動干戈於邦内。吾恐季孫之憂，不在顓臾，而在蕭牆之内也。」

由、求以伐顓臾之事告，而夫子首呼求以語之，豈求在季氏之閒，爲用事者耶？社稷臣，謂在吾疆土之内而主事者。冉有以夫子之不善是也，則以爲是季孫之意而已；夫子責之，以爲人之相，不能扶持其顛危，則安所用之？如虎兕出於柙，龜玉毁於櫝中，豈得歸過於他人？主之者實任之耳。冉子至此無所遁其情，則言顓臾當取之意。意實欲之，而不曰欲之，更爲之辭以文其事，君子之所疾也。夫季氏增植其私家，其意非特懼顓臾爲子孫憂而已也，蓋欲廣土地而利其有耳。夫子告之以爲國之常道，蓋有國者不以狹土少民爲患，患澤之不能均耳；不以貨財不足爲患，患民情之不安耳。若施均一之政，則百姓足，而何不足之憂？若有以和協之，則人情得，而何寡之慮？有以安輯之，則上下寧，而何傾危之至？此蓋爲國能邇之道也。近者悦而遠者來矣，而猶有不服焉，則益求之於己，修文德而已。文德，仁也。於其來也，則亦安之而已，蓋主於使遠近俱安而已。此乃爲國家者之常道也。使季氏爲魯國之政而率是道，則遽敢崇私門、弱公室，爲分外之舉，以失民心乎？求也爲相，既不能使之修德以來遠人，而其近亦日以攜散而莫能守，乃欲動干戈以逞其欲。夫季氏，卿也，而上僭其君，其下覬之，亦將不奪不厭，是徒以顓臾爲子孫憂，而不知禍之起於蕭牆，蓋有理之必然者矣。冉有但知爲宰者當任其家事，而昧於幾微、暗於遠大如此，斯爲具臣而已矣。

孔子曰：「天下有道，則禮樂征伐自天子出；天下無道，則禮樂征伐自諸侯出。自諸侯出，蓋十世希不失矣；自大夫出，五世希不失矣；陪臣執國命，三世希不失矣。天下有道，則政不在大夫；天下有道，則庶人不議。」

禮樂征伐，天子之事也。天下有道，則禮樂征伐自天子出矣。蓋天子得其道，則權綱在己，而下莫敢干之也。所謂自天子出者，天子亦豈敢以己爲可專，而以私意加於其間哉？亦曰奉天理而已矣。此之謂得其道。若上失其道，則綱維解紐，而諸侯得以竊乘之，禮樂征伐將專行而莫顧矣。若諸侯可以竊之於天子，則大夫亦可以竊之於諸侯，而陪臣亦可以竊之於大夫矣。其理之逆，必至於此也。所以有十世、五世、三世之異者，尹氏謂於理愈逆，則其亡愈近，是也。天下有道，則政不在大夫者，政出於一也。庶人不議者，民志定於下，而無所私議也。

孔子曰：「禄之去公室五世矣，政逮於大夫四世矣。故夫三桓之子孫微矣。」

斯言發於魯定公之世。蓋魯自宣公賴襄仲以立，而三家始盛，專制魯國之賦，而禄去公室矣。又一世而政悉移於大夫。自成公而下，爲國君者拱手聽命而已。孔子於禄去公室、政在大夫而知三桓子孫之必微，以理之順逆、勢之陵犯而知之也。夫三家視其君而起不奪不厭之心，則夫陪臣視之亦何憚而不萌此心乎？方三家專公室之禄，而竊魯國之政，本其私意，欲以利其子孫也，而豈知子孫之微，實兆乎此哉？

孔子曰：「益者三友，損者三友。友直、友諒、友多聞，益矣。友便辟、友善柔、友便佞，損矣。」

友者所以輔成己德也。直者友過必聞，諒者忠信相與，多聞者知識可廣。是三者友之，則使人常懷進修，而不敢自足，得不日益乎？便辟、便佞，謂便於辟與佞者；善柔，謂善爲柔者。辟則容止足恭，柔則每事卑屈，佞則巧言爲悦。是三者友之，則使人日趨於驕惰焉，得不日損乎？自天子至於庶人，皆當謹乎此也。

孔子曰：「益者三樂，損者三樂。樂節禮樂，樂道人之善，樂多賢友，益矣。樂驕樂，樂佚遊，樂宴樂，損矣。」

節禮樂者進反之義。樂節禮樂，則足以養中和之德；樂道人之善，則足以擴公恕之心；樂多賢友，則足以賴輔成之功。是烏得不日益乎？樂驕樂則長傲，樂佚遊則志荒，樂宴樂則志溺，烏得不日損乎？損益之原，存於敬肆而已。驕樂，以驕矜爲樂也；宴樂，以宴安爲樂也。

孔子曰：「侍於君子有三愆：言未及之而言謂之躁，言及之而不言謂之隱，未見顔色而言謂之瞽。」

言而當其可，非養之有素者不能然也。不然，鮮不蹈此三愆者矣。言未及而言，欲言之意先之也，故謂之躁。言及之而不言，當言之理不發也，故謂之隱。未見顔色之相接也，而遽發言，是又甚於躁者，冥行而已，故謂之瞽。察言而觀色，所以爲達也與！

孔子曰：「君子有三戒：少之時血氣未定，戒之在色；及其壯也，血氣方剛，戒之在鬭；及其

老也，血氣既衰，戒之在得。」

人有血氣，則役於血氣。血氣有始終盛衰之不同，則其所役亦隨而異。夫血氣未定，則動而好色；血氣方剛，則鋭而好鬭；血氣既衰，則歉而志得。凡民皆然，爲其所役者也。於此而知戒，則義理存。義理存則不爲其所役矣。此學者所當警懼而不忘者也。至於成德之君子，固有以化其血氣之私，然戒心亦未嘗不存也。此放鄭聲、遠佞人，孔子所以告顔子歟？

孔子曰：「君子有三畏：畏天命，畏大人，畏聖人之言。小人不知天命而不畏也，狎大人，侮聖人之言。」

畏天命，奉順而弗敢逆也；畏大人，尊嚴而弗敢易也；畏聖人之言，佩服而惟恐違也。然而是三言主於畏天命。蓋其畏大人、畏聖人之言，亦以其知天命之可畏而已。小人不知天命之所存，是以冥行而莫之畏。不畏天命，則其狎大人、侮聖人之言亦無所不至矣。大人，德與位之通稱也。或曰：孟子謂説大人則藐之，與斯言有異乎？孟子之言，謂當正義以告之，不當爲其勢位所動耳。若夫尊嚴之分，則固未嘗不存也，言各有所指耳。

孔子曰：「生而知之者，上也；學而知之者，次也；困而學之，又其次也；困而不學，民斯爲下矣。」

生知、學知、困知，中庸言及其知之則一者，言其終所至之同也。此有三等之分者，言其始所進之異也。生知者，天稟所鍾之全粹，不待學而自知義理也。其次則必學而後知，又其次困而後反於學。困而學，雖在二者之下，然其至則一者，以夫人性之本善故耳。若困而不學，則是自暴自棄，斯爲下愚矣。然而生知、學知、困學，其至雖一，而氣象規模終有不同者焉。玩諸古聖賢，則亦可見矣。孔注：困，謂有所不通〔一〕。

孔子曰：「君子有九思：視思明，聽思聰，色思温，貌思恭，言思忠，事思敬，疑思問，忿思難，見得思義。」

九思，當乎此則思乎此，天理之所由擴，而人欲之所由遏也。然而是九者，要當養之於未發之前，而持之於既發之後。不然，但欲察之於流而收之於暫，則多見其紛擾而無力矣。楊氏曰：德以思而成，以忿欲而敗。故九思始於視聽貌言，而終於忿與

〔一〕真德秀論語集編卷八、西山讀書記卷二十所引作：「困而學，如已放而求，已失而復者也。」

見得。

孔子曰：「見善如不及，見不善如探湯。吾見其人矣，吾聞其語矣。隱居以求其志，行義以達其道。吾聞其語矣，未見其人也。」

見善如不及，徙義之速也；見不善如探湯，惡不仁之甚也。此篤於自好者能之。至於隱居以求其志，行義以達其道，則其退也，所以安其義之所安，而其進也，所以推其道於天下耳。蓋其所達之道，即其所求之志也。此大人之事，故曰未見其人也。

「齊景公有馬千駟，死之日，民無得而稱焉；伯夷、叔齊餓於首陽之下，民到於今稱之。」

舉夷、齊而言，夷、齊所謂能求其志者也。先以齊景公爲言，以見求志者非有慕乎外也。

陳亢問於伯魚曰：「子亦有異聞乎？」對曰：「未也。嘗獨立，鯉趨而過庭，曰：『學詩乎？』對曰：『未也。』『不學詩，無以言。』鯉退而學詩。他日又獨立，鯉趨而過庭，曰：『學禮乎？』對曰：『未也。』『不學禮〔一〕，無以立。』鯉退而學禮。聞斯二者。」陳亢退而喜曰：「問一得三：聞詩、聞禮、又聞君子之遠其子也。」

〔一〕禮：原誤作「鯉」，據論語季氏改。

聖人竭兩端之教，於親疏賢愚無以異也。其告門人，固嘗曰「興於詩，立於禮」，而此語伯魚，亦先之以學詩，次之以學禮，學之序固當然也。「不學詩，無以言」，易其心而後能言也。「不學禮，無以立」，謹其節而後有立也。陳亢初疑伯魚之有異聞，及聞斯言，乃亦夫子之所以教門人者，故有遠其子之言，謂不私其子也。味伯魚答陳亢之辭氣，則亦可見其薰陶之所得矣。

「邦君之妻，君稱之曰夫人，夫人自稱曰小童，邦人稱之曰君夫人，稱諸異邦曰寡小君，異邦人稱之亦曰君夫人。」

此正名之意也。其名雖是，而可亂其實乎？春秋之時，以妾母爲夫人者多矣。其甚則以妾爲夫人，如魯惠、晉平之爲者；又其甚則有若魯昭之娶同姓者，其實之乖，一至於此！然則君之稱夫人，夫人之自稱，與夫邦人及異邦之人稱之，其得安乎哉？正其名所以責其實也歟？

南軒先生論語解卷第九

陽貨篇

陽貨欲見孔子，孔子不見，歸孔子豚。孔子時其亡也而往拜之，遇諸塗。謂孔子曰：「來，予與爾言。」曰：「懷其寶而迷其邦，可謂仁乎？」曰：「不可。」「好從事而亟失時，可謂知乎？」曰：「不可。」「日月逝矣，歲不我與。」孔子曰：「諾，吾將仕矣。」

陽貨欲夫子之見己，以夫子之不往也，則歸豚焉，欲夫子之來拜也。在禮當往拜，則烏得而不往？「時其亡」者，則不欲見之也。「遇諸塗」，則有不得避焉。貨三問而應之如響者，貨蓋不可與言者，故申不已之意，而遜辭以答之。然懷寶而迷邦，誠不可謂之仁；好從事而亟失時，誠不可謂之知。夫子誠未嘗不欲仕者，特非其道則不可耳。是則言雖遜而理亦未嘗枉也。此待惡人之道，若他人遜言，則或至於害理。直理則或傷於辭危，聖人從容酬酢，其含蓄中節如此。

子曰：「性相近也，習相遠也。」

原性之理，無有不善，人物所同也。論性之存乎氣質，則人稟天地之精，五行之秀，固與禽獸草木異。然就人之中不無清濁厚薄之不同，而實亦未嘗不相近也。不相近則不得爲人之類矣，而人賢不肖之相去或相倍蓰，或相什百，或相千萬者，則因其清濁厚薄之不同，習於不善而日遠耳。習者，積習而致也。善學者克其氣質之偏，以復其天性之本，而其近者亦可得而一矣。

子曰：「惟上知與下愚不移。」

上知則不淪於下，下愚則不達於上。苟非上知下愚，則念不念之分固可得而移也。上知下愚一存於氣稟乎？曰：不然。上知固生知之流，然亦學而可至也。均是人也，雖氣稟之濁，亦豈有不可變者乎？惟其自暴自棄而不知學，則爲安於下愚而不可移矣。

子之武城，聞弦歌之聲。夫子莞爾而笑曰：「割雞焉用牛刀！」子游對曰：「昔者偃也聞諸夫子曰：『君子學道則愛人，小人學道則易使也。』」子曰：「二三子，偃之言是也。前言戲之耳。」

「莞爾而笑」者，聞弦歌而喜也。「割雞焉用牛刀」者，謂其治小以大也。君子學道則有以養其仁心，故愛人；小人學道則亦和順以服事其上，故易使。夫子聞子游之語，恐學者疑於前言，以寡國小民爲可忽也，故告二三子以子游之言爲是，而謂前言爲戲之。辭氣抑揚之閒，豈弟和平，無非教也。

公山弗擾以費畔，召，子欲往。子路不説，曰：「末之也已，何必公山氏之之也？」子曰：「夫召我者，而豈徒哉？如有用我者，吾其爲東周乎！」

公山弗擾之召，夫子謂其不徒然者，以其肯召聖人，恐有悔過自新之意也。自周之東，君臣上下之分日以陵夷，故諸侯逼天子，大夫制諸侯，而陪臣畔大夫，此東周之爲也。如使聖人得用，必以正名爲先，固將反東周之爲，而復西周之舊，則夫公山弗擾其得爲今日之事乎？子路之不説，懼其汙也。不知使聖人而誠可往，則其撥亂反正固有道矣。或曰：公山弗擾執季氏以畔，安知其志不在於克亂以權耶？其能强公室，殆未可知也；其爲東周，亦未可知也。夫弗擾不稟命於公，而輒畔其大夫，逆也。欲以是而克亂，是謂以亂易亂，而反加甚焉，後世亂臣賊子所以借虚名而爲簒奪之計者也。若夫子意其如是而欲往，則是聖人可陷而可罔也，其説失之矣。

子張問仁於孔子。孔子曰：「能行五者於天下，爲仁矣。」請問之。曰：「恭、寬、信、敏、惠。恭則不侮，寬則得衆，信則民任焉，敏則有功，惠則足以使人。」

能行此五者於天下，則其心公平而周徧，可知矣，然恭其本與？

佛肸召，子欲往。子路曰：「昔者由也聞諸夫子曰：『親於其身爲不善者，君子不入也。』佛肸以中牟畔，子之往也，如之何？」子曰：「然，有是言也。不曰堅乎，磨而不磷；不曰白乎，涅而不緇。吾豈匏瓜也哉？焉能繫而不食？」

親於其身爲不善者，君子不入，此君子守身之常法也。至於磨不磷、涅不緇，在聖人然後可以言此。蓋堅之至則磨而不磷矣，白之至則涅而不緇矣。故楊氏曰：「堅白不足，而欲自試於磨涅，其不磷緇者幾希矣。」然而公山弗擾與佛肸之召，夫子皆嘗欲往，而卒不往，何也？其欲往者，以天下無不可變之人，無不可爲之事；而卒不往者，則知其人之終不可變，而事之終不可爲耳。一則生物之仁，一則知人之智也。子路蓋不悦乎弗擾之召矣，及佛肸之召，而復有言焉，則以夫中心所疑，雖聞聖人之言，而自反終未安，故問辨之不敢釋，抑可謂善學矣。然而子路之不悦，在子路之分則當然。蓋子路以己處聖人，而未能以聖人觀聖人耳。

子曰：「由也，女聞六言六蔽矣乎？」對曰：「未也。」「居，吾語女。好仁不好學，其蔽也愚；好知不好學，其蔽也蕩；好信不好學，其蔽也賊；好直不好學，其蔽也絞；好勇不好學，其蔽也亂；好剛不好學，其蔽也狂。」

學所以明善也。不知學，則徒慕其名，而莫知善之所以爲善矣。好仁不好學之蔽，如欲力行自守以爲仁，而不知學以明之，則其所行所守，未免於私意，適足以爲愚而已。至於好知不好學，則用其聰明，而不知約之所在，故其蔽蕩。好信不好學，則守其小諒，而不知義之所存，故其蔽賊。好直不好學，則務徑情而不知含蓄，故其蔽絞。絞者，訐而已。好勇不好學，則犯難而不知止，故其蔽亂。好剛不好學，則務勝而不知反，故其蔽狂。是六者，本爲達德善行，而不好學，則非所以爲德行，而反以自蔽。學如行大道，日闢而通也；不學如守暗室，終窒而蔽矣。

子曰：「小子何莫學夫詩？詩可以興，可以觀，可以羣，可以怨。邇之事父，遠之事君。多識於鳥獸草木之名。」

興謂興己之善；觀謂觀人之志；和平而無邪，故可以羣；親切而不傷，故可以怨；温柔敦厚，深篤乎人倫之際，故邇可以事父，遠可以事君，而又可以多識鳥獸草木之名。

是則詩其可以不學乎？張子曰：「止言事父、事君，舉其重者言之也。」

子謂伯魚曰：「女爲周南、召南矣乎？人而不爲周南、召南，其猶正牆面而立也與！」

爲周南、召南者，謂躬行周南、召南之實也。天下之事，未有不本於齊家。必如周南、召南所述室家之事而後爲家齊，由此而達之，則無所不可行。若爲之不從此始，則動有隔礙，雖尺寸亦不可以推而行也。故曰「其猶正牆面而立也與」。然而未有不修身而家齊者，故欲爲周南、召南者，又以修身爲先。

子曰：「禮云禮云，玉帛云乎哉！樂云樂云，鍾鼓云乎哉！」

玉帛固所以行禮也，鍾鼓固所以爲樂也。謂玉帛鍾鼓爲非禮樂則不可，然禮樂豈止乎玉帛鍾鼓之閒哉？得其本，則玉帛鍾鼓莫非吾情文之所寓，不然，特虚器而已。所謂本者，反諸吾身而求之，則知其不遠也。

子曰：「色厲而内荏，譬諸小人，其猶穿窬之盜也與？」

小人，謂在下之小人。言君子而色厲内荏，則其爲欺，與小人之爲穿窬者無以異也。尹氏曰：「色剛厲而内柔荏，其欲人之不知也，推其心何異穿窬之盜哉？」

子曰：「鄉原，德之賊也。」

孟子答萬章之問詳之矣。惟其居之似忠信，行之似廉潔，衆皆説之，自以爲是，而不可以入堯、舜之道，故爲賊夫德也。

子曰：「道聽而塗説，德之棄也。」

聞善者存而體之，則其德蓄聚。若徒以資談説而已，則於德何有哉？是棄之也。

子曰：「鄙夫可與事君也與哉？其未得之也，患得之；既得之，患失之。苟患失之，無所不至矣。」

患得患失者，以得失爲事也。其所爲患得者，乃計利自便之心。惟其有是心，故既得則患失矣。其患失之心，乃患得之心也。未得則患得，既得則患失矣，若是則凡可以勿失者皆在所必爲，而亦何所不至哉？自古亂臣賊子，其初亦豈敢遽有篡弒之萌？惟其患失之心蹉跌至此，故夫未得則患得，既得則患失。患失則無所不至，履霜堅冰，馴致其道也。然則計利自便之萌，是乃弒父與君之原也。聖人謂爲鄙夫者，蓋區區惟己私之徇，不亦鄙乎？

子曰：「古者民有三疾，今也或是之亡也。古之狂也肆，今之狂也蕩；古之矜也廉，今之矜也忿戾；古之愚也直，今之愚也詐而已矣。」

疾生乎氣稟之偏。狂而肆者，過於進爲也；矜而廉者，廉隅露見也；愚而直者，直情徑行也。此雖偏而爲疾，然猶爲疾之常。至於狂而放則流而爲蕩，矜而争則溢而爲忿戾，愚而衒直則變而爲詐，是蓋世衰俗敝，則習益遠故也。言疾則固爲偏，而今也併與古之疾而亡之，則抑甚矣。古者三疾，學則可瘳也；至於今之疾，悖理亂常之甚，蓋難反矣。然困而能學，亦聖人之所不棄也。

子曰："巧言令色，鮮矣仁。"

解已見前。

子曰："惡紫之奪朱也，惡鄭聲之亂雅樂也，惡利口之覆邦家者。"

以其似是而非，有以惑人之觀聽，是以聖人惡之。利口所以覆邦家者，蓋變亂事實，使是非邪正率皆紊亂，邦家所由傾覆也。

子曰："予欲無言。"子貢曰："子如不言，則小子何述焉？"子曰："天何言哉？四時行焉，百物生焉。天何言哉！"

言本以明理也，聖人恐學者但求於言，而反以支離也，故有"予欲無言"之歎。子貢從而問焉，亦可謂達矣。所謂四時行、百物生者，天道之流行無息也。天雖不言，而何隱哉？聖人亦何隱哉？動静語默之間，無非至理之所在也。再曰「天何言哉」，所以發之者也。

孺悲欲見孔子，孔子辭以疾。將命者出户，取瑟而歌，使之聞之。

孺悲之不見，疑在棄絶之域矣。取瑟而歌，使將命者聞之，是亦教誨之而終不棄也。聖人之仁，天地生物之心與！

宰我問：「三年之喪，期已久矣。君子三年不爲禮，禮必壞；三年不爲樂，樂必崩。舊穀既没，新穀既升。鑽燧改火，期可已矣。」子曰：「食夫稻，衣夫錦，於女安乎？」曰：「安。」「女安，則爲之！夫君子之居喪，食旨不甘，聞樂不樂，居處不安，故不爲也。今女安，則爲之！」宰我出，子曰：「予之不仁也！子生三年，然後免於父母之懷。夫三年之喪，天下之通喪也，予也有三年之愛於其父母乎？」

人子之致哀於其親，蓋其心之不可以已者。先王制禮，爲之過不及之節，而斷之以三年，是謂天之則也。宰我論喪禮而欲止乎期，孔子反復告之以「女安則爲之」。夫其食旨不甘，聞樂不樂，居處不安，果何哉？以其有所不忍於心故也。宰我聞夫子斯言而出，其必有以隱於中矣。

子曰：「飽食終日，無所用心，難矣哉！不有博弈者乎？爲之猶賢乎已。」

飽食而無所用心，則放越而莫知其極，凡惡之所由生也。博弈雖不足道，然方其爲之，意專乎此，比之放越而莫知其極者猶爲愈焉。此章大抵言無所用心則長惡，爲可畏耳。

子路曰：「君子尚勇乎？」子曰：「君子義以爲上。君子有勇而無義爲亂，小人有勇而無義爲盜。」

君子尚義不尚勇。蓋尚勇則徒知勇之務，而或至於犯義者有之；尚義則義之所當爲，勇固在其中矣。亂謂亂常理也，盜謂盜其上也。君子、小人以在上、在下者爲稱。

子貢曰：「君子亦有惡乎？」子曰：「有惡。惡稱人之惡者，惡居下流而訕上者，惡勇而無禮者，惡果敢而窒者。」曰：「賜也亦有惡乎？」「惡徼以爲知者，惡不孫以爲勇者，惡訐以爲直者。」

君子者惟其愛人，故惡稱人之惡者，爲其薄也。惟其順德，故惡居下流而訕上者，爲其逆也。惟其循理，故惡勇而無禮者，爲其陵犯也。惟其達義，故惡果敢而窒者，爲其冥行一本作「妄動」。也。此惡不善之公心，亦天下之通義也。子貢之惡，惡其近似而害於知勇與直者也。子貢惡乎此，則所以檢身者抑可知矣。徼，孔注云：「抄也，抄人之意以爲己有。」

子曰：「惟女子與小人爲難養也，近之則不遜，遠之則怨。」

女子陰質，小人陰類，其所望於人者常深，故難養。知其難養如此，則當思所以待之之道，其惟和而有制與夫不惡而嚴乎？

子曰：「年四十而見惡焉，其終也已。」

見惡者，有不善而見惡於人也。此又甚於無聞者。方其壯時，猶不能用力以矯厲，則終於淪棄，可知矣。此警懼學者，使之激昂自進於早也。

微子篇

微子去之，箕子爲之奴，比干諫而死。孔子曰：「殷有三仁焉。」

三人者皆當其時，於其身〔一〕處之盡其道者也。其立紂之朝，所以維持宗社之心至矣，

〔一〕於其身：真德秀西山讀書記卷六引作「當其位」。

而有不得已焉，則自靖以獻於先王。詳味微子一篇，則可見三子之所爲深切至到者矣。孔子皆稱爲仁，以其不失夫性之理故也。一作：「以其中誠惻怛，克盡其道故也。」

柳下惠爲士師，三黜。人曰：「子未可以去乎？」曰：「直道而事人，焉往而不三黜？枉道而事人，何必去父母之邦？」

柳下惠仕則仕，黜則黜，而未嘗枉其道也。若枉道則害於和之理矣。至於孔子，道不行，然父母之邦可以去而亦去，雖周行天下，而未嘗苟仕也，則與下惠異矣。下惠謂焉往而不三黜，則所以期於斯世者亦幾於不恭矣。此篇記柳下惠於三仁之後，以明其趨之一。下文又詳著孔子之事，以見聖人之爲至焉。如楚狂、耦耕、荷蓧之徒，則陷於一偏，而不足以知聖人者。夷、齊而下，雖各得其道，而未盡其至者，故終之以孔子之無可無不可，蓋於是無以加矣。此孟子「集大成」之意也。

齊景公待孔子曰：「若季氏，則吾不能；以季、孟之間待之。」曰：「吾老矣，不能用也。」孔子行。

景公計量所以待之輕重，是與孔子事道之意違矣。程子曰：季氏强臣，君待之之禮極隆，然非所以待孔子。季、孟之間，則待之之禮爲至矣。然曰「吾老矣，不能用也」，此不係待之之輕重，特以不用而去。

齊人歸女樂，季桓子受之，三日不朝。孔子行。

去讒、遠色，賤貨而貴德，所以勸賢也。今好色而忘敬賢之心，則道之不行可見矣，是以去之。

楚狂接輿歌而過孔子曰：「鳳兮鳳兮！何德之衰？往者不可諫，來者猶可追。已而！已而！今之從政者殆而！」孔子下，欲與之言。趨而辟之，不得與之言。

接輿之意，蓋欲夫子隱居以避世耳。觀其知鳳德之衰，且辭氣舒而不迫，其人天資亦高矣。夫子意其可以告語，欲與之言，其趨而辟，蓋匿其聲迹而已，於是見其隘矣。

長沮、桀溺耦而耕，孔子過之，使子路問津焉。長沮曰：「夫執輿者爲誰？」子路曰：「爲孔丘。」曰：「是魯孔丘與？」曰：「是也。」曰：「是知津矣。」問於桀溺。桀溺曰：「子爲誰？」曰：「爲仲由。」曰：「是魯孔丘之徒與？」對曰：「然。」曰：「滔滔者天下皆是也，而誰以易之？且而與其從辟人之士也，豈若從辟世之士哉？」耰而不輟。子路行，以告。夫子憮然曰：「鳥獸不可與同羣，吾非斯人之徒與而誰與？天下有道，丘不與易也。」

夫子使子路問津，亦察其容止之有異也。長沮謂「是知津矣」，此譏夫子周行天下之已久也。桀溺之意，則以爲當世滔滔一律，誰肯以夫子之道易己所爲？言其徒勞爾。故以夫子爲辟人之士，謂其道不合而後去也；以己爲辟世之士，謂舉世不得而親之也。夫子憮然者，以其與吾意異也。夫人不可與鳥獸同羣，當與斯人爲徒耳。以天下之無道也，故欲從而變易之；使天下而有道，則何事於變易乎？必如桀溺之意，以其無道而辟之，則將去人之類，與鳥獸同羣而後爲可耳。

子路從而後，遇丈人，以杖荷蓧。子路問曰："子見夫子乎？"丈人曰："四體不勤，五穀不分，孰爲夫子？"植其杖而芸。子路拱而立。止子路宿，殺雞爲黍而食之，見其二子焉。明日，子路行，以告。子曰："隱者也。"使子路反見之。至則行矣。子路曰："不仕無義。長幼之節，不可廢也；君臣之義，如之何其廢之？欲潔其身而亂大倫。君子之仕也，行其義也。道之不行，已知之矣。"

"四體不勤，五穀不分，孰爲夫子？"其意以謂吾知勤四體、分五穀之爲道耳。植杖而芸，亦不迫矣。子路聽其辭氣，見其容止而敬之，拱而立，未知所言也。止子路宿，殺雞爲黍以食，而復見其二子，則其爲人蓋有餘裕，而疑非遂絶世者也。故夫子以爲隱者，而使子路反見之，欲有以告語之也。至則行矣，則惟恐人之己知，故行以避焉，其隘可知也。子路所云，殆述夫子之意云爾。義者宜也，故宜莫大於君臣，故以不仕爲無義。丈人之見二子，長幼之節不可得而廢者也。其不可得而廢者，非以其性之所有乎？長幼之節既不可廢，則夫君臣之義又烏得而廢之乎？彼蓋欲潔其身，而不知亂倫之害於人道爲大也。君子之仕豈爲他哉？行吾義而已。道之不行，君子豈不知乎？而汲汲於斯世者，固有不可以已者也。此篇所載楚狂、耦耕、荷蓧，此四人皆素隱者，然就其中荷蓧其差高乎？

逸民：伯夷、叔齊、虞仲、夷逸、朱張、柳下惠、少連。子曰：「不降其志，不辱其身，伯夷、叔齊與？」謂：「柳下惠、少連降志辱身矣，言中倫，行中慮，其斯而已矣。」謂：「虞仲、夷逸隱居放言，身中清，廢中權。我則異於是，無可無不可。」

七人者皆爲逸民，而制行則異，亦有淺深之不同也。不降其志，不辱其身，其清之至歟？下惠、少連雖立於惡人之朝，未免乎降志辱身，然道則未嘗枉也，故言不失於倫理，而行不違其慮思，此所謂由由然與之偕而不自失者也。至於虞仲、夷逸，則又其次也。放言，謂其言放而不拘也，異乎中倫者矣。然而其持身亦合於清者之所爲，而其退而廢也，亦非素隱行怪之爲，有合於權，爲可取也。若夫孔子之無可無不可，則異乎七子者之撰矣。無可者，不以可爲主也；無不可者，不以不可爲主也。其曰無者，言其不存於中也。然則夫子之心果何如哉？當可則可，當不可則不可，大而化之，其惟天乎？若夷、齊之心，則未免有不可；若下惠、少連，則未免有可也。故孟子乃所願，則學孔子而已。

大師摯適齊。亞飯干適楚。三飯繚適蔡。四飯缺適秦。鼓方叔入于河。播鼗武入于漢。少師陽、擊磬襄入於海。

張子曰：「始者樂失其次，夫子自衛反魯，一嘗治之，其後伶人賤工識樂之正。及魯益衰，三家僭妄，自大師以下皆知散之四方，踰河蹈海以去亂。聖人俄頃之助，功化已如此，其曰『用我者，期月而已，可也』，豈虚言哉？」

周公謂魯公曰：「君子不施其親，不使大臣怨乎不以。故舊無大故，則不棄也。無求備於一人。」

此四言者，反復而言之，皆當在所篤也。篤乎此，則君國子民之本立矣。「不施其親」，尹氏曰：「親者不失其爲親，是以無所施。」此説爲安。大臣既用之，則當聽其言，而使得行其道，其可使怨不吾以乎？故舊無大故，則不棄絶之。大故，必得罪於國與民者也。然曰「不棄」而已，非私以爵禄也。無求備於一人，於一夫之身而求備，非特失用才之道，而亦非所以養德也。

周有八士：伯達、伯适、仲突、仲忽、叔夜、叔夏、季隨、季騧。

張子曰：「周有八士，記善人之富也。」楊曰：「八人盡爲士之道，故謂之八士。」

南軒先生論語解卷第十

子張篇

子張曰：「士見危致命，見得思義，祭思敬，喪思哀，其可已矣。」

見危則致命，見得則思義，決擇於義利之際也。祭則思敬，喪則思哀，篤於本也。「其可已矣」者，猶云若是可謂士矣。楊氏曰：「於成人曰授命、曰見利，於士曰致命、曰見得，蓋致命則力爲之，不如授命之安；見利則未必得也，見得而後思義焉，則不豫矣。此成人與士之異也。」

子張曰：「執德不弘，信道不篤，焉能爲有，焉能爲亡？」

執德弘則進德有地，信道篤則志道不回。苟其不然，雖有爲善之心，亦若存若亡，不能爲有亡也。程子曰：「信之不篤，則執德無由弘。」

子夏之門人問交於子張。子張曰：「子夏云何？」對曰：「子夏曰：『可者與之，其不可者拒

之。』」子張曰：「異乎吾所聞：君子尊賢而容衆，嘉善而矜不能。我之大賢與，於人何所不容？我之不賢與，人將拒我，如之何其拒人也？」

包注：「友交當如子夏，汎交當如子張。」其説是。蓋交有淺深，二子論交，各爲一義，不可廢也。若但與之汎然交際而已，則固當尊賢而容衆，嘉善而矜不能；若與之爲朋友之交，則當與其可者，而拒其不可也。但拒之之辭，微過甚耳。然而在學者之分，則子張之言未若子夏之嚴也，而遽非子夏之説，且曰「我之大賢與，於人何所不容」，其言若以成德自居者，此亦其堂堂氣象也與？

子夏曰：「雖小道，必有可觀者焉；致遠恐泥，是以君子不爲也。」

堯、舜之道，天下之達道也；非堯、舜之道，皆小道而已。小道亦各有所長，非無可觀也。然以致遠，則必有弊，而不可以行。致遠，謂推之天下與來世也。君子之學，豈但爲目前計哉？亦期以遠而已，則夫小道者，宜君子之不爲也。然惟其有可觀，故可以惑人。人惑之，謂見其近利云耳。若以致遠存心，則烏能惑也？

子夏曰：「日知其所亡，月無忘其所能，可謂好學也已矣。」

致其知而不舍，故其知日新；保其有而不違，故其有常存，此之謂好學。「日知其所亡」，謂日知其所未有也。

子夏曰：「**博學而篤志，切問而近思，仁在其中矣。**」

博學篤志，切問近思，不可便以此爲仁，而仁不外是也。惟從事於此而不計其獲，則循序而有至，蓋不可以欲速而臆度也。聖門論仁，大抵如此。

子夏曰：「**百工居肆以成其事，君子學以致其道。**」

百工居肆，所以成其事也；君子務學，所以致其道也。致者，極其至也。蓋道本不離人，然自未合者言之，非用力以致之，則不能有諸躬耳。

子夏曰：「**小人之過也必文。**」

有過則改之而已。小人恥過而憚改，故必文。文謂飾非以自欺也。

子夏曰：「**君子有三變：望之儼然，即之也温，聽其言也厲。**」

望之儼然，敬而重也；即之也温，和而厚也；聽其言也厲，約而法也。夫其望之儼然，若不可得而親也；及其即之則温焉。即之也温，若可得而親也，而聽其言則厲焉。其爲三變，豈君子之强爲之哉？禮樂無斯須而去身，故其成就發見如此。

子夏曰：「**君子信而後勞其民，未信則以爲厲己也。信而後諫，未信則以爲謗己也。**」

信在使民、諫君之先。民信則心誠服矣，君信則志意交矣。然所爲信者，在乎篤之己者何如耳。易曰：「有孚，盈缶。」夫使民而民以爲厲己，諫君而君以爲謗己，是在我孚信未篤而已。若舍己而尤人，不亦殆乎？

子夏曰：「大德不踰閑，小德出入，可也。」

大德，大體也；小德，節目也。君子所存大體固有定，而至其酬酢之際，用權以取中，初無一定之執，故未嘗不同歸焉。如可以取、可以無取，可以與、可以無與之類是也。然而斯言以「大德不踰閑」爲本，必大德不踰閑，而後小德可以出入。蓋其出入未嘗不在其閑之中，故曰可也。不然，本之不立，而謂出入爲可，是小人之無忌憚而已。

子游曰：「子夏之門人小子，當洒埽、應對、進退則可矣，抑末也。本之則無，如之何？」子夏聞之，曰：「噫！言游過矣。君子之道，孰先傳焉？孰後倦焉？譬諸草木，區以別矣。君子之道，焉可誣也？有始有卒者，其惟聖人乎？」

此篇所載子夏之言，無非切要，而此章尤爲能發明聖門之閫奥。孰先傳、孰後倦，謂君子教人，具有次序，蓋其道本末一致，豈有以爲先而傳之，豈有以爲可後而倦不傳？但學者資質聞見，如草木區分之不同，故所得有淺深之異，而君子之道，本末實一致耳，故曰「焉可誣也」。若夫始末兼舉，而無餘憾，則是聖人矣，非學者事也。今夫小子習爲洒掃、應對、進退之事，是之謂小學。由是而致其知，則存乎其人，是之謂大學。至於充之而盡，亦初不離乎洒掃、應對、進退之閒。若以此爲末，而別求所謂本，則是析本末爲二體，形而上者與形而下者不相管屬，其爲弊蓋有不勝言矣。以子游久在聖門，而其差猶若此。甚矣，論學之難也！

子夏曰：「仕而優則學，學而優則仕。」

大學之道，在明明德，在親民，成己成物之無二致也。古之人學以終其身，故仕優則學，學優則仕，其從容暇裕如此，終始於學而無窮已也。

子游曰：「喪致乎哀而止。」

喪主於哀致者，自盡之謂。若毀生滅性，則是過乎哀者也。

子游曰：「吾友張也，爲難能也，然而未仁。」曾子曰：「堂堂乎張也，難與並爲仁矣。」

雖有高明之見，卓絶之行，謂之難能則可，而不害其爲未仁也。堂堂氣象，所以爲難與並爲仁也歟？蓋是道也，必深潛縝密，親切篤至，而後可以進。故如愚之顔子，聖人許其不違仁，而堂堂之張，曾子以爲難與並爲仁也。

曾子曰：「吾聞諸夫子：人未有自致者也，必也親喪乎！」

人於他事未能自盡，於親喪其可以不自盡乎？若於此不能自盡，則何事能盡？若於此能自盡，則於其他亦推是心而已。

曾子曰：「吾聞諸夫子：孟莊子之孝也，其他可能也；其不改父之臣與父之政，是難能也。」

以爲難能，特曰爲之不易云耳。蓋父之臣與父之政必善矣，固當奉而篤之；若不幸而有悖於理，害於事，則當察而更之，是乃致其誠愛於親也。孟莊子之所以終不改者，意者其事雖未爲盡善，而亦不至於悖理害事之甚與？故有取其不忍以改也。蓋善而不改，乃其常耳，不必稱難能；惡而不改，則是成父之惡，不可稱難能也。

孟氏使陽膚爲士師，問於曾子。曾子曰：「上失其道，民散久矣。如得其情，則哀矜而勿喜。」

先王之於民，所以養之教之者無所不用其極。故民心親附其上，服習而不違如是，而猶有不率焉，而後刑罰加之，蓋未嘗不致哀矜惻怛也。若夫後世禮義衰微，所以養之教之者皆蕩而不存矣。上之人未嘗心乎民也，故民心亦渙散而不相屬，以陷於罪戾，而蹈於刑戮。此所謂上失其道，民散久矣。方是時，任士師之職者，獄訟之際，其可以得情爲喜乎？蓋當深省所以使民至於此極者，以極其哀矜之意焉，可也。嗟乎！後世治獄之官，每患不得其情；苟得其情則喜矣，夫豈知哀矜而勿喜之味哉？能存此心，則有以仁乎斯民矣。

子貢曰：「紂之不善，不如是之甚也。是以君子惡居下流，天下之惡皆歸焉。」

下流，如川澤是也。川澤處卑，衆水畢萃。紂之不道可謂極矣，其曰「不如是之甚」者，言其始亦未至若是之甚，惟其爲不善，而天下之惡將皆歸之，是以若此其極也。書稱受爲天下逋逃主萃淵藪，而飛廉、惡來之徒皆集於朝，不善之積，日累月成，以至於貫盈。是豈不猶川澤所居者下，而衆水皆歸之者乎？故君子惡居下流，强爲善而已矣。

子貢曰：「君子之過也，如日月之食焉。過也，人皆見之；更也，人皆仰之。」

人皆見之者，君子不以文飾掩蔽其過也。日月之食，旋而復矣，無損其明也，故君子改過不吝，而德愈光焉。

衛公孫朝問於子貢曰：「仲尼焉學？」子貢曰：「文、武之道，未墜於地，在人。賢者識其大者，不賢者識其小者。莫不有文、武之道焉。夫子焉不學？而亦何常師之有？」

萬理盈於天地間，莫非文、武之道。道初無存亡增損，在人所識何如，賢者則識其大者，不賢者則識其小者，人人莫不有文、武之道也。至如庶民，耕田而鑿井，仰事而俯育，文、武之道亦何嘗無乎？然則夫子焉往而非學？惟善之主，而初無常師也。此其所以備斯文之大全。大舜樂取諸人以爲善，自耕稼陶漁以至爲帝，無非取諸人者，即此意耳。特以文、武爲言者，以文王、武王以來，其傳至於孔子故也〔一〕。

叔孫武叔語大夫於朝曰：「子貢賢於仲尼。」子服景伯以告子貢。子貢曰：「譬之宮牆，賜之牆也及肩，窺見室家之好；夫子之牆數仞，不得其門而入，不見宗廟之美，百官之富，得其門者或寡矣。夫子之云，不亦宜乎！」

所造愈深，則人愈難識，而況於聖人之爲至乎？非得其門而入者，何由知其藴也？雖然，武叔亦豈真能窺子貢者哉？使其果能之，則其於夫子之道，望乎牆仞，當知起

〔一〕真德秀論語集編卷十、西山讀書記卷二十八所引作：「文、武之道，謂國家之制度典章，在當時猶有存者，未至盡泯也，在人所識何如，賢者則識其大者，不賢者則識其小者。至如鄉黨之間，其冠昏喪祭、日用飲食，亦習乎其教而不自知也。然則夫子焉往而非學？惟善之主，而初無常師也。此其所以能集文、武之道，而極其大全與。」

尊敬之心，求其所以入者而不暇矣。

叔孫武叔毁仲尼。子貢曰：「無以爲也，仲尼不可毁也。他人之賢者，丘陵也，猶可踰也；仲尼，日月也，無得而踰焉。人雖欲自絶，其何傷於日月乎？多見其不知量也。」

子貢善喻，如宫牆、日月之喻，皆可謂切矣。夫丘陵固可踰，太山雖高，然猶有可踰之理，至於日月之行天，則孰得而踰之哉？人之議日月者，初何損於日月之明？徒爲自絶於日月而已矣。

陳子禽謂子貢曰：「子爲恭也，仲尼豈賢於子乎？」子貢曰：「君子一言以爲知，一言以爲不知，言不可不慎也。夫子之不可及也，猶天之不可階而升也。夫子之得邦家者，所謂立之斯立、道之斯行、綏之斯來、動之斯和，其生也榮，其死也哀，如之何其可及也？」

子貢以日月喻聖人之不可踰矣，復以天之不可階而升，喻聖人之不可及，尤爲切至矣。蓋大而化之，非復思勉所及。學者至此無所用其力，是豈不猶天之不可階而升乎？所謂立之斯立、道之斯行、綏之斯來、動之斯和者，不疾而速，不行而至，惟天下至誠，感無不通也。其生也榮，其死也哀，無不得其所者也，其猶萬物之於天乎？子貢知足以知此，其所造亦深矣。

堯曰篇

堯曰：「咨！爾舜！天之曆數在爾躬，允執其中。四海困窮，天祿永終。」舜亦以命禹。

以其德當天心，故知天之曆數在其躬。允執其中，事事物物皆有中，天理之所存也，惟其心無所倚，則能執其中而不失，此所謂時中也。君之所爲安樂者，以民故也。天之視聽，自我民視聽，若四海困窮，則天祿亦永終矣。聖人之相授，凡以天人之際而已。

曰：「予小子履，敢用玄牡，敢昭告于皇皇后帝：有罪不敢赦。帝臣不蔽，簡在帝心。朕躬有罪，無以萬方；萬方有罪，罪在朕躬。」「周有大賚，善人是富。雖有周親，不如仁人。百姓有過，在予一人。」

程子謂「曰」字上脱一「湯」字。有罪不敢赦，謂桀得罪於天，不敢稽天命而不討。然凡天下之人莫非帝之臣，其善惡不可蔽也，則何敢專？顧帝所眷命何如爾。己有罪則不以及萬方，萬方有罪則歸之於己，此其自列以聽天命之辭，公天下之心如此。然則其有天下也，亦何與於己哉？周有大賚，惟善人之是富，雖有周至親，不如仁賢，如周公雖至親，亦以尊賢之義爲重也。百姓有過，在予一人，是武王公天下之心，與成湯無以異也。此篇[一]所載帝王之事，孔子之所常言，門人列於末章，所以見前聖後聖之心若合符節[二]。其不得時位而在下，則夫子之道；其得時位而在上，則帝王之業也。

謹權量，審法度，修廢官，四方之政行焉。興滅國，繼絶世，舉逸民，天下之民歸心焉。所重：民、食、喪、祭。寬則得衆，信則民任焉。敏則有功，公則説。

權量者，法度之所由出也，故不可不先謹。法度審則綱紀定，廢官修則事無曠：此政之所以行而無壅也。興滅國，不欲忘其先之功德也；繼絶世，不忍墜人之宗祀也；舉逸民，不使賢才以遐遺也。是三者，民心之所願，而民望之所歸，此民之所以歸心也。凡以民、食爲重，則人務本，而有以厚其生；以喪、祭爲重，則民卹終，而有以哀其死。此皆爲政之綱紀也，而行之則有本焉，下四者是也。寬則民有所措，故得衆；信則民願爲之役，故民任；敏則無失時之患，故有功；公則順天下之好惡，故説。然是四者

〔一〕篇：原無，據真德秀論語集編卷十所引補。

〔二〕所以見前聖後聖之心若合符節：真德秀論語集編卷十所引作「所以示後世之大法也」。

之中，公又爲本也。此亦孔子之所常言帝王爲治之要，門人并記於此，亦春秋示百王大法之意也。

子張問於孔子曰：「何如斯可以從政矣？」子曰：「尊五美，屏四惡，斯可以從政矣。」子張曰：「何謂五美？」子曰：「君子惠而不費，勞而不怨，欲而不貪，泰而不驕，威而不猛。」子張曰：「何謂惠而不費？」子曰：「因民之所利而利之，斯不亦惠而不費乎？擇可勞而勞之，又誰怨？欲仁而得仁，又焉貪？君子無衆寡，無小大，無敢慢，斯不亦泰而不驕乎？君子正其衣冠，尊其瞻視，儼然人望而畏之，斯不亦威而不猛乎？」子張曰：「何謂四惡？」子曰：「不教而殺謂之虐；不戒視成謂之暴；慢令致期謂之賊；猶之與人也，出納之吝謂之有司。」

孔子論爲政之方莫詳於此，故門人復以附前章之後。姑息以予民，則惠而費矣；若因其所利而利之，如制之田産，教之樹畜，通工易事之類皆是也。是則其爲惠均平，而何費之有？使之不以其道，則勞而怨矣；以逸道使民，則何怨之有？凡動於己私者皆貪也，若所欲者仁而已，則何貪之有？君子之所以自處者安裕，故常泰然而無所不敬也，故不驕。若夫以勢位智力自恃則驕，驕則不泰矣。正衣冠，尊瞻視，臨之以莊也。持身如是之嚴，故人望而畏之，而非以威加人也，故威而不猛；若夫有使人畏己之心，則猛而反害於威矣。惠而不費，勞而不怨，施於人者也；欲而不貪，泰而不驕，威而不猛，存於己者也。爲政内外始終之道，亦云備矣，然而欲仁又其本歟？不教而殺，謂未嘗有教以先之，及陷於罪，然後從而刑之，是虐之而已；不戒告而視其成，是暴之而已；令慢而其期則欲必至，是賊之而已。三者皆不仁者之爲也。猶之予人，當予則予之耳，若爲政但知守出納之吝，而不知施舍之宜，是有司之事耳；尸其政而但爲有司之事，豈不失爲人上之道乎？此不知者之爲也，失人心而召禍亂，未必不由此，故亦居四惡之一焉。尊五美而屏四惡，則政日新而無斁矣。五美之後必繼之以四惡之防，聖人之戒深矣。

子曰：「不知命，無以爲君子也；不知禮，無以立也；不知言，無以知人也。」

此所論命，謂窮通得喪之有定也。不知命則將徼倖而苟求，何以爲君子乎？知命則志定，然後其所當爲者可得而爲矣。禮者，所以檢身也。不知禮，則視聽言動無所持守，其將何以立乎？知禮則有履踐之實矣。知言，如吉人之辭寡，躁人之辭多之類。

不知言，則無以知其情實之所存，其將何以知人乎？故知言則取友不差矣。此三者，學者之所宜先，切要之務，必以是爲本，而後學可進。不然，雖務於窮高極遠，而終無所益。門人以此終論語之書，豈無旨哉？

理學叢書

張栻集

二

〔宋〕張栻 著
楊世文 校點

中華書局

南軒先生孟子説

目録

南軒先生孟子説卷首

孟子説序

歲在戊子，栻與二三學者講誦于長沙之家塾，輒不自揆，綴所見爲孟子説。明年冬，會有嚴陵之命，未及終篇。辛卯歲，自都司罷歸，秋冬行大江，舟中讀舊説，多不滿意，從而删正之，其存者蓋鮮矣。還抵故廬，又二載，始克繕寫。撫卷而歎曰：嗟乎！夫子之道至矣，微孟子其孰能發揮之？方戰國之際，在上者徒知以彊大威力爲事，而在下則異端並作，充塞仁義。孟子獨以身任道，從容乎其間，其見於用則進退辭受無往而不得，見於言則精微曲折無一之不盡。蓋其篤實輝光，左右逢原，莫非天理之所存也。使後之人知夫人皆可以爲聖人，而政必本於王道，邪説暴行無所遁其迹，而人之類免於夷狄禽獸之歸，其於聖門豈小補哉！今七篇之書廣大包含，至深至遠，而循求有序，充擴有方，在學者篤信力行何如爾。雖然，予之於此蓋將終身焉，豈敢以爲成説以傳之人哉？特將以爲同志者講論切磋之資而已。題曰「癸巳孟子説」云者，蓋將斷此而有考於異日也。乾道九年十月二十日，廣漢張栻序。

講義發題戊子

學者潛心孔、孟，必求其門而入，愚以爲莫先於明義利之辯。蓋聖學無所爲而然也。無所爲而然者，命之所以不已，性之所以不偏，而教之所以無窮也。凡有所爲而然者，皆人欲之私，而非天理之所存，此義利之分也。自未知省察者言之，終日之間鮮不爲利矣，非特名位貨殖而後爲利也。斯須之頃〔一〕，意之所向，一涉於有所爲，雖有淺深之不同，而其徇己自私則一而已。如孟子所謂内交要譽、惡其聲之類是也。是心日滋，則善端遏塞，欲邇聖賢之門牆以求自得，豈非却行而望及前人乎？雖使譚高説妙，不過渺茫臆度，譬諸無根之木，無本之水，其何益乎？學者當立志以爲先，持敬以爲本，而精察於動静之間，毫釐之差，審其爲霄壤之判，則有以用吾力矣。學然後知不足。平時未覺吾利欲之多也，灼然有見於義利之辨，將日救過不暇，由是而不舍，則趣益深，理益明，而不可以已也。孔子曰：「古之學者爲己，今之學者爲人。」爲人者無適而非利，爲己者無適而非義。曰利，

〔一〕斯須之頃：原無，據南軒先生文集卷十四孟子講義補。

雖在己之事，皆爲人也；曰義，則施諸人者，亦莫非爲己也。嗟乎！義利之辯大矣。豈特學者治己之所當先，施之天下國家，一也。王者所以建立邦本，垂裕無疆，以義故也；而霸者所以陷溺人心，貽毒後世，以利故也。孟子當戰國横流之時，發揮天理，遏止人欲，深切著明，撥亂反正之大綱也。其微辭奥義，備載七篇之書。如栻者雖曰服膺，而學力未充，何足以窺萬一？試以所見與諸君共講之，顧無忽而深思焉。

南軒先生孟子說卷第一

梁惠王上

孟子見梁惠王。王曰：「叟不遠千里而來，亦將有以利吾國乎？」孟子對曰：「王何必曰利？亦有仁義而已矣。王曰『何以利吾國』，大夫曰『何以利吾家』，士庶人曰『何以利吾身』，上下交征利，而國危矣。萬乘之國，弒其君者必千乘之家；千乘之國，弒其君者必百乘之家。萬取千焉，千取百焉，不爲不多矣。取，程子云：「齊語謂某處取某遠近。」**苟爲後義而先利，不奪不饜。未有仁而遺其親者也，未有義而後其君者也。王亦曰仁義而已矣，何必曰利！」**

梁惠王與孟子相見之初，而遽發「何以利吾國」之問。蓋自王者之迹熄，而霸説盛行一時，謀國者不復知義理之爲貴，專圖所以爲利者。惠王習夫言利之俗，徒見彊弱之相陵，巧智之相乘，知謀國有利而已，是以此問發於見賢之初也。孟子告之以「王何必曰利，亦有仁義而已矣」，先正其心，而引之以當道也。於是言利之爲害。蓋王欲利吾國，則大夫欲利其家，士庶人欲利其身矣，上下交騖於利，而國其有不危者乎？故萬乘之國，弒君者必千乘之家；千乘之國，弒君者必百乘之家。惟其以利爲先，而不顧於義，則其勢必至於不奪則不饜。利之所在，豈復知有君親之爲重哉？然則欲利反所以害之也。若在上者躬仁義以爲本，則在下者亦將惟仁義之趨。仁莫大於愛親，義莫先於尊君。人知仁義之趨，則其有遺其親而後其君者乎？此其益於人之國，可謂大矣。蓋行仁義，非欲其利之；而仁義之行，固無不利者也。其所以反復警告者，深切著明，王道之本實在於此，故重言之曰「亦有仁義而已矣，何必曰利」。

孟子見梁惠王。王立於沼上，顧鴻鴈麋鹿，曰：「賢者亦樂此乎？」孟子對曰：「賢者而後樂此；不賢者雖有此，不樂也。詩云：『經始靈臺，經之營之，庶民攻之，作治之也。**不日成之。經始勿亟，庶民子來。王在靈囿，麀鹿攸伏，麀鹿濯濯，白鳥鶴鶴。**濯濯，肥澤貌；鶴鶴，潔白貌。**王在靈沼，於牣魚躍。』**牣，滿也。**文王以民力爲臺爲沼，而民歡樂之，謂其臺曰靈臺，謂其沼曰靈沼，樂其有麋鹿魚鼈。古之人與民偕樂，故能樂也。湯誓曰：『時日害喪？予及女**音汝。**偕亡。』民欲與之皆亡，雖有臺池鳥獸，豈能獨樂哉？」**

梁惠王顧鴻鴈麋鹿而謂孟子，孟子若告之曰「賢者何樂乎此」，則非惟告人之道不當爾，而於理亦有未完也。對曰「賢者而後樂此，不賢者雖有此，不樂也」，辭氣不迫，而理則完矣。蓋王之所謂樂者，人欲之私，期以自逸者也。孟子之所謂「賢者而後樂此」者，天理之公，與民偕樂者也。文王之詩曰「經始靈臺，經之營之，庶民攻之，不日成之」，言文王始欲爲此臺，方經營規度，而庶民皆來效其力，不日而有成。以文王之無欲，爲庶民主，民既安樂矣，而文王爲臺，則民亦豈不樂夫君之樂哉？「經始勿亟，庶民子來」，曰「勿亟」者，以見文王之心，惟恐其勞民也；曰「子來」者，以言民之樂爲，如子之趨其父事也。文王則勿亟，庶民則子來，君民之相與如此。「王在靈囿，麀鹿攸伏」，又曰「麀鹿濯濯，白鳥鶴鶴」。王在靈沼，於牣魚躍」，重言物之樂其生，以見文王之仁被於庶物，而民亦樂夫文王之囿如此其蕃且美也。曰「古之人與民偕樂，故能樂也」，此賢者而後樂此者也。湯誓曰「時日害喪？予及女偕亡」，民曰曷時日而喪乎？予欲與女偕亡也。其厭苦之甚至於此。曰「民欲與之偕亡，雖有臺池鳥獸，豈能獨樂哉」，此不賢者雖有此，不樂者也。嗟乎！民一也，得其心則子來而樂君之樂，失其心則害喪而亡君之亡。究其本，則由夫順理與徇欲之分而已。人君若常懷不敢自樂之心，則足以遏人欲矣；常懷與民皆樂之心，則足以擴天理矣，可不念哉！

梁惠王曰：「寡人之於國也，盡心焉耳矣。河内凶，則移其民於河東，移其粟於河内；河東凶亦然。察鄰國之政，無如寡人之用心者。鄰國之民不加少，寡人之民不加多，何也？」孟子對曰：「王好戰，請以戰喻。填然鼓之，填，鼓音也。兵刃既接，棄甲曳兵而走，或百步而後止，或五十步而後止。以五十步笑百步，則何如？」曰：「不可。直不百步耳，是亦走也。」曰：「王如知此，則無望民之多於鄰國也。不違農時，穀不可勝食也；數罟密網也。不入洿池，魚鼈不可勝食也；斧斤以時入山林，材木不可勝用也。穀與魚鼈不可勝食，材木不可勝用，是使民養生喪死無憾也。養生喪死無憾，王道之始也。五畝之宅，樹之以桑，五十者可以衣帛矣。雞豚狗彘之畜無失其時，七十者可以食肉矣。百畝之田，勿奪其時，數口之家可以無飢矣。謹庠序之教，申之以孝悌之義，頒白者不負戴於道路矣。七十者衣帛食肉，黎民不飢不寒，然而不王者，未之有也。狗彘食人食而不知檢，塗有餓莩而不知發，餓死者曰莩。莩，零落也。人死，則曰：『非我也，歲也。』是何異於刺人而殺之，曰：『非我也，兵也。』王無罪歲，斯天下之民至焉。」

梁惠王自以其移粟移民爲盡心於國，而怪其民不加於鄰國。不知其操術既同，雖曰盡心而爲之，亦何以相遠哉？故孟子爲設五十步笑百步之喻，欲使之變革當時之爲，而取法於先王之政也。因其好戰，而以戰爲喻，亦告人之一術也。攷孟子所陳，不過欲民養生送死無憾而已，老者衣帛食肉，黎民不飢不寒而已。蓋王者以得民爲本，而得民之道實在於此故也。不違農時，數罟不入洿池，與魚鼈不可勝食、材木不可勝用，則有以供其養生送死之須，而使之無憾。曰王道之始者，使民養生送死無憾，而後王政可以次第而行，如下所陳，蓋其大綱也。制民之居，各以五畝，教之樹畜，以養其老，而五十者得以衣帛，七十者得以食肉。制民之田，一夫授之百畝，不奪其時，而數口之家可以無飢。衣帛、食肉，必曰五十、七十者，蓋民之欲無窮，而桑蠶畜養之利有限。苟不爲之制，則争逐其欲，而老者或不得以衣帛、食肉矣，又使知老者之當養，而老幼之有別，教亦行乎其中矣。於是立之庠序，以謹其教。庠序之教，孝悌爲先。申云者，申其義以告也。夫自鄉黨之間，而各立之學以教民孝悌，薰陶漸漬之深，其君子固有以自得其良心，而其小人亦知畏義而遠罪。至於頒白者不負戴於道路，則足以見孝悌之教行於細民，雖負戴者亦知有親，而王道成矣。又終之曰：「老者衣帛食肉，黎民不飢不寒，然而不王者，未之有也。」夫老者則衣帛食肉，黎民則不飢不寒，皆得其所如此。此天下所以歸往，而王道所由成也。狗彘食人食而不知檢，謂廩穀粟奉養之物，而不知收檢也。塗有餓莩而不知發，謂視民之死而不知發廩以救也。操術若是，而以人死歸罪於歲，是與刺而殺之者何以異？望人之歸己，不亦難乎？故又曰「王無罪歲，斯天下之民至焉」，欲使之深自反也。

梁惠王曰：「寡人願安承教。」孟子對曰：「殺人以梃與刃，有以異乎？」曰：「無以異也。」「以刃與政，有以異乎？」曰：「無以異也。」曰：「庖有肥肉，廄有肥馬，民有飢色，野有餓莩，此率獸而食人也。獸相食，且人惡之；爲民父母，行政不免於率獸而食人，惡在其爲民父母也？仲尼曰：『始作俑者，俑者，偶人也。**其無後乎？』爲其象人而用之也。如之何其使斯民飢而死也？」**

惠王聞孟子之言至深切也，於是有願安承教之問。蓋孟子復因前所言而重以曉之。夫知以梃與刃殺人之無以異，則刃與政之殺人獨有異乎？此因前所謂「何以異於刺人而殺」之意也。知獸相食，人且惡之，則率獸食人者又豈不甚可畏乎？此因前所謂「狗彘食人食」、「塗有餓莩」之意也。其自奉養之侈，知肥其庖廄之肉與馬，而民之死弗卹也。夫豈亦不知其民之可貴有甚於禽獸哉？惟其崇欲之故，是以冥然安行於率獸食人之事，而莫之察爾。古者塗車芻靈，有形而不備也；至爲木偶，則象人而用之，亦云不仁矣。故夫子因殉葬之禍，而歎作俑之無後，以其不可長世也。象人而用之者猶不可，而況於使斯民飢而死者乎？則其亡國敗家也何日之有？孟子之言，豈獨爲惠王之藥石，後之有國者，其亦深反復於斯焉。

梁惠王曰：「晉國，天下莫强焉，叟之所知也。及寡人之身，東敗於齊，長子死焉；西喪地於秦七百里；南辱於楚。寡人恥之，願比死者一洒之，如之何則可？」孟子對曰：「地方百里而可以王。王如施仁政於民，省刑罰，薄税斂，深耕易耨。易耨，耘苗令簡易也。**壯者以暇日修其孝悌忠信，入以事其父兄，出以事其長上，可使制梃以撻秦、楚之堅甲利兵矣。彼奪其民時，使不得耕耨以養其父母。父母凍餓，兄弟妻子離散。彼陷溺其民，王往而征之，夫誰與王敵？故曰：『仁者無敵。』王請勿疑！」**

惠王畏秦、楚之彊，而憤其軍師之敗，欲比死者一洒之，是乃不勝其忿欲之私耳。孟子所以告之者，乃爲國之常道。曰「地方百里而可以王」，孟子豈徒爲是言哉？其所施爲，皆有實事，而知其必然也。下所陳亦其大綱耳。省刑罰，薄税斂，深耕易耨，使之安於田里。惟其有以仰事俯育，故可使民壯者以暇日修其孝悌忠信。古者鄉有庠，黨有塾，皆講明所以修孝悌忠信之教也。民知孝悌忠信之爲貴，則入有以事其父兄，出有以事其長上矣。愛敬之心篤，則其於君之事，將如子弟之於父兄，有不期然而然者矣。民心一，則天下孰禦焉？故曰「可使制梃以撻秦、楚之堅甲利兵矣」。蓋民心一也，有以得乎吾國之民，則他國之民亦將歸心矣。彼方陷溺其民，吾往而征之，其誰與爲敵？故曰「仁者無敵」。無敵云者，言天下皆歸心而無我敵者也。又曰「王請勿疑」，夫王政之所以不行者，以時君謀利計功之念深，每每致疑而莫肯力行故也。使其以先王之治爲必可法，以聖賢之言爲必可信，而力行之，則孰禦焉？

孟子見梁襄王。出，語人曰：「望之不似人君，就之而不見所畏焉。卒然問曰：『天下惡乎定？』吾對曰：『定于一。』『孰能一之？』對曰：『不嗜殺人者能一之。』『孰能與之？』對曰：『天下莫不與也。王知夫苗乎？七、八月之間旱，則苗槁矣。天油然作雲，沛然下雨，則苗勃然興之矣。其如是，孰能禦之？今夫天下之人牧，未有不嗜殺人者也。如有不嗜殺人者，則天下之民皆引領而望之矣。誠如是也，民歸之，由水之就下，由與猶通用。**沛然孰能禦之？』」**

「望之不似人君」，無可敬之儀也；「就之而不見所畏」，無可畏之威也；卒然而問，則又發言之無序也。觀其威儀，聽其發言，君子之於人也，其大略亦可得矣。孟子對以

「定于一」者，謂其有以一之，則天下斯定矣。襄王問「孰能一之」，又對以「不嗜殺人者能一之」。蓋不嗜殺人者，本其良心之能愛者也。夫人皆有是心，戰國之君何獨至於嗜殺而不之卹哉？惟其淪胥陷溺，以至此極也。於是時，而有存不嗜殺之志者，則天下之歸孰禦焉？譬之苗槁之時，天油然作雲，沛然下雨，則苗勃然而興，言其應之速也如此。又譬之水就下，言其從之易也如此。蓋存不嗜殺之心，推而達之，則其心氣之所感動，政教之所薰蒸，億兆雖衆，舉在吾仁愛之中，則其心孰不一於此？故在我者親之，而無不悦附者矣；在我者離之，而無不涣散者矣；在我者忍之，而在彼亦忍於我矣。然則不嗜殺人之心，人主其可不兢兢業業，以養其原乎？

齊宣王問曰：「齊桓、晉文之事，可得聞乎？」孟子對曰：「仲尼之徒無道桓、文之事者，是以後世無傳焉，臣未之聞也。無以，則王乎？」曰：「德何如則可以王矣？」曰：「保民而王，莫之能禦也。」曰：「若寡人者，可以保民乎哉？」曰：「可。」曰：「何由知吾可也？」曰：「臣聞之胡齕曰，王坐於堂上，有牽牛而過堂下者，王見之，曰：『牛何之？』對曰：『將以釁鍾。』鍾新鑄，以血塗之。**王曰：『舍之，吾不忍其觳觫，**牛恐貌。**若無罪而就死地。』對曰：『然則廢釁鍾與？』曰：『何可廢也？以羊易之！』不識有諸？」曰：「有之。」曰：「是心足以王矣。**

百姓皆以王爲愛也，臣固知王之不忍也。」王曰：「然，誠有百姓者。齊國雖褊小，吾何愛一牛？即不忍其觳觫，若無罪而就死地，故以羊易之也。」曰：「王無異於百姓之以王爲愛也。以小易大，彼惡知之？王若隱其無罪而就死地，則牛羊何擇焉？」王笑曰：「是誠何心哉？我非愛其財。而易之以羊也，宜乎百姓之謂我愛也。」曰：「無傷也，是乃仁術也，見牛未見羊也。君子之於禽獸也，見其生，不忍見其死；聞其聲，不忍食其肉。是以君子遠庖廚也。」王説，曰：「詩云：『他人有心，予忖度之。』夫子之謂也。夫我乃行之，反而求之，不得吾心。夫子言之，於我心有戚戚焉。此心之所以合於王者，何也？」曰：「有復於王者曰：『吾力足以舉百鈞，三十斤爲一鈞。而不足以舉一羽；明足以察秋毫之末，而不見輿薪。』則王許之乎？」曰：「否。」「今恩足以及禽獸，而功不至於百姓者，獨何與？然則一羽之不舉，爲不用力焉；輿薪之不見，爲不用明焉；百姓之不見保，爲不用恩焉。故王之不王，不爲也，非不能也。」曰：「不爲者與不能者之形何以異？」曰：「挾泰山以超北海，語人曰『我不能』，是誠不能也；爲長者折枝，折枝，按摩，折手節，解罷枝也。語人曰『我不能』，是不爲也，非不能也。故王之不王，非挾泰山以超北海之類也；王之不王，是折枝之類也。老吾老，以及人之老；幼吾幼，以及人之幼。天下可運於掌。詩云：『刑于寡妻，至于兄弟，以御于家邦。』言舉斯心加諸彼而已。御，臨也。故推恩足以保四海，不推恩無以保妻子。古之人所以大過人者，無他焉，善推其所爲而已矣。今恩足以及禽獸，而功不至於百姓者，獨何與？權然後知輕重，度然後知長短。權，銓衡也；度，丈尺也。物皆然，心爲甚。王請度之。」

五霸以利率天下，充塞仁義之正塗。甚矣，其爲天下後世害也。桓、文五伯之盛，而其爲害則又甚焉。蓋後之人見其一時之功效，慕而趨之，其心先蠹，仁義之説爲難入也。齊宣王問孟子以桓、文之事，亦其心平日之所慕向者。孟子曰「無以，則王乎」，新其舊習，使之灑然知有王道之可貴也。宣王驟聞斯言，意必有甚高難行之事，故曰「德何如則可以王矣」。孟子蔽之以一言，曰「保民而王」。嗟乎！斯言也，固足以盡王道矣。保云者，若保赤子之保也。宣王自視歉然，懼力不足也，而不知保民之道雖甚大，而其端則不遠，患不能體察擴充之耳。故孟子引見牛之事以告，使知不忍之心已實有之，反而推之也。夫宣王坐堂上，牽牛過堂下，而不忍之心於此，蓋不出於計較作爲，而其端因物發見也。曰「是心足以王矣」，言不忍之心，王所固有，是足以王者也。於是反復明其當時之心而啓告之，且謂百姓但見王之隱於牛，而不隱於羊，故以爲以小易大。「然無傷也，是乃仁術也」，猶言仁之道理也。見牛未見羊，愛心形於所見，是乃仁術也。君子之於禽獸，見其生不忍見其死，聞其聲不忍食其肉，故遠庖廚，是亦此意耳。王聞斯言，有得於其心而説，謂己雖行之，及反而求之，則有不能以自得者，及孟子抽其端緒以告，則戚戚然有動於中，當時不忍之意宛然而形也，故問此心之合於王道者何故。蓋親親而仁民，仁民而愛物，此人理之大同由一本，而其施有序也。豈有於一牛則能不忍，而不能以保民者？蓋方見牛而不忍者，無以蔽之，而其愛物之端發見也；而不能加恩於民者，有以蔽之，而仁民之理不著也。然即夫愛物之端，可以知夫仁民之理素具，能反而循其不忍之實，則其所謂仁民者固可得也。故以不能舉一羽、見輿薪爲喻，以謂非其力與明之不足於此，以不用之故耳。恩足以及禽獸，而功不至於百姓者，亦以其不用其恩故爾。其不用者，乃不爲，而非不能也。老吾老以及人之老，幼吾幼以及人之幼，所謂由一本而推之者也。治天下可運於掌者，言其易也。文王之「刑于寡妻，至于兄弟，以御于家邦」，言舉斯心加諸彼而已，蓋無非是心之所存也。聖人雖無事乎推，然其自身以及家，自家以及國，亦固有序矣。推恩足以保四海者，愛無所不被也；不推恩無以保妻子者，息其所爲愛之理也。故古之人所以大過人者，無他焉，在於善推所爲而已矣。如老吾老、幼吾幼，以及人之老幼是已。孟子之意，非使之以其愛物者及人，蓋使之因其愛物，以循其不忍之實，而反其所謂一本者，親親而仁民，仁民而愛物也。此所謂王道也。又重言曰「今恩足以及禽獸，而功不至於百姓者，獨何與」，欲其深究其然也。「權而後知輕重，度而後知長短，物莫不然，而心爲甚」者，言理之輕重長短存於心者，尤貴於度而知也，盍試思夫恩足以及禽獸，而功不至於百姓者，獨何與？則可見其非不能也，亦不爲而已矣。反復啓告，所謂引其君以當道者與？

「抑王興甲兵，危士臣，構怨於諸侯，然後快於心與？」王曰：「否。吾何快於是？將以求吾所大欲也。」曰：「王之所大欲，可得聞與？」王笑而不言。曰：「爲肥甘不足於口與？輕煖不足於體與？抑爲采色不足視於目與？聲音不足聽於耳與？便嬖不足使令於前與？王之諸臣皆足以供之，而王豈爲是哉？」曰：「否。吾不爲是也。」曰：「然則王之所大欲可知已：欲辟土地，朝秦、楚，莅中國而撫四夷也。以若所爲，求若所欲，猶緣木而求魚也。」王曰：「若是其甚與？」曰：「殆有甚焉。緣木求魚，雖不得魚，無後災。以若所爲，求若所欲，盡心力而爲之，後必有災。」曰：「可得聞與？」曰：「鄒人與楚人戰，則王以爲孰勝？」曰：「楚人勝。」曰：「然則小固不可以敵大，寡固不可以敵衆，弱固不可以敵彊。海

內之地方千里者九，齊集有其一。以一服八，何以異於鄒敵楚哉？蓋亦反其本矣。今王發政施仁，使天下仕者皆欲立於王之朝，耕者皆欲耕於王之野，商賈皆欲藏於王之市，行旅皆欲出於王之塗，天下之欲疾其君者皆欲赴愬於王，其如是，孰能禦之？」

孟子復發端以問，謂王之欲在於闢土地、朝秦、楚、莅中國而撫四夷，求遂其所欲，而獨區區於興甲兵、危士臣、結怨於諸侯，非特無是理，且將召後災。蓋以兵力爲勝負，則當推小大、彊弱、衆寡之計。以吾之一，而當天下之八，其不敗亡者幾希。然於此有道焉。小大、彊弱、衆寡蓋不必論，盍亦反其本而已。其本安在？特在於發政施仁而已。發政施仁，則吾國之仕者無不得效其才，而天下之士皆願立於吾朝；吾國之耕者各得其時，而天下之農皆願耕於吾野；商賈之在吾國者無苛征之患，而天下之商皆願藏於吾市；行旅之經吾國者無乏困之憂，而天下之行旅皆願出於吾之塗；他國之困於虐政者，聞吾之風，皆願赴愬於我，而孰能禦之？夫行王政者，其心非欲傾他國以自利也。惟其以生民之困苦爲己任，行吾之所當爲，而天下歸心焉耳。夫欲辟土地、朝秦、楚、莅中國而撫四夷，自世俗之務功名者言之，則以爲有志；而自聖賢觀之，苟不本乎公理，則特亦出於忮求矜伐之私耳。宣王惟汲汲於濟其私，故顛沛錯亂，非惟不能克濟，而禍患從之。蹈乎欲者，固危殆之道也。若由孟子所言以發政施仁爲事，則是爲公理之所存，可大之業，自爾馴致。此天理人欲之分也。或者疑孟子勸時君行王政，爲失孔子尊周之義。程子蓋嘗論之矣，曰：「孔子之時，諸侯甚彊大，然皆周之所封建也；周之典禮雖甚廢壞，然未泯絶。故齊、晉之霸，非挾尊王之義則不能以自立。至孟子時則異矣。天下之大國七，非周所命者四，先王之政絶，而澤竭矣。夫王者，天下之義王也。民以爲王，則謂之天王。天子民不以爲王，則獨夫而已矣。二周之君，雖無大惡見絶於天下，然獨夫也。故孟子勉齊、梁以王者，與孔子之時不同。君子之救世，時行而已矣。」愚以爲孔子作春秋，文王事殷之意也；孟子勸時君行王政，湯、武順天之心也。學者所宜深思而明辯之。

王曰：「吾惛，不能進於是矣。願夫子輔吾志，明以教我。我雖不敏，請嘗試之。」曰：「無恒産而有恒心者，惟士爲能。若民，則無恒産，因無恒心。苟無恒心，放辟邪侈無不爲已。及陷乎罪，然後從而刑之，是罔民也。焉有仁人在位，罔民而可爲也？是故明君制民之産，必使仰足以事父母，俯足以畜妻子，樂歲終身飽，凶年免於死亡，然後驅而之善，故民之從之也輕。今也制民之産，仰不足以事父母，俯不足以畜妻子，樂歲終身苦，凶年不免

於死亡。此惟救死而恐不贍，奚暇治禮義哉？王欲行之，則盍反其本矣？五畝之宅，樹之以桑，五十者可以衣帛矣。雞豚狗彘之畜，無失其時，七十者可以食肉矣。百畝之田，勿奪其時，八口之家可以無飢矣。謹庠序之教，申之以孝悌之義，頒白者不負戴於道路矣。老者衣帛食肉，黎民不飢不寒，然而不王者，未之有也。」

孟子既詳告而申言之矣，而宣王方且謂惛不能進，意欲孟子扶持其志，以其可行者告之，欲嘗試焉。此其見之未明，而信之未篤也。孟子復爲指陳事實，使之可舉而行之。蓋王者之政，大要使民有恒心而已。民皆有恒心，則禮義興行，王政四達，而不悖矣。然而無恒產而有恒心者，惟士爲能。蓋士服先王之教，故徇義而忘利，身可困而守不渝。至於庶民，則又焉可以是而責之乎？一有飢寒之迫，則利欲動而恒心亡矣。恒心既亡，則將何所不至？無足怪也。以至陷於罪戾，則又從而刑之，是豈民之罪哉？吾無以養之，使之顛越至此，是與設網罟以陷之者何以異？故曰罔民也。仁人其忍爲此乎？故必制民之產，使有以仰事，有以俯育，樂歲固飽矣，而凶年亦無死亡之憂，然後教之以禮義，故人之從之也輕。輕云者，身無他慮，惟上命之從也。不然，救死之不暇，雖曰强之，其將能乎？王欲行仁人之所爲，則當反其本而已。本者何也？下所陳農桑之事是也。其事與告梁惠王者同。蓋爲國之本也，豈特當時所宜然哉？實萬世之常法也。嗟乎！是書綱領，首篇之義亦略可見矣。抑嘗攷孟子所以告當時者，如對「鴻鴈麋鹿」之問，則曰「賢者而後樂此」；對「好樂」之問，則曰「王之好樂甚，則齊國其庶幾乎」；對「好色」、「好貨」之問，則曰「太王好色，公劉好貨」，徐引之以當道，何其辭氣不迫也！至於梁惠王發「何以利吾國」之問，即應之曰「何必曰利」；齊宣發齊桓、晉文之問，即應之曰「仲尼之徒，無道桓、文之事者」。公孫丑論管仲、晏子之功，則曰「管仲，曾西之所不爲，而子爲我願之乎」；宋牼將言交兵之不利，則曰「先生之號則不可」，未嘗不反復其説而闢之，又何其嚴也！自後世觀之，後數説比之前數者宜若未至甚害，而攻之反甚切，何歟？蓋前數者一病爲一事耳，故紬繹其性之端以示之，使之曉然知反躬之要，則天理可明，而人欲可遏矣。至如霸者功利之説，易以惑人，人或趨之，則大體一差，無往而非病，雖有嘉言善道，亦何由入？戰國之諸侯，其失正在乎此，故闢之不可以不嚴。聖賢之大旨，亦可見矣。

梁惠王下

莊暴見孟子，曰：「暴見於王，王語暴以好樂，暴未有以對也。」曰：「好樂何如？」孟子曰：「王之好樂甚，則齊國其庶幾乎！」他日，見於王曰：「王嘗語莊子以好樂，有諸？」王變乎色，曰：「寡人非能好先王之樂也，直好世俗之樂耳。」曰：「王之好樂甚，則齊其庶幾乎！今之樂由古之樂也。」曰：「可得聞與？」曰：「獨樂樂，與人樂樂，孰樂？」曰：「不若與人。」曰：「與少樂樂，與衆樂樂，孰樂？」曰：「不若與衆。」「臣請爲王言樂。今王鼓樂於此，百姓聞王鍾鼓之聲，管籥之音，（管，笙也。籥如笛而六孔，或三孔。）舉疾首（頭痛也。）蹙頞（愁貌。）而相告曰：『吾王之好鼓樂，夫何使我至於此極也？父子不相見，兄弟妻子離散。』今王田獵於此，百姓聞王車馬之音，見羽旄之美，舉疾首蹙頞而相告曰：『吾王之好田獵，夫何使我至於此極也？父子不相見，兄弟妻子離散。』此無他，不與民同樂也。今王鼓樂於此，百姓聞王鍾鼓之聲，管籥之音，舉欣欣然有喜色，而相告曰：『吾王庶幾無疾病與，何以能鼓樂也？』今王田獵於此，百姓聞王車馬之音，見羽旄之美，舉欣欣然有喜色，而相告曰：『吾王庶幾無疾病與，何以能田獵也？』此無他，與民同樂也。今王與百姓同樂，則王矣。」

莊暴以齊宣王好樂之問問於孟子，孟子舉暴之語以告於王，因而擴之以公理，可謂善啓告者矣。曰「今之樂猶古之樂也」，意以爲得其所以與民同樂者，則今古之樂無以異也。問「獨樂樂，與人樂樂」，而王應曰「不若與人」；又問「與少樂樂，與衆樂樂」，而王應曰「不若與衆」。是王是非之心未嘗亡也。則因此而推言所以爲樂者。若鼓樂於此，田獵於此，而使百姓疾首蹙頞以相告，是君不卹乎民，而民亦視之如疾也，然則何樂之有？若聞鍾鼓之聲，管籥、車馬之音，見羽旄之美，而欣欣然有喜色以相告，樂王之無疾病，是君以民爲一體，而民亦以君爲心也。然則其樂爲何如哉？由是觀之，則與民同其樂者，固樂之本也。誠能存是心，擴而充之，則人將被其澤，歸往之惟恐後，而有不王者乎？或曰：如孟子之説，與民同樂，則世俗之樂好之果無傷乎？曰：好世俗之樂者私欲，而與民同樂者公心也。能擴充是心，則必能行先王之政，以追先王之治，世俗之樂且將消靡而胥變矣。孟子不遽詆其所好，而獨擴之以公理，可謂善啓告者也。

齊宣王問曰：「文王之囿方七十里，有諸？」孟子對曰：「於傳有之。」曰：「若是其大乎？」曰：「民猶以爲小也。」曰：「寡人之囿方四十里，民猶以爲大，何也？」曰：「文王之囿方七

十里，芻蕘者往焉，雉兔者往焉，芻蕘者，取薪之人；雉兔者，獵人。**與民同之，民以爲小，不亦宜乎？臣始至於境，問國之大禁，然後敢入。臣聞郊關之內，有囿方四十里，殺其麋鹿者如殺人之罪，則是方四十里爲阱於國中。民以爲大，不亦宜乎？」**

齊宣王以文王之囿爲問，意者宣王欲盛其苑囿禽獸之觀，而其姦邪便嬖之臣道諛於旁，以逢其欲，假借文王之事以爲言。自古姦邪便嬖之逢其君，未有不出於此。夫文王豈崇七十里之囿哉？蓋七十里之間，文王四時蒐田之所及，而民以爲文王之囿也。何以知其然？以所謂芻蕘者得往，雉兔者得往，而知其然也。與民同之，則民以爲小，不亦宜乎？今齊國之囿，乃直王之所自私，以肆其娱樂之所耳，故有大禁焉。四十里之間，殺其麋鹿者如殺人之罪，愛麋鹿有甚於人者。蓋蔽於耳目之欲，而不知人命之重也。然則其爲囿也，與設阱以待人者何以異？民見王自以爲樂而不吾卹也，又見王設爲厲禁，賤己而貴物也，方且憂畏之不暇，寧不以爲廣乎？予讀「臣始至於境，問國之大禁而後敢入」，又以見聖賢舉措之精密也。蓋居是邦，則當循是邦之法，入境而問焉，理之所當然也。理之所當然者，聖賢未嘗不然。其文理密察，旨意深遠，學者不可以爲細事，忽之而不精思也。

齊宣王問曰：「交鄰國有道乎？」孟子對曰：「有。惟仁者爲能以大事小，是故湯事葛，文王事昆夷。惟智者爲能以小事大，故太王事獯鬻，勾踐事吴。以大事小者，樂天者也；以小事大者，畏天者也。樂天者保天下，畏天者保其國。詩云：『畏天之威，于時保之。』」王曰：「大哉言矣！寡人有疾，寡人好勇。」對曰：「王請無好小勇。夫撫劍疾視曰：『彼惡敢當我哉！』此匹夫之勇，敵一人者也。王請大之。詩云：『王赫斯怒，爰整其旅，以遏徂莒，以篤周祜，以對于天下。』此文王之勇也。文王一怒而安天下之民。書曰：『天降下民，作之君，作之師，惟曰其助上帝，寵之四方，有罪無罪，惟我在，天下曷敢有越厥志？』一人衡行於天下，武王恥之。此武王之勇也。而武王亦一怒而安天下之民。今王亦一怒而安天下之民，民惟恐王之不好勇也。」

齊宣王亦厭夫兵戈之相尋矣，是以有交鄰國之問。孟子則爲陳交鄰國之道有二端焉：若湯、文之心，蓋不忍坐視其民之困窮，不憚屈己以感之，庶幾有以拯其民也；若太王之於獯鬻，勾踐之於吴，則其勢力誠不能以相及，若强而與之抗，則國將隨之，是以從而事之也。仁者愛人，故能以大事小；知者知幾，故能以小事大。樂天者，安天理者也；畏天者，欽天命者也。其仁如天，則天下孰不歸之？故樂天者保天下，而畏天者亦有以保其國焉。仁知之分，固有閒也。雖然，所謂畏天者，亦豈但事大國而無所爲耶？蓋未嘗委於命而已也。故修德行政，以光啓王業者，大王也；養民訓兵，以卒殄寇仇者，勾踐也。宣王知孟子之言爲大，内顧不能勝其忿戾之私，故以好勇爲言。孟子因而擴之，所以明天理而遏人欲也。夫勇有大小：血氣之勇，勇之小也；義理之勇，勇之大也。以血氣爲勇，則其勇不出於血氣之内，勢力可勝，利害可絀也。義理之勇，不以血氣，勢力無所加，利害無所絀也。故曰「王請無好小勇」，欲其擴於義理也。夫聖人非無怒也，其動不以血氣而以理，可怒在彼，而理在此，聖人何加毫末乎？以文、武之事觀之，則可見也。詩人之詠文王，有曰「王赫斯怒，爰整其旅，以遏徂莒，以篤周祜，以對于天下」，謂文王見密人之爲民害，則赫怒整旅，以遏止其所行之衆，而篤周家之福，以答天下望周之心。是文王之怒，以天下而不以己也，故曰「文王一怒而安天下之民」。逸書之稱武王，有曰「天降下民，作之君，作之師，惟曰其助上帝，寵綏四方，有罪無罪，惟我在，天下曷敢有越厥志」，謂君師之任，當助上帝以寵綏斯民，四方之有罪無罪，其責在吾之身，天下孰敢有越此志者乎？一人逆理而動，則武王以爲己之恥。是武王以天下自任也，故曰「武王亦一怒而安天下之民」。

孟子既陳文、武之事，則申告之曰「今王亦一怒而安天下之民，民惟恐王之不好勇也」。方戰國之際，斯民之憔悴於虐政亦既極矣，顧乃於此獨不一怒，而區區於尋干戈，較强弱，不亦悖乎？使王慨然以天下爲公，不徇血氣之小，行交鄰之道，而篤救民之志，則王政將以序而舉，不期於求天下，而天下歸戴之不暇矣。噫！血氣之怒，人主不可有也；而義理之怒，人主不可無也。憎苦言之逆耳，而至於殺諫臣；忿小夷之不賓，而至於弊中國；惡侈欲之不廣，而至於竭天下之膏血：是皆血氣之使也，其不至於亡國也幾希。此怒豈宜有乎？若夫漢高帝怒項籍之放弑其主，而楚、漢之勢遂分；光武怒王莽之絶滅其宗，而炎正之微遂復。周平王惟不怒犬戎驪山之事也，故東周卒以不振；晉元帝惟不怒胡羯青衣之恥也，故神州卒以淪亡。然則此怒又豈可無乎？知彼之不可有，而此之不可無，則可以見情性之正，而識天理人欲之分矣。

齊宣王見孟子於雪宫。王曰：「賢者亦有此樂乎？」孟子對曰：「有。人不得，則非其上矣。不得而非其上者，非也；爲民上而不與民同樂者，亦非也。樂民之樂者，民亦樂其樂；憂民之憂者，民亦憂其憂。樂以天下，憂以天下，然而不王者，未之有也。昔者齊景公問於晏子曰：『吾欲觀於轉附、朝儛，皆山。或云：朝，水名。**遵海而南，放于琅邪，吾何修而可以**

比於先王觀也？』晏子對曰：『善哉問也！天子適諸侯曰巡狩。巡狩者，巡所守也。諸侯朝於天子曰述職。述職者，述所職也。無非事者。春省耕而補不足，秋省斂而助不給。夏諺曰：夏世諺語。「吾王不遊，吾何以休？吾王不豫，吾何以助？一遊一豫，爲諸侯度。」今也不然，師行而糧食，飢者弗食，勞者弗息。睊睊胥讒，睊睊，側目相視。胥，交相也。民乃作慝。方命虐民，飲食若流。流連荒亡，爲諸侯憂。從流下而忘反謂之流，從流上而忘反謂之連，從獸無厭謂之荒，樂酒無厭謂之亡。先王無流連之樂，荒亡之行，惟君所行也。』景公説，大戒於國，出舍於郊。於是始興發，補不足。召大師曰：『爲我作君臣相説之樂。』蓋徵招、角招是也。徵招、角招，所作樂章名。其詩曰：『畜君何尤？』畜君者，好君也。」

齊宣王問孟子「賢者亦有此樂乎」，與梁惠王所謂「賢者亦樂此乎」，意有異否？曰：有異焉。大抵惠王之質又下於宣王者。方其顧鴻鴈麋鹿，蓋有矜夸之意，而宣王則疑賢者之不肯有此樂也，爲愈矣。孟子之對，則各因其材而篤焉。其對惠王也，告之以獨樂之不得其樂，明言夏桀之事，所以警其驕惰也。其對宣王也，則陳義以擴其心志，所以引而進之也。然大意皆主於不當自樂其身，當與民同樂而已。「有。人不得，則非其上矣」，謂人固有不得其樂而非其上者。不得其樂而非其上，固非也。然而自人主言之，則不當怪其非己，而以自反爲貴。蓋爲民上而不與民同樂，亦非也。「樂民之樂」者，以民之樂爲己之樂也；「憂民之憂」者，以民之憂爲己之憂也。惟吾樂民之樂，故民亦樂吾之樂；惟吾憂民之憂，故民亦憂吾之憂。憂樂不以己，而以天下，是天理之公也。於是又舉景公、晏子之事，蓋道其國之故典以告之也。景公見先王亦有遊觀之事，欲比而爲之，是以問其故。晏子言古者天子有巡狩之典，諸侯有述職之禮，無非爲民事之故耳。巡狩、述職之外，則又有春秋省耕省斂焉。天子則於畿内，諸侯則於國中，省耕而補不足，省斂而助不給。蓋亦無非民事也。民則曰「吾王不遊，吾何以休？吾王不豫，吾何以助」，謂吾王之出，省耕、省斂而吾得以蒙休息而賴其助焉，則固樂夫吾王之出也。然則一遊一豫之閒，亦足爲諸侯之法矣。今也不然，其出也，直以肆其欲而已。師行，以其衆行也。以其衆行而無糧食，飢者既不得食，而勞者又不得息焉，曾不之卹也。民既困苦，則睊睊然交相爲讒，以作慝而已。方命，謂逆天之命也。天之立君，以爲民也；虐民，是所以爲方命也。飲食若流，縱極其飲食之欲也。「從流下而亡反謂之流，從流上而亡反謂之連」，言其從流上下，樂遊而亡歸也。「從獸無厭謂之荒，樂酒無厭謂之亡」，言其逐欲而不倦也。先王之遊豈有是哉？景公聞晏子斯言而説之，則易其遊觀之意，而爲卹民之舉。出舍於郊，興發以補其不足者，命大師作徵招、角招之樂，以見君臣相説之意，以晏子之言爲愛君，而有感於其中也。宣王能有取於晏子之言，則庶幾知所以取於先王矣。或曰：孟子不道桓、文而羞管、晏，今乃引晏子之言，何如？蓋不道桓、文而羞管、晏者，其大法也；其言與事有可取者，亦不可没也，樂與人爲善之心也。

齊宣王問曰：「人皆謂我毁明堂，毁諸？已乎？」孟子對曰：「夫明堂者，王者之堂也。明堂，謂太山明堂，本周天子東巡狩朝諸侯之處，齊侵地，得而有之。王欲行王政，則勿毁之矣。」王曰：「王政可得聞與？」對曰：「昔者文王之治岐也，耕者九一，仕者世禄，關市譏而不征，澤梁無禁，罪人不孥。老而無妻曰鰥，老而無夫曰寡，老而無子曰獨，幼而無父曰孤。此四者，天下之窮民而無告者。文王發政施仁，必先斯四者。詩云：『哿矣富人，哀此煢獨。』」王曰：「善哉言乎！」曰：「王如善之，則何爲不行？」王曰：「寡人有疾，寡人好貨。」對曰：「昔者公劉好貨，詩云：『迺積迺倉，迺裹餱糧，于橐于囊，思戢用光。弓矢斯張，干戈戚揚，于橐于囊：謂裹餱糧於橐囊也。餱糧：乾飯也。思戢用光：思安民以光其業也。戚揚：戚，斧也；揚，鉞也。爰方啓行。』故居者有積倉，行者有裹糧也，然後可以爰方啓行。王如好貨，與百姓同之，於王何有？」王曰：「寡人有疾，寡人好色。」對曰：「昔者大王好色，愛厥妃。詩云：『古公亶甫，亶甫，大王名。來朝走馬，率西水滸，率，循也。滸，涯也。至于岐下，爰及姜女，聿來胥宇。』相宇也。當是時也，內無怨女，外無曠夫。王如好色，與百姓同之，於王何有？」

人皆謂宣王毁明堂者，惡其害己而去其籍之意；而孟子所以使之勿毁者，乃不廢餼羊之義。蓋使王者作，則制度典章猶可因是而求故爾。於是以行王政告之。周家王政自文王始。治岐之法，即經理天下之法也。耕者九一，八家各耕百畝，而同養公田，助而不税也。仕者世禄，賦之采地也。關市譏而不征，察非常、禁奇衺而已，不征其物也。澤梁無禁，與人共之也。罪人不孥，不及其妻子也。凡此皆王政之綱目也。而發政施仁，必先於鰥寡孤獨。蓋是四者，人情之所易以忽，而文王每篤之，不使其獨無告也。此可見公平均一，不遺匹夫匹婦，仁人之心，王政之本也。宣王聞斯言之坦易明白也，故有「善哉言乎」之歎。夫天下之患，莫大於善善而不能用，故曰「王如善之，則何爲不行」。而宣王自謂有好貨、好色之疾，孟子因其自謂有疾，如良醫之治病，隨以藥之。夫好貨與好色，人欲之流，不可爲也。今王自謂疾在於好貨，而告之以公劉好貨；王自謂疾在於好色，而告之以大王好色，是則有深意矣。夫公劉果好貨乎哉？公劉將遷國於豳，使居者有積倉，行者有裹糧，弓矢斧鉞備而後啓行，是其所謂好貨者，欲己與百姓俱無不足之患而已。太王果好色乎哉？太王與其妃來相宇于岐下，方是時也，内外無有怨曠焉，是其所謂好色者，欲己與百姓皆安於室家之常而已。夫其爲貨與色者如此，蓋天理之公且常者也，故再言「與百姓同之，於王何有」。夫與百姓同之，則何有於己哉？人之於貨與色也，惟其有於己也，是故崇欲而莫知紀極。夫其所自爲者，不過於六尺之軀而已，豈不殆哉？苟惟推與百姓同之之心，則擴然大公，循夫故常，天理著而人欲滅矣。此所謂引之以當道者也。

孟子謂齊宣王曰：「王之臣有託其妻子於其友而之楚遊者，比其反也，則凍餒其妻子，則如之何？」王曰：「棄之。」曰：「士師不能治士，士師，獄官也。**則如之何？」王曰：「已之。」曰：「四境之内不治，則如之何？」王顧左右而言他。**

爲一國之牧，則當任一國之責，有一夫不獲其所，皆吾之罪也。能存是心，而後有以君國子民矣。夫受友之託其孥而凍餒之，是負其託也；爲士師而不能治士，是曠其官也。友之負託，士之曠官，則王既知之矣，而王獨不自念：吾受一國之託，乃使四境之内不治，誰之責歟？王顧左右而言他，蓋有所愧於中也。王雖愧於中，然有護疾忌醫之意，故但顧左右而言他。使王於此而能沛然達其所愧，反躬自責，訪孟子所以治四境之道而行之，則豈不庶矣乎？

孟子見齊宣王曰：「所謂故國者，非謂有喬木之謂也，有世臣之謂也。王無親臣矣，昔者所進，今日不知其亡也。」王曰：「吾何以識其不才而舍之？」曰：「國君進賢，如不得已，將使卑踰尊，疏踰戚，可不慎與？左右皆曰賢，未可也；諸大夫皆曰賢，未可也；國人皆曰賢，然後察之；見賢焉，然後用之。左右皆曰不可，勿聽；諸大夫皆曰不可，勿聽；國人皆曰不可，然後察之；見不可焉，然後去之。左右皆曰可殺，勿聽；諸大夫皆曰可殺，勿聽；國人皆曰可殺，然後察之；見可殺焉，然後殺之。故曰國人殺之也。如此，然後可以爲民父母。」

所謂世臣者，以其德業有肖於前人也。古者不世官，惟其賢可用，則君舉而用之耳。有世臣則國勢重，蓋民望之所歸屬，君心之所倚毗，而其世篤忠貞，與國同休戚，又有非他人比者，如伊陟、吕伋、召虎之徒是也。自周衰，用不以賢，而以世卿見譏於春秋，而世家子孫亦復不務自修，鮮克由禮，甚至於竊國柄爲亂階，豈復有古之所謂世臣也哉？王無親臣矣，親信腹心之臣，謂世臣也。昔者所進，今日不知其亡也。既無親臣，則取之於疏遠，而昔之驟所進者又皆不得其人，至於今日，亦不知其亡也。「吾何以識其不才而舍之」者，謂何以辨之於初也。孟子於是爲陳黜陟進退人才之道。用人先當求之於世家。如不得已，則取之於卑且疏者。夫使卑踰尊，疏踰戚，蓋非常之舉也。故曰「國君進賢，如不得已，必使卑踰尊，疏踰戚，可不慎與」。下所言，謹之之道也。左右之言勿聽，諸大夫之言勿聽，必攷於國人之公論。雖然，諸大夫之言而勿聽，此非置疑情於其閒也，謂大夫雖以爲賢，又必合以國人之公論，然後可耳。合諸公論矣，則又審之於己，明見其所以爲賢也，所以爲不可也，然後用之則無貳，而去之則無疑。既言進退人才之道矣，而復及於可殺者，何耶？蓋如舜之於四凶，孔子之於少正卯，天討之施，有不可已者也。曰「國人殺之也」，言非己殺之，因國人之公心耳。然則其用是人也，亦非吾用之，國人用之也；其去是人也，亦非吾去之，國人去之也。蓋天聰明自我民聰明，天明畏自我民明威。國人之公心，即天理之所存，苟有一毫私意加於其間，則失大同之義，而非天之理矣。夫人主之職，莫大於保民，而保民之道，莫先於用人，故曰「如此，然後可以爲民父母」。

齊宣王問曰：「湯放桀，武王伐紂，有諸？」孟子對曰：「於傳有之。」曰：「臣弑其君，可

乎？」曰：「賊仁者謂之賊，賊義者謂之殘。殘賊之人，謂之一夫。聞誅一夫紂矣，未聞弑君也。」

孟子之對，無乃太勁矣乎？蓋明言理之所在，以警宣王之心也。夫仁義者，人道之常也。賊夫仁義，是絶滅人道也。故賊夫惻隱之端，至於暴虐肆行而莫之顧也；賊夫羞惡之端，至於放僻邪侈而莫之止也。夫仁義之在天下，彼豈能賊之哉？實自殘賊於厥躬耳。爲君若此，則上焉斷棄天命，下焉不有民物，謂之一夫，不亦宜乎？嗚呼！孟子斯言，昭示萬世，爲人上者聞之，知天命之可畏，仁義之爲重，名位之不可以恃也，其亦兢兢以自强乎！

孟子謂齊宣王曰：「爲巨室，則必使工師求大木。工師得大木，則王喜，以爲能勝其任也。匠人斲而小之，則王怒，以爲不勝其任矣。夫人幼而學之，壯而欲行之，王曰『姑舍女所學而從我』，則何如？今有璞玉於此，雖萬鎰，二十兩爲一鎰。**必使玉人雕琢之。至於治國家，則曰『姑舍女所學而從我』，則何以異於教玉人雕琢玉哉？」**

古人之學，本於格物致知，誠意正心，而治國平天下之道在於此。成己成物，無二致也，故其所欲行者，即其平日之所學者，其本末先後皆有彝章，而不可少紊，自非人君信之之篤，任之之事，則寧終身不用而已矣，不肯舍己以徇人也。若君人者欲其舍所學以從己，則寧得賢者而用之哉？夫斲大木而小之，則以爲不勝任；今君子所學者先王之道，乃使舍之以從己，是豈非斲而小之之比乎？委玉人雕琢，則亦聽其所爲耳；倚之以治國家，不聽其所爲，而惟欲其己之從，是何異委玉於人而教之以雕琢乎？然則君人者亦可以察此矣。

齊人伐燕，勝之，宣王問曰：「或謂寡人勿取，或謂寡人取之。以萬乘之國伐萬乘之國，五旬而舉之，人力不至於此。不取，必有天殃。取之，何如？」孟子對曰：「取之而燕民悦，則取之。古之人有行之者，武王是也。取之而燕民不悦，則勿取。古之人有行之者，文王是也。以萬乘之國伐萬乘之國，簞食壺漿，以迎王師，豈有他哉？避水火也。如水益深，如火益熱，亦運而已矣。」

燕王噲昏亂，以位讓子之。子之南面行王事，三年國大亂，百姓恫怨。太子年起兵攻子之，不克，結難數月，死者數萬人，百姓離志。宣王舉師攻之，是以若此其易也。宣王見其勝之之易，則遂有取之之意，故以問孟子。孟子之意，欲其以燕民之悦與不悦，而驗天命之從違也，故舉文、武之事以告之。夫文、武豈有利天下之心哉？順天命而不違焉耳。人心之所在，天命之所存也。燕國之亂若此，民蓋厭之，故以萬乘之國伐萬乘之國，而簞食壺漿，以迎王師。宣王伐之，而救其民，則可矣；若不察於人心天命之所存，起利燕之意，而欲取之，則是以亂易亂，其厭苦將又甚矣，幾何其不復運轉而他之乎？故曰「如水益深，如火益熱，亦運而已矣」。

齊人伐燕，取之。諸侯將謀救燕。宣王曰：「諸侯多謀伐寡人者，何以待之？」孟子對曰：「臣聞七十里爲政於天下者，湯是也，未聞以千里畏人者也。書曰：『湯一征，自葛始』。天下信之，東面而征，西夷怨；南面而征，北狄怨，曰：『奚爲後我？』民望之，若大旱之望雲霓也。歸市者不止，耕者不變，誅其君而弔其民，若時雨降，民大悦。書曰：『徯我后，徯，待也。**后來其蘇。』今燕虐其民，王往而征之，民以爲將拯己於水火之中也，簞食壺漿，以迎王師。若殺其父兄，係累其子弟，毁其宗廟，遷其重器，如之何其可也？天下固畏齊之彊也，今又倍地而不行仁政，是動天下之兵也。王速出令，反其旄倪，止其重器，謀於燕衆，置君而後去之，則猶可及止也。」**

齊宣王既取燕，而諸侯謀伐之。宣王有利燕之心，則諸侯有利齊之意矣。宣王聞諸侯之將伐己也，則又懼焉。孟子謂成湯以七十里而爲政於天下，今宣王以千里而反畏人，欲其察夫義利之分也。湯之征葛也，非利其土地也，非利其人民也，非利其貨財也，爲其殺黍餉之童子而征之耳，故天下信成湯之心。其十一征，攷之經雖不詳見，然其征始於葛，以至於韋、顧、昆吾、夏桀則其著者也。東征而西夷怨，南征而北狄怨者，言遠至於要荒之外，亦無不望其澤之亟加於己也。孟子言民之望湯，則曰若大旱之望雲霓；言湯之慰民望，則曰若時雨降。可見民之望湯，精誠切至，而湯之撫民，浹洽慰滿如此。夫用兵以伐國，而歸市者不止於塗，耕者不變於野，如其常日，然則其順民心，而無秋毫之驚擾，可知矣。蓋其用之也，誅其君之罪，弔其民之久罹於虐而已，非有他也。曰「傒我后，后來其蘇」，湯未有天下，而民固已后之，亦猶汝墳之詩稱文王爲父母也。今宣王之伐燕也，民望其庶幾拯己於水火之中，而乃殺其父兄，係累其子弟，毁其宗廟，遷其重器，則是快己之私，圖彼之利，以亂易亂而已。天下素畏齊之彊，今見其地倍於曩時，而仁政不行焉，則將共疾其利，争起而圖之，固無足怪，適足以自召天下之兵也。然於此猶有弭禍之策焉：反其旄倪，止其重器，謀於燕衆，置君而後去之，此弭禍之策也。雖固已失之於初，然使是心一回，則人情猶可復，天怒猶可解，四方諸侯亦將畏其義而不敢圖矣。此特如反手之間，而宣王人欲方熾，不能自克，故諸侯疾之，燕人畔之。比及一世，而燕昭王復先世之讎，湣王卒死於難，齊祀不絶如綫，是其取燕，卒所以動天下之兵也，豈不信哉？

鄒與魯鬨〔一〕**，穆公問曰：「吾有司死者三十三人，而民莫之死也。誅之，則不可勝誅；不誅，則疾視其長上之死而不救。如之何則可也？」孟子對曰：「凶年饑歲，君之民老弱轉乎溝壑，壯者散而之四方者幾千人矣，而君之倉廩實，府庫充，有司莫以告，是上慢而殘下也。曾子曰：『戒之戒之，出乎爾者，反乎爾者也。』夫民今而後得反之也。君無尤焉！君行仁政，斯民親其上、死其長矣。」**

鄒穆公疾民視其長上之死而不救，孟子謂不可獨以此罪民，蓋我實有以致之也。凶年饑歲，斯民轉徙流散，而君之粟積於倉，財積於庫，有司莫以告而發之，是上驕慢以殘其下而不卹也。夫在上者不以民爲心，則民亦豈以在上者爲心哉？善乎曾子之言也：「出乎爾者，反乎爾者也。」蓋其出所以有反也，天下未有無其反者，人特不察耳。是以君子敬其所出也。曰「夫民今而後得反之也」，可謂深切矣。蓋有司視民之

〔一〕鬨：原作「鬭」，據十三經注疏本孟子正義及四庫全書本癸巳孟子説（以下簡稱四庫本）改。

死而不之救，則民視有司之死而亦莫之救矣。此其所以爲得反之者也。然則於此其可不深自省察，而以行仁政爲急乎？君行仁政，而以民爲心，民之疾痛痌[一]癢無不切於己，則民亦將以君爲心，而親其上，死其長矣。此感應之理也。然而曾子「戒之戒之」之語，非特爲人上者不可斯須忘也，檢身者亦當深體之耳。

滕文公問曰：「滕，小國也，閒於齊、楚。事齊乎？事楚乎？」孟子對曰：「是謀非吾所能及也。無已，則有一焉：鑿斯池也，築斯城也，與民守之，效死而民弗去，則是可爲也。」滕文公問曰：「齊人將築薛，吾甚恐。如之何則可？」孟子對曰：「昔者太王居邠，狄人侵之，去之岐山之下居焉。非擇而取之，不得已也。苟爲善，後世子孫必有王者矣。君子創業垂統，爲可繼也。若夫成功，則天也。君如彼何哉？彊爲善而已矣。」滕文公問曰：「滕，小國也，竭力以事大國，則不得免焉。如之何則可？」孟子對曰：「昔者太王居邠，狄人侵之，事之以皮幣，不得免焉；事之以犬馬，不得免焉；事之以珠玉，不得免焉。乃屬其耆老而告之曰：『狄人之所欲者，吾土地也。吾聞之也：君子不以其所以養人者害人。二三子

〔一〕痌：原作「苛」，據四庫本改。

何患乎無君？我將去之。』去邠，踰梁山，邑于岐山之下居焉。邠人曰：『仁人也，不可失也。』從之者如歸市。或曰：『世守也，非身之所能爲也。效死勿去。』君請擇於斯二者。」

滕文公以國小而迫於大邦爲慮，凡三問孟子。孟子告之亦可謂曲盡矣。始則以閒於齊、楚，而欲擇其强者以事之。孟子謂是謀非吾所能及，意以爲與其望二國之矜己以求安，則不若思所以自强而立國。蓋在人者不可必，而在己者有可爲。鑿池築城，與民效死以守之，是在我所當爲之事，爲吾所當爲而已。雖然，固國以得民爲本。鑿池築城，固所當爲；若民心不附，雖有金城湯池，誰與守乎？孟子之意，又在於效死而民弗去耳。夫使民至於效死而不忍去，非得之有素不能然也。齊人有築薛之舉，文公復有問焉。孟子陳太王之事以開廣之。夫國君死社稷，常法也；太王去邠而即岐，可乎？蓋太王之去，非委其社稷也，乃所以創業垂統也。謂邠迫近北狄，備禦之不暇，欲以立國，而詒厥孫謀，懼其難也，故徙而東焉。其東徙也，至於岐山而就居之，非擇而取此也，蓋不得不徙也。「苟爲善，後世子孫必有王者」，所謂爲善者，循天理而不以己私也。爲善者初不期於後世之有王者，而必有王者，理則然也。故曰「君子創業垂統，爲可繼也；若夫成功，則天也」。開久大之規，爲其可繼者而已，而不必其成功也。若有期於成功之意，則欲速而見利，私意所生，無復可繼之實矣。上世聖人，有制耒耜者，有作書契者，有易宫室棺椁者，其事疑若一聖人可盡爲，必待歷數聖然後備者，聖人因時立政，可繼之規固爾也。後世之事業，往往如浮花過目，隨即掃空，無可玩味，急近功而不爲可繼耳。又從而勉之曰「君如彼何哉？强爲善而已矣」，言在彼者不可得而禁，而在己者可得而勉也。文公他日又有問焉，孟子已陳其義於前日矣，又併舉二説以告之。蓋舍是則皆區區智謀之末，而非天理之正，君子弗道矣。夫事以皮幣，事以犬馬，事以珠玉，本期以保民也，而狄人侵陵不已，是欲吾土地也。曰「君子不以其所以養人者害人」，謂土地本以養人，今爲土地之故，而使民被其戕賊，吾所不忍也。其言何其忠厚而不迫邪！太王之遷，本以全民，而不敢必民之歸，而强民以徙也，特曰「二三子何患乎無君」，此天地之心，真保民之主也。民心自不庸釋乎太王，而曰「仁人也，不可失也」，非特斯言有以感動之，蓋民之戴其仁有素矣，故曰「從之者如歸市」。人之歸市也，各以其所欲，惟恐後也，以見其誠心樂趨，無一毫强勉之意。雖然，太王之事，非德盛而達權者不足以與之。其次則死社稷之義，乃常道耳。世守，謂受之先王也，非身之所能爲也。受之先王，當爲先王守之，死而後已耳。孟子之說，不越是二端，若外此圖全，未見其可也。

魯平公將出，嬖人臧倉者請曰：「他日君出，則必命有司所之。今乘輿已駕矣，有司未知所之。敢請。」公曰：「將見孟子。」曰：「何哉？君所爲輕身以先於匹夫者，以爲賢乎？禮義由賢者出，而孟子之後喪踰前喪。君無見焉！」公曰：「諾。」樂正子入見，曰：「君奚爲不見孟軻也？」曰：「或告寡人曰『孟子之後喪踰前喪』是以不往見也。」曰：「何哉君所謂踰者，前以士，後以大夫；前以三鼎，而後以五鼎與？」曰：「否。謂棺槨衣衾之美也。」曰：「非所謂踰也，貧富不同也。」樂正子見孟子，曰：「克告於君，君爲來見也。嬖人有臧倉者沮君，君是以不果來也。」曰：「行，或使之；止，或尼之。行止，非人所能也。吾之不遇魯侯，天也。臧氏之子，焉能使予不遇哉！」

臧倉知平公之所以欲見孟子者，爲其有禮義也，則指摘其禮義之愆，使平公之意自解。小人之情狀蓋如此。臧倉所以必沮平公者，蓋知孟子之言信用，則己將不得以安於君側故也。原平公之始將見孟子，非見善之明也，特以樂正子之言而起敬耳。使其見之果明，則信之必篤，何至因臧倉一言而遽止乎？樂正子則從而辨之，謂喪禮稱家之有無，君子不以天下儉其親之義也。前後貧富不同，則棺槨衣衾之美，何怪其有異乎？然平公之心既已蔽矣，有莫如之何也。孟子所以答樂正子者，辭氣不迫，而理亦無不盡者矣。「行，或使之；止，或尼之」，謂魯侯之欲行，以樂正子之使之也；而其中止者，以臧倉之尼之也。雖或使之，或尼之，然其行止實非人之所能爲。予之不遇者，蓋天而已；使天而欲平治天下，則豈臧倉所得而沮之乎？蓋莫之爲而爲者天也，衆人違之，君子順之，聖人純焉。故孟子謂吾之不遇魯侯，天也；而孔子謂「天之未喪斯文也，匡人其如予何」。玩其辭意，亦可見聖賢之分矣。

南軒先生孟子説卷第二

公孫丑上

公孫丑問曰：「夫子當路於齊，管仲、晏子之功可復許乎？」孟子曰：「子誠齊人也，知管仲、晏子而已矣。或問乎曾西曰：『吾子與子路孰賢？』曾西蹵然曰：『吾先子之所畏也。』蹵然，蹵踖。曰：『然則吾子與管仲孰賢？』曾西艴然不悦，曰：艴然，不悦之色。『爾何曾比予於管仲？管仲得君如彼其專也，行乎國政如彼其久也，功烈如彼其卑也。爾何曾比予於是？』」曰：「管仲，曾西之所不爲也，而子爲我願之乎？」曰：「管仲以其君霸，晏子以其君顯，管仲、晏子猶不足爲與？」曰：「以齊王，由反手也。」

夫以子路一匹夫，事業曾未著於當時，而曾西聞其名，則蹵然而懼，以爲己何敢與之班；管仲爲齊卿相，九合諸侯，一正天下，功業如此其著，而曾西聞其名，則艴然不悦，以爲何乃比己於是。果何意哉？此學者所宜精思力體，以究其所以然也。一言以蔽之，亦在於義利之分而已。子路在聖門，雖未班乎顔、閔之列，然觀其進德之勇，克己之嚴，蓋有諸己而充實者，其用力於斯道也久矣，雖其事業不著於時，而其規模固王者之道也。至於管、晏，朝夕之所以處己處人者，莫非圖功而計利耳，故得君之專，行政之久，而其事業有限，蓋不出於功利之中，君子不貴也。然則其意味相去，豈不如碔砆之於美玉乎？學者無慕乎管、晏之功，而深求乎子路之心，則聖人之門可循而進矣。雖然，子路嘗以管仲爲未仁，夫子之言乃若取之，何哉？子路兼人，其進也甚勇，其於管仲蓋了然明見其失，以爲不足道者也；而夫子之意，則謂觀人之法，雖見其失，而其可取者亦不可廢也，故舉其事功而取之，所以涵養子路之恕心也。若孟子之答公孫丑，則正其本而言之，使丑知其方也。聖賢答問，抑揚自有深意。

曰：「若是，則弟子之惑滋甚。且以文王之德，百年而後崩，猶未洽於天下；武王、周公繼之，然後大行。今言王若易，然則文王不足法與？」曰：「文王何可當也？由湯至於武丁，賢聖之君六七作，天下歸殷久矣，久則難變也。武丁朝諸侯，有天下，猶運之掌也。紂之去武丁未久也，其故家遺俗，流風善政，猶有存者；又有微子、微仲、王子比干、箕子、膠鬲，皆賢人也，相與輔相之，故久而後失之也。尺地莫非其有也，一民莫非其臣也，然而文王

猶方百里起，是以難也。齊人有言曰：『雖有智慧，不如乘勢；雖有鎡基，不如待時。』今時則易然也：夏后、殷、周之盛，地未有過千里者也，而齊有其地矣；雞鳴狗吠相聞，而達乎四境，而齊有其民矣。地不改辟矣，民不改聚矣，行仁政而王，莫之能禦也。且王者之不作，未有疏於此時者也；民之憔悴於虐政，未有甚於此時者也。飢者易爲食，渴者易爲飲。孔子曰：『德之流行，速於置郵而傳命。』置郵傳書命者也。**當今之時，萬乘之國行仁政，民之悦之，猶解倒懸也。故事半古之人，功必倍之，惟此時爲然。」**

公孫丑聞「以齊王，猶反手」之論，則益疑而未信，故引文、武之事以譬之。孟子謂「文王何可當也」，謂文王之德之盛爲不可及也。由湯至於武丁，賢聖之君六七作，其間如太甲、沃丁、祖乙、盤庚，皆賢君也，而太戊、武丁則幾於聖矣。賢聖之君相望如此，其志氣之所感發，德澤之所漸被爲如何？紂去武丁之没實百十有一載，而孟子以爲未遠者，蓋武丁之澤其流長故耳。故家遺俗之所傳，流風善政之所被，爲未泯没，而又有賢臣以輔之，故雖以紂之無道，亦在位又三十四祀而後周代之，所謂久而後失之者也。然以紂有天下之大，而周卒以百里興，亦可見文王之莫可當矣。此論其理勢之然，非謂文王而有取商之心也。齊人有言，蓋里諺也。理有可取，雖里諺之微，聖賢亦取之也。夫不可爲者，勢與時也。夏后、殷、周之盛，王畿不過千里，今齊既有其地矣；雞鳴狗吠相聞，而達乎四境，則齊亦有其民矣。地不必求辟也，民不必求聚也，惟當行仁政而已，則其王也孰禦焉？蓋自幽王之後，王政不復見於天下，王者之不作，斯民之憔悴皆未有甚於斯時。夫其愁苦也深，則其思治也切，如飢渴者易爲飲食也。則引孔子之言以爲證。德之流行，速於置郵而傳命，言其感通之速也。猶解倒懸云者，若言其困之極而望之切也。事半於古之人，而功則倍，勢與時則然耳。

公孫丑問曰：「夫子加齊之卿相，得行道焉，雖由此霸王，不異矣。如此，則動心否乎？」孟子曰：「否。我四十不動心。」曰：「若是，則夫子過孟賁遠矣。」曰：「是不難，告子先我不動心。」

公孫丑以爲孟子志在行道，若一旦得齊之卿相，而道得行焉，宜其有以動乎中也。丑蓋未知夫君子中天下而立，定四海之民，所性不存焉者我也；我四十不動心，蓋省察之精，而知其至此時而然也。丑以爲甚難也，故謂過孟賁遠矣。孟子告之爲是亦不難，告子先我而能不動心者，蓋不動心，未足以盡聖賢之藴也。雖然，不動心則同，而所以不動者則異。孟子以集義爲本，告子則以義爲外。故在孟子則心體周流，人欲不萌，而物各止其所者也；在告子則力制其欲，專固凝滯，而能不動者也。其所以異者，學者可不深究歟？

曰：「不動心，有道乎？」曰：「有。北宮黝之養勇也，不膚撓，不目逃，思以一毫挫於人，若撻之於市朝；不受於褐寬博，亦不受於萬乘之君；視刺萬乘之君若刺褐夫；褐寬博，匹夫被褐者。**無嚴諸侯，惡聲至，必反之。孟施舍之所養勇也，曰：『視不勝猶勝也；量敵而後進，慮勝而後會，是畏三軍者也。舍豈能爲必勝哉？能無懼而已矣。』孟施舍似曾子，北宮黝似子夏。夫二子之勇，未知其孰賢？然而孟施舍守約也。昔者曾子謂子襄曰：『子好勇乎？吾嘗聞大勇於夫子矣：自反而不縮，雖褐寬博吾不惴焉；自反而縮，雖千萬人吾往矣。』孟施舍之守氣，又不如曾子之守約也。」**

公孫丑問「不動心有其道否」，孟子先舉北宮黝、孟施舍之事，言此二子所以不動心之道也。北宮黝期於必爲者也。膚撓者，有所動於體也；目逃者，有所避於目也。不膚撓，不目逃，蓋思以一毫挫於人，若撻之於市朝也。其所不欲受於匹夫者，亦不受於萬乘之君，視譏刺萬乘之君若刺匹夫，無諸侯威嚴之可敬，以惡聲至，必以惡聲反之。是皆必爲而無所屈者。然但爲守其外，而猶未及乎守氣也。若孟施舍推之以無懼則愈矣：視不勝猶勝，則不以勝負累其中也。謂量敵而進，慮勝而動，是猶以三軍爲畏者。吾則不能爲必勝，能無懼而已。此約其在我，守氣者也。孟施舍似曾子，北宮黝似子夏，言其氣象有似乎二子也。曾子明理自克者也；孟施舍不競於外，故有似焉。子夏篤志力行者也；北宮黝之堅强不屈，故有似焉。二子未知其勇之所成就，彼此之孰賢，然孟施舍比之北宮黝，則爲守約也。於是舉曾子之所謂勇。曾子謂聞大勇於夫子矣，自反而不縮，則雖被褐之匹夫，吾亦不得而惴之；自反而縮，則雖千萬人之敵，亦可往。蓋直則爲壯故也。縮訓直。檀弓曰：「古者冠縮縫。」不徇乎外，惟自反而求夫理義之所安，其所守者約而已。約謂義也。然則又豈孟施舍守氣者之所可及乎？夫子路問强，夫子告之以和而不流，中立而不倚，而以强矯爲貴。申棖有慾，則不以剛許之。聖人之所謂勇、所謂剛蓋如此。

曰：「敢問夫子之不動心，與告子之不動心，可得聞與？」「告子曰：『不得於言，勿求於心；不得於心，勿求於氣。』不得於心，勿求於氣，可；不得於言，勿求於心，不可。」

告子所謂「不得於言」者，言有所不得也。謂言不中理，不必求於心，此特擇言未精耳，務擇其言而已。若不得於言，而求之於心，則是自累其心也。「不得於心」者，心有所不得也。心失其平，不必求於氣，此特持心未固耳，務持其心而已。若舍心而求於氣，則將見舍本事末，而無以制矣。此告子所以不動心之道也。孟子則以謂不得於心，勿求於氣，斯言可也；至於不得於言，勿求於心，則不可耳。蓋其不得於言，是其心有所未得者也。心之識之也未親，則言之有不得固宜，此正當反求於心也。若强欲擇言，而不務求於心，是以義爲外，而不知内外之本一矣。以是而曰不動心，是乃徒制其心，而未嘗明見夫理之所安也，然則豈不有弊乎？

「**夫志，氣之帥也；氣，體之充也。夫志至焉，氣次焉，故曰：持其志，無暴其氣。**」「**既曰志至焉，氣次焉，又曰持其志，無暴其氣者，何也？**」曰：「**志壹則動氣，氣壹則動志也。今夫蹶者、趨者，是氣也，而反動其心。**」

程子曰：「心之所存爲志。」蓋志無迹，而氣有形。志者氣之帥，所以帥其氣者也。志在於此，則氣隨之矣。氣者體之充，所以充其體者也。有其氣則有其體矣。志至焉，氣次焉，言志之所至，氣次之而至也。然氣志貴於交相養。持其志無暴其氣者，所以交相養也；持其志所以御氣，而無暴其氣者，又所以寧其志也。公孫丑聞斯言也，則疑之，謂既曰志至焉，氣次焉，宜若只持其志足矣，又以無暴其氣爲言，何也？孟子謂志壹固動氣，而氣壹亦有時而動志，是以貴於交相養也。壹與一同，一動志則氣亦隨之而動矣，然一動氣亦能以動志，觀蹶者、趨者則可見也。夫蹶、趨者，氣也，而心爲之臬兀而不安，是氣亦能動志也。然志動氣爲多，而氣動志爲寡，故程子曰：「志動氣者十九，氣動志者十一。」雖然，自常人不知用力者言之，終日之間，志動氣而氣復動志，無窮已也。蓋志爲物所奪，而氣以動；氣動而志復爲之不寧；志不寧而氣益決驟矣。君子主敬以爲本，審其志之所存，主持而不失，故其氣不亂，而又察其氣之所行，安馴而無暴，故其志不摇，中正和平，通暢充裕，而德業日新焉。此交相養之道，學者不可以不思也。

「敢問夫子惡乎長？」曰：「我知言，我善養吾浩然之氣。」「敢問何謂浩然之氣？」曰：「難言也。其爲氣也，至大至剛以直，養而無害，則塞于天地之間。其爲氣也，配義與道；無是，餒也。是集義所生者，非義襲而取之也。行有不慊於心，則餒矣。我故曰，告子未嘗知義，以其外之也。」

孟子謂「我善養吾浩然之氣」，而先曰「我知言」，蓋不知言則詖邪淫遁可以亂之，而失養氣之理故也。公孫丑問浩然之氣，則應之曰「難言也」。詳味此語，固可以見孟子之所自得者至矣。夫人與天地萬物同體，其氣本相與流通而無間，惟人之私有以害之，故自局於形體之間，而失其流通之理。雖其自局之，而其所爲流通者亦未嘗不在也，故貴於養之。養之而無害，則浩然塞乎天地之間矣。其充塞也，非自外來，氣體固若此也。所謂至大、至剛、以直者，以此三者形容氣體也。大則無與對，剛則不可陷，直則無所屈。此三者闕一，則於氣體爲未盡。曰至大、至剛，而曰以直者，文勢然也。養之而無有害之者，則充塞于天地之間也。在坤爻六二所謂「直、方、大」，即此所謂至大、至剛、以直也。塞乎天地之間，則易所謂「不疑其所行之地」也。又曰「配義與道」，配之爲言，合也。自氣而言，故可云合。道，體也；義，用也。自不知養者言之，一身之氣，與道義烏得而合？若養成此氣，則其用無非義，而其體則道也。蓋浩然之氣，貫乎體用，一乎隱顯而無間故也。「無是，餒也」，言無使是之餒也。其不可使之餒者，以其集義所生故也。「集義」者，積衆義也。蓋得於義則慊，慊則氣所以生也。積之之久，則一息之必存，一事之必體，衆義輻湊，心廣體胖，俯仰無怍，而浩然之氣充塞矣。其生也，非自外也，集義所以生也。故曰「非義襲而取之也」，非氣爲一物，義在外襲取爲我有也，我固有之也。故所行有一毫不足於吾心，則缺然而餒，餒則息其生理矣。然則告子以義爲外，是不知義之存乎人心也，則其養氣，豈不有害乎？

「必有事焉而勿正，心勿忘，勿助長也。無若宋人然。宋人有閔其苗之不長而揠之者，芒芒然歸，謂其人曰：『今日病矣，予助苗長矣。』其子趨而往視之，苗則槁矣。天下之不助苗長者寡矣。以爲無益而舍之者，不芸苗者也；助之長者，揠苗者也。非徒無益，而又害之。」

此言養氣之法。「有事」者，有所事云也。「而勿正」者，無期之之意也。「心勿忘」者，勿忘其所事也。「勿助長」者，待其自充，不可强使之充也。此爲循天理之當然，而不以人爲加之。雖然，欲不忘則近於助長，欲不助長則或忘之。是二者之間，守之爲難也。此言以「必有事」爲主，孟子之所謂「有事」者，其集義乎？然學者多知忘之爲害，而未知助長之爲害尤甚也。故引宋人揠苗爲喻。閔其苗之不長，猶憂其氣之不充者也。揠之以助其長，猶作其氣而使之充也。芒芒然曰今日病矣，言雖勞如此，無益，而反有害也。天下之不助苗長者寡矣，謂天下之學者往往墮於助長之病也。以集義爲無益而忘之者，不芸苗者也。不芸苗則苗日瘠矣，不集義則氣日餒矣。强作其氣而使之充者，揠苗者也。拔苗反以傷其本，助長反以害其氣。蓋私意横生，害乎天理，則其㮧然愈甚矣。若夫善養氣者，則集義而已，無必其成之意也。惟其工不舍，而亦不迫切，故氣得其養，而浩然者可以馴致焉。猶夫善養苗者，耘耔浸灌，不失其時，雨露之滋，天時之至，其長也，蓋有不期然而然者。是皆循天理之固然，行其所無事而已，其道豈不要乎？或曰：二程先生多以必有事焉爲有事乎敬，而孟子則主於集義，有異乎？曰：無以異也。孟子所謂持志者，即敬之道也。非持其志，其能以集義乎？敬與義蓋相須而成者也。故坤六二之直、方、大，君子體之，亦本於敬以直内、義以方外也。此孔、孟之意，程子蓋得之矣，學者所宜深思焉。

「何謂知言？」曰：「詖辭知其所蔽，淫辭知其所陷，邪辭知其所離，遁辭知其所窮。生於其心，害於其政；發於其政，害於其事。聖人復起，必從吾言矣。」「宰我、子貢善爲説辭，冉牛、閔子、顔淵善言德行，孔子兼之，曰：『我於辭命則不能也。』然則夫子既聖矣乎？」曰：「惡，是何言也！昔者子貢問於孔子曰：『夫子聖矣乎？』孔子曰：『聖則吾不能，我學不厭而教不倦也。』子貢曰：『學不厭，智也；教不倦，仁也。仁且智，夫子既聖矣。』夫聖，孔子不居，是何言也？昔者竊聞之，子夏、子游、子張皆有聖人之一體，冉牛、閔子、顔淵則具體而微。」

孟子知道，故知言；不知言，則詖淫邪遁足以亂之矣。夫爲詖淫邪遁之説者，蓋本亦高明之士，惟其所見之差，是以流而不自知。詖、淫、邪、遁，此四者足以盡異端之失矣。詖者，險辭也；淫者，放辭也；邪者，偏戾之辭也；遁者，展轉而莫知其極也。今試徵異端之説，可以推類而見。若告子杞柳、桮棬，其詖辭也與？若楊氏爲我、墨氏兼愛，其邪辭也與？至於淫遁之説，則列禦寇、莊周之書具矣。夫其所爲詖者，以其有所蔽而不通也；其所以爲淫者，以其有所陷溺而蕩也；邪者，以其支離而偏也；遁者，以其有所窮而展轉他出也。所以知其然者，以吾不蔽不陷，不離不窮故也。孟子方論知言，而曰生於其心，害於其政，發於其政，害於其事。蓋中之所存，莫揜乎外；見乎外者，是乃在中者也。詖淫邪遁生於心，則施於政者必有害，害於政則害於事矣。論知言而及此，成己成物無二故也。善爲説辭者，得所以爲辭之道也。善言德行者，其見於言者乃其躬行者也，其氣味有間矣。孔子兼之，而孟子自謂於辭命則不能，示學者以務本之意也。丑聞「我於辭命則不能」之言，以爲孟子其聖矣。孟子悚然，謂孔子猶謂聖吾不能，而況於己乎？學不厭，教不倦，是乃聖人所爲至誠無息者也。夫子雖不居聖，而玩其辭義，所以聖者亦得而推矣。故子貢曰：「學不厭，知也；教不倦，仁也。仁且知，夫子既聖矣。」子貢之稱仁、知，與中庸「成己，仁也；成物，知也」之辭蓋相表裏，互明仁知之體用也。公西華亦嘗聞斯言矣，而曰正惟弟子不能學也，不若子貢之言有功用也。子夏、子游、子張皆有聖人之一體，冉牛、閔子、顔淵則具體而微，此言聖人未易可幾也。游、夏、子張皆聖門之高弟，然其所得則各不同。子游之藝，子夏之文，子張之高明，皆其所得於一體者也。若冉、閔、顔淵，則備聖人之德，特未能充盡耳，故曰具體而微。顔子在三子之中，蓋進乎欲化未化之間者，其微也，抑毫髮之閒耳。

「敢問所安？」曰：「姑舍是。」曰：「伯夷、伊尹何如？」曰：「不同道。非其君不事，非其民不使，治則進，亂則退，伯夷也。何事非君，何使非民，治亦進，亂亦進，伊尹也。可以仕則仕，可以止則止，可以久則久，可以速則速，孔子也。皆古聖人也，吾未能有行焉；乃所願，則學孔子也。」「伯夷、伊尹於孔子，若是班齊等也。**乎？」曰：「否。自有生民以來，未有孔子也。」曰：「然則有同與？」曰：「有得百里之地而君之，皆能以朝諸侯，有天下。行一不義，殺一不辜，而得天下，皆不爲也。是則同。」曰：「敢問其所以異？」曰：「宰我、子貢、有若，**

智足以知聖人，汙私也。不至阿其所好。宰我曰：『以予觀於夫子，賢於堯、舜遠矣。』子貢曰：『見其禮而知其政，聞其樂而知其德，由百世之後，等百世之王，莫之能違也。自生民以來，未有夫子也。』有若曰：『豈惟民哉？麒麟之於走獸，鳳凰之於飛鳥，泰山之於丘垤，垤，蟻穴也。河海之於行潦，行潦，道傍流潦也。類也。聖人之於民，亦類也。出乎其類，拔乎其萃，萃，聚也。自生民以來，未有盛於孔子也。』」

丑既問諸子之淺深，於是問孟子以所安何如？孟子應之曰「姑舍是」，不敢自方於前賢，其氣象温厚如此。復舉伯夷、伊尹以問，孟子謂其道之不同。蓋非其君不事，非其民不使，治則進，亂則退，伯夷也；何事非君，何使非民，治亦進，亂亦進，伊尹也。夫二子所爲若是，蓋其氣稟之所明者在是，終身從事乎此，而有以極其至也。至於孔子，則天也。可以仕則仕，可以止則止，可以久則久，可以速則速，此非謂度其可而爲之也，蓋無不當其可也。伯夷、伊尹就其所至而成聖者，故皆以古聖人稱之。然吾於伯夷、伊尹雖未能及，而所願學，則孔子耳。蓋二子雖聖於清、聖於任，然其所循而入者，終未免乎有毫釐之偏，從而學焉，則其偏將愈甚。譬猶射者必志於正鵠，舍正鵠而他求，則其差將不可勝言矣。公孫丑疑伯夷、伊尹之於孔子若是其不可班，孟子對以不獨伯夷、伊尹之不可班，生民以來，未有若夫子也。丑於是問其所同，而復問其所異。若丑者，亦可謂善問矣。使二子得君百里之地，必將本王道，行王政，民之歸之也孰禦？故皆可以朝諸侯，一天下。然二子正義明道者也，寧不得天下，行一不義，殺一不辜，所不忍爲也。是與夫子同者也。至其所以異，孟子獨舉宰我、有若、子貢之所以稱夫子者，將使丑深思而自得之也。智足以知聖人，蓋其所見有以窺聖人之蘊，智之事也。三子者，非私阿其所好者也。而宰我則以夫子賢於堯、舜；子貢則以夫子見禮知政，聞樂知德，其所損益，由百世之後，等百世之王，將莫之能違；有若則以爲聖人出乎人之類，自生民以來，未有盛者。夫三子者，智足以知聖人，而非阿其所好，則其爲是言也，豈苟然乎哉？其必有所謂矣。今試以賢於堯、舜論之。堯、舜、孔子俱生知之聖也，語聖則豈有輕重優劣於其間？然孔子立教垂範，而傳之後世，其事業爲無窮也。或乃謂夫子萬世南面而廟祀，以此爲非堯、舜可及。嗟乎！此又何加損益於夫子哉！

孟子曰：「以力假仁者霸，霸必有大國；以德行仁者王，王不待大。湯以七十里，文王以百里。以力服人者，非心服也，力不贍也。以德服人者，中心悦而誠服也，如七十子之服孔

子也。詩云：『自西自東，自南自北，無思不服。』此之謂也。」

王霸之分，德與力也。以力假仁者，以其勢力假仁之事以行之。如齊桓責包茅於楚，會王世子於首止，衣裳之會，不以兵車之類是也。惟其大國也，故其力得以脅諸國而從之；不然，其能以强人乎？若夫以德行仁，則是以德而行其仁政，至誠惻怛，本於其心，而形於事爲，如木之有本，水之有源也。曰「王不待大」，蓋言無所資於力也。觀湯與文王，則可以見。或以七十里，或以百里，則其力可知矣。然則天下歸之者，豈非以德乎？蓋以力服人者，特以力不贍之故，不得已而服之，而其中心固莫之服也。至於以德服人，雖無意於人之服，而人將中心悦而誠服之。如七十子之服孔子，浹洽充滿，盎然服從，無一毫勉强之意。詩曰「自西自東，自南自北，無思不服」，言感無不通也。回視區區勢力欲以服人者，不亦陋乎？

孟子曰：「仁則榮，不仁則辱。今惡辱而居不仁，是猶惡濕而居下也。如惡之，莫如貴德而尊士。賢者在位，能者在職，國家閒暇，及是時，明其政刑，雖大國，必畏之矣。詩云：『迨天之未陰雨，徹彼桑土，綢繆牖户。徹，取也。綢繆，纏綿也。**今此下民，或敢侮予？』孔子曰：『爲此詩者，其知道乎？能治其國家，誰敢侮之？』今國家閒暇，及是時，般樂怠敖，**般，大也。**是**

自求禍也。禍福無不自己求之者。詩云：『**永言配命，自求多福。**』太甲曰：『**天作孽，猶可違；自作孽，不可活。**』**此之謂也。**」

仁者非有意於榮，仁者固榮也。在身則心和而氣平，德性尊而暴慢遠；在家則父子親而兄弟睦，夫婦義，長幼序。推之於國而國治，施之於天下而天下平，烏往而不榮也？若夫不仁之人，咈理而徇欲，一身將不能以自保，而況於其他乎？夫人之情，孰不惟辱之惡？而乃自處於不仁，則以私欲蔽之，而昧夫榮辱之幾故也。如惡之，則當勉於爲仁而已，如下所云是也。孟子言之，必以貴德尊士爲先者，蓋人主有貴德尊士之心，則以先王之道爲可信，儒者之説爲可行，然後賢者可得而進，善言可得而入矣。故惟貴德尊士，而後賢者在位，能者在職。賢者以位言，能者以職言，任賢使能之意也。然所謂能者，蓋亦忠信而有才者耳。不忠信之人，雖有小才，猶豺狼之不可邇也，而尚可付以職乎？賢者在位，能者在職，則可以因國家閒暇之時，明其政刑矣。賢能用而政刑明，則其於天下孰禦焉？故曰「雖大國，必畏之矣」。於是舉周公「迨天之未陰雨」之詩以爲證。天未陰雨，而徹桑土、密牖户，是猶於國家安泰之日，而經理備豫者也。蓋消息盈虚之相盪，安危治亂之相乘，理之常然，非知道者，孰能審微於未形，而御變於將來哉？故孔子曰：「爲此詩者，其知道乎？能治其國家，誰敢侮之？」今乃於國家閒暇之時，般樂怠傲，則人孰不啓侮之之心哉？故曰「是自求禍也」。以是觀之，則夫禍福雖命於天，而致之豈不自於人乎？詩所謂「永言配命，自求多福」，言武王之德，有以配上帝之命；永言其配命，則有以見其自求多福也。書所謂「天作孽，猶可違；自作孽，不可活」，言天之降災猶可避，已自致災其可避乎？此又申言禍福自己之意。然而一言以蔽之，本乎仁與不仁之分而已。

孟子曰：「尊賢使能，俊傑在位，則天下之士皆悦而願立於其朝矣。市廛而不征，法而不廛，則天下之商皆悦而願藏於其市矣。關譏而不征，則天下之旅皆悦而願出於其路矣。耕者助而不税則天下之農皆悦而願耕於其野矣。廛無夫里之布，則天下之民皆悦而願爲之氓矣。信能行此五者，則鄰國之民仰之若父母矣。率其子弟，攻其父母，自生民以來，未有能濟者也。如此，則無敵於天下。無敵於天下者，天吏也。然而不王者，未之有也。」

程子曰：「市廛而不征，市宅之地，已有廛税，更不征其物。法而不廛，税有常法，不以廛故而厚其税。廛無夫里之布，廛自有税，無此二布。」此章言欲救當時之弊，在乎力行以反當時之失而已。當時諸侯之所以失人心者，以其不用賢能，又以其廢先王之法，爲暴斂之事也。若知其然，而力行以反之，則天下斯歸之矣。古之人君，於賢則尊之，於能則使之，故俊傑在位，而天下之士聞風而莫不願立於其朝。古之民，其居業於市者既有廛税，則不復征其物。而其爲税也，則有常法，不以其居廛而厚也，故商賈願藏於其市。其爲關也，禁異服，察異言，本以譏察而已，非爲征也，故行旅願出於其塗。其於田也，八家皆私百畝，同養公田，不履畝而税也，故農願耕於其野。居廛者既有税矣，則夫布與里布不復重征之，故民願爲之氓。戰國之際，一切反是，而五者皆有不願之意焉，是可懼也。有能於此革當世之失，而取法先王之事，則其歸也孰禦？然其要在夫力行之而已。故曰「信能行此五者，則鄰國之民仰之若父母矣」。夫天下之心一也，吾國之人戴我如父母，則鄰國之人聞之，亦將父母我矣。彼雖欲率其民以攻我，而其心既如吾之子弟，豈有子弟而肯攻其父母乎？天吏云者，奉天命以行事者也。民之所歸，即天所與也。有以得民心，斯爲得天心矣。其曰「無敵於天下者」，天下皆爲吾子弟也，而尚何敵之有？豈不深切著明矣哉！

孟子曰：「人皆有不忍人之心。先王有不忍人之心，斯有不忍人之政矣。以不忍人之心，

行不忍人之政，治天下可運之掌上。所以謂人皆有不忍人之心者，今人乍見孺子將入於井，皆有怵惕惻隱之心，非所以内交於孺子之父母也，非所以要譽於鄉黨朋友也，非惡其聲而然也。由是觀之，無惻隱之心，非人也；無羞惡之心，非人也；無辭讓之心，非人也；無是非之心，非人也。惻隱之心，仁之端也；羞惡之心，義之端也；辭讓之心，禮之端也；是非之心，智之端也。人之有是四端也，猶其有四體也。有是四端，而自謂不能者，自賊者也。謂其君不能者，賊其君者也。凡有四端於我者，知皆擴而充之矣。若火之始然，泉之始達。苟能充之，足以保四海；苟不充之，不足以事父母。」

人受天地之中以生，仁義禮知皆具於其性，而其所謂仁者，乃愛之理之所存也。唯其有是理，故其發見爲不忍人之心。皆有是心，然爲私欲所蔽，則不能推而達之，而失其性之所有者。「先王有不忍人之心，斯有不忍人之政」者，則以其私欲既亡，天理純備，故能盡其用於事事物物之閒也。以是心而行是政，先王之所以王天下者不越於此而已。雖然，何以知人皆有是心？以其乍見孺子而知之也。必曰「乍見」者，方是時，非安排作爲之所可及，而其端發見也。怵惕惻隱者怵動於中，惻然有隱也。方是時，非以内交，非以要譽，非以惡其聲而怵惕惻隱形焉，是其中心不忍之實也。此非其所素有者邪？若内交、要譽、惡其聲之類一毫萌焉，則爲私欲蔽其本心矣。以惻隱之心，人之所固有，則夫羞惡之心、辭讓之心、是非之心亦其所固有也。仁義禮知具於性，而其端緒之著見，則爲惻隱、羞惡、辭讓、是非之心。人之良心具是四者，萬善皆管焉，外此則非性之所有，妄而已矣。人之爲人，孰不具是性？若無是四端，則亦非人之道矣。然分而論之，其别有四，猶四體然，其位各置，不容相奪，而其體用互爲相須，合而言之，則仁蓋可兼包也。故原其未發，則仁之體立，而義、禮、知即是而存焉。循其既發，則惻隱之心形，而其羞惡、辭讓、是非亦由是而著焉。故孟子首舉不忍人之心，而後復詳於四端也。人有之，而自謂不能，是自賊其良心者也。謂其君不能，是賊其君之良心者也。言不忍人之心，而遂及於不忍人之政；言四端之在人，不可自謂不能，而遂及於不可謂其君之不能。蓋成己成物，一致也。又曰「凡有四端於我者，知皆擴而充之矣」，謂既知人皆有是四者，皆當擴而充之，若火之始然，泉之始達，蓋無窮也。充夫惻隱之端，而至於仁不可勝用；充夫羞惡之端，而至於義不可勝用；充夫辭讓之端，而至於禮無所不備；充夫是非之端，而至於知無所不知。然皆其理之具於性者，而非外爲之也。雖然，四端管乎萬善，而仁則貫乎四端，而克己者，又所以爲仁之要也。學者欲皆擴而充之，請以克己爲先。

孟子曰：「矢人豈不仁於函人哉？矢人惟恐不傷人，函人惟恐傷人。巫、匠亦然。故術不可不慎也。孔子曰：『里仁爲美。擇不處仁，焉得智？』夫仁，天之尊爵也，人之安宅也。莫之禦而不仁，是不智也。不仁不智，無禮無義，人役也。人役而恥爲役，由弓人而恥爲弓，矢人而恥爲矢也。如恥之，莫如爲仁。仁者如射：射者正己而後發，發而不中，不怨勝己者，反求諸己而已矣。」

矢人與函人，巫與匠，俱人也，而其所欲之異者，以其操術然也。故夫人自處於不仁，爲忌忮，爲殘忍，至於嗜殺人而不顧，夫豈獨異於人哉？惟其所處每在乎人欲之中，安習滋長，以至於此，其性本同，而其習有霄壤之異，可不畏歟？孔子曰「里仁爲美，擇不處仁，焉得智」，謂居里以親仁爲美，而吾所以自處者不能擇而處仁，是不智也。孟子從而發明之曰：「夫仁，天之尊爵也，人之安宅也。」尊爵，言其至善，爲可尊貴也；安宅，言其所止，爲甚安固也。擇術而自處於不仁，其不智甚矣。不仁不智，則悖理而害於事，無禮無義矣。若是者，爲人役者也。蓋既失其所謂尊爵、安宅者，則斯自取於辱矣。人之爲人役也，雖有恥之之心，然其擇術自取於此，而何可免乎？若有恥之之心，則當易其操術，爲仁可也。爲仁者，亦反求之己而已，故以射爲喻。今夫射者在己毫釐之未正，則其發也有尺尋之差，故必先正其己。正己矣，而其發猶有未中焉，不怨他人也，益求吾所未至而已。爲仁者何以異於是？此章雖爲當時諸侯而發，而實自天子至於庶人皆當深體之也。

孟子曰：「子路，人告之以有過則喜。禹聞善言則拜。大舜有大焉，善與人同。舍己從人，樂取諸人以爲善。自耕稼陶漁以至爲帝，無非取於人者。取諸人以爲善，是與人爲善者也。故君子莫大乎與人爲善。」

季路，人告以有過則喜。蓋人之質不能無偏，偏則爲過，過而不知省，省而不知改焉，則其偏滋甚，而過亦不可勝言矣。故君子貴於强矯，貴於勿憚改。然而猶患在己有所蔽而不能以盡察，故樂聞他人之箴己過。在己而得他人指之，是助吾之所未及也。雖然，此非能克其驕吝者不能。驕則自以爲善，而惡人之議己；吝則安其故常，而不能以從人之善。季路用力於克己，不忮不求，其功深矣。人告之以有過則喜，無驕吝之私，循理而事天者也。至於禹聞善言則拜，則其道弘矣。禹，聖人也，纖毫之過殆將不萌於中。其於人之善言也，蓋其胷中之所素有，而固樂夫從天下之善也。故聞善言則拜，非樂天者能之乎？至於舜，則所謂甚盛無以加矣。論大舜之所以大，獨曰善與人同而已。所謂「善與人同」者，舍己從人，樂取諸人以爲善也。夫善者天下之公，非有我之所得私也。必曰「舍己」者，蓋有己則不能以大同乎物故爾。樂取諸人以爲善，蓋通天下惟善之同，而無在己在人之異也。自耕稼陶漁以至爲帝，無非取於人者，在人賢者識其大者，不賢者識其小者，莫不有是道焉。聖人則能取諸人而盡諸己耳，故又從而明之，曰「取諸人以爲善，是與人爲善」也。取諸人者，是與人同爲善也。此舜之所以爲大而無以加，與天爲一者也。

孟子曰：「伯夷非其君不事，非其友不友。不立於惡人之朝，不與惡人言。立於惡人之朝，與惡人言，如以朝衣朝冠坐於塗炭。推惡惡之心，思與鄉人立，其冠不正，望望然去之，若將浼焉。是故諸侯雖有善其辭命而至者，不受也。不受也者，是亦不屑就已。柳下惠不羞汙君，不卑小官；進不隱賢，必以其道；遺佚而不怨，阨窮而不憫。故曰：『爾爲爾，我爲我，雖袒裼裸裎於我側，爾焉能浼我哉？』故由由然與之偕而不自失焉，援而止之而止。援而止之而止者，是亦不屑去已。」孟子曰：「伯夷隘，柳下惠不恭。隘與不恭，君子不由也。」

伯夷不已其清，柳下惠不已其和。伯夷惡惡之心，是仁者之能惡也。非其君不事，非其友不友；不立於惡人之朝，不與惡人言。方是時，諸侯有善其辭命而至者，以其人不可與處則不受，蓋惟恐其有害於己之道也。故曰不屑就，謂不輕就也。柳下惠不以事汙君爲羞，不以居下位爲卑。其進也，不自隱其賢，而必以其道；其退也，則遺佚阨窮，而無所怨憫，由由然與之偕而不自失。由由者，和而不流之意。援而止之則止，其心庶幾乎道之可行、時之可爲也。故曰不屑去，謂不輕去也。然而伯夷非不就也，特不輕就耳；下惠非不去也，特不輕去耳。伯夷聞文王作興，則曰盍歸乎來；下惠爲士師，蓋嘗三黜。是則伯夷果長往而不來者乎？下惠果苟容而居位者乎？此其就清、和之中，處之而盡其道。然而於是二端終有所未化，故其意味有所偏重，而未免乎流弊也。故夫思與鄉人處，其衣冠不正，望望然去之，若將浼焉，此其流弊得無有入於隘者乎？曰「爾爲爾，我爲我，雖袒裼裸裎於我側而不以爲浼」，此其流弊得無有入於不恭者乎？其端蓋毫釐之間，從而由之，則其弊有甚。故其所爲隘與不恭者，君子所不由，而所願則學孔子者也。

公孫丑下

孟子曰：「天時不如地利，地利不如人和。三里之城，七里之郭，環而攻之而不勝。夫環而攻之，必有得天時者矣，然而不勝者，是天時不如地利也。城非不高也，池非不深也，兵革非不堅利也，米粟非不多也，委而去之，是地利不如人和也。故曰：域民不以封疆之界，固國不以山谿之險，威天下不以兵革之利。得道者多助，失道者寡助。寡助之至，親戚畔之；多助之至，天下順之。以天下之所順，攻親戚之所畔，故君子有不戰，戰必勝矣。」

所謂天時者，用兵乘機，得其時也；地利者，得其形勢也；人和者，上下一心而協同也。域民不以封疆之界，固國不以山谿之險，威天下不以兵革之利，然則果何所恃哉？以吾得道而多助故耳。得道者，順乎理而已，舉措順理，則人心悅服矣。先王之所以致人和者在此而極。夫多助之效，至於天下皆順之，其王也孰禦？一失道則違咈人心，心之所睽，雖親亦疏也，不亦孤且殆哉？是雖有高城深池，誰與爲守？然則有天下者，其可不以得人心爲急乎？雖然，孟子謂域民不以封疆，固國不以山谿，威天下不以兵革。而先王封疆之制，甚詳於周官；設險守國，與夫弧矢之利，並著於易經，何邪？蓋先王吉凶與民同患。其爲治也，體用兼備，本末具舉。道得於己，固有以一天下之心，而法制詳密，又有以周天下之慮：此其治所以常久而安固也。孟子之言則舉其本而明之；有其本，而後法制不爲虛器也。

孟子將朝王，王使人來曰：「寡人如就見者也，有寒疾，不可以風。朝將視朝，不識可使寡人得見乎？」對曰：「不幸而有疾，不能造朝。」明日，出弔於東郭氏。公孫丑曰：「昔者辭以病，今日弔，或者不可乎？」曰：「昔者疾，今日愈，如之何不弔？」王使人問疾，醫來。問疾，且以醫來也。孟仲子對曰：「昔者有王命，有采薪之憂，不能造朝。今病小愈，趨造於朝，我不識能至否乎？」使數人要於路，曰：「請必無歸，而造於朝！」不得已而之景丑氏宿焉。景子曰：「內則父子，外則君臣，人之大倫也。父子主恩，君臣主敬。丑見王之敬子也，未見所以敬王也。」曰：「惡！是何言也！齊人無以仁義與王言者，豈以仁義爲不美也？其心曰『是何足與言仁義也』云爾，則不敬莫大乎是。我非堯舜之道，不敢以陳於王前，故齊人莫如我敬王也。」景子曰：「否，非此之謂也。禮曰：『父召，無諾；君命召，不俟駕。』固將朝也，聞王命而遂不果，宜與夫禮若不相似然。」曰：「豈謂是與？曾子曰：『晉、楚之富，不可及也。彼以其富，我以吾仁；彼以其爵，我以吾義，吾何慊乎哉？』夫豈不義而曾子言之？是或一道也。天下有達尊三：爵一，齒一，德一。朝廷莫如爵，鄉黨莫如齒，輔世長民莫如德。惡得有其一以慢其二哉？故將大有爲之君，必有所不召之臣；欲有謀焉，則就之。其尊德樂道不如是，不足與有爲也。故湯之於伊尹，學焉而後臣之，故不勞而王；桓公之於管仲，學焉而後臣之，故不勞而霸。今天下地醜德齊，莫能相尚，無他，好臣其所教，而不好臣其所受教。湯之於伊尹，桓公之於管仲，則不敢召。管仲且猶不可召，而況不爲管仲者乎？」

聖賢之舉措，皆有精義存焉，衆人未易識也。故燔肉不至，不税冕而行；其不知者則以爲爲肉，其知者則以爲爲無禮，而皆非孔子之意。孟子之不朝王而出弔，其不知者幾何其不以爲要君？其知者則亦以爲太甚矣。自公孫丑、孟仲子以門人近屬，朝夕相親，而猶不克知也，則又何怪於景丑氏乎？乃若孟子之所處，蓋精微矣。且孟子將朝王，是固欲朝王也；及王使人來告，謂欲就見，而以疾不果，則遂不往，何哉？蓋王本不欲見孟子，而故爲之辭以要之，此私意之所生也。孟子方欲消其邪志，引以當道，其可徇其私意之所爲乎？於是以疾辭而不往。方欲朝王，聞王之言若此，而不往，惟義所適也。明日出弔於東郭氏，正欲王知其以疾辭，而深惟其故，此亦孔子取瑟而歌之意也。公孫丑不知，以爲太甚也。孟子告之曰「昔者疾，今日愈，如之何不弔」，其辭氣亦從容不迫矣；若其深意，則欲丑自思而得之。王亦未識孟子之意，則使人問疾醫來。而孟子既出，孟仲子懼王以爲傲也，則詭辭而對曰：孟子之出，固將朝矣。孟仲子此言之發，蓋不知孟子之心，而徇私情之細矣。使孟仲子而知孟子之心，則告之曰「昨日疾，今日愈，而出弔矣」，則豈不正大矣乎？而爲是紛紛也。孟仲子既爲是言，則要於路以告，欲孟子遂朝王，以實夫對使人之辭。孟子不得已而宿於景丑氏，蓋仲子既以是對，則其宿於景丑氏也，意者不得已，明日而往見於王乎？景子聞孟子之所以處者，則以爲不敬於王也。孟子爲言敬王之義，以爲若以僕僕然惟命之共而謂之敬，則僕妾服役之事耳。敬君者，尊之而不敢慢也。若心知仁義爲貴，而謂其君不足以言仁義，其爲慢而誣之孰甚焉？孟子知人皆可以爲堯、舜，故望宣王以堯、舜之事，非堯、舜之道則不敢陳也。然則其敬王孰大於此！或曰：孟子謂齊人莫如我敬王也，不亦處己太不讓乎？蓋不直則道不見。云然者，所以明敬王之義也。景子引孔子不俟駕之事以告，謂己以爲不敬者爲是故也。孟子則曰「豈謂是歟」，謂不俟駕之意，非若景子之説也。孟子蓋嘗言之矣：孔子當仕，有官職，而以其官召之，故不俟駕也。於是舉曾子之言。曾子非以仁義與彼較重輕也。蓋世衰道微，競於勢利，君以此驕士，而士亦不知自重，趨慕服役之不暇；不知仁義在躬，何所慕乎外？故曰「吾何慊乎哉」。有所慊，則有所望於人；有所望於人，則爲富貴之所屈。若無所慊則無所求，豈不綽綽然有餘裕乎？故曰「夫豈不義而曾子言之？是或一道也」。「天下有達尊三」，言天下之所通尊也。朝廷尚爵，則貴賤有等，而乖争陵犯息矣；鄉黨有齒，則長幼以序，而暴慢屏矣。夫爵，施於朝廷者也；齒，用於鄉黨者也；至於德，又通上下所當尊者。德之所以爲可尊，以其輔世長民所賴故也。大有爲之君，必有不召之臣。不召云者，非惟不敢召，亦不可召也。其尊德樂道之心不如是，則信任不篤，豈能輔之以有爲乎？學焉而後臣者，以學爲先，而未敢遽臣之也。惟其學焉，則同德協志，謀無二慮，而事無不成矣。好臣其所教，而不好臣其所受教，此爲國之大患。蓋長傲自居，德日喪而不自知也。湯於伊尹、桓公於管仲，王霸之分固不相侔，然其爲學焉而後臣之則一也。孟子此章，於公孫丑、孟仲子則告之不詳。二子學者也，欲其深省而自識焉。至於景子，則陳義委曲著明如此。景子，大夫也，庶幾其明此義，而有以啓悟於宣王之心，孟子於宣王庶幾有望焉。雖然，孟子初不可召，而後復爲卿於齊，何也？蓋使宣王而能若湯之於伊尹、桓公之於管仲，則孟子得以行其道，是其所望也，而莫之能焉。爲卿而留於齊，猶望其感悟於終也。聖賢伸縮變化，皆有深旨，學者所宜盡心焉。

陳臻問曰：「前日於齊，王餽兼金其價兼倍，故謂之兼金。古者以一鎰爲一金，鎰二十兩。**一百而不受；於宋，餽七十鎰而受；於薛，餽五十鎰而受。前日之不受是，則今日之受非也；今日之受是，則前日之不受非也。夫子必居一於此矣。」孟子曰：「皆是也。當在宋也，予將有遠行，行者必以贐，辭曰餽贐，予何爲不受？當在薛也，予有戒心，辭曰聞戒，故爲兵餽之，予何爲不受？若於齊，則未有處也。無處而餽之，是貨之也。焉有君子而可以貨取乎？」**

凡人所以遲回於辭受之際者，以爲外物所動故也。蓋於其所不當受而受，其動於物固也；若於所當受而不受，是亦爲物所動而已矣。何則？以其蔽於理而見物之大也。若夫聖賢從容不迫，惟義之安，而外物何有乎？故以舜受堯之天下而不爲泰，亦曰義當然爾。若於義也無居，則雖簞食豆羹，不可取也。簞食豆羹之與天下，其大小固有間矣。物則有大小，而義之所在則一也。惟孟子此章言辭受之義，可謂明矣。在前日則不受，在今日則受，義之所在而已。予將有遠行，而辭曰餽贐；予有戒心，而辭曰聞戒，故爲兵餽之。是其餽也有名，而受之也有義矣。若於齊，則未有處也。未有處者，於義無所居也。於義無所居，徒然受之，可乎？夫義存，則爲義也；義之不存，則是貨之而已。君子豈可以貨而取之乎？取之云者，猶曰以此得之云爾。孟子此章，學者玩之，非特可以知辭受之義，而亦可以知所以與矣。

孟子之平陸，謂其大夫曰：「子之持戟之士，一日而三失伍，則去之否乎？」曰：「不待三。」「然則子之失伍也亦多矣。凶年饑歲，子之民老羸轉乎溝壑，壯者散而之四方者，幾千人矣。」曰：「此非距心之所得爲也。」曰：「今有受人之牛羊而爲之牧之者，則必爲之求牧與芻矣。求牧牧地也。**與芻而不得，則反諸其人乎？抑亦立而視其死與？」曰：「此則距心之罪也。」他日，見於王曰：「王之爲都者，臣知五人焉。知其罪者，惟孔距心。」爲王誦之。王曰：「此則寡人之罪也。」**

人君有民，與其臣共司牧之，是當以保民爲己任耳。戰國之君臣莫知其任也，故孟子以此問於距心焉。夫持戟之士，率其伍以戰，若有失亡，則以不職而去之矣。今分任牧民之責，而不存心於民，平時不爲備預安集之計，凶年饑歲，使之轉死流散，坐視而不能救其所失，比之失伍者不已多乎？距心以爲己，大夫也，有不得專，以爲此君與大臣之責耳。孟子以求牧與芻爲譬，謂既已受其民，固當思所以救之者，告於君與大臣而行之，則爲不負其任。若告之而不聽，則又豈可虚居其位乎？今居其位，坐視民之死而莫能救，其義何居？距心聞斯言也，有動於中，而知其罪。孟子既有以感發距心矣，而又舉距心之所以感發者以告於王，而王亦有動焉。然宣王雖有感於是言，而發政施仁之實則莫之聞也。故范氏以爲此所謂説而不繹、從而不改，雖孔子亦末如之何也。

孟子謂蚔鼃曰：「子之辭靈丘而請士師，似也，爲其可以言也。今既數月矣，未可以言與？」蚔鼃諫於王而不用，致爲臣而去。齊人曰：「所以爲蚔鼃則善矣，所以自爲則吾不知也。」公都子以告。曰：「吾聞之也：有官守者，不得其職則去；有言責者，不得其言則去。我無官守，我無言責也，則吾進退，豈不綽綽然有餘裕哉？」

所居之時雖同，而所處之地有異，則其進退語默，各有攸當，不可得而齊也。蚔鼃之在靈丘，其職未可以言也，而請士師，庶幾乎欲有補於君也。士師掌國之刑罰，而立於朝。王有闕德，朝有闕政，士師所當言也。故孟子以數月爲淹久，而欲其言。蚔鼃於是諫於王，言不用而去之，庶幾得爲臣之義矣。齊人以爲孟子所以爲蚔鼃者固善，而孟子久於齊，曷不諫乎？若諫而不聽，則盍不遂去之乎？蓋齊人未知義之所在也。夫有官守者，其守在官，不得其職則當去；有言責者，其責在言，不得其言可不去乎？若孟子，則異乎此矣。居賓師之地，無官守言責之拘，故得以從容不迫，陳善閉邪，以俟其改，故曰「則吾進退，豈不綽綽然有餘裕哉」，言可以徐處乎進退之宜也。然卒致爲臣而歸，何也？蓋其誠意備至，啓告曲盡，而王終莫之悟也，則有不得已焉者。而三宿出晝，猶庶幾王之改之，亦可謂從容矣。蓋進退久速，無非義之所存而已。

孟子爲卿於齊，出弔於滕。王使蓋大夫王驩爲輔行。王驩朝暮見，反齊、滕之路，未嘗與之言行事也。公孫丑曰：「齊卿之位不爲小矣，齊、滕之路不爲近矣。反之而未嘗與言行事，何也？」曰：「夫既或治之，予何言哉？」

王驩，齊之嬖人也。出弔於滕，乃邦交之常事。孟子雖爲卿，而實賓師也，則夫禮文制數，固可付之於有司。是王驩雖曰輔行，然齊王之意，特欲藉孟子以爲重，有司之事不敢以煩，而王驩則行之者也。孟子往反齊、滕之路，亦不與言行事。公孫丑固知孟子於驩難與言也，獨疑行事之閒豈無當言者？蓋未知孟子深得夫遠小人不惡而嚴之道耳。禮文制數，既有司之事，孟子者特統其大綱於上，而驩則共其事於下。若驩於事上之禮有失，於邦交之儀有曠，則孟子固有以處之矣。觀驩於孟子，蓋亦知所敬畏者，故朝暮見而不敢以失禮。驩之爲人，亦克勝其職者，故曰「夫既或治之，予何言哉」。使其不克治，則孟子不免有言也。其有言也，將以正其事之失也。彼既或治之，未見有可正之事，則亦烏用有言也？玩此辭氣，不亦正大而謹嚴乎？君子待小人之道，於斯可見矣。

孟子自齊葬於魯，反於齊，止於嬴。充虞請曰：「前日不知虞之不肖，使虞敦匠事，嚴，虞不敢請。今願竊有請也：木若以美然。」曰：「古者棺椁無度，中古棺七寸，椁稱之。自天子達於庶人，非直爲觀美也，然後盡於人心。不得，不可以爲悦；無財，不可以爲悦。得之爲有財，古之人皆用之，吾何爲獨不然？且比化者無使土親膚，於人心獨無恔乎？恔，快也。**吾聞之也：君子不以天下儉其親。」**

緣人之情不忍於其親，故於其終而藏也，必爲之深長之思焉。先王制禮，本乎人心者也，故重累之數，牆翣之飾，凡涉乎禮文度數者，莫不有貴賤等威之不侔。至於棺椁之厚薄，則自天子達於庶人無二制。蓋其所爲親身者莫切乎此，雖位有貴賤，而人子之心所以愛其親則同也，是豈爲觀美哉？其中心所以自盡者如此，有不得自盡，則中心有所不悦焉。蓋欲使比及其化，而土不至於親膚，而後庶幾無所恨也。故不得則不可以爲悦，而無財則不可以爲悦。其不得者，特以無財之故耳。力可爲之而不爲，是以天下儉其親也。孝子之心其忍於是乎？雖然，墨子之薄葬，固賊夫良心，而後世厚葬之過，其失均也。蓋曰盡於人心，則不可以有加也。過是而有加焉，則亦非天理矣。

沈同以其私問曰：「燕可伐與？」孟子曰：「可。子噲不得與人燕，子之不得受燕於子噲。有仕於此，而子悦之，不告於王而私與之吾子之禄爵。夫仕也，亦無王命而私受之於子，則可乎？何以異於是？」

孟子論堯、舜授受之際，一以天言之，蓋非堯得授舜以天下也，亦非舜得受堯之天下也，天與之而已。聖人與天合德，故先天而天弗違，後天而奉天時，非有一毫人爲與於其間也。子噲蓋聞堯、舜之事，而不勝愛子之私，故假此事而以國授焉。是其授也，子噲之私意，非天意也。而子之受之也，亦固利其國耳，又豈天意乎哉？故孟子答沈同之問，以爲子噲不得與人燕，子之不得受燕於子噲。又從而引喻以告之：如沈同之禄爵，王命之也；沈同不告王而以禄爵與人，其受之也，亦無王命，而私受之，其不可也明矣。繼先王之世以有國，而以私意相授受，其可乎？此燕所爲有可伐之罪也。

齊人伐燕。或問曰：「勸齊伐燕，有諸？」曰：「未也。沈同問：『燕可伐與？』吾應之曰『可』。彼然而伐之也。彼如曰：『孰可以伐之？』則將應之曰『爲天吏則可以伐之』。今有殺人者，或問之曰：『人可殺與？』則將應之曰『可』。彼如曰：『孰可以殺之？』則將應之曰『爲士師則可以殺之』。今以燕伐燕，何爲勸之哉？」

所謂天吏者，其德有以當天心，故天命之以討有罪，湯、武是也。故天吏之得討罪，與士師之得殺人同。命士師者君也，而命天吏者天也。何從而知天命之？人之所歸，天之所命也。燕雖有可伐之罪，然齊不得而伐之者，齊非天吏故也。何以知齊非天吏乎？以齊君所爲，與夫人心而知之也。有人於此，罪雖可殺，然行道之人不得而殺之也，惟士師當其任，則得以殺之矣。蓋亦非士師得專之也，君所命也。天吏之討有罪，亦天所命云爾。沈同以其私問「燕可伐與」，孟子對之曰「可」，言燕有可伐之罪也。使沈同而問「齊可伐燕與」，則孟子固將言齊未可以伐之理矣。問答抑揚，次第固當爾也。

燕人畔。王曰：「吾甚慚於孟子。」陳賈曰：「王無患焉。王自以爲與周公孰仁且智？」王曰：「惡！是何言也？」曰：「周公使管叔監殷，管叔以殷畔。知而使之，是不仁也；不知而使之，是不智也。仁、智，周公未之盡也，而況於王乎？賈請見而解之。」見孟子，問曰：「周公何人也？」曰：「古聖人也。」曰：「使管叔監殷，管叔以殷畔也，有諸？」曰：「然。」曰：「周公知其將畔而使之與？」曰：「不知也。」「然則聖人且有過與？」曰：「周公，弟也；管叔，兄也。周公之過，不亦宜乎？且古之君子，過則改之；今之君子，過則順之。古之君子，其過也如日月之食，民皆見之，及其更也，民皆仰之。今之君子，豈徒順之，又從爲之辭。」

甚矣，小人之爲人害也！燕人畔，而齊王以爲甚慚於孟子。使其即是心而知悔，其庶矣乎！而陳賈遽曰「王無患焉」，遂引周公之事，以爲周公且有過，而況於我？其辭婉而巧，使王聞是言也，將頓忘其慚悔之心，而復起其驕怠之意。甚矣，小人之爲人害也！聽言者可不察與？周公之事，孟子答之，可謂辭簡而理盡矣。賈曰「周公知其將畔而使之與」，則應之曰「不知也」；賈曰「然則聖人且有過與」，則應之曰「周公，弟也；管叔，兄也。周公之過，不亦宜乎」？斯兩言也，而周公之心若揭日月矣。蓋周公之心，帝舜「象憂亦憂，象喜亦喜」之心也。仁人之於兄弟也，親愛之而已矣；若逆料其將畔，而遂廢之，則誠何心哉？以其可立而立之，蓋兄弟親愛之至情，而天理之大公也。又曰「周公之過，不亦宜乎」，親愛之而不知其將畔，其過也宜矣。孟子既答賈周公問矣，而知賈之意蓋爲齊王文其過設也，則又爲言古人改過之道：古之君子，有過則改之，改之則其過亡矣。以日月之食爲喻，言其不自蔽也，故人見其過而仰其更。今之君子則不然，有過則順之。順之云者，隨順其過而不更也。非徒順之，又從而爲之辭。爲之辭，則是蔽護文飾，於過之中，又生過焉，私意橫流，有不可極者矣。若陳賈者，爲其君爲辭者也，其蠹君心也，不亦甚乎？嗟乎！是豈特在上之君子當深復乎此。士之持身，改過爲大，若夫因循怠忽，一有順之之意，當深察而力克之，况可爲之辭乎？

孟子致爲臣而歸。王就見孟子，曰：「前日願見而不可得，得侍同朝，甚喜。今又棄寡人而歸，不識可以繼此而得見乎？」對曰：「不敢請耳，固所願也。」他日，王謂時子曰：「我欲中國而授孟子室，養弟子以萬鍾，使諸大夫國人皆有所矜式。子盍爲我言之！」時子因陳子

而以告孟子，陳子以時子之言告孟子。孟子曰：「然。夫時子惡知其不可也？如使予欲富，辭十萬而受萬，是爲欲富乎？季孫曰：『異哉子叔疑！使己爲政，不用，則亦已矣，又使其子弟爲卿。』人亦孰不欲富貴？而獨於富貴之中，有私龍斷焉。龍斷，高壠而斷者也。古之爲市也，以其所有，易其所無者，有司者治之耳。有賤丈夫焉，必求龍斷而登之，以左右望，而罔市利。人皆以爲賤，故從而征之。征商自此賤丈夫始矣。」

孟子爲卿於齊，庶幾乎道之行也。道不得行，則致爲臣而歸。於其歸也，王猶有眷眷之意，而欲繼此以見焉。見王有善意也，則曰「不敢請耳，固所願也」，其進退伸縮何常，一於義而已。而王與時子謀，欲養弟子以萬鍾，是王之意，徒欲禄夫孟子，而非爲道也，此豈孟子之心哉？故曰「如使予欲富，辭十萬而受萬，是爲欲富乎」，謂使我而欲富，則曷辭乎齊卿？惟予之心非欲富也，而所以待我者則乖本旨矣。門人猶未解此，或以爲異且疑者，孟子告之之意，以爲不用己則已矣，而又欲養子弟以卿之禄，則是王之處己也以利，而非爲道之故，吾之受之亦利之而已。苟以利，則何異於龍斷之夫乎？「人孰不欲富貴」，此言人情之常也。謂聖賢獨不欲，則豈人情哉？聖賢固欲道之行也，而動必以義。義所不安，則處貧賤而終身，可也，其可以利誘乎？嗟乎！義利之幾，君子之所深謹，而去就之所由分也。後世爲人臣者，不明斯義，故爲之君者謂利禄之果可以得士，而士之所以求於我者亦不過乎此，於是而有輕士自驕之心。正猶征商之法，因龍斷之夫而立耳。夫惟君子守義而不苟就，所以明爲人臣之義也。

孟子去齊，宿於晝。有欲爲王留行者，坐而言。不應，隱几而卧。客不悦曰：「弟子齊宿而後敢言，夫子卧而不聽，請勿復敢見矣。」曰：「坐！我明語子。昔者魯繆公無人乎子思之側，則不能安子思；泄柳、申詳無人乎繆公之側，則不能安其身。子爲長者慮，而不及子思。子絶長者乎？長者絶子乎？」

「魯繆公無人乎子思之側，則不能安子思」，蓋繆公尊信子思，惟恐其不安於魯，不敢謂己能留子思，而每與賢者共安之。是則進退屈伸，在子思而已。若夫「泄柳、申詳無人乎繆公之側，則不能安其身」，蓋繆公尊信之有所未篤，必待於知己者左右之於公所，則進退屈伸不幾於在人乎？然則泄柳、申詳之於子思，其相去蓋有閒矣。孟子之去齊，既宿於晝矣，而有欲爲王留行者。是留行之意，非出於王之悔悟，而獨出於或者之私情。孟子不應，隱几而卧，使之默喻其非。而猶未之悟也，則引子思與泄柳、申詳之事以告之。其意以爲必待他人之言而留，則君心信之不篤，亦無由而可伸道矣。孟子與子思之所以自處者，其道一也。

孟子去齊。尹士語人曰：「不識王之不可以爲湯、武，則是不明也；識其不可，然且至，則是干澤也。千里而見王，不遇故去，三宿而後出晝，是何濡滯也？士則兹不悦。」高子以告。曰：「夫尹士惡知予哉？千里而見王，是予所欲也；不遇故去，豈予所欲哉？予不得已也。予三宿而出晝，於予心猶以爲速，王庶幾改之。王如改諸，則必反予。夫出晝而王不予追也，予然後浩然有歸志。予雖然，豈舍王哉？王由足用爲善。王如用予，則豈徒齊民安，天下之民舉安。王庶幾改之，予日望之。予豈若是小丈夫然哉？諫於其君而不受，則怒，悻悻然怒色形見之狀。見於其面，去則窮日之力而後宿哉？」尹士聞之，曰：「士誠小人也。」

詳味孟子答高子之辭，可謂温厚而不迫矣。曰「千里而見王，是予所欲也；不遇故去，豈予所欲哉？予不得已也」，何其温厚而不迫與！試紬繹而思之：孟子千里而欲見王之心，其果何爲乎？蓋孟子既常以道自任，則其出也，有不可以已者。聞齊王之或可以告語也，則不憚千里而見之，故曰「是予所欲也」，而卒不遇以去者，豈其所望哉？蓋有不得已焉者。三宿出晝，而心猶以爲速，庶幾乎王之改，則道之猶可行也。及夫出晝，而王莫追也，則浩然有歸志，而猶曰「吾雖然，豈舍王哉」，蓋齊王在當時，庶幾可與爲善者，故曰「王猶足用爲善」。歷攷宣王之爲人，猶爲不敢以飾詐者，故其未能領孟子之意也，則曰「吾惛，不能進於是」；問以好樂，則變乎色曰「寡人非能好先王之樂也，直好世俗之樂耳」；好貨、好色、好勇，自以爲疾，言之而不諱，其質雖鈍而不敏，然與夫飾非矯情以自欺者異矣。故孟子有望焉，以爲「王如用予，則豈徒齊民安」，將「天下之民舉安」。蓋其安天下之道已素定於胷中，施設次第，固有條理，而其本則在於格君心，故拳拳有望於王之改之也。王一改悟，而孟子之道可行，齊民可安；齊民安，而天下之民將舉安矣，其序固爾也。又曰「予日望之」，孟子非不知道之行否有命，而拳拳不已者，吉凶與民同患之心也。學者所宜反復詳味之。若夫諫而不用則怒，悻悻然見於其面，去則窮日之力，則是私意之所發。其諫也，固無未言之憾；而其去也，又豈復有忠厚之氣？此真小丈夫哉！

孟子去齊，充虞路問曰：「夫子若有不豫色然。前日虞聞諸夫子曰：『君子不怨天，不尤人。』」曰：「彼一時，此一時也。五百年必有王者興，其間必有名世者。由周而來，七百有

餘歲矣。以其數則過矣，以其時攷之則可矣。夫天未欲平治天下也；如欲平治天下，當今之世，舍我其誰也？吾何爲不豫哉？」

充虞蓋亦察孟子顔色之間若有不豫之意，而淺心所量，遂有不怨天、不尤人之問也。而不知孟子之心，蓋疑王道之久曠，憂生民之不被其澤，是以若有不豫色然也。曰「彼一時，此一時也」，蓋疑辭也。謂此亦一時，彼亦一時，何彼時王者之數興，其尤闊者不過五百年，而名世間出者亦有之矣；而乃今七百有餘歲，王政不行焉，言不應若是其久曠也。而此孟子所以疑、所以憂而未能釋也。若夫在孟子之進退去就，則何疑何憂之有哉？天未欲平治天下，故我之道未可行；使天而欲平治天下，則舍我孰與爲之者？則何不豫之有？由前所言，在君子不得不疑，不得不憂；由後所言，在君子夫何憂、夫何疑？故王通謂「樂天知命，吾何憂；窮理盡性，吾何疑」，又曰「天下皆憂，吾不得不憂；天下皆疑，吾不得不疑」，蓋近此意，而心迹之論則非也。雖然，孔子所謂「天之未喪斯文也，匡人其如予何」，與孟子「如天未欲平治天下」之語，反復玩味之，則亦可見聖賢之分矣。

孟子去齊，居休。公孫丑問曰：「仕而不受禄，古之道乎？」曰：「非也。於崇，吾得見王，

退而有去志，不欲變，故不受也。繼而有師命，不可以請。久於齊，非我志也。」

孟子謂千里見王，是予所欲；及其去也，則三宿出晝，猶以爲速。今答公孫丑之問，則謂初見王則退而有去志，故不受其禄；繼而有師旅之命，而不敢以遽引。「久於齊，非我志也」，何哉？蓋孟子雖庶幾宣王之可與有爲，吾道之可以行，而其可去之幾，未嘗不先覺，兹聖賢之所以爲至也。以公孫丑之辭攷之，則是孟子雖嘗爲卿於齊，而未嘗食卿之禄，特其繼廩繼粟則受之耳。一見而有去志，則察王之神必有不能受者；然其庶幾足用爲善，則又以其質亦有可取也。不然，孟子在當時即引去矣，何待夫久哉？不欲變云者，存欲去之意，而不欲變，故不受其禄，少留以觀其感悟與否也。久於齊，非我志也。然則心欲去而迹則留，聖賢有是哉？蓋謂初志雖欲去，而猶有望焉，故爲之淹久。不然，孟子豈徒爲苟留也哉？此篇載孟子於齊，始終去就久速之義甚備，學者所宜深究其然也。

南軒先生孟子説卷第三

滕文公上

滕文公爲世子，將之楚，過宋而見孟子。孟子道性善，言必稱堯、舜。世子自楚反，復見孟子。孟子曰：「世子疑吾言乎？夫道，一而已矣。成覸謂齊景公曰：『彼丈夫也，我丈夫也，吾何畏彼哉？』顔淵曰：『舜何人也？予何人也？有爲者亦若是。』公明儀曰：『文王我師也，周公豈欺我哉？』今滕絶長補短，將五十里也，猶可以爲善國。書曰：『若藥不瞑眩，攻疾憒動之狀。厥疾不瘳。』」

性善之論，蓋本於此。以文義攷之，實門人記録，以爲孟子道性善，言必稱堯、舜也。孟子所以道性善者，蓋性難言也，其淵源純粹，可得而名言者，善而已。所謂善者，蓋以其仁義禮知之所存，由是而發，無人欲之私亂之，則無非惻隱、羞惡、辭讓、是非之心矣。人之有不善，皆其血氣之所爲，非性故也。以其皆有是性，故皆可以爲堯、舜。

堯、舜者，能盡其性而已。滕世子聞是言，自楚反，復見孟子。蓋雖有動乎中，而未免乎疑也。孟子告之曰「夫道，一而已矣」，言天下無二道也。因舉成覵與顔淵、公明儀之語，使之知古今之無閒，聖愚之本同，人人可以勉而進也。滕國雖小，猶可以爲善國，亦在夫爲之而已。孟子所謂瞑眩之藥者，欲使之舍其舊習，遠法堯、舜也。人唯自棄，以堯、舜爲不可及，是以安其故常，終身不克進。獨不知己之性即堯、舜之性，而其不能如堯、舜者，非不能也，不爲耳。故顔子以謂「舜何人也？予何人也？有爲者亦若是」。此誠萬世之準則也。

滕定公薨。世子謂然友曰：「昔者孟子嘗與我言於宋，於心終不忘。今也不幸，至於大故，吾欲使子問於孟子，然後行事。」然友之鄒，問於孟子。孟子曰：「不亦善乎！親喪固所自盡也。曾子曰：『生，事之以禮；死，葬之以禮，祭之以禮，可謂孝矣。』諸侯之禮，吾未之學也。雖然，吾嘗聞之矣：三年之喪，齊疏疏，衰也。**之服，飦粥之食，**飦粥，糜粥也。**自天子達於庶人，三代共之。」然友反命，定爲三年之喪。父兄百官皆不欲，曰：「吾宗國魯先君莫之行，吾先君亦莫之行也，至於子之身而反之，不可。且志曰：『喪祭從先祖。』」曰：「吾有所受之也。」謂然友曰：「吾他日未嘗學問，好馳馬試劍；今也父兄百官不我足也，恐其不能盡**

於大事。子爲我問孟子!」然友復之鄒,問孟子。孟子曰:「然,不可以他求者也。孔子曰:『君薨,聽於冢宰,歠粥,面深墨,即位而哭,百官有司莫敢不哀,先之也。上有好者,下必有甚焉者矣。君子之德,風也;小人之德,草也。草上之風必偃。』是在世子。」然友反命。世子曰:「然,是誠在我。五月居廬,未有命戒。百官族人可,謂曰知。」及至葬,四方來觀之,顏色之戚,哭泣之哀,弔者大悦。

三年之喪,自天子達。漢文帝之欲薄其喪,固爲有戾於公理;而景帝孝愛不篤,遂廢先王之法,滅人子之性。流及後世,以萬乘之尊,居兆民之上,而率天下以薄,不亦悲夫!然攷滕世子問孟子之辭,則三年之喪,其廢也久矣,其在周之末世乎?故曰「吾宗國魯先君莫之行,吾先君亦莫之行也」;又曰「喪祭從先祖,吾有所受之也」。然則其廢也久矣。世之治亂,此豈非其根柢耶?至景帝始顯然從易月之制而不疑,蓋亦傳習之久,不以爲大變也。嗟乎!三年之喪,人子至情,而聖人制之以天理者也。蓋故孟子答世子之問,皆切其良心以告之。世子聞孟子之言於宋,而於心終不忘。蓋禮義本人心之所同然,孟子之言,有以感其所同然者也。至於遭大變,故於心有所不安,而遣然友以問焉。世子之資,亦有可取矣。孟子告之曰「親喪固所自盡也」。夫人子之於親喪，其至情深痛，孰爲而然哉？其哭泣衰麻之節，祭祀之禮，凡以自盡而已。苟惟知所以自盡，則蓋有不待勉而行者矣。「生，事之以禮；死葬之以禮，祭之以禮」，而後謂之孝。所謂禮者，蓋不可以不勉也。三年之喪，齊疏之服，飦粥之食，自天子至於庶人，此所謂禮也。然友反命，而父兄百官皆不欲。夫父兄百官亦豈獨非人子哉？唯夫狃於故常，安於逸欲，而亡其天性至此，故以爲吾先君莫之行，而不可以反。噫！天下之事，唯當其理而已矣。前人偶未及此，而後人幸而知之，乃遂以爲前之所未及者爲不可反，則是其失將相尋於無窮而後已耳。不知後之人一旦能改以從是，則非惟其事自此而正，而亦得以蓋其既往之失，是前人所望於後人之意也。「喪祭從先祖」，謂先王之時喪祭而言也。先王之時，喪祭皆有定制，懼後世有所更張而荒墜也，則曰「喪祭從先祖」。且魯之先祖，周公、魯公也；滕之先祖，武王之庶弟叔繡也。在當時所行，皆先王三年之喪也。若用喪祭從先祖之説，則盍不反其舊乎？後人既已廢其先祖之禮，而來者方循已廢之失，乃曰吾從先祖而已，何其不之思乎？大抵人心安於放肆，故以反古復禮爲難，而不知克其私意，求之吾心，夫何遠之有？世子雖有好善之心，而見理未明，自信不篤，故猶惑於父兄百官之浮議，而復遣然友以問焉，其病亦在於他日未嘗學問之故也。孟子以謂「不可以他求者」，蓋以爲父兄百官之不欲，亦在我有以率之而已矣，於是引孔子之言以告之：「君薨，聽於冢宰，歠粥，面深墨，即位而哭，百官有司莫敢不哀」者，吾有以先之故爾。此草上之風必偃也。又曰「是在世子」，斯言欲世子立志爲本，而無事乎外也。世子聞斯言也，而曰「是誠在我」，此志一立，而人莫能移矣。世子之志立，而喪紀明，其感化已有可見者。故五月居廬，未有命戒，百官族人，皆以爲可，而謂之爲知。夫百官族人何前日以爲非，而今日以爲知？蓋均是人也，吾有是心，彼亦有是心也；吾有以先之，則彼將從而感動矣。非特百官族人，四方之來觀者見其顏色之戚，哭泣之哀，而莫不大悦。蓋天下之心一而已。嗟乎！自漢景以來，易月之制案爲國論，而不可改，堯、舜、三王之事，則棄之不遵，而文、景之繆，則襲之無疑。以晉武帝之慨然欲復其舊，而沮其議者，當時所謂名儒杜預輩也。而魏孝文、周武帝乃能申其事情，而其品節居多可憾。此爲國之大經，人倫之大節，孰謂更歷世英明之主而獨不能乎？良由父兄百官用至於子之身而反之不可之論，與夫喪祭從先祖之説有以沮之也。嗟乎！盍不深復於孟氏「是在世子」之言乎？其亦無能以此啓告者乎？

滕文公問爲國。孟子曰：「民事不可緩也。詩云：『晝爾于茅，宵爾索綯，晝取茅草，夜索以爲絞。亟其乘屋，其始播百穀。』民之爲道也，有恒産者有恒心，無恒産者無恒心。苟無恒心，放辟邪侈無不爲已。及陷乎罪，然後從而刑之，是罔民也。焉有仁人在位，罔民而可爲也？是故賢君必恭儉禮下，取於民有制。陽虎曰：『爲富不仁矣，爲仁不富矣。』夏后氏五十而貢，殷人七十而助，周人百畝而徹，其實皆什一也。徹者，徹也。」

張横渠曰：「徹是透徹之徹。透徹而耕，則功力均，且相驅率，無一家得惰者。及已收穫，則計畝數衮分之，以衮分之數，取什一之數。」楊龜山曰：「徹者，徹也，蓋兼貢助而通用也。故孟子曰：『請野九一而助，國中什一使自賦。』方里爲井，井九百畝，八家皆私，百畝其中，爲公田。所謂九一而助也，國中什一使自賦，則用貢法矣。此周人所以爲徹也。鄭氏謂『周制，畿内用貢法，邦國用助法』，有得於此歟？」

「助者，藉也。龍子曰：『治地莫善於助，莫不善於貢。』貢者，校數歲之中以爲常。樂歲粒米狼戾，多取之而不爲虐，則寡取之；凶年糞其田而不足，則必取盈焉。爲民父母，使民盻盻然將終歲勤動，不得以養其父母，又稱貸而益之，使老稚轉乎溝壑，惡在其爲民父母也？夫世禄，滕固行之矣。詩云：『雨我公田，遂及我私。』惟助爲有公田。由此觀之，雖周亦助也。設爲庠序學校以教之。庠者養也，校者教也，序者射也。夏曰校，殷曰序，周曰庠，學則三代共之，皆所以明人倫也。人倫明於上，小民親於下。有王者起，必來取法，是爲王者師也。詩云：『周雖舊邦，其命維新。』文王之謂也。子力行之，亦以新子之國。』

滕文公問爲國，孟子首告之以「民事不可緩」也。斯一言，真有國之寶，幾於一言而可以興邦者也。周公七月之詩，其所爲諄諄懇懇如此者，凡以民事之不可緩故爾。所謂「晝爾于茅，宵爾索綯，亟其乘屋，其始播百穀」之語，蓋言農隙之詩，汲汲然治其屋廬，以來歲將復始播百穀，而不暇於此之故也。下所言與告梁惠王者同，蓋其理之深切者也。賢君恭儉禮下，取於民有制者。蓋恭儉則自奉養以節，禮下則不敢以勢陵民。而又取民以制，什一之法，所謂制也。過乎此則爲桀之道，而不及乎此則爲貉之道。爲富不仁，爲仁不富者，蓋欲爲富則惟富之徇，雖有害於人，不顧卹也，故必不仁；爲仁則以愛人存心，其肯以富己爲事乎？天理人欲之不兩立也。言之可取，雖陽虎亦不廢，雖不以言取人，而亦不以人廢言，聖賢之公心也。夏、商、周之法，或以五十，或以七十，或以百畝，而皆以什一。蓋五十畝者，以五畝爲貢；七十畝者，以七畝爲助；百畝者，以十畝爲徹。是皆什一也。徹之爲言，徹耕而通計之也；助之爲言，借民之力，助公上以耕也。夏后氏之貢，雖亦取其什之一，而未免有弊者，蓋校數歲之中而立之常制故也。惟助法爲精密：使民出其力以治上之公田，上之人收公田之入而已，其多寡視歲之登凶，與民同其豐歉也。然而夏后之時，其弊未至如龍子之言也。春秋、戰國之際，用夏之貢法，而暴君汙吏虐賦於民，故使民至於終歲勤動而無以養其父母。見民之無以自養也，則又稱貸之，名以爲惠，而實取其倍稱之息以自益，使老弱轉死溝壑而後已。蓋先王之制，本以仁民，而後之所爲，衹以爲富也。成周之法，蓋壞於春秋、戰國之際，然略有存者，如世禄是也。而井田之制，則壞也久矣。助法，周人亦兼用之於野，故引「雨我公田，遂及我私」之詩。惟助爲有公田，以見周之亦有助也。夫上與民同其豐歉，而民樂共其上之事，故民之情，欲先雨乎公田，以及乎吾之私，可見民之親愛其上矣。助法之行，固有以養民之良心也。民既有以自養，則庠序學校之教可行焉。三代之學，曰校，曰庠，曰序，名雖不同，而所以爲學則一。庠言其養，養其材也；校言其教，教以道也；序言其射，射考德也。其所以學者何也？明人倫也。人之大倫，天之所叙，而人性所有也。人惟不能明其理，故不盡其分，以至於傷恩害義，而淪胥其常性。聖人有憂焉，爲之學以教之，使之明夫君臣之有義，父子之有親，夫婦之有别，長幼之有序，求以盡其分而無失其性。故人倫明於上，而小民亦篤於孝愛，親其君上而不可解，此三代風化之所爲美也。後有王者起，不取法於是而何求乎？蓋三代之治，實萬世王者之師也，此中庸所謂王天下有三重焉之意也。「周雖舊邦，其命維新」，言周邦雖舊，而天命之眷顧則新，蓋德之流行，有以格於天心也。然則滕國雖小，所以新之者，豈不在文公乎？惟力行王政斯可矣。

使畢戰問井地。孟子曰：「子之君將行仁政，選擇而使子，子必勉之！夫仁政必自經界始。經其土地而界之。經界不正，井地不均，穀禄不平，是故暴君汙吏必慢其經界。經界既正，分田制禄可坐而定也。夫滕，壤地褊小，將爲君子焉，將爲野人焉。無君子莫治野人，無野人莫養君子。請野九一而助，國中什一使自賦。卿以下必有圭田，圭田五十畝；餘夫二十五畝。死徙無出鄉，鄉田同井，出入相友，守望相助，疾病相扶持，則百姓親睦。方里而井，井九百畝，其中爲公田。八家皆私百畝，同養公田。公事畢，然後敢治私事，所以别野人也。此其大略也。若夫潤澤之，則在君與子矣。」

至哉，井田之爲法也！聖人既竭心思焉，繼之以不忍人之政，而仁覆天下者，其有大於井田矣乎？井田之法，以經土地爲本。經云者，經理之，使其分界明辨也。經界正則井地可均，井地均則穀禄可平。自公卿以至於士，各有常禄；自匹夫匹婦各有常産；而鰥寡孤獨亦各有所養。自五人爲伍而伍之，而兵可寓也；自五家爲比而比之，而民可睦也。鄉庠黨塾，春誦夏絃，而教化可行焉，賢能可興焉。爲治有要，如綱舉而萬目張者，其惟井田矣乎！暴君汙吏，其用之也無度，故其取之也無極，乃始慢其經界。蓋以經界之法明，則無以肆其虐取之計，不得不遂廢之也。當孟子之時，其廢也蓋久矣。滕文公慨然有意於治，而使畢戰問及乎此，宜孟子樂聞而深勉之也。孟子欲以正經界爲先，蓋井田，王政之本，而經界又井田之本也。一國之間，有君子焉，有小人焉，其大要在於分田制禄二事而已。田得其分，則小民安其業；禄得其制，則君子賴其養。上下相須，而各宜焉，治之所由興也。惟夫爲君子者虐取而無制，爲小人者畔散而不屬，此井田之法所以壞，而周之所爲末世也。於是稽先王之制而酌之，使之坦然而易行。請野九一而助，國中什一使自賦。野謂郊外。九一而助，私其九而助其一也。國中謂近郭之地。使自賦，使私其九而賦其一也。二者皆什一也。民受田百畝，卿大夫各賦圭田五十畝，民之有餘夫者又授之二十五畝，此其謂公平均一，輕重有倫者也。民有常産，則有恒心。死徙不出其鄉，鄉田同井，其出入相友也，守望相助也，疾病相扶持也。其所爲親睦若此者，蓋先王井田之制有以養其良心故也。方里爲一井，井九百畝，八家受八百畝，其中百畝則爲公田。八家各私其所受之百畝，而同養公田。先治公田，而後及其私，蓋其尊君愛上之心亦由是而生焉。曰「此所以別野人也」，言此爲治野人之事也。孟子既言其大略矣，而曰「若夫潤澤之，則在君與子矣」，蓋立制定法，大綱既舉，而其纖悉條理，要使精密無餘憾，而後可行也。或曰：人皆知商鞅相秦孝公，廢井田，開阡陌；今以孟子之言攷之，則井田之廢也久矣。蓋孟子之時，井田之法雖廢，而井田之名猶在；暴君汙吏雖去其籍，而猶不敢易其名也。使其名存，有王者起，紬繹而求之，庶可復也。至商鞅乃始蕩然一泯其迹，而開阡陌，併與名亡之矣。是鞅之罪可勝誅哉！雖然，秦以虐亡，而漢繼之，以高祖之英傑，使有王佐之臣，導之以正學，當是時，攷論王政而求復焉，則其迹猶可尋也。一失不返，寥寥千有餘載，先王之制幾與韶、濩、大武之音寂而不傳。天下之法日趨於弊，間有善治，終不滿人意。是以先覺之士，往往以復古爲心。然論者以爲其廢也久，則其復也難，非惟人情事理有所不協，而幅員之廣，山川險夷之不侔，槩以一法，且將多所不可行。然則是終不可復歟？是斯民終無復見三代之盛歟？嗟乎！世有今古，而理之所在，不可易也。有聖君賢相起焉，本先王所以仁民者，竭其心思，揆以天道，協於時義而損益之，其公平均一之道，蓋有可得而求者矣。夫豈有世異而事殊，膠而不可行之患哉？

有爲神農之言者許行，自楚之滕，踵門而告文公曰：「遠方之人，聞君行仁政，願受一廛而爲氓。」文公與之處。其徒數十人，皆衣褐，以毳織之，或曰草衣也。捆屨、捆猶叩椓也，叩椓使屨堅也。織席以爲食。陳良之徒陳相，與其弟辛，負耒耜而自宋之滕，曰：「聞君行聖人之政，是亦聖人也，願爲聖人氓。」陳相見許行而大悦，盡棄其學而學焉。陳相見孟子，道許行之言曰：「滕君，則誠賢君也；雖然，未聞道也。賢者與民並耕而食，饔飧而治。今也滕有倉廩府庫，則是厲民而以自養也。厲，病也。惡得賢？」孟子曰：「許子必種粟而後食乎？」曰：「然。」「許子必織布而後衣乎？」曰：「否，許子衣褐。」「許子冠乎？」曰：「冠。」曰：「奚冠？」曰：「冠素。」曰：「自織之與？」曰：「否，以粟易之。」曰：「許子奚爲不自織？」曰：「害於耕。」曰：「許子以釜甑爨，以鐵耕乎？」曰：「然。」「自爲之與？」曰：「否，以粟易之。」「以粟易械器者，不爲厲陶冶；陶冶亦以其械器易粟者，豈爲厲農夫哉？且許子何不爲陶

治，舍舍，止也。**皆取諸其宫中而用之？何爲紛紛然與百工交易？何許子之不憚煩？」**

曰：「百工之事，固不可耕且爲也。」「然則治天下獨可耕且爲與？」

許行之説，初若淺近，而乃盛行於時，從之者數十人。以滕文公之賢，一入其語，惑而不可解。陳相師周公、仲尼之道，一旦盡棄其學以從之，其所以能動人者果何故哉？蓋其人亦清苦高介之士，遠慕古初，而燭理不明，見世有神農之説，不知其爲後世傳習之謬，則從而祖述之，以謂農者天下之本，善爲治者，必使斯民盡力於農，而人君必力耕以先之，不當使民勞而己逸，以爲是乃以道治天下，而非後世所及。此其説若高，而有以惑於人者也。樊遲請學稼，微夫子救之，蓋亦幾陷於此矣。嗟乎！帝王之道，如長江大逵，無往而不達者，以其述天之理故耳；異端之説，如斷港荒蹊，卒歸於不可行者，以其私意之所爲故耳。愚每讀至此章，未嘗不爲滕文公惜之。夫文公一聞孟子性善之論，而不忘於心；聞喪紀之隆，而知是誠在我；以至於問爲國、講井地，而使遠方之人或執耒耜以願爲之氓，亦可謂賢君矣。而不克終用孟子之説，寂然無聞於後，意者許行之言有以奪之也。曰「文公與之處」，則知文公蓋親而信之矣。文公雖警省於孟子之論，而初未有得於中也。惟其未有得於中，故他人得而移之。

原文公之惑許行，蓋亦志於爲治者，惟其燭理不明，而不自知其非也。許行之論，以謂賢者當與民並耕而食，饔飧而治，以有倉廩府庫爲厲民以自養。孟子因陳相之論而明辨之，非特以祛陳相之惑，抑庶幾文公聞之，而有以悟其失耳。則問之以「必種粟而後食乎」，則應之曰「然」；問之以「必織布而後衣乎」，猶有以遁也，曰「許子衣褐」；問之以「冠乎」，曰「冠」；問之以「奚冠」，曰「冠素」；曰「自織之與」，又即之曰「許子奚爲不自織」，而其説固窮矣。蓋許子豈但食粟而已乎？其不可無衣冠明矣，許子之衣冠獨不資諸人乎？則又就其食粟而問之，許子之粟亦必種而後可成，炊而後可食也，則其種與炊之具，又豈得不資諸人乎？以粟易械器不爲厲陶冶，而以械器易粟者豈得爲厲農夫乎？蓋百工各以其事而通有無者，天下之常也。許子若但欲專以種粟爲事，則何不陶冶以自治其具？使凡所以爲粟者皆取足於己之家而用之，而至於紛紛交易，又何其煩與？至此，理之不可行者不復更可遷就，故陳相但曰「百工之事，固不可耕且爲也」，而其情無所遁矣。於是明義以喻之曰「治天下獨可耕且爲與」？夫以百工之事，猶不可耕且爲，則治天下之不可以耕且爲亦明矣。至此，而許行之説將安所措乎？

「有大人之事，有小人之事。且一人之身，而百工之所爲備，如必自爲而後用之，是率天下而路也。故曰，或勞心，或勞力；勞心者治人，勞力者治於人；治於人者食人，治人者食於人，天下之通義也。當堯之時，天下猶未平，洪水橫流，氾濫於天下。草木暢茂，禽獸繁殖，五穀不登，禽獸偪人，獸蹄鳥跡之道交於中國。堯獨憂之，舉舜而敷治焉。敷，施也。舜使益掌火，益烈山澤而焚之，禽獸逃匿。禹疏九河，瀹濟、漯，瀹，亦疏治之也。而注諸海，決汝、漢，排淮、泗，排而下之也。而注之江，然後中國可得而食也。當是時也，禹八年於外，三過其門而不入，雖欲耕，得乎？后稷教民稼穡，樹藝五穀，五穀熟而民人育。人之有道也，飽食煖衣，逸居而無教，則近於禽獸。聖人有憂之，使契爲司徒，教以人倫：父子有親，君臣有義，夫婦有別，長幼有序，朋友有信。放勳曰：『勞之來之，匡之直之，輔之翼之，使自得之，又從而振德之。』聖人之憂民如此，而暇耕乎？堯以不得舜爲己憂，舜以不得禹、皋陶爲己憂。夫以百畝之不易爲己憂者，農夫也。分人以財謂之惠，教人以善謂之忠，爲天下得人者謂之仁。是故以天下與人易，爲天下得人難。孔子曰：『大哉堯之爲君！惟天爲大，惟堯則之，蕩蕩乎民無能名焉！君哉舜也！巍巍乎，有天下而不與焉！』堯、舜之治天下，豈無所用其心哉？亦不用於耕耳。吾聞用夏變夷者，未聞變於夷者也。陳良，楚產也，悅周公、仲尼之道，北學於中國。北方之學者，未能或之先也。彼所謂豪傑之士也。子之兄弟事之數十年，師死而遂倍之。昔者孔子沒，三年之外，門人治任，將歸，入揖於子貢，相嚮而哭，皆失聲，然後歸。子貢反，築室於場，獨居三年，然後歸。他日，子夏、子張、子游以有若似聖人，欲以所事孔子事之，彊曾子。曾子曰：『不可。江漢以濯之，秋陽以暴之，皜皜乎不可尚已。』今也南蠻鴃舌之人，舌聲如鴃。鴃，博勞也。非先王之道，子倍子之師而學之，亦異於曾子矣。吾聞出於幽谷遷於喬木者，未聞下喬木而入於幽谷者。魯頌曰：『戎狄是膺，膺，當而却之也。荆舒是懲。』周公方且膺之，子是之學，亦爲不善變矣。」「從許子之道，則市賈不貳，國中無僞，雖使五尺之童適市，莫之或欺。布帛長短同，則賈相若；麻縷絲絮輕重同，則賈相若；五穀多寡同，則賈相若；屨大小同，則賈相若。」曰：「夫物之不齊，物之情也。或相倍蓰，蓰，五倍也。或相什伯，或相千萬。子比而同之，是亂天下也。巨屨小屨同賈，人豈爲之哉？從許子之道，相率而爲僞者也，惡能治國家？」

於是又從而推明之。大人者，治其大人之事於上，而小民者，則共其小民之事於下。在上者勞心以治人，而在下者聽治於人。聽治於人者出力以食其上，而治人者則享其食焉。此理天實爲之，萬世所共由者，故曰「天下之通義」也。如許行之說，則昧夫理之所當然，務小惠以妨大德，暱私情以害正體，卒歸於不可行。且以一人之身，固資於百工之所爲，而必欲一一以爲之，則是驅天下於一路而已，其可行哉？於是舉堯、舜之事，以見帝王之治天下者蓋如此。洪水之爲患，自上古以來，民巢居穴處，至堯之時猶未可平也。堯既居治人之任〔一〕，故獨以是爲憂。憂之如何？舉舜以治之而已。舜與堯同其憂，則舉益以治山澤，舉禹以治水，舉稷以播種而已。逮夫禽獸逃匿，中國可耕，五穀熟而人賴以養，則堯、舜之所以憂民者庶幾可以少寬矣。而未艾也，蓋以謂天降衷於民，而人之有道，所以異乎庶物者，以其有父子之親，君臣之義，夫婦之别，長幼之序，朋友之信也。方洪水未平，禽獸未遠，粒食未播，斯民方皇皇然昏墊憔悴以圖其生，固有不暇議者。今斯民既得以飽食煖衣而逸居，於此時而不有以教，則安於欲而不知義，是將與禽獸奚以遠？聖人贊天地之化育者也，其忍坐視斯民失其常性，以爲庶物之歸哉？宜以爲深憂也。憂之如何？舉契以教之而已。於父子則有親，於君臣則有義，於夫婦則有别，於長幼則有序，於朋友則有信。此理

〔一〕任：原作「仕」，據四庫本改。

本具於民之性，非契有以與之，契獨開導之，使自得其所有者而已。故堯之言曰：「勞之來之，匡之直之，輔之翼之，使自得之，又從而振德之。」勞來，言撫循之也；匡直，言正救之也；輔翼，言扶持之也。所以勞來、匡直、輔翼之者，曲盡其道，至其自得之，則繫乎民焉，則又於其閒舉其有德者以爲之表。凡此皆聖人吉凶與民同患，至誠無息，天之道也，故堯以不得舜爲己憂，舜以不得禹、皋陶爲己憂。蓋以未得其人，則民有未被吾之澤故爾。前稱禹、益、稷、契，而此獨言禹、皋陶者，龜山楊氏曰：舜徒得此兩人，而天下已治。禹總百揆，而皋陶施刑，内外之治舉矣。古者兵刑之官合爲一，觀舜命皋陶，以蠻夷猾夏是其責也。皋陶雖不可無禹，而禹不可以無皋陶，故傳位之際，禹獨推之，而子夏亦謂舜選衆而舉皋陶也。夫聖人爲天下計蓋如此，豈比農夫但爲百畝之慮邪？則爲之推明大小之分，以爲分之以財，謂之惠可耳。至於教人以善，則宏矣。以人皆可以爲善，以善告之，故謂之忠。至於爲天下得人，則足以成天地生物之功，如是而後可以當仁之名也。以天下與人比，夫爲天下得人，則猶爲易，何也？蓋堯、舜未嘗有居天下之意也，以天下與人，於堯、舜何有哉？而其所以爲難者，所付未得其人，則非天意耳。故堯以不得舜爲己憂，舜以不得禹、皋陶爲己憂也。「惟天爲大，惟堯則之，蕩蕩乎民無能名」者，謂堯之所以爲大者，以其法則於天，是以民無能名也。「君哉舜也！巍巍乎，有天下而不與焉」，謂舜誠兆民之主也，有天下而已不與焉。故曰：堯、舜之治天下，豈無所用其心哉？亦不用於耕耳。玩孟子所言，則堯、舜之用心者可知矣。以是觀之，則夫許行之私意小惠，真井蛙夏蟲之見耳。既闢許行之説，則又從而救陳相學之之失。蓋諸夏者聖帝明王之道，中正和平，禮義之所宗也。夷狄者，背禮而棄義者也。春秋之法，以諸夏而由夷狄之爲則夷狄之，以夷狄而知禮義之慕則進之，俾萬世爲治論學者兢兢焉率循其則，以自免於夷狄禽獸之歸也。若夫異端之説，溺於所偏，以賊夫禮義之正，則是淪於夷而不自知者也。孟子論許行，目之爲鴃舌之類；至舉周公「戎狄是膺，荆舒是懲」之語，而不以爲過者，爲是故也。夫許行自楚之滕，則固楚人也；而陳良亦楚産也。孟子於許行則以爲戎狄而夷之，於陳良則以爲豪傑之士。然則孟子之夷其人，豈以土地乎哉？以陳良所學者，周公、仲尼之道，而許行之説入於夷狄之歸故也。以孟子之言觀之，若陳良者，雖未知其所得於聖道何如，要其篤信不回，能自拔於流俗風靡之中者。陳相不能守陳良之學，而自變於夷狄，故謂之不善變。然則陳相雖學乎陳良，未有以得乎良也。使相而果有所見，則謂水必寒，火必熱，孰得而變之哉？故舉孔子之門人以告之。孔子没，門人執其喪者三年。比及其去，相嚮而哭，至於失聲。此豈可强爲乎？是必有不可解於心者矣。門人既歸，而子貢獨留，築室於場，又三年然後歸。此復何爲乎？是必有所從事者，而非他人所得而與者矣。子夏、子游、子張，蓋亦聖門之高弟，而欲以所事孔子者事有若。蓋有若在聖門，年最高長，亦德成行尊者。曰似孔子者，其氣象有似乎聖人也。曾子獨不可者，曾子有見於聖人卓然不可及者故也。「江漢以濯之，秋陽以暴之，皜皜乎不可尚已」，言夫子之道，其爲不可幾及，如是之明且著，蓋其所得者深也。今陳相乃輕背陳良之學，以胥爲夷，下喬木而入幽谷，舍高明而趨卑闇，是未嘗有得於良也明矣。陳相聞斯言，猶未之省也，率言許行之説，以謂使其説行，其效可使天下反於淳朴，凡天下之物皆可齊也。嗟乎，豈有是理哉！有天地則有萬物，其巨細多寡、高下美惡之不齊，乃物之情，而實天之理也。物各付物，止於其所，吾何加損於其間哉？若强欲齊之，私意横生，徒爲膠擾，而物終不可齊也。故莊周之齊物，强欲以理齊之，猶爲賊夫道；况乎許子遂欲一天下之物，而泯其一定之分，其蔽豈不甚哉？孟子應之曰「夫物之不齊，物之情也」，斯兩言也，足以發明天理之大，不但可以闢許行，而莊周之説并可坐見其偏矣。故曰「從許子之道，相率而爲僞者也」。强使巨者細，多者寡，高者下，美者惡，豈非相率而爲僞乎？

墨者夷之因徐辟而求見孟子。孟子曰：「吾固願見，今吾尚病，病愈，我且往見，夷子不來！」他日，又求見孟子。孟子曰：「吾今則可以見矣。不直則道不見，我且直之。吾聞夷子墨者。墨之治喪也，以薄爲其道也。夷子思以易天下，豈以爲非是而不貴也？然而夷子葬其親厚，則是以所賤事親也。」徐子以告夷子。夷子曰：「儒者之道，古之人『若保赤子』，此言何謂也？之則以爲愛無差等，施由親始。」徐子以告孟子。孟子曰：「夫夷子信以爲人之親其兄之子爲若親其鄰之赤子乎？彼有取爾也。赤子匍匐將入井，非赤子之罪也。且天之生物也，使之一本，而夷子二本故也。蓋上世嘗有不葬其親者。其親死，則舉而委之於壑。他日過之，狐狸食之，蠅蚋姑嘬之。嘬，共食之也。其顙有泚，其額汗出泚泚然也。睨而不視。夫泚也，非爲人泚，中心達於面目，蓋歸反虆梩虆梩，盛土之器。而掩之。掩之誠是也，則孝子仁人之掩其親，亦必有道矣。」徐子以告夷子。夷子憮然，悵然也。爲間曰：「命之矣。」

仁莫大於愛親，其達之天下，皆是心所推也。故其等差輕重，莫不有别焉，此仁義之道相爲用者也。若夫愛無差等，則是無義也；無義，則亦害夫仁之體矣，以失其所以爲本之一者故也。故孟子於墨氏之説，所以深闢之，而發二本之論於此章。夷子欲見孟子，孟子以病辭，而夷子不來。他日又欲求見，孟子初無拒之之意也。然夷子既欲見，則當亟來耳，而徒使徐子往來於其間，是夷子欲見之意蓋遲疑也。孟子以爲不直則道不見，故示其端，使徐子言之，獨舉其治喪者。誰獨無父母之心哉？故於此至親至切處感發之也。謂墨家治喪以薄，欲以易天下之俗，是貴夫薄也。若使夷子而厚葬其親，則以其所賤事親矣，其必不然。夷子聞斯言，蓋難答也，故獨攻儒者之道，以爲儒者謂「若保赤子」，若云者，則視他人與己子固有殊矣；以己所見則初無等差，特施由親始，言自近者始耳。孟子固已洞見其邪説之所在，以謂夷子之意亦有所取而云然。其所取者，謂夫赤子匍匐將入井，方是時，人之救之，不分於兄之子與鄰之子也。蓋赤子無罪而就死地，故雖他人之子，人之見之者亦必惻隱而亟救之，乃獨舉其重者，而遂謂其愛與兄之子等，不亦惑乎？然雖欲强同之，亦固有不可得而同者矣。故曰「天之生物也，使之一本，而夷子二本」。凡天生物，莫非一本，蓋自父母而推之，等差由是而著焉。所謂一本也，若愛他人與其親等，則是本有二矣。於是爲之言古人葬其親之道。蓋上世雖未有棺椁之制,而人心之不忍乎其親者固已具矣,故見其委溝壑而爲蟲獸食也,則其痛愧之情,泚然發見於顙,有不可自已者。睨而弗視,非弗視也,不忍視也。曰「夫泚,非爲人泚,中心達於面目」,言無所爲而其泚自見,此發於良心而達於面目,不可以没者也。孟子每於節會之處,必提其綱以告人類如此。惟其泚之不可以已也,故從而掩之。其掩之誠是也。聖人制爲葬埋之法,棺椁之度,亦本諸人心而已。本諸人心而爲之節文,孝子仁人之掩其親,其道蓋如此。是蓋使知一本之所在也。夷子雖溺於邪説,然其秉彝不容遂殄,聞孟子斯言,憮然莫知所對,而曰「命之矣」,猶曰孟子有以命我矣。而其陷溺之深,終無以自拔異説之溺,人可不畏哉!

滕文公下

陳代曰:「不見諸侯,宜若小然。今一見之,大則以王,小則以霸。且志曰:『枉尺而直尋。』宜若可爲也。」孟子曰:「昔齊景公田,招虞人以旌,不至,將殺之。志士不忘在溝壑,勇士不忘喪其元。孔子奚取焉?取非其招不往也。如不待其招而往,何哉?且夫枉尺

而直尋者，以利言也。如以利，則枉尋直尺而利，亦可爲與？昔者趙簡子使王良與嬖奚乘，終日而不獲一禽。嬖奚反命曰：『天下之賤工也。』或以告王良，良曰：『請復之。』彊而後可，一朝而獲十禽。嬖奚反命曰：『天下之良工也。』簡子曰：『我使掌與汝乘。』謂王良。良不可，曰：『吾爲之範我馳驅，終日不獲一；爲之詭遇，横揜之也。**一朝而獲十。詩云：「不失其馳，舍矢如破。」我不貫與小人乘，請辭。』御者且羞與射者比，比而得禽獸，雖若丘陵，弗爲也。如枉道而從彼，何也？且子過矣，枉己者未有能直人者也。」**

孟子非不欲道之行，而不見諸侯者，正以不如是則爲枉其道，而無以行故也。陳代不知此，比之枉尺而直尋，意謂枉己之事小，而王霸之業則大故也。此蓋自春秋以來，一時風俗，習於霸者計較功利之説，而有是言也。孟子首舉虞人，終舉王良之事以告之，意義可謂備矣。招虞人當以皮冠，而景公招之以旌；虞人守其官，義不敢往，義有重於死故也。夫使虞人而一有畏死之心，應非其招，則爲見利而忘其義矣。然自常人觀之，則必重一死，而以非其招爲細事；不知義之所在，事無巨細，苟愛一身之死，而隳天命之正，則凡可以避死者無不爲，而弑父與君之所由生也。充虞人之心，行一不義，殺一不辜，而得天下，不爲之心也，人紀之所由立也。是以夫子取之。夫非其招猶不可往，而況於不待其招而往者乎？謂枉尺而欲以直尋者，以利言也；既以利言，則何所不可？將枉尋而直尺，亦可爲矣，則又舉王良之事以明之。古者射與御相須而成，故曰「不失其馳，舍矢如破」。不失其馳，謂御之者以其度也；舍矢如破，謂射者由其度而中節也。今王良之御嬖奚也，爲之範則不能由之而中，爲之詭遇則有獲焉，此王良之所羞也，故以爲不貫與小人乘而辭焉。詭遇之獲，御者且羞之，借使所獲如丘陵，亦將不就，而況於君子而肯枉道以覬其得乎？故曰：「枉己者未有能直人者也。」夫君子之所以能直人者，爲其己之直也。己先枉矣，如直人何？嗟乎！事無巨細，莫不有義利之兩端存焉，惟居敬者爲能審其幾微；不然，鮮不失矣。曰「比而獲禽獸，雖若丘陵，弗爲也」，學者要當立此志，而後可以守身也。

景春曰：「公孫衍、張儀豈不誠大丈夫哉？一怒而諸侯懼，安居而天下熄。」孟子曰：「是焉得爲大丈夫乎？子未學禮乎？丈夫之冠也，父命之；女子之嫁也，母命之。往送之門，戒之曰：『往之女家，必敬必戒，無違夫子。』以順爲正者，妾婦之道也。居天下之廣居，立天下之正位，行天下之大道。得志，與民由之；不得志，獨行其道。富貴不能淫，貧賤不能移，威武不能屈，此之謂大丈夫。」

公孫衍、張儀持合從連衡之説，以動諸侯。景春徒見其言足以擺闔摇撼，而遂以爲大丈夫，其説固爲陋矣。而孟子以衍與儀比妾婦之道者，蓋事君以弼違爲義，不當徇其欲也。衍與儀不知正救其心術，而徒探其意之所欲爲，以進其説，此何以異於「妾婦之道」、「無違夫子」、「以順爲正」者乎？廣居，仁也；正位，禮也；大道，義也。蓋以人受天地之中以生，與天地萬物本無有間，惟其私意自爲町畦，而失其廣居。失其廣居，則遷奪流蕩，亦無以立於正位而行其大道矣。惟君子爲能反躬而求之，故豁然〔一〕大同，物我無蔽，所謂居廣居也；視聽言動，必以其理，所謂立正位也；簡易平直，行所無事，所謂行大道也。得志，與民由之，與之共由乎此也；不得志，獨行其道，雖不得志，此道未嘗不行於己也。富貴不能淫，不能淫此也；貧賤不能移，不能移此也；威武不能屈，不能屈此也。此者何也？廣居、正位、大道是也。蓋得乎己，而外物舉不足以貳之也。所謂大丈夫者蓋如此，然則景春之見，豈不陋哉？

周霄問曰：「古之君子仕乎？」孟子曰：「仕。傳曰：『孔子三月無君，則皇皇如也，出疆必

〔一〕豁然：真德秀西山讀書記卷三四上所引作「廓然」。

載質。』公明儀曰：『古之人三月無君則弔。』」「三月無君則弔，不以急乎？」曰：「士之失位也，猶諸侯之失國家也。禮曰：『諸侯耕助，以供粢盛；夫人蠶繅，以爲衣服。犧牲不成，粢盛不潔，衣服不備，不敢以祭。惟士無田，則亦不祭。』牲殺、器皿、衣服不備，不敢以祭，則不敢以宴，亦不足弔乎？」「出疆必載質，何也？」曰：「士之仕也，猶農夫之耕也。農夫豈爲出疆舍其耒耜哉？」曰：「晉國亦仕國也，未嘗聞仕如此其急。仕如此其急也，君子之難仕，何也？」曰：「丈夫生而願爲之有室，女子生而願爲之有家。父母之心，人皆有之。不待父母之命、媒妁之言，鑽穴隙相窺，踰牆相從，則父母、國人皆賤之。古之人未嘗不欲仕也，又惡不由其道。不由其道而往者，與鑽穴隙之類也。」

周霄蓋有疑於孟子，見其歷聘於諸侯而不倦，疑其欲仕也；而未嘗有所就焉，而又疑若不欲仕者，故從而問焉。孟子以爲，古之君子，未嘗不欲仕也。孔子三月無君則皇皇如也。皇皇云者，求而不得之意。古者臣執質以見君，士之出疆，必載其質以行，是亦未嘗忘夫見君也。而公明儀又以爲古之人三月無君則朋友弔焉。以是三者觀之，則古之人豈不欲仕乎？周霄疑三月無君而弔爲急，孟子則以爲士之失位，猶諸侯之失國家。諸侯之失國家，則無以祭；士之失位，無田以爲粢盛，而牲殺、器皿、衣服皆不備焉，則亦無以祭也，是則可弔矣。蓋古人於祭祀爲甚重，諸侯必親率耕，夫人必親蠶，爲士者亦必躬治其田，備其牲殺、器皿、衣服以事其祖考，所以自盡者如此故也。周霄又以出疆載質爲疑，孟子以士之載質，比之農夫之載耒耜，蓋其所當然者，亦猶飲食、衣服之不可闕於身也。周霄復疑仕如此甚急，而何君子之難於仕？孟子謂丈夫生而願爲之有室，女子生而願爲之有家者，固其常理也，然而必也待父母之命，媒妁之言，以禮行而後可。不然，謂室家爲急，棄禮而不卹，其可乎？士之欲仕，亦其常理也，然而必也守道以待時，可進而後進也。若謂仕爲急，而不由其道以求之，則與兒女子之鑽穴隙者何異？雖然，非獨此也，凡一飲食、一語默、一動静之際，皆當以是體之。苟惟見利而忘其義，皆鑽穴隙之心也。雖然，在己者學未成則欲仕，其可乎？子使漆雕開仕，對曰「吾斯之未能信」，而夫子悦之。苟惟所學未至，不勝其私，假借聖賢之言，而欲以輕試，是亦鑽穴隙之心而已矣。

彭更問曰：「後車數十乘，從者數百人，以傳食於諸侯，不以泰乎？」孟子曰：「非其道，則一簞食不可受於人；如其道，則舜受堯之天下，不以爲泰。子以爲泰乎？」曰：「否。士無事而食，不可也。」曰：「子不通功易事，以羨補不足，則農有餘粟，女有餘布；子如通之，則

梓、匠、輪、輿周禮：木工七，梓、匠、輪、輿其四也。皆得食於子。於此有人焉，入則孝，出則悌，守先王之道，以待後之學者，而不得食於子。子何尊梓、匠、輪、輿，而輕爲仁義者哉？」曰：「梓、匠、輪、輿，其志將以求食也。君子之爲道也，其志亦將以求食與？」曰：「子何以其志爲哉？其有功於子，可食而食之矣。且子食志乎？食功乎？」曰：「食志。」曰：「有人於此，毁瓦畫墁，畫壁墁也。其志將以求食也，則子食之乎？」曰：「否。」曰：「然則子非食志也，食功也。」

孟子當戰國之時，以身任道，其歷聘諸國，後車數十乘，從者數百人，夫豈尊己而自大乎哉？亦時義所當然，有不得而避也。彭更之徒，疑傳食以爲泰，是以世俗利害貴賤之見觀聖賢也。孟子之所以告之者，蓋常道耳。夫非其道，則一簞食不可受於人；如其道，則舜受堯之天下而不以爲泰。所謂其道者，天理之所安也。故伯夷、叔齊不食周粟之心，即舜、禹受天下之心也。而孟子後車數十乘，從者數百人，以傳食於諸侯之心，即顔子一簞食、一瓢飲、在陋巷之心也，皆以其道故也。以爲「士無事而食，不可」，觀更之意，亦許行之類與？孟子又從而曉之，以爲使子而不通功易事，則農之餘粟、女之餘布，無所用之，而人之飢寒者亦多矣，此固不可行也。子而通功易事，則梓、匠、輪、輿固得以其技而食於子矣。今有賢者，而反不得食於子，是子以梓、匠、輪、輿爲有用而尊之，以仁義者爲無用而輕之也。其辭曰「入則孝，出則悌，守先王之道，以待後之學者」，玩斯四言也，則若人也，其爲躬行仁義可知矣。更則以爲梓、匠、輪、輿志本在於求食，故食之；而君子之爲道，志非爲食也。孟子以爲，君子之志固不在食，而在爲國者則當食之也。如更之言，則是食志而不食功，毁瓦畫墁，而志以求食，則亦將食之矣。更至此而其説窮焉。夫王者之禄夫人也，爲有以賴其用而可禄耳，豈必以其志之欲而禄之哉？如以其志，則是率天下而利也。觀孟子所以告之者，反復曲折，辭氣不迫，而亦不厭焉，亦可窺夫所養之至者矣。

萬章問曰：「宋，小國也，今將行王政，齊、楚惡而伐之，則如之何？」孟子曰：「湯居亳，與葛爲鄰，葛伯放而不祀。湯使人問之曰：『何爲不祀？』曰：『無以供犧牲也。』湯使遺之牛羊。葛伯食之，又不以祀。湯又使人問之曰：『何爲不祀？』曰：『無以供粢盛也。』湯使亳衆往爲之耕，老弱饋食。葛伯率其民，要其有酒食黍稻者奪之，不授者殺之。有童子以黍肉餉，殺而奪之。書曰：『葛伯仇餉。』此之謂也。爲其殺是童子而征之，四海之内皆曰：『非富天下也，爲匹夫匹婦復讎也。』『湯始征，自葛載』，十一征而無敵於天下。東面而征，

西夷怨；南面而征，北狄怨，曰：『奚爲後我？』民之望之，若大旱之望雨也。歸市者弗止，芸者不變。誅其君，弔其民，如時雨降。民大悦。書曰：『徯我后，后來其無罰！』『有攸不爲臣，東征，綏厥士女，匪厥玄黄，紹我周王見休，惟臣附于大邑周。』其君子實玄黄于匪以迎其君子，其小人簞食壺漿以迎其小人。救民於水火之中，取其殘而已矣。泰誓曰：『我武惟揚，侵于之疆，則取于殘，殺伐用張，于湯有光。』不行王政云爾；苟行王政，四海之内皆舉首而望之，欲以爲君。齊、楚雖大，何畏焉？」

萬章之問，意者宋之君臣見孟子談王政，而以爲迂闊遲久之事，懼王政之利未見，而齊、楚之禍立至，故以爲疑也。嗟乎！爲是説者，是未知王政之所以爲王政者也，故孟子引湯、武之事以告之。夫葛伯放而不祀，而湯使人問之，爲其無犧牲也，則饋之牛羊；又不以祀，而又問之，爲其無粢盛也，則使亳衆爲之耕。夫湯奚爲勤勤於葛伯若是哉？蓋成湯以天下爲己憂者也。葛伯之與吾鄰，而曠不祀其先，湯之所懼也，故使問之。至於使亳衆爲之耕夫，而葛伯殺餉饋之童子，則其咈天心而縱人欲也甚矣。故湯爲殺是童子也而征之。然桀在上，而湯專征，可乎？蓋湯於是時當方伯連率之任，諸侯有罪者固得以糾察，奉桀之命而征之，若文、武之於商爲西伯然也。四海之内皆知湯非有富天下之心，特爲匹夫匹婦復讎耳，是以畢起而應之。周武之事，亦何以異此？「有攸不爲臣，東征」，言有不臣於商者，武王則以紂之命征之也，非有他也，綏厥士女而已，故國人執玄黄之篚，願見周王，莫不臣附，而無二心。夫其君子實玄黄以迎君子，而小人則持食漿以迎其小人，所以樂從如此者，以武王之心在於救民之急，而除其害故也。曰「于湯有光」云者，言其相發揮云爾。以是二君觀之，則行王政者，天下方將傾慕愛戴，而恨其征伐之不早，又何强大之足畏哉？嗟乎！後之人君，其無以王政爲迂闊而不務，其無以敵人之强大爲可畏。深味孟氏之言，以究湯、武之心，則其綱領可知矣。

孟子謂戴不勝曰：「子欲子之王之善與？我明告子。有楚大夫於此，欲其子之齊語也，則使齊人傅諸？使楚人傅諸？」曰：「使齊人傅之。」曰：「一齊人傅之，衆楚人咻之，咻，讙也。**雖日撻而求其齊也，不可得矣。引而置之莊嶽之閒**莊嶽，齊之通衢名也。**數年，雖日撻而求其楚，亦不可得矣。子謂薛居州善士也，使之居於王所。在於王所者，長幼卑尊皆薛居州也，王誰與爲不善？在王所者，長幼卑尊皆非薛居州也，王誰與爲善？一薛居州，獨如宋王何？」**

人君莫重於所與處。蓋上智賢明之君，小人自不可得而邇，其所與處者，固無非天下之賢也。若天資降於此，不幸而小人在旁，薰染積習，而與之胥變者多矣。試攷方册所載，亡國敗家之主固有天資甚不美者矣；然而其閒亦豈無庶幾者乎？惟其處於衆小人之間，淪胥以亡者亦多矣。是以善論治者必本於人君之身，而善救正其君者必欲多引善類，與之共處，蓋望其薰陶漸染有以變革之也。雖然，君子難親，而小人易狎。不幸衆君子之間而置一小人，則或足以敗類。使一君子而遇衆小人，則其決不能以自立也必矣。愚讀「一薛居州獨如宋王何」之語，未嘗不太息也。夫長幼卑尊皆衆楚之咻也，而望一居州欲以變王之質，豈不難哉？非惟力不能勝，居州有言於前，而衆人尼之於後，居州且將不能以自立，而况敢望有益於王身乎？然則爲戴不勝者將如何？引一薛居州，未足道也，必廣引居州之類，庶幾君子之道長，而可望於王之感悟也。雖然，薛居州，善士也，蓋可以輔成君德耳；若曰格君之事，則非居州之任也，有孟子者。而戴不勝獨不能知之乎？使孟子之説行，則君心可格，羣賢畢集，而衆楚之咻當如晛之消矣。然其遇不遇則天也，不勝亦豈得而爲之哉？

公孫丑問曰：「不見諸侯，何義？」孟子曰：「古者不爲臣不見。段干木踰垣而辟之，泄柳

閉門而不内，是皆已甚。迫，斯可以見矣。陽貨欲見孔子，而惡無禮。大夫有賜於士，不得受於其家，則往拜其門。陽貨矙孔子之亡也，而饋孔子蒸豚；孔子亦矙其亡也，而往拜之。當是時，陽貨先，豈得不見？曾子曰：『脅肩諂笑，病于夏畦。』子路曰：『未同而言，觀其色赧赧然，非由之所知也。』由是觀之，則君子之所養可知已矣。」

公孫丑意孟子之不見諸侯，必有義存焉。孟子以爲古者不爲臣不見，是其義也。爲臣，謂委質事之也。若君臣之分未定，諸侯尊德樂義，則固當就見之，蓋欲見之意當在彼故也。至於段干木踰垣而避，泄柳閉門而不内，則爲已甚。蓋繆公屈己就見，所謂迫而欲見也。其能聽用與否雖未可知，然既以是心至，則可以見矣。於可以見而不見，則亦爲非義矣。至於孔子，則可謂處之盡其道者。陽貨欲使孔子見，而知孔子之不可屈，惡夫無名也。禮，大夫有賜於士，對使者拜而受賜；不得拜使者，則往拜於門。孔子，士也；貨，大夫也。貨饋孔子豚，而矙其亡者，欲使之不得拜使者，而必將過我也。孔子往拜，而亦矙其亡，何也？既先饋孔子以豚，在禮當往拜，則烏得而不往？然貨之意非誠篤也，故往拜其禮而不欲見其人。於此一事，亦可以窺聖人一言一動之間，處之至精者矣。孟子之意，以爲己所師慕則孔子也。曾子謂「脅肩諂笑，病于夏畦」者，言脅肩諂笑之勞，甚於盛夏之灌畦者也。夫脅肩諂笑，强爲此以求悦於人。試循思其所萌，其趣味之迂回艱窘，蓋亦甚矣。自君子觀之，見其甚勞，而小人安行之而不顧也。知脅肩諂笑之病于夏畦，則亦可以知良心所發之易直者矣。子路謂「未同而言，觀其色赧赧然，非由之所知也。」夫中心未同，而强與之言，雖言也，而愧見於色，赧赧然其爲自欺，蓋有不可得而掩者矣。以曾子、子路之言觀之，則君子之所養爲可知矣。蓋有一毫不慊於中，君子不由也。若於所不當見而見焉，則是勉强以求合，與脅肩諂笑、未同而言者何以異？孰謂君子而爲之乎？

戴盈之曰：「什一，去關市之征，今茲未能，請輕之，以待來年然後已，何如？」孟子曰：「今有人日攘其鄰之雞者，或告之曰：『是非君子之道。』曰：『請損之，月攘一雞，以待來年然後已。』如知其非義，斯速已矣，何待來年？」

戴盈之之説，蓋亦知什一之法，與夫關市無征之爲善政，而暴斂苛征之爲非也。雖未能遽復古制，然請輕之，以待來年，在春秋之時不庸愈乎？而孟子何拒之嚴也？蓋君子之遠不義也，如惡惡臭；其不敢邇也，如探湯；其不敢須臾寧也，如坐塗炭。而其徙義也，惟恐弗及。蓋其見之之明，而决之之勇，以爲不如是，不足以自拔而日新故也。今盈之既知暴斂苛征之爲非，而先王之制在所當法，則宜一日不敢安於其所非。顧乃欲輕之，以待來年，是爲私意之所牽繫，而不能果也。若是者，終不能舍其舊而圖新，歸於悠悠而已矣。故孟子舉攘雞之喻以告之。夫月攘一雞，論其疏數，雖愈於日攘者，然其爲攘之則一也。曰「如知其爲非義，斯速已矣，何待來年」，辭氣凜乎其嚴，蓋所以破其牽繫之私也。噫！士之持身，於改過遷善之際，而爲盈之之説，則將終身汩没於過失之中；人臣之謀國，於革弊復古之事，而爲盈之之説，則終陷於因循苟且之域。故自修身至於治國，所謂知、仁、勇之三德，闕一不可也。知以知之，仁以守之，勇以决之，可不務哉！

公都子曰：「外人皆稱夫子好辯，敢問何也？」孟子曰：「予豈好辯哉？予不得已也。天下之生久矣，一治一亂。當堯之時，水逆行，氾濫於中國。蛇龍居之，民無所定。下者爲巢，上者爲營窟。書曰：『洚水警余。』洚水者，洪水也。使禹治之。禹掘地而注之海，驅蛇龍而放之菹。水由地中行，江、淮、河、漢是也。險阻既遠，鳥獸之害人者消，然後人得平土而居之。堯、舜既没，聖人之道衰，暴君代作，壞宫室以爲汙池，民無所安息；棄田以爲園囿，使民不得衣食。邪説暴行又作，園囿、汙池、沛澤多而禽獸至。及紂之身，天下又大

亂。周公相武王，誅紂伐奄，三年討其君，驅飛廉於海隅而戮之，滅國者五十，驅虎豹犀象而遠之，天下大悦。書曰：『丕顯哉，文王謨！丕承哉，武王烈！佑啓我後人，咸以正無缺。』世衰道微，邪説暴行有作，臣弑其君者有之，子弑其父者有之。孔子懼，作春秋。春秋，天子之事也。是故孔子曰：『知我者其惟春秋乎！罪我者其惟春秋乎！』聖王不作，諸侯放恣，處士横議，楊朱、墨翟之言盈天下。天下之言，不歸楊，則歸墨。楊氏爲我，是無君也；墨氏兼愛，是無父也。無父無君，是禽獸也。公明儀曰：『庖有肥肉，廄有肥馬，民有飢色，野有餓莩，此率獸而食人也。』楊、墨之道不息，孔子之道不著，是邪説誣民，充塞仁義也。仁義充塞，則率獸食人，人將相食。吾爲此懼，閑先聖之道，距楊、墨，放淫辭，邪説者不得作。作於其心，害於其事；作於其事，害於其政。聖人復起，不易吾言矣。昔者禹抑洪水而天下平，周公兼夷狄，驅猛獸而百姓寧，孔子成春秋而亂臣賊子懼。詩云：『戎、狄是膺，荆、舒是懲，則莫我敢承。』無父無君，是周公所膺也。我亦欲正人心，息邪説，距詖行，放淫辭，以承三聖者，豈好辯哉？予不得已也。能言距楊、墨者，聖人之徒也。」

孟子之時，楊、墨之説盛行，時人未知其害也，孟子獨以爲懼，力排而深罪之。當時未知孟子之心，則以爲好辯而已。孟子答公都子之問，首曰「予豈好辯哉？予不得已也」，辭意不迫，而意則深矣。夫其所以不得而已者，天理之不可已者也。故夫禹之抑洪水，周公之兼夷狄、驅猛獸，孔子之作春秋，皆其不可已而不已者也。蓋聖人成天地之化，而立人極者也。使古無聖人者出，則人之類淪胥而滅絶也久矣。故孟子歷舉三聖人之事，以見其不可以已者。自生民以來，治亂迭居。方洪水之爲患，下民昏墊甚矣，堯命禹以治之，禹以是爲己任，乃導水而除其害，使民得平土而居之，此在禹之不可得而已者也。堯、舜既没之後，聖道衰微，暴君相繼而作，不惟民之卹，惟己之逸欲是崇，使民無以爲安息衣食，邪説暴行乘間而起，沛澤益盛而禽獸多。蓋人者天地之正氣，而異類其繁氣也。正氣悴則繁氣盛，消長之理然也。至於紂之時，亂莫甚矣。周公出而佐武王，以是爲己任，討紂伐奄，誅其君，戮其臣，滅國五十，驅異類而遠之，此在周公之不可得而已者也。故書稱文王之謨、武王之烈，以爲啓佑後人咸以正無缺。文、武之所以垂於後世者，蓋無非天下之正理也。迨周之末世，王道復微，邪説暴行復作。夫所謂邪説暴行者，其端毫釐之差耳，而其流禍不可勝言，甚至於子弑父、臣弑君，皆邪説暴行之所致也。孔子以是爲懼，而不得時位以拯斯民，則春秋之作其可已乎？春秋明天理，遏人欲，以示萬世，有國家者之大法，故曰「天子之事」。又曰：「知我者其惟春秋乎！罪我者其惟春秋乎！」蓋知之則以爲聖人繼天心而立人極，有不可以已者；不知則以爲專斷二百四十二年之行事，或云僭矣。微禹，則洪水之禍被於四海；微周公，則戎、狄之禍徧於中華；微吾夫子，則三綱不明，五常不叙，天下貿貿然日趨於異類之歸矣。三聖人之心一也。孟子之時，去夫子之世爲未遠，而楊、墨者出，唱其爲我、兼愛之説，以亂仁義之實。孟子以爲楊氏爲我，是無君也；墨氏兼愛，是無父也；無父無君，是禽獸也。夫爲我、兼愛，特其見之偏耳，而比之遽及於禽獸者，何哉？蓋爲我則自私，自私則賊義，而君臣之分遂可廢也；兼愛則無本，無本則害仁，而父子之親遂可夷也。人之異乎庶物，以其有君臣、父子也；無父無君，則與禽獸有異乎哉？公明儀謂庖有肥肉，廄有肥馬，不卹百姓之餓莩，爲率獸而食人。孟子則以爲楊、墨之道不息，則孔子之道不著，是邪説誣陷民之良心，而充塞仁義之途；仁義充塞，則將至於率獸而食人，不獨禽獸食人，人而無相與親愛之道，則且將至於相食矣，蓋其理必至此也。「閑先聖之道」，閑云者，立之防閑也。距楊、墨，放淫辭，使人心正而邪説不得而干之，所謂閑也。禹抑洪水，而天下平；周公兼夷狄，驅猛獸，而百姓寧；孔子成春秋，而亂臣賊子懼。兼夷狄云者，用夏變夷之意也。成春秋而亂臣賊子懼者，亂臣賊子之情僞畢見，而討絶之法著焉。施於萬世，皆無所遁其迹故也。孟子之所以欲正人心、息邪説、距詖行、放淫辭者，所以承三聖人之心也，故復終之曰「予豈好辯哉？予不得已也」，而以爲能言距楊、墨者，聖人之徒。蓋學者一毫入於楊、墨之歸，則終身不能以自拔。必也卓然自立，誓不少屑焉，則庶乎其可以自進於聖門矣。

匡章曰：「陳仲子豈不誠廉士哉？居於陵，三日不食，耳無聞，目無見也。井上有李，螬食實者過半矣，匍匐往，將食之；三咽，然後耳有聞，目有見。」孟子曰：「於齊國之士，吾必以仲子爲巨擘焉。大指也。雖然，仲子惡能廉？充仲子之操，則蚓而後可者也。夫蚓，上食槁壤，下飲黄泉。仲子所居之室，伯夷之所築與？抑亦盜跖之所築與？所食之粟，伯夷之所樹與？抑亦盜跖之所樹與？是未可知也。」曰：「是何傷哉？彼身織屨，妻辟纑，以易之也。」曰：「仲子，齊之世家也。兄戴，蓋禄萬鍾。以兄之禄爲不義之禄而不食也，以兄之室爲不義之室而不居也，辟兄離母，處於於陵。他日歸，則有饋其兄生鵞者，己頻顣曰：『惡用是鶂鶂者爲哉？』他日，其母殺是鵞也，與之食之。其兄自外至，曰：『是鶂鶂之肉

也。』出而哇之。以母則不食，以妻則食之；以兄之室則弗居，以於陵則居之。是尚爲能充其類也乎？若仲子者，蚓而後充其操者也。」

於陵仲子，於其所當享有所不安，引而避之，而其窮至於無以食，而食井上之螬李。在當時或稱其廉，謂其能不以一介取諸人也。曾不知伊尹之不以一介與人，不以一介取諸人，以非其義、非其道之故耳；若於其所當居而不居，則反害於道義矣。故孟子極其病之所在而攻之，以爲仲子於齊國之士號爲賢於他人者，猶巨擘之於衆指也，然而烏得謂之廉哉？若充其所操，必如蚓之爲，而後慊於其心耳。仲子未能所居之不以室，而所食之不以粟也。以仲子之所自處者言之，盍亦待伯夷之室而後居，伯夷之粟而後食歟？使其或出於盜跖之爲之也，則仲子其可安乎？此言充仲子之操，其不可行，必若是而後已也。匡章以爲仲子身織屨，妻辟纑，以易之，爲可安也。孟子因其言而摭其不能充類之實以告之曰「夫仲子，齊之世家也；兄戴，蓋祿萬鍾」。孟子之意，以爲仲子之家，在齊不爲不光顯矣；仲子苟以爲不當虛享其祿食，則當與其兄共思社稷之計，光輔其主，治其國家，保其民人，則齊國有無窮之業，而仲子之家亦有無窮之聞，斯爲稱焉耳。今乃昧正大之見，爲狹陋之思，以食粟受鸞爲不義，而不知避兄離母之爲非；徒欲潔身以爲清，而不知廢大倫之爲惡。小廉妨大德，私意害公義。原仲子本心，亦豈不知母子之性重於其妻，兄之居爲愈於於陵乎？惟其私意所萌，亂夫倫類，至此極也。衆人惑於其迹，以其清苦高介而取之，而不知原其所萌若是其差殊也。嗟乎！世之貪冒苟得，肆而爲惡者多矣，而孟子於仲子之徒獨闢之之深者，蓋世之爲惡者其失易見，而仲子之徒，其過爲難知也；惟其難知，故可以惑世俗而禍仁義。孟子反復闢之，蓋有以也。

南軒先生孟子説卷第四

離婁上

孟子曰：「離婁之明，公輸子之巧，不以規矩，不能成方員；師曠之聰，不以六律，不能正五音；堯、舜之道，不以仁政，不能平治天下。今有仁心仁聞，而民不被其澤，不可法於後世者，不行先王之道也。故曰：徒善不足以爲政，徒法不能以自行。詩云：『不愆不忘，率由舊章。』遵先王之法而過者，未之有也。聖人既竭目力焉，繼之以規矩準繩，以爲方員平直，不可勝用也；既竭耳力焉，繼之以六律正五音，不可勝用也；既竭心思焉，繼之以不忍人之政，而仁覆天下矣。故曰：爲高必因丘陵，爲下必因川澤。爲政不因先王之道，可謂知乎？是以惟仁者宜在高位；不仁而在高位，是播其惡於衆也。上無道揆也，下無法守也，朝不信道，工不信度，君子犯義，小人犯刑，國之所存者幸也。故曰：城郭不完，兵甲不多，非國之災也；田野不辟，貨財不聚，非國之害也。上無禮，下無學，賊民興，喪無日矣。

詩曰：『天之方蹶，動也。無然泄泄。』泄泄，猶沓沓也。事君無義，進退無禮，言則非先王之道者，猶沓沓也。故曰：責難於君謂之恭，陳善閉邪謂之敬，吾君不能謂之賊。」

離婁固明矣，公輸子固巧矣，而不能捨規矩以成方員也。師曠固聰矣，而不能舍六律以爲五音也。堯、舜之道固大矣，而其平治天下，必以仁政。惟夫能用規矩與六律，是所以爲明爲聰也；惟夫行仁政，是所以爲堯、舜之道也。有仁心仁聞，而不能行先王之道者，蓋雖有是心，不能推而達之，故民不得被其澤，不足以垂法於後也。先王有不忍人之心，斯有不忍人之政。所謂不忍人之政者，即其仁心所推，盡其用於事事物物之間者也。徒善不足以爲政，謂有是心而不取法於先王，則終不足以爲政也，爲徒善而已。徒法不能以自行，謂王政雖存，苟非其人，則不能以自行也，爲徒法而已。蓋仁心之存，乃王政之本；而王政之行，即是心之用也。詩所記「率由舊章」者，欲其遵先王之法也。夫規矩、準繩、六律，聖人竭耳目之力而制之者，故後世之爲方員、曲直與夫正五聲者，皆莫得而違焉。至於不忍人之政，是乃聖人竭心思之所爲，而仁覆天下者，然則後之爲治者，其可舍是而不遵乎？不曰爲之，而曰繼之者，蓋竭其心思，而其理繼之，乃天之所爲，而非聖人强爲之也。其於規矩、準繩、六律亦然。爲高必因丘陵，爲下必因川澤者，爲政者若不因先王之道，而出於私意，其得謂之智乎？仁者宜在高位，爲其能以是心行先王之政也。不仁而在高位，則以其忍心，行其虐政，是其在高位也，適所以播其惡於衆耳。上無道揆者，不以先王之道揆事也；下無法守者，不循法度之守也。然而上無道揆，則下無法守矣；朝不信道，則工亦不信度矣；君子而犯義，則小人犯刑矣。若是，則紀綱法度俱亡，國幾何而不隨之乎？此皆言不仁之在高位，其害必至於此也。自後世功利之説觀之，城郭不完，兵甲不多，田野不闢，貨財不聚，宜其甚可懼，而上無禮，下無學，疑若求急，然而孟子之言，乃反以彼爲非國之菑害，而以此爲不可一日安，何哉？蓋三綱五常，人之類所賴以生，而國之所以爲國者也。上無禮則失是理矣，下無學則不學乎此矣。上失其禮，下廢其學，則三綱五常日以淪棄，國將何所恃以立乎？民將何所恃以生乎？雖有高城深池，誰與守之？雖有堅甲利兵，誰與用之？雖有良田積粟，焉得而食之？然而使禮廢於上，而學猶傳於下，則庶幾斯道未泯，而猶覬其可行也。上既無禮，而下復無學，則邪説暴行並作，而國隨喪矣。賊民者，言賊夫仁義者也。詩所謂「天之方蹶，無然泄泄」，言上帝方震動爾，無泄泄然也。孟子釋「泄泄」以爲「沓沓」，而曰「事君無義，進退無禮，言則非先王之道者，猶沓沓也」。事君無義，則是懷利以事其君也；進退無禮，則是苟得而不顧也。言非先王之道，則是不稽古者，而汩於功利也。如是，則沓沓然潰亂而已矣。責難於君謂之恭者，以先王事業望其君，不敢以君爲難於此而有望焉，可不謂恭乎？陳善閉邪謂之敬，開陳善道，以窒其邪慝之原，誠心如此，可不謂敬乎？若不務責難陳善，而逆謂其君之不能，是賊其君者也。然而責難陳善，非在己者先盡其道，而能之乎？在己有未至，而獨以望於君，難矣。故此章之意，欲人君推是心以行仁政，而其終則欲人臣知禮義而法先王。蓋言不可以不學也，人臣知學，而後人主聞大道；人主聞大道，而後王政可行焉。此孟子之意也。

孟子曰：「規矩，方員之至也；聖人，人倫之至也。欲爲君，盡君道；欲爲臣，盡臣道。二者皆法堯、舜而已矣。不以舜之所以事堯事君，不敬其君者也；不以堯之所以治民治民，賊其民者也。孔子曰：『道二，仁與不仁而已矣。』暴其民甚，則身弒國亡；不甚，則身危國削，名之曰幽、厲，雖孝子慈孫，百世不能改也。詩云：『殷鑒不遠，在夏后之世。』此之謂也。」

規矩盡天下之方員，故爲方員之至；聖人盡人倫之道，故爲人倫之至。至者，以其全盡而無以加焉耳。堯之爲君，盡君道者也；舜之爲臣，盡臣道者也。非有所增益也，無所虧焉耳。後之人，舍堯、舜其將安所法哉？以堯、舜爲不可及者，是自誣其性者也。不以舜之所以事堯事君，則爲不敬其君。蓋不以厥后爲可聖，是誣其君者也；不以堯之所以治民治民，則爲賊其民。蓋不以斯民爲有常性，是暴其民者也。於是引夫子仁與不仁之論以斷之。夫仁與不仁，此爲二途，顧所由何如耳。不仁亦謂之道者，謂不仁之道也。如堯、舜之爲，是由夫仁之道者也；若幽、厲之爲，是由夫不仁之道者也。不仁之弊，將至於身危國削；又其極，則至於身弑國亡，其惡名雖孝子慈孫莫之能改也。嗟乎！人君志於仁，則堯、舜可幾；去仁，則循入於幽、厲，其可不審擇其所由哉？此有國家者所宜深鑒也。

孟子曰：「三代之得天下也以仁，其失天下也以不仁。國之所以廢興存亡者亦然。天子不仁，不保四海；諸侯不仁，不保社稷；卿大夫不仁，不保宗廟；士庶人不仁，不保四體。今惡死亡而樂不仁，是猶惡醉而强酒。」

三代之得失，蔽之以仁與不仁，可謂深切著明也。豈獨有天下者爲然？諸侯之有國者，其廢興存亡莫不由乎此。既言天子、諸侯之不可以不仁矣，又言卿大夫不仁則不能保宗廟，士庶人不仁則不能保四體。蓋仁者，人之道；人道既廢，則雖有四體，其能保諸？是不仁者，乃趨死亡之道也。人莫不惡死亡而樂於爲不仁，與惡醉而强飲酒者無以異也。雖然，此特未能真知不仁之可以死亡耳；使其真知不仁之可以死亡，則如蹈水火之不敢爲矣。

孟子曰：「愛人不親反其仁，治人不治反其智，禮人不答反其敬。行有不得者，皆反求諸己，其身正而天下歸之。詩云：『永言配命，自求多福。』」

爲國者以反求諸己爲至要。愛人而人不親，是吾仁有所未至也；治人而人不治，是吾知有所未明也；禮人而人不答，是吾敬有所未篤也。行有不得，不責諸人，而反求諸己，豈不至要乎？其身正，而天下歸之。天地之間惟感與應而已。在己者無不正，則在彼者無不順矣。反其仁者，非姑息以求比也，敦吾愛而已；反其智者，非鑿智以務術也，明其理而已；反其敬者，非卑巽以苟合也，盡諸己而已。蓋仁則人自親，愛則同也；智則人斯治，理無蔽也；敬則人斯答，志交孚也。反躬則天理明，不能反躬則人欲肆，可不念哉！

孟子曰：「人有恒言，皆曰天下國家。天下之本在國，國之本在家，家之本在身。」

身修而家齊，家齊而國治，國治而天下平，其序固如此；未有身不修而可以齊家，家不齊而可以爲國爲天下者，蓋無其本故也。然則其可不以修身爲先乎？攷之大學，修身則又有道焉。故欲修其身者，先正其心；欲正其心者，先誠其意；欲誠其意者，先致其知；致知在格物。此修身之道，人主所以貴於典學也。

孟子曰：「爲政不難：不得罪於巨室。巨室之所慕，一國慕之；一國之所慕，天下慕之。故沛然德教，溢乎四海。」

汲郡吕博士曰：「巨室，大家也。仰而有父母，俯而有妻子、有兄、有弟、有臣、有妾，尊卑親戚，一國之事具矣。嚴而不厲，寬而有閑，此家之所以正也。大家難齊也，不得罪於大家，則於治國、治天下也何有？」斯説爲得之矣。此亦與前章「天下之本在國，國之本在家」同意。雖然，欲不得罪於巨室，則修身其本也。一家慕之，則一國慕之。慕之云者，言樂從之也。舉斯心加於彼，則德教洋溢於四海之内矣。其曰「爲政不難」者，蓋事在易而求之難之意也。

孟子曰：「天下有道，小德役大德，小賢役大賢；天下無道，小役大，弱役强。斯二者，天也。順天者存，逆天者亡。齊景公曰：『既不能令，又不受命，是絶物也。』涕出而女於吴。

今也小國師大國，而恥受命焉，是猶弟子而恥受命於先師也。如恥之，莫若師文王。師文王，大國五年，小國七年，必爲政於天下矣。詩云：『商之孫子，其麗不億。上帝既命，侯于周服。侯服于周，天命靡常。殷士膚敏，祼將于京。』孔子曰：『仁不可爲衆也。夫國君好仁，天下無敵。』今也欲無敵於天下，而不以仁，是猶執熱而不以濯也。詩云：『誰能執熱，逝不以濯？』」

天下有道，則道義明，而功利之説息，故小德役大德，小賢役大賢，各循其理而由其分，此所謂治也。若夫無道之世，則功利勝而道義微，徒以勢力相雄長而已，此所由亂也。雖然，强弱小大之不可侔，亦豈得而强哉？是亦天也。若不自安其小與弱，而欲起而與之角，則亡之道矣。此齊景公之所以涕出而女於吴，有不得已也。所謂小國師大國者，其所爲相視效而無以相遠故也。其所爲則同，而强弱小大則不同，然則奈何而恥受其命乎？雖然，强弱小大之不侔，此命也，而有性焉；反而勉之於吾身，得其道則其勢力有不足畏者矣。故曰「如恥之，莫若師文王」。夫師大國則爲其勢力所役，師文王則道義所在，孰得而踰之？爲國者，其亦審其所師也哉！所謂師文王者，好仁是也。「大國五年，小國七年，必爲政於天下」，言其遠不過乎此，蓋理之必然者也。夫以商之孫子而侯服于周，殷之士而裸將于京，則天命何常哉？惟有德是歸耳。曰「仁不可爲衆也」，言仁則衆無以爲也，此之謂天下無敵。戰國之君，皆有恥受命而求無敵之心，然究其所爲，則未嘗志於仁，是猶執熱而不以濯也。爲國者可不鑒於斯耶？

孟子曰：「不仁者可與言哉？安其危而利其菑，樂其所以亡者。不仁而可與言，則何亡國敗家之有？有孺子歌曰：『滄浪之水清兮，可以濯我纓；滄浪之水濁兮，可以濯我足。』孔子曰：『小子聽之！清斯濯纓，濁斯濯足矣，自取之也。夫人必自侮，然後人侮之；家必自毁，而後人毁之；國必自伐，而後人伐之。』太甲曰：『天作孽，猶可違；自作孽，不可活。』此之謂也。」

不仁之人賊其惻隱之端，故肆行而莫之顧，於可危之事則安之，於致菑之道則利之，於所以亡者則反樂焉，是其性豈有異於人？以其陷溺至此耳。使夫不仁而猶可與言，則豈不惡夫危與菑，而懼夫亡哉？惟其不可與言，故卒至於亡國敗家之禍而後已也。試攷自幽、厲以來千餘載閒亡國之君，凡其所爲，彼豈以爲可以至於亂亡哉？類皆欣慕而爲之，雖有忠言，亦莫之顧也。孟子所謂安其危、利其菑，樂其所以亡而不可與言者，豈不信哉！惟漢武帝驕淫奢欲，殘民以逞，視秦政覆轍而遵之，蓋亦樂夫亡者。而晚歲因車千秋之言，有動於中，下輪臺哀痛之詔，亟改前日之爲，是以克保社稷，則夫所謂「不仁而可與言，則何亡國敗家之有」，又豈不信哉？夫「清斯濯纓，濁斯濯足」，濯纓與足，雖係於人，而清濁則由於水也。人之見侮於人，與家之見毁，國之見伐，人徒曰人侮之也，人毁之也，人伐之也，而不知所以侮、所以毁、所以伐者，己實爲之也。苟無以召之，則何由至哉？孟子於自反之道，言之不一而足，非惟在當時乃撥亂反正之綱，實萬世爲治檢身者不易之理也。

孟子曰：「桀、紂之失天下也，失其民也；失其民者，失其心也。得天下有道，得其民，斯得天下矣。得其民有道，得其心，斯得民矣。得其心有道，所欲與之聚之，所惡勿施爾也。民之歸仁也，猶水之就下、獸之走壙也。故爲淵敺魚者獺也，爲叢敺爵者鸇也，爲湯、武敺民者桀與紂也。今天下之君有好仁者，則諸侯皆爲之敺矣；雖欲無王，不可得已。今之欲王者，猶七年之病，求三年之艾也。苟爲不畜，終身不得；苟不志於仁，終身憂辱，以陷於死亡。詩云：『其何能淑，載胥及溺。』此之謂也。」

孟子既言得天下之道由乎得民，而又言得民之道在於得民心，又言得民心之道在於所欲與之聚，所惡勿施，可謂深切詳盡矣。夫民有欲惡，天下之情一也。善爲治者，審其欲惡而已矣；於其所欲則與之集聚，於其所惡則不施焉，則其心無不得矣。所謂聚其所欲者，非惟壽富安逸之遂其志，用捨從違無不合其公願，而後爲得也。水之就下，獸之走壙，性則然也。民之歸仁，亦其性然也。諸國之君，方且競虐乎民，而吾獨仁乎民，則孰不願爲吾之民？則其爲不仁者，皆爲吾之敺而已。今之欲王者，猶七年之病，必求三年之艾而後可；艾不素蓄，則病將終其身。不志於仁，則亦終身在憂辱之域而已。詩所謂「其何能淑，載胥及溺」者，言不能勉於善，終淪胥以亡而已。雖然，孟子所謂「諸侯皆爲之敺」者，非利乎他人之爲己敺也，特言其理之必然者耳。循夫天理，無利天下之心，而天下歸之，此三王之所以王也。假是道而亦以得天下者，漢、唐是也。故秦爲漢敺者也，隋爲唐敺者也。季世之君，肆於民上，施施然自以爲莫己若也，而不知其爲人敺也，豈不哀哉？

孟子曰：「自暴者，不可與有言也；自棄者，不可與有爲也。言非禮義，謂之自暴也；吾身不能居仁由義，謂之自棄也。仁，人之安宅也；義，人之正路也。曠安宅而弗居，舍正路而不由，哀哉！」

伊川先生曰：「自暴者拒之以不信，自棄者絶之以不爲。」蓋言非禮義，以禮義爲非而不信者也。吾身不能居仁由義，自以爲不能而不爲者也。夫人均有是性，孰不可爲善？氣質雖偏，亦可反也。惟其拒之以不信，絶之以不爲，雖聖人有末如之何者，故曰不可與言、不可與爲也。於是推言仁義之素具於人者：仁言安宅者，謂其安而可處也；義言正路者，謂其正而可遵也。是二者，性之所有也，曠之舍之，以自絶其天性，不亦可哀乎？

孟子曰：「道在爾而求諸遠，事在易而求諸難。人人親其親，長其長，而天下平。」

斯言讀之甚平，而理則甚深。蓋所謂邇與易者，爲難盡也。夫親親長長之心，人之所同有也。惟夫戕賊陷溺之深，甚至於爲乖争陵犯之事，則以失其性故也。使人人各親其親、長其長，保其良心，以無失其常性，則順德所生，上下和睦，而菑害不萌。由是而積之，禮樂可作，四靈可致也。雖然，使人各親其親、長其長，其本在於人君親其親、長其長而已。親親，仁也；長長，義也。仁義本諸躬，而達之天下，豈非道在邇者乎？天下之所以平者，實係於此，豈非事在易者乎？詳味此數語，堯、舜三王之治可得而推矣。後世私意横生，智巧百出，而其弊愈無窮。此無他，不知爲其邇與易者，而求之遠、求之難耳。舍邇而求遠，棄易而求難，則爲非道故也。

孟子曰：「居下位而不獲於上，民不可得而治也。獲於上有道，不信於友，弗獲於上矣。信於友有道，事親弗悦，弗信於友矣。悦親有道，反身不誠，不悦於親矣。誠身有道，不明乎善，不誠其身矣。是故誠者，天之道也；思誠者，人之道也。至誠而不動者，未之有也；不誠，未有能動者也。」

此説見於子思子中庸之書。子思述孔子之意，而孟子傳乎子思者也。夫居下位而不獲乎上，則言而有不見信，行而有不得爲，雖欲治民，其可得乎？居下位而不獲乎上，固不可也。雖然，欲以獲乎上，則或至於失己而喪道有之矣。獲於上有道焉：有以信於友，則有以獲於上矣。蓋朋友，敵己者也。道猶不見信於朋友，而況上下之勢相遼絶也，而可以信於君哉？雖然，朋友之見信，初不在於聲音笑貌之間也，蓋有道焉。有以悦乎親，則有以信於友矣。人道莫先於事親。於吾親而猶有所不順焉，而況於他人乎？雖然，欲親之悦乎己，豈徒温凊之奉、甘旨之養而已哉？蓋有道焉，反身而誠，則有以順乎親矣。蓋反身未誠，則有妄之心間於其間，烏能以感格其親之心志乎？雖然，誠其身，又不可以迫切而强致也，蓋有道焉，在於明善而已。善之所以爲善者，天理之實然者也。不明夫此，則動静無所據依，將何以誠其身乎？故反身而誠，則天下之理得，而順親、信友、獲上、治民，無所施而不利矣。然誠之道有誠者，有思誠者。「誠者天之道」，言其實然之理，天之所爲也。聖人則全此體，身誠而善無不明也。「思誠者人之道」，則是以人之所爲求合於天焉，學者明善誠身之功是也。「至誠而不動者，未之有也」，言誠之至，極天下之感無不通也。又曰「不誠，未有能動者也」，言天下未有不誠而能動者也。蓋事物無巨細，其所以動者，皆誠之所存故也。然則將以順親、信友、獲上、治民，非誠身而可得乎？

孟子曰：「伯夷辟紂，居北海之濱，聞文王作興，曰：『盍歸乎來？吾聞西伯善養老者。』太公辟紂，居東海之濱，聞文王作興，曰：『盍歸乎來？吾聞西伯善養老者。』二老者天下之大老也，而歸之，是天下之父歸之也。天下之父歸之，其子焉往？諸侯有行文王之政者，七年之内，必爲政於天下矣。」

人君得仁賢之心，則天下之心歸之矣。夫以紂在上，而天下之賢有如伯夷、太公者乃退避於海濱之不暇，以紂之爲虐，不可邇故也。文王在岐山之下，而二老者乃不遠數千里欲往歸之，以文王之行仁政而善養老故也。二老所以歸文王之心，是天所以眷顧之心也。曰「天下之父」云者，以其德爲達尊，天下之所從也。其父歸之，則其子又焉往而不歸哉？嗟乎！有國者其不可使仁賢有遐心哉！仁賢不樂從之遊，則天下之心日解矣。雖然，何代而無賢才，患在人主無以致之耳。故張良歸漢而項氏以亡，孔明在蜀而炎綱幾振。此亦皆庶幾爲當時之老者，其所係輕重固如此，然則戰國之諸侯，有能行文王之政，則天下之賢才歸之，而七年之内爲政於天下，又何疑乎？

孟子曰：「求也爲季氏宰，無能改於其德，而賦粟倍他日。孔子曰：『求非吾徒也，小子鳴鼓而攻之可也。』由此觀之，君不行仁政而富之，皆棄於孔子者也，況於爲之强戰？争地以戰，殺人盈野；争城以戰，殺人盈城。此所謂率土地而食人肉，罪不容於死。故善戰者服上刑，連諸侯者次之，辟草萊、任土地者次之。」

冉求之事，論語蓋嘗載之，與孟子所載互相發也。論語則正其聚斂之名，孟子則推明其無能改於其德之罪。夫冉有之聚斂，果若後世頭會箕斂以媚其上之爲乎？殆不然也。以左氏春秋攷之，哀公十一年季孫以田賦使訪諸孔子，孔子不對，而私於冉有曰：「君子之行也，度於禮，施取其厚，事舉其中，斂從其薄，如是則以丘亦足；若不度於禮，而貪冒無厭，則雖以田賦，將又不足。且季孫若欲行而法，則周公之典在；若欲苟而行，又何訪焉！」弗聽。明年正月用田賦。用田賦者，履畝而賦之也。意者賦粟倍他日，其謂是與？然則此季孫之爲也，而遽以爲求之罪若是之深乎？蓋季氏爲魯卿，專制其上，爲日久矣。一國之人，知有季氏，而不知有魯君也。求之爲宰，所當明君臣之義以正救之，俾革其爲，以事公室，則求之責也。今既不能使之改於其德，而季氏廢法以厚取，求又從而順從，莫之能救，則求之罪深矣。故論語正其聚斂之名，而孟子又推明其無能改於其德之罪，然後聖人鳴鼓而攻之之意昭然矣。孟子謂以求之事言之，則夫不務勉其君以仁政，而求以富之者，其罪皆豈能逃聖人之責乎？而況於與其君强爲戰鬬之事，争地争城，殺人而莫之卹者，抑又甚焉矣。曰「率土地而食人肉，罪不容於死」，言以土地之故而殘民之生，罪無加於此也。故以善戰者爲當服上刑，而連諸侯、辟草萊、任土地皆以次論罪焉。自當時論之，孰不以能爲其君克敵爲大功？而孟子之言如此，蓋正義明道，所以遏其利欲之横流也。

孟子曰：「存乎人者莫良於眸子。眸子不能掩其惡：胷中正則眸子瞭焉，胷中不正則眸子眊焉。聽其言也，觀其眸子，人焉廋哉？」

此觀人之法，初見其人，欲知其胷中所趨之邪正，當以是觀之也。胷中之所存，著見於眸子，誠之不可掩也。然則人之欲自蔽者，其果何益哉？聽其言而觀其眸子，蓋人之於言猶可以僞爲，至於眸子之瞭與眊則不可僞〔一〕也，聽其言而又參之以其眸子，則無所遁矣。此與夫子「人焉廋哉」之言同，而爲説則有異。蓋夫子之言，爲旋觀其人設也，而孟子之言，則一見而欲識其大綱也。參是二者，觀人之法殆無餘藴矣。若夫睟然見於面，盎於背，施於四體，四體不言而喻者，則望而知其爲德人，有不待攷察者矣。學者讀此章，非獨可得觀人之法，又當知檢身之要也。放心邪氣，其可頃刻而有？邪一萌諸中，而昭昭然不可掩者矣，其可不懼乎？

孟子曰：「恭者不侮人，儉者不奪人。侮奪人之君，惟恐不順焉，惡得爲恭儉？恭儉豈可以聲音笑貌爲哉？」

此推明恭儉之本也。所謂「不侮人」、「不奪人」者，非特爲見於行事然也。蓋中心泊然，侮奪之意無纖毫之萌也。此非毋我而忘欲者不能。人惟有我而多欲也，故侮奪人之意不期而自萌。凡有所慢易、有所驕忽，皆侮也；有所歆羨、有所求得，皆奪也。

〔一〕僞：原作「爲」，據上下文意改。

而況於居人上而得肆者，其侮奪之機，日森然於胷中，顧乃卑巽以爲恭，吝嗇以爲儉，其能有感乎？故曰「侮奪人之君，惟恐不順焉，惡得爲恭儉」，謂惟恐不順者，惟恐不得順遂其侮奪之爲也。如此而外爲恭儉，其誰信之？故曰「恭儉豈可以聲音笑貌爲哉」，言當本諸其誠心也。嗟乎！使戰國之君知此義，而反身以求之，則乖爭陵犯之風庶乎其可息矣。

淳于髡曰：「男女授受不親，禮與？」孟子曰：「禮也。」曰：「嫂溺則援之以手乎？」曰：「嫂溺不援，是豺狼也。男女授受不親，禮也；嫂溺援之以手者，權也。」曰：「今天下溺矣，夫子之不援，何也？」曰：「天下溺，援之以道；嫂溺，援之以手。子欲手援天下乎？」

所謂權者，事有萬變，稱其輕重而處之，不失其正之謂也。今夫衡之有權，其得名以權者，以夫輕重雖不同，而無不得其平故也。自陋儒反經合道之論起，而其害有不可勝言。蓋既曰反夫經矣，而道惡乎合哉？此論一行，而後世竊權之名以自利，甚至於君臣父子之大倫蕩棄而不顧，曰「吾用權也」，不亦悲夫？孔子曰：「可與共學，未可與適道；可與適道，未可與立；可與立，未可與權。」蓋非夫理明義精、卓然能立者，未易當變而盡夫與權之宜也。故夫學者務正經而已，經正而不失，則將知夫權之所存矣。淳于髡之問，意以爲禮之經常不可執守於急難之際也。孟子答之以「男女授受不親，禮也；嫂溺援之以手者，權也」。斯兩言也，而經權之義蓋可見矣。蓋不授受，固禮之經；然嫂溺則遭其變，援〔一〕之以手者，遭變而處之之道當然也。故先之曰「嫂溺不援，是豺狼也」，則可以見其道之在夫援也；若其不援，則失道而陷夫禽獸之域。然則其權也，豈非所以爲不失其經也歟？髡未識此意，因是而言孟子在今日，亦當少貶其道，用權以救世爲急也。孟子謂天下之溺不可以力援也，當援之以道耳。若道先枉矣，則將何以援之乎？是猶援嫂之溺，有賴夫手，而先廢其手也。然則孟子之不少貶以求濟者，是乃援溺之本，豈非天下之大經乎？

公孫丑曰：「君子之不教子，何也？」孟子曰：「勢不行也。教者必以正。以正不行，繼之以怒。繼之以怒，則反夷矣。『夫子教我以正，夫子未出於正也』，則是父子相夷也。父子相夷，則惡矣。古者易子而教之，父子之間不責善。責善則離，離則不祥莫大焉。」

所謂教者，亦教之以善而已矣。善也者，根於天性者也。然則父子之有親，豈非教之

〔一〕援：原作「後」，據孟子原文及上下文意改。

之本乎？今也欲教之以善，而反使至於父子之間或繼以怒，則非惟無益，乃有傷也。何者？告之而從，則其可也；不幸而有不能從，則將曰：「夫子教我以正，而夫子未嘗出於正。」爲人子而萌是心，則不亦反傷其天性乎？是以君子之不教子，雖曰不責善也，然而養其父子之天性，使之親愛之心存焉，是乃教之之本也。不然，責善之不得，而天性之或傷，尚何教之有？責善云者，謂指其過惡而責之以善道也。在師則當然。爲人父者易子而教之，蓋以責善之義望於師也。養恩於父子之際，而以責善望之師，仁之篤而義之行也。雖然，在爲人父者言之，則當修身以率其子弟。身修則將有不言而感、不令而從者矣。在爲人子者言之，則當敬恭以承命，致其親愛，勞而不匱也，又豈可因責善而起離心，以自賊夫天性也哉？然則父子兄弟之道得矣。

孟子曰：「事孰爲大？事親爲大。守孰爲大？守身爲大。不失其身，而能事其親者，吾聞之矣；失其身而能事其親者，吾未之聞也。孰不爲事？事親，事之本也。孰不爲守？守身，守之本也。曾子養曾皙，必有酒肉；將徹，必請所與；問有餘，必曰有。曾皙死，曾元養曾子，必有酒肉；將徹，不請所與；問有餘，曰亡矣。將以復進也。此所謂養口體者也。若曾子則可謂養志也。事親若曾子者可也。」

如所謂事君、事天，皆所謂事也；如所謂守家、守國，皆所謂守也。曰事親爲大、守身爲大者，非謂此大而彼小也。以是爲大，謂所當先者也。故又曰「事親，事之本也；守身，守之本也」。道莫不有本焉，務其本則爲善學者矣。蓋人道以親親爲大，而莫先於事親。有以事親，則其所推皆是心也，然則烏往而不得其所事？身者，天下國家之本也。有以守身，則其所施皆是理也，然則烏往而不得其所守？雖然，守身所以事親也；身失其道，則將何以事親哉？故曰不失其身而能事其親者有矣；失其身而能事其親者，未之聞也。反復言之，又欲人以守身爲事親之本也。此中庸「反諸身不誠，不順乎親矣」之意。若曾子者，可謂能盡守身事親之道者矣，故舉其養志之事以爲人子之法。夫將徹，必請所與，問有餘，則曰有，蓋行乎其親志意之中者也，視夫將徹不請所與，問有餘而曰亡者，意味不亦短矣乎？故曰「事親若曾子者可也」。伊川先生論周公之事，以爲周公之事，人臣所當爲，如孟子所謂事親若曾子可也，未嘗以曾子之孝爲有餘也。蓋子之有是身者，親也。凡身之所得爲者有不盡，則於事親爲有未足。必若曾子之盡其道，而後成人子也。此義精矣。

孟子曰：「人不足與適也，政不足閒也。惟大人爲能格君心之非。君仁莫不仁，君義莫不

義，君正莫不正，一正君而國定矣。」

此章孟子因當時之事而推言其本也。所用之人才有不足責也，所行之政有不足非也，惟大人則能格君心之非。君心之非格，而天下治矣，蓋其本在此故耳。夫心本無非，動於利欲，所以非也。君之心方且在於利欲之中，滋長蔽塞，則是非邪正莫知所適，而萬事之統隳矣，故當以格其心非爲先。格之爲言，感通至到也。書曰：「格于上帝。」蓋君心之非，不可以氣力勝，必也感通至到，而使之自消靡焉，所謂格也。蓋積其誠意，一動静，一語默，無非格之之道也。若心非未格，則雖責其人才，更其政事，幸其見聽而肯改易，他日之所用所行，亦未必是也。何者？其源流不正，不可勝救也。心非既格，則人才、政事，將有源源而日新矣。然而格君之業，非大人則不能。若在己之非猶有未之能克者，而將何以盡夫感通之道哉？「君仁莫不仁，君義莫不義」，而又曰「君正莫不正，一正君而國定矣」，蓋仁義所以正也。嗟乎！後世道學不明，論治者不過及於人才、政事而已，孰知其本在於君心？而又孰知格君之本乃在於吾身乎？「惟大人爲能格君心之非」，孟子斯言，真萬世不可易者也。

孟子曰：「有不虞之譽，有求全之毁。」

呂氏曰：「行不足以致譽，而妄得譽，是謂不虞之譽；求免於毁，而反以致毁，是謂求全之毁。不虞之譽得於非義，而求全之毁猶不失仁，此不可不察也。陳仲子欲潔一身而顯，處母兄於不義，其爲不義均矣，而時人反譽以爲廉。匡章責父以善，而不相遇，是愛親之過者，而時人反毁以不孝。夫二子之行，皆不合義，而一毁一譽，以亂其真。故仲子得譽，孟子以不義闢之；匡章遭毁，孟子以近仁取之。夫君子之取人，如不得已，取其心可矣，毁譽豈可盡信哉？」此説盡之矣。然而在君子之檢身論之，則正己而已，不以毁譽亂吾之心而易吾之操也，斯則善矣。

孟子曰：「人之易其言也，無責耳矣。」

修身者以謹言行爲要。易其言者，是未嘗用力者也，則其不能顧行可知。若是者責之難矣。

孟子曰：「人之患，在好爲人師。」

學莫病於自足。蓋古之所謂師者，學明行修，人從而師之，而非有欲人師己之意也。若人師乎己，從而以己之善善之，其答問論辯之際，亦有互相發者，故斆學相長也。若有好爲人師之意，則是乃矜己自大之私萌乎其中，欲以益於人，而不知其先損於己。

此其所以可懼也。

樂正子從於子敖之齊。樂正子見孟子，孟子曰：「子亦來見我乎？」曰：「先生何爲出此言也？」曰：「子來幾日矣？」曰：「昔者。」曰：「昔者，則我出此言也，不亦宜乎？」曰：「舍館未定。」曰：「子聞之也，舍館定，然後求見長者乎？」曰：「克有罪。」孟子謂樂正子曰：「子之從於子敖來，徒餔啜也。我不意子學古之道，而以餔啜也。」

孟子於樂正子從子敖之齊之事，蓋兩責之而甚嚴也者，良有以也。夫子敖，齊之嬖卿右師王驩也。以樂正子之賢，非有趨附其人之意也，然其從之也，於義亦有害矣。故於其初見也，則曰「子亦來見我乎」。蓋樂正子既館於子敖，則亦未免制於子敖，故必待舍館定而得見其師。孟子責其不亟見，使之自反其從子敖之非也，故以謂子非不聞見長者之義，不待夫舍館之定也。然則必待舍館定而求見者，樂正子亦可以知過之所由矣。餔啜之論，同此意也。謂其從子敖也，既無其義，則是徒餔啜於子敖而已，豈不與古道之意異乎？觀此章，則知君子之處己不可以不嚴，而所與不可以不謹也。

孟子曰：「不孝有三，無後爲大。舜不告而娶，爲無後也，君子以爲猶告也。」

或問於伊川曰：「舜之不告而娶，何也？」曰：「舜三十徵庸，此時未娶；若遂專娶，常人不爲，況舜乎？蓋堯得以命瞽瞍，故不告也。」孟子「不告而娶，爲無後也」，此因爲無後而言也。」又曰：「堯命瞽瞍使舜娶，舜雖不告，堯之告也，以君詔之而已。」無後之所以爲不孝者，蓋爲絶夫嗣其先之道故也，是以君子懼焉。舜不告而娶者，舜不敢以謀於瞽瞍，而堯以君命詔之，瞽瞍不得違焉，故謂之不告而娶，而君子以爲猶告也。

孟子曰：「仁之實，事親是也；義之實，從兄是也；智之實，知斯二者弗去是也；禮之實，節文斯二者是也；樂之實，樂斯二者，樂則生矣，生則惡可已也？惡可已，則不知足之蹈之、手之舞之。」

仁義具於人之性，而其實則見於事親、從兄之閒。蓋仁故能愛，愛莫大於愛親。義者宜也，宜之所施，莫宜於從兄也。擴而充之，仁義蓋不可勝用，而實事親從兄之心也。故智者知此而弗去者也，禮者節文此者也，樂者樂此者也，豈有外此者哉？知必云「弗去」者，蓋曰知之而有時乎去之，非真知者也，知之至則弗肯去之矣。有其理則有其節，有其質則有其文，凡三千、三百，皆所以節文乎此者也。有以節文，則内外進矣至於樂，則非自得之深、涵養之熟者無此味也。「樂則生矣」，生者心之道，蓋其中心油然有不自知其然也。「生則惡可已」，言其自不可已；不可已，則手之所舞、足之所蹈莫非是矣。至此，則仁義之心睟然於内，而周流乎事事物物之閒矣。蓋仁義之道，人所固有，然必貴於知之而弗失。知之而弗失，則有以擴充，而禮樂之用興焉，而其實特在事親從兄之間而已。孟子之時，邪説誣民，仁義充塞，學者莫適其指歸，故孟子摭仁義之實而告之，使於此充之，則不差也。

孟子曰：「天下大悦而將歸己。視天下悦而歸己，猶草芥也，惟舜爲然。不得乎親，不可以爲人；不順乎親，不可以爲子。舜盡事親之道，而瞽瞍厎豫；瞽瞍厎豫，而天下化；瞽瞍厎豫，而天下之爲父子者定，此之謂大孝。」

天下大悦而將歸己，而在聖人所性不存焉。所性不存，則謂視之猶草芥不爲過也。古之人惟舜爲然。舜視天下之歸猶草芥，而於所以順乎親則惟恐不及焉：此聖人之所爲能盡其性者也。不得乎親，則何以名爲人哉？又曰「不順乎親，不可以爲子」，不有以順乎親，則豈能得乎親？不可以爲子，則又烏可以爲人哉？然順親實難，必也起居食息、視聽語默，以至於無聲無形之際無一毫咈其性，而後可以言順夫親也。夫斯須之不存，毫髮之未安，則不得爲順矣。舜蓋盡乎此者，故曰「舜盡事親之道」。夫事親之道，人人具於其性，他人不能盡，而舜能盡之。舜能盡之，亦非有所加益乎其間也。盡事親之道，而瞽瞍厎豫，惟天下之至誠有以感通也。夫道一而已，舜盡事親之道，而天下之道無不得焉，感一而已。瞽瞍厎豫，而天下之化無不孚焉。既曰「瞽瞍厎豫，而天下化」，又曰「瞽瞍厎豫，而天下之爲父子者定」，蓋不得乎親，爲人子者惟當求之己而已。舜盡其道，而瞽瞍厎豫，然後父子之大經正，此所謂定也。舜爲法於天下，豈特天下之爲人父子者定哉？萬世之爲人父子之道亦莫不定矣。嗟乎！爲人子者，苟以大舜爲不可跂及而不取法焉，是自誣其天性者也。欲取法於舜如何？其亦曰反誠其身而已矣。

離婁下

孟子曰：「舜生於諸馮，遷於負夏，卒於鳴條，東夷之人也。文王生於岐周，卒於畢郢，西夷之人也。地之相去也千有餘里，世之相後也千有餘歲。得志行乎中國，若合符節。先聖後聖，其揆一也。」

「先聖後聖，其揆一也」，孟子獨舉舜與文王言之者，蓋舜與文王，其地相去爲最遠，而世之相去爲最久故耳。所謂「得志行乎中國」者，聖人之道，化行乎天下，是所謂得志者也。然自今觀之，舜與文王所值之時，周旋於父子君臣之際者蓋不同矣。孟子謂若合符節者，其何以見之邪？蓋道一而已。其所以一者，天之理也；若夫人爲，則萬殊矣。聖人者純乎天理者也。純乎天理，則其云爲措注，莫非天之所爲，而有二乎哉？故舜所以事瞽瞍者，是文王所以事王季者也；而文王之事紂，是舜所以事堯者也；文王之憂勤，是舜無爲而治者也。舜與文王易地則皆然，何者？舜與文王皆天也。使其間有一毫不相似，則不曰若符節之契矣。然舜與文王之所以爲天者，則抑有道矣。堯、舜、文王、孔子，生知之聖也，故未有盛焉。聖雖生知，而亦必學以成之。「惟精惟一，允執厥中」者，舜之學也；「緝熙敬止，克宅厥心」者，文王之學也。即其生知之聖，而學以成之，此其所以爲天之無疆也。學者讀此章，當深究其所以一者。於此有得，則先聖後聖之心，可得而識矣。

子產聽鄭國之政，以其乘輿濟人於溱、洧。孟子曰：「惠而不知爲政。歲十一月，夏之九月。**徒杠成；十二月，**夏之十月。**輿梁成，民未病涉也。君子平其政，行辟人可也，焉得人人而濟之？故爲政者，每人而悦之，日亦不足矣。」**

子產輟乘輿以濟冬涉者，孟子何貶焉？蓋小惠妨大德，聖賢之所惡也。以人之病涉也，則修其政而已。歲十一月而成徒杠，十二月而成輿梁，是乃政也，所謂廣大平正，公義之所存，過是則私意矣。顧乃區區然以己之輿濟之，是特内交要譽，惡其聲之爲耳。故雖可謂之惠，而未知爲政之道也。君子平其政，行辟人可也。夫君子之政，天下之公理也。行法於此，使人由之而已。苟私意一生於其間，則失其所以爲平矣。故夫先王之治，爲之井田，爲之封建，與天下公共，使俱得其平，下至於鰥寡廢疾皆有所養，而微至於次舍、橋梁、芻秣之事，亦皆有經制。此豈先王强爲哉？因事而制法，而其法皆循乎天理，所謂平其政也。先王平其政，而天下之人無不被其澤，舉家愛戴之。後世欲人人而悦，而日亦不足。公義私意之相去蓋如此。善乎，諸葛孔明之治蜀也！立經陳紀，纖悉備具，而不爲姑息之計。其言曰「治世以大德，不以小惠」，爲得聖賢之意矣。子產在春秋之際，蓋名卿也。傳稱其爲政都鄙有章，上下有服，田有封洫，廬井有伍。其於輿梁之事非不知也，以乘輿濟，獨欲示其爲惠之篤耳，而不知反害於道也。爲政者可不知此哉？

孟子告齊宣王曰：「君之視臣如手足，則臣事君如腹心；君之視臣如犬馬，則臣視君如國

人；君之視臣如土芥，則臣視君如寇讎。」王曰：「禮，爲舊君有服，何如斯可爲服矣？」曰：「諫行言聽，膏澤下於民；有故而去，則君使人導之出疆，又先於其所往；去三年不反，然後收其田里。此之謂三有禮焉。如此，則爲之服矣。今也爲臣，諫則不行，言則不聽，膏澤不下於民；有故而去，則君搏執之，又極之於其所往；去之日，遂收其田里：此之謂寇讎。寇讎，何服之有？」

此孟子告齊宣王之言也。嗟乎！君臣之際其猶天地乎！天道下濟，故地道得以上行，而化功成焉。君不恃其尊，逮下以禮，則人臣得以樂盡其心。此三代令王所以致治而享國長久也。戰國之際，此義亡矣：君亢於上，臣下之勢，邈不相接，其相遇不翅若僕隸役使然，豈復有交泰之理哉？孔子蓋嘗答魯定公之問，以謂君使臣以禮，臣事君以忠。而孟子所以告齊宣王者亦是意耳。孟子之意，以爲人君患人臣之不忠，在人君之分，當反諸己，不當以責人臣也。吾視之如手足，則彼將以我爲腹心矣；吾視之如犬馬，則彼將視我如國人矣；吾視之如草芥，則彼將視我如寇讎矣。蓋感應施報之理則然，不責其應與報者，而反求諸己，表立而影自從：此知道之君所以涵養一世臣民之心而有餘裕也。齊宣王所以望其臣者深，而莫知自省，故孟子告之如此其切至也。宣王聞斯言也，而問舊君之服，以爲禮有舊君之服，則人臣雖被讒逐於君，而所以事君者不可不盡。是亦未知自反，而徒以責夫臣下也。故孟子又從而告之，謂諫行言聽，膏澤得下於民，不得已而去，則爲之君者使人導之，又先於其所往以安之；及其不反也，至於三年矣，而後收其田里，所以全始終之義，在我者可謂曲盡矣。則是人也，雖不得已而去宗國，而於君所以待遇之之意其忍忽忘之乎？君臣之恩未嘗絶，而其情有不能自已，故爲之服也。今也在國則無以施其藴，去國則待之如寇讎，既欲搏執之，又極其所往，使之無以自容，去之日即收其田里，以絶其歸路，是則豈復有君臣之恩意乎？則其服何由制也？此所以警夫宣王者深矣。而司馬氏疑此章，以爲非所以勸爲人臣子者。不知聖賢之言，各有攸當。故曰此孟子告齊宣王之言也，此非獨齊宣王所當聞，爲人君者，苟知此義，念夫感應施報之可畏，而崇高之勢不可恃，反己端本之不可一日忘，待臣下以禮，養臣下以恩，保臣下以忠信，則上下交通，而至治可成矣。若夫在爲人臣者之分，君雖待我者有未至，而我所以事君者可以不自盡乎？是當玩味孟子三宿出晝之心，則庶幾其得之矣。雖然，孟子此章之意，孔子所謂「君使臣以禮、臣事君以忠」之語蓋盡之矣。聖賢之言之分，於此亦可見，故伊川先生曰：「仲尼，元氣也；顔子，春生也；孟子，并秋殺見之矣。」學者當更以是思之。

孟子曰：「無罪而殺士，則大夫可以去；無罪而戮民，則士可以徙。」

此非獨使爲士大夫者知此義，見幾而作，以不陷於戮辱，抑將使有國者聞之悚然，不可以失士大夫之心也。使大夫士而懷去與徙之心，則國之危亡可立待矣。在詩衛之北風，在上者並爲威虐而莫之恤，百姓疾之，莫不相攜持而去。故其詩曰：「惠而好我，攜手同行。」蓋相勉以去也。又曰：「惠而好我，攜手同車。」曰「車」，則非特賤者去之，貴者亦去之矣。於是而衛有戎狄之禍，可不畏哉？雖然，大夫士貴於見幾，則比干非邪？彼見紂視殺其羣臣如刈草菅也，而獨不去邪？蓋天下之理各有其分，處其分而得其理，非仁者不能也。此所謂大夫士，謂非其宗親，又非其世臣，又非其任國事者，故得以從容於去就之際。若夫比干，以親則王子也；以位則少師也，視君之暴虐而忍不之救邪？比干固與國同其存亡者也；比干之諫，非直爲一諫而死也。想其平日彌縫宗社，救正君失，無所不用其至，而誠盡力竭，卒以諫死也，故孔子稱其仁。愚懼後世爲人臣者不識聖賢之意，而假託可去可徙之義，以爲苟免自利之計，故併著焉。

孟子曰：「君仁莫不仁，君義莫不義。」

說見前。

孟子曰：「非禮之禮、非義之義，大人弗爲。」

非禮之禮、非義之義，謂其事雖本是禮義，而施之不當，一過其則，則爲非禮義矣。故程子之説曰：「恭本爲禮，過於恭，是非禮之禮也；以物與人爲義，過於與，是非義之義也。」推是類可見矣。蓋禮義本於天而著於人心，各有其則，而不可過，乃天下之公，而非有我之所得私也。一以己意加之，則失其典常，是則私情之細而已。故其事雖以禮義，而君子謂之非禮之禮、非義之義也。天下之爲禮義者鮮不陷於此矣，此無他，以其不知天故爾。雖然，孔門高弟間亦有未能免者。有姊之喪，過時而弗除，曰「予弗忍也」，以是爲禮，而不知過夫先王之制矣。爲宰而與之粟，則辭而不受，以是爲義，而不知失夫當受之宜矣。此皆賢者之過，毫釐之間，一有差焉，而未免流於私情而蔽乎公理。凡非公理者，皆私情也。甚矣，中庸之難擇也！夫惟大人者，己私克盡，天理純全，非禮之禮、非義之義有所不萌於胷中矣。

孟子曰：「中也養不中，才也養不才，故人樂有賢父兄也。如中也棄不中，才也棄不才，則賢不肖之相去，其間不能以寸。」

此所謂中者，以德言；才者，以質言也。惟有德者爲能涵養其性情，而無過與不及之患，故謂之中；而其倚於一偏，而不能自正者則謂之不中。天資美茂，如忠厚剛毅明敏之類，皆謂之才；而其資稟之不美，以陷於刻薄、柔懦、愚暗之流，則謂之不才。父兄之於子弟，見其有不中、有不才也，則當思所以教之。教之之道，莫如養之也。養之云者，如天地涵養萬物，其雨露之所濡，雷風之所振，和氣之薰陶，寧有間斷乎哉？故物以生遂焉。父兄所以養其子弟之道，當若是也。寬裕以容之，義理以漸之，忠信以成之，開其明而祛其惑，引之以其方，而使之自喻，夫豈歲月之功哉？彼雖曰不中不才，涵養之久，豈無有萌焉乎哉？如其有萌焉，則養道益可施矣。至於丹朱與象之類，則是其不移之質，有末如之何者。然堯、舜所以養之之意則無窮也。知其嚚訟而不授以天位，是乃所以養之也。象憂亦憂，象喜亦喜，封之有庳，而不及以政，使之源源而來，非養之乎？噫！父兄待子弟之道，莫善於養之也。養非恬然坐視之謂也。恬然坐視，是棄之也。如其棄之，則何所貴於賢父兄哉？然則賢不肖之相去，亦不遠矣。故父兄待子弟之道，雖不在於嚴威以傷恩，而亦不可坐視以長惡，惟當深思所謂養之者而已。

孟子曰：「人有不爲也，而後可以有爲。」

事有不可爲者，有當爲者。人能擇其所不可爲而不爲，則其於所當爲者斯能爲之矣。何者？其用心必專，而其所爲必果也。苟惟泛然而無所擇，於其所不可爲者而爲之，是爲無所不爲，則於其所當爲者斯無力矣。又況無所不爲，則將顛沛隨之，烏能有爲邪？故必有不爲也，而後可以有爲。蓋其有所不爲者，是乃其可以有爲者也。此亦觀人之方也。

孟子曰：「言人之不善，當如後患何？」

此章謂言人之不善者，當念夫後患，而言不可易也。所謂後患者，未論悔吝之何如。若專言悔吝，是止以利害論，而未足以盡孟子之本意。蓋君子於人之善則樂與之，人之不善則矜惜之，此其忠恕之心，所以爲人之道者也。故孔子稱「吾之於人，誰毁誰譽」，而但云如「有所譽者，其有所試矣」，更不言毁也。世有好言人之不善者，此意一萌，即有害於良心，其損德亦已甚矣，此後患之可畏者也。若所謂悔吝，則固在其中矣。

孟子曰：「仲尼不爲已甚者。」

孟子嘗發已甚之論矣，曰：「段干木踰垣而辟之，泄柳閉門而不納，是皆已甚。」而舉孔子待陽貨之事以爲之準，此所謂不爲已甚也。雖然，善觀聖人者，於一事之細，亦可以味其無窮之旨；不善觀聖人者，則知其爲一事而已。故孟子所謂「不爲已甚」，可謂善言聖人者也。夫子之不爲已甚，非不欲爲已甚，自不至已甚也。何者？夫子範圍天地之化而不過者也，故可以仕則仕，可以止則止，可以速則速，可以久則久，皆天之所爲也。以致於動容周旋、應酬語默之際，毫釐眇忽，何莫非天則之在乎？非聖人循天之則，聖人固天也。惟其天也，是以無不中節也。然則不爲已甚者，固聖人天則之所在也。學者可不深潛而玩味之與？後世之士，不知理義之所在，詘己以喪道，徇情以長惡，而曰「吾不爲已甚」也。彼徒以聖人答陽貨、見南子爲不爲已甚，而獨不思夫衛靈公問陳，則明日遂行；季桓子受女樂之饋，則不稅冕而行；爲魯司寇七日而誅少正卯；聞田恒之弒君，雖從大夫之後，亦沐浴而請討。此謂之已甚，可乎？不深求乎聖賢之權度，而徒竊語之疑似者以文其姦，此賊仁義之甚者也。

孟子曰：「大人者言不必信，行不必果，惟義所在。」

言固欲其信也，行固欲其果也。今曰言不必信、行不必果，則大人者言有時而不信乎？行有時而不果乎？非然也。蓋言行固欲信、果，然有必之之意，則非也，必乃私也。故言必欲信，而不知義，將至於守其所不可復者，私意相與，而非所謂信也。行必欲果，而不知義，將至於爲其所不可推者，直情徑行，而非所謂果也。故君子不必夫果與信，而獨精吾義焉耳。事事物物，皆有義存焉，而著於吾心。苟能體是心而充之，則義可得而精也。義精，則有所不言，言莫非義也，而無不信之言矣；有所不行，行莫非義也，而無不果之行矣。何者？義得，則信、果在其中；必於信、果而不知義，則無以揆言行之發，而尚何信、果之云乎？雖然，言必信，行必果，亦異乎小人之無忌憚者矣。蓋亦志乎善道，特所見者小耳。故子貢問「何如斯可謂之士」，孔子告之至於三，則曰：「言必信，行必果，硜硜然小人哉！抑亦可以爲次矣。」蓋言其所見者小也。知孔子之所謂「硜硜然小人哉」，則知孟子之所謂「惟義所在」之爲大人者矣。若夫世之無忌憚者不信其言，不果其行，而曰「惟吾義之所在」，此則自棄絶於君子之歸者，而尚何尤焉！

孟子曰：「大人者，不失其赤子之心者也。」

赤子之心，無聲色臭味之誘，無知巧作爲之私，其喜怒愛懼皆由於己者也。惟其物至而知之，自幼寖長，則流於情，動於欲，狃於習，亂於氣，千緒萬端，紛擾經營，而其赤子之心日以斲喪，一失而不能反者衆矣。學也者，所以求反之也；大人者，能反之者也。蓋人欲消而天理存，聲色臭味不能移也，知巧作爲不復萌也，此則渾然赤子之心。以其本有是心，今非能有加，纔不失之耳，故曰「不失其赤子之心」也。由是而動，無非天理之所存矣，此所謂自明而誠者也。若夫上智生知之聖，則赤子之心元不喪失。即此體而盡之，天下之理無不得焉，所謂自誠而明者也。

孟子曰：「養生者不足以當大事，惟送死可以當大事。」

事親者，人心之至親切者也；而送死者，又事親之最篤至者也。以其變之大，是以爲節之大；以其節之大，是以爲事之大也。故於送死之際，可以觀人子之自盡焉者。蓋吾親已矣，不可得而復見矣。其所以自盡者，惟吾求所以慊於其心，非有所勉而爲者。故仁者可以觀其愛焉，知者可以觀其理焉，强者可以觀其節焉。然而人之常情，或能養於生，而送死之際，往往有所怠且忽。夫其所以怠且忽者，以夫親既没，而愛敬亦或隨而衰也。是人也，其良心亦不之篤矣。若夫愛敬之深者，親雖有存没之間，而心則一也。生事之以禮，死葬之以禮，祭之以禮，所謂天理者，寧有二哉？謂養生未足以當大事，以對夫送死而言，猶爲可以勉也。孟子斯言，蓋以俗薄道微，欲人勉所以篤於其終者。曾子亦嘗言曰：「人未有自致者也，必也親喪乎？」蓋於親喪可以見其所以自致者，是亦孟子之意也。

孟子曰：「君子深造之以道，欲其自得之也。自得之則居之安，居之安則資之深，資之深則取之左右逢其原。故君子欲其自得之也。」

學貴乎自得。不自得則無以有諸己，自得而後爲己物也。以其德性之知，非他人之所能與，非聰明智力之所可及，故曰自得。君子深造之以道者，欲其自得之也。深造之以道者，言其涵泳之深也。工夫篤至，而後能有得；不然，則爲臆度而已，非自得也。臆度者，猶在此而想彼；自得，則此便是彼，更無二也。蓋所得未真實，則其中心必有臬然不安者。自得則如水之必寒，火之必熱，不可得而易，故居之安；居之安，則資乎此，而所進日深矣。資者，憑藉據依之謂。蓋居之既安，則自得之味愈無窮也，故曰資之深。資之深，則萬理素定於此，事至物來，隨而應之，周流運用，無非大端之所存，故曰取之左右逢其原。於是重言之曰「君子欲其自得之也」，其示人至矣。夫未之有得，則何所居？無所居，則又何所資而取哉？故自得其本也。然欲其自得，則有道矣，非深造之以道不可也。

孟子曰：「博學而詳說之，將以反說約也。」

天下之理常存乎至約，而約爲難言也，爲難識也。雖然，求約有道，其惟博學而詳說歟？博非雜也，詳非泛也。稽之前古，考之當今，以至於禮儀三百、威儀三千，朝夕從事而學焉，所謂博也。極天下之理，講論問辨而不置焉，所謂詳也。博學詳說，則心廣義精，而所謂約者可得於言意之表矣。故君子之博學而詳說，是將以反之於己而說約也。學不博，說不詳，而曰我知約者，是特陋而已矣。故約者，道之所存也。若守不約則本不立，言不約則義不明。而約不可徒得也，非功深力到則末由至也。若博學詳說，而志不在於求約者，則是外馳其心，務廣而夸多耳，非所謂學也。昔者子貢蓋博且詳而以求約者，及其一朝有感而言曰：「夫子之文章可得而聞也，夫子之言性與天道不可得而聞也。」則反約矣。孟子此章，蓋欲學者知夫求約之道，在乎博學而詳說之也，又將使學者知夫博學詳說所以求約，而不至失於雜與泛之病也。然而其言曰「詳説之」，又曰「反説約」，必有以説爲言者。蓋説也者，所以體當吾進德居業之實。君子於其言，無所苟而已矣。

孟子曰：「以善服人者，未有能服人者也；以善養人，然後能服天下。天下不心服而王者，未之有也。」

以善服人者，於政事之閒，勉而爲善，而欲以服人。夫爲善而欲以服人，則是有爲而然，於善之體固有害矣，而果何以服人乎？比之以善養人者非惟不同，其意味蓋有霄壤之殊矣。善者天下之公也。先王修己以敬，而天下之人舉在吾化育之中，其發見於事業者，如雷風之被物，物蒙其養，而無不應者。故未嘗有意於服人，而心悦誠服。有不期然而然者，蓋以善道與人共之耳。詩曰：「自西自東，自南自北，無思不服。」如是，則可以王矣。若五伯之所爲，其間善者不過以善服人而已。齊桓公〔一〕會首止，而定王太子之位；晉文公盟踐土，率諸侯而朝王：是皆欲以善服人者也。當時服之者亦豈爲悦服哉？其不服者固多矣。比之三王深長久大、涵養人心之事，豈不

〔一〕齊桓公：原作「齊威公」，蓋避宋欽宗趙桓諱而改。今據四庫本回改。下同。

有間乎？故夫所謂以善服人、以善養人之異，學者要當深味，見其所以爲霄壤之殊，則王伯之分了然矣。

孟子曰：「言無實不祥。不祥之實，蔽賢者當之。」

張横渠曰：「言而不祥，莫大於蔽賢。」蓋此章文義，謂言無使實不祥，其不祥之實，蔽賢爲甚也。蓋所謂福者，大順之名也；而所謂不祥者，逆理而反常者也。理得於己，中正和平，無一不順也。惟夫逆其常理，則措之於身而不安，以至害于而家，凶于而國，皆由此也，故謂之不祥。凡詩、書所稱禍福蓋如此。言而不祥，何以知蔽賢之爲甚？蓋人實有是善，而吾蔽之，是反其常理之甚也。原人所以蔽賢，蓋出於娼忌忮疾之私。方其欲蔽人之賢也，私意横起，其不祥之氣，固已充溢乎中，而發越乎四體矣。況乎天之生賢，以爲人也；蔽賢而使民不得被其澤，則其爲不祥又有不可勝言者矣。故秦誓謂：「如有一介臣，斷斷猗無它技，其心休休焉，其如有容焉。」夫其所謂休休然者，固百祥之所舍也。嗟乎！聖賢之論禍福蓋如此。彼後世不知道者，謂蔽賢者必無後，達賢者必有後，此以區區淺見測度天理，又豈知所謂祥與不祥者哉？

徐子曰：「仲尼亟稱於水，曰：『水哉水哉！』何取於水也？」孟子曰：「原泉混混，不舍晝

夜。盈科而後進，放乎四海。有本者如是，是之取爾。苟爲無本，七八月之閒雨集，溝澮皆盈，其涸也可立而待也。故聲聞過情，君子恥之。」

仲尼之所以取夫水者，歎其有本而無窮也。夫其所以混混然不舍晝夜，盈科而後進，以至於放乎四海，此何自而然哉？以其有本故耳。若夫溝澮之水，雨集則盈，其涸也亦旋踵而至，此其無本故也。然則君子其可以不務本乎？故聲聞過其情實，君子以爲恥者，以其無本故也。然則其在人也本安，在乎仁是也。仁，人心也。人皆有是心，放而不知求，則其本不立矣。本不立，則其知也，聞見之所知而已；其爲也，智力之所爲而已，豈不有限而易竭乎？惟君子爲能體是心而存之，存而擴之，本立而道生，故其所進有常而日新，其事業深遠而無盡也。有本無本之異蓋如此。夫自可欲之善而進焉，以至於極聖神之妙，皆由夫有本而然。其所以爲聖神者，乃其可欲之善擴充變化者然耳。亦猶水也，至於放乎四海，亦其原泉混混者之所積耳。本乎本乎！學者其可不務乎？

孟子曰：「人之所以異於禽獸者幾希，庶民去之，君子存之。舜明於庶物，察於人倫，由仁義行，非行仁義也。」

人與萬物同乎天，其體一也，稟氣賦形則有分焉。至若禽獸，亦爲有情之類，然而隔於形氣，而不能推也。人則能推矣。其所以能推者，乃人之道，而異乎物者也，故曰幾希，言其分之不遠也。人雖有是心，而必貴於能存；能存而後人道立。不然，放而不知求，則與庶物亦奚以異哉？故庶民之所以爲庶民者，以其去之；君子之所以爲君子者，則以其能存之耳。曰「去之」者，爲其去而不反也；曰「存之」者，爲其存而不舍也。去而不返，則無以自別於禽獸。存之之極，雖聖亦可幾也。去與存，其幾本於毫釐之閒，可不謹哉？於是舉舜之事以明之。舜蓋其極致者也。明於庶物者，盡己之性而盡物之性也；察於人倫者，人倫之際，處之無不盡其道也。「由仁義行，非行仁義」者，行仁義猶爲二物也，由仁義行，則如目視而耳聽，手持而足履，無非是矣。若舜者，可謂全其所以爲人者，而無虧欠矣。未至於舜，皆爲未盡也。嗟乎！人皆可以爲舜，其本在乎存之而已矣。

孟子曰：「禹惡旨酒，而好善言。湯執中，立賢無方。文王視民如傷，望道而未之見。武王不泄邇，不忘遠。周公思兼三王，以施四事；其有不合者，仰而思之，夜以繼日；幸而得之，坐以待旦。」

「惡旨酒，而好善言」，所欲不存，而心純乎義理也。「執中，立賢無方」，心無所偏係，而用賢無方所也。「視民如傷，望道而未之見」，憂民之憂，望天下有道而未之得其心，惟欲紂之庶幾乎悟也。「不泄邇，不忘遠」，邇則不泄，遠則不忘，正大周徧之體也。此四事，皆舉其最盛者言之，於是四者而窺四聖人之心，則可見其運而不息、化而不滯者也，其天地之心歟？周公思兼三王，以施四事。方是時，周公相成王，欲以立經陳紀、制禮作樂，成一代之法，施之萬世，故推本三代四聖之心，而施此四事，達之天下，以爲無窮之事業也。其有不合者，仰而思之。所謂不合者，思而未得者也，故「仰而思之，夜以繼日；幸而得之，坐以待旦」，惟恐不及也。凡井田、封建、取士、建官、禮樂、刑政，雖起於上世，而莫備於周，是皆周公心思之所經緯，本諸三王而達之者也。周公之心，孟子此章發明之可謂至矣。

孟子曰：「王者之迹熄而詩亡，詩亡然後春秋作。晉之乘，楚之檮杌，魯之春秋，一也。其事則齊桓、晉文，其文則史。孔子曰：『其義則丘竊取之矣。』」

文定胡公曰：「案邶、鄘而下，多春秋時詩也；而謂詩亡然後春秋作，何也？自黍離降爲國風，天下無復有雅，而王者之詩亡。春秋作於隱公，適當雅亡之後，故曰：詩亡然後春秋作也。」夫黍離之所以降爲國風者，周平王自爲之也。平王忘復仇之義，棄宗國而處東洛，以天王之尊而自儕於列國，於是王者之迹熄而詩亡，天下貿貿然日趨於夷狄禽獸之歸。孔子懼，而作春秋。春秋之作，其事之大者不過於齊桓、晉文，其文則因魯史之舊，然其義則聖人有取乎此。蓋一句一字之間，所以存天理、遏人欲，撥亂反正，示王者之法於將來也。方其未經聖筆，則固魯國之史耳。及乎聖人有取焉，則情見乎辭，乃史外傳心之典也。故孔子曰：「其義則丘竊取之矣。」程子曰：「春秋大義數十，炳如日星，乃易見也；惟微辭隱義，時措從宜者爲難耳。或抑或張，或與或奪，或進或退，或微或顯，而得乎義理之安，文質之中，寬猛之宜，是非之公，乃制事之權衡，揆道之模範也。」嗟乎！學者其可不盡心乎？

孟子曰：「君子之澤，五世而斬；小人之澤，五世而斬。予未得爲孔子徒也，予私淑諸人也。」

程子曰：「當時門人只知闢楊、墨爲孟子之功，故孟子發此説以推尊孔子之道。言予未得爲孔子徒也，孔子流澤至此未五世，其澤尚在人，予則私善於人而已。」玩此辭義，其涵浸醲郁之意可槩見也。雖然，小人亦有澤乎？蓋所謂澤者，隨其小大淺深之所漸被。小人對君子，而小人者，其在上爲政，亦未嘗不流澤也。然謂之小人之澤，則固與君子有閒矣。論澤止於五世者，大槩約度如此。自今觀之，孔子之澤，其所浸灌，萬世不斬也已。

孟子曰：「可以取，可以無取，取傷廉。可以與，可以無與，與傷惠。可以死，可以無死，死傷勇。」

取與死生之義，有灼然易判者，亦有在可否之間者。在可否之間，非義精者莫之能擇也。蓋其幾間不容息，一或有偏，則失之矣。是以君子貴乎存養。存之有素，則其理不昧；養之有素，則物莫能奪。夫然，固當事幾之來，有以處之而得其當也。孟子於宋餽兼金而受，其於齊疑可受而不受，蓋以其無處而餽之則爲傷廉故耳。孔子於公西華之使，冉子爲之請粟，疑可與也，而不與，蓋以周急不繼富，而與之則傷惠故耳。至於比干諫而死，箕子疑亦可死也，而陽狂以避，蓋以父師之義，死之則爲傷勇故也。然在賢者則於可不可之閒能擇而處之，在聖人則動無非義，更不言擇矣。雖然，取之爲傷廉固也，然與爲傷惠、死爲傷勇，何哉？蓋所謂惠與勇者，以其義之所在故耳。若義所不在，雖似惠似勇，而反害於惠、勇之實。且於所不當然而然，則於其所當然者廢矣，豈不爲有害乎？

逢蒙學射於羿，盡羿之道，思天下惟羿爲愈己，於是殺羿。孟子曰：「是亦羿有罪焉。」公明儀曰：「宜若無罪焉。」曰：「薄乎云爾，惡得無罪？鄭人使子濯孺子侵衛，衛使庾公之斯追之。子濯孺子曰：『今日我疾作，不可以執弓，吾死矣夫！』問其僕曰：『追我者誰也？』其僕曰：『庾公之斯也。』曰：『吾生矣！』其僕曰：『庾公之斯，衛之善射者也，夫子曰吾生，何謂也？』曰：『庾公之斯學射於尹公之他，尹公之他學射於我。夫尹公之他，端人也，其取友必端矣。』庾公之斯至，曰：『夫子何爲不執弓？』曰：『今日我疾作，不可以執弓。』曰：『小人學射於尹公之他，尹公之他學射於夫子，我不忍以夫子之道反害夫子。雖然，今日之事，君事也，我不敢廢。』抽矢扣輪，去其金，發乘矢而後反。」

取友之道貴乎端。雖然，己必端人也，而後能取友。羿者，有夏氏之篡臣。逢蒙學射，而爲之服役，一旦思天下惟羿爲愈己也，則從而殺之。論者徒知逢蒙之殺其師爲罪固也，而不知羿之不能取友也。故孟子以爲羿亦有罪，其罪雖愈於逢蒙，然不得爲無罪也。雖然，羿之不能取友，以羿無以取友故也。於是引子濯孺子之事以明之。夫子濯孺子聞庾公之斯之名，則信其必不我殺。蓋以尹公之他而信之也，則孺子之觀之他也審矣。以之他之爲端人，而知其取友之必端，則孺子之爲人抑可知矣。則羿之爲罪，豈不明乎？程子曰：「孟子取庾公之斯不背師之意，然人須就上理會事君之義當如何。然則果如何哉？蓋亦曰審其重輕而已矣。若是舉也，兩國之存亡安危係焉，則君臣之義重，而其餘有所不得而顧矣。若因用師而相遇，則己獨避之可也；若抽矢去金而發，則於義也何居？孟子方明取友之道於斯，固有不暇論者矣。」雖然，即逄蒙之事論之，蒙若委質爲夏廷之臣，羿篡夏氏，凡爲臣子舉得而誅之，蒙以義討賊，則雖嘗學射於羿，亦何罪之有？而蒙也受學於羿，而獨以己之私意忌羿而殺之，是則爲殺其師耳。以此而觀，輕重之權衡可得而推矣。

孟子曰：「西子蒙不潔，則人皆掩鼻而過之。雖有惡人，齋戒沐浴，則可以祀上帝。」

此戒人自棄，而勉人自新也。人固有質美而自恃者矣，一放其心，以陷於小人之歸者有焉。人固有平日所爲未善者矣，一知悔艾，以進於君子之域者有焉。示之以西子蒙不潔之喻，所以見質美者毋或自恃，兢懼自持而不替也。示之以惡人齋戒沐浴之喻，所以使有過者思所自新，沛然遷善之速也。齊桓公一執陳轅，濤塗而書之曰「齊人」，蓋夷狄之，則以其不能自持故也，其近於蒙不潔者歟？秦穆公一有悔過詢黃髮之言，則著秦誓於書，則以其有遷善之意也，其近於齋戒沐浴者歟？學者玩此章，其亦可以深儆矣。

孟子曰：「天下之言性也，則故而已矣。故者以利爲本。所惡於智者，爲其鑿也。如智者若禹之行水也，則無惡於智矣。禹之行水也，行其所無事也。如智者亦行其所無事，則智亦大矣。天之高也，星辰之遠也，苟求其故，千歲之日至，可坐而致也。」

天下之言性，言天下之性也。故者，本然之理，非人之所得而爲也。有是理則有是事，有是物。夫其有是理者，性也。順其理而不違，則天下之性得矣。故曰「故者以利爲本」，順則無往而不利也。「所惡於智者，爲其鑿也。」鑿者，以人爲爲之也。無是理而强爲之，故謂之鑿。鑿則失其性，失其性則不可推而行，無所利矣。此所以惡夫智也。是蓋以其私智爲智，而非所謂智也。若禹之行水，則所謂智矣。蓋就下者水之性也。水之性非禹之所得爲，禹能知而順之，非智乎？事事物物，其理之素具者皆若水之就下然也。智者之於事物，皆若禹之於水，則智不亦大矣乎？所謂「行其所無事」者，非無所事也，謂由其所當然，未嘗致纖毫之力也。天雖高，日月星辰雖遠，而其故皆可得而求，蓋莫非循自然之理也。求其故，則千歲之日至可坐而致，而況他乎？故夫上世聖人所以建立人紀，裁成萬化，其事業爲無窮，然在聖人亦何加毫末於此？皆天下之性所當然，而聖人特因以利之耳。天命之謂性，萬有根焉。率性之謂道，萬化行焉。聖人者能盡其性而盡人之性，盡物之性，以贊天地之化育者也。雖然，人皆有是性，則其理未嘗不具也。而人不能循其故者，正以私意之爲亂之耳。克己則人爲息，而其所謂故者，昭昭乎不可掩矣。

公行子有子之喪，右師往弔。入門，有進而與右師言者，有就右師之位而與右師言者。孟子不與右師言。右師不悦，曰：「諸君子皆與驩言，孟子獨不與驩言，是簡驩也。」孟子聞之，曰：「禮，朝廷不歷位而相與言，不踰階而相揖也。我欲行禮，子敖以我爲簡，不亦異乎？」

右師王驩，齊之嬖卿也。有進而與右師言者，有就右師之位而與右師言者，蓋以其嬖於君而諂之也。孟子獨不與之言，道固然也。右師不悦，而以爲簡己者，蓋孟子一時之所尊敬，驩雖小人，亦以孟子爲重也，故欲幸假其辭色以爲己之榮，是以望望於此，而以其不我顧爲簡也。孟子獨舉朝廷之禮以爲言，何其正大而不迫歟！蓋君子之動，無非禮也。朝廷不歷位而相與言，不踰階而相揖，此禮也。君子行禮，故常履安地而有餘裕。他人不由禮，則自蹈於險艱而已。所謂遠小人，不惡而嚴者，豈有他也？亦曰禮而已矣。禮之所在，而何有於我哉？或者勸伊川先生以加禮貴邇，先生曰：「獨不勸以盡禮，而勸以加禮乎？禮盡處豈容加乎？」此孟子之意也。唐王毛仲置酒，聞宋璟之名而欲致之。明皇敕使璟往，至則北望再拜謝恩，而稱疾以退。璟亦可謂正矣。然毛仲，君之廝役也；往赴其集，義何居乎？若璟聞命而引義以陳，則爲盡善矣。

孟子曰：「君子所以異於人者，以其存心也。君子以仁存心，以禮存心。仁者愛人，有禮者敬人。愛人者人恒愛之，敬人者人恒敬之。有人於此，其待我以横逆，則君子必自反也：我必不仁也，必無禮也，此物奚宜至哉？其自反而仁矣，自反而有禮矣，其横逆由是也，君子必自反也：我必不忠。自反而忠矣，其横逆由是也，君子曰：『此亦妄人也已矣。如此，則與禽獸奚擇哉？於禽獸又何難焉？』是故君子有終身之憂，無一朝之患也。乃若所憂則有之。舜，人也；我，亦人也。舜爲法於天下，可傳於後世；我由未免爲鄉人也。是則可憂也。憂之如何？如舜而已矣。若夫君子所患則亡矣。非仁無爲也，非禮無行也。如有一朝之患，則君子不患矣。」

反身端本，君子之道也，故務盡其在己者而已。横逆之來，雖不爲其所動，而亦未嘗忽而不加察，惟其理何如爾。以仁存心，以禮存心者，言存主乎此也。仁者愛人，仁者必愛人也。有禮者敬人，有禮者必敬人也。愛敬者，人道之大端，是心人孰無之？故愛人者人恒愛之，敬人者人恒敬之，有是感必有是應，其理然也。而不幸有横逆加焉，則姑自反而已。自反者，求之於吾身，端本之道也。其自反則思：吾必不仁歟？必無禮歟？不然，則横逆何以至吾前？自反而仁，自反而有禮，是吾愛敬之本立矣。而横逆由是，則又從而自反焉，曰：我必不忠。盡己之謂忠，即盡夫仁與禮者也。而横逆由是，如是則歸之理而已，曰：是人妄耳。人而妄，則何以異乎庶物哉？此非疾而詆之之辭，言其理然也。所謂「君子有終身之憂」者，憂不得如舜也。其曰「未免爲鄉人」者，未有以異乎鄉之人也。其欲如舜者，非慕夫舜之事功也，欲如舜之盡其道爲難也。「爲法於天下，可傳於後世」，言舜爲人倫之至也。其憂不如舜者，豈但憂之而已哉？求所以則而效之者惟恐不及也。故曰：「憂之如何？如舜而已矣。」所謂「一朝之患」者，横逆之至乎前也。吾非仁無爲，非禮無行，而横逆一朝至前，則非所患也。雖非所患，然自反之功則無窮也。若不務勉乎仁與禮，而徒以横逆爲患，則紛然置悔吝於胷中耳。雖然，自反之功深矣。所謂「自反而仁矣」、「自反而有禮矣」、「自反而忠矣」，其工夫爲如何哉？而今之學者未能進乎此，一旦横逆加之，則曰吾仁矣，吾有禮矣，吾忠矣，遂斷彼以爲妄人之歸，而不復致反身之道。以予觀之，是則自陷於妄而已耳，不可不察也。

禹、稷當平世，三過其門而不入，孔子賢之。顏子當亂世，居於陋巷，一簞食，一瓢飲，人不堪其憂，顏子不改其樂，孔子賢之。孟子曰：「禹、稷、顏回同道。禹思天下有溺者由己溺之也，稷思天下有飢者猶己飢之也，是以如是其急也。禹、稷、顏子易地則皆然。今有同室之人鬭者，救之，雖被髮纓冠而救之可也。鄉鄰有鬭者，被髮纓冠而往救之，則惑也，雖閉户可也。」

禹、稷、顏子之事，疑不相似，然而孔子皆賢之，孟子又斷以爲同道，何哉？蓋以禹、稷、顏子之心一故也。心之所爲一者，天理之所存，而無意、必、固、我加乎其間，當其可而已，此之謂時中。禹、稷立乎唐、虞平治之朝，當天下之任，故以生民之未得其所爲己憂。其溺也，猶己溺之；其飢也，猶己飢之。在禹、稷之時，居禹、稷之任，固當然也。顏子生於亂世，魯國之匹夫耳，任行道之責者有孔子在，則顏子退居於陋巷可也。在顔子之時，處顔子之地，固當然耳。譬諸同室之鬭，則當被髮纓冠而救之；鄉人之鬭，則閉户可也。此禹、稷、顔子之事所以爲不同，然其爲當其可則一而已。故曰：「禹、稷、顔子，易地則皆然。」雖然，在常情觀之，顔子未見於施爲，而遽比之禹、稷，不亦過乎？殊不知禹、稷之事功果何所自乎？德者本也，事功者末也，而本末一致也。故程子曰：「有顔子之德，則有禹、稷之事功。」所謂事功，在聖賢夫何有哉？惟其時而已矣。然而孟子歷聘諸國，皇皇然以行道爲任，有異乎顔子之爲德，何哉？方是時，異端並作，人欲横流，世無孔子，孟子烏得不以行道自任？予則曰：顔子、孟子易地則皆然。若夫墨氏兼愛，則似乎禹、稷之憂民者；楊氏爲我，則似乎顔子之在陋巷者；惟其不知天理時中，而妄意以守一義。蓋墨氏終身被髮纓冠，以求救天下之鬭，而楊氏則坐視同室之鬭而不顧者，其賊夫道豈不甚哉？則是人欲而已矣。

公都子曰：「匡章，通國皆稱不孝焉。夫子與之遊，又從而禮貌之，敢問何也？」孟子曰：「世俗所謂不孝者五：惰其四肢，不顧父母之養，一不孝也；博奕好飲酒，不顧父母之養，二不孝也；好貨財，私妻子，不顧父母之養，三不孝也；從耳目之欲，以爲父母戮，四不孝也；好勇鬭狠，以危父母，五不孝也。章子有一於是乎？夫章子，子父責善而不相遇也。

責善，朋友之道也。父子責善，賊恩之大者。夫章子豈不欲有夫妻子母之屬哉？爲得罪於父，不得近，出妻屏子，終身不養焉。其設心以爲不若是，是則罪之大者，是則章子已矣。」

常人之私情，樂聞人之過，責人惟恐不深，而不復察其理。君子恕以待人，油然公平，各以其分，而是非無不得矣。匡章之事，亦可謂處乎其不幸者也。衆人皆歸之以不孝之名，而孟子獨明其不然者，察其理故耳。蓋諫於其父而父不受，以致於怒而屏之。以君子之法論之，章特未知夫有隱而無犯，與夫號泣而從之之義耳。夫其所謂有隱而無犯，與夫號泣而從者，其婉愉委曲爲如何？非致其深愛者不能也。章之諫也，無乃不能察其親之意，而或過於辭色歟？是以爲責善而賊恩也。夫至於責善而賊恩，則非惟不能正救其事，而反以傷其父子之天性，其所處固不爲無過，然謂之不孝，則抑甚矣。蓋章本心亦庶幾欲其父之爲善耳，而處之或過，反以致其怒。而章又以爲，既得罪於父，則己亦不當安夫妻子之養，則從而黜屏其妻子，謂不若是，則己之罪益大也，其深自咎責之意可見矣。夫察章之事，既異乎世俗之所謂不孝，而原章之心，則又以得罪於父爲不遑安，則章亦庶幾其可進於善者，而豈當棄絶於君子之門哉？若章得罪於父而不知懼，則是以惡戾之氣行於其間，而可罪矣。然則君子之觀人也，豈苟云乎哉？夫齊國之士皆以仲子爲廉，通國皆稱匡章爲不孝，而孟子獨明其不然。世俗之毁譽，如無本之水，非君子孰能察之？雖然，孟子所論不孝五者，蓋言世俗之所謂不孝者，世俗之所共知者也。若夫君子之行身，則居處不莊，非孝也；事君不忠，非孝也；莅官不敬，非孝也；朋友不信，非孝也；戰陣無勇，非孝也。一失其所以行身之理，則爲非孝矣。孟子特以衆人稱章子爲不孝而欲棄絶之，故舉世俗之所謂不孝者，而辯其不然耳。

曾子居武城，有越寇。或曰：「寇至，盍去諸？」曰：「無寓人於我室，毁傷其薪木。」寇退，則曰：「修我牆屋，我將反。」寇退，曾子反，左右曰：「待先生如此其忠且敬也，寇至則先去以爲民望，寇退則反，殆於不可？」沈猶行曰：「是非汝所知也。昔沈猶有負芻之禍，從先生者七十人，未有與焉。」子思居於衛，有齊寇。或曰：「寇至，盍去諸？」子思曰：「如伋去，君誰與守？」孟子曰：「曾子、子思同道。曾子師也，父兄也；子思臣也，微也。曾子、子思易地則皆然。」

君子不避難，亦不入於難，惟當夫理而已。夫於其所不當避而避焉，固私也；而於其所不當預而預，乃勇於就難，是亦私而已矣。故慷慨殺身者易，而從容就義者難。故常人爲血氣所蔽，是以莫能擇義而處。惟君子燭理之明，克己之力，故於事事物物之間，處之而從容也。此曾子、子思之所以同道歟？夫曾子師也，父兄也。師之尊，與父兄之義同；以師道居，則固非爲臣役矣。寇至而去之，寇退而反，無與其難，蓋在師之義當然也。子思臣也，微也。爲之臣則固爲微矣，委質以服君之事，有難而逃之，可乎？與君同守而不去，則爲臣之義當然也。從容乎義之所當然，曾子、子思何有[一]哉？故曰：「曾子、子思易地則皆然。」以其天理時中，一而已。嗟乎！知曾子、子思之所處，則知微子、比干、箕子之事矣。易之爲書，卦者事也，爻者事之時也。於其事，當其時，而各有處焉，蓋莫非天理之素也，非夫克己窮理者，其孰能與於斯哉？

儲子曰：「王使人瞯夫子，果有以異於人乎？」孟子曰：「何以異於人哉？堯、舜與人同耳。」

齊王謂孟子而果賢，則必有異於人者，故使儲子瞯之。孟子之言曰：「何以異於人

〔一〕有：四庫本作「殊」，疑是。

哉？堯、舜與人同耳。」語雖至約，而所包含至廣矣。夫人者，天地之心，聖人之與衆人均也，豈有二乎哉？衆人有喜怒哀樂，聖人亦未嘗無也；衆人夏葛冬裘，飢食渴飲，聖人亦不能違也。然而聖人之所以爲聖人，衆人之所以爲衆人者，果何在乎？聖人率性而盡其道，衆人則逆其道而失其性故耳。然而衆人雖失其性，而道固自若也。聖人雖獨盡其道，而立則俱立，達則俱達，未嘗不與人同也。故曰「堯、舜與人同耳」。夫自常情觀聖賢之所爲，疑若甚高，而不可企及；曾不知聖賢之所爲，無非天下之常理，猶飢之當食，渴之欲飲然也。惟夫己私蔽之，而昧夫大同之體，則差殊萬端，視所謂常而不可易者反爲甚高而難能者矣。故不極高明則不足以道中庸，是以君子貴夫學也。

「齊人有一妻一妾而處室者，其良人出，則必饜酒肉而後反。其妻問所與飲食者，則盡富貴也。其妻告其妾曰：『良人出則必饜酒肉而後反，問其與飲食者，盡富貴也，而未嘗有顯者來。吾將瞷良人之所之也。』蚤起，施從良人之所之，徧國中無與立談者。卒之東郭墦間，之祭者乞其餘，不足，又顧而之他。此其爲饜足之道也。其妻歸，告其妾曰：『良人者，所仰望而終身也。今若此！』與其妾訕其良人，而相泣於中庭。而良人未之知也，施施從

外來，驕其妻妾。由君子觀之，則人之所以求富貴利達者，其妻妾不羞也，而不相泣者，幾希矣。」

意者孟子在齊，適齊人有此事，而歎息以爲與世之求富貴利達者無以異也。夫其施施然驕其妻妾，徒知以得爲貴，而不知所以得之者爲可賤也。一旦妻妾知其所爲，而心賤之，以爲不可望以終身，而其驕猶未已。妻妾知其爲可賤，而在己獨不知賤之，爲欲所蔽故也。夫富貴利達，豈有求哉？若有求之之意，則苟可以求而遂其欲者，枉道屈身，將無所不至矣。而彼方且以此而驕人，是與墦閒之乞者何以異乎？其妻妾特未知其所以得之者爲可羞耳；使其知之，則亦將爲之恥而相泣矣。雖然，墦閒之乞者不過辱其身而已；求富貴利達而不以其道，則斯人也，將至於敗于其家、凶于其國，一身之無恥，而貽害之大，不獨妻妾之不足以仰望於終身而已也。而彼方以此自驕，不亦悲夫！

南軒先生孟子説卷第五

萬章上

萬章問曰：「舜往于田，號泣于旻天，何爲其號泣也？」孟子曰：「怨慕也。」萬章曰：「父母愛之，喜而不忘；父母惡之，勞而不怨。然則舜怨乎？」曰：「長息問於公明高曰：『舜往于田，則吾既得聞命矣；號泣於旻天，于父母，則吾不知也。』公明高曰：『是非爾所知也。』夫公明高以孝子之心爲不若是恝，我竭力耕田，共爲子職而已矣，父母之不我愛，於我何哉？帝使其子九男二女，百官牛羊倉廩備，以事舜於畎畝之中，天下之士多就之者，帝將胥天下而遷之焉。爲不順於父母，如窮人無所歸。天下之士悦之，人之所欲也，而不足以解憂；好色，人之所欲，妻帝之二女，而不足以解憂；富，人之所欲，富有天下，而不足以解憂；貴，人之所欲，貴爲天子，而不足以解憂。人悦之、好色、富貴，無足以解憂者，惟順於父母可以解憂。人少，則慕父母；知好色，則慕少艾；有妻子，則慕妻子；仕則慕君，不得於君則熱中。大孝，終身慕父母。五十而慕者，予於大舜見之矣。」

聖人盡性者也；能盡其性，故爲人倫之至。帝舜之怨慕，學者所當深思力體，不可以易而論也。公明高蓋或知此，故孟子舉其語而因以發明之，謂公明高之意，以爲孝子之心不若是恝然。蓋孝子之於親，其愛敬之也深篤，故其望之也切至，不可磯爲不孝，而愈疏亦爲不孝。蓋親親之心，於是爲至，「我竭力耕田，共爲子職而已，父母之不我愛，於我何哉？」述舜之意云耳。謂我知竭力耕田，以共子職而已，而父母不我愛，於我豈有所未盡而致然歟？不委之命，而存於性，反復思念，求其道而未得，至於號泣于旻天：此舜之所以爲怨慕也。所謂「於我何哉」，是當深味帝舜之心於言意之表也。方是時，堯使其九男、二女、百官、牛羊、倉廩備以事之於畎畝之中，而天下之士亦皆就之，堯且將以天下讓焉，宜舜之有得乎此也。而以夫不順於父母之故，若窮人無所歸，則舜之心果何如哉？曰：若窮人無所歸，則見其皇皇然有求而不得也。人悦之、好色、富貴，衆人之所欲，在聖人則所欲不存焉。所欲不存於此，而有至憂焉，惟順於父母則可以解憂也。蓋父母之意，於我有所未順，是吾所以順乎父母者未至也。此舜之所憂也。人莫不有所慕，舜亦有所慕。人之所慕，物欲之誘；而舜之所慕，則天性之不可解者。其於斯世無一毫存於胷中，終身乎父母而已。曰慕，則無須臾而不在乎，此至誠無息者也。此之謂大孝。至於瞽瞍底豫而天下化，至誠之能動也。孟子反復發明之，可謂至矣。夫仲弓問仁，孔子對以「在邦無怨，在家無怨」；而易曰：「樂天知命，故不憂。」舜亦有怨與憂乎？噫！明乎此，而後知聖人之心，天之所爲者也。

萬章問曰：「詩云：『娶妻如之何？必告父母。』信斯言也，宜莫如舜。舜之不告而娶，何也？」孟子曰：「告則不得娶。男女居室，人之大倫也。如告，則廢人之大倫，以懟父母，是以不告也。」萬章曰：「舜之不告而娶，則吾既得聞命矣；帝之妻舜而不告，何也？」曰：「帝亦知告焉則不得妻也。」萬章曰：「父母使舜完廩，捐階，瞽瞍焚廩。使浚井，出，從而揜之。象曰：『謨蓋都君咸我績，牛羊父母，倉廩父母，干戈朕，琴朕，弤朕，二嫂使治朕棲。』象往入舜宫，舜在牀琴。象曰：『鬱陶思君爾！』忸怩。舜曰：『惟兹臣庶，汝其于予治。』不識舜不知象之將殺己與？」曰：「奚而不知也？象憂亦憂，象喜亦喜。」曰：「然則舜僞喜者與？」曰：「否。昔者有饋生魚於鄭子産，子産使校人畜之池。校人烹之，反命曰：『始舍之，圉圉焉，少則洋洋焉，攸然而逝。』子産曰：『得其所哉！得其所哉！』校人出，曰：『孰

謂子産智？予既烹而食之，曰：得其所哉！得其所哉！』故君子可欺以其方，難罔以非其道。彼以愛兄之道來，故誠信而喜之，奚僞焉？」

舜不告而娶，與常人異，前篇蓋論之詳矣。若完廩、浚井，則事之所無也，故程子曰：「論其理，則堯在上，而百官事舜於畎畝之中，豈容象得以殺兄，而二嫂治其棲乎？」學孟子者，以意逆志可也。故孟子未暇正其事之有無，獨答其大意，以明舜之心，謂舜非不知象之將殺己也，然象憂亦憂，象喜亦喜。程子曰：「天理人情，於是爲至。」舜之於象，周公之於管叔，用心一也。蓋象憂喜，舜亦憂喜，是其心與之爲一，親之愛之，未嘗間也。夫象之所爲憂者疾舜，故謀以害之也；而舜亦憂者，憂乎己何以使象之至此也。象之喜者有時，而彼以喜來，則舜固不逆其詐，亦從而爲之喜也。其憂也純乎憂，其喜也純乎喜，親之愛之，而不知其他。此仁人之於弟也，天理人情之至也。象憂而舜漠然不以爲憂，象喜而舜疑之不以爲喜，則在我之誠先不篤矣，豈聖人之心也哉？故周公不知管叔之將叛，是大舜此心也。萬章猶未之識，意以爲憂或可也，喜其僞乎？孟子於是引子産之事。子産雖未足以進乎聖賢之事業，然其不以詐待校人之心，則君子之心也。故曰「君子可欺以其方，難罔以非其道」。夫可欺以其方者，以其忠信待人也；難罔以非其道者，以其理義素明也。夫子産猶能以忠信待校人，況於聖人人倫之至，其於兄弟之間有一毫未盡者乎？彼以愛兄之道來，來則我誠信而喜之，豈有僞也？此當深味而默識之，要不可以言語盡也。嗟乎！舜處夫頑父、嚚母、傲弟之間，而烝烝乂不格姦，終至於化成天下，惟其純乎是心而已。純乎是心者，純乎天也，夫何爲哉？恭己正南面而已，蓋此心也。

萬章問曰：「象日以殺舜爲事，立爲天子，則放之，何也？」孟子曰：「封之也，或曰放焉。」萬章曰：「舜流共工于幽州，放驩兜于崇山，殺三苗于三危，殛鯀于羽山，四罪而天下咸服，誅不仁也。象至不仁，封之有庳。有庳之人奚罪焉？仁人固如是乎？在他人則誅之，在弟則封之。」曰：「仁人之於弟也，不藏怒焉，不宿怨焉，親愛之而已矣。親之欲其貴也，愛之欲其富也。封之有庳，富貴之也。身爲天子，弟爲匹夫，可謂親愛之乎？」「敢問或曰放者，何謂也？」曰：「象不得有爲於其國，天子使吏治其國，而納其貢稅焉，故謂之放。豈得暴彼民哉？雖然，欲常常而見之，故源源而來。『不及貢，以政接于有庳』，此之謂也。」

舜之處象，可謂盡矣。象雖不道，而吾之弟也。仁人之於弟，親愛之而已矣，吾爲天子，而可使弟爲匹夫乎？故封之於有庳。然象之不道也，詎可以君國子民乎？故使吏治其國，納其貢稅，而不得以暴彼民也。而其親愛之至，又欲常常而見之，故使不拘夫朝貢之時，源源而來，若天子以政事接于有庳之君然。夫其所以處之曲折詳備如此，此仁之至、義之盡，親親之心，而大公之體也。雖然，仁人之於弟也，不藏怒，不宿怨，在他人則如之何？其不藏怒、不宿怨之心則同也。然則他人則有可疏絕之道，而在弟則惟當親愛之而已耳。此其異也。或曰：周公之於管、蔡如之何？蓋管、蔡挾武庚以叛，憂在廟社，孽在生民，周公爲國討亂也；象之欲殺舜，其事在舜之身耳，固不同也。舜於周公易地則皆然。蓋其存心爲天理人情之至則一也。

咸丘蒙問曰：「語云：『盛德之士，君不得而臣，父不得而子。』舜南面而立，堯帥諸侯北面而朝之，瞽瞍亦北面而朝之；舜見瞽瞍，其容有蹙。孔子曰：『於斯時也，天下殆哉，岌岌乎！』不識此語誠然乎哉？」孟子曰：「否。此非君子之言，齊東野人之語也。堯老而舜攝也。堯典曰：『二十有八載，放勳乃徂落，百姓如喪考妣，三年，四海遏密八音。』孔子曰：『天無二日，民無二王。』舜既爲天子矣，又帥天下諸侯以爲堯三年喪，是二天子矣。」

堯老而命舜攝天下之事，是則堯猶爲君，而舜則臣也。堯崩，舜率天下之臣民以爲堯三年喪，是猶以堯之事行於天下也。至於堯三年之喪畢，舜避堯之子，而天下獄訟謳歌歸之不容舍焉，而後舜始踐天子位。此堯、舜相繼之際，書傳所載莫詳焉，而獨見孟子之書也。嗟乎！聖人奉若天命，其所處皆義理之精微，而後世以私意求之，幾何而不爲齊東野人之論哉？

咸丘蒙曰：「舜之不臣堯，則吾既得聞命矣。詩云：『普天之下，莫非王土；率土之濱，莫非王臣。』而舜既爲天子矣，敢問瞽瞍之非臣，如何？」曰：「是詩也，非是之謂也。勞於王事，而不得養父母也。曰：『此莫非王事，我獨賢勞也。』故説詩者不以文害辭，不以辭害志。以意逆志，是爲得之。如以辭而已矣，雲漢之詩曰：『周餘黎民，靡有孑遺。』信斯言也，是周無遺民也。孝子之至，莫大乎尊親；尊親之至，莫大乎以天下養。爲天子父，尊之至也；以天下養，養之至也。詩曰：『永言孝思，孝思維則。』此之謂也。書曰：『祗載見瞽瞍，夔夔齊栗，瞽瞍亦允若。』是爲父不得而子也。」

於此非特可辯瞽瞍不爲臣之事，蓋可以得讀詩之法也。夫「普天之下，莫非王土；率土之濱，莫非王臣」，此北山之篇，曰「勞於王事，而不得養父母」者之所作也。以爲普天之下皆王土也，率土之濱皆王臣也，何獨使己勞於外，而獨不得養父母乎？而咸丘蒙遽引以證天下無非臣，則瞽瞍亦當爲臣，何其失詩人之旨也！故孟子遂爲言説詩之法。文者，錯綜其語以成辭者也。以文害辭，謂泥於文而失其立辭之本也。以辭害意，謂執其辭而迷其本意之所在也，故必貴於以意逆志。「以意逆志」者，謂以其意之見於辭者，而逆夫其志之存於中者，如此則其大指可得也。如雲漢之詩所謂「周餘黎民，靡有孑遺」者，蓋宣王憂民之切，以爲旱既太甚，若猶未已，則周餘黎民，將無有孑遺矣。若以辭害意，則謂周果無遺民，可乎？孟子既辯咸丘蒙説詩之非，於是言舜所以事瞽瞍者以告之。夫孝子之心，莫不以尊親爲至也；而尊親之至，有過於天下養者乎？是所謂尊之至，此舜之孝思所以爲天下萬世之則也。然則天子固爲天下尊矣，而天子之父又天子之所當尊，此太極之所以爲一，古今之通義也。然則謂瞽瞍之爲臣，不亦悖於理之甚乎？雖然，語所謂「盛德之士，君不得而臣，父不得而子」，則亦固有説矣。以舜之事論之，父之詔子，蓋常理也。今以瞽瞍之頑，舜盡子道，至於至誠感神，而瞽〔一〕亦允若焉，是感格之端，乃在於舜。所以變化瞽瞍之氣質者舜也，斯謂之父不得而子則可矣。古之人君蓋有受教於其臣以成其德者，如太甲

〔一〕「瞽」下疑脱「瞍」字。

之於伊尹，成王之於周公，謂之君不得而臣亦可也。蓋在子知盡事父之道而已，在臣知盡事君之道而已。而自後世觀之，則見其有不得而臣、不得而子者焉，故云爾也。

萬章曰：「堯以天下與舜，有諸？」孟子曰：「否。天子不能以天下與人。」「然則舜有天下也，孰與之？」曰：「天與之。」「天與之者，諄諄然命之乎？」曰：「否。天不言，以行與事示之而已矣。」曰：「以行與事示之者如之何？」曰：「天子能薦人於天，不能使天與之天下；諸侯能薦人於天子，不能使天子與之諸侯；大夫能薦人於諸侯，不能使諸侯與之大夫。昔者堯薦舜於天，而天受之，暴之於民，而民受之，故曰：天不言，以行與事示之而已矣。」曰：「敢問薦之於天而天受之，暴之於民而民受之，如何？」曰：「使之主祭，而百神享之，是天受之；使之主事，而事治，百姓安之，是民受之也。天與之，人與之。故曰：天子不能以天下與人。舜相堯二十有八載，非人之所能爲也，天也。堯崩，三年之喪畢，舜避堯之子於南河之南，天下諸侯朝覲者不之堯之子而之舜，訟獄者不之堯之子而之舜，謳歌者不謳歌堯之子而謳歌舜，故曰天也。夫然後之中國，踐天子位焉。而居堯之宮，逼堯之子，是篡也，非天與也。太誓曰：『天視自我民視，天聽自我民聽。』此之謂也。」

聖人之動，無非天也。其相授受之際，豈有我之所得爲哉？善乎！孟子發明之曰：

「天子不能以天下與人。」夫天子而以天下與人，則是私意之所爲，亂之道也。堯之於舜，選於天下，而薦之天耳。而舜之卒有天下者，天實爲之，堯豈能加毫末於此哉？故謂之天與之也。以行與事示之者，以其所行與當時之事觀之，則可見天之所與矣。蓋祭而使之主祭而百神享，使之主事而事治，百姓安之，是乃其行與事之可見者也。蓋祭而備順，是百神所享也；至於烈風雷雨而弗迷，又可見其享之之實也。神人一理。神之所享，民之所安者也。天與之，即人與之矣。然則堯何加毫末於此哉？舜之相堯，歷年如是之久，其薦於天、暴於民者如是其著，此乃天也。堯崩，舜率天下而服堯之喪；堯喪既除，舜避堯之子於南河之南，不敢以己爲天子，而聽天所命也。朝覲、訟獄、謳歌者皆相率而歸之，不容舍焉，夫然後歸而踐位，其從容於天人之際蓋如此。然則舜亦豈能加毫末於此哉？故曰：聖人之動，無非天也。夫所謂天者，至公無私之體也。天之視聽何自而見？民之視聽是也。朝覲、訟獄、謳歌之所歸，是天命之所歸也。玩此章，則聖人所謂「先天而天不違，後天而奉天時」者，殆可得而究矣。

萬章問曰：「人有言：『至於禹而德衰，不傳於賢而傳於子。』有諸？」孟子曰：「否，不然也。天與賢則與賢，天與子則與子。昔者舜薦禹於天，十有七年，舜崩，三年之喪畢，禹避舜之

子於陽城，天下之民從之，若堯崩之後，不從堯之子而從舜也。禹薦益於天，七年，禹崩，三年之喪畢，益避禹之子於箕山之陰。朝覲訟獄者不之益而之啓，曰：『吾君之子也。』謳歌者不謳歌益而謳歌啓，曰：『吾君之子也。』丹朱之不肖，舜之子亦不肖。舜之相堯，禹之相舜也，歷年多，施澤於民久。啓賢，能敬承繼禹之道。益之相禹也，歷年少，施澤於民未久。舜、禹、益相去久遠，其子之賢不肖皆天也，非人之所能爲也。莫之爲而爲者天也，莫之致而至者命也。匹夫而有天下者，德必若舜、禹，而又有天子薦之者，故仲尼不有天下。繼世以有天下，天之所廢，必若桀、紂者也，故益、伊尹、周公不有天下。伊尹相湯以王於天下，湯崩，太丁未立，外丙二年，仲壬四年，太甲顛覆湯之典刑，伊尹放之於桐。三年，太甲悔過，自怨自艾，於桐處仁遷義三年，以聽伊尹之訓己也，復歸于亳。周公之不有天下，猶益之於夏、伊尹之於殷也。孔子曰：『唐、虞禪，夏后、殷、周繼，其義一也。』」

堯、舜傳之賢，禹傳之子，而後世遂有至禹而德衰之論。此以私意觀聖人也。非惟以私意觀禹，亦以私意觀堯、舜者也。蓋堯之與賢，非固舍其子，必欲與賢以示公也。以是存心，則是私意而已，豈所以爲公哉？而禹之與子也，亦豈必欲與其子者哉？孟子之言著明矣，曰「天與賢則與賢，天與子則與子」。天與賢則賢者立焉，天與子則子立焉，然則天與聖人果且有二乎哉？此所謂天下之大公，若加毫末於此，皆私意也。禹薦益於天，與堯之薦舜、舜之薦禹，其心一也。益避禹之子，與舜之在南河、禹之在陽城，其心一也。天而與益，則朝覲、訟獄、謳歌者皆歸之，益踐天子位矣，禹亦豈得而不與之哉？而天則與子也，禹亦豈得而與之哉？使天而與丹朱、與舜之子，則舜、禹固得遂其終避之意，猶益得遂其終避之志者也，故曰「其心一也」。「莫之爲而爲者天也，莫之致而至者命也」，其發明天人之際深矣。莫之爲言，無有爲之者，而其爲則天也。莫之致，言無有致之者，而其至則命也。言天而又言命，天言其統體，而命言其命乎人者也。丹朱之不肖，舜之子亦不肖，而舜、禹之爲相，歷年多，施澤之久，故天下歸之。啓賢，能敬承繼禹之道，而益相禹未久，故天下歸啓。此豈有爲之者乎？豈有致之者乎？而其爲也，其至也，則可以曰天與命也。聖人樂天而知命，故無違也。雖然，人君爲不善，而天命去之，則是有所爲而致也，獨不可言天與命歟？孟子蓋亦嘗論之矣，曰：「盡其道而死者正命也，桎梏死者非正命也。」蓋如堯、舜、禹、益之事，天理之全而命之正也。若夫爲不善以及於亂亡，則是自絶於天，以遏其命，不得謂之得其正矣。然而其爲是事則有是應，謂之命則可也。孟子因論堯、舜、禹禪繼之事，而遂及於匹夫有天下與繼世有天下之理，而論伊、周、孔子之事，所以極乎天命之微也。匹夫而有天下，德必若舜、禹，而又有天子薦之者。仲尼之不有天下，則以無薦之於天者也，此天也。繼世以有天下者，必其惡如桀、紂而後爲天所廢。不然，則其繼世固宜。故益、伊尹、周公雖德盛，而不有天下也。太甲雖不敬於始，伊尹放之於桐，使之改行；及其克終，則奉而歸之，皆順天命也。以此可見繼世之君非若桀、紂，則不爲天所廢也。周公之不有天下，亦若是矣。此皆言天理之常也。孔子曰：「唐、虞禪，夏后、殷、周繼，其義一也。」一者何也？亦曰奉天命而已矣。而司馬君實、蘇子由各以其私意立論，愚不得而不辨也。司馬氏之論曰：「禹子果賢，而禹薦益，使天下自擇啓而歸焉，是飾僞也。益知啓之賢，得天下之心，己不足以間，而受天下於禹，是竊位也。禹以天下授益，啓以違父之命而爲天子，是不孝也。惡有飾僞竊位不孝之人而謂之聖賢哉？」此未知禹不得授之於益、益不得受之於禹也。禹以益之賢，使宅百揆，而薦之於天耳。禹崩，益以冢宰率天下行三年喪，喪終則避位焉。禹之子啓賢，而天下歸之，固其所也。禹也、益也、啓也，皆豈能加毫末於此哉？蘇氏之論曰：「使舜、禹避之，天下歸之，而堯、舜之子不順，將使天下而廢其子歟？

將奉其子而違天下歟？而事之至逆，由避致之也。至益不度天命，而受命於禹，禹遜之而天下不從，而後不敢爲，匹夫猶且恥爲之，而謂益爲之哉？」此尤不思之甚者也。舜、禹豈有富天下之意乎哉？終其事而避其位，若天下歸吾君之子，固其所也；而天下歸之，自不舍耳。舜、禹若逆計其利害，而遽自立，則是何心哉？益爲禹所薦，故終其冢宰之事，三年喪畢，避啓箕山，天下歸啓，益固得其所也。而以私意得失輕重聖賢，何其不之思歟？

萬章問曰：「人有言伊尹以割烹要湯，有諸？」孟子曰：「否，不然。伊尹耕於有莘之野，而樂堯、舜之道焉。非其義也，非其道也，祿之以天下，弗顧也；繫馬千駟，弗視也。非其義也，非其道也，一介不以與人，一介不以取諸人。湯使人以幣聘之，囂囂然曰：囂囂，無欲自得之貌。『我何以湯之聘幣爲哉？我豈若處畎畝之中，由是以樂堯、舜之道哉？』湯三使往聘之，既而幡然改曰：『與我處畎畝之中，由是以樂堯、舜之道，吾豈若使是君爲堯舜之君哉？吾豈若使是民爲堯、舜之民哉？吾豈若於吾身親見之哉？天之生此民也，使先知覺後知，使先覺覺後覺也。予，天民之先覺者也，予將以斯道覺斯民也，非予覺之，而誰也？』思天下之民，匹夫匹婦有不被堯、舜之澤者，若己推而內之溝中。其自任以天下之重如此，故就湯而説之以伐夏救民。吾未聞枉己而正人者也，況辱己以正天下者乎？聖人之行不同也哉？或遠或近，或去或不去，歸潔其身而已矣。吾聞其以堯、舜之道要湯，未聞以割烹也。伊訓曰：『天誅造攻自牧宮，朕載自亳。』

所謂樂堯、舜之道者，果何如哉？伊尹之在莘野，飢食而渴飲，朝作而夕息，何以異於田夫野人乎？惟其行著習察，順命樂天，而無一毫損益於其間，此即堯、舜之所以治天下者，而伊尹之所樂有在乎是也。既曰「非其義也，非其道也，禄之以天下弗顧」，又曰「非其義也，非其道也，一介不以與人，一介不以取諸人」，蓋其禄以天下弗顧、繫馬千駟弗視之心，即一介不以取與之心也。既曰義，而又曰道，兼體用而明之也。其不即應湯之命者，以其未可也。其幡然而改者，以其可也。非前日之不是，而今日改之是也。蓋湯三往聘之，則其志篤矣，於是始起而從之也。若於其未可而遽起，與於其可而不幡然，則皆有害於堯、舜之道，非其所樂者矣。故於其未可，則曰「豈若處畎畝之中，由是以樂堯、舜之道」；及其可，則曰「豈若使是君爲堯、舜之君，使是民爲堯、舜之民，豈若於予身親見之」。此其從容於出處之際者然也。謂「非予覺之而誰」者，非不讓也，理固若是也。思天下之民有不被堯、舜之澤，若己推而内之溝中者，仁者與億兆同體，無不愛也。前日處畎畝之中，斯民之困窮有所不得而與，一旦以身許成湯，則當以天下之重自任，此乃堯、舜之道，而天之理也，即其飢食而渴飲、朝作而夕息者也。伊川先生曰：「予天民之先覺者，譬之皆寐，天下未覺，以我先覺振動未覺者，亦使之覺；及其覺也，元無少欠，亦無增加，適同而已。」蓋天之生民均具此理，惟聖賢先得其所同然者，是在天生此民中，爲先覺之民也。衆人方且蔽而莫之知，故有待於聖賢之覺。其所以可得而覺者，以其本有故耳。既言知，而又言覺者，知言知有此事，覺言有所省覺，固有淺深也。雖然，聖賢所以覺天下者則有其道矣，非惟教化之行，涵濡浹洽有以使之然，而其感通之妙，民由乎其中，固有不言而喻，未施而敬者。或謂語曰：「民可使由之，不可使知之，聖賢固不能使天下之皆覺也。」然而天下有可覺之道，聖賢有覺之之理。其覺也雖存乎人，而聖賢使之由於斯道，雖曰未之或知，固在吾覺之之中矣。伊尹之所以出而就湯者蓋如此，孰謂以割烹要乎？枉己以正人，無是理也。己既先枉，而將何以正人乎？枉己正人且不可，而謂屈己而可以正天下，有是理乎？割烹之論，殆出於春秋、戰國之際枉己求合者之所爲，故不得不明辨也。聖人之行不同，或遠以避之，或近而就之，或辭禄而去，或委身而不去。雖曰不同，而歸於潔其身則同。蓋循天理之常，未嘗少枉以失其身也。若後世不知天理之所存，而務爲小廉一節，而求以自潔，是則私意之爲，非聖賢歸潔其身之道也。謂以堯、舜之道要湯者，言伊尹行堯、舜之道，而湯往致之耳，非伊尹有要湯之心也。若行道於此，而要君之聘於彼，則豈所謂道者哉？末引「天誅造攻自牧宫，朕載自亳」，以見伊尹所以出而佐湯伐夏救民之實也。言「天誅造攻於牧宫」者，蓋桀爲不道，是自造攻也。造攻者桀也，誅之者天也，而伊尹則相湯始於亳而往征之，然則其伐夏也何有哉？奉天命以討有罪而已矣。

萬章問曰：「或謂孔子於衛主癰疽，於齊主侍人瘠環，有諸乎？」孟子曰：「否，不然也，好事者爲之也。於衛主顔讎由。彌子之妻與子路之妻，兄弟也。彌子謂子路曰：『孔子主我，衛卿可得也。』子路以告，孔子曰：『有命。』孔子進以禮，退以義，得之不得曰有命。而主癰疽與侍人瘠環，是無義無命也。孔子不悦於魯、衛，遭宋桓司馬，將要而殺之，微服而過宋。是時孔子當阨，主司城貞子，爲陳侯周臣。吾聞觀近臣以其所爲主，觀遠臣以其所主。若孔子主癰疽與侍人瘠環，何以爲孔子？」

衆人不知有命，故於其無益於求者强求而不止。若賢者則安於命矣，知命之不可求也，故安之。若夫孔子所謂有命者，則義命合一者也。故孟子發明之曰：「孔子進以禮，退以義，得之不得曰有命。」非聖人擇禮義而爲進退，聖人進退無非禮義，禮義之所在，固命之所存也。此所謂義命之合一者也。然則謂主癰疽與侍人瘠環者，何其不知聖人之甚哉？於衛主顏讎由，與夫微服而過宋之時主司城貞子，二子蓋亦兩國之賢者，敬慕夫子，而爲之主，非夫子之求之也。「觀近臣以其所爲主，觀遠臣以其所主」，此泛言觀人之法，豈獨爲人臣者所當知，爲人君者尤當明此義也。苟能以其所主觀遠臣，以其所爲主觀近臣，則遠近交見，而無蔽於耳目之私矣。孟子因論孔子而及於此，實觀人之要也。

萬章問曰：「或曰百里奚自鬻於秦養牲者五羊之皮，食牛，以要秦繆公，信乎？」孟子曰：「否，不然，好事者爲之也。百里奚，虞人也，晉人以垂棘之璧，與屈産之乘，假道於虞以伐虢。宫之奇諫，百里奚不諫。知虞公之不可諫，而去之秦，年已七十矣，曾不知以食牛干秦繆公之爲汙也，可謂智乎？不可諫而不諫，可謂不智乎？知虞公之將亡而先去之，不可謂不智也。時舉於秦，知繆公之可與有行也而相之，可謂不智乎？相秦而顯其君於天下，可傳於後世，不賢而能之乎？自鬻以成其君，鄉黨自好者不爲，而謂賢者爲之乎？」

戰國之際，好爲此論，以汙賢者，此非特疾賢惡善之意，蓋其所爲類此，而欲借賢者以自班耳。故孟子反復詳辨，以救其流也。百里奚雖霸者之佐，然不可不謂之智者也。知虞公之不可諫而不諫，知虞亡不可救而去之，知秦繆公可與有行而相之，相秦而顯其君於天下，以是數者觀之，非智不能也，而肯自鬻以成其君乎？成之爲言，求成之成，定交之謂也。自鬻之事，雖鄉里知自好者不爲也，使奚爲之，則其人可見矣，豈復能爲前數者哉？雖然，百里奚不諫虞公而去之，可得謂之忠乎？傳曰：「百里奚愚於虞而智於秦。」蓋百里奚不得用於虞，在不必諫之地也，故知其不可諫而不諫，亦不忍坐待其亡，以爲仇讎之民，故引而去之，此所以爲智也。不然，百里奚在當諫之地而不諫，則是不忠之臣也，而何以爲智乎？

萬章下

孟子曰：「伯夷目不視惡色，耳不聽惡聲。非其君不事，非其民不使。治則進，亂則退。橫政之所出，橫民之所止，不忍居也。思與鄉人處，如以朝衣朝冠坐於塗炭也。當紂之時，居北海之濱，以待天下之清也。故聞伯夷之風者，頑夫廉，懦夫有立志。伊尹曰：『何事非

君？何使非民？』治亦進，亂亦進，曰：『天之生斯民也，使先知覺後知，使先覺覺後覺。予，天民之先覺者也。予將以此道覺此民也。』思天下之民匹夫匹婦有不與被堯、舜之澤者，如己推而内之溝中，其自任以天下之重也。柳下惠不羞汙君，不辭小官。進不隱賢，必以其道。遺佚而不怨，阨窮而不憫。與鄉人處，油油然不忍去也。『爾爲爾，我爲我，雖袒裼裸裎於我側，爾焉能浼我哉？』故聞柳下惠之風者，鄙夫寬，薄夫敦。孔子之去齊，接淅而行；去魯，曰：『遲遲吾行也。』去父母國之道也。可以速而速，可以久而久，可以處而處，可以仕而仕，孔子也。」孟子曰：「伯夷，聖之清者也；伊尹，聖之任者也；柳下惠，聖之和者也；孔子，聖之時者也。」

伯夷目不視惡色，耳不聽惡聲。凡色之過乎目，聲之接乎耳，固不得而遁也；而所以視、所以聽則在我也。於惡色惡聲視聽不加焉，則其立心高而守己固矣。柳下惠不羞汙君，不辭小官。進不隱賢，必以其道。雖事汙君而不羞，居小官而不辭。然其進也，未嘗隱賢焉，未嘗不以其道焉，此所以爲柳下惠也。不然，則是枉己苟仕而已矣。雖然，以三子而論之，伊尹其最高乎？故於伯夷之風，則以爲聞之者頑夫廉，懦夫有立志；於柳下惠之風，則以爲聞之者鄙夫寬，薄夫敦。而獨不言伊尹之風所被者廣也，亦猶論流弊於二子，有隘與不恭之言，而不及伊尹也。然以伊尹比孔子，則猶有任之意不化也。若孔子則天也，其去齊，接淅而行；去魯，則曰遲遲吾行也。蓋其速也，其遲也，皆道之所在也。曰「可以速而速，可以久而久，可以處而處，可以仕而仕」，比公孫丑章所云易一則字耳，而尤見從容不迫、與時偕行之意。所謂聖之清、聖之任、聖之和者，言其精極於是三者也。三子者，雖或清、或任、或和之不同，然所以極其至則一也，故皆以聖言之。若夫孔子，聖之時，則其可以一道名之哉？蓋時云者，非聖人之趨時，聖人之動固無不時也。而其曰聖，則舉其成名也。

「孔子之謂集大成。集大成也者，金聲而玉振之也。金聲也者，始條理也；玉振之也者，終條理也。始條理者，智之事也；終條理者，聖之事也。智，譬則巧也；聖，譬則力也。由射於百步之外也，其至，爾力也；其中，非爾力也。」

所謂集大成者，言集乎道之大成也。金聲而玉振之者，樂之始作，以金奏，而以玉聲終之。言孔子之道始終純一，而無不盡者也。因論孔子，而遂推言學聖人始終之義，使學者有所馴而進焉。始條理，即易所謂「知至至之」；終條理，即易所謂「知終終之」。此未及乎聖智也。學者從事於此，固所以爲聖智之道也，故曰智之事、聖之事。

條理云者，言有序而不紊也。夫所謂終條理者，即終其始條理者也。此非先致其知而後爲其終也，致知力行，蓋互相發。然知常在前，故有始終之異也。於是以射之巧力爲譬。夫射於百步之外，其至於百步者，由夫力也。力可勉也，而其中鵠則非力之可爲，由夫巧也。智譬則巧者，言其妙於中也；聖譬則力者，言其能至也。若三子者，其用力可謂至極矣，故於其清、任、和者皆以聖名之，以言其於是三者臻其極也。然方之孔子，終有所未及者，非其力之不至也，於聖人大而化之者猶有所憾，蓋其智於是三者之外未能盡中也。孔子則知聖俱極者也。論學則知聖有始終之序，語道則聖之極是知之極者也，惟孔子爲盡之，故三子不能班也。若顔子之在聖門，蓋知聖幾矣。其至與中在毫釐之間者歟？學者當以孔子爲標的，而致知力行，以終吾身，而後可也。

北宮錡問曰："周室班爵禄也，如之何？"孟子曰："其詳不可得聞也。諸侯惡其害己也，而皆去其籍。然而軻也嘗聞其略也。天子一位，公一位，侯一位，伯一位，子、男同一位，凡五等也。君一位，卿一位，大夫一位，上士一位，中士一位，下士一位，凡六等。天子之制地方千里，公侯皆方百里，伯七十里，子、男五十里，凡四等。不能五十里，不達於天子，

附於諸侯，曰附庸。天子之卿受地視侯，大夫受地視伯，元士受地視子、男。大國地方百里，君十卿禄，卿禄四大夫，大夫倍上士，上士倍中士，中士倍下士，下士與庶人在官者同禄，禄足以代其耕也。次國地方七十里，君十卿禄，卿禄三大夫，大夫倍上士，上士倍中士，中士倍下士，下士與庶人在官者同禄，禄足以代其耕也。小國地方五十里，君十卿禄，卿禄二大夫，大夫倍上士，上士倍中士，中士倍下士，下士與庶人在官者同禄，禄足以代其耕也。耕者之所獲，一夫百畝。百畝之糞，上農夫食九人，上次食八人，中食七人，中次食六人，下食五人。庶人在官者，其禄以是爲差。」

先王制法，其高下輕重皆天理之大公，而非私意之得爲，故其廣大均平，足以一天下之心。後王以私意加於其間，其綱先紊，故上下交征於利，而法之所由壞也。戰國之時，天王之名號僅存，而其法廢也久矣。諸侯僭越常度，惡其害己，併與其籍而去之，雖曰諸侯之罪，而周之失政亦已久矣。故曰：文、武之政，布在方策，其人存則其政舉，其人亡則其政息，豈不然哉？孟子答北宫錡之問，蓋出於師友之所傳，故家遺俗之所聞者，雖曰其略，而大綱可得而推矣。故自天子至於子男凡五等，自國君至於下士凡六等，此班爵之制也。自天子地方千里、公侯方百里而下，此班禄之制也。所謂方千里者，先儒以爲王畿方千里，積百同九，百萬夫之地是也。蓋方千里則爲方百里者百，爲田百萬井，九百萬夫之地，受田者八百萬夫，百倍諸侯之國。夫如是，而後可以爲天子都畿，鎮撫天下，而卿、大夫、元士之采地皆有所容焉。故公侯之方百里，伯七十里，子男五十里者，皆以其田言之也。獨以其田言之，則地雖有廣狹之不齊，山林川澤之相閒，而制田之多寡則自若也。王制謂山陵、林麓、川澤、溝瀆、城郭、宫室、塗巷三分去一者，則傳者之失矣。諸侯之國，自卿至於下士，受禄各有差。下士代耕之禄與庶人在官者同。庶人在官者，府史胥徒之類是也。一夫一婦，受田百畝，而田有肥瘠，故耕者所獲，有上中下不同，而庶人在官者於其中又有差焉。其輕重多寡，皆天理之安，人情之宜，等差之平，而用度之稱者也。使明王出，舉而行之，則戰國諸侯侵暴王略、據有其地者豈不在所削乎？卿大夫務富私室，占田無制者豈不在所奪乎？宜乎當時惡其害己而去其籍也。今去古既遠，賴有孟子之説存，學者以是而折衷他説，庶乎其有據也。周禮所載，往往與此不同。如曰諸公之地，封疆方五百里，其食者半；諸侯之地，封疆方四百里，其食者三之一；諸伯之地，封疆方三百里，其食者三之一；諸子之地，封疆方二百里，其食者四之一；諸男之地，封疆方百里，其食者四之一。蓋不知分田建國之意，遷就而爲此説耳，要當以孟子爲正。夫在孟子之時，已云去其籍矣，又更秦絶滅之餘，周官之書存者無幾矣。今之所傳，先儒以爲雜出漢儒一時之傅會，是不可不攷也。

萬章問曰：「敢問友。」孟子曰：「不挾長，不挾貴，不挾兄弟而友。友也者，友其德也，不可以有挾也。孟獻子，百乘之家也，有友五人焉：樂正裘、牧仲，其三人，則予忘之矣。獻子之與此五人者友也，無獻子之家者也。此五人者，亦有獻子之家，則不與之友矣。非惟百乘之家爲然也，雖小國之君亦有之。費惠公曰：『吾於子思則師之矣，吾於顔般則友之矣，王順、長息則事我者也。』非惟小國之君爲然也，雖大國之君亦有之。晉平公之於亥唐也，入云則入，坐云則坐，食云則食，雖疏食菜羹，未嘗不飽，蓋不敢不飽也。然終於此而已矣。弗與共天位也，弗與治天職也，弗與食天禄也。士之尊賢者也，非王公之尊賢也。舜尚見帝，帝館甥於貳室，亦饗舜，迭爲賓主。是天子而友匹夫也。用下敬上，謂之貴貴；用上敬下，謂之尊賢。貴貴尊賢，其義一也。」

朋友與君臣、父子、兄弟、夫婦同爲大倫，天所叙也。自天子至於庶人，未有不須友而成者。後世雖一介之士，朋友之道固闕矣，而况於等而上之者哉？蓋不知德之可貴，不知成身之爲重，此友道之所爲闕也。使其知德之爲貴，成身之爲重，則其所以求友者惟恐其不獲也，況敢有挾乎哉？孟獻子百乘之家，而能取友者也。獻子與此五人友者，不敢有其百乘之富也，故曰無獻子之家者也，言降意忘勢，若無其家焉。此五人者，其視獻子之貴勢亦無動乎其中也。使此五人而有獻子之家，則獻子亦不與之友矣。横渠張子曰：「獻子忘其勢者也，五人者忘人之勢者也。」雖然，惟獻子之自忘其勢也，故五人者從之。不然，獻子先以勢自居，則賢者方將望望然去之，其亦可得而友邪？若費惠公，則小國之君，而能友者也。於子思則師之，於顔般則友之，王順、長息則以爲事我者，然則四人者，其相去可知矣。夫使人君至於不敢臣之，而又不敢友之，則其道德之積於躬，必有感乎於言意之表者矣。若晉平公，則大國之君，而能取友者也。亥唐云入則入，云坐則坐，云食則食，雖疏食菜羹，未嘗敢不飽，蓋尊敬之而不敢不飽也。則平公忘其勢，與亥唐忘人之勢，亦可見矣。雖然，人君之尊賢，當與之共天位，治天職，食天禄，是則公天下之道，而極尊賢之義也。曰位、曰職、曰禄，皆以天言者，非人君之所得私，天之所爲也。平公雖能忘勢以事亥唐，然不能與之共治，故以爲士之尊賢，而非王公之尊賢。若堯之於舜，則所謂極尊賢之義者也。以天子而友匹夫，女以二女，館於貳室，迭爲賓主，蓋將薦之於天，此爲天下得人者也。論友而至於此，其人倫之至者歟？貴貴尊賢，其義一者，言莫非天之理也。在下而敬上，所以盡貴貴之義；居上而敬下，所以極尊賢之宜。夫然，故上下交而泰，治亨矣。

萬章問曰：「敢問交際何心也？」孟子曰：「恭也。」曰：「却之却之爲不恭，何哉？」曰：「尊者賜之，曰：『其所取之者，義乎？不義乎？』而後受之，以是爲不恭。故弗却也。」曰：「請無以辭却之，以心却之，曰：『其取諸民之不義也。』而以他辭無受，不可乎？」曰：「其交也以道，其接也以禮，斯孔子受之矣。」萬章曰：「今有禦人於國門之外者，其交也以道，其餽也以禮，斯可受禦與？」曰：「不可。康誥曰：『殺越人于貨，閔不畏死，凡民罔不譈。』是不待教而誅者也。殷受夏，周受殷，所不辭也，於今爲烈。如之何其受之？」曰：「今之諸侯取之於民也，猶禦也。苟善其禮際矣，斯君子受之，敢問何說也？」曰：「子以爲有王者作，將比今之諸侯而誅之乎？其教之不改而後誅之乎？夫謂非其有而取之者盜也，充類至義之盡也。孔子之仕於魯也，魯人獵較，孔子亦獵較。獵較猶可，而況受其賜乎？」曰：「然則孔子之仕也，非事道與？」曰：「事道也。」「事道奚獵較也？」曰：「孔子先

簿正祭器，不以四方之食供簿正。」曰：「奚不去也？」曰：「爲之兆也。兆足以行矣，而不行，而後去，是以未嘗有所終三年淹也。孔子有見行可之仕，有際可之仕，有公養之仕。於季桓子，見行可之仕也；於衛靈公，際可之仕也；於衛孝公，公養之仕也。」

讀孟子此章，所以答萬章者反覆曲折，可謂義之精矣。問交際何心，則曰恭，蓋交際之道主乎恭也。問却之何以爲不恭，則以謂尊者有賜，若念其取之義與不義而後受，則非所以敬事乎其尊者也，吾知不虚其賜我之意而已，豈暇問其所自哉？若夫萬章之説，以心却之，而以他辭無受，則是乃不恭之心，而辭何爲乎？然而其受也，必交以道而接以禮；使交之不以道，而接之不以禮，則固有所不受矣。於齊餽兼金百鎰而不受，是亦尊者之賜也，然未有辭，則是貨我而已，其交也固非道，其接也固非禮，此所爲不受也，蓋亦非爲其取之不義之故，初亦無害乎交際之恭也。萬章於此有疑焉，謂有人於此，禦人以兵而得貨，然交以道，餽以禮，則君子固亦受與？孟子謂禦人而奪貨者，此所謂大憝，有國者之所必禁，不待教令而誅者。三代之法同，不必設辭而可知者。居今之世，其法爲甚著，奈何而可受其餽乎？萬章謂既以爲不可，則今之諸侯以非道取民，與此何異？而君子以善其禮際而受之，可乎？孟子謂事固有輕重，若以爲有王者作，將不待教而盡誅今之諸侯乎？抑亦教而不改而後誅之也？以理論之，則必待教而不改然後誅之明矣，然則其可與不待教而誅者同日而語乎？夫謂非其有而取之爲盜者，蓋充夫非其有而取之之類，以極義之所在，而比之爲盜則可；若便以爲與禦人奪貨之盜同罪，則豈可哉？大抵聖賢因汙隆而起變化，辭受取與，皆天下正理，過與不及，爲失其正理則均也。魯之習俗，必獵較而後以祭。孔子仕於魯，亦不違也，而況於受其賜乎？萬章聞是言，則又疑孔子之仕，所事者道，而何獵較爲也？孟子以爲孔子於宗廟之祭，先簿正其祭器，立之彝典，不以四方之食供簿正，蓋四方之食非簿正之常典故也，然於獵較而供祭之事猶有所未廢。蓋由簿正之事而正之，其施設則有次第矣。而萬章以爲既不能遂盡正之，則曷爲不遂去？孟子謂爲之兆也。爲之兆者，正本開端，而爲可繼者也。聖人之爲，如天地之化，不疾不徐，雖曰爲之兆，而化育之大體已具矣。在他人緩則失時，速則反害，蓋非溥博淵泉而時出之，是以無序而不和也。兆足以行而不行者，蓋以其兆固可繼此以行，而有所不得行焉，則命也。夫然後去之，故亦未嘗有三年之淹焉。其先後遲速皆天理也，此所謂聖之時者歟？於是遂論孔子之仕有三焉。行可之仕，謂其兆可以行者也；際可之仕，謂遇聖人以禮者也；公養之仕，謂養聖人以道者也。遇以禮而養以道者，聖人亦豈得而絶之乎？讀是章者，涵泳而精思之，亦可以窺聖賢之用，而知辭受取與之方也。

孟子曰：「仕非爲貧也，而有時乎爲貧；娶妻非爲養也，而有時乎爲養。爲貧者辭尊居卑，辭富居貧。辭尊居卑，辭富居貧，惡乎宜乎？抱關擊柝。孔子嘗爲委吏矣，曰『會計當而已矣』；嘗爲乘田矣，曰『牛羊茁壯長而已矣』。位卑而言高，罪也；立乎人之本朝而道不行，恥也。」

此章言爲貧而仕之義。夫仕者豈爲貧乎哉？蓋將以行道也，而亦有爲貧而仕者焉。是猶娶妻本爲繼嗣，非爲養也，而亦有爲養而娶者焉。然則爲貧而仕與爲養而娶，是亦皆義也。雖然，既曰爲貧矣，則不當處夫尊與富，居於卑與貧者可也。若處其尊與富，則是名爲爲貧，而其實竊位也。處其尊與富，則當任其責，此豈爲貧之地哉？是則非義矣。故抱關擊柝，亦以爲宜者，本爲貧故也。孔子嘗爲委吏與嘗爲乘田矣，聖人篤誠，雖居下位，必敬其事，曰「會計當而已矣」，曰「牛羊茁壯長而已矣」。以其職在乎是而不越也。蓋位卑者言責不加焉，言高則罪矣。故可以姑守其職，此爲貧而仕之法也。若夫立人之本朝，則當以行道爲任；道不行而竊其位，君子之所恥也。然則高位厚禄，非所以養貧也。後世不明此義，假爲貧之名，安享寵利而已，曾不以爲愧，此可勝罪哉！必不得已，爲貧而仕，其思抱關擊柝之爲宜，則可矣。嗟夫！觀夫子爲委吏，而曰「會計當而已矣」，爲乘田，而曰「牛羊茁壯長而已矣」，則夫子得政於天下，其所當爲者如何哉？事有小大，而心則一也，亦曰止其所而已矣。

萬章曰：「士之不託諸侯，何也？」孟子曰：「不敢也。諸侯失國，而後託於諸侯，禮也。士之託於諸侯，非禮也。」萬章曰：「君餽之粟，則受之乎？」曰：「受之。」「受之何義也？」曰：「君之於氓也，固周之。」曰：「周之則受，賜之則不受，何也？」曰：「不敢也。」曰：「敢問其不敢何也？」曰：「抱關擊柝者，皆有常職以食於上。無常職而賜於上者，以爲不恭也。」曰：「君餽之，則受之，不識可常繼乎？」曰：「繆公之於子思也，亟問，亟餽鼎肉。子思不悦。於卒也，摽使者出諸大門之外，北面稽首再拜而不受，曰：『今而後知君之犬馬畜伋。』蓋自是臺無餽也。悦賢不能舉，又不能養也，可謂悦賢乎？」曰：「敢問國君欲養君子，如何斯可謂養矣？」曰：「以君命將之，再拜稽首而受。其後廩人繼粟，庖人繼肉，不以君命將之。子思以爲鼎肉，使己僕僕爾亟拜也，非養君子之道也。堯之於舜也，使其子九男事之，二女女焉，百官牛羊倉廩備，以養舜於畎畝之中，後舉而加諸上位，故曰：王公之尊賢者也。」

萬章所謂託於諸侯，蓋以爲士雖不得行其道，而託禄於諸侯以自養，宜若可也。而孟子以爲非禮，以其無是理故也，然周之則可以受。周之與賜所以異者，蓋居其國則爲其民，君以其飢餓而餽焉，受斯可也；若欲以自託而虚享其禄賜，則於義何居乎？名不正則失其序而不和，故孔子論之。至於禮樂不興，而民無所措手足。君子之於禮樂，不斯須去身者，其動未嘗不當，名正而言順故也。曰不敢者，以其無常職而受賜，陷於不恭，故不敢也。雖然，此士之所以自處者當然也。在國君之待士，則有養賢之禮焉，故舉子思之事以告之。夫子思受繆公之餽者，周之而受之之義也。至於餽之之久，而僕僕然亟拜，則是徒爲餽而已。徒爲餽則與養犬馬之道何異？烏有君子而受其犬馬之畜者乎？及其久也，則再拜稽首而不受。蓋繆公雖有悦賢之名，不能舉而用，又不能以禮養之也，賢者其肯處乎？以禮養者，繼粟繼肉是也。蓋不敢以是而數塵之，故使繼之而已。雖然，此及乎養之之禮，而未及乎舉之之道也。若堯之於舜，則尊賢之極，而養道之盡也。事之以九男，女之以二女，百官牛羊倉廩備，而養之於畎畝之中，惟恐不得當其意，一旦舉而加諸上位，如是而後可以謂之王公之尊賢也。孟子每以堯、舜之事爲言者，語道者必稽諸聖人，所以示萬世之準的，蓋聖人人倫之至故也。嗟乎！爲士者，於辭受之際，可不思夫名正而言順者乎？爲君者之待士，又何可不深思所以養之之道乎？

萬章曰：「敢問不見諸侯，何義也？」孟子曰：「在國曰市井之臣，在野曰草莽之臣，皆謂庶人。庶人不傳質爲臣，不敢見於諸侯，禮也。」萬章曰：「庶人，召之役，則往役；君欲見之，召之則不往見之，何也？」曰：「往役義也，往見不義也。且君之欲見之也，何爲也哉？」曰：「爲其多聞也，爲其賢也。」曰：「爲其多聞也，則天子不召師，而況諸侯乎？爲其賢也，則吾未聞欲見賢而召之也。繆公亟見於子思，曰：『古千乘之國以友士，何如？』子思不悦，曰：『古之人有言曰，事之云乎，豈曰友之云乎？』子思之不悦也，豈不曰：『以位則子君也，我臣也，何敢與君友也？以德則子事我者也，奚可以與我友？』千乘之君求與之友而不可得也，而況可召與？齊景公田，招虞人以旌，不至，將殺之。志士不忘在溝壑，勇士不忘喪其元，孔子奚取焉？取非其招不往也。」曰：「敢問招虞人何以？」曰：「以皮冠。庶人以旃，士以旂，大夫以旌。以大夫之招招虞人，虞人死不敢往；以士之招招庶人，

庶人豈敢往哉？況乎以不賢人之招招賢人乎？欲見賢人而不以其道，猶欲其入而閉之門也。夫義，路也；禮，門也。惟君子能由是路，出入是門也。詩云：『周道如砥[一]，其直如矢；君子所履，小人所視。』」萬章曰：「孔子，君命召，不俟駕而行，然則孔子非與？」曰：「孔子當仕有官職，而以其官召之也。」

萬章問不見諸侯何義，孟子告之以庶人之常分，既不傳質爲臣，則其不敢見宜也。萬章謂既自比於庶人，庶人固有召之役而往役矣，豈有君欲見而不往見者哉？孟子謂召之役者，是以庶人待之耳，以貴役賤，理之常也，故往役爲義。若君欲見之，則欲見之之意果何爲乎？爲其多聞與賢也。爲其多聞，則將資之以成德，天子且不召師，而況下此者乎？爲其賢，則當尊之而不可慢。蓋在我則當守庶人之分，在彼則當隆事師之禮也，故曰：往役，義也；往見，不義也。有往役之義，而無往見之義也。繆公以千乘之君而欲以友士，宜亦可取也，而子思不悦。蓋曰友之則猶爲有所挾，而驕吝之心未盡降也。子思豈尊己而自大乎？以爲爾之望於我者，欲以成身也。一毫未

〔一〕砥：原作「底」，據詩小雅大東改。

盡，則是私意所横，烏能以從善乎？故以位言則貴賤之勢殊，在我者固不敢言友也；以德言則道義之爲重，在彼者亦豈得而言友哉？蓋君臣之相與，獨有貴貴尊賢二者而已。貴貴分也，尊賢德也；分立而德尊，天之理也。夫君欲與之友而不可得，古之人無一毫屑就之心如此。虞人不敢應景公之招者，爲其所以招之者非其物，恪守常分而不敢踰，是以夫子取之。夫可召而至，可得而爵禄者，此固不賢者之所常也，而以此招賢者，是以不賢人之招招賢人，賢者其肯就乎？曰猶欲其入而閉之門也，謂非見賢之道故爾。義之所以謂之路者，以其宜之可推也；禮之所以謂之門者，以其節之不可越也。二者人性之所有，譬之路與門，有足者皆可以由，可以出入也，而君子獨能之者，何哉？衆人迷於物欲，而君子存其良心故也。「周道如砥，其直如矢；君子所履，小人所視。」詩人之意，以爲大道坦然，君子則能由之，而小人亦將視以從也。萬章又以孔子不俟駕之説爲疑，孟子謂孔子仕於朝，君以其官而召之，是以不俟駕也。立其朝而任其事，則有常守，固與在草野異矣。不俟駕之義，微孟子孰能明之！

孟子謂萬章曰：「一鄉之善士，斯友一鄉之善士；一國之善士，斯友一國之善士；天下之善士，斯友天下之善士；以友天下之善士爲未足，又尚論古之人。頌其詩，讀其書，不知其

人，可乎？是以論其世也。是尚友也。」

善士雖有小大之不同，皆志於善道者也。一鄉之善士，斯友一鄉之善士，非惟取友固然，而其合志同方，自相求也。所見者愈大，則所友者愈廣矣。故一國之善士，斯友一國之善士；而天下之善士，斯友天下之善士也。至於天下之善士，則其立心高，其執德固，必不肯安於卑近而小成也，故以友天下之善士爲未足，又尚論古之人焉，其求道之心蓋無窮也。自友一鄉之善士至於尚論古之人，每進而愈上也。夫世有先後，理無古今。古人遠矣，而言行見於詩、書。頌其詩，讀其書，而不知其人，則何益乎？頌詩讀書，必將尚論其世，而後古人之心可得而明也。尹氏曰：尚論其世，謂論其所遇之時。蓋古人所遇之時不同，故其行事有異，而其道則一而已。必攷其時以究其用，而後其心可得而明。如堯、舜禪讓，而湯、武征伐，禹、稷過門不入，而顔子居於陋巷，又豈可不尚論其世乎？尚友之道至此，而後爲盡矣。

齊宣王問卿。孟子曰：「王何卿之問也？」王曰：「卿不同乎？」曰：「不同。有貴戚之卿，有異姓之卿。」王曰：「請問貴戚之卿。」曰：「君有大過則諫，反覆之而不聽則易位。」王勃然變乎色。曰：「王勿異也。王問臣，臣不敢不以正對。」王色定，然後請問異姓之卿。

曰：「君有過則諫，反覆之而不聽則去。」

貴戚之卿與異姓之卿有親疏之異，故不得而同論也。貴戚之卿，諫君之大過，反覆而不聽，則有易位之義。蓋任宗社之責，故得更擇其宗族之賢以易之。然非謂貴戚之卿，諫君反覆而不從，便可以易位，蓋極其理而言之，有可以易位之道，所謂以正對也。宣王聞斯言而懼，是以勃然變乎色，則其所以警之者亦切矣。若夫異姓之卿，見君有過則當諫，反覆之而不聽則可以去。或曰：孟子易位之論，不亦過矣乎？蓋對宣王之言，不如是，無以深警其心矣。

南軒先生孟子説卷第六

告子上

告子曰："性猶杞柳也，義猶桮棬也。以人性爲仁義，猶以杞柳爲桮棬。"孟子曰："子能順杞柳之性而以爲桮棬乎？將戕賊杞柳而後以爲桮棬也？如將戕賊杞柳而以爲桮棬，則亦將戕賊人以爲仁義與？率天下之人而禍仁義者，必子之言夫！"

有太極則有兩儀，故立天之道曰陰與陽，立地之道曰柔與剛，立人之道曰仁與義。仁義者，性之所有，而萬善之宗也。人之爲仁義，乃其性之本然。自親親而推之至於仁，不可勝用；自長長而推之至於義，不可勝用，皆順其所素有，而非外取之也。若違乎仁義，則爲失其性矣。而告子乃以杞柳爲桮棬爲喻，其言曰"以人性爲仁義"，則失之甚矣。蓋仁義性也，而曰以人性爲仁義，則是性别爲一物，以人爲矯揉而爲仁義，其失豈不甚乎？孟子謂如告子所言，則是以杞柳之質比性，其爲桮棬也，固不能順杞柳之性而爲之，必將戕賊而爲之也。然則人之爲仁義也，亦將戕賊其性而爲之乎？是將使天下以仁義爲僞，而迷其本真，其害豈不甚乎？故以爲禍仁義之言也。雖然，曲直者木之性也，非有使之曲直也，木固有曲直之理也，以是而論性則可矣。

告子曰：「性猶湍水也，决諸東方則東流，决諸西方則西流。人性之無分於善不善也，猶水之無分於東西也。」孟子曰：「水信無分於東西，無分於上下乎？人性之善也，猶水之就下也。人無有不善，水無有不下。今夫水，搏而躍之，可使過顙；激而行之，可使在山。是豈水之性哉？其勢則然也。人之可使爲不善，其性亦猶是也。」

伊川先生曰：「荀子之言性，杞柳之論也；揚子之言性，湍水之論也。」蓋荀子謂人之性惡，以仁義爲僞，而揚子則謂人之性善惡混，修其善則爲善人，修其惡則爲惡人，故也。告子不識大本，故始譬性爲杞柳，謂以人性爲仁義；今復譬性爲湍水，謂無分於善不善。夫無分於善不善，則性果何物邪？淪真實之理，而委諸茫昧之地，其所害大矣。善乎！孟子之言曰：「人無有不善，水無有不下」，可謂深切著明矣。原人之生，天命之性，純粹至善，而無惡之可萌者也。孩提之童，莫不知愛其親，及其長也，莫不知敬其兄，以至於飢食渴飲，其始亦莫非善也。推此則可見矣，何獨人爾？物之始生，亦無有不善者，惟人得二氣之精，五行之秀，其虚明知覺之心有以推之，而萬善可備，以不失其天地之全，故性善之名獨歸於人，而爲天地之心也。然人之有不善，何也？蓋有是身，則形得以拘之，氣得以汩之，欲得以誘之，而情始亂，情亂則失其性之正，是以爲不善也，而豈性之罪哉？告子以水可決而東西，譬性之可以爲善，可以爲不善，而不知水之可決而東西者，有以使之也。性之本然孰使之邪？故水之就下，非有以使之也，水之所以爲水，固有就下之理也。若有以使之，則非獨可決而東西也，搏之使過顙，激之使在山，亦可也，此豈水之性哉？搏激之勢然也。然搏激之勢盡，則水仍就下也，可見其性之本然而不可亂矣。故夫無所爲而然者性情之正，乃所謂善也；若有以使之，則爲不善。故曰：人之可使爲不善。然雖爲不善，而其秉彝終不可殄滅，亦猶就下之理不泯於搏激之際也。或曰：程子謂善固性也，惡亦不可不謂之性也，然則與孟子有二言乎？曰：程子此論，蓋爲氣稟有善惡言也。如羊舌虎之生，已知其必滅宗之類，以其氣稟而知其末流之弊至此。謂惡亦不可不謂之性者，言氣稟之性也。氣稟之性可以化而復其初。夫其可以化而復其初者，是乃性之本善者也，可不察哉！

告子曰：「生之謂性。」孟子曰：「生之謂性也，猶白之謂白與？」曰：「然。」「白羽之白也，猶白雪之白；白雪之白，猶白玉之白與？」曰：「然。」「然則犬之性，猶牛之性；牛之性，猶人之性與？」

論性之本，則一而已矣，而其流行發見，人物之所稟，有萬之不同焉。蓋何莫而不由於太極，何莫而不具於太極，是其本之一也。然有太極則有二氣五行，絪緼交感，其變不齊，故其發見於人物者其氣稟各異，而有萬之不同也。雖有萬之不同，而其本之一者亦未嘗不各具於其氣稟之內，故原其性之本一，而察其流行之各異；知其流行之各異，而本之一者初未嘗不完也，而後可與論性矣。故程子曰：「論性而不論氣，不備；論氣而不論性，不明。」蓋論性而不及氣，則昧夫人物之分，而太極之用不行矣；論氣而不及性，則迷夫大本之一，而太極之體不立矣。用之不行，體之不立，焉得謂之知性乎？異端之所以賊仁害義，皆自此也。告子「生之謂性」之說，以言夫各正性命之際則可也；而告子氣與性不辨，人物之分混而無別，莫適其所以然。孟子知其蔽於此也，故以白之謂白爲譬，而又以玉之與羽、羽之與雪爲比。告子以爲然，是告子以人物之性爲無以異也。以人物之性爲無以異，是不察夫流形所變之殊，而亦莫知其本之所以爲一者矣。則其所謂「生之之謂性」者，語雖似而意亦差也。或曰：氣之在人在物固有殊矣，而人之氣稟亦有異乎？曰：人者天地之精，五行之秀，其所以爲人者大體固無以異也，然各就其身亦有參差不齊者焉，故有剛柔緩急之異稟，而上智生知之最靈，愚者昏窒而難發，由其不齊故也。至於禽獸草木，就其類之中亦各有所不同者焉，此又其一身還有一乾坤者也。故太極一而已矣，散爲人物而有萬殊，就其萬殊之中而復有所不齊焉，而皆謂之性。性無乎不在也，然而在人有修道之教焉，可以化其氣稟之偏，而復全夫盡己之性，盡人之性，盡物之性，其極與天地參，此人所以爲人之道，而異乎庶物者也。

告子曰：「食色，性也。仁，内也，非外也；義，外也，非内也。」孟子曰：「何以謂仁内義外也？」曰：「彼長而我長之，非有長於我也；猶彼白而我白之，從其白於外也，故謂之外也。」曰：「異於白馬之白也，無以異於白人之白也。不識長馬之長也，無以異於長人之長與？且謂長者義乎？長之者義乎？」曰：「吾弟則愛之，秦人之弟則不愛也，是以我爲悦者也，故謂之内。長楚人之長，亦長吾之長，是以長爲悦者也，故謂之外也。」曰：「耆秦人之炙，無以異於耆吾炙。夫物則亦有然者也。然則耆炙亦有外與？」

食色固出於性，然莫不有則焉。今告子乃舉物而遺其則，是固出於性無分於善不善之論也。其説行，而天理不明，而人欲莫之遏矣。至於仁内義外之説，其失又甚焉。彼以爲長之在人，如白之在彼，曾不知白之爲色，一定而不變，而長之所宜，則隨事而不同也。若一槩而論，則馬之長將亦無以異於人之長，而可乎？夫長雖在彼，而長之者在我，蓋長之之理素具於此，非因彼而有也。有是性則具是理，其輕重親疏小大遠近之宜，固森然於秉彝之中而不可亂。事物至於前者雖有萬之不同，而有物必有則，汎應曲酬，各得其當，皆吾素有之義，而非外取之。此天所命也。惟夫昧於天命，而以天下之公理爲有我之得私，而始有義外之説。孟子告之曰：「且謂長者義乎？長之者義乎？」使思夫長之之爲義，則知義之非外矣。而告子猶惑焉，謂愛吾弟而不愛秦人之弟，是以我爲悦，故曰仁内也；長吾長，而亦長楚人之長，是以長爲悦，故曰義外也。曾不知所以長之者非在我而何出哉？故孟子復以耆炙諭之。同爲炙也，而所以耆之則在我，然則以其在彼之同，而謂耆炙之爲外可乎？雖然，長吾之長，義也；長楚人之長，亦義也。長則同，而待吾兄與待楚人固有間矣。其分之殊，豈人之所能爲哉？觀告子義外之説，固爲不知義矣；不知義，則其所謂仁内者亦烏知仁之所以爲仁者哉？彼徒以愛爲仁，而不知愛之施有差等，固義之所存也；徒以長爲義，而不知所以長之者固仁之體也。不知仁義而以論性，宜乎莫適其指歸也。

孟季子問公都子曰：「何以謂義内也？」曰：「行吾敬，故謂之内也。」「鄉人長於伯兄一歲，則誰敬？」曰：「敬兄。」「酌則誰先？」曰：「先酌鄉人。」「所敬在此，所長在彼，果在外，非由内也。」公都子不能答，以告孟子。孟子曰：「敬叔父乎？敬弟乎？彼將曰：『敬叔父。』曰：『弟爲尸，則誰敬？』彼將曰：『敬弟。』子曰：『惡在其敬叔父也？』彼將曰：『在位故也。』子亦曰：『在位故也。庸敬在兄，斯須之敬在鄉人。』」季子聞之，曰：「敬叔父則敬，敬弟則敬，果在外，非由内也。」公都子曰：「冬日則飲湯，夏日則飲水，然則飲食亦在外也？」

季子不知性，故於義内之説有疑焉。公都子答以行吾敬故謂之内，亦未爲失也。蓋敬之所施，各有攸當，是乃義也。然公都子未能本於性而論，故聞季子先酌鄉人之論，則無以對之。蓋庸敬於兄，義也；以鄉人長，酌而先之，亦義也。可敬雖在彼，而敬之者在我，故孟子以弟爲尸爲比。夫兄之當敬，鄉人之酌當先，與夫爲尸者之當敬，皆其理之素定而不可易者也。然則其爲在内也明矣，而季子猶惑焉，蓋以叔父與弟爲在外，而不知其義之存於内，内外之本一也。公都子蓋有發於孟子之言，故以冬日飲湯，夏日飲水譬之。蓋冬之飲必湯，夏之飲必水，是乃義也，而豈外乎哉？敬以直内，義以方外，敬義立而德不孤。伊川先生曰：「敬立而内直，義形而外方。」義形於外，非在外也，蓋主於敬，而義自此形焉。敬與義，體用一源而已矣。

公都子曰：「告子曰：『性無善無不善也。』或曰：『性可以爲善，可以爲不善，是故文、武興則民好善，幽、厲興則民好暴。』或曰：『有性善，有性不善，是故以堯爲君而有象，以瞽瞍爲父而有舜，以紂爲兄之子且以爲君而有微子啓、王子比干。』今曰性善，然則彼皆非與？」孟子曰：「乃若其情，則可以爲善矣，乃所謂善也。若夫爲不善，非才之罪也。惻隱之心，人皆有之；羞惡之心，人皆有之；恭敬之心，人皆有之；是非之心，人皆有之。惻隱之心，仁也；羞惡之心，義也；恭敬之心，禮也；是非之心，智也。仁義禮智，非由外鑠我也，我固有之也，弗思耳矣。故曰：『求則得之，舍則失之。』或相倍蓰而無算者，不能盡其才者也。詩曰：『天生蒸民，有物有則；民之秉夷，好是懿德。』孔子曰：『爲此詩者，其知道乎！故有物必有則；民之秉夷也，故好是懿德。』」

道學不明，性命之説莫知所宗，故公都子舉三説以爲問。告子無善無不善之説，此以善惡不出於性也；或謂可以爲善可以爲不善，此以習成爲性也；或謂有性善有性不善，此以氣稟爲性者也。性無分於善不善之説，孟子既辨之於前矣；若謂可以爲善可以爲不善乎？不知其可以爲善者，固性也；而其爲不善者，是豈性也哉？文、武興而民好善，人皆秉彝而好懿德，其性則然也；幽、厲興而民好暴，習之所染，有以變移其善心，淪胥以亡而至此耳，性豈有是哉？若以爲有性善、有性不善乎？不知其善者乃爲不失其性，而其不善者因氣稟而汩於有生之後也。蓋有生而鍾其純粹之最者，亦有偏駁者，亦有偏駁之甚者。其最粹者固存其本然之常性，不待復而誠，此所謂生知聖人也；若其偏駁者，其爲不善，必先就其所偏而發，此固可得而反也；若偏駁之甚，則有於其生也而察其聲音顔色而知其必爲不善，如叔向之母知叔虎之必滅羊舌氏之類是也。然使其長也，而能力自矯揉，則亦可以反。惟其偏駁之甚，故不復知矯揉，則夫堯爲君而有象，瞽瞍爲父而有舜，紂爲兄之子且以爲君而有微子、比干，抑何怪乎！蓋所稟之昏明在人各異，而其不善者終非性之本然者也。故孟子謂乃若其情則可以爲善矣，乃所謂善也，若訓順。書曰：「弗克若天。」自性之有動者謂之情，順其情則何莫非善，謂循其性之本然而發見者也；有以亂之而非順之謂，是則爲不善矣。故曰非才之罪也。夫善者性也，能爲善者才也。人皆可以爲堯、舜者，以其才則然也。何以知其然？以惻隱、羞惡、恭敬、是非之心，人皆有之也。惻隱、羞惡、恭敬、是非之所以然，是乃仁義禮智之具乎性者也。性之中有是四者而已，由外鑠則非天矣，充盡此四者則爲聖人。聖人非能有加也，能盡其才者也。衆人之所固有，亦豈與聖人異乎哉？特弗思耳。又曰「求則得之，舍則失之」，斯言可謂涵蓄而有味矣。然所謂思、所謂求者，必有其道，此學之不可以不講也。人之相去，或倍蓰，或無算者，由能盡與不能盡之異也。「天生蒸民，有物有則；民之秉彝，好是懿德」，夫子謂作此詩者爲知道，而孟子獨於本文增益四字，而詩意焕然矣。有物必有則者，莫非物也。視聽言動則有視聽言動之則，喜怒哀樂則有喜怒哀樂之則，何莫不然？其則蓋天所命也。以其至當而不可過，故謂之則。有太極則有物，故性外無物；有物必有則，故物外無性。斯道也，天下之所共有，所共由，非有我之得私也。彝云者，常也，言本然之常性，人所均有，故好是懿德，以其秉彝故也，而其不知好者，是有以亂其常故也。雖然，惻隱、羞惡、恭敬、是非，其發見者也，以此爲仁義禮智之體則未可，然固仁義禮智之端也。孟子前既以是言發之，故於此言之略也。

孟子曰：「富歲子弟多賴，賴，善也。**凶歲子弟多暴。非天之降才爾殊也，其所以陷溺其心者**

然也。今夫麰麥，播種而耰之，其地同，樹之時又同，浡然而生，至於日至之時皆熟矣。雖有不同，則地有肥磽，雨露之養、人事之不齊也。故凡同類者，舉相似也，何獨至於人而疑之？聖人，與我同類者，故龍子曰：『不知足而爲屨，我知其不爲蕢也。』屨之相似，天下之足同也。口之於味，有同耆也，易牙先得我口之所耆者也。如使口之於味也，其性與人殊，若犬馬之與我不同類也，則天下何耆皆從易牙之於味也？至於味，天下期於易牙，是天下之口相似也。惟耳亦然。至於聲，天下期於師曠，是天下之耳相似也。惟目亦然。至於子都，天下莫不知其姣也，不知子都之姣者無目者也。故曰：口之於味也，有同耆焉；耳之於聲也，有同聽焉；目之於色也，有同美焉。至於心，獨無所同然乎？心之所同然者何也？謂理也，義也。聖人先得我心之所同然耳。故理義之悦我心，猶芻豢之悦我口。」

此章大意謂義理素具於人心，衆人與聖人本同然也，而其莫之同者，以衆人失其養故也。故首以富歲、凶歲之子弟爲喻。富歲之多賴者，以衣食足，而他意不萌也；凶歲之多暴者，以飢寒迫之，而不善之念起也。此豈天降才之殊哉？陷溺其心故耳。陷溺，言因循淪胥而莫之覺也。以此言之，人心本無不善，因陷溺之故而不齊也。復引麰麥以爲喻。均是麥也，種之地同，樹之時同，則其生也、其熟也宜無不齊者矣，而有不同者，則地有肥磽之異，與夫雨露之養、人事之不齊故也。此亦猶人本同類，由不得其養，則不相似也。聖人可謂至矣，而亦與我同類者耳。既曰同類，則不應有殊，而其有殊者，可不思其故哉？口之於味、耳之於聲、目之於色，此亦出於性也。故口之耆、耳之聽、目之美，有同者焉。蓋均是人也，則其理不得不同。若犬馬則不得與吾同其理，以其不同類故也。易牙先得我口之所耆者也。易牙非能有加也，能盡夫味之理而已。易牙之所味，即我口之所耆者也，彼先得之耳。以天下之味皆從易牙，則知天下之口無異也。猶聖人之所以爲聖人者，以盡人道故也。聖人之所盡者，即吾心之所同然者也，聖人先得之耳。善夫！孟子之發明也，曰：「至於心，獨無所同然乎？」夫既曰同然，口、耳、目皆有同也，何獨心之不然？此所當深思者也。口、耳、目麗乎氣，故有形者皆得其同，而心則宰之者也，形而上者也。故其所同者反隔於有形，而莫之能通，反躬而去其蔽，則斯見其大同者矣。其所同然者，理也，義也。曰理而又曰義，在心爲理，處物爲義，謂體用也。理義者，天下之公也，不爲堯、桀而存亡。聖人之先得者，即衆人之所有者也，而何有所增益哉？理義之所以悦我心者，以理義者固心之所以爲心者也，得乎理義則油然而悦矣。以芻豢之悦我口爲喻，蓋言適其可，而有不期然而然者也。雖然，人蓋有甘於非理義，而不知理義之爲悦者，獨何歟？有以亂之而失其正故也。亦猶口之於味，固同悦乎芻豢，而人亦有所耆，不然者，則非其正故也。

孟子曰：「牛山之木嘗美矣，以其郊於大國也，斧斤伐之，可以爲美乎？是其日夜之所息，雨露之所潤，非無萌櫱之生焉，牛羊又從而牧之，是以若彼濯濯也。人見其濯濯也，以爲未嘗有材焉，此豈山之性也哉？雖存乎人者，豈無仁義之心哉？其所以放其良心者，亦猶斧斤之於木也，旦旦而伐之，可以爲美乎？其日夜之所息，平旦之氣，其好惡與人相近也者幾希，則其旦晝之所爲，有梏亡之矣。梏之反覆，則其夜氣不足以存；夜氣不足以存，則其違禽獸不遠矣。人見其禽獸也，而以爲未嘗有材焉者，是豈人之情也哉？故苟得其養，無物不長；苟失其養，無物不消。孔子曰：『操則存，舍則亡；出入無時，莫知其鄉。』惟心之謂與？」

此章言人皆有良心，能存而養之，則生生之體自爾不息；若放而不知存，則日以斲喪矣，故以牛山之木喻之。牛山之木，其美者本然也，斧斤伐之，則不得爲美矣。然木之生理固在，日夜之所息，雨露之所潤，而其萌蘖不容不生。於其生也，又爲牛羊牧之，於是有不得其生而常濯濯者矣。其生者山之性也，而濯濯者豈山之性哉？蓋生之者寡，而所以害之者則不已故也。亦猶人放其良心，然秉彝亦不容遂殄也，故有時因其休息而善端萌焉。於其方萌，而物復亂之，則所傷益多，而其息也益微矣。曰日夜之所息者，蓋人雖終日汩汩於物欲，然亦有休息之時也。程子曰：「息有二義，訓休息，亦訓生息。」息，所以生也，如夜氣是已。常人終日汩汩，爲氣所使，至於夜則氣息，而思慮始息焉。於其興也，未與事接，未萌他慮，則平旦之好惡與人理亦庶幾其相近，此夜氣所積也。自旦而往，其晝之所爲則無非害之者矣。曰梏亡者，謂爲血氣所拘役，而亡其公理也。梏之反覆遷變而無有窮，則其夜氣之所息能有幾又可得而存乎？夜氣不足以存，則人理幾無，而違禽獸不遠矣，是豈人之情也哉？蓋所謂情者，始亦無有不善也，是故君子察乎此，收其放心，存而不舍，養而不害，人道之所爲立也。故曰：苟得其養，無物不長；苟失其養，無物不消。天以生爲道者也，君子之養之也，勿忘也，勿助長也，而天理不已焉。蓋有所加益於其閒，則亦害於天理矣。故其長也，猶木之生焉，日夜之所息，雨露之所潤，斧斤牛羊莫之害，而其理自遂也。

「操則存，舍則亡，出入無時，莫知其鄉」，此又深明夫存養之功，不可斯須忘也。心非有存亡出入，因操舍而言也。操則在此，舍則不存焉矣。蓋操之者乃心之所存也。以其在此，則謂之入可也；以其不存焉，則謂之出可也；而孰知其鄉乎？心雖無形可見，然既曰心，則其體蓋昭昭矣。學者要當於操舍之際深體之。

孟子曰：「無或乎王之不智也。雖有天下易生之物也，一日暴之，十日寒之，未有能生者也。吾見亦罕矣，吾退而寒之者至矣，吾如有萌焉何哉？今夫奕之爲數，小數也；不專心致志，則不得也。奕秋，通國之善奕者也。使奕秋誨二人奕，其一人專心致志，惟奕秋之爲聽；一人雖聽之，一心以爲有鴻鵠將至，思援弓繳而射之，雖與之俱學，弗若之矣。爲是其智弗若與？曰：非然也。」

物固有生之理，然不養而害，則雖易生之物亦不能以生。是則物未有不待養而能生者也。一日暴之，十日寒之，則養之也微，而害之者深矣，則其生理烏得而遂哉？孟子告齊王，未嘗不引之以當道。王豈無秉彝之心乎？則其端倪亦有時而萌動矣。而孟子見之之時寡，他人朝夕在旁，利欲以汩之，諂諛以驕之，順其意而逢其惡，所以害之者何可勝既。「吾如有萌芽何哉」，言雖有如萌芽之發，亦即摧折而無以自達，無足怪矣，故又以奕秋爲喻。蓋心不容有二事，雖奕爲小技，專心致志者則得之；苟方奕而他思，則莫之得也。是二人者，豈知之相遠哉？專與不專故耳。而況於欲治其身，而不專心致志，其可哉？是以古之明君，懼一暴十寒之爲害也，則博求賢才，寘諸左右，朝夕與處，而遠佞人，所以養德也。豈獨人君爲然，一暴十寒之病，爲士者其可一日而不念乎？然其要則在於專心致志而已。專心致志，學之大方，居敬之道也。

孟子曰：「魚，我所欲也；熊掌，亦我所欲也。二者不可得兼，舍魚而取熊掌者也。生，亦我所欲也；義，亦我所欲也。二者不可得兼，舍生而取義者也。生，亦我所欲，所欲有甚於生者，故不爲苟得也；死，亦我所惡，所惡有甚於死者，故患有所不辟也。如使人之所欲莫甚於生，則凡可以得生者何不用也？使人之所惡莫甚於死者，則凡可以辟患者何不爲也？由是則生而有不用也，由是則可以辟患而有不爲也。是故所欲有甚於生者，所惡有甚於死者，非獨賢者有是心也，人皆有之，賢者能勿喪耳。一簞食，一豆羹，得之則〔一〕生，

〔一〕則：原作「所」，據孟子告子上改。

弗得則死。嘑爾而與之，行道之人弗受；蹴爾而與之，乞人不屑也。萬鍾則不辨禮義而受之，萬鍾於我何加焉？爲宮室之美、妻妾之奉、所識窮乏者得我與？鄉爲身死而不受，今爲宮室之美爲之；鄉爲身死而不受，今爲妻妾之奉爲之；鄉爲身死而不受，今爲所識窮乏者得我而爲之：是亦不可以已乎！此之謂失其本心。」

二者不可得兼，言權其輕重而取舍之也。夫樂生而惡死，人之常情，賢者亦豈與人異哉？而有至於舍生而取義者，非真知義之重於生，其能然乎？其舍生而取義，由飢之食、渴之飲亦爲其所當然者而已。故曰：所欲有甚於生者，所惡有甚於死者。所欲謂禮義，所惡謂非禮義也。欲惡若是，乃爲得夫性之正矣。若但知樂生惡死而已，則凡可以求生、可以辟患者無所不爲，天理滅而流入於禽獸之歸何擇焉。故由此可以生，由此可以辟患，而賢者莫之顧者，以其欲惡有在焉故也。是心豈獨賢者有之，而衆人無之乎？賢者能不喪其所有而已。何以知衆人之本有乎？簞食豆羹，得與不得則有死生之分，然嘑爾而與之，則行道之人有所不受；蹴爾而與之，則雖乞人有所不屑；此其羞惡之端在者也。其所以然者，蓋人之困窮，其欲未肆，故其端尚在，至於爲萬鍾所動，則有不復顧者矣。曰「萬鍾於我何加焉」，人能深味斯言而得其旨，則亦可見外物之無足慕矣。萬鍾於我何加，而人之所以不辨禮義而受之者，則亦有爲而然耳。爲宫室之美、妻妾之奉、所識窮乏者得我，其他有所不顧也。此三者，一舉其端，其他可類推耳。向也簞食豆羹，不得則死，而與之非其道，則有所不受；今也萬鍾之多，乃不辨禮義之當否而受之。萬鍾之不受，未至於死也。均是人也，何向者一死之不卹，而今者冒昧若此歟？蓋欲有以蔽之，而羞惡之端陷溺而莫之萌也。故曰：此之謂失其本心。嗟乎！舉世憧憧，以欲爲事，於得失之際，蓋不能以自擇也，而況於死生乎？是故君子遏人欲而存天理，其於斯世何所求哉？惟禮義之是安耳。故窮達死生，舉不足以二其心，而人道立矣。

孟子曰：「仁，人心也；義，人路也。舍其路而弗由，放其心而不知求，哀哉！人有雞犬放，則知求之；有放心，而不知求。學問之道無他，求其放心而已矣。」

所以謂「仁，人心」者，天理之存乎人也；「義，人路」者，天下之所共由也。仁義立而人道備矣。舍其路而弗由，放其心而不知求，則人亦何以異於庶物乎？是可哀也。雖然，舍其路而弗由者，以放其心而不知求故也。是以學問之道，以求放心爲主。人之愛其雞犬，於其放也，則知求之，至於心獨不知求，可謂昧夫輕重之分矣。然心豈遠人哉？知其放而求之，則在是矣。所謂放者，其幾間不容息，故君子造次克念，戰兢自持，非禮勿視，非禮勿聽，非禮勿言，非禮勿動，所以收其放而存之也。存之久則天理寖明，是心之體將周流而無所蔽矣。以堯、舜、禹相授受之際，獨曰「人心惟危，道心惟微」，心豈有二乎哉？放之則人心之危無有極也。知其放而求之，則道心之微，豈外是哉？故貴於精一之而已。學者可不深思而默體乎？

孟子曰：「今有無名之指，屈而不信，無名指，手之第四指也。**非疾痛害事也。如有能信之者，則不遠秦、楚之路，爲指之不若人也。指不若人，則知惡之；心不若人，則不知惡：此之謂不知類也。」**

人有雞犬放則知求之，無名之指屈而不信則求信之，拱把之桐梓，欲其生則必養之，此皆事理之易見者。孟子於其易見者舉以示之，使之以類而思之，則知夫切於吾身，蓋有甚於此而不之察也。曰「有放心而不知求」，曰「心不若人則不知惡」，曰「豈愛身不若桐梓哉」，所以示人也至矣。夫人與聖人同類，則其心亦同然耳；有不同焉者，有以陷溺之故也。以類而思，則比之指不若人，何啻於相千萬邪？而反不知惡，故謂之不知類也。人惟不知類，故冥行而不自覺；使其知類而推之，則晨夕之間，其悚然而作者豈獨此哉？雖然，知惡之則必求所以免於惡，蓋有須臾不敢遑寧者矣。此古之君子所以學如不及，猶恐失之也。

孟子曰：「拱把之桐梓，拱把，合兩手曰拱，一手握之曰把。**人苟欲生之，皆知所以養之者。至於身而不知所以養之者，豈愛身不若桐梓哉？弗思甚也！」**

愛其身必思所以養之，然所以養之者，則有道矣。古之人理義以養其心，以至於動作起居、聲音容色之間，莫不有養之之法焉，所以尊德性而道問學，以成其身也。於桐梓而知所以養，則自拱把至於合抱可以馴致也。於身而知所以養，則爲賢爲聖，亦循循可進耳。曰「弗思甚也」，蓋思之則知身之爲貴，而不可以失其養也；弗思則待其身曾一草一木之不若，滔滔皆是矣。孟子此篇，大抵多言存養之功，學者尤宜深體也。

孟子曰：「人之於身也，兼所愛。兼所愛，則兼所養也。無尺寸之膚不愛焉，則無尺寸之膚不養也。所以考其善不善者，豈有他哉？於己取之而已矣。體有貴賤，有小大。無以小害大，無以賤害貴。養其小者爲小人，養其大者爲大人。今有場師，舍其梧檟，養其樲棘，則爲賤場師焉。養其一指而失其肩背，而不知也，則爲狼疾人也。飲食之人，則人賤之矣，爲其養小以失大也。飲食之人，無有失也，則口腹豈適爲尺寸之膚哉？」

人有是身，則知其皆在所愛，愛之則知其皆在所養，而無尺寸之膚不及也。然人知有口腹之養而已，而莫知其所受於天蓋有所甚重於此者，可不知所以養之乎？故曰：「所以考其善不善者豈有他哉？於己取之而已矣。」言欲考察善不善之分，則在吾身所取者何如耳。所取有二端焉，體有貴賤、有小大是也。以小害大，以賤害貴，則是養其小者，所謂不善也。不以小害大，不以賤害貴，則是養其大者，所謂善也。何以爲大且貴？人心是已。小且賤則血氣是已。血氣亦稟於天，非可賤也，而心則爲宰之者也。不得其宰，則倍天遁情，流爲一物，斯爲可賤矣。人惟不知天理之存，故憧憧然獨以養其口腹爲事。自農工商賈之競乎利，以至於公卿大夫士之競乎禄仕，是皆然也。良心日喪，人道幾乎息，而不自知，此豈不類於場師之舍梧檟而從事於樲棘，治疾者養一指而失其肩背者歟？雖然，人飢渴而飲食，是亦理也，初何罪焉？然飲食之人人所爲賤之者，爲其但知有口腹之養，而失其大者耳。如使飲食之人而不失其大者，則口腹豈但爲養其尺寸之膚哉？固亦理義之所存也。故失其大者則役於血氣而爲人欲，先立乎其大者則本諸天命而皆至理。人欲流，則口腹之須何有窮極？此人之所以爲禽獸不遠者也。天理明，則一飲一食之間，亦莫不有則焉，此人之所以成身而通乎天地者也。然則可不謹其源哉！

公都子問曰：「鈞是人也，或爲大人，或爲小人，何也？」孟子曰：「從其大體爲大人，從其小體爲小人。」曰：「鈞是人也，或從其大體，或從其小體，何也？」曰：「耳目之官不思，而蔽於物。物交物，則引之而已矣。心之官則思，思則得之，不思則不得也。此天之所與我者。先立乎其大者，則其小者弗能奪也。此爲大人而已矣。」

從其大體，心之官也；從其小體，耳目之官也。官云者，主守之謂。蓋耳目爲之主，則不思而蔽於物矣。耳目物也，以物而交於物，則爲其引取固宜。若心爲之主，則能思矣。思而得之，而物不能奪也。所謂思而得之者，亦豈外取之乎？乃天之所以與我，是天理之存於人心者也。人皆有之，不思故不得，思則得矣。「先立乎其大者，則其小者不能奪矣」，言心爲之主，則耳目不能以移，有以宰之故也。故君子之動以理，小人之動以物。動以理者，心得其宰，而物隨之；動以物者，心放而欲流，其何有極也？然所謂思者，非泛而無統也。泛而無統，則思之亂也，不得謂心之官矣。事事物物，皆有所以然。其所以然者，天之理也。思其所以然而循天理之所無事，則雖日與事物接，而心體無乎不在也。斯則爲大人矣。此所謂大人者，非必爲已至於充實輝光之地者也。蓋對小人而言，謂得其大者也。

孟子曰：「有天爵者，有人爵者。仁義忠信，樂善不倦，此天爵也；公卿大夫，此人爵也。古之人修其天爵，而人爵從之。今之人修其天爵以要人爵；既得人爵，而棄其天爵，則惑之甚者也，終亦必亡而已矣。」

天爵，謂天之所貴也仁義。又言忠信者，在己爲忠，與人爲信；忠信者只是誠實。此二者也，既曰仁義忠信，而又曰樂善不倦。樂善不倦，好懿德之常性也。惟樂善不倦，則於仁義忠信斯源源而進矣。古之人修其天爵而已，非有所爲而爲之耳，人爵從之者，言其理則然也。今之人修其天爵以要人爵，夫有一毫要人爵之心，則有害於天爵，其修之也，亦慕其名而爲其事耳，及遂其欲，則并與其所假者而棄之，可謂惑之甚者。又曰「終亦必亡而已矣」，言既萌要利之心，則其所爲終亦必亡，勢則然也。嗟乎！古之士，修身於下，無一毫求於其君之心，而人君求賢於上，每懷不及之意，上下皆循乎天理，是以人才衆多而天下治。逮德之衰，在下者假名而要利，在上者徇名而忘實，而人才始壞矣。降及後世，則不復以仁義忠信取士，而乃求之於文藝之間，自孩提之童則使之懷利心而習爲文辭，并與其假者而不務矣，則人才何怪其難得，而治功何怪其難成乎？可勝歎哉！

孟子曰：「欲貴者，人之同心也。人人有貴於己者，弗思耳。人之所貴者，非良貴也。趙孟之所貴，趙孟能賤之。詩云：『既醉以酒，既飽以德。』言飽乎仁義也，所以不願人之膏粱之味也；令聞廣譽施於身，所以不願人之文繡也。」

人皆有欲貴之心，言人莫不欲貴其身也。而不知在己有至貴者焉，德性之謂也。一人之性，萬善備焉，不其貴乎？善乎孟子之言！曰：「人人有貴於己者，弗思耳。」惟夫弗思，故雖素有之，而莫之能有也。若真知有貴於己者，則見外誘之不足慕矣。惟夫不知也，是以慕於外而求於人，故曰「人之所貴者非良貴也。」人之所貴云者，言資於人而貴者也。良貴云者，言己素有之善也。趙孟之所貴，趙孟能賤之，其所貴者資於人，則能貴之者亦能賤之矣。良貴在我得於天者也，人何預焉？得於天者公理，而資於人者私欲也。故飽乎仁義而不願膏粱之飫，聞譽施於身而不願文繡之加，爲其在我者而不願乎外也。雖然，令聞廣譽，君子非有欲之之心也。飽乎仁義，則令聞廣譽自加焉。猶言爲善有令名，其理之固然者也。

孟子曰：「仁之勝不仁也，猶水勝火。今之爲仁者，猶以一杯水救一車薪之火也。不熄，則

謂之水不勝火。此又與於不仁之甚者也，亦終必亡而已矣。」

此爲有志於仁而未力者言也。仁與不仁，特係乎操舍之間，而天理人欲分焉。天理存則人欲消，固不兩立也，故以水勝火喻之。然用力於仁，貴於久而勿舍，若一暴而十寒，倏得而復失，則暫存之天理，豈能勝無窮之人欲哉？是猶以杯水救車薪之火也，救之不得，而遂以爲仁不可以勝不仁，而不加勉焉。是則同於不仁之甚者，其淪胥以亡也必矣。學者觀於此，其可斯須而不存是心乎？天理寖明，則人欲寖消矣。及其至也，人欲消盡，純是天理，以水勝火，不其然乎？

孟子曰：「五穀者，種之美者也，苟爲不熟，不如荑稗。夫仁，亦在乎熟之而已矣。」

此章勉學者爲仁，貴於有成也。五穀不熟，不如荑稗，言雖種之美，苟爲不熟，亦無益也。仁者，人之所以爲人也。然爲之而不至，則未可謂成人，況於乍明乍暗、若存若亡，無篤厚悠久之功，則終亦必亡而已矣。熟之奈何？其亦猶善種者乎？勿舍也，亦勿助之長也，深耕易耨而已，而不志於穫也。日夜之所息，雨露之所濡，禾易長，畝苗而秀，秀而實，蓋有不期然而然者。爲仁之方，論語一書所以示後世者至矣。致知力行，久而不息，則存乎其人焉，其淺深次第，亦自知而已矣。要之，未至於顔子之地，皆未可語夫熟也。

孟子曰：「羿之教人射，必志於彀；學者亦必志於彀。大匠誨人，必以規矩；學者亦必以規矩。」

彀者，弩張向的處也。射者，期於中鵠也，然羿之教人，使志於彀，鵠在彼而彀在此，心存乎此，雖不中不遠矣。學者，學之爲志〔一〕賢也，聖賢曷爲而可至哉？求之吾身而已。求之吾身，其則蓋不遠。心之所同然者，人所固有也，學者亦存此而已。存乎此，則聖賢之門牆可漸而入也。規矩所以爲方員也，大匠誨人，使之用規矩而已，至於巧，則非大匠之所能誨，存乎其人焉，然巧固不外乎規矩也。學者之於道，其爲有漸，其進有序，自洒埽應對至於禮儀之三百、威儀之三千，猶木之有規矩也，亦循乎此而已。至於形而上之事，則在其人所得何如。形而上者固不外乎洒埽應對之間也。舍是以求道，是猶舍規矩以求巧也。此章所舉二端，教人者與受教於人者皆不可以不知。

〔一〕志：四庫本作「聖」，疑是。

告子下

任人有問屋廬子曰：「禮與食孰重？」曰：「禮重。」「色與禮孰重？」曰：「禮重。」曰：「以禮食，則飢而死；不以禮食，則得食。必以禮乎？親迎，則不得妻；不親迎，則得妻。必親迎乎？」屋廬子不能對。明日之鄒，以告孟子。孟子曰：「於，答是也，於音烏，歎辭。**何有？不揣其本而齊其末，方寸之木可使高於岑樓。**岑樓，山之鋭嶺者。**金重於羽者，豈謂一鉤金與一輿羽之謂哉？取食之重者與禮之輕者而比之，奚翅食重？取色之重者與禮之輕者而比之，奚翅色重？往應之曰：『紾兄之臂而奪之食，則得食；**紾，戾也。**不紾，則不得食。則將紾之乎？踰東家牆而摟其處子，則得妻；不摟，則不得妻。則將摟**摟，牽也。**之乎？』」**

食色雖出於性，而其流則以害性，苟無禮以止之，則將何所極哉？禮之重於食色，固不待較而明矣。惟夫汩於人欲而昧夫天性，於是始有禮與食色孰重之疑矣。孟子謂不揣其本而齊其末者，蓋凡天下之理，其本一定，有不可易者，若舍本而齊末，則失其理矣。累方寸之木而高於岑樓，遂謂木高於山；積一輿之羽而重於鉤金，遂謂羽重於金；而山之爲高，金之爲重，其理終不可易也。今任人舉食色之重者以蔽禮之輕者，何以異乎此？故孟子因其説而正之，謂以禮則不得食，則紾兄之臂而得食，亦將爲之乎？謂親迎則不得妻，則踰牆而得妻，亦將爲之乎？以此而權之，則可見禮之爲重，而食色之爲輕，其理之所在，爲不可易矣。所謂揣其本而齊其末者也。而或者乃謂孟子之説與孔子「食可去，信不可去」之意異，又謂如孟子之説，將使天下之人棄禮而不顧，是殆未之思也。蓋子貢善問，欲以探其理之至極，則曰：「必不得已而去，於斯三者何先？」又曰：「於斯二者何先？」故聖人明信爲本以示之，若任人蓋徇乎人欲者。其問也，意固以食色爲重。若但告之以寧不食而死，必以禮食也；寧不娶妻，必親迎也；則理不盡而意有窒，非啓告之之道也。故孟子獨循其本而告之，使之反其本，而知理之不可易者，則其説將自窮，與孔子謂「食可去，而信不可去」之意，蓋無殊也。或者，未之思邪？

曹交問曰：「人皆可以爲堯、舜，有諸？」孟子曰：「然。」「交聞文王十尺，湯九尺。今交九尺四寸以長，食粟而已，如何則可？」曰：「奚有於是？亦爲之而已矣。有人於此，力不能勝一匹雛，則爲無力人矣；今曰舉百鈞，則爲有力人矣。然則舉烏獲之任，是亦爲烏獲而已矣。夫人豈以不勝爲患哉？弗爲耳。徐行後長者謂之弟，疾行先長者謂之不弟。夫

徐行者，豈人所不能哉？所不爲也。堯、舜之道，孝弟而已矣。子服堯之服，誦堯之言，行堯之行，是堯而已矣；子服桀之服，誦桀之言，行桀之行，是桀而已矣。」曰：「交得見於鄒君，可以假館，願留而受業於門。」曰：「夫道，若大路然，豈難知哉？人病不求耳。子歸而求之，有餘師。」

曹交問「人皆可以爲堯、舜」，蓋亦習聞孟子有此説而疑之也。孟子引而進之，反覆明備，所謂誨人不倦者與？曰「奚有於是？亦爲之而已矣」，蓋人皆有是性，故皆可以爲堯、舜，而其所以異者，則其不爲之故耳。力不能勝一匹雛，則爲無力人；能舉百鈞，則爲有力。人能舉烏獲之任，則是亦烏獲而已。又曰「人豈以弗勝爲患哉？弗爲耳」，言人皆可以爲堯、舜，非其力不勝也，特不爲耳，故以疾行徐行明之。蓋徐行後長者，是乃天理之當然；若疾行先長者，則爲不循乎其理矣。夫徐行者，豈人所不能哉？以其不爲而已。以是而思，則凡天理之存乎人者初何遠哉？特舍之而不爲，猶不肯徐行者耳。推徐行不敢先之心，是乃孝弟之端也。堯、舜之道，孝弟而已矣。孝弟足以盡堯、舜之道。蓋人性之德，莫大於仁義。仁莫先於愛親，義莫先於從兄。此孝弟之所由立也。盡得孝弟，則仁義亦無不盡。是則堯、舜之道,豈不可一言蔽之乎? 人孰無是心哉? 顧體而充之何如耳。夫服其服,誦其言,行其行,則將與其人無以異矣。善惡皆然。然則可不勉於爲善乎? 交於此有受業之意,而欲假館於鄒君,則交也猶汩没於勢利之中,而非誠篤求道者,故使之歸而求之。道者,天下之公,人所共由,初不遠於人,謂之爲難,不可也,故曰「豈難知哉」;而謂之爲易,亦不可也,故曰「人病不求耳」。然求之則有道矣,故曰「歸而求之,有餘師」,謂誠能歸而求之,則其爲師也抑有餘矣。蓋道無乎不在,貴於求而自得之而已。辭意反復抑揚,學者所宜深味也。

公孫丑問曰:「高子曰:『小弁,小人之詩也。』」孟子曰:「何以言之?」曰:「怨。」曰:「固哉,高叟之爲詩也! 有人於此,越人關弓而射之,則己談笑而道之,無他,疏之也。其兄關弓而射之,則己垂涕泣而道之,無他,戚之也。小弁之怨,親親也;親親,仁也。固矣夫,高叟之爲詩也!」曰:「凱風何以不怨?」曰:「凱風,親之過小者也;小弁,親之過大者也。親之過大而不怨,是愈疏也;親之過小而怨,是不可磯也。磯,激也,謂不可少有激發也。**愈疏,不孝也;不可磯,亦不孝也。孔子曰:『舜其至孝矣,五十而慕。』」**

傳曰:「仁人不過乎物,孝子不過乎物。」物者,實然之理也。不以此心事其親者,不得爲孝子。小弁之作，本於幽王惑褒姒而黜申后，於是廢太子宜臼，太子之傅作是詩，述太子之意云耳。家國之念深，故其憂苦；父子之情切，故其辭哀。曰「何辜于天，我罪伊何？」此與大舜號泣于旻天同意。故曰：「小弁之怨，親親也；親親，仁也。」其怨慕乃所以爲親親；親親，仁之道也，故引關弓之疏戚爲喻，以見其爲親親者焉。若夫凱風之作，則以母氏不安於室而已。七子引罪自責，以爲使母之不安，則己之故。其曰「母氏聖善，我無令人」，又曰「有子七人，母氏勞苦」，又曰「有子七人，莫慰母心」，辭氣不迫，蓋與小弁異也。其事異故其情異，其情異故其辭異。當小弁之事，而怨慕不形，則其漠然而不知者也；當凱風之事，而遽形於怨，則是激於情而莫遏也。此則皆爲失親親之義而賊夫仁矣。故曰「親之過大而不怨，是愈疏也；親之過小而怨，是不可磯也」，而皆以不孝斷之，蓋皆爲過乎物，非所以事乎親者也。於是舉舜之孝以爲法焉。舜以此事親者也，終身安乎天理，而無一毫之閒。人樂之、好色、富貴，皆不足以解憂，惟親之慕而已。曰「五十而慕」，以見其至誠不息，終身於此，此萬世之準的也。高子徒見小弁之怨，遂以爲小人之詩，不即其事而體其親親之心，亦可謂固矣。雖然，怨一也，由小弁之所存則爲天理，由高子之所見則爲人欲，不可以不察也。

詩三百篇，夫子所取，以其本於情性之正而已，所謂「思無邪」也。學者讀詩，平心易氣，誦詠反復，則將有所興起焉。不然，幾何其不爲高叟之固也。

宋牼將之楚。孟子遇於石丘，曰：「先生將何之？」曰：「吾聞秦、楚構兵，我將見楚王説而罷之；楚王不悦，我將見秦王説而罷之。二王我將有所遇焉。」曰：「軻也請無問其詳，願聞其指。説之將何如？」曰：「我將言其不利也。」曰：「先生之志則大矣，先生之號則不可。先生以利説秦、楚之王，秦、楚之王悦於利，以罷三軍之師，是三軍之士樂罷而悦於利也。爲人臣者懷利以事其君，爲人子者懷利以事其父，爲人弟者懷利以事其兄，是君臣、父子、兄弟終去仁義，懷利以相接，然而不亡者，未之有也。先生以仁義説秦、楚之王，秦、楚之王悦於仁義而罷三軍之師，是三軍之士樂罷而悦於仁義也。爲人臣者懷仁義以事其君，爲人子者懷仁義以事其父，爲人弟者懷仁義以事其兄，是君臣、父子、兄弟去利懷仁義以相接也，然而不王者，未之有也。何必曰利？」

宋牼欲説秦、楚之君使之罷兵，而孟子以爲志則大矣，而號則不可，其故何哉？蓋事一也，而情有異，則所感與其所應皆不同。是以古之謀國者以理義不以利害，此天理人欲之所以分，而治忽之所由係，蓋不可不謹於其源也。夫説二君而使之罷兵，非不善也。然由宋牼之説而説之以利，使其能從，亦利心耳。罷兵雖息一時之争，而徇利實傷萬世之彝。自衆人論之，惟欲其説之行，而不覩其害於後；在君子則寧説之不行，不忍失正理而啓禍源也。故使二君悦於利而聽從，則三軍之士樂罷而悦於利，以至於觀聽之閒亦莫不動焉，上下憧憧，徒知利之爲利，則凡私己自便者無不爲也。人欲肆行，君臣、父子、兄弟之大倫亦且不暇卹矣，則豈非危亡之道乎？由孟子之説而説以仁義，使二君幸而聽，則是其心復於正道，三軍之士樂罷而悦於仁義，則皆知仁義爲重，將於君臣、父子、兄弟之際，無非以是心相與，人心正而治道興矣。三代之所以王者，用此道也。然則其説則一，而所以説者異，毫釐之閒，霄壤之分，可不謹哉！學者有見乎此，則知五伯之在春秋，爲功之首而罪之魁也；又知曾西之所以卑管、晏而尊子路也，則庶乎知入德之門矣。

孟子居鄒，季任爲任處守，以幣交，受之而不報。處於平陸，儲子爲相，以幣交，受之而不報。他日由鄒之任，見季子；由平陸之齊，不見儲子。屋廬子喜曰：「連得閒矣。」問曰：「夫子之任見季子，之齊不見儲子，爲其爲相與？」曰：「非也。書曰：『享多儀，儀不及物曰不享，惟不役志于享。』爲其不成享也。」屋廬子悦。或問之。屋廬子曰：「季子不得之

鄒，儲子得之平陸。」

孟子之居鄒，季任與儲子皆以幣交焉。在於近境與居其國中，致幣以交，禮之常也，故不得而不受其幣，受其幣則當報之。然孟子之任則見季子，之齊則不見儲子。故屋廬子疑之，以爲有閒而可問也。曰「爲其爲相與」，是屋廬子以世俗之見度賢者之心也。孟子以洛誥之語告之。洛誥之意，謂所貴乎享者，爲其多儀也。物所以達其意耳，若徒具其物而儀不及焉，則不得爲享。蓋享以儀爲貴，而不惟物之徇，古之人不役志于享故也。孟子釋之曰「爲其不成享也」，屋廬子於此始得孟子之意。蓋季任爲任處守，守其國而不得越境遺幣以交，儀及物矣；若儲子相齊，鄒在其境中，則固可得而親造也，而亦遺幣焉，是儀不及物也。或見或不見，皆循乎理之所當然耳。然就世俗之見論之，既受其幣，及之齊而不見之，則無使彼不慊於心乎？在君子則伸公義而絶私情，行吾典章而已，遑卹其他哉！使儲子疑夫不見之意，反己而深思，庶乎亦有得於義矣。

淳于髡曰：「先名實者，爲人也；後名實者，自爲也。夫子在三卿之中，名實未加於上下而去之，仁者固如此乎？」孟子曰：「居下位不以賢事不肖者，伯夷也；五就湯、五就桀者，伊

尹也；不惡汙君、不辭小官者，柳下惠也。三子者不同道，其趨一也。一者何也？曰：仁也。君子亦仁而已矣，何必同？」曰：「魯繆公之時，公儀子爲政，子柳、子思爲臣，魯之削也滋甚。若是乎賢者之無益於國也！」曰：「虞不用百里奚而亡，秦繆公用之而霸。不用賢則亡，削何可得與？」曰：「昔者王豹處於淇，而河西善謳；緜駒處於高唐，而齊右善歌；華周、杞梁之妻善哭其夫，而變國俗。有諸内，必形諸外。爲其事而無其功者，髡未嘗覩之也。是故無賢者也，有則髡必識之。」曰：「孔子爲魯司寇，不用，從而祭，燔肉不至，不税冕而行。不知者以爲爲肉也，其知者以爲爲無禮也。乃孔子則欲以微罪行，不欲爲苟去。君子之所爲，衆人固不識也。」

淳于髡以孟子爲卿於齊，未久而遽去，疑其爲自爲，而非仁者之所爲。蓋髡徒知以爲人爲仁，而不知仁之理存乎性者也。故伯夷之不以賢事不肖，伊尹之五就，柳下惠之不惡不辭，而皆爲趨於仁，以其皆本於天理之正故爾。若徇夫爲人之名，以爲仁而咈其性之理，則所謂愛之本先亡，而其所以爲愛者特其情之流而已，豈不反害於仁乎？髡又以賢者爲無益於人之國，孟子以不用賢則亡告之，而髡又以有諸内必形諸外爲言。大抵髡之意皆徇乎外，以事功爲重，而不知理義之所存故也。孟子告之以君子之所爲未易識也。孔子不稅冕之事，不知者固不足言，而其知者不過以爲爲無禮，是亦不爲知孔子也。若夫孔子之意，則以兆足以行而不行而去之，又惡夫苟去而無節也？故因燔肉之不至，以微罪行焉，安乎天理，而人之知與不知，聖人所不與也。雖然，孔子之去魯，非孟子發明於此，則後世固亦未知也。然則聖賢之所爲，載於方册，而莫知其故者固多矣。攷迹以觀用者，其可習於所聞而不深原其故乎？

孟子曰：「五霸者，三王之罪人也；今之諸侯，五霸之罪人也；今之大夫，今之諸侯之罪人也。天子適諸侯曰巡狩，諸侯朝於天子曰述職。春省耕而補不足，秋省斂而助不給。入其疆，土地辟，田野治，養老尊賢，俊傑在位，則有慶，慶以地。入其疆，土地荒蕪，遺老失賢，掊克在位，則有讓。一不朝，則貶其爵；再不朝，則削其地；三不朝，則六師移之。是故天子討而不伐，諸侯伐而不討。五霸者，摟諸侯以伐諸侯者也。故曰：五霸者，三王之罪人也。五霸，桓公爲盛。葵丘之會諸侯，束牲載書而不歃血。初命曰：『誅不孝，不孝者共舉兵以誅之也。無易樹子，已立世子，不得擅易。無以妾爲妻。』再命曰：『尊賢育才，以彰有德。』三命曰：『敬老慈幼，無忘賓旅。』賓客羈旅，勿忘忽也。四命曰：『士無世官，官事無攝，無曠官也。取士必得，必得賢也。無專殺大夫。』不得以私怒行誅戮也。五命曰：『無曲防，無敢違王法，亦以己曲意設防禁也。

無遏糴，無有封而不告。』無以私恩擅有所賞，而不告盟主也。曰：『凡我同盟之人，既盟之後，言歸于好。』今之諸侯皆犯此五禁，故曰：今之諸侯，五霸之罪人也。長君之惡其罪小，逢君之惡其罪大。今之大夫皆逢君之惡，故曰：今之大夫，今之諸侯之罪人也。」

此章述三王之事，以見五霸之罪；又述五霸之事，以見當時諸侯之罪。三王盛時，天子有巡狩之制，諸侯有朝王之禮，而又有省耕省斂之常焉。天子之巡狩，入諸國之境，首察其土地、田野，遂詢其老者與其賢者，攷其在位者而賞罰之。蓋爲國之道，莫先於農桑，莫要於人才也。諸侯至於貶爵削地，而不悛，則天子聲其罪，以六師臨之，所謂討而不伐；諸侯之君，各率其賦，從天子之討而致伐焉，所謂伐而不討。未有諸侯得專其討者也。五霸徇利而棄義，不稟王命，擅率諸侯以伐人之國，雖使有成功，而廢制紊紀，啓禍兆亂，故以爲三王之罪人也。舉五霸之盛，無若齊桓。葵丘之五禁，蓋亦假仁義而言者。而孟子之時，諸侯雖此五禁亦皆犯之，故以爲五霸之罪人也。長君之惡，謂君有惡，從而順承以長之。逢君之惡，謂逆探其君之意而成之。長君之惡，固爲罪矣；而逢君之惡者，其詭秘姦譎爲甚，而戕賊蠹害爲深。蓋人君萌不善之念，其始必有所未安於心，未敢以遽達也。已則迎而安之，安之則其發之也必果；君以爲己之意未形於事，而彼能先之，則其愛之也必篤。故長其惡於外者，其罪易見；而逢其惡於中者，其慝難知。易見者其害猶淺，而難知者其蠹爲不可言也。自古姦臣之得君，未有不自於逆探其君之意以成其惡，故君臣之相愛不可解，卒至於俱糜而後已。易曰：「入于左腹，獲明夷之心于出門庭。」此之謂也。逢君之惡云者，可謂極小人之情狀矣。雖然，有五霸爲三王之罪人，則有諸侯爲五霸之罪人矣；有諸侯爲五霸之罪人，則有大夫爲諸侯之罪人矣。何者？理固爾也。有明君者出，本於三王之法以制治，則拔本塞源，不得罪於天下矣。

魯欲使慎子爲將軍。孟子曰：「不教民而用之，謂之殃民。殃民者，不容於堯、舜之世。一戰勝齊，遂有南陽，然且不可。」慎子勃然不悦，曰：「此則滑釐所不識也。」曰：「吾明告子。天子之地方千里，不千里不足以待諸侯；諸侯之地方百里，不百里不足以守宗廟之典籍。周公之封於魯，爲方百里也；地非不足，而儉於百里。太公之封於齊也，亦爲方百里也；地非不足也，而儉於百里。今魯方百里者五，子以爲有王者作，則魯在所損乎？在所益乎？徒取諸彼以與此，然且仁者不爲，況於殺人以求之乎？君子之事君也，務引其君以當道，志於仁而已。」

所謂不教民者，不教之以三綱五典之義，而驅於戰争，用之以無道也。一戰勝齊，遂有南陽，在當時可謂雋功矣，然其爲徇利忘義以殘民則一耳。故孟子以爲不可。而慎子莫之識，則又明以告之。夫王者制國，諸侯各受分地，不得相踰越也。周公、太公，可謂勳德之盛矣，而封國亦不過百里，制則然也。戰國之時，互相陵奪。魯之地至於方百里者五，是肆貪欲而隳王度，使明王作興，其釐而正之必矣。取彼與此，使無傷害，仁者猶且不爲，以其非所當得故也，況於殘殺人民而求廣土地者乎？君子之事君也，務引其君以當道，志於仁而已。當道，謂志於仁也。志於仁者，存不忍人之心也。存不忍人之心，則其忍爲當時諸侯之所爲乎？然而引君以當道，古之人所以盡其心於事君之際者，其志蓋深矣。程子所謂至誠以感動之，盡力以維持之，明義理以致其知，杜蔽惑以誠其意者，其引之以當道之方歟？

孟子曰：「今之事君者曰：『我能爲君辟土地，充府庫。』今之所謂良臣，古之所謂民賊也。君不鄉道，不志於仁，而求富之，是富桀也。『我能爲君約與國，戰必克。』今之所謂良臣，古之所謂民賊也。君不鄉道，不志於仁，而求爲之强戰，是輔桀也。由今之道，無變今之俗，雖與之天下，不能一朝居也。」

此章大抵與前章意同。戰國之臣所以事君者，徒以能富國强兵爲忠，而其君亦固以此爲臣之忠於我也。而孟子以爲民賊，何哉？蓋君不鄉道，不志於仁，而但爲之爲富强之計，則君益以驕肆，而民益以憔悴，是上成君之惡，而下絶民之命也。當時諸侯，乃以民賊爲良臣，豈不痛哉！孟子之言曰：「爲今之道，無變今之俗，雖與之天下，不能一朝居也。」此聖賢拔本塞源之意。今之道，功利之道也；今之俗，功利之俗也。由是道而不變其俗，本源既差，縱使其間節目之善，亦終無以相遠也。故必以不由其道爲先。不由其道，則由仁義之道矣。由仁義之道，變而爲仁義之俗，然後名正言順而事可成也。所謂不能一朝居者，功利既勝，人紀隳喪，雖得天下，何以維持主守之乎？故功愈就而害愈深，利愈大而禍愈速。富國强兵之説，至於秦可謂獲其利矣。然自始皇初并天下，固已在絶滅之中，人心内離，豈復爲秦之臣也哉？孟子謂雖與天下，不能一朝居者，寧不信乎？知此義，而後可以謀人之國矣。

白圭曰：「吾欲二十而取一，何如？」孟子曰：「子之道，貉道也。萬室之國，一人陶，則可乎？」曰：「不可，器不足用也。」曰：「夫貉，五穀不生，惟黍生之。無城郭、宫室、宗廟、祭祀之禮，無諸侯幣帛饔飧，無百官有司，故二十取一而足也。今居中國，去人倫，無君子，

如之何其可也？陶以寡且不可以爲國，況無君子乎？欲輕之於堯、舜之道者，大貉、小貉也；欲重之於堯、舜之道者，大桀、小桀也。」

先王什一之法，蓋天理之安，人情之至，所以爲萬世亡弊者也。夫無君子莫治野人，無野人莫養君子。君子勞心以治其民，而野人勞力以共其公上，是理之當然也。然取之過於多，則是厲民以自養，民日有不贍之憂，而疾惡怨畔之心所從生，固不可也。若取之過於寡，則夫城郭宮室、宗廟祭祀之所須，諸侯幣帛饔飧之所出，百官有司之所仰給，凡所以爲國者何自而資？是則禮樂盡廢，上下混殽，而亦亂之道矣。故先王於此，本天理，酌人情，而爲之中制，定之以什一，使民養公田以共其上，故上有以爲國，而下有以爲養，取與有序，文質適宜，君子野人之分明，而三綱五常之教興。此三代之所以治也。過乎此與不及乎此，則皆私意之所爲而已，其有不弊者乎？故白圭欲二十而取一，孟子以萬室之邑一人陶爲喻，而以爲貉之道也。貉之所可以然者，以其夷狄之國，凡爲國者之所當有，皆蕩然無之，故二十取一而足則可，豈中國而可效貉之爲乎？夫中國之所以爲中國者，以其有人倫之常，君子之道也。今欲爲貉之爲，則其勢必至於去人倫、無君子而後可。是以夏而變於夷也，豈不悖哉？又曰：

「欲輕之於堯、舜之道者，大貉、小貉也；欲重之於堯、舜之道者，大桀、小桀也。」夫堯、舜之道，非堯、舜之所自爲也，天之理而已，有所重輕乎其間，則私意之所加矣。其曰大貉小貉、大桀小桀，猶言是亦貉與桀而已矣。嗚呼！後之爲治者，察乎重輕之弊，而稽古法制，庶乎得中道而止矣。

白圭曰：「丹之治水也，愈於禹。」孟子曰：「子過矣！禹之治水，水之道也，是故禹以四海爲壑。今吾子以鄰國爲壑。水逆行謂之洚水。洚水者，洪水也，仁人之所惡也。吾子過矣！」

事事物物，皆有其道，是天之所爲也。循其道則各止其所，而無不治者。一以私意加之，則始紛然而亂矣。夫順下者，水之道也。禹之治水，未嘗用己私智也，固水之所以爲水者耳，故以四海爲壑，順其性而納之。今白圭欲免其國之害，而以鄰國爲壑，天理私意之廣狹如此。水而逆行，則爲人害。仁人之所惡者，以其不順理而爲害故也。

孟子曰：「君子不亮，惡乎執？」

經書皆以「亮」訓「信」，然「信」可包「亮」，「亮」有執持之意。夫大而君臣、父子、兄弟、夫婦、朋友之間，微而至於洒掃應對、獻酬交際之末，苟不惟亮之執，則終日冥行，無非妄而已矣。故言而不亮，則爲妄言；行而不亮，則爲妄行。亮則有是事，有是物；妄則無是事，無是物也。然則君子其可斯須不執於此乎？執之爲言，主守之意。雖然，「亮」與「諒」同，而孔子謂「君子貞而不諒」，何也？孔子之言貞，諒在其中者也。對貞而言，則其專於諒者未必貞也。未必貞者，以己之私意爲諒，而非諒之正也。孟子之言亮，亮之正也；如孔子所謂「友諒」者是已。

魯欲使樂正子爲政，孟子曰：「吾聞之，喜而不寐。」公孫丑曰：「樂正子强乎？」曰：「否。」「有智慮乎？」曰：「否。」「多聞識乎？」曰：「否。」「然則奚爲喜而不寐？」曰：「其爲人也好善。」「好善足乎？」曰：「好善優於天下，而況魯國乎？夫苟好善，則四海之内，皆將輕千里而來告之以善；夫苟不好善，則人將曰：『訑訑，予既已知之矣。』訑訑之聲音顔色，距人於千里之外。士止於千里之外，則讒諂面諛之人至矣。與讒諂面諛之人居，國欲治，可得乎？」

孟子聞魯欲使樂正子爲政，而喜不寐。聖賢之心，其天地生物之心與？當時之人，惟知强者、有智慮者、多聞識者爲可用，而孟子所取於樂正子，乃在於好善耳。蓋孟子之論人，論其本；而當時之求才，求於末而已。故曰「好善優於天下」，言其於天下亦優爲之也。好之爲言，誠篤乎此也。此非克其私者不能。能克其私，則中虚；虚則能來天下之善。天下之善歸之，其於爲天下也何有？蓋善者天下之公也，苟自以爲是，則專己而絶天下之公理，其蔽孰甚焉？故無好善之誠心，則必訑訑然以爲己既知之。人知其若是，則莫肯進。是其聲音顔色逆距人於千里之外也。士止於千里之外，則惟讒諂面諛之人至。與讒諂面諛之人居，則志氣日以驕肆，禍至而不自知矣。原其始，起於「予既已知之」之意萌於中而已。然則可不畏乎？使斯人而雖强也，有智慮也，多聞識也，而一己之智識其與幾何？終亦必亡而已矣。秦穆之誓曰：「如有一介臣，斷斷猗無他技，其心休休焉，其如有容。人之有技，若己有之。人之彦聖，其心好之。不啻若自其口出，是能容之，以保我子孫黎民。」信斯言也，然則亦異乎後世之論人才者矣。

陳子曰：「古之君子何如則仕？」孟子曰：「所就三，所去三。迎之致敬以有禮，言將行其言也，則就之；禮貌未衰，言弗行也，則去之。其次雖未行其言也，迎之致敬以有禮，則就之；禮貌衰，則去之。其下朝不食，夕不食，飢餓不能出門户，君聞之，曰：『吾大者不能行

其道，又不能從其言也，使飢餓於我土地，吾恥之。』周之，亦可受也，免死而已矣。」

君子之仕，以義之所存，而非爲利禄也。故其上者則以行其言而就，若言有弗行，則是乖吾所以就之之意矣，禮貌雖存，亦何爲乎？故去之也。其次雖未行其言，而迎之致敬以有禮，以是心至，則烏得而不就？若禮貌衰，則是心怠矣，則烏可以不去？是二者，其始之就亦固有淺深也。其下則至於飢餓不能出門户，而君以賢者飢餓於土地爲恥，而周之，則亦可受。其受也，免死而已。若未至於此而受之，則非義矣。雖然，至於飢餓不能出門户，亦非有求於君也，君周我而受之耳。此三者，足以盡君子去就之分。舍是三者，則皆爲以利動，而非義之所存矣。

孟子曰：「舜發於畎畝之中，傅説舉於版築之間，膠鬲舉於魚鹽之中，管夷吾舉於士，管夷吾舉於士：士，獄官也。管仲自魯囚，執於士官。**孫叔敖舉於海，百里奚舉於市。故天將降大任於是人也，必先苦其心志，勞其筋骨，餓其體膚，空乏其身，行拂亂其所爲，所以動心忍性，曾益其所不能。人恒過，然後能改；困於心，衡於慮，而後作；徵於色，發於聲，而後喻。入則無法家拂士，出則無敵國外患者，國恒亡。然後知生於憂患，而死於安樂也。」**

天將以大任之於後，而憂患先之，以成其德。此豈人之所爲哉？所謂莫之爲而爲者，天也。其所遭若彼，而所成就若是，是乃天也。此六人者，雖有聖賢淺深之異，然始焉經履之艱，而卒焉能勝其任，則一也。以舜之生知，非有待於處憂患以成其德也。舉舜之起於畎畝，以見聖人亦由側微而興耳。若在他人，因憂患以成德，則如下所云是已。夫苦其心志，勞其筋骨，餓其體膚，空乏其身，行拂亂其所欲爲，是使之動心忍性而已。動心，言其心有所感動也；忍性，言忍其性之偏也。動心則善端日萌，而良心可存；忍性則氣稟日化，而天性可復。此所謂增益其所不能也。人恒過然後能改，言凡人常見其有過，而後能改過；使其漠然不察其有過，則過將日深，何改之有？知用力則懼吾過之多，而改之惟恐不暇矣。困於心，謂有所攖拂於心；衡於慮，謂有所鬱塞於慮。必如是而後有作。作者，油然有所興起於中也。徵於色，發於聲，謂憂患憤悱發見於聲色，必如是而後喻。喻者，言盎然默識其理之所在也。作也，喻也，身親乃能知之，非言語所可盡也，則又推而言之，以謂爲國者亦然。入則無法家拂士，出則無敵國外患者，國恒亡。蓋泰然自以爲是，自以爲莫予毒，則驕怠日長，至於滅亡而不悟矣。大抵治亂興亡，常分於敬肆之間。使在内而每聞逆耳之規，在外而每有窺窬之患，則戒懼之心存。是心存則國可爲也。然後知生於憂患，而死於安樂。生言生之道也，在身而身泰，施之天下國家，無往而不爲福也。死言死之道也，天命絶於其躬，而敗於乃家，凶於乃國者也。然而繼體之君，公侯之裔，生而處安樂之地，無憂患之可歷，則將如之何？必也念安樂之可畏，思天命之無常，戒慎恐懼，不敢有其安樂，是乃困心衡慮之方，生之道也。然則所謂死於安樂者，非安樂之能死之也，以其溺於安樂而自絶焉耳。故在君子則雖處安樂，而生理未嘗不遂；在小人則雖處憂患，而亦未嘗不死於憂患，所謂「小人窮斯濫矣」是也。

孟子曰：「教亦多術矣。予不屑之教誨也者，是亦教誨之而已矣。」

屑與不屑就、不屑去之屑同訓輕。教人之道，不一而足。聖賢之教人固不倦也，然有時而不輕其教誨者，非拒之也，是亦所以教誨之也。然就不屑誨之中，亦有數端焉。或引而不發，而使之自喻；或懼其躐等，而告之有序。聖賢之書若是者多矣。又有以其信之未篤，則不留於門，使自求之，如孟子之於曹交；以其行之未善，則拒而不見，而使之知之，如孔子之於孺悲。凡此亦皆爲不輕其教誨，而乃所以教誨之也。蓋聖賢之動，無非教也，在學者領略之何如耳。天之於物亦然。傳曰：「天有四時，雨露雷[一]風無非教也。」

〔一〕雷：四庫本作「雪」。

南軒先生孟子説卷第七

盡心上

孟子曰：「盡其心者，知其性也。知其性，則知天矣。存其心，養其性，所以事天也。殀壽不貳，修身以俟之，所以立命也。」

理之自然，謂之天命，於人爲性，主於性爲心。天也，性也，心也，所取則異，而體則同。盡其心者，格物致知，積習之久，私意脱落，萬理貫通，盡得此生生無窮之體也。盡得此體，則知性之稟於天者，蓋無不具也。知性之所素具於我者，則知天之所以爲天者矣，此物格知至之事，然人雖能盡心之體，以知性之理，而存養之未至，則於事事物物之間，其用有未能盡者，則心之體未能周流而無所滯，性之理亦爲有所未完也。故必貴於存心養性焉。存者，顛沛造次必於是也；養者，全之而弗害也。存之、養之，是乃所以事天者也。程子云：「事天者，奉順之也。」若是而久焉，則有以盡其心之用，而無咈其性之理，而天之道亦備於是矣。殀壽不貳，修身以俟之，言死生不以貳其心，惟知修身以聽天命而已。修身之事，即其盡心知性、存心養性之見於躬行者也。所以立命者，蓋所遇係於天，而修德在乎己。係乎天者不可以人力加焉，修其在己者以聽天之所爲，則無往而不得其正，所謂立命也。大學所謂物格而後知至，知至而後意誠，意誠而後心正，心正而後身修，其兹之序與？雖然，未能盡其心、知其性者，恬然無事於存養乎？蓋大體言之，必盡心知性，而後存養有所施焉。然在學者則當求放心而操之。其操之也，雖未能盡其體，而體亦固在其中矣。用力之久，則於盡心之道有所進，而存養之功寖得其所施矣。若夫在聖人，則自誠而明，此體既盡，而其用亦無不盡焉。故程子曰：「盡心知性，不假存養，其唯聖人乎？」蓋謂此也。

孟子曰：「莫非命也，順受其正。是故知命者，不立乎巖牆之下。盡其道而死者，正命也；桎梏死者，非正命也。」

凡窮達、貴賤、禍福、死生，在君子小人均曰命也。然君子則循其性，由其道，而聽天所命焉，所謂順受其正，謂正命也。若小人則不由其道，不循其性，行險僥倖，入於罟擭陷穽之中而不知，所謂非正命也。莫之致而至者命也，不容加損益焉。君子修其在己者，天命之流行，順之而已，故謂之正也。小人則人爲有以致之。人爲有以致之，則是干其自然之理。然因其有以致之，而命亦隨焉，是亦命也，而不得謂之正。故知命者不立乎巖牆之下。非禮非義之事，其爲危殆有於甚巖牆，君子不由者，所以順命也。然君子亦有不幸而夭如顏子，不幸而見殺如比干者，其爲盡其道而死則一也，命之正也。桎梏死者，謂有以致之，而非其正也。孟子之言，特舉其大者言之耳。窮達、貴賤、禍福，亦莫不皆然。蓋命一也，而受之者異，故有正與非正之別。正者其常也，而非正則有以咈其常故也。學者於此可以究命之藴矣。

孟子曰：「求則得之，舍則失之，是求有益於得也，求在我者也。求之有道，得之有命，程子曰：『求之雖有道，奈何得之却有命。』**是求無益於得也，求在外者也。」**

此章爲警告未達者言也。言求在我者，有益於得，所以擴其天理也；言求在外者，無益於得，所以遏其人欲也。所謂求而得、舍而失者，心之謂也。求與舍，得失毫釐之分，然則可不勉於求歟？所謂求之有道、得之有命者，富貴利達之謂也。富貴利達，衆人謂已有求之之道，然不知其有命焉。固有求而得之者矣，是亦有命，而非求之能有益也，蓋亦有巧求之而不得者多矣。以此可見其無益於得也，然則亦可以已矣。

程子曰：「賢者惟知義而已，命在其中。中人以下乃以命處義，如言求之有道、得之有命，是求無益於得，知命之不可求，故自處以不求。若賢者則求之以道，得之以義，不必言命。」孟子所言「求之有道」，謂自以爲求之有道者也。程子所言「求之以道」者，謂守其道而不妄求者也。求之以道，故其得之未嘗不以義焉。若是者，惟道義之安，而命在其中，比之以命爲不可强而不求者，又有間矣。故曰：孟子斯言，爲警告未達者言也。

孟子曰：「萬物皆備於我矣，反身而誠，樂莫大焉。强恕而行，求仁莫近焉。」

凡有是性者，理無不具是，萬物無不備也。程子曰：「非獨人也，物亦皆然。」蓋人與物均本於天而具是性故也。物雖具是理，爲氣質所隔而不能推。人則能推矣。故反身而誠者，所以爲人之道；反身未誠，則强以此合彼，不能貫通而實有之，又安得樂？反身而至於誠，則心與理一，不待以己合彼，而其性之本然、萬物之素備者皆得乎此，然則其爲樂又烏可以言語形容哉？然而在學者欲進於斯，必自强恕而行始。原人之所以反身而未誠者，由其有己而自私也。誠能推己及人，以克其私，私欲既克，則廓然大公，天理無蔽矣。必曰强者，蓋勝其私爲難也。求仁之道，孰近於此乎？

孟子曰：「行之而不著焉，習矣而不察焉，終身由之而不知其道者衆也。」

程子曰：「行之而不著，謂人行之而不明曉也；習矣而不察，謂人習之而不省察也。」如愛親、敬長、慈幼，鄉閭之人皆能行之，而莫明曉其理也；夏葛、冬裘，飢食、渴飲，人皆朝夕習於其間，而莫省察其然。在人也，雖不著不察，然道實未嘗離，終身由之而不知其爲道之所存，如是者多矣，故曰衆也。是故大學之道，以格物致知爲先。程子曰：「至論雖孔門中亦有由之而不知者。」蓋門人雖日習於聖人之教，至其知之則存乎其人，聖人亦所不能與故也。

孟子曰：「人不可以無恥，無恥之恥，無恥矣。」

恥者，羞惡之心所推也。恥吾之未能進於善，則善可遷；恥吾之未能遠於過，則過可消。不憤則不啓，不悱則不發，人烏可無恥也？苟惟漠然無所恥，則爲無所忌憚而已矣。故人當以無所恥爲恥也。趙氏曰：「人能恥己之無所恥，是爲改行從善之人，終身無復有恥辱之累。」程子亦以此説爲得之。蓋不知所恥，安於其恥，將終身可恥而不反。知所恥，則思去其所恥，而恥可無也。然則人其可無恥哉？

孟子曰：「恥之於人大矣！爲機變之巧者，無所用恥焉。不恥不若人，何若人有？」

此章亦表裏前章之意，而謂爲機變之巧者無所用恥焉，則極小人之情狀者也。小人用機變之巧，飾其小慧，矜其私智，不本於誠意，而務爲掩覆，機變愈巧，而良心愈斲喪。故其爲善也，則務竊其名而無善之實；其有過也，非惟順之，又從而爲之辭，安於自欺而不卹，是無所用夫恥也。既不以己之不若人爲恥，則終不若人而已矣。夫舜何人也？予何人也？舜爲法於天下，可傳於後世，我猶未免爲鄉人，此古人之所恥也。今人乃環視其身，無一可恥，聞古者聖人之言行，顧己不能，而無所動其心焉，則亦末如之何也已矣。

孟子曰：「古之賢王，好善而忘勢；古〔一〕**之賢士，何獨不然？樂其道而忘人之勢，故王公不致敬盡禮，則不得亟見之。見且猶不得亟，而況得而臣之乎？」**

不知道義之可貴，則外物爲重矣。好善而忘勢者，其心獨知有善之可好，其求之也惟恐不及，夫豈知有勢之在己者哉？樂其道而忘人之勢者，循乎天理，樂其所樂，夫豈知有勢之在人者哉？蓋在上者每自謙損，不以勢自居，固爲賢矣，而未若好善而忘

〔一〕古：原作「今」，據孟子盡心上改。

勢之爲善也；在下者安其貧賤，無慕於人之有勢者，亦爲賢矣，而未若樂其道而忘人之勢者爲深也。在上者忘其勢而惟恐不得天下之善，在下者忘人之勢而惟義是從，此爲俱得其道。使二[一]者一旦而相合，則上下交而爲泰矣。故王公不致敬盡禮於賢士，雖欲數見之且不得，況可得而臣之？蓋士非以此自高也，其道固當爾也。

孟子謂宋句古侯切。**踐曰：「子好遊乎？吾語子遊。人知之，亦囂囂；人不知，亦囂囂。」曰：「何如斯可以囂囂矣？」曰：「尊德樂義，則可以囂囂矣。故士窮不失義，達不離道。窮不失義，故士得己焉；達不離道，故民不失望焉。古之人，得志，澤加於民；不得志，修身見於世。窮則獨善其身，達則兼善天下。」**

宋句踐之好遊，謂遊於世，如歷聘之類。意句踐之爲人，徇名而外求者；孟子語之以遊，使求之於吾身而已。囂囂，非恃己而傲世也，趙氏以爲自得無欲之貌，善矣。尊德樂義者，尊吾性之德，而樂於義之所存也。尊德樂義，則其在己有不可得而已者，而亦何所求於外哉？夫士達所不離之道，即其窮所不失之義也。道言體，義言用，

〔一〕二：原作「一」，據四庫本改。

互相明耳。窮而不失義，則無所慕乎外，故有以自得其己，一違於義，則失己矣。達而不離道，則凡其注措施設，無非道之所在，故有以副民望也。得志，澤加於民，其道得行也；不得志，修身見於世，惟義之安也。其曰得志、不得志云者，蓋澤加於民，雖所性不存焉，而固君子志之所欲也。其曰修身見於世者，言修其身而其德名自不可掩於世也，非君子之修身欲以自見於世也。此亦學者不可以不察也。

孟子曰：「待文王而後興者，凡民也。若夫豪傑之士，雖無文王猶興。」

興者，興起於善道也。文王風化之盛者，必待風化之盛，薰陶漸漬，而後興起，此衆民耳。若夫豪傑之士，則卓然自立，無待於人，雖無文王，固自興起也。此章勉人使自立耳。

孟子曰：「附之以韓、魏之家，附，益也。**如其自視欿然，**欿音坎，不足之貌。**則過人遠矣。」**

以外物爲重輕者，不得其欲則不足。得則慊矣，其慊與不足，係乎外物者也。若附之以韓、魏之家，而自視欿然，則是不以外物爲重輕，志存乎道義而已，則其所進又可量乎？其過人遠矣。

孟子曰：「以佚道使民，雖勞不怨；以生道殺民，雖死不怨殺者。」

佚道，謂本爲佚之之道，雖或至於勞，而民知其本以佚己，是其勞也，固亦佚之之道也，則奚怨？　生道，謂本爲生之之道，雖或至於死，而民知其本以生己，是其死也，固亦生之之道也，則奚怨？　佚道使民，趙氏謂教民趨農，如亟其乘屋之類；生道殺民，程氏謂如救水火之類，或有焚溺而死者，雖死不怨。　雖然，先王之制刑法，亦猶是也。明刑法以示之，本欲使之知所趨避，是乃生之之道也。　而民有不幸而陷於刑法，則不得已而致辟焉，固將以遏絶其流也。　是亦生道而已。　又況於先王哀矜忠厚之意，薰然存乎其間，其爲生意未嘗有間斷哉？　若後世嚴刑厲法者固不足道，而其得情而喜，與夫有果於疾惡之意一毫之萌，則亦爲失所謂生道者矣。

孟子曰：「霸者之民驩虞如也，王者之民皥皥如也。　殺之而不怨，利之而不庸，民日遷善而不知爲之者。　夫君子所過者化，所存者神，上下與天地同流，豈曰小補之哉？」

霸者之爲利小而近，目前之利，民欣樂之，故曰驩虞如也。　王者之化遠且大，涵養斯民，富而教之，民安於其化，由於其道，而莫知其所以然也，故曰皥皥如也。　詳味此兩言，則王伯之分可見矣。　殺之而不怨者，以生道殺民也；利之而不庸者，以義爲利，而莫見其利之用也。　民日遷善而不知爲之者，薰陶長養之深，有以變其俗而莫知其然也。於是指其本而言之曰：君子所過者化，所存者神。程子曰：「過謂身之所經歷處，存謂心之所存主處。」凡事事物物，過乎吾前，皆吾所經歷也。感而遂通，各止其所，不其化乎？所存主者，謂其體也，寂然不動，無有方所，不其神乎？所過者化，以其所存者神。猶云忠恕，忠爲體，恕爲用也。横渠張子曰：「性性爲能存神，物物爲能過化。」亦此意也。若此則上下與天地同流矣，言其配化育之流行也。視霸者之區區求以利之者，不亦小乎？夫以王者功用之大，而其本特在於過化存神而已，而此二者又存神爲之主焉，此帝王所傳精一之爲要也。

孟子曰：「仁言不如仁聲之入人深也，善政不如善教之得民也。善政民畏之，善教民愛之。善政得民財，善教得民心。」

程子曰：「仁言，爲政者道其所爲；仁聲，民所稱道。」夫至於能使民稱道其仁，則其誠意感孚，膏澤淪浹之者深矣，非仁言之所能及也。善政，謂立之制度；善教，謂陶以風化。夫政之未善，則民無以自養，而況得以事其公上乎？善政，則養民有道，取民有制，而民樂輸之，故曰得民財，然未及乎教也。善教，則涵濡長養，使興於善，其尊君親上之心有不期然而然者，所謂得其心也。雖然，善政立而後善教可行，所謂富而教之者也。孟子論得民心必歸之善教者，蓋至此而後爲得民之至也。後世及乎善政者亦鮮矣，而况及於教乎？

孟子曰：「人之所不學而能者，其良能也；所不慮而知者，其良知也。孩提之童，無不知愛其親也。及其長也，無不知敬其兄也。親親，仁也；敬長，義也。無他，達之天下也。」

良云者，有本然之義，有善之義。蓋其本然者無非善也。不學而能，不慮而知，則無一毫人爲加於其間，天之所爲而性之所有也。孩提之童，莫不知愛其親，及其長也，莫不知敬其兄。此其知豈待於慮乎？而其能也，又豈待於學乎？此所謂良能良知也。然而孟子此章下文獨曰知者，蓋知常在先也。愛敬者，良心之大端。蓋親親爲仁，敬長爲義，人道不越是而已。能存是心而達之，則仁義之道不可勝窮矣。雖然，人之良能良知，如飢而食、渴而飲，手執而足履，亦何莫非是乎？何孟子獨以愛親敬長爲言也？蓋如飢食渴飲、手持足履之類，固莫非性之自然，形乎氣體者也。形乎氣體，則有天理，有人欲；循其自然，則固莫非天理也。然毫釐之差，則爲人欲亂之矣。若愛敬之所發，乃仁義之淵源。故孟子之所以啓告人者，專指夫此，揭天理之粹以示人也。若異端舉物而遺，則天理人欲混淆而莫識其源，爲弊有不可勝言者矣。

孟子曰：「舜之居深山之中，與木石居，與鹿豕遊，其所以異於深山之野人者幾希，及其聞一善言，見一善行，若決江河，沛然莫之能禦也。」

深山野人，朝作而夕息，舜亦朝作而夕息；飢食而渴飲，舜亦飢食而渴飲，是果何以異哉？舜則純乎天理，日新無息；深山之野人，則由之而不知也。何以知舜之若是哉？於其聞一善言、見一善行，若決江河，則知之也。蓋所謂善言、善行者，豈有外於舜之性哉？惟舜之心純乎天理，故聞善言、見善行，不待勉强而自趨，沛然若決江河之莫禦也。

孟子曰：「無爲其所不爲，無欲其所不欲，如此而已矣。」

爲謂爲於外，欲謂欲於中。性無有不善，其爲善而欲善，猶水之就下然也。若所謂不善者，是其所不爲也，所不欲也。亦猶水也，搏而躍之使過顙，激而行之使在山者然也。雖然，其所不爲而人爲之，其所不欲而人欲之，則爲私欲所動，而逆其性故耳。善學者何爲哉？無爲其所不爲，無欲〔一〕其所不欲，順其性而已矣。

〔一〕欲：原脱，據四庫本卷七補。

孟子曰：「人之有德慧術知者，恒存乎疢疾。獨孤臣孽子，其操心也危，其慮患也深，故達。」

疢疾，謂憂患也。蓋人平居無事之時，漠然不省者多矣，惟夫疢疾加焉，則動心忍性，有以感發，故德慧術智由此而生。以孤臣孽子觀之，可見孤臣孽子操心危，慮患深。危故專一而不敢肆，深故精審而不敢忽。專精之極，故於事理能有所通達也。然所謂德慧術智，蓋有小大，所謂達者，亦有淺深，要之由憂患而有所發則一也。然則處安樂之地者，誦斯言，可不思夫逸豫之溺人，而深求所以戒懼乎？當憂患之際者，誦斯言，可不念其爲進德修業之要而自勉勵乎？此孟子所以啓告學者之意也。

孟子曰：「有事君人者，事是君則爲容悦者也；容悦，取容以悦君。**有安社稷臣者，以安社稷爲悦者也；有天民者，達可行於天下而後行之者也；有大人者，正己而物正者也。」**

以事是君爲容悦者，慕爵禄而從君者也。以安社稷爲悦，則志存乎功業者也，與爲容悦者固有閒矣，然未及乎道義也。蓋志存乎功業，則苟可就其功業而遂其志，則亦所屑爲矣。古之人惟守道明義而已，故雖有蓋世之功業在前可爲，而在我者有一毫未安，則不敢徇也。蓋功業一時之事，而良心萬世之彝。舍彝常而徇近利，君子不忍爲故耳。故所謂天民者，必明見夫達而其道可行於天下，而後行之。蓋其所主在道，而非必於行也。謂之天民者，言能全夫天生此民之理者也。天之生民也，其理無不具，而人之虧欠者多矣。故程子謂天民爲能踐形者也。以其在下而未達，故謂之民。大人者，即天民之得時得位者也。若伊尹之在莘野則爲天民，出而佐商則爲大人也。正己而物正者，正己而物自正也。蓋一身者天下之本，若規規然有意於正物，則其道亦狹矣。至正而天下之感無不通焉，固有不言而信、不令而從者。此大人正己而物正之事也。秦、漢而下，其間號爲賢臣者，不過極於以安社稷爲悦而已，語夫天民之事業則鮮矣。嗟乎，學之不傳，亦已久矣！

孟子曰：「君子有三樂，而王天下不與存焉。父母俱存，兄弟無故，一樂也；仰不愧於天，俯不怍於人，二樂也；得天下英才而教育之，三樂也。君子有三樂，而王天下不與存焉。」

動於欲者以物爲樂。以物爲樂者，逐物以肆志而已，豈所謂性情之正者哉？故孟子言，君子有三樂，而王天下不與存焉。君子之樂，樂其天而已。夫父母俱存，兄弟無故，則吾所以從容乎天倫之際，有所施而無可憾矣。仰不愧於天，俯不怍於人，則中心無斯須而不由於理義矣。得天下英才而教育之，則以是道與人共由，而所以涵泳發揮者深矣。是三者，皆本夫性情，而樂其天者也。於此得所樂，則視王天下之事如太虛中浮雲耳，果何與於我？而況其他哉？雖然，於是三樂之中，仰不愧、俯不怍其本歟？蓋不愧不怍，在我者可得而勉者也。至於父母俱存，兄弟無故，則有命焉。然使吾胷中多所愧怍，則雖處乎父母兄弟之閒，固亦不得而樂其樂也。至於得天下英才而教育之，其所以教育之者，是吾之不愧不怍者也。故曰：三樂之中，不愧、不怍其本歟？

孟子曰：「廣土衆民，君子欲之，所樂不存焉。中天下而立，定四海之民，君子樂之，所性不存焉。君子所性，雖大行不加焉，雖窮居不損焉，分定故也。君子所性，仁義禮智根於心，其生色也睟然，見於面，盎於背，施於四體，四體不言而喻。」

廣土衆民，君子欲之者，爲其可以行道而濟世耳，非有樂乎此也。中天下而立，定四海之民，則是道可行而世可濟矣，故君子樂之。然窮達出處，有命有義，非君子所性也。所性，謂與生俱生者也。故君子之所性，大行不加，窮居不損，以其分定也。天賦是性，則有是分，然人之不能盡其分者多矣，惟君子爲能全之。故道行乎天下而無所加，獨善於一身無所損，分定故也。於是又指言其所性之實，謂仁義禮智也，四者具於性而根於心，猶木之著本，水之發源，由是而生生不息也。仁義禮智根於心，而生色於外，充盛著見，自不可揜，故其睟然之和，見於面，盎於背，施於四體，四體不言而喻，涵養擴充，積久而熟，天理融會，動容周旋，無非此理，而内外一也。不言而喻，言其自然由於此，而無待於防檢耳。故程子曰：「睟面盎背，德盛仁熟致然。」又曰：「四體不言而喻，惟有德者能之。」

孟子曰：「伯夷辟紂，居北海之濱，聞文王作，興曰：『盍歸乎來！吾聞西伯善養老者。』太公辟紂，居東海之濱，聞文王作，興曰：『盍歸乎來！吾聞西伯善養老者。』天下有善養老，則仁人以爲己歸矣。五畝之宅，樹牆下以桑，匹婦蠶之，則老者足以衣帛矣。五母雞，二母彘，無失其時，老者足以無失肉矣。百畝之田，匹夫耕之，八口之家可以無飢矣。所謂西伯善養老者，制其田里，教之樹畜，導其妻子，使養其老。五十非帛不煖，七十非肉不飽。不煖不飽，謂之凍餒。文王之民，無凍餒之老者，此之謂也。」

以伯夷、太公之事觀之，則知天下有善養老者，則仁人必歸之。蓋善養老則其仁心之所存、仁政之所行可知矣。仁人見其然，是以樂從之。自「五畝之宅樹牆下以桑」而下，其善養老之道也。以制田里爲先者，田里之制不定，則多寡貧富之不齊，而政教亦末由行也。惟先制其田里，使各有常産，公平均一，而俱無不足之患，然後政教可行焉。於是而教之樹畜，又教之導其妻子以養其老者，至於五十者可以衣帛、七十者可以食肉，而無凍餒之老者，可謂善養老矣。王政始於養老者，蓋善俗教民之本故也。

孟子曰：「易其田疇，易，治也。疇，一井也。**薄其稅斂，民可使富也。食之以時，用之以禮，財不可勝用也。民非水火不生活，昏暮叩人之門户求水火，無弗與者，至足矣。聖人治天下，使有菽粟如水火。菽粟如水火，而民焉有不仁者乎？」**

教民使治其田疇，而輕爲之賦斂，則民皆可使富，蓋有以仰事俯育而無不足也。食之以時，食民之力則以其時。如樂歲寡取，而凶年糞其田而不足，乃取贏焉，則非以時矣。此助法之所以爲貴也。用之以禮，如城郭宫室、宗廟祭祀、幣帛饔飧、百官有司之類，是其用之不可闕者，而莫不有制焉，所謂禮也。或用於其所不必用，或用之而過，皆爲非禮也。孟子之所謂理財蓋如此。先之以民可使富，而後繼之以財不可勝用。蓋百姓足而後君無不足也。後世但以足國爲富，而不及乎民，所謂撅其本也。菽粟，人賴以生活，亦猶水火之不可一日無。昏暮叩人之門户而求水火，無不得者，以其至足也。然則菽粟亦當使如水火然也。菽粟如水火，則民無不足；民無不足，則無所求而有常心，故教化可得而行焉。此其所以興於仁也。大抵聖賢之論富民，未有不及於教者也。

孟子曰：「孔子登東山而小魯，登泰山而小天下。故觀於海者難爲水，遊於聖人之門者難爲言。觀水有術，必觀其瀾。日月有明，容光必照焉。流水之爲物也，不盈科不行；君子之志於道也，不成章不達。」

登東山而覺魯之小，登泰山而覺天下之小。聖人蓋有所感歎於斯也。孟子因而推之，以言聖人之道大亦若是也。莫非水也，而海爲之至；觀於海，則天下之水皆難以進於前矣。莫非言也，而聖人爲之至，遊於聖人之門，則天下之言道術者皆難以進於前矣。以其至而不可有加故也。又推而言之，以謂觀水有術，必觀其瀾。程子曰：「瀾，水之動處。蓋生意流形，自然不息，以其源之有本而無窮故耳。」非獨水也，日月之明，雖容光之隙無不照及焉，亦以其明之有本而無窮也。道之無窮，亦猶是耳。又因流水而言之，以謂流水之行，必盈科而後進；不盈科則不進也。君子之志於道，必循夫本末先後之序，實有諸己，成章而後達。成章，謂成其章美。如語所載，由志學至於從心不踰矩，每積十年，然後能成章而一進也；不成章，則就其所至，有所未盡，烏能以遽達乎？此章首言聖道之大，次言其無窮。蓋欲知聖道之大，當於其無窮者觀之。而末又言志於此道者以實有諸己爲貴，若能有諸己，積之之久，而後其無窮者可循而達也。

孟子曰：「雞鳴而起，孳孳爲善者，舜之徒也。雞鳴而起，孳孳爲利者，蹠之徒也。欲知舜與蹠之分，無他，利與善之間也。」

此章論善、利爲舜、蹠之分，啓告學者可謂深切著明矣。蓋出義則入利，去利則爲善也，此不過毫釐之間，而有白黑之異，霄壤之隔焉。故程子曰：「間云者，謂相去不遠也。」夫善者，天理之公。孳孳爲善者，存乎此而不舍也。至於利，則一己之私而已。蓋其處心積慮，惟以便利於己也。然皆云孳孳者，猶言君子喻於義、小人喻於利之意。夫義、利二者相去之微，不可以不深察也。學者於操舍之際驗之，則可見其大端，而知所用力矣。用力之初，舜、蹠之分未嘗不交戰也。蓋所謂善者，雖人性之所素有，而所謂利者，乃積習之深固，未易遽以消除也。斯須之間，是心存焉，則爲善之所在，而舜之徒也。一不存焉，則爲利之所乘，而蹠之徒矣。可不畏哉！是以君子居敬以爲本，造次克念，戰兢自持，舊習寖消，則善端益著。及其至也，私欲盡而天理純，舜之所以聖者，蓋可得而幾矣。

孟子曰：「楊子取爲我，拔一毛而利天下，不爲也。墨子兼愛，摩頂放踵利天下，爲之。摩其頂以至於踵，一身之間，凡可以利天下者皆不惜也。子莫執中，執中爲近之。執中無權，猶執一也。所惡執一者，爲其賊道也，舉一而廢百也。」

爲我、兼愛，皆偏滯於一隅，烏能中節？至於子莫，則又於爲我、兼愛之閒執其中。執中之名雖爲近之，然徒守執中之名，而不能用權以取中，則與執一者何異乎？蓋爲我、兼愛皆道也，當爲我則爲我，當兼愛則兼愛，是乃道也。彼其墮於一偏者，固賊夫道，而於其間取中者，是亦舉其一而廢其百耳。夫時有萬變，事有萬殊，物有萬類，而中無定體也。無定體者，以大極無適而不爲中也。當此時則此爲中，於彼時則非中矣。當此事則此爲中，於他事則非中矣。即是物則此爲中，於他物則非中矣。蓋其所以爲中者，天理之所存也，故論其統體，中則一而已；分爲萬殊，而萬殊之中各有中焉。其所以爲萬殊者，固統乎一；而所謂一者，未嘗不各完具於萬殊之中也。故中庸謂「中也者，天下之大本」，此言夫統體之一也；又曰「君子而時中」，此言其散殊之萬也。然則即其本之一者而言之，謂之中有定體可也；而即其無適而不爲中者言之，謂之中無定體可也。是則非知權者其能執之而勿失乎？今夫權之得名，以夫權量輕重而未嘗不得其平也。執中之權，亦猶是耳。是以君子戒慎恐懼存於未發之前，察於既發之際，大本立而達道行，則有以權之故也。故堯、舜、湯、武之征讓不同，而同於中；夷、惠之出處不同，而同於中；三仁之死生不同，而同於中；顏、孟之語默不同，而同於中。明夫此，則可與論聖人之時矣。

孟子曰：「飢者甘食，渴者甘飲，是未得飲食之正也，飢渴害之也。豈惟口腹有飢渴之害，人心亦皆有害。人能無以飢渴之害爲心害，則不及人不爲憂矣。」

飲食有正味，天下之公也。而人爲飢渴所移，則其飲食無不甘者，而始亂夫飲食之正矣。非其味之有改也，飢渴害之故也。人心莫不有害，蓋人心虚明知覺，萬理森然，其好惡是非本何適而非正？惟夫動於私欲，則有所忿懥，有所恐懼，有所好樂，有所憂患，而其正理始昧矣。人能正其心，不使外物害之，如飢渴之害於口腹，則無適而非天理之所存矣。若是人者必無不及人之憂矣。不及人，猶云不若人之謂也。

孟子曰：「柳下惠不以三公易其介。」

易曰：「介于石。」謂其所守之堅也。孟子斯言發明柳下惠之心，與夫子謂伯夷、叔齊不念舊惡同意。夫以夷、齊之不立於惡人之朝，不與惡人言，其不屑就之風疑於隘矣，而夫子稱其不念舊惡，其心量之廣大如此，然則夷、齊之清可得而論矣。以柳下惠之不羞汙君，不卑小官，其不屑去之風疑於不恭矣，而孟子稱其不以三公易其介，其所守之不可奪如此，然則柳下惠之和可得而論矣。蓋柳下惠援而止之而止，其心非有所慕也，亦行其天理之當然者耳。故於小官有所不辭。至於爲士師，則三黜矣。彼雖三公之貴，無以易其堅守，則其於世果何所求哉？是乃和而不流，而爲和之至也。若執老氏「和光同塵」之論，與物胥變而謂之師，柳下惠是乃賊夫和之理者也。然則欲知柳下惠者，當於孟子斯言玩味之。

孟子曰：「有爲者辟若掘井，掘井九軔而不及泉，猶爲棄井也。」

天下之事，爲之貴於有成，譬之掘井至於九軔，其用力亦勞矣，若不及泉而止，則亦爲棄井而已。今夫士之爲仁義，固當循循不已，以極其至，若用力雖勞，未有所臻而畫〔一〕焉，

〔一〕畫：原作「盡」，據四庫本改。

則亦不得爲成人而已。

孟子曰：「堯、舜，性之也；湯、武，身之也；五霸，假之也。久假而不歸，惡知其非有也？」

堯、舜性之者，自誠而明，率性而安行也。湯、武身之者，自明而誠，體之於身，以盡其性也。性之則不假人爲，天然純全；身之則致其踐履之功，以極其至也。然而其至則一也，此生知、學知之所以異。堯、舜、湯、武之聖，孟子特以兩言明之，而其所以聖者亦無不盡矣。五霸則異乎是，特慕夫仁義之名，有所爲而爲之，非能誠體之者也。夫假之則非真有矣，而孟子謂「久假而不歸，惡知其非有」，何哉？此闡幽以示人之意。蓋五霸暫假而暫歸者也。五霸，桓公爲盛。召陵之盟，仗王室之事以責楚，亦可謂義矣，而執陳轅濤塗之舉，旋踵而起。葵丘之會，殺牲載書而不歃血，亦可謂信矣，震而矜之，叛者九國。此皆歸之遽者也。若使其久假而不歸，亦豈不美乎？夫假之者，未有不歸者也。使其假而能久，久之而不歸，則必有非苟然者矣。是必因其假而有所感發於中，而後能然也。至其不歸，則孰曰非己有乎？有之者不係於假，而係於不歸也。孟子斯言，與人爲善，而開其自新之道，所以待天下與來世者，亦可謂弘裕矣。

公孫丑曰：「伊尹曰：『予不狎于不順。』放太甲于桐，民大悦；太甲賢，又反之，民大悦。賢者之爲人臣也，其君不賢，則固可放與？」孟子曰：「有伊尹之志則可，無伊尹之志則篡也。」

善乎，孟子論伊尹之事也！曰「有伊尹之志則可」，志謂所存主處。伊尹受湯之託，居冢宰之任，而太甲初立，固已顛覆湯之典刑，惟伊尹志存乎宗祀，變而得其中。方是時，太甲在諒陰也，故徙之桐宫，廬先王之墓側，去國都而處郊野，使之動心忍性，而有以深思焉。書曰：「王徂桐宫，居憂。」是伊尹以冢宰攝政，而太甲居憂於桐耳。太甲在桐，克終允德，則於練除之際，稽首奉而歸亳焉。伊尹之心，始終純一，以宗祀爲主，而拳拳乎太甲者也。太甲之克終，雖由其自怨自艾以能改過，而實亦自於伊尹之至誠無息，有以感格之也。然則伊尹之志蓋可見矣。若無伊尹之志，徒以君不賢而放之，則是篡亂之所爲耳。孟子斯言，所以垂訓來世者嚴矣。秦漢以來，惟霍光廢賀立宣之事庶幾乎心在宗祀者，然而其始也建立之不審，而至誠敦篤又不加焉，其於伊尹之志蓋有愧也。是以嚴延年劾之，以爲擅廢立，無人臣禮，而識者有取焉。霍光且爾，而況於徐羡之輩，本爲其一身利害計耳。所謂元惡大憝，必誅而無舍者也。

公孫丑曰：「詩曰：『不素餐兮。』君子之不耕而食，何也？」孟子曰：「君子居是國也，其君用之則安富尊榮，其子弟從之則孝弟忠信。不素餐兮，孰大於是？」

伐檀之刺，蓋謂在上者無功德於民而享其奉，故以不稼不穡而得禾、不狩不獵而得獸者爲比，非必欲君子稼穡而後食也。公孫丑以君子不耕而食爲素餐，其爲詩也亦固矣，其弊將至於爲許行之徒之論矣，故孟子告之以不素餐之大者。夫君子仁義修於身，其居是國也，用之則民被其澤而安富，君由其道而尊榮；如其未用，子弟從之，則亦薰陶乎孝悌忠信之習，而足以善俗。君子之教人，使之由於孝悌忠信爲先也。忠、信對言之。忠則存於己者無不實，信則待人者無有欺也。君子有益於人之國若是，其爲不素餐孰大焉？不然，飾小廉而妨大德，徇末流而忘正義，非君子之道也。

王子墊問曰：「士何事？」孟子曰：「尚志。」曰：「何謂尚志？」曰：「仁義而已矣。殺一無罪，非仁也；非其有而取之，非義也。居惡在？仁是也。路惡在？義是也。居仁由義，大人之事備矣。」

尚志者，以立志爲先也。主乎仁義，所謂志也；不主乎仁義，則倀倀然何所據乎？謂之志不立可也。殺一無罪，非其有而取之，舉是二者，欲其推類而知仁義之所存也。

夫殺一無罪而非仁，由是而體之，則仁之所以能愛者可得而推矣。非其有而取之爲非義，由是而體之，則義之所以爲宜者亦可得而推矣。居仁由義，居則不違，由則不他也。居仁則體立，由義則用行，大人之事，亦不越此而已矣。然則學者可不以尚志爲先乎？志如木之有根，必有是而後可以有進也。

孟子曰：「仲子，不義與之齊國而弗受，人皆信之，是舍簞食豆羹之義也。人莫大焉亡親戚、君臣、上下。以其小者，信其大者，奚可哉？」

簞食豆羹，得之則生，弗得則死，嘑爾而與之則不受。謂斯人也，一旦而遇萬鍾之禄，苟惟不義，則必不受也，可乎？蓋人之難知也，以其小者，信其大者，固不可也。於陵仲子以兄之禄爲不義，避兄離母，處於於陵，齊人高之，以謂若斯人者，不義而與之齊國，亦將必不受也。孟子以爲是舍簞食豆羹之義也。蓋孟子以人倫之際察之，而知其不可信也。人之所以爲人者，莫大於人倫，所謂親戚、君臣、上下是也。今仲子廢親戚、君臣、上下而欲以潔其身，飾小廉而妨大德，其不知義固已甚矣，又烏能不受不義之齊國乎？古之善觀人者，必於人倫之際察之，而其人之得失淺深可槩見矣。四岳之舉舜，則曰「克諧以孝」而已；堯之降舜以二女，觀其嬪于虞而已。此舜之所以聖也。冀缺與其妻相待如賓，而臼季知其能治民；茅容殺牲先奉其母，而郭林宗知其可以成德。是亦善觀人者也。若仲子，廢天倫而徇私意，以其小廉信其大節，烏乎可哉？

桃應問曰：「舜爲天子，皋陶爲士，瞽瞍殺人，則如之何？」孟子曰：「執之而已矣。」「然則舜不禁與？」曰：「夫舜惡得而禁之？夫有所受之也。」「然則舜如之何？」曰：「舜視棄天下猶棄敝蹝也。蹝，革履可蹝者也。**竊負而逃，遵海濱而處，終身訢然，樂而忘天下。」**

以帝舜之德，至於瞽瞍亦允若，則豈復有至於殺人之事哉？桃應特設是問，以觀聖人處事之變何如耳。孟子因其問而告之以所宜處者，於御變之權可謂盡之矣。皋陶爲士，奉舜之命以行法，若縱生殺之權而不問，則非所以爲天下之公，而失兆民之心矣。皋陶乎何敢？故必執之，以示天下畏天命而不違寧也。舜之有天下，受之於天也。受之於天，則烏得以其私而禁皋陶之執哉？故曰「夫有所受之也」。雖然，瞽瞍，父也；致法於父，可乎？舜則有以處此矣。舜之有天下，初不以天下與於己也，循天理之當然者而已，舜何有哉？故爲瞽瞍殺人而枉其法，則失君道之公；若致辟於瞽瞍，則廢父子之倫。是皆雖有天下，不可一朝居者也。舜寧去天下而存此義矣。

故曰「舜視棄天下猶棄敝蹝也」。舜非輕天下，而易言之也。義所當去，視天下猶敝蹝耳。故在皋陶則使舜得以申其竊負之義，在舜則以此而可以終身。復曰「終身訢然，樂而忘天下」，夫何求哉？循乎天理而已矣。方其居深山之中，飯糗茹草，若將終身焉者，此心也。及其受堯之天下，垂衣裳而治者，此心也。至於義所當去，棄天下而遵海濱，則亦此心而已矣，無往而非天理也。然則善發明舜之心者，其惟孟子乎！若後世以利害之見論之，則謂天下方歸戴於舜而賴其治，舜乃舍而去之，得無廢已成之業，而孤天下之望乎？此曾不知天命之大也。聖人之所以爲治者，奉天命而已。若汩於利害，而失夫天理之所存，則雖舜亦何以治天下哉？故或者以舜竊負爲狂，蓋未之思也。又以皋陶既執瞽瞍，則舜烏得而竊之，是又未之思也。皋陶既執瞽瞍於前，而使舜得以申其竊負之義於後，是乃天理時中，全夫君臣父子之義者也。微孟子，孰能推之？

孟子自范之齊，望見齊王之子，喟然歎曰：「居移氣，養移體，大哉居乎！夫非盡人之子與？」孟子曰：「王子宫室、車馬、衣服多與人同，而王子若彼者，其君使之然也，況居天下之廣居者乎？魯君之宋，呼於垤澤之門。垤澤之門，宋城門名。守者曰：『此非吾君也，何其聲之似我君也？』此無他，居相似也。」

孟子一見齊王之子，而其感歎若斯。蓋德盛仁熟，無往而非精義之所在也。夫居可以移氣，養可以移體，外物之奉，猶足以移其氣體如此，則所謂居者不亦大乎？莫非人子也，而王子若此，以其居之異，故其氣象亦殊乎他人也。此其初望見王子之時而有所歎者然也。王子宫室、車馬、衣服亦多與人同矣，而王子若彼者，以其居是勢位，不知所以然，而氣體爲之移也，況於居天下之廣居，則其氣質所變當如何哉？魯君呼於垤澤之門，守者以其聲之似而疑其爲宋之君。其聲之所以相似者，則以其居相似故耳。此又其既見王子之後，退與門人講論者然也。居天下之廣居，宅乎天理者也。宅之之久，則其氣質變化，有不期然而然者矣。夫聖賢相去雖有先後，而玩其氣象，如出一人者，以其所居之同故也。故居天下之廣居，則天下之物舉不足以移之矣。觀舜之爲天子，與在深山之中無以異，則夫氣體之養，豈得而移之哉？

孟子曰：「食而弗愛，豕交之也；愛而不敬，獸畜之也。恭敬者，幣之未將者也。恭敬而無實，君子不可虛拘。」

此章言交際之道。夫徒食之而愛心不加焉，徒愛之而敬心不加焉，則與豕交獸畜何以異？蓋人道之相與，以敬爲主也。夫必有是恭敬，而後幣帛以將之。蓋恭敬者先存於幣帛未行之前者也。若無是恭敬，則幣帛何所施乎？雖然，幣帛者，所以將其恭敬者也。恭敬存於中，而儀物實於外，此君子之道所以爲内外之宜，文質之中也。若恭敬之心雖存，而無以實之於外，君子亦惡夫虚拘也？昔者夫子遇程子於途，傾蓋而語，終日而别，使子路攝束帛，乘馬以贈之。遇舊館人之喪而出涕，則解其驂以賻之，曰「吾惡夫涕之無從也」，蓋是意也。夫古之人於交際之道，豈苟然哉？故有燕享之禮焉，有摯獻之禮焉，有問遺之禮焉，此皆其恭敬之所生也。恭敬爲之主，而其節文品式，森然備具，而又有貴賤貧富之不同，小大多寡之或異，則是皆天之所爲也。若昧乎此，不陷於豕交獸畜，則或失之於虚拘，皆非君子之道也。

孟子曰：「形色，天性也；惟聖人然後可以踐形。」

告子謂食色性也，此爲舉物遺則，混於人欲而莫識天理之一源。若孟子謂形色天性，而繼之以聖人踐形之論，是爲物則兼具者矣。「惟聖人然後可以踐形」，踐之爲言，履踐之踐也。蓋二五交運，而賦形萬殊，惟人得其秀而最靈，有是性則具是形以生人。雖有是性，然不能盡其道，則形雖人也，而其實莫之能踐矣。惟賢者則求以踐之，修其身，所以踐形也。非禮勿視，非禮勿聽，非禮勿言，非禮勿動，以謂不如是，則爲隳廢天之所命，無以爲人之道，而失其賦形之理故也。然踐之非聖人莫能盡，蓋人之道至於聖人而後無所虧，故必聖人然後可以踐形。其曰「可以」者，猶言「事親若曾子者可也」，言至於聖人而適得爲能踐其人之形者也。然則有是形者，皆可以爲聖人，而其不爲聖人者，以其不能踐之故耳。中庸曰：「惟天下至誠爲能盡其性。」盡性則可以踐形矣，蓋形之外無餘性也。或以此章首云「形色」，而其後止云「踐形」爲疑。蓋形之有色，亦其自然者耳。能踐形，則仁義禮智充於內，而睟然生色於外，蓋亦無不盡矣。

齊宣王欲短喪。公孫丑曰：「爲朞之喪，猶愈於已乎？」孟子曰：「是猶或紾其兄之臂，子謂之姑徐徐云爾。亦教之孝弟而已矣。」王子有其母死者，其傅爲之請數月之喪。公孫丑曰：「若此者何如也？」曰：「是欲終之而不可得也。雖加一日愈於已，謂夫莫之禁而弗爲者也。」

喪服之制，本於人心之不可已者。聖人節文之而爲之中制，所謂天理人情之至者也。而宣王乃欲短之，則其良心之陷溺亦已甚矣。公孫丑以謂使之爲朞，猶愈於已，孟子以紾兄之臂喻之。知紾兄之爲非，則勿爲可也，而謂之徐徐，是亦紾之而已矣。先王之制，不可不及也。三年之間，賢者視之，如白駒之過隙，特以制禮之中，不敢以有過耳。若於此欲有所損焉，則爲廢禮而不仁矣。故曰「亦教之孝悌而已矣」。夫使其知孝悌之所以然，則爲弟者其忍紾其兄乎？而爲人子者其有不三年者乎？所謂教之孝悌者，亦即其良心而感發之耳。方是時，王子有其母死，而其傅爲之請數月之喪者，公孫丑引以爲問，意謂使宣王服朞，亦猶是耳。孟子以爲王子有父在，有君母在，王子欲服其母之喪，而禁之使不得伸，故其傅爲之請數月之喪。謂雖加一日，猶愈於已。以王子之心，欲終之而弗得遂其志故爾。若宣王之服喪，則孰爲之禁哉？莫之禁而弗爲，則三年之制，雖一日不可以有損也。嗟乎！漢文雖有遺命，以日易月，然亦莫得而禁也，而景帝乃易之，其不仁甚哉！然而傳習之久，莫之禁而不之改者，亦過矣。

孟子曰：「君子之所以教者五：有如時雨化之者，有成德者，有達財者，有答問者，有私淑艾者。此五者，君子之所以教也。」

記曰：「當其可之謂時。」所謂「有如時雨化之者也」，言如時雨之造化萬物也。今夫物之萌者欲發，甲者欲坼。於是時也，而雨及之，則皆得以遂矣。蓋不先不後，當其可而適與之會，無待於彼之求也。君子之教人，其察之精矣。於其時而告之，得之者如物之被時雨焉，其於欲達未達之間，所賴者深矣。龜山楊氏以爲如告曾子以「吾道一以貫之」是也。蓋曾子未嘗問，而夫子呼以告之當其可也。成德者，因其有德而成之。如顔、閔、仲弓之徒，其德之所存雖存乎其人，而成之者聖人也。達財者，因其材而達之，如賜之達、由之果、求之藝，雖其天資所稟，而達之使盡其材，則教之功也。夫成德、達財，荅問固在其中，而又有所謂荅問者，此則專爲凡荅其來問者也。雖鄙夫之空空，所以荅之者亦無非竭兩端之教也。又有所謂私淑艾者焉，蓋不在於言辭之間，躬行於身，而觀者化焉。凡動容周旋之間，無非教也。君子之善治其身，非爲教人也，身修而教在其中，成己成物之道也。其所以教，不越是五者，然私淑艾者又其本也。

公孫丑曰：「道則高矣美矣，宜若登天然，似不可及也。何不使彼爲可幾及，而日孳孳也？」孟子曰：「大匠不爲拙工改廢繩墨，羿不爲拙射變其彀率。君子引而不發，躍如也。中道而立，能者從之。」

公孫丑之意，以爲孟子之道高大，學者有難進之患，欲少抑而就之，庶其可以幾及而爲之孳孳也。夫聖人之道，天下之正理，不可過也，不可不及也。自卑者視之以爲甚高，而不知其高之爲中也；自隘者視之以爲甚大，而不知其大之爲常也。徇彼而遷就，則非所以爲道矣。故孟子以大匠之繩墨、羿之彀率爲譬。夫繩墨而可改，則非所以爲繩墨矣；彀率而可變，則非所以爲彀率矣。君子之教人，引而不發，引之使向方，而發則係於彼也。躍如者，言其自得之，如有所興起於中也。蓋理義素存乎其心，向也陷溺，而今焉興起耳。道以中爲至。中道而立，其能者固從之，其不能者亦莫可如之何也已。亦猶大匠設繩墨，羿爲彀率以示人，其能與不能，則存乎其人耳。中道而立，能者從之，此正大之體，而天地之情也。雖然，學者於聖賢之言，當以身體之，以心驗之，循其所謂繩墨彀率者而勿舍焉，及其久也，將自有得。不然，而先起求躍之意，則是蕲獲助長，爲害衹甚矣。

孟子曰：「天下有道，以道殉身。天下無道，以身殉道。未聞以道殉乎人者也。」殉，從也。

天下有道，則身達而道行，所謂以道殉身也。天下無道，則身退而守道，所謂以身殉道。道之於己不可離也，故非道殉身，即身殉道。若以道而殉乎人，則是可離也，烏所謂道者哉？以身殉道云者，可見潛龍確乎不可拔之意，蓋處無道之世爲難也。

公都子曰：「滕更之在門也，若在所禮，而不答，何也？」孟子曰：「挾貴而問，挾賢而問，挾長而問，挾有勳勞而問，挾故而問，皆所不答也。滕更有二焉。」

受道者以虚心爲本。虚則受，有所挾則私意先横於胷中，而可告語乎？故空空之鄙夫，聖人未嘗不竭兩端之教，而滕更之在門，若在所禮，而不答也，使滕更思其所以不答之故，於其所挾，致力以消弭之，其庶幾乎！然則孟子之不答，是亦誨之而已矣。夫以堯、舜之貴，周公之勳業，曾、閔之賢行，而有一毫横於胷中，其於道則爲有所妨矣，而況於其他乎？

孟子曰：「於不可已而已者，無所不已。於所厚者薄，無所不薄也。其進鋭者其退速。」

此觀人之法也。人之秉彝，不可殄滅，故其日用之間，有不可已者焉，有所厚者焉，皆其良心之存者也。不可已者，如哭死而哀之類是也。所厚者人倫之際是也。若於其不可已而已焉，則之人也何所不已乎？若於厚者而薄焉，則之人也何所不薄乎？已則生理息，薄則恕道亡，是殘賊陷溺其心之甚者矣。天下之理，進之鋭則退必速。蓋不進則退矣，其進之鋭者，即其所爲退之速者也。庭燎之詩，始而夜未央，中而未艾，終而鄉晨。君子於其未央也，則知其必至於鄉晨也。此三者雖觀人之法，而亦自治之要也。故君子於其不可已者而推之，則凡吾心之不可已者，將皆不可得而已矣。於其所厚者而敦之，則凡天性之所當厚者，其親疏遠近將無不得其宜矣。於其進也而察之，平心易氣以循其序，則其進也日裕而無退矣。嗚呼！是豈非爲仁之要乎？

孟子曰：「君子之於物也，愛之而弗仁；於民也，仁之而弗親。親親而仁民，仁民而愛物。」

理一而分殊者，聖人之道也。蓋究其所本，則固原於一；而循其所推，則不得不殊。明乎此，則知仁義之未嘗不相須矣。夫君子之於物，無不愛者，猶人之一身，無尺寸之膚而非其體，則無尺寸之膚不愛也。然曰「愛之而弗仁」，何也？夫愛固亦仁也，然物對人而言，則有分矣。蓋人爲萬物之靈，在天地間爲至貴者也。人與人類，則其性同；物則各從其類，而其性不得與吾同矣。不得與吾同，則其分不容不異。仁之者，如老其老、幼其幼之類，所以爲交於人之道也。若於物而欲仁之，固無其理；若於人徒愛之而已，則是但以物交，而人之道息矣。故程子曰：「人須仁之，物則愛之。」雖然，於人道之中有所親者焉，自吾之父等而上之，自吾之子等而下之，自吾之身旁而殺之，而五服有其序；自吾之母而推之，自吾之伉儷而推之，而又有甥舅昏姻之聯焉。

於所親之中，而有輕重等差之不齊，釐分縷析，皆非人之所能爲，天叙天秩則然，蓋一毫不可以紊，過與不及，皆非天之理矣。親親而仁民，仁民而愛物，由一本而循其分，惟仁者爲能敬而不失也。

孟子曰：「知者無不知也，當務之爲急；仁者無不愛也，急親賢之爲務。堯、舜之知而不偏物，急先務也；堯、舜之仁不偏愛人，急親賢也。不能三年之喪，而緦小功之察；放飯流歠，大飯長歠也。**而問無齒決。**斷肉置其餘也。**是之謂不知務。」**

此章發明仁智可謂要矣。智者固貴於無不知，而以當務爲急；仁者固貴於無不愛，而以急親賢爲務。聖人之道，有綱有目，有本有末，非若諸子異端之漫而無統也。堯、舜之智而不偏物，堯、舜固有所不知者，如百工之事，堯、舜豈能盡知乎？惟能急先務，故其知無不周焉。堯、舜之仁不偏愛人，如博施濟衆，堯舜固以爲病矣，惟其急親賢，故仁無不被焉。皆以急爲言者，以言其所當先者也。雖然，所謂親賢者，是乃先務也。仁之所爲，即智之所知者。不能三年之喪，而緦小功之察，放飯流歠，而問無齒決，大之不圖，而小焉是較，顛倒如此，爲不知務矣。後世之爲治者，紛然於事爲之間，蓋亦有甚塵勞者矣。惟其不知務，故卒無善治焉。非特治天下爲然也，自身以至於天下，皆有當務。蓋天下之事，未有無先後者。傳曰：「知所先後，則近道矣。」此所以貴於格物也。雖然，孟子之所喻，特言舍大而徇小者爲不知務耳，非謂能三年之喪，則緦小功有不足察，無放飯流歠，則齒決有不必問也。先後具舉，本末畢貫，此所以爲道。學者又不可以不知也。

盡心下

孟子曰：「不仁哉！梁惠王也。仁者以其所愛及其所不愛，不仁者以其所不愛及其所愛。」公孫丑曰：「何謂也？」「梁惠王以土地之故，糜爛其民而戰之，大敗，將復之，恐不能勝，故驅其所愛子弟以殉之。是之謂以其所不愛及其所愛也。」

此愛者，人之道也〔一〕；而有所不愛者，是爲私意所隔，而愛之理蔽於内也。善推其所爲者，自親以及疏，雖各有差等，而愛無不加焉。至於不仁者，則不能推矣。不能推，故日以陷溺，非惟無以及於人，且將并與其親愛者亦不之卹，此豈仁之道哉？夫無

〔一〕人之道也：真德秀西山讀書記卷七所引作「仁之道也」。

故而驅之，使就死地，此天下之至慘。而子弟者，人之所甚愛也；以甚慘加於甚愛，雖至愚而不爲。今梁惠王以貪土地之故，不勝利欲之私，始則糜爛其民，其於民素所不愛者也，至於一敗之後，不知自反，而求以勝，復惟恐其不勝也，雖平日所愛子弟，亦驅之使從死地而不顧。以其所不愛者及其所愛，其不仁之甚，一至於此。故仁者推其愛親者以愛人，不仁者以其忍於他人者忍於其親。仁與不仁之分，其端甚微，而其流如此，可不畏哉！

孟子曰："春秋無義戰。彼善於此，則有之矣。征者，上伐下也，敵國不相征也。"

謂春秋無義戰者，蓋不論其得失利害，循其本而言之也。夫以上征下，則有征。諸侯不稟命於天子，而互相征討，動則爲不義矣。然而彼善於此則有之，蓋本非盡善也，以此而方諸彼，則淺深輕重之間，有庶幾者耳，而其爲不義則一也。如齊桓[一]公侵蔡伐楚，如晉文公城濮之戰，在當時其事雖若善，至於不稟王命而擅用其師，則均爲不義而已矣。然則一時諸侯當如之何？寡怨息爭，睦鄰撫衆，以歲時承事於宰旅，或

〔一〕桓：原作「威」，蓋避宋欽宗趙桓諱而改。今回改。

不幸而爲他國之所侵陵，理義所在，蓋不可得而屈也。若是則得之矣。

孟子曰：「盡信書，則不如無書。吾於武成，取二三策而已矣。仁人無敵於天下，以至仁伐至不仁，而何其血之流杵也？」

此讀書之法。其言曰「盡信書，則不如無書」，謂夫盡信之有害，如「血流漂杵」之言是也。仁人蓋無敵，今以至仁伐至不仁，天人應之，又何待戰鬬殺傷之多也？以是知血流漂杵之言爲不足信者矣。戰國之際，日以干戈相尋，糜爛其民而莫之卹，意者「血流漂杵」之言未必不爲藉口耳，故孟子以爲武成之策，吾有不盡信者焉。雖然，詳味當時武成之所記，特以形容紂有如林之衆，離心離德，前徒倒戈，自攻其後，而有漂杵之勢，用以見周之無敵。然而「漂杵」之言，則不無過矣。學者讀書，要當默會其理，若執辭以害意，則失之遠矣。

孟子曰：「有人曰：『我善爲陳，我善爲戰。』大罪也！國君好仁，天下無敵焉。南面而征北狄怨，東面而征西夷怨，曰：『奚爲後我？』武王之伐殷也，革車三百兩，虎賁三千人。王曰：『無畏！寧爾也，非敵百姓也。』若崩厥角稽首。征之爲言正也，各欲正己也，焉用戰？」厥，覆也。角，額角也。

戰國之際，以巧力相勝，善爲陳、善爲戰者則謂之能臣矣。而孟子前以爲當服上刑，今又以爲大罪，何其言之屢而深切與？蓋所以深救當時之弊，使之循其本也。循其本則有道焉，其惟好仁乎？好仁則無敵於天下，如湯、武是也。湯之征，四方之民皆有後我之歎。武王之征也，兵非多也，武王撫其民，曰：「爾無我畏。」蓋欲以寧爾，而非與爾敵也。故百姓趨之，若崩厥角稽首，而惟恐後。此好仁之驗也。征之爲言，訓夫正也。人望其來正己也，而何戰之有哉？若不志於仁，而徒欲以巧力取勝，則天下孰非吾敵？勝與負均爲殘民而逆天也。雖然，戰陳，君子之所不取，而大司馬有教戰之法，何也？先王之制兵，亦仁政之大者，所以禁暴止亂，而救民之生也。有兵斯有用兵之法，非若後世詭譎之爲也。蓋明其節制，一其號令，使之服習，而其本則出於仁義，是以無敵於天下。若弛兵撤禁，以召外侮，而曰「吾好仁而已」，是烏所謂仁者哉？

孟子曰：「梓、匠、輪、輿，能與人規矩，不能使人巧。」

規矩則固在，巧則係於人。梓、匠、輪、輿，能與之以規矩而已，固不能使之巧也。聖賢之教人，自洒掃應對進退而上，皆規矩也，行著察習，則存乎其人，聖賢亦豈能使之然哉？然而巧固不外乎規矩，舍規矩以求巧，無是理也。

孟子曰：「舜之飯糗茹草也，若將終身焉。及其爲天子也，被袗衣，鼓琴，二女果若固有之。」飯糗，乾糒也；袗，畫也。

若將終身焉、若固有之，可謂善形容舜者矣。舜於窮通之際，果何有哉？其飯糗茹草，則若將終身焉，其爲天子，則若固有之。蓋所欲不存，樂天而安命〔一〕，窮而在下，初無一毫之虧；達而在上，亦無一毫之加。故無適而不自〔二〕得也。玩此二語，則所謂無爲而治者，蓋可見矣。

孟子曰：「吾今而後知殺人親之重也。殺人之父，人亦殺其父；殺人之兄，人亦殺其兄。然則非自殺之也，一間耳。」

書曰：「天有顯道，厥類惟彰。」感應之理，未有不以類者，人事則然。蓋天之顯道也，殺人之親，則人亦思殺其親矣。此其以類也。出乎爾者，必反乎爾也，非惟報復之必至，抑其理之當然。方其殺人之親也，孰知人之殺吾親？其機固已在此乎！孟子

〔一〕命：原作「止」，據真德秀西山讀書記卷三三所引改。
〔二〕自：原無，據真德秀西山讀書記卷三三所引補。

斯言，可謂痛切。欲使當時之君無動於忿慾，寡怨息争，以保其宗廟親族，是仁術也。噫！人孰無愛親之心哉？於此亦可以動矣。觀魏晉南北朝之君，至於互相屠戮，自今觀之，屠戮他人者，實自絶滅而已矣，其相去誠一間耳。

孟子曰：「古之爲關也，將以禦暴；今之爲關也，將以爲暴。」

禦暴者，譏非常以待暴客也；爲暴者，察出入而爲苛征也。然則失之遠矣。蓋古者以理義爲國，後世則徇利。以理義爲國，其創法立制，與天下公共，凡以爲民耳；以利爲國，則惟己私之徇，雖古法之尚存者，亦皆轉而爲一己之計矣。孟子特因爲關之暴，略舉此一端耳，豈特是哉？本原不正，無往而不失先王之意矣，可勝歎哉？

孟子曰：「身不行道，不行於妻子；使人不以道，不能行於妻子。」

君子之道，辟如行遠必自邇，辟如登高必自卑。道行於身，則行於妻子矣。莫近於妻子也，由是則無往而不行矣。若身自不行道，則何以行於妻子乎？不行於妻子，則他可知矣。不以道，謂拂其理也。順理之事，則人易從，若不以道，則雖妻子亦不能使之必從也。前言不躬行，則無以化之，後言使之非其道，則不得而强之。然使之雖以道，而躬行有未至，則彼亦不信從，均於不行而已。是知以行道爲本也。然在行道者言之，使人以道，亦行道也。古人謂進德者必攷之於妻子，其是之謂歟？

孟子曰：「周于利者，凶年不能殺；周于德者，邪世不能亂。」

周者，盡其道之謂。周于利則備具有素，雖凶年烏能殺之？周于德則在我者全盡，雖邪世豈能亂之？蓋不獨至於變易其守而後謂之亂也，一毫有動於中，則是爲其所亂矣。易曰：「幽人貞吉，中不自亂也。」其遯世無悶，不見是而無悶，而後爲至歟？曰「周于利」、「周于德」，立言與「喻於利」、「喻於義」者相似。今夫爲利者，非專精積久則不能周也。進德者盍亦皇皇而勿舍乎？有所未盡，則不得爲周，而世變猶得以亂之也。故君子務周其德而已。小雅曰：「戰戰兢兢，如臨深淵，如履薄冰。」

孟子曰：「好名之人，能讓千乘之國；苟非其人，簞食豆羹見於色。」

孟子此章，言人之度量相越，有如是其遠者。夫均是人也，而有讓千乘之國者焉，而有與人簞食豆羹，則德見於色者焉，何其不侔也？蓋其所存有厚薄，而所見有廣狹故也。故能讓千乘之國，亦可謂高矣，而孟子謂之好名之人者，何哉？蓋未能循乎理之實然者，則亦未免爲徇其名而已，如季札之徒是也。季子之父兄所以眷眷於季子之立者，爲其賢也。此公理，而非私意也。而季子三辭焉，是未究夫當立之義，非爲季子之私也。就隘俗論之，可謂超然獨出矣，而揆之以道，蓋亦好名而蔽其實故也。人有江海之量，有斗筲之量。江海之量比於斗筲之量，其相去固甚有間矣，亦未免於有限也。好名之人，雖能讓千乘之國，然固限於名矣。若夫大賢而上，循乎天理，雖以舜、禹受天下，受其所當受而不爲泰。以泰伯之讓、夷、齊之讓，讓其所當讓，而不爲好名。故孔子稱舜、禹，則曰「有天下而不與焉」；稱泰伯，則曰「民無得而稱焉」；稱夷、齊，則曰「求仁而得仁」。聖人之意，蓋可見矣。故夫能讓千乘之國，亦非所以稱聖賢也。孟子立言其嚴矣哉！

孟子曰：「不信仁賢，則國空虛；無禮義，則上下亂；無政事，則財用不足。」

不信仁賢，則君有所輔，民有所庇，社稷有所託，姦宄有所憚，國本植立而堅固矣。不然，其國謂之空虛可也。有禮義，則自身以及國，君君、臣臣、父父、子子，而上下序，所以爲治也。故無禮義則上下亂。有政事，則先後綱目，粲然具舉，百姓足，而君無不足焉。故無政事則財用不足。此三者，爲國之大要，然信仁賢其本也。信仁賢而後禮義興，禮義興而後政事修，雖三王之所以治，亦不越是矣。然而無政事則財用不足。後世治財者，每借斯言，其説不過嚴苛取之法，爲聚斂之計，以爲是乃政事也，夫豈知先王之所謂政事者哉？

孟子曰：「不仁而得國者有之矣，不仁而得天下，未之有也。」

此章蓋見夫當時之君不知有仁義，惟務富彊，以爲兼并之計，故歎息焉。謂不仁而可以得一國之土地則有之，然欲以得天下，則無是理也。雖然，不仁而得國，亦得其土地而已，顧豈得其民人之心哉？然則是終可保乎？孟子之言，所當深味，而不可執辭以害意也。後之取天下者，其立國差久，攷其始所行，亦必庶幾有合於仁者。不然，則雖得土地於一時，而亂亡亦相踵而至。是其得也，適以速其滅亡之禍，烏乎得哉？

孟子曰：「民爲貴，社稷次之，君爲輕。是故得乎丘民而爲天子，得乎天子爲諸侯，得乎諸侯爲大夫。諸侯危社稷，則變置。犧牲既成，粢盛既潔，祭祀以時，然而旱乾水溢，則變置社稷。」

孟子斯言，爲國者聞之，亦可以悚然知懼矣。得者，得其心也。丘民，丘井之民也。得乎丘民，則是百姓之心畢歸之，斯能繼天而爲子矣。不然，雖居其位，是虚器耳，庸可保乎？故爲大夫者以得乎諸侯，爲諸侯者以得乎天子，而爲天子者乃以得乎丘民耳，則民不已貴乎？諸侯有危社稷之行，則天子得而變置之，爲社稷故耳。以此見社稷之重於君也。社稷非可易也，然而有水旱之災則變置社稷。變置者，撤而更新之，以此見社稷之輕於民也。反復而言，皆以發明民爲貴之意耳。夫自其勢而言，則人君據崇高之位，宜莫重矣。然公天下之理而觀之，則民爲貴，社稷次之，君爲輕。人君惟恃崇高之勢，而忽下民之微，故肆其私欲，輕夫人心，以危其社稷。若使其知民之爲貴，社稷次之，而己不與焉，則必兢兢業業，不敢自恃，惟懼其失之也，則民心得，而社稷可保矣。是以三王畏其民，而闇主使民畏己。畏其民者，知夫得失所係在於民也；使民畏己者，驕亢自居，民雖迫於勢與威而憚之，然其心日離。民心離之，是天命去之也。嗚呼，可不畏哉！

孟子曰：「聖人，百世之師也，伯夷、柳下惠是也。故聞伯夷之風者，頑夫廉，懦夫有立志；聞柳下惠之風者，薄夫敦，鄙夫寬。奮乎百世之上，百世之下聞者莫不興起也。非聖人而能若是乎？而況於親炙之者乎？」

夷、惠之所以稱聖人者，以其聖於清、聖於和而得名也。清之所被，可使頑廉而懦立；和之所被，可使薄敦而鄙寬。至於百世之下，聞風者莫不有所興起焉，非聖人莫能然也。風化有大小，至於聖則所被者爲無窮，蓋有不言而信、不約而從者。雖然，夷、惠之聖，聖於清和而已，故其感化之所以爲無窮者，亦獨在於清和也，比於伊尹則亦有間矣，而況於堯、舜、文王、孔子者乎？聞風者猶若此，則親炙之者可知矣。所謂興起者，特一時興起耳，未能使之涵泳成就也，故比夫親炙者則有間焉。

孟子曰：「仁也者，人也。合而言之，道也。」

仁者，人也。仁謂仁之理，人謂人之身。仁字本自人身上得名，合而言之，則人而仁矣，是乃人之道也。故伊川曰：「仁固是道，道却是總名。」蓋人之生，其愛之理具其性，是乃所以爲人之道者。惟其私意日以蔽隔，故其理雖存，而人不能合之，則人道亦幾乎息矣。惟君子以克己爲務，己私既克，無所蔽隔，而天理睟然，則人與仁合而爲人之道矣。

孟子曰：「孔子之去魯，曰：遲遲吾行也，去父母國之道也。去齊，接淅而行，去他國之道也。」

當其可即是道。蓋事事物物之間，道無往而不存極，無適而不爲中也。孔子之去魯，遲遲其行，是去父母國之道也。去齊，接淅而行，是去他國之道也。雖或遲或速之不同，而其爲道則一。苟執一以爲道，則有所不能貫通，而非道矣。故師冕之見夫子，所以待之者，乃相師之道也。凡一飲食、一起居之間，莫不有其道焉。賢者隨時而循理，在聖人則如影之隨形，道固不離乎聖人也。孔子，魯人也。道不行於宗國，去而他之，亦不得已焉耳。故其去父母之邦也，有不忍遽之意焉；至於他國，可留則留，不可則去，非吾宗國比矣。蓋當去魯之時，則遲遲其行，爲道；當去齊之時，則接淅而行，爲道。其所以爲道者，乃天之理，而非人之所爲也。雖然，孟子學孔子者也，其去齊也，非爲家國，而有三宿出晝之濡滯，何邪？孟子於宣王蓋有望焉，故於其去也，亦有眷眷不能以已者。夫其不能以已者，是固道之所存。時異事異，則其道亦異。若使孟子執夫子去他國之義，而於去齊之際無所動其心，是亦爲舉一而廢百，非聖人之所以爲道者矣。

孟子曰：「君子之戹於陳、蔡之間，無上下之交也。」

無上下之交者，其君臣皆莫知敬聖人也。孔子在當時，諸國之君雖莫能行其道，然其臣下亦有知敬而願交者矣，如蘧伯玉、葉公之徒是也。至陳、蔡而無上下之交，則二國之人才可知矣。聖人盡顯比之道，親己與否，則在其人。無上下之交，至戹於陳、蔡，是亦天也。聖人樂天而已，故於是時，子路問「君子亦有窮乎」，則應之曰「君子固窮，小人窮斯濫矣」。

貉稽曰：「稽大不理於口。」理，治也。**孟子曰：「無傷也。士憎茲多口。**憎，益也。**詩云：『憂心悄悄，**悄悄，憂貌。**愠于羣小』，**愠，怒也。**孔子也；『肆不殄厥愠，**肆，猶言遂也，承上起下之辭。**亦不隕厥問』，文王也。」**

貉稽意亦欲爲善士者，而不勝於流俗之訕毁，故有此問。孟子告之以「無傷也」，蓋君子修其在我者，審己而已，浮議豈爲傷乎？常情於衆人固有置而不問者，至於有欲自修之人，則衆口必萃之，故曰「士憎茲多口」。然自爲士者觀之，使其訕毁，而是則可以增修己之德；使其非也，吾果何所傷乎？所謂「無傷也」之言，辭氣不迫，而意則盡矣。又言文王、孔子之事，以爲文王、孔子之聖也，而猶不免焉，況於其他哉？孔子亦愠于羣小矣，然其所爲愠者，憂其害正道而禍斯民耳，在孔子何有乎？文王亦愠於昆夷矣，而不遽絶之，以增修吾德，不墜令問爲先耳。學者存心乎聖人，擴之以公理，則不理於口，何足病哉？雖然，聖人亦有愠乎？喜怒憂患，聖人與衆人同有，而所以喜怒憂患則異矣。知是數者，聖人不能無，又知其所以異，則亦可以窺聖人之心矣。

孟子曰：「賢者以其昭昭，使人昭昭；今以其昏昏，使人昭昭。」

賢者自明其德，以其明德，而以明人。成己成物，一道也。不賢者在己之不明，而責人之明，難矣。故賢者之教，人樂從之，以其身先之故也。不然，則無以孚信於人，將憪然而不服，雖欲使之然，其可得哉？

孟子謂高子曰：「山徑之蹊間，介然用之而成路；爲間不用，則茅塞之矣。今茅塞子之心矣。」

此章言學者初聞善道，其心不無欣慕而開明，猶山徑之有蹊間介然也，由是而體認擴充，朝夕於斯，則德進而業廣矣，猶用之而成路也。苟惟若有若無，而不用其力，則内爲氣習所蔽，外爲物欲所誘，向之開明者，幾何不復窒塞邪？是不用而茅塞之，故曰「今茅塞子之心矣」。然山徑之蹊間，在夫用與不用；士之於學，亦係思與不思而已。思則通，不思則窒矣。

高子曰：「禹之聲，尚文王之聲。」孟子曰：「何以言之？」曰：「以追蠡。」尚，貴尚也。追，鍾鈕也。蠡，欲絶之貌，摩齧之深也。**曰：「是奚足哉？城門之軌，兩馬之力與？」**

趙氏曰：「先代之樂器，後王皆用之。禹在文王之前，千有餘歲，用鍾日久，故追欲絶耳。辟如城門之軌，齧其限切深者，用力之多耳，豈兩馬之力使之然乎？」觀高子之問，則抑可見其茅塞之心矣，故記者列於前章之後。

齊饑。陳臻曰：「國人皆以夫子將復爲發棠，殆不可復。」扶又反。**孟子曰：「是爲馮婦也。晉人有馮婦者，善搏虎，卒爲善士。則之野，有衆逐虎。虎負嵎，莫之敢攖，望見，馮婦趨而迎之。馮婦攘臂下車。衆皆悦之，其爲士者笑之。」**

君子之動，惟其時而已。前日之饑，勸之使發棠，時乎可言也；今日之饑，而不之勸，時乎不可言也。苟徒慕乎言發棠之爲美，而不度其時之可否，則爲徇乎血氣，而不中義理之節，非君子之道矣。故陳臻以復發棠爲問，而以馮婦應之。馮婦始以搏虎聞，其後爲善士矣。乘車而之野，見虎負嵎，衆莫敢攖。狃夫前日之搏，而忘夫今日之不可搏也，於是攘臂下車焉。是爲習氣所動而不能勝矣，故衆雖悦之，而爲士者則笑之，以其非所宜施也。發棠之事，言於前日，時也；若於今不當言而必欲言之，是蔽於事爲，而昧乎時義，與馮婦之攘臂下車何異哉？世固有勇於爲善事者，不察夫義理之當然與否，而必爲之，蓋亦足以悦於流俗。然發不中節，有害於君子之道，是皆馮婦之類耳。學者其無惑於衆之悅而有動哉！審諸己而已矣。

孟子曰：「口之於味也，目之於色也，耳之於聲也，鼻之於臭也，四肢監本作枝。**之於安佚也，性也，有命焉，君子不謂性也。仁之於父子也，義之於君臣也，禮之於賓主也，知之於賢者也，聖人之於天道也，命也，有性焉，君子不謂命也。」**

口之於味，目之於色，耳之於聲，鼻之於臭，四肢之於安佚，人之所同。然有是形則有是性，謂之性可也，然而是皆有定分，而不可以越。此非人之所得爲，實天所制也，故曰「有命焉」。若徒以此爲性，而不知夫命之所存，則縱欲而莫知所止，反賊夫性之理矣。故君子不謂性，所以遏人欲之流，而保其天性者也。父子之有仁，君臣之有義，賓主之有禮，此其出於自然者。以賢者之知異於衆人，而天道備於聖人之身，亦由其稟質之異也，故謂之命可也。然人均有是性，仁義禮智之體，無不完具於一性之内，天道初亦無所虧欠也。故充夫父子之仁，而可極於仁之至；充夫君臣之義，而可至於義之盡；充夫賓主之禮，而禮無所不備。以至於賢者之知、聖人之天道，皆可學而及焉。蓋人皆可以爲聖人，而不爲聖人者，是其充之未至，不能盡其性耳，故曰「有性焉」。若徒以此爲命，而不知其性之所有，則委之自然，而莫之進德，反隳其命之正矣。故君子不謂命，所以存天理之公，而立其正命者也。一則不謂性，而性之理所以明；一則不謂命，而命之理所以著。性命之理，互相發明，其義蓋精微矣。

浩生不害問曰：「樂正子何人也？」孟子曰：「善人也，信人也。」「何謂善？何謂信？」曰：「可欲之謂善，有諸己之謂信，充實之謂美，充實而有光輝之謂大，大而化之之謂聖，聖而不可知之之謂神。樂正子二之中、四之下也。」

此凡六等，二之中謂善與信之中也；四之下者，美之下也。可欲者，動之端也。蓋人具天地之性，仁義禮智之所存，其發見則爲惻隱、羞惡、辭遜、是非，所謂可欲也，以其淵源純粹，故謂之善，蓋於此無惡之可萌也。至於爲不善者，是則知誘物化動，於血氣有以使之，而失其正，非其所可欲者矣。故信者，信此而已；美者，美此而已；大則充此而有光輝也；化則爲聖；而其不可知則神也。至於聖與神，其體亦不外此而已。人雖本有是善，而爲氣習所蔽，莫之能有。惟其存之久，而後能實有之。未有之，如他人之物，有諸己而後爲己物也。自是而不已焉，則進乎充實之地。充實者，充盛篤實也。美者，美在其中，成章之謂也。美之所積者厚，則光輝之所發者，充塞而不可揜矣，故謂之大。然猶有大之可名也。至於大而化，則大不足以名之。程子謂：未化者，如操尺度量物，用之尚不免於有差；至於化，則己即是尺度，尺度即己，蓋成乎天者也。若夫所謂神，則是聖人之妙，人不可得而測者。不疾而速，不行而至是也。非聖人之外復有所謂神，神即聖人之不可知者也。雖然，可欲之善，聖神之事備焉。人生而静，皆具此體也。惟夫有以斲喪之，故必貴於學，以復其初。學而後能有，由是而進，則所謂美且大可以馴致。至於化而聖，然後爲全盡，純於此者也。若夫生知之聖，則初無喪失，即其體而無不至焉。故程子曰：乾，聖人之事也，可欲之善屬焉；坤，學者之事也，有諸己之信屬焉。此章言進學之序甚明，在學者當以聖人爲標的，循其序以進，有常而不息，終吾身焉可也。若有要成之意，臆度而躐等，則非學之道矣。稱樂正子而曰善人、信人者，蓋能存所謂善，而進於有諸己者也。

孟子曰：「逃墨必歸於楊，逃楊必歸於儒。歸，斯受之而已矣。今之與楊、墨辯者，如追放豚，既入其苙，苙，闌也。**又從而招之。」**

兼愛者，棄本而外馳者也。兼愛而行之有弊，則必思所以逃；逃則反諸其身而從夫爲我；爲我則有狹隘私勝之患。行之有弊，則必思所以逃，而求所以擴之者，而歸於儒矣。墨之比楊，猶奢之比儉。自爲者固非，然猶愈於兼愛之泛也，泛者尤難反耳。聖賢心量之弘，猶天地也，歸斯受之，不亦弘乎？蓋與人爲善之公也。人孰不可以爲善哉？如追放豚，入其闌苙，又從而縶之者，惟恐其復逸也。聖賢之待人，其歸也，受之而已，固不保其往也。畔與不畔，蓋在彼也。若恐其畔去而必欲堅之，則是私意之所加，而非天之理矣。故夫歸而不受，則是逆詐，億不信，而拒乎物矣。受而必欲其不去，則是有固有必，而滯於物矣。有一於此，皆非聖賢之心，故辨異端之失，以待來者，而不固焉。此聖賢之心，乃天地之心也。

孟子曰："有布縷之征，粟米之征，力役之征。君子用其一，緩其二。用其二而民有殍，用其三而父子離。"

先王之所以征者，什一之法，助而不税耳。然有布縷之征，爲其有宅而不毛者，使之出里布也。有粟米之征，爲其有田不耕者，使之出屋粟也。有力役之征，爲其無職事者，使之出夫家之征也。若農夫之服田，所出不過助穀耳。是古者未嘗不用其一而緩其二也。至戰國之際，既廢什一之法，而是三者又疑於並征，而民始困窮矣。故用其二而民有殍，用其三而父子離。取之既極，仰事俯育不能給也，凶年飢歲不能支也，而必至此極也，是豈爲民父母之道哉？嗟乎！後世取民之制，謂莫善於唐，而租庸調之法，亦三者並征矣，又況於自更兩税之後，無名之征，日以滋蔓，而山澤所出，又皆竭取，農民困苦，稔歲猶有不足之患，一不幸而遭值水旱，則流殍滿道，父子不相保，甚至於殘人理而相食者有矣。子兆民者使之至此，可不動心乎？有王者出，本於一身，躬行王道，以達於天下，節以制度，而無不足之患，然後苛征可得而弛，民生可得而阜矣。

孟子曰：「諸侯之寶三：土地、人民、政事。寶珠玉者，殃必及身。」

土地，吾受之於先君者也。人民，吾所恃以爲國者也。政事，吾所以治也。以之爲寶，則必敬之而不敢慢，重之而不敢輕，愛惜護持，而惟恐其有所玷失也。常存是心，兢兢業業，欲不行焉，而國家可保矣。夫是三者之所以爲寶者，以理義所在故也。若寶珠玉，則是貴於物而已。貴於物則息於物，息於物則逐物，而不知止矣。於是崇欲而棄道，於其所當寶者，皆忽焉忘之矣，然則不亦殆乎？故曰「殃必及身」。西旅獻獒，而太保有「玩物喪志」之戒，又曰「不寶遠物，則遠人格，所寶惟賢，則邇人安」。蓋懼夫一爲物所移，則喪其所當寶者也。子罕辭玉，而曰「子以玉爲寶，我以不貪爲寶，若以與我，皆喪寶也，不若人有其寶」，亦可謂知所擇矣。

盆成括仕於齊。孟子曰：「死矣盆成括！」盆成括見殺。門人問曰：「夫子何以知其將見殺？」曰：「其爲人也，小有才，未聞君子之大道也，則足以殺其軀而已矣。」

才，如辨給敏捷之類。小有才而未聞大道，則必求所以用其才，謂聰明智力之可以有爲，而不知理義之顧。若是者，極其才而不知所止，不至於顛覆則不止，故盆成括仕於戰國之時，孟子知其必見殺也。蓋不聞道，則爲才所役；聞道，則有以爲用矣。所謂道者，非他也，理義之存乎人心者也。於此有聞，則其進退語默之際，皆有所據，而才有所不敢恃矣。故夫人之有才，本不足以爲人害；惟其無所本而徒用其才，於是而才始足以病己，甚至於有取死之道，反不若魯鈍無才之爲愈也。夫小有才而未聞道者，身且不能保，而爲國者乃信而用之，亡國敗家，其何日之有？

孟子之滕，館於上宫。上宫，謂樓也。**有業屨於牖上，**屨，扉屨也。織之有次，業而未成也。**館人求之弗得。或問之曰：「若是乎從者之廋也？」**廋，匿也。**曰：「子以是爲竊屨來與？」曰：「殆非也。」「夫子之設科也，往者不追，來者不拒。苟以是心至，斯受之而已矣。」**

讀此章，可見孟子於世俗酬酢，無不曲盡其理也。疑從者之廋屨，其人亦難告語矣。孟子應之，辭氣不迫，不曰從者之必不然，但問之曰「子以是爲竊屨來與」，謂子以彼來從我者，爲竊屨而來歟？此雖甚愚人亦知其不然也，故曰「殆非也」，則告之以予之設科，其往者固不追，而來者亦不拒也。以是心至則受之矣，固不能保其往。而含洪廣大，無固無必，所以酬酢之者，可謂無不盡矣。夫往者不追，來者不拒，此顯比「王用三驅，失前禽」之意，至公無私者也。以是心至則受之，以人皆可以爲善故爾。或以爲此不已汎乎？蓋以是心至而後受之，則固不汎也。以是心，謂有信之之心者。不然，於孺悲辭以疾，而於滕更亦有所不答矣。

孟子曰：「人皆有所不忍，達之於其所忍，仁也；人皆有所不爲，達之於其所爲，義也。人能充無欲害人之心，而仁不可勝用也；人能充無穿踰之心，而義不可勝用也；人能充無受爾汝之實，無所往而不爲義也。士未可以言而言，是以言餂之也；可以言而不言，是以不言餂之也，是皆穿踰之類也。」

人皆有所不忍，皆有所不爲，此其秉彝之不可殄滅者也。然有所不忍矣，而於他則忍之；有所不爲矣，而於他則爲之。此豈有異心哉？爲私欲所蔽，而生道息故也。若以其所不忍，而達之於其所忍，豈非仁之方乎？以所不爲，而達之於其所爲，豈非義之方乎？自無欲害人之心而充之，則其愛無所不被，仁有不可勝用矣。自無穿踰之心而充之，則其宜無所不得，義有不可勝用矣。蓋其理本具於性，貴於充之而已。達謂達於用，充謂充其所有者也。又推而言之，謂人能充無受爾汝之實，無所往而不爲義。蓋爾汝者，人之所不受。其所以不受之實，猶有所愧恥故也。能充其所愧恥者，則何往而非義乎？又推而言之，謂於未可言而言，是欲以言取之也；於其可以言而不言，是欲以不言取之也。以言取之者，其猶以諂爲悦者乎？以不言取之者，其猶以默爲容者乎？以是爲穿踰之類者，以其有取之之心故耳。凡有他而動，若是之類，皆穿踰之心也。此章始言仁義，而末獨言義，何也？蓋仁義，體用相須者也。人之不仁，以非義害之也。不爲非義，而後仁可得而存。故反復再三，推而言之，使人知所用力也。

孟子曰：「言近而指遠者，善言也；守約而施博者，善道也。君子之言也，不下帶而道存焉。君子之守，修其身而天下平。人病舍其田而芸人之田，所求於人者重，而所以自任者輕。」

所謂指遠者，固存乎近；所謂施博者，固存乎約也。不下帶而道存，言近而指遠也。蓋其所言只其身中事，在目前者耳，而至理初不外是也。修身而天下平，守約而施博也。修身則本立，由是而家齊、國治、天下平，皆其所推耳。舍其田而芸人之田者，不治其身而以治人之譬也。不務其在己者，而責諸人，其自任亦輕矣。蓋不知一身爲天下之本故也。夫諸子百家之言，非無高遠者矣，然究其實，則意短而有弊，不得於近故也。世之爲治者，非無功業之可喜矣。然使人無所玩味而感化，不知其約故也。

孟子曰：「堯、舜，性者也；湯、武，反之也。動容周旋中禮者，盛德之至也。哭死而哀，非爲生者也。經德不回，非以干禄也。言語必信，非以正行也。君子行法以俟命而已矣。」

前言「堯、舜，性之也」，今言「性者也」，語愈密矣。反之者，復之者也。自明而誠，復其天性之本然者也。動容周旋皆中禮，盛德之至，蓋生知之事也。「哭死而哀」以下，蓋學知之事，所謂反之者也。夫動容周旋皆中禮，是純於天理，無毫釐絲髮之不盡，德之至盛也。若使其勉而中，其能皆中乎？「哭死而哀，非爲生者」，「經德不回，非以干禄」，「言語必信，非以正行」，亦曰循乎天理之所當然而已。若有所爲而然，則失其理矣。雖然，哭死而爲生者，經德而以干禄，此爲私意故也。言語必信，而以正行，亦與此二者同科，何邪？蓋其爲有爲則同也。言語本當信，若以正行之故而爲之，則是有事焉而正之者也，有害於天理矣。君子行法以俟命而已。哭死而哀，而非爲生;經德不回,而非以干禄;言語必信,而非以正行,所謂行法也。行法於身,而聽天之命,富貴、貧賤、夷狄、患難,無往而不自得焉,所貴乎學者進於此而已。

孟子曰:「說大人,則藐之,勿視其巍巍然。堂高數仞,榱題數尺,我得志,弗爲也。食前方丈,侍妾數百人,我得志,弗爲也。般樂飲酒,驅騁田獵,後車千乘,我得志,弗爲也。在彼者,皆我所不爲也;在我者,皆古之制也。吾何畏彼哉?」

大人者,當世尊貴之稱。藐當讀爲眇。左氏傳曰:「以是藐諸孤。」藐之云者,小之也。小之者,小其所挾者也。故曰「勿視其巍巍然」。視其巍巍然,則動於中;動於中,則慕夫在彼之勢,而詘其在我之義矣。夫所以視其巍巍然,果何爲乎?爲其堂高數仞,榱題數尺乎?爲其食前方丈,侍妾數百人乎?爲其般樂飲酒,驅騁田獵,後車千乘乎?是三端者,君子得志則弗爲。蓋君子所存者理義,而欲不存焉,然則何慕於彼哉?在彼者無所慕,而在我者皆古之制,則亦何畏於彼也?藐之者,非輕之也,見外誘之不足慕耳。如是而後在己之義可得而申。使在我者不知古制之守,則爲其巍巍者所動矣。故程子曰:「内重則可以見外之輕,得深則可以見誘之小。」嗟乎!後世爲士者,惟不知古制之爲務,故未得志則有所慕,逐欲而不已,以爲天下之害。士必寡欲而後能守古制，守古制而後知所自重，知自重而後不爲勢所詘。使其言聽而道行，則生民斯受其福矣。

孟子曰：「養心莫善於寡欲。其爲人也寡欲，雖有不存焉者，寡矣；其爲人也多欲，雖有存焉者，寡矣。」

養心莫善於寡欲，此言寡欲爲養心之要也。然人固有天資寡欲者、多欲者。其爲人寡欲，則不存焉者寡；多欲，則存焉者寡。以是知養心莫善於寡欲也。存者，謂其心之不外也。蓋心有所向則爲欲；多欲則百慮紛紜，其心外馳，尚何所存乎？寡欲則思慮澹，血氣平，其心虚以寧，而不存者寡矣。雖然，天資寡欲之人，其不存焉者固寡。然不知存其存，則亦莫之能充也。若學者以寡欲爲要，則當存養擴充，由寡欲以至於無欲，則其清明高遠者爲無窮矣。

曾晳嗜羊棗，而曾子不忍食羊棗。公孫丑問曰：「膾炙與羊棗孰美？」孟子曰：「膾炙哉！」公孫丑曰：「然則曾子何爲食膾炙而不食羊棗？」曰：「膾炙所同也，羊棗所獨也。諱名不諱姓，姓所同也，名所獨也。」

曾子不忍食羊棗之意，愛敬之篤，不死其親者也。親之所嗜，見之而不忍食焉。推是一端，則凡其日用之間，所以感發於其親者多矣。常人於其親，日遠而日忘矣，惟君子則不然，親雖日遠，而其心不可泯也。故雖事事物物之間，親心之所存者，吾亦存之未嘗忘，而況於其言行乎！此之謂不死於其親。或曰：屈到嗜芰，於其終也，命家老：「我死必薦芰。」而屈建命去之。然則非邪？蓋於親之所嗜而不忍食，此其愛親之心也。至於祭祀則有常物，事神之禮，不可以紊。屈建不敢以私意事其親，而祭之以禮，未爲失也。然使建也而能體曾子不忍食羊棗之意，則其不薦也義固當然。然其精微曲折之間，必更有以處者。讀其命去之之辭，則傷於太勁，而於親愛亦未免爲有害也。

萬章問曰：「孔子在陳，曰：『盍歸乎來！吾黨之士狂簡，進取，不忘其初。』孔子在陳，何思魯之狂士？」孟子曰：「孔子『不得中道而與之，必也狂獧乎！狂者進取，獧者有所不爲也。』孔子豈不欲中道哉？不可必得，故思其次也。」「敢問何如斯可謂狂矣？」曰：「如琴張、曾皙、牧皮者，孔子之所謂狂矣。」「何以謂之狂也？」曰：「其志嘐嘐然，嘐嘐，遠大之意。**曰：『古之人，古之人。』夷攷其行，而不掩焉者也。狂者又不可得，欲得不屑不潔之士而與之，是獧也，是又其次也。孔子曰：『過我門而不入我室，我不憾焉者，其惟鄉原乎！鄉**

原，德之賊也。』」曰：「何如斯可謂之鄉原矣？」曰：「何以是嘐嘐也？言不顧行，行不顧言，則曰：『古之人，古之人。』行何爲踽踽涼涼？踽踽，猶區區；涼涼，猶棲棲。生斯世也，爲斯世也，善斯可矣。閹然媚於世也者，閹然，順媚之狀。是鄉原也。」萬章曰：「一鄉皆稱原人焉，無所往而不爲原人，孔子以爲德之賊，何哉？」曰：「非之無舉也，刺之無刺也，同乎流俗，合乎汙世，居之似忠信，行之似廉潔，衆皆悦之，自以爲是，而不可與入堯、舜之道，故曰德之賊也。孔子曰：『惡似而非者：惡莠，恐其亂苗也；惡佞，恐其亂義也；惡利口，恐其亂信也；惡鄭聲，恐其亂樂也；惡紫，恐其亂朱也；惡鄉原，恐其亂德也。』君子反經而已矣。經正，則庶民興；庶民興，斯無邪慝矣。」

聖人取狂獧而惡鄉原。狂獧雖於道未中，然學乎聖門者也。鄉原自謂得乎中庸，然似是而非者也。學者雖未中乎道，然學乎聖門，則可以裁約，而使趨於中也。若夫自謂得乎中庸，則難以告語，似是而非，則易以惑人。此所以惡夫鄉原也。道以中爲貴，然中道而立爲難，故非極高明則不能以道中庸。孔子固欲中道者而與之，惟其難得，故思夫狂獧之士。狂者，所知進於高遠；獧者，所守執之堅介。故曰：狂者進取，獧者有所不爲。狂者之志大矣！嘐嘐然曰「古之人，古之人」，以古之聖賢爲慕者，以其知足以及之也。至於攷其所行，則有未能掩其言者，以其言之高，行有所未能踐故爾。琴張，或以爲子張，或曰非也。牧皮之事無所攷。惟曾晳「咏而歸」之語，載於魯論甚詳。玩味此一段，則晳也於道體蓋有以自得之矣，蓋未免謂之狂者，未若顔子、仲弓工夫之深潛縝密，故未能擇乎中庸而不失也。若獧者，則又狂者之次。不屑不潔者，言不輕爲不潔，是有所不爲也。而其知有未至，故其所爲不能以中節，又次於狂者也。若中庸所謂「知者過之」，其狂者歟！「賢者過之」，其獧者歟！至於鄉原，則所謂小人之中庸也。孔子謂過我門而不入我室，而我不憾者，言其難與言，以其自謂得乎中庸，似是而非，故以爲德之賊。「何以是嘐嘐也？言不顧行，行不顧言」，此鄉原譏夫狂者之辭也。謂狂者何爲若是嘐嘐，而言行之不相顧乎？「則曰：『古之人，古之人。』」「行何爲踽踽涼涼」，此鄉原譏夫獧者之辭也。謂古人操行何必拘拘之若是乎？鄉原既不爲狂者，又不爲獧者，則是謂己之爲已得其中，以爲生乎斯世，而爲斯世之事，人以爲善，斯可矣。故閹然順於當世，使當世悦之，以是爲中庸，故曰鄉原也。萬章疑其既稱一鄉之善人，則無往而不爲善人。孟子言其所謂善者，非吾之所謂善也。如下所云，可謂極鄉原之情狀矣。「非之無舉」、「刺之無刺」

者，言其善自矯飾也。「同乎流俗，合乎汙世」，流俗而能同之，汙世而能合之，則其人無所執守可知矣。「居之似忠信，行之似廉潔」，曰「似」，則非其真矣。衆皆悦之，則異乎所謂鄉人之善者好之矣。自以爲是，則是自以爲得夫中庸矣。惟其自以爲是也，此其所以卒爲鄉原，而不可反歟？堯、舜之道，大中至正，天理之存乎人心者也，此所謂善也。若鄉原之所謂善，則出於一己之私，竊中庸之名而已。異端之與正道，如黑之與白，本不足以賊德，其如道之不明，世俗之見易以惑溺，故以爲德之賊也。正猶莠之亂苗，佞之亂義，利口之亂信，鄭聲之亂雅樂，紫之亂朱，以夫不明者惑之故耳。經者天下之常理，中之見於庸者也。君臣、父子、兄弟、朋友、夫婦敘而惇之，而其倫有序；仁、義、禮、智推而達之，而其道不窮，所謂經也。惟人背而去之，莫知所止，故君子反經以爲民極。經正則人興於善，而邪慝自不能作，此中庸之所以爲至也。帝王之所以治，孔子之所以教，不越於反經而已矣。

孟子曰：「由堯、舜至於湯，五百有餘歲，若禹、皋陶，則見而知之；若湯，則聞而知之。由湯至於文王，五百有餘歲，若伊尹、萊朱，則見而知之；若文王，則聞而知之。由文王至於孔子，五百有餘歲，若太公望、散宜生，則見而知之；若孔子，則聞而知之。由孔子而來至

於今，百有餘歲，去聖人之世若此其未遠也，近聖人之居若此其甚也，然而無有乎爾，則亦無有乎爾。」

此章言道之所傳，堯、舜、禹、湯、文王、孔子，皆舉其聖之盛者。見而知之者，見聖人而知其道者也。聞而知之者，聞聖人而知其道者也。堯、舜則並言，文、武則獨稱文王者，文、武皆聖人，而文則生知者，故曰舉其盛也。自堯、舜至於孔子，各五百歲，而一大聖人出，元氣之會，天運人事蓋相參也。道不爲古今而有加損，聖人先得我心之所同然者耳。苟得其所同然，則雖越宇宙，與親見之何以異哉？孟子以謂由孔子之後至於今，語其世則百有餘歲爲未遠，語其居則鄒之去魯爲甚近，而未有繼孔子而出者。終之曰「則亦無有乎爾」，非謂遂無也，疑之之辭也。孟子於孔子，實聞而知之者，然其爲言如此，不敢居其傳，其待學者與來世之意深矣。門人載此章於篇終，厥有旨哉！嗟乎！自孟子而後，千有餘歲間，學士失其本宗，未有能究其大道而明其傳者，其天道邪？抑人事也？至伊、洛君子出，其於孔、孟之傳，實聞而知之。然自伊、洛以來至於今未百載，當時見而知之者固不爲無人，其風采議論，猶接於耳目也。然而今之學者，豈無有乎爾哉！然則可不勉之哉！

理學叢書

張栻集

三

〔宋〕張栻 著
楊世文 校點

中華書局

新刊南軒先生文集

目録

新刊南軒先生文集卷二……………………七一四

古詩……………………………………………七一四

新刊南軒先生文集卷三……七三九

新刊南軒先生文集卷五……七八三

新刊南軒先生文集卷七……八二五

新刊南軒先生文集卷八……八五六

新刊南軒先生文集卷十六……九九九

新刊南軒先生文集卷十七……一〇一四

新刊南軒先生文集卷二十……一〇六二

新刊南軒先生文集卷二十三……一一〇五

新刊南軒先生文集卷二十四……一一一九

新刊南軒先生文集卷二十五……一二三三

新刊南軒先生文集卷二十六……………………一一五二

新刊南軒先生文集卷二十七……一二七〇

新刊南軒先生文集卷二十八……一一八九

新刊南軒先生文集卷二十九……一二〇五

新刊南軒先生文集卷四十三……一四一四

祭文……一四一四

新刊南軒先生文集卷四十四……一四二五

祭文……一四二五

新刊南軒先生文集卷一

詞

風雩亭詞[一]

嶽麓書院之南有層丘焉，於登覽爲曠。建安劉公命作亭其上，以爲青衿遊息之地，廣漢張某名以「風雩」，又繫以詞。

眷麓山之面陝，有絃誦之一宮。鬱青林兮對起，背絶壁之穹窿。獨樵牧之往來，委榛莽其蒙茸。試芟夷而卻視，翕衆景之來宗。擢連娟之修竹，森偃蹇之喬松。山靡靡

[一] 該詞又見古文集成卷七十二、南宋文範卷三、宋元學案補遺卷五十、嘉慶湖南通志卷一七八、嘉慶衡陽縣志卷三十八、道光湖南通志卷三十二。

以旁圍，谷窈窈而潛通。翩兩翼兮前張，擁千麾兮後從〔一〕。帶湘江之浮淥，矗遠岫兮橫空。何地靈之久閟，昉經始乎今公。恍棟宇之宏開，列闌楯之周重。撫勝概以獨出，信兹山之有逢。予揆名而諏義，爰遠取於舞雩之風。昔洙泗之諸子，侍函丈以從容。因聖師之有問，各跽陳其所衷。獨點也之操志，與二三子兮不同。方舍瑟而鏗然，諒其樂之素充。味所陳之紆餘，夫何有於事功。蓋不忘而不助，示何始而何終。於鳶飛而魚躍，寔天理之中庸。覺唐虞之遺烈，儼洋洋乎目中。惟夫子之所與，豈虚言之是崇。嗟學子兮念此，遡千載以希蹤。希蹤兮奈何，盍務勉乎敬恭。審操舍兮斯須，凜戒懼兮冥濛。防物變之外誘，遏氣習之内訌。浸〔二〕私意之脱落，自本心之昭融。斯昔人之妙旨，可實得於予躬。循點也之所造，極顔氏之深工。登斯亭而有感，期用力於無窮。

〔一〕後從：原脱「後」字，據文淵閣四庫全書本（以下簡稱「四庫本」）補。

〔二〕浸：原作「侵」，據四庫本改。

謁陶唐帝廟詞〔一〕

宋淳熙四年，静江守臣張某既新陶唐帝祠，以二月甲子率官屬祗謁祠下，再拜稽首，退而歌曰：

溪交流兮谷幽，山作屏兮層丘。木偃蹇兮枝相樛，皇胡爲兮于此留。藹冠佩兮充庭，潔芳馨兮載陳。純衣兮在御，東風吹兮物爲春。皇之仁兮其天，四時叙兮何言。出門兮四顧，渺宇宙兮茫然。

公安竹林祠迎神送神樂章

神之來兮何許？風蕭蕭兮吹雨。悄屏氣兮若思，儼霓旌兮來下。昔公車之自南，民望車以欷歔。今乘駒兮入廟，亦孔悲兮若初。秋月兮皎皎，儼霜兮凜凜。澤終古兮何窮，噫微管吾其左衽。酌荆江以爲醴兮，擷衆芳以爲羞。歌嗚嗚兮鼓坎坎，惠我民爲此留。

〔一〕該詞又見蘆浦筆記卷四、南宋文範卷三。

神之去何所遊，風颯颯挾歸輈。倏昭明兮上征，撫一氣兮横九州。有新兮斯宇，竹森森其在户。嗟我民兮勿傷，公時來兮一顧。有新兮斯堂，竹猗猗其在旁。嗟我民兮勿替，公顧民兮不忘！

賦

遂初堂賦〔一〕

洛陽石伯元作堂於所居之北，榜曰「遂初」，廣漢張某爲之辭曰：

皇降衷于下民兮，粤惟其常。猗於穆而難名兮，維生之良。翕衆美而具存兮，不顯其光。彼孩提而知愛親兮，豈外鑠緊中藏。年燁燁而寖長兮，紛事物之交相。非元聖之生知兮，懼日遠而日忘。緣氣稟之所偏兮，横流始夫濫觴。感以動兮不止，乃厥初之或戕。既志〔二〕帥之莫御，氣決驟以翱翔。六情放而曷禦，百骸弛而孰强。自青陽而逆旅，暨黄髮

〔一〕該賦又見性理群書句解卷五。

〔二〕志：繆本作「忘」。

以茫茫。儻矍然於中道，盍反求於厥初。厥初如何，夫豈遠歟？彼匍匐以向井，我惻隱之拳如。驗端倪之所發，識大體之權輿。如寐而聰，如迷而途。知睆視之匪遐，乃本心之不渝。嗚呼！予既知其然兮，予惟以遂之。若火始然而泉始達兮，惟不息以終之。予視兮毋流，予聽兮毋從。予言兮毋易，予動兮以躬。惟自反兮于理，兹日新兮不窮。逮充實而輝光，信天質之本同。極神存而過化，亘萬世以常通。嗚呼！此羲文之所謂復，而顔氏之子所以爲道學之宗也歟？吾友石君，築室湘城，伊抗志之甚遠，揭華榜以惟新。命下交兮勿固，演妙理以旁陳。探上古之眇微，得斯説於遺經。謂非迂而匪異，試隱几而一聽。然則兹其爲遂初也，又豈孫興公所能望洋而瞠塵者乎？

後杞菊賦[一]

張子爲江陵之數月，時方中春，草木敷榮，經行郡圃，意有所欣。非花柳之是問，眷杞菊之青青。爰命采掇，付之庖人。汲清泉以細烹，屏五味而不親。甘脆可口，蔚其芳馨。

［一］該賦又見古今事文類聚後集卷二十九。

蓋日爲之加飯，而它物幾不足以前陳。飯已捫腹，得意謳吟。客有問者曰：「異哉，先生之嗜此也！昔坡公之在膠西，值黨禁之方興，歎齋廚之蕭條，乃攬乎草木之英。今先生當無事之世，據方伯之位。校吏奔走，頤指如意。廣廈延賓，毬場享士。清酒百壺，鼎臑俎胾。宰夫奏刀，各獻其技。顧無求而弗獲，雖醉飽其何忌？而乃樂從夫野人之餐，豈亦下取乎葑菲？不然，得無近於矯激，有同於脱粟布被者乎？」張子笑而應之曰：「天壤之間，孰爲正味？厚或腊毒，淡乃其至。猩唇豹胎，徒取詭異。山鮮海錯，紛糾莫計。苟滋味之或偏，在六府而成贅。極口腹之所欲，初何出乎一美。惟杞與菊，中和所萃。微勁不苦，滑甘靡滯。非若他蔬，善嘔走水。既瞭目而安神，復沃煩而蕩穢。驗南陽與西河，又頹齡之可制。此其爲功，曷可殫紀？況於膏粱之習，貧賤則廢；雋永之求，不得則恚。兹隨寓之必有，雖約居而足恃。殆將與之終身，又可貽夫同志。子獨不見吾納湖之陰乎？雪消壤肥，其茸萎蕤。與子婆娑，薄言掇之。石銚瓦椀，啜汁咀虀。高論唐虞，詠歌書詩。嗟乎！微斯物，孰同先生之歸？」於是相屬而歌，殆日晏以忘飢。

古詩

送八兄

彌旬積雨穗生耳，冬壑未渠收潦水。圍爐情話政爾佳，乃復歸舟行萬里。三年百感卧湘城，風急鶺鴒原上情。豈無他人意獨真，每覺軟語温如春。少年鋭氣凌八區，晚以樂義稱鄉閭。聞人有急若己如，天報兩子雙明珠。小隱卜築蘭溪邊，修篁喬木今參天。是非榮辱不到處，卷書一榻清晝眠。人言壽骨隱修眉，慶事鼎鼐〔一〕供期頤。豈惟宗族託軌範，政倚晚節增光輝。有弟有弟復何爲，杜門讀書人謂癡。故山未遂掃松願，江頭獨立送歸時。

五士遊嶽麓圖〔二〕

閉門六月汗如雨，出門襶襶紛塵土。文書堆案曲肱卧，夢逐征鴻過前浦。西山突兀

〔一〕鼐：原作「鼎」，據四庫本、道光本改。

〔二〕該詩又見聲畫集卷三。

不可忘，勇往政須求快睹。朝暾未升起微風，中流咿啞挾鳴櫓。長林秀色已在望，有如出語見肝腑。意行愛此松陰直，眼明還喜碑字古。高低梵釋著幽居，深穩仙家開閎宇。忽看宮牆高十丈，學宮峨峨起鄒魯。斯文政倚講磨切，石室重新豈無補。危梯徑上不作難，横欄截出可下俯。惟兹翼軫一都會，往事繁華雜歌舞。變遷返覆寧重論，昔日樓臺連宿莽。邇來人物頗還舊，豈止十年此生聚。泉流涓涓日循除，華表何時鶴來語。炎氣知不到山林，茗盌蒲團對香縷。鼎來杖屨皆勝引，季也亦復同步武。洛陽年少空白頭，三閭大夫浪自苦。一笑便覺真理存，高談豈畏丞卿怒。不圖畫僧聖得知，貌與兒童作夸詡。請君爲我添草堂，風雨蕭蕭守環堵。

次韻伯承見簡探梅之什且約人日同遊城東

江湖漫浪歲年晚，雖有梅花誰寄遠。城中可人獨吴郎，不惜日力供往返。東郭枝頭玉雪明，下有清淺溪流横。新春好趁花前約，莫待飄零空作惡。

張安國約同賦仇氏匾甕酒

人間炎熱不可耐，君家甕頭春未央。想當醉倒卧永日，夢遶清淮歸故鄉。後生那得識此酒，從君乞方還肯否？徽州作賦爲欷歔，荆州詩來端起予。

李仁父寄伏苓酥賦長句謝之

岷峨山中千歲松，枝虬幹直摩青空。雪霜剥落中不槁，膏液下與靈泉通。龜跧黽伏自磊砢，金堅玉潔仍豐融。篝明夜取喜得雋，煮鼎朝聽如吟風。杵成坐上看飛雪，更和酪乳收全功。當知至味本無味，子若服之壽莫窮。巽巖脊梁硬如鐵，冠峨切雲佩明月。百好都隨春夢空，大藥獨傳鴻寶訣。中宵咀嚼不揺頭，玉池生肥嗛不徹。憐我百慮形蚤衰，裹贈扶持意何切。丹砂着根謾爾傳，脂澤釀黍計已拙。由來妙道初不煩，此法莫從兒輩説。徑思舉袂揖浮丘，下視塵世真一吷。朱顔留得亦何爲，追逐同堅歲寒節。

和吴伯承

一葦湘可航，風濤逮春深。裴臺咫尺地，勇往復雨淫。窗前幾紅藥，俛首如不禁。悠悠覽物化，了了知予心。卜鄰得佳士，問學方駸駸。端如雲間鶴，不受塵埃侵。應門有長鬚，杖策許相尋。匪爲食有魚，杞梗采墻陰。聽我清廟詩，三歎有餘音。洋洋百世下，斯道豈陸沉。君看有本源，發端自涔涔。願君勉勿倦，抱膝試長吟。儻臻名教樂，何必懷山林。新詩尚來嗣，庶以貽規箴。

用前韻送彪德美

嘗嗜貴知味，短綆難汲深。讀書不能發，但自成書淫。況復翻異説，潢流渺難禁。豈知言意外，妙此惟微心。初無古今異，歲月謾駸駸。五峰講學地，歎息風雨侵。前時約同途，舊遊愴追尋。鳴鳳不可見，修竹餘清陰。斯文天未喪，千載發韶音。春風滿天宇，魚鳥自飛沉。河流貫霄極，芥舟膠寸涔。神交獨吾子，妙處但微吟。文會匪易得，未應歸故林。君無泉石癖，膏肓詎須箴。

再用前韻

元化首萬類，聖學極幾深。有如亞聖賢，尚謹殆與淫。淺見僅一斑，歡喜不自禁。豈知天地全，於穆千聖心。嗟哉我學子，進道宜駸駸。立志務弘毅，異説毋交侵。仁端驗發見，精微試探尋。超然見大體，皎日破重陰。重新鄒魯傳，挽回韶濩音。當年不自勉，與物終堙沉。神龍倏變化，豈復顧泥滓。有來南山友，更唱共迭吟。群材欲封殖，杞梓看成林。慇懃勸學子，逆耳成良箴。

采菊亭并引

陶靖節人品甚高，晉宋諸人所未易及。讀其詩，可見胸次灑落，八窗玲瓏，豈野馬遊塵所能棲集也！前建安丞張君精力未衰，即掛冠。家于瀏陽，有年矣。葺小園爲亭，面南山，來求予名。予名之曰「采菊」，取靖節所謂「采菊東籬下，悠然見南山」。嗚呼！靖節興寄深遠，特可爲識者道耳。

陶公千載人，高標跨餘子。豈無濟時念，斂蔭獨知止。歸來卧衡門，無慍復何喜。九日天氣佳，東籬擷芳蕊。舉頭見南山，佳處政在此。地偏心則遠，意得道豈否。張侯謝銀魚，築室娱燕几。小亭才尋丈，景物自新美。頗聞雙瞳清，亦復强步履。不妨數登臨，倚杖看雲起。高詠「悠然」篇，飛鴻送千里。

送楊廷芳

自吾友若人，歎息恨不早。相逢未出語，已足慰懷抱。寒窗逾浹旬，百慮略傾倒。霜晴不留客，別語詎能好。不盡此時情，梅邊試深討。

又

昔人忘言處，可到不可會。還須心眼親，未許一理蓋。辭章抑爲餘，子已得其最。當知鄒魯傳，有在文字外。

又

平生風雨夕，每念名節難。窮冬百草歇，手自種琅玕。吾子三十策，字字起三歎。豈欲求人知，正自一心丹。請哦「碩人」詩，匪爲樂考槃。

送鮮于大任入成都幕

虜馬昔飲江，扁舟憶同騖。翁方爲國謀，客以名義故。安危匪前料，得失渠異趣。淮壖渺風雪，王事有程度。息偃多在床，君車不停駐。初無作難色，所立詎愆素。嗟我吳門别，風木歲徂暮。相逢復湘城，往事忍回顧。獨餘後凋心，特立凜不懼。莫邪雖云利，寧作囊錐露。善藏要有待，小試隨所遇。終無缺折虞，豈但走狐兔。吾州得良牧，民力或可裕。本根賴封殖，疆索費調護。從容試長思，取急無窘步。作别忽草草，懷抱復誰付。他時下瞿唐，訪我林下屨。儻於功名餘，更講末後句。

同遊嶽麓分韻得洗字

遊觀不作難，呼舟度清泚。新晴宿潦净，群山政如洗。上方著危欄，萬象見根柢。寒泉自可蚪，況復雜肴醴。高談下夕陽，邂逅玄鑰啓。中流發浩歌，月色在波底。

送張深道

秋風木葉落，送客麗譙東。豈懷兒女戀，愛此趣味同。至理無轍迹，妙在日用中。聞言有不信，渠自馬牛風。吾子實所畏，立志高冥鴻。卓然遊聖門，不受異説訌。切磋豈不樂，愧非斲鼻工。於皇太極藴，精微浩無窮。願言終玩繹，默參元化功。

人言底柱險，袖手不敢邇。孰知人心危，毫釐千萬里。有來事物繁，酬酢無披靡。雖云應不難，要且辨真僞。良知本易直，天機驗所起。涵濡自日新，日新乃無蔽。聖學非空言，要領故在此。吾子端發源，所進渺涯涘。我雖念不敏，詎敢忘所止。後會儻有時，深功同舉似。

留題金山寺

長江岷山來，灌注天下半。東行近海門，勇往更瀰漫。蒼巒忽中流，屹立助傑觀。孤根入層淵，秀色連兩岸。我來最奇絶，霜月與璀璨。褰衣到絶頂，恍若上河漢。悠然發遐思，俯仰爲三歎。乾坤無餘藏，今古有長筭。更深寂群動，樹杪獨鳴鸛。回頭唤山僧，爲記此公案。

送范西叔教授西歸

乃祖至和間，忠謀書鼎彝。但知陛下聖，豈知吾言危。元祐愛君語，讀者猶涕洟。典刑今不亡，盛德故在兹。歲晚子過我，秀若齋房芝。持身蹈規矩，出語無瑕疵。向來長安道，詎肯舍靈龜。萬里一泮宫，行囊幾新詩。湘山足幽勝，而水清漣漪。登臨豈不樂，邂逅枌榆思。我懶抱僻學，絶絃理朱絲。子獨慕千載，悠然契心期。豈不爲我留，感此節物移。臨岐撫陳編，爲子三噫嘻。高深諒何極，循求有端倪。願言勉事此，奕葉光前規。

王長沙梅園分韻得林字

令君五畝園，不問蓬蒿深。江梅忽秀發，邂逅成賞音。一笑領諸客，掃地坐牆陰。清芳到酒面，落蕊飄衣襟。月去未忍去，起舞獨微吟。人自賞晤耳，問花亦何心。花雖有開落，意則無古今。須君戒勿折，嘉實看成林。

送邵懷英赴召

自君之西來，吾徒獲三益。匪惟欣晤言，望見意已適。俯仰歲再更，交情共金石。翩然别我去，寧復得此客？諸公有推轂，詔下亟傳驛。嘉言久填胸，往覲天咫尺。豈其湘水邊，而可滯六翮？雖深惜别思，敢後天下責。嗟哉善利途，雞鳴分舜蹠。浮雲起毫釐，乃有泰山隔。持身與謀國，兹義貫於一。君侯天資高，遇事無逼迫。所立凜不回，舉手謝物役。保此方寸印，勿受一塵隙。廓然麗昭回，萬象歸指畫。富貴豈君心，事業追往昔。贈言不能工，庶以永無斁。

陪安國舍人勞農北郊分韻得闌字

寒收花尚瘦，風静江不湍。元戎肅千騎，歷覽無留難。好景要徐出，微雲故遮闌。惟春布嘉惠，公豈樂遊觀。龐眉八十老，扶杖來蹣跚。去年幸一稔，何以報長官？酌酒公自勞，得無有愁嘆？嗟哉三章約，所貴簡且寬。黄堂載清静，自覺田里安。須公出妙語，兹遊記不刊。

安國晚酌葵軒分韻得成字

桐花三月寒，風雨滿江城。使君晚被酒，千騎過友生。名談宿霧捲，逸氣孤雲横。揮斥看墨妙，笑語皆詩成。人物有如此，爾輩賴主盟。更呼南鄰客，共此樽酒傾。愛我庭下竹，頭角方峥嶸。永懷冰雪姿，寧復世俗情。新篇一湔祓，凡木不足程。願言謹封殖，歲晚長敷榮。

安國置酒敬簡堂分韻得柳暗六春字

桴鼓息荒村，襏襫盛南畝。永日省文書，呼客共樽酒。主人出塵姿，宛是靈和柳。行歸帝所遊，此地豈淹久。公卧百尺樓，餘子可下瞰。我每奉談塵，汲古得深探。身外皆爲餘，此道要無憾。從渠梅雨天，陰晴遞明暗。公憎孔壬面，怪石乃寓目。夜堂發深藏，林立驚滿屋。我亦苦嗜此，一見下風伏。何當載而歸，妙策三十六。堂下列絲竹，堂上娱佳賓。相看夜未艾，樂此笑語真。風流今屬公，我輩但逡巡。文章千古意，翰墨四時春。

同元晦擇之遊嶽道遇大雪馬上作〔一〕

驅車望衡嶽，群山政參差。微風忽南來，雲幕爲四垂。炎官挾蓐收，從以萬玉妃。庭燎亦何有，尺璧仍珠璣。奇貨吾敢居，妙意良自知。林巒倏變化，轍迹平高低。喬松與修竹，錯立呈瑰姿。清新足遐寄，浩蕩多餘思。平生湘南道，未省有此奇。況復得佳友，晤言相追隨。茅簷舉杯酒，旅榻誦新詩。更約登絶頂，同觀霽色時。

詩送元晦尊兄

君侯起南服，豪氣蓋九州。頃登文石陛，忠言動宸旒。坐令聲利場，縮頸仍包羞。却來卧衡門，無愧自日休。盡收湖海氣，仰希洙泗遊。不遠關山阻，爲我再月留。遺經得紬繹，心事兩綢繆。超然會太極，眼底無全牛。惟兹斷金友，出處寧殊謀。南山對床

〔一〕該詩又見南嶽倡酬集。

語，匪爲林壑幽。白雲政在望，歸袂風颼飀〔一〕。朝來出別語，已抱離索憂。妙質貴强矯，精微更窮搜。毫釐有弗察，體用豈周流。驅車萬里道，中途可停輈。勉哉共無斁，邈矣追前修。

遊南嶽風雪未已決策登山用春風樓韻〔二〕

人言南山巔，煙雲聳樓觀。俯瞰了坤倪，仰攀接天漢。勇往愧未能，長吟湘水畔。茲來渺遐思，風雪豈中斷。行行重行行，敢起自畫歎。我聞精神交，石裂冰可泮。陰沴驅層霄，杲日麗旭旦。決策君勿疑，此理或通貫。

〔一〕颼飀：四庫本、道光本作「颼颼」。

〔二〕該詩又見南嶽倡酬集，標「擇之」（即林用中）作。另一首屬之敬夫（張栻）：「隆堂謹前規，傑閣聳奇觀。憑欄俯江上，極目渺雲漢。主人沂上翁，顧肯吟澤畔。俛仰一喟然，沖融無間斷。我來亦何幸，屢此承晤嘆。平生滯吝胸，一若層冰泮。繼今兩切切，保合勤旦旦。萬事儘紛紜，吾道一以貫。」而朱熹朱文公文集卷五亦收此詩，題爲：「奉題張敬夫春風樓」，時間爲「乾道丁亥冬至」（戊辰，四日）。

新刊南軒先生文集卷二

古詩

陪舍人兄過陳仲思溪亭深有買山卜鄰之意舍人兄預以顯壑見名因成古詩贈仲思

築居湘水濱，歲月亦已久。寧知負郭東，勝處入君手。回環烟塢深，有此溪十畝。朝暾穿林薄，荷氣薰户牖。堂堂吾州牧，下馬唤賓友。主人故喜事，一笑具殽蔌。汲泉泛崇蓮，洗醆傾稬酒。淋漓壁間書，自可傳不朽。我獨留薄莫，並溪時矯首。人言君不偶，此豈落人後。觀君眉宇間，似亦挾所有。隔溪更幽絶，古木蔭高阜。却立望遥岑，四序列鍾卣[一]。買山吾計決，便欲剪榛莠。居然顯一壑，豈羨印如斗。未知鄰家翁，還肯見容否。

送然姪西歸

堂堂希白翁，共惟同出自。百年詩禮傳，名教有樂地。嗟予力未勝，永抱蓼莪意。積累蓋百艱，承家豈云易。惕然履淵冰，中夜耿不寐。協心望爾曹，勉力紹前志。歲晚期有成，庶或保無墜。

又

自子來見我，倏焉十六秋。一聞沂上音，此意便綢繆。中間豈不別，會合同轉頭。今茲舍我去，萬里不復留。豈不能挽子，懼子爲親憂。六月送歸船，我思與悠悠。愛子剛毅資，不作繞指柔。願子進問學，琢磨須自修。居然知見廣，百病會有瘳。誰謂道云遠，行矣當深求。

[一] 卣：原作「鹵」，據四庫本、道光本及南軒先生詩集卷二改。

送黄子默

元祐不復見，太史今諸孫。人物尚論世，典刑故猶存。酣歌拓金戟，三年佐雄藩。超然車馬中，高韻獨孤騫。永懷白鷗盟，修竹滿故園。得句見眉睫，外慕何足言。顧以感知己，跋馬向修門。朝開英俊途，王度待討論。小試翰林手，乘槎薄崑崙。我懶卧衡麓，秋風擷蘭蓀。交遊歎益落，拭目看騰掀。軒冕豈足貴，政爾名義尊。執手念相聞，此意古所敦。

過胡文定公碧泉書堂

入門認溪碧，循流識深源。念我昔此來，及今七寒暄。人事幾更變，寒花故猶存。堂堂武夷翁，道義世所尊。永袖霖雨手，琴書賁丘園。當時經行地，尚想語笑温。愛此亭下水，固〔一〕若玻瓈盆。晴看浪花湧，静見潛鱗翻。朝昏遞日月，俯仰鑑乾坤。因之發深感，

〔一〕固：四庫本作「園」，疑作「圓」。

倚檻更忘言。

次韻德美碧泉感舊之什且約胡廣仲伯逢季立來會上封

相逢傾蓋地，回首歎川上。士窮不足怪，但喜氣愈王。凜然歲寒姿，儒林有龍象。棲遲似隱君，矍鑠真詩將。惟應一彈指，欲了四大藏。舊習想冰消，豈復留餘恙。新篇更紆餘，和氣與醞釀。却思東魯遊，幾載南陽葬。風霜摧宰木，日月隨過浪。豈期經世心，晚歲成獨往。蕭然屋半欹，使我懷抱愴。獨有千載傳，此事可憑仗。細觀宇宙間，何得復何喪。尚期浮雲開，衡嶽來見狀。秋壑采蘭蓀，霜林收栗〔一〕橡。曉看日浮空，夜賞雪侵帳。更憐二三友，前山屹相望。文會儻來尋，勝踐天所相。妙理須細論，長歌却雄放。褰裳請〔二〕勿疑，當仁應不讓。

〔一〕栗：原作「粟」，據四庫本、道光本及南軒先生詩集卷二改。

〔二〕請：四庫本、道光本及南軒先生詩集卷二作「詩」。

自西園登山〔一〕

雨後溪重碧，木落山增明。西風肅群物，感此秋氣清。振衣千崖表〔二〕，俯瞰萬籟生。匪云幽遐慕，政爾未忘情。

路出祝融背仰見上封寺遂登絶頂〔三〕

我尋西園路，徑〔四〕上上封寺。竹輿不留行，及此秋容霽。磴危霜葉滑，林空山果墜。崇蘭供清芬，深壑遞幽吹。不知山益高，但覺冷侵袂。路回屹陰崖，突兀聳蒼翠。故應祝融尊，群峰拱而侍。金碧雖在眼，勇往詎容憩。絶頂極遐觀，脚力聊一試。昔遊冰雪中，未盡登臨意。茲來天宇肅，舉目浄纖翳。遠邇無遁形，高低同一視。永惟元化功，清濁分

〔一〕該詩又見南嶽倡酬集。宋本此詩後尚有「其二」，即本集卷七之「自西園登山」。
〔二〕千崖表：南嶽倡酬集作「千崗遠」。
〔三〕該詩又見南嶽倡酬集，題爲「路出山背仰見上封寺遂登絶頂聯句」。
〔四〕徑：原作「經」，據四庫本、道光本及南軒先生詩集卷二改。

萬類。運行有機緘，浩蕩見根柢。此理復何窮，臨風但三喟。

中夜祝融觀月〔一〕

披衣凛中夜，起步祝融巔。何許冰雪輪，皎皎飛上天。清光正在手，空明浩無邊。群峰儼環列，玉樹生瓊田。白雲起我旁，兩腋風翩翩。舉酒發浩歌，萬籟爲寂然。寄言平生友，誦我山中篇。

晨鐘動雷池望日

浮氣列下陳，天净澄秋容。朝暾何處升，彷彿認微紅。須臾眩衆采，閶闔開九重。金鉦忽湧出，晃蕩浮雙瞳。乾坤豁呈露，群物光芒中。誰知雷池景，乃與日觀同。徒傾葵藿心，再拜御曉風。

〔一〕該詩又見南嶽倡酬集，作「中夜祝融觀月聯句」。

道旁見穫者

腰鎌聲相呼，十百南畝穫。婦持黍漿饋，幼稚走雀躍。辛勤既百爲，幸此歲不惡。王租敢不供，大室趣逋約。雖云粒米多，未辨了升龠。姑寬目前飢，詎有卒歲樂。樂歲尚爾爲，一歉更何託。書生獨多憂，何以救民瘼。

臘後一日尋梅東門外馬上遇雪

羸驂出東郭，静與幽意期。尋梅冷入眼，野路信所之。寒萼靳未吐，我自愛横枝。雪花忽排空，成此一段奇。歲晚故人闊，天寒鴻鴈稀。南國少霜霰，北山多蕨薇。坐看節物改，莫遣心事違。角巾風獵獵，日暮獨吟歸。

雪中登樓分韻得未字

南州冬多温，一雪已可貴。今年臘三白，故足蘇品彙。朝來並危欄，舉酒聊自慰。翩翩着客衣，漠漠亂雲氣。珪璧〔一〕滿天地，造物初不費。更邀二三友，晤賞見風味。燭至僕尚更，酒苦飲亦既。仍遣探梅花，已折南枝未？

笋脯一平馳寄因和去歲詩爲一笑春笋未盛尚續致也

權門極珍羞，未辨食龍肉。我家湘楚山，籜龍飫奴僕。淮南户户有黄虀，公今徑歸亦不癡。更包笋脯贈行李，定應笑殺長安兒。

湖南使者邵公召赴在所寓客張某敬賦以餞行李

公來使湘州，氣象日淳美。不爲察察明，自謂平平耳。未須走原隰，但使心如水。儻無耳目蔽，庭户即千里。頃聞上封章，便欲返桑梓。其如矍鑠姿，難着湖山裏。春風一札下，趣往覲天咫。新淥渺滄洲，揚舲一何駛。士方處遠外，憂國抱藴底。寧應立君前，輔車有或柅。煌煌四門開，側席問民疻。百慮願畢陳，高風泚餘子。

〔一〕璧：原作「壁」，據四庫本、道光本及南軒先生詩集卷二改。

次韻元晦擇之雪中見懷

流水浩無息，遊雲去不休。我思在何許，起步三徑幽。男子四方志，胡爲守一丘。盍簪未可期，此意空綢繆。平生子朱子，砥柱屹横流。探古獨遐觀，萬象供雙眸。結友得林子，苦心事窮〔一〕搜。看渠清介姿，便可披羊裘。昔者千里駕，共我風雪遊。永言清絶景，秖以好語酬。居然隔年别，却喜翰墨留。詩來尚記憶，知子不我尤。講習今難忘，離索古所憂。但當勉耘耔，歲晚儻可收。

送甘甥可大從定叟弟之桂林

季也有行役，我思獨悠悠。親朋非不多，子能從之遊。掛〔二〕席上湘水，青山挾行舟。籃輿問嶺路，政爾荔子秋。人言桂林好，頗復類中州。近郊多勝概，雉堞冠層樓。待渠幕府暇，時與同冥搜。吾子有令姿，胸中富九流。處世多齟齬，但當付滄洲。超然擴遐思，

〔一〕事窮：原作「士穹」，據四庫本、道光本及南軒先生詩集卷二改。

〔二〕掛：原作「桂」，據四庫本、道光本及南軒先生詩集卷二改。

詎可耳目謀。願爲百鍊剛，莫作繞指柔。昔人不吾欺，子盍試反求。預想他年歸，此地復綢繆。刮目看二子，一笑紓百憂。

湘中館餞定叟弟分韻得位字

江樓倚夜闌，樽酒留客醉。挽衣更小語，不盡今夕意。吾家德義尊，此豈在名位。勉哉嗣芬芳，停此寬别思。

廣漢黄仲秉即轉運使治之東作亭扁以楚翠蓋取杜陵所謂楚岫千峰翠者屬客賦詩

維衡屹南荒，作鎮自開闢。蟠根結地厚，面勢倚空碧。陂陁數州境，高下相接迹。麓山乃其趾，神秀固未極。定王十里城，處處見山色。知誰長在眼，嗟此塵中客。觀風君獨暇，延納到几席。得句悦忘言，寄興渺今昔。自君之東來，民瘼極探索。仁言徹九關，寧懼虎豹厄。諏詢遍南畝，民肥吾則瘠。築亭一舒嘯，逮此百憂隙。看山儻不愧，隱几亦聊適。寄語後來者，此意當無斁。

三茅觀李仁父劉文潛員顯道趙温叔崔子淵置酒分韻得高字

節物歲云暮，九衢塵滿袍。起我二三友，招要步林皋。仰看冥飛鴻，俯覽千丈濤。石徑上深窈，竹風更蕭騷。杯槃自真率，更起瀉濁醪。歎我會合難，慰我涉歷勞。薰然鄉[一]社遊，飲少意已陶。我亦壽長者，萬里欣所遭。嗟哉士業艱，逝矣日月滔。古義重金石，外物真秋毫。願言共勉厲，勿負岷山高。

寒食前三日野步烏龍山中石上往往多新芽手擷盈匊酌玉泉煮之芳甘特甚有懷伯承兄賦此以寄

披雲得新腴，煮泉聽松風。香永味自真，不與餘品同。悠然泊莫留，歸來隱疏鐘。念昔湘濱遊，年年擷芳叢。遲日照高嶺，新雷驚蟄龍。落磑快先啜，鼓腹欣策功。夜燈紫筠窗，香生編簡中。誰與共此樂，臭味有鄰翁。朅來七里城，日月轉飛蓬。山川豈不好，予

〔一〕鄉：原作「卿」，據四庫本、道光本及南軒先生詩集卷二改。

憂日忡忡〔一〕。酌此差自慰，思君復無窮〔二〕。

六月晦發霅川廣德兄與諸友飲餞于漁山已而皆有詩贈別寄此言謝

平生苕霅夢，邂逅此登臨。青山秀而遠，溪水潔且深。浮玉千古色，飛鳳何年音。小丘闢荒薈，修竹初成林。居然得此客，領略還披襟。已歌棠棣詩〔三〕，更作伐木吟。兄嗟弟行役，友念朋盍簪。情深語更質，意到酒自斟。荷風生泊莫，涼雨洗遥岑。翻然放舟去，別緒故難任。我行日以遠，佳處長會心。作詩寄余韻，併以謝幽尋。

遊靈岩

我登姑蘇臺，笑指前溪水。水從具區來，古色映清泚。明朝泛舟去，兩岸雜蘋芷。

〔一〕忡忡：原作「冲冲」，據四庫本、道光本改。

〔二〕無窮：原作「無穹」，據四庫本、道光本及南軒先生詩集卷二改。

〔三〕已歌棠棣詩：「歌」，原作「哥」，據四庫本、道光本及南軒先生詩集卷二改。

縈[一]紆知幾曲，舉目皆可喜。稻熟千頃黄，秋入四山紫。疏鐘度横塘，青帘穿野市。忽驚秀氣逼，突兀平地起。飛閣出林顛，穹石滿山趾。褰裳上深徑，鳴蟬聲聒耳。木鋍露遐觀，欲進足屢止。梵宫開何年，金碧焕相倚。上方納湖光，千里浄如砥。中峰何亭亭，正爾當燕几。沙闊鷗鷺微，水落魚龍徙。雲遶闔閭邦，草迷於越壘。琴臺俯香徑，不念前王侈。兹山自古今，詎此能爲痏。老松獨堅卧，根株互盤峙。頽然閲滄波，愛此青未已。我來三日留，幽事付行李。領略寧有窮，登臨聊可紀。

遊惠山

兹泉幾歲月，復此慰渴心。諒惟獨鍾秀，源委來何深。在昔抱幽獨，邂逅逢賞音。希聲聽者難，至味乃可尋。兀坐正亭午，涼風度清陰。於焉有深晤，三歎復微吟。

遊池州齊山

舊聞齊山勝，抱病來登臨。蒼然俯平湖，秀出幾百尋。穹石天與巧，修篁近成林。高

[一]縈：原作「榮」，據四庫本、道光本及南軒先生詩集卷二改。

攀極巉巖，俯探窮窈深。愛此堅貞姿，摩挲會予心。憶行西湖岸，亦復多嶔崟。頗恨人力勝，刻畫時見侵。誰知醜石面，乃亦孌孔壬。何如榛莽間，屹立長森森。天然抱幽獨，妙質逢賞音。支笻到絶頂，孤亭指遥岑。樊川有留詠，兀坐一長吟。

齊山石壁間見林擇之題字緬懷其人賦此

平生子林子，一别今幾春。寧知林壑中，忽見題墨新。巉巉屹蒼石，恍若對其人。徘徊不忍去，我懷誰爲陳。自子來江東，相去亦已邇。謂當復相逢，跂首日望子。云何竟差池，又此隔千里。憑高久佇立，飛鴻渺煙水。

過馬當山

千秋馬當廟，千尋獅子磯。寒風起崖腹，慘澹含陰威。孤帆駕巨浪，瞬息洲渚非。忠信儻可仗，神理茲不違。

題乖崖堂

平生乖崖公，及此邦仿像。凜然風埃外，餘子避英爽。憶公昔正色，抗論指邪枉。念當絶其根，所畏日滋長。晴空轟雷霆，下土走魅魍。云何廊廟姿，半世江海上。徒令治郡聲，迄今滿天壤。論相危及公，亦豈坐倔彊。嗟哉彼隘俗，利欲扼其吭。聞公卓絶風，吐舌仍儻怳。豈知古之人，事業係所養。臨機隨手應，如爬適苛癢。李侯亦高世，希蹤自疇曩。萬里見丹青，高堂闢虚敞。琅琅壁間記，讀者興慕仰。我來歲云莫，霜林振餘響。嘆息重徘徊，題詩詔吾黨。

張子囦攜二子西歸求予詩爲賦此以致鄉鄙之義

窮冬泝荆江，風急波濤怒。張君一葉舟，追逐任掀舞。時從古岸邊，頗得班荆語。君家岷山下，須眉挾風雨。萬里垂橐歸，問君自何苦。兩兒纔過膝，秀色隱眉宇。昨者試省中，旁觀正如堵。誦書聲琅琅，亦復記訓詁。呼前與酬答，進止良應矩。我爲三咨嗟，每見必摩拊。祝君須愛惜，事業貴有序。美質在陶冶，如器無苦窳。道遠方愁予，速成戒自古。可使利欲風，居然熏肺腑。良心人所同，愛敬發端緒。岷江本一勺，東流貫吴楚。但當養其源，日進自莫禦。君歸閉門思，予言或可取。

過洞庭

城頭鷄一號，浩蕩風脚回。篙師起相呼，牽帆上高桅。我亦推枕聽，波浪聲轟豗。窗間試一覘，萬頃銀山開。附火且安坐，念此亦快哉。良久天平明，已見金沙堆。泊舟古廟底，喜色動輿臺。我行正長夏，及此歲律摧。通籍恨亡補，敢賦歸去來。所至有何忙，妙處姑徘徊。險阻元自平，鷗鳥亦不猜。萬事有定理，渠謾費安排。明朝上湘水，雪意正栽培。行矣一杯酒，好在故園梅。

次韻陳寺丞建除體

建議了亡補，歸來謝馳驅。除荒城南丘，有田十畝餘。滿城車馬喧，得此逃空虚。平湖永晝静，泉聲雜塤竽。定自非偶然，供我耳目娱。執熱者誰子，來浣塵土襦。破顔爲我笑，共看雲卷舒。危機起於中，胡越生同車。成功妙克己，八荒元一區。收心試參此，得失竟焉如。開緘得君詩，嗜好如我迂。閉門君未可，出處本非疏。

湖南參議宋與道奉祠歸崇安里中賦此以别

憶昔歲丙寅，束書從吾翁。驅車服嶺南，弭節湟江東。湟江地僻左，窮年少過從。邂逅傾蓋友，一笑巒煙空。秋水泛孤艇，春郊支短笻。琴書適有餘，酬唱寫不供。豈惟吾曹懽，固足愉親容。日月遽如許，于今再星終。中間亦會面，别去復轉蓬。歸來洞庭野，乃此相迎逢。回首歎風樹，欲語悲填胸。愛君堅忍姿，凜凜霜後松。徐公真有常，意味與曩同。而我學不進，長大加愚惷。幸蒙故人惠，苦語相磨礱。梅霖漲宿潦，行李何匆匆。自云洞[一]庭樂，遠勝千户封。將兒更抱孫，綵衣映諼叢。搜奇萃圖刻，攷古羅彝鐘。知君頗挾此，詎信詩能窮。同里有佳人，抱獨環堵中。未妨閒暇日，更共討論功。它時有新得，爲寄冥飛鴻。

〔一〕洞：原作「祠」，據四庫本改。

嚴慶胄射策南歸迂途相訪六月二十有一日同遊城南書院論文鼓琴煮茶烹鮮徘徊湖上薄莫乃歸明日作别書此爲贈

炎暑盛三伏，駕言得清遊。城南才里所，便有山林幽。崇蓮炫平堤，修竹緣高丘。方兹閔雨辰，亦有清泉流。舉網鮮可食，汲井瓜自浮。絲桐發妙音，更覺風颼颼。喜無舉業累，獨有講學憂。逮子閒暇日，微言要窮搜。譬彼治田者，黽勉在勿休。但勤穮蓘功，勿作刈穫謀。雖云千里别，豈無置書郵。祝子時嗣音，慰我日三秋。

長沙歷冬無雪正月十日與客登卷雲亭望西山始見一白莫夜復大作竹聲蕭然是日坐上分韻得雲字

冬温氣苦盭，玄冥未書勳。薄雪殿餘臘，一夜收楚氛〔一〕。驩欣想農圃，潤澤到蒿芹。我亦破曉出，喚客來卷雲。蒼蒼西山樹，棲此萬鶴群。爽氣入病眼，幽懷愜前聞。意到自

〔一〕氛：原作「氣」，據四庫本、道光本及南軒先生詩集卷二改。

舉酒，語多秖論文。薄莫勢未已，飛花復繽紛。還將蕭瑟聲，一一付竹君。洗醆且更酌，清絶未酣醺。

次韻周畏知問訊城東梅塢七首

城東幽事如許，一見定勝百聞。苦雨斜風無奈，斷橋流水餘芬。

又

誰知牛鐸黄鍾，寡和陽春白雪。如君句法飽參，妙處不關言説。

又

春意新回庭樹，角聲莫起江城。更着水僊爲伴，真成難弟難兄。

又

可是看花不厭，城南更欲城東。多謝諸君着語，莫教孤負春風。

又

堤上已垂新柳，屋邊尚有殘梅。雪盡春生湖水，野航竟日悠哉〔一〕。

又

人情自爾變遷，此道不渝燥濕。未妨静處閑觀，要知二五即十。

又

短笻遍歷溪山，欸段時尋鄰里。遇酒聊一中之，得句亦偶然耳。

别離情所鍾十二章章四句送定叟弟之官嚴陵

别離情所鍾，會合意無斁。如何僅踰歲，復賦弟行役。歲律亦已暮，風烈雪漫漫。去

〔一〕野航竟日悠哉：「竟」，原作「意」，據四庫本、道光本及南軒先生詩集卷二改。

路阻且長，念子衣裘單。嚴之水淪漪，其山復蒼蒼。子陵釣遊地，草木有餘光。我昔臨此州，民容拙使君。子行爲多謝，慰彼無毫分。別駕亦何事，休戚理則同。但使民受惠，無論別駕功。巍巍孤高亭，念我昔所嘆。子也時一登，千載起立志。某在嚴陵，嘗爲宋廣平立孤高亭。義路本如砥，利徑劇羊腸。何以書子紳，世德不可忘。自昔謹交際，人情易因循。敬始以念終，君子貴守身。鄰邦吕正字，質疑時以書。校官有袁子，苦語莫厭渠。藐兹遺體重，相對子與予。祝子以自愛，念不忝厥初。雲滿南陽陌，書藏善和宅。行行重回首，無使歸思隔。送子目力短，朔風吹我裾。心焉獨如結，子也當念予。

平時兄弟間十三章章四句送定叟弟之官桂林

平時兄弟間，未省別離味。別時已不堪，別後何由慰。庭萱既荒蕪，緑綬委塵土。予嘆子咨嗟，寒窗夜風雨。逮此閑暇日，賴有先世書。與子共紬繹，舍去情何如。嗚呼忠獻公，典則垂後裔。遺言故在耳，夕惕當自厲。何以嗣先烈，匪論達與窮。永惟正大體，不遠日用中。履度如履冰，猶恐有不及。毫釐儻不念，放去如決拾。事業無欲速，燕逸不可求。速成適多害，求逸翻百憂。南山有佳木，柯葉正敷榮。願圖歲晚功，大用寧小成。歲晚豈不念，風雨漂揺之。但當護本根〔一〕，紛紜爾何爲。嶺海坐清静，府公金玉姿。幕府省文書，簡編可委蛇。十步有茂草，會府宜多賢。親仁古所貴，更誦伐木篇。聞之元城公，南州宜止酒。止酒縱未能，少飲還得不？子行日以遠，我思日以長。政或少閒暇，書來不可忘。

芭蕉茶送伯承伯承賦詩三章次韻

與子藝蘭九畹，勝渠賜璧一雙。更碾春風白雪，同看明月清江。

又

正色可參官焙，妙香還近嵇山。草木叢中清絶，天教散在人間。

又

春去雲藏嶽麓，梅黄雨漲昭潭。政爾倚欄無那，一甌唤起清談。

〔一〕本根：「本」，原作「木」，據四庫本及南軒先生詩集卷二改。

賦遺經閣

生世豈云晚，六籍初未亡。向來言外旨，瞠視多茫茫。隱微會見獨，如日照八荒。始知傳心妙，初豈隔毫芒。絶學繼顔孟，淳風返虞唐。讀書無妙解，數墨仍尋行。況復志寵利，荆榛塞康莊。自云稽古功，此病真膏肓。君家屹飛閣，面對群山蒼。匪爲登臨娱，牙籤富書藏。邀予爲着語，會意詎可忘。一洗漢儒陋，活法付諸郎。

三友堂

寒窗政爾念蕭瑟，況復故人疏近音。憑欄爲子賦三友，便覺冰霜千古心。

初春和折子明歲前兩詩

古今同活法，妙處在阿堵。浮雲不作祟，白黑可坐數。窮冬掩關卧，豈爲作詩苦。挑燈讀韋編，至味可深咀。新春風雨中，日日鳩鳴屋。小園政可步，奈此泥涴足。却坐問樽酒，知足乃不辱。一杯徑陶然，敢羨車載麴。

和德美韓吏部笋詩

籜龍春雨後，得勢類乘軒。驟長寧嫌速，駢生詎厭煩。錯連非異族，蒼老見玄孫。色並蒲葵扇，香侵老瓦盆。静依花影轉，新〔一〕帶蘚文昏。外美看彪炳，中虚驗晏温。出欄俄競秀，侵徑悦孤騫。穎脱錐囊見，森嚴武庫存。風回飄粉霧，軀拆露坤垠。生理知無息，神功本不言。牙籌誰數箇，玉斧莫傷根。錯立環兵衛，周羅儼翰藩。危岑遥寸露，睹浪忽驚奔。勁節回青眼，齊觀壯小園。嚴凝難奪志，霢霂合知恩。蛟鰐蟠深宅，牛羊隱半垣。委蛇隨户牖，撐拄動荃蓀。愛惜滋千畝，高低辨兩番。藐真應莫稱，著譜欲重論。豈止同苞茂，真成後嗣繁。兒童防戲折，口腹謝空飧。深夜共椽燭，清朝列戟門。於菟真筆楗，季子屢髯掀。北海雖頻設，南山可盡髡。深培資後賞，獨倚莫消魂。看取炎歊候，清陰蔭午暾。

〔一〕新：原作「新新」，據四庫本改。

生辰謝邵廣文惠仁者壽賦

左弧念當辰，藐此卧歲晚。重雲不予蔭，敢望滋九畹。南鄰有良朋，敏質快瓴建。進道方駸駸，吐辭看衮衮。妙語極吹噓，至理屬關鍵。嗟予澹泊好，學植自穮蓘。豈能益涓埃，感子意繾綣。昭然隱微中，當念仁豈遠。起知妙乾體，實理踐坤簡。大易乃在我，亘古當一本。期君得真傳，永以息邪遁。

新刊南軒先生文集卷三

古詩

五月十六日夜城南觀月分韻得月字

梅收清風來，宇浄寶鑑揭。頻年城南遊，未有今夜月。呼舟泛微瀾，遊魚亦出没。危榭倒影浮，倚檻涼入骨。舉酒屬西山，寒光動林樾。諸君興未已，南阜上突兀。目極大江流，高情更超越。

三月七日城南書院偶成

積雨欣始霽，清和在兹時。林葉既敷榮，禽聲亦融怡。鳴泉來不窮，湖風起淪漪。西山卷餘雲，逾覺秀色滋。層層叢緑間，愛彼松栢姿。青青初不改，似與幽人期。坐久還起步，堤邊足逶迤。游魚傍我行，野鶴向我飛。敢云昔賢志，亦復詠而歸。寄言山中友，和我和平詩。

四月二十日與客來城南積潦方盛湖光恬然如平時泛舟終日分韻得水字

澤國盛梅雨，漲潦瀰兩涘。當時侵溢患，乃復到城市。納湖迫西闉，衝突固其理。今年築隄防，揵石細積累。艱辛迄崇成，鼀魚亦歡喜。節宣有程度，盈縮無壅底。昨宵水没岸，民居例遷徙。走馬來問訊，屹若堅城壘。江濤從渺茫，湖光自清泚。小舟足遊泳，新荷方蕤蕤。嘉我二三客，共此風日美。相期寂寞濱，雅意淡如水。念言隄防功，得失乃如彼。而況檢身者，詎可忘所止。明朝更我詩，斯言或當紀。

展省龍塘有作

十年衡山陰，驅馬幾往還。山色如故人，牧豎隨馬鞍。俛伏長松下，清晨涕汍瀾。念昔初拱把，兹焉影團欒。白雲歸何時，日月如轉環。矯首祝融峰，依前倚高寒。於焉百感集，欲去良獨難。

田舍

竹葉帶曉露，茅簷起炊煙。蛩吟枯草根，犬吠壞垣邊。田家亦何營，生理固足憐。風霜摧我稼，稂莠長我阡。卒歲復何念，一飽未補前。我思昔之人，備豫理所先。積倉徧郊野，甘雨盈公田。臨風重搔首，復古何由緣。

舊聞長沙城東梅塢甚盛近歲亦買園其間念欲一往未果也癸巳仲冬二十有八日始與客遊過東屯渡十餘里間玉雪彌望平時所未見也歸而爲詩以紀之

半生客荆楚，歷覽非一隅。寧知城東路，有此梅萬株。瘦馬路曉寒，清風起菰蒲。度溪上平坂，頓覺景物殊。霏雪下晴晝，香霧迷前驅。近坡與遠嶺，玉立同一區。老樹固瑰特，小枝亦敷腴。有如衆君子，彙聚德不孤。精粗無可揀，酥酪與醍醐。千株未覺多，此語信不誣。班荆或小憩，沽酒時一軒。勝賞諒難盡，昭質知不渝。我有十畝園，丘壑正盤紆。念此縞袂侶，歲晚足我娱。來遊自今始，琴書與之俱。回首桃李場，冷淡莫揶揄〔一〕。

平父求筍炙既并以法授之乃用往歲張安國詩韻爲謝輒復和答

知君友竹君，寧使食無肉。更我脯筍詩，句妙騷可僕。南公鮭菜傖父齏，嗜好自爾元非癡。君但將從力噉此，大勝折腰鄉里兒。

題淮陰祠

秦關昔先驅，南鄭豈淹久。夜中丞相歸，平明印垂肘。古來豪傑人，調度出窠臼。登壇一軍驚，六合已在手。從兹看廓清，指揮如運帚。時艱思奇才，廟古酹樽酒。出門望長淮，故國長稂莠。風雲正慘澹，人事極紛糾。拘攣儻無累，吾欲獻九九。

〔一〕冷淡莫揶揄：「揶」，原作「邪」，據道光本改。

時爲桂林之役斜川前一日刑部劉公置酒相餞曾節夫預焉既而劉公用陶靖節斜川詩韻見貽亦復同賦以謝

通籍念無補，先廬獲歸休。所忻三載間，暇日從公遊。城中十畝園，頗復依清流。渺渺送歸鴈，翩翩下輕鷗。駕言欲南騖，踟躕眷林丘。況且遠晤言，公唱孰與酬。祖席近佳日，呼客仍我儔。相與千載思，誰復念此不？新詩更紆餘，用以寬離憂。它年南阜約，剩啄時相求。城南有丘巋然，名以南阜，它年當與公歲講是遊也。

送劉樞密留守建康

整駕欲南騖，乃復送公舟。公行民所瞻，願言勿淹留。向來秉事樞，正色有忠謀。坐覺國勢尊，已驗權綱收。如何霖雨澤，偏使及南州。新春紫詔下，聞者寬百憂。誰昇今重鎮，百萬宿貔貅。控江撫長淮，聲勢接上流。吾皇志經略，此地合綢繆。不應萬全策，歲月空悠悠。先當植本根，次第施良籌。未聞欲外攘，而乃忽内修。幕府方宏開，人才要旁搜。可不念葑菲，惟當别薰蕕。留鑰豈淹久，即歸侍前旒。盡舒醫國手，調療會有瘳。還憶遐荒守，時能寄音不？

淳熙乙未春予有桂林之役自湘潭往省先塋以二月二日過碧泉與客煮茗泉上徘徊久之

下馬步深徑，洗琖酌寒泉。念不踐此境，于今復三年。人事苦多變，泉色故依然。緬懷德人遊，物物生春妍。當時疏闢功，妙意太古前。屐齒不可尋，題榜尚覺鮮。書堂何寂寂，草樹亦芊芊。于役有王事，未暇謀息肩。聊同二三子，煮茗蒼崖邊。預作他年約，扶犁山下田。

七月旦日晚登湘南樓

文書稍去眼，日夕進微涼。高樓一徙倚，清風爲我長。漁父蔭深樾，歸人度浮梁。仰看河漢明，俯視群山蒼。平生會心處，於此故難忘。舊聞水東勝，巖巒發天藏。豈無一日暇，勇往聊徜徉〔一〕。民瘼未渠補，况敢懷樂康。天邊雲物佳，似復爲雨祥。秋成儻可期，歲晚或自强。當從農家鼓，一歷水雲鄉。

望後一日與客自水鄉登湘南月色佳甚翌日用鄉字韻簡游誠之

一雨五日餘，南州三伏涼。唤客近方沼，笑譚引杯長。相將復登樓，月色在屋梁。念我懷百憂，忽忽髮變蒼。及此少自舒，觴詠未可忘。孤光凜下照，景妙無留藏。沙邊數白鷺，欲下仍翔徉。群動亦自得，如我四體康。平生子游子，虚白生吉祥。官舍並樓居，登臨筋力强。未可效王粲，居然思故鄉。誠之所居正在樓旁，自中憂以來，每攜書獨登。

定叟弟生朝遣詩爲壽

我昔在嚴城，惟子桂林思。舊遊復更踐，相望仍今兹。行止不可期，會合何參差。况乃近重九，清杯憶同持。想子撫初度，難忘蓼莪詩。而我獨東向，慇懃頌期頤。祝子以愛

〔一〕徉：原作「佯」，據弘治本、四庫本改。

身，永佩過庭規。勉子事遠業，昔賢以爲師。安車按節度，中道行逶迤。他年老兄弟，鶴髪仍龐眉。歲晚話平生，期以無媿辭。及此良未易，兢兢願同之。

八月既望要詳刑護漕遊水東早飯碧虚徧觀棲霞程曾龍隱諸巖晚酌松關放舟過水月洞月色佳甚逼夜分乃歸賦此紀遊

灕江即湘江，戢戢清見石。其東列群峰，秋色碧復碧。日出霧露收，草徑上逼側。憑欄指望眼，已足慰疇昔。更窺巖穴勝，創見爲驚咋。如何數里間，奇觀相接迹。寬同廈屋深，劃若巨靈擘。日月遞光景，風雲變朝夕。石橋幾年成，乳竇時一滴。神龍舊隱處，仰視多辟易。蜕迹凜猶存，隱隱印霜脊。下有澄湫深，餘波漱蒼壁。往者已仙去，來者此其宅。薄晚扣松關，風過聲索索。聊麾車騎退，容我且散策。却望訾家洲，輕舫度前磧。回首煙樹林，已復掛蟾魄。宇曠浄餘滓，群物被光澤。何所寄遐思，空巖皎虚白。清輝可一規，水色相激射。天邊與川上，亭亭如合璧。居然廣寒遊，不用假六翮。班坐依微瀾，晤賞共佳客。因之想千載，詎有今古隔。簫鼓歸夜闌，觀者粲城陌。往往羅杯柈，班班見殽核。諒因年歲豐，人意少舒適。視爾意少舒，於予亦忻懌。

次韓機幕韻

韓杜有佳句，炯炯如辰星。自昔此邦勝，中土亦飫聽。奇觀今愈多，洞户長不扃〔一〕。秀色真可餐，腴澤到畦丁。寒巖度輕舫，瘦嶺着危亭。固已小鴈蕩，寧復談錦屏。自我來擁麾，每思御風泠。如何半載間，足迹才一經。居然俯仰中，便覺塵慮冥。舊刻暗蒼蘚，往事過奔霆。頗聞煙霞外，往往接神靈。向來羽衣士，吐内誇奇齡。終焉亦歸盡，難留鬢毛青。塞鴈度霄漢，沙鷗飛遠汀。大哉天壤間，逍遥各隨形。人生亦何有，泛若水上萍。勿作分外念，但勉明德馨。乘時各努力，日馭不我停。夢回故園好，蘭菊羅中庭。從知靖節醉，遠勝次公醒。

秘閣鄭公移節鄉部置酒餞别詩以侑之

嗜僻寡同好，意合難語離。傾蓋今幾年，盍簪愜心期。况復王事同，退食陪委蛇。窺

〔一〕扃：原作「扁」，據四庫本改。

君肺腑中，落落無藩籬。獨有見義勇，褰裳[一]欲從之。憂時多苦語，懷古更餘悲。坐使嶺海間，冰雪映清規。我拙倚君重，孤懷良自知。正如乘霧行，不覺蒙其滋。人生豈無別，念此尤依依。維閩號蕃庶，今亦困繭絲。平時里社遊，耳目到隱微。想當入境初，不待褰車帷。晝綉[二]匪所榮，民瘼要深醫。看培邦本强，詎止鄉國肥。還歸報明主，廟論資扶持。願堅歲寒節，慰我別離思。

清明後七日與客同爲水東之遊翌朝賦此

平生山水癖，妙處只自知。夙約常寡味，邂逅愜心期。幅巾與藜杖，安步隨所之。朅來坐官府，頗覺此願違。城頭望群峰，欲往類絆羈。三春苦風雨，晴日一伸眉。沙邊散車騎，竹輿從嘔咿。獨與三四客，野服相追隨。亭高俯空曠，洞古探瓌奇。懸崖隱日月，幽壑蟠蛟螭。澗水雜鳴佩，松風發清吹。興來即傾酒，語到亦論詩。聊揩簿書眼，償此閒暇時。所歷固未厭，所感多餘思。昔遊木葉下，今玆緑陰肥。江山雖可識，歲月迺如馳。素

〔一〕褰裳：原作「褰褰」，據四庫本、道光本及南軒先生詩集卷三改。
〔二〕晝綉：四庫本作「晝繡」。

餐豈不念，懷安敢云私。歸來耿不寐，欹枕聽晨鷄。

題榕溪閣

寒溪澹容與，老木枝相樛。其誰合二美，名此景物幽。太史昔南鶩，於焉曾少休。想當下榻初，清與耳目謀。品題得要領，亦有翰墨留。我來訪遺址，密竹鳴鈎輈。稍令舊觀復，還與佳客遊。樹影散香篆，水光泛茶甌。市聲不到耳，永日風颼颼。所忻簿書隙，有此足夷猶。平生丘壑願，如痼不可瘳。雖知等喧寂，終覺静理優。更思濯滄浪，榕根浮小舟。

送陳擇之

君能千里來，乃作觸熱去。涼秋幸非遥，歸計無已遽。向來文字間，講論有平素。及兹共王事，益得君佳處。幾微獨深窺，圭角本不露。豈期寂寞濱，獲此友朋助。吾邦雖云僻，山水足奇趣。更期休沐晨，相與窮杖屨。匆匆何少悰，咄咄出别語。君懷負丞恩，行矣當及戍。我亦念歸歟，霜天收栗芋。後會未可期，往事屢回顧。贈言復何有，獨以此道故。寥寥千載前，達〔一〕者同一路。所趍固絶塵，所履無虚步。臨深覺居高，仰止有餘慕。要須學滄溟，匯此百川注。他年儻相憶，訪我城南圃。無使歲月深，永思編簡蠹。

止酒

淵明通達士，止酒乃成詩。終焉未能忘，寄意良在兹。勇哉典午君，覆觴無再期。念彼萬乘貴，艱難有深思。況乃一介士，而或志可移。祓齋揆前訓，剛制聖所辭。銘心諒無斁，多言亦奚爲。

斜川日雪觀所賦〔二〕

行客念故里，勞者思少休。如何歲華新，尚爾天南遊。涉五〔三〕遇佳日，品題自名流。

〔一〕達：原作「逹」，據四庫本、道光本及南軒先生詩集卷三改。

〔二〕珊瑚木難卷三收此詩帖，前有張栻序：「栻頃在湘中，嘗約刑部劉公修斜川故事。城南有丘巋然，因以南阜名之。是歲來守桂，負此約三年矣。戊戌五月，與周允叔、吴德夫、宇文正父、傅父登雪觀，和五柳翁韻，謹書以寄劉公。栻再拜。」

〔三〕涉五：珊瑚木難卷三作「涉歷」。

聊復揩病眼，沙邊玩輕鷗。和風着冠巾，春意動林丘。緬懷〔一〕千載人，孤高諒難儔。亦有一二士，舉酒相勸酬。未知吾故園，草木如此不〔二〕？政拙甘下考，智短空〔三〕百憂。賜歸儻蒙幸，舊盟良可求。

静江歸舟中讀書

南風駕小雨，群山浄如沐。吾歸及新涼，所歷慰心目。軋軋柔櫓鳴，卧見山起伏。推枕意悠然，還取我書讀。平生領解處，於焉更三復。老矣百念疏，但欲斯境熟。向來五嶺遊，日力半吏牘。小心了官事，終覺媿愓獨。世路自險夷，人情費追逐。翩翩孤飛翼，息蔭望林麓。

〔一〕緬懷：珊瑚木難卷三作「眄懷」。
〔二〕不：珊瑚木難卷三作「否」。
〔三〕空：珊瑚木難卷三作「忘」。

張子真楊政光吴德夫追路湘源賦此以别

驅車出嚴關，觸熱歸路長。一雨群物蘇，吾行亦清涼。離水自南去，湘流正洋洋。眷言二三友，跋馬勤送將。蕭然短長亭，每語夜未央。張子名家駒，千里方騰驤。楊郎嶺中彦，而能斂鋒鋩。延陵舊所熟，氣味固難忘。向來幕府遊，三秀麗齋房。居然出别語，分袂楚粤鄉。人生會有别，勿悲參與商。獨有贈言意，臨岐更平章。風俗易移人，宦途劇羊腸。千鈞〔一〕有不守，決去飛鳥翔。要當勉自持，詩書作金湯。他年相會處，刮目看增光。爲謝桂父老，無澤留一方。惟餘石間字，時與洗苔蒼。

登江陵郡城觀雪

黄雲澹四垂，飛雪忽無際。排空風力静，整整若有制。穿林初著花，點瓦已成毳。低連七澤波，遠接關河勢。憑城領奇觀，壯思起病滯。四年領邊州，氣候苦多盭。清秋日昏

〔一〕鈞：原作「鈎」，據四庫本改。

昏，仲冬雷虺虺。雪花有時零，轉首即開霽。及兹洗瘴眸，天公豈無意。爲邦抱百憂，但願得豐歲。對之一欣然，不飲心已醉。春前尚餘臘，三白或可冀。更約竹間梅，共作歲寒計。

正甫還長沙復用斜川日和陶韻爲别

吾黨有佳士，寡欲自日休。眷言平生心，從我萬里遊。披雲度嶺嶠，犯雪臨江流。顧我無定蹤，飄然若輕鷗。兹行雖云遠，所忻近故丘。況得與君俱，豈患寡朋儔。有酒君爲飲，有句君能酬。如何舍我歸，頗亦念此不？我老百念冷，獨有謀道憂。臨岐無他祝，簡編細研求。

子遠使君出守廣漢始獲傾蓋諸官賦詩贈别某廣漢人也故末章及之

半生落南州，分與岷峨疏。揭來荆江上，所忻近鄉閭。吾鄉多儁豪，雜遝來舟車。時從説情話，頗覺中懷舒。中間識胡公，粹美真璠璵。心遠氣自静，語簡意有餘。向來有推轂，入校中秘書。名場萬夫立，人亟我則徐。拳拳抱忠愛，百慮纔一攄。白雲已在望，思親惜居諸。乞州枌榆邊，政以便版輿。同舍挽不住，清風挾歸裾。觀君進退間，此豈爲名譽。春帆肯小駐，論交良慰予。愛君秉質高，且復富蓄儲。任重則道遠，願言勿踟躕。吾州得賢牧，父老想樂胥。我亦有一廛，徑思歸荷鋤。

李仁甫用東坡寄王定國韻賦新羅參見貽亦復繼作

三韓接蓬萊，祥雲護山頂。涵濡雨露春，吞納日月景。美蔭背幽壑，靈根發奇穎。艱難航瀚海，包裹走湖嶺。仙翁閱世故，未肯遽生癭。相期汗漫遊，歲晚共馳騁。願持紫團珍，往扣黄庭境。想翁面敷腴，玉色帶金井。芸芸納歸根，湛此方寸静。清規照濁俗，不惑類楊秉。懸知藥籠中，此物配丹鼎。從今談天舌，不用更澆茗。

外弟信臣總幹西歸駐舟沙岸得半月之欵於其行口占道别

外家源流遠，文物被諸孫。嗟我數年來，頗識佳弟昆。酥酪本同味，蘭芷非殊根。競爽有如此，知當大其門。信也來過我，氣貌清而温。方忻駐足地，中有静者存。皎然明月光，豈復受濁渾。塤篪迭和時，此理試共論。

廬山有勝處曰卧龍南康朱使君始築茅繪諸葛武侯像於其中以書屬予賦詩寄題此篇

廬山僊靈宅，佳處固非一。頗聞卧龍勝，幽深諒難匹。懸瀑瀉琮琤，石壁兩崒嵂。草木被光輝，波瀾動回没。今年朱使君，下馬怳若失。徘徊領妙趣，指點築茅室。爲愛卧龍名，英姿慨超軼。於焉儼繪事，長風起蕭瑟。髣髴梁父吟，尚想翁抱膝。慘澹風雲會，飄忽日月疾。獨存經世心，千載詎可汩。褰裳欲從之，雲濤渺寒日。

淳熙四年二月既望静江守臣張某奉詔勸農于郊乃作熙熙陽春之詩二十四章章四句以示父老俾告于其鄉之人而歌之〔一〕

熙熙陽春，既發既舒。翼翼南畝，是展是圖。嗟爾農夫，各敬乃事。往利爾器，誠爾婦子。惟生在勤，勤則及時。惟時之趨，時不爾違。祈祈甘雨，膏我下土。習習谷風，和

〔一〕該篇又見兩宋名賢小集卷二百十一。金履祥濂洛風雅卷一題爲静江勸農詩。

澤乃普。往即爾耕，惟力之深。往蒔爾苗，勿倦其耘。于日于夕，自遂自達。爾心勿忘，彼生孰遏。惟天之心，矜我下民。民不違天，使爾有成。既穟既實，既堅既好。爾穫既周，先養爾老。保爾家室，撫爾幼穉。既迄有年，復思嗣歲。嗟爾父老，其訓其誠。俾務於本，惟土物愛。不念其本，則越其思。所思既越，害斯百罹。嗟爾父老，其告其喻。爾之有生，君實覆汝。尊君親上，其篤勿忘。小心畏忌，率于憲章。嗟爾父老，教之孝悌。孰無父母，與其同氣。反于爾心，孰無愛敬。即是而推，烏往不順。嗟爾父老，勿替諄諄。其未率從，警厲其身。告以禍患，其使知懼。無俾蹉跌，以陷罪罟。惟國之法，煒煒其垂。使爾知避，豈欲爾施。爾或自陷，予疚予恫。曷使予懷，寘于爾衷。於赫聖主，敷德流澤。布宣弗虔，時予之責。咨爾父老，助予念兹。豈予之助，報國是宜。粤以今日，勸相于郊。乃作此詩，以懋爾勞。咨爾父老，尚演厥義。其諷其歌，于鄉于里。俾一其心，服我訓言。擊鼓坎坎，自古有年。

新刊南軒先生文集卷四

律詩

和石通判酌白鶴泉

談天終日口瀾翻，來乞清甘醒舌根。滿座松聲間金石，微瀾鶴影漾瑶琨。淡中知味誰三嘸，妙處相期豈一樽。有本自應來不竭，濫觴端可驗龍門。

憩清風峽

扶疏古木矗危梯，開始知經幾攝提。還有石橋容客坐，仰看蘭若與雲齊。風生陰壑方鳴籟，日烈塵寰正望霓。從此上山君努力，瘦藤今日得同攜。

讀李邕碑

荒榛日莫倚笻時，歎息危亭北海碑。後輩但知尊字畫，當年不得戍邊垂。豈關貝錦能成禍，祇恐干將不自奇。杜老惜才千古意，如今誰詠六公辭。

登法華臺

山間景物轉流年，臺上風光處處傳。放目便應雲夢小，憑欄平挹祝融巔。忽尋故國占天際，誰看孤舟繫岸邊。百感還將山下去，肯同槁木墮深禪。

謝楊文昭主簿寄詩楊之父紹興間倅建康不屈於兀朮而死

廼翁詈賊氣如虹，千載衣冠起懦庸。雙廟已應同卞壼，佳兒今喜見甄逢。傳郵贈我淩雲句，斷簡知君學古胸。忠孝可全須力勉，策勳寧復羨侯封。楊公血食金陵，政與卞將軍祠相望。

喜廣仲伯逢來會

二阮向來俱莫逆，支筇爲我到山巔。濁醪共飲聊復爾，勝集于今亦偶然。人立千峰秋色裏，月生滄海暮雲邊。高談此地曾知幾，一笑歸來對榻眠。

和黄仲秉喜雨

雨後清泉遶舍流，懸知耘耔遍南州。占相歲事端無恙，勞苦農人亦少休。好句收功經百鍊，彌旬不見便三秋。閑來只願長豐稔，江海白鷗盟共求。

遊道場山次沈國録韻

玻瓈盆外起千鬟，路入空濛紫翠間。心遠最便天宇迥，眼明偏見野雲閑。寒泉宰木〔二〕留千載，清磬疏鐘度兩山。我亦湘城三徑在，湖邊歸去洗塵顔。

〔一〕木：原作「水」，據四庫本改。

早秋湖亭

澤國今年秋氣蚤，湖亭清晚獨裴徊。翩翻荷蓋隨風舞，蕭瑟松聲帶雨來。静處豈云身計得，吟邊但覺歲華催。悠悠遠思憑誰寫，多病新來罷酒杯。

賦周畏知寓齋

知君隨寓即能安，久矣家山詠考槃。幕府漫遊從鬢秃，竹窗寄傲有書觀。此身詎可忘三省，世路何妨閲萬端。俯仰周旋皆實理，未應秖向寓中看。

送甘可大

子陵溪水千年緑，猶憶登臨日暮時。子去定能尋勝概，書來當復慰相思。簡編有味寧論晚，得失從渠莫自疑。也學迂疏教似舅，不應空賦渭陽詩。

送胡伯逢之官金陵

相望數舍已云疏，遠别何因執子袪。漫仕想應同捧檄，舊聞當不廢觀書。月明淮水空陳迹，山繞新亭有故墟。暇日更須頻訪古，因來爲我道何如。

寄題建安公梅山堂

梅公山色近庭除，勝日供公几杖餘。千古謾傳棲迹地，當年誰憶愛君書。丹心炯炯元無間，白髮星星不用鉏。待得斯民俱奠枕，歸來端亦愛吾廬。

重九陪詳刑護漕東西樓之集

獵獵西風滿角巾，登臨秋思與雲平。山圍〔一〕四野高低碧，江遶東城今古清。莫恨寒花未堪摘，且忻樽酒得同傾。政須客裏頻回首，細話家山此日情。

〔一〕圍：原作「圖」，據四庫本、道光本及南軒先生詩集卷四改。

次趙漕贈王昭州韻

煌煌金節按江城，驛路梅花正小春。聞説争迎來滿道，定將何術慰斯民。憩棠異日詩南國，懷橘歸時拜壽親。流澤會看均一路，要令治象復熙淳。

九日登千山觀

清晨領客上巉巖，野路衣襟濕翠嵐。九日開樽仍絶景，西風欹帽且高談。地形盤薄一都會，山色周遭萬玉簪。却指飛鴻煙漠漠，故園茱菊老江潭。

和正父遊榕溪韻

隔岸高低露碧山，眼明便作故園看。直從榕影度輕舫，更傍溪光撫曲欄。鴻鴈來希空悵望，梅花開早未初寒。喜君萬里同情話，明月清風足佐觀。

仲冬朔日登湘南樓復用正父前韻

歷遍江南處處山，嶠南還得倚樓看。化工此地無餘巧，爽氣窮冬更逼欄。官事隨時寧解了，書盟平日未應寒。相逢自有論文樂，只把空杯未礙歡。

六月二十六日秀青亭初成與客同集

亭成勝日好風光，佳客攜將共一觴。蒼壁插空千古色，高松蔭堤三伏涼。網魚縷膾寒水玉，剥蓮煮鼎甘露漿。便覺故園渾在眼，秖應灕水似瀟湘。

送韓宜州

頃年未識宜州面，已信諸賢品藻公。幕下從容逢益友，胸中骯髒本家風。一麾且與寬彫瘵，華髪應無慕勇功。從古安邊須自治，人情初不間華戎。

鹿鳴宴

從昔山川夸八桂，只今文物盛南州。秋風萬里攜書劍，春日端門拜冕旒。聖世取才先實用，儒生報國豈身謀。且看廷策三千字，爲寫平時畎畝憂。

送宇文正甫

重來能復幾旬餘，臨水登山又送渠。夜雨已知農事好，春寒未放小桃舒。眼前佳處應難盡，别後書來詎可疏？我亦相將歸舊隱，杖藜時復訪樓居。

雨後同周允升登雪觀

一雨端能減百憂，肩輿徑上寂高樓。山容浄洗無窮碧，江水新添自在流。已覺春隨花片老，不應身似賈胡留。煙蓑風笠南山下，正好歸歟看麥秋。

題邢使君釣隱

使君卜築占芳洲，短〔一〕檻疏籬處處幽。風月隨時供燕几，笑談終日在中流。翩翩影落來賓鴈，漠漠寒生欲下鷗。城市山林俱寓目，問君底處足消憂。

某辱歸父丈惠貺新詩謹次韻末章爲别

淮海相從幾歲年，南州鴈不到西川。重逢影落煙沙外，却喜身如金石堅。莫歎武城資莞爾，且看平楚正蒼然。剸繁自是君餘事，毫髮難逃止水淵。

和查仲文雪中即席所賦

方帽衝泥有客來，九衢俗眼莫驚猜。一樽相對十年外，兩脚新從萬里回。壯志未隨衰鬢改，孤懷良爲故人開。雪中細放梅花發，不用匆匆羯鼓催。

〔一〕短：原作「矩」，據四庫本、道光本及南軒先生詩集卷四改。

和宇文正甫探梅

天與孤清迥莫鄰，秖應空谷伴幽人。千林掃迹愁無那，一點横梢眼便親。顧影莫驚身易老，哦詩尚覺句能新。幾多生意冰霜裏，説與夭桃自在春。

襄州護漕使者張侯寄示所作快目亭記辭多慷慨予讀而壯之且想斯亭觀覽之勝爲賦此

聞説君家快目亭，溢江直上起千尋。昔人事業規摹在，故國山河草木深。世態從渠翻覆手，壯圖還我短長吟。會須一展平戎策，始稱平生灑落襟。

送舜臣撫幹表兄赴部

疇昔相看意便傾，重逢便覺眼增明。半生漫仕壯心在，五月長江去棹輕。龜櫝久藏千乘寶，鵬風方快九霄程。公朝兼用名〔一〕門選，外氏傳家舊有聲。

壽定叟弟

爲邦和氣滿鄉閭，袖手還家樂有餘。案上簡編元好在，閑中日月更寬舒。功名且要身長健，尋尺何求計不疏。好泛菊英斟壽酒，扁舟吾欲賦歸歟。

重九日與賓佐登龍山

曉風獵獵笛横秋，澤國名山九日遊。萬里煙雲歸老眼，千年形勢接中州。丘原到處堪懷古，萸菊隨時豈解愁。此日此心誰共領，朝宗江漢自東流。

贈樂仲恕

老子曾從先覺遊，後來文采繼風流。胸中有意窮千古，筆下成章映九秋。塵世利名

〔一〕名：原作「人」，據四庫本改。

無着算〔一〕，聖門事業要精求。詠歸消息今猶在，魚躍鳶飛會得不？

小園荼蘼盛開伯承以詩見督置酒于此爲增不敏之歎

留連紅紫計無從，晚惜芬芳萬卉空。枕上幾回清夢斷，風前政可碧紗籠。春隨夜雨但三歎，韻入香醪尚一中。長有花開消息在，不應嗚鼓便相攻。

再和

閉門謝客少過從，獨倚修篁傲碧空。忽喜千條發瓊蘂，紛如萬鶴出樊籠。與君前日徘徊久，得句懸知慘淡中。胸次本無愁可著，何爲苦要酒兵攻？

又和

夜讀韋編起欲從，門前流水落花空。春同心事應長在，月當燈光不用籠。弔古誰能

〔一〕算：原作「莫」，據四庫本改。

嗟澤畔，高吟且欲效隆中。君詩似玉無瑕玷，豈有它山石可攻？

又和

市朝車馬列雲從，君有危樓出半空。但覺乾坤增老眼，不妨日月轉空籠。花開花落關何事，江北江南只此中。互出新詩殊未艾，長城尚許短兵攻。

和楊教授〔一〕

道在無今昔，才難有屈伸。青編知了意，白眼付時人。鏡裏顏容舊，胸中事業新。絶歎知味鮮，渠自説甘辛。

客少從蒿長，居深懶户開。孤城歲云莫，瘦馬子能來。長策憐葵向，新詩更雨催。相看前日事，此首忍重回。

〔一〕和楊教授：「授」原作「受」，據四庫本、道光本及南軒先生詩集卷四改。

送少隱兄赴興元幕

出手寧嫌晚，論心本不欺。五年江左客，萬里故園思。肯枉洞庭棹，來尋棠棣詩。固知名義重，豈但慰朝飢。

邊塞連關隴，貔貅罷戰征。幕中須預計，堂上乃奇兵。漢水追前策，秦原憶舊耕。書生亦多事，慷慨試經行。

廉州何使君挽詩

橘井登賢籍，槐宫並俊遊。姓名題鴈塔，文字上瀛洲。公嘗進卷，召試詞科。青簡窮千載，朱轓但一州。有懷終未試，眼看落山丘。

又

憶昔湟江上，相逢意便傾。胸中元浩蕩，筆下更縱横。士伏徐公德，人言景倩清。定應鄉里敬，枌社祭先生。

和張晉彦遊嶽麓

齋舫凌煙浦，雲屏入畫圖。日烘花炫晝，風定水明湖。布穀催春種，提壺勸客沽。湘中無限景，賦詠繼三都。

送臨武雷令

詔舉循良吏，時資撫字功。人情平易看，治道古今同。緑野新耕盛，潢池舊習空。便應君課最，名姓御屏中。

去路連崇嶺，扁舟上〔一〕漲濤。不違將母願，敢歎獨賢勞。境静歸梟鴈，庭空長艾蒿。不妨頻拄頰，千里寄風騷。

喜雨呈安國

望歲民心切，爲霖帝力均。崇朝變炎暑，舉目盡清新。坎坎連村鼓，熙熙萬室春。北

〔一〕上：四庫本作「下」。

窗涼枕簟，安穩到閑人。

十二月十六日夜枕上聞雷已而大雪

春信梅邊動，雷聲枕上驚。忽看窗紙白，頓覺竹聲清。江海空餘夢，壺觴起自傾。朝來倚樓處，玉樹滿湘城。

過湘潭劉信叔舊居有感

北渚留行客，東陵憶舊侯。池蓮半枯折，風葉正颼飀。事業留千載，英雄去一丘。平生許國志，歲晚詎悠悠。

題唐興寺湘江亭

寺廢蒼崖聳，江回遠岸明。風霜摧翰墨，有唐大中記及詩刻，兵火後沉于潭中。歲月老絲緡。寺右有釣磯。兀坐知茶味，閑行忘去程。長哦伊水句，回首若爲情。鄭都官嘗題詩云：「湘水似伊水，湘人非故人。」

彪德美來會于泉有詩因次韻

君卧衡山北，我行湘水濱。相逢還莫逆，清絶兩無塵。勝集追前日，輕陰近小春。濯纓聊復爾，舉首謝簪紳。

上封有懷元晦

憶共朱夫子，登臨冰雪中。劇談無俗調，得句有新功。别去鴈横浦，重來月滿空。遥憐今夕意，清夢儻相同？

題福巖[一]

擲鉢峰前寺，肩輿幾度來。樓臺還舊觀，杉檜撫新栽。湘水堂堂去，秋山面面開。裴徊千古思，風壑有餘哀。

[一] 題福巖：四庫本、道光本作「題福巖寺」。

題南臺〔一〕

相望幾蘭若，勝處是南臺。閣迥規摹穩，門空晝夜開。回風時浩蕩，高嶺更崔嵬。謾説石頭滑，支筇得往來。寺多風，二門不可置扉。寺之側有石頭庵。

由西嶺行後洞山路〔二〕

西嶺更西路，雲嵐最窈深。水流千澗底，樹合四時陰。幽絶無僧住，閑來有客吟。山行三十里，鐘磬忽傳音〔三〕。

過高臺寺

著屋懸崖畔，開窗疊嶂秋。半欹雲樹冷，不斷石泉流。茗椀味能永，竹風聲更幽。平

〔一〕題南臺：四庫本、道光本作「題南臺寺」。

〔二〕該篇又見南嶽倡酬集，題爲後洞山口晚賦，但前四句作「石裂長藤瘦，山圍野路深。寒溪千古思，喬木四時陰」。而「西嶺更西路」以下四句爲林擇之（用中）作。

〔三〕鐘磬忽傳音：「音」，上引作「心」。

生版庵老，得句似湯休。寺之前有雲莊榭，舊車轍亭，侍郎胡公以其妄謬，易今名。記刻不存，必惡其害己者所去也。長老了信有詩名。

宿方廣寺

俗塵元迥隔，景物自天成。山近四圍碧，泉鳴永夜清。月華侵户冷，秋氣與雲横。曉起尋歸路，題詩寄此情。

和黄漕雪中將至長沙

吾道元如砥，人間謾畏途。未容舟泝峽，且泛雪平湖。子孝寧投杼，天回看脱弧。不應從我懶，欲老豆麻區。

人日遊城東晚飯陳仲思茅亭分韻得香字

絶憐梅事晚，與客到林塘。瓦椀村醪釅，杯羹野菜香。舊遊看壁字，新歲尚他鄉。一笑俱真率，悠然意未央。

二月十日野步城南晚與吴伯承諸友飲裴臺分韻得江字

春日煙沙岸，禪房風竹窗。有時傾緑酒，隨處見清江。世路紛多轍，吾生老此邦。千林看不盡，白鳥去雙雙。

與弟姪飲梅花下分韻得香字

日夕〔一〕色愈正，春和天與香。提攜一樽酒，問訊滿園芳。嗣歲詩多思，懷人心甚長。更須多秉燭，玉立勝紅粧。

十四日陪黄仲秉渡湘飲嶽麓臺上分韻得長字

支笻穿百級，把酒問春光。喬木依然在，幽蘭秪自芳。未嘗湘水滿，更覺橘洲長。暝色猶回首，天涯話故鄉。

〔一〕夕：原作「多」，據四庫本改。

王長沙約飲縣圃梅花下分韻得梅字

平生佳絶處，心事付江梅。縣圃經年見，芳樽薄暮開。朗吟空激烈，燒燭且裴徊。未逐徵書去，窮冬尚一來。

湯總管邢監廟約遊城東酒間求詩爲賦此

春事已如許，客愁空自多。梅花成莫逆，樽酒付亡何。楚楚邢郎子，耽耽老伏波。定應容我醉，耳熱更高歌。

謝胡掾惠詩

一見知心事，旋觀慰月評。慈祥漢循吏，儒雅魯諸生。莫作周南歎，終期冀北程。新詩連夜讀，梅影伴孤清。

除夜立春

積雪陰難解，新梅凍未開。誰知殘臘底，已報早春來。一氣元無息，群兒浪自猜。短檠非守歲，百感政交懷。

送趙節卿

昭代才難歎，宗盟世有人。千鈞定晚試，一角信逢真。政擬尋梅共，還經折柳新。青雲看穩上，回首楚江春。

二月二十五日登裴臺坐上口占

朝來風雨好，抱病亦登臨。故國江山在，荒城花柳深。憂時空百慮，望遠只微吟。春事如櫻筍，幽盟可重尋。

上巳日晚登裴臺自仲春凡三登

前日看花地，重來對落暉。雨餘山着色，沙没水初肥。寒食家家出，殘紅樹樹飛。還同二三子，及此詠而歸。

長沙郡丞丁君挽詞

廉吏今尤重，朝家詔舉頻。方看千里駕，忽盡百年身。職業憂勞甚，遊從笑語真。空令行路歎，没後見清貧。

和黄仲秉喜雨

雨涼窗户好，佳木正陰陰。畎畝憂時念，乾坤濟物心。引泉聊自照，移竹更親臨。尚想皇華使，風前擁鼻吟。

寄侯彦周

塞鴈仍南去，慇懃問耒陽。催科應獨拙，理髮詎能長。邑古絃歌地，年豐魚稻鄉。婆娑還得不？三徑未云荒。

過長橋

西風吹短髮，復此渡長橋。木落波空闊，亭孤影動摇。徘徊念今昔，領略到漁樵。儻有山中隱，憑誰爲一招？

多景樓

疇昔南徐地，登臨北固樓。平原迷故國，滄海接江流。木落煙莎晚，城孤鼓角秋。寄言鷗鷺侶，吾已具扁舟。

金山

萬頃洪濤裏，巍然閱古今。雲煙三島接，花木四時深。亂石維舟住，西風倚檻吟。朝宗知不斷，淒切此時心。

重陽前一日

九日明朝是，清樽强自開。蕭蕭疏雨暗，衮衮[一]大江來。野菊開無數，沙鷗静不猜。何須騎臺飲，此興亦悠哉。

十五日過小孤山

沃野迴千里，巋然突孤標。崖分勢亦裂，江静影頻摇。栖鶻巢何險，盤柯凍不凋。吾行足觀覽，未覺客程遥。

[一] 衮衮：四庫本作「滚滚」。

新亭

風景自今古，斯亭今是非。絶憐江水去，還有故山圍。得失同千慮，成虧共一機。所思惟謝傅，不但勝淮淝。

庚申過青草湖

已越重湖險，張颿勝順流。亂雲藏野寺，横網鬧漁舟。物色湖南好，風霜歲晚謀。未知荒歉後，得似向來不？

新刊南軒先生文集卷五

律詩

喜聞定叟弟歸

吾弟三年别，歸舟半月程。瘦肥應似舊，歡喜定[一]如兄。秋日聯鴻影，涼窗聽雨聲。人間團聚樂，身外摠云輕。

聞定叟弟已近適迫祀事未能出先遣姪輩往迎書此問訊

漸喜書題近，懸知歸意忙。才聞下湘水，早已過衡陽。雨洗秋山浄，涼生桂樹香。慇

[一] 定：原作「走」，據宋本、四庫本、道光本及南軒先生詩集卷五改。

懃二三子，策馬爲迎將。

醇叟崇道之喪未得往哭聞窀穸有期輒賦二章以相挽者

慶席親賢胄，心知道義尊。如何着閑處，終不近修門。三載成長别，微言未細論。人琴俱寂寞，風雨閉丘園。

晚歲渾無事，端居只自如。冰霜澆塊〔一〕磊，日月老蘧篨。山寺留題墨，晴窗罷卷書。從今行嶽路，忍復過公廬？

故太子詹事王公挽詩二首〔二〕

大節元無玷，中心本不欺。排姦力扛鼎，憂國鬢成絲。方喜三旌召，俄興一鑑悲。西風吹淚眼，夫豈哭吾私？

睿主龍飛日，如公舊學臣。忠言關國計，清節映廷紳。歲月身多外，江湖澤在民。當

〔一〕塊：原作「隗」，據四庫本及南軒先生詩集卷五改。

〔二〕又見宋詩紀事卷五十七，後小注「十朋」。宋本作「挽詞」，無「二首」二字。

年遺直歎，千古更如新。

詩送陳仲思參佐廣右幕府

舊説桂林好，君今幕府遊。江山資暇日，梅雪類吾州。煮海何多説，安邊更預謀。政應勤婉畫，不用賦離憂。

吕善化秩滿而歸兩詩贈行

令尹三年政，湘民去息[一]思。艱難捄菑歉，憂瘁見云爲。薦牘今交上，夷途去不疑。正須頻顧省，御者可無辭。

伯氏相從舊，歸來意若何。從渠笑方拙，還我自吟哦。聖有詩書在，人多歲月過。德門好兄弟，夜雨細研磨[二]。

〔一〕息：宋本作「日」，道光本作「昔」。

〔二〕研磨：原作「絣磨」，據四庫本、道光本及南軒先生詩集卷五改。

默姪之官襄陽兩詩〔一〕以送之

默也相從久，吾心念汝多。又爲江漢別，空覺歲年過。氣習須消靡，工夫在講磨。惟應介如石，人事易蹉跎。

潦雨彌旬月，予方念鞠窮。子行何草草，別語又怱怱。漢沔英靈在，江山今昔同。未須登峴首，先合拜隆中。

送零陵賈使君二首〔二〕

籍甚零陵郡，風流記昔賢。宅存元水部，人識范忠宣。山近地宜竹，溪清岸有泉。官閒時訪古，餘韻故依然。

孝友傳家法，如君好弟兄。秖應推此意，便足慰民情。閒歲仍艱食，新書督勸耕。想

〔一〕兩詩：宋本作「賦此」。
〔二〕二首：宋本無此二字。

今瀟水〔一〕畔，惟日望雙旌。

寄曾節夫

曾子别經月，相思如幾秋。不應行役歎，却爲賈胡留。雨後湖光滿，梅邊春意浮。須君細商略，晴日共茶甌〔二〕。

送周畏知二首〔三〕

秋冬仍苦雨，旬浹喜霜晴。木末樓臺見，江頭橘柚明。登臨方適意，離别已增情〔四〕。後夜相思地，寒梅〔五〕影正横。

半世功名誤，蒼顔幕府遊。文辭追楚些，得失付陽秋。薦牘方交上，衡門豈重留。青

〔一〕瀟水：宋本作「湘水」。
〔二〕甌：原作「歐」，據四庫本、道光本及南軒先生詩集卷五改。
〔三〕二首：宋本無此二字。
〔四〕增情：「增」，原作「曾」，據宋本、四庫本、道光本改。
〔五〕梅：原作「横」，據宋本、四庫本、道光本及南軒先生詩集卷五改。

雲看穩去，快處一回眸。

題伏龍寺壁

少日憶曾到，歸途得小留。回還〔一〕山寺古，蕭瑟柿林秋。道路情無那，琴書可細求。從來士窮達，分付水悠悠。

送外弟宇文挺臣二首〔二〕

合族情尤重，論交意復深。還爲萬里别，未盡幾年心。佳處應相憶，書來儻嗣音。及時須努力，莫待鬢華侵。

漠漠灘江上，怱怱送客情。平原宵雨濕，絶壁野雲横。世路多新轍，韋編有舊盟。中流屹砥柱，過浪豈能傾。

〔一〕還：宋本作「環」。

〔二〕二首：宋本無此二字。

寄題周功父溪園三詠〔一〕

聞説亭花好，居然似蜀鄉。色深姿不俗，香淡意能長。高燭留深夜，輕陰護晚芳。何心較桃李，只擬答春光。

右嫣然亭〔二〕

未識主人面，先爲溪上吟。澄潭依近岸，絶壁聳遥林。領略襟期遠，登臨歲律深。想當軒冕外，三歎有餘音。

右溪亭〔三〕

溪園平廣處，雅稱雪中遊。疏密看千變，高低共一丘。寒知松節勁，静覺竹聲幽。還

〔一〕三詠：宋本無此二字。

〔二〕宋本無「右」字。

〔三〕宋本無「右」字。

有故人否，當能着小舟。

右雪亭〔一〕

曾節夫罷官歸盱江以小詩寄別

俗隘寧爲異，言深敢自欺。如何幕中辯，飜作暗投疑。行李秋將半，家園菊正滋。反躬端得味，當復有餘師。

寄趙漕

想得昭潭上，兒童夾道迎。皇華今日使，竹馬舊時情。梅蘂冬前折，山光雨後清。使君桃李客，當爲駐車旌。

〔一〕宋本無「右」字。

送李新州

清絶湘南地，鄉閭見老成。蔽棠[一]方有望，折柳却關情。側聽輿人誦，還新月旦評。相望幸鄰壤，猶得借餘明。

游誠之來廣西相從幾一年今當赴官九江極與之惜别兩詩[二]餞行

游子名家後，天資更敏强。壯懷知自許，遠業定難量。幕府文書簡，韋編趣味長。悵[三]然成闊别，音寄莫相忘。

士學端成己，工夫要自程。聖門窺[四]廣大，中德養和平。美玉資勤琢[五]，良才詎小成。心期須後會，拭目更增明。

〔一〕蔽棠：宋本作「避堂」，誤。

〔二〕兩詩：宋本作「小詩」。

〔三〕悵：原作「長」，據四庫本改。道光本及南軒先生詩集卷五作「居」。

〔四〕窺：宋本作「規」。

〔五〕琢：宋本作「斲」。

寄宇文卭州

寄語臨卭守，相望萬里情。有來詩句好，足驗教條清。好古從時詘，爲邦已政成。無尋子虚賦，忠厚詔諸生。

次陳擇之遊湖韻

落日遊魚上，青林白鳥過。稻香來隔岸，巖影占清波。招隱何年賦，尋幽此地多。晚涼容縱棹，聽我采菱歌。

送但能之守尋州

循吏古猶少，嶺民今未蘇。丁寧煩詔旨，推擇得吾徒。根本誰深念，詩書計不迂。惟應敦此意，豈但應時須。

送祖七姪西歸二首〔一〕

萬里逢猶子，中年憶故鄉。只知情話好，豈覺去途長。巫峽波濤壯，秦山檜栢蒼。何能從汝往，佇立看歸艎。

故國非喬木，名家重典刑。飄零念吾黨，寂寞撫遺經。萩水知何病，芝蘭要滿庭。汝歸應記取，爲我話丁寧。

中春過陽亭

亭古危臨岸，林幽巧近城。煙容隨雨住〔二〕，花片着溪清。春事已如許，客懷誰與傾。亭前兩〔三〕好樹，滿意欲〔四〕敷榮。

〔一〕二首：宋本無此二字。

〔二〕住：宋本作「潤」。

〔三〕兩：宋本作「多」。

〔四〕欲：宋本作「望」。

堯廟

明祀崇千載，荒山拱萬靈。插天巉絶壁，飛瀑下空庭。繪事存淳古，真風寄杳冥。蘋蘩何以薦，帝德日惟馨。

户曹廬陵胡君引年求謝事予視其精力未衰留之踰半載乃今告去〔一〕不復可挽爲詩送別澹庵君之叔父也

出守嗟何晚，懷歸已倦遊。細看渾矍鑠，可是畏伊優。幕下傾三語，山中賦四愁。平生大小阮，來往足風流。

若海運使移節廣東賦詩贈別予每過若海諸郎誦書于旁琅琅可喜爲之重賦

行止非人料，驅馳未席温。傳聞選膚使，端爲慰黎元。瘴嶺農耕少，山城海氣昏。唯

〔一〕告去：原作「告云」，據宋本、四庫本、道光本改。

勤[一]凋瘵慮，此外更何言。玉雪明人眼，森然膝下郎。原流知袞袞，誦讀聽琅琅。有子若何慕，他年我莫量。願崇詩禮訓，勿近利名場。

送李嵡老歸閩二首[二]

歷數勳賢後，如君到眼希。胸中藴金石，筆下出珠璣。傾蓋嗟何晚，臨流又送歸。他年儻相憶，尋我釣魚磯。

公事妨開卷，遐征念索居。能來數月欵，端爲百憂紓。師友洛川上，人才元祐初。歸來[三]有新益，不惜幾行書。

和定叟送行韻

舊别情何限，重逢意豁然。相看疑似夢，欵語不成眠。但欲燈窗共，其如事役牽。固

〔一〕勤：宋本作「瘽」。
〔二〕二首：宋本無此二字。
〔三〕來：宋本作「求」。

應回首處，秪在集雲前。

題益陽清修寺

峰勢香爐直，溪流峽水潺。居然一蘭若，喚作小廬山。老木千崖表，孤亭萬竹間。明朝問征路，回首白雲閑。

故觀文建安劉公挽詩四首〔一〕

憶昨登廊廟，忠言達帝聰。所思惟盡瘁，敢復計成功？半世江湖上，千憂寤寐中。汗青誰秉筆，請攷衆言公。

又〔二〕

國恥臣當死，公家二世心。忍看垂絶筆，誰續斷絃音。精爽今如在，衣冠恨更深。却

〔一〕四首：原作「四詩」，據四庫本改。宋本、道光本無「四首」二字。

〔二〕又：宋本作「其二」。

嗟胞與〔一〕志，處世漫侵尋。

又〔二〕

平日多奇節，中間似富公。天從廬墓請，人説救荒功。辛苦培邦本，雍容遏亂鋒。文〔三〕傳遺奏切，更過子囊忠。

又〔四〕

曾是南荆地，他年竹馬迎。旌旆嚴騎士，弧矢盛民兵。細攷規摹舊，還知節制明。思公如峴首，同我淚縱横。

〔一〕胞與：原作「蜍與」，據兩宋名賢小集卷二一〇改。

〔二〕又：宋本作「其三」。

〔三〕文：宋本作「又」。

〔四〕又：宋本作「其四」。

追餞馬憲

膚使行原隰，清風伴往還。詩情渾漫興，雪意正相關。許國心何壯，憂民鬢易斑。留連三日語，解后十年間。

某以四十字送詳刑使君

拙守荆江上，無人共往還。能來慰牢落，話舊幾間關。冬蟄龍蛇蟄，風林虎豹斑。相期涵養力，且〔一〕到古人間。

除夕登仲宣樓

懷土昔人志，傷時此日心。長江霜潦浄，故國莫煙深。訪古多遺恨，憑欄更獨吟。細看前浦樹，生意已堪尋。

〔一〕且：宋本作「直」。

隔牆聞正父鄉飲甚樂偶畏風不預用前韻敬簡

元日忻晴色，新年秪舊心。故人同客裏，鄉話自情深。儘説成都酒，休爲楚澤吟。相逢須痛飲，歲月易侵尋。

劉勝因自襄陽過予渚宫於其歸小詩贈别

骯髒寧多忤，棲遲久倦遊。折肱諳世味，袖手惜良籌。日月隆中晚，風煙峴首愁。登臨應慷慨，還解寄詩不？

光弼姪得邑西歸賦詩勉之併示光義二首〔一〕

共惟二百載，詩禮一門中。冷落吾憂甚，扶持爾輩同。傳心無異轍〔二〕，隨用不言功。外慕知何極，惟應念祖風。

〔一〕二首：宋本無此二字。

〔二〕傳心無異轍：「異」，宋本作「其」。

得邑寧論小，居官最近民。中誠儻無倦，同體會相親。暇日書還讀，清源政自新。吾兄有遺訓，爾輩足持循。

送曾裘父

交舊間何闊，能來浹日留。還尋佳橘頌，惜别仲宣樓。探古書盈屋〔一〕，憂時雪滿頭。絶思黄閣老，招隱意綢繆。樞密劉公嘗欲以遺逸舉裘父。

帳幹周君桂林相從之舊己亥莫春出嶺迂道相過臨别求予言姑賦此

江北逢新雨，湘南憶舊遊。能來慰岑寂，恨不小遲留。日月徒催老，巧名浪自愁。惟應編簡樂，在己可深求。

中秋與僚佐登江陵郡城觀月

涼意今年早，蟾光七澤多。憑欄共懷古，擁袂獨高歌。風物關山遠，功名歲月過。一

〔一〕屋：宋本作「尺」。

樽聊復爾，於此興如何。

遊章華臺

楚國舊雄勝，荒臺今是非。平川留宿潦，蕭寺掩斜暉。木落秋聲急，天高鴈影微。淒涼無處問，騎馬踏堤歸。

和元晦擇之有詩見懷

作别又如許，何當置我旁。卷舒書在手，展轉月侵床。合志師千載，相思謾一方。臨風三歎息，此意渺難量。

送范伯崇

堂堂延閣老，遺範見斯人。孝友傳家舊，詩書用力新。人心危易失，聖學妙難親。願勉思弘毅，求仁可得仁。

定叟〔一〕弟生辰

清秋記〔二〕弧矢〔三〕，舉酒頌年長。别去今踰歲，情親秖對床。韋編閑玩味，幕府小徜徉。刮目它時看，光暉映棣棠。

南軒木犀十月〔四〕

不隨秋月鬬天香，冰雪叢中見縷黄。却得清寒惜花地，少須梅影慰孤芳。

和安國〔五〕送茶

官焙蒼雲小卧龍，使君分餉自題封。打門驚起曲肱夢，公案從今又一重。

〔一〕定叟：宋本作「五二」。
〔二〕記：宋本作「氾」。
〔三〕弧矢：原作「孤矢」，據宋本、四庫本、道光本及南軒先生詩集卷五改。
〔四〕十月：原無，據宋本補。
〔五〕安國：宋本作「舍人」。

賦鄭子禮壽芝之堂

莫向堂中覓壽芝，主人心地本平夷。子孫保此傳家瑞，世享長年自不疑。

喜雨呈安國

懸知雨意未渠已，一夜簷聲到枕間。曉上高樓望雲氣，蟄龍千丈起西山。早秧出隴蠶已絲，眼中一雨正垂垂。農家辛苦渠能識，請誦周公七月詩。向來惻怛哀矜意，便覺雨滿乾坤間。城東大士寧關汝，民倚邦侯如泰山。涼生椽筆試烏絲，妙語便作星斗垂。我亦小窗無一事，細傾新酒和公詩。

自烏石渡湘思去歲與朱元晦林擇之偕行講論之樂賦此

朝來一舸渡湘水，山色橫秋真[一]可憐。忽憶去年聯騎客，沙邊搔首意茫然。

〔一〕真：宋本作「正」。

道間晚稻甚盛喜而賦此

我行自喜有勝事，夾道黄雲禾黍秋。聞道今年罷和糴，老農卒歲儻寬憂？

墳庵枕上追愴賦此

秋氣惻惻侵户牖，霜林風過猶餘音。八年淚濕龍塘土，展轉不眠中夜心。

晚晴

昨日陰雲滿太空，眼前不見祝融峰。晚來風卷都無迹，突兀還爲紫翠重。

渡興樂江望祝融

日上寧容曉霧遮，須臾碧玉貫明霞。人謀天意適相值，寄語韓公不用誇。

仲秉再用前韻爲梅解嘲復和之

幾年身在水雲間，愈見花邊下語難。猶有故人相慰藉，西山載酒未盟寒。

東君豈是結新知，誰共群芳較疾遲。不但開花高一世，更看嘉實滿青枝。

有懷安國

若人別去已經秋，却見山間翰墨留。獨對西風揩望眼，試從雲際辨荆州。

自上封下福巖道旁訪李鄴侯書堂山路榛合不可往矣

石壁巉巖路已荒，人言相國舊書堂。臨機自古多遺恨，妙策當年取范陽。

下山有作

五日山行復下山，愛山不肯住山間。此心無着身長健，明歲秋高却往還。

廬陵李直卿以復名其齋求予詩久未暇也今日雪霽登樓偶得此遂書以贈顧惟聖門精微綱領豈淺陋所能發秖增三歎

李侯索我復齋詩，此理難明信者稀。要識聖賢〔一〕端的意，須於動處見天機。

萬化根原天地心，幾人於此費追尋。端倪不遠君看取，妙用何曾間古今。

和張荆州所寄

自古荆州通陸海，秖今學士過青錢。笑譚坐了安邊策，取次成詩盡可編。

詩來千里作春妍，尚記城南五畝園。豈但苔痕留屐齒，故應石上有窪罇。

有時散策過西鄰，共向東風憶故人。芙蓉亭下池水滿，敬簡堂前楊柳春。

鍾陵未命千里駕，洞庭亦繫沙邊舟。閉門讀書卧歲晚，世事敢云風馬牛。共父、安國皆欲相招，未能往也。

〔一〕聖賢：宋本作「聖人」。

明時未可廢譚兵，壯歲寧容便乞身？何人爲向沙頭去，憑仗慇懃一問津。

正月强半梅猶未開黄仲秉作詩嘲之次韻

孤芳未分落人間，故向東風小作難。眼底莫容蜂蝶亂，好留明月趁春寒。

水邊疏影幾人知，尚喜詩翁到未遲。怪得尋花心眼別，去年曾賦上林枝。

謝邢少連送葡萄豆蔻栽

君家小圃占春光，眼看龍鬚百尺長。移向樓邊並寒井，明年垂實更陰涼。

留取園中數畝賒，擬栽〔一〕靈藥謝紛華。兒童今日知翁喜，移得君家豆蔻花。

晚過吴伯承留飲

推門野路竹毿毿，落日天寒相對談。可是主人風韻別，自斟白酒擘黄柑。

〔一〕栽：宋本作「將」。

新刊南軒先生文集卷六

律詩

某敬采民言成六韻爲安撫閣老尚書壽伏幸過目

里胥不踏桑麻路，桴鼓長閑花柳村。都在邦君和氣裏，賣刀買犢長兒孫。前時勸君〔一〕出東郊，父老歡呼望羽旄。甘雨便隨車馬到，眼看霑足徧蓬蒿。清坐鈴齋公事稀，春來風日更遲遲。胸中水鏡渠自避，却笑鉏箒徒爾爲。蜀江東下接襄江〔二〕，總是當年蔽芾棠。此地回旋莫嫌窄，且教春色滿三湘。公今卧護足從容，豈有扁舟欲便東。少待政成歸帝所，此邦還在化鈞中。

〔一〕君：宋本作「相」。
〔二〕襄江：宋本作「湘江」。

湘民清曉壽邦君，下客慚無句語新。敢述老農歌誦意，一觴持上太夫人。

夜得嶽後庵僧家園新茶甚不多輒分數椀奉伯承

小園茶樹數十許，走寄萌芽初得嘗。雖無山頂煙嵐潤，亦有靈泉一派香。

四月四日飲吳仲立家梅桐花下吳伯承以事不至寄詩來次韻

翠蓋亭邊春色[一]歸，還來把酒及開時。坐無車公歡[二]意少，猶得風前讀好詩。

題湘潭丞黄子辯哦松軒

黄子官居多暇日，吟哦薄暮一窗中。雖無瀌瀌循除水，但覺颼颼滿屋風。

〔一〕色：宋本作「已」。
〔二〕歡：原作「勸」，據四庫本、道光本改。

鈞州曾使君寄貺中州新芽賦此以謝

黄蘗山前水遶沙，春風吹石長靈芽。午窗落磑飛瓊屑，鳴椀翻湯湧雪花。日長燕寢無公事，忽憶故人雲水邊。包裹甘芳慰幽獨，使君風味故依然。

仲春有懷

青山四面擁江城，暮角聲中淡月明。自倚闌干生白髮，無心行樂趁春晴。西湖景物元瀟洒，楊柳新來兩岸垂。亦有遊人往來否？不應閑過看花時〔一〕。老木高枝不可攀，玉泉飛出半崖間。如何借得清泠水〔二〕，一洗瘡痍爲解顔。楚翠亭邊花正開，道鄉臺下石崔嵬。主人今有此客否？客亦思君日百回。想見城南春水深，春來夜夜動歸心。隔牆季子應無恙，爲託飛鴻寄好音。

〔一〕不應閑過看花時：宋本作「不應閑著過花時」。

〔二〕清泠水：原作「清冷水」，據宋本改。

次韻無爲使君尊兄見寄之什

江山接境相望近，風雨一春音問疏。安得從公苕霅上，幅巾一葉卧看書。

從吕揚州覓芍藥栽

揚州風物故依然，夢想他時楚水邊。乞與靈根歸自種，梢頭藡栗看新年。

鶴

月底風前意味多，不妨佇立勝婆娑。軒中君子知多少，遣汝乘軒看若何。

望廬山

却望廬山倚梔樓，半空宿靄未全收。蒼然五老獨獻狀，似欲勸人求一遊。

十二月乙卯登岳陽樓丙辰再登

維舟徑上岳陽樓，風雨排空暝不收。明日重來天色好，君山元自翠光浮。

舟行湘陰道中雪作

歲晚歸來風雪裏，有懷端復爲誰開？江清沙白湘陰路，却似當年訪戴回。

登樓

風雨經旬只閉門，朝來倚檻已春深。不知花片飛多少，但覺江城滿緑陰。

題城南書院三十四詠〔一〕

差差竹影連坡静，細細荷風透屋香。午寂睡餘聊隱几，人間何用較閑忙。

〔一〕詠：宋本作「首」。

新竹成林蕉葉青，隔籬深處有蟬鳴〔一〕。晚涼更覺長堤静，自遶荷花待月明。

堦前樹影開還合，葉底蟬聲短復長。睡起更知茶味永，客來聊共竹風涼。

新涼物物有精神，静倚書窗聽雨聲。忽憶予綦元未解，强分天籟太麄生。

淩晨騎馬踏〔二〕新涼，來挹湖邊風露香。妙意此時誰共領，波間鷗鷺静相忘。

林塘過雨不勝秋，萬蓋跳珠寫〔三〕碧流。倚檻孤吟天欲暮，更穿芒屩上方舟。

山色頓清秋欲半，湖光更浄日平西。涼風獵獵低荷蓋，歸翼翩翩度柳堤。

湖邊小築喜新成，秋入西山照眼明。不是厭喧來覓静，四時光景本均平。

秋風颯颯林塘晚〔四〕，萬緑叢中數點紅。若識榮枯是真實，不知何物更談空。

移得幽蘭幾本來，竹籬〔五〕深處手栽培。芬芳不必紉爲佩，月白風清取次開。

今年少雨菊花遲，青蘂方開三兩枝。但得悠然真意在，青山何處不相宜。

〔一〕鳴：原作「鳥」，據宋本、四庫本、道光本及南軒先生詩集卷六改。

〔二〕踏：原作「路」，據宋本改。

〔三〕寫：宋本作「瀉」。

〔四〕秋風颯颯林塘晚：宋本作「西風颯颯池塘晚」。

〔五〕竹籬：宋本作「竹林」。

秋後冬前一月晴，小園佳處日經行。半山木落樓臺露，幾樹霜餘橘柚明。
鐃鼓喧闐十里城，人情正喜上元晴。瘦筇獨立湖邊路，却有白鷗同眼明。
和風〔一〕習習禽聲樂，晴日遲遲花氣深。妙理沖融無間斷，湖邊佇立此時心。
曉來天氣更〔二〕清新，獨倚闌干正暮春。花落花開鶯自語，東風吹水細鱗鱗。
花柳芳妍十日晴，五更風雨送餘春。莫嫌紅紫都吹盡，新緑滿園還可人。
並湖數畝新疏闢，便有魚兒作隊行。我亦隨流浮小艇，晚涼細看縠紋生。
無言桃李已〔三〕成陰，葉底黄鸝自好音。一縷爐煙清晝永，韋編卷罷短長吟。
化工生意源源在，静處詳觀總不偏。飛絮滿空春不〔四〕盡，新荷貼水已田田。
野艇新成尋丈許，柳堤橘浦足周旋。添蓬不但爲遮日，準擬乘涼聽雨眠。
暮從別墅跨驢歸，風雨蕭蕭泥濺衣。出門回首且按轡，細聽泉聲和式微。

〔一〕和風：宋本作「微風」。
〔二〕更：原作「便」，據宋本改。
〔三〕已：原作「也」，據宋本改。
〔四〕不：宋本作「欲」。

陰陰松竹影自轉，午枕無人到北窗。何許狂風來動地，夢回波浪洶春江。

疏竹蕭蕭正雨聲，眼中日影又還晴。鈎窗燕坐夏將半，荷葉已香湖水清。

莫道閑中一事無，閑中事業有工夫。閉門清晝讀書罷，掃地焚香到日晡。

亭畔薰風盡日涼，來從水面過新篁。悠然但覺盈襟抱，千古虞絃意未央〔一〕。

拍堤水滿草茸茸，盡日野航西復東。欲去未須愁日暮，月明波面更溶溶。

烏雲夭矯風作惡，雷奔電掣雨懸河。須臾天宇復清霽，突兀西山紫翠多。

朝陽初上藕花香，下馬虛亭一味涼。山鳥自呼魚自樂，誰云身世可相忘。

北窗竹簟〔二〕午陰涼，亦有清風到我旁。還與陶公事同否，未妨諸子細商量。

睡覺西山月正平，荷香不斷曉涼生。園中雙〔三〕鶴知人意，已作金風警露聲。

西風夜半摧炎暑，曉看雲横天際秋。時序轉移皆妙理，惟應及早戒衣裘。

新涼修竹意愈静，初日芙蕖色倍鮮。物態直須閑裏見，人情多向快中偏。

〔一〕未央：宋本作「未忘」。

〔二〕簟：原作「簞」，據宋本改。

〔三〕雙：原作「隻」，據宋本、四庫本、道光本及南軒先生詩集卷六改。

四面紅蕖鏡緑波，晚涼奈此野情何。憑城更覺看山穩，入户還欣得月多。
殷雷終日在前山，風卷雲環意作難。薄〔一〕暮有懷空佇立，忽然飛雨到闌干〔二〕。

臘月二十二日渡湘登道鄉臺夜歸得五絶

三年不作山中客，才踏舡舷眼便明。曳杖直登千尺磴，尚欣脚力慰生平。
舊日書堂倚翠屏，只今棟宇尚高明。門前怳若聞絃誦，瀌瀌遶牆流水聲。
道旁老松高拂雲，刳心取明彼何人。説與往來須愛護，雪霜時節看長身。
人來人去空千古，花落花開任四時。白鶴泉頭茶味永，山僧元自不曾知。
湘江歲晚水清淺，橘洲霜後猶青葱。歸舟着沙未渠進，且看漁火聽疏鐘。

次韻許深父

日日經行只小園，静揩卭竹聽鳴泉。此時心事何人共，素壁題詩第幾篇。

〔一〕薄：原作「泊」，據宋本改。
〔二〕闌干：宋本作「欄干」。

西山老木正亭亭，雲影參差陰復晴。手卷殘書天欲暮，聞君剥啄叩門聲。
却下斜坡並柳堤，雙飛燕子正銜泥。紛紛風雨春將半，渌漲平湖橋柱低。
下瞰寒江百尺坡，小松新種也婆娑。栽培擬待淩雲日，眼底浮花奈若何。
年中一稔願無餘，漸喜徵〔一〕呼息里胥。贏得閑身學農圃，未妨斜日帶經鋤。

初夏偶書

江潭四月熟梅天，頃刻陰晴遞變遷。掃地焚香清晝永，一窗修竹正森然。

墨梅〔二〕

眼明三伏見此畫，便覺冰霜抵歲寒。唤起生香來不斷，故應不作墨花看。
日暮横斜又一枝，水邊記我獨吟詩〔三〕。不妨更作江南雨，併寫青青葉下垂。

〔一〕徵：原作「微」，據宋本改。
〔二〕該詩又見聲畫集卷五。
〔三〕詩：宋本作「時」。

謝韓監芍藥

一年春事雨聲裏，十里揚州夢想邊。眼底名花煩折贈，君家風物自嫣然。

龍孫竹生辰陽山谷間高不盈尺細僅如針而凡所以爲竹者無一不具予寘石斛中暮春生數筍森然可喜爲賦此

小竹如針能具體，方春茁筍更堪憐。乾坤妙用無餘欠，隱几旁觀爲莞然。

葉夷中屢以書求予記敬齋予往年嘗爲親舊爲記及銘矣今獨成兩絶句寄之

聰明用處翻多暗，機巧萌時正自癡。若識聖門持敬味，臨深履薄更何之？

向來屢着敬齋語，正恐多言意未明。今日報君惟一句：工夫端的貴躬行。

謝侯彦明惠白蓮栽

添得湖光百畝餘，湖邊早已長菰蒲。更移玉井峰頭種，還有花開十丈無？

青鞋不踏遠公社，偶共濂溪嗜好同。少待薰風開玉鏡，與君來賦月明中。周濂溪有愛蓮説。

書妙應庵壁

窗前新竹浄娟娟，借我風涼一榻眠。試問莊周説鵬鷃，何如洙泗舉魚鳶？

壽定叟弟〔一〕

今年黄菊開花早，手擷芳新壽一杯。不用南陽三十斛，家山根蒂好栽培。
堂堂自昔源流遠，袞袞方來事業長。駟馬安車遵大道，正須緩轡不須忙。
向來相望各天涯，兩載團欒似舊時。只恐桐江來趣駕，明年把酒又相思。

嶽後步月

衡嶽山邊霜夜月，青松影裏看嬋娟。正須我輩爲領略，寒入衣襟未得眠。

〔一〕弟：宋本無此字。

訪羅孟弼竹園

籃輿嶇軋上荒坡，奈此緣成修竹何？歷眼向來誰復領？買山未覺費金多。

林深谷窈路詰曲，慘澹西山横遠青。想得天寒來獨倚，空雲髣髴下湘靈。

江梅獨立蔭頹牆，苔蘚封枝色老蒼。手剪荆榛增歎息，眼中春意滿三湘。

知君日來修竹底，却課市樓朱墨程。應是禪門嫌揀擇，不論清濁要圓成。是日見孟弼方校市樓簿書。

臘月二日攜家城東觀梅夜歸

前日看花正薄陰，重來晴日更精神。莫〔一〕教容易飛花片，且放千秋自在春。

元〔二〕自陽春無間斷，何人能識化工心。梅邊把酒日近午，鳥語風微花氣深。

晴日東山飽看花，歸來野路已昏鴉。坡頭認得疏籬處，蒼蔔林中李老家。

〔一〕莫：宋本作「豈」。

〔二〕元：宋本作「兀」。

仰看鴻鴈思吾弟，連日清遊只欠渠。不知千里江南路，亦有梅花似此無？

題庾樓

南瞻廬阜北淮山，下有長江萬頃寒。往事無邊隨去浪，西風有客傍闌干〔一〕。

城南即事

活泉細引忽盈溝，自遶書齋瀌瀌流。添得眼前無限思，石橋竹塢共清幽。

一春風雨水平湖，更覺湖心月榭孤。坐看百花開落遍，依然山色對清廬。

東風吹得緑成陰，積雨初收柳絮輕。記取湘中寂佳處，橘花開時香滿城。

月榭當湖景寂奇，故人千里寄新題。背欄看字成相憶，何日能來步柳堤？元晦新寄「月榭」題榜。

茅亭水溜四周遭，花木經春一一高。却望西山隔江水，徑思一葉泛雲濤。新亭名東渚。

〔一〕傍闌干：宋本作「憑欄干」。

枕邊風雨過今春，起步園林已緑陰。更向坡頭望湘浦，水雲無際遶遥岑。病起。

次韻劉樞密

朔風漠漠低黄雲，曉看繽紛萬鶴群。爲應農祥眉一展，更將餘力付斯文。

燕寢凝香意自長，不須乘月據胡床。新正更喜身强健，和氣都歸栢子觴。

是日二使者出遊晚涼有作

疏風細雨隨華節，西浦東山總勝遊。拙守亦忻涼意好，挑燈清坐讀春秋。

二使者[一]遊東山酒後寄詩走筆次韻

頗聞東山盛行樂，坐想風前酒興豪。領略正應胸次别，吟哦更覺筆端高。

綉衣雙節從天下，文字皆稱一世豪。桂山發地凜千尺，新詩與之相並高。

〔一〕二使者：「二」，宋本作「趙」。

壯歲幾成山水癖，年來袖手不能豪。忽傳燈底詩篇好，但想雲間屐齒高。

次韻范至能峽中見寄

合縮絲綸對紫薇，却捫青壁聽猿啼。秪應許國心金石，蜀道如天亦可梯。

前日從趙漕[一]飲因得徧觀所藏書帖之富既歸戲成三絶簡之

烏雲夭矯天欲雨，虛堂美蔭共徜徉。開奩百軸驚傳玩，更覺人間六月涼。

舊藏自是承平物，新軸收從古道旁。人間好事戒多得，防有雷霆下取將。李金之亂，護漕爲寧遠宰，猶[二]守邑不去，以兵行縣郊。視道旁卷帙零亂雜泥土，下馬就觀，多得佳帖。

今古驅馳翰墨場，何人下筆到顏楊。君侯知我有書癖，乞與西臺字幾行。

〔一〕趙漕：宋本作「護漕」。

〔二〕猶：宋本作「獨」。

題馬氏草堂復齋聽雪

前鄰百鬼瞰高明，夜雨華榱歎昔人。却愛君家鴻鴈集，還能葺理草堂春。
今古茫茫浪着鞭，誰知聖學有真傳。請君細誦復齋記，直到羲爻未畫前。
平生求友人千里，永夜論心雪滿窗。爲問蒲團〔一〕聽修竹，何如一舸〔二〕泛清江。

送林擇之

遺篇寂寞論心少，一見吾人意已傾。冰雪持身金石志，它年事業更光明。

〔一〕蒲團：宋本作「滿園」。
〔二〕舸：宋本作「舫」。

新刊南軒先生文集卷七

律詩

次韻趙漕

中宵憂歲不成寐，一雨爲霖敢自虞？應是行臺借餘潤，故教均澤及樵蘇。

雨聲歷歷來庭户，喜色津津到澤虞。擊壤徑思同野老，名亭詎敢學坡蘇？

和答鄭憲分贈米帖

字中有筆米博士，片紙人間什〔一〕襲藏。好帖袖歸終日看，從渠車馬鬧康莊。是日中元，傾

〔一〕什：原作「十」，據四庫本及南軒先生詩集卷七改。

城出遊。

偶作

世情易變如雲葉，官事無窮類海潮。退食北窗涼意滿，卧聽急雨打芭蕉。

偶成至前〔一〕

公庭過午無餘事，退食歸來默坐時。晴日半窗香一縷，陽來消息只心知。

送鄭憲酒

晴日南山几杖俱，躋高選勝不須扶。也知坐上多佳客，可着青州從事無？

再和

想得經行與客俱，身强寧復要人扶？晚來山色應難盡，十里青蒼看有無。

〔一〕至前：宋本無此二字。

韓廷玉築亭於官舍之旁園中故多梅會有飛雪[一]予因題其扁曰梅雪蓋取少陵詩語而劉公貢父送劉長官掌廣西機宜嘗用此事有雪片梅花五嶺春之句今廷玉適爲此官于以名亭抑其宜也亭邊花木多吾弟定叟舊植故予首章及之

城陰一徑自深窈，花木成行菊遶籬。細説當時[二]經始事，夢回春草費相思。

南州最[三]是梅開早，北客巡簷偏眼明。一夜飛花來點綴，新亭端[四]復得佳名。

眼底風光正自佳，滯留何必歎天涯。日長況是文書省，且與閑吟對落花。

立春日禊亭偶成

律回歲晚冰霜少，春到人間草木知。便覺眼前生意滿，東風吹水緑差差。

〔一〕會有飛雪：宋本作「亭成會飛雪」。
〔二〕當時：宋本作「當年」。
〔三〕最：原作「要」，據宋本改。
〔四〕端：原作「而」，據宋本改。

和陳擇之春日四絶

花落花開總可憐，嶠南亦復好風煙。雨餘起我故園夢，漠漠浮鷗水拍天。

年華冉冉春將半，花事忽忽雨滿城。想復東郊變新緑，未妨攜酒趁初晴。

泗上當時鼓瑟人，風雩豈是樂閑身。言外默傳千聖旨，胸中長有四時春。

日長漸有簡編樂，春半已將櫻筍來。無數青山相慰藉，有時明月共裴徊。

元日

古史書元意義存，春秋揭示更分明。人心天理初無欠，正本端原萬善生。

從鄭少嘉求貢綱餘茶

貢包餘璧小盤龍，獨占人間第一功。乞與清風行萬里，爲君一洗瘴雲空。

茗事蕭疏五嶺中，修仁但可愈頭風。春前龍焙令人憶，知與故人風味同。

初食荔枝

開奩未暇論香味，便合令居第一流。細擘輕紅傾瑞露，周南端復且淹留。

照水依山秖自奇，櫛[一]風沐雨借光輝。冰肌不受紅塵涴，頳頰從教酒暈肥。

嶺南荔枝不可寄遠龍眼新熟輒以五百顆奉晦叔或可與伯逢共一酌也

荔子如今尚典刑，秋林圓實著嘉名。雖無頳玉南風面，却耐筠籠千里行。

手自封題寄故人，聊將風味赴詩唇[二]。千年尚憶唐羌疏，不汙華清驛騎塵。

壽定叟弟五絶[三]

聞說清朝對紫宸，君王側席屢咨詢。惟應民瘼開陳切，故遣分符驗撫循。

〔一〕櫛：宋本作「晞」。

〔二〕唇：宋本作「情」。

〔三〕五絶：原無，據宋本補。

聞説嚴人愛貳車，呻吟赴愬賴攜扶。從今充擴應無倦，千里疲民待子蘇。
聞説年來更老成，清心寡欲厭紛紜。固知造物有深意，端享修齡看策勳。
秋風想已治歸裝，吾亦扁舟具碧湘。世味秖應諳歷遍，何如兄弟對方牀。
年年桂綻菊開時，長憶芳樽共一巵。請誦周人和樂句，全勝三歎陟岡詩。

丙申至前五日復坐南窗憶去年詩又成兩章

依然紅日照窗楣，還是去年消息時。妙理不須尋轍迹，只於生處驗新知。
新晴物物有春意，正值一陽〔一〕來復時。變化無窮俱是易，探原密〔二〕處起乾知。

題雉山禊亭

一曲清江正可憐，隔江新竹露娟娟。好風成我曲肱夢，起看飛雲度碧天。

〔一〕陽：原作「時」，據宋本、四庫本、道光本及南軒先生詩集卷七改。
〔二〕密：原作「蜜」，據右引改。

夢乘大舸卧泛江湖波濤甚壯醒乃悟其爲雨因成小詩

平生得意白鷗外，歲晚歸心鴻鴈俱。蕉葉雨聲喧曉枕，夢成風楫泛江湖。

南嶽庵僧寄上封新茶風味甚高薄暮分送韓廷玉李嵩老

浮甌雪色喜初嘗，中有祝融風露香。徑欲與君同晤賞，短檠清夜正相望。

跋王介甫遊鍾山圖〔一〕

林影溪光静自如，蕭疏短鬢獨騎驢。可能胸次都無事，擬向山中更著書。

歲晚烹試小春建茶

陽月藏春妙莫窺，靈芽粟粒露全機。煮泉獨啜寒窗夜，已覺東風天際歸。

〔一〕該詩又見聲畫集卷三。

昨過漕臺庭前荼[一]蘼盛開已而詹體仁海棠和章及此因用前韻賦兩章

玉立春深雪不如，生香透骨雪應無。莫遣飄零雜塵土，芬芳留入碧琳腴。
紛紛花片逐風飛，緑幄藏春自一奇。不入時人紅紫眼，却須我輩與題詩。

所思亭海棠初開折贈兩使者將以小詩

未須比擬紅深淺，更莫平章香有無。過雨夕陽樓上看，千花容有此膚腴？
東風着物本無私，紅入花梢特地奇。想得霜臺春思滿，一枝聊遣博新詩。

廖憲送牡丹用海棠韻復走筆戲和之

緑葉滿園風雨餘，君家花事嶺中無。眼明見此復[二]三歎，京洛名園憶上腴。
報答春光須着語，年來老我不能奇。風前娟好有餘態，未必此花如此詩。

〔一〕荼：原作「茶」，據四庫本改。
〔二〕復：宋本作「還」。

定叟弟頻寄黄蘗仰山新芽嘗口占小詩適灾患亡聊久不得遺寄今日方能寫此

瘴雨昏昏梅子黄，午窗歸夢一繩床。江南雲腴忽到眼，中有吾家棠棣香。

集雲峰頂風霜飽，黄蘗洲前水石清。不入貢包供玉食，秖應山澤擅高名。坡公貶章茶〔一〕，未爲確論。予謂建茶如臺閣勝士〔二〕，章茶之佳者如山澤高人，各有風致，未易疵也。

益陽南境松杉夾道鬱然父老相傳忠定張公爲邑時所植也其間亦有既剪而復生者作詩屬來者護持之

夾道松杉半老蒼，前賢餘澤未應忘。君看直幹連雲起，豈但當年蔽芾棠。

〔一〕章茶：宋本作「草茶」。下「章茶」亦作「草茶」。

〔二〕勝士：原作「勝地」，據宋本改。

登楚野亭見張舍人題字

英豪自昔多遺恨，人物于今正眇然。來訪舍人題字處，淡煙莎草滿平川。

城南雜詠二十首〔一〕

納湖

原原錫潭水，匯此南城陰。岸花有開落，水盈無淺深。

東渚

團團淩風桂，宛在水之東。月色穿林影，却下碧波中。

〔一〕雜詠：宋本作「雜韻」。該詩又見光緒湖南通志卷二六九。

詠歸橋

四序有佳趣，今古蓋共兹。橋邊獨微吟，回首忘所之。

舡齋

窗低蘆葦秋，便有江湖思。久已倦垂綸，遊魚不須避。

麗澤

長哦伐木篇，佇立以望子。日暮飛鳥歸，門前長春水。

蘭澗

藝蘭北澗側，澗曲風紆餘。願言植根固，芬芳長慰予。

山齋

疊石小峥嶸，修篁高下生。地偏人迹罕，古井轆轤鳴。

書樓

高樓出林杪，中有千載書。昔人不可見，倚檻意何如。

蒙軒

開軒僅尋丈，水竹亦蕭疏。客來須起敬，題榜了翁書。

石瀨

流泉自清寫，觸石短長鳴。窮年竹根底，和我讀書聲。

卷雲亭

雲生山氣佳，雲卷山色静。隱几亦何心，此意相與永。

柳堤

前年種垂柳，已復如許長。長條莫攀折，留待映滄浪。

月榭

危闌明倒影，面面湧金波。何處無佳月，惟應此地多。

濯清亭

芙蓉豈不好，濯濯清漣漪。采之不盈把，怊悵暮忘飢。

西嶼

繫舟西岸邊，幅巾自來去。島嶼花木深，蟬鳴不知處。

琮琤谷

幽谷竹成陰，懸流着石清。不妨風月夕，來此聽琮琤。

梅堤

亭亭堤上梅，歷歷波間影。歲晚憶夫君，寂寞煙渚静。

聽雨舫

風吹渡頭雨，撼撼蓬上聲。欣然會心處，端復與誰評？

采菱舟

散策下亭阿，水清魚可數。却上采菱舟，乘風過南浦。

南阜

湘水接洞庭，秋山見遥碧。南阜時一登，搔首意無斁。

遊嶽尋梅不獲和元晦韻〔一〕

眼看飛雪洒千林，更着寒溪水淺深。應有梅花連夜發，却煩詩句寫愁襟。

十三日晨起霜晴用定王臺韻賦此〔二〕

晴嵐開嶽鎮，雲雨斷陽臺。日出寒光迥，川平秀色回。興隨天際鴈，詩寄嶺頭梅。盛

〔一〕該詩又見南嶽倡酬集。

〔二〕該詩又見南嶽倡酬集。

事它年説，憑君記玉杯。

用元晦定王臺韻〔一〕

珍重南山路，驅羸幾度來。未登喬嶽頂，空説妙高臺。曉霧層層斂，奇峰面面開。山間元自樂，澤畔不須哀。

馬上口占〔二〕

向來一雪壓霾昏，曉跨征鞍傍水村。七十二峰俱玉立，巍然更覺祝融尊。

馬上舉韓退之語口占〔三〕

擾擾人心墮渺茫，更於底〔四〕處問穹蒼。今朝開霽君知否？春到無邊花草香。

〔一〕該詩又見南嶽倡酬集。
〔二〕該詩又見南嶽倡酬集。
〔三〕該詩又見南嶽倡酬集。
〔四〕底：宋本作「低」。

和朱元晦韻〔一〕

一見瓊山眼爲青，馬蹄不覺渡沙汀。如今誰是王摩詰？爲寫清新入畫屏。

登山有作〔二〕

上頭壁立起千尋，下列群峰次第深。兀兀〔三〕籃輿自吟詠，白雲流水此時心。

和元晦馬跡橋〔四〕

便請行從馬跡橋，何須乘鶴簉叢霄。殷勤底事登臨去，不爲山僧苦見招。

〔一〕宋本「韻」後有「絶句」二字。該詩又見南嶽倡酬集。

〔二〕該詩又見南嶽倡酬集。

〔三〕兀兀：原作「几几」，據南嶽倡酬集改。

〔四〕該詩又見南嶽倡酬集。

方廣道中半嶺少憩〔一〕

半嶺籃輿小駐肩，眼中已覺渺雲煙。山頭更盡無窮境，非是人間別有天。

道中景物甚勝吟賞不暇因復作此〔二〕

支筇石壁聽溪聲，却看雲山萬疊新。總是詩情吟不徹，一時分付與吾人。

崖邊積雪取食清甚賦此〔三〕

陰崖積雪射寒光，入齒清甘得味嘗。應是山神知客意，故將瓊液沃詩腸。

和元晦後洞山口晚賦

石裂長藤瘦，山圍野路深。寒溪千古思，喬木四時陰。更得尋幽侶，何妨擁鼻吟。笑

〔一〕該詩又見南嶽倡酬集。
〔二〕該詩又見南嶽倡酬集。
〔三〕該詩又見南嶽倡酬集。

看雲出岫，誰似〔一〕此無心？

和元晦雪壓竹韻〔二〕

山行景物總清奇，知費山翁幾許詩。雪急風號聯騎日，月明霜浄倚闌〔三〕時。

和元晦懷定叟戲作〔四〕

路入青山小作程，每逢佳處憶吾人。山林朝市休關念，認取臨深履薄身。

方廣聖燈〔五〕

陰壑傳聞炯夜燈，幾人高閣〔六〕費追尋。山間光景秪常事，堪笑塵寰萬種心。

〔一〕似：原作「是」，據四庫本改。
〔二〕該詩又見南嶽倡酬集。
〔三〕闌：宋本作「欄」。
〔四〕該詩又見南嶽倡酬集。
〔五〕該詩又見南嶽倡酬集。
〔六〕閣：宋本、四庫本作「閣」。

賦羅漢果〔一〕

黄實纍纍本自芳，西湖名字著諸方。里稱勝母吾常避，珍重山僧自煮湯。

和元晦詠畫壁〔二〕

松杉〔三〕夾路自清〔四〕陰，溪水有源誰復尋？忽見畫圖開四壁，悠然端亦〔五〕慰予心。

和元晦方廣版屋〔六〕

葺蓋非陶埴，年深自碧差。如何亂心曲，不忍誦秦詩。

〔一〕該詩又見南嶽倡酬集。

〔二〕該詩又見南嶽倡酬集。

〔三〕松杉：南嶽倡酬集作「山松」。

〔四〕清：宋本及南嶽倡酬集作「青」。

〔五〕亦：南嶽倡酬集作「坐」。

〔六〕該詩又見南嶽倡酬集。

和擇之賦泉聲〔一〕

試問今宵澗底聲，何如三歎有餘音？堂中衲子還知否？月白風清底處尋。

和擇之賦霜月〔二〕

月華明潔好霜天，遥指層城幾暮煙。妙意此時誰與寄？美人湘水隔娟娟。

和擇之賦枯木〔三〕

陰崖虎豹露鬚牙，元是枯槎着蘚花。不向明堂支萬祀，玄冬苦節未須誇。

〔一〕該詩又見南嶽倡酬集。

〔二〕該詩又見南嶽倡酬集。

〔三〕該詩又見南嶽倡酬集。

聞方廣長老化去有作〔一〕

夜入精藍意自真，上方一笑政清新。山僧忽復隨流水，可惜平生未了身。

賦蓮花峰〔二〕

玉井峰頭十丈蓮，天寒日暮更清妍。不須重詠洛神賦，便可同賡雲錦篇。

和元晦詠雪〔三〕

兀坐竹輿穿澗壑，仰看石徑接煙霞。是間故有春消息，散作千林瓊玉花。

〔一〕該詩又見南嶽倡酬集。
〔二〕該詩又見南嶽倡酬集。
〔三〕該詩又見南嶽倡酬集。

自方廣過高臺〔一〕

兩寺清聞磬，群峰石作城。風生雲影亂，猿嘯月華明。香火遠公社，江湖鷗鳥盟。是中俱不着，俯仰見平生。

賦石廩峰〔二〕

巋然高廩倚晴天，獨得佳名自古傳。多謝山中出雲氣，人間長與作豐年。

道傍殘火温酒有作〔三〕

陰崖衝雪寒膚裂，野路燃薪春意回。旋暖提壺傾濁酒，陶然絶勝夜堂杯。

〔一〕該詩又見南嶽倡酬集。

〔二〕該詩又見南嶽倡酬集。

〔三〕該詩又見南嶽倡酬集。

和元晦林間殘雪之韻〔一〕

眼〔二〕中光潔盡瓊瑶，未覺鬱藍宫殿遥。石壁長林冰筯落，鏘然玉佩響層霄。

和擇之看雪〔三〕

嶽背三冬雪，真同不夜城。野雲何晃蕩，澗水助空明。行槖多新句，青山有舊盟。堂堂身世事，渠謾説三生。

和擇之福巖回望嶽市〔四〕

回首塵寰去渺然，山中别是一風煙。好乘晴色上高頂，要看清霜明月天。

〔一〕該詩又見南嶽倡酬集。
〔二〕眼：南嶽倡酬集作「林」。
〔三〕該詩又見南嶽倡酬集。
〔四〕該詩又見南嶽倡酬集。

福巖讀張湖南舊詩〔一〕

兹遊奇絶平生事，只欠瀛仙冰雪姿。元是經行題品地，却從山際誦新詩。

和擇之登祝融峰口占〔二〕

祝融高處好，拂石坐林端。雲夢從渠小，乾坤本自寬。回眸增浩蕩，出語覺高寒。明日重來看，寧應取次還？

和元晦晚霞〔三〕

早來雪意遮空碧，晚喜晴霞散綺紅。便可懸知明旦事，一輪明月快哉風。

〔一〕該詩又見南嶽倡酬集。

〔二〕該詩又見南嶽倡酬集。

〔三〕該詩又見南嶽倡酬集。

過高臺攜信老詩集〔一〕

蕭然僧榻碧雲端，細讀君詩夜未闌。門外蒼松霜雪裏，比君佳處讓高寒。

和元晦贈上封長老〔二〕

上方元自好，一榻有餘清。秪趁晨鐘起，寧聞山鳥聲。高僧足幽事，野客富〔三〕詩情。試問峰頭景，今朝作麽生？

和元晦醉下祝融〔四〕

雲氣飄飄御晚風，笑談嘘吸滿心胸。須臾歛盡還〔五〕空碧，露出天邊無數峰。

〔一〕該詩又見南嶽倡酬集，署名仲晦（朱熹）作，當誤。
〔二〕長老：宋本作「諸老」。該詩又見南嶽倡酬集。
〔三〕富：宋本作「賦」。
〔四〕該詩又見南嶽倡酬集。
〔五〕還：南嶽倡酬集作「雲」。

和元晦十六日下山之韻〔一〕

歸袂隨雲起，籃輿趁雪明。山僧苦留客，世故却關情。小倚枯藤杖，聊聽絶澗聲。如何山下客，一笑已來迎。

和擇之韻〔二〕

山中好景年年在，人事多端日日新。不向青山生戀着，秪緣身世總非〔三〕真。

和擇之韻

舊説峰頭寺，真成杖屨來。却尋泥路滑，更喜野雲堆。寒積三冬雪，陽生九地雷。城中幾親友，爲説看山回。

〔一〕該詩又見南嶽倡酬集。

〔二〕南嶽倡酬集標爲「擇之」作，當誤。

〔三〕非：宋本作「皆」。

題曾氏山園十一詠〔一〕

尚絅堂

昔人爲己學，深旨妙隱微。三復尚絅章，服膺願無違。

夕陽臺

日暮天無風，岸巾夕陽中。回首發遐想，明月已升東。

橘洲

我家湘水濱，年年賦徠服。君家百畝田，晚歲千樹緑。

〔一〕十一詠：宋本作「十首」，誤。

霜傑

種松苦難長，松長還耐久。莫作目前思，但種門前柳。

菊隱

不肯競桃李，甘心同艾蒿。德人一題品，愈覺風味高。

君子亭

嘉蓮秉嘉質，解后逢賞音。翁豈玩物者，寄意一何深。

蓼步

扁舟横薄莫，渺渺蓼知秋。家山有江湖，何必賦遠遊。

北山

南山煙雨霏，北山風露多。衣沾非所惜，屨濕知如何。

梅沼

寒梅只自芳，野水有餘清。山空歲云暮，妙意相發明。

桃花塢

花開山與明，花落水流去。行人欲尋源，只在山深處。

吟風橋〔一〕

橋邊風月佳，俛仰有餘思。無忘履冰心，方識吟風意。

〔一〕吟風橋：宋本缺此首詩。

昨日與周伯壽别終夕雨小詩追路〔一〕

夜雨虚簷響徹明，地蒸衣潤欲生雲。想君渚路頻回首，我亦書窗倍憶君。

自西園登山

日光射崖冰雪色，風壑傳響松龍吟。但忻耳目得所遇，不覺山高幾許尋。

〔一〕宋本缺此首詩。

新刊南軒先生文集卷八

表

謝太師加贈表〔一〕

日月昭回，燭孤忠於既没；風雷鼓動，詔卹典於無窮。藐然遺孤，重於〔二〕隕涕。中謝。

伏念先臣早趨列著，即值多難〔三〕。痛陵廟之莫扶，嘆簪紳之自保。以爲寇讐若此，豈臣子之遑安；義理所存，何利害之足計！會真人之勃起，先百辟以駿奔。奉命於危機洶湧之秋，投軀於衆難紛紜之際。以至進登揆路，盡護戎車。不憂醜虜之方張，惟懼人心之不

〔一〕該表又見四庫本播芳大全（以下簡稱播芳大全）卷六中、永樂大典卷一三〇八二、宋四六選卷九、南陽藝文志卷八。

〔二〕於：宋本及播芳大全作「以」。

〔三〕難：宋本及播芳大全作「艱」。

正。炳若丹青之誓，率茲縞素之師。雖蒙神聖之深知，亦致姦邪之横疾。擯居炎服，中逾二紀之更；敢意餘齡，復際重明之運。竊窺睿藴，思復祖疆。願畢効於精誠，冀平清於氛祲。而割地奉讐之論起，合黨締交之謀深。修邊備則指爲費財，講武功則目爲生事。妄擬偷安於歲月，曾微却顧於興衰。非惟沮先臣之爲，實乃傷陛下之志。鑠金成市，卒賴保全；易簀餘哀，空存感慨。悵歷時之寖久，忽當饋以興思。中旨顯頒，褒章具舉。既極上公之貴，復稽節惠之文。人知忠義之榮，莫不競勸；士喜是非之定，少緩私憂。固將垂訓於邦家，豈但增光於泉壤。此蓋伏遇皇帝陛下勤儉法禹，聰明繼堯。緯武經文，不暫忘於宗祏；彰善癉惡，用允若於天心。敷揚舊勳，表厲在服。誦温言之曲盡，仰至意之旁孚。臣猥以承家，極茲追往。奉牲以告，知神理之來歆；聚族而謀，念上恩之曷報。惟慕先臣之許國，力圖後日之捐身。

嚴州到任謝表〔一〕

奉詔中陛，分符近邦。已見吏民，敬頒條教。中謝。伏念臣稟資不敏，涉道未深。誦編

〔一〕該表又見四庫本播芳大全卷五下。

簡以窮年，粗守趨庭之訓；雖江湖之屏迹，敢忘向日之心！藐兹憂患之餘，時〔一〕軫記憐之舊。既將詳試以民事，又使密邇於行都。賜對彤〔二〕庭，曲形睿奬。辭闕未更於積日，驅車已届於新封。仰在望之雲天，依歸曷已；顧來迎之父老，責望謂何！此蓋伏遇皇帝陛下勇智繼湯，聰明法舜。謂意誠心正，澄源雖自於朝廷；然本固邦寧，共理亦資於牧守。夫何迂〔三〕戇，乃預選掄！惟是此方，素稱瘠土，而其輸賦，獨重他州。編居半雜於山林，稔歲猶艱於衣食。觀其生理，良足興嗟。臣謹當咨訪里閭，推原根本，悉陳利害之實，仰冀〔四〕恩澤之流。視民如傷，用體大君之德意；爲國以禮，更思先聖之格言。

静江到任謝表〔五〕

還之寓直，假以价藩，祇服訓詞，已臨官次。伏念臣稟資甚戇，涉理未深。徒以蚤被

〔一〕時：宋本、播芳大全作「特」。

〔二〕彤：宋本作「昕」。

〔三〕迂：原作「遷」，據宋本、道光本及播芳大全改。

〔四〕冀：宋本、播芳大全作「覬」。

〔五〕該表又見四庫本播芳大全卷五下、粵西文載卷三。

於教忠，故亦粗知於守義。頃由郎省，入侍經帷。方聖主之有爲，思延忠讜；愧下臣之末學，無補高明。居然半載之間，負此素餐之責；獨有孤危之迹，上塵覆護之私。終畀便州，使歸故里。甫及瓜期之近，更叨改命之榮。此蓋伏遇皇帝陛下愛養人才，重惜名器。謂臣鈍不生事，或可責以撫摩；察臣愚無它腸，示不忍於捐棄。惟是桂林之地，夙專制閫之權，盡護邊蠻，南極嶺嶠，深虞綿薄，莫副使令。臣敢不思既厥心，克共于事！奉法循理，期躬率於遐方；和衆安民，用仰承於皇武。

江陵到任謝表〔一〕

便私有請，已媿乘軺；改命彌優，又叨分閫。仰承德意，既見吏民〔二〕。臣〔三〕中謝。惟全楚之上流，實皇家之要屏。居吴蜀之會，屹形勢之相關；控襄沔之衝，渺規摹之甚遠。自戎馬平寧之後，亦歲時閲歷之多。田土膏腴，莫盡新耕之利；人煙蕭瑟，靡聞舊觀之還。既

〔一〕該表又見四庫本播芳大全卷五下。
〔二〕吏民：原作「史民」，據宋本、四庫本、道光本及播芳大全改。
〔三〕臣：原無，據四庫本播芳大全補。

富庶之未臻，諒恢圖之難濟，孤聖主有爲之志，虚輿人望治之心。謀帥〔一〕之艱，于今尤甚。豈兹遴選，乃及微臣！兹蓋伏遇皇帝陛下明並日中，仁同天大。念臣服於先訓，亦有意於捐軀；謂臣守其愚忠，或可望以立事。肆加明試，不忍遐遺。臣敢不務集衆思，勉圖來効！事君以勿欺爲主，期利害之實聞；禦侮以得民爲先，當本根之力護。庶幾毫髮，仰答乾坤。

進職因任謝表〔二〕

内閤分華，進其寓直；介藩因任，錫以贊書。既莫遂於終辭，凜不知夫所措。臣某誠惶誠懼，頓首頓首〔三〕。伏念臣昨承人乏，來守嶺隅。忽坐閲於兩秋，亦既殫於五技。所賴旁流之惠澤，故兹少息於疲甿。吏於其間，譴因以免。敢希誤寵，何有微勞！此蓋伏遇皇帝陛下以大有爲之資，行不忍人之政。遠邇一視，真傳太上之心；賞罰至公，悉聽國人

〔一〕帥：原作「師」，據宋本、四庫本及播芳大全改。
〔二〕該表又見四庫本播芳大全卷四中。
〔三〕頓首頓首：原作「頓首」，據宋本補。

之論。惟臣不敏，曷稱所蒙！況聞前哲之言，多畏居官之久。非人情狃習之爲慮，實己志怠忽之難防。其幾弛於方寸之間，則害及於一路之廣。返復以念，經營莫寧。敢不履薄臨深，益思謹於侯度；庶幾積銖累寸，或不玷於皇明。

謝除秘閣修撰表〔一〕

臣某言：先在廣西任日，伏蒙聖恩，除臣秘閣修撰，尋具辭免，奉聖旨不允，已祗受誥命者。奉藩何補，坐費三年；進律之褒，乃蒙再命。控忱辭而莫獲，揣小己以增羞。中謝。伏念臣鈍〔二〕質無堪，孤蹤難植。備保鄣於遠服，凜危懼之百懷。惟仰恃於聖明，勉自殫其心力。班超之策但守於平平，陽城之書固甘於下下。豈期睿獎，荐賜寵光。俯矜塵坌之餘生，俾隸蓬萊之高選。超踰若此，報稱謂何！此蓋伏遇皇帝陛下器使群才，光被四表。顧未忘於簪履之舊，尚念黯愚；將示勸於牧圉之臣，姑從隗始。榮踰華衮，愧甚循牆。臣敢不勉務朴忠，仰承德意。始終一節，期不負於素懷；驅馳四方，敢或憚於煩使！

〔一〕該表又見四庫本播芳大全卷四中。
〔二〕鈍：原作「純」，據宋本、四庫本、道光本及播芳大全改。

謝侍講表[一]

拜命中宸，執經西學。雖踵熙朝之故事，實爲儒者之至榮。莫遂懇辭，惟深惕懼。臣某云云。竊以剛健篤實，易稱多識之功；緝熙光明，詩著仔肩之義。蓋典學[二]所以建事，而治國始乎修身。厥惟哲王，乃燭大本。此蓋伏遇皇帝陛下德先勤儉，政用中和。從善若轉圜，每盡謙虚之道；臨民如御馬，居懷兢業之思。念六籍之格言，爲百王之要範。將求鴻碩，與共講論。顧臣何人，亦預兹選！臣敢不樸忠自許，古義是研，勉殫夙夜之誠，庶幾千慮；儻有涓埃之補，少答大恩。

謝賜冬衣表

出笥分珍，在廷均賜。方此御冬之始，俱懷挾纊之温。中謝。兹蓋伏遇皇帝陛下子視庶民，天臨群下。遇之有禮，俾知臣節之恭；豈曰無衣，獨覺君恩之重。臣等敢不力圖其

〔一〕該表又見四庫本播芳大全卷四下。

〔二〕典學：繆本作「興學」。

報，仰稱所蒙。惟公爾以忘私，庶服之而無斁。

賀郊祀表

率時陽復，式展泰壇；配我思成，有嚴熙事。中賀。竊攷前王之典，莫先上帝之郊。明德惟馨，匪備物之爲貴；精意以饗，本一誠以潛通。必知禮樂之原，斯格高升之應。恭惟皇帝陛下躬行舜孝，業廣禹勤。守位曰仁，允寶祖宗之訓；應天以實，克覃〔一〕夙夜之心。茲舉彌文，益昭順福。神靈來燕，穆然聲氣之交；服采駿奔，儼若豆籩之薦。更旁流於沛澤，用永錫於蒸黎。臣等幸備邇聯，豫〔二〕承明祀。體宸衷〔三〕之寅畏，敢怠交修；仰帝命之昭融，庶幾無斁。

〔一〕覃：原作「單」，據繆本改。
〔二〕豫：宋本作「預」。
〔三〕衷：原作「中」，據宋本改。

賀冬至表

律應中聲，候迎長景。宜人神之贊喜，輔宗祏以儲休。中賀。恭惟皇帝陛下重堯之華，行禹之智。籲俊以尊上帝，斂福而錫庶民。周典是遵，待彼陰陽之定；羲爻默玩，見夫天地之心。臣叨奉藩條，阻陪班綴。天子萬壽，敢忘歸美之誠；王者三微，願廣好生之德。

遺奏〔一〕庚子貳月初貳日

臣再世蒙恩，一心報國。大命至此，厥路無由。猶有微誠，不能自已。伏願陛下親君子，遠小人，信任防一己之偏〔二〕，好惡公天下之理。永清四海，克鞏丕圖。臣死之日，猶生之年。

〔一〕該奏又見建炎以來朝野雜記甲集卷八、古今事文類聚前集卷五十一、名臣言行録外集卷三、道光綿竹縣志卷三十七、宋代蜀文輯存卷六十四。清抄本播芳大全卷四十四作遺表。

〔二〕防：宋本及建炎以來朝野雜記作「絶」。

經筵講議[一]

二南之詩，聖人示萬世以制治之本源，乃三百六篇之綱要，如易之首乾坤然。葛覃次於關雎，蓋述后妃雖貴，不可忘其初。處宮室之中，而思其在父母家之時；居富貴之位，而念夫女工之勞。感時撫事，而因以起其歸寧之心思[二]。其節儉敦本，孝愛恭敬，薰然見乎其辭，反復誦詠之，則可以得其趣矣。一章思夫在父母之時，方春葛延蔓于中谷，維葉萋萋然其始茂也；黄鳥聚于灌木[三]，其鳴喈喈然其甚和也。誦此章，則一時景物如接吾耳目中矣。二章「維葉莫莫」，則是葛既成而可采之時也。於是言其刈穫之以爲絺綌，如此服之無厭也。蓋躬其勤勞而享之則安耳。誦此章，則其敦本之意可見矣。三章言其因是以思其父母，告師氏以言歸，汙治其燕私之服，澣濯其朝見之衣。「害澣害否」，言何者當澣，何者當否，治其衣服，蓋欲以歸寧父母也。誦此章，則其孝愛恭敬與夫節儉之意，又豈不

〔一〕該篇又見南宋文範卷二十六。
〔二〕心思：宋本作「思」，無「心」字。
〔三〕灌木：宋本作「藂木」。

薰然於言辭之表乎？古者雖后妃之貴，亦必立之師傅以詔之，故此詩言歸，必首以告師氏。而左氏傳亦謂「傅母不在，宵不下堂」，則知師傅之職所以朝夕輔導之也。法家拂士，非惟人主不可一日無，在后妃亦然。誠以人心易動，貴驕易溺，處其極而無所畏憚，則其可憂將有不可勝言者。是以古之明君與其后妃相與夙夜警戒，而不敢少忽乎此也。臣嘗考周家建國，自后稷以農事爲務，歷世相傳，其君子則重稼穡之事，其室家則躬織紝之勤，相與咨嗟歎息，服習乎艱難，詠歌其勞苦，此實王業之根本也。如周公之告成王，其見於詩，有若七月，皆言農桑之候也；其見於書，有若無逸，則欲其知稼穡之艱難、知小人之依也。臣以爲帝王所傳心法之要，端在乎此。夫治常生於敬謹，而亂常起於驕肆。使爲國者而每念乎稼穡之勞，而其后妃又不忘乎織紝之事，則心不存焉寡矣。何者？其必嚴恭朝夕，而不敢怠也；其必懷保小民，而不敢康也；其必思〔一〕天下之飢寒，若己飢寒之也。是心常存，則驕矜放肆何自而生？豈非治之所由興也歟？美哉，周之家法也！聖哲相繼，固不待論，而其后妃之賢，見於簡編，太王之妃則姜女也；而文王之母則太任，妃則太

〔一〕思：宋本作「畏」。

姒；而武王之后又邑姜也。皆助其君子焦勞于内，以成風化之美。觀后妃，則太王、文、武之德可知矣。以此垂世，而其後世猶有若幽王者，惑褒姒而廢正后，以召犬戎之禍，而詩人刺之曰「婦無公事，休其蠶織」，蓋推其禍端，良由稼穡織紝之事不聞於耳，不動於心，以至於此。故誦「服之無斁」之章，則知周之所以興；誦「休其蠶織」之章，則知周之所以衰。其得失所自，豈不較著〔一〕乎！以是意而考秦漢以下，其治亂成壞之源，皆可見矣。

講畢，臣栻復進曰：「臣觀三代令王，必知稼穡之艱難，其后妃必知織紝之勤勞。惟其身親之，視民如傷，其心誠痛切也。後來只爲不知艱難，故都不省察，但見目前一事之辦，一令之行，不知百姓流離困苦于下。所以漢唐妄爲興作之君，多在中葉，良由不知艱難所致。周公作七月，反復只説農桑；作無逸，只説稼穡之艱難。要得成王胸中了然，都知許多辛苦曲折，自然朝夕敬畏，惟恐失民心，下情通達，凡事不敢草草，其治所以安固長久。天生民以立君，非欲其立乎民之上以自逸也，蓋欲分付天之赤子而爲之主。人主不以此爲職分，以何爲職分？人主不於此存心，於何所存心？若人主之心，念念在民〔二〕，惟恐

〔一〕著：宋本作「然」。
〔二〕念念：宋本作「念之」。

傷之，則百姓之心自然親附如一體。若在我者先散了，此意思與之不相管攝，則彼之心亦將泮涣而離矣，可不懼哉！自古帝王爲治，皆本乎此。後世興利生事之臣，先毁薄此論，謂之陳腐，亦無怪其然。蓋須指此爲陳腐，則彼興利生事之説方得而進。臣嘗譬之，飢必食穀粟，渴必飲水漿，此語似乎陳腐，然飢須食穀粟，渴須飲水漿，不可易也。若以此爲陳腐，却求吸風飲露之計，寧有是理！人主不可以不察。臣又嘗觀後世兩種議論，或云『小害無傷』，或云『要得立事，擾人不奈何』。臣以爲此等議論，乃壞國家元氣毒藥。」上云：「王安石謂人言不足卹，所以誤國事。」臣栻請破前此二者説：「臣嘗爲州郡，備見百姓利害，百姓甚易擾動。未論州郡所行，只如知縣妄行出一文字，鄉間擾害百姓有不可勝言者，何況以朝廷之勢臨之？若一事偶未審，草草行出，外間受害又何可以數計！百姓被困毒，得聞於人主之前者有多少間隔，其受害已不少矣。然則豈可謂小害無傷？濟大事必以人心爲本，若未曾做得一毫，事先擾百姓，失却人心，是將立事根本自先壞矣，烏能立哉！然則豈可謂『要立事，擾人不奈何』？人主又豈可不察？然而又有一等頹墯苟且之論，借養民之説，却是要玩歲愒日，都無所爲，此反害正論。臣所論先王養民之政，蓋其所施行，具有本末先後，正合朝夕講究，以次行之，非是恬然不爲。」臣栻又進曰：「古人論治，如木之有根，如水之有源。言治外必先治内，言治國必先齊家。須是如此，方爲善治。臣適論成周家法，自漢唐以來〔一〕，家法之美無如我宋。臣嘗考四后之德，其立甚正，終爲宗廟社稷之福。光獻曹太后方英宗之初，有功社稷。宣仁高太后致元祐〔二〕之治，號如女主中堯舜。欽聖向太后建中靖國之初有功社稷〔三〕。欽慈孟太后靖康、建炎間社稷之功又冠前古，以此知本朝之家法，何媿三代？實子孫萬世無窮之法。」

啓

謝宰執啓〔四〕太師加贈

仰祗明詔，追述遺忠。惟聖主明燭無疆〔五〕，莫掩中天之照；而大臣言乃底績，豈無前

〔一〕來：原作「策」，據宋本、四庫本、道光本改。
〔二〕祐：原脱，據右引補。
〔三〕自「宣仁高太后」至「有功社稷」：原爲夾註小字，今據宋本、道光本改爲正文大字。
〔四〕啓：原無，據宋本、四庫本補。
〔五〕疆：原作「彊」，據右引改。

席之陳？孤生藐然，有涕滂若。永言先父之志，粤自靖康而來。蓋以爲天理所安，期没身而後已；人臣之義，不與賊以俱生。國餘三户而可以亡秦，田有一成而卒能祀夏。苟精誠〔一〕之自竭，豈利鈍之逆知？惟其不渝，是以克濟。若謀國懷畏愞之見，則事仇甘陵夷之歸。妄希一日之安，莫思千載之恥。三綱不振，萬事曷成？皎若丹心，歷多艱而愈厲；凜乎白首，曾孤立以奚傷。痛易簀之有言，恨枕戈之未遂。孰謂閲時之久，忽形當宁之思？肆〔二〕命有司，昭加卹典。焚中山之篋，既空讒慝之群；祭曲江於家，益懋始終之眷。而平章僕射相公扶持公論，翌贊化原。想夫正色於朝，蔚有沃心之助，致〔三〕此休命，賁于幽扃。豈私門以爲榮，實吾道之增重。某奉書而告，追往更深。記先友以示方來，所願勳名之懿；銘上恩而思報効，敢忘忠義之傳！

〔一〕誠：宋本作「神」。
〔二〕肆：宋本作「歸」。
〔三〕致：宋本作「政」。

答周漕啓

伏審持節載驅，褰帷來莅。送以禮樂，上資周度之聞；雖則劬勞，民有安居之託。共惟某官以敦厚之稟，負通達之才。學道愛人，夙著撫循之實；正身率下，更高剌舉之風。眷此南湘，寔爲巨屏。湖山清遠，昔稱控制之雄；户口浩穰，尤覺賦輸之劇。雖故歲之幸稔，尚前歉之未償。正資惠存，以底安裕。儻官吏之奉法，自民俗之蒙休。激濁揚清，即聽公平之論；圖事揆策，旋歸獻納之班。某久寓是邦，便同舊里；方衡門之自屏，喜廣蔭之可依。染翰見貽，先辱瓊瑶之贈；造門不遠，行修桑梓之恭。

答胡提舉啓

伏審持節載驅，褰帷來届。送以禮樂，上〔一〕資周度之聞；雖則劬〔二〕勞，民有安居之託。伏惟提舉郎中以疏明之稟，負通達之才。執法漢庭，夙著平反之譽；觀風周道，已聞忠厚

〔一〕上：原作「主」，據宋本改。

〔二〕劬：原作「加」，據宋本、四庫本、道光本及前文例改。

之言。載惟推擇之公，實寄丁寧之旨。蓋念茲土，重罹歉菑。尚遠食新之期，居多仰哺之衆。是勤賢德，來布上恩，正茲捄患之時，何異拯焚之急！儻誠心惻怛，惟恐一夫之傷，則惠澤周流，自然千里之及。政施有序，風動可期。既寬宵〔一〕旰之深憂，且召豐年之和氣，遂因成績，入步要津。某昨幸朝班，數瞻風宇。方衡門之自省，喜廣蔭之可依。染翰見貽，先辱瓊瑤之贈；造門不遠，行修桑梓之恭。

答柳嚴州啓〔二〕

奉詔牧民，方待臨川之次；蒙恩易郡，更叨桐水之除。自揆初心，敢忘素守！已上奉祠之請，輒辭乘傳之行。豈不知在今此州，實拱行闕。仰雲天之在望，知日月之可依。地望既隆，民俗且簡。几席枕湖山之上，簿書雜魚鳥之間。前瞻文正之風流，尚想子陵之節概。叨逾過分，夫復何言！然某方茲退伏於里閭，且欲從容於學問。斯未能信，敢言輕試於治人；道之難明，祇合静求於在己。庶幾有得，不辱其先。日冀大君之仁，俯從小己

〔一〕宵：原作「霄」，據右引改。

〔二〕四庫本播芳大全卷四十八該文作回柳嚴州啓。

之願；豈謂山川之阻，忽勤魚素之頒〔一〕。敢〔二〕占蕪辭，少敘鄙意。恭惟知府朝議以德履之甚茂，全天才〔三〕之有餘。惟自處期忠厚之歸，故所至以牧養爲事。翺翔中外，益著聲猷。詠中和之詩，已騰聲於近服；陳治安之策，即趨對於明庭。某未諧先覯之期，徒負告新之意。敢借偃藩之樂，少留坐嘯之娱。秋律既深，霜飆愈厲。願體眷毗之厚，益精調護之宜。瞻頌之深，敷宣罔既！

答胡參議啓〔四〕

空冀北之野，昔知人物之英；佐湖南之軍，今喜風猷之近。辱書先及，佩意惟深。伏惟某官以淳茂之資，富通明之學。持心近厚，蔚聞平讞之風；正色不求，雅有安恬之樂。惟瀟湘之都會，控江、漢之上流。溪山阻深，户口繁夥。雖民安俗阜，必資元帥之得人；然

〔一〕頒：原作「攽」，據宋本改。
〔二〕敢：宋本作「謹」。
〔三〕天才：原作「才脱」，據宋本及四庫本播芳大全改。
〔四〕四庫本播芳大全卷四十八該文作回胡參議啓。

川泳雲飛，亦賴嘉賓之贊畫。是煩耆德，來慰輿情。諒坐席之未温，即鋒車之趨駕。某深〔一〕惟亡補，退切自修。好語見貽，知有斷金之義；從遊在即，更歌伐木之詩。

答翟通判啓〔二〕

德門雅望，聖世美才。久更踐於民情，益推高於吏治。出分屏軾，尚淹半刺之權；入佩荷囊，行被九重之眷。知有斷金之義，偶同退鷁之飛。遠勤專价之臨，重辱長城〔三〕之貺。褒揚過實，展讀懷慚。千里敘情，所愧非子雲之筆札；一時仰德，未由披彦輔之雲天。瞻頌之深，敷宣罔既。

答竹通判啓〔四〕

義形辭色，識辨安危。惟險阻之備嘗，宜功名之立致。豈期歲月之久，尚爾淹遲；乃

〔一〕深：宋本作「自」。

〔二〕四庫本播芳大全卷四十八該文作回翟通判啓。

〔三〕長城：原作「長成」，據四庫本改。

〔四〕四庫本播芳大全卷四十八該文作回竹通判啓。

於州縣之間，更煩關決。頃自吴門之别，繼爲南楚之歸。寤寐雖勤，書辭莫及。知有斷金之義，偶同退鷁之飛。玆承專价之臨，首辱朋緘之問。辭旨敷暢，展讀再三。事理分明，惟知感歎。騏驥伏櫪，無忘驤首之時；鵰鶚在天，更看沖霄之翼。

答嚴州州縣官啓〔一〕

南爲祝融客，方自屏於江湖；郡枕子陵溪，忽起分於符竹。雖公朝之不棄，在私義之未遑。蓋退而治己，尚多缺然；則出而臨民，其敢率爾！輒上祠宫之請，且惟編簡之求。豈期薰慈，遠貽慶問！三復辭情之美，益增顔面之慙。恭惟某官論議該深，見聞卓異。素所蓄積，蔚爲瑚璉之珍；暫爾淹遲，莫掩斗牛之氣。未遂同僚之幸，徒勤仰德之懷。愧感之深，敷宣罔既。

〔一〕該文又見四庫本播芳大全卷四十八。

答吕太博啓[一]

兹蒙薰慈，委貺牋翰。不爲華藻，無非忠信之言；歷舉大猷，備著切磋之義。詠味數過，感藏至深。伏惟某官世德相傳，天資甚茂。立志靡追於時好，行身力慕於昔賢。暫分典於泮宫，益養成於遠器。某相聞雖久，既見末[二]繇。永惟事道之難，莫若求仁[三]之要。考麗澤之象，正資講習之功；誦伐木之詩，益見和平之助。顧驅車之寖邇，知傾蓋之可期。所忻有過之必聞，庶或臨民之寡悔。

答游廣文啓[四]

疏恩北闕，分教南邦。出御史之名門，先聲已著；群諸生於泮水，講席方嚴。伏惟某

〔一〕該文又見四庫本播芳大全卷四十八。

〔二〕末：原作「未」，據宋本、四庫本改。

〔三〕仁：原作「人」，據宋本改。

〔四〕四庫本播芳大全卷二十四該文作賀游教授啓。

官文采蜚〔一〕英，豈弟從政。蓄於平素，既以致遠爲心；見于施爲，當有躬行之實。念兹都會，夙多俊良。正資教養之功，庸底作成之盛。識其大者，豈誦説云乎哉？何以告之，亦仁義而已矣。某一違風采〔二〕，三易歲華。忻聞徒御之臨，首拜牋辭之辱。自慚短翰，曷報勤渠；即聽名言，少慰孤陋。

回嚴主簿啓〔三〕

發策大庭，蜚英雋軌，所論不詭，公言允乎。惟皇家設科，本收多士之用；而君子從仕，豈爲一身之謀？故官無尊卑，而報國則均；事無大小〔四〕，而行志則一。方觀遠業，以慰輿情。先辱貺於辭牋，徒增深於感抱。

〔一〕蜚：宋本及播芳大全作「飛」。

〔二〕采：宋本及播芳大全作「宇」。

〔三〕四庫本播芳大全卷二十五該文作賀試中賢良啓。

〔四〕事無大小：宋本作「事無小大」。

答新及第啓[一]

兹審承恩天陛，拜慶親庭，閭里知榮，士友增慰。惟策名委質，當思[二]忠義之勉圖；而學道愛人，豈其利禄之是慕！願擴昔賢之志，永爲鄉國之光。

答新舉人啓[三]

伏承起從里選，遂與計偕，顧兹勸駕之初，是乃策名之漸。惟國之取士，豈將富貴其身；而士之逢時，盍厲忠嘉之節。行觀大對，用卜遠圖。願希董子之奏篇，更加剴切；毋若公孫之曲學，徒取譏羞。輒因報貺之辭，少致贈言之義。敷宣罔既，悚惕增深。

〔一〕第：原作「弟」，據宋、四庫本改。該文又見清抄本播芳大全卷六十五、古今事文類聚翰墨大全辛集卷一〇。上引作賀人及第啓，宋本作「答新及第人」。

〔二〕思：原作「恩」，據四庫本、道光本及右引改。

〔三〕該文又見清抄本播芳大全卷六十五、古今事文類聚翰墨大全辛集卷一〇。上引作賀人發舉啓。

答新舉人啓

兹審起從里選，榮與計偕。惟藴積之素充，宜發揮之有漸。待時而動，豈爲干禄之云；正學以言，斯乃事君之始。蔚辭章之辱貺，惟推轂之何功。報贈不文，謹藏爲好。

謝生朝啓

歲晚而思益艱，蓋重蓼莪之感；齒長而學不進，更深伐木之求。方渴佇於良規，乃忽塵於善頌。意則厚矣，吾惟闕然。敢云初度之光，實積中心之媿。

新刊南軒先生文集卷九

記

静江府學記[一]乾道六年春二月

國朝學校徧天下，秦漢以來所未見也。桂林之學，自唐大曆中觀察使李昌夔經始于郊，而熙寧中徙于郡城東南隅。乾道二年，知府事張侯維又以其地堙陋，更相爽塏，得浮屠廢宫，實故始安郡治，請于朝而遷焉。侯以書來曰：「願有以告于桂之士。」某惟古人所以從事於學者，其果何所爲而然哉？天之生斯人也，則有常性；人之立于天地之間也，則有常事。在身有一身之事，在家有一家之事，在國有一國之事。其事也，非人之所能爲

〔一〕該記又見四庫本播芳大全卷一〇五、萬曆廣西志卷三十六、粵西文載卷二十五、古今圖書集成選舉典卷二十一、職方典卷一四〇四、雍正廣西通志卷一〇三。

也，性之所有也。弗勝其事則爲弗有其性，弗有其性則爲弗克若天矣。克保其性而不悖其事，所以順乎天也。然則捨講學其能之哉！凡天下之事皆人之所當爲，君臣、父子、兄弟、夫婦、朋友之際，人事之大者也，以至於視聽言動、周旋食息，至纖至悉，何莫非事者？一事之不貫，則天性以之陷溺也。然則講學其可不汲汲乎！學所以明萬事而奉天職也。雖然，事有其理而著於吾心。心也者，萬事之宗也。惟人放其良心，故事失其統紀。學也者，所以收其放而存其良也。夏葛而冬裘，飢食而渴飲，理之所固存，而事之所當然者，凡吾於萬事皆見其若是也，而後爲當其可學者求乎此而已。嘗竊怪今世之學者其所從事往往異乎是。鼓篋入學，抑亦思吾所謂學者果何事乎？聖人之立教者果何在乎？而朝廷建學，群聚而教養者又果何爲乎？嗟夫！此獨未之思而已矣。使其知所思，則必竦然動于中，而其朝夕所接，君臣、父子、兄弟、夫婦、朋友之際，視聽言動之間，必有不得而遁者，庶乎可以知入德之門矣。某也不敏，何足以啓告於人？辱侯盛意，勉爲之書。

袁州學記[一]

淳熙五年秋八月，某來宜春。至之明日，州學教授李中與州之士合辭來言：「宜春之學，自皇祐中太守祖無擇實始爲之，今百有二十五年矣。中更兵革，廢而復興，惟是庫陋弗克稱，至于今。守乃慨然按尋舊規，首闢講肆之堂，立稽古閣於堂上，生師之舍皆撤而一新之。將告成，而君侯適來，敢請記以詔多士。」某謝不敏，則請益堅。乃進而告之曰：先王所以建學造士之意，亦嘗攷之乎？惟民之生，其典有五：君臣、父子、兄弟、夫婦、朋友是也；而其德有四：仁、義、禮、智是也。人能充其德之所固有，以率夫典之所當然，則必無力不足之患。惟人之不能是也，故聖人使之學焉。自唐虞以來，固莫不以是教矣。至于三代之世，立教人之所，設官以董蒞之，而其法益加詳焉。然其所以爲教則一道耳。故曰：「學則三代共之，皆所以明人倫也。」嗟夫！人倫之在天下，不可一日廢，廢則國隨之。然則有國者之於學，其可一日而忽哉！皇朝列聖相承，留意教養，所以望於多士甚

〔一〕該記又見四庫本播芳大全卷一〇五、正德袁州府志卷十四、雍正江西通志卷一二五。

厚，三代而下言學校之盛，未有若此時也。然則教於斯，學於斯者，其可不深攷先王建學造士之本意而勉之乎？惟四德之在人，各具於其性，人病不能求之耳。求之之方，載於孔孟之書，備有科級，惟致其知而後可以有明，惟力其行而後可以有至。孝弟之行，始乎閨門而形於鄉黨；忠愛之實，見於事君而推以澤民。是則無負於國家之教養，而三代之士風亦不越是而已。嗟乎，可不勉哉！於是書以爲記。今守名枃，實某之弟也。是月庚戌記。

邵州復舊學記〔一〕

慶曆中，天子詔天下都邑〔二〕皆得立學。邵州去王畿數千里，於是時〔三〕亦爲學以應詔旨，而學在牙城之中，左獄右庾，庳陋弗稱。治平四年，駕部員外郎、通判永州周侯敦頤來

〔一〕該記宋刻本元公周先生濂溪集卷十一題作「邵州增闢舊學記」，嘉靖湖廣圖經志書卷十六題爲「邵州儒學記」。

〔二〕都邑：宋本作「郡邑」。

〔三〕於是時：原作「於時」，據宋本補「是」字。

攝郡事。始至，伏謁先聖祠下，起而悚然，乃度高明之地，遷于城之東南。及其成，帥士者行釋菜之禮以落之，今祠刻具存，可攷也。惟侯唱明絶學于千載之下，學者宗之，所謂濂溪先生者。在當時之所建立，後之人所宜謹守，以時修治，而貽之無窮可也。顧今僅百有餘年，而其間興壞之不常，甚至於徇尋常利便之説，徙〔一〕就他所，甚失推崇先生長者流風遺澤之意，而於學校之教，所害亦已大矣。乾道九年，知州事胡侯華公歎息其故，與學教授議所以復之者。轉運判官、提舉學事黄侯洧聞之，頗捐緡錢以相其事，於是即治平故基而加闢〔二〕焉。祠祭有廟，講肄有堂，棲息有齋，前後樓閣翬飛相望，下至庫庾庖湢無不備具，而民不知其費，不與其勞。遣使來請記。某以爲，春秋之義，善復古者，是誠可書也。然嘗攷先王所以建學造士之本意，蓋將使士者講夫仁義禮智之彝，以明夫君臣、父子、兄弟、夫婦、朋友之倫，以之修身、齊家、治國、平天下，其事蓋甚大矣，而爲之則有其序，教之則有其方。故必先使之從事於小學，習乎六藝之節，講乎爲弟、爲子之職，而躬乎洒掃應對進退之事，周旋乎俎豆羽籥之間，優遊乎絃歌誦讀之際，有以固其肌膚之會、筋骸之束，

〔一〕徙：原作「徒」，據宋本、正誼堂本、四庫本、道光本及上引改。
〔二〕闢：原作「闕」，據宋本、正誼堂本、四庫本、道光本及上引改。

齊其耳目，一其心志，所謂大學之道格物致知者，由是可以進焉。至於物格知至，而仁義禮知之彝得於其性，君臣、父子、兄弟、夫婦、朋友之倫皆以不亂，而修身、齊家、治國、平天下無不宜者，此先王之所以教，而三代之所以治，後世不可以跂及者也。後世之學校，朝夕所講，不過綴緝文辭，以爲規取利禄之計，亦與古之道大戾矣。上之人所以教養成就之者，夫豈端爲是哉！今邵幸蒙詔旨，得立學宫，而周先生實經理其始，又幸而得復其舊於已廢之後。士者遊於其間，盍試思夫當時先生所以望於後人者，其亦如後之學校之所爲乎？抑將以古之道而望之也。往取其遺書而讀之，則亦可以見矣。於是而相與講明，以析夫義利之分，循古人小學、大學之序如前所云者，勉之而勿舍，則庶幾爲不負先生經始期望之意，而有以仰稱上之人教養成就之澤，今日之復是學，斯不爲虚設矣。學故有二記。其一治平五年湖北轉運使孔侯延之〔一〕之文，蓋爲周先生作也。其一紹興二十三年武夷胡子宏之文，雖不詳學之興廢，而開示學者爲仁之方則甚明，皆足以傳後。某不敏，幸以淺陋之辭列於二記之次，實榮且愧云。淳熙元年三月癸巳記〔二〕。

〔一〕延之：原作「廷之」，據宋本及湖廣圖經志書改。
〔二〕記：原無，據宋刻本元公周先生濂溪集卷十一補。

郴州學記[一]

維三代之學，至周而大備。自天子之國都以及於鄉黨，莫不有學，使之朝夕優遊於絃誦詠歌之中，而服習乎進退揖遜之節，則又申之以孝弟之義，爲之冠昏喪祭之法、春秋釋菜與夫鄉飲酒養老之禮。其耳目手足肌[二]膚之會、筋骸之束，無不由於學。在上則司徒總其事，樂正崇其教，下而鄉黨亦莫不有師。其教養之也密，故其成才也易。士生斯時，藏修遊息於其間，誦其言而知其味，玩其文而會其理，德業之進，日引月長，自宜然也。於是自鄉論其行而升之司徒，司徒又論之而升之國庠，大樂正則察其成以告于王，定其論而官之。其官之也，因其材之大小，蓋有一居其官，至于終身不易者。士修其身而已，非有求於君也，身修而君舉之耳。夫然，故禮義興行，人才衆多，風俗醇厚，至於斑白者不負戴於道路，而王道成矣。國朝之學，視漢唐爲盛，郡縣皆得置學。郡有教授以掌治之，部刺史、守令佐又得兼領。其事亦既重矣，而士之居焉者大抵操筆習爲文辭，以求應有司之程

[一] 該記又見嘉靖湖廣圖經志書卷十四、嘉慶郴州總志卷三十五。

[二] 肌：原作「飢」，據宋本、正誼堂本、四庫本、道光本及上引改。

耳。嗟乎，是豈國家所望於多士之意哉！雖教養之法疑若未盡復古，然爲士者豈可不思士之所以爲士者果爲何事也哉？郴故有學，迫于城隅，湫隘不治，知州事薛彦博、通判州事盧遡、教授吴鎰始議遷改，因得浮屠廢宫，江山在前，高明爽塏，廼徙而一新之。郡之士相與勸率，以助資役。甫踰時而迄成焉，來屬某，願有紀。某惟先王之於學，所以勤勤懇懇，若飲食起居之不可須臾離者，誠以正心、修身、齊家、治國以至於平天下，未有不須學而成者，實生民之大命，而王道之本原也。然而學以何爲要乎？孟子論三代之學，一言以蔽之，曰「皆所以明人倫」也。大哉言乎！人之大倫，天所敘也。降衷于民，誰獨無是性哉！孩提之童，莫不知愛其親，及其長也，莫不知敬其兄；而夫婦、朋友之間，君臣之際，禮儀三百，威儀三千，無適而非性之所有者。惟夫局於氣稟，遷於物欲，而天理不明，是以處之不盡其道，以至於傷恩害義者有之。此先王之所以爲憂，而爲之學以教之也。然則學之所務，果何以外於人倫哉！雖至於聖人，亦曰盡其性而爲人倫之至耳。嗚呼！今之學者苟能立志尚友，講論問辯，而於人倫之際審加察焉，敬守力行，勿舍勿奪，則良心可識，而天理自著。馴是而進，益高益深，在家則孝弟雍睦之行興，居鄉則禮遜廉恥之俗成，一旦出而立朝，致君澤民，事業可大，則三代之風何遠之有，豈不盛歟！又豈可不勉歟！學之成，實乾道四年春二月。

桂陽軍學記〔一〕

桂與郴地相接，近歲洞甿紛擾之後，甫及安定，郡各建學以館士，亦可謂知務矣。郴學之成，某嘗爲之記，而桂之士復以請，於是告之曰：嗟夫，學之不可不講也久矣！今去聖雖遠，而微言著於簡編，理義存乎人心者，不可泯也。善學者求諸此而已。雖然，聖賢之書，未易讀也。蓋自異端之説行，而士迷其本真，文采之習勝，而士趨於蹇淺，又況平日群居之所從事，不過爲覓舉謀利計耳。如是而讀聖賢之書，不亦難乎！故學者當以立志爲先，不爲異端訹，不爲文采眩，不爲利禄汩，而後庶幾可以言讀書矣。聖賢之書，大要教人使不迷失〔二〕其本心者也。夫人〔三〕之心，天地之心也，其周流而該徧者，本體也。在乾坤曰元，而在人所以爲仁也。故易曰「元者善之長也」，而孟子曰「仁者，人也，合而言之道

〔一〕該記又見古文集成卷十二。

〔二〕失：原作「夫」，據四庫本、道光本及右引改。

〔三〕夫人：宋本作「二人」。

也」，禮曰「人者天地之心也」。而人之所以私僞萬端，不勝其過失者，梏於氣，動於欲，亂於意，而其本體以陷溺也。雖曰陷溺，然非可遂殄滅也。譬諸牛山之木，日夕之間，豈無萌蘖之生乎？患在人不能識之耳。聖賢教人以求仁，使之致其格物之功，親切於動靜語默之中，而有發乎此也。有發乎此，則進德有地矣。故其於是心也，治其亂，收其放，明其蔽，安其危，而其廣大無疆之體可得而存矣。此學之大端也，然則其可一日而不講乎？願與諸君共勉焉。學之成，乾道己丑歲三月也。爲之者，知軍事趙公瀚、教授劉允迪也。

欽州學記〔一〕

安陽岳侯霖爲欽州之明年，政通人和，乃經理其州之學，悉易故之庳陋，廟堂齋廡次第一新。伻來謁記，久未暇也。又明年，其學之教授周去非秩滿道桂，復以侯意來請，且曰：「欽之爲邦，僻在海隅，地近蠻而俗尚利，逢掖之士蓋鮮有焉。惟侯不敢以其陋而鮮加

〔一〕該記又見四庫本播芳大全卷一〇五。

忽也，故新其學以勸之，且求一言以示後，庶或有起也。」某於是而歎曰：是可書也已。夫所爲建學者，固欲其士之衆多也。今夫通都大邑，操觚習辭，發策決科，肩摩袂屬，必如是而後謂之多士乎哉？殆未然也。夫寡國鮮士亦何病？十室之邑必有忠信之質者焉，其成就與否，則係乎學與不學而已。學也者，所以成才而善俗也。今欽雖僻而陋也，其士雖鮮也，然其間亦豈無忠信之質者乎？無以揭之，曷其昭之？無以導之，曷其通之？爲之嚴學宫於此，詳其訓迪，以夫人倫之教、聖賢之言行薰濡之以漸，由耳目以入其心志，其質之美者能不有所感發乎？有所感發，則將去利就義，以求夫爲學之方，而又以訓其子弟，率其朋友，則多士之風豈不庶幾矣乎！異時人才成就，風俗醇美，其必由侯今日之舉有以發之。請刻記于學以俟〔一〕。淳熙四年甲午〔二〕。

〔一〕「以俟」二字，宋本無。

〔二〕甲午：案淳熙四年當爲丁酉，甲午爲淳熙元年。據「周去非秩滿道桂，復以侯意來請」句，當爲張栻知静江府時，則「甲午」當爲「丁酉」之誤。

雷州學記〔一〕

廬陵戴君爲雷州之明年，以書抵某曰：「雷之爲州，窮服嶺而並南海，士生其間，不得與中國先生長者接，於聞見爲寡，而其風聲氣習亦有未能遽變者。某惟念所以善其俗，宜莫先於學校。而始至之日，謁先聖祠，則頹然在榛莽中，用不敢遑寧，乃度郡治之西，有浮屠廢宫〔二〕，撤其材，即其地少下而得山川之勝〔三〕，殿堂齋廡，輪奂爽塏，凡所以爲學宫者無一不具。用錢一千萬。既成，則延其長老，集其子弟而語之以學之故，某之心亦庶幾其塵者，顧不鄙爲記以詔之。」予嘗觀孟子論王政，其於學曰：「謹庠序之教，申之以孝悌之義。」而後知先王所以建庠序之意，以教之孝悌爲先也。申云者，朝夕講明之云耳。蓋孝悌者天下之順德，人而興於孝悌，則萬善類〔四〕長，人道之所由立也。譬如水有源，木有根，則其

〔一〕該記又見方輿勝覽卷四十二、嘉慶雷州府志卷十八。

〔二〕廢宫：原作「廢屠」，據四庫本改。正誼堂本、道光本作「居」。

〔三〕前句「其材」與本句「即」三字原脱，據宋本補。

〔四〕類：宋本作「順」。

生無窮矣。故善觀人者，必於人倫之際察之，而孝弟其本也。然則士之進學，亦何遠求哉？莫不有父母兄弟也，愛敬之心豈獨無之？是必有由之而不知者，盍亦反而思之乎？反而思之，則所以用力者蓋有道矣。古之人自冬温夏清〔一〕、昏定晨省以爲孝，自徐行後長者以爲弟，行著習察，存養擴充，以至於盡性至命，其端初不遠，貴乎勿舍而已。今使〔二〕雷之士講明孝弟之義，於是學而興，行孝弟之行於其鄉，則雷之俗其有不靡然而變者乎？豈特可以善其鄉，充此志也，放諸四海而準可也。然則戴君之所以教者，宜莫越於是矣。乃書以寄之。乾道六年七月十日。

雷州學記〔三〕

淳熙四年秋，知雷州李侯以書來告曰：「雷舊有學宫，比歲日以頹壞。今焉葺〔四〕治一

〔一〕清：原作「凊」，據宋本、正誼堂本、四庫本、道光本改。
〔二〕使：原作「所」，據宋本、正誼堂本、四庫本、道光本改。
〔三〕該記又見方輿勝覽卷四十二、嘉慶雷州府志卷十八。
〔四〕葺：原作「嘗」，據宋、四庫本、正誼堂本、道光本改。

新，願請記以詔其士。且希白先〔一〕生嘗爲是州，宜公之所加念也。」惟希白先生實某之曾大父，至和元年以殿中丞來守雷州，今廳壁題名具存，故李侯援以爲請。然某幸得備帥事于此，所當以風教爲先務。聞雷學之成，雖微此請，固願有以告也，而况李侯之言如此哉？嗟乎！舜、跖之分，善與利之間而已矣。譬之途焉，善則天下之正逵，而利則山徑之邪曲也。人顧舍其正而弗由，以自陷於崎嶇荆棘之間，獨何歟？物欲蔽之，而不知善之所以爲善故耳。蓋二者之分，其端甚微，而其差則甚遠。學校之教，將以講而明之也。故自其幼則使之從事於洒掃應對進退之間，以固其肌〔二〕膚，而束其筋骸，又使之誦詩、讀書、講禮、習樂，以涵泳其情性，而興發於義理。師以導之，友以成之，故其所趨日入於善，而自遠於利。及其久也，其志益立，其知益新，而明夫善之所以爲善，則其於毫釐疑似之間，皆有以詳辨而謹察之。如駕車結駟，徐行正逵〔三〕，所見日廣，所進日遠，雖欲驅之而使

〔一〕先：原作「也」，據宋本、四庫本、道光本改。
〔二〕肌：原作「飢」，據宋本、四庫本、道光本改。
〔三〕逵：原作「達」，據宋本、四庫本、道光本改。

由於徑，不可得已。故曰：「少成若天性，習慣如自然。」此學之功也。自學〔一〕校之教不明，爲士者亦習於利而已，故其處己臨事，徇於便安，而不知其有非所宜安也，於富貴利達，志夫苟得，而不知其有非所宜得也。夫惟徇於便安而志夫苟得，則亦何所不至哉！間視其所爲，雖有涉於善事，而察其所萌，則亦未免出於有所爲而然。至於挾策讀書，亦是意耳，終身由之而以爲當然，是豈人之情也哉！故曰「性相近也，習相遠也」，可不畏歟！夫後之爲治所以不及於古之世，而其人才所以不及於古之人者，當〔二〕在於是。然則學校之教，其所係顧不重矣哉！今李侯既不鄙其士，而新其學宮，然其所以爲教者則又不可以不明也。故予獨以善、利之説告之，使不迷其所趨。雷之士〔三〕誠能因予之言，如古之學者從事於洒掃應對之際，以涵泳乎詩書禮樂之中，從師親友，久而勿舍，將必有能辨之者，亦非予言之所能盡也。李侯名茆，字叔茂〔四〕，長沙人。

〔一〕學：原作「然」，據宋本、正誼堂本、四庫本、道光本改。
〔二〕當：原作「常」，據繆本改。
〔三〕士：原作「土」，據正誼堂本、四庫本改。
〔四〕「字叔茂」三字宋本無。

江陵府松滋縣學記淳熙元年正月〔一〕

乾道九年冬，知江陵府松滋縣事余君彦廣以書來言曰：「松滋之爲邑，僻在大江之濱，自兵戈以來，其鄉廬〔二〕邑居固不能以復舊，而又重以水潦爲患，淪墊遷徙之餘，庶事大抵苟且，而學校爲尤甚。春秋奉祀，幾無以障風雨，青衿散處，莫適所依。六年之秋，知縣事滕君琛始聚材陶瓦，撤其故而更新之。首嚴廟象，備其彝器，已而講肄棲息之所亦以次舉。其明年，彦廣實來，親帥其士者而勸程之，又擇其秀者而表厲之，吟誦之聲藹如也。今年秋，復命甓工結密其地，自廟而及門，又加黝堊之飾于其棟宇，用釋菜之禮以告其成。自惟小邑寡民，不敢爲勞費，第積其力，時而爲之，故與滕君相繼四年之間，而後訖事。願不鄙爲之記，以風示邑之士，庶幾有〔三〕以作興焉。」某念今之爲邑者急於簿書期會之報，詳於追胥督責之事，則云舉其職矣。有能慨然於荒寒僻遠之區，留意教養如二君之相繼者，

〔一〕淳熙元年正月：此六字宋本無。

〔二〕鄉廬：宋本作「鄉閭」。

〔三〕有：原作「不」，據宋本、正誼堂本、四庫本、道光本改。

豈不可貴哉！而余君且將求其説以作興其人才，顧雖文字荒陋，有不得辭也，則爲之説曰：先王之教，其大旨見於孟氏之書，曰「學則三代共之，皆所以明人倫也」，又曰「謹庠序之教，申之以孝弟之義」。是知學校以明倫爲教，而明倫以孝弟爲先。蓋人道莫大乎親親，而孝弟〔一〕者爲仁之本也。古之人自冬温夏清〔二〕、昏定晨省以爲孝，自徐行後長者以爲弟，躬行是事，默體是心，充而達之，不使私意間於其間。親親之理得，而無一物不在吾仁之中，孝弟之道有不可勝用者矣。試以諗于邑之士，孰無事親從兄之心乎？誠能相與勸勉，朝夕講磨，以從事乎此，然後知人倫之際，盡其道爲難，而學之不可以已也。士之從事于此，則夫風聲氣俗之所及，閭里小民亦將視効而知勸，畏威而寡罪，以樂趨於淳厚之習，然則顧不美與！嗟乎！是乃先王建學之本意。余君今日之所望於多士者，宜莫先於此也，遂書以寄之。淳熙元年正月。

〔一〕弟：原無，據宋本補。
〔二〕清：原作「凊」，據宋本、正誼堂本、四庫本、道光本改。

宜州學記〔一〕

淳熙四年，某備位廣右帥事，以經略司主管機宜文字韓璧聞于朝曰：「璧清介豈弟，願假守符，俾牧遠民。」詔爲宜州，便道之官。宜爲州被邊，所控制非一。前此爲州者日夜究切備禦，繕治財賦之不暇，莫遑他議。韓侯至官，既舉其職，則慨然念學校委廢，議所以修復之，蓋積累而後成。廟宮既嚴，講肄有堂，生師有舍，門廡庖湢悉具，合境人士〔二〕歎息誦詠，伻來請記。方韓侯之爲是舉也，或者竊笑，以爲在邊州乃不急之務，且曰宜故寡士，亦何必汲汲爲。某獨以爲不然。蓋俎豆之修，則軍旅之事斯循序而不忒；教化興行，則禍難之氣坐銷於冥冥之中。詩曰：「既作泮宮，淮夷攸服。」是有實理，非虛言也。建學於此，使爲士者知名教之重，禮義之尊，修其孝弟忠信，則其細民亦將風動胥勸，尊君親上，協力一心，守固攻克，又孰禦焉！近而吾民既已和輯，則夫境外聚落聞吾風者亦豈不感動？有

〔一〕該記又見粵西文載卷二十五、雍正廣西通志卷一〇三、八瓊室金石補正卷一一五、道光慶遠府志卷十一、金石苑。

〔二〕人士：宋本作「士人」。

以伏其心志，柔其肌〔一〕膚，其孰有不順？況於秉彝之心，人皆有之，奇才之出，何間遠邇。遠方固曰寡士，然如唐之張公九齡出於曲江，姜公公輔出於日南，皆表然著見於後世，宜之士由是而作興，安知異日不有繼二公而出者乎？又安知其所成就不有可過之者乎？然則其可以寡士而忽諸！故於其學之成，樂爲之書。

〔一〕肌：原作「飢」，據宋本、四庫本、道光本改。

新刊南軒先生文集卷十

記

潭州重修嶽麓書院記〔一〕

潭州嶽麓書院，開寶九年知州事朱洞之所作也。後四十有五年，李允則來，爲請於朝，因得賜書藏焉。是時山長周式以行義著，祥符八年召見便殿，拜國子主簿，使歸教授，始詔因舊名賜額，仍增給中秘書，於是書院之稱聞天下。紹興初，更兵革灰燼，十一僅存，已而遂廢。乾道元年，建安劉侯珙安撫湖南，既剔蠹夷姦，民俗安靖，則葺學校，訪儒雅，思有以振起之。湘人士合辭以書院請，侯竦然曰：「是固章聖皇帝所以加惠一方，勸厲長

〔一〕該記又見四庫本播芳大全卷一〇五、山堂肆考卷一七三、楚紀卷十九、嘉慶湖南通志卷四十九、劉氏傳忠録卷四。宋本及播芳大全、山堂肆考所載該記與本集文多歧異，兹附於後。

養以風天下者，而可廢乎？」迺屬州學教授金華邵穎經紀其事，未半歲而成，大抵悉還舊規。某從多士往觀焉，愛其山川之勝，堂序之嚴，裴徊不忍去，喟而與之言曰：「侯之爲是舉也，豈將使子群居族譚，但爲決科利禄計乎？抑豈使子習爲言語文詞之工而已乎？蓋欲成就人才，以傳斯道而濟斯民也。惟民之生，厥有常性，而不能以自達，故有賴於聖賢者出而開之。是以二帝三王之政，莫不以教學爲先務。至於孔子，述作大備，遂啓萬世無窮之傳。其傳果何與？曰仁也。仁，人心也，率性立命，知天下而宰萬物者也。今夫目視而耳聽，口言而足行，以至於食飲起居之際，謂道而有外夫是，烏可乎？雖然，天理人欲，同行異情，毫釐之差，霄壤之繆，此所以求仁之難，必貴於學以明之與？善乎，孟子之得傳於孔氏，而發人深切也！齊宣王見一牛之觳觫而不忍，則告之曰『是心足以王矣』。古之人所以大過人者，善推其所爲而已。論堯舜之道本於孝弟，則欲其體夫〔一〕徐行疾行之間；指乍見孺子匍匐將入井之時，則曰『惻隱之心，仁之端也』，於此焉求之，則不差矣。嘗試察吾終日事親從兄、應物處事，是端也其或發見，亦知其所以然乎？誠能默識

〔一〕夫：原作「天」，據四庫本、道光本改。

而存之，擴充而達之，生生之妙，油然于中，則仁之大體豈不可得乎？及其至也，與天地合德，鬼神同用，悠久無疆[一]，變化莫測，而其則初不遠也。是乃聖賢所傳之要，從事焉終吾身而後已，雖約居屏處，庸何損？得時行道，事業滿天下，而亦何加於我哉？」侯既屬某爲記，遂書斯言，以厲同志，俾無忘侯之德，抑又以自厲云爾。二年冬十有一月辛酉日南至，右承務郎、直秘閣、賜紫金魚袋廣漢張某記。

〔附録〕潭州重修嶽麓書院記

湘西故有藏室，背陵向壑，木茂而泉潔，爲士子肄業之地。始開寶中，郡守朱洞首度基創宇，以待四方學者。歷四十有五載，居益加葺，左右生益加多。李允則來爲州，言於朝，乞以書藏。方是時，山長周式以行義著，祥符八年召見便殿，拜國子學主簿，使歸教授，詔以嶽麓書院名，增賜中秘書，於是書院之稱始聞天下，鼓笥登堂者相繼不絕。自紹興辛亥更兵革灰燼，十一僅存，間有留意，則不過襲陋仍弊，而又重以撤廢，鞠爲荒榛，過

〔一〕疆：原作「彊」，據四庫本、道光本改。

者歎息。乾道改元，建安劉侯下車，既剔蠹夷姦，民俗安静，則葺學校，訪儒雅，思有以振起之。湘人士合辭以書院請，侯竦然曰：「是固章聖皇帝加惠一方，勸厲長養以風天下者，而可廢乎？」迺命郡教授婺州〔一〕邵穎董其事。鳩廢材，用餘力，未半歲而成，爲屋五十楹，大抵悉還舊規。肖闕里先聖像於殿中，列繪七十子，而加藏書閣於堂之北。既成，某從多士往觀焉，愛其山川之勝，棟宇之安，裴回不忍去，以爲會友講習，莫此地宜也。已而與多士言曰：「侯之爲是舉也，豈特使子？居族談，但爲决科利禄計乎？亦豈使子習爲言語文辭之工而已乎？蓋欲成就人才，以傳道而濟斯民也。惟民之生，厥有常性，而不能以自達，故有賴於聖賢者出。三代導人，教學爲本，人倫明，小民親，而王道行。夫子在當時雖不能施用，而兼善萬世，寔開無窮之傳。其傳果何與？曰仁也。仁，人心也，率性立命，知天地而宰萬物者也。今夫目視而耳聽，口言而足行，以至於食飲起居之際，謂道而有外夫是焉，可乎？雖然，天理人欲，同行異情，毫釐之差，霄壤之繆，此所以求仁之難，必貴於學以明之與。善乎，孟氏之發人深切也！齊宣王見一牛之觳觫而不忍，則告之

〔一〕婺州：原作「婺源」，誤。邵穎爲金華人，屬婺州，據改。

曰：是心足以王矣。古之人所以大過人者，善推其所爲而已。論堯舜之道本於孝弟，則欲其體夫徐行疾行之間；指乍見孺子匍匐將入井之時，則曰：『惻隱之心，仁之端也。』於此焉求之，則不差矣。嘗試察吾事親從兄、應物處事，是端也，其或發見，亦如其所以然乎？苟能默識而存之，擴充而達之，生生之妙，油然于中，則仁之大體豈不可得乎？及其至也，與天地合德，鬼神同用，悠久無疆，變化莫測，而其則初不遠也。是乃聖賢所傳之要，從事焉終吾身而後已，可也。雖約居屏處，庸何損？得時行道，事業滿天下，而亦何加於我？豈特爲不負侯作新斯宇之意哉？」既侯屬某爲記，遂書斯言，以厲同志，俾無忘侯之德，抑又以自厲云耳。

堯山灕江二壇記〔一〕

古者諸侯各得祭其境内之山川。山川之所以爲神靈者，以其氣之所蒸，能出雲雨，潤澤群物，是故爲之壇壝，立之祝史，設之牲幣，所以致吾禱祀之實，而交乎乎隱顯之際，誠

〔一〕該記又見粵西文載卷三十七、古今圖書集成山川典卷三〇三、光緒臨桂縣志卷十五。

之不可掩也。如此，後世固亦有山川之祠，而人其形，宇其地，則其失也久矣。夫山峙而川流，是其形也，而人之也何居？其氣之流通，可以相接也，而宇之也何居？無其理而强爲之，雖百拜而祈，備物以饗，其有時而應也，亦偶然而已耳。淳熙二年之春，某來守桂，按其圖籍，覽觀其山川，所謂堯山者，蟠據于東，氣象傑出。環城之山，大抵皆石，而兹山獨以壤，天將雨則雲氣先冒其顛。山之麓故有唐帝廟，山因以得名。而灕江逶迤，自城之北轉而東以達于南，清潔可鑑，其源發于興安，與湘江同本而異派，故謂之灕。而以水媲之，凡境内之水皆匯焉。以是知堯山、灕江爲吾土之望，其餘莫能班也。歲七月彌旬不雨，禾且告病。先一日齋戒，以夜漏未盡望奠于城觀之上。曾未旋踵，雷電交集，一雨三日，均浹四境，邦人驩呼，穡以大稔。伏自念山川爲吾土之望，而壇壝未立，禱祀無所，其何以率吾民嚴昭事之意？用惕然不敢寧，乃俾臨桂縣尉范子文度高明爽塏之地，得于城之北疊彩巖之後，隱然下臨灕江，而江之外正與堯山相直，面勢回環，表裏呈露。對築二壇，以奉祀事，爲屋三楹于壇之下，以備風雨，其外則繞以崇垣。踰時而告成，迺十有二月丁酉，率僚吏躬祭其上，以祈嗣歲。事畢，裴徊喟然歎息，退而述所以爲壇之意，以告邦之人與來爲政者，使知事神之義在此而不在彼，庶有以致其禱祀之實，且得以傳之於無窮云。

楚望記〔一〕

禮：諸侯望祭其境内之山川，必有壇壝以爲歲時祈報之所。今之爲郡，古諸侯國也。江陵據舊楚一都會，其山雖去郡爲遠，然迤邐聯絡，以屬于當陽巫峽之間，有自來矣。而其浸則有如蜀江波濤吐吞，瀰亘千里，長吏所當率民敬事弗怠。而望祭之地乃或有闕，始度寸金堤之會，平曠爽塏，爰築二壇，既高既堅，繞以周牆，扁曰「楚望」，蓋取傳所謂「江漢沮漳，楚之望也」。於其成，率僚屬以告。惟神之靈，佑此下土，時其雨暘，茂乃嘉生，使永無水旱癘疫〔二〕之憂。惟吏與民各端乃心，以承以引，無替於厥初，無使非鬼得以紊我常祀，神人相保，終古曷窮。遂書以貽來者。淳熙六年正月。

〔一〕該記又見雍正湖廣通志卷一〇六。

〔二〕癘疫：原作「厲疫」，據宋本改。

道州重建濂溪周先生祠堂記〔一〕

宋有天下，明聖相繼，承平日久，元氣胥會，至昭陵之世盛矣。宗工鉅儒，磊落相望。於是時，濂溪先生實出於春陵焉。先生姓周，字茂叔，晚築廬山之下，以「濂」名其溪，故世稱爲濂溪先生。春陵之人言曰：濂溪，吾鄉之里名也，先生世家其間；及寓於他邦，而不忘其所自生，故亦以是名溪，而世或未知之耳。惟先生仕不大顯於時，其澤不得究施。然世之學者攷論師友淵源，以孔孟之遺意復明於千載之下，實自先生發其端。由是推之，則先生之澤，其何有窮哉！蓋自孔孟没，而其微言僅存於簡編，更秦火之餘，漢世儒者號爲窮經學古，不過求於訓詁章句之間，其於文義不能無時有所益。然大本之不究，聖賢之心鬱而不章，而又有顓從事於文辭者，其去古益以遠，經生、文士自岐爲二塗。及夫措之當世，施於事爲，則又出於功利之末，智力之所營，若無所與於書者。於是有異端者乘間而入，横流於中國。儒而言道德性命者，不入于老，則入于釋，間有希世傑出之賢攘臂排之，

〔一〕該記又見宋刻本元公周先生濂溪集卷七、古文集成卷十三、濂溪志卷四。

而其爲説復未足以盡吾儒之指歸，故不足以抑其瀾，而或反以激其勢。嗟乎！言學而莫適其序，言治而不本於學，言道德性命而流入於虚誕，吾儒之學其果如是乎哉？陵夷至此，亦云極矣。及吾先生起於遠方，乃超然有所自得於其心。本乎易之太極、中庸之誠，以極乎天地萬物之變化。其教人使之「志伊尹之志，學顔子之學」。推之於治，先王之禮樂刑政可舉而行，如指諸掌。于是河南二程先生兄弟從而得其説，推明究極之，廣大精微，殆無餘藴，學者始知夫孔孟之所以教，蓋在此而不在乎他，學可以至於聖，治不可以不本於學，而道德性命初不外乎日用之實。其於致知力行，具有條理，而詖淫邪遁之説皆無以自隱，可謂盛矣。然則先生發端之功，顧不大哉！春陵之學舊有先生祠，實紹興某年向侯子忞所建，至於今。淳熙五年，趙侯汝誼以其地之狹也，下車之始，即議更度之。爲堂四楹，併二程先生之像列於其中，規模周密，稱其尊事之實。既成，使來謁記。某謂先生之祠，凡學皆當有之，豈惟春陵？特在春陵尤所當先者。趙侯玆舉知急務矣，故爲之論述如此，以告後之人。四月戊寅，承務郎、直寶文閣、權發遣静江府兼管内營田事、廣南西路兵馬都鈐轄、兼主管本路安撫司公事、兼提舉買馬、賜紫金魚袋張栻謹記〔一〕。

衡州石鼓山諸葛忠武侯祠記〔二〕

自五伯功利之説興，謀國者不知先王仁義之爲貴，而競於末塗，秦遂以勢力得天下，然亦遂以亡。漢高帝起布衣，一時豪傑翕然從之，而其所以建立基本，卒滅項氏者，乃三老董公仁不以勇、義不以力之説也。相傳四百餘年，而曹氏篡漢。諸葛忠武侯當此時，間關百爲，左右昭烈父子，立國於蜀，明討賊之義，不以强弱利害二其心，蓋凜凜乎三代之佐也。侯之言曰「漢賊不兩立，王業不偏安」，又曰「臣鞠躬盡力，死而後已，至於成敗利鈍，非臣之明所能逆睹」。嗟乎！誦味斯言，則侯之心可見矣。雖不幸功業未究，中道而殞，然其扶皇極，正人心，挽回先王仁義之風，垂之萬世，與日月同其光明可也。夫有天地則有三綱，中國之所以異於夷狄，人類之所以别於庶物者，以是故耳。若汨於利害之中，而忘夫天理之正，則雖有天下不能一朝居，此侯所以不敢斯須而忘討賊之義，盡其心力，至

〔一〕「四月戊寅」以下據宋刻本元公周先生濂溪集卷十補。

〔二〕該記又見四庫本播芳大全卷一〇五、永樂大典卷八六四八、嘉慶衡陽縣志卷三十八。

死不悔者也。方天下雲擾之初，侯獨高卧。昭烈以帝室之胄，三顧其廬而後起從之，則夫出處之際，固已有大過人者。其治國，立經陳紀，而不爲近圖；其用兵，正義明律，而不以詭計。凡其所爲，悉本大公，曾無纖毫姑息之意，類皆非後世所可及。至讀其將没自表之辭，則知〔一〕天下之物欲舉不足以動之，所養者深，則所發者大，理固然也。曾子曰「士不可以不弘毅」，若侯者其所謂弘且毅者歟！孟子曰「富貴不能淫，貧賤不能移，威武不能屈，此之謂大丈夫」，若侯者，所謂大丈夫，非耶？侯既没，蜀人追思，時節祭于道。後主用廷臣之議，立廟沔陽，使得申其敬。去今千有餘歲，蜀漢間往往有祠，奉祀不替，侯之澤在人者深矣。衡州石鼓山舊亦有祠。按蜀志，昭烈牧荆州時，侯以軍師中郎將駐臨蒸，督零陵、桂陽、長沙三郡，調賦以供軍實。臨蒸，今衡陽縣是也。蒸水出縣境，逕石鼓山之左，會于湘江，則其廟食于此固宜。考昌黎韓愈及刺史蔣防詩碑，祠之立其來遠矣。宋乾道戊子之歲，湖南路提舉常平范君成象始以圖志搜訪舊跡，得廢宇于榛莽中。乃率提點刑獄鄭君思恭、知衡州趙君公邁，乃徙于高明而一新之，移書俾某爲記。某謂侯之名不待祠

〔一〕知：原無，據宋本補。

而顯，而侯之心亦不待記而明。然而仁賢昔時經履之地，山川草木光采猶在，表而出之，以詔來世，使見聞者竦然知所敬仰師慕，當道術衰微之際，其爲益蓋非淺也。惟某不敏，不足以推本侯胸中所存萬一，是則愧且懼焉耳。

撫州重立唐魯郡顏公祠記〔一〕

唐魯郡顏公在大曆中，嘗爲撫州刺史。宋至和二年，知州事聶侯厚載始立公祠于郡之圃，南豐曾公鞏爲之記。而其地狹隘，歲久宇且敝壞。紹興十二年，某之伯父滉爲守，即圃之地，相其高阜而徙焉。比三十年，復以頹廢。廢之二年，今趙侯燁寔來，攷視歎息，因其基而一新之。以淳熙三年正月辛酉落成，廟貌儼如，升降俯仰，不迫不陋，使來請記。某惟念公之大節終始，凜然足以風厲後之爲人臣者，其所嘗莅，廟食是宜。趙侯之舉，知政所本，當有文字登載金石。惟是南豐曾公之文，於公行事論述爲詳，學者之所誦習，故某不復贅於言，獨推本君臣之義而顯詩之，俾時節侑饗，亦庶幾公之志云。其詞曰：於皇

〔一〕該記又見弘治撫州府志卷二十五、同治臨川縣志卷十五。

大倫，首曰君臣。惟天所敘，而敕乎人。忠貫無隱，義寧偷生。敢有或踰，紊我常經。粤惟斯人，林林而群。匪斯之綱，孰條其棼。允毅顔公，千載之特。是篤是明，終始無忒。方在平原，獨嬰賊鋒。糾厥義旅，孰不悦從。洎登王朝，剴言歷陳。治忽攸關，敢毖于音。彼姦眗側，三斥在外。不〔一〕折彌堅，之死靡悔。汝州之使，人諭厥指。公曰君命，予奚可避。凜然其辭，豺狼所憚。云何其行，終以不返。身雖可隕，義則不磨。用雖不究，益則已多。立懦激頑，于訓于式。翼彼大倫，詔于罔極。惟是臨川，公所嘗臨。焄蒿悽愴，英烈猶存。有嚴其宫，于今幾秋。圮傾蕪荒，新自今侯。嗟爾君子，來拜來祠〔二〕。瞻彼言言，盍伏以思。人之好德，相爾秉彝。豈惟思之，無或泚之。擷芳于豆，酌清于卮。祈侑蒸嘗，聲以歌詩。

永州州學周先生祠堂記〔三〕

零陵守福唐陳公輝下車之明年，令信民悦，迺思有以發揚前賢遺範，貽詔多士。它日

〔一〕不：四庫本作「百」。
〔二〕來祠：宋本作「來祀」。
〔三〕該記又見宋刻本元公周先生濂溪集卷十一、濂溪志卷七、嘉靖湖廣圖經志書卷十三、道光永州府志卷四上。

偕通判州事贛上曾公迪詣郡學，顧謂諸生曰：「永雖小郡，而前輩鉅公名德往往辱居之，如本朝范忠宣公、范内翰公、鄒侍郎公，皆既建祠于學宫矣。惟濂溪周先生嘉祐中嘗倅此州，而獨未有以表出之，豈所以爲重道崇德示教之意乎？」於是教授廬陵劉安世率諸生造府，請就郡學殿宇之東廂闢先生祠。前〔一〕通判武岡弋陽方公疇以書走九江，求先生像于先生諸孫，得之，陳公命零陵宰歷陽高祈董其事而成之。繪像儼然，欄楯周密。既成，屬某爲記。某以晚生，屢辭不獲，敬誦所聞以廣其意。先生諱敦頤，字茂叔，舂陵人，歷官凡六遷至通判永州。用吕正獻公薦，擢廣南東路轉運使判官，改提點刑獄。所臨力行其志，晚以病丐分司，築居廬山下，有溪流其旁，名之曰「濂溪」，故世稱爲濂溪先生。某嘗聞程公大中倅南安，先生爲獄掾，大中公視其氣貌非常人，與語，果知道者，因與爲友。故明道自十五六時聞先生論道，遂厭科舉之業，慨然有求道之志；伊川年十二三亦受學焉。惟二程先生唱明道學，論仁義忠信之實，著天理時中之妙，述帝王治化之原，以續孟氏千載不傳之道，其所以自得者雖非師友可傳，而論其發端，實自先生，豈不懿乎！先生著通書及

〔一〕前：宋本作「後」。

拙賦，皆行於世，而又嘗俾學者求孔顔所樂何事。噫！以此示人，亦可謂深矣！後之登斯祠者，睹先生之儀容，讀先生之書、賦，求先生之心，真積力久，希聖希賢，必有得顔子之所樂者矣。紹興二十八年冬十月庚寅，右承務郎、賜緋魚袋張栻記〔一〕。

濂溪周先生祠堂記〔二〕韶州

淳熙二年冬，廣南東路提點刑獄公事詹君儀之以書抵某曰：「儀之幸得備使事，念無以稱上德意，始至，披攷故籍，熙寧中濂溪先生實嘗爲此官，今壁之題名具存。儀之雖不敏，敢不知所師慕，且念宜有像設，以詔後世，庶幾來者感動焉。廼度地于治所曲江郡城之内、唐相張公故祠之東，爲屋三楹〔三〕，以奉祀事。且崇其門垣，大書揭之，嚴其扃鑰，以時啓閉。十有一月告成，願請記。」某讀其書，喟然而歎曰：詹君下車，首爲是舉，可謂知所先務矣，其意豈不遠哉！則不敢辭，而爲之書。按廳壁記所書，先生以熙寧四年正月九

〔一〕「紹興二十八年」以下據宋刻本元公周先生濂溪集卷十一補。

〔二〕該記又見濂溪志卷七。宋刻本元公周先生濂溪集卷十二題作「廣東憲司先生祠記」。

〔三〕楹：原作「盈」，據宋本、正誼堂本、四庫本、道光本改。

日抵官下，是年八月朔旦移知南康軍，在官僅踰半載耳。攷其行事，其見於先生之墓志者曰：自廣東轉運判官改提點刑獄，不憚瘴毒，雖荒崖絶島，人迹所不至，皆緩視徐按，以洗冤澤物爲己任。未及盡其所爲，而已告病，求守南康以歸。而著作郎黄公庭堅作濂溪詞，亦稱先生爲使者，進退官吏，得罪者人自以爲不冤。以是二者觀之，亦可以想見當時施設之大概矣。雖然，凡先生之所施設，皆其學之所推，非苟然也。某嘗攷先生之學，淵源精粹，實自得於其心，而其妙乃在太極一圖，窮二氣之所根，極萬化之所行，而明主静之爲本，以見聖人之所以立人極，而君子之所當修爲者，由秦漢以來，蓋未有臻於斯也。故其所養，内克〔一〕闇然而日章，雖不得大施於時，而蒞官所至，如春風和氣，隨時發見，被飾萬物，百世之下，聞其風者猶將咨嗟興起之不暇。然則即其所嘗臨之地而繪像立祠，以昭示來世，豈非有志於名教者所宜汲汲者乎！使後之人睹先生睟然之容，而攷法其行事，因先生詳刑之心，而究極其淵源，則是祠之建，其爲益固有不可勝言者矣。抑嘗聞先生之論刑曰：「刑者，民之司命，情僞微曖，其變千狀，苟非中正明達果斷者不能治也。」夫中正者

〔一〕内克：宋本作「内充」，疑是。

仁之所存，而明達者知之所行，果斷者又勇之所施也。以是詳刑，本末具矣。詹君之立祠，爲詳刑者設也，故某復以此繫於終焉。詹君，嚴陵人，嘗爲御史臺主簿云。十有二月丁酉記。

南康軍新立濂溪祠記〔一〕

淳熙五年秋，詔新安朱侯熹起家爲南康守。越明年三月至官，慨然思所以仰稱明天子德意者，首以興教善俗爲務，乃立濂溪周先生祠于學宫，以河南二程先生配，貽書其友人張某曰：「濂溪先生嘗領是邦，祠像之立，視他州尤不可以緩，子盍爲我記其意？」某既不克辭，則以平日與侯習〔二〕講者述之以復焉。自秦漢以來，言治者汩於五伯功利之習，求道者淪於異端空虚之説，而於先王發政施仁之實，聖人天理人倫之教，莫克推尋而講明之。故言治若無預於學，而求道者反不涉於事。孔孟之書僅傳，而學者莫得其門而入，生

〔一〕該記又見宋刻本元公周先生濂溪集卷十二、濂溪志卷四、同治南康府志卷七。元公周先生濂溪集題作「南康軍先生祠記」。

〔二〕習：宋本作「共」。

民不克睹乎三代之盛，可勝嘆哉！惟先生崛起於千載之後，獨得微旨於殘編斷簡之中，推本太極，以及乎陰陽五行之流布，人物之所以生化，於是知人之爲至靈，而性之爲至善，萬理有其宗，萬物〔一〕循其則，舉而措之，則可見先生之所以爲治者，皆非私知之所出，孔孟之意于以復明。至於二程先生，則又推而極之，凡聖人之所以教人與學者之所以用工，本末始終，精粗〔二〕該備。於是五伯功利之習無以亂其正，異端空虛之説無以申其誣，求道者有其序，而言治者有所本。其有功於聖門而流澤於後世，顧不大矣哉！春秋奉嘗，徧於學校，禮則宜之，而況此邦嘗爲先生所領之地，祠像久焉未設，誠缺典也。今朱侯下車，未遑他議，而首及乎此，可謂得爲政之本矣。詩曰：「高山仰止，景行行止。」朱侯之所以望於來者，豈不在於斯乎！雖然，某又有説焉。蓋自近歲以來，先生之書徧天下，士知尊敬講習者寖多，而其間未免或失其旨，妄意高遠，不由其序，遊談相夸，不踐其實，反以病夫。真若是者，適爲吾道之罪人耳。夫惟淳〔三〕篤懇惻，近思躬履，不忽於卑下而審察乎細微，

〔一〕萬物：宋本作「萬事」。

〔二〕粗：原作「析」，據繆本改。

〔三〕淳：宋本作「惇」。

是則爲不負先生之訓，其於孔孟之門牆，庶幾乎可以循求而進也，此又豈非朱侯所望於來者之意乎？淳熙六年六月戊子朔[一]。

三先生祠記[二]

淳熙二年，静江守臣張某[三]即學宫明倫堂之旁立三先生祠，濂溪周先生在東序，明道程先生、伊川程先生在西序。繪像既嚴，以六月壬子率學之士俯伏而告成，退則進而諗之曰：師道之不可不立也久矣！良才美質，何世無之，而後世之人才所以不古如者，以夫師道之不立故也。凡所謂爲士者，固[四]曰以孔孟爲宗，然而莫知所以自進於孔孟之門牆，則亦没世窮年，倀倀然如旅人而已。幸而有先覺者出，得其傳於千載之下，私淑諸人，使學者知夫儒學之真，求之有道，進之有序，以免於異端之歸，去孔孟之世雖遠，而與親炙之者

〔一〕文末「淳熙」以下九字原無，據濂溪志補。
〔二〕該記又見宋刻本元公周先生濂溪集卷十二、濂溪志卷七。
〔三〕張某：宋刻本元公周先生濂溪集卷十二作「張栻」。
〔四〕固：宋本作「孰不」。

固亦何〔一〕以相異，獨非幸哉？是則秦漢以來師道之立，宜莫盛於今也。而近世學者誠知所信慕者蓋鮮，間有號爲推尊，則又或竊虛聲以自高，而不克踐其實，顧反以爲病。是則師道雖在天下，而學者亦莫知其立也。桂之爲州，僻處嶺外，山拔而水清，士之秀美者夫豈乏人？惟見聞之未廣，而勉勵之無從，故某之區區，首以立師道爲急。繼自今瞻三先生之在此祠也，其各起敬起慕，求其書而讀之，味其言，考其行，講論紬繹，心存而身履，循之以進於孔孟之門牆，將見人才之作興，與灕江爲無窮矣。此某之所望也。且獨不見濂溪先生之言乎？曰：「師道立則善人多，善人多則朝廷正而天下治。」嗟乎，某之所望，又豈特於邦之士云哉！敢記而刻諸石。後十日，承務郎、直寶文閣、權發遣靜江府主管學事、廣南西路兵馬都鈐轄、兼主管本路安撫司公事、賜紫金魚袋張栻記〔二〕。

〔一〕何：宋本作「無」。
〔二〕「後十日」以下據宋刻本元公周先生濂溪集卷十二補。

瀏陽歸鴻閣龜山楊諫議畫像記〔一〕

宋興百有餘年，四方無虞，風俗敦厚，民不識干戈。有儒生出於江南，高談詩書，自擬伊、傅，而實竊佛、老之似，濟非、鞅之術，舉世風動，雖巨德故老有莫能燭其姦者。其時私〔二〕說一行，而天下〔三〕始紛紛多事，反理之評，詭道之論，日以益熾，邪慝相乘，卒兆裔夷之侮〔四〕，考其所致，有自來矣。靖康初，龜山楊公任諫議大夫、國子祭酒，始推本論奏其學術之謬，請追奪王爵，罷去〔五〕配饗。雖當時餘黨猶夥，公之説未得盡施，然大統中興，論議一正，到如今學者知荊舒禍本，而有不屑〔六〕。然則公之息邪說、距詖行、放淫辭以承孟氏

〔一〕該記又見嘉靖湖廣圖經志書卷十五、古今圖書集成職方典卷一二一五、同治瀏陽縣志卷二十二、光緒湖南通志卷三十二。湖廣圖經志書作楊龜山先生遺像記，古今圖書集成作飛鴻閣記，湖南通志作飛鷗閣記。

〔二〕時私：原作「天下」，據四庫本改。

〔三〕天下：原無，據正誼堂本、道光本、湖廣圖經志書、古今圖書集成補。

〔四〕侮：宋本及湖廣圖經志書作「禍」。

〔五〕去：繆本作「其」。

〔六〕「不屑」後，宋本有「焉」字。

者，其功顧不大哉！是宜列之學宫，使韋布之士知所尊仰。而況公舊所臨，流風善政之及，祀事其可缺乎！瀏陽實潭之屬邑，紹聖初公嘗辱爲之宰，歲饑，發廩以賑民，而部使者以催科不給罪公，公之德於邑民也深矣。後六十有六年，建安章才邵來爲政，慨然念風烈，咨故老，葺公舊所爲〔一〕飛鴻閣，繪像於其上，以示後學，以慰邑人之思，去而不忘也。又六年，貽書俾某記之。某生晚識陋，何足以窺公之藴？惟公師事河南二程先生，得中庸鳶飛魚躍之傳於言意之表，踐履純固，卓然爲一世儒宗，故見於行事，深切著明如此。敢表而出之，庶幾慕用之萬一云爾。

昭州新立吏部侍郎鄒公祠堂記〔二〕

故尚書吏部侍郎鄒公，諱浩，字至完，學者稱爲道鄉先生，而不敢斥其名字。在元符中爲右正言，以直諫顯聞。初貶新州，建中靖國之元，入朝爲天子從臣。崇寧二年又貶昭州，處昭凡四歲歸，没于常州。其立朝大節，載在史官，播在天下，固有不待紀述而傳者。

〔一〕爲：原作「謂」，據宋本改。

〔二〕該記又見粵西文載卷三十七、嘉慶平樂府志卷三十八。

某獨嘗謂人臣不以犯顔敢諫爲難，而忠誠篤至〔一〕之爲貴；士君子不以一時名節爲至，而進德終身之可慕。若公始所論諫，蓋亦他人之所難言；而玅味〔二〕其平生辭氣，曾微一毫著見。再位于朝，憂國深〔三〕切，重斥炎荒，凜不少沮，至於病且死，語不及它，獨以時事爲念。方其少時，道學行義〔四〕已有稱於世，晚歲益爲〔五〕中外所尊仰，而公不居其成，講究切磋，惟是之從。蓋嘗從伊川程先生論學，而上蔡謝公良佐、龜山楊公時皆其所友也。其任重道遠，自强不息如此，所謂忠誠篤至〔六〕而進德終身者，若公非邪？故某樂爲天下後世誦之。

淳熙二年秋，清江〔七〕王光祖爲昭州，道桂，問政所宜先。某告以道鄉先生當有祠，盍圖之，則應曰諾。明年春，使來告成，且曰：「郡故有公祠，紹興中守臣陳廷傑所建，荒蕪久矣，故

〔一〕篤至：宋本作「篤志」。
〔二〕玅味：宋本無「味」字。
〔三〕深：宋本作「彌」。
〔四〕行義：宋本作「德義」。
〔五〕爲：原作「於」，據宋本、四庫本及粤西文載改。
〔六〕篤至：宋本作「篤志」。
〔七〕清江：原作「青江」，據宋本及粤西文載改。

其地卑陋，亦不足以奉蒸嘗。按郡城之西北，有所謂得志軒者，公所嘗遊歷也。下臨長塘曰木梁，廣數十畝。群山環於前，其秀曰龍嶽，舊爲郡士張雲卿之居，公實名而記之，棟宇今無復存者。乃即其地爲屋四楹，繪公像於中，門廡悉具。又葺茅其下，俾張氏之後人居而世守之，敢請記。」某既爲之説〔一〕，而且有感焉。國家列聖相繼，以納諫容直爲家法。人臣雖甚觸忤，亦不至如〔二〕前代加以重辟；間有暫貶徙者，旋即復還，且又進用，俾得以名節始終。顧扶持公論，培固邦基，雖有賴於多士之助，而其長養成就，實非一日，皆自列聖深仁厚澤中來也。聞公之風者亦復有感於斯乎？

〔一〕説：宋本作「書」。

〔二〕如：原作「於」，據宋本及粤西文載改。

新刊南軒先生文集卷十一

記

建寧府學游胡二公祠堂記[一]

學者博觀載籍，尚論古人，攷迹而有以觀其用，察言而有以求其心，則其相去久遠，雖越宇宙，猶恨其不得身親而炙之，而況接吾耳目，近出鄉黨，而其模範典刑，足以師表後學者哉！建之爲州，素稱多士。近數十年之間，御史游公、文定胡公相繼而出，其模範典刑皆足以師表後學，而接於其人之耳目，又未有若是其近者也。是以比歲以來，爲政而知務者繼立二公之祠于學宮，其所以開示學者，尚論古人，先於其近者之意亦云切矣。蓋隆興

〔一〕該記又見游定夫先生集卷末。

癸未，知府事陳侯正同始祠游公於東廡之北端；後六年，轉運副使任侯文薦、判官芮侯燁又以邦人之請命祠胡公，且徙游公之祠爲東西室於堂上，未畢而皆去。又五年，今轉運副使沈侯樞始因其緒而卒成之，而教授王定方遂以書來屬某爲記。某生晚矣，雖〔一〕不及二公而躬拜之，然論其言行，以與同志者共講之，則亦區區之願也。昔者竊聞之，二程先生兄弟唱明道學於河南，東南之士受業于門，見推高弟有三人焉，曰上蔡謝公、龜山楊公，而游公其一也。伊川先生嘗稱其德器晬然，問學日進，政事亦絕人遠甚；而楊公亦謂公心傳自到，誠於中，形於外，儀容辭令，粲然有文，望而知其爲成德君子也。元符三年冬，爲監察御史，旋出守郡，事業不得大施，獨有中庸、論、孟説垂於世。考其師友所稱，味其話言所傳，則夫造道之深，流風之遠，蓋有可得而推者矣。至若胡公，雖不及河南之門，然與游公及謝、楊二君子遊，而講於其説，自得之奥，在於春秋。被遇明時，執經入侍，正大之論竦動當世，所以扶三綱、明大義、抑邪説、正人心，亦可謂有功於斯文矣。夫以二公之賢，所立如此，是豈獨建人所得私以爲其鄉之先生哉！今姑以其模範典刑接於耳目而論之，

〔一〕雖：繆本作「惟」。

則即夫建學而立祠焉，亦其事之宜耳。自今以來，凡建人之遊於學，與夫四方之士往來而有事於建之學者，瞻二公之在此堂也，必將竦[一]然於中，知所敬慕，退而考其言行，以泝其師友之淵源，即其所至，而益究夫問學之無窮，則聖賢之門牆，庶幾其可循而入矣。然則爲是祠者，夫豈徒然而已哉！

静江府廳壁題名記[二]

自秦戌五嶺，漢開南粤，踰嶺以南，次第入中國，爲郡縣。桂州本屬零陵郡，梁天監中始建州名，已而更易離合不常。唐末升爲静江軍節度，然是時嶺南已分爲東西兩道，而西道所領實在邕管，桂獨得察州十餘。宋有天下，四方萬里罔不臣，規模法制加詳於前代。景祐[三]二年，詔桂州兼廣南西路兵馬鈐轄。後十七年，又詔兼經略安撫。於是始得顓制一路，地望隆重。其後復建大都督府之號。而紹興初，遂以静江易其州，選帥滋不輕。合

〔一〕竦：原作「竦」，據宋本、正誼堂本、四庫本、道光本改。
〔二〕該記又見粤西文載卷四十二。
〔三〕祐：原作「佑」，據宋本、四庫本、道光本改。

一路所領，郡二十有五，其外則羈縻之州七十有二，又其外則諸小蕃羅殿、自杞、特磨、白衣之屬環之，又其外則交趾、大理等國屬焉。其地南入於海，去帥所治，水陸幾四千餘里，其所控御，亦可謂雄且劇矣。然其土素瘠，多荒茅篁竹，風氣異於〔一〕北，民之生理甚艱，是以賦入寡少，郡縣亦例以迫束。而又並邊非止一面，蠻夷之性不常，赤子龍蛇，交致其恩威，乃克無事，故其任責常重。夫以選之不輕、地之雄劇而任責之常重，居其官者不亦既難矣哉！蓋非特近者之察，將遠者之無不燭焉；非特目前之安，將長久之計其益焉而後可也。然常人之情，往往忽於小而暗於大，鋭於始而怠於終，睹其著而不原於微，望於人者常深，而約於己者常不盡，則其所以綱紀維持於數千里之間者，烏得不曠廼事哉！詩不云乎：「戰戰兢兢，如臨深淵，如履薄冰。」此先王之所以謹乎侯度者也。日朝廷乏使，使某斯帥事且將兩歲，伏自念何所稱塞，而猶得待罪于此，夙夜是懼。暇日視廳壁，舊有刻，悉書前任人名氏，試攷一二，則輒差誤脱略。廼俾僚吏諸葛昕、吳獵與郡之士加訂正〔二〕焉。蓋自開寶三年王師平嶺南，以樂繼能爲守，至于今凡二百有七載，合七十有六人，書

〔一〕於：原作「以」，據四庫本、道光本及粤西文載改。

〔二〕訂正：原作「定訂」，據宋本改。

之於石而重刻之。夫攷前政之名氏，以詔其吏民，亦後人之責也。若其人之賢不肖，指而問焉，固不可得而掩，亦足爲方來者之儆也。因併書置州建牧之大略，且述其所當任者而以自勵焉。在嘉祐中，轉運使李師中〔一〕常攝帥事，攝事本不當書，以其政之美而人之思之也，特附著其間，又以見善善不忘之意云。

南樓記〔二〕

廣西轉運判官所治便廳之前，故有樓，棲官府之文書，鬱而不治，予每睨而病之。他日過之，則焕然一新矣。詹侯體仁觴予於其上，倚檻而觀，凡四旁之嘉花美木悉獻其狀，而遥岑寸碧，挺然屋山之隅。樓之下爲堂，堂之前爲亭，皆幽野有趣。予怪而問之，詹侯笑曰：「吾皆因其舊云耳。始吾闢樓之塞而觀之，則其美已具。易其楣桷之腐壞者，與其窗户之隘狹者，周以闌楯〔三〕，而吾樓成焉。又視其下，居然一堂也，則敞其簷楻而重飾之。

〔一〕李師中：原作「李時中」，據宋本及粵西文載改。李師中，宋史卷三三二有傳。

〔二〕該記又見粵西文載卷三十一。

〔三〕闌楯：宋本作「欄楯」。

前有茀地，去其積壤，而柱之礎存焉，則又因之以爲亭。名吾樓曰「南樓」，取其面勢所直也；堂曰「梅雪」，因吾治之故名也；亭曰「須友」。亭之旁植竹與梅與松，吾將與之友，亦且須吾友朋而共樂乎此也。爲我書其扁且記之。」予嘆詹侯之智，能因其故而損益，不宿勞，不重費，不出户庭而得美觀，是可志也。予於此竊有感焉。嗟乎，物之通塞固有其時哉！向也人所賤棄弗顧之處，一旦而吾曹相與談笑周旋於其間，闢暗鬱爲光明，變荒穢爲整治，此非其時也哉！通塞固有時，然使其不遇詹侯，則歸於廢壞而已，時固存乎人哉！凡物皆然，豈獨是邪！且詹侯方以使指按行一路，一路之郡邑亦廣且夥矣，政事之隳弛，人情之鬱拂，與夫利之所壅，而病之所生，蓋不一矣。詹侯將次第而振其弊，導其鬱，通其所壅，而去其所病，亦若爲是樓，因其故而損益，不勞而有條也，則斯人之所遇，豈不在於斯時邪？抑有待於詹侯者邪？予方賴侯以免於戾，其涉筆而俟也，又豈特記是觀覽之間而已邪！樓之成，以淳熙五年三月五日，提點刑獄事廖侯季能實同予來觀。又十五日，而予爲之記。詹侯，嚴陵人，名儀之。廖侯，南劍人，名蘧。予則廣漢張某也。

潭州重修左右司理院記

獄，重事也，欽恤之義著於虞書，其命咎繇曰：「明于五刑，以弼五教。」蓋古者刑罰之設，教化未嘗不存乎其中。聖人之心，固期於天下之無刑也。孔子亦曰：「聽訟，吾猶人也，必也使無訟乎！」使之至于無訟者，其必有道矣。周衰，先王之意不傳，而其法日壞，故又曰：「上失其道，民散久矣，如得其情，則哀矜而勿喜。」夫得其情矣，而繼之以哀矜而勿喜，則反本之思深，忠厚惻怛，所以涵養斯民者爲如何哉！嗟乎！推是心也，使之至於無訟可也。國朝藝祖開基，憫〔一〕念庶獄，首革歷世之弊。其在諸郡者舊有子城院、軍巡院。開寶六年，命子城院毋得收繫，改軍巡爲司寇，始以士人爲參軍，天下巨鎮得置左右兩院者凡十有六。太宗朝復更司寇爲司理。列聖相傳，卹刑之令史不絕書，雖中〔二〕遭變故，而基祚克鞏，則祖宗所以培植根本者有自來矣。長沙在南方爲一都會。乾道戊子之歲，上命吴興沈侯介來爲牧。侯以簡重惠肅臨民，深爲時詘，舉嬴之義，節約自己，用財以

〔一〕憫：原作「憪」，據宋本改。
〔二〕中：原作「有」，據宋本改。

制。未踰年而争訟衰，庾庫實。獨念左右院歲久屋敝，熿蒸膠轕，癘疫間作，顧謂其屬曰：「不幸教化之未孚，民罹于狴犴，或者其情之未得，而横夭之適遭，豈不甚痛！」議更撤而一新之。捐錢肆百萬，貿財于山〔一〕，募民爲役，民争趨焉，踰時而成，堅久燥實，凡以時汛掃滌治之宜，無不具備。某謂此可以窺侯〔二〕仁恕之心矣。侯屬某爲記，不獲辭，因念治獄所以多不得其平者，蓋有數説。吏與利爲市，固所不論，而或矜知巧〔三〕以爲聰明，持姑息以惠姦慝；上則視大官之趨向而重輕其手，下則惑胥吏之浮言而二三其心；不盡其情，而一以威怵之，不原其初，而一以法繩之，如是而不得其平者抑多矣。無是數者之患，郵罰麗於事，而深存哀矜勿喜之意，其庶幾乎〔四〕！在上者又當端其一心，勿以喜怒好惡一毫先之，聽獄之成，而審度其中，隱於吾心，竭忠愛之誠，明教化之端，以期無訟爲本，則非惟可以臻政平訟理之効，而收輯人心，感召和氣，其於邦本所助豈淺也哉！遂書之以詔來者。

〔一〕貿財於山：「財」，宋本作「材」。
〔二〕侯：原作「候」，據宋本、四庫本、道光本改。
〔三〕巧：原作「乃」，據道光本改。
〔四〕庶幾乎：宋本作「庶矣乎」。

存齋記〔一〕

太極動而二氣形，二氣形而萬物化，生人與物俱本乎此者也。原物之始，亦豈有不善者哉！其善者天地之性也。而孟子道性善，獨歸之人者，何哉？蓋人稟二氣之正，而物則其繁氣也。人之性善，非被命受生之後，而其性旋有是善也。性本善而人稟夫〔二〕氣之正，初不隔其全然者耳。若物則爲氣所昏，而不能以自通也。惟人全〔三〕夫天地之性，故有所主宰，而爲人之心所以異乎庶物者獨在於此也。是以君子貴於存之，存之則在此，不存則孰知其極哉？存之則有物，不存則果何所有哉？故主一、無適，敬之方也。無適則一矣，主一則敬矣。存之之道曷要於此乎！誠能從事焉，真積力久，則有所存者將洋洋乎察于上下而不可掩，功用無窮，變化日生，性可得而全矣。吾友吕季克敏而好義，以「存」名齋，其志遠矣，屬予爲之記。若予者，蓋矻矻自保之不暇，而何以善於朋友？然則斯記

〔一〕該記又見古文集成卷十四、永樂大典卷二一五三五。

〔二〕夫：原作「天」，據宋本、繆本、正誼堂本改。

〔三〕全：宋本作「存」。

也，非特以勉季克，且將以自警歟！

弗措齋記〔一〕

金華邵元通名齋曰「弗措」，以爲朝夕講習居處之地，而求予爲記。其請屢甚，予焉能忘言也。中庸論誠之之道，其目有五，曰學、曰問、曰思、曰辨〔二〕、曰行。而五者皆貴〔三〕於弗措。蓋聖學與天地並，高明博厚而悠久無疆也。學者竭終身之力，勉勉不已，猶懼不及，而況於若存若亡、暫作復輟，其何益乎？弗措之義大矣！雖然，入德有門户，得其門而入，然後有進也。夫子之教人，循循善誘，始學者聞之〔四〕，即有用力之地，而至於成德，亦不外是。今欲求所持循而施吾弗措之功，其不可深攷之於夫子之遺經乎？試舉一端而論。夫子之言曰：「弟子入則孝，出則弟，謹而信，汎愛衆，而親仁，行有餘力，則以學

〔一〕該記又見四庫本播芳大全卷一〇五、古文集成卷十四。
〔二〕辨：宋本作「辯」，下同。
〔三〕貴：原作「責」，據宋本改。
〔四〕聞之：原作「問之」，據宋本改。

文。」嗟乎！是數言者，視之若易，而爲之甚難；驗之不遠，而測之愈深。聖人之言化工也，學者如果有志，盍亦於所謂入孝出弟、所謂謹而信、所謂汎愛親仁者學之而弗措乎？學然後知不足，其間精微曲折，未易盡也，其亦問之而弗措乎？思之未至，終不爲己物，盍亦思之而弗措乎？思之而有疑，盍亦辨之而弗措乎？思而得，辨而明，又盍行之而弗措乎？是五者蓋同體以相成，相資而互相發也，真積力久，所見益深，所履益固，而所以弗措者益有不可以已，高明博厚，端可馴而至矣〔一〕。噫！學不躐等也，譬諸燕人適越，其道里之所從，城郭之所經，山川之阻修，風雨之晦冥，必一一實履焉。中道無畫，然後越可幾也。若坐環堵之室，而望越之渺茫，車不發軔，而欲乘雲駕風以遂抵越，有是理哉！且夫爲孝必自冬温夏清〔二〕、昏定晨省始，爲弟必自徐行後長者始，故善言學者必以灑掃應對進退爲先焉。惟夫弗措之爲貴也，吾子毋忽於予言。誠能服夫子之教而用力焉，則希音至味，吾子將自得於心矣。

〔一〕至矣：宋本作「識矣」。

〔二〕清：原作「清」，據宋本、正誼堂本、四庫本、道光本改。

擴齋記

武夷胡廣仲扁其齋曰「擴」，其友張某敢起古義以告曰：太極混淪，生化之根，闔闢二氣，樞紐群動。惟物由乎其間而莫之知，惟人則能知之矣。人之所以能知者，以其爲天地之心，太極之動，發見周流，備乎己也。然則心體不既廣大矣乎？道義完具，事事物物無不該、無不徧者也。而人顧乃局於血氣之内而自小之，雖曰自小之，而其廣大之體，本自若是，以貴夫能擴也。然而知之之端不發，則擴之之功亦無自而施。故孟子謂「凡有四端於我者，知皆擴而充之矣」。夫惻隱、羞惡、辭讓、是非一萌於中，亦知其所以然乎？知其所以然，則良心見矣。此所謂若火之始燃，泉之始達。擴者，擴乎此者也。擴之之道，其惟窮理而居敬乎！理明則有以精其知，敬立則有以宅其知。從事於斯，涵泳不舍，則其胸中將益開裕和樂，而所得日新矣。故充無欲害人之心而至於仁，不可勝用；充無穿窬之心而至於義，不可勝用。仁義之不可勝用，豈自外來乎？擴而至於如天地變化草木蕃，亦吾心體之本然者也。故擴者生道也，恕之功也，仁之方也，學者所以未盡其心者也。今廣仲將體夫知之之端，以致其擴之之力，其進也孰禦焉！雖然，世固有不樂狹陋而求以自擴者，不流於放肆則將窮大而失其所居，蓋彼不知其有本也。吾所謂擴者天理之素，而彼所謂擴者人欲之爲也，學者又不可以不辯。

新刊南軒先生文集卷十二

記

無倦齋記〔一〕

廣西經略使所治廳事之西偏，有齋直喜豐堂之後，方而虚明，於燕息爲宜，舊以「緩帶」名，予懼其肆也，更題曰「無倦」，且志其故。昔者洙泗之門，子張問政，夫子首告之以「無倦」；及季路之請益，則又終之以「無倦」。是知爲政始終之道，無越乎此也。夫難存而易怠者心也。吏者分天子之民而治焉，受天子之土而守焉，一日之間，所爲酬酢事物者亦不一端矣。幾微之所形，紀綱之所寓，常隱於所忽而壞於所因循，纖毫之不謹，而萬緒之

〔一〕該記又見永樂大典卷二一五三六、粵西文載卷三十一、雍正廣西通志補纂、光緒臨桂縣志卷十八。

失其機；方寸之不存，而千里之受其害。又況欲動而物乘，意佚而形隨，其所差繆復何可勝計，可不畏哉！於是知聖人無倦之意深矣。師也窮乎高明，而懼其所踐之未篤也，故使以居之無倦爲本，而繼以行之以忠。由也勇於進爲，而懼其有所忽也，故既告以先之勞之，及其請益，則繼以無倦。以二子而聖人所以勉之者如此，則在他人其所當從事抑可知矣。雖然，常人之情，往往始之謹而末之慢。守失於終，事廢於久者，蓋多矣。非敦篤乎敬者，其能日新而無斁哉？予於此懼，書于坐右以自警，併以告來者云〔一〕。

敬齋記〔二〕

孟氏没，聖學失傳，寥寥千數百載間，學士大夫馳騖四出以求道，泥傳注，溺文辭，又不幸而高明汩於異説，終莫知其所止。嗟夫，道之難明也如此！非道之難明也，求之不得其本也。宋興又百餘載，有大儒出於河南，兄弟並立，發明天地之全、古人之大體，推其源流，上繼孟氏，始曉然示人以致知篤敬爲大學始終之要領。世方樂於荒唐放曠之論，窮

〔一〕「予於此懼」以下，宋本無。
〔二〕該記又見古文集成卷十四。

大而失其歸，視斯言若易焉者，而曾莫思其然也。天下之生久矣，紛紜轇轕，曰動曰植，變化萬端。而人爲天地之心。蓋萬事具萬理，萬理在萬物，而其妙著於人心。一物不體則一理息，一理息則一事廢。一理之息，萬理之紊也；一事之廢，萬事之隳也〔一〕。心也者，貫萬事，統萬理，而爲萬物之主宰者也。致知所以明是心也，敬者所以持是心而勿失也。故曰「主一之謂敬」，又曰「無適之謂一」。噫！其必識夫所謂一而後有以用力也。且吾視也、聽也、言也、手足之運動也，曷爲然乎？知心之不離乎是，則其可斯須而不敬矣乎？吾饑而食也，渴而飲也，朝作而夕息也，夏葛而冬裘也，孰使之乎〔二〕？知心之不外乎是，則其可斯須而不敬矣乎？蓋心生生而不窮者，道也。敬則生矣，生則烏可已也；怠則放，放則死矣。是以君子畏天命，不敢荒寧〔三〕，懼其一失而同於庶物也。仁壽崔子霖以「敬」名齋，而請予記之。予嘉其志之美也，則不敢辭。吾鄉之士，往往秀偉傑出，而吾子霖方有志於斯道，以與朋遊共講之。予歎夫同志之鮮也，乃今得吾子霖，而子霖又將與其朋友

〔一〕隳也：原作「墮也」，據宋本及古文集成改。
〔二〕之乎：宋本作「知乎」。
〔三〕荒寧：據宋本及古文集成作「遑寧」。

共之，益〔一〕知吾道之不孤也，故樂爲之書。

〔補〕敬齋記〔二〕

誠者天之道，敬者人事之本。敬道之成，則誠而天矣。然則君子之學，始終乎敬者也。人之有是心也，其知素具也，意亂而欲汩之，紛擾駢廐，不得須臾以寧，而正理益以蔽塞，萬事失其統矣。於此有道焉，其惟敬而已乎！伊川先生曰：「主一之謂敬。」又曰：「無適之謂一。」夫所謂一者，豈有可玩而執者哉？無適乃一也，蓋不越乎此而已。嘗試於平居暇日深體其所謂無適者，則庶乎可識於言意之表矣。故「儼若思」雖非敬之道，而於此時可以體敬焉。即是而存之，由是以察之，事事物物不得遁焉。涵泳不舍，思慮將日以清明，而其知不蔽矣。知不蔽，則敬之意味無窮，而功用日新矣。天地之心，其在茲歟？學者舍是而求入聖賢之心，難矣哉！至於所進有淺深，則存乎其人用力敏勇與緩

〔一〕益：原無，據宋本古文集成補。

〔二〕該記原脱，茲據宋本及四庫本播芳大全卷一〇五、古文集成卷十四補。本集卷三十五有書贈吴教授，與此文相同。

怠之不同耳。吾友臨川吴仲益志於古道，將以「敬」名其所居之齋，而日勉焉。於其行也，書此以贈之，蓋朋友相與警勸之義也。

拙齋記〔一〕

盱江曾節夫以「拙」名其齋，而請予爲之記。予喟而歎曰：士病於不拙也久矣！文采之衒而聲名之求，知術之滋而機巧之競，争先以相勝，詭遇以幸得，而俗以益薄〔二〕。士病於不拙也久矣！頃者始見吾子，望乎容止，退然若不安，聽乎言辭，吶然若不足，意吾子之不馳鶩於斯世也。已而旋觀乎吾子之爲，則處己也介而接物也嚴，又有以知吾子之能自守也。今以「拙」名齋，抑子之志如此，而何以予之記爲？雖然，子之求於予也，幾予言之可以輔仁也，抑以子之質之美，予亦有望焉，請試爲子言之也。予聞之，義理之本於天者至精而無窮，氣稟之存乎人者雖美而有限。伊欲究夫無窮而化其有限，舍學何以哉？

〔一〕該記又見山堂肆考卷一七三、淵鑑類函卷三四六、乾隆建昌府志卷六十九、道光南城縣志卷三十一。

〔二〕益薄：原作「盛薄」，據宋本改。

雖然，所爲進學之方則亦有道矣。古之人於此蓋終身焉，若升高之必自下，若陟遐之必自邇，此其用力豈苟然而已哉！予又病夫學者之不拙也。旁窺而竊取，耳受而口傳，恃臆度而鑿空虛，難之不圖而惟獲之計，序之不循而惟至之必，久之不務而惟速之欲，若是而欲有諸其躬也，難矣。予是以病夫學者之不拙也。稽諸洙泗之門，子之家子輿非百世師乎？聖人始以魯稱之，而其於是道終以魯得之，所謂三省其身，自反而縮，與夫動容貌、正顔色、出辭氣，皆其平日所爲用力者也。戰兢臨履，至於啓手足之際而後以爲知免，一簣之未易〔一〕猶不敢安其終，其學之有始有卒，幾於聖而全其天蓋如此，謂於是道以魯得之，非邪？由予前所言士病於不拙者，吾子既無是之患矣；由予後所言病夫學者之不拙者，吾子其率是以勉之哉！請無他求，以子之家子輿爲標凖而從事焉，其可矣。若夫安其所已能，而倦其所未進，則爲拘於有限而息乎無窮，是拙之流生害也，吾子其必不然矣。

〔一〕易：原作「正」，據宋本改。

隱齋記[一]

予弟杓爲袁州，再閱月，以書來，曰：「某幸得備位郡守，懼無以宣上之澤於斯民，乃闢便齋於廳事之旁，日與同僚講民之疾苦，相與究復之，於其暇則誦詩讀書於其間，以自培溉，敢請名。」予嘉其意，爲大書「隱齋」字以寄，蓋取孟子「惻隱之心」之義。夫所謂惻隱者，惻然有隱云耳。嗟夫！是心乃予民之本也。一日夕之間，凡事物之至乎吾前，與夫講論之所及，思慮之所萌，所謂惻然以隱者，如源泉之達，續而無窮，新而有常，流行而不可以已，則其履度也豈有越思？而其施於四境之内者雖不中不遠矣。予其體是心而存之，而充之，勿使有害之者而已。語曰：「君子學道則愛人。」所貴乎學者，以其能愛人也。嗟乎！爲政者苟惟不知是心之存，則本既不立矣，雖有過絶人之才智，亦何以觀之哉？抑又有一説焉。人之情，於其始也惴惴然懼其不克也，汲汲焉憂其不及也，察民之從違而未敢安也，則是心之不存焉者寡矣。及其久也，於意之得而偏，於譽之聞而矜，於令之行

〔一〕該記又見正德袁州府志卷十四、雍正江西通志卷一二五、乾隆袁州府志卷三十二、道光綿竹縣志卷三十七。

而忽，則所謂隱然者，將汩於因循而息於驕肆，政之所繇隳也。嗟乎，可不懼哉！而可不察哉！又其可使箴儆之言不聞於吾耳哉！併書之，使刻寘于壁。

〔補〕約齋記〔一〕

約之爲言要也，而有檢束之義。自學者而言，所貴乎趨夫要也，曾氏之「守約」是也；自教者而言，則束之而使之惟要之歸，「約我以禮」是也。然而博與約實相須，非博無以致其約，而非約無以居其博。故約我以禮，必先博我以文。蓋天下之事衆矣，非一二而窮之，則無以極其理之著。然所謂窮理者，貴乎能有諸己者而已。在己習〔二〕之偏、意之私亦不一矣，非反而自克，則無以會其理之歸。博文而約禮，聖人之所以教人與！學者之所當從事焉者，亦無越乎此矣。吾友眉山李埶季修，自幼居其親旁，凡所見聞，無非詩書禮樂之事，上下數千載間，其考之詳、講〔三〕之熟矣。頃年相遇於武昌，求予名其齋，而予以

〔一〕此篇劉本及四庫本失收，玆據道光本補。

〔二〕習：原作「者」，據宋本改。

〔三〕講：原作「備」，據繆本改。

「約」爲言，欲其趨夫要也。季修屬予爲記，而久未暇。非予之未暇也，季修於是時從事於多聞之舉，佔畢編綴，殆忘寢食也，故予無以進其説。今七年矣，蓋嘗抱其所學欲獻之於吾君，而不得以自伸。既而泝三峽，登岷峨，窮江之源，乃將還其親之旁，復與予相遇於江陵。視其色，則愉然不以見抑爲意，且出友人清江劉清之子澄之書以示予曰：「其言是也，某不敢以復從事於科矣。人不吾知，安焉也；謂吾不能，無傷也。且所〔一〕當從事者，敢不汲汲，願以請。」意者其殆趨約乎！予於是而爲之記，勉之以博文約禮之事，無慕乎外，無泥於俗，而惟致知克己之思，極力之所至而無有怠忽焉，則予之望也。詩曰「衣錦尚絅」，惡其交之著也。君子之所不可及者，其惟人之所不見乎！嗟乎，季修其勉哉！

困齋記〔二〕

弋陽〔三〕方君耕道謫居零陵，其友廬陵胡君邦衡自海外以書抵之曰：「公取易困卦詳玩

〔一〕所：宋本作「以」。

〔二〕該記又見嘉靖湖廣圖經志書卷十三。

〔三〕弋陽：湖廣圖經志書作「饒陽」。

而深索之，則得所以處困之道矣。」耕道於是榜其齋曰「困齋」，自號曰「困叟」，其居閒而讀易則謂之「困交」。耕道可謂能尊其所聞矣。在易之繫辭三陳九卦，意義深切，至於困則曰「困，德之辨也」，又曰「困窮而通」，又曰「困以寡怨」。嗚呼！聖人發明處困之義，備盡於此，其惠後世學者至矣，是可不盡心以體之乎！夫窮達者在外者也，理義者在我者也。在外者存於時命，而在我者無斯須而可離。世之惑者於其存於時命者乃欲人力而强移，於其不可離者則違之而忘反。居得則患失，居失則覬得。或能行於其所易，而不能行於其所難；能自保於安逸之時，而有變於危窮之際。是皆〔一〕非其心之正也，窮達亂之也。君子則不然。其心日夕皇皇然，惟知在我者禮義之安而行，寧卹其它！故其處困也，致命而已，於天何怨！順義而已，於人何尤！而反諸其躬，則益念其所未至，惟恐思之不精，益勉其所未能，惟恐行之不力。是君子之處困，抑其進德深切之時也。如斯而後，庶幾爲不負聖人之訓歟！耕道往以直道忤權臣，既而以非罪罹吏議，方且責己自克，好問不倦，可謂知所處矣。而邦衡以危言切論，一貶嶺海近二十年，窮經自樂，浩然以

〔一〕皆：原作「則」，據宋本改。

歸，豈〔一〕非有得於斯邪？宜乎以此道相切勵也。又聞橫渠先生之言曰：「貧賤憂戚，庸玉女於成也。」噫！安知造物者不以是金玉耕道之德乎？此豈特邦衡所望於耕道也。耕道以記文見屬，栻雖晚生，念不爲無契，是以不敢以固陋辭。紹興二十八年春二月戊申，廣漢張栻記〔二〕。

敬簡堂記〔三〕

歷陽張侯安國治長沙，既踰時，獄市清浄，庭無留民，以其閒暇闢堂，爲燕息之所，而名以「敬簡」。他日與客落之，顧謂某曰：「僕之名堂，蓋自比於昔人起居之有戒也，子其爲我敷暢厥義。」某謝不敏，一再，不獲命，因誦所聞而言曰：「聖賢論爲政，不曰才力。蓋事物之來，其端無窮，而人之才力雖極其大，終有限量。以有限量應無窮，恐未免反爲之役，而有所不

〔一〕豈：原作「其」，據宋本改。

〔二〕「紹興二十八年春二月戊申」以下：湖廣圖經志書作「紹興二十七年夏五月朔記」。張栻：原作「張某」，據宋本改。

〔三〕該記又見于湖居士文集附録、光緒湖南通志卷三十二、民國簡陽縣志詩文存五。

給也。君子於此抑有要矣，其惟敬乎！蓋心宰事物，而敬者心之道所以生也。生則萬理森然，而萬事之綱總攝於此。凡至乎吾前者，吾則因其然而酬酢之。故動雖微，而吾固經緯乎古之先；事雖大，而吾處之若起居飲食之常。雖雜然並陳，而鳌分縷析，條理不紊。無他，其綱既立，如鑑之形物，各止其分而不與之俱往也。此所謂居敬而行簡者歟！若不知舉其綱而徒簡之務，將見失生於所怠，而患起於所忽，乃所以爲紛然多事矣。故先覺君子謂飾私智以爲奇，非敬也；簡細故以自崇，非敬也。非敬則是心不存，而萬事乖析矣，可不畏歟！雖然，若何而能敬？克其所以害敬者，則敬立矣。害敬者莫甚於人欲。自容貌、顏色、辭氣之間而察之，天理、人欲絲毫之分耳。遏止其欲而順保其理，則敬在其中，引而達之，擴而充之，則將有常而日新，日新而無窮矣。侯英邁不群，固已爲當世之望，誠能夙夜警勵，以進乎此，則康濟之業可大，而豈特藩翰之最哉！」侯曰：「然則請書以爲記，以無忘子之言。」

仰止堂記〔一〕

武夷宋子飛，蓋遊從之舊也，戊寅之夏，自其鄉觸熱來訪予瀟水之上。留既越月，方

〔一〕該記又見永樂大典卷七二四二。

念無以答其意者。子飛謂某曰：「某家有小堂，面直西山，欲以『仰止』名之，何如？」某曰：「請無以易斯名，而某願爲記之。」子飛曰：「諾。」子之名是堂也，豈徒取其偉觀乎哉？而某之爲記也，亦豈復敘其境物之勝，抑將因名以達義，庶幾相與之意云耳。噫！人生天地之中，而與天地同體；出乎萬世之下，而與聖人同心，其惟仁乎！詩曰：「高山仰止，景行行止。」夫子蓋歎息焉，曰：「詩之好仁如此。」仁之爲道，論其極致〔一〕，雖曰舉者莫能勝，行者莫能至，然而聖人之教人求仁，則具有塗轍。論語一書，明訓備在，熟讀而深思，深思而力體，優遊厭飫，及其久也，當自知之，有非人之所能與矣。古之人起居寢食之間，精察主一，不知有外物之可慕，他事之可爲，不知富貴之可喜，憂患之可戚。蓋其中心汲汲於求仁而已。是道也，夫人皆可勉而進，而用力者鮮，無他，所以病之者多矣。病之者多，而不求以去之，期爲完人，甘〔二〕以是終其身，豈不大惑歟！故學莫强於立志，莫進於善思，而莫害於自畫，莫病於自足，莫罪於自棄。今子飛既以是名堂，日遊其間，將詠「仰止」之詩，以深念聖人之意，當必慨然有感於中，其惟篤信勿移，弗得弗措，期至於古人之

〔一〕極致：宋本作「致極」。

〔二〕甘：原作「其」，據宋本改。

域，則如某者亦有望於切磋之益焉，是以樂記之也。

尊美堂記〔一〕

湖南轉運使判官所治舊直潭州城之東南，中更兵革，徙于子城之中。比歲復即其舊爲東西兩廳，今且十載矣。東則倚岡阜，來者相繼，立亭觀於上，有登覽之勝；而其西獨病於迫隘，燕閒舒適，無所可寓。又西隔垣，有地數畝，蓋茀不治也。乾道八年冬，建安黄公來爲判官，實治西廳，歷三時興革，剌舉既以次上，而漕事益簡。乃以暇日視其地而加翦闢焉，氣象平曠，若有待者，將規以立宇。會有主管文字廢廳，易之，得羨緡，市材鳩工，爲堂五楹。僅踰月，郡縣不知，而堂已克成。植梅竹於前，而其後爲方沼，向之茀不治者一旦爲靚深夷衍之居，于以問民事，接賓客，奉燕處，無不宜者。於是始與其東之亭觀隱然相望，而其迫隘之患亡矣。公獨過某而言曰：「子其爲我名之，使有以垂于後者。」某謝不敏，則不可，請退而思之。它日言於公曰：「公之名堂，豈獨爲是物景之美哉？其將有補

〔一〕該記又見光緒湖南通志卷三十二。

於政也？孔門論政之載於魯論，獨所以告子張者反復爲甚詳焉。所謂『尊五美』者，于以正己而施諸人，蓋無不備，顧爲政者力行何如耳。其曰尊云者，言當謹乎是而不可以慢也，將以『尊美』名公堂，其可哉！」公曰：「諾，是吾志也。」某又曰：「雖然，不特是也。聖人於五美之後，復繼之以四惡之屏，其儆戒防檢〔一〕之意深矣。今雖以『尊美』名堂，而所謂屏惡之義，蓋亦不可不察也。公既以是二者體於身而推於有政，又將以是察夫郡縣之吏而進退之，則善善惡惡之理，庶幾其亦得矣。」公曰：「善哉！請書聖人之言于堂之中壁，朝夕觀覽，以比夫几杖盤杅之銘戒，而子爲之記，俾來者有攷焉。」於是乎書。公名淯，字清臣云。

〔一〕防檢：原作「方檢」，據宋本改。

新刊南軒先生文集卷十三

記

一樂堂記〔一〕

上饒徐衡仲幼育于龔氏，爲龔氏後。長讀書，取科第，事龔氏父母，養生送終，克共其子事。年踰五十矣，遊宦四方，求友訪道，有感於昔人正本明宗之義，惕懼不敢寧，乃言于朝，願歸徐姓，詔可其請。方是時，衡仲之父母俱存，合百有五十六春秋，而其伯氏某、仲氏某〔二〕、及其季某亦皆無故。雍雍愉愉，與其兄弟奉二老者，以爲天下之樂，殆無以易此也。它日，伯氏取孟子所謂「一樂」者以名其居之堂，而衡仲求予爲記。予惟念往歲道岳

〔一〕該記又見同治上饒縣志卷二十三。
〔二〕某：原作「其」，據宋本、四庫本、道光本改。

陽，衡仲適爲其州學官，相與語于洞庭之野，愴然及兹事，予蓋嘉其志，贊其決，而憂其爲世俗之論所移也〔一〕。今衡仲中誠懇惻，卒能成就其志。又爲龔氏調護，立之後人，所以處之者蓋有餘味。義正而恩得，天實相之，且使其親壽考康寧，其兄弟在旁，得全其所謂一樂者，固予所咨嗟而樂記也。原民之生，與萬物並於天地之間，父天而母地，本一而已，而於其身莫不有父母之親，兄弟之愛，以至於宗支之屬，釐分縷析，血脉貫通，分雖殊，而本實一，此性之所具，而天之所爲也。聖人有作，立姓以别其系，嚴宗以謹其承，亦因夫性之自然、理之所不可易者而已。苟惟强離其所繫，而合於其所不可合，是豈性也哉！是故神不歆非祀，而民不祀非族，以此防民。而春秋之時，猶有身爲諸侯而立異姓以莅祭祀，如鄫子之爲者，聖人書之曰「莒人滅鄫」，謂其先無血食之理也，豈不深切著明哉！衡仲其講於此矣。雖然，引義而返其宗，衡仲之所能爲也；返而全其所謂一樂者，豈衡仲之所能爲哉！衡仲誠樂乎此也。人倫之際，昔人謂盡其分爲難，衡仲誠勉乎此也。抑〔二〕孟子之所謂三樂其難必者，吾既已得之於天矣，則夫其二端者又可不深體之乎！予嘗論三

〔一〕移也：宋本作「屈也」。
〔二〕抑：原作「仰」，據宋本、四庫本、道光本改。

樂，仰不愧，俯不怍〔一〕爲本。蓋在己者可得而勉也。詩云：「潛雖伏矣，亦孔之昭。」君子之所不可及者，其惟人之所不見乎！衡仲而力進乎此，以至於無所愧怍之地，則上有以寧其親，翕其兄弟，而下有以推類而及人，庶幾乎克全而不憾矣。予因記一樂而併及乎此，亦朋友相儆勵之意云。衡仲名安國，今爲連山令。

潔白堂記〔二〕

劍南陳君自蜀以書抵予曰：「某不幸，今不獲奉共養，深惟所以報親者，惟是澡身淪德，庶幾終身無玷缺之行，則或可以塞萬一之責。家故有堂，因取周詩白華『孝子潔白』之義，名之曰『潔白』，兄弟朝夕其間，以警以戒，敢請爲記。」予雖未識陳君，而嘗聞之吾友魏掞之元履，謂君直諒，又得君書勤甚，則不果辭。雖然，白華之章句逸矣，其爲義固不可以臆度，獨以予心之所謂「孝子潔白」者而以復于陳君焉。惟人之生受之天地，而本乎父母者也，然則天地其父母乎！父母其天地乎！故不以事天之道事親者，不得爲孝子；不以

〔一〕作：原作「作」，據宋本、四庫本、道光本改。
〔二〕該記又見雍正劍州志卷二十二、道光保寧府志卷五十九。

事親之道事天者，不得爲仁人。傳曰「仁人不過乎物，孝子不過乎物」，此之謂也。然所謂物者果何謂乎？蓋其實然之理而已。實然之理具諸其性。有是性，則備是形以生。性無不善也，凡其所爲，視聽言動莫不有則焉，皆天之理也，性則然矣。是故君子無敢不敬也。非禮則勿視，非禮則勿聽，非禮則勿言，非禮則勿動，將以順保其彝，性庶幾乎勿失。蓋全而生之者此也，其可不以全而歸之乎？此所謂不過乎物，孝子仁人事親之道，而所以事天者也。潔白之義，其有取於斯乎！有取於斯，則造次不可忘也，戰兢不可懈也。由盡心以知性，由存心以養性，必期於無媿歉。若曾子所謂「而今而後吾知免夫」，然後爲盡人子之道也。如予之不敏，雖知此義，勉焉而未至，抱罔極之痛，日夜以懼，因陳君之請，而有感於中，敢併取南陔相戒以養之義，願與吾黨之士相戒以潔白，其可乎？陳君往歲奉對大廷，蓋盡言無隱者。今又孜孜然志於古道，充是心以往，吾知其終有以無負於斯堂之名也。然則可不懋乎！陳君名槩，字平甫云。

思終堂記

永嘉郡許深夫從事湖南幕府之明年，其尊父登仕没于官舍，予往弔之。間又往焉，深夫泣而請曰：「及之不天，未丱而喪母。吾家方窮空，既殯而無以葬。逮省事，則日夜究心，不敢寧歲。丁亥，得地于瑞安縣之北曰李奥，泣血負土，乃克卒事。于時老父嘗登斯丘而眷焉，顧而曰：『異日我必葬是。』今者不幸至于大故殊州，獨哭數千里之遠。惟是不孝之軀，大懼隕越，賴父之靈，儻獲歸合于兆，則將立堂其旁，以爲早莫瞻省、時節祀饗之地，未死之前，敢不勉盡其力！願預請其名與記，庶幾佩服思惟，有以大警其懈惰者。」則又泣。予既不果辭，乃取禮傳「慎行其身，不遺父母惡名，可謂能終矣」之義，名之以「思終」，且從而記之。

夫墓祭非古也，體魄則降，魂氣〔一〕在上，故立之主以祀，以致其精神之極〔二〕，而謹藏其體魄，以竭其深長之思，此古之人明於鬼神之情狀，而篤於孝愛之誠實者也。然攷之周禮，則有冢人之官，凡祭於墓爲尸。是則成周盛時，固亦有祭於其墓者，雖非制禮之本經，而出於人情之所不忍，而其於義理不至於甚害，則先王亦從而許之。其必立之尸者，乃亦所以致其精神而示饗之者，非體魄之謂，其爲義抑精矣。故夫後世以來，立宇於墓道，或

〔一〕魂氣：道光本作「知氣」。

〔二〕以致：二字原脱，據宋本補。

立於其側，以爲瞻省祀饗之地，至有援諸古義以爲之名，揭而出之。顧名而思義，比諸几杖盤杅之有銘有戒，君子亦有所取而不廢，以人子之心，拳拳〔一〕於其親者，誠無已也。然則予之名斯堂，豈無旨哉？蓋人子之於親，終其事之爲難也。所爲終其事之難者，亦在於吾身而已。故於其親之没，睹桮棬則奉之而泣，以吾親之所嘗御也；見桑梓則竦然而敬，以吾親之所嘗息也。夫其於物也猶然，而吾之此身乃受之於吾親，而爲親之遺體，然則所以敬其身當何如耶！故身體髮膚，不敢毁傷，不敢以遺體行殆。夫於其形見者其守之之嚴固如此，而其賦是形以生者，蓋以其具是性也，然則又可使之或虧乎？故自視聽言動之不莊不欽，以至朋友之不信，事君之不忠，蒞官之不敬，皆謂之非孝。凡一毫有歉乎其中，則爲有辱乎其親，爲其有以害於性故也。故君子戰戰兢兢，每懼或失之，凡欲以順保其性，以無失其身，而無辱乎其親。由是觀之，至於曾子全而歸之，而後可謂之能終其事者矣。所謂行身而不遺父母惡名者，其在斯歟！而世之昧者顧以富貴利達爲足以顯其親，汲汲然求之，曾不知枉道苟得，戕賊天性，莫此之甚，而負乘播惡，恥加遺體，若撻

〔一〕拳拳：宋本作「眷眷」。

市朝，其得失爲如何哉！是則行身以其道，則雖處貧賤，而其所爲事親者未嘗不得；不以其道，則至於居富貴，而所爲辱親者，蓋益以滋甚矣。

自深夫之來湖南，予數與之款，又於朋遊間聞其尊父教飭之甚嚴。以深夫哀之篤而請之屢也，故爲推言人子之道所以終其事者而勉之，使思焉。思而體之，體之而不忘，然後知終之之果爲難也。予抱罔極之痛，夕〔一〕惕念此，未知所濟。然則今日之所以告深夫者，是亦所以自勵云耳。乾道九年七月二十二日。

名軒室記

或曰：知道矣，而常患其不能長一於己。夫不能長一於己，則道與己尚爲二物也，執柯伐柯，睨而視之，猶以爲遠。嗚呼，是果爲真知也歟？其功未至也。將使己化於道，如水入水，初無有間，以全於天，其必有本要矣，其力行之積歟！道與己尚爲二物，則天理不備。天理不備，而不加省焉，吾見道日有遠己而已，可不畏哉！中庸曰：「苟不至德，至

〔一〕夕：原作「久」，據宋本改。

道不凝焉。」道至於凝，則斯能有之矣。惟至德可以凝道。古之人禮儀三百，威儀三千，君臣、父子、兄弟、夫婦、朋友之際，洒掃應對、獻酬交酢，以至於坐立寢食之間，無一而不在德焉，至纖至悉也，所以成其天理而已。蓋毫釐之間不至，則毫釐之間天理不在。故學而時習之，無時而不習也，念念不忘天理也。此所以至德以凝道也。及其久也，融然無間，涣然和順，而内外、精粗、上下、本末功用一貫，無餘力矣。名吾軒曰「時習」。夫習之有斷絶者，心過有以害之也。心過尤難防，一萌于中，雖非視聽所及，而吾時習之功已斷絶矣，察之緩則滋長矣。惟人安於故常，以爲微而忽焉，而不知此豈可使之熟也哉！今日一念之差而不痛以求改，則明日兹念重生矣〔一〕。積而熟，時習之功銷矣，不兩立也。是以君子懼焉，萌于中必覺，覺則痛懲而絶之，如分桐葉然，不可復續。如此則過境自疏，時習之功專，以至於至德以凝道，顔子之「不貳」，一絶不復生也。名吾室曰「不貳」。因書此自勉焉。

〔一〕重生矣：原作「重在矣」，據宋本改。

多稼亭記〔一〕

歲辛卯之八月，予過毗陵。甲寅，郡守嵩山晁伯彊置酒郡齋，薄暮登城。城有故亭塞〔二〕，下瞰阡陌，方秋稻熟，黄雲蔽野，相與裴徊縱觀。已而月光皎然，景氣清浄，伯彊舉觴屬予曰：「斯亭者〔三〕，人以『多稼』名，某假守于此，歲事適登，君侯辱臨，得以從容一杯，實天幸也。將因而葺之，願爲某記。」明日將行，又以請，且寄聲相趣者三四。予惟念春秋書法：「喜雨者，有志乎民者也。」亭名「多稼」，豈無意哉！吏於斯者〔四〕，以暇時登臨，觀稼穡之屢勞，而念民生之不易，其時之不可以奪，其力之不可以不裕，而又謹視其苗之肥瘠，時夫雨暘之節，以察吾政事之若否。幸而一稔，則又不敢以爲己之能，而益思勉其不可以怠者，閔閔然，皇皇然，無須臾而寧於心，其庶矣乎！吁，是春秋之意也。然則伯彊之復

〔一〕該記又見康熙常州府志卷三十四、光緒常郡八邑藝文志卷二一。
〔二〕亭塞：宋本作「亭基」。
〔三〕者：道光本作「昔」，屬下讀。
〔四〕者：宋本作「亭」。

斯亭，豈爲遊觀者哉！因書以寄。甲寅之集，通判州事吴興葛謙問與焉。伯彊名子健，謙問名郯。

遊東山記〔一〕

歲戊寅夏四月己亥，弋陽方疇耕道、廣漢張栻酌餞東平劉芮子駒于永之東山。久雨新霽，天朗氣清，步上絶頂，山色如洗，相與置酒于僧寺之西軒，裴徊遠望。于時零陵張紆公飾預焉，俯仰庭户，忽喟然而歎曰：「噫嘻！此丞相范公忠宣之故居也。」坐客皆聳然，起而問之，公飾曰：「公居此時，某始年十三四。某之先人辱爲公客，故某亦得侍公。公時已苦目疾，手執寸許玉用以摩按，某未之識也，則亟視之。旁有小兒誑曰：『此石也。』公愕然曰：『非也，此之謂玉。』嗚呼！公存誠至於不欺孺子，則公之氣象可想見已。」坐客皆咨嗟。公飾又曰：「公居此西偏，爲屋僅三十楹，蓋與寺僧鄰也。諸孫皆尚幼，它日與寺僧戲，僧愚無知，至相詬駡，直行過公前，語微及公，公漠然若不聞見者。明日，僧大悔慚，踼

〔一〕該記又見古今圖書集成職方典卷一二八二、雍正湖廣通志卷一〇六、道光永州府志卷十四、光緒湖南通志卷十八。

蹐詣求謝，亦卒無一言，待之如初。永之士間有得進見〔一〕，公循循親加訓誘。一日坐定，有率爾〔二〕而問曰：『范某於相公爲何親？』蓋斥文正公之名。時二子正平〔三〕、正思侍旁，悚汗恐懼，衆亦懼。公蹙頞久而曰：『先公也。』言者大恐。已而復以温詞慰其心，後亦與相見不絶。公之度量雖曰天與，其亦學以成之歟！又一日，問坐客曰：『郡士之登科者皆歸矣，而某人獨未歸耶？』或曰：『試學官也。』公愀然曰：『吏事近民，精心於此，學之要也，始登科顧求從便安耶？』凡公言，簡而深，足以垂世立教，率類此。自奉極儉約，士從諸子遊者，時命之飯，不過蔬三品，戕蔵不掩盤。後有客至，即以分餉，不復更益。某年幼，所記公如此，不能細也。」於是坐客相與言曰：「江山如昔，公不可得而復見矣。而有如公飾者尚及見公，所記之詳如此，豈易得哉！而斯亭也，經兵火煨燼之餘，屹然獨存。吾曹晚生，亦與聞公之言行，又豈偶然哉！中庸曰：『君子動而世爲天下道，行而世爲天下法，言而世爲天下則。』孟子曰：『聞下惠之風者，鄙夫寬，薄夫敦。』於公其信之矣！」子駒謂某

〔一〕見：宋本無此字。
〔二〕率爾：原作「卒爾」，據四庫本改。
〔三〕平：原作「乎」，據宋本、四庫本、道光本改。

曰：「盍記之，以爲異日傳？」某雖不文，至此其何敢辭也？抑嘗記某庚午歲來永時，寺僧有法賢者年八十餘矣，謂某言：「范丞相居此，某時爲沙彌，每見公遇朔望必陳所賜書及賜物列于堂上，率家人子弟再拜伏閱。嗚呼！公之不忘君父至此，所謂『在廟堂之上則憂其民，處江湖之遠則憂其君』，文正公之心，公得之矣。請併附於記之末，可乎？」皆曰：「諾。」時某弟杓、姝懽兼〔一〕偕遊。後一日庚子記。

〔一〕懽兼：宋本作「爟兼」。

新刊南軒先生文集卷十四

序

經世紀年序〔一〕

太史遷作十二國世表，始記甲子，起於成周共和庚申之歲，庚申而上則莫紀焉。歷世寖遠，其事雜見於諸書，靡適折衷，則亦傳疑而已。本朝嘉祐中，康節邵先生雍出於河南，窮往知來，精極於數，作皇極經世書，上稽唐堯受命甲辰之元，爲編年譜。如去外丙、仲壬之祀，康節以數推知之，乃合於尚書「成湯既没，太甲元年」之説。因康節之譜，編自堯甲辰至皇上乾道改元之歲，凡三千五百二十有二年，命之曰經世紀年，以便觀覽。間有鄙

〔一〕該序又見四庫本播芳大全卷一〇七、經義考卷二七一。按此序劉本及四庫本等所載多所節略，其中至有文意不連處，不若宋本及播芳大全所録之詳備，兹將宋本此序附録於後。

見，則因而明之，如孟子謂堯、舜三年之喪畢，舜、禹避堯、舜之子而天下歸之，然後踐天子位，此乃帝王奉天命之大旨，其可闇而弗章？故皆書其服喪踐位之實焉。夏后相二十有八載，寒浞弑相，明年，少康始生于有仍氏，凡四十年，而後祀夏配天，不失舊物。故於此四十載獨書少康出處，而紀元載於復國之歲，以見少康之君臣經營宗祀，絶而復續，足以爲萬代之冠冕。於新莽之篡，缺而不書，蓋吕氏不可間漢統，而所假立惠帝子亦不得而紀元，故獨以稱制書也。以至周文王之稱王，武王之不紀元於國，皆漢儒傳習之繆，先覺君子辨之詳矣，故皆正而書之。漢獻之末，曹丕雖稱帝，而昭烈以正義立于蜀，諸葛亮相之，則漢統烏得爲絶？故獻帝之後，即係昭烈年號，書曰蜀漢，逮後主亡國，而始繫魏。凡此皆節目之大者。嗟乎！世有古今，而古今不間於一息；事有萬變，而萬變卒歸於一原。蓋理義根乎天命而存乎人心者，不可没也。是故易本太極，春秋書元，以著其體用，其示後世至矣。然則大易、春秋之義，其可以不明乎！乾道三年正月甲子謹序。

〔附録〕經世紀年序

太史遷作十二國世表，始記甲子，起於成周共和庚申之歲，庚申而上則莫紀焉。歷世寖遠，其事雜見於諸書，靡適折衷，則亦傳疑而已。本朝嘉祐中，康節邵先生雍出於河南，窮往知來，精極於數，作皇極經世書，上稽唐堯受命甲辰之元，爲編年譜。如云外丙、仲壬之祀，康節以數推之，乃合於尚書「成湯既没，太甲元年」之説。成湯之後，蓋實傳孫。孟子所記，特以太丁未立而卒，方是時，外丙生二年，仲壬生四年耳。又正武王伐商之年。蓋武王嗣位十一年矣，故書序稱十有一年，而復稱十有三年者，字之誤也。是類皆自史遷以來傳習之繆，一旦使學者曉然得其真，萬世不可改者也。某不自揆，輒因先王之曆，考自堯甲辰至皇上乾道改元之歲，凡三千五百二十有二年，列爲六圖，命之曰經世紀年，以便觀覽。間有鄙見，則因而明之，其大節目有六。蓋孟子爲堯、舜三年之喪畢，舜、禹避堯、舜之子而天下歸之，然後踐天子位，此乃奉天命之大旨，其可闇而弗章？故於甲申書服堯之喪，乙酉踐位之實，丙戌書元載，格于文祖。自乙酉至丁巳，是踐位三十有三載也，則書薦禹於天，與尚書命禹之辭合。自丁巳至癸酉，是薦禹十有七載也，與孟子之説合。於禹受命之際，書法亦然。然而書稱「舜在位五十載，陟方乃死」，則是史官自堯崩之明年通數之耳。夏后相二十有八載，寒浞弑相，明年，少康始生于有仍氏，凡四十年而後祀夏配天，不失舊物。寒浞豈可使間有夏之統？故缺此四十載不書，獨書少康出處，而紀元載於復國之歲，以見少康四十年經營，宗祀絶而復續，足以爲萬代中興之冠冕。於新莽之篡，缺其年，亦所以表光武之中興也。漢吕太后稱制，既不得繫年，而所立少帝乃他人子，又安得承統？故復缺此數年，獨書曰「吕太后臨朝稱制」，亦范太史祖禹係嗣聖紀年之意也。漢獻之末，曹丕雖稱帝，而昭烈以正義立于蜀，不改漢號，則漢統烏得爲絶？故獻帝之後，即係昭烈年號，書曰蜀漢，逮後主亡國，而始繫魏。凡此皆節目之大者，妄意明微扶正，不自知其愚也。其他如夏以上稱載，商稱祀，周始稱年，皆考之書可見，而周書洪範獨稱祀者，是武王不欲臣箕子，尚存商曆，箕子之志也。由魏以降，南北分裂，如元魏、北齊、後周皆夷狄也，故統獨係於江南。五代迭揉，則都中原者不得不係之。嗟乎！世有古今，太極一而已矣。太極立，則通萬古於一息，會中國爲一人。雖自堯而上，六闕逢無紀，然上聖惟微之心，蓋未嘗不周流該徧，亘乎無窮而貫于一也。是以春秋書元，以著其妙用，成位乎其中者也。大君明斯義，則首出庶物，天地交泰，極裁成輔相之妙矣。爲人臣而明斯義，則有以成身而佐其主矣。若夫易、春秋之用不明，則經世之旨不幾於息乎？

乾道三年正月甲子謹序。

閫範序〔一〕

天地奠〔二〕位，而人生乎其中。其所以爲人之道者，以其有父子之親，長幼之序，夫婦之别，而又有君臣之義，朋友之交也。是五者，天之〔三〕所命，而非人之所能爲。有是性則具是道，初不爲聖愚而損益也。聖人能盡其性，故爲人倫之至，衆人則有所敝奪而淪失之耳。雖然，亦豈不可反〔四〕哉？聖人有教焉，所以化其欲而反其初也。舜之命契曰：「敬敷五教，在寬。」寬云者，漸濡涵養之，使其所素有者自發也。而咎繇亦曰：「天敘有典，敕我五典五敦哉！」曰〔五〕敕云者，所以正其綱，而敦云者，所以厚其性也。降及三代，庠序之教尤詳。故孟子曰：「學則三代共之，皆所以明人倫也。」明云者，講明之而使之識其理之所

〔一〕該序又見國朝二百家名賢文粹卷一五七。
〔二〕奠：原無，據宋本補。
〔三〕之，原作「下」，據宋本改。
〔四〕反：原作「及」，據宋本改。
〔五〕曰：原無，據宋本補。

以然也。惟先王道行於家〔一〕，而化浹乎天下，萬事以正，萬物以遂，氣志交孚，而無不應焉。至於世衰道微之時，而流澤之在人心，不可以壅閼。故詩三百篇，發乎情，止乎禮義者，聖人猶有取云爾。然則人之所以爲聖賢，與夫聖賢之教人，舍是五者，其何以哉！東萊呂祖謙伯恭父爲嚴陵教官，與其友取易、春秋、書、詩、禮傳、魯論、孟子聖賢所以發明人倫之道見於父子兄弟夫婦之際者，悉筆之于編。又泛攷子史諸書，上下二千餘載間，凡可以示訓者皆輯之。惟其事之可法而已，載者之失實有所不計也；惟其長之可取而已，它爲之未善有不暇問也。間日攜所編以示某而講訂焉。未幾而成，名以閫範。某謂此書行於世，家當藏之，而人當學〔二〕之也。家庭閨閫之内，鄉里族黨之間，隨其見之深淺、味之短長，篤敬〔三〕力行，皆足以有補。然在學者則當由是而講明之，以求識其理之所以然者。誠知是書所載，莫非吾分内事，而古之君子皆非有所爲而爲之，則其精微親切，必有隱然自得于中者，雖欲舍是而不由，亦不可得矣。書所登載未盡，伯恭尚繼編云。

〔一〕惟先王道行於家：至下文「聖人猶有取云爾」原無，據宋本補。
〔二〕學：宋本作「斆」。
〔三〕敬：宋本作「信」。

論語説序〔一〕

學者，學乎孔子者也。論語之書，孔子之言行莫詳焉，所當終身盡心者，宜莫先乎此也。聖人之道至矣，而其所以教人者大略則亦可睹焉。蓋自始學則教之以爲弟、爲子之職，其品章條貫，不過於聲氣容色之間，灑掃應對進退之事，此雖爲人事之始，然所謂天道之至賾〔二〕者，初亦不外乎是，聖人無隱乎爾也。故自始學則有致知力行之地，而極其終則有非思勉之所能及者，亦貴於行著習察，盡其道而已矣。孔子曰：「道之不行也，我知之矣。知者過之，愚者不及也。道之不明也，我知之矣。賢者過之，不肖者不及也。」秦漢以來，學者失其傳，其間雖或有志於力行，而其知不明，擿埴索塗，莫適所依，以卒背於中庸。本朝河南君子始以窮理居敬之方開示學者，使之有所循求，以入堯舜之道。於是道學之傳，復明於千載之下。然近歲以來，學者又失其旨，曰吾惟求所謂知而已，而於躬行則忽焉。故其所知特出於臆度之見，而無以有諸其躬，識者蓋憂之。此特未知致知力行互相

〔一〕宋本作「語解序」。該序又見各本論語解卷首、四庫本播芳大全卷一〇七、國朝二百家名賢文粹卷一五三。
〔二〕賾：原作「頤」，據宋本、四庫本、道光本改。

發之故也。孔子曰：「學而不思則罔，思而不學則殆。」歷攷聖賢之意，蓋欲使學者於此二端兼致其力，始則據其所知而行之，行之力則知愈進，知之深則行愈達。是知常在先，而行未嘗不隨之也。知有精粗，必由粗以及精；行有始終，必自始以及終。内外交正，本末不遺，條理如此，而後可以言無弊。然則聲氣容色之間，灑掃應對進退之事，乃致知力行之原也，其可舍是而它求乎！顧某何足以與明斯道？輒因河南餘論，推以己見，輯論語説，爲同志者切磋之資，而又以此序冠于篇首焉。乾道九年五月壬辰朔，廣漢張栻序〔一〕。

洙泗言仁序〔二〕

昔者夫子講道洙泗，示人以求仁之方。蓋仁者天地之心，天地之心而存乎人，所謂仁也。人惟蔽於有己，而不能以推，失其所以爲人之道，故學必貴於求仁也。自孟子没，寥寥千有餘載間，論語一書家藏人誦，而真知其旨歸者何人哉？至本朝伊洛二程子始得其傳，其論仁亦異乎秦漢以下諸儒之説矣，學者所當盡心也。某讀程子之書，其間教門人取

〔一〕自「乾道九年」至篇末：原無，據論語解卷首補。

〔二〕該序又見四庫本播芳大全卷一〇七、國朝二百家名賢文粹卷一五三。

聖賢言仁處類聚以觀而體認之，因哀魯論所載，疏程子之説于下，而推以己見，題曰洙泗言仁，與同志者共講焉。嗟乎！仁雖難言，然聖人教人求仁，具有本末。譬如飲食乃能知味，故先其難而後其獲，所以爲仁。而難莫難於克己也，學者要當立志尚友〔一〕，講論問辯於其所謂難者，勉而勿舍。及其久也，私欲浸消，天理益明，則其所造將有不可勝窮者。若不惟躬行實踐之務，而懷蘄獲之心，起速成之意，徒欲以聰明揣度於語言求解，則失其傳爲愈甚矣。故愚願與同志者共講之，庶幾不迷其大方焉。

孟子講義序〔二〕

學者潛心孔、孟，必得其門而入，愚以爲莫先於義利之辯。蓋聖學無所爲而然也。無所爲而然者，命之所以不已，性之所以不偏，而教之所以無窮也。凡有所爲而然者，皆人欲之私，而非天理之所存，此義利之分也。自未嘗省察者言之，終日之間鮮不爲利矣，非

〔一〕友：原作「有」，據宋本、四庫本、道光本改。

〔二〕該序又見四庫本播芳大全卷一〇七、國朝二百家名賢文粹卷一五三、古文集成卷六、南宋文範卷四十九。宋本文字多有不同，兹附録於後。

特名位貨殖而後爲利也。斯須之頃，意之所向，一涉於有所爲，雖有淺深之不同，而其徇己自私則一而已。如孟子所謂内交要譽、惡其聲之類是也。是心日滋，則善端遏塞，欲邇聖賢之門牆以求自得，豈非却行以望及前人乎？使談高説妙，不過渺茫臆度，譬猶無根之木，無本之水，其何益乎？學者當立志以爲先，持敬以爲本，而精察於動静之間，毫釐之差，審其爲霄壤之判，則有以用吾力矣。學然後知不足乎，時未覺吾利欲之多也，灼然有見於義利之辨〔一〕，將日救過不暇，由是而不舍，則趣益深，理益明，而不可以已也。孔子曰：「古之學者爲己，今之學者爲人。」爲人者無適而非利，爲己者無適而非義。曰利，雖在己之事，亦爲人也；曰義，則施諸人者，亦莫非爲己也。嗟乎！義利之辨〔二〕大矣，豈特學者治己之所當先，施之天下國家一也。王者所以建立邦本，垂裕無疆，以義故也；而伯者所以陷溺人心，貽毒後世，以利故也。孟子當戰國横流之時，發揮天理，遏止人欲，深切著明，撥亂反正之大綱也。其微辭奥義，備載七篇之書。如某者雖曰服膺，而學力未充，何足以窺究萬一。試以所見與諸君共講之，願無忽深思焉。

〔一〕辨：原作「辨」，據四庫本改。宋本作「辯」。
〔二〕辨：原作「辨」，據四庫本改。宋本作「説」。

〔附録〕孟子講義序

學者潛心孔、孟，必得其門而入，愚以爲莫先於義利之辯。蓋聖學無所爲而然也。無所爲而然者，命之所以不已，性之所以不偏，而教之所以無窮也。自非卓然先審夫義利霄壤之判，審思力行，不舍晝夜，其能真有得乎？蓋自未嘗省察者言之，終日之間鮮不爲利矣，非特名位貨殖之慕而後爲利也。此其流之甚著者也。凡處君臣、父子、夫婦以至朋友、鄉黨之間，起居話言之際，意之所向，一涉於徇己自私，是皆利也。其事雖善，而內交要譽，惡其聲之念或萌于中，是亦利而已矣。方胸次營營，膠擾不暇，善端遏塞，人僞日滋，而欲邇聖賢之門牆以求自得，豈非却行以望及前人乎？縱使談高説妙，不過渺茫臆度，譬猶無根之木，無本之水，其何益乎？諸君果有意乎，則請朝夕起居，事事而察之，覺吾有利之之意，則願深思所以消弭之方。學然後知不足。平時未覺吾利欲之多也，慨然有志於義利之辯，將自求過不暇矣。由是而體認，則良心發見，豈不可識乎？涵濡之久，其趣將益深，而所進不可量矣。孔子曰：「古之學者爲己，今之學者爲人。」爲人者無適而非利，爲己者無適而非義。曰利，雖在己之事，亦爲人也；曰義，則施諸人者，皆爲己也。

爲己者，無所爲而然者也。嗟夫！義利之説大矣，豈特學者之所當務？爲國家者而不明乎是，則足以召亂釁而啓禍源。王者之所以建立邦本，垂裕無疆，以義故也；而伯者所以陷溺人心，流毒後世，以利故也。孟子生於變亂之世，發揮天理，遏止人欲，深切著明，撥亂反正之大綱也。其微辭奥義，備載七篇之書。如某者雖曰服膺，而學力未充，何足以窺究萬一。試以所見與諸君共講之，願深思焉。

胡子知言序〔一〕

知言，五峰胡先生之所著也。先生諱宏，字仁仲，文定公之季子也。自幼志於大道，嘗見楊中立先生于京師，又從侯師聖先生於荆門，而卒傳文定公之學。優遊南山之下餘二十年，玩心神明，不舍晝夜，力行所知，親切至到。析太極精微之藴，窮皇王制作之端，綜事物〔二〕於一源，貫古今於一息，指人欲之偏以見天理之全，即形而下者而發無聲無臭之妙，使學者驗端倪之不遠，而造高深之無極，體用該備，可舉而行。晚歲嘗被召旨，不幸寢

〔一〕該序又見胡子知言卷首及國朝二百家名賢文粹卷一五七。宋本文字多異，兹附録於後。

〔二〕事物：粤雅堂叢書本胡子知言序作「事理」，於義爲長。

疾，不克造朝而卒。是書乃其平日之所自著，其言約，其義精，誠道學之樞要，制治之蓍龜也。然先生之意，每自以爲未足。逮其疾革，猶時有所更定，蓋未及脱藁而已啓手足矣。或問於某曰：論語一書，未嘗明言性，而子思中庸獨於首章一言之；至于孟子，始道性善，然其爲説則已簡矣。今先生是書於論性特詳焉，無乃與聖賢之意異乎？某應之曰：無以異也。夫子雖未嘗指言性，而子貢蓋嘗識之，曰：「夫子之文章可得而聞也，夫子之言性與天道不可得而聞也。」是豈真不可得而聞哉？蓋夫子之文章無非性與天道之流行也。至孟子之時，如楊朱、墨翟、告子之徒，異説並興，孟子懼學者之惑而莫知所止也，於是指示大本而極言之，蓋有不得已焉耳矣。又況〔一〕今之異端直自以爲識心見性，其説譸張雄誕，又非當時之比，故高明之士往往樂聞而喜趨之，一溺其間，則喪其本心，萬事隳弛，毫釐之差，霄壤之繆，其禍蓋有不可勝言者。先生於〔二〕此又烏得而忘言哉！故其言有曰：「誠成天下之性，性立天下之有，情効天下之動。」而必繼之曰：「心妙性情之德。」又曰：「誠者，命之道乎！中者，性之道乎！仁者，心之道乎！」而必繼之曰：「惟仁者爲能盡性至命。」

〔一〕況：原作「説」，據粤雅堂叢書本胡子知言序改。自：繆本作「目」。

〔二〕於：原作「如」，據粤雅堂叢書本胡子知言序改。

學者誠能因其言而精察於視聽言動之間，卓然知夫心之所以爲妙，則性命之理蓋可默識，而先生之意所以不異於古人者，亦可得而言矣。若乃不得其意而徒誦其言，不知求仁而坐談性命，則幾何其不流於異端之歸乎！某頃獲登門，道義之誨，浹洽於中，自惟不敏，有負夙知，輒序遺書，貽于同志。不韙之罪，所不得而辭焉。乾道四年三月丙寅，門人張栻序〔一〕。

〔附録〕胡子知言序

知言，五峰胡先生之所著也。先生諱宏，字仁仲，文定公之季子也。自幼志於大道，嘗見楊中立先生于京師，又從侯師聖先生於荆門，而卒傳文定公之學。優遊南山之下餘二十年，玩心神明，不舍晝夜，力行所知，親切至到。析太極精微之藴，窮皇王制作之端，綜事物於一源，貫古今於一息，指人欲之偏，以見天理之全，即形而下者而發無聲無臭之妙，使學者驗端倪之不遠，而造高深之無極。先生於道，可謂見之明而擴之至矣。晚歲嘗

〔一〕「乾道四年」句原無，據四庫本知言序補。

被召旨，以疾不克造朝。先生之學，體用該備，豈㤕然忘斯世者。是書蓋平日之所自筆，逮疾病時猶在枕間，意有所到，隨即更定。其言約，其義精，誠道學之樞要，制治之蓍龜也。或問於某曰：論語一書，未嘗明言性，子思中庸獨有「天命之謂性」一語，而孟子始道性善。今先生是書反復論性爲甚詳，無乃與聖賢之意或有異乎？某應之曰：無以異也。夫子雖未嘗明言性，而子貢蓋嘗識之，曰：「夫子之言性與天道不可得而聞也。」是豈真不可得而聞哉？蓋夫子之言，無非性與天道之流行也。至孟子之時，如楊朱、墨翟、告子之徒，異說並興，孟子懼學者之惑，則指示大本，使知所止。今之異端則又異乎古，自謂識心見性，其說開廣，故高明之士往往樂聞而喜趍之，一溺其間，則喪其本心，隳弛萬事，毫釐之差，霄壤之繆，其禍可勝言哉。先生於此又烏得而忘言也？其言有曰：「誠成天下之性，性立天下之有，情効天下之動，心妙性情之得。」又曰：「誠者，命之道乎！中者，性之道乎！仁者，心之道乎！」惟仁者爲能盡性至命，學者能精察於視聽言動之間，而知心之所以爲妙，則性命之理蓋可默識，然後知先生之意與古人若合符節矣。不然，不知求仁而居然論性，則幾何其不流於異端之歸乎！某頃獲登門，道義之誨，浹洽心府，自惟不敏，有負夙知，序次成書，貽于同志。不韙之罪，所不得而辭焉。

五峯集序

五峯胡先生遺書有知言一編，某既序而傳之同志矣。近歲先生季子大時復裒輯先生所爲詩文之屬凡五卷，以示某。某反復而讀之，惟先生非有意於爲文者也，其一時詠歌之所發，蓋所以舒寫其性情，而其他述作與夫答問往來之書，又皆所以明道義而參異同，非若世之爲文者徒從事於言語之間而已也。又惟先生自早歲服膺文定公之教，至于没齒，惟其進德之日新，故其發見於辭氣議論之間者亦月異而歲不同。雖然，以先生之學，而不得大施于時，又不幸僅得中壽，其見於文字間者復止於如此，豈不甚可歎息！至其所志之遠，所造之深，綱領之大，義理之精，後之人亦可以推而得焉。淳熙三年元日，門人張栻序〔一〕。

江諫議奏藁序〔二〕

諫議江公奏藁凡十有七篇。上章執徐之歲，徽宗皇帝親萬機，厭朋黨之論，收召豪傑

〔一〕「門人張栻」四字原無，據五峯集本序補。

〔二〕該序又見國朝二百家名賢文粹卷一五七、南宋文範卷四十九。

以自近，放逐之臣相繼起南荒。越明年，以建中靖國爲元，思與天下更始。於是公由奉常博士擢左司諫。自以不世之遇，進見拳拳，不敢不盡，有所聞見，言之惟恐不及，而於遠便佞、敦友睦、消黨與、容〔一〕受直言，尤極反復致意，上往往開納。會姦人得柄，公旋即補外，竄貶流落以死，天下惜之。迺紹興四禩，有詔追録，贈公諫議大夫，制詞有曰：「惟世道之多變，致國論之靡常。是非或出於愛憎，夷險獨持於一節。權寵所忌，竄斥莫還。」嗚呼，公亦庶幾無憾矣！某側聞前輩道公事，云方公在門下，珍禽奇獸稍稍入内苑，奏疏力諫其漸。後數日，上謂公前所論，繼已悉罷遣，時獨一馴鵰不肯去，上以杖擊之，顧内侍刻公姓名此杖上，以志忠諫。然則公言在當時不爲不用矣，一斥不復，豈徽考意邪？而獲伸於紹興，又豈非天也邪？某得此書於公之孫似祖，伏而讀之，不知涕泗之横集。嗟乎！不有君子，其能國乎？自祖宗有天下，留意多士，仁宗皇帝涵濡長育四十二年，而收其用，爲元祐之政。元祐諸君子雖厄窮百罹，而直道隱然，流風所被，論議著見於元符之末、建中靖國之初，蓋又彬彬如也。元氣不傾，雖裔夷侵食，而中興之日旋踵即見，人才之爲

〔一〕容：原作「客」，據宋本、四庫本、道光本改。

國重輕如此。然則爲國計者，其可忘封殖愛護，伸忠直之氣，遏導諛之萌，以壽天下之脉？而人臣幸登王朝，其又可遲回利害之塗，自同寒蟬，卒蹈委靡陵夷，以負吾國家也？郡學教授邵穎慨然鋟版傳後，其所嚮慕又可知也。公諱公望，字民表云。

趙氏行實序〔一〕

戊戌之夏，吾友趙子直以書抵予，甚哀，且曰：「先君子不幸而没，惟其隱德實行，世之人鮮克知之。不肖孤大懼失墜，皇皇然裒集，僅成編，願得文冠其首，以信於來者。」予拜受其書，伏自念頃歲侍先忠獻于餘干，始識子直之尊父，見其貌毅而氣平，心固知其好義樂善君子也。已而子直以嘉言擢上第，官中朝，有直聲；出而臨民，豈弟之實見於行事；持使者節，風績隱然。於是人始攷其源流所自，而益知其父之賢。今又得是編而讀之，慨然如見其人焉。予觀其書，凡一言一行之細，莫不備紀。至於其心志之所存，亦皆推極而究見。若子直可謂盡心於其親者矣！語曰：「父在觀其志，父没觀其行。」若子直於其親，

〔一〕該序又見忠定趙周王别録卷八。

其觀之也亦詳且密哉！予嘗攷於禮矣。禮有銘，銘者自名也，孝子孝孫所以稱揚其先之美而著之後世者也。蓋其中心汲汲然惟恐夫美之不克章，此衛孔悝之鼎銘所爲作也。今子直之爲，其心豈不本於是哉！然而以人之子孫而稱揚其先，其能以取信於人者，豈以其實而非誣故歟？夫有善而弗知，知而弗傳，與夫傳之而誣，君子皆以爲恥。予觀子直之於其親，致其知也深，欲其傳也切，而其言則實而不浮也，其信於後，夫果何疑也哉？抑予又聞之，人之欲揚其先之美，未若行其身無負之爲先也。以子直之賢，進德不怠，異時推是心以終報吾君，而發於事業，國人將稱願曰「幸哉，有子如此」，則其爲顯揚也，又孰加邪？又豈有不信之患也耶？若予〔一〕者求所以無墜乎先訓而無忘乎先志，凜凜焉每懼莫之任也，觀子直之爲，則亦有感於中焉，於是書於其編之首。子直名汝愚。

〔一〕予：原作「子」，據宋本、四庫本、道光本改。

新刊南軒先生文集卷十五

序

南嶽唱酬序[一]

某來往湖、湘踰二紀，夢寐衡嶽之勝，亦嘗寄跡其間，獨未得登絶頂爲快也。乾道丁亥秋，新安朱熹元晦來訪[二]予湘水之上，留再閲月，將道南山以歸，迺始偕爲此遊，而三山林用中擇之亦與焉。粤十有一月庚午，自潭城渡湘水。甲戌，過石灘，始望嶽頂。忽雲氣四合，大雪紛集，須臾深尺許。予三人者飯道旁草舍，人酌一巨盃。上馬行三十餘里，投

〔一〕該序又見南嶽倡酬集卷首、古今圖書集成山川典卷一六五、雍正湖廣通志卷一〇一。

〔二〕訪：原作「詢」，據宋本及南嶽倡酬集卷首改。

宿草衣巖。一時山川林壑之觀，已覺勝絶。乙亥抵嶽後〔一〕。丙子小憩，甚雨，暮未已，從者皆有倦色。湘潭彪居正德美來會，亦意予之不能登也。予獨與元晦決策，明當冒風雪亟登。而夜半雨止，起視，明星爛然，比曉，日升暘谷矣。德美以怯寒辭歸。予三人聯騎渡興樂江，宿霧盡卷，諸峰玉立，心目頓快。遂飯黄心，易竹輿，由馬跡橋登山。始皆荒嶺彌望，已乃入大林壑，崖邊時有積雪，甚快。溪流觸石，曲折有聲琅琅。日暮抵方廣，氣象深窈，八峰環立，所謂蓮花峰也。登閣四望，霜月皎皎。寺皆版屋，問老宿，云用瓦輒爲冰〔二〕雪凍裂，自此如高臺、上封皆然也。戊寅明發，穿小徑，入高臺寺。門外萬竹森然，間爲風雪所折，特清爽可愛。住山了信有詩聲，云良夜月明，窗牖間有猿嘯清甚。出寺，即行古木寒藤中。陰崖積雪，厚幾數尺，望石凜如素錦屏，日影下照林間，冰墮鏘然有聲。雲陰驟起，飛霰交集，頃之乃止。出西嶺，過天柱，下福巖，望南臺，歷馬祖庵，由寺背以登。路亦不至甚狹，遇險輒有石磴可步陟。踰二十餘里，過大明寺，有飛雪數點。自東嶺來，望見上封寺，猶縈迂數里許乃至。山高，草木堅瘦，門外寒松皆拳曲擁腫，樛枝下垂，

〔一〕後：宋本無此字。

〔二〕冰：原作「水」，據宋本、道光本及南嶽倡酬集卷首改。

冰雪凝綴，如蒼龍白鳳然。寺宇悉以版障蔽，否則雲氣噓吸其間，時不辨〔一〕人物。有穹林閣，侍郎胡公題榜，蓋取韓子「雲壁潭潭，穹林攸擢」之語。予與二友始息肩，望祝融絶頂，褰裳徑往。頂上有石，可坐數十人。時煙靄未盡澄徹，然群峰峭〔二〕立，遠近異態，其外四望渺然，不知所極，如大瀛海環之，真奇觀也。湘水環帶山下，五折乃北去。寺僧指蒼莽中云，洞庭在焉。晚歸閣上，觀晴霞，横帶千里。夜宿方丈，月照雪屋，寒光射人，泉聲隔窗，泠然通夕，恍不知此身踞千峰之上也。己卯，武夷胡寔廣仲、范念德伯崇來會，同遊仙人橋。路並石，側足以入。前崖挺出，下臨萬仞之壑，凛凛不敢久駐。再上絶頂，風勁甚，望見遠岫次第呈露，比昨觀殊快。寒威薄人，呼酒，徑〔三〕舉數酌，猶不勝，擁氈坐乃可支。須臾雲氣出巖腹，騰湧如饋餾，過南嶺，爲風所飄，空濛杳靄，頃刻不復見。是夜風大作。庚辰未晚，雪擊窗有聲，驚覺。將下山，寺僧〔四〕亦謂石磴冰結，即不可步，遂亟由前嶺以

〔一〕辨：原作「辦」，據四庫本、道光本改。宋本作「辯」。

〔二〕峭：宋本作「錯」。

〔三〕徑：原無，據宋本補。

〔四〕寺僧：原作「僧僧」，據宋本改。

下，路已滑甚，有跌者。下視白雲滃浡瀰漫，吞吐林谷，真有盪胸之勢。欲訪李鄴侯書堂，則林深路絶，不可往矣。行三十里許，抵嶽市，宿勝業寺勁節堂。蓋自甲戌至庚辰凡七日，經行上下數百里，景物之美不可殫敘。間亦發於吟詠，更迭唱酬，倒囊得百四十有九篇。雖一時之作不能盡工，然亦可以見耳目所歷與夫興寄所託，異日或有攷焉，乃裒而録之。方己卯之夕，中夜凜然，撥殘火相對，念吾三人是數日間，亦〔一〕荒於詩矣。大抵事無大小美惡，流而不返，皆足以喪志，於是始定要束，翌日〔二〕當止。蓋是後事雖有可歌者，亦不復見於詩矣。嗟乎，覽是編者，其亦以吾三人者自儆乎哉！作南嶽唱酬序。廣漢郡張某敬夫云。

送張荆州序〔三〕

客問於某曰：「張荆州之行，子將何以告之？」某應之曰：「吾將告之以講學。」客笑

〔一〕亦：原作「赤」，據宋本、四庫本、道光本改。

〔二〕翌日：原作「翼自」，據宋本、四庫本、道光本及南嶽倡酬集卷首改。

〔三〕該序又見于湖居士集附録、民國簡陽縣志詩文存五。

曰：「若是哉，吾子之迂也！荆州早歲發策大廷，天子親擢爲第一，盛名滿天下。入司帝制，出典藩翰，議論風采，文章政事，卓然絶人。上流重地，暫茲往牧，所以寄任之意甚重，而天下士亦莫不引領以當世功名屬於公也。夫以位達而名章〔一〕，任重而望隆，吾子顧以講學告之，不亦迂乎？」某曰：「子以吾所謂講學者果何也邪？蓋天下之患莫大於自足。自足則畫矣。信如子言，荆州若挾是數者以居，則僕尚何道？惟荆州方且退然若諸生，曾無一毫見於顔面，此僕之所以歎息慕向，而講學之説是以敢發也。蓋天下之物衆矣，紛綸轇轕，日更于前，可喜可怒〔二〕，可慕可愕，所以盪耳目而動心志者何可以數計。而吾以藐然之身當之，知誘於外，一失其所止，則遷於物。夫人者，統役萬物者也，而顧乃爲物役，其可乎哉？是以貴於講學也。天下之事變亦不一矣。幾微之形，節奏之會，毫髮呼吸之間，得失利害有霄壤之勢，吾朝夕與之接，一有所滯塞，則昧幾而失節。其發也不審，則其應也必盭。一事之隳，萬事之所由隳也，豈不可懼乎？是以貴夫講學也。夫惟講學而明理，則執天下之物不固，而應天下之變不膠。吾於天下之物無所惡，而物無以累我，

〔一〕名章：宋本作「名早」。

〔二〕可怒：二字宋本無。

皆爲吾役者也。吾於天下之事無所厭，而事無以汩我，皆吾心之妙用也。豈不有餘裕乎？又豈有窮極乎？然所謂講學者，寧有它求哉？致其知而已。知者吾所固有也，本之六經以發其藴，泛觀千載以極其變，即事即物，身親格之，超然會夫大宗，則德進業廣，有其地矣。夫然，故『富貴不能淫，貧賤不能移，威武不能屈』。『居天下之廣居，行天下之大道』，致君澤民，真古所謂大臣者矣。然則學其可忽乎？詩云：『如切如磋，如琢如磨。』此之謂也。」某既以此告客，於荆州之别也，遂書以爲獻。

送岳主管序

岳大用求予贈行之言。予惟大用先世有勳伐于王家，不幸中遭奇禍，海内所歎，而大用兄弟落南之久，困厄流離，亦云極矣，險阻艱難亦嘗之備矣。天日照臨，舊誣昭白，大用於此時得以自申，人皆爲大用喜，而予獨有説焉。孟子謂生於憂患而死於安樂。士之處憂患也，日兢兢焉，蹈難而履危，有所恐〔一〕而不敢肆〔二〕。生云者，言其良心苗裔之發，是固

〔一〕恐：原作「戀」，據宋本、四庫本改。

〔二〕肆：宋本作「忽」。

生道也。若夫由乎安樂之中而不知省察，狃於安則怠，流於樂則肆。怠且肆，則放僻邪侈所由起，其苗裔濯濯而本心淪喪矣。雖然，君子之處安樂也，亦豈得而溺之哉！素而行之，心豈有二〔一〕乎？今大用比之曩時，庶幾日趨安樂之地矣，獨願勿〔二〕忘其初焉，念先世之忠勤，哀當時之禍變，則夫孝愛之根于心者油然生矣；感國家不貲之恩，思報稱之無所，則夫忠義之根于心者油然生矣。一飲食，一起居，皆不忘乎是，凜凜乎惟恐不得嗣其先也，則是心常存，怠與肆無自而滋長，雖處安樂，烏得而溺之哉？以大用之敏爽，試以是自勉，遠業其可既乎！乾道五年二月甲午朔。

送曾裘父序〔三〕

予聞南豐曾裘父之名舊矣，所謂直諒多聞，古之益友歟！今年秋始見之于長沙，則非特如前聞，抑有過焉。蓋將潛心夫大學之源，其所至未易度量也。予念世衰，共學者

〔一〕二：宋本作「異」。
〔二〕勿：原作「而」，據四庫本改。
〔三〕該序又見乾隆建昌府志卷七十六、同治南豐縣志卷三十五。

鮮，天資秀美之士往往爲他歧所陷溺而不反，及見吾裘父立志之遠且大也，願交之心豈不慰哉！然會面未久，而裘父歸，於予心拳拳有〔一〕不能已者，雖欲無言，得乎？嗟乎！道之不傳也久矣。「維天之命，於穆不已。」無一息〔二〕之或間，無一氣〔三〕之或停，大和保合，品彙流形，則道豈有隱而不傳者乎？其不傳也，人自隔之耳。人奈何而隔之？物欲誘引，偏倚滯吝，拘於形器而不能通也。將以極夫上達之事，豈可不深惟之乎〔四〕！人受天地之中以生，有是心也。天命之謂性，精微深奥，非言所可窮極，而妙其藴者心也。仁者心之所爲妙也。仁之意〔五〕至親切，而親切不足以形之；仁之體至廣大，而廣大不足以名之。然求之之方，夫豈遠乎？即吾視聽言動之著不可掩也，有能於此達其端而會其源，超然得之於形器之表，則洋洋上下，體物不遺，人仁而道不窮矣，極其致則天也。由孟子以來蓋千有七百餘歲，河南程子實聞而知之。某也學乎程子之門者也，豈能盡窺宫牆之美哉？

〔一〕拳拳有：宋本作「眷眷而」。
〔二〕息：宋本作「氣」，疑是。
〔三〕氣：宋本作「息」，疑是。
〔四〕之乎：二字宋本無。
〔五〕仁之意：宋本作「仁之義」。

以其所知而言之，未知合與否也。憂患不文，獨以致朋友切磋[一]之義而因以求益云。異時重逢，相與察日新之得，則斯言亦或有取焉爾。

送方耕道序

莆陽方耕道爲尉善化，予瞯之熟矣。天資耿介，臨事不苟，問于其所部，則翕然稱其清，未嘗擾民也。間從予講論問辨[二]，於其秩滿而歸，既惜與之别，且將有望焉，則從而告之曰：「人之性善，然自非上智生知[三]之資，其氣稟不容無所偏。學也者，所以化其偏而若其善也。氣稟之偏，其始甚微，惟夫習而不察，日以滋長，非用力之深，末由返也。故傳稱强矯。强矯云者，揉而正之也。願耕道無恃夫天資之美，必深察其所偏，致知力行，勉自矯焉，異時相見，當觀氣質變化之淺深，而知學力之進否也。耕道勉之哉！」耕道起而請曰：「某亦頗知病之所在矣，其將何以藥之乎？」予又告之曰：「語所謂『一言而可終身行

〔一〕磋：原作「嗟」，據正誼堂本、道光本改。

〔二〕辨：原作「辦」，據宋本、四庫本、道光本改。

〔三〕生知：二字宋本無。

之者，其恕乎』；而其道乃在於『己所不欲，勿施於人』而已。要須從事於此，乃知聖人之言真爲要切也。升高自下，陟遐自邇，涵泳體察，久而勿舍，則氣之暴者可得而平，量之隘者可得而擴，患其近於薄者將日趨於忠厚，患其失於易者將積而爲敦篤，是則强矯之功也。氣質益化，則天理寖存，睟面盎背，端有不可掩者，學其有窮極哉！如某者方朝夕自矯其偏之不暇，異時亦望吾子有攷焉。」遂書爲贈行之序。

送劉圭父序〔一〕

武夷劉圭父道長沙省其兄，予獲識之。於其行也，徵贈言之義至于再三。顧予者方自藥其病之不暇，而何足以問所宜？嗟乎！道二，義與利而已矣。義者亘古今、通天下之正逵；而利者犯荆棘、入險阻之私逕也。人之秉彝固有坦然正逵之可遵，而乃不由之，而反犯荆棘，冒險阻，顛冥終身而不悔，獨何歟？血氣之動於欲也。動於聲色，動於貨財，以至於知〔二〕爵禄之可慕則進以求達，知名之可利則鋭於求名。不寧惟是，凡一日夕之間，起居飲食，遇事

〔一〕該序又見古今圖書集成學行典卷六十六。

〔二〕知：原無，據道光本補。

接物，苟私己自便之事，意之所向，無不趨之，則天理滅，而人道或幾乎息矣。其胸次營營，豈得須臾寧處於斯世？亦僥倖以苟免耳。徒知有六尺血氣之軀，而不知其體元與天地相周流也，豈不可惜乎！雖然，義內也，本其良心之不可以自已者，反而求之，夫豈遠哉！以圭父之才，又〔一〕盛年，其仕於時也，人固曰宜，而以親疾之故求祠官，方將杜門專意，惟所以承顔節適者是念是圖，而弗暇它顧也，則圭父之心豈與世之長騖於利者比乎！願圭父以是焉觀之，念慮之起，必察其爲義乎？爲利乎？詭遇獲禽，雖若丘陵，吾弗屑也，則所謂良心之不可以已者，將日引月長，既久且熟，幾微毫髮，了然坐判於胸中。私逕永絶，正逵〔二〕大通，駟馬駕安車，而王良、造父爲之先後，夫孰禦焉！如僕不敏，當策蹇以相與彷佛也。

送嚴主簿序〔三〕

吾友陳擇之爲予言，其鄉人章君嘗謁端明汪公，請所以教，汪公告以當以正大爲本。

〔一〕又：宋本作「方」。

〔二〕逵：原作「達」，據正誼堂本、四庫本、道光本及古今圖書集成改。

〔三〕送嚴主簿序：宋本作「送嚴簿序」。

章君它日以語東萊〔一〕呂伯恭，伯恭謂當守斯言。某以爲斯言信美矣，然道之浩浩，要有下手處，在學者於正大若何而存之？盍試思夫人之所以不正大〔二〕者果何由哉？抑嘗爲之説曰：有所偏黨則不正矣，有所係吝則不〔三〕大矣。是二者皆私也。纖毫之萌，則正大之體亡矣。是當涵泳乎義理之中，敬恭乎動静之際，察夫偏黨、係吝而克去之，則所謂正大者，蓋可存其體而得其用矣。不然，則於此雖歎美想象之不暇，終亦莫由進也。會吾友嚴慶曾〔四〕當赴官清湘，於其行也，書以爲贈言。淳熙二年南至〔五〕前十日。

送鍾尉序〔六〕

善化尉鄱陽鍾彦昭官滿告歸，求予言。予頃爲彦昭賦淇澳之首章，請更推其義。昔

〔一〕東萊：原無，據宋本補。

〔二〕不正大：原作「不正矣」，據宋本、正誼堂本、四庫本、道光本改。

〔三〕不：原作「以」，據宋本、正誼堂本、四庫本、道光本改。

〔四〕慶曾：宋本、道光本作「慶胄」。

〔五〕南至：原無「南」字，據宋本補。宋本無「二年」二字。

〔六〕該序又見古今圖書集成學行典卷八十七。

者洙泗之上，蓋嘗舉是詩矣。子貢問：「貧而無諂，富而無驕，何如？」夫子以爲未若「貧而樂，富而好禮」；子貢則舉「如切如磋、如琢如磨」以對，而夫子以爲可與言詩。嗟乎！子貢誠深於詩者也。然氣質雖美而有限，天理至微而難明，伊欲化其有限而著夫難明，其惟學而已矣。學也者，所以成身也。無以成其身，則拘於氣質而不能以自通，雖曰有是善，而其不善者固多矣。抑其所謂善者，亦未免日淪於私意而不自知也。就其中雖間有所稟特異於衆者，其事業終有盡量爲可惜。何者？天理不明，本不立故耳。嗟乎！恃美質而不惟進學之務，是亦自棄者也。夫貧而無諂，富而無驕，質美者可能；至於貧而樂，富而好禮，非有見乎天理者不能然也。蓋所謂樂者，果何樂也耶？而其好禮何以謂之禮也？以樂與好禮，視無諂、無驕，其氣象不翅美玉之於碔砆也。夫子開之以大道，而進之以天理；賜所以自省者深矣，故引「切磋」、「琢磨」以對。賜知夫樂與好禮非學則不能也，若賜亦可謂達也已矣！故大學傳曰：「如切如磋者，道學也；如琢如磨者，自修也。」大學之云道學〔一〕，猶言致知也；而云自修，則力行也。致知力行，互相發也。蓋致知以達其行，而力

〔一〕云：宋本作「言」。

行以精其知，工深力久，天理可得而明，氣質可得而化也。彦昭愨而静，質可謂美矣，然其謂無以美質爲可恃，誦歌淇澳之詩，而玩味子貢之所聞，而力進乎大學之道，一朝喟然而嘆曰：「淵哉天理乎！大哉學乎！聖人不吾欺也！」則其趣將無窮而不可以已矣。某之不敏，相觀而善，政有望焉。

送猶子焕炳序

姪子焕、炳扶持母喪西還，求予言以自警。焕、炳之祖四十一伯父，雍公第三子也。先公嘗言，伯父天資俊邁勁特，十三四操筆爲文章，即有聲，入上庠，諸老生争見之。識度不凡，方先公兒時，每期以公輔，且貽之詩，有曰「文武兼資真丈夫」，又曰「許身莫讓稷與契」，其意蓋可見也。見京師繁盛，竊有翁仲銅駞之歎，指當時貴人京、黼〔一〕輩謂朋友曰：「此輩行亂天下矣！」所志甚遠，不幸才踰三十，奉廷對，未及唱第而没。先公撫予兄仲如子，仲隨亦僅及中歲。嫂氏守節，復不登壽。予兄弟雖〔二〕不敢忘先志，愛存給育，惟力

〔一〕黼：原作「甫」。按「京」指蔡京，則此當指王黼，「甫」字蓋誤，今據正誼堂本、道光本改。

〔二〕雖：宋本作「惟」。

是盡，在此行也，然亦豈無望於二姪哉？予家起寒素，豫公、雍公以儒學顯。至於我魏公逢時之難[一]，身任天下之重，德業光顯。予兄弟藐然，惟懼荒墜不克承，抑[二]望於我宗共勉勵，以羽以翼，以無替我家二百年之軌範。上焉親師求仁，發明天地之全，古人之大體，居則講業傳道，出則繼我魏公之業；次焉尤當服孝弟忠信之訓，飭身謹行，無爲門户羞。吾姪之歸于鄉也，治喪事[三]，奉祭饗，事長撫幼，予將有觀焉。念祖先積累之艱勤，而朝夕悚惕，毋放于欲，毋狃于逸，毋交非朋，毋從事于奢靡，則予有望，予又將察焉。其能久守是也，則復有進焉。嗚呼，尚深念哉！

諭俗文

權發遣靜江軍府事：當職到任，訪聞管下舊來風俗不美事件，理合先行告諭下項：

一、訪聞愚民無知，遇有災病等事，妄聽師巫等人邪説，輒歸罪父祖墳墓不吉，發掘取

〔一〕難：宋本作「艱」，義長。
〔二〕抑：宋本作「仰」。
〔三〕喪事：原作「襄事」，據正誼堂本、四庫本、道光本改。

棺，栖寄它處，謂之出祖，動經年歲，不得歸土。契勘在法，犯他人墳墓，刑禁甚重，豈有自己祖先既已歸土，妄謂於己不利，自行發掘？於天理人情，豈不傷害？牓到日，如有出祖未歸土者，仰限一月，各復收葬，過限不葬，及今後有犯上項事節，並許人陳告，依條施行。

一、訪聞愚民無知，喪葬之禮不遵法度，裝迎之際務爲華飾，墟墓之間，過爲屋宇，及聽僧人等誑誘，多作緣事，廣辦齋筵，竭産假貸，以侈靡相誇，不能辦者往往停喪，不以時葬。曾不知喪葬之禮務在主於哀敬，隨家力量，使亡者以時歸土，便是孝順，豈在侈靡？無益亡者，有害風俗。

一、訪聞婚姻之際，亦復僭度，以財相徇，以氣相高，帷帳酒食，過爲華靡，以至男女失時，淫辟之訟多往往由此。曾不知爲父母之道，要使男女及時，各有所歸，婚姻結好，豈爲財物？其侈靡等事，一時之間徒足以欺眩鄉閭無知之人，而在身在家，所損不細。若有不悛，當治其尤甚者，以正風俗。

一、訪聞愚民無知，生子多不舉，在於刑禁至重，前後官司舉行戒諭，非不丁寧，往往習俗未能悛改。人各有生，莫親於父母兒女之愛，何忍至此！男女雖多，它日豈不能相助營緝生計，寧有反患不給之理？以利滅親，悖逆天道。如有不悛，許人告捉，支賞依條施行。

一、訪聞愚民無知，病不服藥，妄聽師巫淫祀諂禱，因循至死，反謂祈禱未至，曾不之悔。甚至卧病在床，至親不視，極害義理。契勘疾病生於寒暑衝冒，飲食失時，自合問醫用藥治療。親戚之間，當興孝慈之心，相與照管，其鄰里人等〔一〕亦合時來存問。至於師巫之説，皆無是理，只是撰造恐動，使人離析親黨，破損錢物，枉壞性命。上件誑惑百姓之人，本府已出榜禁止捉押，決定依條重作施行。

一、訪聞鄉落愚民誘引他人妻室，販賣他處，謂之捲伴。詞訟到官，追治監錮，押往尋覓，緣此破蕩者前後非一，不知懲戒。其捲伴之人，官司自合嚴行懲治外，亦緣細民往往不務安業，葺理農事，多往南州興販，逐錐刀之利，動經年歲，不返鄉閭，妻室無依，以至爲他人捲伴前去。自今各仰依分安常，營生自守，保其家室，無致招悔。

右，上件事理，並仰鄉民反復思念，遞相告諭。父老長上教勑子弟，共行遵依，以善風俗。或致犯法，後悔難追。各仰知悉。淳熙二年三月日榜〔二〕。

〔一〕人等：原作「等人」，據宋本、道光本乙。

〔二〕淳熙二年三月日榜：原無，據宋本補。

理學叢書

張栻集

四

〔宋〕張栻 著
楊世文 校點

中華書局

新刊南軒先生文集卷十六

史論

漢楚争戰〔一〕

惟仁義足以得天下之心，三王是也。高帝之興，亦有合乎此，是以能剪暴秦，滅强項，而卒基漢業。方懷王遣將入關，諸老將固以爲沛公素寬大長者，而心歸之，至於三章之約，其所以得乎民者深矣，此非其所謂仁者歟？予每愛三老董公之説，以爲「順德者昌，逆德者亡。兵出無名，事故不成。名其爲賊，敵乃可服」。三軍之衆爲義帝縞素，聲項羽之罪而討之，於是五十六萬之師不謀而來，從義之所感也。使斯時高帝不入彭城置酒高

〔一〕該篇又見十先生奧論注後集卷三。

會，率諸侯窮羽所至而誅之，天下即定矣。惜其誠意不篤，不能遂收湯、武之功。然漢卒勝，楚卒亡者，良由於此名正義立故也。董公蓋深知其理，故其言又曰：「仁不以勇，義不以力。」自留侯而下，陳謀雖多，而皆未之及。嗚呼！董公其一時之逸民歟！

蕭曹相業

蕭何佐高帝，定一代規模，亦〔一〕宏遠矣。高帝征伐多在外，何守關中，營緝根本。漢所以得天下者，以關中根本先壯故也，此何相業之大者。又何爲相之初，首薦韓信爲大將，而三秦之計遂定，此亦得爲相用人之體。曹參雖不逮何，然以摧鋒陷陣、勇敢果鋭之氣，而使之治民，乃能盡斂芒角，以清淨爲道，遵何約束，不務變更，其人亦寬裕有識矣，此參相業也。然二子惜皆未之學。以高帝之資質，何不能贊取遠追三代之法，創業垂統，貽之後嗣？一時所定，未免多襲秦故，如井田、封建等事皆不能復古。在高帝之世，反者固已數起，此在何爲可憾也。至參但知以清淨不擾爲〔二〕善，而不知吕氏之禍已復著見，當逆

〔一〕亦：原作「示」，據宋本改。
〔二〕爲：原缺，據宋本、四庫本、道光本補。

爲之處，以折其謀；惠帝憂不知所出，但爲淫樂，不聽政，而曾不能引義以强其君心，爲可罪也矣。

張子房平生出處

子房蓋有儒者氣象，三代之後未易得也。五世相韓，篤春秋復讎之義，始終以之。其狙擊秦政〔一〕，非輕舉也。其復讎之心，苟得以一擊而遂焉，則亦慊矣。此其大義根心，建諸天地而不可泯者也。子房之心，非以功利也，始終爲韓，而漢之爵禄不足以羈縻之，龜山楊先生論之詳矣。故予以爲有儒者之氣象，三代而後，未易多得，此其出處大致也。至於從容高帝之旁，其計策不汲汲於售，而所發動中節會，使高帝從之，有不庸釋者。蓋子房非有求於高帝，故能屈伸在己，而動無不得，此豈獨可以知計名哉！夫以高帝之英武，慢侮士大夫，其視隋何、酈食其、陸賈輩皆侮而忽之，至於如蕭相國之功，一旦下之廷尉，亦不顧也，獨於子房蓋敬而不敢慢，順而不可强，則以子房所守在義而不以利故爾。嗟

〔一〕秦政：原作「而政」，據宋本、四庫本、道光本改。

乎！秦、漢以來，士賤君肆，正以在下者急於爵禄，而上之人持此以爲真足以驕天下之士故也。若子房者其可得而驕之哉？雖然，以高帝之英武，而能虚己以聽信子房，蓋亦可謂明也已矣！可謂明也已矣〔一〕！

王陵陳平周勃處吕后之事如何

人臣之義，當以王陵爲正。夫以吕氏之凶暴，欲王諸吕，其誰扼之！獨問此三人者，蓋亦有所憚也。非特憚此三人，蓋實憚高帝之餘威流澤之在天下也。陵引高帝白馬之盟以對，其言明切，固足以折其姦心，如砥柱之遏横流也。使二子者對復如陵，吾知吕氏將悚焉若高帝臨之在上，且懼天下之變，或縮而不敢，未可知也。彼二子者乃唯然從之，反有以安其邪志而遂其凶謀，既分王諸吕，而吕氏羽翼成就，氣燄增長。然則吕氏之欲篡漢，二子實助之也〔二〕。予謂二子方對吕氏時，其心特畏死耳，未有安漢之謀也。退而聞王陵之責，顧高帝之眷，思天下後世之議，於是而不遑，則有卒安社稷之言耳。雖然，使二子

〔一〕宋本此後有「可謂遠也已矣」一句。
〔二〕也：原無，據宋本補。

未及施計，先呂氏而死，則是乃畔漢輔呂不忠之臣，尚何道哉！抑二子安劉氏之計亦疏矣。不過之於爪牙未就之初，而救之於搏擊磔裂之後，覸其閒居，深念與劫酈寄入北軍等事，亦可謂窘迫僥倖之甚，夫豈全謀哉！酈寄不可劫，北軍不可入，呂須之謀行，則亦殆矣！忠於人國者顧如是哉？人臣之立朝，徇義而已，利害所不當顧〔一〕也。功業之成，不必漸出於吾身也。義理苟存，則國家可存矣。借使王陵以正對，平、勃又以正對，呂氏一日而尸三子於朝，三子雖死，而大義固已立，皎然如白日，轟然如震霆，天下之義士將不旋踵四面並起，而亡呂氏矣。安劉氏者豈獨二子爲能哉！使人臣當變故之際，畏死貪生，不知徇義，而曰吾欲用權以濟事于後，此則國家何所賴焉？亂臣賊子所以接踵於後世也。其弊至於如荀彧、馮道之徒，而論者猶或賢之，豈不哀哉！夫所貴乎權者，謂其委曲以行其正也。若狄仁傑是已。其始終之論，皆以母子天性爲言，拳拳然日以復廬陵王爲事。然其所以紆餘曲折而卒成其志者，則用功深矣。「潛授五龍，夾日以飛」，仁傑豈必功業於其身者哉！人臣之義，當以王陵爲正；濟大事者，當以狄仁傑爲法。

〔一〕顧：宋本作「顛」。

文帝爲治本末〔一〕

文帝初政，良有可觀。蓋制事周密，爲慮深遠，懇惻之意有以得人之心，三代而下亦未易多見也。文帝以庶子居藩國，入踐大統，知己之立爲漢社稷，非爲己也，故不敢以爲己私。有司請建太子，則先示博求賢聖之義，而又推之於吴王、淮南王；有司請王諸子，則先推諸兄之無後者而立之。其辭氣温潤不迫，其義誠足以感人也。凡所以施惠於民者，類非虚文，皆有誠意存乎其間。千載之下，即事而察之，不可掩也。史於其編年曰：「帝既施惠天下，諸侯、四夷遠近驩洽，乃修代來功。」觀諸此，又可見其明先後之宜，而不敢私己，記〔二〕史者亦可謂善發明矣。其待夷狄蓋亦有道。以南越尉佗之强恣，自高帝猶難於服之，而帝特施恩惠，遣使遺以一書，而佗即自去帝制，下令國中稱漢皇帝賢天子，皇恐報書，不敢慢。予嘗詳味帝所與書，則知忠信之可行於蠻貊如此。書之首辭曰：「朕高皇帝側室子也，棄外奉北藩于代。」蓋後世之待夷狄，往往好爲夸辭，於是等皆在所蓋覆矯飾以

〔一〕該篇又見十先生奥論注後集卷三。
〔二〕記：原作「計」，據宋本改。四庫本作「作」。

示之者也，而帝一以其實告語之。彼亦豪傑也，見吾推誠如此，則又安得不服！故其報書首曰：「老夫故越吏也。」文帝不以高帝側室之子爲諱，則佗敢以越吏爲歉哉？若吾以驕辭蓋之，則彼亦且慢以應我，必然矣。推此一端，忠信可行於蠻貊，可不信哉！以文帝天資之美，初政小心畏忌之時，得道學之臣佐之，治功之起豈不可追三代之餘風？惜其大臣不過絳、灌、申屠嘉之徒，獨有一賈誼爲當時英俊，而誼之身蓋自多所可恨，而卒亦不見庸也。故以帝之賢，僅能爲一時之小康，無以垂法於後世。如淮南、薄昭之事，未免陷於刑名之家，衰世之事。至於即位歲久，怠肆亦萌，新垣平之邪説故得以入之。然終以其天資之高，旋即悟也。其終詔有曰「惟年之久長，懼于不終」，蓋可見帝之能察乎此矣。嗚呼，亦賢矣哉！故予猶重惜其諸臣之無以佐下風也。

賈董奏篇其間議論孰得孰失

賈生英俊之才，若董相則知學者也。治安之策，可謂通達當世之務，然未免乎有激發暴露之氣，其才則然也。天人之對，雖若緩而不切，然反復誦味〔一〕，淵源純粹，蓋有餘意，以其自學問涵養中來也。讀其奏篇，則二子氣象如在目中，而其平生出處語默，亦可驗於是矣。以武帝好大喜功多欲之心，使其聽仲舒之言，則天下蒙其福矣，孰謂緩而不切邪？

武帝奢費無度窮兵黷武而不至亂亡前輩雖云嘗論之尚有可紬繹者〔二〕

武帝奢侈窮黷之事，與秦皇相去何能尺寸？然不至於亂亡者，有四事焉。高帝寬大，文、景惠養，其得民也深，流澤滲漉，未能遽泯。非若秦自商鞅以來，根本已蹶，民獨迫於威而强服耳。此一也。武帝所爲，每與六經戾，夫豈真能尚儒者？然猶表章六經，聘召儒生，爲稽古禮文之事，未至蕩然盡棄名教，如秦之爲。此二也。輪臺之詔，雖云已晚，然詳味〔三〕其辭，蓋真知悔者，誠意所動，固足以回天人之心。自詔下之後，不復萌前日之

〔一〕味：原作「咏」，據宋本、四庫本、道光本改。
〔二〕該篇又見十先生奥論注後集卷三。
〔三〕味：原作「咏」，據宋本、四庫本、道光本改。

爲，思與民休息矣，與卒死於行而不知悟〔一〕者蓋甚有間。秦穆之誓，聖人取其悔過，列之於書。予於輪臺之詔，每三復焉。蓋以爲存亡之幾所係耳。此三也。惟其能悔過也，故自是之後，侈欲之機息而清明之慮生，是以能審於付託。昭帝之初，霍光當政，述文、景之事，以培植本根，於是興利之源窒，而惠澤復流，有以祁天永命矣。此四也。以四者相須〔二〕而維持，是以能保其祚。然向使武帝老不知悔，死於熾然私欲之中，則决不能善處其後，雖使賴高、文、景之澤以免其身，旋即殆矣。故予深有取於輪臺之詔，以爲存亡之幾所係也。然其能卒知悔者，則以其平日猶知誦習六經之言，聽儒生之論，至於力衰而意怠，則善端有時而萌故耳。然則其所以不至亂亡者，亦豈偶然也哉！

漢家雜伯

學者要須先明王伯之辨，而後可論治體。王伯之辨，莫明於孟子。大抵王者之政，皆無所爲而爲之，伯者則莫非有爲而然也。無所爲者天理，義之公也；有所爲者人欲，利之

〔一〕不知悟：宋本作「不之悮」。
〔二〕相須：宋本作「相胥」。

私也。攷左氏所載齊桓〔一〕、晉文之事，其間豈無可喜者？要莫非有所爲而然，攷其迹而其心術之所存固不可掩也。宣帝謂漢家雜伯，固其所趨若此。然在漢家論之，則蓋亦不易之論也。自高祖取天下，固以天下爲己利，而非若湯、武弔民伐罪之心。故其即位之後，反者數起而莫之禁，利之所在，固其所趨也。至其立國規模，大抵皆因秦舊，而無復三代封建、井田公共天下之心矣。其合於王道者，如約法三章，爲義帝發喪，要亦未免有假之之意，其誠不孚也，則其雜伯固有自來。夫王道如精金美玉，豈容雜也？雜之則是亦伯而已矣。惟文帝天資爲近之。然其薰習操術亦雜於黄老刑名。攷其施設，動皆有術，但其資美而術高耳，深攷自可見。至於宣帝，則又〔二〕伯之下者，桓、文之罪人也。西京之亡，自宣帝始。蓋文、景養民之意，至是而盡消靡矣。且宣帝豈真知所謂德教者哉？而以爲不可用也。如元帝之好儒生，蓋竊其近似之名，委靡柔懦，敗壞天下者，其何德教之云！夫惟王者之政，其心本乎天理，建立人紀，施於萬事，仁立義行，而無偏弊不舉之處，此古人之所以制治保邦，而垂裕乎無疆者。後世未嘗真知王道，顧曰儒生之説迂闊而難

〔一〕桓：原作「威」，蓋避宋欽宗趙桓諱而改，今回改。下文「桓、文」同此。
〔二〕又：宋本作「五」。

行，蓋亦未之思矣。

丙魏得失

魏相所存不得爲正[一]，觀其有許、史之累則可見矣。夫欲其説之行而假許、史以爲重，此詭遇獲禽之心，君子不道也。然其爲相，亦有可取者。四方有異聞，或有逆賊、災變輒奏言之，此誠宰相事也。其諫伐匈奴書有曰：「今郡國守相多不實選，風俗尤薄，水旱不時。按今年子弟殺父兄、妻殺夫者凡二百二十二人，臣愚以此非小變也。」凡此在它人不知爲憂者，而相獨知憂之，亦概乎有聞矣。故予甚惜其進之不能以正也。進不以正則牽制徇從之事必多，而感格正捄之風或鮮矣。丙吉深厚不伐，在它人亦所難者，其德厚可稱也。其爲相若寬緩者，雖天資則然，意亦以宣帝之政尚猛，而有矯之之意歟？然抑亦太甚矣。至於韓延壽、楊惲之死，則亦莫能捄也。吉見謂不親小事、知大體，二卿之死，夫豈事之小者邪？濫刑若是，其於大體何有？若語其才識，蓋不逮相遠矣。

[一] 正：原作「政」，據四庫本改。

霍光得失班固所論之外尚有可議否

霍光天資重厚，故可以當大事，而其所以失，則由於不學之故也。人臣之功，至於周公無以加矣，而詩人形容其盛德，則曰「公孫碩膚，赤舄几几」，夫何其温恭謙厚也！是則雖以天子叔父之尊，處人臣之極位，有蓋世之功業，而玩其氣象，豈有一毫權勢之居？而人之視之也，但見其道德之可尊，而亦豈覺權勢之可憚哉？孟子曰「事親若曾子可也」，而後之君子亦曰「事君若周公可也」。如曾子之事親，適爲人子之能盡其分者耳，非有加也；如周公之事君亦然。蓋在其身所當爲者，而何一毫有於己也？周公惟無一毫有於己也，是故德盛而愈恭，事業爲無窮也。光之所建立者〔一〕，負於其身，横於其心，而不能以弭忘。惟其不能以弭忘，故其氣燄不可掩，威勢日以盛。權利之途，人争趨之，非惟家人子弟、門生故吏馴習驕縱而不可戢，光之身亦不自知其安且肆矣。此凶于乃國、敗于乃家之原也，可不畏哉！故其一時用舍進退，例出於私意。以蘇武之忠節，進不由己，僅得典屬

〔一〕者：原作「想」，據宋本改。

國，而大司馬長史雖如楊敞之庸謬，亦得爲宰相。至於如魏相、蕭望之之才，皆擯不用，田千秋小不當意，則其壻即論死。作威作福蓋如此。陰妻之邪謀未論，其不能白發於後，使其妻邪謀至此，而人敢爲之助，而無復言其姦，則履霜堅冰，馴致其道，夫豈一日之故哉！光至此亦無全理矣。原其始，皆由於其心以寵利居成功，不知爲人臣之分，故曰不學之過也。雖然，後之儒生如班固輩蓋嘗以不學病光矣，然使其當小利害僅如毫髮，鮮不喪其所守，望其如光凜然當大事，屹如山嶽，其可得哉！然則光雖有不學之病，而其自得於天資者蓋亦有不可及。後之儒生雖自號爲學者，譏議前人，而反無以自立，則亦何貴乎學哉？予謂人才如光輩，學者要當觀其大節，先取其所長而後議其所蔽，反身而察焉，則庶幾爲蓄德之要。不然，所論雖似高，亦爲虛言而已矣。

蕭望之劉向所處得失〔一〕

望之、更生輔元帝初政，以元帝天資之弱，而外有史、高總朝廷之事，內有恭、顯制樞

〔一〕該篇又見古今人物論卷十一。

機之權，二子居其間，可謂孤弱之勢，危疑之時矣。所以處之之道，要當艱深其慮，正固其守，誠意懇惻以廣上心，人才兼收以强國勢，謹其爲勿使有差，密其機勿使或露。積之以久，上心開明，人才衆多，群心歸而理勢順，庶幾有可爲者。此在易屯「膏小貞」之義也。而二子處之蓋甚疏矣。其綢繆經理，未嘗有一日之功也，遽白罷中書宦官，其機蓋已盡露而無餘策；既不蒙信用，而中外小人並起而乘之，身之死逐不足道，而當時之事遂不可復救。甚矣，二子之疏也！況其所爲自多不正。用人要當公天下之選，而二子者不惟其賢，惟其附己，不知小人迎合於外者詎可保邪？故以鄭朋之傾邪而使之待詔，至於華龍之汙穢亦欲入其黨，彼蓋有以召之也。在易有之：「君子以遠小人，不惡而嚴。」所謂嚴者，嚴其在我者也。二子處群小之間，而不嚴如是，其可得乎？袁〔二〕安、任隗，當梁冀强横之時，非惟不能加害，而卒能去之，以安、隗所處之嚴故也。故史稱安、隗素行高，冀未有以害之，斯言誠有味也，二子曾不知此邪！至於使外親上變事，與子上書，則又其甚矣。予觀二子所執雖正，然懇誠之心不篤，勢利之念相交，以天下之公義而行之以一己之私，蓋

〔二〕袁：原缺，據宋本、四庫本、道光本補。

不知學之弊也。吁，可惜哉！然昔人未可以一失斷其平生。若更生經歷憂患，晚歲氣象殊勝於前，處王氏之際，庶幾爲憂國敦篤[一]者矣。

[一] 篤：原作「爲」，據宋本、四庫本、道光本改。

新刊南軒先生文集卷十七

史論

西漢儒者名節何以不競

名節之稱，起於衰世。昔之儒者學問素充，其施於用，隨事著見，不蘄於立節而其節不可奪，不蘄乎徇名而其名隨之，在己初無一毫加意也。至於世衰道微，於陵遲委靡之中而有能拔然自立者，則世以名節歸之；而士君子道學未至，則亦以此自負。吁，亦小矣！然而名節之稱雖起於衰世，而於衰世之中實亦有賴乎此，使併與是焉而俱亡，則亦無以爲國矣。西漢之儒者，予甚病之。蓋自董相、申公數〔一〕人之外，自餘往往以佔畢詁訓爲儒，

〔一〕數：原作「教」，據宋本、四庫本改。

無復氣象。上焉既不能推尋問學之源流，而其次又不能以名節立於衰世，其亦何所貴於儒也？考其所自，亦由上之人有以致之。自高帝鄙薄儒生，文、景則尚黄、老，武雖號爲表章，然徇其文而不究其實，適足以爲害。至宣帝則又明示所以不崇尚之意矣，則其挫抑摧沮之餘，不復自振固宜。然儒者之學，豈必爲一時貴尚而後免〔一〕邪？待文王而後興者，凡民也。漢之儒者自叔孫通師弟子固皆以利禄爲事，至於公孫丞相取相印封侯，學士皆歆慕之，其流如夏侯勝之剛果，猶有明經取青紫之言，況它人乎？蓋其習俗胥靡之陋，一至於此，宜乎王莽篡竊之日，貢符獻瑞，一朝成群，而能自潔者班班僅有見於史也。故光武中興，力矯斯弊，尊德義，貴隱逸，以變其風。而中世以後，人才輩出，雖視昔之儒者有愧〔二〕，然在衰世之中，守義不變，蓋有足尚者矣。至於桓、靈之後，國勢奄奄，群奸並起〔三〕，睥睨神器，未敢即取者，亦一時君子維持之力也。然則名節之稱，在君子則爲未盡，而於國家亦何負哉？蓋不可不思也。

〔一〕免：宋本作「勉」。

〔二〕儒者有愧：宋本作「儒固有愧」。

〔三〕群奸並起：宋本作「群狡並起」。

自元成以後居位大臣有可取者否

西漢末世，風節不競，居位大臣號爲有正論者不過王嘉、何武、師丹耳，在波蕩風靡之中，誠亦可取，比之光、禹則甚有間矣。然西漢末年，正如病者元氣先敗，凡疾皆得以入之，而皆得以亡之。爲當時大臣者，要當力陳國勢根本之已蹶，勸人主以自强於德，多求賢才以自輔，庶可以扶助元氣，消靡沉痼。若不循其本，而姑因一事之謬、一人之進而指陳之，縱使一事之正、一人之去，亦將有繼其後者，終無益也。故哀帝之末，董賢雖去而王氏即起，遂以亡漢矣。自成帝以來，受病之痼且大者乃在王氏，如丁、傅、董賢之徒，又特一時乘間之疾耳。在位者當深以王氏爲慮。以王氏爲慮，當如予所言，先勸人主以自强於德。自强於德則不宜少有差失，顧反尊傅氏，寵董賢，以重失天下之心，是益自削而增助王氏之勢耳。故莽得以拱手而乘其後。惜當時論者皆不知及此也，可勝歎哉！

自高帝諸將之外其餘漢將孰賢

漢將誠當以趙充國爲最。凡將之病，患於勇而不詳也。充國蓋更軍事多矣，及聞西羌之事，則不敢以遽，而曰兵難遥度，願馳至金城，圖上方略。其不敢忽如此。蓋思慮之深，經歷之多，孔子所謂臨事而懼，好謀而成者也。將之病在於急近功也，充國則圖其萬全，陳屯田十二利，持久而爲不可動之計，其規摹與孔明渭上之師何以異哉！將之病在於果於殺而不卹百姓也，充國任閫外之寄，而爲國家根本之慮，要使百姓安，邊圉强，而西戎坐消焉。此殆三代之將，非戰國以來摧鋒折敵者所可班也。反復究其規模，味其風旨，遠大周密，拔出倫輩。予謂充國在宣帝時，且不獨爲賢將，殆可相也。使其爲相，必能爲國家圖定制度，爲後世思安養百姓，爲邦本計，如魏相輩皆當在其下風耳。

光武比高祖〔一〕

高祖洪模大略，非光武所及也。高祖起匹夫，提三尺取天下，光武則以帝室之胄，因人心之思漢而復舊業，其難易固有間矣。而高祖之對乃項籍，亦蓋世之豪也；光武所與周旋者，獨張步、隗囂、公孫述輩，其去籍蓋萬萬相遠矣。至於韓信、彭越之徒，皆如泛駕之

〔一〕該篇又見十先生奥論注後集卷三。

馬，實難駕御，而盡在高祖掌握之中，指麾使令，無不如意；使光武有臣如此，未必能用也。然而創業之難，光武固不及高祖，而至於光武之善守，則復非高祖所及也。大抵高祖天資極高，所不足者學爾。即位之後，所以維持經理者類皆疏略，雄傑之氣不能自斂，卒至平城之辱；一時功臣處之不得其道，類皆赤族。此則由其學不足之故也。光武天資雖不逮高祖，而自其少時從諸生講儒學，謹行義，故天下既定，則知兵之不可不戢，審黄石，存包桑，閉玉關，以謝西域之質；安南定北，以爲單于久遠之計；處置功臣，假以爵寵，而不使之任事，卒保全其始終。凡此皆思慮縝密，要自儒學中來。至於尊禮隱逸，褒崇風節，以振起士氣，後之人君尤未易及此，非特高祖也。嗟乎！以高祖之天資，使之知學爲當務，則湯、武之聖，亦豈不可至哉！是尤可歎息也。

光武不任功臣以事〔一〕

光武之不任功臣爲三公，蓋鑒高帝之弊，而欲保全之，前史莫不以爲美談。以予觀

〔一〕該篇又見十先生奥論注後集卷三。

之，光武之保全功臣，使皆得以福禄終身，是固美矣，然於用人之道則有未盡也。蓋用人之道，先以一説横於胸中，則爲私意，非立賢無方之義矣。高祖之待功臣誠非也，如韓、彭、黥布之徒，雖有大功，要皆天資小人。在易之師：「開國承家，小人勿用。」蓋於用師既終，成功之後，但當寵之以富貴，而不可使之有國家而爲政也。高帝正犯此義，是以不能保功臣之終。爲光武者，要當察吾大臣有如韓、彭之徒者乎？則當以是待之。若光武之功臣則異於是。至寇、鄧、賈復則又識明而行修，量洪而器遠，以光武時所用之大臣論之，若三子者類過之遠甚，與共圖政，豈不可乎？顧乃執一概之嫌，廢大公之義，是反爲私意而已矣。抑光武之所責於大臣者，特爲吏事，大臣之職顧如是乎？惟其不知大臣所當任之職，故不知用大臣之道，而獨以吏事之督責爲憂，抑亦末矣。方當亂定之後，正宜登用賢才，與共圖紀綱，以爲垂世長久之計，而但知吏事責三公，其貽謀之不競亦宜矣！

光武崇〔一〕隱逸

光武鑒西都末世之弊，故汲汲然崇尚風節，而不忘遺逸之舉，亦可謂知所當務矣。蓋

〔一〕崇：原作「宗」，據宋本、繆本、正誼堂本、四庫本、道光本改。

自三代而降，在上者以爵禄而驕士，在下者慕爵禄而求君，故上日以亢而下日以委靡。人君而能降心以求遺逸，則是不敢以爵禄而驕其士，反有求乎士之意，則於克己養德，所助固不細矣。況風俗委靡之中，而見時君所尊禮延納者乃在於恬退隱約之士，豈不足以遏其奔競之風而息其僥倖之意？於風俗所助又不輕矣。在光武時，雖曰舉遺逸，然固有召而不能致，致而不能用者，而其流風餘韻，猶足以革西京之陋，而起名節之俗，則其爲益固豈淺淺哉！語曰：「舉逸民，天下之人歸心焉。」蓋不遺賢於隱逸，則天下之賢才孰不歸心？賢才歸之，是天下之人舉歸之也，豈非爲治之總要乎？然嘗怪嚴子陵竟不爲帝少屈，何邪？攷子陵之言論風旨，亦非素隱行怪，必欲長往而不反者。彼與光武少而相從，知其心度爲最詳也。以謂光武欲爲當時之治，則當時之人才固足辦之，而無待乎己；若欲進乎兩漢之事，則又懼有未能信從者。不然，徒受其高位，饗其尊禮之虚名，則非子陵之本心也，故寧不屈〔一〕就之。然而以子陵爲光武之故人，名高一世，而竟高卧不屈，光武亦不敢以屈之，其所以激頑起懦，扶植風化，助成東京風俗之美，人才之盛，其爲力固亦多

〔一〕屈：原缺，據四庫本補。道光本作「屑」。

矣，豈不美哉！

李固杜喬所處如何〔一〕

李、杜二公精忠勁節，不憚殺身，百世之下凜乎猶有生氣，其視胡廣、趙戒輩真不翅如糞土也。但恨於幾會節目之間，處之未盡要，是於春秋提綱之法講之不素耳。李固方舉於朝，即就梁商之辟。商雖未有顯過，然如固之志業，其進也將以正邦，殆不可以苟也。一爲之屬，即涉梁氏賓客，事必有牽制者矣，此其失之於前也。方質帝之弑也，固爲首相，又質帝忍死有語之以被毒之事，則任是責者非固而誰？質帝既不幸，固便當召尚書發冀姦，正大義，顯言于朝，則忠臣義士孰不應固？冀雖勢盛，然名其爲賊，逆順理殊，蓋可誅也。此間不容髮之時，而固昧夫大幾，獨推究侍醫等，舉動迂緩，使冀得以措手，大義不白，人心日以解弛。其幾既失，故身據大位，當大權，持大義，而返聽命受制於賊，豈不惜哉！此其失之於後也。夫以冀之悖逆，而固且奏記與議所立，固豈不知冀心之所存哉？

〔一〕該篇又見南宋文範卷五十五。

失太阿之柄〔一〕，而陵遲至此耳。度固之不白發冀罪，非黨梁氏也，恐事之不成無益，故欲隱忍以待清河王之立，庶幾可扶社稷。而不知天下大變，已爲冢宰，理當明義以正之，事之成與不成，蓋非所問。況如前所論逆順之理，冀決無以逭死邪？固之隱忍乃所以成冀姦謀，殺身不足道，而社稷重受害矣〔二〕。若固者，盡其忠國之心，而無克亂之才，可勝惜哉！杜喬在九卿中，若懷是見，必贊固爲之矣。及繼固爲相，已制命於冀矣。相與就死，嗚呼悲夫！

黨錮諸賢得失如何

東京黨錮諸君子，蓋嘉其志氣之美，而惜其所處之未盡；重其天資之高，而歎其於學有所未足也。方是時，乾綱解紐，陰邪得路，天下之勢日入於頹敗矣。而諸君子曾不少貶以狥於世，慷慨所激，視死如歸，至於患難得喪，寧復肯顧，其志氣可謂美矣。雖然，昔之君子，其出處屈伸之際，蓋各有義。故當困之時，則有居困之道；當屯之時，則有亨屯之

〔一〕柄：原作「陋」，據宋本、四庫本、道光本及右引改。
〔二〕社稷重受害矣：「重」字原無，據宋本補。

法。時不我用，則晦處自修，危行而言遜，其進不可苟也。若乃居位則思其艱而慮其周，扶持根本，漸其圖濟，其爲不可驟也。黨錮諸君子在下則嘘枯吹生，自爲題榜，至〔一〕圭角昡露，昧夫處困之道矣。及其有位於朝，不過奮袂正色，擊搏豪强數輩，以爲事業在是矣。又進而居高位，則果於有爲，直欲一施之而不復顧，身死非所問，而國勢愈傾，是又失亨屯之法矣。是豈非有所未盡爲可恨歟？若諸君子之不爲死生禍福易操，其間如李膺、杜密、陳蕃輩，卓然一時，其天然可謂剛特不群矣。然惟其未知從事於聖門也，故所行雖正，立節雖嚴，未免發於意氣之所動，而非循乎義理之安，出於惡其聲之所感，而未盡夫惻隱之實。處之有未盡，固其宜也，豈非於學有不足歟？使其在聖門，則當入於仲由之科，聖人抑揚矯揉之，其必有道矣。或以爲陳太丘之事爲得其中。以予觀之，太丘在諸君子之中，持心最平，蓋天資又加美焉耳。而其所處張讓之事，亦非中節。在當時隱迹自晦，豈無其方？何至送宦〔二〕者之葬？此又爲矯失之過，以此免禍，君子亦不貴也。不然，則郭有道乎？識高而量洪，才優而慮遠，足爲當時人物之領袖。然收斂之功，猶未之盡，要亦

〔一〕至：原作「生」，據宋本、四庫本、道光本改。
〔二〕宦：原作「官」，據四庫本改。

於學有欠也。不然，則黃叔度乎？言論風旨，雖不盡見，然其氣象温厚，圭角渾然，見之者有所感於心，其爲最高乎？使在聖門作成之，當居顏氏之科矣。

竇武陳蕃得失

竇武、陳蕃雖據權處位，而事當至難：主弱，一也；政在房闥，二也；宦者盤錯，其勢已成，三也。武等雖漸引類於朝，而植根未固，上則太后之心未明禍亂之原，下則中外之情未識朝廷之尊，而武等之謀，但欲速決爲誅小人之計。夫當時宦者雖有罪，然豈無輕重先後之倫？乃一概欲施之，舉動草草，今日誅數輩，明日誅數輩，輕重失其權，先後失其序，非天討矣。且使之人人自疑，因〔一〕反締其黨與，而速其姦謀，善處大事者顧如是邪？觀朱瑀所謂「中官放縱者自可誅耳，我曹何罪，而當盡族滅？」使蕃、武施之有道，行之有序，則雖此曹蓋亦有心服者矣。殲厥渠魁，脅從罔治，此待盜與小人之法，而亦天心也。況其所自處者又自有失。方是時，非衆志允從，其何以〔二〕濟事？宦者竊柄已久，人知有此曹

〔一〕因：原作「於」，據宋本、四庫本改。
〔二〕以：原無，據宋本補。

而已。爲大臣者要當深自刻苦，至誠惻怛，舉動無失，而後人有以孚信而趨向於我。人心向信，則勢立而形成，然後可以消弭禍亂。而武於靈帝踐位之初，一門三侯，妄自封殖，如此，其誰心服乎？故王甫後來亦得以藉口，則可見此曹平日之所竊議，而衆志之所不平者矣。及難之作，雖曰忠義，而無或應之。以張奂之賢，猶且被紿〔一〕而莫知逆順之所在，則以武平日所爲，未有以慰士大夫故也。蕃雖辭爵，而不能力止武之封，是亦潔身之爲耳，任天下之重顧止如是哉！然予每讀蕃辭爵之疏，未嘗不三復歎息。其辭達，其義正，東京之文若此者蓋鮮，亦足以見其忠義之氣也，可勝惜哉！

兩漢選舉之法

所考兩漢選舉雖已詳，但陽嘉中左雄一事未曾拈出。兩漢選舉猶有古意，左雄之奏尤爲責實。當時雖以限年爲嗤，然是舉所得，乃陳蕃、李膺、陳球輩，卒爲一代名臣。然則雄之所行，豈得爲迂哉？至如嚴謬舉之罰，而自後察選以之清平，則所得固不止於一時

〔一〕紿：宋本作「誅」。

也[二]。後世取士之法無復先王遺風，有欲行古道如楊綰輩之所建明，則類指爲不可行，胡不以雄之事觀之？其効驗亦可見矣。

晉元帝中興得失

爲國有大幾，大幾一失，則其弊隨起而不可禁。所謂大幾，三綱之所存是也。晉元帝初以懷帝之命來臨江左，當時之意，固以時事艱難，分建賢王以爲屏翰，庶幾增國家之勢，折姦宄之心。緩急之際，實賴其糾率義旅，入衛王室，其責任蓋不輕矣。而琅琊之入建業，考觀其規摹，以原其心度之所安，蓋有自爲封殖之意，而無慷慨謀國之誠，懷帝卒以蒙塵，迄不聞勤王之舉。愍帝之立，增重寄委，制詔深切，而亦自若也。祖逖擊楫渡江，聊復以兵應其請，返從而制之，使不得有爲，則其意不在中原也審矣。坐視神州板蕩，戎馬縱横，不以動其心，不過欲因時自利云耳。愍再蒙塵，懼天下之議己，則陽爲出師之勢，遷延顧望，終歸罪在運餉稽緩，斬一無辜令史以塞責，赤眚之異亦深切矣。吾誰欺，欺天乎？

[二]「之罰」至「不止於一時」：原脱，據宋本補。

夫受君父之委託而坐視其禍變，因時事之艱難而覬幸以自利，三綱淪矣。惟其大幾既失，故其所以建國規摹亦復不競，亂臣賊子如王敦輩不旋踵而起，蓋其弊有以致之也。使元帝痛懷、愍之難，篤君臣之義，念家國之讎，率江東英俊，鼓忠義之氣，北向討賊，義正理順〔一〕，安知中原無響應者？以區區一祖逖，倔强自立於群豪之間，猶幾以自振，况肺腑之親，總督之任，數路之勢，何所不濟哉？惟其不以至公爲心〔二〕，而私意蔽之，甚可歎息也。其餘得失予不暇論，獨推其本而言之。

謝安淝水之功

苻堅掃境入寇，方是時，晉室之勢亦甚殆矣。梁、益〔三〕既非吾有，而襄、沔復爲所破，在他人宜恐懼失措之不暇，而謝安方且從容應敵，不過以江北軍事付之謝玄及劉牢之輩，卒以成功。蓋其方略素定，非僥倖苟然也。安明於用人，考察既精，不以親疏而廢。玄有

〔一〕義正理順：宋本作「名正理順」。
〔二〕至公爲心：宋本作「大公爲心」。
〔三〕益：原作「蓋」，據宋本、四庫本改。

謀慮，善使人，而牢之勇鋭出衆，安所施置，各得其宜。蓋用兵之道，當以奇正相須。使玄將重兵于後，此正也；使牢之將精兵迎擊于前，此奇也。秦兵既近洛澗，牢之攖其鋒，直搏而勝之，固已奪其心矣。淝水之戰，其勝筭已在目中，故秦兵一退，風聲鶴唳，以至山川草木皆足以懼之，惟牢之先奪其心故也。安之方略可謂素定矣。惟其素定，故安静而不撓，其矯情鎮物，豈固爲是哉？夫有所恃故耳。至於却上流之兵，又其一奇也。得上流之兵不足以助益，而適足以銷薄聲勢，摇動人心，桓沖是舉亦無謀矣。吾慮既定，一却其兵，而戰士之心益固，國内之情舉安，安見之明且審矣。嗟乎！國之所恃者人才耳。以當時晉室之勢，獨任一謝安，足以當苻秦百萬之師。以予觀之，非特安方略之妙，抑其所存忠義純固，負荷國事，直欲與晉室同存亡，故能運用英豪，克成勳業，誠與才合故也。大抵立大事者非誠與才合，不足以濟，若安者，其在東晉人物中傑出者哉！

温嶠得失

温太真忠義慷慨，風節表著，足以爲晉室名臣，古今所共推[一]，不待詳言。然吾獨有

〔一〕推：原作「惟」，據宋本、正誼堂本、四庫本、道光本改。

所恨者，絶裾之事也。昔之人不以窮達得失累其心，聽天所命而行其性命之情，故或仕或不仕，皆非有所爲也。於其身所處之義當然也，自後功名之俗〔一〕興，而遷就趨避之説起，三綱始隳而不得其正，雖豪傑之士，一爲功名富貴所誘，失其性者多矣，可勝歎哉！太真少時嘗以孝友篤至稱，一旦奉劉琨之檄，將命江左，母崔固止之不可，至於絶裾而行。噫！太真有母若此，身固不得已許琨矣，獨不見徐元直之事乎？元直所謂「方寸亂矣」〔二〕，蓋其天性不可已者也。而太真獨忍於此乎？若既以委質爲人之臣，當危難而無避可也，將命之舉，豈無他人？太真念母，獨不得辭乎？度其意不過以江左將興，奉檄勸進，徼倖投富貴之機，赴功名之會耳，而其所喪不過甚乎？或曰：「使太真不來江左，則寧復有後世之事業？太真固不得以兩全矣。」此殆不然。昔人之事業，皆非有所爲而爲之，事理至前，因而有成之耳。若懷希慕求必之心，則其私欲而已。苟可以就異日之事，則凡背君〔三〕親、賊性命皆可以屑爲，此三綱之所由壞，而弊之所由生也。故伯夷、叔齊固

〔一〕俗：原作「裕」，據宋本、四庫本、道光本改。
〔二〕矣：原作「以」，據宋本、正誼堂本、四庫本、道光本改。
〔三〕背君：「背」原作「皆」，無「君」字，據道光本改、補。

不受其國，夫子以爲求仁而得仁。商之三臣，微子不得不去，箕子不得不爲奴，而比干不得不死，皆素其位而行也。豈直太真之事業爲不足道，就使太真能佐晉室克復神州，一正天下，勳烈如此，浮雲之過太虚耳，豈足以塞其天性之傷也？夫〔一〕太真順母之心而終其身，雖泯滅無聞於後，顧其所全者大，於身無愧，烏能以此易彼哉？故予謂太真稱爲功名之士則可，尚論古人則可憾矣。

〔一〕夫：原無，據宋本補。

新刊南軒先生文集卷十八

説

仁説〔一〕

人之性，仁、義、禮、智四德具焉：其愛之理則仁也，宜之理則義也，讓之理則禮也，知之理則智也。是四者雖未形見，而其理固根於此，則體實具於此矣。性之中只有是四者，萬善皆管乎是焉。而所謂愛之理者，是乃天地生物之心，而其所由生者也。故仁爲四德

〔一〕張栻在乾道八年（1172）寫成仁説後，寄朱熹討論。朱熹答欽夫仁説（朱文公文集卷三十二）：「仁説明白簡當，非淺陋所及」，即對此而發。朱熹乾道九年癸巳除日答吕伯恭云：「欽夫近得書，别寄言仁録來，修改得稍勝前本。仁説亦用中間反覆之意改定矣。」可知改寫於乾道九年（1173）。而陳淳北溪大全集卷二十六答陳伯澡五云：「文公有仁説二篇，莫須已曾見否？一篇誤在南軒文集中，一篇近方得温陵卓丈傳來。此二篇及克齋記説較親切，可以此爲準則而體認之，自不差矣。」未知陳淳所言是否即此篇。

之長，而又可以兼能〔一〕焉。惟性之中有是四者，故其發見於情，則爲惻隱、羞惡、是非、辭讓之端，而所謂惻隱者亦未嘗不貫通焉，此性情之所以爲體用，而心之道則主乎性情者也。人惟己私蔽之，以失其性之理而爲不仁，甚至於爲忮爲忍，豈人之情也哉？其陷溺者深矣。是以爲仁莫要乎克己，己私既克，則廓然大公，而其愛之理素具於性者無所蔽矣。愛之理無所蔽，則與天地萬物血脈貫通，而其用亦無不周矣。故指愛以名仁則迷其體，程子所謂愛是情，仁是性謂此。而愛之理則仁也；指公以爲仁則失其真，程子所謂「仁道難名，惟公近之」，不可便指公爲仁謂此。而公者人之所以能仁也。夫靜而仁、義、禮、智之體具，動而惻隱、羞惡、辭讓、是非之端達，其名義位置固不容相奪倫，然而惟仁者爲能推之而得其宜，是義之所存者也；惟仁者爲能恭讓而有節，是禮之所存者也；惟仁者爲能知覺而不昧，是智之所存者也。此可見其兼能而貫通者矣。是以孟子於仁，統言之曰「仁，人心也」，亦猶在易乾坤四德而統言乾元、坤元也。然則學者其可不以求仁爲要，而爲仁其可不以克己爲道乎！

〔一〕兼能：原作「兼包」，據宋本改。下文亦云「兼能」。

記甘露李文饒事

予過京口，登北固山甘露寺，訪求舊迹，及觀曾旼所編丹陽類集，載熙寧中寺僧應夫因治故殿基，獲舍利并李文饒手記云：「寶曆間創甘露刹，以資穆皇之冥福。」文饒有祭言禪師文云：「因甘露之降瑞，立仁祠於高標。」與此記合。予嘗怪文饒不樂釋氏，毀其室廬貌像，沙汰其徒，若真疾惡之者；至其論張仲武之辭，則又疑其太甚；而觀其奉道士法甚至，則文饒豈真知惡異教者哉？今攷甘露刻，所謂建刹以資冥福，此在釋氏説爲最陋者，文饒方且惑之，以此崇奉其君，則文饒之欲絶棄釋氏，又豈其本心也哉？以予觀之，文饒雖有才氣，然富貴中人耳。武宗素重道士，故其勢必排釋氏；文饒極力爲此，不過逢迎其君之意云耳。不然，與建刹藏舍利之事何大不類耶？孰知數百載之後，斷刻出於土中，其不可揜，有如此者！或曰：「文饒謂建刹可以資福，而寧不畏毁刹之招禍乎？」殊不知富貴移人之意，豈獨此哉。嗟乎！異端之爲害烈矣，文饒乃以此心蘄勝之，不亦難乎？宜其復之之速且益熾也，予重爲之歎息云。

勿齋説

胡先生之季子大時求予名其讀書之室，予因誦「非禮勿視，非禮勿聽，非禮勿言，非禮勿動」之言，而名之曰「勿齋」。嗟乎！天理、人欲不並立也，操舍存亡之機〔一〕，其間不能以毫髮。所謂非禮者，非天之理故也；苟非天理，即人欲已。勿者，禁止之辭，收放心之要也。學者所當於視聽言動之間，隨吾所見，覺其爲非禮，則克之無愛焉，慮思力行，由粗以及精，由著以及微，則所謂非禮，蓋將有不可勝克者。克之之至，則天理純全，而視聽言動一循其則矣。「爲仁由己，而由人乎哉？」貴夫勉之勿舍而已。

勿欺室説〔二〕

山西郭侯子明以書抵予曰：「所居一室，扁以『勿欺』，願得數語，以發其義，庶幾朝夕

〔一〕機：宋本作「幾」。

〔二〕勿欺室説：宋本作「勿欺室記」。

觀省。」予惟天下之事常壞於誕謾而成於敦篤。古之爲將者質勝其文，實踰〔一〕於名，矜不形而確有餘，雖一介之士且不敢欺也，而況於事君乎？雖念慮之微且不敢萌欺也，而況於見之事爲乎？是以能成功而保其令名。今子明忠勳之胄，以識略被簡知，方當總統之任，存心如是，予知其異日有以報明主矣。予於漢西京諸將中，最愛營平侯純實重厚，授任于外，爲國家計，不忍便文自營。其所條上，確然無一語虚，無一毫隱；及成功而歸，論兵事得失，復不敢避小嫌以罔主聽。其自守勿欺，終始不渝如此。嗟乎！此誠萬世爲將之良法也。子明勉之哉！

書示吳益恭

子曰：「吾未見剛者。」或對曰申棖，子曰：「棖也慾，焉得剛？」子路問强，子曰：「南方之强與？北方之强與？抑而强與？寬柔以教，不報無道，南方之强也，君子居之。衽金革，死而不厭，北方之强也，而强者居之。故君子和而不流，强哉矯！中立而不倚，强

〔一〕踰：宋本作「浮」。

哉矯！國有道不變塞焉，强哉矯！國無道，至死不變，强哉矯！」昔者曾子謂子襄曰：「子好勇乎？吾嘗聞大勇於夫〔一〕子矣。自反而不縮，雖褐寬博，吾不惴焉；自反而縮，雖千萬人吾往矣。」新安吴益恭來邕州通判，剛決而有慮，臨事不避難，忠義自許，疾惡如讐。予始一見奇之，兩年間督之云熟矣，而益加敬焉。秩滿親老，不復可留。於其行，會予有期服，不得爲之賦詩以致贈言之意，而中有不能已者，敬書魯論及中庸、孟氏書中三義以諗之。夫聖門所謂剛、所謂强、所謂勇者蓋如此。益恭深思其義而體之於身，于以揉偏而進德。嗟乎，其又可量也哉！淳熙四年八月甲午。

名周集説

玉山周畏知請予名其子，予名之曰「集」，以「義甫」字之，蓋取諸孟子養氣之論，是集義所生者。集義云者，積衆義也。積集〔二〕之久，則所謂浩然者生而不窮矣〔三〕。義内也，非

〔一〕夫：原作「天」，據四庫本、道光本改。
〔二〕集：宋本作「習」。
〔三〕矣：宋本作「夫」，屬下讀。

外也，所謂必有事焉者蓋在此，學者所當講論問辨也。乾道壬辰十一月甲申書于葵軒。

黄鶴樓説

予過武昌，登郡城南樓，步黄鶴故址，覽觀山川，慨然有感。蓋黄鶴名樓，以山得名也。黄鶴之山逶迤起伏，横亘郡城，屬于江滸，見于前人文字間。若浦若磯，亦皆以山名也。而唐圖經何自而爲怪説，謂費文偉仙去，駕鶴來憩于此，閻伯詚記中乃實其事。而或者又引梁任昉所記，謂駕鶴之賓乃荀叔偉所遇，非文偉也。此皆〔一〕因黄鶴之名，而世之喜事者妄爲之説，後來者既不之察，又從而並緣增飾之。樓旁有石照亭，不知何妄男子題詩窗間，遽相傳曰：此唐仙人吕洞賓所書也。文人才士又爲之夸大其事，而蘇子瞻亦載馮當世之説，有羽衣著屐之詩。嗟乎，寧有是理哉！甚矣，世俗之好怪也，雖搢紳大夫之賢者有不免焉，此無它，不明理之故也。使其知始終消息之故，有無虚實皆究其所以然，則豈得而惑之哉！而世之惑者往往曰：「天地之間其何所不有？是或有之，未可知也。」爲是

〔一〕皆：原無，據宋本補。

說者，其病不可復藥。蓋既置之茫昧恍惚、或有或無之域〔一〕，則不復致思以窮其有無之實，其惑終身而已矣。予嘗愛漢儒之言曰：「明於天地之性者不可惑以神怪，知萬物之情者不可罔以非類。」斯言必有所授，非漢之儒者所能自言也。嗟乎！異端之惑人，蓋有甚烈於斯類者，斯固不足深辨。予獨有感，以警吾黨之士，庶幾知窮理之爲要。而窮理則有道，蓋不可以不講也。

江漢亭說〔二〕

鄂之城因山，而其樓觀臺榭皆因城。別駕所治之南，憑城而望之，適當江、漢之匯。昭武葉才翁與予裴徊觀覽，欲建亭於上，予因以「江漢」名之，才翁請志其始。嗟乎！江、漢之水，其源可以濫觴，而其無窮若此之盛。後之登斯亭者，念夫有本者，其不息之積然也，亦庶幾有感乎。才翁名椅。乾道辛卯十有二月朔，張某書。

〔一〕域：原作「城」，據宋本、四庫本改。

〔二〕江漢亭說：宋本作「江漢亭記」。

贈熊辯筆説

頃年得溧陽顧綱散卓、棗心，制度殊不類近世筆。邇來試使熊辯爲之，蓋不減綱。寒窗作字，十數紙不厭，良覺慰意也。然此筆殆不入時人手，辯不可以難售而詭遇，會有賞音者。

新刊南軒先生文集卷十九

書

寄劉共甫樞密

某〔一〕幸安湘濱，不敢廢學，無足塵記念。自惟不敏，竊守樸學。顧世衰道微，邪説並作，肯信此者少。獨樞密發慨然之志，而下取及一得之愚，久而益眷眷焉。每念無以裨補萬分，退用愧悚。來教自以爲報主之心有加無已，而向者之爲有所未慊于中，方將沛然用力於古道。區區聞之，喜且不寐。嗟乎！靖康之變，亘古所無。夷狄腥膻中原四十餘年矣。三綱不明，九法盡廢，今爲何時耶？士大夫宴安江左，而恬莫知其爲大變也。此無

〔一〕某：宋本作「栻」。以下張栻自稱，宋本多作「栻」，不復出校。

他，由不講學之故耳。今樞密以天子大臣而志乎此道，則某之喜爲如何！雖然，學之難明也久矣。毫釐之差，而千里之繆。其用極天地，而其端不遠乎視聽食息之間。識其端則大體可求，明其體則妙用可充。願樞密勉之！

又〔一〕

程先生易，得樞密録木〔二〕傳遠，實學者之厚幸。夫所謂易者何哉？聖人之言曰：「生生之謂易。」又曰：「天地定位，而易行乎其中矣。」又曰〔三〕：「乾坤成列，而易立乎其中矣。」此豈獨謂此數卷書乎？其必有所謂矣。而此數卷之〔四〕書所以述其藴也，言有盡，藴無窮，故學者必於言意之表識易，而後易可讀也。胡〔五〕文定春秋，此路有邵陽本，字差小。

〔一〕該篇又見四庫本播芳大全卷六十八。

〔二〕録木：原作「録本」，據宋本及播芳大全改。

〔三〕自「生生之謂易」至「又曰」：原脱，據宋本及播芳大全補。

〔四〕之：原作「中」，據宋本及播芳大全改。

〔五〕胡：原作「須」，據宋本、道光本及播芳大全改。

栻所看舊日嚴州本謹納去。春秋即事而明天理，窮理之要也。樞密〔一〕觀此書，取其大義數十，斷爲定論，而詳味其抑揚予奪輕重之宜，則有以權萬變矣。

又〔二〕

湘民望樞密之至，不減赤子之於慈父，使人咨嗟歎仰。然某之愚，有敢爲先事之獻者，輒以布之。某觀近世再臨舊鎮者，聲望率減於前。或曰上下玩習之故，某以爲無是理，殆由在我者有忽之之心耳。前者既已得譽，及其復來，將曰此易治耳，是心一萌，則敬肆分，宜乎美惡之不同也。而況樞密今兹之來，勢位益尊，聲名益重，則下民之情將有不敢以自盡者，隔絶壅塞之患，此亦不可以不慮也。《易》曰：「德言盛，禮言恭。」此言德貴於盛，而禮貴於恭也。伏惟樞密警懼存心，益敬其事，謙虚自處，不負其有，降其辭色，惟恐不及，使匹夫匹婦之情皆得以通，而士大夫有懷皆得以吐露，至于箴規指摘，畢聞於前，而無所謂不敢者，則善政日新而無斁矣。豈惟一路之幸，實經綸之業益以光大，將邦家是

〔一〕樞密：原作「極密」，據宋本、道光本及播芳大全改。

〔二〕該篇又見四庫本播芳大全卷六十八。

賴，而天下之福也。昔人自逆于境、逆于郊，即觀聽其辭色而議之。蓋人心之向背，首謹於兹時，用敢陳于未及境之前，側承風聲，以慰願望。

又

某效職于此，亦以十閱弦晦，佩「心誠求之」之訓，味「哀矜勿喜」之言，怵惕黽勉，幸而未得罪於斯民。又幸而適遇稔歲，盜賊屏戢，人情頗相安。惟是區區不敢但爲目前計，考究緝理，庶幾萬有一久遠之云補。今最急者，諸州窘匱，無以支梧。一路財計，本可以均濟，其如計臺之壅利何？秋中有請，願與憲、漕共究一路財賦底裏，通融均撥，幸蒙賜可，詳細紬繹〔一〕，頗見涯緒。若此論遂定，庶幾諸州官吏有俸，軍兵有粮，而民力因得少寬也。邕、宜諸邊雖幸悉安静，然野心豈可保？惟當充吾備禦之實，使有隱然之勢，以折其萌。選練親兵，立伍結隊，明其訓習，教以親睦，激以忠義。至於旂鼓器械，皆從一新，收拾强壯，不敢惜費。今所增已近三百，率皆選士，江淮健者視亦無以相遠也。邕、宜將兵亦與

〔一〕紬繹：原無「紬」，據宋本、四庫本補。

選練按試矣，獨患難得好將官，只得短中取長耳。諸蠻一以信義待之，如買馬一事，舊弊革去凡數十事。最害是鹽銀輒虧其輕重，彼顧豈不曉？吾所得幾何，而所喪者丘山。帥司〔一〕先利夫出剩銀之得，受此利啗，而其下官吏悉從而刻減乾没。今先罷出剩銀，正名以率之，而嚴法以核之，必使輕重悉以實，毋得少罔之。招馬官先以此意出塞喻蠻落。舊來馬至，二月末方有來者，而羅殿又四年不來市，正以吏侵牟之之故。今方中冬，數日前邕州已申羅殿將馬千七百疋近塞矣，益知忠信之可行，而在我者誠當自檢也。素荷教誨愛念，輒以及之。自惟孤迹，蒙上使令於此，一日不敢不盡一日之心力，其它非所能計。獨恐淺短綿薄，有所不能勝，又所部闊遠，防虞非一，每懷淵冰之念。鈞〔二〕慈不忘，誨旨時及，不勝幸願！

又

某承乏遠藩，未速罪戾，實惟芘蔭之及。近日鄭憲既行，趙漕物故，兩臺俱闕官，不免

〔一〕帥司：原作「師司」，據宋本、四庫本改。

〔二〕鈞：原作「鈞」，據宋本、四庫本改。後鈞聽、鈞察、鈞翰之「鈞」同。

兼攝〔一〕，事緒叢委〔二〕。然向來兩臺於諸州多興獄事，紛紜淹久，一切觀望，不敢與決，困於囹圄，疲〔三〕於道路，深可憐惻。今得以決遣解釋，頗有次第。又向來會議財賦事，正緣所見異趣者，不肯商量，計司虛實，終未知其底裹，今得以考究無遺，始知異趣者前日誠有掊聚爲羨獻意，坐視諸州困極，恬莫之恤，深可歎息。兩日來子細區處，爲一定久遠之計，頗有條理，旦夕徑奏于上。自餘赦條合放而不放，道理不當取而妄取者，悉施行以次蠲卹矣。自惟愚戇，苟一日在職，不敢不究心，此外身之利害，非所遑卹。

又

某〔四〕少意冒稟鈞聽。前知光州滕瑞編管在此，其人乃是滕樞族人，比歲自山東來歸正，粗勇習兵事，可以在軍中任使，而虞丞相用之過當，畀以郡符，此豈其才哉？其所以

〔一〕不免兼攝：原作「不克兼攝」，據宋本改。
〔二〕叢委：原作「業委」，據道光本改。
〔三〕疲：原作「庾」，據宋本改。四庫本、道光本作「瘐」。
〔四〕某：宋本作「栻」。

速今日顛隮者，實虞使之然也。然東北人流落，爲可憐憫。其孥累〔一〕尚留江上，在此極栖栖然。今爲差兵校前往般取，欲望鈞慈頤旨，應副一客舟津致其來，俾其骨肉得以團聚謀生，恩賜甚大。其人雖愚，異日可備顔，得荷戟之用，伏乞〔二〕鈞察。

又

某近因到一巖穴中〔三〕，得石刻載昭陵盛德一事，可以補史之遺，已移置府治廳事，敬以一軸上呈。此語〔四〕祖宗家法也，伏想鈞慈三復焉。此邦山巖之勝，誠它處所未見。環城奇觀，柳柳州所謂「拔地峭豎，林立四野」，可盡大概。然拙守但一涉歷，不欲數出遊，時獨憑樓覽觀耳。

〔一〕累：原無，據宋本補。
〔二〕乞：原無，據宋本補。
〔三〕某：宋本作「栻」。穴：原作「空」，據宋本改。
〔四〕語：宋本作「吾」，義更長。

又

某輒有愚見，仰裨海嶽。前領鈞翰，其間有云「自到江上，未見人才」。某竊以爲人才在今日誠難得其備，然而舍短取長，隨才而用，則恐所至亦不容無，而況通都大府乎？甘苦燥冷，惟良醫所擇；叉負偃植，惟大匠所施。伏惟鈞慈洪取人之方，酌采葑之義，庶幾片善寸長，盡歸掄選。又惟樞密高明傑出之資，人之有長，固未易進于前，儻非虛心降己，不忽隱微，懇惻敦篤以招來之，則非惟抱實能者有所不能盡察，而懷高見者彼亦烏肯自售哉？某之區區，以爲天下事要須衆力共濟，乃可有成。伏惟樞密負天下之望者也，故依鄉〔一〕祈望之切，而不自知其僭越，伏紙皇恐之至！

寄周子充尚書〔二〕

垂諭或謂人患不知道，知則無不能行。此語誠未完。知有精粗，行有淺深。然知常

〔一〕依鄉：原作「旅鄉」，據宋本改。

〔二〕該篇又見四庫本播芳大全卷六十八。

在先，固有知之而不能行者矣，未有不知而能行者也。語所謂「知及之，仁不能守之」，是知而不能行者也。所謂「知之者不如好之者，好之者不如樂之者」，是不知則無由能好而樂也。且以孝於親一事論之，自其粗者知有冬温夏清〔一〕、昏定晨省，則當行温清定省。行之而又知其有進於此者，則又從而行之。知之進，則行愈有所施；行之力，則知愈有所進，以至於聖人。人倫之至，其等級固遠，其曲折固多，然亦必由是而循循可至焉耳。蓋致知力行，此兩者工夫互相發也。尋常與朋友講論，愚意欲其據所知者而行之，行而思之，庶幾所踐之實而思慮之開明。不然，貪高慕遠，莫能有之，果何爲哉？然有所謂知之至者，則其行自不能已，然須致知力行工夫至到，而後及此，如顔子是也。彼所謂欲罷不能者，知之至而自不能以已也。若學者以想象臆度，或一知半解爲知道，而曰知之則無不能行，是妄而已。曾皙詠歸之語，亦可謂見道體矣，而孟子猶以其行不掩爲狂，而況下此者哉！不識高明以爲如何？問及此間相從者，某邇來退縮，豈敢受徒？但有舊日士子數輩時來講問，亦不過以行遠自邇、登高自卑之方語之耳。所謂晚輩假竊〔二〕先儒之論以濟其私

〔一〕清：原作「凊」，據宋本、正誼堂本、道光本及播芳大全改。下同。

〔二〕竊：原無，據宋本補。

者，誠如所憂。胡文定蓋嘗論此，然在近日此憂爲甚。是以使人言學之難，非是不告語之，正恐竊聞一言半句，返害事耳。要亦如玉石之易辨，即其行實，夫豈恫疑虚喝可掩哉！文定所論甚詳備，在文集中，曾見之否？

又〔一〕

垂〔二〕諭近世學者狗名忘實之病，此實區區所憂者。但因學者狗名忘實，而遂謂學之不必講，大似因噎廢食耳。後世盜儒爲害者多矣，因夫盜儒之多，而遂謂儒之不可爲，可乎？熙寧以來，人才頓衰於前，正以王介甫作壞之故。介甫之學，乃是祖虚無而害實用者，伊、洛諸君子蓋欲深救兹弊也。所謂聖人誨人有先後，學者進德有次第，此言誠是也。然所謂先後次第，要須講明。譬如適遠，豈可不知路之所從？不然，只是冥行而已。至如所謂不可以聖賢自期者，則非所聞。大抵學者當以聖賢爲準，而所進則當循其〔三〕序，亦

〔一〕該篇又見四庫本播芳大全卷六十八。
〔二〕垂：原作「重」，據宋本、播芳大全改。
〔三〕其：原作「行」，據道光本、播芳大全改。

如致遠者以漸而至，若志不先立，即爲自棄，尚何所進哉？所欲言者，要須面盡。

又

垂諭子澄所疑，且云：「禪初不知其得失，不欲隨衆詆之。伊川未窺其閫奥，不敢以言語稱道。」足見君子所存之忠信也。第以某愚見，所謂不知其得失者，要當窮究其得失果何如；未窺其閫奥者，當窮究其閫奥果何如。講論問辨，深思熟慮〔一〕，必使其是非淺深了然於胸次，此乃致知之要，入德之方，豈可含胡閃避而已也。每竊敬歎下風，故所懷亦不復敢隱，有以見教，是所望也。

答湖守薛士龍寺正

講聞高誼之日久矣，近歲見吕伯恭、陳君舉稱説尤詳，每念瞻際，以慰此心。在省中時，亦見辭免審察文字，竊爲諸公言，致賢者之道恐不當如是。已而某亦出關，尚念取道

〔一〕慮：宋本作「復」。

義興，儻可一見，而又差池，徒往來于懷而已。兹辱手字，辭氣温厚，如接眉宇；重篤先契，尤所感歎。即日歲晚雨寒，伏惟撫循有相，台候萬福。某向者備數朝列，雖粗知自竭，而誠意不充，迄無以仰答明主之遇。寬恩保全，獲返先廬，惟知深自省厲，它無足軫念。聞去冬嘗以使指往淮上，想事情之實，悉得徹旒冕之前。所謂「荒田蕪於包占，經理害於無謀」，二語誠切要也。吴興下車寖久，學道愛人之志亦可少施否？某每念時事若此，良由士大夫鮮克務學之故。蓋天理之微爲難存，氣習之偏爲難矯，譬諸射者在此，有秋毫之未盡，則於彼有尺尋之差矣。自惟不敏，惕然夙夜不敢遑暇，思得良友相切磨，以庶幾乎萬一，其願見之心，誠非可以言喻也。報問之始，亦不欲只以寒暄語，惟窮理戒成心〔一〕之萌，臨事防己意之加，充茂德業，以慰士望。伏紙拳拳。

又

論及學校之事，此爲政之所當先也。湖學安定先生經始，當時作成人才，亦可謂盛

〔一〕成心：原作「我心」，據宋本改。

分，教導涵養，使漸知趨嚮，則善也。

將先覺言語耳剽口誦，用爲進取之資，轉趨於薄，此極害事。若曰於程文之外，明義利之

矣。聞欲招陳君舉來學中，此固善，但欲因程文而誘之讀書，則義未正。今日一種士子，

又

某前年過霅上，時嘗往拜安定先生之墓，荆棘幾不通路，又牆垣頹圮，爲何人所侵，勢有可慮。某意謂宜專責教官掌管，令一家守之，正其封域，勿使侵犯。是時無可告語，今想自賢使君下車之後，已留意矣，謾及之。

答潘端叔〔一〕

大抵讀經書須平心易氣，涵泳其間，若意思稍過，當亦自失却正理。要切處乃在持敬。若專一，工夫積累多，自然體察有力。只靠言語上苦思，未是也。事親之心，至親至

〔一〕該篇又見四庫本播芳大全卷六十八。

切，古人謂起敬起孝，「起」字〔一〕更須深體而用力焉。

答潘叔度

所諭讀書平易則簡略放過，稍思則似做時文，固當如此省察。但所貴於平易者，謂平心易氣，優遊玩味其旨，正非簡略放過也。若夫家庭間事，於己見有阻礙，其間曲折萬端，乃是進修深切處，大要返求吾身而已矣。

與顔主簿

竊觀左右論程氏、王氏之學，有兼與而混爲一之意。此則非所敢聞也。學者審其是而已。王氏之説皆出於私意之鑿，而其高談性命，特竊取釋氏之近似者而已。夫竊取釋、老之似，而濟之以私意之鑿，故其横流，蠹壞士心，以亂國事，學者當講論明辨而不屑焉可也。今其於二程子所學不翅霄壤之異，白黑之分，乃欲比而同之，不亦異乎？願深明義

〔一〕起字：原無，據宋本及播芳大全補。

利之判，反求諸心，當有不待愚言之辯者，惟深察焉。

答吴晦叔〔一〕

垂諭「太極」之説。某妄意以爲「太極」所以形性之妙也，性不能不動，太極所以明動静之藴也。「極」乃「樞極」之義，聖人於易特名「太極」二字，蓋示人以根抵，其義微矣。若只曰性而不曰太極，則只去未發上認之，不見功用，曰太極則性之妙都見矣。體用一源，顯微無間，其太極之藴歟！所謂「太極天地之性」，語意亦未圓，不若云天地亦形而下者，一本於太極。又曰「惟其有太極，故生生而不窮」，夫生生不窮，固太極之道然也。所云「一陰一陽之謂道，繼之者善也」，不若云有太極則有兩儀，生生而不窮焉。言其「如此則曰性」，言其「如此則曰太極」，似亦不必如此説。又曰「惟天地及人具此大本」，亦有病。人仁則太極立，而天地之大，萬物之多，皆吾分内耳。詩曰：「予懷明德，不大聲以色。」明德固是心之德，然不可只斷了便休，須要教分明。明〔二〕之云者，自明也。更默體之，當見有味。

〔一〕該篇又見四庫本播芳大全卷六十八。
〔二〕明：原無，據宋本補。

又〔一〕

近玩味「已發」、「未發」於日用間，甚覺顯焕，周子「誠通」、「誠復」之説極有理也。伯逢書來，亦説及善不足以名〔二〕之之説，某所答曾見否？大抵當時知言中如此説，要形容「人生而静」以上事却似有病。故程子云：「『天命之謂性』，『人生而静』以上更不容説，才説性時便已不是性。凡人説性，只是説得繼之者善也。」此猶云〔三〕天下之言性者。斯言最爲盡之。蓋性之淵源，惟善可得而名之耳。晦叔意如何？數日來看龜山集，乃知前輩所造如龜山輩，未易輕議也。

又

「仁右道左」之説，伊川所以有取者，亦嘗思之。仁字對道字而言，乃是周流運用處。

〔一〕以下二篇播芳大全卷六十八緊附與顔主簿帖後，誤。

〔二〕名：宋本及播芳大全作「明」。

〔三〕云：原作「元」，據四庫本播芳大全改。宋本、四庫本作「是」。

右爲陽，而用之所行也；左爲陰，而體之所存也。仁者天下之正理，此言仁乃天下之正理也。天下之正理而體之於人，所謂仁也。若一毫之偏，則失其正〔一〕理，則爲不仁矣。道也者，不可須臾離也，可離非道也。道無往而不存。遺書中所謂「道外無物，物外無道，即父子而父子在所親，即君臣而君臣在所敬」是也，如何離得？人之所以不能體道者，以人爲之私蔽之也。人雖蔽於私，不能與道爲一，然道實未嘗離也。明道與韓持國論「克己」一段，反復此意甚詳，所宜深味耳。辱垂問，據鄙意言之，要非尺紙可盡，未知是否，却幸見論。

又

前蒙録寄所答元晦書，得詳讀，甚幸。所謂「知之在先」，此固不可易之論。但只一箇「知」字，用處不同，蓋有輕重也。如云「知有是事」則用得輕，「匹夫匹婦可以與知」之類是也；如説「知底事」則用得重，「知至至之」之知是也。在未識大體者且當據所與知者爲之，

〔一〕正：原無，據宋本補。

則漸有進步處。工夫若到，則知至矣。知至矣[一]，當至之，知終矣，當終之，則工夫愈有所施而無窮矣。所示有云「譬如行路，須識路頭」，誠是也；然要識路頭，親去路口尋求方得，若只端坐于室，想像跂而曰「吾識之矣」，則無是理也。元晦所論「知」字，乃是謂知至之知。要之，此非躬行實踐則莫由至。但所謂躬行實踐者，先須隨所見端確爲之，此謂之知常在先則可也。撥冗，殊不逮意，更幸悉察。

又

「在中」之説，鄙意正爾，幸於此涵養焉。元晦「太極」之論，太極固是性，然情亦由此出，曰「性情之妙」，似亦不妨。如知言「粹然天地之心」，心字有精神。觀其下文云「道義完具，無過無不及」，固是指性，然心之體具於此矣。伊川謂「心一也，有指體而言，有指用而言」，而[二]又以喜怒哀樂未發爲寂然不動者也，幸更於此深思焉。「太極」之説，某欲下語云：易也者，生生之妙也；太極者，所以生生者也。曰易有太極，而體用一源可見矣，不

[一] 知至矣：原無，據宋本補。

[二] 而：原無，據宋本補。

識如何？某向來答元晦中庸之説，後見所示疑處往往有同者，今録呈。渠又有分中庸章句一紙，欲寄呈，偶尋未見。大略某書中所答者可見矣。明道先生爲條例司屬官，乃是介甫初爲參政時，正欲就其中調護變化之也；後來見他執拗不可回，爲天下害，故在臺中力論之，無非中節也。介甫與人雖是如此不同，畢竟稱其忠信，此可見當時所以調護變化之者，亦無所不盡其誠矣。

又

反復其道，正言消長往來乃是道也。程子所謂「聖人未嘗復，故未嘗見其心」。蓋有往則有復。以天地言之，陽氣之生，所謂復也，固不可指此爲天地心。然於其復也，可見天地心焉。蓋所以復者是也，其在人〔一〕，有失則有復。復，賢者之事也；於其復也，亦可見其心焉。若夫聖人生知純全，無俟乎復，則何所見其心焉？妄意，未知是否。

〔一〕其在人：「其」原作「具」，據四庫本改。宋本此句作「在其人」。

又[一]

近季隨寄「勿齋」隸字并諸詩來，某報之以題榜既設，所冀顧名思義，惟日孜孜焉而後可，因見時警策之幸也。再玩所爲詩，語意固佳，但如「雲漬窗涵月，春回木放花」，只說得克後意味，却於「勿」處少用[二]力。觀顏子「請問其目」，而孔子所以告之者，正是告「克己」之目。顏子請事乎此，乃萬世標準，學者但當深告以「勿」字工夫，工夫到後，自會見得。若遽只說克後意味，又恐使之只貪想象之見，工夫滅裂耳。此亦不敢不告，非惟告人，在我所當謹也。

又

樂記「人生而靜」一章曰「靜」，曰「性之欲」，又曰「人欲」。靜者，性之本然也。然性不能不動，感於物則動矣，此亦未見其不善，故曰「性之欲」，是性之不能不動者然也。然因

〔一〕此篇四庫本播芳大全卷六十八作與顏主簿帖。

〔二〕用：原無，據繆本補。

其動也，於是而始有流爲不善者。蓋物之感人無窮，而人之好惡無節，則流爲不善矣。至此，則豈其性之理哉？一己之私而已。於是而有人欲之稱，對天理而言，則可見公私之分矣。譬諸水，泓然而澄者，其本然也；其水不能不流也，流亦其性也；至於因其流激，汩於泥沙，則其濁也，豈其性哉！

又

某已作書，偶復檢得舊書一紙，今併報去。夫子答子路、子貢管仲之問，愚意以爲子糾之立非正，管仲可以不死；然其初之從糾，知其不正而從之，蓋亦非矣。其不死於糾而從桓〔一〕，僅比於背君從讎者爲免耳，非無歉於義也。二子於此，其必講之明矣。夫子但稱其捄世之功，問其仁而獨稱其事功，則其於仁也亦可知矣。然使其果爲背君而從讎也，則雖事功亦不足稱矣。抑揚與奪，固備於此，更幸詳之。以朱温系統，通鑑〔二〕亦然，蓋於紀事有不得已焉耳。方其時，正統無所屬，而彼實承唐之後以有中原，則紀史事者烏得而不系之？亦非爲其

〔一〕桓：原作「伯」，據四庫本、道光本改。
〔二〕鑑：原作「監」，據四庫本、道光本改。

所成者大也。茗貨之事，亦嘗思之，未得完策，幸更爲精博詢訪評論見告，必有至當之〔一〕說也。

又

累書皆有所講評，冗迫久未及報。然亦嘗思之，今謾布一二。黄、老之學流入於刑名，蓋其翕張取與之意，竊弄造化之機，故其流爲刑名。若陰符經之説，已可見刻薄之意露矣。「天生德於予」，不言命而言德，亦猶「天之將喪斯文」，稱斯文也。蓋其理是如此，聖人之言自爾渾全。若著「自任」兩字，恐却於夫子氣象有所未合耳。并有仁之説，近來思之，當從明道先生説。舊解論語，比更定已六七篇矣。「中虚信之本」，謂信之所以有也；「中實信之質」，謂信之體質也。忠信可以蹈水火，只是言有此理耳。如必欲摭事而言，則宋共姬逮乎火理〔二〕，是固忠信之所行也。「知我者其天乎」，蓋理之不二也，謂常人一念之形，天地知之，似亦無害。蓋自不可掩，非謂天地有尸之者而能知也。忽忽略及大概，更幸詳之，却以見教。

〔一〕「之」前原衍一「也」字，據四庫本删。

〔二〕火理：原作「大理」，據宋本改。道光本作「火矣」。

新刊南軒先生文集卷二十

書

答朱元晦秘書[一]

示及諸君操舍出入之説，吕子約所論病痛頗多，後二説亦頗得之，然其間似未子細。按孟子此章首以牛山之木爲喻，又以夜氣爲説，而引孔子之言爲證，以明人之不可不操而存也。心本無出入，然操之則在此，舍之則不在焉。方其操而存也，謂之入可也，本在内也。及其舍而亡也，謂之出可也。非心出在外，蓋不見乎此也。無時者，言其乍入乍出，非入則出也，莫知其所止也。此大概言人之心是如此，然其操之則存者，是亦可見心初未嘗有出入也。

〔一〕該篇又見四庫本播芳大全卷六十八。

然則學者其可不以主一爲務乎？呂子約之説既誤以乍存乍亡爲感之用，而後説如謂心之本體不可以存亡言，此語亦未盡。存亡相對，雖因操舍而云，然方其存時，則心之本體固在此，非又於此外別尋本體也。子約又謂當其存時，未能察識而已遷動，是則存是一心，察識又是一心，以此一心察彼一心，不亦膠擾支離乎？但操之則存，操之之久且熟，則天理寖明，而心可得而盡矣。

又

某向來有疑於兄辭受之間者，非它也，意謂若其初如伯恭之説，承當朝廷美意，受之可也；後來既至于再，至于三，守之亦云固矣，非尋常辭官者比也。若只是朝劄檢舉不許辭免指揮行下，則是所以辭之之義竟未得達于君前而被君命也。若君命不許辭而使之受，則或可耳〔一〕。今初未嘗迫於君命也，忽復受之，恐於義却未盡。不知劉樞曾如此報去否？

〔一〕則或可耳：原作「則或可以」，據宋本改。

又

示以所定祭禮，私心亦久欲爲之，但以文字不備，及少人商量。今得來示，考究精詳，甚慰。論議既定，須自今歲冬至行之乃安。但其間未免有疑，更共酌之。古者不墓祭，非有所略也，蓋知鬼神之情狀不可以墓祭也。神主在廟，而墓以藏體魄。體魄之藏而祭也，於義何居？而烏乎饗乎？若知其理之不可行，而徇私情以強爲之，是以僞事其先也。若不知其不可行，則不知也。人主饗陵之禮始於漢明帝，蔡邕蓋稱之，以爲盛事，某則以爲與原廟何異？情非不篤也，而不知禮。不知禮而徒徇乎情，則隳廢天則，非孝子所以事其先者也。某謂時節展省，當俯伏拜跪，號哭掃洒省視，而設席陳饌，以祭后土於墓左可也。此所疑一也。祭不可疏也，而亦不可數也。古之人豈或忘其親哉？以爲神之之義或黷焉，則失其理故也。良心之發，而天理之安也。時祭之外，冬至祭始祖，立春祭先祖，季秋祭禰，義則精矣。元日履端之祭亦當然也。而所謂歲祭節祠者，亦有可議者乎。若夫其間如中元，則甚無謂也。此端出於釋氏之説，何爲徇俗至此乎？此所疑二也。大抵今日之定祭儀，蓋將祭之以禮者。苟無其理，而或牽於私情，或狃於習俗，則庸何益乎？鄙見不敢隱，更幸精思，却以見教，庶往復卒歸於是而已。至於設席升降節文，皆甚縝密穩當，它日論定，當共行之，且可貽之同志，非細事也。

又

近伯逢方送所論「觀過」之説來。某前日洙泗言仁中亦有此説〔一〕，不知如何？大抵以此自觀，則可以察天理人欲之淺深；以此觀人，亦知人之要也。岳下諸公尚執前説，所謂簾窺壁聽者，甚中其病耳。伯恭昨日得書，猶疑太極説中體用先後之論，要之須是辨析分明，方真見所謂一源者。不然，其所謂一源，只是臆度想象耳。但某意却疑仁義中正分動静之説，蓋是四者皆有動静之可言，而静者常爲之主，必欲於其中指二者爲静，終有弊病。兼恐非周子之意〔二〕。周子於「主静」字下注云「無欲故静」，可見矣。如云仁所以生，殊覺未安。生生之體即仁也，而曰仁所以生，如何？周子此圖固是毫分縷析，首尾洞貫，但此句似不必如此分。仁義中正，自各有義，初非混然無别也。更幸見教。

〔一〕説：宋本作「語」。
〔二〕之意：宋本作「之説」。

又〔一〕

「中」字之説甚密，但「在中」之義，作「中外」之「中」未安，詳蘇季明再問伊川答之之語自可見。蓋喜怒哀樂未發，此時蓋在乎中也。只如是涵養，才於此要尋中，便不是了。若只説作在裏面底道理，然則已發之後，中何嘗不在裏面乎？幸更詳之。又中庸之云中，是以中形道也；喜怒哀樂未發之謂中，是以中狀性之體段也。然而性之體段不偏不倚，亭亭當當者，是固道之所存也。道之流行，即事即物，無不有恰好底道理，是性之體段亦無適而不具焉。如此看，尤見體用分明，不識何如？忠恕之説，如來諭，精義序引亦已亡疑。言仁已載往返議論于後，今録呈。所論一字，若如老子以形而下者言，則可與二三通數；若如知言指道而言，則難於復與器通數二三也。「心譬之水」一節，某意謂孟子只將水無有不下比人無有不善，意味極完，性情之理具矣。今將心譬之水，去水上用意，差錯許多字〔二〕，固不爲無義，但恐終費力耳。所論知言中餘説再三詳之，未有疑可復也。

〔一〕該篇又見四庫本播芳大全卷六十八。
〔二〕錯：宋本及播芳大全作「排」。

又

「天命之謂性」，所解立言極明快；但「率性之謂道」，竊疑仁義禮智是乃道也。今云〔一〕「循性之仁，則有所謂父子之道」，却恐費力，更幸瑩之。又如「審其是非而修之，則知之教無不充」之類，亦未穩當。兼此首章三語，以某所見，更須詳味伊川先生遺書中語。某亦方欲下一轉語，俟却録去求教也。「在中」之説，前書嘗及之，未知如何。「中者性之體，和者性之用」，恐未安。中也者，所以狀性之體段，而不可便曰中者性之體；若曰性之體中，而其用則和，斯可矣。

又

示及中庸首章解義，多所開發，然亦未免有少疑，具之别紙，望賜諭也。所分章句極有功，如後所分十四節尤爲分明，有益玩味。但家語之證終未安。家語其間駁雜處非一，

〔一〕云：原作「去」，據宋本、四庫本、道光本改。

兼與中庸對，其間數字不同，便覺害事。以此觀之，豈是反取家語爲中庸耶？又如所引證「及其成功一也」之下，有哀公之言，故下文又有「子曰」字。觀家語中一段，其間哀公語有數處，何獨於此以「子曰」起之耶？某謂傳世既遠，編簡中如「子曰」之類，亦未免有脱略。今但當玩其辭氣，如明道先生所謂致與位字非聖人不能言，子思蓋傳之耳。此乃是讀經之法。若必求之它書以證，恐却泛濫也，不知如何？又如云「此一節明道之隱處」，「此一節明道之費處」，亦恐未安。「君子之道費而隱」，此兩字減一箇不得。聖人固有説費處、説隱處，然亦未嘗不兩具而兼明之也。未知如何？

又

按固陵録，游公元符三年十月庚戌除監察御史，今已改定。「攷其言行而泝師友之淵源，體之吾身而明義理之正當」，下句中字固有未安。元晦欲作「即其所至而益求其所未至」，恐亦未安。蓋方建祠作記，使學者知所景慕，而遽云求其所至，則語意似迫露，學者將未能識其所至，而遽指其所未至，在薄俗不得不防其然也。今更定云「即其所至而益究夫問學之無窮」，則可見向上更儘有事，意味似長也，不知如何？

又[一]

仁之説，前日之意蓋以爲推原其本，人與天地萬物一體也，是以其愛無所不至，猶人之身無分寸之膚而不貫通，則無分寸之膚不愛也。故以「惟公近之」之語形容仁體，最爲親切。欲人體夫所以愛者，言仁中蓋言之矣。而以所言「愛」字只是明得其用耳。後來詳所謂「愛之理」之語，方見其親切。夫其所以與天地一體者，以夫天地之心之所存，是乃生生之蘊，人與物所公共，所謂愛之理者也。故探其本則未發之前，愛之理存乎性，是乃仁之體者也；察其動則已發之際，愛之施被乎物，是乃仁之用者也。體用一源，内外一致，此仁之所以爲妙也。前日所謂對義、禮、智而言，其發見則爲不忍之心者，非謂義、禮、智與不忍之心均爲發見，正謂不忍之心合對義、禮、知之發見者言，羞惡、辭遜、是非之心是也。今再詳不忍之心，雖可以包四者，然據文勢對乾元、坤元而言，恐只須曰「統言之，則曰仁而已」可也。或云天地之心，其德有四云云，而統言之，則元爲善之長。人之心，其德亦有四云云，而統言之，則仁爲人之心，如

〔一〕該篇又見四庫本播芳大全卷六十八。

何？前日所謂元之義，不專主於生物者，疑只云生物，説生生之意不盡，今詳所謂生物者，亦無不盡者矣。「在中」之義，程子曰：「喜怒哀樂未發，只是中也。」蓋未發之時，此理亭亭當當，渾然在中，發而中節，即其在中之理，形乎事事物物之間而無不完也，非是方其發時，别爲一物以主張之於内也。情即性之發見也，雖有發與未發之殊，而性則無内外耳。若夫發而不中節，則是失其情之正而淪其情之理。然能反之則亦無不在此者，以性未嘗離得故也。不識如何？

又

觀所與廣仲書，析理固是精明，亦可謂極力救拔之矣，然言語未免有少和平處。謂當循前人樣轍，言約而意該，於緊要處下鍼。若聽者肯思量，當自有入處；不然，我雖愈極力，彼恐愈不近也，如何如何！比見報，承有改秩崇道之命，竊計自有以處之矣。兩日從共甫詳問日用間事，使人歎服者固多，但以鄙意觀之，其間有於氣稟偏處，似未能盡變於舊。蓋自它人謂爲豪氣底事，自學者論之，只是氣稟病痛。元晦所講要學顔子，却不於此等偏處下自克之功，豈不害事！願以平時以爲細故者作大病醫療，異時相見，當觀變化氣質之功。重以世衰道微，吾曹幸聞此理，不可不力勉也。有如孤陋，正望切磋之益焉。此外尚有一二事可疑，此便頗速，俟後訊詳列。

又

某近年以來，竊見尊兄往來書問之間，講論知見甚異疇昔，每用敬歎，且因得以開益其愚陋者固非一端，獨恨相去之遠，顧以未得詳日用間事爲念。蓋子路有聞，未之能行，惟恐有聞，古之人於其知見之進，則又顧其躬之所履，每患其不及，而惟懼其有所偏焉，故能日新而不疚。此某所以亟欲詳聞用工進德之實，以爲相觀而善之益也。幸共甫之來，可以詢問，則首訪而盡請焉，得之共甫者亦多矣，其所以慰鄙心而增歎仰者固不用言。獨其間有使人不能無疑者，切切偲偲之義，則在所不敢默也。聞兄在鄉里，因歲之歉，請於官得米而儲之，春散秋償，所取之息不過以備耗失而已，一鄉之人賴焉，此固未害也。然或者妄有散青苗之譏，兄聞之，作而曰：「王介甫所行，獨有散青苗一事是耳！」奮然欲作社倉記以述此意。某以爲此則過矣。夫介甫竊周官泉府之説，强貸而規取其利；逆天下之公理，而必欲其説之行；用奉行之小人，而必欲其事之濟，前輩辨之亦甚悉矣。在高明固所孜悉，不待某〔一〕一二條陳。而其與元晦今日社倉之意，義利相異者固亦曉然。度元晦初亦豈有所取乎彼哉，特因或者之言有所激作，遂欲增加而力主其事，故併以介甫之爲亦從而是之。是乃意之所加，不自知其偏者也。譬之有人焉於此，執權以稱物之輕重，初未至於偏也，或指而告之曰「此爲重矣」，執權者主其説曰：「吾猶覺此之輕也！」於是復就其所指之處增之使重，而其偏始甚矣。且元晦謂介甫青苗爲可取者，以其實之可取乎？抑以其名之可取乎？以其實則流毒天下，固有顯効；以其名則不獨青苗，凡介甫所行，其名大略皆竊取先王之近似者，非特此一事也。竊取之名而何取乎？且介甫自以其爲鄞縣嘗貸穀而便於民，故以謂可行於天下。執一而不通天下之務，立法無其本，用法無其人，必欲其説之行，故舉天下之異己者盡歸之流俗，於是來合其説者無非趨附之小人。既欲其事之濟，則用其説之合者，小人四出，以亂天下，其勢則然也。介甫初亦用程明道及呂晦叔輩，其意豈不用賢，而以其天資視呂惠卿之徒爲何等哉？惟其欲其説之濟，故擯異而用同，卒至棄仁賢而任群小也。今元晦見吾行社倉於一鄉爲日前之便，而遂以介甫之事爲有可取，無乃與介甫執鄞縣所爲而遽欲施之

〔一〕某：原作「其」，據宋本、四庫本、道光本改。

於天下者相類乎？似不可不周觀而深察也。此雖爲一事，然明者胸中因人激作而爲之增加斤兩，以至於偏，則懼甚〔一〕有害耳。又，來者多云會聚之間，酒酣氣張，悲歌慷慨，如此等類，恐皆平時血氣之習未能消磨者，不可作小病〔二〕看，前書亦嘗略及之矣。某每念人心易偏，氣習難化，君子多因好事上不覺乘快偏了，若曰偏則均爲偏耳。又慮元晦學行爲人所尊敬，眼前多出己下，平時只是箴規它人，見它人不是，覺己是處多，它人亦憚元晦辨論之勁，排闢之嚴，縱有所疑，不敢以請，深恐諛言多而拂論少，萬有一於所偏處不加省察，則異日流弊恐不可免。念世間相知孰踰於元晦，切磋之義，其敢後於它人！況某之不敏〔三〕，朝夕捄過不暇，正有望於藥石之言，亦求教之一端也〔四〕，惟深察焉！

又

某幸粗安，日往城南水竹間翻閱簡編，或遂與一二士留宿，頗多野趣，不覺伏暑之度。

〔一〕甚：原作「其」，據宋本、道光本改。

〔二〕小病：原無，據宋本、四庫本、道光本補。

〔三〕敏：原作「肖」，據宋本改。

〔四〕也：原無，據宋本補。

惟是歲月易徂，每懷學不足之憂耳。共甫甚得此方人情，然所以望之者，固不宜少不滿也。開府之初，舉動多慰人意，其樂義之風亦不易得耳。前書所講及與岳前諸友書，於鄙意大抵無可疑。仁説岳前之論甚多，要是不肯虚懷看義理。某近爲説以明之，亦只是〔一〕所論之意却似稍分明，今〔二〕録呈。其間有未安處，某昨得晦叔書，却肯相信，更俟相見與面剖也。

又

來書披玩再四，所以開益甚多。所謂「愛之理」發明甚有力，前書亦略及之矣。區區並見别紙，嗣有以見告是幸。中庸所引家語之證，非是謂家語中都無可取，但見得此章證得亦無甚意思，俟更詳之。所改定本，亦幸早示，得以玫究求教。克齋銘讀之無可疑者，但以欠數句説克己下工處如何。敬齋箴皆當書之坐右也。洙泗言仁中「當仁不讓於師」之義，舊已改，「孝悌爲仁之本」、「巧言令色鮮仁」之義，今亦已正，并序中後來亦多换，却

〔一〕只是：原作「只好」，據宋本、四庫本、道光本改。
〔二〕今：原作「全」，據宋本、四庫本、道光本改。

納一册去上呈。所謂「觀書當虚心平氣，以徐觀義理之所在。如其可取，雖世俗庸人之言有所不廢；如有可疑，雖或傳以爲聖賢之言，亦須更加審擇」，斯言誠是也。然所謂虚心平氣者，豈獨觀書當然？某既已承命，而因敢復以爲獻也。某近作一拙齋記，併録往，幸爲删之。安國所寄書册今附去，數見别紙。石屏一枚似勝前，如何？共父之勢，想必此來，異時却易得便，第未知再見之日，懷向殊不勝情耳。中庸集解俟更整頓，小字欲盡移作大字，又恐其間逐句下有解釋，難移向後。侯〔一〕師聖之説多可疑，然亦有好處也。魏元履、栻兩次作書託虞丞附去，不知何故不達，來諭皇恐，豈有此哉！今復有數字往問其疾，且謝之也。子飛家事聞之傷心，其子之喪，恐亦宜早歸土也。

〔一〕侯：原作「俟」，據宋本、四庫本、道光本改。

新刊南軒先生文集卷二十一

書

答朱元晦秘書[一]

共父相處二年，心事儘可説，見識但覺日勝一日，亦不易得，作别殊使人關情也。君臣之義，要須自盡，積其誠意，庶幾感通。是間若有一絲毫未盡，則誠意已分，烏能有動乎？孟氏敬王之義，所當深體也。所寄諸説亦略觀，大概林擇之思慮甚親，可重可重！鄙意有欲言者不敢隱，容後便一一寫去，共講論也。近來此間相識，却是廣仲、晦叔甚進。德美已入書院。生徒十五六人，但肯專意此事者極難得耳。

〔一〕該篇又見四庫本播芳大全卷六十八。

又

辱示書，并見所與共甫書論校正二先生集事備悉，然有説焉。前次所校已即爲改正七八，後來者雖嘗見，共甫云老兄又送所校來，偶應之曰：「若無甚利害，則姑存。此本乃胡氏所傳者。」既而欲取一觀，則亦因循，而共甫亦忘送來，此則不敏之過也。然豈謂胡氏本便更不可改耶？前日答兄書，猶云後來者未曾見也。答書之次日，折簡徵于共甫，而得詳觀，其間當改處甚多。方此參定，又二日，而領來教。若以爲一時答共甫之言忽而不敬，與夫因循不敏之過則可，若謂有私意逆拒人，則内省無是也。今以所校者改正近二百處矣。當時胡家本極錯，已是與諸公校過，常恨此間無別本，得兄校正，甚幸。如定性書前後語豈可無？又如辭崇政殿説書表，當在上殿劄子之後，此極精當，能發明先生正大之體，有益於後學。然其間有鄙意所未安，以爲不當改者，亦不敢曲從。如必欲以泝流爲沿流，猶子爲姪是也。沿乃是循流而下，更無別説；泝流窮源，則可見用力底氣象也，試嘗思之。稱兄弟之子爲姪，無他義，只是相沿稱耳；稱猶子，猶或庶幾焉。當時先生此兩處稱猶子，亦復何害？若謂是文定改此兩處，則胡爲他處不改也？若此等却望兄平心易氣以審其是非焉。已作簡共甫，并亦時有數字注在所校卷子中，想共甫須送往。尚有欲改及可見告者，毋惜，却簽此卷見示，庶成完書耳。栻每念斯道知之爲難，知之矣，請事之功爲難。氣習之不易消化也，而可長乎？人告之以有過則喜，此爲進步於仁，仲由所以爲百世師也，況如淺陋？得來書警策之，甚幸。嗣此無替斯義爲望，栻亦不敢有隱於左右也。讀所與共甫書，辭似〔一〕逆詐億不信，而少含弘感悟之意，殆有怒髮衝冠之象。理之所在，平氣而出之可也，如何如何？相察相正，朋友之道也〔二〕，吾曹當共敦之。程先生集既有舊本可據，當不憚改，但心疑數處，亦當注「一作」於其下，所以存謙退敬讓之心。下諭敢不深領。

又

共甫之召，蓋是此間著績有不可掩，然善類屬望，在此行也。數日來，聞二暨補外，第未知所以如何。若上心中非是見得近習決不可邇，道理分明，則恐病根猶在，二暨去，復

〔一〕似：宋本作「以」。
〔二〕也：原無，據宋本補。

二豎生。不然，又恐其覆出爲惡。若得有見識者乘此時進沃心妙論，白發其姦，批根塞源，洗黨與一空之，然後善類朋來，庶有瘳乎！

又

復和仇虜，使命交馳，痛心痛心！陳應求〔一〕時通書，極知憂國，但未見所以濟之之策。已去復召，却又供職，所不能曉，想〔二〕數得相見。但今日所謂正人端士固有之，惟是不知學，不敢期望以向上事業耳。湖南緣向來有位者惠姦長惡，養成郴賊，共父到，頗能明信賞罰，上下悦之。今鄂兵〔三〕集者五千人，若措置得宜，當數月而定。但今時一種議論，待盜賊只知有招安，正如待仇虜只説和一般。此賊蹂踐三路，殺掠無數，渠魁豈可不殲焉？特散其黨與可耳。郴、桂盜賊幸有平定次弟，但安輯反側，撫存凋瘵，正惟匪易。如病癰疽，須消盡毒

〔一〕陳應求：原作「陳應捄」，據宋本改。案，陳俊卿字應求。

〔二〕宋本「想」前缺三字。

〔三〕鄂兵：宋本作「鄂岳」。

氣，使血脈貫通，方爲無事。共父甚留意。偶來告有便介，草草復附此。

又

近世議論，真所謂「謀其身則以枉尋直尺爲可以濟事，謀人國則以忘親苟免爲合於時變」。世間號爲賢者，政墮在此中，況其它哉！此風方熾，正道堙微，率獸食人，甚可懼也。吾曹但當相與講明聖學，學明於下，庶幾有正人心、承三聖事業耳。

又〔一〕

諭及「易與天地準」以下一章，細看，惟文義聯屬處猶有所未達，方更詳之，恐有定論，幸見教。近看「和順於道德而理於義」，恐正是謂易書之義，蓋與上四句立語同，後一句乃是總括聖人作易，所謂生蓍、倚數、立卦、生爻、理義，皆窮理盡性至命之事也，不識如何？

〔一〕該篇又見四庫本播芳大全卷六十八。

又

某今夏止酒，又戒生冷，意思頗覺勝常年，一味善噉飯耳。昨見所與劉樞書，聞郡中既以再辭之狀申省，今且當謹俟之也。伯恭聞居深山間，想甚勝。向來聚生徒之多，聞亦有議之者，曾得其詳否？伯逢止酒甚勇，在渠誠爲不易也。所諭釋氏存心之説，非特甚中釋氏之病，亦甚有益於學者也，但「何[一]有於我哉」，文義細詳之，只是謂此數者非獨有於我，正欲學者進於此也，故程子謂勉人學當如是也。呂氏之説，誠是添字較多。若尹氏謂「人孰能若孔子者哉」，又恐以「若」字易「有」字，亦恐未安也。大意固是聖人示人以近，故以此數者自居。若曰「孰能若我」，則又恐非聖人辭氣耳。「吾有知乎哉」，尋常只承程子之説，若文勢則上一句疑辭也，下一句斷辭也，猶曰「君子多乎哉？不多也」，不識如何？

〔一〕何：原作「可」，據宋本、四庫本、道光本改。

又

某幸粗安，不敢廢學，惟相望之遠，每思講益，殊不勝情耳。近兩書中所講，再三詳之，如中庸章句中所指費、隱，雖是聖人尋常亦有説費處、説隱處，然如所指，却有未免乎牽强者，恐此數段不必如此指殺。某方亦草具所見，更定異同處，俟更研究後便寫寄也。仁説如「天地以生物爲心」之語，平看雖不妨，然恐不若只云「天地生物之心，人得之爲人之心」似完全，如何？仁道難名，惟公近之，然不可便以公爲仁。又曰「公而以人體之故爲仁」，此意指仁之體極爲深切。愛終恐只是情，蓋公天下而無物我之私焉，則其愛無不溥矣。如此看乃可。由漢以來，言仁者蓋未嘗不以愛爲言也，固與元晦推本其理者異。然元晦之言，傳之亦恐未免有流弊耳，幸更深思，却以見教。中庸集義前日人行速附去，不曾校得，後見謄本錯誤處多，想自改正也。序文更幸爲隱括。其間〔一〕有云「若横渠張先生則相與上下講論者也」，本作「合志同方者也」，不知如何？如此未穩，亦幸爲易之。劉

〔一〕間：原作「問」，據宋本、四庫本、道光本改。

樞再帥，此間人情頗樂之，今次奏事，所以啓告與夫進退之宜，想論之詳矣。因其迓兵行，附此一紙，它俟後訊。

又

吴晦叔八月間遂不起，極可傷惜。湘中遂失此講學之友，豈復可得！近聞已葬矣。有子方數歲也，想亦爲動懷。伯恭見報已轉對，未知所言竟云何。英州固爲病痛不小，但其去也，殊有所係，近事想悉聞之，使人憂心，不遑假寐。又伏思之，吾君勤儉之德，天必將相之，有所開悟，所恨臣下不能信以發志耳。建康屢得書，亦念歸也。其它遠書莫盡。

又

某已拜書，偶有少事，數日來方見李壽翁侍郎申明，乞依舊法，義米各樁穀在逐鄉都分中，曾見此文字否？此説殊當，但朝廷下諸路常平司與州郡相度，目前諸人例以爲不可行，可歎！然壽翁所條似未盡，而户部鋪法固已沮之矣。區區之意以爲可行，但須條畫詳密乃可。望兄試爲思而處之，畫頃見教，附此人回，幸甚！聞向來兄在鄉所措置歛散米事，今極有倫理。其間利病甚〔一〕切，想究復之甚熟矣，顒俟顒俟！如湘中辛卯之旱，浮徙者無數。徙者後來得歸十無二三。此説得行，當無此患。文字恐未見，録一本去。

胡明仲論語詳説雖未能的當，然其間辯説，似亦有益於學者也。有欲板行者，於兄意如何？章句、或問書中所引周氏説爲誰？某未見此書也。再三思或問所條析，誠恐前輩説中偏處有誤後學，不可以不辯。但一一辯析，恐未能盡，又似太費力，只舉其大者與其條目使人推尋之，如何？然前所寄數紙詳讀，又於〔二〕愚慮所益固已不少，恨未得盡見之也。蓋其間非獨可正一事一義，於其立言病痛來歷處究極之甚精也。

又

畫僧只是一到城南經營，即爲劉樞閉在湘。春作圖帳，到今未出兩紙，只是想象模寫，得其大都，其間有欠闕及未似處，今且送往，它時别作得重寄也。書樓、山齋方治材未

〔一〕甚：原無，據四庫本補。
〔二〕又於：原作「叔」，據宋本、四庫本、道光本改。

立，南阜未有屋，須它年屋[一]成，即謂之「蒼然觀」耳。書樓欲藏數百卷書，及列諸先生像，此二字亦求兄寫，當不惜也。

又

向來略有疑於辭受之際者，無它，只爲既已堅辭，後來只是堂中檢坐不許辭免旨揮，未曾再被君命，疑以爲未可也。今承來喻，蓋已備曉。但某尋常或慮兄剛厲之過，今寬裕乃爾，足見矯揉之功也。夷、齊事舊承用五峰之説，謂夷、齊讓國，故見伐國事不是，不食周粟，在夷、齊身分上當然，是能全其清者也。因諭及，細思之，非謂前日已曾如此，今日更不得如彼，只是清者之見自如此[二]耳，如何？中庸章句如「道不遠人」章，文義亦自有疑，此便即行，容續條去。所謂欲作一略解，甚善。某近來看論語諸書，文義間時亦覺平易中有味處。病後醫者戒以少作文字，未欲下筆。冬間有可求教者，旋寫去。盍簪之樂，時見夢寐，未知何日果遂耶？馳想馳想！

〔一〕「須它年屋」四字原無，據宋本補。

〔二〕此：原作「比」，據宋本、四庫本、道光本改。

又

胡廣仲一病遂不起，極可傷惜。渠氣本弱，忽苦腿髀之疾，醫者謂腎氣有餘以甘，遂瀉之，自此泄利不止，百藥無効，經月竟至此。弟弱子稚，尤可念。渠邇來雖肯講論，終是不肯放下。病中過此，猶爲及此意。然胡氏失之，亦甚害事也。元履家事如何？某寄賻儀等去已久，都未得其子回信，不知已達否？晦叔在岳下無過從，欲決意來城中，要是渠自當離却婦翁家乃是。伯逢月初已赴江東任。諸公近來無甚講論，德美却來數日，終未能近思也。士子輩間有好資質肯向學者，更看長遠如何，此亦告之以循序務本而已。近來讀繫辭，益覺向者用意過當，失却聖人意脈。如横渠亦時未免有此耳。詩解諸先生之説盡編入，雖是覺泛，又恐學者須是先教如此考究，却可見平淡處耳，如何？

又

某幸如昨，但自家弟赴官，極覺離索之思耳。日夕不敢廢學，第覺向來語言多且易，只欲且做工夫。讀所寄來伊川先生簡語，尤用悚然，不知尊兄意如何？每玩來書，未嘗無警益，愈恨相去遠，未得聚首耳。中庸義邇來細讀，自「誠者天之道」以下尤覺所解有工，前面於鄙意尚多疑處，今復旋具呈。子重編集解，必經商量，刊成，願早得之，此書極有益也。傳心閣銘序語誠贅，删之甚佳。尤溪學記此本勝前，前本大抵意不甚達耳。某近爲邵州作復舊學記，其間論小學、大學意，偶亦相類，録呈。今猶未刻，有可見教，尚冀速示也。嶽麓書院邇來却漸成次第。向來邵懷英作事不着實，大抵皆向傾壞，幸得共父再來，今下手葺也。書院相對按山，頗有形勢，屢爲有力者睥睨作陰宅。昨披棘往看，四山環繞，大江横前，景趣在道鄉、碧虚之間，方建亭其上，以「風雩」名之，安得杖屨來共登臨也？它幾以道義自重。

又〔一〕

知言疑義，反復甚詳，大抵於鄙意無甚疑，而所以開發則多矣。其間數段謹録呈。今自寫出再看，又覺此内亦有不必寫去者，亦且〔二〕附往。論語仁説，區區之意，見學者多將

〔一〕該篇又見五百家播芳大全文粹卷六八。

〔二〕亦且：原作「亦宜」，據宋本及播芳大全改。

「仁」字做活絡揣度，了無干涉，如未嘗下博學篤志、切問近思工夫，便做仁在其中矣。想像此等極害事，故編程子之説，與同志者講之，庶幾不錯路頭。然下語極難，隨改未定，方令[一]録呈，亦俟諸老行寄去。讀史管見當併往，近看此書，病敗不可言。其中間有好處，亦無完篇耳。看元來意思，多是爲檜設言。天下之理，而往往特爲譏刺一夫，不亦隘且陋乎？編通鑑[二]綱目，極善。以鄙見，每事更采舊史尤佳，恐通鑑亦有所闕遺耳。它懷併須後訊。

又

比聞刊小書版以自助，得來諭乃敢信。想是用度大段逼迫，某初聞之，覺亦不妨，已而思之，則恐有未安者，來問之及，不敢以隱。今日此道孤立，信向者鮮，若刊此等文字，取其贏以自助，切恐見聞者别作思惟，愈無靈驗矣。雖是自家心安，不恤它説，要是於事理終有未順耳。爲貧之故，寧别作小生事不妨。此事某心殊未穩，不識如何。見子飛説

[一] 方令：原作「方今」，據宋本及播芳大全改。

[二] 鑑：原作「監」，據四庫本改，下同不注。

宅上應接費用亦多，更深加撙節爲佳耳，又未知然否？

又〔一〕

晦叔留此旬餘，備詳動止，繼而游掾來，亦能道近況，欣釋爲多。見前後與諸人論操舍出入之説，剖析極子細，最後答游掾之語尤完。吕子約雖知聖人此四句正是論心，然未能明別其間始終真妄邪正之所歸，故遂指其乍存乍亡爲感用，此其差亦不小，來示似未以此告之耳。近因游掾來，理會出入字，有答之之語，録呈，未知尊意何如。「易與天地準」章，後來愚意亦〔二〕近是，然不如來説之詳明，更不寫去。

近來士人雖亦有漸向裏者，然往往爲邪説引取，大抵是不肯於鈍遲處下工，要求快便，故差錯耳。蘄州之説淺陋，不足動人，自是伯諫天資低所致。若臨川〔三〕其説方熾，此尤可慮者。吾曹惟當務勉其在己者，若立得無一毫滲漏，則自是孚信，有非口舌所能遽挽

〔一〕該篇又見四庫本播芳大全卷六十八。
〔二〕自「語」至「愚意亦」共二十字原脱，據宋本、四庫本、道光本及播芳大全補。
〔三〕宋本「臨川」下缺二字。

回也。伯恭已造朝，兩得書，聞上聰明，肯容直言，但陰盛陽微，未見復亨之象耳，奈何奈何！

又〔一〕

某食飲起居皆幸已復舊，向來且欲完養，此數日方出報客。城南亦五十餘日不到，昨一往焉，緑陰已滿，湖水平漫，亦復不惡。方於竹間結小茅齋，爲夏日計。兩潦稍定，即挾策其間也。嘗令畫〔二〕圖，俗工竟未能可人意，俟勝日自往平章之，方得寄往耳。伯恭近專人來講論詳細，如此朋友，真不易得。但論兄出處，引「周之可受」之義，却似未然。又向來聚徒頗衆，今歲已謝遣，然渠猶謂前日欲因而引之以善道。某謂來者既爲舉業之故，先懷利心，恐難納之於義。大抵渠凡事似於果斷有所未足耳。游誠之資質確實有志世故〔三〕，心寔愛之，但正宜爲學，不然，恐未免爲才使。今歸，必首去求見。某以乍出，人事

〔一〕該篇又見四庫本播芳大全卷六十八。
〔二〕畫：原作「盡」，據宋本、四庫本及播芳大全改。
〔三〕游誠之：原無「游」字，據宋本及播芳大全補。又上引無「實」字。

頗多，姑遣此紙，早晚樞帥〔二〕又自有人行也。孟子解渠却録未畢，樞帥處却將寫了，當祝封呈。餘幾爲道自重。

〔二〕樞帥：原作「樞師」，據宋本及播芳大全改。下同。

新刊南軒先生文集卷二十二

書

答朱元晦

通鑑綱目想見次弟，甚有益於學者也。垂諭胡致堂所論五王不誅武后事，偶無别本在此檢得，然亦大綱記得。其説武氏誠當誅，畢竟既立其子，難誅其母，如來教所云。至於予奪輕重之間，不過告于唐家宗廟，廢置幽處之耳。然以中宗之昏庸，其復之如反手耳，亦豈是長策？以某愚見，五王若有伊、周之見，則當時復唐家社稷，何必須立中宗？中宗雖是嘗爲武后所廢，然嘗欲傳位與后父，是其得罪宗廟，不可負荷，已自著見。五王若正大義，于唐家見存子孫中公選一人，以承天序，告于宗廟，誅此老媪，則義正理順，唐祚有太山之安矣，試思之如何？「不復夢見周公」章，恐只當從程子之説，夢寐之間，亦思念周公之事，如見其人，然猶云見堯羹牆之類也。若謂真見周公於夢，周公不可見而見之，夢而有妄，恐非聖人之心也。若傅說却是世上真有箇傅說，非妄也〔一〕。若如「何有於我哉」，某後來只改作「何獨我有之」之意，程子所謂使學者勉進乎此者也。若如向來所謂尹子之說「孰能若孔子者哉」，終恐非聖人辭氣耳。近晦叔理會「久假而不歸，烏知其非有」，謂雖使其久假不歸，亦懵不知非己物。某恐孟子之意，爲此言却是開其自新之路，曰「烏知其非己有也」，謂至其能久假而不歸，雖未敢便謂其能有之，亦安知其非己有乎？辭氣蓋完全也，如何？九月間曾拜書送城南圖并録小詩去，且求書樓大字，不知曾達否？都不見來書説及耳。書樓已成，只是三間，字稍大于「月榭」可也，願早得之。

牛、李所争維州事，當如何處置，温公之説然否〔二〕？

〔一〕自前一「傅説」至「非妄也」原爲小字，今據四庫本改爲正文大字。

〔二〕「牛李所争」以下，據宋本分段。

又〔一〕

某黽勉爲州，不敢不敬，深惟聖人「心誠求之」與「以人治人」之義，庶幾萬一，而未之能也。幸人情粗相安，蠶麥差熟，丁税朝廷蠲末等無常産之輸七萬餘緡，稍寬目前，但弊根不除，少須更力論之。惟是興利之臣日進，將恐多所紛更，孤迹其可久於此耶？

又〔二〕

某出入省户，日負素飱，反復古義，不遑寧處。晦叔行時已略言所處大概，有以告之是望。區區在此，不敢不盡誠，政恐學力不到，無以感動，惟悚懼耳。正論極微，假借爲此論者，未嘗了然於義理之所在，而徒遭回於利害之末途。自顧藐然之身，其將何以障此波瀾？然苟留一日，不敢不勉。用是瞻仰，有不勝言。伯恭鄰牆，日得晤語，近來議論甚進，每以愚見告之，不復少隱也。

〔一〕該篇又見四庫本播芳大全卷六十八。
〔二〕該篇又見四庫本播芳大全卷六十八。

又〔一〕

日自省中歸，即閉關温繹舊學，向來所見偏處，亦漸有覺，但絶少講論之益，無日不奉懷耳。西銘近日常讀，理一分殊之指，龜山後書終未之得。蓋斯銘之作，政爲學者私勝之流昧夫天理之本然，故推明理一以極其用，而其分之殊自不可亂。蓋如以民爲同胞，謂尊高年爲老其老，慈孤弱爲幼其幼，是推其理一而其分固自在也，故曰分立而推理一，以止私勝之流，仁之方也。龜山以無事乎推爲理一，引聖人「老者安之、少者懷之」爲説，恐未知西銘推理一之指也。閫範之説極佳，即以語伯恭矣，只如此讀過，誠可戒也。伯恭近來儘好説話，於蘇氏父子亦甚知其非。向來見渠亦非助蘇氏，但習熟元祐間一等長厚之論，未肯誦言排之耳，今亦頗知此爲病痛矣。孟子答公都子一章，要須如此方爲聖賢作用。此意某見得，但力量培植未到，要不敢不勉耳。此話到此，尤覺難説。邪論甚熾，人心消蕩，一至於此，每思之不遑寢食也，奈何奈何！

〔一〕該篇又見四庫本播芳大全卷六十八。

又

祈請竟出疆，顛倒紕悖，極有可憂。某月初即求去，蓋會慶在近，不忍見犬使之至也。自惟誠意不充，無以感動，且當歸去，勉求其在己者。今日大患，是不悦儒學，争馳乎功利之末，而以先王嚴恭寅畏、事天保民之心爲迂闊遲鈍之説。向來對時亦嘗論及此，上聰明，所恨無人朝夕講道至理，以開廣聖心，此實今日興衰之本也。吾曹拙見，誠不過此。來書以爲未有孟子手段，且循此途轍爲少悔吝是也。但孟子亦何嘗外此意？特其發用變化别耳。知言自去年來看多有所疑，來示亦多所同者，而其間開益鄙見處甚多，亦有來示未及者，見一一寫行〔一〕，俟後便方得上呈，更煩一往復，庶幾粗定。甚恨當時刊得太早耳。

又〔二〕

某出入省户，日愧亡補，所以見告者所謂實獲我心，但請對之説容更思之。區區本欲

〔一〕行：原無，據宋本補。

〔二〕該篇又見四庫本播芳大全卷六十八。

俟轉對，對却在正初，又恐遲耳。自念學力未到，誠意不能動人，只合退〔一〕歸，勉其在我者。然竊念吾君聰明勤勞，不忍只如此舍去，當更竭盡，反復剖判，庶幾萬一拳拳之心，不敢不自勉，惟吾兄實照知之。寫至此，不覺酸鼻也。

又〔二〕

西銘之論甚精。「乾稱父、坤稱母」之説，某亦如此看。蓋一篇渾是此意也。但所論其間有一二語，鄙意未安，俟更爲精讀深思方報去。「所貴乎道者三」，上蔡之説誠欠却本來一段工夫，二程先生之言真格言也。某近只讀易傳及遺書，益知學者病痛多，立言蓋未易也。知言之説，每段輒書鄙見于後，有未是處，却索就此簿子上批來，庶往復有益也。近來又看得幾段，及昨日讀寄來者，皆未及添入，俟更詳之，後〔三〕便寄去。

〔一〕退：原作「進」，據宋本、四庫本、道光本及播芳大全改。

〔二〕該篇又見四庫本播芳大全卷六十八。

〔三〕後：原作「然」，據宋本及播芳大全改。

又〔一〕

某邇來思慮，只覺向來所講之偏，惕然内懼，不敢不勉。每得來書，益我厚矣。蓋諸君子往往因有所見，便自處高，執之固，後來精義更不可入，故未免有病。若二先生其猶一氣之周流乎？何其理之該而不偏，辭之平而有味也！讀遺書、易傳，它書真難讀也。西銘所謂理一而分殊，無一句不具此意。鄙意亦謂〔二〕然，來示亦盡之矣。但其間論分立而推理一，與推理以存義之説，頗未相同。某意以爲分立者，天地位而萬物散殊，其親疏皆有一定之勢；然不知理一，則私意將勝，而其流弊將至於不相管攝而害夫仁。故西銘因其分之立而明其理之本一，所謂以止私勝之流，仁之方也。雖推其理之一，而其分森然者，自不可亂，義蓋所以存也。大抵儒者之道，爲仁之至、義之盡者，仁立則義存，義精而後仁之體爲無蔽也，似不必於事親、事天上分理與義，亦未知是否？曾子之言，二先生互相發明，可謂至當。知言疑義，前已納呈，今所寄尤密，方更參詳之。伯恭近日儘好講論。

〔一〕該篇又見四庫本播芳大全卷六十八。

〔二〕鄙意亦謂：原作「亦謂鄙意」，據宋本及播芳大全乙。

喬拱在此，如此等士人甚難得。潘友端年方十七，而立志殊不凡，皆肯用力。潘今暫歸省，俟其來，皆令拜書去求教。李伯諫、林擇之兄弟各有報書，陳、韓在此時相見，亦肯回頭，但頗草草耳。某近因與喬、潘考究論語論仁處〔一〕，亦有少説，續便録呈。晦叔猶未得到長沙書。共父想已過九江，探伺渠到家，專人唁之。是時亦得拜書，憂患中正宜進德，此有賴於兄也。今日達官似皆不逮之，故愛之尤深而責之尤重耳。元履所謂但證候小變者，鄙意亦云爾。遺書當更令修治，近與伯恭議，欲取此版來國子監中，儘可修治耳。

又〔二〕

某備數于此，自仲冬以後凡三得對，區區之誠，不敢不自竭。上聰明，反復開陳，每荷領納，私心猶有庶幾乎萬一之望，正幸教誨之及，引領以冀也。講筵開在後月，自此或更得從容，以盡底藴。惟是迹孤愈甚，側目如林，此則非所計也。劉樞歸，想得欵曲，憂患中

〔一〕論仁處：原作「仁處論」，據宋本、四庫本及播芳大全乙。
〔二〕該篇又見四庫本播芳大全卷六十八。

益進德〔一〕業，異時當大慰人望。晦叔已行未耶？聞其歸計費力，極念之。亦有一書，不知尚可及否？太極圖解析理精詳，開發多矣，垂誨甚荷。向來偶因説話間妄爲它人傳寫，想失本意甚多。要之言學之難，誠不可容易耳。圖解須子細看，方求教，但覺得後面亦不必如此辯論之多，只於綱領處拈出可也。不然，却只是騁辯求勝，轉將精當處混汩耳。如何？

又

某十三日被命出守，次日早出北關，來吴興，省廣德家兄，翌早可去此。自此前途小憩，殘暑即由大江歸長沙故居。偶見陳明仲，知有的便，具此紙奉報。自惟備數朝列，荷吾君知遇，迄無所補報。學力不充，無以信于上下，歸當温繹舊學，益思勉勵，它皆無足言。惟是吾君聰明，使人眷眷，不忍置耳。

〔一〕德：原作「得」，據宋本、四庫本改。

又[一]

某黽勉南來，視事踰旬矣。廣右比之它路最爲廣莫，而彫瘁則最甚。蠻落睢盱，邊備寡弱，日夜關慮，固當以安静爲本，然要須在我有隱然之勢，則安静之實乃可保。方考究料理，不敢苟目前也。遠方法度廢弛，惟以身率之，立信明義，庶幾萬一。諸路土丁，祖宗良法，今虚籍雖存，而其實都亡。方尋繹舊規，若此事有緒，庶幾邊防差壯。誠之已來，未到也。南來朋舊闊遠，殊重離索之歎。偶府中遣人買茶，略附此紙，少定，專人去相看。共父想已到建康，責任甚重，臨行，亦[二]略獻區區也。

又[三]

某守藩倏八閱朔矣，佩聖人[四]「心誠求之」之訓，味「哀矜勿喜」之言，日夜黽勉悚愓之

〔一〕該篇又見四庫本播芳大全卷六十八。

〔二〕亦：原作「示」，據宋本及播芳大全改。

〔三〕該篇又見四庫本播芳大全卷六十八。

〔四〕聖人：原無，據宋本及播芳大全補。

不暇。所幸綱紀粗定，人情頗相信，向又歲事極稔，盜賊屏戢，目前僥倖無它。而環視一路，可寒心事極多。邊備兵政，亦隨力葺理。保甲一事，亦頗有條理。惟是自静江之外，諸郡歲計闕匱異常，甚至官吏乏俸，軍兵乏粮，此亦何以爲郡，坐視民愈困。比有請願與憲漕共考究一路財賦底裹，通融均濟之計，幸蒙賜可，才此詳講熟慮，庶幾有以少寬。然其間曲折亦多，又不敢欲速也。學校略與整修，士子中亦有好資質，時呼一二來郡齋，與之講論，庶知向方。三先生祠某譔〔一〕有小記，納去。凡此不敢不盡區區耳。官寮其初頗有拘束之歎，蓋習於放縱已久，今却極相安，有樂趨事之意。其間亦有數人慤實可委，其餘隨力使得自展。有不率者，先之以訓督，不悛而後加以法，邇來覺得歛縮者多也。此路向來盜賊之多，正緣配隸之人萃焉，例皆逃逸爲害，比嚴首捕之科，明其賞罰，接踵而至，幾無日無之，收其强壯以爲効用，故少戢也。然廣中之人亦自多犯法徒流，常〔二〕有刑不足以勝姦宄，使人愧懼。恐兄見念，欲知其詳，故縷縷及之。静江氣象開廓，風氣疏通。覺

〔一〕譔：原作「設」，據四庫本改。
〔二〕常：原作「堂」，據宋本、四庫本、道光本改。

得無瘴癘〔一〕寒暄之候，殊不異湘中。環城諸山奇變，柳子厚所謂「拔地峭堅，林立四野」，此語足以盡其大概。近觀水東諸巖，空明寬敞，惟龍隱最爲勝絶。蓋在小溪之濱，水貫其中，深窈停洑，以舟入焉，石色特青潤，嶙峻變怪，殊可喜也。某日間亦得暇讀書，但覺向來語言多所未安，尤不敢輕易立辭。中庸末章自「衣錦尚絅」而下，反復引詩，明慎獨始終之道，區區朝夕惟從事於此，而未之有進也。誠之在此，極得其助，近亦得暇讀中庸章句。晦叔許一來，已遣人取之，旦夕可到，相與講磨，庶少慰離索也。共父處人回〔二〕得書，請祠之意甚濃，聞所施爲大抵類長沙。長沙之人，今歲緣茶賊之擾害，人甚思之。但某前書勸渠謙虛，使人得以自盡，人才大小皆有用處，而報書謂「到江上尤不見有人才」，某實懼此語。天下事豈獨智力能辦？通都會邑，豈無可器使者？恐吾恃聰明以忽之，彼無以自見耳。若當大任，恐有所妨。方欲作書述此意，亦望兄自以己意開廣之。今日達官如是公，誠亦不易得，望之深耳。伯恭今次講論如何？得渠書，云兄猶有傷急不容耐處，某又恐伯恭却有太容耐處。然吾曹氣習之偏，乘間發見，誠難消化，想兄存養有道，如某病痛，

〔一〕癘：原作「厲」，據宋本、四庫本及播芳大全改。
〔二〕回：原作「面」，據宋本改。

多兢兢之不遑，正有望時加砭劑也。陸子壽兄弟如何？肯相聽否？子澄長進否？擇之亦久不聞問矣。無咎昨寄所編祭儀及吕氏鄉約來，甚有益於風教。但鄉約細思之，若在鄉里，願入約者只得納之，難於揀擇。若不擇，而或有甚敗度者，則又害事；擇之，則便生議論，難於持久。兼所謂罰者可行否？更須詳論。精處若閑居行得，誠善俗之方也。賀州有林君勳本政書，想亦須見，謾附一本，其間固多未盡，然其人一生用工於此，其説亦着本可貴。此外又於其家求得數書，有論屯田項目〔一〕，亦甚有工。才抄録，續當奉寄。此公所至有惠政，乃是廣中人才之卓然者，殊惜其不得施用也。所欲言甚多，未易殫究，餘見别紙。

〔一〕項目：原作「頃日」，據宋本、四庫本、道光本改。

新刊南軒先生文集卷二十三

書

答朱元晦

某黽勉于此，亦復一載，幸人情粗相安。惟是思爲久遠之計，早夜不敢遑寧耳。本路鹽法，正緣諸州荒寂[一]，都無甚所入，全仰漕司撥鹽息以爲歲計。往年行客鈔，賣數極不多，却有折米錢甚重，民深病之，因此致盜賊。後來故改爲官般，而罷折米。中間廣東以爲不便而争之，再行客鈔。然所賣數多，蓋要足漕司歲計與諸郡之用，只一二年，鈔大積壓，諸州例窘急，而漕計亦不足，於是復行官般。只以静江言之，若無此，便無以支梧。今

〔一〕寂：宋本作「寒」。

静江措置頗有倫緒，不抑賣，不增價，公私皆便之，鹽價反賤於客鈔之時。若諸州俱能如此，則當不至爲害。但諸州漕司撥得息少，彼無以自足，則增抑之事從此而生，故某有前日論奏。後來漕司蔽護，不肯增給。近頗得要領，已再言之，恐可遂也。大抵此路窮薄，祖宗時全仰外路應副，今每歲反應副外路。鄂渚大軍錢、靖州歲計錢及買馬錢合二十一萬緡，則安得不費力〔一〕？極本窮源而論之，須於此減得，然後鈔法可行；不然，則立致敗闕也。恐欲知曲折，略此布之。虞帝廟碑已求得季克字，甚古，磨崖比舊刻處乃大勝。蓋舊刻多罅縫填補，今缺文皆是填補處脱落。今所磨却甚平完，見議下手刊刻也。所寄孟子數義無不精當。某近頗得暇，再删改舊説，方得十數段，俟旋寫去求教。「可欲之謂善」，誠當指人而言，如横渠之説，蓋凡可欲者善而不可欲者惡也。人之所爲有可欲而無不可欲者，則之人也謂之善人。信字亦如來喻，皆是指人而言。如此下語，如何？「金聲玉振」之説，「條理」云者，只是有倫緒而不紊之謂。「始條理」者，析衆理於毫釐也；「終條理」者，備衆理於一貫也。若指「條理」爲脈絡，却恐未順。中庸、大學章句亦已詳讀，有少商量處，

〔一〕費力：原作「貴力」，據四庫本改。

須更[一]子細反復也。易説未免有疑。蓋「易有聖人之道四」，恐非爲卜筮專爲此書。當此爻象，如此處之則吉，如此處之則凶，聖人所以示後世，若筮得之者固當如此處。蓋其理不可違，而卜筮固在其中矣。如蜀莊則專用之於卜筮者也，然亦不敢輕論，俟更深考。山中諸詩紆餘淡泊，諷之不能已，但覺其間猶時有未和平之語，此非是語病，正恐發處氣稟所偏，尚微有存也，更幸深察之。游誠之官期到，行已旬日。其人明決有力，向來良得其助，但義理儘少涵泳，辭色間多與人忤，正須深下工夫乃佳耳。陳擇之今却留此，通曉民事，好商量，但講論多有成説爲礙耳。近見季克寄得蘄州李士人周翰一文來，殊無統紀。其人所安本在釋氏，聞李伯諫爲其所轉，可慮可慮！方耕道聞氣象差勝，舊書辭亦然，可喜。但適遭府公新政，科配諸州錢物不少，渠雖力與之辯，不肯承當，恐蹤迹或不能久安耳。

又

某黽勉所職，無補是懼。目前幸歲稔盜息，人情相安，但環視一路，可爲寒心者多，亦

〔一〕更：宋本、四庫本、道光本作「臾」。

切考究，以其大者控陳矣。伯恭相聚，計講論彼此之益甚多，恨不得從容于中也。寄示學者講論一紙，所論「萬物皆備」一段，意亦近裹。大抵不能反身則自不與己相干，它人飽食，何與己事？反身而至於誠，則樂莫大矣。誠則實能有之也。又論未感時四端混爲一理，却有未安。未感時雖是渾然，而所謂四端之理固已具於中，及其感則形見也。聖智巧力，某後來改舊説頗詳，續録呈。武氏事誠有難處，維州之説，正是鄙心，尚有少曲折，後便併盡。「久假不歸」，當從晦叔。韓、曾用財之説，甚善甚善！某此間應接賓客民事，通近兩時，又將兩時退而考究，紬繹訪問。此外尚得讀書餘暇，有可見教，不惜示及。

又

出處之計竟何如？須着一出否？孟子解等鋟版得，遂漫去。非兄致力，豈能便爾，感幸感幸！向來固屢蒙喻及，是時已復不能收拾，要是因循皇恐耳。近年讀書頗覺平易中意味，向來多言，徒爾爲贅，欲下手痛加删正，終以官守事奪，不敢草草耳。所部自增給鹺息之後，頗可支梧，横歛苛征得以嚴戢。比復有請，漕司輒增撥鹽數，諸州輒增鹽價，並以違制論；諸州將鹽息撥入公庫，充燕飲饋送等費，並坐贓論。已蒙如請行下。又請以見在二十萬緡專椿充漕司買斡〔一〕鹽本，二十萬緡專備借諸州搬鹽本，此乃是一路根本，一毫不得妄動，每歲終申省。蓋無此，鹽法便倒了，一路便受害，向來幾爲妄吏羨獻，是絶一路命根也，可懼可懼！此請〔二〕亦已行下，同運司措置椿管應濟矣。趙若海若得疏通曉事，便自見此。今日正要漕臣得人，庶幾一定之論可以凝固也。諸邊悉寧，但未陰雨之計，不可不素整。今静江教兵頗〔三〕成次第矣，邊頭所患少財亦已有請，庶幾規摹悉定，有可繼之實耳。偶有一項錢，爲三邊州請爲回易之本，若得此，三年之間招補將兵闕額，修堡塞，利〔四〕器械，可有永久〔五〕隱然之勢，無南顧之慮矣。適會新憲到官〔六〕，未一月而殂，拙者復通攝兩臺，事緒雖多，然凡事血脈究見，不敢不竭鄙心也。續候〔七〕聞出處定論，別專人修

〔一〕斡：原作「幹」，據宋本改。
〔二〕請：原作「情」，據宋本改。
〔三〕頗：原作「可」，據宋本、四庫本、道光本改。
〔四〕利：宋本作「厲」。
〔五〕永久：原作「未久」，據宋本、四庫本、道光本改。
〔六〕官：原作「宫」，據宋本、四庫本、道光本改。
〔七〕候：原作「侯」，據宋本、四庫本、道光本改。

問次。

又

某丐祠，乃不獲命，一味皇恐，已再具請，度必蒙矜允。黽勉于此且三年矣，此間氣燥而風烈，久處其間，豈得無所傷？加以災患悲悼之餘，尤覺費調護。又況事理自當閑退，此請若尚未遂，當更力言耳。然未去間，種種不敢少忽，遠近幸寧靜，人情相安，頗覺省力，但義不得不求歸。顧惟主恩曾未有毫髮之報，區區何敢有懷安之念哉！兒子護亡室之喪已抵長沙，以此月葬事，卜地得之湘西山間，某頃〔一〕嘗見之，頗爲穩密。惟是自失梱助，家事細大無不相關。今凡百悉從痛省，只覺恬静之爲安矣。論語日夕玩味，覺得消磨病痛，變移氣質，須是潛心此書，久久愈見其味。舊説多所改正，它日首以求教。向來下十章癸巳解，望便中疏其繆見示。兄閑中想得專精於文字間，殆亦天意也。中庸、大學章句極涵蓄有味，它解想皆用此體。通鑑〔二〕工夫今何如？有相從者否？近東廣一二士來

〔一〕頃：原作「須」，據宋本、四庫本改。
〔二〕鑑：原作「監」，據四庫本改。

相見，篤茂可喜，此間士人似未及之，良才美質，何處無也！

又

學中重刻責沈，納一軸并十本去。近思録方議刻，欲稍放字大耳。詹漕體仁孜孜講學，每相見，職事之外即商確義理，殊爲孤寂之慰，其趣向亦難得也。本路州縣間人才尋常不敢忽，有思慮、有才力者亦得數人。有邕州倅吴儞者，雖是粗疏，然忠義果斷，疾惡如讎，緩急可用，亦謾及之。

又

石子重、陳明仲、魏應仲三書煩爲自使轉達。林擇之久不聞問，今何如？近復有何人相從？長遠者誰？誠實肯作工夫耐久者，極難得也。鄭自明直言，亦不易容受，其直固是可喜事，但未見用其言，而自明兩遷矣，在言者亦更須審顧也。趙若海固爲才健，但近來出按諸郡，拘覈錢物，殊有過當處。凡郡之財悉拘入漕司寄樁庫，遂致有無錢支俸散衣處。昨日報却與廣東詹漕兩易，渠尚未歸也。詹却頗有氣味，舊熟識之。但渠素主張行鈔法，渠未見此路利害，得其來，同作一家事，共議其至當，尤幸耳。本路緣數劇盜皆就擒，遠近殊帖静〔一〕。邊上緣向來多是姑息不立，壞却綱紀，近頗修正二三矣。大抵議論往往墮一偏，孟浪者即要功生事，委廢者一切放倒，爲害則均耳。

又

論及大學中「人之其所親愛而辟焉」處，當讀作「僻」字，反復詳之，甚顯然，且是上下文義貫穿，無可疑者。其理則於修身、齊家極爲要切，易傳所謂妻孥之言雖失而多從，所憎之言雖善爲惡，亦是意也。想静中玩繹，多所發明，恨未得盡扣耳。某數年來務欲收斂，於本原處下工，覺得應事接物時差帖帖地，但氣習露見處未免有之，一向鞭擗，不敢少放過，久久庶幾得力耳。冬夜殊得讀書之暇，温繹舊説，見得其間縱有説得是處，亦復少味，益恨向來言之容易，甚思得閑，從頭整頓過。所欲面承者，蓋非一事也。自甲午病後，雖痛節飲，但向來有酒積在腹間，才飲一兩杯，便覺隱隱地，遂禁絶不復飲，蓋亦効賢者之

〔一〕帖静：原作「恬静」，據宋本改。

决也，以此益覺精力勝前耳。於所講論皆無疑，獨易説未得其安，亦恐是從來許多意思未能放下，俟更平心易氣徐察之也。所謂若稍作意主張，便爲舊説所蔽，此豈獨讀易爲然，凡書皆爾；豈獨説書爲然，凡事皆爾。理道本平鋪放着，只被人起意自礙了。然此非是〔一〕要它不思量，蓋只爲正有害於思耳。

又

某比者蒙誤恩因任，辭而不獲，極用悚皇。但再三思之，事理有不容久冒昧于此，想兄亦悉其詳，身之利害非所問，正恐或至貽害一路。蓋帥司事動涉邊防，而皆係屬密院耳。少俟開正後，當力控陳。其間曲折，遠書未易具布也，兄何以幸教之？本路諸事幸粗定，諸州例頗舒，若得計臺以根本爲念，不爲新奇，不迫以舊逋，庶乎可以望休息。但他人所見類多不與此意同，奈何！然在區區不敢不竭誠盡力也，苟一日未去此，則不敢少忽耳。

〔一〕非是：原作「是非」，據宋本乙。

又

某新歲來，即欲申前請，適以買馬事方興，不免少待。近已畢事，即日走价控陳，執事者漠然不以爲意。今力具劄子至上前，度可必得請〔一〕，想當在後月末〔二〕也。如或尚未得，隨即更請，以得爲期。非惟己分時義所當退閑，兼久處炎方，某頑軀雖幸差健，然恐氣血未免爲所蒸薄。兒子素來氣弱，哀苦之後遂得肺疾，尤非熱地所宜，殊爲之憂慮耳。遠方之人似頗相信，凡百易於號令，比初到甚省力。但朝廷既無相知者，脱有意外，深懼不相應，此尤宜速去耳。詹體仁慤實肯講學，不易得，但未免弱，蓋膽薄而少决。今日善類多有此病，在此每力扶之，終似覺難。以此思剛明之資誠不易得，相與任重行遠，要須得若人輩耳。來諭□□之病，鄙意政謂然，亦屢告之，覺得似安於此，然力箴救之，不可已也。氣稟與家學〔三〕之説誠然，不能矯正，只是剛明不足耳。□□一種議論，後生輩淪入心府，

〔一〕請：原作「得」，據繆本改。
〔二〕末：原作「來」，據宋本改。
〔三〕學：原無，據宋本、四庫本、道光本補。

已覺流弊，甚害。觀□□意亦近之。渠一對之後，又復且隨〔一〕衆而處，亦何能爲有無哉？此特爲尊兄言之可耳。近得劉子澄書云□□正似范淳父避世金馬，此是何議論？金馬豈避世之地耶？范淳父當時同温公修書，事自不同，温公所稱，意自別耳。尊兄閑静中玩理甚精，每得來書，論學及政及評品人才，未嘗不犁然有當，而躍然有省，且慨然有歎也。吾曹豈私於所好哉？自覺理有不可易者，要當相與貞〔二〕固勉厲而已。數年來，尤思一會見講論，未知何日得遂耶？中庸、大學中三義，復辱詳示，今皆無疑，但截取程子之意，似不若只載云「程子曰『此一節子思喫緊爲人處，讀者其致思焉』」，則已是拈出此眼目，使人不敢容易看過矣。如易傳中多有如此等意思，誠解經之法也，如云感通之理，知道者默而觀之可也。更幸詳之。學記得兩石甚堅潤且厚，見磨治刻字，當點檢〔三〕子細，日俟額字之來耳。所要碑刻文字寄去數具別紙。林擇之可念，當時似不必如此遠去耳。今亦分俸薄助之，附此便告，幸爲轉達。吴門蹤跡亦見別紙。陳、鄭兩書已付吴德夫，但鄭君已赴銓矣，

〔一〕隨：原作「墮」，據宋本、四庫本、道光本改。
〔二〕貞：原作「真」，據宋本、四庫本、道光本改。
〔三〕點檢：原作「檢點」，據宋本乙。

吴晦叔已葬，子殊幼弱耳。湘中士人有周奭者，舊嘗相從，近來此相訪，頗覺長進，似是後來可望者，蓋天資元來剛介，今却肯作工夫耳，以母老不得久留，今歸矣。有新貴州守陳唐弼過此，頗有志於事爲，於邊防、兵法、屯田等事皆曾講究，乃一有用之才。其父規，紹興間與劉信叔同守順昌者也，亦恐欲知。游誠之時得書否？心極不能忘之，然要須更加鋤治之功耳，亦幸時因書告語，此等資質宜有以成就之。石子重之對如何？後來有何學子及人才中有可見語者？因書却幸筆及。英州兩遣人看之，數日前得書，頗似悔前非，有欲閑中讀書之意，未知如何？又恐爲釋氏乘此時引將去也。義利交戰，卒爲利所奪；君子小人相好，卒爲小人所汩，蓋亦理勢之必然。此渠前日之爲，亦不勝其責也，然誠是終可憐耳。建康數通問否？近日意思作爲復如何？此僻遠，終是疏得音書，且都不知事耳。

又

此間歸長沙，一水甚便，只數日陸行，到清湘登舟，春夏間不十日，可泊城南書院堤下矣。學中見刻易傳，湖、廣間難得此本耳。近思録中可惜不載得説舉業處，幸寫示，尚可添入。是兄一手所編書，此不欲自添也。舍弟數數拜書否？隱齋着語，願亟見之。

又

前時承書中諭及狄梁公書法，甚善，使梁公親聞之，亦當爲法受惡無所辭，此義烏可不立也？管寧之徒亦誠如所示。栻近因讀春秋胡氏傳，覺其間多有合商量處。程先生之説雖少，然總領略具矣。本路新漕詹君儀之體仁豈弟愛民，凡事可以商量，又趨向正，孜孜以講學爲事，時過細論，殊慰孤寂。舊在嚴陵相見，頗惑佛學，今却不然，亦得伯恭之力，其人恐有可望也。二廣亦有二三士人肯思慮能自立者，但向來無師承，方告以所當循〔一〕之序耳。

又

尊嫂已遂葬事否？卜其宅兆，固當審處。然古人居是邦即葬是邦，蓋無處無可葬之

〔一〕循：原作「馴」，據四庫本改。

地，似不必越它境，費時月，泛觀而廣求也。君子舉動，人所師仰。近世風俗深泥陰陽家之論，君子固不爾，但恐聞風失實，流弊或滋耳。更幸裁之。

又

游掾後來曾相見否？計今已還也。晦叔不知尚留彼中否？中庸後解想已付渠來，甚欲見也。如「道不遠人」章，鄙意以爲須將「人」字做「人心」説，亦是旋添入，不若更平易看，只是道初不遠於人之身，人之爲道而不近求之於其身，尚何所爲道？故有伐柯睨視之譬，知道之不遠人，則人與己本均有也，故以人治人。如此看似意味爲長，不識如何？

新刊南軒先生文集卷二十四

書

答朱元晦

章句序文理暢達，誦繹再四，恨未見新書體製耳。近思録誠爲有益於學者之近思，前此伯恭尚未寄來也。某比改定得語解數篇，未及寫去。「先進」以後，後來過目，有可示教，一一條示，至幸至望！游誠之誠長進，但向來相聚，見其病多在矜之一字，亦嘗力告之，若不痛於此下工，則思慮雖親切，亦終必失之耳。今在彼動心忍性處多，於渠當復有深益。某若祠請得遂，徑歸城南，温繹舊書，甚幸。但近年極思與君子一相見，何日得爾耶？儻居閑，當漸可圖也。是間學校廟宇已成，頗爲雄壯。書閣講堂次第而立，齋廡亦〔一〕然。大抵類長沙學，而木植規範似過之，恐早晚去此，求記不及〔二〕，已令具始末及畫圖，旦夕專人走前。它懷此未能具布。

又

某幸粗安常，近緣憲、漕兩臺俱闕官，不免時暫兼攝，雖事緒頗多，然一路滯獄苛征得以決遣蠲放，不敢不盡心也。向來慮所論，乞增撥諸州一分鹽息錢及增邊州米錢事，會適蒙恩旨施行，因得子細奉承。且爲一路思久遠根本之計，樁貯四十萬緡於諸州，以權衡鹽〔三〕法，接借本脚，而又措置防異日漕司增鹽、諸州抑賣及妄費等弊頗詳，一一列上。若非今次攝漕事，則亦無由料理得也。此是一路性命所係，前日幾爲小人盡刮以獻。前後文字俟一一録去。此事一定，則拙者欲秋涼後丐歸長沙舊廬耳。虞帝廟磨崖已刻得有次

〔一〕「齋廡亦」三字原缺，據宋本補。

〔二〕「及」與下文「已」二字原缺，據宋本補。道光本作「及爾」。

〔三〕鹽：原作「然」，據宋本、四庫本、道光本改。

第，前日打得數字謾附呈。兩日以霖雨，不曾打得也。磨崖之傍，近因取石，遂鑿開一巖頗佳，巖之後正臨皇澤之灣。今欲當户爲亭以瞰之，巖曰韶音，亭曰南風，亦恐欲知。中庸集解已成，只是覆尤溪版，納一部去。見刻三家昏喪祭禮，温公、横渠、伊川。未畢也。孟子欲再改過，終緣公務斷續，蓋雖退食，其於庶事又有當考究思慮者，不敢放下耳。偶有少事，具見别紙。速遣此价，它未能及，俟碑[一]成再遣人去，正惟爲道義重。

又

某近聞建寧書坊何人將癸巳孟子解刻版，極皇恐。非惟見今删改不亭，恐誤學者，兼亦甚不便，日夜不遑，已移文漕司及府中日下毁版，且作書抵鄭、傅二公矣，更望兄力主張，移書苦言之，且諭書坊，不勝幸甚！此价回，欲知已毁之報，甚望之[二]。

[一] 碑：原作「裨」，據宋本、四庫本、道光本改。

[二] 之：原無，據宋本補。

又

奉教，以禮書中不當去冠禮，事甚當。是時正欲革此間風俗，意中欲其便可奉行，故不覺疏略如此，見已改正。如冠禮乃區區久欲講者，當時欲留此一段，候將來商議定耳。比者長沙亦略考究爲之説，其間固多未安，今謾録呈，願兄裁定示誨。此事乃人道之始，所係甚重，所謂「冠禮廢，天下無成人也」，惟早留意，幸幸！虞廟樂章所以未刻者，緣有少疑。辭固高古有餘味，但如「神降集兮巫屢舞」之類，恐涉於不敬。又此邦之人尚鬼，詭怪百端，恐愚民不識用意之所在，傳訛爲怪異恍忽，故未敢刻，更幸詳之，見教乃得奉承耳。所謂「天德剛明，非斡母之蠱者所能開迪」，此論之至當。某之愚，近思之亦謂然。如□□輩難責，蓋未免要它官職耳，不知寫與伯恭，渠謂如何？若只如□□所執，恐終無益。下梢了得个渾身無病痛，出來已是大𠼪，竟何益也？然此論切不可輕出，已是被人憚吾輩之深，未有益，而空先重其疾耳。

又

孟子解板，不謂鄭少嘉全不解人意，早晚賀倅李宗甫歸，當令攜書往見趙守，專辦此事，須煩李君面看劈版。是時亦拜書，煩力一言也。

某已遣人行，偶復記有一事，再此具布。虞廟碑中「肹蠁」字，此間有舊日監本西漢書，檢得甘泉賦中「肹蠁豐融」，乃是從向。古字固多通用，遂不復改，幸炤悉。

又

語説荐荷指諭，極爲開警。近又删改一過，續寫去求教。私心甚欲一相會，若得至長沙，當有可議耳。伯恭既已轉對，恐當爲去就計。近見臺臣論程學云云。如伯恭在彼，尤不應恝然也。石子重向來聞在三衢辭召命，甚善。今聞已到闕，未知所言何如耶〔一〕？其它大抵非遠書可達〔二〕也。學舍已成，方敢請諸邑有行義士人入其中爲表率。嶺外風俗尤

〔一〕耶：原作「而」，據宋本改。

〔二〕達：宋本作「述」。

弊，雖未易遽正，然不敢不開端示漸，如喪、祭、婚姻間亦頗有肯革者。理義存乎人心，但患啓迪薰陶之未至耳。

又

論語章句精確簡嚴，足以詔後學。或問之書，大抵固不可易之論，但某意謂此書却未須出。蓋極力與辯説，亦不能得盡，只使之誦味章句，節節有得，則去取之意與諸家之偏，當自能見之。不然，却恐使之輕易趨薄耳。

又

共父一病，遽至薨逝，聞問慟哭，傷痛奈何！積望至此，亦殊未易。時多艱虞，喪此柱石，深爲天下痛惜之。不但朋友相與之私情，想同此心也，奈何奈何！其家事今如何？嗣子頗能立否？凡事想悉倚賴，賢者當亦不惜力也。葬事在幾時？有定論未〔一〕

〔一〕論未：原無，據宋本補。正誼堂本、道光本作「期否」。

耶？某義當往哭，適此拘攣，今且專价去，俟到武昌，更再遣往。臨書涕零，不勝情也。

又

某自附陳明仲書後，一向乏便嗣音，惟是懷仰，未嘗忘也。秋涼行大江，所至遊歷山川，復多濡滯，今方欲次鄂渚，更數日可解舟。舟中無事，却頗得讀論語、易傳、遺書，極覺向來偏處，取所解孟子觀之，段段不可，意義之難精，正當深培其本耳。修改得「養氣」説數段，舊説略無存者。得所寄「助長」之論，甚合鄙意，俟到長沙，録去〔一〕求教。曾子之説，伊川法則之語深有味，於此看得道字極分明也。知言疑義開發尤多，亦有數處當更往復，及後來旋看出者，併俟後便。此論誠不可示它人，然吾曹却得此反復尋究，甚有益，不是指摘前輩也。上蔡語解偏處甚多，大有害事處，益知求道之難也。

又

某受任上流，到郡恰一月，顧此地在今日至重，豈譾陋所能勝？然亦不敢妄自菲薄，

〔一〕去：原作「云」，據宋本、正誼堂本、四庫本、道光本改。

黽勉激昂，期爲遠計。第承積弊之餘，綱紀委地，無一事不當整頓，今頗有條緒，邦人似相信愛。邊備深可寒心，軍政極壞。今軍事在都統，財賦屬總司，所謂帥臣者，其所當爲，要是以固結民心爲本，使斯民皆有尊君親上、報國疾讎之心，則以守固，以戰克矣。此路民貧悴尤甚，它處田多未墾，茅葦彌望，坐失上策，于今幾年。義勇民兵實多强壯，但久不核其籍，且數年不教，其勢因循。見行整頓此事，在於人情亦似樂之，然其間曲折之宜，正須精密乃可。帥司兵但有神勁馬步合千人，騎軍共父所制也。方一新隊伍，嚴紀律，明節制，兵雖不多，要是規摹不可不立。荆鄂大軍屯營在此者亦萬五千餘人，非復岳侯向日規摹。近日曾喚來射，亦全不成次第。兵將輩見帥司治軍，似頗有愧色。前此其軍擾郡中，百姓不可言，某務以信義開懷待之，而號令則不可少犯，頗肅然，無敢干者。襄陽去此平原四百餘里耳，然向來虜不曾出此者，以粮運費力之故。顧此亦何足恃，但此間乃吴蜀腰領，自襄陽至此，要當以死守之。往年劉信叔號名將，張安國素豪俊，然爲帥時才聞邊上少警，便倉皇要爲移治江北之計〔一〕，此乃大繆，不知縱虜使至此，更有甚世界！此皆不知

〔一〕計：原作「討」，據宋本、四庫本、道光本改。

義，亦不知勢也。某孤危之蹤，獨荷主上照見，使爲此來，然寔不敢自保其久于此，惟是深懼一日必葺之義，思効萬分。而獨力更無人相助，欲辟一二官屬，未知得與否耳。范伯逵夫田文字前日來時遍尋不見，輒更求一本，及兄有可損益於其間者，併願聞之，甚望！

又

懇辭再四，不獲，就國爲宜。一境之民，得蒙被詩書之澤，何其幸哉！某居官如常，但比之静江，應接頗多，殊覺少暇耳。所幸遠近頗寧肅，雨澤沾足，高下之田悉得就耕。京西界中有賊過北界，劫其縣，殺其令，歸途涉本路境，追捕得數輩，梟于境上。其中有虜中官員亡奴過來勾引京西賊劫本縣。天下之惡一也，亦縛送之。邊頭之人初頗不安，賴此安静。但孤蹤殊不敢自保，然苟尚留此，每事不敢不黽勉。義勇近來振激之，頗覺它時可用，爲之立節制總紀，使各受縣宰節度，寓以階級，向來科擾迎送役使之類並罷，專一令防盗，暇時習武。若今冬未以罪去，當更聚閱整齊之。本路副都統兵寨在此，而身留襄陽，比來此相見，其人乃郭杲，亦明快可與語，問某此間得無爲守備乎？緩急有堡寨否？某應以此間出門即是平原，走襄陽僅六百里，所恃者襄、漢立得定，折衝捍蔽耳。太尉當力任此事，要兵要粮，此當往助，若放賊入肝脾裹，人心瓦碎，何守備爲？向來劉信叔、張安國皆有緩急移保江北之論，乃大繆也。使賊到此地，何以爲國？守臣但當握節而死耳。渠頗悚然。然某所恃者有此二萬來義勇，所當整頓，緩急有隱然之勢也。今專務固結其心，愛養其力，庶幾一旦可共生死，第一義也。到此半年，所見如此，謾恐欲知。劉寶學志銘，正月半間專遣价走送其家，至今無耗，殊不可曉，今録本去拜呈，恐未之見也。共父遂葬，聞之不覺淚落。渠此間置神勁馬軍及經理義勇兩事可書，但是時爲政，猶未及晚年在建康時耳。

又

仁風義氣，想已周浹四境；重稅厚供，想已考究本末。備見「求牧與芻」，固當然也。某於此有所見，亦不敢以隱，但亦精審而後發耳。辰、沅等五郡刀弩手事，近歲爲誕謾觀望者所害。比〔一〕列上爲久遠計，諸司皆恐未合，時論雖知其是，有不敢聯銜者，不免徑自

〔一〕比：原作「北」，據宋本、四庫本改。

以聞，便蒙開可，爲明主可爲忠言，士大夫往往負之耳。如茶引、會子、上供皆目前大利害，見考究以次陳也。惟是孤蹤不獲〔一〕自保，然一日必葺之義，不敢少墮耳。義勇事屢承問及。共父向來在此入奏，謂義勇武藝勝大軍，緩急可調發，某實未見其然。然其人多强壯，倉卒足爲荆渚〔二〕之衛，以壯上流，平時可以捕察盜賊，此則然耳。共父御此輩未免姑息，如免役一事極害事，後來至縣道無人可差役，中下以下户反受深害，今亦修正其事。又縣道不能節度，豈有是理！亦明示節制，使知縣而不任，則去之可耳。比有總首徑申本司保明，差一部將，不經縣道，不免懲治，使知循序，此最要務也。然義勇尋常多有所患，若如率斂等事，一切禁止，所以恤之者固不可不盡，而於節制則不可不明耳。若今冬聚教，某未以罪去，當更一一整頓之。但患武將極難得，亦是近年以來進退在近習之門，所取皆誕謾之輩，壞得人才狼狽，極可慮耳。所諭傳聞之説，甚皇恐，不知何以得此？連日循省，緣初到時承縱盜之後，不免重賞，連獲江湖間積年殺人之賊，以正典刑。又有一賀之美者，乃一路囊橐渠魁，六七年來激茶客爲盜，誤官軍使敗，且假盜以報冤，用此致家

〔一〕獲：原作「敢」，據宋本改。
〔二〕渚：原作「諸」，據宋本、四庫本、道光本改。

貲累鉅萬。一路之人怨毒之深，畏之甚如虎狼，不免逮捕按誅，徙其妻子，盡没其貲，歸之有司而不有之，併按治憲司大吏向來受賂故縱者。今年茶客盡循約束，無一夫敢持兵行於途者，此一事之力爲多，恐或者便以爲嗜殺耳。近數月以來，既幸無新盜，而舊盜已多得，亦無所用刑矣。但昔人哀矜勿喜之意，每切味之，要須使此氣味無間斷耳。尚氣之言，亦每防有主張過當處，亦不敢不聞而警之也。近按〔一〕一郡守，素來凶險，事極披猖，不得而已，異時恐亦不在祝大任之下。因思諸葛忠武李平、廖立之事固是〔二〕公道，然亦由德盛感人之深，乃能致然，每使人愧昔賢耳。

又

幸安職守，今年雨暘以時，可望一稔。盜賊頗戢，刑罰亦省，獨兵戈間弊病非一，掇其尤者列聞，它不遑卹也。兄近來爲況何如？教令既孚，當益無事，且須爲少留否？相從今後有何人？須得暇議論。某此間但有長沙梁仁伯秀才在此，資質亦頗淳篤。近有澧

〔一〕按：原作「安」，據宋本改。

〔二〕是：原作「事」，據宋本、四庫本、道光本改。

州教授傅夢泉來相見，乃是陸子静上足。其人亦剛介有立，但所談學多類揚眉瞬目之機。子静此病曾磨切之否？亦殊可懼。

又

梁仁伯主簿偕來者，日夕得暇即講論，近頗長進，偶以其祖母病復歸，殊覺落莫。子澄有新功否？甚恨未識之。伯恭聞復喪偶，多難如此，可念可念！有澧州教授傅夢泉者，資稟剛介，亦殊有志，但久從陸子静，守其師説甚力。此人若肯聽人平章，它日恐有可望也。

又

濂溪先生祠記乃遂刻石，對之愧汗。卧龍想見勝概，欲賦一詩，續當寄上。近作每得之輒有開益。别籍異財榜文甚佳，此間却不至有如此太甚者。大抵近北州民間似〔一〕易道説，非湖、嶺間比也。重九日出郊二十里間，遂登龍山，四顧雲水渺然，亦復壯觀。平原中獨有此山，亦不高，蜿蜒如龍蛇耳。堤岸係一方之命，尋常極草草，夏潦盛時，其不爲魚

〔一〕似：原作「以」，據宋本改。

者，幸耳。近城一堤十數里，最所恃者，今爲之久遠之計，不敢草草也。

又

少憩。比對郡學開一城門，正直江湖。舊有門曰恩波，在近處，久塞，今移于此。緣舊學出門即牆面，今焉開闢，氣象甚佳。因爲樓於上，登覽遂爲一郡之冠，以「曲江樓」名之。蓋張曲江來爲長史時，有登江陵郡城南樓詩，故用以名，欲求尊兄爲記，幸不惜落筆，以爲此邦形勢之重。樓之下即是白水河，河之外即大湖濼，濼之外即荆江，如高沙湖之類皆在指顧，以至峽州諸山，亦隱隱見於雲水之外也。

又

伯恭近遣人送藥與之，未回。渠愛弊精神於閑文字中，徒〔一〕自損，何益！如編文海，何補於治道？何補於後學？徒使精力困於翻閱，亦可憐耳。承當編此文字，亦非所以承君德。今病既退，當專意存養，此非特是養病之方也。

〔一〕徒：原作「徙」，據宋本、正誼堂本、四庫本、道光本改。

新刊南軒先生文集卷二十五

書

寄呂伯恭

某讀書先廬，粗安晨夕。顧存養省察之功固當並進，然存養是本，覺向來工夫不進，蓋爲存養處不深厚，存養處欠，故省察少力也。方於閒暇，不敢不勉。但良朋在遠，每誦「一日不可無侯無可」之言，未嘗不引領東望也。所示讀書次第皆着實。蓄德喪志之分，誠不可不察。易傳所謂「考跡以觀其用，察言以求其心」，此語極緊要。近來讀諸先生說話，惟覺二程先生完全精粹，愈看愈無窮，不可不詳味也。來教有云「平時徒恃資質，工夫悠悠，殊不精切」，此可見體察之功。某每思尊兄於尋常人病痛往往皆無之，此在資質固爲美，然在學問不可不防有病。它人所有病痛，却不干學問事，若只坐在此上，却恐頽墯少精神。惟析〔一〕夫義理之微，而致察於物情之細，每存正大之體，尤防己意之偏，好事上一毫才過，便是私意。如要救正此人，盡吾誠意以告之，從與不從，固不可必也。若必欲救正得便有偏。推此類可見。擴而充之，則幸甚幸甚！相從諸人多長進者否？有書來者，各隨其說，以鄙見答之矣。薛士龍及陸、徐、薛叔似諸君比恨未及識。士龍正欲詳聞其爲人，但所舉兩説甚偏，恐如此執害事。事功固有所當爲，若曰喜事功，則喜字上噉有病。元晦數通書講論，比舊尤好。語孟精義有益學者，序引中所疑曾與商確否？但仁義中正之論，終執舊説。濂溪自得處渾全，誠爲二先生發源所自。然元晦持其説，句句而論，字字而解，故未免返流於牽强，而亦非濂溪本意也。觀二先生遺書中，與學者講論多矣，若西銘則再四言之，至太極圖則未嘗拈出此意，恐更當研究也。此間士子資質好、有意於學者亦四五人，每教以着實，於主一上進步耳。晦叔已兩來相見，非久欲遷城居。岳下相識，如胡廣仲、伯逢亦留意，但向來多是想像懸度，殊少工夫，故病痛多不精進，亦數有書往來也。孟子解雖已寫出，其間毛病改綴不停，正如春草，旋剗旋有，且欲自家體當，遽敢傳諸人。見録一本，它時欲奉寄求益也。仁説所題數

〔一〕析：原作「折」，據宋本、正誼堂本、四庫本、道光本改。

段極有開警，別紙奉報，并後來改正處亦録去。祭儀向來元晦寄本頗詳，亦有幾事疑，後再改來，往往已正，今録去。但墓祭一段，鄙意終不安。尋常到山間，只是頓顙哭洒掃而已，時祭只用二分二至，有此不同耳。家間方謀建家廟，異時廟成定祭禮，庶幾正當伯恭所考，因來却幸見寄也。它懷非遠書所可盡，有便不惜寄音。

又

自歸抵此，亦既半歲，省過矯偏，但覺平日以爲細故粗迹者，乃是深失銷磨，雖庶幾兢兢焉，惟恐乘間之竊發耳。深味論語一書，聖人所以教人與學者所當用力者，蓋可以見着實務本乃爲至要，才不帖帖地便使有外之心也〔一〕。來書所自，察向來之病，其間有云以私爲公，以情爲性者，可見察之之精，更宜深勉於篤敬之功也。向來每見衣冠不整，舉止或草草，此恐亦不可作小病看。古人衣冠容止之間，不是要作意矜持，只是循它天則合如是，爲尋常因循怠弛，故須着勉强自持。外之不肅，而謂能敬於内，可乎？此恐高明所自

〔一〕使：宋本作「是」。又宋本無「也」字。

知，但不可以爲小病耳。語學者躐等之病，鄙懷近來正謂如此，敢不深思而謹之也。今世學者慕高遠而忽卑近之病爲多。此間有肯來講論者，今殊不敢泛告，想渠輩聽某以前説話，覺得有滋味，今却鈍悶，若信得及，却可與講習也。「其言也訒」之説誠然。彼中諸人如何？今次寄來問目，却覺子約會思量，雖是泛然，且須令思量，要是須從此過耳，此亦是自己見得曾如此也。元晦仁説後來看得渠説「愛之理」之意却好，繼而再得渠書，只拈此三字，却有精神，但前來所寄言語間終多病。兼渠看得某意思亦老草。後所答今録呈，但渠議論商確間，終是有意思過處，早晚亦欲更力言之。

又

學而篇數段甚有滋益，三段已改過，别録去。「巧言令色」章前已曾改。今送言仁一册去。「父没觀其行」，却恐文意只當於居喪説，若謂泛言行，則父在，固亦當觀其行，但有所不得行，要以觀志爲主耳。論子思摽使者之説甚有味。停蓄鎮重之戒，敢不深佩！以不當憂責爲幸。近世士君子墮在此病爲多，此意殊不厚，非惟先自隔絶，無由〔一〕感通，存心既爾，若一旦臨事，豈復更有力乎？詳味考槃之詩與夫「志在君也」之辭，使人三歎也。元晦向來詩集解必已曾見。某意謂不當删去前輩之説，今重編過，如二程先生及横渠、吕、楊之説皆載之，其他則采其可者録之，如此備矣。而其間或尚有餘意，則以己見附之。觀魯論中教人以詩爲先，蓋興起情性、使人深篤於人倫之際，學者須是先教存忠厚之心也。

又

某前月半間積寒成疾，勢極危，諸事亦已處置，順聽之耳。一夕氣復，諸證盡退，蓋服熱劑灼艾之力，今幸已復常。病中念平日頗恃差壯，嗜欲少，故飲食起居多不戒生冷，不避風寒，此亦是自輕。觀鄉黨中聖人衛生之嚴，豈是自私？蓋理合如是耳。尋常忽略，亦是豪氣中病痛也。每得來書，未嘗無所開警，所謂威儀辭氣間，豈特兄所當勉？某日

〔一〕由：原作「憂」，據宋本、四庫本、道光本改。

從事於此，而每恐其不逮也。曾子所以告孟敬子者最爲親切，每覺上蔡所解語録中所説。猶似未精穩，此要須自家子細下工夫耳。某自覺向來於沉潛處少工夫，故本領尚未完。一二年來，頗專於敬字上勉力，愈覺周子主静之意爲有味。程子謂於喜怒哀樂未發之前更怎生求，只平日涵養，便是此意，須深體之也。氣質居處之説甚善，當深察之，不敢虚來意。此間士子目今亦有向方者，但看長遠如何。文字小小開解，誠不濟事，着實肯做工夫者，乃有可望耳。去年聞從學者甚衆，某殊謂未然。若是爲舉業而來，先懷利心，豈有就利上誘得就義之理！今已謝遣，甚幸。但舊已嘗謝遣，後來何爲復集？今次須是執得定，斷得分明，不然，猶有絲毫牽滯，恐復因循於它日也。亦非特此事，大抵覺得老兄平日似於果斷有所未足，時有牽滯，流於姑息之弊，雖是過於厚、傷於慈，爲君子之過，然在它人視我，則觀過可以知仁，在我自檢點，則終是偏處。仁義之道常相須，若於〔一〕義不足，則所謂仁者亦失其正矣。又如論朱元晦出處，亦似未安。「周之則可受」，謂不使飢餓於土地，只是來相周，故可受。今乃是受加之官寵，豈有安坐于家而坐享之理？元晦辭不敢

〔一〕若於：原作「要」，據宋本改。正誼堂本、四庫本、道光本作「要知」。

當爲合義。但當時託〔一〕一二不同志者，使之宛轉求遂己之請，却似不消得如此添加耳，更幸思之。某舊在臨安，已覺兄之病有此，今復因此二事詳及，推此可以概見也，如何如何？

又

來書所謂辭氣務令平和，然實處不可回互，此語盡之矣。頃〔二〕見相識間有好爲調護審細之論，退而察之，其實畏怯。名曰憂國，恐只是爲身耳。故臨利害則氣懾志喪，而縈於寵利，見不已焉。知人之難，恐不可以不察也。蓋直前妄發，固爲不是，然於所當然而不然，又别爲之説，恐終不免爲姦而已矣。此論不須爲它人説。思慮所及，因來諭，有發于中，故及之耳。

〔一〕託：原作「説」，據宋本改。道光本作「有」。
〔二〕頃：原作「須」，據宋本改。

答彪德美[一]

垂諭之詳，再三誦之，政所望於良友者。但鄙意不能無疑，如「自滅天命固爲己私」一段，恐錯斷文句，故失先生之意，已於季立書中言之矣，想必須見，幸更深思。平心易氣，無爲己私横截斷，庶乎其有取也。知言序可謂犯不韙，見教處極幸，但亦恐有未解區區之意處，故不得不白。如云夫子未嘗指言性，子思中庸首章獨一言之，此蓋是設或問之辭，故以「或曰」起之。然云「指言」，則謂如「天命之謂性」是指言也，其它説話固無非性命之奥，而非若此語指而言之也。故於答之之辭中引子貢之語，以爲夫子之言，無非天命之流行發見也，意則可見矣。更幸詳觀，却以見教。若夫辭氣不足以發，則淺陋[二]之故也。來書雖援引之多，愈覺泛濫。大抵是舍實理而駕虚説，忽下學而驟言上達，掃去形而下者而自以爲在形器之表。此病恐不細，正某所謂雖闢釋氏，而不知正墮[三]在其中者也。故無

〔一〕宋本此篇作「又」。

〔二〕淺陋：原作「誠陋」，據宋本改。

〔三〕墮：原作「墯」，據宋本、四庫本改。

復窮理之工，無復持敬之妙，皆由是耳。某近來反復思之，不可不爲盡言。惟天資慤茂，必能受朋友之實攻，若忽而置之，曰「吾所得自高妙矣」，則僕亦不敢進説于前也。然某之見亦豈敢以爲便是哉？願更講之耳。

答吕子約

來書猶未免欲速逼迫之病。任重道遠，要須弘毅爲先。循循有常，勿起求獲之意乃佳。理義固須玩索，然求之過當，反害於心。涵泳栽培，日以深厚，則玩索處自然有力也。勉之勉之！平時病痛，所貴求以銷磨矯揉之，却不可徒自悔恨，於胸中反添一病。遺書中所謂「罪己責躬不可無，却不可留在胸中爲悔」，是也。希〔一〕顔録舊來所編，不甚精切。顔子氣象但當玩味於論語中，及考究二程先生所論，則庶幾得所循求〔二〕矣。

〔一〕希：原作「烝」，據宋本、四庫本、道光本改。
〔二〕循求：原作「復求」，據宋本改。

又

諭及邇來工夫，足見不輟。但所謂二病，若曰荒怠〔一〕因循，則非遊泳之趣；若曰蹙迫寡味，則非矯揉之方。此正當深思，於「主一」上進步也。要是常切省厲，使凝斂清肅時寖多，則當漸有向進，不可求近功也。别紙亦各答去。區區固未必能深益高明，加以所懷非書可究，惟幸深思，有以見復。

又

所謂近日之病却不在急迫，而懼失於因循，此亦可見省察之功。然此亦只是一病，不失之此則失之彼矣。以至於閨門之間，不過於嚴毅則過於和易；交遊之際，厚者不失於玩則失於過。紛紛擾擾，滅於東而生於西。要須本源上用工，其道固莫如敬。若如敬字有進步，則弊當漸可滅矣。楊龜山所舉富公「崇深」之説，固爲有益於學者，然特拈出此二

〔一〕怠：原作「急」，據宋本、道光本改。四庫本作「怱」。

字，却似未穩。更幸思之。侍旁雜務，于職所當任，豈容少有厭煩忽細之意？惟主敬以立本，而事事必察焉，此〔一〕學之要也。

答胡伯逢

中庸解録未畢，今先寫三段去，大綱規摹如此也，未知如何？垂諭「性善」之説，詳程子之言，謂「『人生而静』以上更不容説，才説性時便已不是性」，繼之曰「凡人説性只是説『繼之者善也』，孟子言『人性善』是也」。但請詳味此語，意自可見。大抵性固難言，而惟善可得而名之，此孟子之言所以爲有根柢也。但所謂善者，要人能名之耳〔二〕。若曰難言而遂不可言，曰不容説而遂不可説，却恐渺茫而無所止也。知言之説，究極精微，固是要發明向上事，第恐未免有弊，不若程子之言爲完全的確也。某所恨在先生門闌之日甚少，兹焉不得以所疑從容質扣于前，追悵何極！然吾曹往返論辯〔三〕，不爲苟同，尚先生平日

〔一〕此：原無，據宋本補。
〔二〕名之耳：宋本作「明之矣」。
〔三〕辯：原作「辨」，據宋本、繆本及道光本改。

之志哉！熱甚，近郊已復覺旱，彼中何如？更幾以遠業自重。

答胡季立

垂諭，足見講學之勤，至所願幸。某愚，惟不敢不深潛其思，時有所見，亦未必是也，惟願與朋友共論焉。夫天命之全體流行無間，貫乎古今，通乎萬物者也。衆人自昧之，而是理也何嘗有間斷？聖人盡之，而亦非有所增益也。未應不是先，已應不是後，立則俱立，達則俱達，蓋公天下之理，非有我之得私。此仁之道所以爲大，而命之理所以爲微也。若釋氏之見，則以爲萬法皆吾心所造，皆自吾心生者，是昧夫太極本然之全體，而返爲自利自私，天命不流通也，故其所謂心者是亦人心而已，而非識道心者也。知言所謂「自滅天命，固爲己私」，蓋謂是也，若何？所斷句則不成文義，失先生意矣，更幸思之，却以見教。

答胡季履

承諭觀史工夫，要當攷其治亂興壞之所以然，察其人之是非邪正，至於幾微節目，與夫疑似取舍之間，尤當三復也。若以博聞[一]見助，文辭抑末矣。此間士子輩觀通鑑，嘗令先將逐代大節目會聚始末而觀之，頗有意味。如高祖入關、滅項、誅功臣之類，皆作一門備其源流，此亦編得有次第，方欲取前輩議論之精者入於其間也。

又

所諭讀書欲自博而趨約，此固前人規摹，其序固當爾。但旁觀博取之時，須常存趨約之意，庶不至溺心。又博與雜相似而不同，不可不察也。有所發明，毋惜示教。

答胡季隨

辱惠書，審聞侍奉平達武林，履候勝福，極以爲慰。諭及日讀二程先生遺書，甚善。要當平心易氣，優遊涵泳。所謂[二]其間談性命處，讀之愈勤，探義愈晦，無怪其然。若只靠言語上求解，則未是。須玩味其旨，於吾動静之中體之，久久自别也。歸來所作洙泗言

〔一〕聞：原作「文」，據宋本、繆本、正誼堂本及道光本改。

〔二〕所謂：原作「所讀」，據宋本改。

仁序、主一箴録去。所要詩亦寫在別紙。彼中過從謂誰？歲月易邁，人心易危，華盛之地，奪志者多，惟敬自勉，以承先世之業。更祝厚愛，所見所疑，便中不惜頻示。還轅當在何時耶？

又

録示序文，三復，足見所志。雖然，升高自下，陟遐自邇，善學者志必在乎聖人，而行無忽於卑近，不爲驚怪恍惚之見，而不舍乎深潛縝密之功。伊、洛先覺謂學聖人當以顔子爲準的，誠明訓也。德門令質，惟益勉之。

又

元晦所編遺書，只是裒聚〔一〕逐家所編全入之，都無所删也。其間傳録失指者固有之，正要學者玩味耳。若便删去，却殊無意味也。得此等文字，且當服膺沉浸其間，未宜以己意直斷輕議也。

〔一〕裒聚：宋本「聚」下有「折」字。

又

所諭二先生遺書，其間固有傳寫失真者，向來龜山欲删正，而迄未下筆，要須究極精微，無所憾者，乃可任此，未容輕議也。今元晦所集皆存元本，在學者亦好玩味，其間真僞，在我玩味之久，自識别之耳。所謂未容輕議者，非是爲尊讓前輩，蓋理未易明，不應乘快便據目前斷殺，須是潛心。若果下工夫，方覺其未易也。只據前人所辨，亦須自家胸中自見得精神乃可。不然，亦只是隨人後贊歎而已。某頃年編希顔録，如莊子等諸書所載顔子事多削去，先生以書抵某云：「其它諸説亦須玩味，於未精當中求精當，不可便容易指以爲非而削之也。」此事是終身事，天地日月長久，今十有二年矣，愈覺斯言之有味，願吾友深體之。它希篤沉潛之功，以輕易爲戒，勉茂遠圖，厚自愛。

又

諭及日[一]閲致堂史論，甚善。秦漢以來，學道不明，士之見於事業者固多可憾，然其

〔一〕日：原作「曰」，據宋本、繆本、正誼堂本及道光本改。

間豈無嘉言善行與一事之得者乎？要當以致遠自期，而於人則一善之不廢，是乃擴弘恕之方，而爲聚德之要也，正惟勉之。名臣言行録未有别本可寄，得之即附往。但此書編得未精細，元晦正欲更改定耳。

又

承諭夸勝之爲害，可見省察之功，正當用力自克也。克之之道，要須深思夸勝之意何自而生，於根源上用工銷磨乃善。若只待其發見而後遏止，將見滅於東而生於西也，正惟勉之。

季隨邇來下工如何？聞時往見晦叔，甚有講論否？君子之所不可及者，其惟人之所不見乎。要須深惟「尚絅」之義，鞭擗儘覺有味也。

又

邇來玩繹，想自不廢，有可見告者否？若入浙因一見伯恭，甚善。近來士子肯向學者亦時有之，但實作工夫耐久者極難得也。且是要鞭擗向裏，如此下工，方自覺病痛多耳。

垂諭浩然之氣，工夫正在集義，當於慊、餒處驗之。集義以敬爲主，孟子此一段雖不説着敬字，勿忘、勿助長，是乃敬之道也。

答陳擇之

伏蒙賜書，陳義粲然。重惟兹世講學之緒不絶如帶，有如高致，感歎何勝！而某荒疏，不足以辱來問，姑以其所從事焉者試共論之。左右謂異端之惑人，未必非賢士大夫，信哉斯言也！然而今日異端之害烈於申、韓，蓋其説有若高且美，故明敏之士樂從之。惟其近似而非，逐影而迷真，憑虚而舍實，拔本披根，自謂直指人心，而初未嘗識心也。使其果識其〔一〕心，則君臣、父子、兄弟、夫婦，是乃人道之經，而本心之所存也，其忍斷棄之乎？嗟乎！天下之禍莫大於似是而非。似是而非〔二〕，蓋霄壤之隔也。學者有志於學，必也於此一毫勿屑，而後可得其門而入也。然而欲遊聖門，以何爲先？其惟求仁乎！

〔一〕其：原作「是」，據宋本改。
〔二〕似非而是：宋本作「似是而非」。

仁者，聖學之樞，而人之所以爲道也。有見於言意之表，而後知吾儒真實妙義，配天無疆，非異端空言比也。孟子曰「思則得之」，又曰「求則得之」。左右試取魯論所載，精思而深求焉。某也不敏，尚庶幾切磋之益。

答謝夢得

凡人之病，必有受病之處，雖風雨、暑寒、燥濕之不同，而氣行無間隙不在焉〔一〕。惟其日引月長，浸而不已，故良醫之治病，必先望其顔色，切其脈理，而究其腑臟之變，以會其微，而投之砭劑，如郢人之運斤，甘蠅、飛衛之射發，無不如意。不幸而秦、扁、和、緩之不遇，而至於病矣，則將何救？嗟乎！病之在身，猶將不遠秦楚之路而求以治之；病之在心，顧獨不思所以救之者乎？左右謂病散在一身而莫知其病之處，此惟弗察之故也。語曰：「觀過，斯知仁矣。」觀云者，用力之妙也。引繩而絶之，其絶必有處，左右試詳思而察焉。凡心之病固多端，大抵皆〔二〕由其偏而作。自一勺而至於稽天，則若人雖生，無以異於

〔一〕焉：宋本作「大」，蓋於「間」「隙」之間斷句。
〔二〕皆：原作「之」，據宋本、正誼堂本、四庫本、道光本改。

死也。聖賢之經皆妙方也，察吾病之所由起而知其然，審處其方，專意致精而藥之，則病可去；病去則仁，仁則生矣。如某者蓋三折肱而未得爲良醫也，方汲汲然自治之不暇，而何以起人之廢哉？孟子曰：「子歸而求之，有餘師。」多言不足以答盛意。

答劉炳先昆仲

某求去未得，尚爾黽勉。春來，城南花柳每見夢寐中也。聞昆仲相處益雍怡，諸郎亦皆孝謹，知公家門户方昌未艾耳。此間士人伍氏兄弟本章貢人，亦以友睦爲鄉閭所稱重，每延接慰勞，用以風厲其俗也。

新刊南軒先生文集卷二十六

書

答喻郎中

長者謂事最忌激觸。然所謂激觸者，要當平心易氣審處其理，期於中節而已。若欲遷就回互，於所當然而不然，枉尋以求直尺，而曰「吾所畏者激觸也」，無乃終墮於姦邪之域〔一〕，人欲愈肆，而天理愈滅歟！觀伊川先生解「遇主于巷」〔二〕一爻，意極明切，後人不知，乃以己私窺聖人之意，其失大矣。長者言重，懼學者聽之而惑也，故敢獻其愚。

〔一〕域：原作「城」，據宋本、正誼堂本、四庫本、道光本改。

〔二〕巷：原作「卷」，據宋本、正誼堂本、四庫本、道光本及易睽卦改。

答李秘監

竊聞除書，復長道山，固爲吾道慶。然而進退去就之義，高明所素講，今日必有以處之，而亦士類之所屬望也。詩曰：「戰戰兢兢，如臨深淵，如履薄冰。」此古人所以周旋乎理義，動中節奏而不失也。辭章儻未報可，則繼此何如耶？辱在下風，所願聞也。

與施蘄州 少路

久聞蘄春文物彬彬，有前輩遺澤漸濡未泯也，計士人中器質多美者。鐵錢事如何計？循其理而爲之，不若它人做工作事也。大抵今日人才之病，其號爲安静者則一切不爲，而其欲爲者則又先懷利心，往往貽害。要是儒者之政，一一務實，爲所當爲，以護養邦本爲先耳，此則可貴也。某冒居要藩，日夜悚仄〔一〕，蓋日勉焉，而未之能有益也。臭味一家，偶及之耳。

〔一〕仄：原作「反」，據宋本、正誼堂本、四庫本、道光本改。

答周允升

所諭約之説，前書正欲左右從約束、簡約中下工夫。所謂曾子之約，其始亦須由是以進焉。來書謂約束、簡約之云，某之趨此也有日矣，此乃見左右之未能趨約也。如是而遽云曾子之約，只是妄意度量耳。大抵觀書辭多暴露怳惚之語，少沉潛篤實之意，講學不如此也。且當熟讀論語，玩味聖人所以教人與孔門弟子學乎聖人者，則自可見。蓋聖門實學，循循有序，有始有卒者，其惟聖人乎！非若異端驚夸籠罩，自謂一超徑詣，而卒爲窮大〔一〕，而無所據也。近世一種學者之弊，渺茫臆度，更無講學之功，其意見只類異端一超徑詣之説，又出異端之下。非惟自誤，亦且誤人，不可不察也。五峰所謂「此事是終身事，天地日月長久，斷之以勇猛精進，持之以漸漬薰陶，故能有常而日新」，誠至言哉！撥冗，姑此爲報，幸深思之。

〔一〕窮大：宋本作「空大」。

又

所諭尚多駁雜，如云「知無後先」，此乃是釋氏之意，甚有病。知有淺深，致知在格物，格字𠡠有工夫。又云「儻下學而不加上達之功」，此尤有病〔一〕，上達不可言加功。聖人教人以下學之事，下學工夫浸密，則所爲上達者愈深，非下學之外又别爲上達之功也。致知力行皆是下學，此其意味深遠而無窮，非驚怪恍惚者比也。學者且當務守，守非拘迫之謂，不走作也。守得定，則天理浸明，自然漸漸開拓。若强欲驟開拓，則將窮大〔二〕而失其居，無地以崇德矣。惟收拾豪氣，毋忽卑近，深厚縝密，以進窮理居敬之工，則所望也。喜左右之志，故屢言之，惟深念焉。

答陳平甫

某自幼侍親來南，周旋三十餘年間，又且伏守墳墓于衡山之下，是以雖爲蜀人，而不

〔一〕有病：原作「甚」，據宋本改。
〔二〕窮大：宋本作「空大」。

獲與蜀之士處，以親友其仁賢，每以是念。往歲得建安魏元履書，始知足下之名，且聞廷對所陳大略，念足下天資剛毅人也，恨未之識耳。雖然，世固有天資之美者，苟不知進乎學，則終身安於其故而已。蓋氣質雖美而有限，天理至微而難明，是以君子必貴乎學也。近得猶子然書，復聞足下超然拔出流俗，志於古道，孜孜不舍，則又歎足下於世衰道微之際，能獨見自立如此，其進也何可量！則願見之心益匳。今得足下書并所論著，連緘累牘，伏而讀之，無非以討論問學爲事，而果有以知足下之所存，甚幸甚惠！惟是不以僕爲不敏，意欲與之共講斯道，而勉爲君子之歸，固所願者。若夫推予期待之過，其實則非所敢當也。僕自惟念，妄意于斯道有年矣，始時聞五峰胡先生之名，見其話言而心服之，時時以書質疑求益。辛巳之歲，方獲拜之於文定公書堂。先生顧其愚而誨之，所以長善救失，蓋有在言語之外者。然僅得一再見耳，而先生没。自爾以來，僕亦困於憂患，幸存視息於先廬，紬繹舊聞，反之吾身，寖識義理之所存。湘中二三學者時過講論，又有同志之友自遠而至，有可樂者。如是又五載，而上命爲州，不得辭，繼爲尚書郎，猥以戇言，誤被簡遇，遂得執經入侍，且須都省下士，誠欲自竭，庶幾以報，而學力不充，迄亡毫髮之補。歸來惟自省厲，蓋愈覺己偏之難矯，聖學之無窮，而存察之不可斯須忘也。誦伐木「神之聽之，終和且平」之章，思欲與海内賢士切磋琢磨，庶幾卒以無負初志。然則自治之不暇，又烏能有益於人哉！念辱足下萬里盛意，則亦不敢隱耳。蓋道之不明久矣，自河南二程先生始得其傳於千有餘載之下，今二先生之言雖行於世，然識其真者或寡矣。夫二先生之言，凡以明孔、孟之道而已。孔、孟之道，其博厚高明，雖曰配二儀之無疆，然其端豈遠於人心而欲它求哉？人病不能推而充之耳。世之聞二先生之言而驚疑竊怪者固不足道，而其間有慕高遠者，則又儻怳虚矜而不循其實，亦爲失其真而已。竊攷二先生所以教學者，不越於居敬、窮理二事。取其書反復觀之，則可以見。蓋居敬有力，則其所窮者益精；窮理寖明，則其所居者益有地。二者蓋互相發也。爲仁〔一〕之要，孰尚於此！學而不知其要，則泛濫而無功。二者言之雖近，而意味工夫無窮。其間曲折精微，惟能用力者當漸知之耳。升高自下，陟遐自邇，務本循序而進，久自有所至。不可先起求成之心〔二〕；起求成之心，則有害於天理。孔子之所謂獲，孟子之所謂正者，政此病也。區區誦其所聞，言不盡意，惟願足下毋忽於卑近以卒至於遠大，則幸甚幸甚！别紙所諭，亦各以鄙意批

〔一〕仁：原作「人」，據宋本改。
〔二〕心：原作「自」，據宋本、繆本、正誼堂本、四庫本、道光本改。

呈，未知然否。自爾既定交於萬里之外，則不惜時惠音。有箴有誨〔一〕、有得有疑，一一詳及，勿爲無益之書，所願望也。

答曾致虛

承聞〔二〕侍旁無事，不廢講論。以致虛資稟之美，而有志斯道，其何可量，甚幸甚仰！惟是某不敏，何足以辱下問之意？來教所及，悚戢何勝。雖然，於左右不敢隱其愚也。所謂持敬，乃是切要工夫，然要將箇敬來治心則不可。蓋主一之謂敬，敬是敬此者也。只敬便在此。若謂敬爲一物，將一物治一物，非惟無益，而反有害，乃孟子所謂必有事焉而正之，卒爲助長之病。如左右所言，窘於應事，無舒緩意，無怪其然也。故欲從事於敬，惟當常存主一之意，此難以言語盡，實下工夫，涵泳勿舍，久久自覺深長而無窮也，不識以爲如何？某去歲作主一箴，謾納呈，有以往復開益，所願望也。

〔一〕誨：原作「晦」，據宋本、繆本、正誼堂本、道光本改。

〔二〕聞：原作「間」，據宋本、四庫本、道光本改。

答項秀才

承來金華，從容師友間，當有進益。爲學之方，循循有序，要須着實趨約，自卑近始。度正字亦必常及此，在勉之而已。

答羅孟弼

數日欲答前書，檢未得，但記其間所引濂溪「無欲則静虚動〔一〕直」之語，念不可不報。所謂無欲者，無私欲也。無私欲則可欲之善著，故静則虚，動則直。虚則天理之所存，直則其發見也。順理之謂直。若異端之談無欲，則是批根拔本，泯棄彝倫，淪實理於虚空之地，此何翅霄壤之異哉？不可不察也。

答蕭仲秉

聞喪事謹朝夕之奠，不用異教，甚善。此乃爲以禮事其親，若心知其非而徇於流俗之

〔一〕動：原作「静」，據宋本、正誼堂本、四庫本、道光本改。

議[一]，則爲欺僞，不敬莫大焉。惟致哀遵禮，小心畏忌以守之，鄉曲之論，久當自孚，勉爲在我者可也。

又

生死鬼神之説，須是胸中見得洒落，世間所説不得放過，有無是非一一教分明方得。若有絲毫疑未斷，將來被一兩件礙着，未必不被異端摇動引去。覺得諸友多於此處疑着，正好玩味横渠之説。昨見文集有數處極精切，蓋横渠皆是身經歷做工夫，剖決至到，故於學者疑滯處尤爲有力耳。工夫須去本源上下沉潛培植之功，不然，區區文義之間，一知半解，歲月只恁地空過也。

答戚如玉

垂諭忿怒之病，氣習偏私處，正當深致其力。損卦：「懲忿窒欲。」懲之爲言，須思其所

〔一〕議：原作「義」，據宋本改。

以然而懲艾之。先覺謂惟思爲能窒欲，某謂懲忿亦然。若爲正當發時最好看吾本心，此却有病。本心須是平日涵泳，庶幾私意漸可消磨。若當其發時，如明道先生所謂遽忘其怒而觀理之是非則可，若直待此時〔一〕看吾本心，則天理人欲不相參，恐無力也，更幸思之。

答江文叔

垂諭大學「格物」之說，顧某淺陋，何足以發高明之思！抑嘗聞之，格，至也；格物者，至極其理也。此正學者下工夫處。呂舍人之説雖美，乃是物格知至以後事，學者未應躐等及此也。雖然，格物有道，其惟敬乎！是以古人之教，有小學，有大學。自洒掃應對而上，使之循循而進，而所謂格物致知者，可以由是而施焉。故格物者，乃大學之始也。因下問及之，併幸詳焉，有以見教。

〔一〕時：原作「事」，據宋本改。

答劉宰

垂諭識大本、除物欲之說。蓋義理精微處，毫釐易差，故以呂與叔遊伊川、橫渠之門，所得非不深，而至論中處，終未契先生之意，知未易至也。今學者未循其序，遽欲識大本，則是先起求獲之心，只是想象模量，終非其實。要須居敬窮理工夫日積月累，則意味自覺無窮，於大本當漸瑩然。大抵聖人教人，具有先後始終。學者存任重道遠之思，切戒欲速也。物欲之防，先覺所謹。蓋人心甚危，氣習難化，誠當兢業乎此。然隨起隨遏，將滅於東而生於西，紛擾之不暇，惟端本澄源，養之有素，則可以致消弭之力。舊見謝上蔡謂「透得名利關，便是小歇處」，疑斯言太快。透得名利關亦易事耳，如何便謂之小歇處？年大更事，始知真透得誠未易。世有自謂能擺脱名利者，是亦未免被它礙着耳。前人之言不苟然類如此，要用力，乃知之耳。

答游誠之

「出入」二字，更須子細理會。程子曰「心本無出入」，以操舍而言。又曰：「心則無出入矣，逐物是欲。」蓋操之便在此，舍之則不見，因操舍故有出入之云耳。若論人之逐物，蓋因其舍亡，故誘於物而欲隨之。欲雖萌於心，然其逐物而出，則是欲耳，不可謂心也。欲可去而心未嘗無。至於是心之存，物來〔一〕順應，理在於此，又豈得謂之出乎？幸深思之。

又

大抵學者貴近思，若泛濫則有病。近字極有味，宜深體之。未發已發，體用自殊，不可溟涬無別，要須精析體用分明，方見貫通一源處。有生之後，皆是已發，是昧夫性之所存也。伊川先生語録所論，幸精思之。

答呂季克

原説中弊病似不難見，不知李伯諫何故下喬木而入幽谷如此？如「克己〔二〕復禮」之説，所謂禮者天之理也，以其有序而不可過，故謂之禮。凡非天理，皆己私也。己私克則

〔一〕來：原無，據宋本補。

〔二〕克己：宋本作「季克」。

天理存，仁其在是矣。然克己有道，要當深察其私，事事克之。今但指吾心之所愧者必其私，而其所無負者必夫禮，苟工夫未到，而但認己意爲，則且將以私爲非私，而謂非禮爲禮，不亦誤乎？又如「格物」之説，格之爲言至也，理不循乎物，至極其理，所以致其知也。今乃云物格則純乎我，是欲格去夫〔一〕物，而己獨立，此非異端之見而何？且物果可格乎？如其説，是反鏡而索照也。推此二端，其它可見。

答王居之

原説前日吕季克已寄來。觀其言殊無統紀，其所安乃是釋氏，而又文其説。説亦淺陋，本不足以惑人，不意伯諫乃爾。向來與元晦相從，不知講論甚事？其人亦可謂不善變矣。前日答季克書謾録去，今得所示伯諫之語，益知蘄州李君乃是類告子之不動心者，不知既不窮理，如何去得物蔽？其所謂非蔽者，未必非蔽，而不自知也。釋氏之學，正緣不窮理之故耳，又將盡性至命，做一件高妙恍惚事，不知若物格知至、意誠心正，則盡性至

〔一〕夫：原作「大」，據宋本、四庫本改。

命亦在是耳。

答章茂獻

來問詳切，思慮講辯要當如此爾。向者見吳德夫説汪端明嘗以「正大」兩字奉告，某謂此意固美矣，然「正大」是指其體，要須有下手處。「弘毅」兩字，乃學者下手處也，與「正大」本相須〔一〕。就其體言之，天理渾然，正且大也；推其用言之，散在事物之間，精微曲折，正大之理無不存焉。學者當默存其體而深窮其用，則所謂弘毅之功不可以不進也。然就學者用工，常患於偏，欲其弘則懼夫肆，欲其毅則懼夫拘，是非弘毅之正也，氣習之所乘也。在學者初用工，亦無怪其有此，然要知其爲病，而致吾存養窮索之力耳。凡足下之所問，不能一一具報，大意亦略具是矣，幸以此推之而復以告焉。區區每樂得同志相與共講，扶掖其愚，儻或有進，賢者不鄙而辱貺之，某誠知幸矣。

〔一〕與：宋本作「夫」。

答彭子壽

别紙示以所疑，深慰孤寂，輒據所見奉呈，正望往復之益。第詳觀所論，不喜分析，窮理不應如此。理有會有通，會而爲一，通則有萬，釐分縷析，各有攸當，而後所謂一貫者，非溟涬臆度矣。此學所以貴乎窮理。而吾儒所以殊夫異端也，更幸深思焉。

答沙市孫監鎮

某辱諭伍員廟事，足見致思相助之意，甚幸甚幸！惟是時有古今，而〔一〕君臣之義無古今也。楚乃伍員之宗國，君臣之義其來有素矣。父〔二〕以無罪誅，子逃之而勿仕，終身蔬食布衣可也，豈有假手於讎，覆其宗國，快心於其君耶？狄梁公乃與大禹、吴泰伯一例存之，前輩蓋嘗有議論，梁公之賢，偶未之思耳。今敕額在吴，以慰吴人之思可也，在楚地則不可以施。按祀典，有功德於民則祀之。員於此地，何止無功德而已哉！然復讎之義，

〔一〕而：原作「有」，據宋本、四庫本、道光本改。
〔二〕父：原作「久」，據宋本、四庫本、道光本改。

又不可不詳講。如今日中原之人本吾宋之臣子，虜乃仇讎也，向來不幸而污於虜，若幸而脱歸，則當明復讎之義，覆虜之宗、鞭虜之尸，所當爲也。若員則家世爲楚之臣子，而以復讎之義自施於君，其可乎哉？使員而果有靈也，其敢饗於兹地乎？此義恐不可不正。來意雖深荷，然皇恐不敢從也，更惟思之。

答陸子壽

某聞昆仲之賢有年矣，近歲得之爲尤詳，每懷願見，以共講益，渺然相望而未克遂，向往可知。忽辱枉教，三復辭義，有感于中。第惟孤陋，不足以當盛意也，然而不敢以虛來貺。講學不可以不精也，豪釐之差，則其弊有不可勝言者。故夫專於攷索，則有遺本溺心之患；而騖於高遠，則有躐等憑虛之憂，二者皆其弊也。考聖人之教人，固不越乎致知力行之大端，患在人不知所用力耳。莫非致知也，日用之間，事之所遇，物之所觸，思之所起，以至於讀書攷古，苟知所用力，則莫非吾格物之妙也。其爲力行也，豈但見於孝悌忠信之所發，形於事而後爲行乎？自息養瞬存以至於三千三百之間，皆合内外之實也。行之力則知愈進，知之深則行愈達，區區誠有見乎此也。如箋注、詁訓，學者雖不可使之溺乎此，又不可使之忽乎此，要當昭示以用工之實，而無忽乎細微之間，使之免溺心之病，而無躐等之失，涵濡浸漬，知所用力，則莫非實事[一]也。凡左右之言，皆道其用力之實也，故樂以復焉。聖上聰明不世出，真難逢之會，所恨臣下未有以仰稱明意。大抵後世致君澤民之事業不大見于天下者，皆吾儒講學不精之罪。故區區每願從世之賢者相與切磋究之，而盛意之辱，欣幸至於再三也。元晦卓然特立，真金石之友也，然作别十餘年矣，書問往來，終豈若會面之得盡其底裏哉！伯恭一病，終未全復，深可念，向來亦坐枉費心思處多耳。心之精微，書莫能究，布復草草，正惟亮之。

答魏元履

頃寄一書，度到時從者已南轅，不知獲徹否？便中領臨行教字，極荷。秋氣寖清，伏惟歸侍雍容，尊履萬福。兄抗論切直，悚動一時，此書亦庶幾不虛矣，但非惟善言之不用，而遽使直士引去，使人重憂歎耳。聞太學多士有欲閉何蕃之意，亦可見人心所同也。然

〔一〕事：宋本作「是」。

兄今日袖手却思，當益知天理之難明，人心之難定，而講學之不可一日忘也，則君子之所進，其有極乎！元晦必已相見，請外想遂矣。共父近得旨行邊，今在襄陽也。某幸粗安，日夕不敢自怠棄，但良朋在遠，每懷離索之懼，安得識面，少沃此懷[一]也。適有端便，略此問訊，更幾勉茂德業，厚自愛重。

戊午讜論有人可爲録本否？先得兄所作序及元晦者見寄爲望。

[一] 懷：宋本作「悰」。

新刊南軒先生文集卷二十七

書

答李賢良仲信

比承奉對天陛，正學以言，歸拜親庭，榮則多矣。竊在遊從，深用慰歎。未及具問，來教先貽，佩戢至意。即此春晚，伏惟侍旁從容，德履勝裕。國家稽古建科，得人爲盛。中雖廢於邪臣，卒莫掩於公議。逮兹舉首，乃得昌言，將必有聞風而起者，幸甚幸甚！雖然，盛名之下難居，而問學之方無窮。責人者易爲言，而克己者難其功。任重道遠，惟益勉之，以副蘄望。某歸來舊廬已三閲月，無事可以讀書，玩味存察，不敢憧弛，惟孤陋少友是懼，每馳情於公家父子兄弟間也。因來，尚警告之。西泝未有日否？臨紙更切依然，重幾良食自厚。

答李叔文

某自舟中草草具謝，爾後不克嗣音，辱近告從審，侍履萬福，慰甚。某歲前抵舊廬，應接殊不暇，數日來方得從事簡編中，但可與講論者極患其難得耳。幸教以少康而下中興說，敬以〔一〕詳觀。少康年次，邵康節皇極經世中以寒浞滅相係於壬寅，是歲或癸卯，少康生，而克復舊物乃在癸未，凡四十有一年。方少康在繈褓，而夏之臣靡固有滅浞而立之之心，經營許久，乃遂其志，若靡者可謂忠之盛者矣。方寒浞在上，澆、豷縱横之時，少康獨有田一成，衆一旅，其勢可謂堙微，而卒用以興，其間圖回謀慮，必大有曲折，惜不復傳於後，猶幸有左氏傳所載耳。要之，靡與有鬲氏、有仍氏皆佐少康以有爲者也。若使少康之君臣此數十年中不忍而欲速，則身且不保，而况國乎？惟其潛也若深淵之靚，故其發也如春陽之振，動惟其時者也。恐當以是觀之。燈下布復，它冀以時厚愛。

〔一〕以：原作「已」，據宋本改。

答李季修

某別來無日不念，辱近問爲慰。垂示浩氣集傳，足見留意，亦一再觀矣。大抵論學之難，如此等要切處，須涵泳體認，持之以久，方能通達。若只以己意懸斷，則失之遠矣。如蘇與秦之説，辯則辯矣，然只是以聰明揣量，非講學之道也。且是未識心之所以爲心，既未識心，則所謂浩然之氣者安所本哉？本源既差，則其立言何適而非病？縱使時有一二語摸度近是，亦非是也。後生顧豈當議前輩？然講學不可不精於決擇，雖毫髮亦不容放過，況本源初未是者哉？今當本孟子之意，而參以程子之説。孟子以集義爲本，程子以居敬爲先，皆其深造自得者然也。學者於是二〔一〕者朝夕勉焉，循循不已，則所謂浩然之氣者，淺深當自知之。若不於此下工，遽欲想象，强氣體使之充，正是助長之甚者，其爲害反大矣。以直養之説，要將直來養氣，便是私意，有害於養，故孟子只説養而無害，不是將一物養一物也，與涵養以敬自大不同。敬便是養也，敬者心之道，所以生生也，與直字義

〔一〕二：原作「三」，據宋本、正誼堂本、四庫本、道光本改。

異，須細味之。所問大學正心之道，克己所以治怒，明理所以治懼，程子固嘗言之。至於憂患好樂，所以治之者亦不越乎此。蓋克己所以治好樂，而明理所以治憂患也。大抵用工處，克己、明理二端而已。如前所云，居敬則克己在其中，集義則明理在其中，亦是二端也。汪玉山所謂二程語録嘗因探討一事，即爲刊正數處，此論亦未然。蓋在己若見未到，看先生説話未出，却便據己見刊正，豈不爲害？要須平心易氣，深潛默體，於其疑則與師友講論問辯焉可也。諸葛忠武傳録呈，有當删正及當增益者，不惜示及。家亦有集，但殊不類諸葛公語，當非本書。王子思所編似太草草，某中間所載公之語云：「吾心如秤，不能爲人作輕重」，乃得之貞觀政要中，不知〔一〕向前別曾有處載此否？劉子澄亦得書。仲信令兄必歸侍旁，煩爲致意。某見吾友下問之誠，據鄙懷不敢有隱切，不必示它人也。寒甚，呵筆奉此，更惟自愛。

又

兩兄既皆歸，子職良釐。孟子論事親爲仁之實，蓋人心之至親至切，孰尚乎此！此

〔一〕知：原作「如」，據宋本、四庫本、道光本改。

實問學之根柢也。所論敬之説，謂用力誠不可怠惰，而向晦宴息亦須隨時。某以爲向晦入燕息乃敬也，知向晦燕息之爲非〔一〕怠惰，乃可論敬之理矣。

答胡廣仲

向來臨行時所示講論一紙，連日尋未獲，然其略亦頗記得矣。大抵某之鄙意以爲民受天地之中以生，均有是性也，而陷溺之；陷溺之則不能有之。惟君子能存其良心，故天性昭明。未發之中，卓然著見。涵養乎此，則工夫日益深厚，所謂存心養性之妙。然而其見也，是心體流行上發見矣，不是有時而心，有時而性也。此精微處，須究極之，只爲世間人思慮紛擾百出，故無未發之時，自信不及。此話須要以收放心爲先。此意非言語可盡，遠書姑道萬一，試更與伯逢、德美共思，不可以舊所安爲至，更不研窮也。某所見亦豈敢自以爲是，亦幸往復焉。

〔一〕非：原無，據宋本、正誼堂本、四庫本、道光本補。

又

龜山所得誠甚弘裕，但宣和一出，在某之隘，終未能無少疑，如劉元城。然以聖門論之，恐自處太高。磨而不磷，涅而不淄，在聖人乃可言，自餘高第如閔子騫，蓋有汶上之言矣。至於以世俗利心觀龜山者，則不知龜山者也，何足辨哉！前輩未容輕看，然吾人講學，則不可一毫有隱爾。

又

來書所謂性善之説，於鄙意殊未安。夫善惡相對之辭，專善則無惡也；猶是非相對之辭，曰是則無非矣。性善云者，言性純是善，此「善」字乃有所指。若如彼善於此之善，則爲無所指，而體不明矣。而云如〔一〕彼善於此之善，非止於至善之善，不亦異乎？且至善之外，更有何善？而云恐人將理低看了，故特地提省人，使見至善之淵源，無乃頭上安

〔一〕云如：宋本作「如云」，疑是。

頭，使人想象描貌[一]而愈迷其真乎？切幸更精思之也。主一箴之論甚荷，但某之意正患近來學者多只是想象，不肯着意下工。伊、洛老先生所謂主一無適，真是學者指南，深切著明者也。故某欲其於操舍之間體察，而居毋越思，事靡它及，乃是實下手處，此正爲有捉摸也。若於此用力，自然漸覺近裏趨約，意味自[二]别。見則爲實見，得則爲實得，不然，徒自談高拽妙，元只在膠膠擾擾域中三二十年，恐只是空過了，至善之則烏能實了了乎？箴之作，亦以自警云爾，更幸察焉，却有以見教是望。正作此書間，又領葉家便价所持帖，尤慰。所論大學知止知至之説，大略是如此。蓋知止是知其所止，慮而後能得，得是得其所止，未至於得，未可謂知至也。然易所謂知至而曰至之，此知至字却須輕看；而至之者乃大學知至者也，如何？尺紙無由盡意，加以私家有少修造，未能詳，幸察。

答直夫

甚矣，學之難言也！毫釐之差，則流於詖淫邪遁之域。生於其心，害於其政；發於其

〔一〕貌：宋本作「模」。

〔二〕自：原作「日」，據宋本改。

政，害於其事。可不畏與！世固有不取異端之説者，然不知其説乃自陷於異端之中而不自知，此則學之不講之過也。試舉天理、人欲二端言之。學者皆能言有是二端也，然不知以何爲天理而存之，以何爲人欲而克之，此未易言也。天理微妙而難明，人欲洶湧而易起，君子亦豈無欲乎？而莫非天命之流行，不可以人欲言也。常人亦豈無一事之善哉？然其所謂善者未必非人欲也。故大學之道，以格物致知爲先。格物以致知，則天理可識，而不爲人欲所亂。不然，雖如異端談高説妙，自謂作用自在，知學者視之皆爲人欲而已矣。孟子析天理人欲之分，深切著明。如云今人乍見孺子匍匐將入于井，皆有怵惕惻隱之心，非所以内交於孺子之父母也，非所以要譽於鄉黨朋友也，非惡其聲而然也。蓋乍見而怵惕惻隱形焉，此蓋天理之所存。若内交，若要譽，若惡其聲，一萌乎其間，是乃人欲矣。雖然，怵惕惻隱，蓋其苗裔發見耳。由是而體認其所以然，則有以見大體，而萬理可窮也。内交、要譽、惡其聲，亦舉一隅，使學者推之耳。日用之間，精察不舍，則工夫趣味，將有非言語可及者。某愚，以[一]所從事者在是，願高明紬繹而反復焉，庶幾其有益也。念

〔一〕以：原作「而」，據宋本改。

無以復來意，不覺多言，伏紙悚戢。

答范主簿伯崇

書説比寄酒誥到元晦處，曾見否？某近讀諸誥，反復其温厚和平之氣，深足以感發人。若夫編簡脱誤，可疑處則不必强爲之説也。垂諭仁之説，若只將做周流無滯礙氣象看了，却只是想象。又云其所以然者乃仁也，不知其所以然者果何歟？願只於日用間，更因其發見苗裔而深察默求之，勿舍勿棄，當的然見其樞機之所由發者矣。不識如何〔一〕？

答舒秀才周臣

別紙之論，備見至意。某向者受五峰先生之教，浹于心腑，佩之終身。而先生所造精微，立言深切，亦豈能盡窺其藩？向者元晦有所講論，其間亦有與鄙見合者，因而反復議

〔一〕不識如何：原無，據宋本補。

論，以體當在己者耳，固吾先生所望於後人之意也。如晦叔、廣仲、伯逢皆同志者，故以示晦叔，而晦叔復以示二公，庶幾往返之有益耳。蓋嘗丁寧，不可示之非其人。其間所論有前後之不同者，蓋旋據窺測所到而言，何敢執一而不惟其是之從也？若世俗之人以私意淺量觀者，亦無如之何。但此議論只當同志者共紬繹所疑，不當遽泛示，以啓見聞者輕妄心也。若左右謂以爲成書而傳之，則大誤矣。

答宋教授

講聞令譽爲有日矣，兹辱過訪，開慰可知。且蒙委貺盛文，退而三復，非惟辭氣暢裕，使人歎愛，而有以窺所志之遠大，欣幸曷勝！第某不足以當之也。自惟不敏，雖有志於古道，而晨夕自省，矯偏捄過之不暇，其何能有益於人？邇來愈覺論學之難。蓋升高自卑，陟遐自邇，學者多忽遺乎所謂卑與邇者，而渺茫臆度夫所謂高與遠者，是以本根不立，而卒無所進。彼蓋未知聖賢本末精粗非二致，而學之有始有卒也。左右謂二程先生之説天下知誦之，而不知習察之功，謂之不傳可也，斯言是也。以左右之高明而欲從事乎此，其何可量！願因下問，紬繹其端，惟不以爲卑與邇而忽焉，則幸甚幸甚！

答俞秀才

垂諭，足見紬繹不輟。所謂一陰一陽之道，凡人所行，何嘗須臾離此？此則固然。然在學者未應如此説，要當知其所以不離也，此則正要用工夫，主敬窮理是已。如飢食渴飲、晝作夜息固是義，然學者要識其真。孟子只去事親從兄上指示，最的當。釋氏只爲認揚眉瞬目、運水般柴爲妙義，而不分天理人欲於毫釐之間，此不可不知也。自餘並見别紙，幸詳之，有以往復，甚幸！

答喬德瞻

觀來書，有以見玩繹不廢，甚幸！近日學者論「仁」字，多只是要見得「仁」字意思，縱使逼真，亦終非實得。看論語中聖人所言，只欲人下工夫，升高自下，陟遐自邇。循序積習，自有所至。存養體察，固當並進。存養是本，工夫固不越於敬，敬固在主一。此事惟用力者方知其難。來喻謂舊雖知有「主一無適」之言，至臨時又難下手。夫「主一無適」，正爲平日涵養，遇事接物方不〔一〕走作，非可臨時下手也。

又〔二〕

栻頓首啓德瞻秘校吾友：潘叔度兄弟因會致言，晦叔已兩來相見，歲晚可遷來城中〔三〕。諭及陸、薛、徐三君，恨未之識。此間數士，略見正字書中矣〔四〕。敬亭記潘叔昌寄來，方見之。敬則實、實則虚之意，遺書中已有，但虚則無事矣，亦疑傷快了。蓋「無事」字殺此段意思不了。如明道云「兩忘則澄然無事矣，無事則静，静則明」，便完全近看。惟二先生説話完全精粹，比其它先生不干事，其次則尹，又其次則楊，方到謝上蔡。後生何足以窺前輩？但講論間又不可含糊耳。「更以其大者移於小物，作日用工夫」，此〔五〕語大意

〔一〕不：原作「一」，據宋本、四庫本、道光本改。
〔二〕此篇又見寶真齋法書贊卷二十六。本集此篇原與前篇緊連，據寶真齋法書贊可知是另一篇，兹分出。
〔三〕此上原無，據寶真齋法書贊補。
〔四〕「此間數士」以下十一字原無，據寶真齋法書贊補。
〔五〕此：原無，據宋本及寶真齋法書贊補；「更以」至「此」原作小字，據寶真齋法書贊改。

固好，亦疑立言有病也。栻又上〔一〕。

又

所謂静思與臨事有異，要當深於静處下涵養之功，本立則臨事有力也。某自覺病痛如此，不敢不勉，願與同志者共之耳。

又〔二〕

栻頓首拜啓德瞻茂才吾友座下：爲别寖久，每用懷想，手問遠貽，慰懌可知也。暑雨，緬惟義履勝福。栻幸爾安常，不必念。承在城中親炙正字，想當日有進益〔三〕。來諭克己之偏〔四〕之難，當用大壯之力，誠然也。然而力貴於壯而工夫貴於密，若工夫不密，雖勝於

〔一〕「栻又上」三字原無，據寶真齋法書贊補。

〔二〕該篇又見寶真齋法書贊卷二十六。

〔三〕此上原無，據寶真齋法書贊補。

〔四〕之偏：寶真齋法書贊作「言持」。

暫，而終不能持於久而銷其端。觀諸顔子沉潛積習之功，爲如何哉！有不善未嘗不知，知之未嘗復行，非工夫篤至，久且熟者，其能若是乎？别紙一一答去，有以復之是望。其他互見諸書中矣。晦叔多時不相見，却嘗通書，書已寄去。未知再會之日，更希茂勉厚愛。不宣。栻再拜德瞻茂才吾友座下〔一〕。

答潘叔昌

來書所謂思慮時擾之患，此最是合理會處。其要莫若主一。遺書中論此處甚多，須反復玩味。據目下看底意思，用工譬如汲井，漸汲漸清。如所謂未應事前，此事先在，既應之後，此事尚存，正緣主一工夫未到之故。須是思此事時只思此事，做此事時只做此事，莫教别底交互出來，久久自别。看時似乎淺近，做時極難。某比作主一箴，爲一相識所刊，其間亦有此意。

〔一〕「其他互見諸書中矣」至文末原無，據寶真齋法書贊補。

又

所諭收斂則失於拘迫，從容則失於悠緩，此學者之通患。於是二者之間，必有事焉，其惟敬乎！拘迫則非敬也，悠緩則非敬也，但當常存乎此，本原深厚，則發見必多。而發見之際，察之亦必精矣。若謂先識所謂一者而後可以用力，則用力未篤，所謂一者只是想象，何由意味深長乎？言不逮意，更幸思之。

又

來諭於主一用工，此正所望。若實下手，乃知其間艱難曲折甚多，要須耐苦辛，長遠而勿舍焉，則寖有味，「爲仁由己，而由人乎哉」？勉之勉之！如某孤陋，正有望於諸友講益也。

答潘叔度

來書得以窺近日所存，甚幸。但以鄙見，尚恐未免於迫切之病。如云以是心事親則爲孝，以是心從兄則爲悌，視聽言動無非是心，推之無所不用其極之類，辭氣皆傷太迫切。要當於勿忘、勿助長中優遊涵泳之，乃無窮耳。「孝弟爲仁之本」，遺書中有一段說，非是謂由孝悌可以至仁，乃是爲仁自孝悌始，此意試玩味之。

又

垂諭吕、蘇所苦思慮紛擾之患，大是難事，可見近思之功。主一之謂敬，無適之謂一，持守誠莫要乎此，要是久益有味耳。孝弟爲仁之說，某近來玩程先生「爲仁自孝悌始」之意，極爲精切。若如來説，於事親從兄之時，體孝悌所從出，則仁可識，却未盡。蓋未免將一心體一心之病，更幸深思之。孟子論勿忘、勿助長後引揠苗爲諭，言助長爲多。蓋學者雖或知忘之爲害，而未知助長之甚，故返復言之也。

答潘文叔

所諭雖間有平帖安静之時，意思清明，四體和暢，念慮不作，覺無所把摸，遇事接物則涣散矣。此蓋未能持敬之故。所謂平帖安静者，亦只是血氣時暫休息耳。且既曰覺無所把摸，烏得爲安静乎？ 敬則有主宰，涵養漸熟，則遇事接物，此意思豈容遽涣散乎？ 主一之義，且深體之。

答潘端叔

細觀書辭，有務實近本意味，良愜所望。 致知力行，要須自近，步步踏實地，乃有所進。不然，貪慕高遠，終恐無益。 近來士子亦往往有喜聞正學者，但多徇名遺實，反覺害事。 間有肯作工夫者，又或不奈苦辛長遠，若非走作，即成間斷，亦何益也！ 吾友勉之！ 論語不可一日不玩味，伊川易傳亦宜細讀。 某近年來讀此二書，益覺有深味耳。

答周穎叔

垂論學者苟有一毫靠外之心，其工夫未得爲真實，是也。 但才不近裏，便是靠外，分毫之間爲難察，正當用力，不可易言也。 又謂今且據面前識得一字，便勉行一字，非敢求近功，亦是也。但未知今所識者何字，而所行者何字〔一〕也？它時有便，不惜詳示，庶可往復蒙益耳。

又

來諭學貴力行，本無許多事，何言之易也？學固是貴力行，然所謂力行者煞有事。聖門教人循循有序，始終條理，一毫老草不得，工夫蓋無窮也。計必常從正字講論，惟深思而勉之。

答戚德銳

垂諭心量褊狹，是己太重之病，伯恭相勉看西銘，善矣。第某尋常切謂西銘須是全篇渾然體認涵泳之，所謂理一而分殊者，句句皆是也。人只被去軀殼上起意思，故有許多病痛，須是體認公共底道理，此所貴日用間實做工夫，却不可想象臆度也。

〔一〕字：原作「味」，據宋本改。

又

所諭居敬，雖收斂此心，乃覺昏昏不活，而懈意漸生。夫敬則惺惺，而乃覺昏昏，是非敬也，惟深自警厲，以進主一之功，則幸甚。

答鄭仲禮

許時過從，別來懷想。自到郡，竭日夕之力，不敢不勉策，但恐終無補斯民耳。連日沛澤，早晚稻皆濟。憂國願年豐，此第一義也。仲禮與伯壽想不廢講論。湘中諸友樂聞者固多，真肯下工夫者爲誰？使人憂之。二友宜力勉也。

又

承書審聞還自莆中，起居一向清勝爲慰。某于此歲半矣，日夜黽勉，將勤補拙，未知還能及民萬分一否。示及所講，深喜相與不廢，想共伯壽常常紬繹，要須栽培深厚，日用間絲髮勿放過，不可只作說話也，仍互相點檢爲佳耳。新刊兩書寄去。中庸之說宜玩味，諸友有可以見示者，皆不惜頻寄。

新刊南軒先生文集卷二十八

書

與曾節夫撫幹

某二十四日到郡，適當紀綱解弛之餘，未免一一整頓。今條目粗定，當以身先之。財計空虛，亦頗得端倪。數月之後，民力可寬。邊防尤所寒心，方别爲規模，以壯中權之勢。約束邊郡，務先自治以服遠人。盜賊紛然，初無賞格，亦已明立示信，當有爲効力者。自昧爽到日夕，未嘗少暇，雖差覺倦然，不敢不勉。有齋名「緩帶」，日所燕處，惡其名弛惰，易曰「無倦」。取夫子答子張、子路之語。今早方到英英堂，已略行銓量沙汰矣。其它事未暇一一報去，但自諸司而下，不免愛之以德，不敢以姑息，正恐其間須有咈意者，然亦無如之何。

又

茶賊在禾山二十日，諸軍環視，曾不得一正賊，今日兵將誠足用耶？今聞復出禾山，深慮其越逸。彼中有聞，時幸示報。王樞耄及而繆悠，貶未足以塞責，又不知汪汝嘉能辦〔一〕乃事否？頃見此人生得有福，命亦好，恐爲福將也。壽翁攝帥，一路之幸，且勸令持重，凡百號令，審詳明信乃佳。蓋彼中失信於人久矣，此賊其初失於不招，某蓋嘗入文字於五月初。今既殘害許多將與兵，却不可招。若合大軍五千而不能擒，此則亦無以爲國矣。所論岳祠及與王樞劄子皆好，有以見吾友守義不苟也。壽翁雖不易肯略言，但恐言之不入〔二〕，亦不濟事耳。此間土剛而農惰，自前月二十八九有雨，至今近旬，已嘗祈求。舊例祈禱無義理，盡削之，只到社壇、風雷雨師壇，及於湘南樓望拜堯山、灕江，遣官寮奉祝板〔三〕瘞山

〔一〕汪：原作「注」；辦：原作「辨」，俱據宋本、四庫本、道光本改。
〔二〕入：宋本作「力」。
〔三〕板：原作「枝」，據宋本、四庫本、道光本改。

間，及投江中。今日五更登湘南樓，雷電倏興，下樓雨已下，須臾大集滂沛，過午方止〔一〕，庭下水深數尺，四郊盡偏，今雨意未已也。一稔可望〔二〕，幸事幸事！庶幾使此邦之人益信土偶之非所當事，而山川是爲神靈也。因書謾及，不必語它人。急發遞至壽翁，欲其排日發探報來，更幸贊之。

又

某昨方奉書，遞中辱示，忽聞有罷命，深所歎息。彼蓋欲借左右以自解免，尚何卹乎公議？想目前得失不以寘胸中，某亦不復道相勸解之辭，吾曹惟有益勉其在我者耳。但今之達官鮮能受盡言，向來所以奉書，亦有不可與言之戒，詳其當時差出，便非好意，正欲尋事相中耳。它日必有能與君辨之者，但辨〔三〕與不辨，亦不足問，歸家閉户勉學，此有餘地也。

〔一〕止：原作「上」，據宋本、四庫本、道光本改。
〔二〕望：原作「幸」，據宋本、四庫本、道光本改。
〔三〕辨：原作「辯」，據四庫本改。

又

左右天資之美，閑處正宜進步，工夫不可悠悠，且須察自家偏處，自聲氣容色上細細檢察。向在長沙，見或者多疑左右以爲簡忽，此雖是愛憎不同，要之致得人如此看，亦是自家未盡涵養變化，異日願有觀焉。某日接事物，恐懼之不暇，甚思城南從容之味也。

又

某到官已半月，覺人情頗相安，綱紀亦粗定，日間事隨手即遣，並不付吏輩，頗似省靜。但如學校、軍政、財計，色色廢壞，未免一一料理，要爲着實可繼者耳。諸司向來相與不以誠而以術，府中遇諸縣亦然，今先務立信，上下似亦頗相應也。邊蠻有互相讎殺者，具令逐州以國家好生大德諭之，俾無以小忿自戕生靈。忠信可行蠻貊。拙者所守，惟此而已。惟是凡事不敢不奉法度，上下曠弛陵夷之久，未免少覺拘束，久亦當安習也。

又

前日春祭，親往舜廟，廟負奇峰，唐人磨崖在石壁中，貌象甚古。行禮既終，環視堂廡，則有庳之神在焉，固已甚懼。而唐武后亦勦入廡下，幡帳甚盛，又僧伽一部落亦在焉，不免即日盡投畀廟前江中，庶幾一廟之内，四門穆穆耳。此事獨可爲李壽翁言之。

又

得暇，想不廢玩繹。鬼神之説，横渠正蒙中宜深味之，此直須使胸中了了無疑。不然，它時恐或爲異説摇動也。

又

某承乏亦且一載矣，佩「心誠求之」之訓，味「哀矜勿喜」之言，黽勉之不暇，所幸去歲一稔，嶺民謂數年所無，而積年狡盗，悉就擒勦，人情頗安。惟是區區不敢苟目前，爲之久遠之慮，日夜在懷。保伍法先行於静江，境内極得其効。非惟弭盗，亦且息訟。因漸教以相親睦扶持之意，繼復推之一路，有數州者能料理有方。今又得朝廷斟酌降下，尤幸事也。静江財賦適承空乏之餘，初交割時，府中借經司、漕司緡錢共幾四十萬，經司亦坐是費力。一年之間，痛節浮冗，謹密滲漏，今幸支吾，兼支還兩司錢十餘萬緡。去冬米賤，亦頗收糴爲備，幾二萬碩。惟招軍治甲，不敢惜費，所收拾强壯刺將兵效用者已近五百輩，部勒教閲，合摧鋒及効用并帳前親兵千二百餘人，頗成軍伍。蓋此路控扼非一，此爲急務也。今郡事極簡，日間多得暇，但環視一路，思慮不能暫釋耳。會議財賦事，朝廷雖已行下而共議之，人與人異見，商量未成，比不免以所見定論再列于朝矣。諸州須得此事定，然後有濟也。諸邊悉幸無它，向來夔州李丈所忌憚之人，今甚帖然。然羈縻之地，與夫蠻獠之鄉，種類寔繁，一以爲赤子，一以爲龍蛇，豈容少忽！而邊備未實，每爲憂耳。士人中亦漸有知向方者，每呼其秀者與之講論端倪一二，更看久之如何。環城勝處誠多，但絶懶出，公務之餘，焚香默坐，閒翻書數葉。爲況如此耳，恐節夫欲詳知，不覺縷縷。建安公捄荒之政，聞江東之人極賴之，常通問否？此以僻遠，難於相聞也。節夫閑中想進修不輟，察偏矯習，當有新功。中庸謹獨、大學誠意，乃是下工夫要切處，不可悠悠放過也。彼中去崇安不遠，聞欲以暇時一往元晦處，甚善甚善！示及山園圖，反復不厭，便若身履其間，今再賦五章奉寄。雖然，園亦既廣矣美矣，若求增不已，却恐亦爲玩物溺志，要不可不察也。

與吳晦叔

元晦書來，云近看大學中之「其所親愛而辟焉」，「辟」字皆當讀作「僻」字。反復細看，誠如其說。蓋非惟文義上下相接，兼此篇中其餘「辟」字皆當讀作「僻」，不應此字獨異。又其理於修身齊家極爲緊切，乃易傳中「妻孥之言雖失而多從，所憎之言雖善爲惡」之意也，幸更詳之。

又

擇之後來頗肯放下舊説，第於鬼神生死之故，終是疑惑，書來，却云姑欲且寘此疑，專一持〔一〕敬。某謂此疑方深，動輒有礙，雖欲持敬，豈不間斷分裂乎？窮理持敬工夫，蓋互

〔一〕持：原作「扶」，據宋本、正誼堂本、四庫本、道光本改。

相資耳。

可齋銘見擕在此，大意皆正，但恐説可欲未甚分明。可欲乃動之端，良心本體也，故伊川謂與「元者善之長」同意，如何？

又

告子之説，某向來解孟子此段，正與來諭同。近因在舟中改舊説，見伊川有云：「不得於言，勿求於心，此觀人之法。心之精微，言有不可便謂不知，此告子淺近處。」明道云「人必有仁義之心，然後仁義之氣達於面」，故不得於心，勿求於氣可。此亦似以爲觀人之法也，故有疑焉。幸更詳之，見教。

又

可齋銘俟更詳之，續布聞。「告子」一段，大意固然。看伊川之意，以爲觀人之法，爲告子説云爾也。某解得一段，容續遺呈求教。近來玩味紬繹，大抵多覺向來看得偏處，始知所謂「善學者求言必自近，易於近者，非知言者也」，其至言哉！

又

示教「久假不歸」之説，論甚正。向來解中之語誠有未安，後來亦略有更改處，今復删潤録呈。但來諭固正矣，然如所解，烏知其非有也？謂懵不自知，却恐意義及文勢皆未順。身之假之，固迥然不同。孟子此語要甚和平，謂使其能久假而不歸，烏知其非己有？蓋非便謂其能有之，亦寧知其不能有耳，語意蓋圓也。假雖是有名無實，若能不歸，則安知其非舍舊而更新乎？解中故云義不係於假而係於不歸。故孟子斯言，蓋進之於善道，而非絶之之辭。文定春秋中一段及此，併録呈，幸更深思之，却以見告。某今夏以來，時時再看語、孟説，又多欲改處。緣醫者見戒，未欲多作文字，近日方下筆改正語説，次當及孟子。恐因見其間未安處，不惜一一疏示，相助開發也。所欲言者甚多，每以懷渴，所幾以時自厚。

又

舟梁之論，誠有益於學者。向來所疑，只恐辭氣間微有過處耳。

某已作岳下書，欲遣人問，忽得舍弟信報廣仲下世，傷歎淚落，不能以已。不謂盛年一疾，遽至於此！又念其有志古道，朋遊中所難得，平時相與講論，意望遠大，一朝有今古之隔，使人重痛惜之，不獨爲胡氏歎息也。晦叔交義篤至，尤當爲之動懷。此病只緣湘陰醫者下甘，遂撅了根本，豈有廣仲之弱，反謂腎氣有餘，又從而瀉之耶？如此庸醫，公然妄投劑，理當痛懲之，如何？專遣人去，忽忽僅能作此，它皆未暇及也。

又

季隨處人便辱書，甚慰。醇叟遂爾，使人感傷。挽章甚佳，近來詩律良進也。某亦作兩首，蚤晚寄去。孟子解向來老兄先要盡心，今録呈，煩細看，有以見告，是所望也。某近日無事，亦頗作論語章句，方畢學而篇，續亦旋寄。元晦中庸數章，俟答書了，併往。相去不遠，未即合并，無日不奉懷，何日遂成此來耶？「力行近乎仁」之説甚緊要，更須細味「近」字爲深長也。「克伐怨欲」之説，曾細味二程先生之説否？「仁」字須是如此看。伯逢所類遺書中語，已領。劉樞得書，聞十二月間遷入新第，但傳説頗華耳。子飛可傷之甚，前書已報去，不知諸喪今誰與殯葬？孤遺誰與收拾？似亦劉樞之責也。近報黃仲秉以集撰守鎮江，未知何故？它遲後訊。

又

某比來展省先塋，昨曉至止，松楸日茂，永慕之感，惟以涕零耳。本意欲畢事往山前與親舊相欵，適舍弟嚴陵之闕成見任，初與劉樞共勸渠對换此間或近地一闕，而其意堅欲往，已索迓兵。念兄弟相别在即，且欲相聚，不欲久出，故復不果，又恐重廑晦叔，不敢屈來此。相望一山〔一〕，徒極悵然，後早即還轅矣。近連得元晦書，亦寄所解中庸草藁來看，猶未及詳閲也。伯逢前在城中，頗欵某所解。太極圖渠亦録去，但其意終疑「物雖昏隔不能以自通，而太極之所以爲極者，亦何有虧欠乎哉」之語，此正是渠緊要障礙處。蓋未知物則有昏隔，而太極則無虧欠故也。若在物之身，太極有虧欠，則是太極爲一物，天將其全與人，而各分些子與物也。此爲於大本甚有害。前臨來，未及詳此，從容間更以告之可也。劉樞近日論交趾進象事，又以上江多旱處，以五萬緡往荆南糴米，就彼輸軍，此却截留合發之數。此等事皆是誠心愛民之實也。求田之説未嘗忘，但未有穩當，不敢奉告耳。

〔一〕山：原作「出」，據宋本、四庫本、道光本改。

又

某比復奏請邊州久遠之弊，似聞朝廷已議施行，若得此事濟，則庶幾有可繼之迹，非直一時計耳。新漕凡事却似肯商量，不敢不推誠，更看如何。李伯諫爲異説所惑〔一〕，遂下喬木而入幽谷，兼其説亦甚淺陋，不知伯諫何爲便爲所動？要是天資窒塞，元晦當時期待之太過耳。

又

別紙數條，一一以鄙見書其下，未知然否？幸精詳之。長物之説，正所欲聞。近來只是買得一石屏及得一觥，其它皆向來几案間日用者也。經營之説，傳者過矣。但健羨〔二〕之意，雖曰知防，然未免其根在，有〔三〕時發見。得來誨，極有助，當深加窒治也，欣感

〔一〕惑：原作「感」，據宋本、正誼堂本、四庫本、道光本改。
〔二〕羨：原作「美」，據宋本、四庫本、道光本改。
〔三〕有：原作「南」，據宋本改。四庫本作「尚」。

欣感！以此益[一]思相聚之樂未間。凡有所傳聞，無論虛實細大，幸一一見告，非吾晦叔而誰望耶？幸甚！

又

元晦謂略於省察，向來某與渠書亦嘗論此矣，後便録呈。如三省、四勿，皆持養、省察[二]之功兼焉。大要持養是本，省察所以成其持養之功者也。

又

和章三復，幸甚。如所謂「花柳共日暖，桑麻經雨滋」，語意佳也。所諭氣稟之説，言語誠恐人致惑，今更云「如羊舌虎之生[三]，已知其滅宗之類，以其氣稟而知其末流至此，謂惡亦不可不謂之性，言氣稟之性也」，如何？日與諸人理會詩，方到唐風。向來元晦所編

〔一〕益：原作「蓋」，據宋本改。
〔二〕省察：宋本無此二字。
〔三〕羊舌虎之生：「舌」原作「躡」，「之」原作「其」，據宋本改。

多去諸先生之説，某意以爲諸先生之説雖有不同，然自各有意思，在學者玩味如何，故盡載程子、張子、吕氏、楊氏之説，其他諸家有可取則存之，如元晦之説多在所取也。此外尚或有鄙意，即亦附之于末。繫辭説亦已裒集。程子精微之論多見遺書中，如論孟精義編類得好，極宜習讀，但書多不帶來耳。近爲曾幹作一記，并數詩，録呈。岳陽附克己銘來，亦附一本去。

又

示及元晦、伯逢「觀過知仁」説，正所欲見。某頃時之説，正與伯逢相似，後來見解經義處，惟伊川先生之言看得似平易，而研窮其味無斁。此段伊川但以謂君子之過過於厚，傷於愛，小人之過過於薄，傷於忍。經解本云：「人之過也，各於其類。君子常失於厚，小人常失於薄；君子過於愛，小人傷於忍。」近來嘗下語云：「君子之失於厚，過於愛。」雖曰過也，然觀其過而心之不遠者可知矣。若小人之過則失於薄，傷於忍。夫所謂薄與忍者，豈人之情也哉？而其失若此，則其所陷溺者亦可知矣。以此自觀，則天理在所精，人欲在所遏也。以此觀人，則亦知人之要也，未知兄看得如何？若如舊日所説，恐傷快了，聖人論仁不如是耳，更幸思之講之，却以見教。示諭所過者化之説，才讀一過，覺程子之説爲有功用也，俟少定，更詳之。

聞見思慮所及并廣西利害有可見告者，不惜逐項筆記，以俟面請。某獨任一路之責，蚤夜不遑，所幸今夏雨澤尤以時，目前遠近頗安帖，向來數事悉已得請，前書已報去。今諸州既少寬，横歛苛訊悉從禁戢，庶幾民力之漸紓也。除諸郡既添鹽息外，海旁數郡乃煮海之地，而官敷賣鹽，數益增於舊，亦爲鐫削區處，以至海南悉施行矣。區區心〔一〕力之所及，不敢不盡，亦幸朝廷察見，肯相從耳。前書所諭權攝事，向來正爲〔二〕求者多，而經司闕殊少，不足以給，想多不滿者。漕司却有闕多，然近來指揮，例罷違法權攝，如廣中用八路法，但可差在本路得替寄居待闕官耳，罷者甚衆，亦有利有害也。陳擇之本欲立秋後歸，自聞此報，不復可留。此公明審有思慮，此處置本路久遠根本之計，一二事極賴其助〔三〕，甚惜其去也。誠之病痛多，未肯下手醫治，近亦力告之矣。

〔一〕心：原作「必」，據宋本、四庫本、道光本改。

〔二〕正爲：原無「爲」字，據宋本補。

〔三〕助：原作「甚」，據宋本、四庫本、道光本改。

又

兩日行善化、寧鄉道中，境界可畏，使人不忍開眼。大抵十室五六空矣，其見存者無人色，有位者終未肯沛然拯濟，坐視天民之擠壑，爲之奈何！前在城中，不勝饒舌，昨復移書力説，且封民所食草根去，未知吪動否。

又

歉傷，衡山猶爲庶幾者，晦叔獨〔一〕未見善化、寧鄉界中耳，不可言，不可言！某向在城中，亦無緣知得子細。振民之事蓋有二端：振濟也，振糶也。振濟須官中捐米以救之，振糶即用上户所認可也。今官中吝米不肯捐，專仰上户之糶，可乎？今潭城諸倉受納已有米近八萬斛，前勸陳帥借此上供米均濟農民乏食者，或借與亦可，却一面具以奏聞待罪，比至獲罪，而十數萬生齒已活矣，況未必獲罪耶？未知渠能辦否耳。若待常平司全永州糴米來濟，則索我於枯魚之肆矣，如何如何！

〔一〕獨：原作「猶」，據宋本改。

新刊南軒先生文集卷二十九

答問

答吴晦叔

遺書云：「自性之有形者謂之心，自性之有動者謂之情。」又曰：「心本善，發於思慮則有善、不善。若既發，則可謂之情，不可謂之心。」夫性也，心也，情也，其實一也，今由前而觀之，則是心與情各自根於性矣；由後而觀之，則是情乃發於心矣。竊謂人之情發，莫非心爲之主，而心根於性，是情亦同本於性也。今曰「若既發則可謂之情，不可謂之心」，然則既發之後，安可謂之無心哉？豈非情言其動，而心自隱然爲主於中乎？又孟子曰：「乃若其情，則可以爲善矣。」若發得是善，固可爲善，脱有不善，如何爲善哉？是皆可疑也。此精微處望明賜剖析。又曰：「人須知自慊之道。」自慊者無不足也。若有不足，則張子所謂有外之心不足以合天心也。此「有外之心」，與禮經「以其外心也」、與文定春秋傳云「心不外者，乃能統夫衆理」皆不同，豈非本心未瑩，猶有人心者乎？抑懷不足之意乎？

「自性之有動謂之情」，而心則貫乎動静而主乎性情者也。程子謂「既發則可謂之情，不可謂之心」者，蓋就發上説，只當謂之情，而心之所以爲之主者固無乎不在矣。孟子謂「乃若其情則可以爲善」者，「若」訓「順」。「弗克若天」之「若」。人性本善，由是而發，無人欲之私焉，莫非善也，此所謂順也。情有不善者，非若其情故也。無不足者，天理之安也，本心也。若有不足，則是有所爲而然，杜撰出來，此人欲也，有外之心也。

規正韋齋意思有偏，誠爲確論。山間同志亦頗有此歎者。如孟子云凡有四端於我者，知皆擴而充之，豈可欲捄一時之偏勝而自墮〔一〕於一偏？併令人不知〔二〕有仁字而爲學乎？豈非略於省察之過乎？若使人敬以致知，不妨其爲是也。若不令省察苗裔，便令培壅根本，夫苗裔之萌且未能知，而遽將孰爲根本而培壅哉？此亦何異閉目坐禪，未見

〔一〕墮：原作「憧」，據四庫本改。

〔二〕知：原作「可」，據宋本改。

良心之發，便敢自謂我已見性者？故胡文定公曉得敬字便不差也。明道説曾子告孟敬子之語誠是坦明，所謂於公字上研究仁字爲最近，信然，公則能愛矣。

不知苗裔，固未易培壅根本，然根本不培，則苗裔恐愈濯濯也。此話須兼看。大抵涵養之厚，則發見必多；體察之精，則本根益固。未知大體者，且據所見自持，如知有整衣冠、一思慮，便整衣冠、一思慮，此雖未知大體，然涵養之意已在其中。而於發處加察，自然漸覺有功。不然，都不培壅，但欲省察，恐膠膠擾擾，而知見無由得發也。「敬以致知」之語，「以」字有病，前書中已見此語，未及奉報。不若云「居敬致知」。公字只爲學者不曾去源頭體究，故看得不是。觀元晦亦不是略於省察，令人不知有仁字，正欲發明仁字。如説愛字，亦是要人去所以愛上體究，但其語不容〔一〕無偏，却非閉目坐禪之病也，更幸思也。

程子語録云：「復非天地之心，復則見天地之心。」茲乃道非陰陽，所以陰陽者道也。理明辭瑩，無可疑者。而於其後又云：「復其見天地之心。一言以蔽之，天地以生物爲心者也。」而於易傳亦云：「一陽復於下，乃天地生物之心也。」如此，則是以一陽爲天地之心，

〔一〕容：原作「欲」，據宋本改。

大與前言相戾，甚非「反復其道，七日來復」之旨也。望爲精剖，以祛所疑。

易傳所謂「一陽復於下，乃天地生物之心也」，此語言近而指遠，甚爲完全，蓋非指一陽而言也，言「一陽復於下，乃天地生物之心也」，細味之可見。「一言以蔽之，天地以生物爲心者也」，不知在遺書中甚處，檢未見，但見微言中載此句，而文亦不備，便中幸詳示諭，當更思之耳。畢竟覺得此語未安。「反復其道，七日來復」，不知晦叔如何説？

明道云：「道即性也，若道外尋性，性外尋道，便不是。」又嘗曰：「揚雄規模〔一〕窄狹。」道即性也，言性已錯，更何所得？夫二人之品固不可同日而語，然其説則一，而其義所以不同者何也？

「道即性也」，此明道先生語，揚雄初無此語也。後段文意乃是謂道即性也，揚雄既不知性，則於道更何所得耳。

子文、文子之事，聖人以清、忠目之。就此事言，只可謂之清、忠，此洙泗言仁之所極是也。然遺書有謂聖人爲之亦只是清、忠，兹又不能無疑。夫聖人無一事之非仁，而乃云

〔一〕模：宋本作「橅」。

爾，何也？又況程子於「博施濟衆」之下，乃云「今人或一事是仁，亦可謂之仁，至於盡仁道亦謂之仁，此通上下言之也」，則又與忠、清之説不同，請爲〔一〕明之。

遺書中之意，大要以爲此事只得謂之清、忠，然在二子爲之，曰忠曰清而止矣，仁則未知也。在聖人事或有類此者。以其事言，亦只得謂之清、忠，然而所以然者，則亦不妨其爲仁也。如伯夷之事，雖以清目之，亦何害其爲仁乎？看先覺説話，切忌執殺，不知如何？

程子云：「視、聽、思、慮、動、作，皆天也，但其中要識得真與妄耳。」伯逢疑云：「既是天，安得妄？」某〔二〕以謂此六者，人生皆備，故知均稟於天，但順其理則是真，違其理則是妄，即人爲之私耳。如此言之，知不謬〔三〕否？

有物必有則，此天也，若非其則，則是人爲亂之，妄而已矣。只如釋氏揚眉瞬目，自以爲得運用之妙，而不知其爲妄而非真也。此毫釐之間，正要辨別得。如伯逢病正在此耳。

〔一〕爲：原無，據宋本補。
〔二〕某：宋本作「翌」。
〔三〕謬：原作「膠」，據宋本改。

所答之語，大意已得之。

西銘：「天地之帥吾其性。」帥有主宰之義，不曰心而曰性，何也？

帥是統率之意，原本而言之，謂之性則可耳。

答胡伯逢

明道先生曰：「上天之載，無聲無臭，其體則謂之易，其理則謂之道，其用則謂之神，其命於人則謂之性。率性則謂之道，修道則謂之教。」又曰：「民受天地之中以生，天命之謂性也。『人之生也直』，意亦如此。」又曰：「孟子曰『仁也者，人也』，合而言之，道也，中庸所謂『率性之謂道』是也。」詳此兩說，則是中庸首兩句明道便屬人說矣。而伊川先生乃曰：「天命之謂性，率性之謂道者，天降是於下，萬物流形，各正性命者，是所謂性也；各正性命而不失，是所謂道也。」此亦通人物而言。循性者，馬則爲馬之性，又不做牛之性。云云。所謂率性也。修道之謂教，此則專在人事。伊川之說，則自首兩句已兼人物而言之矣。呂、游、楊之說則同乎明道，侯子之說則同乎伊川，二先生之說所以不同者，如何？

某竊詳所録明道先生之說，蓋明性之存乎人者也；伊川先生之說，蓋明性之統體無乎不在也。天命之謂性者，大哉乾元，人與物所資始也；率性之謂道者，在人爲人之性，在物爲物之性，各正性命而不失，所謂道也。蓋物之氣稟雖有偏，而性之本體則無偏也。觀天下之物，就其形氣中，其生理何嘗有一毫不足者乎？此性之無乎不在也。惟人稟得其秀，故其心爲最靈而能推之，此所以爲人之性，而異乎庶物者也。若元不喪失，率性而行，不假修爲，便是聖人。故惟天下之至誠能盡其性，而人之性、物之性亦無不盡。惟其有所喪失，則不能循其性，故有修道之教焉，所以復其性之全也。明道於人身上指出，要人就己體認耳，然亦豈遂謂物無天命乎？伊川發明其說〔一〕，統體可謂完備矣。侯子解稱兼人物而言者爲明道說，恐此亦必有據。或曰天命獨人有之，而物不與焉。爲是說者，但知萬物氣稟之有偏，而不知天性之初無偏也；知太極之有一，而不知物物各具太極也。故道與器離析，而天地萬物不相管屬，有害於仁之體矣，謂之識太極可乎？不可不察也。伊川不獨解「天命之謂性」一章有此意，遺書中如此說處極多，如說「萬物皆備於我」處亦然，幸詳玫而深思之。區區所見，未知然否？且辭不逮意，惟高明察之。

〔一〕說：原無，據宋本補。

曰「心有知覺之謂仁，此上蔡謝子之言也。此言固有病。」切謂心有〔一〕知覺謂之仁，此一語是謝先生傳道端的之語，以提省學者也，恐不可謂有病。夫知覺亦有深淺，常人莫不知寒識煖，知飢識飽，若認此知覺爲極至，則豈特有病而已？伊川亦曰覺不可以訓仁，意亦猶是，恐人專守着一箇覺字耳。若夫謝子之意自有精神，若得其精神，則天地之用即我之用也，何病之有？

謝上蔡之言，固是要指其發見以省學者，然便斷殺知覺爲仁，故切以爲未免有病。伊川先生所謂覺不可訓仁者，正謂仁者必覺，而覺不可以訓仁。侯子師聖亦嘗及此矣。若夫今之學者囂囂然自以爲我知之者，只是弄精魂耳，烏能進乎實地哉！此又上蔡之罪人也。

又曰「以覺言仁，固不若愛之切」，此亦似遷就之説。切謂以愛言仁，不若覺之爲近也。

就愛人上窮究仁之所以愛，宜莫親切於此，所謂知覺者亦在其中矣。

〔一〕心有：二字宋本無。

「大公之理得，則天地之心即己之心」，此語善矣，而其下語云「萬物之體即己之體」，却似未識仁。大公之理四字亦恐未親切。

萬物之體即我之體，立言者之意，乃是仁者以天地萬物爲一體，認得爲己，何所不至之意。大公之理四字也要人看。

解盡心首章云：「理之自然謂之天，具於人爲性，主於性爲心。」又於「人之所不學而能者，其良能也」，解云：「天命爲性，循性曰道，而主於身爲心。」何故言性、心有不同？且「主於身」者似專指軀殼之内言之，「主於性」者似性外有主矣，恐立言未瑩也。

主宰處便是心，故有主於性、主於身之言。然兩處語亦當瑩之，歸於一也。

又曰「若夫爲不善，則是物誘於外，而血氣隨之，性無是也」。然則所謂不善者，是性之所不爲也。夫論性不及氣則不備，而謂不善者，是血氣而非性，可乎？且謂性所不爲，夫誰爲之？

性無不善。謂性有不善者，誣天者也。夫水摶而躍之可使過顙，激而行之可使在山，是豈水之性也哉？此前日所以有「不善者性所不爲」之論，而不自知其過也。夫血氣固出於性，然因血氣之有偏而後有不善，不善一於其偏也。故就氣稟言之，則謂善固性也，惡亦不可不謂之性也則可；即其本源而言之，則謂不善者性之所不爲，乃所以明性之理也。若如來說，則是混天理、人欲而莫別，其故何異於性可以爲善、可以爲不善之論哉？「萬物皆備於我矣」，解曰：「凡有是性者，理無不具，是萬物無不備也。故程子曰非獨人也，物亦然。」却於「親親而仁民」處解云：「人與人類，則其性同；物則各從其類，而不得與吾同矣。」有牴牾否？竊謂萬物皆備於我，乃仁之道，與天下歸仁之義同。蓋謂人能備之耳。我者指人而言也。昨見知言〔一〕中有疑議，切所未安。若夫萬物素備之説，別是一義。

此難以言語盡，請無橫舊説於胸次，玩味伊川先生之言而深體之。

〔一〕知言：原無「知」字，據宋本補。

新刊南軒先生文集卷三十

答問

答朱元晦

「王驩」一段，解之甚精。大抵王驩無足與言者，獨使事若有未至，則當正之，而驩既克勝任矣，此外復何言哉！故曰：「夫既或治之，予何言哉！」

本一而已，二本是無本也。以愛爲無差等，而愛親亦以爲施耳，是非無本歟？儒者之言曰「立愛惟親」，又曰「立愛自親始」。曰「立」云者，則可見其大本矣。

和靖曰：「脱使窮其根源，謹其辭説，苟不踐行，等爲虚語。」石子重云：「愚以爲人之所以不能踐行者，以其從口耳中得來，未嘗窮其根源，無着落故耳。縱謹其辭説，終有疏謬。若誠窮其根源，則其所得非淺，自然欲罷不能，豈有不踐行者哉？」范伯崇云：「知之行之，此二者，學者始終之事，闕一不可。然非知之艱，行之惟艱也。」知而不行，豈特今日之患，雖聖門之徒未免病此。如曾點舞雩之對，其所見非不高明，而言之非不善也，使其能踐履，實有諸己而發揮之，則豈讓於顔、雍哉？惟其於踐履處未能純熟，此所以爲狂者也。又況世之人徒務知之，而不以行爲事，雖終身汲汲，猶失人也，矧知之而未必得其真歟？和靖之言豈苟云乎哉！

和靖之言固有所謂，然諸君之説，意皆未究也。孔子觀上世之化，曰：「大哉知乎！雖堯、舜之民比屋可封，亦能使之由之而已。」知者，凡聖之分也，豈可易云乎哉？傅説之告高宗，高宗蓋知之者，恭默思道，夢帝賚予良弼，非知之者有此乎？此舊學于甘盤之所得也。故君奭篇稱「在武丁時，則有若甘盤」，而未及乎傅説，蓋發高宗之知者，甘盤也。「知之非艱，行之惟艱」，説之意亦曰：雖已知之，此非艱也，貴於身親實履之，此爲知之者言也。若高宗未克知之，而告之曰知之非艱，則説爲失言矣。自孟子而下，大學不明，只爲無知之者耳。若曰行者，學者事父、事兄〔一〕、事上，何莫不行也？惟其行而不著，習而

〔一〕事兄：原無「事」字，據宋本補。

不察耳。知之而行，則譬如皎日當空，脚踏實地，步步相應；未知而行者，如闇中摸索，雖或中，而不中者亦多矣。曾點非若今之人自謂有見而直不踐履者也，正以見得開擴，便謂聖人境界，不下顏、曾請事戰兢之功耳。顏、曾請事戰兢之功，蓋無須臾不敬者也。若如今人之不踐履，直是未嘗真知耳；使其真知，若知水火之不可蹈，其肯蹈乎？

叔京云：「經正則庶民興。」蓋風化之行，在上之人舉而措之而已。庶民興，則人人知反其本而見善明，見善明則邪慝不能惑也。既人不之惑，則其道自然銷鑠而至於無也。歐陽永叔云：「使王政明而禮義充，雖有佛，無所施於吾民也。」亦此意也。

經乃天下之常經，所謂堯、舜之道也。經正則庶民曉然趨於正道，邪説不能入矣。但反經之妙，乃在我之事，不可只如此説過也。只如自唐以來名士如韓、歐輩攻異端者非不多，而卒不能屈之者，以諸君子猶未能進夫反經之學也。如後周、李唐及世宗蓋亦嘗變其説矣，旋即興復而愈盛者，以在上者未知反經之政故也。

第一章：此天人性命之分，人物氣質之稟，所以雖隱顯或不同，而其理則未嘗不一也。

此語似欠。如云「在天人雖有性命之分，而其理則一；在人物雖有氣稟之異，而其體則同」，則庶幾耳。

言率夫性之自然，是則所謂道也。

是則是自然。然如此立語，學者看得便快了，請更詳之。

修道之謂教。

後來所寄一段意方正，但尋未見，幸别録示。

「修道之君子審其如此」以下。

此一段覺得叢疊有剩句處。以鄙意詳經意，不睹不聞者，指此心之所存，非耳目之可見聞也。目所不睹，可謂隱矣；耳所不聞，可謂微矣。然莫見、莫顯者，以善惡之幾，一毫萌焉，即吾心之靈，有不可自欺而不可以揜者。此其所以爲見顯之至者也。以吾心之靈獨知之，而人所不與，故言獨，此君子之所致嚴者，蓋操之之要也。今以不睹不聞爲方寸之地，隱微爲善惡之幾，而又以獨爲合。是二者，以吾之所見乎此者言之，不支離否？

此一節因論率性之道，以明修道之始。

恐當云「因論率性之道，以明學者循聖人修道之教之始」也。

此一節推本天命之性，以明修道之終。

恐當云「推本天命之性，以明學者循聖人修道之教之終」也。大抵天命之性，率性之道，聖人純全乎此，而修道立教，使人由之，在學者則當由聖人修道之教用力，以極其至，而後道爲不離，而命之性可得而全也。

「洪範之初一」至「正與此意合」。

洪範之説，固亦有此意。然似不須牽引以證所言五行、五事、皇極、三德，然則八政、五紀之在其間者復如何？引周子之所論，亦似〔一〕發明其意未盡，轉使人惑〔二〕，不若亦不須引也。或曰「然則中和果爲二物」云云，此數句却須便連前文，庶順且備耳。

第二章「隨時爲中」。

「爲」字未安。蓋當此時則有此時之中，此乃天理之自然，君子能擇而得之耳。

第四章「道之不行也」至「不肖者不及也」。

所釋恐未安。某嘗爲之説曰：「知者慕高遠之見而過乎中庸，愚者又拘於淺陋而不及乎中庸。此道之所以不行也。賢者爲高絶之行而過乎中庸，不肖者又安於凡下而不及乎中庸，此道之所以不明也。道之不行由所見之差，道之不明由所行之失，此致知力行所以

〔一〕似：原作「以」，據宋本、四庫本、道光本改。
〔二〕惑：原作「感」，據宋本、四庫本、道光本改。

爲相須而成者也。」不識如何〔一〕？

第五章「執其兩端，用其中于民」：兩端者，凡物之全體皆有兩端，如始終、本末、大小、厚薄之類。識其全體而執其兩端，然後可以量度取中，而端的不差也。

此説雖巧，恐非本旨。某謂當其可之謂中。天下之理莫不有兩端，如當剛而剛，則剛爲中；當柔而柔，則柔爲中。此所謂「執兩端，用其中于民」也。

第十章「强哉矯」：矯，强貌。詩曰「矯矯虎臣」是也。每句言之，所以深嘆美之，辭雖煩而不殺也。

此説初讀之似好，已而思之，恐不平穩，疑聖人之辭氣不爾也。然此句終難説。吕、楊諸公之説雖亦費力，然於學者用工却有益爾。

第十一章「素隱」：素，空也。無德而隱，無位而隱，皆素隱也。

「素隱」恐只是平日所主專在於隱者也。

第十二章「夫婦之愚，可以與知焉；夫婦之不肖，可以能行焉」：君子之道，造端乎夫

〔一〕何：原作「行」，據宋本、四庫本、道光本改。

婦。男女居室，人道之常，雖愚不肖亦能知而行。夫婦之際，有人所不睹不聞者，造端乎此，乃所以爲戒慎恐懼之實。

此固切要下工夫處，然再三紬繹，恐此章之所謂與知、能行者，謂凡匹夫匹婦之所共知，如朝作夕息、飢食渴飲之類。凡庶民行而不著、習而不察，在君子則戒慎恐懼之所存，此乃所以爲造端。如所謂居室人道之常，固亦總在其中，若專指夫婦之間人所不睹不聞者，却似未穩，兼亦未盡也。

第十三章「人之爲道而遠，人不可以爲道，人心之所〔一〕安者即道也」。

此語有病。所安是如何所安？若學者錯會此句，執認己意以爲心之所安，以此爲道，不亦害乎？

「庸德之行，庸言之謹，有所不足，不敢不勉，有餘不敢盡。言顧行，行顧言，君子胡不慥慥爾？君子知道之不遠人」至「豈不慥慥爾乎」。

此説費力。某以爲「有所不足，不敢不勉，有餘不敢盡」，惟游子定夫説得最好，當從

〔一〕所：原無，據宋本補。

之。若夫大意則謂道雖不遠人，而其至則聖人亦有所不能。雖聖人有所不能，而實亦不遠於人，故君子只於言行上篤實做工夫，此乃實下手處。

「道不遠人」至「做此」。

費、隱之意，第十一章子思子發明之至矣，來說固多得之。若此二字，凡聖賢之言皆可如是看，似不必以爲下數章皆是發明此二字也。大抵所定章句固多明析精當者，但其間亦不無牽挽處，恐子思當時立言之意却未必如此爾。蓋自此章以下至二十章，元晦所結之語皆似强爲附合，無甚意味。觀明者之意，必欲附合，使之鼇通縷貫，故其間不免有牽强以就吾之意處。以某之見，其間聯貫者自不妨聯貫，其不可强貫者逐章玩味意思固無窮，似不須如此費力。章句固合理會，若爲章句所牽，則亦不可耳。自二十一章而下，其脉血〔一〕自是貫通，如所分析，無甚可議者。

近有人疑「但能存心，自無不敬」，而程子言敬乃以動容貌、整思慮爲言，却似從外面做起，不由中出，不若直言存其心之爲約也。

〔一〕脉血：宋本作「血脈」。

某詳程子教人居敬，必以動容貌、整思慮爲先。蓋動容貌、整思慮，則其心一，所以敬也。今但欲存心，而以此爲外，既不如此用工，則心亦烏得而存？其所謂存者，不過强制其思慮，非敬之理矣，此其未知内外之本一故也。今有人容貌不莊，而曰吾心則存，不知其所爲不莊者，是果何所存乎？推此可見矣。

爲佛學者言，人當常存此心，令日用之間，眼前常見光爍爍地。此與吾學所謂「操則存」者有異同不？

某詳佛學所謂與吾學之云「存」字雖同，其所爲存者固有公私之異矣。吾學操則存者，收其放而已。收其放則公理存，故於所當思而未嘗不思也，於所當爲而未嘗不爲也，莫非心之所存故也。佛學之所謂存心者，則欲其無所爲而已矣。故於所當有而不之有也，於所當思而不之思也，獨憑藉其無所爲者以爲宗，日用間將做作用，其云令日用之間，眼前常見光爍爍地，是弄此爲作用也。目前一切以爲幻妄，物則盡廢，自利自私，此其不知天故也。

論語「何有於我哉」文義。述而、子罕

吕與叔謂我之道舍是復何所有，某舊只解作勉學者之意。後來詳與叔此説文義爲順，亦正合程子「聖人之教，常俯而就之」之意，如曰「吾有知乎哉？無知也」之類也。至子罕篇所云，尤引而示之近，門人果能於此求聖人，於此學聖人，則夫高深者將可馴至矣。「範圍天地之化而不過，曲成萬物而不遺，通乎晝夜之道而知，故神無方而易無體。」此言聖人事，而結之以「神無方而易無體」，亦猶中庸述仲尼之德，而結之以「此天地之所以爲大」也。神無方，言其妙萬物而無不在也；易無體，言其變易而不窮也。聖人之功用，是乃神之無方、易之無體者也，蓋與之無間矣。

西銘謂以乾爲父、以坤爲母，有生之類無不皆然，所謂理一也。而人物之生、血脉之屬，各親其親，各子其子，則其分亦安得而不殊哉？是則然矣。然即其理一之中，乾則爲父，坤則爲母，民則爲同胞，物則爲吾與，若此之類，分固未嘗不具焉。龜山所謂用未嘗離體者，蓋有見於此也，似更須説破耳。

「執其兩端，用其中于民」，當從程子之言。前託游掾舉者非。

答胡廣仲

「心有所覺謂之仁」，此謝先生救拔千餘年陷溺固滯之病，豈可輕議〔一〕哉！云云。夫知

〔一〕議：原作「義」，據弘治本、四庫本、道光本改。

者，知此者也；覺者，覺此者也。果能明理居敬，無時不覺，則視聽言動莫非此體之流行，而大公之理在我矣，尚何僨〔一〕驕險薄之有？

元晦前日之言固有過當，然知覺終不可以訓仁。如所謂「知者知此者也，覺者覺此者也」，此言是也，然所謂「此」者，乃仁也。知覺是知覺此，又豈可遂以知覺爲此哉？以愛名仁者，指其施用之迹也；以覺言仁者，明其發見之端也。愛固不可以名仁，然體夫所以愛者，則固求仁之要也。此孔子答樊遲之問以「愛人」之意。

復卦下面一畫乃是乾體，其動以天，且動乎至靜之中，爲動而能靜之義，所以爲天地心乎！

至靜而動不窮焉，所以爲天地心也〔二〕。

〔一〕僨：原作「憤」，據宋本改。
〔二〕也：宋本作「乎」。

答陳平甫

不可息者，非仁之謂歟？

仁固不息，只以不息説仁，未盡。程子曰：「仁道難名，惟公近之，不可便以公爲仁。」須於此深體之。

性，太極，太極不動，不動則不見其所以爲仁。心則與物接矣，與物接，則是心應之矣。此古人所以直指心要，曰「仁，人心也」。

未與物接時，仁如之何？

心無内外。心而有内外，是私心也，非天理也。故愛吾親，而人之親亦所當愛；敬吾長，而人之長亦所當敬。今吾有親則愛焉，而人之親不愛；有長則敬焉，而人之長不敬。是心有兩也，是二本也。且天之生物，使之一本，而二本可乎？此緊要處不可毫釐差。蓋愛敬之心由一本，而施有差等，此仁義之道所以未嘗相離也。易所謂「稱物平施」，稱物之輕重，而吾施無不平焉，此吾儒所謂理一而分殊也。若墨氏愛無等差[一]，即是二本。伊川先生答楊龜山論西銘書當熟玩味。

奔逸絶塵在乎思。

如此等語，皆涉乎浮夸，不穩貼。夫思者沉潛縝密，優遊涵泳[二]，以深造自得者也。今而曰奔逸絶塵，則有臆度採取之意，無乃流入於異端「一聞便悟、一超直入」之弊乎？非聖門思睿作聖之功也。推此類察之。

吾心純乎天理，則身在六經中矣。或曰：何謂天理？曰：飢而食，渴而飲，天理也；晝而作，夜而息，天理也。自是而上，秋毫加焉，即爲人欲矣。人欲萌而六經萬古矣。

此意雖好，然飢食渴飲，晝作夜息，異教中亦有拈出此意者，而其與吾儒異者何哉？此又不可不深察也。孟子只常拈出愛親敬長之端，最爲親切，於此體認即不差也。

平居以利物爲心，然後此道廣。

若曰常以利物爲心，是外之也。曰公天下萬物而不私其己焉則可矣。

人者天地之心。

經以論禮，而五峰以論仁者，自其體言之爲禮，自其用言之爲仁。

〔一〕等差：原作「差等」，據宋本乙。

〔二〕泳：原作「詠」，據宋本、四庫本改。

仁其體也，以其有節而不可過，故謂之禮。禮運「人者天地之心」之言，其論禮本仁而言之也。

欲請足下本六經、語、孟遺意，將前所舉十四聖人概爲作傳，繫以道統之傳，而以國朝濂溪、河南、横渠諸先生附焉。洙泗門人至兩漢以下及國朝程門諸賢凡有見於道、有功於聖門者，各隨所得，表出其人，附置傳末，著成一書。

某晚學，懼不克堪也。若曰裒類聖賢之言行，聚而觀之，斯可矣。

欲請足下以己精思，探三聖人之用心，又會以河南、龜山、漢上之説，續成上下繫、説卦、序卦、雜卦解五篇，傳之同志〔一〕，以貽後代。

某近裒集伊川、横渠、楊龜山繫辭説未畢，亦欲年歲間記鄙見於下。如漢上之説雜而不知要，無足取也。

欲請足下本聖人遺意，將禮記雜漢儒説處重加删定，其所删去文義亦勿截然棄之，宜各附置篇末，仍著所以删去之意於語下，以昭示後學。

〔一〕同志：原無，據宋本補。

禮記亦正欲考究，若曰删定，則某豈敢！

欲請足下一言諭猶子然，令往石室等處物色明道、横渠之後〔一〕，挈與偕行於綿竹義莊内，月加廪給，或於崇慶上院割田與之經紀其生。庶幾大賢之後不至竟日窮年有飢寒之憂，然後隨其資性，漸教以學。

此事深可嘆者。蓋有位爲政者之責，某輩在閑，又不當竊取而任之。若與之相識，則或周之教之可也。然來喻則不敢忘。

二先生論、孟説〔二〕。

今送經解一秩去，伊川語説在其間。近朱元晦編論孟精義，如二先生凡説及論、孟處，皆具載其間矣。建寧已刊行，某方有一本，它日得之奉寄。

文定公春秋傳。

今送一秩去。

五峰先生所著皇王大紀。

〔一〕「渠之後」三字原脱，據宋本、四庫本、道光本補。

〔二〕「二先生論、孟説」與下「文定公春秋傳」二則據宋本補。

五峰未易簣半年前，某見之，求觀此書，云此書千瘡百孔，未有倫序，未可拈出，若病少間，當相與考訂之。後來某得本于其家，殊未成次第，然其論數十篇可得後便録寄。

葵軒孟解〔一〕。

某歸來，方足成後數篇，又更改舊説不停手。今録序引去，可見此等文字，豈敢云成書，只欲與同志共講論之益耳。它時當旋寫寄姪子然處。

葵軒語解。

某舊來所解不滿意，自去冬來再以己見下筆，今方七篇。

洙泗言仁。

寄一本去，有可見告者不惜疏示。

〔一〕「葵軒孟解」與下「葵軒語解」、「洙泗言仁」三則據宋本補。

新刊南軒先生文集卷三十一

答問

答宋伯潛

明道云：「志動氣者什九，氣動志者什一。所謂氣動志者，非獨趨、蹶，藥也、酒也亦是也。」若止以藥與酒與蹶、趨言之，謂之少可也。明道又云：「氣專在喜怒，豈不動志？」夫人爲私欲所勝，喜怒不公，以移奪其志者多矣，而謂氣動志者什一，此則未諭。

所以有喜怒，亦志動氣也，但因喜怒之氣而志益不能自寧，是氣復動志也。蓋常人志動氣，而氣復動志，無窮已耳。然自其始動而言，只可謂之志動氣也，惟趨、蹶與藥也、酒也，則是氣先之也。

孟子曰：「可欲之謂善。」伊川謂與「元者善之長」同理，又曰：「乾，聖人之分也，可欲之善屬焉。」剛仲嘗謂孟子言可欲，非私欲之欲也，自性之動而有所之焉者耳。於可與不可之際甚難擇，姑以近者言之。如飲食男女，人之所大欲。人孰不欲富貴，亦皆天理自然，循其可者而有所之，如飢而食、渴而飲，以禮則得妻、以其道而得富貴之類，則天理也。過是而恣行妄求，則非天理矣。故書曰「敬修其可願」，孟子又曰「無欲其所不欲」是也。乾，聖人之分，豈謂聖人之動皆循天理而然歟？以坤爲學者之事，莫是有馴致之意否？元者天德也，孟子所謂善，豈指天理而言歟？橫渠又曰：「明善必明於未可欲之際。」未可欲謂大本未發者否？見於可欲，則性之苗裔已發見者；未可欲則本性全體渾然，不容一毫之僞。明之之功何自而先？莫亦當先從事於可不可之際，審擇而固執之否？愚見如此，中心亦未安，恐伊川引乾元處別有深意。

人具天地之心，所謂元者也。由是而發見，莫非可欲之善也。其不由是而發，則爲血氣所動，而非其可矣。聖人者，是心純全渾然，「乾知太始」〔一〕之體也，故曰：「乾，聖人之分，可欲之善屬焉。」在賢者則由積習以復其初，「坤作成物」之用也，故曰「坤，學者之事

〔一〕太始：原作「大始」，據宋本改。

也，有諸己之信屬焉。」今欲用工，宜莫先於敬。用工之久，人欲寖除，則所謂可者益可得而存矣。若不養其源，徒欲於其發見之際辨擇其可與不可，則恐紛擾，而無日新之功也。

答周允升

王通謂夫子與太極合德。若如先生之說，則人與物莫不有太極，詎止合而已。通顧爲是言，殆將太極别爲一物耶？奭〔一〕竊疑焉，於是反復思之，意夫通之説蓋指其初者言之也。當其三才未判，兩儀未分，五行未布，而太極已固存矣。逮夫太極動而生陽，動極而静，静而生陰。陰陽分而兩儀立，陽變陰合，而五行生。「無極之真，二五之精，妙合而凝。乾道成男，坤道成女，二氣交感，化生萬物」，而人始具，此太極矣。逆通之意，其指夫生物之初者言之耶？今夫人莫不具是性也，而盡性也〔二〕者誰歟？性中皆有天也，而配天者誰歟？是以中庸之論惟天下至誠爲能盡性，惟天下至聖故曰配天。太極亦猶是也。儻曰太極吾所固有，何合德之云？則配天之説亦非耶？奭嘗譬之日光，凡世間一切物

〔一〕奭：宋本作「某」，下同。
〔二〕也：原無，據宋本補。

能容光者莫不具日光焉，畢竟空中之日光自若也。今曰能容光者非日光也，固不可也；謂日光盡在是，而空中者無與焉，亦不可也。是故物生之初，太極存焉；生物之後，太極具焉。人雖各具太極，要其初者固自若也，此通所以有合德之説歟？昔者馬上所聞，尚有未諭者，故此諄諄，幸賜指教，使涣然冰釋爲荷。

天可言配，指形體也。太極不可言合，太極性也。惟聖人能盡其性，太極〔一〕之所以立也。人雖具太極，然淪胥陷溺之，則謂之太極不立，可也。

程子曰：「萬物皆備於我，不獨人爾，物皆然，都自這裏出去，只是物不能推，人則能推之。雖能推之，幾時添得一分？不能推之，幾時減得一分？百里〔二〕俱在，平鋪放著，幾時道堯盡君道，添得些君道多，舜盡子道，添得些子道多？元來依舊。」又曰：「萬物皆備於我，此通人物而言。禽獸與人絶相似，只是不能推。然禽獸之性，却自然不待學、不待教，如營巢、養子之類是也。人雖是靈，却椓喪處極多，只有一件嬰兒飲乳是自然，非學也，其佗皆誘之。」又曰：「萬物皆備於我矣。反身而誠，樂莫大焉。不誠則逆於物而不順

〔一〕太極：原作「人極」，據四庫本改。
〔二〕百里：四庫本作「萬里」。疑當作「萬理」。

也。」又曰：「學者必先識仁，仁者與物渾然同體。孟子曰：萬物皆備於我，須反身而誠，乃爲大樂。若反身未誠，則猶是二物有對，以己合彼，終未有之，又安得樂？」此四段皆程子之說。前二說謂人與物皆然，後二說則獨指人而言。據孟子謂萬物皆備於我，未嘗曰物皆備萬物也。如前二說則人與物更無差別，與告子「生之謂性」何異？夫惟物不能備萬物，故止有一物之用，所以不能推者，只爲合下不曾備得。人則備矣，所以能參贊化育也。至於梏喪處雖多，這裏元來何曾增減？庶民自去之爾。故謂物莫不有大〔一〕命，莫不有太極則可，謂物皆備萬物，則似恐未可。

既曰物莫不皆有太極，則所謂太極者，固萬物之所備也。惟其賦是氣質而拘隔之，故物止爲一物之用，而太極之體則未嘗不完也。

子貢謂夫子曰：「學不厭，智也，教不倦，仁也。」中庸曰：「成己，仁也；成物，智也。」學之與成己，教之與成物，蓋無二事，而或曰仁，或曰知，孰爲定體耶？

中庸與子貢之言，互明仁智之體用也。

〔一〕大：四庫本、道光本作「天」。

龍塘辱指教「學而時習之」當如程子説，時復紬繹，浹洽于中。今人讀語、孟、六經若先賢遺書，時復潛泳玩味，因其所啓端，發其所固有，久久涵養，是保是積，此誠可説也。當夫子時，六經未出，聖人教人者亦不至多言，士從之遊者或一言而終身行，或數語而終身誦，或以愚魯而竟得之，不知所紬繹者何事？又如語孟精義諸先生之説或各不同，而皆不悖於理，將孰從之則是？

紬繹者謂理也、義也，不必止爲文字。諸先生之説有不同處，當平心體其至當之歸〔一〕。

通書謂〔二〕德愛曰仁，伊川則謂仁是性，愛自是情。語録亦引「力行近〔三〕乎仁」，云：「力行關愛甚事？」易傳復之六二曰：「仁者天下之公，善之本也。」語録皆以公爲近仁，未嘗斷以愛爲仁也。然則愛特仁之一事耳，而通書乃云然，近世朱丈之論亦然。此是則彼非，二者必居一，于此欲俾學者識仁之本體，厥道何繇？

〔一〕當平心體其至當之歸：原脱，據宋本補。
〔二〕謂：原作「論」，據繆本改。
〔三〕近：原作「逆」，據宋本、四庫本、道光本改。

「力行近乎仁。」力行者敦篤切至故也。便以愛爲仁，則不可，然愛之理則仁也。

「觀過，斯知仁矣。」舊觀所作訥齋、韋齋記，與近日所言殊異，得非因朱丈別以一心觀，又別以一心知？頃刻之間，有此二用，爲急迫不成道理，遂變其説乎？爽嘗反復紬[一]繹，此事正如懸鏡當空，萬象森羅，一時畢照，何急迫之有？必以觀他人之過爲知仁，則如觀小人之過於薄，何處得仁來？又如觀君子之過於厚，則如鬻拳之以兵諫，豈非過於忠乎？唐人之刲股，豈非過於孝？陽城兄弟之不娶，豈非過於友悌乎？此類不可勝數。揆之聖人之中道，無取焉耳，仁安在哉？若謂因觀他人之過而默知仁之所以爲仁，則曷若返之爲愈乎？爽於先生舊説似未能遽舍，更望詳教。

後來玩伊川先生之説，乃見前説甚有病。來説大似釋氏，講學不可老草。蓋「過」須是子細玩味，方見聖人當時立言意思也。過於厚者謂之仁則不可，然心之不遠者可知，比夫過於薄甚至於爲忮、爲忍者，其相去不亦遠乎？請用此意體認，乃見仁之所以爲仁之義，不至渺茫恍惚矣。

〔一〕紬：原作「細」，據宋本、四庫本、道光本改。

書以中庸名篇，而首論中和之道，然則中和與中庸當何如分？

「中庸」統言道之體用，「中和」就人身上説。

「小人之中庸也，小人而無忌憚也」，當從王肅説是？從上蔡説是？

脱一「反」字。

論舜之大知也，曰「執其兩端，用其中於民」，而不及「庸」。述夫子之忠恕也，曰「庸德之行，庸言之謹」，而不及「中」，何也？意其互見耶？亦各示其用也？

言各有攸當。且用其中于民，固所以言庸也。庸德庸言，此庸字輕看。

既曰「中庸不可能〔一〕也」，又曰「君子依乎中庸，遯世不見知而不悔，唯聖者能之」。必聖者而後能，無乃絶學者之望耶？抑其義異，自不相通耶？

言「中庸不可能」，乃所以勉學者；「唯聖者能之」，盡其道爲難。

「仁者人也，親親爲大；義者宜也，尊賢爲大」，先後自有定秩。九經之序則先尊賢而後親親，二者當何如通？

〔一〕能：原作「輕」，據中庸及宋本、四庫本、道光本改。

即人心而論則親親爲先，就治體而言則尊賢是急。堯典「克明俊德，以親九族」亦是意。

答彭子壽

「中也者，天下之大本也；和也者，天下之達道也。」朱編修云：「大本者，天下之理皆由此出，道之體也；達道者，由此而出無所不通，道之用也。」龜年竊謂大本者即此理之存，達道者即此理之行，謂之中和，已是説出性情之理。若曰大本者，天下之理由此而出，無所不通，則是大本達道之外，又有所謂理也，不識此言如何？

大本者理之統體。會而統體，理一而已；散而流行，理有萬殊。若曰大本即此理之存，達道即此理之行，却恐語意近類釋氏。萬殊固具於統體之中。

「致中和，天地位焉，萬物育焉。」朱編修云：「敬而無失則極其中，而天地位矣；義之與比則極其和，而萬物育矣。」龜年竊謂未有極其中而不和者，未有天地位而萬物不育者，亦不必如此分説。不識如何？

分説無害。固未有天地位而萬物不育者，然天地位言其體，萬物育言其用，體用自殊，要須分看。但元晦之語不若龜山云「中故天地位焉，和故萬物育焉」爲得解經之法。

「君子時中」，朱編修云：「以其有君子之德，而又能隨時以取中也。」龜年竊謂君子精義故能時中。謂之時中者，以其全得此理，故無時而不中，非是就時上取中也。今曰「以其有君子之德，而又能隨時以取中」，心切疑焉。

隨時以取中，非元晦語，乃先覺之意，此意甚精。蓋中字若統體看，是渾然一理也；若散在事物上看，事事物物各有正理存焉。君子處之，權其所宜，悉得其理，乃「隨時以取中」也〔一〕。然元晦云「以其有君子之德，又能隨時以取中」，語却有病，不若云「所貴於君子之中庸者，以君子能隨時以取中也。」

大學曰：「古之欲明明德於天下者，先治其國；欲治其國者，先齊其家；欲齊其家者，先修其身；欲修其身者，先正其心；欲正其心者，先誠其意；欲誠其意者，先致其知。致知在格物。」自物格而後知至，自國治而後天下平，如自本而葉，沿流而下。學者用力之處，莫切於格物致知。而此篇之書，自誠意至平天下，條析甚明，而獨於格物致知無説，朱編

〔一〕也：原作「語」，據宋本改。

修以爲闕文是也。然龜年嘗以爲自平定天下，遡而求之，其極至於格物致知；自物格知至，順而達之，其極至於國治天下平。其間雖節目繁夥，而其道甚要。所謂要道，蓋不過格物致知而已耳。然聖人自「誠意」而下，又各疏其説焉，非謂格物致知之外又别有所謂誠意、正心、修身、齊家、治國、平天下之道。此蓋聖人深指人以格物致知者然也。故聖人於齊家之條，引書曰「若保赤子，心誠求之，雖不中不遠矣」。此格物致知之最近者也，不識是否？

自誠意、正心以至平天下，固無非格物致知事也。然疑致知格物一段解説自須有闕文。

答彭子壽

非禮勿視，非禮勿聽。

主一，則視聽有其則矣。

人心惟危。

人心因血氣而動，蓋危而難安也。

喜怒哀樂未發謂之中。

喜怒哀樂之未發，無所偏倚，中之所以得名。中者，所以狀性之體段。若曰目視、耳聽、手舉、足履，則是已發矣。其無不當者，迺是中節，所謂時中也。

「鳶飛戾天，魚躍于淵」，言其上下察也。

鳶飛魚躍，指道之體用無乎不在也。

盡心知性。

明〔一〕盡心體之本然爲盡其心，非善窮理者莫之能也。

無極而太極。

此語只作一句玩味。無極而太極存焉，太極本無極也。若曰自無生有，則是析爲二體矣。

堯舜豈無所用其心哉？

豈可謂堯舜無所用心？特動無非天耳。

〔一〕明：原作「因」，據宋本改。

過化存神。

存神，體也；過化，用也。存神故能過化。

君子行法以俟命。

行吾法則聽天所命，故富貴貧賤，夷狄患難，無不安也。

答吴德夫〔一〕

孟子曰：「形色天性也，惟聖人然後可以踐形。」説者謂踐者履踐也，如非禮勿視聽、非禮勿言動之類，謂之踐形。如此説，恐只是賢人事。一説謂聖人猖狂妄行，蹈乎大方，衆人則爲形所役，聖人則能役形。恐踐字説得費力。又一説：形者事之初萌，色者事之著見，惟聖人能踐之於其初，賢人則必待〔二〕著見而後用力於其間。此恐説「天性」字不出。

天之生斯人也，有物必有則。凡具於吾身者皆物也，而各有則焉。踐如踐言之踐，實履之也。凡人雖有形色，而不能踐也，感物而動，不知所以踐之者也。賢人則能踐之矣，

〔一〕吴德夫：原作「吾德夫」，據宋本、四庫本、道光本改。

〔二〕必待：原作「不待」，據宋本改。

由己故也，以我視、以我聽、以我言、以我動也。聖人盡性，從容自中，與天地相流通，故動容周旋無非至理。曰「能」，則猶似用力也；曰「可以」，則見其自然而化，非聖人莫能與也。

上繫曰：「可久則賢人之德，可大則賢人之業。」此一段論乾坤易簡，至於可久可大，可謂極矣，何故止言賢人德業？或謂非聖賢之賢，乃賢於人之賢。

可久可大，賢人之德業也。久大則聖人也矣。

「舜明於庶物」。物，或説謂物則之物，或説謂萬物之物。然則明庶物者，奚獨舜哉？且攷之經，何以見舜之明庶物也？

道外無物，物外無道。舜明於庶物，則萬理著察，一以貫之，卓然大中之域，非生知其能然乎？夫舜起於畎畝之中，一旦加乎群工之上，徽五典而五典從，納百揆而百揆敘，賓四門而四門穆，納于大麓而烈風雷雨弗迷，非明於庶物，其能然乎？

孟子曰：「口之於味也，目之於色也，耳之於聲也，鼻之於臭也，四肢之於安佚也，性也，有命焉，君子不謂性也。仁之於父子也，義之於君臣也，禮之於賓主也，知之於賢否也，聖人之於天道也，命也，有性焉，君子不謂命也。」

口之別味，目之別色，耳之別聲，鼻之別臭，四肢之便於安佚，豈人所爲哉？是性然矣。而口蘄於美味，目蘄於好色，耳蘄於鐘鼓，鼻蘄於芳馨，四肢蘄於安佚，則是感動於物而爲性之欲矣，故有命焉，而君子不謂性也。蓋貴賤有定分，窮達有定數，隨其所遇，無不得焉，而無欲之之意，則是天理也，故不謂性者，乃所以成性也。父子之恩，主仁而仁，不得於父子；君臣之分，主義而義，不得於君臣。賓主以禮而不接我以禮，賢者宜以知見於世，而邦無道，有不得而知焉。天道在聖人，而聖人固有不遇者，命則然矣。然而是可斷以無可奈何乎？斷以無可奈何，則人道息矣，故有性焉，而君子不謂命也。仁不得於父子，吾致孝以感而已，如舜是也；義不得於君臣，吾致誠以格而已，如周公是也。彼不以禮待我，而在我者盡其待之之道而已。孔子之於陽貨，可見也，知不得自見，吾雖退藏，益精其知以樂其道。伊尹在莘野，未聘之時，可見也。夫〔一〕道在聖人，而夫子不得如堯、舜、文、武、周公施而達之天下，然著之六經，傳於門人，兼善萬世，天道流行，蓋無終窮矣。故不謂命者，乃所以立命也。如前所説，若流其性而不本於命，則人欲肆矣；如後所説，若委於命而不理其性，則天理滅矣。孟子之言，所以極性命之微，而同天人之用也。雖然，所

〔一〕夫：原作「天」，據宋本改。

以成性而立命者〔一〕何歟？一則不謂性，一則不謂命，而心之道行乎其中矣，非知仁者其孰能明之？且聖人之於天道，立言與上辭不同。所以然者，蓋明天道即聖人之道，而聖人即天也。

「孔子之謂集大成。集大成也者，金聲而玉振之也。」

孟子言孔子不名一德而集群聖之大成，非三子之所可及，而又以樂之大成明之。蓋樂之一變謂之一成，大成則其節奏之大備也。金聲而玉振之，節奏可謂備矣，蓋又各有似焉。金聲有洪殺清濁之殊，聖人之智無所不周者然也。玉振始終如一，詘然而已〔二〕，聖人之德無所不備者然也。此其先後固自有倫，然自其成者言之，則金玉並奏，知行皆極，不見其始卒之有異也。

「金聲也者，始條理也；玉振也者，終條理也。始條理者，智之事也；終條理者，聖之事也。」

〔一〕立命者：原作「立者命」，據宋本、四庫本、道光本乙。

〔二〕「詘然而已」四字據宋本補。

伊川先生云：「此孟子爲學者言始終之義。由其能始條理，故能終條理，猶知至即能至之，知終即能終之。」又曰：「致知，智之事；行其所知而極其至，聖之事也。」據此一節，乃是言學者之事，所以學於聖人者，故因上文，「金聲玉振」而言，言學之序如此。蓋聖人則聖智合一，無始卒之異，學者則必知所先後，然後有以入德也。故孟子於此一節，特分而言之，明聖人之智，學者所當先務，必明盡衆理，咸極其至，然後力行以造夫聖人之所以聖者，始終各有條理而不可亂也。智之事，聖之事，猶言學智聖之功夫，非便以爲智聖也。

「智譬則巧也，聖譬則力也。猶射於百步之外也，其至爾力也，其中非爾力也。」

此一節復言聖人之事，以明夫子所以異夫三子者。夫子智聖合一，至而且中矣。然所以至者其力也，所以中者非力也，是巧之功也。是聖人雖曰合一，而智聖亦未嘗不偕極也。若三子徒恃其力而巧不足焉，則雖至而不能以中矣。若顔子者智足以中矣，其力未及至者，一息爾。天假之年，孰謂其不爲孔子哉？

西銘〔一〕云「知化則善述其事，窮神則善繼其志」，其旨何如？

西銘發明仁孝，蓋仁人之事親也如事天，事天也如事親，須臾不在焉，則失其理矣。神是心，化是用，然須默識，所謂神則化可得而言矣，能繼志乃能述事也。

〔一〕「西銘」前宋本有「叔京云」三字。

新刊南軒先生文集卷三十二

答問

答吕子約

樊遲問知，子曰：「敬鬼神而遠之，可謂知矣。」所謂知者，知鬼神之德是已。知事乎此則敬，敬則有事乎此矣。有事乎此，勿忘勿助，則鬼神著矣。故其洋洋如在者，狀其昭著云耳。於此知之有所未明，體之有所未盡，迫切而求的見，則愈近而愈妄，愈親而愈非。計度想料，妄而益妄，所謂鬼神之德何從而可識乎？其爲不知，孰大於是！中庸論鬼神之德，始〔一〕曰「視而不見，聽而不聞」，而又繼之曰「體物而不可遺」。觀乎此，恐是敬而遠

〔一〕始：原作「如」，據宋本改。

之之旨，敢乞指誨。

遺書中有一段：「或問知鬼神之道，然後能敬〔一〕、能遠否？曰：『亦未説到深遠處，且大綱説當敬不惑也。迫切而求的見，則愈近而愈妄，愈親而愈非。』」此數語好，但更當深思孔子答子路之意。

「敬鬼神而遠之」，可謂知矣。惑而信之，非知也；孟浪不信，非知也。能敬〔二〕、能遠，始謂之知。敬而不能遠者，則其敬也生於畏禍與福而已，非所謂敬也；遠而忘乎敬者，則其遠也生於忘禍與福而已，非所謂遠也。二者均於疑以爲有，疑以爲無，非的實有見乎？此兩句固大綱，説示人以知之事，然非知鬼神之情狀，則安能敬而遠之乎？

「敬鬼神而遠之」，或問伊川：「知鬼神之道，然後能敬能遠否？」先生曰：「亦未説到如此深遠處。」且大綱説當敬不惑。此是玩味經旨之法，若更別生出事，却失了當時意。

氣聚則生，氣散則死。大化一移，升於天者爲魂氣，落乎地者爲體魄。魂遊魄降，形

〔一〕敬：原作「近」，據宋本改。
〔二〕敬：原作「近」，據宋本改。

質安有？其理固然。然闇處獨行，畏心或生，則疑以爲或有，豈非緣於習俗而中主不立故耶？又豈非隱微之中，神明集舍〔一〕，而自有不可揜者耶？今固不敢徇於流俗，而返之於理。然孟浪不信，卒然撞出駭異之事，安敢自保其不爲所移乎？如魂〔二〕魄之影響，奪胎受蔭之説，理安有之？然亦當了然無疑，乃爲可耳，窺識彷佛，何得於己？

此等事不可放過，須窮究到實然無疑處。不然，被一兩件礙阻着，或爲異説動了，未可知也。

「君子上交不諂，下交不瀆」，何以謂之知幾其神乎？

交際易於因循。上交主於恭，過其則斯爲諂；下交主於和，過其則斯爲瀆。能持而不失，非知幾其能之乎？聖人論「介于石」之義，而獨以上下交之事爲言，惟篤實爲己者，知其爲甚切要也。

〔一〕舍：繆本作「合」。

〔二〕魂：宋本作「沈」。

答嚴慶胄[一]

昔聞五峰先生曰：「心可潛不可用。」然孔子有曰：「群居終日，無所用心。」孟子有曰：「堯舜之治天下，豈無所用其心哉？」然則孔孟[二]之言非歟？又心所以宰萬物者，如用之，果誰用之耶？

言各有攸當，細味其輕重可也。

孟子曰「仁，人心也」，則仁即心矣。然又曰「以仁存心」，似又以心與仁爲二物，何也？夫心也，仁也，果可爲二物歟？

自非中心安仁者，須以仁存心。若如所言，是都不假用力也。

禮曰：「中心斯須不和不樂，而鄙詐之心入之矣。外貌斯須不莊不敬，而易慢之心入之矣。」云「入」者，自外入内之辭也。心本在我，何以言入？

〔一〕慶胄：疑當作「慶曾」。嚴昌裔字慶曾，零陵人，與張栻爲友，見淳熙薦士録、宋元學案補遺卷四十四，本集卷十五送嚴主簿序亦作「慶曾」。

〔二〕孔孟：原作「孔子」，據宋本改。

心本無鄙詐易慢，而鄙詐易慢生焉。猶水本清，爲泥沙忽雜之也。此須自體之，知其自外入也。

答游誠之

明道先生曰：「發己自盡謂忠，循物無違謂信。表裏之謂也。」又曰：「盡己之謂忠，以實之謂信。忠信，内外也。」九思思之，所謂忠者，無自欺也，無自私也。處閨門而爲孝友，處鄉閭而爲謙恭，交朋友而爲信義，推而至於日用之細者，所謂出門如賓，承事如祭，坐如尸，立如齊之類，凡見於所言所爲，發於其中而著之於外者，無有一毫不盡此心焉。所謂信者，是亦此心之發時，因其應事於外而名之者也。處閨門所當孝友，則行其孝友；處鄉閭所當謙恭，則行其謙恭；交朋友所當信義，以至出門所當如賓，承事所當如祭，坐之容宜如尸，立之容宜如齊，因其理之有定，當其可而無違，是之謂忠信。忠信本無二致，自其發於内而言之之謂忠，自其因物應之之謂信，故曰表裏之謂也。明道以此釋曾子之言，曰：「爲人謀而不忠，與朋友交而不信」，爲人謀則謀在我，是亦發於中之意；與朋友交則朋友在外，是亦遇事而應之之意。二先生論忠信内外，大概如此否？

盡於己爲忠，形於物爲信。忠信可以内外言，亦可以體用言也。要之形於物者即其盡於己者也。玩程子之辭，意義蓋包涵矣。

「林放問禮之本」，伊川先生曰：「禮者理也，文也。理者實也，本也；文者華也，末也。理是一物，文是一物。」注云：「此與形影類矣，推此理則甚有事也。」發之於中，有所見而不可見〔一〕，名之曰理，故曰本。行之於外，皆得其稱，粲然中理，名之曰禮〔二〕，故曰文。理譬於形，禮譬於影。形先正則影自正。不知伊川之意如此否？又謂「甚有事」者，不知謂是每一事不問巨細便自各有本末否？

程子之意，謂禮字上有理有文，理是本，文是末。然本末一貫，通謂之禮〔三〕也。然有理而後有文，曰推此理則甚有事，謂天地間莫不然也。

「居敬而行簡」，不知敬存而簡自行，爲復居敬而尚當行其簡？

固是敬存而後簡行，然亦須居敬而行其簡。

〔一〕不可見：宋本作「不可違」。

〔二〕禮：原作「理」，據宋本、四庫本、道光本改。

〔三〕禮：原作「謂」，據宋本、四庫本、道光本改。

明道先生論持其志，曰：「只這箇也是私，然學者不恁地不得。」九思思之，謂人之有志，不能持之，使常自覺，其所在往往遇事則爲氣所使，顛倒失次，而不能制，與不自知其所以然者，皆志不定故也。使其志常定於内，昭然不亂，必不至遇事而失措〔一〕矣。故志不可不持，持之久而熟，則必須自知〔二〕，以心驗之，未見其爲私。明道謂「只這箇也是私」，其意如何？

才涉人爲便是私，有箇「持」字便是人爲。然學者須從此用工，由誠之進於誠，煞有節次。

或問伊川先生：「必有事焉，當用敬否？」曰：「敬只是涵養一事。必有事焉，須當集義。只知用敬，不知集義，却是都無事也。」九思思之，若能敬則能擇義而行，伊川謂知敬而不知集義爲都無事，不曉其旨。又集義所生，義生於心，不知如何集？

居敬、集義，工夫並進，相須而相成也。若只要能敬，不知集義，則所謂敬者亦塊然無所爲而已，烏得心體周流哉？集訓積。事事物物莫不有義，而著乎人心，正要一事一件

〔一〕措：原作「錯」，據宋本改。
〔二〕知：宋本作「如」。

上積集〔一〕。

明道先生曰：「『維天之命，於穆不已』，不其忠乎？『天地變化，草木蕃』，不其恕乎？」伊川先生曰：「『乾道變化，各正性命』，恕也。」侯子曰：「伊川説得尤有功。天〔二〕授萬物之謂命。春生之，冬藏之，歲歲如是，天未嘗一歲誤萬物也，可謂忠矣。萬物洪纖、高下、短長各得其欲，可謂恕矣。」九思謂「維天之命，於穆不已」，蓋一元之氣運行無息，所謂「天行健」者也。以其行健無息，故能生生萬物，而各稟此善意，故曰恕；其在人體之，則曰乾乾。誠意無毫髮間斷，則發見於外，斯能以己推之。以心之所本既善，則應人接物皆如其心，可謂恕矣。觀明道謂「草木蕃」，與〔三〕伊川言「各正性命」，不見有差殊。其在萬物得其所以蕃生，便是正性命，不知侯子何以分輕重，兼謂「維天之命」。爲「天授萬物」者，恐此天命只是天理。伊川所謂在天爲命，不必須是授之萬物始謂之命。故又謂春生冬藏，歲歲如是，未嘗誤萬物爲忠，恐此亦只是恕，蓋已發者也。九思所言忠恕與天命，大意是

〔一〕積集：「積」字原無，據宋本補。
〔二〕天：原作「夫」，據宋本、四庫本、道光本改。
〔三〕與：原作「於」，據宋本改。

否？及所疑侯先生之言，併乞詳教。

明道之言，意固完具。但伊川所舉「各正性命」之語，爲更有功。忠，體也；恕，用也。體立而用，未嘗不存乎其中。用之所形，體亦無乎不具也。以此意玩味，則見伊川之言尤有功處。侯師聖所説忠字，恐未爲得二先生之意。天命且於理上推原，未可只去一元之氣上看。

孟子稱孔子曰：「操則存，舍則亡，出入無時，莫知其鄉，惟心之謂與！」或問伊川曰：「心出入無時，如何？」曰：「心本無出入，孟子只據操舍言之。」又問：「人有逐物，是心逐之否？」曰：「心則無出入矣，逐物是欲。」九思謂性之在人可以言不動心者，性之已發已形〔一〕，安有無出入？今人對境則心馳焉，是出矣，不必言邪惡之事。只大凡遇一事，而此心逐之，便是出；及定而返其舍，是入矣。兼孟子固已明言其出入爲心矣，而伊川謂心無出入，不知逐日之間有出入者是果何物？又有一處，謂在人爲性，主於身爲心。謂在人爲性，則不可言出入；既曰主於身爲心，凡能主之則在内，不能主之則外馳，是亦出入之

〔一〕形：原作「行」，據宋本改。

意。不知心之於性相去如何？思慮之於心，相去又如何？

心本無出入，言心體本如此。謂心有出入者，不識心者也。孟子之言，特因操舍而言出入也。蓋操之則在〔一〕此，謂之入可也；舍則亡矣，謂之出可也。而心體則實無出入也。此須深自體認，未可以語言盡之耳。

孔子不悦於魯、衛，遭宋桓司馬，將要而殺之，微服而過宋。伊川先生曰：「孔子既知桓魋不能害己，又却微服。舜既見象將殺己，而又象憂亦憂，象喜亦喜。國祚短長，自有命數，人君何用汲汲求治？禹、稷過門不入，非不知飢溺，自有命，又却救之如此其急。數者之事何故如此？須思量到道並行而不相悖處可也。」注脚又謂今且説聖人非不知命，然於人事不得不盡。此説未是。既曰並行而不相悖，則是雖遇變與災，自當盡其在我，以爲消變弭灾之道，變之消不消，灾之弭不弭，則不可必。然聖人隨事有以處之，不歸之於命與數，而不問者，是謂並行而不相悖。不知注脚何以再言此？得非謂以命與人事爲二致〔二〕，故曰未是否？

〔一〕在：原作「出」，據宋本、四庫本、道光本改。
〔二〕「二致」與下句「故曰未是否」：原作「仁致歟」，據宋本改。

若説聖人非不知命，然於人事不得不盡，是命與人事爲二致，豈足以明聖人之心哉？當深惟聖人性命合一處。

答俞秀才

「修辭立其誠」。修辭所以立其誠，意非徒[一]修飾爲也，若修飾則秪不誠矣。平居亦當察此，而聖人獨言於九三者，蓋當危疑之地，處人情之變，辭危則易亢，辭遜則易枉，亦難乎有言矣。於是焉而能修之，則誠立矣。

修辭乃是體當自家誠意，深味曾子之所謂出辭氣者則可知矣。於九三言之者，大抵謂君子之學如是，故能盡乎處上下之道也，不必云「於是焉而能修之，則誠立也」。

「蒙以養正」，聖功也。蒙童之心，純一而未發，可與爲善，可與爲不善，在所以發其蒙者何如耳。自此養之以正，則易進於德，及其至處則聖人也。

以純一未發之蒙而養其正，可謂善矣。若夫爲不善，則是爲物誘而欲動，非蒙之可與

〔一〕徒：原作「從」，據宋本改。

爲不善也，動則失其正矣。

蒙：「山下出泉，蒙。」程先生曰：「水必行之物，始出，未有所之。」此意最深。水由地中行，行其性也，遇險而止，而行之性則未始止也，若積盈則行矣，故曰「盈科而後進」。在人蒙昧之時，而天命流通之理未始止也。若果決其行，涵養其明〔一〕，而至於盛，乃養蒙之聖功也。

蒙之義只謂泉始出而遇險，未有所之，如人蒙穉未有所適，貴於果行育德，充而達之也。育德之義，尤當深體。

蒙之初六：「利用刑人。」人之昏蒙，不教而誅之，可乎？蓋人之不善，始發而絶之則易爲力，待其已發而後禁則扞格而難勝，故曰：「童牛之牿，元吉。」

此爻且詳玩伊川之説。

韓愈所謂〔二〕上、中、下三品者，乃孟子所謂才也。才雖不同，而所以爲性則一。孟子論性善，固極本窮源之論。至謂非天之降才爾殊，豈才果不殊耶？抑所謂才者乃所謂性

〔一〕明：宋本作「明德」。

〔二〕謂：原作「請」，據宋本、四庫本改。

也？才是資稟，性是所以。然性固行乎才之中，要不可指才便謂之性。然孟子所以謂之不殊者，何也？

孟子之論才，與退之上、中、下三品之説不同。退之所分三品，只是據氣稟而言耳。孟子論才曰「非天之降才爾殊也」，又曰「若夫爲不善，非才之罪也」。蓋善者性也，人之可以爲善者才也，此自不殊。

死生是氣之聚散，鬼神是氣之精者耳。萬物所以自形自色者，即鬼神所見之迹也。程先生謂往而不返謂之鬼，則知方來不測謂之神。鬼神之道，即太極往來之實也。即是觀之，滿虚空中無非鬼神之妙用，而人之所以齊明盛服以臨祭祀者，蓋亦集自家精神，其義固可體矣。天下之理有則是有，無則是無。死生命也，鬼神者〔一〕託於幽者也。然周公作書以告鬼神，欲代武王之死，世豈有是理耶？無是理而周公乃行之，亦必有道矣，幸先生詳教之。

鬼神之義〔二〕，須更研究。周公欲代武王之死，只是渾全一箇誠意。至誠可以回造化，

〔一〕鬼神者：宋本作「鬼神無」。
〔二〕義：宋本作「理」。

有是理也。若夫金縢册祝之辭，則不無妄傳者。如「元孫不若旦多材多藝，不能事鬼神」之類。意者金縢之事則有之，而册祝之辭則不傳矣。

九卦：「損，德之修；益，德之裕；復，德之本；履，德之基；井，德之地；恒，德之固」，學者用工之實歟？

九卦有次序，「履德之基」爲先，步步踏實地也。

答胡季隨

遺書云：「有人胸中若有兩人焉，欲爲善，如有惡以爲之間，欲爲不善，又若有羞惡之心者，此正交戰之驗也。持其志使氣不能亂，此大可驗。」不知如何而持其志？方其欲持志之時，而二者猶交戰於胸中，則奈何？

持志者主一之謂。若曰欲持志之時，二者猶交戰於胸中，是不能主一也，志不立也。

又云：「義理與客氣常相勝，只看消長分數，爲君子小人之别。」嘗深思之，謂誠然也。而或云初不可如此分，一言之善則天理矣，一言之惡則人欲矣。竊恐其言太快，政如日月之運行，寒暑之推移，恐當進之以漸也。

所謂義理與客氣看消長分數，爲君子小人之别者，謂一日之間，察其所發孰多孰少爾。天理只是天理，人欲只是人欲，都無夾雜念慮。毫釐之間，霄壤分焉，此昔人所以戰兢不敢少弛也。

又云：「所見所期，不可不遠大，然行之亦須量力。」夫以學者力量較之聖人，霄壤異矣。若不一向自期以遠大，而欲量力而行之，恐或至於卑近。而心之所期，與身之所履，分爲兩段矣。恐當先立學聖人之心，日可見之行，皆須爲聖人之事，然後内外貫通耳。

所謂行之亦須量力者，恐學者貪高慕遠，躐等以進，非徒無益，而又害之也。大抵學者當以聖人爲準的，而自邇自卑，循序不舍，斯有進益耳。

又云：「天下善惡皆天理，謂之惡者非本惡。」又云：「事有善有惡，皆天理也，天理中物須有美惡。」孟子曰：人之性善，皆天理也。既非本惡，則人欲矣，恐非天理中物。天理中恐亦着惡字不得。

事物之始，無有不善。然二氣之運不齊，故事物之在天下，亦不容無善惡之異。謂之惡者，非本惡，因其不齊而流爲惡耳。然亦在天理中也。所貴乎人者以其能保其性之善，不自流於惡爲一物耳。

又云：「學者須敬守此心，不可急迫，當栽培深厚，涵養於其間，然後可以自得。」今於下工夫之時不痛自警策，而遽栽培涵泳，不知何所栽培涵泳？恐或近於放倒也。敬守此心，栽培涵泳，正是下工處。若近於放倒，則何栽培涵泳之有？

又答

「一日克己復禮，天下歸仁」。蓋是積累工夫到處，非謂只勇猛便能如此，如釋氏一聞一超之説也。

如云尚何序之循，又何必待於自邇自卑而後有進？此等語意，全不是學者氣象，切宜戒之。所謂循序者，自洒掃應對進退而往皆序也，由近以及遠，自粗以至精，學之方也。如適千里者，雖步步踏實，亦須循次而進。今欲闊步一蹴而至，有是理哉？自欺自誤而已。前日謂二氣〔一〕之運不齊，故事在天下，不容無善惡之異云者，論氣故不容無善惡之異，且須將程子遺書詳玫精思，未可易而言也。

〔一〕二氣：原作「一氣」，據宋本改。

人人固有〔一〕秉彝。若不栽培涵泳，如何會有得？古人教人自洒掃應對進退禮樂射御之類，皆是栽培涵泳之意〔二〕。若不下工夫〔三〕，坐待有得而後存養，是枵腹不食而求飽也。

〔一〕有：原無，據四庫本、繆本補。
〔二〕意：原作「類」，據宋本改。
〔三〕工夫：原作「工」，據宋本改。

新刊南軒先生文集卷三十三

題跋

題李光論馮澥劄子

臣伏見臣僚上言，推尊王安石爲名世之學，乞榜朝堂，欲以傾動海内，流播天下，鼓惑衆心。事係安危，義難循默。臣已具論列繳奏外，臣訪聞爲此説者乃諫議〔一〕大夫馮澥。澥誠腐儒，不達世務，浸淫王氏之説，深入骨髓。平居議論，以安石爲孔孟之流，元符末上書，獨入正等，力詆鄒浩，以爲哲廟逐臣，不當復用。懷姦造謗，老而無識。止緣崇寧曾有湟、鄯棄地之謀，爲蔡京所逐，因得虚名。考其素節，無可稱道，究其學問，誠爲頗邪。臣

〔一〕諫議：原作「諫義」，據四庫本改。

觀王安石在熙寧、元豐間，神宗皇帝大有爲之日，創立制置三司條例〔一〕司。司馬光争論神考之前，因邇英閣進讀，至蕭何、曹參事，光曰：「參不變何法，得守成之道，故孝惠、高后時，天下晏然，衣食滋殖。」神宗曰：「漢常守蕭何之法不變可乎？」光曰：「何獨漢也，使三代之君常守禹、湯、文、武之法，雖至今存可也。書曰：『無作聰明，亂舊章。』武帝用張湯言，取高帝法紛更之，盜賊半天下。元帝改宣帝之政，而漢始衰。由是言之，祖宗之法不可改也。」獨安石專任己能，排却衆論。當時大臣如韓琦、富弼，諫官御史如范鎮、吕誨、范純仁之流，信所謂名世大賢，盡遭斥逐，不〔二〕仕以去。而任用吕惠卿、舒亶、李定，皆一時傾邪小人，不畏天下之公論，不卹百姓之愁苦，不顧宗社之安危。馴至蔡京、蔡卞合爲死黨，操「述作」之説，禁錮天下忠賢，掃除祖宗法度。五十年間，言路有防川之蔽，海内多敢怒之民，愁痛無聊，至此極矣。伏自陛下即位以來，破拘攣之説，掃末習之蔽，躬履素朴，持循典故，發政施仁，無一不合人心、當天意者。士大夫思税駕之地，百姓望息肩之期。王氏之學，尚復忍聞之乎？濔職在論思獻納之地，不能以道義裨贊聖聽，返以安石爲大

〔一〕「例」字原脱，據四庫本補。

〔二〕不：原作「或」，據四庫本改。

賢，託中道以濟其偏説，假公論以遂其私情，懷姦不忠，熒惑主聽。伏望陛下察其回邪，洞照譏慝，特賜睿斷，罷灊諫職，斥使居外。儻臣所論未合聖慮，臣亦不敢復冒言路，亦乞重行黜責，以爲妄言之戒。冒犯天威，臣不勝惶懼激切之至。取進止。六月日，朝奉郎、守侍御史臣李光〔一〕劄子。

【御批】祖宗之法，子孫當守之如金石。蔡京首唱紹述，變亂舊章，至於今日。可作一詔付吴幵。

臣栻創見靖康翰墨，拊膺痛哭，不知涕泪之横流也。竊惟國家自王安石壞祖宗法度以行其私意，姦凶相承，馴兆大釁，至靖康初元，國勢蓋岌岌矣，而馮灊輩猶敢封殖邪説、庇護死黨如此。傳曰「爲國家見惡，如農夫之務去草焉，芟夷藴崇之，絶其本根，勿使能殖則善」者，信矣。正誤國之罪，推原安石，所謂芟其本根者，紹興詔書有曰「荆、舒禍本，可不懲乎」，大哉王言也！乾道三年秋八月戊戌，臣栻拜首謹書。

〔一〕李光：原作「李先」，據四庫本改。

題趙鼎家光堯御筆

比覽元符諫臣任伯雨章疏，論列章惇、蔡卞詆誣宣仁聖烈太后，欲追廢爲庶人。誰無母慈，何忍至此！賴哲宗皇帝聖明灼見，不從所請。向使其言施用，豈不蔑太母九年保佑之功，累泰陵終身仁孝之德？自朕纂服，是用疚心。昭雪黨人，刊正國史，雖崇寧之後，迷國猥衆，推原本始，實自紹聖惇、卞竊位之時，而讒〔一〕慝未彰，將何以仰慰在天，稱朕尊嚴宗廟之意？可令三省取索議藁來上，當正典刑，布告天下。早來朕所喻卿章惇、蔡卞事，此二人罪惡貫盈，須是盡追官爵，子孫親戚並不得與在内差遣。若如此施行，甚不過當。卿更看如何。

覽卿奏，只欲罷黜子孫，不及親戚。卿仁恕過人，朕甚嘉之。然利害極大，若留親戚在朝，但恐紛紛不已，爲善類患。前日卿嘗〔二〕留身奏陳曲折，恐當絶其本根，勿使能殖〔三〕，

〔一〕讒：原作「諼」，據四庫本改。
〔二〕嘗：原作「當」，據四庫本改。
〔三〕殖：原作「植」，據四庫本改。

則善者〔一〕信矣。卿可熟思，勿復後悔。早來章僅除外任指揮〔二〕，未得施行。

臣栻伏覩聖詔所云，蓋撥亂反正之宏綱，天下古今之公理，足以貽訓無窮，敢頓首以志卷末。乾道八年三月己巳朔，具位臣張栻謹書。

題太上皇帝賜陳規手敕

臣伏覩太上皇帝賜順昌守臣陳規手敕，下拜感歎。蓋自紹興以來，艱勤積累，至是時虜勢已屈，我師既捷，聲摇京輔，而朝廷講解之議已成矣。臣在省中，太常適上規事，臣以爲彰善癉惡，有國之典。規官雖未應謚，功則當謚，正以是役爲重也。仰惟昭回之章，所以待遇臣下與夫風厲振作之意，誠足以詔萬世也〔三〕。

〔一〕者：原作「矣」，據四庫本改。
〔二〕指揮：原作「旨揮」，據四庫本改。
〔三〕也：原作「云」，據四庫本改。

跋泰陵祭温公文藁〔一〕蘇軾玉堂稿

嗚呼！此泰陵誄司馬丞相之辭也。歲未及朞，綱紀略定，用賢之有益於國也如此。蓋此未朞歲之間，非特足以開元祐一時之治，而所以培植邦本，祈天永命者至矣。嗚呼盛哉！後八十有六年，具位張某謹書。

跋中庸集解〔二〕

右石𡼏子重所編集解兩卷，某刻于桂林郡學宫。子重之編此書，嘗從吾友朱熹元晦講訂，分章去取，皆有條次，元晦且嘗爲之序矣。桂林學官舊亦刻中庸解，而其間雜亂以他，懼其反誤學者，於是漫去舊版，而更刻此書。竊惟中庸一篇，聖賢〔三〕之淵源也，體用隱顯，成己成物備矣。雖然，學者欲從事乎此，必知所從入而後可以馴致焉。其所從入奈

〔一〕該篇又見四庫本播芳大全卷一一〇。
〔二〕該篇又見清抄本播芳大全卷一五〇。
〔三〕聖賢：真德秀西山讀書記卷十八作「聖學」。

何？子思以「不睹不聞」之訓著于篇首，又於篇終發明「尚絅」之義，且曰「君子之所不可及者，其惟人之所不見乎」，而推極夫篤恭之效。其示來世，可謂深切著明矣。學者於此亦知所用其力哉！有以用其力，則於是書反復紬繹，將日新而無窮。不然，譬諸枵腹而觀他人之食之美也，亦奚以益哉？

通書後跋[一]

濂溪周先生通書，友人朱熹元晦以太極圖列于篇首，而題之曰太極通書，某[二]刻于嚴陵學宮，以示多士。嗟乎！自聖學不明，語道者不覩夫大[三]全，卑[四]則割裂而無統，高則汗漫而不精，是以性命之説不參乎事物之際，而經世之務僅出乎私意小智之爲，豈不可歎哉！惟先生[五]生乎千有餘載之後，超然獨得夫大易之傳，所謂太極圖乃其綱領也。推明

〔一〕該篇又見宋刻本元公周先生濂溪集卷四、四庫本播芳大全卷一一〇。
〔二〕某：宋刻本元公周先生濂溪集卷四作「栻」。
〔三〕大：原作「人」，據四庫本及播芳大全改。
〔四〕卑：原作「早」，據四庫本及播芳大全改。
〔五〕先生：原作「先王」，據四庫本及播芳大全改。

動静之一源，以見生化之不窮，天命流行之體無乎不在。文〔一〕理密察，本末該貫，非闡微極幽，莫能識其指歸也。然而學者若之何而可以進於是哉？亦曰敬而已矣。誠能起居食息主一而不舍，則其德性之知，必有卓然不可掩於體察之際者，而後先生之藴可得而窮，太極可得而識矣。乾道庚寅閏月謹題。

跋遺書〔二〕

二先生遺書，近歲既刊于建寧，又刊于曲江、於嚴陵，今又刊于長沙。長沙最後刊，故是正爲尤密。始，先生緒言傳于世，學者每恨不克睹其備，私相傳寫，人自爲本。及是書之出，裒輯之精，亦庶幾盡矣，此誠學者之至幸。然而傳之之廣，得之之易，則又懼夫有玩習之患。或以備聞見，或以資談論，或以助文辭，或以立標榜，則亦反趨於薄，失先生所以望於後人之意爲逾甚矣。學者得是書，要當以篤信爲本，謂聖賢之道由是可以學而至，味而求之，存而體之，涵泳敦篤，斯須勿舍，以終其身而後已。是則先生所望於後人之意也，

〔一〕文：原作「之」，據四庫本及播芳大全改。

〔二〕該篇又見四庫本播芳大全卷一一〇。

敢敬書之，附于卷之末。

跋西銘〔一〕

人之有是身也，則易以私。私則失其正理矣。西銘之作，懼夫私勝之流也，故推明其理之一以示人。理則一，而其分森然，自不可易。惟識夫理一，乃見其分之殊；明其分殊，則所謂理之一者斯周流而無蔽矣。此仁義之道所以常相須也。學者存此意，涵泳體察，求仁之要也。辛卯孟秋寓姑蘇，書以示學生潘友端。

跋西銘示宋伯潛〔二〕

人惟拘於形氣，私勝而迷其所自生，故西銘之作，推明理之本一，公天下而無物之不體；然所謂分之殊者，蓋森然具陳而不可亂。此仁義之道，所以立人之極也。學者深潛力體，而後知所以事天、事親者，其持循之要，莫越於敬而已。乾道八年七月己卯，敬書以遺

〔一〕該篇又見四庫本播芳大全卷一一〇。

〔二〕該篇又見四庫本播芳大全卷一一〇、永樂大典卷八二六八。

宋剛仲伯潛父。

跋三家昏喪祭禮

右文正司馬公、横渠張先生、伊川程先生昏喪祭禮，合爲五卷。竊惟道莫重乎人倫，教莫先乎禮，禮行則彝倫敘而人道立。先王本天理，因人心而爲之節文，其大體固根乎性命之際，而至於毫釐曲折之間，莫不各有精義存焉。當是時，人由於其中，涵泳服習，敦龐淳固，蓋有不期而然者。自先王之制日以缺壞，情文之不稱，本末之失序，節乖而目疏，甚至於雜以異端之説，淪胥而入於夷，風俗之所以不厚，人才之所以不振，職是故歟！夫冠昏喪祭，人事之始終也。冠禮之廢久矣，未能遽復也，今姑即昏、喪、祭三者而論之，幸而有如三公〔一〕之説，其可不盡心乎！三公之使定，雖有異同，然至其推本先王之意，罷黜異端之説，是則未嘗不同也。司馬氏蓋已著言，若横渠、伊川二先生雖嘗草定而未具，然所與門人講論反復，其所發明深矣。抑嘗謂禮之興廢，學士大夫之責也，有能即是書探攷而

〔一〕三公：原作「二公」，據四庫本改。

深思，深思而力行，宗族相親[一]，朋友相輔，安知風俗之美，不由是而作興乎？妄意可助聖時善俗之一端，於是刻於桂林郡之學宫云。淳熙三年六月甲戌朔旦。

跋符君記上蔡語録[二]

符君生於遠方，及遊京師，乃能從上蔡謝先生問學，得先生一語，隨即記録，今傳於家者九十有七章。若符君者亦可謂有志於學矣。予謂當表而出之，以爲遠方學者模楷，故附志於兵部侍郎胡公銘詩之後，使來者當有攷焉。

跋希顔録[三]

某己卯之歲，嘗裒集顔子言行爲希顔録上、下篇，今十有四年矣。回視舊編，去取倫次多所未善，而往往爲朋友所傳寫。於是復加考究，定著爲一卷，又附録一卷。蓋顔子之

〔一〕親：原作「覯」，據文意改。

〔二〕符：原作「時」，據正誼堂本、四庫本、道光本改。

〔三〕該篇又見四庫本播芳大全卷一一〇。

事，獨載於論語、易、中庸、孟子之書，其間顏子之所自言，與夫見於問答者抑鮮矣，特聖人之所稱及，曾子、孟子之所推述者，其詳蓋可以究知也。自孟子之後，儒者亦知所尊仰矣，而識其然者則或寡焉。逮夫本朝，濂溪周先生、横渠張先生出，始能明其心，而二程先生則又盡發其大全，於是孔子之所以授於顏子、顏子之所以學乎孔子，與學者之所當從事乎顏子者，深切著明，而無隱於來世者矣。故今所録，本諸論語、易、中庸、孟子所載，而參之以二程先生之論，以及於濂溪、横渠與夫二先生門人高弟之説，列爲一卷。又采家語所載顏子之言有近是者，與夫揚子雲法言之可取者，并史之所紀者，存之於後，蓋亦曰學者之所當知而已。既已繕寫，則撫而歎曰：嗟乎！顏子之所至亞於聖人，孔門高弟莫得而班焉。及考魯論，師友之所稱有曰「不遷怒、不貳過」而已，有曰「以能問於不能，以多問於寡，有若無，實若虛，犯而不校」而已，自學者觀之，疑若近而易識，然而顏子之所以爲善學聖人者實在乎此，則聖門之學，其大略亦可見矣。惟〔一〕實用其力而後知其難，知其難而後有可進之地也。然則後之學者貪高慕遠，不循其本者，終何所得乎？故予願與同志之士

〔一〕惟：原作「非」，據四庫本播芳大全改。

以顔子爲準的，致知力行，趨實務本，不忽於卑近，不遺於細微，持以縝密，而養以悠久，庶乎有以自進於聖人之門牆，是録之所爲作也。乾道元年八月九日謹書。

題周奭所編鬼神説後

鬼神之説，合而言之，來而不測謂之神，往而不返謂之鬼；分而言之，天地、山川、風雷之屬，凡氣之可接者皆曰神，祖考祠饗於廟曰鬼；就人物而言之，聚而生爲神，散而死爲鬼；又就一身而言之，魂氣爲神，體魄爲鬼。凡六經所稱，蓋不越是數端。然一言以蔽之，莫非造化之迹，而語其德，則誠而已。昔者季路蓋嘗問事鬼神之説矣，夫子之所以告之者，將使之致知力行而自得之，故示其理而不詳語也。至於後世，異説熾行，譸張爲幻，莫可致詰。流俗眩於怪誕，怵於恐畏，胥靡而從之。聖學不明，雖襲儒衣冠，號爲英才敏識，亦往往習熟崇尚而不以爲異。至於其説之窮，則曰焉知天地間無有是事，委諸茫昧而已耳。信夫！事之妄而不察夫理之真，於是鬼神之説淪於空虚，而所爲交於幽明者皆失其理。禮壞而樂廢，人心不正，浮僞日滋，其間所謂因其説而爲善者，亦莫非私利之流，亂德害教，孰此爲甚！故本朝河南二程子、横渠張子與學者反復講論而不置，夫豈好辯哉？

蓋有所不得已也。若夫程子發明感通之妙，張子推極聚散之藴，所以示來世深矣。學者誠能致知以窮其理，則不爲衆説所咻；克己以去其私，則不爲血氣所動。於其有無是非之故，毫分縷析，了然於中，各有攸當而不亂，然後昔人事鬼神之精意可得而求，德可立而經可正也。不然，辨之不明，守之不固，眩於外而怵於内，一理之蔽則爲一事之礙，一念之差則爲一物之誘，聞見雖多，亦鮮不爲異説所溺矣。湘鄉周奭考鬼神之説，凡夫子之所嘗言，見於易、禮傳、魯論者悉集之，又取近世程子、張子之書，上及於濂溪周子，下及於兩家門人，凡語涉於此者合爲一編，以與朋友講求其故。某嘉其志，因書于後。

跋杼山書少陵歌行帖

杼山風流蕭散，如晉宋間名人，其書法亦然，覽之者猶可想見從容談笑時也。

新刊南軒先生文集卷三十四

題跋

西漢蒙求跋

柳宗直輯西漢文類，其兄司馬序其首，有曰「搜討磔裂，攟摭融結，離而同之，與類推移」。世謂宗直是書固足以傳遠，抑有賴於司馬之文有以發之也。東平侯彦明取班史故事及雅訓語，協而比之，他日過予，求爲之序。予謂侯君爲是書亦勤矣，予烏能發之？君家彦周任其責可也。雖然，有求於予，固將以求益也，試言讀史之法，可乎？讀史之法，要當考其興壞治亂之故，與夫一時人才立朝行己之得失，必有權度，則不差也。欲權度之在我，其惟求之六經乎！盍進於斯，而以餘事誦其言語文字之工，莞然一笑，可乎？因書于後。

跋孫子〔一〕

右唐中書舍人杜牧所注孫子三卷。牧在當時號爲知兵者，親見藩鎮相煽爲盜不可制，國威日削，發憤感激，留意兵法。可以教於後世者無若武之書，於是章分句析，而爲之說。其言皆有所據依，推之事實而可以行。若牧者誠有志當世者哉！蓋君子於天下之事無所不當究，況於兵者！世之興廢，生民之大本存焉，其可忽而不講哉！夫兵政之本在於仁義，其爲教根乎三綱，然至於法度紀律、機謀權變，其條不可紊，其端爲無窮，非素攷索，烏能極其用！一有所未極，則於酬〔二〕酢之際，其失將有間不容髮者，可不畏哉！若武之書，蓋講乎法度紀律，其於機謀權變之用詳矣。按西漢藝文志，武所著兵法凡八十二篇，圖九卷；牧亦謂武書凡數十萬言，曹氏削其繁剩，筆其精粹，爲十三篇。是則今所存者特操所删定耳。牧初雖本操所注，然所自發明者蓋十之九。予得其書於集注中，而樂其説，因次第繕寫。牧本書悉存操説，今不復具。獨其間有涉於牧解釋辨正者，則亦因而

〔一〕該篇又見四庫本播芳大全卷一一〇。
〔二〕酬：原作「醉」，據四庫本改。

併出之。嗟乎！夷虜盜據神州，有年于兹，國家讎耻未雪，聖上宵衣旰食，未嘗忘北顧，凡在臣子所當仰體至意，思所以効忠圖稱者，然則於是書又豈〔一〕可以忽而不講哉？予故刻而傳之，願與同志者共焉，此亦牧當時之意也。

跋許右丞許吏部奏議

觀二許公先後立朝，當事會之際，皆力言和議之非，嗚呼善哉！自虜入中國，專以「和」之一字誤我大機，非惟利害甚明，實乃義理先失。義理之所在，乃國家之元氣，謀國者不可以不知也。

跋戊午讜議〔二〕

自古爲國必有大綱，復讎之義，今日之大綱也。要不當論其利害之所存，獨念夫君臣

〔一〕豈：原作「其」，據四庫本播芳大全改。
〔二〕該篇又見四庫本播芳大全卷一一〇。

父子之義不明，則戴天履地不能一朝處也，則知性與之俱立，若飢之必食，渴之必飲，弗可改也已。雖然，復讎之義固其大綱，而施爲舉措之間，貴乎曲盡。修德、任賢、立政，又復讎之大綱也。不此之爲，而徒曰吾讎之復，有是理哉？故某嘗論今日之事，正名爲先，而務實爲本。蓋名實一事，若夫爲人臣而不思大義之所存，甘心於事讎而不以爲恥，其爲罪固不可勝言；而或借復讎之説，名不正而實不務，欺當時而貽後患者，亦正論之稂莠也，可不察哉！乾道庚寅，始得吾友魏元履所編讜議。三歎之餘，附書於末。

跋温公黼座銘藁

壅蔽者，天下之大患也；古之明王所以致治者，亦去此而已矣。其道莫先於虚己，莫要於任賢。虚己則壅蔽消於内，任賢則壅蔽撤於外。内外無蔽，而下情畢通，泰治所繇興也。先正温國公反復開陳於治亂之際，可謂深切，讀其遺藁，使人流涕。嗟乎！公愛君之心，萬世不可泯也。

題司馬文正公薦士編〔一〕

右司馬文正公薦士編，起至和之元，盡熙寧十年，凡百有六奏，其間多公所親録，而其外題曰「舉賢才」，亦公隸筆也。某來宜春，公之元孫邁出以相示。翻閲終日，起敬起慕。惟公薦士報國惻怛篤至之心，後世觀此編者，亦可以想見萬一矣。

題文正公條畫沿邊弓箭手藁後

右文正公條畫約束沿邊弓箭手事，蓋公在并州佐龐潁公時所具藁也。其察微慮遠、固本防患之意具備。觀諸此，非獨可以窺公制事之權度，抑可得爲國御邊之良法矣。

跋濂溪先生帖

右濂溪周先生二帖。某來桂林，邇先生之鄉，因鄉之士何士先來訪，屬以玫尋先生舊

〔一〕該篇又見清抄本播芳大全卷一五〇。

蹟。已而胡良輔持此二帖及家譜石刻來，良輔寔先生姻族也。按石刻，先生皇考諱輔成，任賀州桂嶺縣令，累贈諫議大夫，葬道州營道縣榮樂鄉鍾樂里。又載濂溪隱居在石塘橋西。先生之兄諱礪，其子仲章，即第二帖所寄者是也。濂溪在其鄉，古有是名，先生晚築廬山下，有溪焉，因亦以名之，蓋示樂其所自生、不忘其本之意。良輔云，鄉之父老相傳，能道先生此意也。某不佞，竊誦習先生之言行，蚤歲獲拜遺像，今又得心畫而藏之，慕仰涵泳，不勝拳拳，敢書于左方。

跋上蔡先生所述衡州秦府君志銘

右上蔡先生所述衡州秦府君志銘。先生克己之嚴，徙〔一〕義之勇，任道之勁，讀斯文者亦可以想其餘風於辭氣間矣。先生之於言無所苟也，則府君之行事足以取信於來今不疑矣。府君之出，劉拯景仁以此刻相示，蓋澗上陳公之書，字畫森嚴，寔歐陽率更書温公碑法，是亦可寶云。

〔一〕徙：原作「徒」，據四庫本、道光本改。

題曾大父豫公思亭記後

皇祐四年，朝論以黎人不寧，擇可爲雷州者。有言曾大父豫公久佐西邊，熟兵事，亟命往守。自四明以數百兵轉海，比至，寇盜屏息，乃以閒暇時延見長老諸生，授條教。始，雷之俗未知禮遜，長子之子常爲長，易數世之後，至叔父反拜猶子。公諭以長幼之序，親疏之宜，悉革其舊。又爲之增治城壘，行田積水，爲久遠計，雷人愛敬之。召還，監都進奏院，年踰六十，即以殿中丞致其事。自號希白先生。今家集目中有修城及西湖、思亭三記，皆爲雷時所作，而獨思亭之文存。後百有十五年，公之曾孫某敬書以授知雷州廬陵戴君，且屬爲訪舊刻存否，或可以補海康故事之闕也。

題先忠獻公清音堂詩後[一]

先公書此詩，去易簣纔兩旬。先是，一日遊清音堂，步上山頂，下煮泉亭瀹茗，命道士

〔一〕該篇又見道光綿竹縣志卷三十八。

鼓琴，復步下石磴，略無倦意，笑顧某曰：「爾輩喜吾强健，不知吾大命且不遠矣。」次年重九日，泣血追記。

跋貴溪簿廳記

貴溪簿舍之不焚，可以見人情之不遠。彼雖放而爲盜，然其心終有不可盡殄者。爲政者推乎此，亦可以知馴足弭〔一〕暴之方矣。陸君之爲人，所謂安静之吏，悃愊無華者。詩不云乎：「豈弟君子，神所勞矣。」

跋吕東萊與許吏部詩〔二〕

許吏部以直道不容於時宰，而其典州持使者節，所至懇懇然推其學道愛人之心惟恐不及。東萊寄詩，蓋公護漕廣右時也。「豈不在行路，自遠霜露濕。百川貫河來，砥柱乃

〔一〕弭：原作「彌」，據四庫本改。

〔二〕該篇又見粵西文載卷五十九。

中立。」誦詠斯言，尚可想〔一〕味公平生也。

跋趙不遫壽昌堂記

不遫請以所遷官封其母，上方篤孝愛以錫天下。登聞，賜可，是足爲人子之榮矣。雖然，攷諸聖賢之訓，所以顯揚其親者蓋抑有其道，惟反求於身而勉焉，斯有以稱明詔寵光獎厲之意矣。不遫既摘取訓詞之語以名堂，其季不遂〔二〕出堂之記示某，敬書于後。

跋宇文中允傳〔三〕

故曲水令宇文中允，吾鄉之前輩先生也。熙寧間，伊川先生〔四〕之尊父大中公守漢州，以禮致公典郡之學。今兩書具載伊川集中，謂公不以榮利屈志，道義爲鄉里重，非特今人

〔一〕想：原作「相」，據四庫本改。
〔二〕不遂：原作「下遂」，據道光本改。
〔三〕該篇又見道光綿竹縣志卷三十八。
〔四〕生：原作「川」，據正誼堂本、四庫本、道光本改。

之難，古人所難，則其人不問可知矣。又況司馬文正公與范文忠公相與稱道紀述，皆足以垂信於方來哉？元祐修裕陵實録時嘗爲公立傳，頗采文正所稱著於篇末。至紹聖、章惇、蔡卞〔一〕得志，改易舊史，乃謂公於法不當立傳，元祐諸人獨以司馬丞相故私公。小人不知春秋「賢而得書」之義，顧反用私意誣公論，類如此。紹興初，天子命大臣更正史事，盡黜姦臣之説，於是公復得立傳，是非久而自定，此天也。今吾邑綿竹附郭之南有所謂止亭者，公所歸隱之地也。清泉老木，固亦無恙，而公之風烈，後生知所師慕者鮮矣。嗟夫！君子之仕，本以行道也，非欲貴求富也。昔之人道不得行，則不敢以居其官，若公豈忘世而素隱者哉？身爲縣令，以字民爲職，而扼於勢，不得其職，引而去之，義當然耳。觀公之去，猶以胸中所欲言者爲書獻之天子，則公之心非忘世而素隱，抑可見矣。古之所謂大臣者，以道事君，不可則止。使公而得時與位，則其於古大臣之事，豈不可望庶幾能之邪？世衰道微，仕者狃於習俗，憧憧然以欲貴求富爲心，而君臣之義益以不明。如公之風烈，要當表而出之，庶幾來者有所感動興起，夫豈小補邪？其家將刻元祐、紹興所立

〔一〕卞：原作「下」，據四庫本改。弘治本作「京」。

兩傳，併以諸公之文附列于後，求某爲書，念不敢辭，而不知其爲僭越也。

跋陳分寧傳

爲吏者受天子之土與民，不幸遭變故，守死其職，亦理之所當然也。然方世之衰，彝倫蕩覆，節義頹廢，於是而有能特立其間不爲之變者，其可貴豈特景星鳳凰比哉？表而出之，以風厲臣子，實爲國家之先務也。建炎中，北虜所蹂踐及于江右，牧守之臣望風逃避，甚至率民迎拜者相屬也。獨分寧宰陳公以區區一邑抗義不屈，斬虜使，期與民守死，卒全其境，使一時不至有秦無人之歎，其有補於世教抑多矣。淳熙四年，公之子義〔一〕守靖州，以始末〔二〕傳記文字寄桂林。某讀之慨然，謹附志于左。

〔一〕義：據宋史蠻夷二：「八年，知貴州陳乂上疏言：『臣前知靖州（略）。』」又光緒湖南通志卷一一一：「陳乂，孝宗朝知靖州」，則「義」似當作「乂」。

〔二〕末：原作「未」，據四庫本改。

題蔣邕州墓志銘後

予來桂林，首訪其耆舊之賢，則聞蔣邕州之名，且曰邕州非獨行義推於鄉閭，邕州之政近世所難得也，而予不及見其人矣。已而士大夫有自邕來者，皆曰邕之人至今思公不忘。而溪洞之豪來受事于幕府者，問前牧之善政，亦莫不以公爲首，且咨嗟歎息。至其州之民言之，則又眷焉有思慕之色。予於是歎夫蔣公之賢，去邕且十年，而使人稱之一辭，至於强者服，弱者懷，此豈偶然也哉？及究其所爲，則初未嘗爲姑息小惠。其御夷落先示以信，號令簡而賞罰明，持身嚴正，表戢邊吏，毋得少侵牟之。至於治民，雖細事必躬親，不以入吏手，務爲安静不擾之政，而其梗悍爲善良害者，則必懲無貸。其所以久而不忘者蓋如此。予嘗怪今之爲吏，其號爲〔一〕能者，則或以察爲明，以刻爲公，以不恤爲能任；而其號爲賢者，則又或以姑息爲惠，以縱弛爲寬，以模〔二〕稜爲善處。故其能適以賈怨貽毒，撅害邦本，而其賢反以流弊基患及於後日。嗟乎，此豈真所謂賢能也哉！若公之賢，

〔一〕爲：原作「而」，據四庫本改。
〔二〕模：原作「被」，據四庫本、道光本改。

則庶幾矣。然自中興以來，爲邕者不下數十人，而其民之不忘，不過一二三人而止，公又近而尤見稱者。則夫公理之在人心，詎可没哉？公之葬，予亡友張安國嘗爲之志，辭甚美，獨恨述守邕事未詳，故予追書之，以授其子礪。

跋鄭威愍事[一]

鄭威愍公守同州，城陷死之，可謂得其死矣。讀公書辭，胸中所處蓋已素定。嗟夫！義之所在，君子蹈之，如飢之必食，渴之必飲，不可改也。若一毫私意亂之，則顧藉牽滯，而卒失其正矣。然則觀公之爲，豈不凜然可貴哉？先公使川陝時，得公死時事爲詳。某侍旁，蓋敬聞之矣。乾道己丑，公之孫忱德復以始末見示，輒歎息而書之。

跋范文正公帖

先公舊藏文正范公與朱校理手帖墨刻一卷，某以示汶上劉君子駒，一見咨歎，不忍去

〔一〕該篇又見粵西文載卷五十九。

手，即摹本寘之篋笥〔一〕，且屬某志其後。某竊惟文正公平生事業光明偉特如此，及觀此帖，味其辭意，而有以知公處事之周密，玩其書畫，而有以見公日用之謹嚴，此豈非其事業淵源所自耶？晚生何足以形容萬一。然嘗反復於此，而復有感焉。公蓋生二歲而孤，隨其母育於長山朱氏，既第，始歸姓范氏。今所與書者，即其朱姓時從子行也。公雖以義還本宗，而待朱氏備極恩意，既貴則用南郊恩贈朱氏父，以及其諸子之喪，皆爲之收葬，歲時奉祀，則别爲饗。朱氏以公廕爲官者三人，此載在遺事，世所知也。詳觀是帖，其親愛惇篤之意發於自然，蓋與待其本族何異！其於天理人情可謂得其厚矣。只此一事，表而出之，聞其風者蓋可使鄙夫寬，薄夫敦也，誠盛德哉！淳熙元年六月既望，張某謹題。

跋文正公帖

文正范公德業之盛，借使字畫不工，猶當寶藏，況清勁有法度如此哉！至於温然仁義之言，使人誦歎之不足也。

〔一〕摹：原作「墓」，據正誼堂本、四庫本、道光本改。

跋文正公帖〔一〕

右文正范公帖，某得之文定胡公之家，以刻于桂林郡齋。某聞君子言有教，動有法，某於文正公見之矣。觀此，雖一時書帖之間，亦足以扶世教、垂後法，非德盛者其能然乎？故敬志之以詔來世。淳熙三年元日，廣漢張栻書〔二〕。

〔一〕該篇又見吴都文粹續集卷五十五、范文正公尺牘卷下附。

〔二〕「淳熙三年」至「張栻書」：原無，據吴都文粹續集、范文正公尺牘補。

新刊南軒先生文集卷三十五

題跋

跋歐陽文忠公書梅聖俞河豚之詩帖

文忠公喜誦梅公此詩，且屢書之，抑亦有所感歎而然邪？

跋吴晦叔所藏伊川先生上蔡龜山帖

乾道癸巳歲八月之七日，某伏閲是軸，喟然而歎曰：嗟乎！學者不克躬見先生之儀刑，既朝夕誦味其遺言以求其志，攷其行事以究其用，又幸而得其字畫而藏之，蓋將以想慕其誠敬之所存而亡有極也，豈與尋常緘藏書帖者比哉！夫聞其風猶使人若是，況於如上蔡、龜山親炙之而稱高弟者乎？併與二公之書而寶焉，抑可見師友淵源之盛矣。

跋王介甫帖〔一〕

後一帖，大理少卿許遵守京口時，王丞相與之書，遵刻之石。始遵在登州論阿云獄事，丞相爲從臣，力主之。自後殺人至十惡，亦許案問，自首減死，長惡惠姦，甚逆天理。今此帖乃謂遵壽考康寧，子孫蕃衍，由其議法求所以生之之故。蓋丞相眩於釋氏報應之説，故以長惡惠姦爲陰德。議國法而懷私利，有所爲則望其報，其心術之所安，蓋莫掩於此，予故表而出之。

跋王介甫帖

金陵王丞相書初若不經意，細觀其間，乃有晉宋間人用筆佳處。但與人書帖例多忽忽草草。此數紙及予所藏者皆然，丞相平生何有許忙迫時邪？

〔一〕該篇又見四庫本播芳大全卷一一〇。

跋王介甫帖[一]

予喜藏金陵王丞相字畫，辛卯歲過霅川，有持此軸來售而得之。丞相於天下事多鑿以己意，顧於字畫獨能行其所無事如此。此又其晚年所書，尤覺精到，予所藏他帖皆不及也。

跋東坡帖

坡公與銀臺舍人帖，殆是行新法時勸其因入對盡所欲言，且曰：「人臣事君，惟有竭盡，庶幾萬一，恐未當以前例爲戒。」讀斯言，凜凜有生氣。士大夫希世求合者固不足問，苟雖有言而懷不自盡，皆徇情惜己，非爲臣之義也，讀斯言亦可以興起矣。

跋東坡帖[二]

坡公結字穩密，姿態橫生，一字落紙，固可藏玩，而況平生大節如此哉！竊嘗觀公議

〔一〕該篇又見四庫本播芳大全卷一一〇。

〔二〕該篇又見四庫本播芳大全卷一一〇、古今事文類聚别集卷十二、山堂肆考卷三十三。

論，不合於熙、豐固宜。至元祐初，諸老在朝，群賢彙征，及論役法，與己意小異，亦未嘗一語苟同，可見公之心惟義之比，初無適莫也。方貶黄州，無一毫挫折意，此在它人已爲難能，然年尚壯也。至於投老炎荒，剛毅凜凜，略不少衰，此豈可及哉？范太史家藏公舊帖，其間雖有壯老之不同，然忠義之氣未嘗不蔚然見於筆墨間也，真可畏而仰哉！

跋蔡端明帖

蔡端明書，如禮法之士盛服齋居，不敢少有舒肆之意，見者自是起敬。

跋司馬忠潔公帖

右司馬忠潔公帖。惟公伏節仗義，不辱其先。某頃在儀曹，嘗上公節惠應謚法。今獲見翰墨，慨然想其平生，所謂臨風涕零之語，其憂傷之意，夫豈私于身哉？

跋張侍郎帖

右侍郎張公政和間與成正賈公手帖，所論陝西鐵錢事使人歎息。蓋自熙、豐用事大臣更變法度，其後祖述之者益以近利爲急，一時觀望，蠭起毛舉，至於無法之不變，而無法之不壞，陝西錢事亦其一也。小人大抵喜更作，務生事，其意欲乘時射利而已，寧爲國家生民計耶？是以歎息。

跋陳了翁帖

了翁忠義剛大之氣高出一世，及觀此帖，處事精密，不忽於細微，益知前輩工夫非苟然也。淳熙乙未歲未盡三日，賀州别駕李宗甫見寄。

跋了翁責沈

責沈者，贈諫議大夫忠肅陳公之所作也。公壯歲未聞前輩先覺之名，迄終身以爲歉，至引葉公之事自責，葉公實沈諸梁，故名其文曰責沈。龜山楊先生嘗爲之跋，既足以發明公之盛德矣。反復而讀之，又以見公進學之心尤嚴，於既老之際，徙義之勇，不忽於卑者之言，其虚中克己，皆可以爲後世師法。建康留守劉公得真蹟而刻之，以墨本來寄。某謂斯文之傳，誠有補於世教，獨恐遠方之士艱於得見，乃復刻于桂林學宫云。劉公名珙。淳熙四年六月戊子，廣漢張某謹志。

跋李泰發帖

李公以八十之年，流落鯨波萬里之外，而翰墨辭氣凜凜如此，誠一時偉人也。某雖不及識公，展玩此軸，亦足想見其平生耳。

跋了翁與丞相隴西公書

丞相隴西公宣和元年六月論都城水事，自左史〔一〕謫官沙縣。此諫議陳公所寄書也。丞相精忠大節森然如星斗之在天，而事業實權輿於此。諫議於丞相爲丈人行，今觀書辭，所以相與蓋甚篤。前輩憂時之念深，故於人才拳拳如此，歛衽三復，敬歎何窮！惟是某嘗竊怪諫議平生於君父大義跬步不舍，其與異教淪棄三綱者不翅霄壤之異矣，顧乃區區

〔一〕左史：原作「左右」，據四庫本改。

樂講於其説，獨何歟？恨生晚，不及親見公質所疑也。

書相公親翰

子曰：「顔氏之子，其殆庶幾乎？有不善未嘗不知，知之未嘗復行。」易曰：「不遠復，無祇悔，元吉。」

甲申孟秋朔，先公次餘干，暑甚，憩趙氏養正堂。每閑暇親翰墨，多寫經書要言，置縑囊中，累十百紙。先公易簀於仲秋，不肖孤哀苦，謹藏遺澤，不忍發讀。越二年，前進士太原陳伯雄來，相弔於湘水之上，自以嘗在江淮，辱先公誨言，欲求字畫而歸爲子孫藏。予慟哭開篋，取此紙授之。嗚呼！學聖人必學顔子，則有準的。顔氏之所以爲有準的，何也？以其復也。復則見天地之心，成位乎中，而人道立矣。然而欲進於此，奈何？其惟格物以至之，而克己以終之乎！嗚呼！此先公之所以教某者，今併以告陳子。丙戌十月甲戌，某謹書。

跋尚憲帖

尚公之所以告其知己者可謂切矣[一]。受人之知者不當爾邪？公之没也久矣，讀其書辭，猶覺生意凜然，義理之不可泯也。

跋孫忠愍帖

孫公此數帖，其處死蓋已素定，事豫則立，豈不信乎？自熙寧相臣以釋老之似亂孔孟之真，其説流遁，蠹壞士心，波蕩風靡。中間變故，伏節死義之臣鮮聞焉，論篤者知其有所自來也。觀公訓敕諸子從事經史，大抵以實用爲貴，以涉虚爲戒，其不受變於俗學可知，卒有以自立，宜也。鄂州史君千里寓書，敬題卷末。

跋尹和靖遺墨

和靖先生所居之齋，多以片紙書格言至論，寘于窗壁間，今往往藏於其家，如此所刻

〔一〕己：原作「也」，據正誼堂本、四庫本、道光本改。

是也。反復玩繹，遐想其感發之趣深，存體之工至，而浹洽之味爲無窮也。嗟乎！學者於此亦可得師矣。淳熙丙申三月壬戌，廣漢張栻謹書〔一〕。

書贈吴教授

誠者天之道，敬者人事之本。敬道之成，則誠而天矣。然則君子之學，始終乎敬者也。人之有是心也，其知素具也。意亂而欲汩之，紛擾臬兀，不得須臾以寧，而正理益以蔽塞，萬事失其統矣。於此有道焉，其惟敬而已乎！伊川先生曰：「主一之謂敬。」又曰：「無適之謂一。」夫所謂一者，豈有可玩而執者哉？無適乃一也，蓋不越乎此而已。嘗試於平居暇日深體其所謂無適者，則庶乎可識於言意之表矣。故「儼若思」雖非敬之道，而於此時可以體敬焉。即是而存之，由是以察之，則事事物物不得遁焉。涵泳不舍，思慮將日以清明，而其知不蔽矣。知不蔽則敬之意味無窮，而功用日新矣。天地之心其在兹與？學者舍是而求入聖賢之門，難矣哉！至於所進有淺深，則存乎其人，用力敏勇與緩

〔一〕「淳熙丙申」以下原無，據和靖集卷四末尾附録補。

急之不同耳。吾友臨川吴仲權志於古道，將以敬名其所居之齋，而日勉焉。於其行也，書此以贈之，蓋朋友相與警勸之義也。

題長沙開福寺

長沙開福蘭若，故爲馬氏避暑之地，所謂會春園者。今荒郊中時得塼甓，皆爲鸞鳳之形。而奇石林立，二百年來，供城中官府及人家亭館之玩，何可數計！而蔽於榛莽，卧於泥池者，尚〔一〕多有之。當時不知載致何所，用民之力又何可量哉！馬氏父子乘時盜據一方，竭澤聚斂以自〔二〕封，而又以資其侈靡之用，旋踵而衰，兄弟相讎敵魚肉惟恐不及，亦其理與勢宜然。今湘岸有淫祠，江中有誓洲，及其交兵詛誓之所，小家自爲蠻觸，衹足以發千載之一咲。寺之西祓禊亭下臨湖光，舉目平遠，自爲此邦登覽勝處，不足用馬氏爲汙也。

〔一〕尚：原作「當」，據正誼堂本、四庫本、道光本改。
〔二〕自：原作「目」，據正誼堂本、四庫本、道光本改。

跋祖慶所藏其師宗杲法語

觀慶之請以父母爲言，而其師特爲拈出。嗟乎！是非秉彝之所存而不可以已者邪？今祖慶刻石蔣山〔一〕，改父母作生死字。

〔一〕蔣山：原作「將山」，據四庫本、道光本改。

新刊南軒先生文集卷三十六

銘

困乎齋銘〔一〕

趙郡李東老結茅于江南，榜之曰『困乎』，求予爲銘。予聞東老之居，植竹千本，溪流其間，地偏而趣幽，子將以是爲困乎？東老蚤從名士遊，詩法甚高，方其得意，不復知有塵世事，子將以是爲困乎？以予觀之，殆不然也。

嗚呼困乎！性命之微，言之實難。孰探其源？匪言之艱。天高地下，而人其心。在躬者神，統乎高深。其端伊邇，曷睨以視。當落其華，而究斯理。嗚呼！信其爲困乎

〔一〕該篇又見古文集成卷五十。

也已！

克齋銘〔一〕

夫子告顔子以「克己復禮爲仁」。揚子雲曰：「勝己之私之謂克。」子雲蓋未知所以爲克者，故其言迫切而不近。廣漢張某曰：夫子所以告顔子乃終之之事，學者必卓然有見，而後可以用力於克也。清江陳擇之燕居之齋曰「克」，敢衍其義而爲之銘：

惟人之生，父乾母坤。允受其中，天命則存。血氣之萌，物欲斯誘。日削月朘，意鮮能久。越其云爲，匪我之自。營營四馳，擾擾萬事。聖有謨訓，克己是宜。其克伊何？本乎致知。其致伊何？格物是期。動静以察，晨夕以思。良知固有，匪緣事物。卓然獨見，我心皦日。物格知至，萬理可窮。請事克己，日新其功。莫險於人欲，我其平之；莫危於人心，我其安之。我視我聽，勿蔽勿流；我言我動，是出是由。涵濡泳遊，不競不絿。允蹈彝則，靡息厥修。逮夫既克，曰人而天。悠久無疆，匪然而然。爲仁之功，於斯其至。

〔一〕該篇又見四庫本播芳大全卷一〇八、古文集成卷五十一、性理大全書卷七十。

我稽古人，其惟顔氏。於穆聖學，具有始終。循循不舍，與天同功。請先致知，以事克己。仁遠乎哉？勉旃吾子！

艮齋銘〔一〕

艮齋，建安魏元履燕居之室也。在易，艮爲止，止其所也。某嘗考大學始終之序，以知止爲始，得其所止爲終，而知止則有道矣。易與大學，其義一也。敬爲之銘：

物之感人，其端無窮。人爲物誘，欲動乎中。不能反躬，殆滅天理。聖昭厥猷，在知所止。天心粹然，道義俱全。是曰至善，萬化之源。人所固存，曷自違之。求之有道，夫何遠而。四端之著，我則察之。豈惟慮思，躬以達之。工深力到，大體可明。匪由外鑠，如春發生。知既至矣，必由其知。造次克念，戰兢自持。事物雖衆，各循其則。其則匪它，吾性之德。動静以時，光明篤實。艮止之妙，於斯爲得。任重道遠，時不我留。嗟我同志，勉哉勿休。緊我小子，懼弗克力。洛爾同志，以起以掖。

〔一〕該篇又見四庫本播芳大全卷一〇八、古文集成卷五十一。

敬齋銘〔一〕

乾道四年，建安劉公自樞庭出鎮豫章，闢室于聽事之側，朝夕燕處，扁曰「敬齋」。廣漢張某聞而歎曰：公之志遠矣！夫敬者宅心之要，而聖學之淵源也，敢爲之銘，以廣公意。銘曰：

天生斯人，良心則存。聖愚曷異，敬肆是分。事有萬變，統乎心君。一頽其綱，泯焉絲棼。自昔先民，修己以敬。克持其心，順保常性。敬匪有加，惟主乎是。履薄臨深，不昧厥理。事至理形，其應若響。而實卓然，不與俱往。動静不違，體用無忒。惟敬之功，協乎天德。嗟爾君子，敬之敬之！用力之久，其惟自知。勿憚其艱，而或怠遑。亦勿迫〔二〕切，而以不常。毋忽事物，必精吾思。察其所發，以會于微。忿慾之萌，則杜其源。有過斯改，見善則遷。是則天命，不遏于躬。魚躍鳶飛，仁在其中。於焉有得，學則不窮。知至而至，知終而終。嗟爾君子，勉哉敬止！成己成物，匪曰二致。任重道遠，其端伊

〔一〕該篇又見四庫本播芳大全卷一〇八、古文集成卷五十、性理大全書卷七十。

〔二〕迫：原作「道」，據四庫本、播芳大全、古文集成等改。

邇。毫釐有差，繆則千里。惟建安公，自力古義。我作銘詩，以諗同志。

敦復齋銘[一]

復卦之義，以初爻爲重，於畫爲陽，於義爲善，於人蓋君子之道也。二比於初，故爲休復；四應於初，故爲獨復；而三之頻復而厲，則以其非比非應，開其遷善而危其屢失也。上之迷復而凶，則以其處極而最遠，往而不返也。觀諸此，則可見以初爻爲重矣。然則五之敦復奈何？五體順而居中，以中自考者也，故爲敦篤於復。夫能敦篤於復，宜曰吉、曰亨矣，而獨曰無悔，奈何？無悔者，戒辭也，以其柔而遠於陽，故爲之戒辭，謂如是乃無悔也。南徐陳希顔舊名其齋曰「敦復」，歲壬辰，與予相遇于長沙，屬予銘。予知希顔有取於儆戒之意也，爲之銘曰：

惟聖作易，研幾極深。惟卦有復，於昭天心。六爻之義，各隨所乘。其在於五，敦復是明。其敦如何？篤志允蹈。順保其中，而以自攷。我觀爻義，厥有戒辭。君子體之，

〔一〕該篇又見四庫本播芳大全卷一〇八、古文集成卷五十一、性理大全書卷七十。

敬戒是資。人欲易萌，天理難存。毫釐之間，消長所分。凡百君子，奈何不敬？祇於夙宵，以若天命。惟積惟久，匪俟乎外。敢曰無悔，庶幾寡悔。

恕齋銘〔一〕

潭州右司理之治，海陵周俊卿請予名其齋，予名之以「恕」，爲之詞曰：

刑成不變，君子盡心。明動麗止，象著羲經。所存曷先，其恕之云。自盡於己，以察其情。意有所先，則弗敢成。見雖云獨，亦靡敢輕。幽隱之枉，是達是申。毫釐之疑，是析是明。俾爾寡弱，無有或困。于爾强慝，靡詸靡遁。及得其情，又以勿喜。古人於此，恕有餘地。我銘于齋，意實在兹。嗟嗟來者，尚克念之！

蒙齋銘〔二〕

番陽余端蒙請予銘蒙齋，至于再三，予未有以言也。它日因有感于「果行育德」之義，

〔一〕該篇又見性理大全書卷七十。

〔二〕該篇又見四庫本播芳大全卷一〇八、古文集成卷五十一。

乃爲之辭曰：

乾坤既畫，八卦是生。八卦相乘，萬象以明。下坎上艮，其卦曰蒙。其蒙伊何，源泉在中。泉之始萌，其行未達。雖則未達，而理孰遏。君子體之，于以果行。黽勉躬行，動畏天命。泉之始萌，其勢則止。止乃日澄，源源曷已。君子體之，于以育德。篤敬不渝，靜保天則。惟養于中，大本攸立。惟敏于外，達道攸飭。内外交修，相須以成。久而有常，則能日新。我銘蒙齋，敢越斯義？惟言之難，實以自厲。凡百君子，有觀於斯。毋忽乎近，尚其懋之！

虚舟齋銘〔一〕

詹體仁闢齋於便坐〔二〕，屬予名，以其虚且長也，則題之曰「虚舟」。他日體仁謂予曰：「漆園之説道而離，吾無取焉耳。在易之中孚『利涉大川，乘木舟虚』，將於是焉體之。」予歎其善思也，則又爲之銘：

〔一〕該篇又見古文集成卷五十、永樂大典卷二二五四〇。

〔二〕坐：原作「予」，據正誼堂本、四庫本、道光本及古文集成、永樂大典改。

心本虛，理則實。應事物，無轍迹。來不迎，去不留。彼萬變，我日休〔一〕。行斯通，險可濟。孚豚魚，貫天地。曷臻兹，在克己。去其室，斯虛矣。

主一齋銘〔二〕

成都范文叔以「主一」名齋，予嘉其志，爲銘以勉之：

人之心，一何危。紛百慮，走千岐。惟君子，克自持。正衣冠，攝威儀。澹以整，儼若思。主于一，復何之。事物來，當其幾。應以專，匪可移。理在我，寧彼隨。積之久，昭厥微。静不偏，動靡違。嗟勉哉，自邇卑。惟勿替，日在兹。

南劍州尤溪縣學傳心閣銘〔三〕

乾道九年，知南劍州尤溪縣事石𡼖既新其縣之學，復建閣于學之東北，買書五千卷藏

〔一〕休：繆本作「體」。

〔二〕該篇又見古文集成卷五十一、淵鑑類函卷二六一、性理大全書卷七十。

〔三〕該篇又見宋刻本元公周先生濂溪集卷十二、四庫本播芳大全卷一〇八、古文集成卷五十二、金履祥濂洛風雅卷一、濂溪志卷七。

之其上，而命工人繪濂溪周先生、河南二程先生之像寘于其中，使學者得共〔一〕朝夕瞻仰焉。新安朱熹爲之名曰「傳心之閣」，而嶅又以書請銘于廣漢張某。某竊惟念自孟子没，聖學失傳，歷世久遠，其間儒者非不知尊孔孟而〔二〕誦六經，至考其所得，則不越於詁訓文義之間而已，於聖人之心，所以本諸天地而措諸天下與來世者，蓋鮮克涉其藩，而況睹其大全者哉！惟三先生生乎千載之後，乃能玫諸遺經，而得其不傳之妙以相授受，然後六經之言，群聖之心，全體大用，晦而復明，如日之中，萬目皆覩。嗚呼盛矣！某愚不敏，夙嚮往焉，敢以建閣之意、命名之説，洗心拜手，敘而銘之。銘曰：

惟民之生，厥有彝性。情動物遷，以隳厥命。惟聖有作，合乎天心。修道立教，以覺來今。孰謂道遠，始卒具陳。俾爾由學，而聖可成。鄒魯云邈，章句有師。一經皓首，語道則迷。惟子周子，崛起千載。孰探其源，以識其大。立象盡意，闡幽明微。聖學有傳，不曰在兹。惟二程子，實嗣其徽。既自得之，又光大之。有渾其全，則無不總。有析其精，則無不中。曰體曰用，著察不遺。曰隱曰顯，莫問其幾。於皇聖心，如日有融。於赫

〔一〕共：原作「其」，據正誼堂本、四庫本、道光本改。
〔二〕而：原作「中」，據正誼堂本、四庫本、道光本及右引改。

心傳，來者所宗。有屹斯閣，尤溪之濵。翼翼三子，繪事孔明。儼然其秋，温然其春。揭名傳心，詔爾後人。咨爾後人，來拜于前。起敬起慕，永思其傳。于味其言，于考其爲。體于爾躬，以會其歸。爾之體矣，循其至而。爾之至矣，道豈異而。傳心之名，千古不渝。咨爾後人，無替厥初。

顧齋銘〔一〕

廣漢張某名華陽宇文紹節之齋曰「顧」，且爲之銘：

人之立身，言行爲大。惟言易出，惟行易怠。伊昔君子，聿思其艱。嚴其樞機，立是防閑。於其有言，則顧厥爲。毫釐之浮，則爲自欺。克謹于出，内而不外。確乎其言，惟實是對。於其操行，則顧厥言。須臾弗踐，則爲己愆。履薄臨深，戰兢自持。確乎其行，惟實是依。表裏交正，動静迭資。若唱而和，若影而隨。伊昔君子，胡不慥慥。勉哉勿渝，是敬是保。

〔一〕該篇又見永樂大典卷二五三五、古文集成卷五十一、金履祥濂洛風雅卷一。

讀書樓銘〔一〕

醴陵丁悬明發請於某曰：「家有小樓，爲群從講習之所，敬求其名。」某以「讀書」名之，而因銘以告：

洪惟元聖，研幾極深。出言爲經，以達天心。天心煌煌，聖謨洋洋。有赫其傳，惠我無疆。嗟哉學子，生乎千載。孰謂聖遠，遺經猶在。孰不讀書，而昧厥旨。章句是鑿，文采是事。矧其所懷，惟以禄利。茫乎四馳，其曷予暨。嗟哉學者，當知讀書。匪有所爲，惟求厥初。厥初惟何？爾所固然。因書而發，爾知則全。維誦維歌，維究維復。維以泳遊，勿肆勿梏。維平乃心，以會其理。切于乃躬，以察以體。積功既深，有燁其明。迥然意表，大體斯呈。聖豈予欺，實發予機。俾予自知，以永于爲。若火始燃，若泉始達。推之自兹，進孰予遏。若登泰山，益高益崇。維理無形，維經無窮。嗟哉學子，盍敬念兹。以是讀書，則或庶幾。

〔一〕該篇又見金履祥濂洛風雅卷一。

葵軒石銘〔一〕

張子銘葵軒之石，于以出入觀省焉。

正爾衣冠，毋惰爾容。謹爾視聽，毋越爾躬。爾之話言，式循爾衷。爾之起居，式蹈爾庸。敬爾所動，毋窒其通。貞爾所存，毋失其宗。外之云肅，攸保于中。中之克固，外斯率從。天命可畏，戒懼難終。勒銘于石，用儆爾慵。

筆囊銘〔二〕

司馬文正公貯筆黄囊及紅管筆一枝，今藏太史范氏，文正親題其上，實治平中賜物。淳熙六年敬銘：

厚陵之賜，文正之澤。傳之方來，見者改色。筆端吐辭，穀粟萬世。豈惟改色，公心是繼。在昔魏公，世保其笏。謹哉斯藏，惟德其物。

〔一〕該篇又見古文集成卷五十二、金履祥濂洛風雅卷一、宋元學案補遺卷五十。葵：濂洛風雅作「蔡」，誤。

〔二〕該篇又見古今事文類聚別集卷十四、淵鑑類函卷二〇四。

周爽硯璞銘

靡飾于外，含章在中。以時發舒，翰墨之功。君子觀象，于以蓄德。韜其光芒，惟貞靡忒。

箴

主一箴[一]

伊川先生曰：「主一之謂敬。」又曰：「無適之謂一。」嗟乎，求仁之方，孰要乎此！因爲箴書于坐右，且以諗同志。

人稟天性，其生也直。克順厥彝，則靡有忒。事物之感，紛綸朝夕。動而無節，生道或息。惟學有要，持敬勿失。驗厥操捨，乃知出入。曷爲其敬，妙在主一。曷爲其一，惟

〔一〕該篇又見四庫本播芳大全卷一〇九、古文集成卷五十四、淵鑑類函卷二七六、性理大全書卷七十、補續全蜀藝文志卷三十七、古今圖書集成學行典卷一三二、宋元學案補遺卷五十。

以無適。居無越思，事靡它及。涵泳于中，匪忘匪亟。斯須造次，是保是積。既久而精，乃會于極。勉哉勿倦，聖賢可則。

四益箴[一]

先君晚歲嘗大書四言以詔杓弟曰：「無益之言勿聽，無益之事勿爲，無益之文勿觀，無益之友勿親。」杓受而藏之惟謹。先君既没之九年，則以請于某曰：「伏自惟念，大懼無以承先君之意，既以『四益』名堂，願兄追述其義，將列之坐右，朝夕儆戒，以庶幾乎萬一。」某奉書而泣，退而爲箴以告之：

若古有訓，聽德惟聰。聞過以改，聞善以從。匪是之聞，則爲無益。諂言溺心，姦言敗德。嗟哉勿忘，敬共朝夕。卓爾有定，聽斯不惑。朝夕之間，何莫非事。事所當事，是爲君子。惟欲之動，則亂于爲。營營何益，擾擾孰知。止之有道，當收放心。曷喻其工，

〔一〕該篇又見四庫本播芳大全卷一〇九、古文集成卷五十四、補續全蜀藝文志卷三十七、宋元學案補遺卷五十。

履薄臨深。異説害道，我則弗邇。浮文妨實，我則弗貴。而況末俗，詖論俚辭。當絶于前，勿亂于思。潛心聖賢，博攷載籍。聞見之多，于以蓄德。大倫惟五，友居其一。我觀昔人，敬戒無斁。以狎而比，以順而同。德惟日喪，友亦曷終。必端爾心，忠信是親。神之聽之，終和且平。

贊

漢丞相諸葛忠武侯畫像贊〔一〕

惟忠武侯，識其大者。仗義履正，卓然不舍。方卧南陽，若將終身。三顧而起，時哉屈伸。難平者事，不昧者幾。大綱既得，萬目乃隨。我奉天討，不震不竦。維其一心，而以時動。噫侯此心，萬世不泯。遺像有嚴，瞻者起敬。

〔一〕該篇又見四庫本播芳大全卷一〇九、金履祥濂洛風雅卷一。

三先生畫像贊〔一〕

濂溪先生

於惟先生，絶學是繼。窮原太極，示我來世。

明道先生

於惟先生，會其純全。天理之揭，聖學淵源。

伊川先生

於惟先生，極其精微。俾爾立德，循循有歸。

〔一〕三先生畫像贊：六字原無，據四庫本播芳大全卷一〇九補。

于湖畫像贊[一]

是于湖君，英邁偉特[二]。遇事若然，如箭破的。談笑翰墨，如風無迹。惟其胸中，無有畛域。故所發施，横達四出。雖然，此固衆人之所識也。今方袖手于湖之上，盡心以事其親，而益究其所未及，則其所至，又孰知其紀極者耶？己丑夏，廣漢張某書于湘中館。

書伊川先生易傳復卦義贊[三]

天地之心，其體則微。于[四]動之端，斯以見之。其端伊何？維以生生。群物是資，而以日亨。其在於人，純是惻隱。動匪以斯，則非天命。曰義禮智，位雖不同。揆厥所基，脈絡該通。曷其保之，日乾夕惕。斯須[五]不存，生道或息。義則無害，敬立義集。是

〔一〕該篇又見四庫本播芳大全卷一〇九。
〔二〕特：原作「持」，據弘治本、四庫本改。
〔三〕該篇又見四庫本播芳大全卷一〇九。
〔四〕于：原作「千」，據正誼堂本、四庫本、道光本改。
〔五〕斯須：原作「斯頃」，據正誼堂本、四庫本及播芳大全改。道光本作「斯雖」。

爲復亨，出入無疾。

觀虎丘劍池有言〔一〕

湛乎淵停，其静養也。卓乎壁立，其自守也。歷四時而無虧，其有常也。上汲而不窮，其用不膠也。其有似於君子之德乎，吾是以徘徊而不能去也。

〔一〕言：原作「立」，據正誼堂本、四庫本、道光本改。四庫本播芳大全卷一〇九題爲虎丘劍池贊。

理學叢書

張栻集

五

〔宋〕張栻 著

楊世文 校點

中華書局

新刊南軒先生文集卷三十七

墓志銘

少傅劉公墓志銘〔一〕

公姓劉氏，諱子羽，字彦脩。世爲京兆人，八世祖避五季之亂，徙家建州。曾祖太素，贈朝議大夫；祖民先，任承事郎，贈太子太保。再世以儒學教授鄉里。考韐，任資政殿學士，贈太師，謚忠顯。公以門蔭入仕。宣和末，忠顯帥浙東，盜發睦州，陷諸郡，直抵越。越兵不滿千，而盜且數千，公以主管機宜文字佐忠顯，募民守，卒全其城。入爲太府簿，遷衛尉丞。忠顯帥真定，復辟公以從。女真入寇，圍城數匝，父子相與死守，部分方略，多公

〔一〕該篇又見名臣碑傳琬琰集下集卷二十三、劉氏傳忠録正編卷二。

之謀，虜不能拔而去，名聞河朔間。除直秘閣。忠顯率兵入援京師，與虜戰，力屈死城下。方是時，爲國死難者蓋鮮，獨忠顯之節甚白。公痛家國讎恥之大義，不與虜共戴天。免喪，以秘閣修撰知池州，改集英殿修撰、知秦州，未行。召赴行在所，除御營使司參贊軍事。時太上皇帝即位三年，苗傅、劉正彦甫伏誅，有平寇將軍范瓊擁兵入覲。瓊在靖康變故中附讎〔一〕逆亂，知樞密院事忠獻張公與公謀誅之。張公召瓊詣都堂，公叱縛之致于理，懷敕榜出，撫其衆曰：「所誅止瓊，爾輩皆御前軍也。」衆頓刃應諾，悉麾隸它軍，頃刻而定。忠獻益奇公，及領川陝宣撫處置使，遂辟公參議軍事。公雅意欲圖虜，念關陝要地，而張公一見相知，非偶然者，遂不辭而從。宣撫司至關，據秦州，號令五路。會聞虜窺江淮，議爲牽制，合五路兵進，至富平，與虜遇，我衆不能支，虜乘勝，以前宣撫司退保蜀口，官屬震恐。有建議當保夔州者，公曰：「議者可斬也！宣撫司豈可過興州一步？係關陝之望，安全蜀之心，收散亡，固壁壘，以爲後圖則可。」與張公意合。公單馬直抵秦亭，分遣腹心，訪諸將所在。時虜騎四出，道阻不通，將士無所歸，忽聞公在近，宣撫司留蜀口，乃各引所

〔一〕讎：原作「賦」，據正誼堂本、四庫本改。道光本作「賊」。

部來會，軍復振。公命驍將吴玠柵和尚原，守大散關，虜不敢犯。紹興元年夏，始聚兵來攻，玠敗之；秋復來，又大敗之，俘獲以數萬計。宣撫司徙治閬中，公留關外護軍。上知其勞，除徽猷閣待制。明年，玠以秦鳳經略使戍河池，王彦以金房鎮撫使戍金州。二鎮皆饑，而興元帥過爲守備，閉關塞褒斜，二鎮病之。張公亟召玠、彦議事，皆願得公鎮興元，乃承制拜公利州路經略使兼知興元府。公至之日，盡弛其禁，通商輸粟，二鎮乃安。公謂虜用騎兵，利衝突，在我當先柵要地，以勁弓弩待之，蔑不濟者。且以是約二將，獨彦頗易公之説。是歲十二月，虜由商於犯金州，正月至上津，彦出不意，逆戰不能却，遂焚金州，退保石泉。公遣將馳告玠，玠曰：「事迫矣！當亟徼于險。諸將不能辦〔一〕，我當自行。不然，是負劉待制。」即越境馳一日夜，凡三百里，中道少止。公移書曰：「虜旦夕至饒風嶺下，不亟守此，是無蜀也。公不前，某當往。」玠即復馳，至饒風，虜急攻數日，死傷如積，更募死士犯祖溪關以入，出玠後，玠還漢中。公與玠謀守定軍山，玠憚之，遂西。公退守三泉，從兵不及三百，與士卒同粗糲，至取草木芽蘖食之，遺玠書曰：「某誓死於此，與公訣

〔一〕辦：原作「辨」，據正誼堂本、四庫本、道光本改。

矣！」玠得書泣，其愛將楊政大呼軍門曰：「節使不可負劉待制！不然，政輩亦舍節使去。」玠乃從麾下自仙人關由間道與公會于三泉。虜遊騎甚迫，玠夜視公方酣寢，旁無警呵〔一〕者，玠曰：「此何等時，而簡易乃爾！」公慨然曰：「吾死，命也，夫何言！」玠泣下，復往守仙人關，公獨留，爲壁壘於潭毒山上，十六日而成，又數日而虜至。中夜，斥堠將遣人報曰：「虜至矣！」諸將皆失色入白事。公曰：「始與公等云何？今寇至欲避耶？」下令蓐食。遲明上馬，先止戰地，據山角坐胡床，諸將奔至，皆泣曰：「此某等駐軍處，而公先之耶？豈可使虜矢傷公！」即争代公處。頃之，復有來報曰：「虜退矣！」乃還。方虜入梁、洋，蜀大震，宣撫司官屬争咎公，有爲浮言相恐動，請徙治潼川，軍士聞者皆怒。公力爲書爲張公言：「某在此，虜決不能越，無爲輕動摇。」張公用公言，乃定。虜遣十五輩賫書與旗來招公及玠，公斬其十四人，令一人還曰：「爲我言於爾酋，來戰即來，我有死，何招也！」先是，梁、洋官私之積，公悉已徙置，虜無所得，糧日匱，前後苦攻，死傷十五六，涉春已深，癘疫且作，遂遁去，爲我師掩擊及墮溪谷死者不可勝計。虜之去，四月也。其餘衆不能自

〔一〕呵：原作「何」，據劉氏傳忠録改。道光本作「伺」。

拔者悉降，凡十數栅，虜之喪失蓋莫甚[一]於此役。方是時，虜其大酋撒离喝、兀朮輩垂涎于蜀，日夜[二]聚謀。所選士卒千取百、百取十。其戰被重鎧，登山攻險，每一人前，輒二人擁其後，前者死，後者復被其甲以進，又死，則又代之如初。其爲必取計蓋如此。惟公與張公協心戮力，毅然以身當兵衝，將士視公，感激争奮，卒全蜀境。公還興元，分遣官吏，安集勞來，凡潰卒之乘時怙亂山谷間者，悉捕斬以徇。自是兵勢日振，方更恢遠略，然張公已困於讒，公亦尋被罪矣。是歲除寶文閣直學士。四年，責授散官，安置白州。始，吴玠爲偏將，公奇之，言於張公。張公與語，大悦，使盡護諸將，卒得玠力。至是玠上疏納節贖公罪，士大夫多玠之義，而服公之知人。明年，還故官，奉祠。時張公相矣，召公赴在所。又還集英殿修撰、知鄂州，權都督府參議軍事、宣諭陝蜀。朝議欲合諸道兵大舉，公自蜀還，歷諸邊，盡得虚實，謂且當益繕治，廣營田以俟時。朝廷欲遂用，公顧親年浸高，力請歸養，以徽猷閣待制知泉州。泉素難治，番商雜居。公下車肅然，無敢犯。有事涉權倖者，立論奏釐正之。亡何，張公去位，言事者觀望論公，復責散官，安置漳州。以郊祀恩

〔一〕甚：原作「其」，據弘治本、四庫本改。

〔二〕日夜：原作「自夜」，據四庫本、道光本及名臣碑傳琬琰集、劉氏傳忠録改。

得歸，會江上擇守，起公爲沿江安撫使、知鎮江府。虜入寇，公建請清野，盡徙淮東之人于京口，填拊得宜，人情不摇。謂樞密使張俊曰：「異時此虜入寇，飄忽如風雨，今更遲回，是必有它意。」已而果欲邀和。及遣使來，揭旗于舟，大書「江南撫諭」。公見之，怒，夜以他旗易之。翌日，接伴使索之甚急，公曰：「有死耳，旗不可得！」及其歸，遣還之境外。張俊以公料敵及治狀〔一〕聞，有旨復待制。和議成，公謂宜及無事時講修淮漢守備，厲器械，治舟楫，其言甚悉。宰相秦檜忌之，諷言者論罷，復以祠禄歸。十四年十月二日遇疾，没于正寢，享年五十。積官右朝議大夫，以子貴贈太師。娶熊氏，贈福國夫人，再娶卓氏，贈慶國夫人。子珙，克世其家，後〔二〕復以忠義識略被今上眷遇，嘗爲同知樞密院事。識者不以劉氏三世宦達爲衣冠之盛，而以忠義相傳不替愈大爲家國之光。淳熙四年，珙爲建康留守，病且革，自力作書與其友張某，以銘公墓爲屬。某蓋公所從忠獻張公之嗣子也，奉書而泣，且無所從辭。於是取公弟子輩舊所狀行實，掇其大節，次第之如此。惟公慷慨自許，每有捐身殉國之願。當事之難，衆人惶撓失措，公色愈厲，氣愈勁，遇事立斷，凛不可

〔一〕狀：原作「伏」，據正誼堂本、四庫本、道光本改。
〔二〕後：原作「復」，據正誼堂本、四庫本、道光本改。

犯。尤長於兵，料敵决機，殆無遺筭，得將士心，皆願爲盡死。其爲政，發姦擿伏若神，所治不畏强禦。而天性孝友，恂恂接人樂易，開口見肺肝。輕財重義，緩急扣門，無愛于力，振人乏絶，傾貲倒廩無吝色。姻親鄉黨昏喪悉任其責。闢家塾延名士以教鄉之秀子弟。吏部郎朱松疾病，以家事託，公築室買田，居之舍旁，教其子熹與己子均，卒以道義成立。平生再貶徙，處之怡然，不以介意。而其許國之誠，則至于没而不懈也。嗚呼偉哉！公以是歲某月某日葬于崇安縣五夫之原，某之爲銘，蓋後公没三十有五年也。公孫二人：學雅，承務郎；學裘，尚幼。孫女二人：長適將仕郎吕欽，幼未行。銘曰：

寒沍凜冽，喬松挺節。人危反側，志士秉烈。允毅劉公，孤忠業業。國恥家讎，刻骨泣血。誓不同天，心焉如鐵。縛袴從戎，思奮其伐。虜方鴟張，闖蜀門闑。紛紛鄙夫，縮避一轍。惟公矢謀，克贊于决。身當兵衝，横遏力折。衆駭失色，我怒貫髪。驍將突兵，怙以奮發。羯酋力窮[一]，竄走竭蹷。迄全蜀疆，如器無缺。伊人是恃，豈險難越。不寧蜀全，關輔可挈。投機于征，以冀日月。巧言害成，健手孰掣。空令父老，談説嘖嘖。和戎

[一] 窮：原作「穹」，據正誼堂本、四庫本、道光本改。

議興，公膺如噎。守臣舉職，妖旗莫揭。歸卧于家，忠憤曷洩。嗚呼中年，竟隕此傑！歲踰再紀，精爽森列。嗣德有光〔一〕，公志益晰。我爲銘詩，追勒其碣。

吏部侍郎李公墓銘〔二〕

淳熙三年九月庚戌，秘閣修撰、知夔州兼夔路安撫使臨川李公以疾没于州治之正寢。五年，其孤鞏以同郡曾季貍所狀公行義來請某銘。平時蓋欽公之爲人，且在廣右，與公相望僅再歲，接公行事爲詳。既不克終辭，乃敘而銘之。公諱浩，字德遠，一字直夫，家本建昌人，其徙臨川方再世。曾祖之遇，祖玩，皆不仕。考彦，以公贈朝奉大夫。公自幼入鄉校，嶄然異常兒，未冠，有文名。中紹興壬戌進士第。是歲，秦熺挾宰相子以魁多士，同年多往見之，或拉公行，毅然卒不往，調饒州司户參軍以歸。連丁内外艱，中間爲襄陽府觀察推官僅踰年，及免先大夫喪，調全州州學教授，改監行在雜買場門，實二十七年之冬，時秦檜蓋死矣。明年，主管刑工部架閣文字，改敕令所删定官。論者争言秦檜時事無巨細，

〔一〕光：原作「危」，據正誼堂本、四庫本、道光本改。

〔二〕該篇又見永樂大典卷一〇四二二。

一切更改。公白宰相執政：「蚩尤五兵，李斯篆隸，苟便於世，亦不當以人廢。」方檜在時，公義不爲之屈，及其身没事變，所論乃如此，則公存心平實，蓋已可見矣。又明年，改秩，除太常寺主簿，尋兼光禄丞。輪對，首陳無逸之戒，且論宿衛大將恩寵太過，嬰兒過飽，恐非其福。太上皇帝感其言，宿將旋就第。自檜扼塞言路，士風寖衰，及太上總攬萬機，激厲忠讜，而餘習猶未殄，朝士多務緘默。至是百官轉對，公與王十朋、馮方、查籥、胡憲始相繼有所開陳，聞者興起，太學之士至爲五賢詩以述其事。然公自是亦不安于朝，請祠以歸，主管台州崇道觀。今上即位之歲，以太常丞召至闕，首論聖學，以爲人主務學則其餘嗜好無間而入矣。時忠獻張公督師江淮，而宰相有異議者從中多所沮抑，公引「張仲孝友」之詩及仁宗用韓琦、范仲淹、詔章得象等故事，乞戒諭朝廷同寅共濟。俄兼權吏部郎官、御史。尹穡附宰相湯思退，以公故嘗爲思退所知，欲扳引共擠忠獻，於是薦公。及對，乃明示不同之意，思退、穡皆不樂。踰歲，始正除吏部員外郎，兼皇子恭王府直講。其後宰相召同爲郎者四人，欲有所進用，最屬意於公，公不發一語。明日，同舍皆遷，公如故。其在王府，多所裨益，且因事以及時政，書之于册，幾上或見之，王亦愛重公。它日，公補外，累年以歸。王聞之，欣然謂僚屬曰：「李〔一〕直講來矣！」蓋公之誠意有以感動也。爲郎踰年，會淛河水災，詔郎官管職以上條時政闕失。公歎曰：「上憂勞求言，此豈可失也！」即日奏書，指論近密，且併及宰執奉行、臺諫迎合、百執事顧忌畏縮之罪，反復數千言，近世論事傾倒剴切，未有其比，聞者皆縮頸。上優容，曾不以爲忤，而執事者忌之甚，白外補，得知台州。州有揀中禁軍五百人，朝廷置訓練之官，其人貪殘失衆心，不逞者乘間謀作亂，露刃立堂下。公曰：「若等欲爲亂乎？請先殺我！」衆色駭，曰：「不敢！」乃徐推其爲首者四人黥徒之，迄無事。公倉卒應變，坐折姦萌，聞者益歎儒者誠有用於世也。天子以爲能，除直秘閣。並海有宿寇，久不得，公募其徒自縛以贖罪，即得其渠魁。未幾召還，復爲故所居官。初公在台，有豪民鄭憲以貲給事於權貴人之門，爲一郡害，會姦利事發，械繫死于獄，盡籍其家，徙其妻子。至是權貴人者教其家訟冤，且誣公以買妾事，言者用是擠公。它日宰執將進呈文書，同知樞密院兼權參知政事劉珙越次奏：「李某爲郡，疾惡太過，獲罪豪民，爲其所誣，臣考視其本末甚白。」上顧曰：「守臣不畏强禦，豈易得耶？」

〔一〕李：原作「子」，據四庫本、道光本及永樂大典改。

珙曰：「士氣不振久矣，若更沮李某，是終不復可振矣。」上問章安在，珙袖出之，遂留中不下。而大理觀望權貴人，猶欲還其所没貲，併以爲台州議刑太重。上親批其後曰：「台州所斷委得允當，鄭憲家貲永不給還，流徙如故。」公乃安。明年，遷司農少卿。時朝廷和糴米凡八萬碩，而董事者有所憑恃，賤糴濕惡以欺没官錢，户部不敢詰。公視事，即奏請下有司治。大理附會，聽户部以支爲盤。公力争曰：「是非徒惠姦，且虧軍食。」上是其議。會大理奏結它獄，上忽顧輔臣曰：「棘寺官當得剛正如李某者爲之。」已而卿缺，又曰：「無易李某。」遂除大理卿，兼同詳定一司〔一〕敕令。故事，寺獄空，上表賀，公獨不奏。先是，公在司農時，嘗因面對，陳經理兩淮之策。至是爲接伴使，還奏曰：「臣親見兩淮可耕之田盡爲廢地，心實痛之！」條畫〔二〕營田便利甚悉，且併謂：「近日措置邊事甚爲張皇，一時誕謾〔三〕之徒言虜勢衰弱，踴躍自奮，甚者爲剽攘以挑境外。此何益？徒有害。願戒將吏，

〔一〕司：原作「句」，據四庫本及永樂大典改。
〔二〕畫：原作「晝」，據弘治本、四庫本改。
〔三〕謾：原作「設」，據四庫本、道光本及永樂大典改。

嚴禁防，無速近功，無規小利，日與大臣修明治具，固結人心，持〔一〕重安静，以待虜釁。」公之意以謂主上英明有大有爲之志，執事者所當奉承講究爲務，實經久之計，以卒成聖志。廷臣中誕謾者但爲欲速之説，而其苟且者又欲一切不爲，適足以害遠謀，玩歲月，故再三條陳營田便利，以爲是恢復根本之策，在今日所當汲汲而爲之也。上每改容嘉納。辛相方議遣泛使，公與辯〔二〕其不可，至以官職訹公，公怒，以語觸之，且力求外，以直寶文閣知静江府、主管廣南西路安撫司公事。命下之日，尚書郎有入對論擇帥事者，上欣然顧之曰：「如廣西朕已得人矣，李某也。」又諭大臣曰：「李某營田議甚可行，而大臣莫有應者。」公至鎮，勤於民事。郡舊有靈渠通漕運，且溉田甚廣，近歲頗堙塞，公命疏治之，民賴其利，立石以紀。邕管所隸羈縻安平州，其酋恃險凶横，聚兵謀爲邊患。公遣單使開心見誠，諭以禍福，引赦使自新，即日叩頭謝過，焚撒水栅受約束。前帥建議於宜州境南丹州置買馬場，朝廷用其議，下經略司。公力争其不可，遂止。衆謂南丹買馬之議若行，其爲廣西生事取釁，有不可勝言者，非公言之力，朝廷亦未悉其利害如此也。朝廷又令市象于

〔一〕持：原作「特」，據四庫本、道光本及永樂大典改。
〔二〕辯：原作「辨」，據四庫本、道光本及永樂大典改。

交趾，公復力争。及公去，經略司竟往市，交趾遂因此驅以入貢，所過爲擾，人始服公之明。治廣二年，召還入對，論俗不美者八，其言曰：「陛下所求者規諫，而臣下專務迎合；陛下所貴者執守，而臣下專務順從。所惜者名器，而僥倖之路未塞；所重者廉恥，而趨附之門尚開。儒術可行而未免有險詖之徒，下情當盡而未免有壅蔽之患。期以氣節而偷懦者得以苟容，責以實効而誕謾者得以自售。」上嘉納之，且詢所謂誕謾之人，公以實對。翌日謂宰相曰：「李某直諒。」遂擢權尚書吏部侍郎。時政府有怙寵竊據者，又有附之同升者，從臣中又有爲之役者。公之造朝，已甚側目，且巧爲語以鉤致，公皆厲色辭以拒之，於是相與謀使言者論，以公謂寘之近列，必變亂白黑，未及正謝而罷。是歲冬，提舉太平興國宫。明年夏，夔州路以缺帥聞。上顧念公，乃除秘閣修撰，以寵其行。部有思州，亦羈縻也。其守田氏與其猶子爲貳者不協，且起兵相攻。親草檄遣官諭之，二人感悟，歃血家廟，盡釋前憾，邊以妥安，蓋與廣西安平州一律。公之爲謀，大抵欲以誠意銷患於未然也。在鎮踰年，以疾請祠，改提舉隆興府玉隆萬壽宫。命未至而公没矣。享年六十有一。積官至朝奉大夫。監司奏公盡瘁其職以死，特贈集英殿修撰。公之葬，在撫州金溪縣歸德鄉靈谷山之原。娶饒氏，封宜人，後公八月而卒。子男四人：鞏，修職郎、潭州司理參軍；

肅，迪功郎、潭州益陽縣主簿；蔚，將仕郎；遵，未仕。女六人：長適奉議郎、知袁州萍鄉縣事王謙，次適降授迪功郎、前湖南安撫司准備差遣曾搏，次適鄉貢進士姚彬，餘未嫁。孫四人，孫女三人。有文集、奏議、王府講議藏于家。公少時力學爲文章，及壯歲更留意義理。其仕于朝，慨然以時事爲己任，見政有缺失，用人有憸佞，忠憤感激，所言多切至。生平不事表襮，未嘗勉强色詞，故不知者多以爲傲，或以譖公，上曰：「斯人無它，在朕前亦如此，非爲傲者也。」小人憚之，謀所以害公者無所不至，獨賴上終始照見保全之。其爲郡奉法循理，律己甚嚴。自嶺右歸，裝無南物。視其奉養，自爲布衣至侍從未嘗有異，風望整整，人不敢干以私。然以是故〔一〕，悦公者少，不悦者衆。及聞其死，則識與不識皆歎息曰：「奈何失一正人！」蓋以天資質實，不徇于外，而涵養渾厚，不以利害動心，故遇事有力，奮發忠言，無所回撓，所謂古之遺直者，若公非耶？銘曰：

士或不競，枉尺直寸。以同爲和，以怯爲巽。垂紳立朝，噤莫肯言。就有欲言，亦弗究宣。謂予有待，實則患失。曾是詭隨，乃曰弗激。此風流行，非國之福。不有君子，孰

〔一〕是故：原作「爲是」，據四庫本、道光本及永樂大典改。

振孰篤。我觀李公，披腹敷陳。反復無隱，心乎愛君。衆駭縮頸，君則容之。娼恚賓繁，聚而攻之。是保是用，惟天子明。匪天子明，臣言曷伸。嗟哉若人，古之遺直。我作銘詩，以詔罔極。

新刊南軒先生文集卷三十八

墓志銘

工部尚書廖公墓志[一]

紹興九年，詔以延平廖公爲御史中丞。方是時，宰相秦檜當國，謀爲植黨固位之計，欲假臺諫之力，斥逐異己者。公先亦爲相所薦，及居言路，偘然守正，無所承望。每因奏事，論君子小人朋黨之辨，反覆切至。相遣人風之，則答曰：「有言責者不得其言則去，枉道狥人，非吾志也。」會有故從官嘗委質叛臣之廷，以與相有姻，故歸自虜境，除資政殿學士、提舉醴泉觀使，奉朝請。公顯奏其惡，愈觸相怒。又嘗從容建白：「願起舊相之有人望

〔一〕該篇又見民國順昌縣志卷三。

者，處之近藩重鎮。」相聞之曰：「是欲寘某何地耶？」公以言不行，上章乞歸老，改工部尚書。其繼公爲中丞者，受風指劾公，上念公忠直，俾以徽猷閣直學士奉外祠，其明年迄致其事。於是廖中丞之名重於天下。公諱剛，字用中，順昌縣人。曾祖諱隱，祖諱丕，以公故贈承務郎。考諱懋，任朝請郎，累贈通奉大夫。三世皆以淳質自守，孝義相傳，樂善好施，爲鄉黨所親依。公治家有法，資稟静厚，濟以涵養。自爲布衣時，嘗從其鄉人、故諫議大夫陳公瓘遊，又嘗從侍講楊公時問學，故其後立朝行己，具有本末，蓋非偶然者。初登崇寧五年進士第，歷縣主簿、州判官、録事參軍、教授，凡五任，改秩調漳州司録，就除國子録，擢監察御史。時方争騖於進取，公足跡未嘗及權門。已而以親老引外，得知興化軍。靖康初，以右正言召，未赴，遭通奉君憂。服闋，又以工部員外郎召，以母疾辭。會劇盜起旁郡，樂戠者相煽，縣之官吏悉逃去，鄉民扣公門求活，公以信義偏喻從盜者，使反業。既而復有群盜自旁縣來據井絡〔一〕，殺掠人，勢熾甚。部使者旦以檄屬公，公遣子遲入賊中，喻以禍福。其渠領素聞公名，旬月間相率從命，餘黨悉散遣。先是，朝廷遣制置使將重兵

〔一〕絡：原作「洛」，據四庫本、繆本、道光本改。

來，玩賊不時討，及聞公既撫定，則欲攘其功，遣偏將規圖傷害，至則執遲，注刃于頸，公不爲動，卒悔謝而去。除福建路提點刑獄公事。未幾，召爲吏部員外郎，遷起居舍人。以撫賊事增一秩，公曰：「以此受賞，非本心也。」卒辭之。上方向儒學，公奏帝王之學不當如文士所爲，願去末學之無益，專務正心誠意以福天下。除權吏部侍郎、兼侍講。奏乞罷遣高麗使，又條陳屯田便利，皆切當時事宜。遷給事中，遭内艱。服闋，還瑣闥舊職，時紹興四年也。朝廷旌别淑慝，推究章惇、蔡卞迷國本末，追貶其身，且出〔一〕其子若孫不得官于朝。於是章傑自郎官出知婺州，章僅自寺丞提舉江東鹽事。公封還詔書，謂如此豈足以示懲，有旨悉與之祠。明年，遷刑部侍郎。初，公之曾大母享年九十有三，大父享年八十有八，皆及見耳孫。餘亦多壽考，累世以華髮奉養。公舊嘗名堂曰「世綵」，諫議陳公播之聲歌，士大夫從而爲詩者甚衆，緝之盈編。至是乞以所當遷官贈大父，且曰：「臣逮事大父，教以忠孝，念無以報。」因述家世事始末，上嘉歎而可之。宰相忠簡趙公方務推廣上孝愛之志，遂以世綵集進奏曰：「陛下以孝治天下，凡人子之欲顯其親者莫不曲從，固知陛下念親未

〔一〕出：原作「召」，據繆本改。

嘗少忘。今復覽廖氏事迹，伏惟聖懷不無感歎。」上它日謂公曰：「觀世綵集，誠人間美事也。」其書至今人間樂傳之。又明年，以久在朝列，力請外，除徽猷閣直學士、知漳州。郡人素以侈靡相尚，昏葬例踰制。公下車，首立條約，且親爲文以訓告之，風俗爲變。在郡二年，應詔上封事，乞早以建國公正皇子之號。大略謂：「惟誠足以動天地、感人心，今意雖有屬，而名未之正，恐未足以慰幽顯之望。」是歲，以年將七十，請謝事，時已降詔旨矣。詔書趣行至闕，則有中司之拜，首奏：「臣職在搏擊姦邪，當思大體。若乃捃拾細故，矜一得於狐兔之微，則非臣本心。」又奏：「經費不支，盜賊不息，事功不立，命令不孚，及兵驕官冗之弊蓋不一。其原則在於一人之身，若意誠心正以臨照百官，則是非不紊，邪正洞見，天下之弊可次第而革矣。」又奏：「人君之患莫大於好人從己。若大臣惟一人之從，群臣惟大臣之從，則天下事可憂矣。」又論當遠佞人，且劾從臣中爲佞之尤者。時大將恃功希恩，所請多廢法。公隨事論列至于四，至肅然知畏。凡公奏論，皆本於誠實，務先大體，踐其初言類如此。方是時，善類倚公少安，至所言漸廣，卒爲時宰所擠去。自公之去，言事者類皆承望，而搢紳竄逐者相繼矣。公謝事三歲，以十三年正月壬寅没于正寢。累官左〔一〕朝奉大夫，封順昌縣開國男，詔以中大夫告其第。是歲十二月壬申葬于其居溪之南鳳山之原，從治命也。娶張氏，封淑人。子四人，長遲，嘗任朝散大夫，知邵武軍，後公二十七年卒；次過，今爲朝散郎，前知梧州；次遂，承議郎、前知化州；次遽，朝散郎、廣南西路提點刑獄公事。孫男十五人。諸子遇郊恩，累贈公少傅。公自少時，居母謝氏喪，已有聞於鄉黨，長事繼母陳氏，以孝謹稱。撫育其弟甚恩，先世舊産盡推以與弟及猶子。居家儉約，雖貴不改寒素。居官以清簡率下，不事威嚴，人服而從之。平時不觀無益之書，不爲無益之文，蓋其所存，每貴於實用躬行而已。某爲兒童，侍先公忠獻旁，側聞公之名。及忝〔二〕廣右帥事，公三子適皆爲郡於所部，而其季又爲朝廷選用，以使旨來治于桂。暇日求公奏議讀之，削藁之餘，僅有存者。一日，愀然以公墓志銘爲屬。某自念晚生，其何敢任，而請愈力，顧不得而辭。於是首著公之大節，而次第其平生如此，實淳熙四年冬十月，蓋去公之没三十有四年矣。銘曰：

〔一〕左：原作「在」，據四庫本、繆本、道光本改。

〔二〕忝：原作「添」，據四庫本、繆本、道光本改。

廖氏之先，家於太原。唐季避難，甌閩是遷。惟閩之廖，自公而著。豈以其位，惟德之故。公之清德，壯老一節。持身立朝，冰玉之潔。人搴其華，我掇其實。躬行是尚，如漢萬石。靡慕于寵，靡撓于勢。進無隱言，退不茹愧。謝事于家，而名益崇。惟其守道，是以亢宗。有寧其宮，公則命之。溪山所環，後則宜之。奕奕其後，孔蕃且昌。克念其德，以篤不忘。

王司諫墓志銘

乾道己丑歲，某被命守嚴陵，驅車入境，俯仰其山川，而想子陵之風，詠「仰止」之章，且意夫人才代出當不乏也。既視事，則進長老、諸生而問近世鄉先生大夫之賢者，則得二人焉，曰諫議江公、司諫王公，皆以風節論議顯聞於世，爲鄉里所重。已而司諫公之子、今筠州史君來訪予，又得從問其父事甚詳，恨未能與嚴之人表而出之也。越三年，予屏居潭湘之上，筠州走書以清江劉清之之狀來請銘公墓。以予曩日之所敬，固不得以荒陋辭也，乃敘而銘之。公諱縉，字子雲。王氏系出琅琊，晉司徒導南渡，始家江左。其後有居睦州桐廬者曰朐封，仕唐爲和州刺史，生肅清主簿洵，洵生梁烏程丞耕，耕生周明州衙推仁鎬，因家于明，而處者爲嚴州分水人。公踰冠遊太學，中崇寧五年進士第，調歙州司法參軍，議獄以忠厚稱。移池州石埭令，斷訟，民服其明。方田法行，旋以不實罷，而石埭之民請以公所均爲定。用薦者改宣教郎、知婺州浦江縣。神霄宫初建，觀望者競爲侈費，邑當置下院，獨取之遠鄉，僅以充數而已。主者加詰，公曰：「朝旨不言城内外，縣境有觀而舍之，吾非違御筆也。」辟監杭州鹽倉、臨安縣市易務，知温州永嘉縣，調監池州永豐監。丁内外艱，會邑人翁漆乘亂聚衆，剽新城，令不以時應，盜益熾。新城求捕且急，令遽調松村保甲，以謀不素，大擾。吏懼莫知所爲，則以告公行義素爲鄉里所信，即日挺身往諭。已而縣得漆與其二子誅之，衆乃定。苗傅、劉正彦南遁，有詔起復，公部松村民丁追之，公以終制辭焉。大駕在永嘉，從臣有以公應詔，權吏部郎官。方移蹕草創之際，公請許詣選者得以闕自言，而爲定其宜，士無滯留，而官不曠廢。以論事忤宰相，出知英州。時二廣多盜，郡有土豪，公縻以職秩，結以恩信，得其死力，所捕致無不克。宜章賊尤熾，公縱諜者諭以利害。他日賊過郡境，以俚語戒其徒曰：「無犯吾佛。」曹成蹂踐湖南，爲岳飛所敗，走桂而東，破連州，衆號數萬，廣東大震，科調紛然，公獨如平時。客問所以然，公曰：「吾州無兵無城，寇至，但當登譙門諭之以禍福，否則以死繼之。處之既定，故寢食甚安耳。」寮屬請退保，公曰：「吾守土吏也，退將焉往？」卒以静鎮，全安一境。御史循行，上公治行第一，有旨遷官。秩滿，令入〔一〕對。會朱丞相勝非當國，雖故鄉監官至都堂，亦使趨庭自列。公顧不肯，勝非怒，虜方在邊，擬公至滁州。朝議皆言王公忭范丞相去之南荒，今方來歸，又置之北鄙，何邪？改知虔州，召爲金部員外郎。旋以選知温州，加直秘閣。陛辭之日，太常謂公未得去朝廷，即拜監察御史。既謝，擢殿中侍御史，時紹興五年五月也。公首陳正紀綱、嚴法守、明賞罰、立軍政、廣儲蓄、厚風俗，冀爲經久之謀，且援古事以申諷諭曰：晉武平吴，天下既定，何曾語其子曰：「吾每宴見，未嘗聞經國遠圖，此亦今日之憂也。」因言：「湯以七十里而有九有之師，惟仁足以得天下之心，夫豈以地之廣狹、勢之强弱哉？而書之言曰『慄慄危懼，若將隕于深淵』，惟湯畏天保民，此所以天下歸之，雖狹而廣，雖弱而强也。」於是東南大旱，而江湖爲甚。公慮所以振䘏之者，如伸枉濫、寬繫累、禁科敷、緩逋負、免榖税、通糴船、瘞殍者，其論奏甚備。而尤所拳拳者，以常平之法名存實廢，借兑之不撥還，支移之不收納，此所以坐視凶荒而莫之捄也。至推其本原，則願詔大臣以燮理

〔一〕入：原作「人」，據道光本改。

之事，飭清躬以修省之意，論極剴切。六年二月，遷右司諫。公言聽忠言於艱難之時易，受直言於平定之後難，況寇讎未殄，願毋以目前暫無事而忽〔一〕芻蕘〔二〕之言。又因對言：「明皇即位之初，焚錦繡珠玉於殿前，厲精政事，以致開元之治；及侈心一動，窮天下之欲，以致天寶之禍。非初之難，而終之難也。陛下憂勤恭儉，圖濟中興，往歲金翠之禁自内庭始，天下風靡，而近者庫藏供瑇瑁，坑冶採青緑，未必以爲器玩設飾之用。然恐下之人妄意好尚，緣類而至，願深戒明皇之失，終始惟一，以永無疆之休。」上爲之改容嘉納。六月，臨安地震。公言：「地震駐蹕之所，豈非天心仁愛，著陰盛之戒邪？女子、小人、夷狄、盜賊皆陰類也。女子、小人則遠之，夷狄、盜賊則備之，恐懼祗畏，以應天心，此先哲王所以中興也。」又言：「陛下纂承，十年于兹，頻歲豐稔，僅足粮餉，一有小歉，民已流移。蓋耕者寡，食者衆，軍政未立，國用未節故也。謂宜詔大臣參酌祖宗舊制與每歲出納之數而均節之，抑僥倖以靖衆志，薄税歛以寬民力，爲久長之計。」上幸姑〔三〕蘇，軍屯淮上，逆賊驕鶵，

〔一〕忽：原作「息」，據四庫本、繆本、道光本改。
〔二〕芻蕘：原作「芻堯」，據四庫本、繆本、道光本改。
〔三〕姑：原作「如」，據四庫本、道光本改。

方肆陸梁，而主帥有慢令不赴機會者。公請奮周世宗、我太祖之英斷，以勵其餘。又言：「今所與共濟艱難、復大業者二三大臣耳，或出而總戎，或處而秉[一]軸，交修政事之間，進退人才之際，謀慮有不相及，則初意未必盡同。苟無私心，惟其當而已。蓄疑敗謀，理必不可。願戒大臣，俾同心同德，絶猜間[二]之萌，協濟國事。」公以大臣不和爲憂，比終歲再三言之，至謂執政間有於賊馬南向之時，倡爲抽軍退保之計，上則幾誤國事，下則離間宰臣，言尤至切。又言：「軍興以來，多爲一切之制。今盜賊粗定，上下内外宜守成憲。而舊弊之未革者，如官資之轉行、過犯之改正、差遣之審量，皆用特旨廢定法。遠方監司守臣措置自肆，姦贓抵罪，鞫[三]治既白，或不行法，止從輕比。若此類紀綱不立，法令不信，雖宵旰焦勞，未見可以爲治也。」張俊營第建康，廣袤，占民居，公請密敕俊自還之。内侍李琮，童貫壻也，恩旨復許其仕。公言梓宫未返，天下痛憤，忍令童貫壻再仕乎？所言多採用。兵部尚書呂祉護諸將於淮上，公請於都督府屬官中選知兵者助之謀議，且留軍中撫

〔一〕秉：原作「乘」，據弘治本、四庫本改。
〔二〕間：原作「問」，據四庫本、道光本改。
〔三〕鞫：原作「鞠」，據四庫本、道光本改。

循訓練，通將士之情。未幾酈瓊叛，祉死之。先忠獻公時爲宰相，臺諫議以擇帥不善爲責，公曰：「司言責者獨不任其咎乎？且以是進退大臣，非知大體者也。」既而章交上，公獨論：「劉光世屯淮西，士卒數萬，惟王德一軍忠勇敢戰，餘皆驕惰〔一〕自肆，不可用也。一旦以德踵光世之後，酈瓊等憚其威嚴，訴於朝，既爲之改命，而召瓊等赴行在，乃懷疑貳，相率北去，則潛爲此謀有日矣。張某引咎求罷，方防秋之際，二大將又入奏，而朝無宰相，無乃未可乎？」章再上，不報，求補外，復以直秘閣知温州。先是，日食之變，詔求直言。臺臣有語公者曰：「上任我輩言路，而外求直言，建此議者必懷姦。」公曰：「日食求直言，故事也，豈以臺諫而廢？」及是又諷公：「曩趙丞相之去，我二人不擊，故不還。今臺諫媒孽，右相勢已摇，吾與君遂言之，則同升矣。」公正色拒之。至是反劾公觀望，欲爲後圖，公聞之，笑曰：「吾老矣，不願目前之利，乃爲後圖，不亦左乎？」坐落職奉祠。公在言路，知無不言。每謂人才實難，多事之際，尤宜爲朝廷愛惜，以故不專彈擊，而惟論安危利害大計與所以啓悟君心者。上嘗稱公中正不阿，得諫臣體。它日，言事者有不稱，上曰：「王某

〔一〕惰：原作「隋」，據四庫本、道光本改。

論事可思。」即復直秘閣、知常州。淮上戍軍經從有攘民羊及誣民爲盜，縛之去。公追得民與羊於舟中，獨不得軍士姓名，貽書誚主帥，卒以三輩狗河上，聞者服焉。會有故從官歸自虜中，蓋嘗仕僞庭，據吾京邑而爲之守者，過郡，公惡之，不爲禮，力求見，公面詰媿之。而宰相秦檜與之親厚，歸而泣訴，檜怒，十一年春，以公主管台州崇道觀。州人惜公去，以爲循良之政，前人莫及也。州舊有河貫于城，達于倉後，或堙塞。公請于朝，開深以便輸，至今賴之。退歸幾二十載，怡然自樂也。積官左朝奉大夫。既告老，以郊恩賜三品服。二十九年六月己酉，與親戚笑語如常，時語其家人曰：「心中無一事，時至可行矣。」夜分而逝，享年八十七。九月甲申，葬于縣之分水鄉茅山之原。公天資忠厚，事親從兄，誠意〔一〕篤密。子孫侍側，燕居笑談，必寓以訓敕。治縣八年，囚無瘐死者。去官，人思之不忘。雅不喜求請，及公之存，子孫悉從吏部選，無詣堂者。其行義尤爲文定胡公、翰〔二〕林學士朱公所知，皆嘗論薦於朝。劉清之曰：「嘗得公遺書，所謂霜臺諫垣藁者，合九卷，讀之累日，深惟既往之是非易定，而當時之毀譽難公也。觀前輩奏篇，至毁譽之際，雖元祐

〔一〕誠意：原作「篤意」，據四庫本、道光本改。
〔二〕翰：原作「幹」，據四庫本改。

忠賢猶惜其是非之未定焉。而公書手跡具存，繫以時日，皆可依據，至所尊信必天下鉅人，所排黜必其自絶於善人之類者，非唯當時，迨今實然，而後知公之所言蓋有見于中，非苟然也。」配詹氏，贈左光禄大夫良臣之女，贈碩人，後公一年卒。子男二人：日休，右承議郎、權發遣筠州軍州事；日勤，左朝散郎、權發遣處州軍州事。女四人：長適右迪功郎邵希仲，次適左朝散大夫翟軫，次夭，次適右迪功郎詹煥。孫男四人：瑑，右從政郎；玭、珙皆右迪功郎；珌未仕。孫女六人，曾孫男女十一人。銘曰：

士或遠實，浮華是滋。凡厥言行，曷據曷依。觀公平生，惟實之務。陳言諫省，質直靡㜸。有所毁譽，皆心所安。久而益信，是則爲難。其在郡邑，悃愊平夷。惟其有常，去輒愈思。其在閨闥，孝友融怡。豈惟其家，鄉黨是儀。子陵之山，千古蒼蒼。清芬不磨，惟公之藏。

新刊南軒先生文集卷三十九

墓志銘

夔州路提點刑獄張君墓志銘〔一〕

君諱棁〔二〕，字仲山，於予爲從兄，寔同高祖。予家自唐嶺南節度使由曲江徙長安，國子祭酒由長安徙成都，再世。高祖諱文矩，早捐館舍。夫人楊氏，挈孤依外家于漢之綿竹，今綿竹之張皆自高祖出也。君曾祖諱絢，祖諱鈞，考諱注，俱隱德不仕。考以君升朝恩封承事郎致仕，累贈正奉大夫。君未冠遊鄉校，貢京師，入太學爲内舍生，預國子薦。靖康之難，間關歸故鄉，就類省試，登紹興二年進士科。已而丁内艱。免喪，遊東南。值

〔一〕該篇又見道光綿竹縣志卷三十八。

〔二〕棁：原作「税」，據四庫本、道光本改。

先丞相忠獻公督師江上，辟君主管機密文字，以軍事入對，改承奉郎。湖寇平，用幕府功遷宣教郎〔一〕，以親老丐歸，授潼川府路轉運司主管文字。秩滿，成都府路制置使席公益辟幹辦公事，未數月丁正奉公憂。服闋，通判參州，又通判夔州，未赴，權四川總領所撥發船運。至夔才兩月，以臺檄權知忠州。還夔，秩滿，通判峽州。丁所生母太碩人憂，差知資州，未及赴。服闋，知榮州，改知蜀州。秩滿入對，知隆州，中道改洋州。歲中除利州路提點刑獄公事，又徙夔州路。再歲請祠，有旨令入奏。行次荆渚，得請，主管台州崇道觀。即日西還，以疾没于巴東，享年七十有四。積官至朝請大夫。君資稟淳茂，於勢利泊如也。方忠獻公督師，君在幕府，入對，論爲國當先自治，當上意。忠獻且器之，而君顧以親老力引歸。已而忠獻去國，爲時相所忌，併與族人抑之。君以資考連得倅貳，率遠次，且愈下，不屑也。其自蜀州入對，上即位之三年，方留意牧守，訪問再四，貴近有欲見之者，迄不往，授小州而歸。晚被召命，而祠請已再三上矣。平時官情大略如此。其爲政大體本於忠厚愛民，不苟其職，而不爲赫赫名利〔二〕之爲。州三面阻澗，懸絶數十仞，自北山引

〔一〕宣教郎：原作「教宣郎」，據四庫本、道光本乙。
〔二〕利：原作「黎」，據四庫本改。

水入城，承以木溜，雜泥滓，牛馬飲，民以爲病。君至，始以陶易之，甃三井以瀦之，爲宇以覆之，題其額曰「惠民」，至今賴其利。是時提舉司欲以它郡置場貿〔一〕茶，君謂郡並邊，每歲以茶之晚生者易蠻馬，今爲場，使夷人知茶味，必得此而後市，則將何辭？論再三，議卒詘。其攝事總幕〔二〕，益昌大水，軍儲並江不没纔數尺，君身當其衝，督役夫日夜築治，廪以完，廼請徙置高原，今南倉是也。其在忠州之歲，又會大水入郛郭，君先期令民徙，雖州治亦以舍，計口予食，親撫存之，民賴以活。忠素彫弊，獨以鹽課裨歲用。君會一歲用度出入，以其餘代下户輸上供銀數千兩，人尤德之。其在蜀州，州素苦重額，累政積負緡錢，總賦者方務聚斂，督趣急如星火。君視民力困，不忍剥取，寧以身受責。總賦者遣其屬至郡，鉤考微隱，首校公帑籍，迄無一毫私，獨劾君首議抗拒，爲諸郡倡。朝廷察見始末，使寬期限以補，總賦者迄無如之何。郡有大辟，獄具，而君獨疑其贓未得。一夕夢至何處若神祠者，有大書「疑」字，驚而作曰：「必是獄也！」審究之，果主家紿囚以不死，使之承，追逮遂服。蓋其惻怛之誠，雖夢寐不忘也。時北邊方用兵，總賦者議調西州民轉餉。君謂

〔一〕貿：原作「資」，據四庫本、道光本改。
〔二〕幕：原作「莫」，據四庫本、道光本改。

有三不可：西州賦重於三路，不待調夫，民力已疲矣。自蜀至利，役夫徒手走千里，始得負粮而行，又千里乃至西和，古人以爲千里饋粮，士有饑色，今且倍矣，獨奈何？且劍、利調夫，一人之費爲錢八萬；西州道遠，費必倍。以一夫十六萬錢計之，直米五十碩。古人以三十鍾致一碩爲困民，今以五十碩致六斗之粟，利害又相絶矣。卒寢其議，一路賴之。其在洋州，異時逋户反業，得貸牛出租於官，合諸州累欠至三千餘碩，總計者用爲實數以給軍，邊民至破産不能償，君列其事于朝，悉得免。郡歲受民租，總賦者輒對糴以給軍。先時民輸一石以七合爲羨，其後並緣十倍之，至是又欲以七升爲額。君曰：「作法於貪，其弊將可窮邪？」力沮止之。其持節利路，興、洋間多營田，與民田錯，官軍怙强爲擾，田且多荒。君上其事于宣撫使，請令民亦得佃耕，農穀用以廣。蜀饑，流民至關外者甚衆，按視振給，且廣糴以平穀價，使皆得食。知樞密院虞公允文時爲宣撫使，每咨訪以事，君率正論，一不及私。再三爲言成都路預借之弊，朝廷非不申敕，而迄不能止，蓋以諸郡例空乏無以塞責，則巧爲之計；今不若盡攷其用度出入之實上聞，而有以寬卹之，則預借可戢，民受實惠矣。其後諸州卒得蠲減，實君發其端。其在夔路，於獄事尤切切，首下教禁戢四事：拷掠無得過數，繫治[一]無事踰律，訊問必躬臨，疾病必以實。合一路之獄凡六十有五，禁囚百三十事。令下才閲月，以獄空聞者三十八所。夔、恭兩州合欠經制緡錢至二萬七千有餘，君謂赦令之下有所蠲，獨此不得邪？言于朝，併他路得免。其不急於催科，而篤於厚民類如此，亦異於俗吏所爲矣。君孝友恂恂，幼事正奉公甚謹。中歲以來，率婦子奉所生母曲盡其意。居喪以毁瘠聞。治家有法度，不事華飾，不爲戲言，不忍言人過。鄉人尤親且敬之，不敢干以私。待族黨有恩，視其尤困乏[二]者，推居官所得[三]俸以給之。女兄及族弟之女貧不能行，君收撫嫁遣，比君没，哭之如父。少長，從忠獻公，公每愛其愨實，時時從旁推揚蜀之賢士大夫，而未嘗以語人。教子弟諄諄不倦，每曰：「爲人當植立，貴勢不可恃也。居官當廉謹，己欲不可縱也。治家當勤儉，衆財不可私也。此吾平生之所身履而以望於子弟者。」其所存亦可概見矣。君娶李氏，先君卒，累贈宜人。四子皆業進士：光弼以君蔭得迪功郎，充四川提舉茶馬司准備差遣；次光遠，將仕郎；次光裔、光顔。四

[一] 治：原作「始」，據四庫本、道光本改。
[二] 乏：原作「之」，據四庫本、道光本改。
[三] 所得：原作「得所」，據四庫本、道光本乙。

女：長適迪功郎房鐸，早卒；次以癈〔一〕疾不行；次適何如川；次適黎時雍，皆爲進士。内外諸孫男女合十九人。以淳熙元年十有二月甲寅朔葬于縣之武都鄉。光弼等萬里遣來請銘。予惟念自幼從先公周遊四方，於鄉族闕敬。方君在忠獻旁時，予蓋未省事也。丙子之歲，忠獻在疚，君來省侍于長沙，始獲從君語。是歲忠獻入蜀，又獲欸也。顧其氣象猶有前輩重厚典刑，足以儀刑鄉黨，使後生小子消浮薄之習，不謂十九年間不復見君，而君亡矣。予既憂患之餘，念宗族日落，棠棣脊令之詩實感厥心，如此又何以辭？銘曰：

其德也，器厚而不窳。其藴也，櫝實而不褰。其用也，泉澤而不淤。其傳以銘，匪今于古！

直秘閣詹公墓志

自頃國家承平日久，士大夫豢於寵利，無捐軀殉國之志。狃於宴安，諱言兵事。一旦戎馬入中原，相視愕眙，不過爲畏避偷生之計。仗節死義，罕有所聞。至其謀國，則以退

〔一〕癈：原作「廢」，據四庫本、道光本改。

怯爲得筭，事讎爲全策。風俗至此，夫豈一朝夕之故哉！然而其間天資忠義，務爲實用，不汩於習俗，有志於當世者，亦豈無其人？顧有而絀於時論，又不克盡其用，爲可歎慨，若詹公是也。建炎初元，公通判鞏州，虜騎再渡河，狙脅陜洛，長驅至秦隴，將及鞏，郡守假它檄去。公即日合兵民七千人，授甲〔一〕登陴。虜至城下，大呼趣降。公命以勁弩射之，圍合數重。部分既定，歸與家人訣曰：「自國門直鞏九郡皆不守，吾守死矣！」竭家貲犒軍，謂其父老曰：「我已與家人訣爾，當共助我！」皆感激，争出金穀。虜盡力攻五日，不能破，會公所乞熙、河兵至，與虜戰，殺其酋三人，遂遁去，城卒全。紹興初，苗傅等甫伏誅，虜勢憑陵，諸將有憤激戮力之意，有司顧以調度不給爲憂。會大饗明堂，已下詔矣，公時從招討使，慨然奏疏，大略謂：「靖康之禍，人神共憤久矣。今大敵在前，國勢不立，與其崇孝饗之虚文，曷若厲復讎之大義。請停大禮，悉以其費佐軍，督諸將分道攻守，以慰祖宗在天之靈。繼志述事，孰大於此！」事雖不行，識者韙之。丞相張忠獻公督師，遴選時彦，首辟公掌機事。劇賊楊么據洞庭，奉檄先走鼎州，度事宜，所條上悉中機會。方是時，虜

〔一〕甲：原作「申」，據四庫本、道光本改。

挾我叛臣日窺邊，諸將列屯淮漢，幕府議軍事曲折，有非文檄所能傳者，必委公往諭意，析理會情，無不切當。蓋公舊爲河州士曹，故將王淵爲寨主，捶將校至死。郡守欲加罪，公曰：「小校犯階級，是不可以常人論也。」卒免之。王公感激，平生事公如父兄。張俊、韓世忠始淵部曲也，故其言尤爲諸將所信，忠獻以是任之。公善將兵事，嘗佐世忠解濟州之圍。行至熙河，聞虜騎已南，公曰：「卒遇敵，進退何據？當駐山陽，以佚待之，一戰可勝。」世忠鋭意，不能從，師至宿遷，果潰，自是愈心服。劉光世之罷兵柄也，尚書吕祉往蒞其軍於合淝。公已去幕府，貽書忠獻曰：「吕尚書之賢，固爲一時選，然於此軍恩威曲折，卵翼成就，恐不得與前人比。兼此軍今已付王德，德雖有功，而與其下酈瓊輩故等夷耳，恐有中不能平者，願更擇其偏裨素爲軍中所親附者使爲德副，以通下情。」忠獻然其言，未及行而酈瓊以叛聞。公明審有謀類如此。自忠獻去國，和議興，公不復用。有薦之於時相者，時相方謀和亟，惡言兵，乃曰：「詹君而賢，何乃樂從兵間耶？」嗟夫，是豈知公心者哉！及虜暫歸河南地，見大夫無可使，則又謂公有守鞏勞，俾以使指往關中。時公年高矣，親舊争勸無行，公曰：「朝廷名爲撫舊疆，吾雖老，敢辭乎？」曰：「然則無以家行乎？」公曰：「人情危疑，使者不以家行，是重之也。」即日盡室引道間關入境，延父老問疾苦，布德意。會虜敗盟，不克終事。蓋其慷慨狥義之意，至老不衰。其爲人本末大略如此。所謂天資忠義，務爲實用，不汩於習俗，而有志當世者，若公非耶？而絀於時論，不得盡其用以死，則可不爲之歎息哉！予故特表而出之，世之君子必有能辯之者。公諱至，字及甫，嚴州人。曾祖瑀，贈正奉大夫。祖詢，不仕。父安，學行爲鄉里所尊，以累舉恩，仕爲浦江簿，贈宣奉大夫。母太碩人余氏。公中崇寧元年進士乙科，授泗州推官、河州推官，徙士曹參軍，改秩，監在京廣衍倉，通判濰州，易南京留臺，通判永静軍及鞏州。召未對，除陝西轉運使，以親老辭。改御營平寇左將軍隨軍轉運判官，主管臨安府洞霄宫。起爲江淮招討使司隨軍轉運副使，知常州，改徽州，辟州督府主管機宜文字。以幕府功，除直秘閣。忠獻將薦于上，會太碩人有疾，力辭歸。遭内艱，服闋，提舉台州崇道觀，知處州。言者希時相意，論公與諸將善，坐是罷。起爲永興等路提點刑獄公事。後復丐祠，以崇道歸。紹興十年，以微疾没于其家之正寢，享年六十有八。初娶何氏，再娶許氏，俱封令人。子男三人：攸之、仰之、倬之，並右從事郎。孫光祖、紹祖、似祖、興祖、昭祖。女長適迪功郎潘淵明，次適承節郎方守中，次適承務郎王興義。是歲十月甲子，葬于遂安移風鄉新村之陽。積官至左中奉大夫，封建德縣男。公自幼沉厚寡言，外樸中敏，孝友尚義。居太碩人之喪，鄉黨以爲法。育伯兄孤孫如己子。孀妹來歸，爲之區處生事，兒女婚嫁皆得所。宗族之貧無所給者，曰：於我衣食，死於我葬。以至外姻亦賴以濟。度量恢廓，喜怒不形，而人亦莫敢犯。獎借後進，聞一善若出於己，有不善爲之憂，委曲諷曉之，雖甚不肖，亦知愧。訓誘子弟，不欲傷恩，反復諄諄不憚。故凡其宗族與其鄉之人，生則相與愛敬，病則合力祈禳，終則至於流涕，此豈偶然哉！公於書無所不讀，讀輒不忘。務以躬行爲主，考論禮樂制度，往往得〔一〕經意。尤喜推原歷代治亂得失之故。蘊蓄深厚，發爲文章，雅健追古。其得意時，操筆如風，及讀之，雖宿致思者不能及。其藁隨多散失，所裒拾僅得瀛山集十卷。詹氏系本南陽，五代時有避亂來嚴之建德者，實公始祖也。其二子復徙遂安：一居遂安之原，至公凡九世；一居新安之原，亦同邑也。自宣奉公糾族講學，而詹氏始多秀士。及公益敦篤。懼兩原子弟世遠日疏，乃立二老祠，每歲季春，悉合其少長奉祀。事已，相與飲酒，序親愛以無忘厥初，雍雍然也。又爲之立墓祭之式，使後人世守之，其尊祖糾宗之意甚備。詹氏人才之盛，抑未艾也。公季弟曰棫，仕爲宗正寺丞，於公蓋同志者。

〔一〕得：原作「無」，據四庫本、道光本改。

公之葬，狀公行事甚詳，而銘文未有所屬。後三十有四年，歲在戊戌，宗丞有子曰儀之，今爲廣西轉運判官，與帥張某聯事講學相好也，於是始以屬某，而某實公所從忠獻公之嗣子也，乃不克讓，爲之論次如此而銘之。銘曰：

猗若人之好修兮，懷瑾而爲美也。不隨俗而風靡兮，厲秋霜以爲志也。羌視讎而弗疾兮，己獨斯之恥也。紛懷生以自營兮，予何艱之避也。周旋於羽檄之間兮，抑將以伸其義也。凛自信之不疑兮，曾習俗之何睨也。勒銘以昭之，尚後人之興起也。

通直郎致仕向君墓表

開封向氏自文簡公相真宗，天下稱賢，其家始大于後。欽聖憲肅皇后作配神宗，母儀三朝，其族益光顯，人才亦接踵而出，始終與國並昌。靖康女真之變，二帝北狩，衣冠南渡，一時伏節死義之臣僅可屈指計，而建炎之元，守死淮寧、風烈暴白者，實文簡四世孫忠毅〔一〕公也。忠毅死時，其家幾亡噍類。第四子沈適以逆婦于故侍讀文定胡公之家，獲免

〔一〕毅：原作「遂」，據四庫本、道光本改。

於難。君即沈也，字[一]深之云。君生名門，資稟静厚，既受室于胡氏，日親文定之教，薰陶義理，步趨矩度，益以成其德。獨痛家國禍難之酷，終身於禄仕蓋泊如也；至於春秋復讎之義，則不能以忘於中。無路自伸，積憂薰心，早衰多病，以至没齒，識者惜之。自宣和中用叔中奉公子褎恩補登仕郎，紹興中始授右迪功郎、監潭州南嶽廟，又十五年復爲添監其務。有劉昉者安撫湖南，嘗希時宰意，誣奏君叔父秘閣公子忞。至是昉復來，君即引去，適改君湖南安撫司准備差遣，迄不上也。君念所生母李氏自淮寧相隔，歷歲久遠，迎養禮絶，遵律追服，率禮無違，服除，申畀前命。言者論忠毅淮寧之節，訪其後人，尚書下符促赴闕。君以時方多虞，已又抱痾，養身崇德，無辱其先，庶幾足矣，希寵徼進非所願也，竟不往。前後凡五監潭州南嶽廟，最後以上登極恩轉右從政郎。在法，選人六考致其事，則通朝籍，君覬得以追貴李氏，即引疾請，會新制，止得改次等。已而嶽廟理考，故人之在朝列者爲之請，乃更授右通直郎致仕。拜命才八日而君没，未及爲李氏言也，聞者尤傷之。君孝友端諒，奉先致嚴。居家有制，爲人謀必周，主財用必公，制事敏而詳，接物簡

〔一〕字：原作「自」，據四庫本、道光本改。

而和。居處服用，取適可而止，視外營末趣、紛華盛麗，舉無足以撓其中。蓋其天資之美，而亦薰習之力也。君事秘閣如事父，間關百爲，備極勤力，深愛和氣，小心畏忌，奉承幹蠱凡四十年，人無間言。始忠毅死事，朝命官其後六人。君以其一奏季弟鴻，鴻蓋淮寧脱死於襁褓中者，自餘悉以聽秘閣之命畀其族人，而君之子士行，秘閣又以郊祀恩先己諸孫而及之。推此可見其叔父猶子相與情義之篤也。故侍郎胡公寅每咨嗟語人曰：「若向深之之事叔父，可以爲人猶子之法矣。」秘閣自南渡以來，聚族而處，甚恩。既没，君復率諸弟守其遺訓，綱紀輯睦如初。乾道七年四月十八日微疾没于正寢，享年六十有四。是歲六月葬于衡山縣紫蓋鄉梅橋山，祔于忠毅公塋側。君曾祖考綬，故西京左藏庫使，祖考宗琦，故太中大夫，贈少師；考忠毅公子韶，故中奉大夫、知淮寧府，贈通議大夫，賜謚。君之配胡氏，文定公之女，賢德懿範，爲閨闈之表。子男六人：曰士行，迪功郎、前荊湖南路〔一〕安撫司准備差遣；餘皆夭。女四人：長適通直郎、江南東路轉運司主管文字胡大原，次適將仕郎劉無忌，次適蕭澥，次適趙維，皆進士。孫男二人：公頤、公顗。淳熙二年，士行以

〔一〕路：原脱，據四庫本、道光本補。

大原所狀君行來曰：「先君没四年矣，而墓表未立，敢泣以請！」某惟念如君之賢，實中心平日所敬者，獨懼文字不足以稱耳，而尚何辭！乃爲之銘。銘曰：

有赫其門，國之休兮。有美其質，羌好修兮。被服名教，言行周兮。藐闕百罹，抱隱憂兮。世所趨慕，匪予求兮。湘江之湄，獨夷猶兮。終莫克知，尚奚尤兮。曷以詔後，表于丘兮。

新刊南軒先生文集卷四十

墓志銘

通判成都府事張君墓表〔一〕

君張氏，諱椿，字大年，漢州綿竹人。曾祖諱紘，贈太師、冀國公；祖諱鉞，舉孝廉；考諱濩，隱德于鄉閭，贈朝散大夫；妣宜人蔡氏。君幼孤，家徒四立壁，備極艱苦，而挺然有志於爲善。某之祖妣秦國夫人實收而教育之，逮長能自立，鄉鄙稱之。忠獻公既貴，鄉里家事俾君任責，君謹守家訓，杜門讀書，身率宗族，公租及時先輸，無一事至官府。輕財好施，勇於爲義。視親婣之祭祀昏葬不能自給甚者即助之，後生子弟之不率訓者切厲之，紛

〔一〕該篇又見道光綿竹縣志卷三十八。

争不能自决者平處之，小大畏伏。屢試進士不遂，後亦不復往。忠獻公知其可以居官，呼使來南，用叔父徽猷公滉致仕恩，補將仕郎，君時年五十餘矣。旋授右迪功郎、都大提舉坑冶鑄錢司檢踏官。未上，會省員罷。故開府儀同三〔一〕司劉公錡帥荆南，辟爲松滋縣令。縣更兵火之餘，重以水潦湮墊，徙治，田萊多荒。又地產茶，方春，他路惡少私貨者執兵器旁午，甚至剽略殺人，官爲屯禁旅守要隘，盜益群行抵捍，莫可遏止，令闕官且十年。君得檄，歎曰：「世豈有不可爲之邑哉？」至則以撫輯爲先，罷橫歛，絶關禁，令商旅通行自如，榜諭盜使速自新反其業，其烏合遊手願從軍者請於府爲效用，願耕者官給牛以爲營田，盜以是衰。則又推廣保甲法而行之，民欣然從令，盜無所措足。則上其事於朝，朝下之府，略施行於它縣，荆南至今〔二〕民兵之盛，發端自此。然君於此思慮極詳密，猶恨其説未得盡用於時也。縣歲調夫築堤，費不貲，吏並緣爲姦，旋即决壞。君詳視向所築率退就淺近，不當其衝，更進，塞要害，冒大雪躬臨之，迄于堅實。明年秋大水，堤不没數尺，比退，無尺寸圮，邑人謳歌焉。乃新夫子廟宫，率諸生講誦，公居庫庾，次第一新，松滋自是始成官

〔一〕三：原作「二」，據四庫本、道光本改。
〔二〕今：原作「令」，據四庫本、道光本改。

府。會府增戍官軍，符諸邑治舍，君獨以不擾集事。虜寇邊，它邑人例多逃徙，境内獨倚君按堵。及將去，庫有餘貲，以代下户租；既去，人思之。轉從事郎。中書舍人劉公珙薦君可任繁劇，差知〔一〕建康府江寧縣。縣在府下，應接期會急星火。君先立科條，示以恩信，卒以整治聞。兵部尚書虞公允文制置荆襄，辟君爲准備差遣，用薦者改宣教郎，幕府事有未便，輒盡言。公命提舉激賞庫。掌庫者武吏，公所親信，異時無敢孰何，君獨勾稽究治，或以爲過。既代公者乃小人，搜剔費用隱微，卒不可得，公始歎得君助爲多。授夔州路轉運司主管文字。會轉運判官周升享傅會大官，以舟運蜀馬，一路騷動，且將盡核羨財以獻。君推誠勸止非一事，至其甚不能遏，則不敢署文書，且與之辯，曰：「昔稱善理財者不過知取予耳，今知取而不知予，獨奈何？」使者大怒，捶吏逼公署，迄不可，則無如之何。時敷文閣待制王公十朋帥夔，素〔二〕以剛正自任，每多君，曰：「使爲屬者人人如張君，上之人寧患過舉耶？」終身稱道推揚不置。已而馬運卒不可行，使者以罪罷，且死，君致其孥則盡力。君在職，嘗以臺檄攝知大寧監，半載，遠人安之。秩滿，通判成都軍府事。

〔一〕知：原作「如」，據道光本改。
〔二〕素：原作「索」，據四庫本、道光本改。

連帥吏才有餘，第所尚或偏，寮屬少年争爲刻新以求媚。君居其間，處以静厚，其怙勢妄動者輒面折之，帥亦頗憚焉。岷山之下堰水爲利最全，獨歲一葺，君適董其役，盛冬勞苦，不減松滋治堤時。或以君年高，勸少休，君曰：「民命所繫，使身可寒，亦爲之何勞耶？」在職二歲，堰獨完。方是時，虞公已爲相，其親鄰有爲邑府下者，自帥以下反曲意奉之，君行縣，獨問以職事，叱責之不顧。平生大抵直諒不回例如此，使得高位以行志，則其卓然表見者又可量哉！以乾道六年九月七日微疾没于官舍，享年六十有九。累官至承議郎。以八年十月甲子葬于綿竹永祚鄉之原。配范氏，成都〔一〕華陽人，儉順之德，實宜于家，後公三年没。子男三人：然，迪功郎；次熙、次嚳。長女適鄉貢進士范子修策，一女適迪功郎宇文紹莊，其仲季夭。孫男四人。淳熙三年冬，熙以然所記録其言行走桂林，請予爲表。予與君同曾祖，惟銘之義，始於鍾鼎，然與史異。記曰「銘之義，稱美而不稱惡」，此孝子孝孫之心也。至於後世，溢美過甚，而無以取信，然則宗族之間自爲之，抑可信乎？予謂惟其實而已。實之所在，雖親何嫌？抑其親者又觀之審也。若夫誕書妄紀，雖疏庸何

〔一〕成都：原作「城都」，據道光本改。

信？故予有此不復辭。而如吾兄之賢，予實親見而熟講之，於茲之述，蓋有所不能盡也，嗟夫！

訓武郎趙公醇叟墓志銘

君諱師孟，字醇叟，胄出昌陵，燕懿王之七世孫也。懿王生冀康孝王，康孝生丹陽僖穆王，僖穆生南康脩孝王，脩孝生崇温獻公，五世皆居嫡長。温獻諱令圖，是爲君之曾祖考。祖考諱子野，終襲慶軍承宣使。考諱伯莊，繇宫邸爲外官，終右朝請大夫、知道州。君生而秀異，長無貴驕之習，以孝友稱，用承宣公恩補官。紹興壬子歲調監永州祁陽酒税。秩滿，用宗室恩得監潭州南嶽廟。自是之後，寓居南嶽蕭寺中，屋僅數椽，被服不減寒士。無他嗜好，獨與簡編對，潛思博攷，矻矻忘晝夜，其於國朝法度興革廢置利害靡不周悉，至於天文、象數、卜筮、篆籀亦無所不通，論古今事纚纚可聽。間即遊歷溪山以自娱適，蓋無復後進意也。逮于壬午歲之春，先公忠獻留守建康，薦君才可以任事，操可以厲貪，願易文階，擢寘清近，以爲公族勸。有旨令赴在所，而君時已抱疾，喟然曰：「固願一見君父，効愚忠，其如疾何！且幸得托公族，竊厚廩，召而不行，國則有刑。」乃扶持越數驛，引疾以歸。蓋自始求退，以至于終，凡任嶽廟者五，主管台州崇道觀者四，其恬於進取如此。始君來南嶽，會文定胡公之家在焉，君聞所講伊、洛餘論而心慕之，與文定季子仁仲先生遊餘二十年，其間講論問辨，固非一端，而君自謂吾斯終未有所安也，故先生之没，君哭之尤哀。然而君方年少時，性剛而氣鋭，遇事輒發，不可少忤；及見先生長者以來，閒暇静養，至於終歲，意象循循，寬厚和易，未嘗有忿色愠辭見於外，識君者皆謂與疇昔爲易人，則學力之所變化亦可知矣。于後有室家之戚，歷時而情未能遣，君頗病之。一日晨起，灑然有喜色，家人怪而問焉，則笑不答，已而語其友曰：「吾今而後始爲不負此生。平時滯吝，冰解雪消，其樂有不可名言者矣。」蓋自是以爲所得不疑，有隱几據梧之意。家事亦不甚經念，時獨旁觀老、釋之書，聽然一笑。晚苦末疾，以乾道壬辰九月十七日終于所寓之正寢，享年六十有四。其年冬，君之友〔一〕胡寔狀其行使來告曰：「醇叟不幸死而無子，將以十二月壬寅葬于衡山蘭橋之原，惟是所以詔來世者，敢請。」某念往來湘中，熟君舊矣，義固有不得辭者。重惟習俗之弊，搢紳大夫往往競〔二〕於寵利而不能自克。如君近出

〔一〕友：原作「有」，據四庫本、道光本改。
〔二〕競：原作「兢」，據弘治本、四庫本改。

公族，抱負才業，而退然終身，孜孜求道，無所歆慕乎外，抑亦可尚也已，是宜銘。君積官敦武郎。配王氏，先八年卒。獨有二女：長適將仕郎張衍，次適右迪功郎柳州洛容簿范子文。君無恙時，或勸宜以時定嗣子，君曰：「兄弟有子，先人不乏祀，是亦足矣。」而識者尤〔一〕悲之。銘曰：

世俗爭騖，己獨處兮。公族烜赫，己踽踽兮。天資剛强，變寬裕兮。夫豈偶然，學所致兮。生以其常，死曷悸兮。勒名于丘，示來世兮。

教授劉君墓志銘

前贛州教授開封劉君靖之，淳熙五年四月二十四日以疾没于家。後三月，其弟前太常寺主簿清之葬君于廬陵先墓之側，書來請銘。頃予居長沙，聞章貢有學官始至，登講肆之堂，視其旁列繪像凡五六，皆近歲太守、部使者，即日撤去，進諸生而告〔二〕之曰：「若亦知濂溪周先生嘗通判是邦乎？先生百世師也，學者所當尊事。」於是以其處爲先生祠，使誦

〔一〕尤：原作「充」，據四庫本、道光本改。
〔二〕告：原作「古」，據弘治本、四庫本改。

習其書。問其姓名，而知君之爲賢。今得清之所寄行録一編，大抵皆贑之士紀述君之言行。謂君之教人，首務正其趨向，月校其士以行義爲先，視其文論治道而尊管、商，談學問而涉佛、老，言時事而忘讎敵者，必痛抑力排之。終日坐直舍，雖休沐亦或不出。講質問辯者相踵，與之反復無少倦。有一善，輒屢奬而申勸之；有不善，爲之愀然曰：「吾教之不至也。」以故多所感動，凡學之事，小大悉有條理。致其鄉之老成者使分教席下，向有濫居其職者輒漸自引去。士争趨于學。益市書它州使之讀，而丐增其廩以食之。自太守、部刺史以下見其懇惻，無敢有紊其學政者，故君得以行其志。贑之士知有爲己之爲重，恥言利而趨於義，君之教爲多。故其去官，争欲留之而不能。比其死，奔走往哭，又争爲紀其言行，欲其有傳，夫豈偶然也哉！予於是而歎君雖在下位，而能不苟於職如此，且觀其所以教而知其志之遠且大也，則爲按其録而書之。君字子和，本臨江人，五世祖太子太保式自臨江歸京師。曾祖斁，故朝議大夫、贈太中大夫；祖武賢，故承議郎；考滁，故通直郎致仕。母趙氏。君資稟沖淡而温厚，中紹興甲戌進士第。初任吉州司户參軍，兼掌獄事，即不爲詭隨。更尉邵武，上官文符之下，有病民者不輕以行。及得贑學教授，待次凡五年，益用力於經史，講論先覺師友淵源。及其居官，則推己之所從事者而與其士共之。秩滿改官。遭繼母裴氏憂，未及禫[一]而君死矣。病且革，戒其家曰：「喪事勿用異説。」享年五十有一。娶趙氏，有子曰仁季，女一人。惟劉氏自國朝開基以至于極盛之際，世有顯人，名在國史，忠厚雍睦之風相傳，以至於今，世系益遠，而家法不衰。君之兄弟又能克篤其敬，相勉以道義，藹如也。大家子孫能世守如此者，其亦鮮矣。予雖未識君兄弟，而與君之弟相與書辭往來，有講論之好，來求銘君墓至五六，辭甚苦，有不得而辭焉。銘曰：

世之論者以郡教授爲不急之官，以予觀之，使得其人，則於其州可以成才而善俗，顧不急哉！贛之學，自紹聖間有賢者曰李朴先之實臨其官，今八十有餘年矣，而士猶稱之不衰，及君，又見稱曰：「是可繼先之也。」豈不賢哉！予故表而出之。

欽州靈山主簿胡君墓表[二]

惟建州崇安胡氏至文定公而始大，其上世皆居里中。文定公宦遊荆楚歲久，皇考宣義公淵没，葬于荆門，紹興初，因徙家衡嶽之下。於是二弟寔從，仲曰安止，仕爲朝奉郎，

〔一〕禫：原作「禪」，據四庫本、道光本改。
〔二〕該篇又見嘉慶湖南通志卷一八三。

生子寔，字廣仲，是爲君。君雖生晚，不及親受文定之教，而自幼敏茂，氣識異於常兒。年甫十五，從家塾習辭藝，從兄五峰先生宏察其質之美也，從容告之曰：「文章一小技，於道未爲尊。所謂道者，人之所以生而聖賢得之所以爲聖賢也。吾家文定之業，子知之乎？」君拱而作曰：「某不敏，故竊有志乎此，願有以詔之。」先生嘉其志，樂以告語。君雖素羸〔一〕多疾，而矻矻自力不肯寘，由是所見日以開明。先生之没，君獨念前賢淪落，且懼緒業荒墜，慨然發憤，見於辭色；孜孜訪友，惟恐不逮；講辯反復，以求至當。議論貴决白，不爲含糊模稜態。其居家雍睦而有制，閨門内外無不敬愛之。或諏其所以致此，則曰：「家道之失和平，皆由小知自私害之。吾一以公心惻怛居其間，故無事耳。」始朝奉公没，時幼子寓僅垂髫，君撫育教訓，恩意甚力。輕財好施，意氣豁然。舅之子貧無所依，君收養之終身。以至族姻之不能自振者，賴君區處調護非一。而其好善疾惡亦本於天資，親朋有過，盡言不隱。雖甚愚窒，不忍棄，必反復開導，至其以非意相犯，則恬不與較。平時誦習文定公春秋之説，尤患末俗統系殽亂〔二〕，每舉「莒人滅鄫」之義，言意深切。其操心主於忠

〔一〕羸：原作「嬴」，據正誼堂本、四庫本、道光本改。
〔二〕亂：原作「辭」，據正誼堂本、道光本改。

厚，爲學謹於人倫，貴實用而恥空言。行事之可見者大抵如此。早以門蔭補將仕郎，殆將二紀，約居恬然，不急仕進，近歲始就廣西銓選，得欽州靈山縣主簿，亦未上也。乾道九年秋，因事至湘陰，得疾，堅痞在腰股間，醫者誤以快藥下之，則益甚，亟歸舊廬，以十月庚辰没于正寢，享年三十有八。娶黄氏，知鄂州抗之女。子男二人：大同、大有，皆幼。一女才及笄。君之没，士之識君者莫不爲德門惜。君之賢，至其所居鄉里之細民亦曰：「何善人之不壽也！」予與君交幾十五年，志意相合，歲時會遇，與夫書尺往來，無非以講論切磋爲事，則予之惜君，又豈常情可比哉？嗟夫！學者之病固非一端，以予觀於近世，其大者有二焉：貪高慕遠，則不能循序而有進；負己自是，則不能降心以從善。是二者，抑學者之所甚病也。數年以來，瞯君熟矣，蓋務實趨本，自反於卑近，而虚中求益，不私其故常，予是以知其所造將不可量也，孰謂天之降年止於斯邪！學力而未極其成，才高而未著於用，予之所深痛也，予豈不知修短之有命耶？是歲十二月癸酉葬于衡山縣雲密峰之東，從其先君之兆。其友同郡吴翼以狀來求表墓，明年乃克爲之。淳熙改元九月戊申述。

吴監廟墓志銘〔一〕

予自爲兒童時即識吴君子通，胸中坦夷，善談論，豈弟人也。平時遊公卿間，以忠信自將，一見即欸熟，久不以榮悴改。自予先公與丞相趙公當國，開督府，嘗辟君涖軍士之食及有疾病者。逮予家居湘中，君還自北，即復來登門。先君貶陽山，陽山窮僻多癘氣。時秦檜擅權，焰烈原火，忌疾特甚。先公屏居闔關，不與人相聞，雖向來故吏亦有莫敢以書至前者。君獨屢入嶺求見，見必留久而後去，年歲間必復來。太夫人在長沙，君來南，必待安問，復視先公飲食顔色寧健否，歸以告。君又與樞密折公善，折公貶郴，君亦每道郴問勞欵曲。方憸人帥潭，網羅善類，搜抉細故以諂檜。君堂堂往來遷客間自若，不顧也，先公與折公皆作詩稱道之。其激義蓋如此。君諱芾，子通字也。其先自武夷徙家湘潭。曾祖惟忠、祖仁信、父仲明，皆業儒。君少而孝友，既孤，事母訓弟，有聞于其鄉。母病瞽踰紀，君精意療治，一日復明如初，人以爲孝誠之感也。遊京師，聲譽籍籍縉紳間。

〔一〕該篇又見南宋文範卷六十七、嘉慶湖南通志卷一八三。

廣西經略使呂源辟君自布衣補官爲屬，凡所以資源者甚至，其可知者，如料莫公晟有它意，欲消患未然，及并省平、觀二州以寬支移之擾，力行法禁以革泉貨出徼外之弊，廣人稱之。盜曹成破，臨賀餘黨未去，君以檄疾馳入城，保其資粮數十萬得無失。使者議狀其功，君力辭焉。出嶺調官，既入督府，復就版曹辟，爲諸路回易總領司主管文字。已而從路公允迪往南京，陷于虜，深自晦其能，亦屢以疑似坐獄，不爲屈，竟得脱歸。請祠返故居，遂不復出仕矣。君論事纚纚，聽者忘倦。練習典故法令，以至山川險易、財賦本末出入皆甚悉。而又特精於醫。始君少時，父病瀕死，而醫無良，且玩視邀重利，君慨然閲素問、岐伯、盧扁之書，久而得其妙。視脉如洞見五臟，詳察其所以然，而投之劑無不應，如甘蠅飛衛之射、郢人之運斤。蓋心悟神解，非庸醫守紙上語者所能睥睨髣髴也，計所全活不可勝記。在京師時，士大夫私識其治法成書，相傳以爲異。及歸湘中，鄉黨尤賴之，人有持金帛報者，即謝不敢受。家四壁立〔一〕，處之澹然。紹興辛巳八月五日終于家，享年七十有五。是歲是月祔于先塋，實衡山武陽鄉。娶黄氏，先君卒；再娶陳氏。子以宗、林宗、

〔一〕壁立：原作「立壁」，據四庫本、道光本及南宋文範、湖南通志乙。

元宗。孫伯騏、伯熊、伯驥。女長適奉議郎李茆，次適左迪功郎、鼎州教授王起宗，季適進士曠楊。林宗屢來求予志。予自念往在瀟湘，君每登堂拜太夫人，予以綵衣侍重親。俛仰十五年間，風木之悲，遂成永感，撫事追昔，痛如何言！而於君之志有不得辭也。又念予嘗從先公旁聞君道虜事甚詳，云人心厭虜，思念我宋不忘，見父老屏處聚語，有或至流涕者。嗟乎，此非國家它日恢復之本邪？近世士大夫計較利害强弱，畏虜如虎，曾不思天下莫强於義理，況祖宗德澤滲漉之深耶？予因敘君事，憶君所嘗道者，而喟然有發於斯言云。銘曰：

嗟乎！體魄藏於斯，魂氣則無不之也。咨爾子孫，歲時瞻省，以謹以護。致饗于家以敬事，以無忝於嗣。

教授魏元履墓表[一]

故台州州學教授魏君元履之喪，新安朱君熹既爲之志以内諸隧，而其子孝伯復以書

[一] 該篇又見南宋文範卷六十九。

來請表于墓。某雖聞元履之風而未及識，獨時以書往來，相與之意蓋有不待傾蓋而得者。又聞元履將没，若以此屬於予，則於孝伯之請，反之於心，誠有不能已者，故不復敢以荒陋辭。元履諱掞之，舊名挺之，後更今名，則字子實，然以元履行。今爲建寧府建陽縣人。父大名，隱德不耀，故禮部侍郎胡公寅嘗志其墓，述其世系甚詳。元履自幼立志不群。方是時，建寧多儒先長者，元履始入郡庠，事籍溪胡先生憲，先生器之。已而遍從諸長者遊，間又適四方，所交一時名卿賢大夫多丈人行，故聞見日廣，而聲稱亦日著。其爲學慨然企慕古先，於書無所不講，而於歷世治亂興亡得失之故與夫本朝故事之實尤所諳究。爲文章長於論議。善談説，聽者無倦。其居家，孝友恂恂，謹喪祭，重禮法。於親鄙卹死字孤，雖貧，極其力而爲之。其居鄉，遇歲飢，則爲粥以食餓者，且請於官爲之移粟，閭里賴之；視鄉人有不葬其親者，請富與之期，貧與之費，賴以掩者亦以千計。其有不舉子者，則爲文以告戒之，細民亦多爲之感動。其與人交盡其情，然不爲苟合，長善救失，惟恐不及。後進有一長，必亟稱而力推之；位望尊重者，苟有不合己意，亦面質不置。大抵其爲人於義最隆也。方年壯時遊江淛間，過衢，客郡守章傑之家，會故相趙忠簡公之喪歸自海外，傑雅以私怨趙公，且希秦檜意，逮治其家人，勢烈如火。元履獨慨然以書誚傑，長揖而去，傑亦無以害也。其天資疾惡，勇於爲義類如此。元履兩以鄉舉試禮部不第，福建路安撫使汪公應辰知建州，陳公正同知其賢，相與論薦，復爲時相所尼，不得召。居數歲，詔舉遺逸，轉運判官芮公曄率其僚與帥若守六人者以鄉人所狀行義聞，有旨特徵之，時宰相陳公俊卿實當國也。元履〔一〕辭既不獲，乾道四年十二月用布衣入見，條當世之務，首論修德爲立政之本，繼以正人心、養士氣爲言，以爲恢復之道，要必以是數者爲先。上獎歎開納，勞問移晷，翼日詔賜同進士出身，授左迪功郎、守太學録。異時學官多養望自高，不與諸生接，亦不復省學事。元履就職，則日進諸生而誨語之，視其屋有弊壞弗支者，亟請于朝而葺之。其春釋奠于先聖，職當分獻先賢之從祀者，則先事白宰相：「王安石父子以邪説亂天下，不當祠，而河南程氏兄弟唱明絶學，以訓方來，其功爲大，請論奏屏去王安石父子，而追爵程氏，列於從祀爲允。」它日又白：「太學之教豈當專以浮言取人？宜隆德行，尚經

〔一〕履：原作「禮」，據四庫本、道光本改。

術。其次猶當使之通習世務，以備官使。」皆不聽。元履念上恩厚，言雖不見用，未忍去也。於是時事有係安危治亂之幾，而自宰相以下無敢救正指陳者，懷不自已，每抗疏力言之，至於三四；不報，則移疾杜門，以書切責宰相。宰相病之，遂因元履之請，予告使歸。既行，則罷爲台州州學教授，五年六月也。元履歸而喟然曰：「幸得遇明主，學力未至，無以感悟効報萬一，當益自勉而已。」舊榜其書室曰「艮齋」，至是日處其間，紬〔一〕繹舊學，將求〔二〕其所未至。士子有從之遊者亦不之拒，而元履病矣。病且革，顧念君親，處理家事，無一語謬。其母游氏視之，不巾不見也。戒其子：「毋以僧巫俗禮浼我。」招其友朱君熹，至則盡以終事爲託。以九年閏月壬戌没于正寢，年五十八。娶劉氏，同郡徵士勉之兄女，先十九年卒；再娶虞氏。子男二人：孝伯長，國學進士；孝聞尚幼。所爲文章及論議合數十卷藏于家。嗟乎！習俗之弊久矣，惟一己之便利是圖，而其它有不遑卹也。若元履，平日制行，以急病讓夷爲心，一旦起布衣，有列於朝，則無隱君父，言衆人之所不敢言，其

〔一〕紬：原作「細」，據四庫本改。
〔二〕求：原作「來」，據繆本、正誼堂本及南宋文範改。

比於區區自謀者，相去豈止十〔一〕百而已哉！而世或以近名訾之，抑昌黎韓子所謂怠與忌者，非邪？雖然，使元履而天假之年，益充其所志，以進其所願學，則其所成就發見，又豈止於是而已邪？予是以歎惜而書之。淳熙元年五月戊申，廣漢張某述。

〔一〕十：繆本作「千」。

新刊南軒先生文集卷四十一

墓志銘

宇文史君墓表〔一〕

君氏宇文，諱師獻，字德濟，世爲成都人。曾祖宗象，贈太師、魏國公；祖邦彦，任尚書屯田員外郎，贈太師、蜀國公；考粹中，任尚書左丞，累封南陽郡公，贈少師。宇文氏受姓系世之詳，已見於少師墓碑，故參知政事楊公椿之文。始少師與其弟簽書樞密院事虚中俱以文學論議被遇固陵，極翰墨之選，燁然一時。少師晚歲歸安于蜀，蓋倦於世故矣。長子師牧賢而有文，不幸早世，少師念之甚。君是時方童稚，已挺然不凡，日讀書講問，娱侍

〔一〕該篇又見嘉慶四川通志卷四十四。

于前，少師每爲慰釋，謂是兒且長，殆能繼二公〔一〕之業。少師故時賓客多英俊，見者莫不竦然，謂宇文氏復有子矣。少師捐館舍，君甫年十有二，執喪盡禮如成人。事妣福國夫人黄氏，奉承顔色不懈，而自奉極儉薄，人不知其爲貴公子也。季父直龍圖閣時中素重許可，尤器君，懋以問學。先用樞密公恩補承務郎，服除，差監潭州南嶽廟。考滿，知漢州德陽縣丞，改知綿竹縣丞。暇則慕崔斯立之爲，痛掃漑，以種學績文爲事，且從其鄉之老成故工部尚書員外郎李公良臣及其秀士黄鈞、李流謙遊，聞見益以廣，聲稱益以著。已而兩丞銓部，以微文俱不報，更從外銓，擬監漢州什邡縣〔二〕酒税，居其官惟謹。改監漢州在城商税務，未上，會詔從臣各舉所知，楊公椿時爲尚書兵部侍郎，以君博學有守聞，有旨召赴行在，時紹興三十年也。君念福國夫人年高，不忍遠去，力辭，差潼川府路提舉常平司幹辦〔三〕公事，未上，改成都府轉運司主管文字。丁内艱，哀慕幾不能自全。免喪，楊公已在政府，力挽君陳下，亦竟不前，差四川安撫制置使司幹辦公事。歷事兩帥，其前者寬縱多

〔一〕公：原作「父」，據四庫本、道光本改。
〔二〕漢州什邡縣：原作「漢竹邡縣」，據四川通志改。
〔三〕辦：原作「辨」，據四庫本、道光本改。

慢，君據義不撓；其後者威嚴或過，君彌縫其闕，幕府歸重。先忠獻公雅知君，言於朝，遷知簡州。簡故少事，君復臨以安静，民甚便之。歲歉，饑民爲盜，連數郡，君所部先事區處得食，迄無從寇者。以暇時掇論時事之要，編白於朝，宰相亟稱之。未滿秩，移知綿州。綿爲大州，適承頽弛之後，帑庾匱甚，君獨整科條，察蠹弊，節用度，未幾而經常不缺。郡舊有冤獄，佃人殺主之僕而誣其主，外臺執偏見不釋，主家死於獄者三人，其它亡辜逮繫死者又以十數。方春天爲雨雪，地爲震，歷兩使者不能决，更送君所。君詳究其牘，得情，數語折之，佃人引服，致之法，人謂可以少謝死者冤也。事益省，即理緝學校，舍其士者，行鄉飲酒禮，使敦長幼之節。在郡再歲，樞密使王公炎宣撫四川，以請改知閬州，錫賚書甚寵。閬故嘗爲宣撫使所治，地尤重，事且夥。君先立之規摹，上下趨令惟恐後，率以夜漏未盡數刻，秉燭出視事，不以爲勞，亦不覺有疾苦狀。一夕與客評論書史自若，既寢，家人輩聞喘息若不屬，亟視已不能語，醫不及進藥而終，享年四十有七，實淳熙元年七月二十日。積官承議郎，以郊恩賜五品服。娶郭氏，故朝議大夫、知辰州黄中之女。子男一人，曰紹訓。女二人：長適唐剛文，次許適梁秩，皆進士。是歲十有二月晦，歸葬于廣都縣靈溪鄉，附于蜀國公塋側。君天資忠厚平易，與人交久而不厭，或少忤亦未嘗衰，家居婢僕不見其惡聲厲色；而至涖官之際，則簡嚴自守，所謂柔而有立者。伯兄既早世，事嫂甚謹，待猶子恩義無間言。嗜讀書，稽考至忘晝夜。論事貫穿今古，爲文辭贍蔚有餘地。所著甚多，藏其家。初，君以二父〔一〕世科爲念，刻苦習進士業，爲進士者多推稱之，兩以鏁聽試類省，輒下，益力，後雖已領州符，猶不置，蓋終其身以是爲歉。某嘗以謂，自先王教胄子之法壞，大家世族不得盡成其才，其下者苟從禄利，不樂親文墨事；至其間讀書欲自表見者，則又不屑其世禄，顧反以從進士覓舉，得之爲榮。噫！昔之人所望于胄子者豈爲是哉？若君居家孝友，涖官廉平，温厚博雅，于以進德，孰能禦之！顧區區猶以是爲歉，何哉？某之先妣夫人實爲君從女兄，故某於親黨間講聞君行義爲詳。紹訓奉其母命萬里致書請銘，不敢辭。銘曰：

宇文入蜀三百年，支垂派别族益蕃。少師弟兄大厥門，迭執鴻筆司皇綸。二府聯登體貌尊，君生其家愿而温。被服儒素遠世紛，編簡浩博資剖論。部符三州民所恩，外若坦易守則敦。人言餘慶兹實存，誰其挽之排帝閽。哀哉玉立歸丘原，萬里方駕厄其轅。尚

〔一〕二父：原作「二文」，據右引改。

有銘詩賁來昆。

承議郎吴伯承墓志

乾道六年七月十八日，右承議郎浦城吴君卒于長沙之寓居，年五十二。其子洵以治命奉其喪[一]，祔君之母夫人方氏之兆。其年冬，遣書走告于尚書左司員外郎、侍講張某曰：「先君藴蓄不克施，懼遂泯没，相與厚善莫如公，惟是所以詔來世者，敢再拜哭授使者以請！」某讀其書，泣而諾之。君諱銓，字伯承。大父朝議大夫獻可，以科第起家。父奉議郎知常，遊於諸侯幕，以才術聞。君以大父恩補官，嘗兩試春官及宏辭科，筮仕監潭州户部酒庫。其調江陵簿及知巴陵縣事，皆以故不上，而奉祠南嶽及崇道者前後凡五，中間用薦者改秩，暨覃恩遷官，賜五品服。所歷僅如此。君事親孝謹，終喪即澹然無復仕進意，不忍遠墳墓，朔望展省嗚咽，迄終身不衰。天資狷[二]介質直，疾惡如讎，不妄交，少不如己意，輒拒不納，親黨朋友有過不忍茹，即告語之，以此爲賢者所重愛。而其間不知君

[一] 喪：原作「襄」，據文意改。
[二] 狷：原作「捐」，據四庫本、道光本改。

者亦往往怨訕，君不恤也。遇其急難困苦死喪，輒推衣食資財以助，無吝色。築居湘濱，有亭榭華竹之勝，而名其堂曰「思親」，蓋其終身之思誠敦篤乎此也。嗜讀書，吟誦日夜不息。深於離騷，爲詩慕陶、謝紆餘閑澹之趣。其思甚苦，至所得意，心開目明，忽不知歲月之度也。以是居湘城蓋幾二十年。君娶万俟氏〔一〕，右僕射卨之女。初僕射自沅州召還，將倚以爲相，道長沙，君爲言天下事極剴切，且勸以無畏縮不言負上。及僕射得政，數以書招君，卒謝不往。親若舊有官於朝者，即不欲以書往來。然其居閒每慨然有憂時之志，爲政于潭者往往就君問所宜，君爲言田畝間民所患苦，未嘗不纖悉反復，若有闕失，亦未嘗隱。方其仕時，部使者雅聞其名，交薦之。其間有不可者，輒謝不受，方曰士固當擇所託也。能自立蓋如此。病且革，無它言，獨勉其子以學，且戒曰：「我死，毋得用浮屠氏。」是亦可見其所存已。長子洵，將仕郎；次沂；幼未名。女三人。孫男梓。予與君寓居鄰牆間，一二日輒步相過，議論酬唱甚樂，别未一載而遂志君墓，悲夫！銘曰：

有特其資，不假其施。有蔚其文，不顯其聞。歸于其宫，曰從于親。尚其孝思，以永

〔一〕万俟氏：原作「万侯氏」，據四庫本、道光本改。

嗣人。

賈仲山墓志銘

乾道庚寅之歲，新零陵守賈君訪予于休沐舍，泣且言曰：「森之弟仲山不幸不起疾，念其没且無聞，以嘗獲從遊，敬請志。」率五六日一來請。自予居湘中有年所矣，始聞仲山兄弟居家友睦，愉愉如也，已而皆識之，久且厚。予讀書城南，仲山適亦葺其居與予鄰，日相過也。去年予來守新定，仲山跨馬送予渡湘，行數十里不忍舍。予顧見其形色特瘁，且丁寧勞勉之。别未半歲而以訃聞，予固悲之，而其兄之請勤懇如此，予雅〔一〕重其兄弟，平日相與之歡，又不忍拒其兄之請，於是乎書。君諱林，仲山其字也。其先真定人，後徙鄭，自鄭徙郢才四世。曾大父公直，仕爲中散大夫；大父諱節，爲顯謨閣直學士，顯于時；父澡，爲通直郎；母張氏。君蚤歲能屬文，長而值靖康之亂，奔馳江湖間。晚以叔父瀛死事恩，得初品官，歷撫州宜黄縣主簿、邵州軍事推官。所至以能稱。其聽訟剖折迎忍，大抵得其

〔一〕予雅：原作「矛邪」，據四庫本、道光本改。

情。歷陽張孝祥治有聲于時，其守撫及安撫湖南，率致君，任以事輒辦，率部使者薦于朝，改宣教郎，調知常德府龍陽縣事，未及上。享年五十有三。君一子，甚慧，年甫十二而夭，又一歲而君没，爲可傷也已。君喜讀史，居閑自抄凡數十萬字，皆成誦云。銘曰：

聚散氣也，修短命也，始終理也。氣不能不離，命則不可違，而理則萬古之真也。

張氏墓表

建昌南豐曾氏近世有君子曰發，字信道，仕爲吉州教授，友睦之行推于其鄉。鄉之人皆謂信道固賢，抑有内助以成其德焉爾。信道之配張氏，其先舒州人。曾祖鼎臣，贈太子太傅；祖復貫，贈太子太師；父激，故朝散大夫、知南安軍。夫人幼孤，鞠于叔父尚書右丞瀓之家。天資静肅，不妄笑語，右丞公賢之，親爲擇配。信道時爲掾臨川，中書舍人吕公本中、尚書郎計公昕亟稱之，遂以歸焉。曾君之父樂施，家以施而匱。夫人自貴族入其門，躬履勤儉，不忽細故，莊敬而順，喜怒不見於色，小大無間言。信道既没，教子持家，弗墜厥訓。晚歲家益饒，而夫人約素不改其舊，寢帷至四十年不肯易，一簟亦更十餘年，完緝殆徧，今其家俱保藏之，以訓示後人。然在夫人秉德有常，非其所勉强然也。淳熙二年，天子奉觴前殿，推恩海内，夫人以子搏故得封太孺人。後一年而寢疾，一夕語家人輩曰：「吾病殆不瘳矣，衣在某笥，衾在某笥，宜亟治具。」又曰：「某嫗吾嘗使之織，未歸其直，宜即償之。」明日又視具曰：「毋哭，徒溷我！」迺終。蓋其平時專静，故死生之際能如此。是歲十月甲申葬于其鄉龍水之原。子男五人：長曰持；次搏，登隆興元年進士第，從政郎、前荆湖南路安撫司准備差遣；次挹、擴、擬。女嫁文林郎洪蘩。孫男八人：克、冕、覽、兑、寬、允，餘未名。孫女七人。搏在湖南時從予遊，狀夫人之行來請銘，不得辭。銘曰：

專静而常，惟婦之臧。儉德之光，世篤勿忘。

宜人王氏墓志銘

淳熙二年秋，安陸宋文仲與其弟剛仲書來告其母夫人八月辛酉没于袁州教授官舍，以喪歸葬，求予銘。予辭未果，又書來曰：「閏月癸酉既畢窆事矣，敢請立諸墓。」爲辭甚哀。予念文仲兄弟從予遊有年矣，其哀亡已，誠不忍拒也，則爲之書。夫人姓王氏，六世祖太傅明，佐藝祖有勳勞，在太史。曾祖臨，事仁宗爲寶文閣待制。祖承，提舉利州路常平事。父恪，爲漢州雒縣令〔一〕。母解氏。夫人適右朝議大夫、知德慶府宋許，生兩男子：文仲，迪功郎、全州清湘縣主簿；剛仲，迪功郎、袁州州學教授。一女，適承事郎、監饒州景德鎮税万俟傳。孫男女凡七人。累封宜人。享年五十有八。德慶君之没，先夫人九年，葬于衡州衡陽縣五馬山之原。夫人之葬，寔合祔焉。夫人幼孤，事母稱孝。既嫁，事姑以恭肅聞。相德慶君，周睦内外有恩意。德慶君没，處家事嚴整，教子有法度，見族鄙饑寒者，矜念施與惟恐不及。平時待接長幼，一以忠信爲主。聞人有善，喜見辭色，再三爲其子言之不置。按文仲之述其大概如此，徵諸親友之所聞無異，乃係以銘。銘曰：

惟宅之安，無有後艱。惟安且久，以右厥後。

故安人常氏哀詞

晉原鮮于廣大任少母安人常氏。大任在襁褓，而常氏去其家；既冠而知之，則常氏没矣。大任追念哀疚蓋骨立。宦遊四方，中歲歸故里，重惟生不得其養，没又不知其處，無

〔一〕雒縣令：原作「雒陽令」。查宋史地理志，漢州有縣四：雒、什邡、綿竹、德陽，「雒陽」當爲「雒縣」之誤，據改。

以塞其悲也，寄書友人張某，俾爲詞而紓之。詞曰：

孰生無母兮，予獨甚悲。赤子婉變兮，母實鞠之。哺乳以節兮，燥濕是宜。子不能言兮，母實心之。冬之洌兮，母予温之。夏之炎兮，母予涼之。母實瘁兮兒則肥，嗟母之恩兮曷其報之。子匍匐而欲步，子嘔啞而將語，子未能識母兮，母胡爲而舍子而遠去。子則於母兮何知，諒母心兮念兒以忘饑。年燁燁而浸長兮以思，撫予躬兮曷自。孰告予以所從兮，乃始滂乎其以泗。宗有承兮義則貞，堂有君兮恩或難伸。逮子既克知兮，則母已逝而不可見矣。予惟罔極之哀兮，其曷予已。嗟乎！母生，子不得婉愉於膝下；母没，子不得俯伏于幽宫。徒白首兮鄉社，滴清淚兮何窮。地久兮天長，日升兮月常。嗟乎，此天下之至情也，固爾難忘！

新刊南軒先生文集卷四十二

祝文

祈雨[一]

服嶺以南，土剛而農惰。夏秋之交，數日不雨，已或告病。求神雖瀆，理不容緩。伏惟矜惠下民，早沛甘澤，周及四境，俾克大濟。豐年之報，敢不敬修！

謝雨[二]

某[三]近以農夫望歲，有請于神。蒙神降休，沛爲甘澤。浹洽周徧，一稔有期。更惟神

〔一〕該篇又見四庫本播芳大全卷八十四。
〔二〕本篇又見四庫本播芳大全卷八十五。
〔三〕某：原無，據四庫本播芳大全補。

惠，終以幸賜。吏當虔恭，益思不懈，以承靈貺。堯山、灕江自「降休」下云「應不旋踵，沛澤周洽」。

祈晴〔一〕

霖雨連仍，勢猶未已。深虞浸溢，有害秧麥。早夜不遑，用走控告。伏惟矜此下民，賜以開霽。惟神之惠，俾克敬承。吏之不恭，敢不修省！

祈雨

春且盡矣，民將蒔田，而時雨少靳，土膏不滋。歲事所係甚重，是用奔走，控告明神。伏惟矜憐，沛以甘澤，周徧浹洽，克濟南畝，寔惟神休。吏之不恭，敢不修省！

謝雨

涉春以來，時澤未應，深虞農事之艱，奔走控告，神答如響，雷行雨霈，連日未已。民

〔一〕本篇又見四庫本播芳大全卷八十五。

得以服事南畝，吏得以少寬百憂，神之賜其何以報！　雖然，苗既蒔矣，將秀之；既秀矣，將實之。實而堅，穫而周，始得以徧充吾民之腹，而克應公上〔一〕之須。然則自今以往，歷夏及秋，雨暘之節，各適其可，無或少愆，而後吏之責塞，不至數瀆于神。某實惴惴焉。惟民之凋瘁，方歲之豐，猶或不舒；惟神之聰明，其所臨饗，實依乎民。吏或有罪，願止罰于身，而無貽于民也。

祈雨〔二〕

惟今之歲，賴神之休，早稻既穫矣，而彌旬不雨；禾之晚者，秀而未實。一簣之功，正在今日，是用奔走控告。沛澤之賜，惟神終惠之。

祈雨

惟兹晚稼，既視其生長，以至于今，亦且穗矣，必待一雨之沛而後成實。乃或靳焉，害

〔一〕上：原無，據四庫本播芳大全卷八十五補。
〔二〕以下二篇又見四庫本播芳大全卷八十四。

於垂成。惟神之仁，獨不矜此，豈人事有以干陰陽之和歟？政有不平，刑有不中，驕怠之或萌，實長民者之責。惟民之寡弱，獨何與此？盍降罰于吏，無〔一〕苦其民。今兹一日不雨，則有一日之傷。事既迫矣，號呼于神，惟神其哀念之！

謝雨〔二〕

近以時雨有愆，祈請于神。蒙神降休，應以甘澤。尚祈終賜，俾遂有秋。敢不殫誠，仰祇神惠！

祈晴

維時初冬，氣當揫斂。迺者癸酉之夕，雷電交作，陽縱不收，繼爲霖雨，亦既彌旬。穀之登場者未暴，深虞其積而壞也，用走祈于神。所冀開霽，以成其終，導和致順，無爲民災。敢不敬省人事，以承休嘉！

〔一〕無：原作「而」，據四庫本播芳大全卷八十四改。
〔二〕以下三篇又見四庫本播芳大全卷八十五。

謝雪此用之祭社，其祭稷神前四句云：「惟稷有神，司我下土，斡旋生育，功用莫禦。」餘同。

惟邦有社，實司其土。闔闢陰陽，呼吸風雨。民所憑依，國有彝禮。凡我命吏，敢不敬事。兹冬而温，氣或乖忤。陽驕不收，壤燥靡附。來牟何貽，癘疫是懼。奔走以告，俯伏傴僂。先以嚴霜，知神意許。釀陰連朝，雲同天宇。粲然雪花，上下飛舞。風無虐號，氣有和豫。載積載零，遠近周溥。沴氛一空，嘉祥來下。音户。物意昭蘇，土膏沮洳。既釋近憂，亦寬遠慮。嗣歲其有，兆端已豫。何以報神，正直是與。勿替引之，神日聽汝。俾我大田，有富無窶。嗚嗚其歌，坎坎其鼓。農夫之誠，神所惠顧。

祈雨

維兹之歲，已届暮春。時澤未洽，麥苗就槁〔一〕。穀種不入，人心皇皇。吏用恐懼，奔走以告。惟神之仁，哀此下民。沛以甘雨，雷動風行。周溥霑足，以開有年。敢不敬恭，

〔一〕槁：原作「稿」，據文意改。

克承休德！

謝雨[一]

近以時澤未應，控告于神。惟神哀民之生，賜以甘雨，俾克舉趾于南畝，爲惠曷勝！惟是自兹以往，農事日興。所望雨澤相繼，仍迄開于有年。惟神幸賜之以不倦，惟吏恪承之弗敢怠，惟民欣戴之何有極！

謝雨

某近以雨澤未溥[二]，荐有[三]控告。賴神之靈，連獲嘉應。久燥之壤，悉得就耕。謹再拜以謝。惟是農事之難，自兹以往，苗而秀，秀而實，所仰於雨澤大霈蓋源源也。惟神幸終賜以成有年，謹再拜以祈。

〔一〕以下三篇又見四庫本播芳大全卷八十五。
〔二〕某：原無，據四庫本播芳大全卷八十五補。
〔三〕有：原作「自」，據弘治本、四庫本改。

謝雨祈晴

夏至之日，某以南畝望雨，控告于神。賴神之靈，應不旋踵。今既半月，沛澤不翅有餘矣。而連綿不已，陰氣未收，復懼爲下田之菑，是用再有請于神，望即開霽，以終其賜。夫久晴而乞雨，積雨而丐晴，其爲請，誠若無厭者。惟神矜此下民，赦吏之瀆，而有以俯徇之。自今以往，伏願五六日至于旬時雨暘相須，無過與不及，保我嘉穀，以迄于有秋，則實拜神之大惠。吏之修省，其敢弗虔！

秋祭〔一〕

兹以素秋，恪修常事，在禮所當報而不祈。惟是中秋以來，久愆雨澤，今稻之傷者雖不及事，然土壤堅燥，澤氣不升，實預懷嗣歲之慮。敢因以請，早賜甘澤，兆開豐穰，實惟神之休。

〔一〕以下五篇又見四庫本播芳大全卷八十四。

社壇

敢昭告於社稷之神〔一〕：某被命來守此邦，政有闕謬，願降灾於厥躬，而無以疵癘于斯民。惟明神實鑒臨之。

社壇

某恭承皇命，來守遐藩。視事之初，祇見壇壝。惟神克相，惠綏此民。政有乖戾，罰止某身。

社壇

惟雨暘寒燠之時與不時，雖司乎神，而寔係於人之爲。某以不敏，來守此邦，懼智慮有所弗逮，惟神寬之。至其自作之愆，則願降罰于身，而無以傷乎民，則惟神之明。

〔一〕「敢昭告」句：原無，據四庫本播芳大全卷八十四補。

楚望

名山大川，神靈莫測，望祀之典，敢不敬恭！肇始二壇，用伸祈報。惟神歆格，佑我下民，俾雨暘時若[一]，歲事登濟，罔有菑害，以闡神之休。惟吏謹當率民奉事，自今以往，終古無斁。

烏龍山神[二]

維乾道六年歲次庚寅五月辛亥朔十四日甲子，具位謹以牲幣清酌，致祭於山之神。某[三]竊惟古者諸侯各祭境内之山川，嚴其壇壝，潔其幣牲，以致吾誠焉耳。後世立之棟宇，設爲像貌，其失甚矣。仁安之山，實鎮兹土。風雲變化，雨我百穀，是爲神靈，民所依賴。而嚴祀之所，曠然未講，其何以收聚？誠意克有感通，肇建兹壇，亦既訖事，謹率僚

〔一〕時若：原作「若時」，據四庫本、道光本及四庫本播芳大全乙。
〔二〕該篇又見四庫本播芳大全卷八十四、永樂大典卷二一九五〇。
〔三〕自首句至「某」共三十四字原無，據永樂大典補。

屬再拜以祠。惟神昭相，俾雨暘以時，嘉生無癘。吏雖不敏，敢不率民敬事，永以無替！亦惟神之休。

諸廟〔一〕

某被天子命，來守此邦。靖共爾位，正直是與。顧雖不敏，敢不敬斯言！惟神實鑒臨之。

祭勾芒神

惟時新春，陽氣肇舒。乃出土牛，以首農事〔二〕。致祀于神，實曰彝典。惟神孚祐，時其雨暘，順乃嘉生，賜以豐年，其敢忘神之德！

〔一〕以下四篇又見四庫本播芳大全卷八十四。
〔二〕事：原作「士」，據四庫本播芳大全卷八十四改。

祭海陽山

嗚呼！海陽之山，呼吸雲氣。維邦之望，而民所恃。嗟嗟晚稼，亦既成穗。屬時驕陽，垂成莫遂。惟神至仁，矜此憔悴。觸石膚寸，一境是庇。沛爲甘澤，成我豐歲。孚于下民，永答神惠。

祭諸廟

惟兹稼穡，幸底有年。戴神之休，敢忘思報！謹以季秋，聿修常事。惟神鑒臨，終惠賜之。

唐虞二帝

兹以素秋，恪修常事。威顔不遠，俯伏祇承。

灘江堯山[一]

在禮，諸侯得祭其境内之山川。惟山川之靈，能出雲雨，故爲禱祀之所依。堯山、灘江，此邦之望也，而壇壝未立，修敬無所。兹以夏秋之交，近旬不雨，農夫望歲之切，用敢瞻望再拜，以致悃誠，且遣官僚捧祝以告。伏惟神靈惠乎，沛爲甘澤，俾克有年。圖報之修，其敢復後！

秋祀堯山

兹以季秋，萬寶告成，謹遣官僚，敬修常事。仰惟神靈，賜以鑒格。

堯山灘江二壇

惟江山之神，實爲此邦之所瞻依，而壇壝禱祀無所，某用是懼。虔[二]度高明之地，肇

〔一〕以下五篇又見四庫本播芳大全卷八十四。

〔二〕虔：四庫本播芳大全卷八十四作「爰」，疑是。

新規摹。及兹而成，謹率官僚，俯伏以告。惟神孚鑒，佑此下民，俾歲屢豐，物無疵癘。吏當率民敬事，其永無斁。

虞帝祠[一]

某謹以牲醴，致祭於虞帝之祠[二]。惟斯民之所以生，斯世之所以立，繄人倫之教是賴，而聖人實人倫之至也。帝之盛德，冠冕萬代，固豈下臣所敢贊述？蒼梧之野，謂帝嘗臨，寅緣此邦，獲奉廟祀。某蒞官之初，適修常事，周視楝宇，缺壞弗稱，悚栗汗下，不敢荒寧。肇新規模，兹焉獲考，敬率官僚，俯伏以告。惟帝之澤，化育並行，動植蒙賴，何有窮極，敢云此邦，獨私其賜？

有虞氏二妃

惟神唐帝之女，嬪于有虞，協德聖神，垂則萬代。新宫肇建，内闈是嚴，修祠于春，敢

〔一〕四庫本播芳大全卷八十四作祭舜祠祝文。

〔二〕「某謹以」句：原無，據四庫本播芳大全卷八十四補。

率彝典。

大成殿[一]

某以愚陋，被命臨民。早夜恐懼，未知所濟。惟當精思聖經之法言，體而行之，庶幾萬一，得寡於罪悔。視事之始，敢祗見于學宫。

文宣王[二]

某恭承皇命，來守遐藩。視事之初，祗見于廟。爲政之方，備嚴經訓。雖曰不敏，敢不夙夜敬思力行，庶幾萬一！

先聖[三]

某以承學，濫兹爲邦。視事之初，祗見于廟。佩居敬行簡之言，推學道愛人之志。雖

〔一〕以下六篇又見四庫本播芳大全卷八十三。該篇上引作謁宣聖祝文。

〔二〕四庫本播芳大全卷八十三作謁先聖祝文。

〔三〕四庫本播芳大全卷八十三作謁先聖先師祝文。

曰不敏，敢不夙夜，庶幾萬一！

先聖〔一〕

伏惟〔二〕廟學新成，謹率僚吏與鄉之士行釋菜禮。敢不再拜稽首，思所以祗若明訓！

先師

伏以〔三〕廟學新成，謹率僚吏與鄉之士行釋菜于先聖，敢以先師兖國公配。

先聖〔四〕

兹新棟宇，亦既告成，敬奉神像，即安于宫，敢告〔五〕。

〔一〕四庫本播芳大全卷八十三作新學落成祭先聖文。
〔二〕「伏惟」二字原無，據四庫本播芳大全補。
〔三〕「伏以」二字原無，據四庫本播芳大全卷八十三補。
〔四〕四庫本播芳大全卷八十三作奉安先聖祝文。
〔五〕「敢告」二字原無，據四庫本播芳大全補。

蜀漢昭烈帝祠 孱陵〔一〕

惟帝痛宗國之荒墜，憤讎賊之憑陵，顛沛百罹，信義不舍。至於賢哲願爲之佐，英雄樂効其死，規摹宏遠，夫豈偶然！天若祚漢，豈無其成？雖曰不終，正理曷泯？眷言茲地，昔所遲回，風烈猶存，焄蒿悽愴。有廟以祀，典禮則宜，藩臣經從，敢不修敬！

嚴子陵祠

某以愚陋，被命來守此邦，竊仰先生高風於千載之上。視事之始，恨拘印紱，不得躬走祠下，敬遣迪功郎、嚴州州學教授鄭某往致一奠。

祭嚴先生

某〔二〕竊惟此邦之所以重於天下者，以先生高風之所存也。雖舊隱之地，祠像具設，而

〔一〕以下四篇又見四庫本播芳大全卷八十四。

〔二〕某：原作「上」，據四庫本改。

學宫之中，烝嘗獨曠，其何以慰學士大夫之思？乃闢東偏，肇始祀事。嗟乎！世遠道散，寵利相希，而事君之義益以不明。惟先生曾不以一毫動其中，啓世祖貴德尊士之心，成東京砥節厲行之俗，施澤遠矣！翳我多士，克承繹之。

丞相萊國寇忠愍公祠〔一〕公安

丞相萊國寇忠愍公〔二〕：國有大議，發言盈庭。紛紛鄙夫，蹙縮經營。豈國之愛，惟謀厥身。從違之間，興喪所分。不有英哲，孰相其成。一言之決，九鼎莫傾。允矣萊公，社稷之臣。定計澶淵，功垂日星。匪功之艱，其見克明。惟見之獨，勇莫我嬰。黄蓋一張，虜膽已醒〔三〕。是曰廟勝，豈幸之云。彼纖雖巧，寧屈其伸。是非之公，久焉益新。蕞爾兹

〔一〕四庫本播芳大全卷八十四作祭寇忠湣公祝文。又，「丞」原作「承」，據弘治本、四庫本改。
〔二〕「丞相」句原無，據四庫本播芳大全補。
〔三〕醒：原作「醒」，據右引改。

邑，公所嘗經。民之愛公，孔悲以忱。有翦者竹，爲之發生。我來拜公，起而涕零。才難道遠，孰起九原。何以昭之，不在斯文[一]？

〔一〕自「起而涕零」至文末原缺，據右引補。

新刊南軒先生文集卷四十三

祭文

祭虞雍公[一]

惟公起自遠服，進登王朝。適逢禦敵之辰，曾靡辭難之色。攘袂獨奮，力折凶渠之鋒；驅車四馳，偏當邊圉之寄。式符眷意，遂正鈞衡。堂堂漢相之容，赫赫周民之望。方三年之坐閱，指萬里以言歸。顧寵光之至隆，在近世而莫比。豈期疾遇，遽以訃聞。帝所咨嗟，士增歎息。某之愚戇，嘗勤推轂之懷；論有與同，正惟公議之報。輒遣薄奠，用將鄙誠。公之英靈，實所臨鑒。嗚呼哀哉，尚享[二]！

〔一〕該篇又見清抄本播芳大全卷一三七。
〔二〕文末六字據四庫本播芳大全補。

祭汪端明[一]

嗚呼！公之盛名蓋四十年，有如黄鍾大吕，巋然在懸。使未攴擊，人之望之，亦知其爲衆樂之先。惟平日之所履，每務倣乎昔賢。不與世以交鶩，不絶俗而孤騫。獨好義以欵欵，而懷忠之拳拳。苟片善之足取，必挽後而推前。或所趣之有違，敢妄假於色言。顧規摹之若是，豈斯世之其然。昔棲遲於下僚，窮師友之淵源。逮顯用於王朝，論據經而不偏。實衆芳之所宗，蔚佩蘭而握筌。屢賦政於藩方，亦惠澤之究宣。晚卧柯山，静觀其旋。方[二]玩心於義經，不自放而益虔；隱聲實之逾隆，竚側席之招延。何大命之止斯，歎莫返於逝川。痛易簀於蕭寺，無居宅之一椽。嗚呼！前輩風流，于今邈焉。典刑云亡，後生孰傳！念言愚蹤，公所知憐。義篤金石，久而彌堅。書猶在手，人隔九泉。屬拘印

〔一〕該篇又見四庫本播芳大全卷九十五、永樂大典卷一四〇四六。播芳大全作祭王端明文，誤。
〔二〕方：原無，據右引補。

紱，奔走莫緣。孰知予悲，涕泗洏〔一〕漣。尚享〔二〕！

祭劉樞密共甫〔三〕

謹爲位致祭于故留守觀文樞密劉公之靈：惟公德業孚于上下，威望著于華夷。宜秉國鈞，以輔明主。天不憖遺，人之云亡。夙蒙公知，尤重傷痛。爲位家塾，慟哭寫哀。

再祭

嗚呼哀哉！六月甲子，喪我元臣。如其可贖，何直百身！蓋積天下之望已久，而閱天下之故已深。其明決足以斷謀於俄頃，而剛毅足以任重於千鈞。忠誠孚于君心，惠澤浹于斯民。威名慴乎姦宄〔四〕，義概動乎三軍。使之主廟堂之上，固足以厭患於未形；而置

〔一〕洏：原作「洒」，據四庫本、道光本及右引改。
〔二〕尚享：原無，據四庫本播芳大全及永樂大典補。
〔三〕以下三篇又見四庫本播芳大全卷九十四、劉氏傳忠録正編卷四。
〔四〕姦宄：原作「姦究」，據四庫本、道光本及播芳大全、劉氏傳忠録改。

之排難解紛之際，不俟施爲已足以折衝於精神。國虧柱石，人失典刑，此有識之士所以爲天下惜而至於泣涕沾巾者也。嗚呼哀哉！忠顯之烈，感乎幽明。二卿之忠，不忘請纓。公自壯歲，念其家聲。虜馬飲江，扈從時巡。國有大政，抗論前陳。由斯而來，蔚其直稱。出身而刑，國有大人〔一〕。及其分閫，潢池息兵。遂登紫樞，以翼政經。收綱端本，用尊朝廷。凜然正色，公言是伸。復牧于藩，所至續聞。捄荒之政，近世莫倫。旋觀設施，靡蘄靡棼。左右具宜，久而愈新。江湖轍環，幾老于行。人望公歸，帝圖厥勤。豈不用公，未極于成。嗚呼哀哉！夫子知我，匪契之云。我之於公，惟義是親。相勉相厲，期報吾君。情深意得，有同弟兄。言念作別，乙未之春。我車入南，公往江濆。眷焉不舍，語何諄諄。豈期一闊，而隔死生。精爽在目，我言孰聽。嗚呼哀哉！義當奔走，送公歸輤，屬其拘攣，王事有程。哭公家塾，載遣此文。禮雖不豐，公鑒其誠。尚饗〔二〕！

〔一〕出身而刑，國有大人：播芳大全作「出而典州，治本重人」，疑是。
〔二〕尚饗：原無，據四庫本播芳大全補。

三祭

嗚呼哀哉！公之云亡，既踰再時。匪今之悲，百年之思。故歲之冬，始奉遺墨。一見流淚，繼之以哭。墨淡行斜，如公疲薾。誦公之言，則何昭晰。始云國恥，抱恨九原。勉予忠義，以報吾君。中言先公，銘志未立。豈無他人，命予以筆。末復繼書，囑弟及子。嗟予何人，乃託以死。精爽在上，耳聞公言。顧雖不武，敢怠勉旃。銘詩脱草，遽遺薦陳。獨慙荒蕪，曷詔不泯。貽書平甫，期守公訓。告于二子，罔墜厥命。惟元晦君，實公所敬。無求于外，惟晦是聽。公之息女，當擇于歸。顧予雖遠，願與聞之。凡公所命，當以復公。薄奠是將，告于公宫。

祭唐待制〔一〕立夫

惟公清夷粹温，抗志千古。文辭深嚴，穆我王度。獻納雍容，有感無忤。遇民如兒，

〔一〕以下四篇又見四庫本播芳大全卷九十六、永樂大典卷一四〇四六。

伊教匪怒。及臨事會，不改平素。人方忽忽，己獨有裕。嗚呼！惟公之賢，世或知之，而鮮克窺其微。蓋據梧隱几，獨得忘言之妙；故飢食渴飲，俱不外乎天機。沉没無怛，化則亦其宜。先君與公道義之交，豈獨賓客之敬。藐然孤生，早辱過聽，推其所懷，於公莫隱。方抱鉅痛，公復云亡，東望鄱水，有涕淋浪。免喪之初，念篤先友，敢遣蕪祠，侑此卮酒。

祭王詹事

惟公天與勁特，世推忠純。正色立朝，姦邪所憚。其於當今大義，胸中見之甚明，非苟然假竊者比也。蓋自發策大廷，至於没齒，凡十五年，凜如一日。去年之春，復來造朝，身雖已病，愛君采篤。惟昔先人，雅器重公，藐然孤生，晚蒙公知。去違朝路，曾未幾日，遽聞來訃，越在道塗。迄今定止，始克遣一觴之奠。蓋惟兹世痛公之亡，而非獨下交之私情也。

祭張舍人安國

唯年月日〔一〕，某率某官某就城北祓〔二〕禊亭爲位，致祭于亡友舍人張公之靈。嗚呼！去年此時，送公湘濱。豈期今兹，哭公失聲。英爽在目，交情不忘。邈不復見，我涕以滂。惟公天姿，邁偉發越，而不壽考，以昌王國。今兹之哭，豈吾黨私？醴肴匪多，公其臨之！

再祭

嗟乎，如君而止斯耶！其英邁豪特之氣，其復可得耶！其如長江巨河，奔逸洶湧，渺然無際，而獨不見其東匯溟渤之時邪！又如騂騮緑耳，追風絶塵，一日千里，而獨不見其日暮税駕之所耶！此某所以痛之深、惜之至而哭之悲也。惟君起布衣，被簡遇，十年之間，入司帝命，出領數路，文章之煒燁，政事之超卓，多士之所共知，亦不待某之贊歎。

〔一〕唯年月日：原無，據四庫本播芳大全卷九十六補。

〔二〕祓：原作「拔」，據四庫本改。

惟其孝友恂恂，朝夕則恪〔一〕，人有不得而盡知者。方自荆州歸，某以書抵君，謂及此閒暇，專意承志，實進德修業之要，君深以爲然。孰謂曾未數月，乃有此聞！某傾蓋荷知，久而采篤，言有勁切，君不以爲迂，此意何可忘也。道阻且長，不得往哭，遣致一奠，孰知予悲！

祭姚端明〔二〕

惟公早試劇煩，見才猷之敏卲；晚登廊廟，都寵數之便蕃。方新十國之瞻，遽作九原之隔。凡兹民吏，孰不傷嗟！某昔歲朝班，嘗奉笑言之欸；如今官守，幸遵規畫之餘。念託契於交承，敢異情於生死！遠將一奠，少見鄙誠。

祭王侍郎 嘉叟

惟靈强毅自立，克大其門。進登王朝，無所附麗。從容造膝，有見不隱。帝稱其

〔一〕恪：原無，據四庫本播芳大全卷九十六補。

〔二〕該篇又見四庫本播芳大全卷九十五。

直，士歎其忠。豈期卧家，遽以訃告。凡百君子，孰不嗟痛！矧惟交舊，嘗辱論心。爲國惜賢，揮淚無已。道阻且遠，莫獲走前。一奠不腆，少致此誠。嗚呼哀哉！尚享〔一〕！

祭黄侍郎仲秉

嗟乎，孰謂仲秉而止於斯耶！念言鄉曲之契，萬里相遇，意好特深。迨兹朝著，志同有幾？握手憂國，言靡及私。僕之去國，君則愴然，謂子之行，予胡可久，本期有補，寧爲潔身？嗟乎！斯言琅琅，猶昨日事耳。去年君歸，道荆鄂間，數寄手書，眷焉不舍，豈期抵舍，遽以訃傳。始聞其疑，已乃深痛。善類之喪，士所共嗟。矧惟下交，情其能已！嗟乎仲秉！温厚而文。立朝有忠益之譽，爲政有平理之稱。遠業未久，中道遽止，嗟乎痛哉！敬遣薄奠，遠致鄙誠。執事占辭，隕淚盈紙。

〔一〕尚享：原無，據四庫本播芳大全卷九十六補。

祭查少卿

嗟嗟元章，而止斯邪！修短有命，亦奚以悲，惟其所有，未克究施。昔之觀人，驗于其私。君之在家，孝友融怡；出而臨民，則具是依。人之有才，患不克勝。惟君敏才，遇事風生。而能自持，以蹈準繩。博見洽聞，貫穿古今。發於文辭，温潤老成。尤長論事，纚纚可聽。蚤登道山，嘉言有稱。持節蜀道，撫循春温。中外踐更，名實攸敦。前年之秋，萬里來歸。往臨秦淮，軍民具宜。人曰賢勞，君靡難辭。云何一疾，遂以訃家。逮兹踰年，竟老煙霞。訃音初傳，駭愕嘆呀。念昔幕府，傾蓋情親。揭來同朝，友誼采深。憂時許國，則識君心。解后歸舟，班荆共語。覺君病餘，未渠復故。怪君臨别，感慨如許。嗟嗟元章，有志未遂。尚約卜廬，湘水之涘。豈期一别，而乃永已。君弟在荆，銜血星奔；君孤藐然，孰誨孰存？哭遺此奠，君乎不聞！

祭吕郎中〔一〕

嗚呼！前年之春，識公嚴陵。望其容，藹然有慈祥豈弟之氣，知其臨民之不苛也；聽其言，纚然多故家遺俗之事，又知其世守之不忘也。别後之書，情何篤也！訃音之傳，痛何遽也！況於〔二〕令子，友義爲深，一奠之禮，敢以薄而廢耶？尚享〔三〕！

祭費檢正

惟公植德敦静，蓋徐公之有常；秉心曠夷，寔師德之無競。奉職外服，去愈見思；列官王朝，久不改度。方矚持〔四〕符之拜，遽遭偃月之疑。猶冀護藩，豈期易簀？某夙蒙睠予，託在葭莩，秪增百感之深，莫前一酌之慟。禮雖不腆，情則可知。尚享〔五〕！

〔一〕以下二篇又見四庫本播芳大全卷九十六。
〔二〕況於：原無，據四庫本、道光本及播芳大全補。
〔三〕尚享：原無，據四庫本播芳大全補。
〔四〕持：原作「待」，據四庫本、道光本及四庫本播芳大全卷九十六改。
〔五〕尚享：原無，據四庫本播芳大全補。

新刊南軒先生文集卷四十四

祭文

祭萬二一提刑兄[一]

惟兄植德忠厚，持身謹嚴。早策名於雋科，遂蜚英於賢軌。對揚天陛，蓋嘗膺綸綍之褒；周旋坤維，所至有袴襦之詠。爰因郡最，益究外庸。漢水詳刑，茂著平反之實；夔門易節，有增刺舉之光。方聞趨召之恭，忽駭抱痾之報。竟茲奄忽，實重痛傷。載惟門户之衰，正竊棣常之庇。永言流涕，莫喻此情。恨以阻修，無因奔走，一奠不腆，鄙誠是將。嗚呼哀哉，尚享[二]！

[一] 該篇又見清抄本播芳大全卷一三八。

[二] 文末六字據四庫本播芳大全補。

祭黄運使清臣[一]

惟靈敦厚爲質，而德慈祥。惟其所歷，阻難備嘗。故於民情，尤所究詳。景倩真清，徐公有常。將命嶺海，以身律荒。移節來湘，風采載揚。于彼原隰，馳驅靡遑。謂當終更，歸近帝旁。如何一朝，而奄云亡。賓席方設，語音琅琅。得疾俄頃，見聞駭傷。下逮閭里，攀嗟徬徨。某之所居，實邇門牆。奔走弗及，執手涕浪。念言傾蓋，意味則長。與人之周，是固難忘。疇昔勝日，從容豆觴。豈期於今，來哭公堂。一奠不腆，中誠是將。嗚呼哀哉，尚享[二]！

祭趙養民運使[三]

惟靈寶源積慶，列鼎傳家。宣化承流，飛聲籍甚。盤根錯節，遊刃恢然。爰入對於䣛

〔一〕該篇又見粤西文載卷七十五、清抄本播芳大全卷一三七。
〔二〕文末六字據四庫本播芳大全補。
〔三〕該篇又見清抄本播芳大全卷一三七。

朝，遂結知於宸扆。出綸示寵，持節分華。民瘼旁咨，豈憚驅馳之遠；邦財益阜，生取歛散之權。何一疾而弗瘳，不終更而歸報。王畿結綬，未酬葵向之厪；夜壑移舟，遒起薤晞之歎。某雅承契好，兹共官聯。笑語如存，忽驚於永已；酒肴不腆，少寄於餘哀。

祭蕭殿撰〔一〕

惟公氣和而節剛，言訥而行敏。視之退然，初若不能，及其當可言之地，論議切直，風采凜凜，中外聳然，豈非庶幾乎仁者之勇耶？某頃在朝列，每見公憂時惻惻，備形辭色，心竊期之。已而平日之言，率皆可復，益知其所守有素，非苟然者。來使湘州，某適在遠。方嗟再見之難，豈謂九原之隔。書猶在手，訃忽來傳。爲時惜賢，臨風隕涕。一奠遺致，少述鄙誠。嗚呼，尚享〔二〕！

〔一〕該篇又見清抄本播芳大全卷一三七，作祭蕭運使文。

〔二〕文末四字據四庫本播芳大全補。

祭宇文使君三十一舅[一]

惟靈席慶鼎鍾之門，留心韋布之事。跡其壯歲，蔚然懿文。況德履之素寬，復天下之有裕。宜昌遠業，克繼先猷。方小試於偏州，固已稱於惠政。未結王畿之綬，忽移夜壑之舟。宣室受釐，不復賈生之召；桐鄉奉祀，空留朱邑之名。某適守遐方，遽承來訃。載誦渭陽之什，涕隕盈襟；緬想佳城之阡，心馳執紼。

祭魏元履[二]

嗟乎！仕于王朝，自一命而上，皆得一論疏時事，此古之義，而亦祖宗詔也。君起布衣，服在學省，忠言屢發，率關大體。在他人方且蹙縮畏避，君輒先之，亦可謂毅然有立矣。世之議者群起而求多於君，此蓋無足怪。然君自退歸以來，益務自修，以書抵予，謂

〔一〕該篇又見清抄本播芳大全卷一三八，作祭宇文太守文。

〔二〕該篇又見清抄本播芳大全卷一三七，作祭魏國録文。

將講學，進所不逮。予得[一]之而嘆息，以爲君異日之所成就，其又非予所可量者，而孰謂天不復假之年耶！君雖未遂傾蓋之願，而君相與之意則甚厚，豈謂竟不克識君耶！一奠往致，以紓予情。尚享[二]！

祭儲經屬[三]

惟靈早以藝文，有聲場屋；晚遊幕府，簡默自將。故鄉渺然，羈懷莫寄。因循一疾，遂至沉綿。獨資同僚，共舉終事。嗚呼！可哀也夫！尚享[四]！

祭秦致政[五]

某來桂林，首訪鄉之老成，而將問政焉，人士同辭，以公爲稱首。公雖已枕疾于家，罕

〔一〕得：原作「德」，據四庫本及播芳大全改。
〔二〕尚享：原無，據播芳大全補。
〔三〕該篇又見清抄本播芳大全卷一三八、永樂大典卷一四〇五四。
〔四〕尚享：原無，據播芳大全補。
〔五〕該篇又見清抄本播芳大全卷一三七。

接人事，然如珠玉之在山淵，遊于其間者亦足以借其煇潤。惟公起自兹土，取科第。歷事以忠厚廉直稱。亦嘗典州，有澤于民。已乃謝事於未衰，優遊鄉間，子孫滿前，安恬獲福，克享上壽，在公庶幾乎無所恨矣。然公之云亡，後生失儀刑之尊，吾黨乏咨詢之益，是用嘆傷，爲之流涕。不腆一奠，聊寫此誠。嗚呼哀哉，尚享〔一〕！

祭甄總管〔二〕

惟靈早以忠義，赴乎功名，方排難解紛之時，有投機應變之智，慷慨辭氣，感動三軍。謂當究於設施，乃繼遭於排抑。逮于晚歲，再逢當宁之知；旋即九原，莫展據鞍之願。考先世平江之瀆，想一時共濟之人；念事會之多違，歎奇才之難得。屬兹假守，適值喪舟，薄奠薦誠，臨風增愴。嗚呼哀哉，尚享〔三〕！

〔一〕文末六字據播芳大全補。
〔二〕該篇又見清抄本播芳大全卷一三八。
〔三〕文末六字據播芳大全補。

祭賈仲山知縣〔一〕

惟我別墅，與君鄰牆。春朝秋夕，幅巾徜徉。湘西之別，我獨憂君。藹然其癯，願言愛身。甫兹半載，遽以訃傳。推案愕眙〔二〕，繼以泫然。惟君之才，疏通而敏；惟君之行，友睦以謹。曾未究施，而止斯耶！道阻且長，予之悲耶！嗚呼哀哉，尚享〔三〕！

祭邢致政〔四〕

嗚呼魯仲，生而多艱。暫仕輒歸，已乃掛冠。其才有餘，蓋可撥煩。曾不少試，老于家山。閒止〔五〕名堂，惟適之安。窗户明潔，日對孱顔。坐上客滿，不空杯柈。且復重義，周人急難。謂享壽康，而年亦慳。我家長沙，殆若鄉關。故舊益落，爲之涕潸。昔來兹

〔一〕該篇又見清抄本播芳大全卷一三八。
〔二〕眙：原作「貽」，據播芳大全改。
〔三〕文末六字據播芳大全補。
〔四〕該篇又見清抄本播芳大全卷一三七。
〔五〕閒止：原作「間止」，據播芳大全改。

堂，舉酒相看；今來茲堂，帷白旐丹。嗚呼哀哉！尚饗〔一〕！

祭經幹八兄〔二〕

嗟哉吾兄，生也多屯。惟生〔三〕之艱，宜永厥齡。胡亦嗇之，而止於斯。命也不齊，其孰爲之。乙酉之夏，過我湘濱。撫我苦〔四〕塊，話言諄諄。爲我久留，去則不忍。舟中之别，有淚如隕。我觀吾兄，齒髮未衰。願言愛身，相逢有時。兄復一笑，子言甚真。我健且武，當復南征。側聞還家，有以自娱。釃酒擊鮮，賓筵則都。謂當婆娑，樂此晚歲。豈期訃來，駭痛曷已！邈在萬里，走哭無從。寄此一觴，酹西南風。嗚呼哀哉，尚享〔五〕！

〔一〕尚饗：原無，據播芳大全補。
〔二〕該篇又見播芳大全卷九十九。
〔三〕生：原作「坐」，據播芳大全改。
〔四〕苦：原作「苦」，據播芳大全改。
〔五〕文末六字原無，據播芳大全補。

祭宋子飛參議[一]

哀哉子飛，而至然耶！孰無憂患，君何酷耶！始聞哭子，繼曰悼亡。念君之親，白髮在堂。曾未幾日[二]，亦以訃傳。想若曷任，摧荒曷全。作書吊君，下筆不忍。道阻且長，畏聞來信。哀哉子飛，身竟隨之。臨風泫然，爲君涕洟。如君吉德，所遭乃爾。惟命不齊，孰主張是。連陽識君，今兩周星。離合不常，交情愈親。湘岸之别，自夏徂秋。詩墨未乾，君已不留。有纍者殯，誰其收之？婉孌[三]兩孫，誰其周之？里有賢公，鄰有君子。話言平生，當亦任此。我獨在遠，莫克奔馳。一奠往致，哀哉子飛！

祭南康四九兄[四]

嗚呼！同祖兄弟，今存四人。惟兄能文，自于妙齡。意其遠大，以翼吾門。僅守一

[一] 該篇又見清抄本播芳大全卷一三八。
[二] 日：原作「田」，據四庫本、道光本及播芳大全改。
[三] 孌：原作「戀」，據四庫本、道光本及播芳大全改。
[四] 以下二篇又見四庫本播芳大全卷九十九、永樂大典卷一四〇五一。播芳大全題爲祭南康太守四九兄文。

州，才未克伸。豈謂兹朝，乃傳訃音。驚惶慟哭，痛心原鴒。爲位一奠，哀哉此情！嗚呼哀哉，尚享〔一〕！

同前

嗚呼哀哉！惟兄早歲，秀發而文。秦國之恩，篤於諸孫；忠獻之愛，視子攸均。矧惟伯父，寔艱寔勤。未究之業，付之吾兄。謂當遠大，以翼以承。如何中道，車折其輪。僅歷一州，莫覩厥成。嗚呼哀哉！某之於兄，少長相親。論文講藝，豈無友生。雪川之别，慘焉酸辛。視兄之容，澁而不榮。酒酣諄複，願言愛身。少屏剛劑，以致和平。孰期一疾，竟以此傾。嗚呼哀哉！于今幾年，遠寓雪濱。鴻鴈莫聯，每傷予心。矧兹永訣，痛復可任！念當挈歸，以近榆枌。乃聞知命，留葬是云。嗚呼哀哉！遺字見屬，奉之涕零。將絶泚筆，又何剛明。嗚呼哀哉！屬拘印紱，奔走不能。向風長號，薄奠是陳。猶子幼弱，念言惸惸。敢不扶持，兄言是遵。尚惟英爽，其或來歆。嗚呼哀哉，尚享〔二〕！

〔一〕文末六字原無，據播芳大全補。
〔二〕文末六字原無，據播芳大全補。

祭胡廣仲主簿[一]

惟君孝友之德，篤乎天性；問學之志，自乎初年。疾惡見其公心，臨事知其審慮。謂當遠大，以究所成。如何一朝，遽止於此。聞訃之始，痛恨則多。豈惟歎德門失承家之賢，抑亦吾黨失同志之助。交遊歲夕，重以婚姻。往哭未能，薄禮先致。涕零横臆，言不復文。嗚呼，尚享[二]！

祭吴晦叔[三]

嗚呼！惟君早登五峰之門，即捐進取之習，從事義理。今幾二十年，思慮益親，操履益固。而其曉悉人情，通練世事，持之以忠信，行之以周密，蓋有用之實才，而進學之良資也。豈謂一旦止於斯耶！某與君論心，爲日亦久，切磋講究，友誼金石。訃音來傳，泣下

[一] 該篇又見清抄本播芳大全卷一三八。
[二] 文末四字據播芳大全補。
[三] 該篇又見四庫本播芳大全卷一〇〇、永樂大典卷一四〇五五。

莫止。嗟夫！任道之艱，而同志益落，此予之所悲而且憂也。官守所拘，未能往哭，一奠遣致，言不復文。嗚呼哀哉，尚享〔一〕！

祭外姑何恭人〔二〕

惟靈生于相家，來嬪德門。奉饋采藻，克謹晨昏。如賓之敬，婦道則宜。逮夫晚歲，有光母儀。允矣三德，協于彤史。胡不百年，永庇孫子。憶在柔兆，獲拜于堂。辰幾一周，有淚淋浪。我悲終天，靡怙靡恃。起尋渭陽，痛復抵此。傷哉道遠，一慟莫前。薄禮將誠，靈其鑒旃。尚享〔三〕！

省墓祭文〔四〕

某往者惟念古不墓祭之義，每來展省，號哭于前，不敢用世俗之禮，以行其所不安，而

〔一〕文末六字原無，據播芳大全補。
〔二〕該篇又見四庫本播芳大全卷一〇〇、道光綿竹縣志卷四十。
〔三〕尚享：原無，據播芳大全補。
〔四〕該篇又見播芳大全卷九十九、永樂大典卷一四〇五〇、道光綿竹縣志卷四十。

其中心終有所未滿者。近讀周官，有祭於墓爲尸之文，乃始悚然。深惟先王〔一〕之意，存世俗之禮，所以緣人情之不忍，而使之立尸以享，所以明鬼神之義，蓋其處之者精矣。今兹用是，敬體此意，爲位于亭，具酒肴之薦，以寫其追慕〔二〕之誠。惟事之始，不敢不告。俛伏流涕，不知所云，惟考妣之神實鑒臨之。

〔一〕王：原作「生」，據四庫本及播芳大全改。
〔二〕慕：原作「墓」，據四庫本及播芳大全改。

南軒先生集補遺

目録

南軒先生集補遺

詩

大雲巖

平地起突兀，頽然若負黿。初疑斤斧鑿，安得此巧奇。乃知化工巧，精意運神機。巖深翠長滴，沖沖閱四時。永樂大典卷九七六三，中華書局，一九八六年。又見道光廣東通志卷一一三，續修四庫全書本，下同。

龍潭

路轉寒山隈，蒼石高崔巍。神龍隱萬仞，變化呈奇瑰。月黑天地暗，震電雲徘徊。千里被洪澤，一洗如奔雷。道光廣東通志卷一一三。

巾峰

我聞路將軍，威稜著湟水。又聞韓吏部，風流遺燕喜。徘徊巾山阿，遐想千古意。天池多黄埃，憑欄頻徙倚。雍正廣東通志卷六十一，影印文淵閣四庫全書本。又見道光廣東通志卷一一三。

合望峰

五嶺峰巒富，美麗壓中原。崑湖擅奇勝，列嶂巧連綿。循環四朝會，巍峨高插天。我行傲春色，長嘯時軒軒。道光廣東通志卷一一三。

雙溪閣

春杪溪流漲，雙支交瀇漾。魚龍競蹴踏，波濤連□莽。行人欲濟川，袖手歎何廣。安得萬斛舟，爲吾乘浩蕩。道光廣東通志卷一一三。

静福山

朔風天外來，寒色方嚴冽。駕言道山遊，蒼松隆勁節。君鴉競鳴噪，亂啄青山雪。羽衣去千年，高峰掛霜月。宋元詩會卷四十一，影印文淵閣四庫全書本。又見道光廣東通志卷一一三。

圭峰

浮雲翦落暉，策杖瞰清溪。茫茫北山道，靄靄暮煙低。孤峰突群岫，壁立如信圭。蒼翠倚天半，緩視如雲梯。道光廣東通志卷一一三。

楞伽峽

小艇過江流，沉波萬仞泓。把酒挹霄漢，楞伽月正明。山空人寂寂，漠漠曉煙平。鼓腹傲皓潔，照我肝膽清。道光廣東通志卷一一三。

方廣寺睡覺

僧舍孤衾寄此情，莊生夢破晚鐘聲。浮漚蹤迹原無定，惆悵西風一夜清。南嶽倡酬集，影印文淵閣四庫全書本。

渡興樂江望祝融次擇之韻

今日溪雲迷小槎，層層錦浪映晴霞。須臾直至前村去，遥望群峰真可誇。南嶽倡酬集。

自方廣過高臺賦此

高處避紅塵，凝眸望古城。雪深山自老，崖壁色鮮明。野竹通溪徑，遥峰結舊盟。自來人不到，寒草傍臺生。南嶽倡酬集。

胡丈廣仲與范伯崇自嶽市來同登絶頂舉酒極談得聞比日講論之樂

久憩珠林寺，高軒自遠來。攜朋上喬嶽，載酒到瓊臺。論道吟心樂，吟詩笑眼開。遥觀松柏樹，風韻有餘哀。南嶽倡酬集。

十五日再登祝融峰用臺字韻

今朝風日霽，共約再登臺。人在雲端上，僧從天際回。巖頭風戛竹，林畔雪欺梅。濁酒消寒氣，無妨飲數杯。南嶽倡酬集。

題城南

坡頭〔一〕望西山，秋意已如許。雲影度江來，霏霏半空雨。鶴林玉露卷十三，中華書局，二〇〇五年。又見升菴集卷五十七宋人絶句，宋詩紀事卷五十七。

同常甫宿南臺寺〔二〕

香閣珠林倚半天，兩人相對嶽峰眠。羌村秉燭翻疑夢，緱嶺乘鸞似學仙。雲伴疲笻

〔一〕坡頭：宋詩紀事作「城頭」。

〔二〕案：明曹學佺編石倉歷代詩選卷四百八十一收此詩於嚴嵩名下，題爲「南臺寺同常甫兄宿是夕聞欽之兄自攸縣來會」，未知孰是，姑録此備考。

過絶壁，風傳清嘯隔蒼煙。攸江亦有山陰興，莫使虚廻半夜船。嘉靖湖廣圖經志書卷十二，北京圖書館出版社，一九九一年。又見雍正湖廣通志卷八十八，影印文淵閣四庫全書本。

登嶽麓赫曦堂聯句 乾道丁亥冬九日

泛舟長沙渚，振策湘山岑。晦翁。煙雲渺變化，宇宙窮高深。懷古壯士志，憂時君子心。敬夫。寄言塵中客，莽蒼誰能尋。晦翁。朱文公文集卷五。又見光緒湖南通志卷三十二，岳麓書社，二〇〇九年。

過上天竺寺

上竺諸天近，中林萬木低。迥超塵世外，恍入雪山西。忽漫參龍象，行將混鹿麋。何年釋簪紱，於此獨幽栖。西湖志纂卷八，影印文淵閣四庫全書本。又見武林梵志卷五。

荆湖望月

浩浩湖之源，迤邐衡山下。有月來中天，明珠千斛瀉。澄澈一塵無，交輝清不夜。嗟彼泉下人，逝莫挽逸駕。惟有不死心，清光徧華夏。張伯行濂洛風雅卷六，叢書集成初編本。

和友人夢遊西山

故人疇昔隱西峰，野寺幽房一徑通。無復老僧談舊事，空餘修竹滿清風。夢中尋勝忘南北，句裏論心豈異同。我欲壁間題唱和，他年留得詫南公。桂勝卷三，影印文淵閣四庫全書本。

題福勝寺

朝宗秀水琉璃碧，擁縣高山翡翠青。三峽元無天下險，五臺端是地中靈。羊腸紫棧平如砥，魚貫朱甍巧似屏。中有神仙來作牧，斗南夜夜煥台星。雍正江西通志卷一五四，影印文淵閣四庫全書本。

和故舊招館

牢落詩盟寒欲灰，非君懷抱若爲開。未闌樽酒論文意，拂榻應須有待來。永樂大典卷一一三一三。

聽雨軒

兄弟相親本性天，偶因觸物自情牽。燈前坐想對床句，枕上眠追共被賢。點點唤回蝴蝶夢，深深思入鶺鴒篇。古人尺布嘗興歎，覩此標名始恝然。雍正開化縣志卷十，雍正刻本。

偶書

我愛庭前木葉疎，病枝衰蔓手披除。從今燕坐無通塞，來往風煙任卷舒。石倉歷代詩選卷一八九，影印文淵閣四庫全書本。

句

郴山足奇變，其水復清美。送吴仲權還郴。輿地紀勝卷五十七荆湖南路郴州，中華書局，一九九一年。

句

公退也須偷賞玩，郡城無夜不樓臺。永樂大典卷五七七〇。

詞

水調歌頭 聯句問訊羅漢同朱熹

雪月兩相映，水石互悲鳴。不知巖上枯木，今夜若爲情。應見塵中膠擾，便道山間空曠，與麽了平生。與麽平生了，天命不流行。熹

起披衣，瞻碧漢，露華清。寥寥千載，此事本分明。若向乾坤識易，便信行藏無間，處處總圓成。記取淵冰語，莫錯定盤星。朱文公文集卷十。又見全宋詞第三册第一七二三頁，中華書局，二〇〇九年。

和拜星月詞

十里烟堤，百花風榭，遊女翩翩羽蓋。綵柱秋千，蹙花梢嬌對，矧門外森立喬松，日花争麗，猶若當年文會。廊廟夔龍，暫卜隣郊外，真率盤餐。玉糝金虀，同蕭散寄傲，尊罍傾北海。佳處難忘，約追歡須再。況風月不用一錢買，便回首七虎堂中，心欲碎，千里相思，

幸前賢猶在。浙江通志卷四十八，影印文淵閣四庫全書本。

表

代父作謝自便表紹興三十一年

家國異謀，固難調於衆口；天日下照，夫何歉於一心。兹蓋伏遇皇帝陛下體堯之仁，行禹之智。微彰以道，必因天地之時；動化若神，孰測風雷之用。誠齋詩話，影印文淵閣四庫全書本。

奏疏

上省察君心疏紹興三十二年十一月

陛下上念宗社之讎耻，下閔中原之塗炭，惕然於中，而思有以振之。臣謂此心之發，即天理之所存也。願益加省察，而稽古親賢以自輔，無使其或少息，則今日之功可以必成，而因循之弊可革矣。宋史卷四二九張栻傳。

論復讎疏隆興二年十一月

吾與虜人[一]有不共戴天之讎，異時朝廷雖嘗興縞素之師，然旋遣玉帛之使，是以講和之念未忘於胸中，而至忱惻怛之心無以感格於天人之際，此所以事屢敗而功不成也。今雖重爲群邪所誤，以蹙國而召寇，然亦安知非天欲以是開聖心哉？謂宜深察此理，使吾胸中了然無纖芥之惑，然後明詔中外，公行賞罰，以快軍民之憤，則人心悦，士氣充，而敵不難却矣。繼今以往，益堅此志，誓不言和，專務自强，雖折不撓，使此心純一，貫徹上下，則遲以歲月，亦何功之不濟哉？宋史卷四二九張栻傳。又見宋史全文卷二十四。

論恢復中原宜先得人心疏乾道五年

先王所以建事立功無不如志者，以其胸中之誠有以感格天人之心，而與之無間也。今規畫雖勞，而事功不立，陛下誠深察之日用之間，念慮云爲之際，亦有私意之發以害吾

〔一〕虜人：原作「金人」，據朱熹右文殿修撰張公神道碑改。

之應之誠者乎？有則克而去之，使吾中扃洞然無所間雜，則見義必精，守義必固，而天人之應將不待求而得矣。夫欲復中原之地，先有以得中原之心；欲得中原之心，先有以得吾民之心。求所以得吾民之心者，豈有他哉？不盡其力，不傷其財而已矣。今日之事，固當以明大義、正人心爲本。然其所施有先後，則其緩急不可以不詳；所務有名實，則其取舍不可以不審，此又明主所宜深察也。宋史卷四二九張栻傳。又見宋史全文卷二十五，古文淵鑑卷六十二，影印文淵閣四庫全書本；康熙綿竹縣志卷三，乾隆刻本。

嚴州召還上殿劄子 乾道六年

臣聞前史稱漢高帝不悦儒學，或以是爲高帝之病。臣竊以謂高帝所惡特腐儒俗學耳。高帝聰明大度，其仗義履正，蓋有與儒術暗合者，是以能成大業。然以高帝天姿如此，政宜用儒，惜乎當時不遇真儒談實學耳，不然，則其治效又豈止此哉！夫所貴乎儒學者，以真可以經世而濟用也。若夫腐儒則不然，聽其言則汗漫而無紀，考其事則迂闊而無成，則亦安所用夫學哉？臣試舉兩事論之。夫所謂兵與財者，有天下者之所急也。腐儒之論則曰儒者不知兵，儒者不言財。曾不知子路問「子行三軍，則誰與」，孔子對以「必也臨事而懼，好謀而成」。夾谷之會，强者懦焉，則知用兵未有若孔子也。孟子之言曰：「無政事則財用不足。」則知理財未有若孟子也。腐儒者己則不能，遂斷以爲儒者無是事，則所謂兵與財者國不可一日闕，則時君世主不免用夫肯任此者，而小人始得進矣。臣以爲天下之事所以難立者，以夫所謂君子者不能任事。曰君子而不能任事，則事將歸於小人，而弊始百出矣。此非特時君世主之過也，儒者不知學之過也。臣竊惟皇帝陛下以超世之資，惡腐儒俗學之害，甚似漢祖，然臣之愚，以爲腐儒俗學固爲害矣，而自古所以濟世者實在於儒學。願陛下無以腐儒之故而忽夫儒學之真，尊聖人制治之典，求開物成務之才，於以助成聖德，共濟遠圖，實天下幸甚！取進止。道光綿竹縣志卷三十七，道光刻本。

論必勝之形在於早正素定疏乾道六年六月〔一〕

臣竊謂陵寢隔絶，誠臣子不忍言之至痛，然今未能奉辭以討之，又不能正名以絶之，乃欲卑詞厚禮以求於彼，則於大義已爲未盡。而異論者猶以爲憂，則其淺陋畏怯，固益甚

〔一〕繫年據宋史全文補。

矣。然臣竊揆其心意，或者亦有以見我未有必勝之形，而不能不憂也歟？蓋必勝之形，當在於早正素定之時，而不在於兩陣决機之日。今日但當下哀痛之詔，明復讎之義，顯絶金人，不與通使。然後修德立政，用賢養民，選將帥，練甲兵，通内修外攘、進戰退守以爲一事，且必治其實而不爲虚文，則必勝之形隱然可見，雖有淺陋畏怯之人，亦且奮躍而争先矣。宋史卷四二九張栻傳。又見中興兩朝編年綱目卷一六一，影印宋刻元修本；宋史全文卷二十五，影印文淵閣四庫全書本；康熙綿竹縣志卷三，道光綿竹縣志卷三十七。

請改司馬朴謚議乾道六年十月十一日

太常寺擬故兵部尚書司馬朴謚。按法：危身奉上曰忠，執心決斷曰肅。竊惟朴當國步傾危之際，奉使讎虜，陳義激切，遂遭拘縻，又以傳建炎赦書致械繫。既而虜亦義之，逼授僞行臺左丞，堅拒不受，竟以徙死。守節終始，不爲虜汙，可謂之爲臣之義。明詔賜謚，實慰人心。然太常所定，美則美矣，而危身奉上，執心決斷，恐未足以暴白公之事。按謚法：臨患不忘國曰忠，不汙不義曰潔，請改曰「忠潔」。宋會要輯稿禮五八之八。又見宋代蜀文輯存卷六十四。

論郊禮陰晴劄子乾道六年十一月

陛下之心，即天心也。陛下之心欲定未定，故上天之應乍陰乍晴。天人一體，象類無間，深切著明，有如此者。臣願陛下毋以此爲祥瑞之事，而於此存敬戒之心。試思夫次日御樓肆赦之際，日光皎然，四無纖翳，天其或者何不早撤雲陰於行事之時，使聖懷坦然，無復憂慮，而必示其疑，以爲悚動？然則丁寧愛陛下之意深矣。天意若曰：今日君子小人之消長，治亂之勢，華夷之形，綿有所未定，特在陛下之心如何耳。若陛下之心嚴恭兢畏，常如奉祠之際，則君子小人終可辨，治道終可成，夷狄終可滅，當如祀事終得成禮。惟陛下常存是心，實天下幸甚！宋史全文卷二十五。

論張說不可除簽書樞密院事疏乾道七年三月

文武誠不可偏，然今欲右武以均二柄，而所用乃得如此之人，非惟不足以服文吏之心，正恐反激武臣之怒。宋史卷四二九張栻傳。

言廣西鹽法奏淳熙二年八月甲戌

諸郡賦入甚寡，用度不足，近年復行般賣鹽。此誠良法，然官般之法雖行，而諸郡之窘猶故。蓋以此路諸州全仰於漕司，漕司發鹽使之自運，除本脚之外，其息固有限，而就其息之中，以十分爲率，漕收其八，諸州僅得其二。逐州所得既微，是致無力盡行般運，而漕司據已撥之數，責八分之息，以爲寄樁，則其窘匱何時而已？幸有僅能般到者，高價抑買，豈保其無？欲乞委本司及提刑鄭丙、漕臣趙善政，公共將一路財賦通融斟酌，爲久遠之計，既於漕計不乏，又使一路州郡有以支吾，見行鹽法不致弊壞。宋史全文卷二十五。又見皇宋中興兩朝聖政卷五十四，北京圖書館出版社，二〇〇七年。

言廣西官賣鹽事奏

廣西官般官賣鹽，舊來六分漕計，四分諸州歲用。自乾道元年再行官賣以後，漕司收其八分，州軍止得二分。竊慮州軍窘匱，因而作名色科取於民。宋會要輯稿食貨二八之三，中華書局，一九九七年。

言逃亡配隸事奏淳熙二年九月十二日

近來配隸之人雖有指揮，劫盜罪不致〔一〕，逐州長貳躬親審量，少壯之人配屯駐軍，此誠良法。若逃亡出首，又押配元配所，竊慮復致竄逸。欲將首身人審量强壯，刺填軍兵，其餘刺充作院壯城指揮。宋會要輯稿刑法四之五三。

措置官鹽樁貯錢物條畫狀淳熙三年

措置樁貯錢物，以爲一路鹽貨權行條畫下項：

一、漕司每歲撥鹽共七萬八千二百三十四籮與諸州發賣，收到息錢，於内擬充諸州歲計，其數以得均平，難便增添。緣上件鹽貨，諸州雖承認籮數，然雖是有錢作本脚，預先往諸倉請買，歸州變賣，即所認不是虚數，息錢可以指準。緣廣西諸州土瘠民貧，兩税所入甚微，全藉般運鹽貨。若漕司無本脚錢，先買運下鹽貨，諸州若無漕司寄樁錢接借急闕，

〔一〕「致」下疑脱「死」字。

百姓既乏鹽食，諸州坐失息錢，依前難以支吾，利害非輕。臣考究得漕司有見管錢四十萬貫，係累年所積之數，可以權行鹽貨，即不可別行支用。今措置欲將上項錢四十萬貫於白石、鬱林等八倉場存留二十萬貫，爲漕司鹽貨循環本脚之用，於静江府諸州存留二十萬貫，爲諸州接借般運鹽貨之用，委所屬通判、簽判專一主管置籍出入。如諸州委有闕乏，前期申漕司量行接借般運鹽到州變賣，委通判、簽判拘收所借錢發歸元借寄樁庫，無致失陷。

一、轉運司見今一歲共均撥鹽七萬八千二百三十四籮：静江府二萬六千三百六十五籮，柳州三千五百籮，鬱林州三千五百籮，宜州四千三百九十籮，容州三千五百籮，象州三千籮，梧州二千籮，潯州三千籮，藤州二千五百籮，賀州五千籮，融州二千七百籮，横州一千七百籮，貴州三千五百籮，又一百七十九籮係抱認上供錢，邕州七千五百籮，賓州二千五百籮，昭州三千五百籮，又四百籮係轉運司抱認一分折布錢紐撥鹽付本府般賣。右所撥鹽籮數已定，自今漕司不得更有增撥。

一、轉運司撥上項鹽付諸州般運發賣，以地裏遠近價錢不等。静江府每籮價錢十貫足，本脚錢四貫三百五十三足，息錢五貫六百四十七足。柳州每籮價錢一十二貫足，本脚錢四貫三百四十八足，息錢七貫六百五十二足。鬱林州每籮價錢七貫足，脚錢二貫九百足，本脚錢二貫九百三十八足，息錢四貫六十二足。宜州每籮價錢一十三貫足，本脚錢四貫七百四十八足，息錢八貫二百五十二足。容州每籮價錢七貫足，本脚錢二千五百籮，每籮三貫三百八十文足，一千籮每籮二貫七百三十四文足。息錢二千五百籮，每籮錢三貫七百九十二足，一千籮每籮四貫二百六十六足。象州每籮價錢一十貫足，本脚錢四貫一百四十八足，息錢五貫八百五十二足。梧州每籮價錢八貫足，本脚錢二貫六百四十八足，息錢四貫三百五十二足。潯州每籮價錢一十貫文足，本脚錢三貫七百八十八文足，息錢六貫二百一十二足。藤州每籮價錢八貫足，本脚錢三貫三百九十八足，息錢四貫六百二文足。賀州每籮價錢一十貫足，本脚錢四貫四百三十四足，息錢五貫五百六十六足。融州每籮價錢一十三貫足，本脚錢四貫五百四十八足，息錢八貫四百五十二足。横州每籮價錢一十貫足，本脚錢三貫二百一十四足，息錢六貫七百八十六足。貴州每籮價錢一十貫足，本脚錢三貫五百三十八足，息錢六貫四百六十二足。邕州每籮價錢一十貫足，本脚錢三貫五百三十四足，息錢六貫四百六十六足。賓州每籮價錢一十一貫五百足，本脚錢四貫一百三十八足，息錢七貫三百六十二足。昭州每籮價錢一十貫足，本脚錢四貫一百四十八足，息錢五貫八百五十二足。右賣鹽價直緣諸州市估有可量增者各不得過三分。謂如息錢五貫，增數不得過一貫五百文。見今過數者即行裁減，不及數者不得再增。仍乞下本路轉運司令漕臣於上項錢常切點檢，逐年具錢帳申朝廷，無致失陷，及諸州並不得擅有分文支撥，實〔一〕一路永久根本之計。宋會要輯稿食貨二八之三。又見宋代蜀文輯存卷六十四，民國鉛印本。

乞推行保伍之法奏淳熙二年十一月

保伍之設，誠戢盜之良法。臣自到官以來，講究措置施行於靜江境内，頗得其効，近復以推於一路。乞下有司考訂斟酌，申嚴而行之。宋史全文卷二十五。又見中興兩朝聖政卷五十四。

知靖江府奏議

本路備邊之郡九，而邕管爲最重。邕之所管輻員數千里，而左、右兩江爲最重。自邕之西北有牂牁、大理、羅甸、自杞，而西南有白衣九道、安南諸國，皆其所當備者。然邕之

〔一〕實：原作「貫」，據文意改。

戍兵不滿千人，所恃以爲籬落者，惟左、右兩江溪洞共八十餘處。民兵不下十萬，首領世襲，人自爲戰，如古諸侯民兵之制。其去邕管近者餘三百里，遠者近千里。所恃以維持撫馭之者，惟提舉盜賊都巡檢使四人，各以戍兵百餘爲溪洞綱領，其職任可謂不輕矣。可不遴選其人，謹護其土，以爲南方久遠之蔽？乞依大觀指揮，許本司奏辟。宋史全文卷二十六上。又見粵西文載卷四，康熙刻本；又見古今圖書集成方輿典卷一四四五。

乞以唐帝祠虞帝祠著之祀典狀

臣所領州有唐帝祠，去城二十里而近，其山曰堯山，高廣爲一境之望。祠雖不詳所始，然有唐衡嶽道士彌明詩刻，即知其來舊矣。有虞帝祠，去城五里而近，其山曰虞山，灕江匯其左，曰皇澤之灣，有大曆中磨崖碑，載刺史李昌夔修祠事。臣已肇修祠宇，請著之祀典，俾長吏檢校葺治。文獻通考卷一〇三，中華書局，一九八六年。又見御定淵鑑類函卷一七一，五禮通考卷一一六，雍正山西通志卷一六四，影印文淵閣四庫全書本。

乞廣取士狀

國家設科以羅多士，雖曰考之以文辭，而真才實能往往由此而得。永樂大典卷一三四五三引張南軒集。

記

雙鳳亭記

栻來零陵，與其鄉之士遊，其賢有才者蓋不乏，而山川之奇，自唐以來記之矣。其地而長才秀民者益出，且將顯聞於時，與中州等，而獨恨學省湫隘漫漶，念非所以爲勸獎之意。學之前茀爲荒墟，往往大石負土屹出，以爲試芟斧之，遂有可觀。栻來零陵之三年，盧陵彭侯奉命守是州。其明年，政治休洽，民安樂之，始議新學省。首命治其前地，翦夷榛茅，群石獻狀於壤間，其上隱然成文，滌視之，若羽而駢飛者，蓋鳳云。彭侯以其爲祥也，作亭以臨之，使來者得觀覽焉，而屬栻記之。噫，是可以爲之祥歟！夫物之在天下，其變怪恍惚出没，千態萬狀，至於不可勝窮，益其天機之動，忽然而成，有非人力之所能及者，是可以謂之祥哉！然而處荒榛叢林之間，不知其幾年，日之所炙，風雨霜雪之所剥蝕，又不知其幾年矣，而其形獨全。使其生於深山窮林，狐狸之所嗥，鹿豕之所遊，則樵夫野人安得而知之？而吾曹亦安得謂祥之哉？而獨出城郭之間，又適學宫之前，其決不偶然也。嚮也堙没而無聞焉，始爲彭侯出是祥也，無疑矣。永於湖湘爲名士，而彭侯又適新是學，而兹祥出焉。夫鳳，文物也，則永之士其將以文鳴歟？雖然，古之所謂文者，非特言語之工、誦讀之博而已也，蓋將以治其身，使動率於禮，在内者粹然，而在外者彬彬焉。故其本不過於治身而已，而其極可施用於天下，此之謂至文。使永之士益知斯之爲文而進焉，則將燦然如鄒魯之士，而無愧於古，斯其爲祥也大矣，獨非彭侯之賜歟？漢潁川守黄霸治有能名，而鳳凰實爲之來，亦安知其不爲彭侯之祥也？上以至德治天下，仁心昭格，真可以致鳳矣。噫嘻，是將爲吾君之祥歟！嘉靖湖廣圖經志書卷十三，書目文獻出版社一九九一年影印本。又見雍正湖廣通志卷一〇六，影印文淵閣四庫全書本；康熙永州府志卷六，書目文獻出版社一九九一年影印本；嘉慶湖南通志卷一七九，嘉慶刻本；道光永州府志卷三十七，道光刻本。

韶音洞記 淳熙四年十月

由虞祠之後不十步至虞山之下，有石門可窺。入其中，則虚明以長，仰而視之，石去人僅尺許，色青潤可愛。瞰其旁，蹲踞蜿蜒，如虎豹龍蛇者皆是也。行其中十餘步，望北牖，清江横於前，下臨深淵，所謂皇澤灣也。始，栻既新帝之祠，得新安朱熹爲之記，命工人度山之崖，磨而鐫之，偶發石而得斯洞。鑿其下石之齧足者，翦其北林薄之翳目者，而地之勝有若天成焉，名之曰「韶音洞」，蓋淳熙三年秋也。洞之深凡十有三丈，廣二丈有奇。牖之外少西，有地隆然而高，爲臺可釣。明年秋，又於祠之左得小丘，平曠爽塏，江出於旁，凡桂之山瑰奇傑出者悉獻其狀，作亭於上，名之曰「南薰之亭」。於是祠之前後皆有覽觀之美，來拜祠下者，已事而退，又得以從容而遊息焉。嗟乎！有虞氏之德，其盛蔑以加矣。蓋君臣、父子、兄弟、夫婦之彝性，孰不具是哉！帝之所以爲盛德，亦盡吾心之所同然者耳。是則帝之澤流洽於人心，固將與天命並行而不可泯，夫何有今古之間哉！後人徘徊於斯地，遐想簫韶之音，詠歌南風之詩，歌舞而忘歸也，其亦庶幾有以興起乎！遂書於石。四年十月戊子，廣漢張栻記。粵西文載卷十九，影印文淵閣四庫全書本。又見南宋文録録卷十一，光緒刻本；桂勝卷四，影印文淵閣四庫全書本；古今遊名山記卷十四，嘉靖刻本；名山勝概記卷四十三，明刻本；萬曆廣西志卷三十六，明刻本；康熙桂林府志山川志，康熙刻本；嘉慶廣西通志卷五六八，明刻本；光緒臨桂縣志卷一，光緒刻本；粵西金石略卷九，嘉慶刻本。

荆門山記

峰巒對峙，上開下合，厥狀如門。雍正湖廣通志卷八。

水月洞題名 淳熙二年八月

淳熙乙未歲中秋日，廣漢張敬夫約長樂鄭少融、玉山趙養民同遊水東諸巖。薄莫自松關放舟，泊水月洞，天宇清曠，月色佳甚，因書崖壁，以紀勝概。八瓊室金石補正卷一一四，文物出版社，一九八五年。又見金石續編卷十八，上海古籍出版社，一九九五；光緒臨桂縣志卷六，光緒刻本。

虞山韶音洞題名

淳熙乙巳〔一〕九月二十有九日大閱，前一夕雨，會朝開霽，旗幟明，人馬盛，弩力勁，皆新創也。士練有素，各以技逞，實一時壯觀。張栻題。清汪森粵西叢載卷二。

冷水巖題名 淳熙五年六月

淳熙五年，廣漢張栻敬夫將以閏六月朔旦北歸湖湘，前三日，與長安周椿伯壽來遊水

〔一〕案：淳熙乙巳爲淳熙十二年，是時張栻早已離開桂林，且已經去世。疑「乙巳」爲「乙未」（淳熙二年）之誤。

東諸巖，以致其欲去之意。賓客相追尋於山間者：陽武万俟立中不倚，建安黄德琬廷瑞、八桂張仲宇德儀、蔣礪良弼、唐弼公佐、李化南夫、延平張士佺子真、邯鄲劉乘晉伯、長沙李揆起宗、吴獵德夫、宜春李逢源造道、東萊吕修年永叔。桂勝卷二，影印文淵閣四庫全書本。又見粵西金石略卷九。

記宋退翁齊愈被禍事

建炎元年，大人朝南京，爲虞部員外郎。時宋退翁齊愈爲諫議大夫，舊相好也。南京庶事草創，就置三省於行宫，李公綱秉政月餘矣。一日夜漏下，大人過退翁省中，見退翁笑曰：「今日李僕射有三札。」李公素有名譽，所建明乃爾！其一欲盡括天下之馬；其二欲括東南民財，聽富室盡輸，不限以數；其三欲郡增置兵，大郡二千人，次千五百人。子以爲何如？」大人曰：「胡可行也？」退翁曰：「然。西北邊之馬今不可得，今獨江淮以南耳，其馬可用耶？民財第其等限而取之，猶恐其擾，況此可藝極耶？至於兵，假若郡增二千，月費十萬緡以養，今時州郡堪此耶？素有額者且不能滿，況外增耶？某方論其不可矣。」復捧腹而笑，出其札以示大人。大人曰：「不可上也。」退翁愕然曰：「公知其札已是不可，某論之，而云不可上，何也？」大人曰：「宰相不勝任，論去，諫官職也。豈有身爲相未幾，上三事，而公盡力駁之，彼且獨不怒者？公欲論其不可相耳。」退翁不樂，曰：「吾故爲其有虚名，但欲論此三事。」既而語頗厲，大人即退卧省中，展轉曰：「人雖至交，亦有不可言者。」翌日，遇朝參，郎省亦入見，退翁上對，少頃出，過省門，相遇，望見其有得色，前執手曰：「適奏昨札，上甚喜。」大人摇首曰：「恐公受禍自此始矣。」退翁猶憮然而去。居四日而難作。張邦昌之挾賊以僭也，在金營議已定，今載於諸録，可考驗也。退翁自會議所歸，遇鄉人問之曰：「今日金所立者誰？」退翁書邦昌姓名於掌以示之。而李丞相付獄，觀望以爲退翁。丞相竟匿其稿，而執李會章論退翁死。李公旋罷相。後上亦聞其詳，惻然仁閔，復退翁官，而官其子。己卯夏，栻侍旁聞之，敢私志云。玉照新志卷四，中華書局，一九八五年。又見宋代蜀文輯存卷六十四。

書夏長沙淳熙二年

長沙王忠卿來爲余邑文學掾，予謁之，王公甚稱令夏侯之賢。予問之曰：「侯定科徭如何？」曰：「長沙爲縣，雖據湘江下遊，厥田惟下，入賦以斛僅計四萬三千有餘，豪有力者兼併，且善避役，役多在貧人。侯察其姦，令民自實田畝，以定田賦，一邑服其平。」「侯律己如何？」曰：「清約甚。飲長沙水外，一物不煩於民。每旦徒行入縣署，野夫不識，與争道，不問。廷有鬬民，立爲疏直枉，皆免冠叩頭謝。長子自沔陽來，越旬即遣歸，惟一童給侍朝夕。」「侯馭吏及隸如何？」曰：「吏抱案立左右，惟侯言是裁，不敢以意出入之。隸數不逾九，凡冒隸名巡聚落以病民者悉罷去。去年藩府以善治聞，天子嘉之，遣使賜帛，邑民盛爲侯榮。」予聞已，顧謂二三子曰：此衢龍夏蹈中大本甫也。公以明經中紹興三十二年鄉試，乾道八年復中黄定榜進士，既而擢爲是邑，甚有惠政。予昔聞巡司之言若此，今王儒宗又甚稱其賢如此，而予又聞藩府之譽與路碑之詞同，則侯之賢已。使牧郡國者皆得如侯，則下民之瘼庶幾其有瘳乎！民國龍遊縣志卷三十三，民國刻本。

書啓

賀錢工侍啓

誕揚宸命，擢貳冬官。天生五材，盍謹民彝之用；國有六職，尤難藝事之精。朝著得人，士心交慶。恭惟某官氣涵剛大，行道中庸。傳師友之法言，淵衷有自；明國家之大體，表裏無遺。方賢業之時升，固貴名之日起。參陪諸彥，久從藏室之遊；舉正宏綱，式助文昌之政。果由迪簡，進簉高華。峻從班於貳師之聯，付邦土於起曹之重。將展近臣盡規之益，且觀知者創物之能。文武可尋，方急備修之効；元戎罕及，坐期精巧之功。某遠託餘光，欣聞異數。屬自縻於符守，莫親贊於廈成。百工惟時，既啓其凝之治；一德咸有，行攄自任之心。四庫本五百家播芳大全文粹卷十三。又見宋代蜀文輯存卷六十四。

答喬德瞻書

栻許時幸款晤，雩川之別，良用悵然。從者遂還金華否？栻留此已幾半月，館舍寬涼，可以觀書，但恨友朋之遠耳。論語仁説亦稍稍改正矣，早晚寫寄伯恭，可就觀也。左右天資之茂，加以思慮審細，竊所期望。惟力審自勉，惟宏惟毅，以進篤實之功。君舉後來曾相見否？近亦一得書也。晦叔來吴江相見，歸侍傍，欲再求假來此，猶未得，却數通問。他非此可既，今日得雨，更數日可以西去矣。寶真齋法書贊卷二十六，叢書集成初編本。

與通判學士書

栻稽顙再拜上狀通判學士座下：即晨梅雨蒸濕，伏惟開決有相，台候萬福。栻孤露餘生，不足深軫，尚冀若時厚自衛重，不次。栻稽顙再拜上狀通判學士座下。寶真齋法書贊卷二十六。

與某人書

栻稽顙再拜：先公平生心純王室，深痛讎恥之大，誓不與俱存，至於易簀，惟以未克報兩宫知遇爲念。嗚呼痛哉！不肖孤泣血何極，輓章讀之，更重感慟。邇來盜賊屏息否？長才淹汩，爲重歎也。栻稽顙再拜。寶真齋法書贊卷二十六。

與某書

栻叩首再拜：齋醖及寶峰新笋見寄，得以備薦奉，愧感愧感！建茶廿片，輒馳浼，幸檢留。栻叩首再拜。寶真齋法書贊卷二十六。

與詹儀之書

栻皇恐再拜，上問尊眷，伏惟中外均受新祺，令子一一勝慶。小孫每蒙垂問，足見慈幼之所推及也。幸頗耐壯，差慰目前。辱寄兩圖，恍若陪笑語於其間。桂林山川真是絶勝不可忘，而此兩圖足盡其要。目力心匠，何翅較三十里也。荆南極目浩渺，更無一山，安得壯士提挈數峰置我前？然兩日大雪，登城縱觀，益覺壯偉，亦復不惡耳。易傳、語解、損益刻併領，慰感。是三者若非兄主張，當復墮渺茫。蜀箋一百，附子五十，鵝梨十對，謾納上，幸檢收。文潛論學竟肯下意否？光緒嚴州府志卷二十四，光緒九年增刻本。又見光緒遂安縣志卷一〇，光緒刻本。

與某人書〔一〕

栻〔二〕此間官屬中有游九思誠之，自長沙邀之攝經幕，其人有志趣，曉民事，亦嘗從元

〔一〕式古堂書畫彙考卷十二、六藝之一録卷三九四作「蘇子瞻官屬帖」，大誤。

〔二〕栻：本文「栻」原皆作「軾」，列入蘇軾翰墨，顯誤。

晦遊。又有嚴昌裔慶曾，永州人，栻舊與之欵，慤實可委信。又有李悰静翁，見爲經屬，雖才短，頗氣直肯言。此外又有兩三人，頗習吏事，自楚來。旁一行云：武行中勇毅者極難收拾得數輩。其餘亦頗似肯向前，亦有顯過者。凡百姓教詔之，甚而不悛，然後不免治之耳。諸郡守得人者寡，例多苟且，其間亦多闕。向來三司共作一味，是人情，今與兩臺約，請公是選，不可一毫欺。朝廷但却似月前難得人，到任後今已辟兩處闕詣頗以爲然也。吴伻到遵州後，彼中事殊闕覺血脉通貫，見已攝守，極通曉也。李享規模只是理會兵財兩事，甚有條緒，至今傳道之。林君本政書闕雖未盡，要是根本之論，得其家，更有數書，已往録矣。廣州農事近尤滅裂，若今冬尚備數于此，亦當考究料理也。此間人事，聞見極陋，然資質寧無佳者？栻再過學中，與之論講經史。學宫弊甚，已修治增廣。講堂之旁，別前政生祠，不免徙置佛寺，用其處新濂溪、二程先生祠，庶來者知方向耳。栻比領御筆理會買馬事，既栻奏聞，又御筆批下「依奏依奏」。往返自更遞共不廿日，荷闕上不棄外，應之如響，凡有所見，其敢不自竭，況敢自有疏外耶？其他可闕教者闕一二闕示免之。栻再拜。

偶有肘子納二十枚，并川墨兩笏同寄。栻又拜。式古堂書畫彙考卷十二，六藝之一録卷三九四，珊瑚網卷六。俱爲影印文淵閣四庫全書本。

與子澄知縣書〔一〕

栻頓首再拜子澄知縣學士老兄座下：頃得婺女所惠書，未及遺款。潘無愧來，出近問，且詳動静，極以爲慰。即日秋半氣清，伏惟侍奉外尊履萬福。栻涉夏及秋，大半安健，不必爲念。承得邑宜黄，推學道愛人之心，當有以幸彼民，未知闕在何□也。講學想不廢。垂諭識大本、除物欲之説。蓋義理精微處，毫釐易差，故以吕與叔遊伊川、横渠之門，所得非不深，而至論中處，終未契先生之意，知未易至也。今學者未循其序，遽欲識大本，則是先起求獲之心，只是想象模量，終非其實。要須居敬窮理工夫日積月累，則意味自覺無窮，於大本當漸瑩然。大抵聖人教人，具有先後始終。學者存任重道遠之思，切戒欲速也。物欲之防，先覺所謹。蓋人心甚危，氣習難化，誠當兢業乎此。然隨起隨遏，將滅於東而生於西，紛擾之不暇。惟端本澄源，養之有素，則可以致消弭之力。舊見謝上蔡謂「透得名利關，便是小歇處」，疑斯言太快。透得名利關亦易事耳，如何便謂之小歇處？

〔一〕案：此文又見本集卷二十六，作答劉宰，但首尾不完整。

年大更事，始知真透得誠未易。世有自謂能擺脱名利者，是亦未免被它礙着耳。前人之言不苟然類如此，要真用力，乃知之耳。潘君志趣誠可喜，亦頗約款，正亦能面詳。子充天資美茂，但於學問幾成自棄。遽問，每亦不敢不盡其愚，未知能有益否。既見之願，尚未克遂。彼中想有可見教者□毋惜。千里之外□可冀往來之益也。□當爲遠業□□之請，太夫人壽體康寧。令兄亦恨未及際識，眷集鈞慶。不宣。栻頓首再拜子澄知縣學士老兄座下。（鳳墅帖前帖卷十五，上海圖書館藏。）

秋晚帖

栻近附遞拜答劄子，必已呈徹。急足還，拜所賜教，感慰不勝下情。即辰秋晚，氣令澄肅，伏惟制閫雍容，神人交相，台候起居萬福。栻侍旁粗安，不足記軫。邇來邊報雖不一，而未見虜有端的動息。持書之使，□已遣兩屬來迎去，俟聞信息，别得馳稟。上意欲外示款之，而益治要險。練甲治兵，以爲後圖，尚書丈想必已知此意。皇甫倜呼前勞撫之，使守信陽，深得其宜，不勝嘆服。京襄近聞，乞時賜諭。川陜軍實今何如？所聞頗異同，亦願詳示誨。未因詹近，敢幾上體眷倚，倍護鼎茵，即歸樞近。右謹具呈制置尚書契丈台坐前。九月廿三日，右承務郎、直秘閣、江淮都督府主管書寫機宜文字張栻劄子。故宫博物院藏，徐邦達古書畫過眼要録晉隋唐五代宋書法第五三四頁，湖南美術出版社，一九八七年。

嚴陵帖

張栻自來嚴陵，與令婿伯恭遊從，每聞起居狀；及論議□詳，用以自慰。兹承□御樣琴，皇家急賢，除目亟下，甚慰士望。栻孤拙者，遂有聯事，亦使日承警誨，庶其寡悔，欣幸預深。即日春首尚寒，伏惟趣裝有相，台候動止萬福。栻備數亡補，日夜悚懼，自此皆傾耳車音之日也。顓介走前，敬此承候，敢祈衛涉珍護，以對休嘉。百懷並須面致。右謹具呈右司台坐。正月日，右承務郎、試尚書左司員外郎、兼侍講張栻劄子。故宫博物院藏，徐邦達古書畫過眼要録晉隋唐五代宋書法第五三五頁。

序跋

河南程氏粹言序

河南夫子書，變語録而文之者也。余得諸子高子，其家傳，以爲是書成於龜山先生。

龜山，河南之門高弟也，必得夫心傳之妙。苟非其人，差毫釐而千里謬矣。余始見之，卷次不分，編類不别，因離爲十篇，篇標以目，欲其統而要，非求效夫語、孟之書也。昔文中子所得粹矣，中説類多格言，廼門弟子所録。後之病中説者，謂其擬論語爲僭，是豈文中子意哉？余於是書，亦慮後世有以議夫子也，故輒記其始末。若夫子之道，日月其明，泰山其高，江海其大也，豈後學所能形容？夫子姓程，諱某，字正叔。夫子之兄，諱某，謚明道先生，亦時有言行録於其間。乾道丙戌正月十有八日，南軒張栻序。河南程氏粹言卷首，光緒中刻二程全書本。

兼山中庸説序

萬理歸於一者也，萬事本於經者也，萬變統於元者也，萬物成於性者也。天德不明，則萬理喪其歸，萬事紊其經，萬變錯其統，萬物失其性，而天地之化或幾乎息矣。中庸之書，蓋以明夫天德，極體用之妙，措之天下而與天地並行者也。中庸之學不傳久矣，而傳於本朝之程氏之門人。雖其所造有淺深，要其本盩於正者鮮矣。栻之所藏，有侯氏、楊氏、游氏之書，近又得兼山郭氏所述於其姪孫見義。觀其言有曰：「道無乎不在也，神無乎不爲也。知無乎不在，我則不廢天下之事，而求其道之大原；知無乎不爲，我則不廢天下之務，而求其神之妙用。」學者試以是思之。（古文集成卷九，影印文淵閣四庫全書本。）

跋蔡端明帖

蔡端明此書，大得顔平原浯溪磨崖刻筆意。世人但知其端嚴有法度，而不察其操縱運用妙處，何異趙括讀兵書乎？前輩評端明正書爲本朝第一，蓋不誣也。（遊宦紀聞卷九，中華書局，一九八一年。）

書明道先生遺文後

右明道先生遺文九篇。長沙學宮既刻二先生文集，後三年，新安朱熹復以此寄栻，云得之玉山汪應辰，敬以授教授何蘊，俾嗣刻之。乾道己丑四月朔，廣漢張栻謹書。（二程文集附録，影印文淵閣四庫全書本。）

跋汪公作陳璹墓銘

汪公爲此銘十年矣，焞屬栻書而立於墓，淳熙三年十有二月，始克書之。承事郎、權發遣靜江府、主管廣西路經略安撫司公事張栻記。永樂大典卷三一五〇。

甘泉銘跋

栻得此本於郡士蔣言之家，蔣君之父即諱漳者是也。因摹以遺祁陽令魏君刻之泉上，庶幾前賢之言不至泯没，而斯泉之美亦得表而出之，來者有考焉。紹興庚辰暮春，張栻謹書。同治永州府志卷十八中，同治刻本。又見古今圖書集成職方典卷一二八二，光緒湖南通志卷二七六，光緒刻本。

跋鄒文忠感應泉銘

鄒公名節在天下，固豈晚生所能贊誦？讀其文字之雄，猶可以想見其引龍裾之時，而激懦夫於今世也邪！粵西文載卷五十九。又見思賢録卷一，明刻本。

題弟杓介亭榜側

介亭之石，本盧肇家故物也。挺然特立，望之有汲黯立朝之氣象。予既考豫六二之義以名亭，並朂來者。雍正江西通志卷三十九，影印文淵閣四庫全書本。

題靈棋經

此經之名，見於唐書經籍志中。又南史載南齊江謐亦用以占休咎，所載經文亦皆符同。本朝楊文公談苑亦載此經占驗如神。先父嘗手抄爲家藏書。栻爲職盱眙，時當喪師之後，且敵人深入，被命促行，因卜之，得「安若泰山」之卦，後果無他害。凡占之卦，無不應者，此經其神哉！孰復繇辭，必漢人爲之，非三國已後之占書也。大抵每占必切中事機，非若他術泛泛示人吉凶者比。然其繇文凶多而吉少，與易之言曰「吉凶悔吝生乎動」相類。一動之間，一吉而已，其凶、悔、吝居其三焉，豈非消長盈虛之理然歟？今世之占書，易與六壬爲驗，可占常道，而義深奥，難於決擇，甚則取舍萬端，推步不一，孰若此經之明白洞達、以簡易示人深切著明者乎？南軒張栻題。靈棋本章正經卷下，正統道藏本。

題麻衣道者正易心法

嗚呼！此真麻衣道者之書也。其説獨本於羲皇之畫，推乾坤之自然，考卦脈之流動，論反對變復之際深矣，其自得者歟！希夷隱君實傳其學。二公高視塵外，皆有長往不來之願，抑列禦寇、莊周之徒歟？雖然，概以吾聖門之法，則未也。形而下者謂之器，或者有未察歟？其説曰：「六十四卦，惟乾與坤，本之自然，是名真體。」又曰：「六子重卦，乾坤雜氣，悉是假合，無有定實。」予則以爲六子重卦，皆乾、坤雜氣之妙用，真實自然，非假合也。希夷述其説曰：「學者當於羲皇心地上馳騁，無於周、孔脚下盤旋。」予則以爲，學易者須於周、孔脚足尋求，然後羲皇心地上可得而識。推此可概見矣。然其書之傳，固非牽於文義、鑒於私意者所可同年而語也。文獻通考卷一七六。

題贈地理卷後

景純葬書，東漢以前無有也。今之談地理者率以爲印龜，然富貴利達當自致，未可專以地理言。夫景純既能知水之爲陸，乃不能逆善其先人之窀穸以自全，何哉？蓋吉凶由人，盡信書則不如無書。且以不才之子、不學之儒，有能以地理而取科第者乎？不仁之人、不善之家，有能以地理而保生産者乎？不業之農、不耕之田，有能以地理而成穀實者乎？苟不求諸我，而徒求責富貴利達之報，於彼終無已。夫建溪吴叔靖，學景純之學，遊士夫間，然叔靖固非誤人者，正恐人不自脩，反誤叔靖耳。語曰：「吉人凶其吉，凶人吉其凶。」叔靖以此語人，必以予語爲然，而汲汲乎人事之自脩，則叔靖之術因是而益驗矣。清徐乾學讀禮通考卷八十三。

論説

論鬼神

向在淮上，宿一小寺中，夜聞小雞聲以數萬計，起視之，見彌空燈明滿地。問之寺僧云，此舊戰場也，遇天氣陰晦則有此。夫氣不散則因陰陽蒸薄而有聲，氣自爲聲，於人何預！

鬼神之説，須自窮究，真是無疑方得。不然，他人説得分明，亦不濟事。性理大全書卷二十八，影印文淵閣四庫全書本。

論作詩

作詩不可直説破，須如詩人婉而成章。楚詞最得詩人之意。如言「沅有芷兮澧有蘭，思公子兮未敢言」，思是人也，而不言，則思之之意深，而不可以言語形容也。若説破如何思、如何思，則意味淺矣。性理大全書卷五十六。

愛身堂説

孟子曰：「拱把之桐梓，人苟欲生之，則知所以養之者。至於身，而不知所以養之者，豈愛身不若桐梓哉？」夫人位天地之中，而爲萬物之靈，豈不至貴至重矣哉？其惟心乎！放其良心，自流於物而不知，反爲失其身矣。人其可不自知愛，愛之則思所以養之矣。養之奈何？聖賢之書，其方册具在也，試舉其一焉。傳曰：「禮樂不可以斯須去身。」致禮以治躬，致樂以治心，是豈非養之道歟？故君子之學，持敬以爲本，窮理以爲要，涵泳浸漬，致知力行，放心可求，而身得其養矣。侍旁暇日，過趙氏書室，見榜其額曰「愛身」，有感焉，因書此義於壁。同治餘干縣志卷十八。

酒誥説

酒之爲物，本以奉祭祀、供賓客。此即天之降命也。而人以酒之故，至於失德喪身，即天之降威也。釋氏本惡天降威者，乃並與天之降命者去之；吾儒則不然，去其降威者而已。降威者天，而天之降命者自在。如飲食而至於暴殄天物，釋氏惡之，而必欲食蔬茹；吾儒則不至於暴殄而已。衣服而至於窮極奢侈，釋氏惡之，必欲衣壞色之衣；吾儒則去其奢侈而已。至於惡淫慝而絶夫婦，吾儒則去其淫慝而已。釋氏本惡人欲，並與天理之公者而去之；吾儒去人欲，所謂天理者昭然矣。譬如水焉，釋氏惡其泥沙之濁，而窒之以土，不知土既窒，則無水可飲矣。吾儒不然，澄其沙泥，而水之澄清者可酌。此儒釋之分也。

四朝聞見録甲集，中華書局，一九九七年。

銘

慤齋銘

家君命杓以「慤」名其齋，而命栻銘以告之。栻敬問所以爲銘之意，蓋取夫孔子曰「士必慤而後求智能」。退而深思，以爲之銘：

士或志近，辯給智巧。學之不知，其器則小。天下之理，惟實爲貴。實不在外，當慤乎己。不震不摇，物孰加之。以此操行，誰曰不宜。古之君子，惟慤之守。不可小知，而可大受。故以此事親斯爲孝，以此事君斯爲忠，以此事兄斯爲悌，交於朋友斯爲信。子其深思而不忒，維師乎慤，以令子之德。盧浦筆記卷九，中華書局，一九八六年。

養正堂銘〔一〕

天下之動，以正而一。正本我有，養之斯吉。道通天地，萬化流出。精思力行，勿忘朝夕。同治餘干縣志卷十八。

枕屏銘

勿欺暗，毋思邪，席上枕前且自省，莫言屏曲爲君遮。山堂肆考卷一三〇，影印文淵閣四庫全書本。又見古今事文類聚續集卷二十一，淵鑑類函卷三七六，影印文淵閣四庫全書本。

贊

〔一〕題下原注：「爲趙氏作也。栻從父浚館於是，爲作銘。」

陳公畫像贊

學識之充，才量之博，先人之憂而憂，後己之樂而樂。避金非策也，而焚詔促徵；備邊非難也，而解衣論道。於戲！若公者，其克濟時艱而誠哉！真宰相也歟！南軒張栻。

陳文正公家乘卷三，清刻本。

答

答葉定

定謂知人之道，自古所難。孟子曰「存乎人者，莫良於眸子」至「人焉廋哉」；孔子曰「視其所以」至「人焉廋哉」。夫孟子之説，非不切要，及觀孔子之言，則又詳且盡，不知於此可以分聖、賢否？

孟子之言是初見其人，要得其大綱，孔子之言是詳察其人終身事，言各有指也。後之欲知人者當兼用之，以孟子之言觀人於初見之時，以孔子之言察人於閒暇之際，則不差矣。永樂大典卷二九七八。

雜文

勸農文

淳熙三年二月既望，静江守臣率其屬勞農於郊，進父老而告之曰：民生之本在於農事，農事之修貴於瘽力。治其陂澤，利其器用，糞其田疇。其耕也必深，其耘也必詳。日夜以思，謹視詳審，無或鹵莽，且率其婦子相與協濟其事。用力之瘽如此，而後收穫之報可得而期。吾力既盡，至於豐歉之不常，則聽之於天焉。豐歉之不常雖係於天，而亦由於人事有以致之也。郡縣之吏，苟或爲政之不平，聽訟之不明，察獄之不精，賦歛之無名，使其間或有枉不得直，冤不自伸，則一夫之怨氣，亦足以傷陰陽之和，而況於其甚者哉！此則太守與官屬之責，所當日夜警戒勉勵，無敢少忽。其責雖在於郡縣之吏，而亦有繫於爾百姓者焉。閭里之間，若父子孝慈，兄弟友睦，夫婦和輯，長幼協順，存尊君親上之心，無悖教犯義之習，興謙遜廉恥之風，息争奪鬬訟之事，自然和氣薰蒸，乖厲屏伏，豐年之應，可以感召。又父老長上之責，宜相與丁寧率勸，使皆去惡趨善，以承天休，是太守之所望也。然則斯事之艱，既繫於農民之瘽力，又繫於官吏之能政，又繫於風俗之趨善，天人參會，上下相應，然後可以常獲嘉報，而多享豐年，顧不美歟！父老其體此意，毋忽。四庫本五百家播芳大全文粹卷九十一。又見新編事文類聚翰墨大全壬集卷五，元刻本。

祝文

謁三公堂祝文

敢昭告於諫議田公、文正范公、清獻趙公：某被命來守此邦，稽諸圖牒，惟三公之遺風流澤在焉。高山仰止，拳拳此心，敢不自勉，庶幾萬一。視事之始，敬薦薄奠。四庫本五百家播芳大全文粹卷八十四。

立三公祠祝文

某敬即良辰，遷祠茲宇，而肇祀嚴先生於東偏。二司圪然相望，百世之下，知所景慕矣。惟廣平宋公亦嘗來牧，今求遺像，欲列爲四公而未獲也，敢先以此告。四庫本五百家播芳大全文粹卷八十四。

祭稷神祝文

惟稷有神，司我下土，斡旋生育，功用莫禦。四庫本五百家播芳大全文粹卷八十四。

上梁文

春風樓上梁文

肯堂在念，慨百年詩禮之傳；結宇凴高，當三楚山川之勝。眷懷舊址，久委荒榛，獨存垂世之文，莫掩盡心之旨。爰因地僻，更敞樓居。睇前嶺之煙雲，自爲舒卷；俯寒江之鷗鷺，何有去來。方將栖列聖之遺經，述前人之妙意。矧在原之同好，有伐木之求仁，豈止爲歡美之娱，蓋共樂講論之益。當如曾子，長詠春風之中；寧比仲宣，徒結故鄉之戀。載咨良日，肇舉修梁，敢酌予心，允爲善頌。

抛梁東，若木升暉萬國同。肯學野人烘背穩，獨傾葵向皦丹中。

抛梁西，萬里岷峨晚照低。誰識江湖未歸意，也應多謝子規啼。

抛梁南，嶽鎮當空聳碧嵐。坐覺群峰皆拱手，曾登絶頂小江潭。

抛梁北，中州目斷還心惻。君王神武似高皇，看掃妖氛奠皇極。

抛梁上，天德維清人共仰。只於不息驗端倪，太極分明涵萬象。

抛梁下，静倚闌干觀物化。群生鼓舞荷陽春，萬水通流無晝夜。

伏願上梁之後，惟天所相，進道無魔。凡登吾樓，各具正見。息邪距詖，期丕顯於斯文；舉足出言，用克祇於先訓。自兹以往，夫復何求。四庫本五百家播芳大全文粹卷九十二。

語録

論語類

謂「學而時習」，不特効人之善，如觀「天行健」則「自强不息」之類皆是也。愚謂此於「學」字上推廣，若本旨又重在「時習」上。

「射不主皮，與爲力而射者不同科。」愚意似不必添「與」字，只作爲其力之不同，亦自明白。

論「敬鬼神而遠之」，因言横渠挂夫子像，見而不拜，又不可遂捲起。

「夢見周公」，五峰謂必曾於畫像中見之，所以夢見。愚謂世之不識其人，而夢之者甚多，但夢中以爲其人耳。如子孫之於祖先亦然，此何足怪，而轉生畫像之説耶？大抵夢境所見，與青天白日識認人面目不同，夢見周公，何可議論！

論夫子與上大夫、下大夫言，云：「最是更端處難。」蓋以爲一時之間，既與上言，又與下言也。愚意隨應而不同，亦未必同是一時。

論「鄉原自以爲是便休，是以終身爲原人」。愚謂此説極平，又有益於後學。

龜山云：「惠及窮困之人，是爲天禄之終。」愚謂此雖一説，恐改了經文耳。

「猶之與人」，訓「猶」爲「若」。愚恐「之」字無着處，且合依古注訓「俱」。黄氏日鈔卷三十九，影印文淵閣四庫全書本。

或問於南軒曰：「論語一書未嘗明言性，子思中庸獨有『天命之謂性』一語，而孟子始道性善。今先生知言反復論性爲甚詳，無乃與聖賢之意或有異乎？」南軒曰：「無以異也。

夫子雖未嘗明言性，而子貢蓋嘗識之，曰『夫子之言性與天道，不可得而聞』也，是豈真不可得聞哉？蓋夫子之言，無非性與天道之流行也。至孟子時，如楊、墨、告子之徒異説並興，孟子懼學者之惑，指示大本，使知所止。今之異端則又異乎古，自謂識心見性，其説開廣，故高明之士往往樂聞而喜趨之，一溺其間，則喪其本心，隳弛萬事，毫釐之差，霄壤之謬，其禍可勝言哉！先生於此又烏得而忘言也？其言有曰：『誠成天下之性，性立天下之有，情效天下之動，心妙性情之德。』又曰：『誠者，命之道乎？中者，性之道乎？仁者，心之道乎？』惟仁者爲能盡性至命，學者能精察於視聽言動之間，卓然知夫心之所以爲妙，則性命之理蓋可默識，然後知先生之意與古人若合符節矣。不然，不知求仁而居然論性，則幾何其不流於異端之歸乎？」宋李幼武宋名臣言行録外集卷十一。

中庸類

「君子居易以俟命」，非專俟其通。黄氏日鈔卷三十九。

書

公卿進見有時，僕御暱近無間。有時者見其尊嚴，無間者知其情性。尊嚴則未易犯其顔色，習熟故可糾其過失。救過於無間之時易入，而其爲功也早。懋德交修，正侍御僕從之職也。明王樵尚書日記卷十六，清朱鶴齡尚書埤傳卷十五。

易

蠱之上九「不事王侯」，只是不立其朝爾，人却言天子不得臣，諸侯不得友，是無人倫。黄氏日鈔卷三十九。

詩類

振鷺取其潔，亦謂其翔而後集。愚按詩本喻有客之容，餘皆推廣爾。黄氏日鈔卷三十九。

述己所以念父之意，未若思父所以念己之心爲深切也。清乾隆御纂詩義摺中卷六。

禮類

曾子易簀，季孫以人情賜之，曾子以人情受之，若以此終，則不可。冠禮：「見於母，母拜之。」只不坐受其禮，皆謂之拜。今小兒便穿秉，是以名器爲戲玩，既冠可也。

喪祭既不用浮屠，蚤晚臨之類，不可不備。

神主神所依，「主」字無出處，但恐古者貴賤有少别爾。黄氏日鈔卷三十九。

春秋

或問：「隱公春秋書螟曰蟲。食苗心曰螟，是時公子翬已專兵權，其亂兆矣，隱公冥然莫知也，故螟應之。」曰：「肯堂謂只是記災異，不必如此説。」宋李明復春秋集義卷四。

春秋「會于稷以成宋亂」，或訓成爲平，不必如此説，這般公事如何便結絶。宋李明復春秋集義卷六。

德壽問長勺之戰，對曰：「曹劌所論，特血氣之勇，所以易竭。若報父兄之怨，雖百鼓不竭。」黄氏日鈔卷三十九。

張栻嘗自淮上入奏事，高廟問春秋長勺之戰如何。對曰：「長勺之戰，曹劌所論特血氣之勇，所以易竭。若報父兄之怨，雖百鼓不竭。」王音嘉嘆。宋李明復春秋集義卷十三。

或論哀姜之孫不去姜氏者，將以別于文姜也。然般閔再弑，魯國幾亡，其禍亦慘矣。子雖不可以讐毋，以先君治之，夫豈不可？故夫人喪至自齊也，因告至于廟，遂去其姓，猶存其氏者，終有別于文姜也，所謂毫釐有所必計者也。宋李明復春秋集義卷十八。

孟子

「氣次焉」。「次焉」者，繼之謂也。「無是餒也」，不可使此餒也。黄氏日鈔卷三十九。

道學

或逞利欲，不知天地不只生爾一箇，何不將此身在天地間公共看？

恐利害倉卒之間，錯了路歧。

延對須直言。蓋士人初見君父，此時可欺，則無往而非欺。

附麗匪人，如黥如劓，雖欲湔洗，而痕迹尚在，夫人得而指之，不復爲完人矣。

遭人謗，謗得是，固當改；謗得不是，必思何以致此。黄氏日鈔卷三十九。

性理

良心豈無發見之時？ 引而伸之，涵養而擴充之，天理自明，人欲自消；因循怠惰，此人欲所以肆也。

吴晦叔説「惻隱」，曰：「有所惻然，隱於吾心。」東萊曰：「此正如説隱着脚相似。」黄氏日鈔卷三十九。

本朝諸子

濂溪學問如此，而舉世不知；爲南安掾，程太中始知。可見無分毫矜誇，方是朴實下工夫人。

温公自陜歸洛，以俸餘買布。洛布買高，即以陜買買之。先生曰：「不如伊川塌麥。有來問麥買者，曰：『依市買。』欲損之，不答。」先生曰：「若減買，便是近名。」

康節云：「君子贏得做君子，小人枉了做小人。」先生言「贏得」是有利心，不若改云「君子本分做君子」。愚謂詞義於此乎益精矣。然欲警切人心，使其鋭於爲善，恐仍不若本語之精神。孔門云「惠而不費」，亦不以計較爲嫌也。

康節與韓魏公遊龍門，憩櫟林，見墜枝，而知其將伐。「磨而不磷，涅而不緇」，須還孔子，吾人只當學子路。龜山晚年一出，自處地位高大。

龜山見明道歸，再與揔老語。揔老曰：「必曾遇異人，來更不敢與争辨。」

南軒初見五峰，五峰辭以疾，以其家學佛。再見，乃授業焉。

文海事，伯恭錯承受。昔温公作通鑑，似不爲無益，前輩猶謂其枉用心。

陸子静謂不當編程氏遺書。晦叔曰：「若如其言，六經可燒。」先生曰：「是。」黄氏日鈔卷三十九。

古君臣

霍光天資重厚，如朝謁進止，常不差尺寸，似乎知學者。

唐太宗政要中載孔明語云：「吾心如秤，不能爲人作輕重。」

一士大夫不畏死，常風浪中過鄱陽湖。晦庵聞之，曰：「當時入湖中，當得甚高節。」先生曰：「元晦説極是。若舍生只得死，何用？琴張欲弔宗魯，孔子曰：『齊豹之盜，孟縶之賊，女何弔焉！』琴張只見宗魯死，便以爲難事，不知其不義也。子路爲孔悝死，始初不知所擇，雖謂之不得其死也可。自古不曾見聖人被役。」

人有静而死不亂者，有赴死如歸而死不亂者，有信其死去之西天而死不亂者。

武昭儀稱制，褚遂良諫不聽。孰若高宗初幸尼寺，取才人入宫之時，大臣一言可去，與楊妃事同。

維州事，李德裕初固不當受，牛僧孺後所處亦非。彼悉怛謀，乃慕義而來，當先與吐蕃約以金帛贖其罪，然後歸之。致堂讀史論維州本中國地，德裕受之是。

陸宣公奏議善開明人主，及爲相，却與爲詞臣不同，當奏白而行之，不從則去，不應復抗疏累千言。若宣公只是詞臣，無宰相才。黄氏日鈔卷三十九。

本朝人物

范文正公本朝第一等人。寄元均帖云：「此去南陽，亦且讀書。涉道貴深退，即自樂，非升沉之可摇也。」忠宣公豈能及。觀其救蔡確，謂逆曾參「反爾」之言，違老氏「好還」之戒，又語同列以不當開此路。是論一己利害，平生心術見於此矣。司馬温公改新法，或勸其防後患，曰：「天若祚宋，必無此事。」更不論一己利害。君相不當惡士大夫之好名，惟朋友相切磋，則不當好名耳。

鄒道鄉貶昭州，氣終不衰。胡澹庵大節極好。趙忠簡人品甚高，黨籍至忠簡始除。汪聖錫不妄假人以詞色，得大臣體。李巽巖議論如雪中松柏。黄氏日鈔卷三十九。

治道

莫易於宰相，形便勢利，有人可以任事；莫難於宰相，少有私意，便隔絶矣。施設不過舉其大綱，先使官闕得其人，君子聚於朝中，人皆可化而爲善。小人得用，中人皆被引去。

大農盡知州郡之財，盡數括取，而不恤州郡之有無。官兵俸給於何取之？

祖宗朝置江南六路發運，與錢六十萬貫爲糴本，如某路某州熟，則依時價糴之，某路某州旱潦，則發幾千萬石減價糶之，故京師不告勞，而江南終無水旱飢荒之厄。前此茶鹽皆無鈔，只是某州綱船到，則發鹽載回某州，賣本錢歸發運司，利則潤州郡。自胡師文爲發運，以本錢爲羡餘獻之，其後却就諸州再括六十萬爲糴本，而法始弊。

屯田用軍中子弟，分之田畝，假之農具，更一説可募百姓。

當今天下之勢，擇一人帥建康兼兩淮制置，一人帥興元兼四川制置，一人帥荆南兼襄漢制置，使自選屬，治兵積穀。劉共父在建康甚好，更得元晦發脱得，必又顯焕，伯恭可佐之。因又及治内汪聖錫可參政，元晦可御史中丞兼侍讀，伯恭可諫議大夫兼侍講，敵人聞之，必喪膽，太平可期矣。

東漢無數君子，其亡尤速。黄氏日鈔卷三十九。

立朝

先生每登對，必自盟曰：「切不可見上喜便隨順。」

張説除簽書，先生極論其不可，又責宰相虞允文曰：「宦官執政，自京、黼始；近習執政，自相公始。」允文謂同僚難論列，先生曰：「張九齡論牛仙客，陸贄論裴延齡，非同僚耶？」允文不能答。曾覿除某官，中書舍人趙雄當制在假，先生戲其爲「樊須雄」，由是深怨，與允文表裏譖先生於上，謂其目獻壽爲胡舞，欲竄之。上於是出先生知袁州。黄氏日鈔卷三十九。

政事

戒約州縣，以誠相待。或言武人難駕馭，先生曰：「不如開懷待之。」黄氏日鈔卷三十九。

訓門人

答鄭自明書云：「工於論人者察己常疏，狃於能直者所發多弊。」黄氏日鈔卷三十九。

不爲吴晦叔志墓，云：「依妻家。」

文章

作詩不可直説破，須婉而成章。

退之聖德頌，先斷腰膂處，子由非之。先生曰：「退之筆力高，欲藩鎮聞之耳。」黄氏日鈔卷三十九。

有以詩集呈南軒先生，先生曰：「詩人之詩也，可惜不禁咀嚼。」或問其故，曰：「非學者之詩。學者詩讀著似質，却有無限滋味，涵泳愈久，愈覺深長。」又曰：「詩者紀一時之實，只要據眼前實説。古詩皆是道當時實事，今人做詩多愛裝這言語，只要鬬好，却不思一語不實，便是欺；這上面欺，將何往不欺？」庶齋老學叢談卷中上。

南軒曰：誦退之聖德頌，至「婉婉弱子，赤立傴僂。牽頭曳足，先斷腰膂」，盧世榮舉子由之説曰：「『此李斯頌秦所不忍言，而退之自謂無媿於風雅，何其陋也。』此説如何？」曰：退之筆力高，得斬截處即斬截他，豈不知此？所以爲此言者必有説，蓋欲使藩鎮聞之，畏罪懼禍，不敢叛耳。今人讀之至此，猶且寒心，況當時藩鎮乎？此正是合於風雅處，只如牆有茨、桑中諸詩，或以爲不必載，而龜山乃曰：「此衛爲鄰國所滅之由。」退之之言亦此意也。退之之意，過於子由遠矣。大抵前輩不可輕議。東雅堂昌黎集註卷一元和聖德詩注引。

異端

宗杲問先生：「如何是一以貫之？」時先生年甚少，曰：「某今未敢便與爾説一以貫之，且道如何是忠恕。」宗杲歎服。

不接僧道，曰：「公聽豈見異教之所。」黄氏日鈔卷三十九。

雜類

弓調然後求勁，馬服然後求良，士必誠慤然後求智能。傅夢泉對先生云。黄氏日鈔卷三十九。

漢丞相諸葛忠武侯傳

漢丞相諸葛忠武侯傳〔一〕

諸葛亮字孔明，琅邪陽都人。蚤孤，從父玄依劉表，亮從玄來荆州。玄死，遂家于南陽隆中。幼與潁川徐庶元直及石廣元、孟公威遊學，三人務爲精熟，亮獨觀其大略。每晨夜，從容抱膝長嘯，而謂三子曰：「卿等可至郡守刺史也。」問其所志，但笑而不言。公威念鄉欲還，亮曰：「中國饒士大夫，遨遊何必故鄉耶？」消摇而耕隴畝，好爲梁父吟，時人莫測也，惟與庶及博陵崔州平友善，而重龐德公，每獨拜牀下，而德公亦稱之爲「卧龍」。沔南名士黄承彦謂亮：「聞君擇婦，身有醜女，才堪相配。」亮許，即載送之。時人爲之諺曰：「莫學孔明擇婦，正得阿承醜女。」

建安十二年，左將軍豫州牧劉玄德來荆州，訪世事於襄陽司馬德操。德操曰：「腐儒俗士，豈識時務？識時務者在乎俊傑。此間自有伏龍、鳳鶵。」問爲誰，曰：「諸葛孔明、龐

〔一〕該傳以涵芬樓景印吴興劉氏嘉業堂藏宋刊本爲底本，校以十萬卷樓叢書本。

士元也。」徐庶見左將軍於新野，左將軍深器之。庶曰：「諸葛孔明者，卧龍也，將軍豈願見之乎？」左將軍曰：「君與俱來。」庶曰：「此人可就見，不可屈致也。將軍宜枉駕顧之。」左將軍遂詣亮，凡三往乃見。因屏人曰：「漢室傾頽，姦臣竊命，主上蒙塵。孤不度德量力，欲信大義於天下，而智識淺短，遂用猖獗，至于今日，然志則不已也。君謂計將安出？」亮曰：「自董卓以來，豪傑並起，跨州連郡者不可勝數。曹操比於袁紹，則名微而衆寡，然操遂能克紹，以弱爲强，非惟天時，抑亦人謀也。今操擁百萬之衆，挾天子而令諸侯，此誠不可與争鋒。孫權據有江東，已歷三世，國險民附，賢能爲之用，此可與爲援，而不可圖也。荆州北據漢、沔，利盡南海，東連吴會，西通巴蜀。此用武之國，而其主不能守。此殆天所以資將軍，將軍豈有意乎？益州險塞，沃野千里，天府之土，高祖因之，以成帝業。劉璋闇弱，張魯在北，民殷國富，而不知存卹，智能之士思得明君。將軍既帝室之胄，信義著於四海，總覽英雄，思賢如渴，若跨有荆、益，保其巖阻，西和諸戎，南撫夷越，外結好孫權，内修政理，天下有變，則命一上將將荆州之軍以向宛、洛，將軍身率益州之衆出於秦川，百姓孰不簞食壺漿以迎將軍者乎？誠如是，則伯業可成，漢室可興矣。」左將軍曰：「善！」於是與亮情好日密。關羽、張飛等不悦。左將軍曰：「孤有孔明，猶魚之有水也，願諸君勿復言。」亮時年二十七。

劉表愛少子琮，長子琦不自安，問亮以計，亮不對。它日，獨與升高樓，撤梯而後問之。亮曰：「君不見申生在內而危，重耳在外而安乎？」琦感悟，求出守江夏。

明年，表卒，琮立。會曹操南侵，琮遣使迎降，而不以告。操兵至宛，左將軍始聞之。亮說左將軍曰：「攻琮，荊州可有也。」左將軍不忍，乃引去，荊人多歸之，衆至十餘萬。操引精騎急追，及於長坂。左將軍棄妻子，獨與亮等數十騎走至夏口。亮曰：「事急矣！請奉命求救於孫將軍。」時權擁兵柴桑，觀望成敗。亮說權曰：「海內大亂，將軍起兵，據有江東；劉豫州亦收衆漢南，與曹操共争天下。今操芟夷大難，略已平矣，遂破荊州，威震四海。英雄無所用武，故豫州遁逃至此。將軍量力而處之，若能以吴越之衆與中國抗衡，不如早與之絶；若不能當，何不按兵束甲，北面而事之？今將軍外託服從之名，而内懷猶豫之計，事急而不斷，禍至無日矣。」權曰：「苟如君言，劉豫州何不遂事之乎？」亮曰：「田横，齊之壯士耳，猶守義不辱。況劉豫州王室之冑，英才蓋世，衆士慕仰，若水之歸海，事之不濟，此乃天也，安能復爲之下乎？」權勃然曰：「吾不能舉全吴之地、十萬之衆受制於人。吾計決矣！非劉豫州莫可以當曹操者，然豫州新敗之後，安能抗此難乎？」亮曰：

「豫州軍雖敗於長坂，今戰士還者及關羽水軍精甲萬人，劉琦合江夏戰士亦不下萬人。曹操之衆遠來疲弊，聞追豫州一日一夜行三百餘里，此所謂强弩之末，勢不能穿魯縞也，故兵法忌之，曰『必蹶上將』。且北方之人，不習水戰。又荆州之民附操者，逼兵勢耳，非心服也。將軍誠能命猛將統兵數萬，與豫州協規同力，破操軍必矣。操軍破，必北還。如此，則荆、吴之勢彊，鼎足之形成。成敗之機，在於今日。」權大悦，即遣周瑜、程普、魯肅等水軍三萬隨亮詣左將軍，并力拒操，遂破操於赤壁。左將軍南征，收江南，以亮爲軍師中郎將，使督零陵、桂陽、長沙三郡，調賦税以充軍實。群下推左將軍爲荆州牧，治公安。孫權來請結好，左將軍欲往見之，亮以爲不可。左將軍固往，至則周瑜果請留之，權不從。左將軍既歸，歎曰：「天下智謀之士所見略同如此。」

十六年，益州牧劉璋遣法正迎左將軍，亮、關羽等留守荆。璋命左將軍擊張魯。十七年，返兵擊璋。十八年，圍雒。亮與張飛、趙雲等泝江定白帝、江州、江陽。十九年，與左將軍會圍成都。成都平，左將軍領益州牧，以亮爲軍師將軍，署左將軍府事。於是並用群才，凡劉璋所嘗授任及其婚姻與所排擯忌恨，悉別其器能，處以顯任，有志之士無不競勸。亮佐益州，政尚嚴。法正謂亮曰：「高祖入關，約法三章，秦民知德。宜緩刑弛禁，以慰新附。」亮曰：「秦政苛急，天下土崩，高祖因之，可以弘濟。劉璋闇弱，自焉以來，文法羈縻，互相承奉，德政不舉，威刑不肅。蜀土人士，專權自恣，君臣之道，漸以陵替。寵之以位，位極則賤；順之以恩，恩竭則慢。所以致弊，實由於此。吾今威之以法，法行則知恩；限之以爵，爵加而知榮。榮恩並濟，上下有節，爲治之要，於斯著矣。」左將軍領兵向漢中，亮鎮守成都，足食足兵。左將軍嘗急調兵，亮以問蜀部從事楊洪，洪曰：「漢中，益之咽喉。今日之事，男子當戰，女子當運，調兵何疑！」亮乃表洪爲蜀郡太守，調度皆辦。亮用人惟其才能，不論資歷先後。洪初爲李平功曹，及平遷犍爲守，洪已爲蜀郡〔一〕。洪門下書佐何祇有才智，舉郡吏，數年，拔守廣漢，時洪猶在蜀郡也。西土皆服亮能盡時人器用類如此。

二十一年，曹操爲魏王。二十二年，操建天子旌旗，出警入蹕。二十四年，左將軍敗操兵於漢中，亮帥群下上左將軍爲漢中王，表聞漢帝。時孫權稱藩於操，遂襲殺關羽，取荆州。二十五年，亮勸漢中王誅劉封。封本寇氏之子，王至荆州，以未有繼嗣，育而子之。後與孟達守上庸，關羽呼封、達自助，不肯往。後與達忿争，達叛降魏，封破敗，還成都。

〔一〕「蜀」前原爲墨丁，十萬卷樓叢書本（以下簡稱校本）作「巴」。

亮以封凶猛，易世之後，終難制御，故勸王正其罪而誅之。是歲冬，曹丕篡立，改元黄初。

明年，傳聞漢帝被弑，漢中王發喪制服，群下請稱尊號，王未許。亮曰：「曹氏篡漢，天下無主。大王，劉氏苗裔，紹世而起，乃其宜也。」王從之。夏四月丙午，即皇帝位，改元章武，以亮爲丞相，録尚書事，假節。策曰：「朕遭家不造，奉承大統，兢兢業業，不敢康寧，思靖百姓，懼未能綏。於戲！丞相亮其悉朕意，無怠輔朕之闕，助宣重光，以照明天下，君其勗哉！」於是置百官，立宗廟，祫祭高皇帝以下，皆亮實左右之。是歲秋，帝忿關羽之敗，帥諸軍伐吴，以報怨。亮留守成都。明年春，亮聞帝兵敗還永安，歎曰：「使法孝直在，必能諫上不東行也。」帝不豫。三年春，召亮會永安。亮至永安。四月病篤，謂亮曰：「君才十倍曹丕，必能安國，終定大事。嗣子可輔，輔之；如其不才，君可自取。」亮涕泣曰：「臣敢不竭股肱之力，効忠貞之節，繼之以死！」帝又爲詔戒敕太子，且曰：「汝與丞相從事，事之如父！」

帝崩，亮奉遺詔，太子即位于成都，改元建興。封武鄉侯，又領益州牧，事無巨細，皆決於亮。亮發教群下曰：「夫參署者，集衆思慮，廣忠益也。若遠小嫌難相違覆，曠闕損失〔一〕。違覆而得中，猶棄弊蹻而獲珠玉。然人心苦不能盡，惟徐元直處兹不惑。又董幼宰參署七年，事有不至，至于十反，來相啓告。苟能慕元直之什一，幼宰之殷懃，有忠於國，則亮可以少過矣。」又曰：「初交州平，屢聞得失；後交元直，勤見啓誨。前參事於幼宰，每言則盡；後從事於偉度，數有諫止。雖姿性鄙暗，不能悉納，然與此四子終始好合，亦足以明其不疑於直言也。」幼宰名和，嘗與亮同署左將軍府事。偉度，亮主簿胡濟也。

自昭烈駐永安，吴人懼有後圖，復來請和。會昭烈崩，亮方慮恐權有異計，尚書鄧芝見亮曰：「主上幼弱新立，宜遣大使往申吴好。」亮曰：「吾思之久矣，未得其人耳，今始得之。」芝問誰，亮曰：「即使君也。」白遣芝往，孫權悦，通好如初。初〔二〕，亮引一時名士如蔣琬、張裔等皆入丞相幕府，又妙簡舊德，使佐益州。於是以秦宓爲別駕，王梁爲功曹，杜微爲主簿，譙周爲勸學從事，皆行義素著，鄉里敬慕之。杜微者，節尤高，自先主定蜀，微常稱病聾，閉户不出。及亮辟，置轝而致之；既至，力求去。亮於座與書曰：「曹丕篡弑自立，是

〔一〕失：校本作「矣」。

〔二〕初：原無，據校本補。

猶土龍芻狗之有名也。欲與群賢因其邪僞，以正道滅之。丕方大興勞役，以向吴、楚，今因丕多務，且閉境勸農，育養民物，並治甲兵，以待其挫，然後伐之，可使兵不戰，民不勞，而天下定也。君但當以德輔時，不責君軍事，何爲汲汲求去？」微乃留，亮更薦爲諫議大夫。先是，益州郡渠帥雍闓殺太守而附吴，吴以闓爲永昌太守。永昌功曹吕凱、府丞王伉率吏士閉境拒守，闓不能進，使郡人孟獲誘扇諸夷，牂牁太守朱褒、越嶲夷王高定皆應闓。亮以新遭大喪，亦撫而未討，閉關息民，勸農殖穀。魏司徒華歆等抵亮，諷使稱藩，亮不報書，作正議以示人，其大略曰：「昔世祖創迹舊基，奮羸卒數千，摧莽强旅四十萬於昆陽之郊。據道討淫，不在衆寡。軍誡曰：『萬人必死，横行天下。』昔軒轅氏整卒數萬，制四方，定海内，而况以數十萬之衆，據正道而臨有罪，可得而干擬哉？」

三年春，始率衆南征四郡。詔賜金鈇鉞一具，曲蓋一，前後羽葆鼓吹各一部，虎賁六十人。亮至南，首表吕凱、王伉執忠守義，拜凱雲南太守，伉永昌太守，並封亭侯。進兵越嶲，所在戰捷，遂斬雍闓、高定。惟孟獲收闓餘衆以拒。獲素爲夷漢所服，亮募生致之，既得，使觀營陣之間，問曰：「此軍何如？」獲曰：「向不知虚實，故敗，今直易勝耳。」亮笑而縱之，使更戰。七縱七禽，而亮猶遣獲；獲止不去，曰：「公，天威也；南人不復反矣！」遂至滇池。四郡皆平，即其渠帥而用之。或以諫亮，亮曰：「若留外人，則當留兵；兵留則無所食。加夷新傷破，父兄死喪，留外人而無兵，必生患。又吏累有廢殺之罪，自知釁重，留外人終不相信。今吾欲不留兵運糧，而綱紀粗定，夷漢粗安，不亦可乎？」廼悉收其豪傑孟獲等以爲官屬，出其金銀、丹漆、耕牛、戰馬以給軍國之用。終亮世，夷不復反。十二月，亮還至成都，治戎講武，以俟大舉。方是時，田疇辟，倉廩實，法度修立，軍旅整理，工械技巧，物究其極。吏不容姦，人懷自厲；强不侵弱，朝會不譁；道不拾遺，亦無醉人。其餘力所及，官府、次舍、橋梁、道路，無不繕理。

五年三月，亮統諸軍，將北駐漢中。帝下詔曰：「朕聞：天地之道，福仁而禍淫。善積者昌，惡積者喪，古今常數也。是以湯、武修德而王，桀、紂極暴而亡。曩者漢祚中微，網漏凶慝。董卓造難，震蕩京畿；曹操階禍，竊執天衡，内懷無君之心。子丕孤豎，敢尋亂階，盜據神器，更姓改物，世濟其凶。當此之時，皇極幽昧，天下無主，則我帝命隕越于下。昭烈皇帝體明睿之德，光繽文武；應乾坤之運，出身平難。經營四方，人鬼同謀。百姓與能，兆民欣戴。建位易號，丕承天序。補弊興衰，存復祖業。誕膺皇綱，不墜于地。萬國未静，早世遐殂。朕以幼沖，繼統鴻基。未習保傅之訓，而嬰祖宗之重。六合壅否，社稷不建。永惟所以，念在匡救。光載前緒，未有攸濟。朕甚懼焉，是以夙興夜寐，不敢自逸。每崇菲薄，以益國用。勸分務穡，以阜民財。授方任能，以參其聽。斷私降意，以養將士，欲奮劍長驅，指討凶逆。朱旗未舉，而丕復殞喪，斯所謂不然我薪而自焚也。殘類餘醜，又支天禍，恣睢河洛，阻兵未弭。諸葛丞相弘毅忠壯，忘身憂國。先帝託以天下，以勗朕躬。今授之以旌鉞之重，付之以專命之權，統領步騎二十萬衆，董督元戎，龔行天罰，除患寧亂，克復舊都，在此行也。昔項籍總一强衆，跨州兼土，所務者大，然卒敗垓下，死於東城，宗族如焚，爲笑千載，皆不以義，陵上虐下故也。今賊效尤，天人所怨，奉時宜速，庶憑炎精祖宗威靈相助之福，所向必克。吴王孫權，同恤災患，潛軍合謀，掎角其後。涼州諸國王各遣月支、康居、胡侯支、富康植等二十餘人，詣受節度。大軍北〔一〕出，便欲率將兵馬奮戈先驅。天命既集，人事又至，師貞勢并，必無敵矣。夫王者之兵，有征無戰。尊而且義，莫敢抗也。故鳴條之役，軍不血刃；牧野之師，商人倒戈。今旌麾首路，其所經至，亦不欲窮兵黷武。有能棄邪從正，簞食壺漿以迎王師，國有常典，封寵小大各有品限。及魏

〔一〕北：校本作「此」。

之宗族枝葉，中外有能規利害，審順逆之數，來詣降者，皆原除之。昔輔果絶親於智氏，而蒙全宗之福，此前世之明驗也。若其沉迷不返，將助亂人，不式王命，戮及妻孥，罔有攸赦。廣宣恩威，誅其元帥，吊其殘民。他如詔書律令，丞相其露布天下，使稱朕意焉。」亮命張裔參軍，蔣琬統留府事，辟尹默、來敏爲軍祭酒，霍弋、姚伷等皆入幕府，並進文武之士。亮稱之曰：「忠益者，莫大於進人。進人者，各務其所尚。今姚掾並存剛柔，以廣文武之用，可謂博雅矣。願諸掾各希此事。」長水校尉廖立見亮舉師對蔣琬等，以爲不然，且誹謗先帝，疵毁衆臣。亮奏以爲亂政，廢爲庶民，徙汶山。亮以帝富於春秋，忠邪難辯，深惟根本至計，臨發，上疏曰：「先帝創業未半，而中道崩殂。今天下三分，益州疲弊，此誠危急存亡之秋也。然侍衛之臣不懈於内，忠正之士忘身於外者，蓋追先帝之殊遇，欲報之於陛下也。誠宜開張聖聽，以光先帝遺德，恢弘志士之氣，不宜妄自菲薄，引喻失義，以塞忠諫之路也。宫中、府中，俱爲一體，陟罰臧否，不宜異同。若有作姦犯科，及爲忠善者，宜付有司論其刑賞，以昭陛下平明之理。不宜偏私，使内外異法也。侍中、侍郎郭攸之、費禕、董允等，此皆良實，志慮忠純，是以先帝簡拔以遺陛下。愚以爲宫中之事，事無小大，悉以咨之，然後施行，必能裨補闕漏，有所廣益。將軍向寵，性行淑均，曉暢軍事，試用於昔日，先帝稱之曰能，是以衆議舉寵爲督。愚以爲營中之事，悉以咨之，必能使行陳和睦，優劣得所。親賢臣，遠小人，此先漢之所以興隆也；親小人，遠賢臣，此後漢所以傾頽也。先帝在時，每與臣論此事，未嘗不歎息痛恨於桓、靈也。侍中、尚書、長史、參軍，此悉端良死節之臣，願陛下親之信之，則漢室之隆，可計日而待也。臣本布衣，躬耕南陽，苟全性命於亂世，不求聞達於諸侯。先帝不以臣卑鄙，猥自枉屈，三顧臣於草廬之中，咨臣以當世之事。由是感激，遂許先帝以驅馳。後值傾覆，受任於敗軍之際，奉命於危難之間，爾來二十有一年矣。先帝知臣謹慎，故臨崩寄臣以大事也。受命以來，夙夜憂歎，恐託付不効，以傷先帝之明。故五月渡瀘，深入不毛。今南方已定，甲兵已足，當奬率三軍，北定中原，庶竭駑鈍，攘除姦凶，興復漢室，還于舊都。此臣所以報先帝而忠陛下之職分也。至於斟酌損益，進盡忠言，則攸之、禕、允之任也。願陛下付臣以討賊興復之効；不効，則治臣之罪，以告先帝之靈。責攸之、禕、允等之慢，以彰其咎。陛下亦宜自謀，以咨諏善道，察納雅言。深追先帝遺詔，臣不勝受恩感激。今當遠離，臨表涕零，不知所言。」遂行，屯于沔陽。亮以轉漕回遠，使子喬親帥諸將子弟轉運於谷中。孟達既北赴魏，有李鴻者降蜀，爲亮言，叛人王沖見達，稱明公切齒於達，欲收其妻子者；達曰：「諸葛公見顧有本末，必不爾。」亮復以書遺達，令自拔。達欲舉新城郡歸蜀。亮至漢中，達每通其情。會魏司馬懿覺，引兵誅達。

六年正月，亮在漢中，欲出兵攻魏，與群下謀之。丞相司馬魏延曰：「魏夏侯楙，少主壻也，怯而無謀，願假延精兵五千，負糧五千，直從褒中出，循秦嶺而東，當子午而北，不過十日，可至長安。比東方相合聚，尚二十許日，而公從斜谷來，亦足以達。如此，則一舉而咸陽以西可定也。」亮以爲不如從坦道平取爲正，不用延計。揚聲由斜谷取郿，使將軍趙雲爲疑兵，據箕谷。魏遣曹真都督關右，軍郿。亮身率大衆攻祁山，戎陣整齊，號令明肅。南安、天水、安定三郡應亮，魏朝恐懼，關中響震，群臣莫知計所出。魏主叡如長安，命將軍張郃督馬步五萬拒亮。初，越嶲太守馬謖才器過人，好論軍計，亮深加器異。及攻南方，謖爲亮言攻心爲上，卒如其計。昭烈臨終謂亮曰：「馬謖言過其實，不可大用。」亮以爲不然，以謖爲參軍，每引見談論，自晝達夜。及出軍祁山，謖督諸軍在前，與張郃戰于街亭，違亮節度，舉措煩擾，舍水上山，不下據城。裨將王平連規諫不用，遂大爲郃所敗，士卒離散，獨平將千人自持，收合諸營遺棄而還。亮屯去謖數里，徐行引退，拔西縣千餘家歸漢中，收謖下獄，戮以謝衆，爲之流涕。自臨祭，待其遺孤若平生。蔣琬後詣漢中，問亮：「天下未定，戮智計之士，豈不惜乎？」亮流涕曰：「孫武所以能制勝於天下者，用法明也。四海分裂，兵交方始，若復廢法，何用討賊耶？」亮又誅將軍張休、李盛，奪將軍黄襲等兵。是時趙雲等亦敗於箕谷，不至重傷，貶雲位號。旌賞王平，加拜參軍，統五部，進位討寇將軍，封亭侯。上疏自列曰：「臣以弱才，叨竊非據，親秉旄鉞，以厲三軍，不能訓章明法，臨事而懼，至有街亭違命之闕，箕谷不戒之失。咎皆在臣授任無方。臣明不知人，卹事多闇。春秋責帥臣職，是當請自貶三等，以督厥咎。」詔以亮爲右將軍，行丞相事，所總統如前。亮之出師，衆才五萬。或勸亮發兵者，亮曰：「大軍在祁山、箕谷皆多於賊，而不能破賊，爲所破者，則此病不在兵少也，在一人耳。今欲減兵省將，明罰思過，校變通之道於將來。若不能然者，雖兵多何益？自今已後，諸有忠慮於國，但勤攻吾之闕，則事可定，賊可死，功可蹻足而待矣。」於是考微勞，甄壯烈，引咎責躬，布所失於天下，厲兵講武，以爲後圖。戎士簡練，民忘其敗矣。亮之出祁山，天水功曹姜維降。亮以其敏於軍事，心存漢室，辟爲倉掾，使典軍事，平三郡有功，封亭侯。是歲十一月，亮以孫權破曹休，魏兵東下，上疏曰：「先帝深慮漢賊不兩立，王業不偏安，故託臣以討賊也。以先帝之明，量臣之才，固知臣伐賊，才弱敵强也。然不伐賊王業亦亡；惟坐而待亡，孰與伐之？是故託臣宜先入南。故五月渡瀘，深入不毛，并日而食。臣非不自惜也，顧王業不可得偏全於蜀郡，故冒危難，以奉先帝之遺意也。而議者謂爲非計。今賊適疲於西，又務於東。兵法乘勞，此進趍之時也。謹陳其事如左。

高帝明並日月，謀臣淵深，然涉險被創，危然後安。今陛下未及高帝，謀臣不如良、平，而欲以長計取勝，坐定天下。此臣之未解一也。劉繇、王朗各據州郡，論安言計，動引聖人，群疑滿腹，衆難塞胸。今歲不戰，明年不征，使孫策坐大，遂并江東。此臣之未解二也。曹操智計殊絕於人，其用兵也，髣髴孫、吴，然困於南陽，險於烏巢，危於祁連，偪於黎陽，幾敗伯山，殆死潼關，然後僞定一時耳。況臣才弱，而欲以不危而定之。此臣之未解三也。曹操五攻昌霸不下，四越巢湖不成，任用李服而李服圖之，委夏侯而夏侯敗亡。先帝每稱操爲能，猶有此失，況臣駑下，何能必勝？此臣之未解四也。自臣到漢中，中間朞年耳，然喪趙雲、陽群、馬玉、閻芝、丁立、白壽、劉郃、鄧銅等及曲長屯將七十餘人，突將無前。賨叟、青羌、散騎、武騎一千餘人，此皆數十年之內所糾合四方之精鋭，非一州之所有，若復數年，則損三分之二也，當何以圖敵？此臣之未解五也。今民窮兵疲，而事不可息，則坐與行勞費正等，而不及虛圖之，欲以一州之地與賊持久。此臣之未解六也。夫難平者事也。昔先帝敗軍於楚，當此時，曹操拊手謂天下已定，然後先帝東連吴越，西取巴蜀，舉兵北征，夏侯授首，此操之失計，而漢事將成也。然後吴更違盟，關羽毁敗，秭歸蹉跌，曹丕稱帝。凡事如是難可逆見，臣鞠躬盡力，死而後已，至於成敗利鈍，非臣之明所能逆睹也。」遂出散關，急攻陳倉。魏遣曹真救陳倉，張郃繼之。會亮糧盡引去，魏將王雙率騎追亮，亮與戰，破之，斬雙。

七年春，亮遣將軍陳戒〔一〕攻武都、陰平二郡，魏雍州刺史郭淮引兵救之，亮次建威〔二〕，淮退遁，遂拔二郡。蜀人皆以賀亮，亮愀然曰：「普天之下，莫非漢民。國家威力未舉，使百姓困於豺狼之吻，一夫有死，皆亮之罪。以此相賀，能無愧乎？」詔策亮曰：「街亭之役，咎由馬謖，而君引愆，深自貶抑，重違君意，順聽所守。前年耀師，馘斬王雙；今歲爰征，郭淮遁走。降集氐羌，興復二郡，威震凶暴，功勳顯然。方今天下騷擾，元惡未梟，君受大任，幹國之重，而久自抑損，非所以光揚洪烈也。今復君丞相，君其勿辭！」夏，吴孫權僭稱尊號，其群臣以並尊二帝來告。議者以爲交之無益，名體弗順，宜顯明正義，絶其盟好。

〔一〕戒：校本作「式」。
〔二〕咸：校本作「武」。

亮獨曰：「權有僭逆之心久矣。國家所以略其釁情者，求掎角之援也。今若加顯絶，讎我必深，便將移兵東戍，與之角力，須并其土，乃議中原。彼賢才尚多，將相緝睦，未可一朝定也。頓兵相持，坐而須老，使北賊得計，非筭之上者。孝文卑詞匈奴，先帝復與吴盟，皆應權通變，弘思遠益，非匹夫之爲分者也。今議者咸以權利在鼎足，不能并力，且志望已滿，無上岸之情。推此皆似是而非也。何者？其勢不俟，故限江自保。權之不能越江，猶魏賊之不能渡漢，非力有餘而利不取也。若大軍致討，彼高當分裂其土以爲後規，下當略民廣境示武於内，非端坐者也。若就其不動而睦於我，我之北伐無東顧之憂，河南之衆不得盡西，此之爲利亦已深矣。權僭之罪，未宜明也。」乃遣衞尉陳震往賀權，權約中分天下。冬，亮徙府營於南山下原山，築漢城於沔陽，築樂城於成固。

八年夏，魏使大司馬曹真由斜谷率諸將數道並進，大將軍司馬懿泝漢水由西城與真會。秋，亮次成固赤坂以待之。召前將軍李平將兵二萬赴漢中，表平子豐爲江州都督，典平後事。會天大雨餘月，棧道斷絶，魏主叡令真等引師退。亮使司馬魏延西入羌中，大破魏將費瑶、郭淮于陽谿。是歲，亮遷蔣琬爲長史。亮數出外，琬在成都，常足食足兵，以相供給。亮每云：「公琰託志忠雅，將與吾共贊王業者。」

九年二月，亮復出祁山，以木牛運。木牛流馬及連弩，皆亮所制也。亮圍祁山，招鮮卑軻比能。比能至北地、石城應亮。魏曹真有疾，魏主叡請司馬懿曰：「西方事重，非君莫可付者。」使西屯長安，督張郃、費曜、戴陵、郭淮等以禦之。三月，懿使曜、陵留精兵四千守上邽，餘衆悉出救祁山。亮分兵留攻，而自逆懿於上邽。淮、曜等徼亮，亮破之，因大芟其麥。與懿遇於上邽東，懿歛兵依險，兵不得交。亮引還，懿隨亮至鹵城，又登山掘營，不肯戰。其下謂懿曰：「公畏蜀如虎，奈天下笑何？」皆請戰，懿病之。五月，使郃攻無當監何平於南圍，自案中道向亮。時蜀兵更下者十二，魏軍始陣，番兵適交。參佐俱言賊衆彊盛，宜權留更卒，張助聲勢。亮曰：「吾統武行師，大信爲本。得原失信，古人所惜。更者束裝以待期，妻子鶴望而計日，雖臨征難，義不廢也。」督遣令行。於是去者願留一戰，止者憤踊，思致死命。使魏延、高翔、吴班與懿戰，大破之，獲甲首三千級，懿走保營。六月，亮以粮盡退師，懿使張郃襲攻，至木門，亮與戰，又敗之，射殺郃。八月，廢中都護李平徙梓潼郡。方亮在祁山，平掌運事，值天霖雨，糧運不繼，平遣參軍報亮，未還，亮承以退。平聞軍退，乃更陽驚曰：「軍粮饒足，何以便歸？」又表帝謂軍僞退以誘賊。亮出其前後手筆書疏本末，平頓首謝罪。於是亮表平罪惡曰：「今篡賊未滅，社稷多難，國事惟和，可以克捷，不可包含，以危大業。」遂廢徙焉。平子豐時爲亮幕府參軍，亮與書曰：「吾與君父子戮力以獎漢室，謂至心感動，終始可保，何圖中乖。若都護思負一意，君推心從事，否可復通，逝可復還也。」初，平嘗與亮勸受錫進爵，亮報之曰：「吾本東方下士，誤用於先帝，位極人臣，禄賜百億，討賊未效，知己未答，而方寵齊晉，坐自貴大，豈其義乎？若滅魏斬叡，帝還故居，與諸子並升可也。」亮自是歲冬以連年出師，息民休士，益勸農講武，運米集斜谷邸門，三年而後用之。亮用兵出入如賓，踐敵境而芻蕘者不止。師止如山，進退如風。出征之日，天下震動，而人心不憂。雖數萬之衆，而所興造若數十萬之功。所至營壘、井竈、圊溷、藩籬、障塞皆應繩墨。一月之行，去之如始至。發教軍事，文彩不豔，過於丁寧，而經事綜物，公誠之心，形於文墨。夙興夜寐，罰二十以上皆親省覽。亮嘗自校簿書，主簿楊顒直入諫，以爲疲神碎務。亮謝之。及顒死，爲之泣涕三日。

十二年二月，亮悉大衆十萬，由斜谷出。始以流馬運。遣使約吴同時大舉。四月，至郿，軍于渭水之南，據武功五丈原。司馬懿渡渭，背水爲壘以拒亮。亮每患粮運不繼，使己志不伸，乃分兵屯田，爲久駐之基，耕者雜於渭濱居民之間，而百姓按堵，軍無私焉。亮數挑戰，懿不敢出。亮遣遺巾幗，懿患之，上表請戰。魏主叡使辛毗杖節爲軍師以制之。

亮謂其下曰：「彼本無戰情，所以固請戰者，示武於其衆耳。將在軍，君命有所不受。苟能制吾，豈千里而請戰耶？」相持百餘日。會秋，亮有疾日侵，密表帝曰：「臣若不幸，後事宜以付蔣琬。」時帝亦遣尚書僕射李福省侍，因諮以國家大計。別去數日，復還。亮曰：「知君還意。近言語雖彌日，有所不盡，更來求决耳。所問者公琰其宜也。」福復請，亮曰：「文偉可以繼之。」又問其次，亮不答。文偉，即費禕也。初，琬爲廣都長，昭烈嘗奄至廣都，琬衆事不治，且復沉醉。昭烈大怒，將加戮。亮曰：「琬，社稷之器，非百里才。其爲政以安民爲本，不事修飾，願加察。」乃解。禕爲黄門侍郎，亮南征還，群僚迎謁於數十里外，年位多在禕右者，而亮特命禕同載，衆皆易觀。至是又並稱之。後相繼總政事，皆稱賢相云。八月，亮疾病，授長史楊儀、司馬費禕、護軍姜維等退師節度。有星墜于營中，亮薨，年五十四。長史楊儀等整軍而出，人往告懿，懿勒兵追之。姜維令儀反旆鳴鼓，若將北向者，懿復引退，不敢逼。儀得結陳去，入谷而後發哀。秦人爲之諺曰：「死諸葛走生仲達。」懿按行亮營壘，歎曰：「天下奇才也！」

亮遺命葬漢中定軍山。因山爲墳，冢足容棺。斂以時服，不須器物。詔策曰：「惟君體資文武，明叡篤誠。受遺託孤，匡輔朕躬。繼絶興微，志存靖亂。爰整六師，無歲不征。

神武赫然，威震八荒。將建殊功於季漢，參伊、周之巨勳，如何不弔。事臨垂克，遘疾殞喪。朕用傷悼，肝心若裂。夫崇德序功，紀行命謚，所以光昭將來，刊載不朽。今贈君丞相、武鄉侯印綬，謚君忠武侯。」初，亮自表帝曰：「成都有桑八百株，薄田十五頃，子弟衣食自有餘饒。至於臣在外任，別無調度，隨身衣食，悉仰於官，不別治生，以長尺寸。若臣死之日，不使內有餘帛，外有贏財，以負陛下。」訖如其言。亮爲相十四年，昭烈及後主即位才兩赦。或言大惜赦者，亮曰：「治世以大德不以小惠。若劉景升、季玉父子，歲歲赦宥，何益於治？」亮所廢李平常冀得自補復，聞亮薨策，後人不能，發憤死。廖立亦垂涕歎曰：「吾終爲左衽矣。」亮既沒，吏民歌思不忘，多請爲亮立廟，朝議以禮秩，不聽，百姓因時節私祭之於道陌上。言事者或以爲可聽立廟成都，後主不聽。步兵校尉習隆等表曰：「亮德範邇遐，勳蓋季世。興王室之不壞，實斯人是賴。而烝嘗止於私門，廟貌闕而莫立，使百姓巷祭，戎夷野祀，非所以存德念功，述追在昔者也。今若盡順民心，則瀆而無典；建之京師，又偪宗廟。此聖懷所以爲疑也。臣愚以爲宜因近其墓，立之於沔陽，使所親屬，以時賜祭。凡其臣故吏欲奉祠者，皆限至廟，斷其私祀，以崇正禮。」於是始從之。時亮薨二十有八年矣。亮作八務、七戒、六恐、五懼，皆有條章，以訓厲臣子。晉著作佐郎陳壽定著亮文集凡二十四篇。開府、作牧、權制、計筭、南征、北出、綜覈、訓厲、貴和、傳運、軍令、法檢、兵要等，皆名篇之目。又作八陣圖，蓋黄帝、太公丘井法，人莫曉也。亮駕馭諸將，曲盡其情。昭烈嘗命黄忠爲後將軍，亮曰：「忠名望素非關、馬之倫，今遽令同列。馬超、張飛親見其功，尚可喻旨；羽遥聞之，將不悦。」昭烈不聽，頃之，策羽爲前將軍，羽果大怒曰：「大丈夫終不與老兵同列。」費詩説之，始拜命。魏延、楊儀皆小人之難養者，且不相能。然延驍勇，善撫士；儀有幹用。亮使儀當勞劇，延冒險阻，皆受命捐軀不敢辭難。及亮没，乃舉兵相圖以死。亮長史張裔嘗稱亮曰：「公賞不遺遠，罰不阿近，爵不可以無功取，刑不可以貴勢免。此賢愚所以僉忘其身也。」陳壽評曰：「亮之爲相國也，撫百姓，示儀軌，約官職，從權制，開誠心，布公道。盡忠益時者雖讎必賞，犯法怠慢者雖親必罰，服罪輸情者雖重必釋，遊辭巧飾者雖輕必戮。善無微而不賞，惡無纖而不貶。庶事精練，物理其本，循名責實，虚僞不齒。經載十二而年名不易，軍旅屢興而赦不妄下。」袁暐稱之曰：「受六尺之孤，攝一國之政，事凡庸之君，專權而不失禮，行君事而國人不疑。」樊建稱之曰：「聞惡必改，而不矜過。賞罰之信，足感神明。」亮子瞻嗣爵。

廣漢郡張栻曰：三代衰，五伯起，而功利之説盈天下，謀國者不復知正義明道之爲貴。

三老董公獨得宏綱，以告漢高帝，惜高帝猶未能盡其用也。武侯當漢祚之季，乃能執其機而用之。其言曰：「漢賊不兩立。臣鞠躬盡力，死而後已，至於成敗利鈍，非臣之明所能逆睹。」嗚呼！此夏少康四十年經營宗祀，而卒以配天之本心也。若侯者可謂有正大之體矣。自幼讀書，獨觀大略，晨夜從容，抱膝長嘯，其胸中所見，豈淺識所能窺哉！高卧隆中，不求聞達，蓋將終身焉。昭烈，漢室之胄也，而三顧之於草廬，名義既正，好賢之意又篤，安得不以身許之！昭烈與侯相周旋，一以道義而忘勢，受遺之際，君臣肝膽相照，無纖芥形迹，何其盛也！侯恢復規摹，先務爲根本之計。方建興初，務農訓兵，内治國事；國事既定，北向致討。軍旅將發，拳拳之憂實在後主，拜表納忠，反復曲折，專以宫中府中之事爲言，且陳親賢臣、遠小人之義，薦郭攸之等使在左右。一篇之中，三四致意焉，而其終章尤爲切至，侯之慮抑深且遠矣！即侯行事而觀之，絶姑息之私意，本常理之大公，如明鏡洞然四達。其聞過惟恐不及，見善若出諸己，用人各盡其器能，至或有罪，雖入幕上賓如馬謖，流涕斬之而弗釋也。故李平、廖立既被廢放，没齒懷德。蓋侯於斯世所欲不存焉。娶婦沔南，惟賢是取，人之訕笑不復顧也。身都將相三十年間，家之所有僅足子弟衣食之奉；及其既没，内無餘帛，外無贏財，視天下無一足以動乎中者，其正大之體豈不具哉！侯之事後主小心恭恪，一國之柄舉出其手，而人不知其爲權。彼懷姦稔逆、竊竊窺人宗祀者，兩雪見晛而謂侯敵哉？侯之規摹，至使耕者雜於渭濱，而軍無私焉。興圖之復，已恢恢然在目中矣，不幸薨謝，匪大數然歟？或謂侯勸昭烈取荆州爲不義。不知劉琮既已迎降於操，則荆州固魏之荆州矣，于以取之，豈不正乎？惜昭烈之失此機也。又或謂魏延之策惜侯不用，不知夫天將昌漢，以侯之舉措掃禽亂賊直餘事耳，行險僥倖，非侯志也。嗚呼！秦漢以來，士狃於戰國之餘習，張子房爲拔出者，而猶未免乎雜以伯術。若侯真豪傑之士，無文王猶興者耶？然使侯得遊於洙泗之門，講學以終之，則其所至，又非予所知也。予每恨陳壽私且陋，凡侯經略次第，與夫燭微消患、治國用人、馭軍行師之要，悉闇而不章，幸雜見於他傳及裴松之所注，因裒而集之，不敢飾辭以忘其實，其妄載非實者則删之，庶幾讀者可以得侯之心。近世鉅公作史書，編年乃以魏年號接漢獻之統，故其所書名不正而言不順。予謂獻帝雖廢，而昭烈以正義立於蜀，武侯輔之，漢統未墜地也，要盡後主末年始係魏年號爲正。始侯在隆中，傳稱以管、樂自許。予謂侯蓋師慕王者之佐，其步趨則然，豈與管、樂同在功利之域者哉！意其傳者之誤，故不復云。

予既作侯傳，以示新安朱元晦。元晦以予不當不載以管、樂自許事，謂侯爲後主寫申、韓、管子、六韜之書，及勸昭烈取荆、益以成伯業，可見其所學未免乎駁雜。其説亦美矣，而予意有未盡者。侯之所不足者學也，予固謂使侯得遊於洙泗之門，講學以終之，則所至又非予所知，不無深意矣。然侯胸中所存，誠非三代以下人物可睥睨，豈管、樂之流哉！時有萬變，而事有大綱，大綱正則其變可得而理。方曹氏篡竊之際，孰爲天下之大綱乎？其惟誅賊以復漢室而已。侯既以身從帝室之英胄，不顧强弱之勢，允執此綱，終始不渝，管、樂其能識之乎？使侯當齊桓之時，必能率天下明尊王之義，協相王室，期復西周，其肯務自富其國，而忘天下之大訓乎？使侯當燕昭之時，必能正名定國，撫其民人，爲天吏而討有罪，以一天下之心，其肯趍一時之近効，志在土地珍寶而自以爲功莫大乎？是其心度與侯絶相遼邈，故不欲書以惑觀聽，拔本塞源之意也。予讀出師表，見侯所以告後主一本於正，其所以望其君者殊非刻核陰謀之説，故於手寫申、韓等書之事亦疑之，疑則可闕也。侯在草廬，一見昭烈，遂定取荆、益之計。蓋侯之心欲昭烈以興復漢室爲己任。以興復漢室爲己任，則天下諸侯内懷它圖者吾固得以正名而討之矣。時昭烈未有駐足之地也，歷觀諸國，劉氏不能守荆、益，是誠天所資也。若昭烈以荆、益無志討賊，坐務自大，正其罪而伐之，則夫誰敢不服？然昭烈之爲人，徇於小不忍而妨大計，故劉琮降操，荆、益可取而不取，是侯之策，昭烈猶有未能盡從者也。及狼狽而遁，雖藉吴之力，敗操赤壁，然終迫於吴，乃始入蜀，以譎計取之，予知侯於此時蓋亦有黽勉不得已焉者，非草廬所以告昭烈之本意也。嗟乎！五伯以來，功利之説盈天下，大義榛塞，幸而有若侯者堅守其正，不以一時利鈍易不共戴天之心，庶其可以言王道者。故予推明其本心，證以平生大節，而削史之説有近於霸術者。區區妄意扶正息邪，而不自知其過也。然侯之於學爲未足者奈何？知有未至也。知有未至，則心爲未盡。未能盡其心，則於天下之事物有所不能偏該，而以一貫之也。故昭烈譎取劉璋，於行一不義、殺一不辜之道終爲有媿。侯當此時，處之亦有未盡焉。若夫開國建后，大事也，而奉册所立者乃亡國之宗婦。以日易月，後世之大失也〔一〕，而昭烈之喪，冢宰所贊者，乃固謬之禮〔二〕，兹可見其學之未至歟。然則當斷之曰：若侯者體正〔三〕大而學未至者也。故備列於此，以與朋友共〔四〕講焉。

〔一〕「後世之大失也」與下句「而」七字原缺，據校本補。
〔二〕「禮」與下句「兹可見」四字原缺，據校本補。
〔三〕「侯者體正」四字原缺，據校本補。
〔四〕「與朋友共」四字原缺，據校本補。

南軒易説鈎沈

目録

南軒易説鉤沈[一]

坤

張南軒曰：坤五非人君之所處，故无君義。清沈起元周易孔義集説卷一。

屯

南軒曰：一元之氣動乎重陰之下，險礙未通，所以爲屯。屯者，物生之初歟！故六二有女子字育之象。今物之始萌，必鈎孿拳曲，可以見屯之義矣。在時則君子力微而未伸，險塞而難進，故六爻之義，皆不可有攸往。元李簡學易記卷一。

張敬夫曰：屯者，其物之初也與！故有女子昬冓之象。宋馮椅厚齋易學卷六易輯傳第二。

[一] 輯佚所據諸書，若無特別説明，皆爲文淵閣四庫全書本。

張敬夫曰：非廣求賢才以輔助，不可也。初九之「利建侯」，六四之「求昏冓」，兹處屯之道乎！宋馮椅厚齋易學卷六易輯傳第二。

蒙

南軒曰：孟子曰：「大人不失赤子之心。」記曰：「幼子常視毋誑。」書曰：「若生子，罔不在厥初生。」蓋童稚之時，表裏粹然，純一不雜，人欲未起，天理實存，謂之大人者，守此而已；謂之小人者，失此而已。人能於是時保養護育，使邪僞之情无自而入，及其既久，則虚静純白，渾然天成，施爲動作，酬酢進退，皆天理也，非作聖之功起於斯乎？故曰：「蒙以養正，聖功也。」宋馮椅厚齋易學卷六易輯傳第二、元李簡學易記卷一、元董真卿周易會通卷二、明胡廣等周易傳義大全卷三、明何楷古周易訂詁卷一。

象曰：山下出泉，蒙。君子以果行育德。

南軒曰：不謂之水，而謂之泉者，泉有始達之義。元李簡學易記卷一。

南軒張氏曰：泉始出而遇險，未有所之，如人蒙穉未有所適，貴於果行育德，充而達。明胡廣等周易傳義大全卷三。

需

張敬夫曰：雲上于天，將以爲雨，故需有潤澤之義。萬物需天地之氣以生，人需天地之産以生，故需有飲食之義。宋馮椅厚齋易學卷七易輯傳第三。

訟

上九，或錫之鞶帶，終朝三褫之。

張敬夫曰：六爻兩相訟者也。以初六對九四，剛柔不敵矣，故初不能永所事，而四亦復即命焉。以六三對上九，剛柔不敵矣，故六三但食舊德，而上九錫之鞶帶焉。以九二對九五，雖兩剛相敵，然尊卑之分，嚴不可犯，故九二歸而逋，而九五得元吉焉。宋馮椅厚齋易學卷七易輯傳第三、元董真卿周易會通卷二、明胡廣等周易傳義大全卷三。

比

張敬夫曰：夫陽明所在，不可不依；衆人所往，不可獨背。方衆陰比乎九五，而上六獨在外，有背而去之之象也。象辭言：「比，吉也；比，輔也，下順從也」，獨言「下順從」，豈非斥上六之在外乎？宋馮椅厚齋易學卷九易輯傳第五、元李簡學易記卷一。

南軒張氏曰：陽爲夫，陰爲婦，陰柔之人，豈可捨剛而孤立？是以有无首之凶也。元熊良輔周易本義集成卷三、元胡震周易衍義卷三。

小畜

張敬夫曰：以大畜小，以陽畜陰，天地之大經，古今之通義也。然事有出於一時，不獨天下國家，凡百君子之欲行事，小人得以擾系之，大事之將就，小物得以邀沮之，皆小畜也。宋馮椅厚齋易學卷七易輯傳第三、元董真卿周易會通卷三、明林希元易經存疑卷二、明蔡清易經蒙引卷二中。

初九，復自道，何其咎？吉。

張敬夫曰：巽柔非在上之物，而乾剛不可久沈於下，故聖人每戒焉。初與二乾也，故初九曰「復自道」；九二曰「牽復吉」，言陽不可久居乎下，必將以復其位矣。宋馮椅厚齋易學卷九易輯傳第五。

上九，既雨既處，尚德載。婦貞厲。月幾望，君子征凶。

南軒曰：易言「月幾望」者三，皆言分不可踰也。歸妹之六五曰：「帝乙歸妹，其君之袂不如其娣之袂良，月幾望，吉。」中孚之六四曰：「月幾望，馬匹亡，无咎。」蓋歸妹以帝女下嫁，挾富貴之勢，則易以亢滿，何以執婦道，成肅雝之德哉？中孚之時，君臣推誠以相與，則君必降己以下臣，臣以見知而上進，上下不相疑，而僭逼之端易啓也，故皆戒之以「月幾望」。春秋書日蝕三十六，月蝕則未嘗書，蓋日蝕者變之大，月蝕者乃其常也。君道不可以虧，臣道不可以盈也。元李簡學易記卷一。

南軒曰：伊尹之於太甲，周公之於成王，皆小畜也。故伊尹於此則告歸，周公於此則復辟，蓋知婦不可正，月不可望故也。宋方寔孫淙山讀周易卷三。

履

南軒曰：孔子恭而安，有子以「禮之用，和爲貴」。夫禮未嘗无和樂坦易之道，但衆人禮義之心爲私慾之心所勝，樂放肆而憚繩檢，視禮爲難事，而不知妄意直行，乃所以蹈危也。聖人遵理而行，心與理一，習與性成，雖處衆人所甚懼之地，而易直子諒之心油然而生，此「履虎尾」所以「不咥人」也。履之爲卦，上乾而下兑。乾者，强行不息之謂；兑者，和豫可悦之謂。强行不息而至於和豫可悦，非達於禮者，其能至此哉？元李簡學易記卷一。

履，禮也。有天德而行之以和，故能一柔進退，履衆剛而不見傷也。「禮之用，和爲貴」，其是之謂乎？元李簡學易記卷一。

泰

南軒曰：有天地則升降之理生，有升降則通塞之理生，此乾坤所以合而成否泰也。往極不得不返，盛極不得不衰，剛柔相生，有无相禪，此泰終所以必復，否終所以必傾也。然則否泰固有自然之數，非人謀所及，而聖人於此，亦將退聽无爲，而任其適來也歟！曰：非然也。在天有否泰之理，在聖人有處否泰之道。蓋觀一身血氣盛衰，否泰之理也；導養有方，處否泰之道也。有人於此，當血氣壯健之時，而虐用其四體，耗憊其精神，未幾而羸病暴至，此非反泰爲否乎？至於血氣衰竭之際，能時其飲食，節其勞逸，養之以粱肉，輔之以藥餌，以却病而引年，此豈非革否而爲泰乎？審如是，則人力有時而勝天矣。元李簡學易記卷二。

同人

南軒曰：天下之志，紛然不齊，君子奚爲而通之？ 夫四方之民雖異地，而受衷上帝者則同，惻隱羞惡之端，所以發之於中者則同，然而不同者，私欲蔽之耳。 夫遇難共濟，則胡越爲手足；争利不休，則父子爲仇讎。 方其遇難之時，至誠相與，纖僞不萌，故皆不約而自同；及一毫之利撓其欲心，則挺然而起彼我分而爲敵，非以私欲之心蔽其所素同者哉？ 聖人擴至誠大公之道，包覆天下，是以无往而不同。元李簡學易記卷二。

六二，同人于宗，吝。

張敬夫曰：同人于野則曰亨，同人于門則曰无咎，同人于宗則曰吝，推此則聖人之心可見矣。宋馮椅厚齋易學卷十一易輯傳第七。

大有

九三，公用亨于天子，小人弗克。

張敬夫曰：公侯所有之民物、所有之土地皆天子與之者也，必以是而通于天子。 若小人則認爲己物，至有不供苞茅、不修朝貢者也。宋馮椅厚齋易學卷十一易輯傳第七。

謙

初六，謙謙君子，用涉大川。象曰：謙謙君子，卑以自牧也。

南軒張氏曰：「謙謙君子，卑以自牧」，如牧牛羊然，使之馴服，方可以言謙。今人往往反以驕矜爲養氣，此特客氣，非浩然之氣也。明胡廣等周易傳義大全卷六、清程廷祚大易擇言卷九。

六四，无不利，撝謙。

張敬夫曰：下三爻直言吉，上三爻皆設戒。艮體止而有守，故吉；謙極而復執坤順，故不得不戒。宋馮椅厚齋易學卷十二易輯傳第八。

隨

象曰：澤中有雷，隨。君子以嚮晦入宴息。

南軒張氏曰：隨者，非隨時俛仰之謂。蓋有是事則有是理，君子順理而行，如嚮晦則入宴息，特舉一事之著者言之耳。明胡廣等周易傳義大全卷七。

南軒張氏曰：初九震動之主，上應於兑者也。耳目之官將變動而從物之時也，惟守正則吉。元董真卿周易會通卷四。

蠱

南軒張氏曰：由朝廷至閭里，孰非事也？而獨舉父子，何也？天下之本在國，國之本在家。一家之責，莫重於子，能盡父道，則家齊矣。由是而之，則國可治，而天下可平。故曰：蠱，元亨而天下治。元董真卿周易會通卷四、明胡廣等周易傳義大全卷七。

初六，幹父之蠱，有子，考無咎。厲，終吉。

張敬夫曰：艮止於上，巽順於下。無爲而尊於上者，父之道也；服勞而奉於下者，子之道也。故蠱之卦多言子幹父事。宋馮椅厚齋易學卷十二易輯傳第八、元董真卿周易會通卷四、明胡廣等周易傳義大全卷七。

張敬夫曰：能盡子道，則家齊矣。由是而之焉，則國可治，天下可平。故孔子曰：「蠱，元亨，而天下治也。」宋馮椅厚齋易學卷十二易輯傳第八。

臨

六五，知臨，大君之宜，吉。象曰：大君之宜，行中之謂也。

南軒張氏曰：知臨者，豈任察以爲明，挾暴以爲剛乎？立大中之道，使天下得以共行之而已。舜惟能用中于民，此所以爲大知也。元董真卿周易會通卷五、明胡廣等周易傳義大全卷七。

觀

六三，觀我生，進退。

南軒張氏曰：三大臣之位，當察其德業所著見者，以度其去就。元董真卿周易會通卷五。

賁

張敬夫曰：三陰三陽，相雜而成文。宋馮椅厚齋易學卷十四易輯傳第十。

剥

初六，剥床以足，蔑貞凶。

南軒曰：牀者，人藉以爲安息之物也。君子得行於世，則天下泰然安枕，猶之牀也。今也衆陰剥喪，君子至於切近其身焉，則君子不得其所，可知矣。君子如是，天下又可知矣。元李簡學易記卷三。

六五，貫魚以宫人寵，無不利。

張敬夫曰：五雖君位，而卦有陰爲之主者，不取君義。坤也、剥也、遯也、明夷也、歸妹也、旅也，非人君所處，故亦无君義。宋馮椅厚齋易學卷十五易輯傳第十一、元董真卿周易會通卷五、元熊良輔周易本義集成卷一、清沈起元周易孔義集説卷六。

復

張敬夫曰：以時觀之，則一元之氣方萌於十一月，天地之心可窺見矣。以一身觀之，則人心微動之初，亦可以見天地之命我者矣。宋馮椅厚齋易學卷三十四易外傳第二。

初九，不遠復，無祇悔，元吉。

南軒張氏曰：復之初九，震體也，微動之時也。當是時，而能復焉，則去无妄不遠矣。及其守之固，居之安，則纖毫不萌，即无妄也，即誠也，即天之道也，即聖人之心也。元董真卿周易會通卷五、明胡廣等周易傳義大全卷九。

六二，休復，吉。象曰：休復之吉，以下仁也。

張敬夫曰：易三百八十四爻，未嘗言仁，此獨言之，夫子蓋有深旨。克己復禮爲仁，克其私心，復其天理，所以爲仁。二去初未遠，上无繫應，能休泰而復，所以爲下仁也。至四但言「以從道也」，而不謂之仁矣。蓋道者，舉其大凡，不若仁爲切至也。宋馮椅厚齋易學卷十五易輯傳第十一、元董真卿周易會通卷五、周易傳義大全卷九、清喬萊易俟卷七、清程廷祚大易擇言卷十三。

上六，迷復，凶，有災眚，用行師，終有大敗，以其國君凶，至于十年不克征。

張敬夫曰：易之爻辭鮮有如是之詳，其凶鮮有如是之極者，而獨於復之上六言之。蓋自亡家覆國，反道敗德，无所不在，其源蓋起於一念之微不能制遏之耳。夫以陰柔之材，去本之遠，所謂人欲肆而天理蔑者，故有大敗終凶之義。宋馮椅厚齋易學卷十五易輯傳第十一、元董真卿周易會通卷五、元胡一桂易附録纂注卷一、元熊良輔周易本義集成卷一、明胡廣等周易傳義大全卷九、清張烈讀易日鈔卷二、清沈起元周易孔義集説卷六。

无妄

張南軒云：一念纔不是，便致上帝震怒。清刁苞易酌卷五。

頤

初九，舍爾靈龜，觀我朵頤，凶。

張敬夫曰：人人莫不有至靈者，謂靈龜。若孟子所謂良貴是也。不以程正叔、楊中立能嚥息不食之説爲然，蓋以靈爲義也。宋馮椅厚齋易學卷十六易輯傳十二。

六四，顛頤，吉。虎視眈眈，其欲逐逐，無咎。

南軒張氏曰：虎視常垂首。宋馮椅厚齋易學卷十六易輯傳第十二、元董真卿周易會通卷六、清沈起元周易孔義集説卷七。

坎

南軒曰：乾唱而坤和，乾尊而坤卑，出於自然，所不可亂者也。得於乾曰震、曰坎、曰艮，得於坤曰巽、曰離、曰兑，是六物雖相摩於天地之間，不可以相无，然而得於乾者每无待而有濟，得於坤者皆不能特立以成功。震爲雷，巽爲風。雷者，震起萬物而爲之發端，風則因有所吹嘘而長養之。坎爲水，離爲火，水有常行而无所賴，火託薪然後始得以見其體。艮爲山，兑爲澤。山能厚載萬物而生植之，澤非因物則不能施其滋潤之功。此所謂出於自然，而不可亂者也。然則人欲犯尊卑之分，滅倡隨之義，其可乎哉？元李簡學易記卷三、清沈起元周易孔義集説卷八。

離

張敬夫曰：易於離有甲胄戈兵之象，而周六卿司馬之職則列於夏官，豈无爲而然與？宋馮椅厚齋易學卷十七易輯傳第十三、明胡廣等周易傳義大全卷十一。

張敬夫曰：自古有國有家，時適明盛，无不由宦官、女子之爲患者失此道也。宋馮椅厚齋易學卷十七易輯傳第十三。

咸

張敬夫曰：咸六爻未嘗言心。文王于四曰思，孔子于初、三、五曰志。蓋志者心之所期，而思者心之用。人之所感，惟物誘于外，然後心往赴之，發而爲情矣。此所以不言心歟？宋馮椅厚齋易學卷十八易輯傳第十四。

恒

南軒曰：六五以柔居尊，非人君之常道，君尊臣卑，天地之大義也。降尊而下卑，執柔而馭强，權一時之宜則可，守以爲常則不可。漢元帝優遊不斷，文宗仁而少斷，卒使權臣僭逼，宦官制命者，皆執柔道以爲常之過也。元李簡學易記卷四上。

大壯

九三，小人用壯，君子用罔，貞厲。羝羊觸藩，羸其角。

南軒張氏曰：四陽之進，亦羣羊之象。元董真卿周易會通卷七。

晉

南軒曰：人之常情，大抵鋭於進外而略於進内。聖人於始進之初，則戒之以摧如愁如。如古之聖賢，其始進未嘗不以爲難，故卒能大有爲於世。鋭於進者，其退必速，此小人輕鋭躁進者也。人能移其鋭進之心以之治己，則善矣。晉之六爻而終歸於治己，聖人之意微矣哉！元李簡學易記卷四上。

張敬夫曰：升與漸亦進也，名雖相近，實則相遠。蓋晉有明盛之象，升者自下超上，漸者進而有序，明出地上。觀日之麗天，可見矣。宋馮椅厚齋易學卷十九易輯傳第十五。

家人

南軒張氏曰：九五居外，六二居内，男女正位之象也。四陽二陰，陽强而陰弱，夫倡婦隨之象也。二柔皆居陰位，執柔而不抗之象也。内明而外巽，處家之象也。宋馮椅厚齋易學卷二十易輯傳第十六、元董真卿周易會通卷七。

張敬夫曰：在咸之時則尚少，此中女與長女家道既成之象也。宋馮椅厚齋易學卷二十易輯傳第十六。

上九，有孚，威如，終吉。象曰：威如之吉，反身之謂也。

南軒張氏曰：居家人之上，家人所瞻仰而視效者也。身不修則家不可齊，此家人六爻卒歸於反身也。反身謂何？言有物，行有恒而已。元董真卿周易會通卷七、清喬萊易俟卷十一。

睽

南軒曰：天下乖睽，未嘗无可合之道。故睽之六爻，皆兩兩相求，有始睽終合之義。元李簡學易記卷四下。

九二，象曰：遇主于巷，未失道也。

南軒張氏曰：「遇主于巷」，巷者，委曲之途也。或謂諫君者當盡其委曲之義，非也。伊川云「至誠以感動之，盡力以扶持之，明義理以致其知，杜蔽惑以誠其意」，如是宛轉將就之，期於明信而後已，此其所以謂之委曲也。故孟子謂引君以當道。明胡廣等周易傳義大全卷十四。

解

六三，負且乘，致寇至，貞吝。

南軒張氏曰：小人乘君子之器，乃所以招寇而起禍，貞固守此，寧不可吝乎？元董真卿周易會通卷八、明胡廣等周易傳義大全卷十四、清沈起元周易孔義集説卷十一。

九四，解而拇，朋至斯孚。

張敬夫曰：此爻近君之大臣也。爲大臣而陰比小人，則君子之朋遠矣。蓋君子、小人不兩立，若能辨去小人，則君子朋至而交孚矣。宋馮椅厚齋易學卷二十易輯傳第十六。

損

張敬夫曰：天下之理，不過適中。損者，所以裁束而歸于中道爾。有當損者，有不當損者，一以中爲準則，无過不及矣。唯中故能適時之宜，合理之正，理之自然，不可得而損益也，特時有過則當損，不及則當益爾。卦三陰三陽，本不可有損益也。唯其陽偏于陽饒而向長，陰偏于陰乏而向消，故損九三向長之陽，以益上六向消之陰，則陰乏得陽而濟，陰消得陽而止，三陰三陽，居然適停，此損之所以爲理之當然者也。若以人力私意自爲損益，則非易矣。宋馮椅厚齋易學卷二十一易輯傳第十七、元李簡學易記卷四下。

初九，以事遄往，无咎，酌損之。

張敬夫曰：當損而不損，過也；不當損而損之，亦過也。易所以戒焉。凡所謂「酌損之」、「弗損益之」者，言不過損也。所謂「損一人」、「損其疾」者，皆理之所當損也。案以所損之事，亟往奉上，則免爾責。不供之咎，上如水焉，酌之不竭澤也。兑爲澤，故有酌之象。六爻唯初以剛居陽爲過于富實，所宜損者也。初實四虚，初下四上，故當損之以益四也。言「酌損」于「无咎」之後，補爻辭未盡之意。宋馮椅厚齋易學卷二十一易輯傳第十七。

六三，三人行則損一人，一人行則得其友。

張敬夫曰：三居下體之上，位之高，物之盛，數之當然也。故聖人於此，極言萬物損益之理。以下體而觀，三本陽也，變而爲陰，是三人行損一人之象也。以全體而觀，上本陰也，變而爲陽，亦損一人之象也。天下之理，一陰一陽，一男一女，一倡一和，一柔一剛，大至於天地，細至於蟲魚，事事物物，莫不皆有自然之對，非有待於一人焉者，此天地之至理也。過此則爲贅，少此則爲虧。贅者不得不損，虧者自然相求。艮、兑交而爲咸，咸交而爲損。損之中，三與上復交焉。此夫婦交感化育之事也。中庸曰：「其爲物不貳，故其生物不測。」天地發生，萬物不過，二氣交貫，誠一無二，況人者天地之心哉！是故繫辭曰：「天地絪緼，萬物化醇；男女構精，萬物化生。」易曰：「三人行則損一人，一人行則得其友，言致一也。」三復微言，其有旨哉！一陰偶二陽，一陽蓄二陰，皆非致一之道，咈天地之理。舉此一端，以泛觀天下萬物，凡過分越義之事，烏得不損哉！宋馮椅厚齋易學卷二十一易輯傳第十七、元李簡學易記卷四下、元董真卿周易會通卷八。

六四，損其疾，使遄有喜，無咎。

南軒張子曰：當損而不損，過也；不當損而損之，亦過也。酌損之，弗損益之者，言不過損也。所謂「損一人」、「損其疾」者，皆理之所當損也。元胡一桂易附録纂注卷二、元董真卿周易會通卷八、元胡震周易衍義卷十。

夬

象曰：澤上於天，夬。君子以施禄及下，居德則忌。

南軒張氏曰：居德則忌，言不居其德。元俞琰周易集説卷十三。

困

張敬夫曰：困窮而通，固未嘗无可亨之理。宋馮椅厚齋易學卷二十四易輯傳第二十。

張敬夫曰：唯大人爲能處之。天下之人，困大則失節，小則憂殞，凡以中不剛耳。宋馮椅厚齋易學卷二十四易輯傳第二十。

南軒曰：凡天下之遇困，大則失節，小則憂隕，凡以不能剛中而已。元李簡學易記卷五、元董真卿周易會通卷九、清程廷祚大易擇言卷二十五。

革

張敬夫曰：後世改作，多出臨時率意，是以民不心服，而畔亂隨之。故聖人每戒之以有孚，使之取必於衆人，不可任一人之私意。始言「已日乃孚」，又曰「革言三就」，「有孚改命，吉」。宋馮椅厚齋易學卷二十五易輯傳第二十一。

艮

張敬夫曰：人生而静，天則也。事事物物莫不有自然之則，非待造而成者，若父慈子孝之類是也。宋馮椅厚齋易學卷三十六易外傳第四。

南軒曰：初六，「艮其趾，未失正也。」六二，「艮其腓，不拯其隨，其心不快。」此言慾心之動，不能制也。腓隨身者也，心者四體之所聽命者也。於腓若不救其隨，而任所之焉，則心終不寧矣。故曰「不拯其隨，未退聽也。」九三「艮其限，列其夤」者，勇於止而未能循理適宜者也。六四「艮其身」者，大學所謂「知止於其所當止」者也。六五「艮其輔」，言有序。「悔亡」者，記所謂「口容止」，語所謂「時然後言」，繫辭所謂「吉人之辭寡」者也。上九「敦艮吉」者，居之安者也。八卦之中，惟艮爲吉。乾亢，坤疑，坎陷，離暴，巽極則失，兑極則志流，震極則索則凶，艮獨以吉終，何也？繫辭曰：「吉凶悔吝生乎動者也」，動則獲凶常多，得吉常少，静而知止，何咎之有？聖人所以洗心退藏於密，其至矣哉！宋馮椅厚齋易學卷二十六易輯傳第二十二、元李簡學易記卷五。

漸

張敬夫曰：艮上巽下爲蠱。左傳曰：「風落山，女惑男。」國語曰：「宵静女德以伏蠱。」蓋女下於男所以爲蠱，蠱變則爲漸。

又曰：兑上震下爲隨。象辭曰：「元亨。」孔子曰：「剛來而下柔。」以男倡女隨爲義。隨變則爲歸妹。象辭曰：「征凶，无攸利。」孔子曰：「柔乘剛也。」以女先動而乘男爲義。大凡陽上陰下則理順而吉，陰上陽下則理逆而凶。蠱與歸妹皆二陰居上，二陽居下，故有邪慝之象。漸與隨皆二陽居上，二陰居下，故有得正之象。又曰：以卦體論之，則蠱與漸相反。以爻畫論之，則漸與歸妹正相反。蓋漸之三陰處皆得正位，又在内，歸妹之三陰皆失其位，又在外，此漸所以爲進得正，而歸妹所以爲不正而動也。宋馮椅厚齋易學卷二十七易輯傳第二十三。

豐

南軒曰：已无暗德，下无隱情，使天下曉然莫得以藏慝而蓄姦，則豐可守矣。元李簡學易記卷六。

渙

南軒張氏曰：夫收天下之心，莫如奠宗廟而正王位，王乃在中，所謂「中天下而立，定四海之民」是也。元董真卿周易會通卷十一、清沈起元周易孔義集説卷十五。

節

張敬夫曰：周官所謂「六節」者，其器也；「烈士狥節」者，其道也。處節之道，要在識時而知變。宋馮椅厚齋易學卷三十易輯傳第二十六。

南軒張氏曰：處節之道，要知時識變，故曰當位以節，中正以通。初九无位之人，雖慎密不出户庭，而亦无咎。九二有位大臣，則不出門庭爲凶。蓋處顏子之世，不可爲禹、稷之事；當禹、稷之位，不可守顏子之節，反是失節矣。元董真卿周易會通卷十一、清沈起元周易孔義集説卷十六。

張敬夫曰：太極立而自然有乾、坤，乾、坤立而動静倡隨，自然生矣。是二物者未嘗相離，而往來於无窮，故物之麗於此者，不能无屈信往反之數。既濟者，既然也；未濟者，未然也。言物之既然矣，而又有將然者來焉。剛柔相摩，動静相生，吉凶相倚，有无相禪，无時而已也。宋馮椅厚齋易學卷三十二易輯傳卷二十八。

繫辭上傳

天尊地卑，乾坤定矣。卑高以陳，貴賤位矣。動静有常，剛柔斷矣。方以類聚，物以羣分，吉凶生矣。在天成象，在地成形，變化見矣。

南軒曰：如乾位西北，坎、艮、震陽皆以類聚；坤位西南，巽、離、兑陰皆以類聚；此方以類聚也。乾爲天，而坎水、艮山、震雷皆羣分於此；坤爲地，而離火、兑澤、巽木皆羣分於此；此物以羣分也。或聚或分，而得者爲吉，失者爲凶，吉凶生矣。愚意方物聚分，本只就四方萬物説，吉凶生方是易。然萬物之類聚羣分，其具列於八卦，亦有如二先生所言矣。若就先天八卦論，乾、兑、離、震生於陽儀，故類聚於東南，巽、坎、艮、坤生於陰儀，故類聚於西北，而八卦之物亦皆隨卦而羣分焉，亦未有不可。要之，繫辭首章是説作易事。作易莫先於伏羲，則方物之聚散，是論先天八卦矣。元董真卿周易會通卷十二。

是故剛柔相摩，八卦相盪，鼓之以雷霆，潤之以風雨，日月運行，一寒一暑，乾道成男，坤道成女。

南軒曰：此論易所以斡旋造化之間者。元李簡學易記卷七。

是故君子所居而安者，易之序也；所樂而玩者，爻之辭也。

南軒張氏曰：爻辭雖吉凶得失之類，而性命道德之奥寓焉。元董真卿周易會通卷十二。

吉凶者，言乎其失得也。悔吝者，言乎其小疵也。无咎者，善補過也。

南軒張氏曰：悔吝雖未爲大過，然悔未純吉，吝未純凶，如物有瑕疵也。无咎本有咎，能以善補其過惡，故无咎也。元董真卿周易會通卷十二。

憂悔吝者存乎介，震无咎者存乎悔。

南軒張氏曰：易三百八十四爻，憂悔吝而存乎介者多矣，唯豫之六二「介于石，不終日，貞吉」，在豫之時，能介而自守者乎！震无咎而存乎悔者多矣，唯復之初九「不遠復，无祇悔，元吉」，在復之初能悔而改過者乎！明胡廣等周易傳義大全卷二十二。

是故卦有小大，辭有險易。辭也者，各指其所之。

南軒曰：指示人之所往也。告之險，欲其知畏而有所懼；告之易，欲其安意而无所疑也。元李簡學易記卷七。

易與天地準，故能彌綸天地之道。

南軒曰：準言平也。水平中準，大匠取法是也。言聖人作易，其成法與天地準，无毫釐高下之差，所以能彌綸天地之道也。彌者，周而无餘；綸者，理而不紊也。元李簡學易記卷七。

範圍天地之化而不過，曲成萬物而不遺，通乎晝夜之道而知，故神无方而易无體。

南軒張氏曰：天地之化，陰陽之氣也。萬物，陰陽之形也。晝夜，陰陽之理也。此三者，不外乎陰陽，惟易則能陰能陽，故无體。神則陰陽不測，故无方。聖人盡神易之道，故於天地之化，能範圍之，萬道能通之。元董真卿周易會通卷十二、明胡廣等周易傳義大全卷二十二。

顯諸仁，藏諸用，鼓萬物而不與聖人同憂，盛德大業至矣哉！富有之謂大業，日新之謂盛德。

南軒曰：此是説易也，方其顯諸仁，衣被萬物而闡其利，及其藏諸用，則造化莫測而泯其功，異乎聖人吉凶與民同患，而憂民之憂者也。元李簡學易記卷七。

廣大配天地，變通配四時，陰陽之義配日月，易簡之善配至德。

南軒張氏曰：乾之大生以資其始，坤之廣生以流其形，此廣大配天地也。闔闢往來，終則有始，此變通配四時也。復言七日，以陽生爲義；臨言八月，以陰長爲戒；此陰陽之義配日月也。中庸之德，中人以上可俯而就，此易知也；中人以下可跂而及，此易從也；故曰「易簡之善配至德」。明胡廣等周易傳義大全卷二十二。

「初六，藉用白茅，无咎。」子曰：苟錯諸地而可矣，藉之用茅，何咎之有？慎之至也。夫茅之爲物薄，而用可重也。慎斯術也以往，其无所失矣。

南軒曰：大過棟橈，政事紀綱隳廢不振之時也。元李簡學易記卷七。

勞謙，君子有終，吉。子曰：勞而不伐，有功而不德，厚之至也。語以其功下人者也。德言盛，禮言恭。謙也者，致恭以存其位者也。

南軒張氏曰：風不厚不能負大翼，水不厚不能負大舟。君子處心不厚，則恃勞而傲物，耀功而忽人，安能以其功而下人乎？竊觀地中有山之象，夫德之盛而充實如山焉，禮之恭而接下如地焉。夫内之德盛，而外之禮恭，所以處上而人不忌，處前而人不怨，此謙所以長保其位也。元董真卿周易會通卷十二、明胡廣等周易傳義大全卷二十二。

子曰：知變化之道者，其知神之所爲乎！

南軒張氏曰：變者不能自變，有神以變之；化者不能自化，有神以化之。故知變化之道者，疑若窺測其妙也。元董真卿周易會通卷十二、明胡廣等周易傳義大全卷二十二。

是故易有大極，是生兩儀，兩儀生四象，四象生八卦。

南軒張氏曰：易者生生之妙，而太極者所以生生者也。元董真卿周易會通卷十二。

序卦

張敬夫曰：有天地然後有男女，故上篇首乾、坤而終坎、離。有男女然後有夫婦，故下篇次之以咸、恒。有夫婦然後有父子、君臣，故下篇終之以既濟、未濟焉。既濟者，坎、離之交，而物有所成之謂也。動静相生，有无相禪，陰陽之運，萬物之生，无有窮已。故既濟之後，復歸之以未濟。宋馮椅厚齋易學卷十八易輯傳第十四。

雜卦

大過，顛也。

南軒張氏曰：小過過而未顛，過中於大，故曰顛。明胡廣等周易傳義大全卷二十四。

未濟，男之窮也。

南軒張氏曰：雜卦先言離、坎，後言既濟、未濟，則上下經之終，亦未嘗雜亂也。明胡廣等周易傳義大全卷二十四。

雜録

南軒曰：鬼神者，二氣之良能。宋李過西谿易説卷一。

南軒嘗謂：太極，所以明動静之藴。宋朱鑑文公易説卷一。

南軒謂：動中見静，方識此心。宋朱鑑文公易説卷七。

新安王炎晦叔嘗問張南軒曰：「伊川令學者先看王輔嗣、胡翼之、王介甫三家易，何也？」南軒曰：「三家不論互體，故云爾。然雜物撰德，具於中爻，互體未可廢也。」元俞琰讀易舉要卷四魏晉以後唐宋以來諸家著述。

又問曰：南軒云：「天一之水，得六而居北爲坎；地二之火，得七而居南爲離；天三之木，得八而居東爲震；地四之金，得九而居西爲兑。是以坎之數六，去三而餘三，此三畫之乾所以生於西北；離之數七，去三而餘四，此四畫之巽所以生於東南；兑之數九，去三而餘六，此六畫之坤所以生於西南；震之數八，去三而餘五，此五畫之艮所以生於東北；乃四象生八卦也。」此説如何？元王申子大易緝説卷一。

易本卜筮之書，後人以爲止於卜筮，至王弼用老、莊解後，人便只以爲理，而不以爲筮，亦非。想當初伏羲畫卦之時，只是陽爲吉，陰爲凶，無文字。某不敢說，竊意如此。後文王見其不可曉，故爲之作彖辭；或占得爻處，不可曉，故周公爲之作爻辭；又不可曉，故孔子爲之作十翼。皆解當初之意。今人不看卦爻而看繫辭，是猶不看刑統，而看刑統之序例也，安能曉！今人須以卜筮之書看之方得，不然不可看易。朱子語類卷六十六。

嘗見艾軒與南軒爭，而南軒不然其說。南軒亦不曉。南軒家有真蓍，云破宿州時得之。朱子語類卷七十。

嘗見林謙之與張欽夫講易林，以爲有象。欽夫云：「看孔子說『公用射隼於高墉之上』，只是以道理解了，便是無用乎象。」遂著書說此。朱子語類卷七十。

向來欽夫書與林艾軒云：「聖人說易大概是如此，不似今人說底。『射隼於高墉』，聖人說易却則恁地。」此却似說得易了。朱子語類卷七十二。

成都隱者見張欽夫說：「伊川說『未濟，男之窮』爲『三陽失位』，以爲斯義得之。伊川之在涪也，方讀易，有箍桶人以此問伊川，伊川不能答。其人云：『三陽失位，火珠林上已有。』伊川不曾看雜書，所以被他說動了。」朱子語類卷卷七十七。

林艾軒在行在，一日訪南軒曰：「程先生語録某却看得，易傳看不得。」南軒曰：「何故？」林曰：「易有象數，伊川皆不言，何也？」南軒曰：「孔子説易不然。易曰：『公用射隼於高墉之上，獲之，無不利。』如以象言，則公是甚射？是甚隼？是甚高墉？是甚聖人？止曰『隼者，禽也；弓矢者，器也；射之者，人也。君子藏器於身，待時而動，何不利之有。』」朱子語類卷一百三。

昔張敬夫爲魏公占，遇睽之蹇，六爻俱變，二卦名義自是不好。李壽翁斷之曰：「用兵之人亦不得用兵，講和之人亦不成講和。睽上卦是離，離爲甲胄，爲戈兵，有用兵之象，却變爲坎。坎，險難也。有險阻在前，是兵不得用也。兑爲口舌，又説也，是講和之象，却變爲艮。艮，止也，是講和者亦必無成。」未幾，魏公既罷，湯思退亦敗，皆如其言。宋朱鑑文公易説卷二十三。

南軒詩説鈎沈

目録

南軒詩説鈎沈[一]

二南

二南皆文王時詩，周公取以爲萬世后妃、夫人、大夫、士、庶人之妻。夫刑家之法，雖自於己，而於其配必謹所擇，是蓋禍福之基，所以重宗廟、重其身、正夫婦，而爲正家之本也。元劉瑾詩傳通釋卷一，明胡廣等詩傳大全卷一。

王者之化遠而大，涵養斯民，由於其道，而莫知其所以然，故曰「皞皞如」也。元劉瑾詩傳通釋卷一，明胡廣等詩傳大全卷一。

天下事未有不本於齊家，必如二南所述室家之事，而後爲家齊，由此而達之，則無所不可行。若爲之不從此始，則動有隔礙，雖尺寸不可推而行之，故曰「其猶正牆面而立」也

[一] 輯佚所引文獻，若無特别説明，皆爲文淵閣四庫全書本。

與！元劉瑾詩傳通釋卷一，明胡廣等詩傳大全卷一。

周南

關雎

音起於聲，而聲出於情。知此，則知先王作樂之本矣。宋呂祖謙呂氏家塾讀詩記卷二。

荇菜，取其柔順芳潔可薦之意。明胡廣等詩傳大全卷一，元劉瑾詩傳通釋卷一。

葛覃

后妃之貴，亦必立師傅以訓之。法家拂士，非惟人主不可一日無，后妃亦然也。周自后稷以農爲務，歷世相傳，其君子則重稼穡之事，其室家則重織紝之勤，相與服習其艱難，咏歌其勞苦，此實王業之根本也。夫治常生于敬畏，而亂常起于驕肆。使爲國者每念稼穡之勞，而其后妃又不忘織紝之事，則心之不存者寡矣。此心常存，則驕矜放恣，何自而生？故誦「服之無斁」之章，則知周公之所以興；誦「休其蠶織」之章，則知周之所以衰。元劉瑾詩傳通釋卷一，元朱公遷詩經疏義會通卷一，明胡廣等詩傳大全卷一，明張次仲待軒詩記卷一。

勤儉孝敬，固婦人之懿德，又能不以勢之貴富、時之久遠而有所變遷焉，則尤見其德厚有常，而人所難及也。元朱公遷詩經疏義會通卷一。

螽斯

后妃多子孫，推本其然，則由不妬忌而已，故繼樛木之後。（元）劉瑾詩傳通釋卷一，（元）朱公遷詩經疏義會通卷一，（明）胡廣等詩傳大全卷一。

桃夭

乖争之風，始于閨門，至於使萬物不得其所，而況昏姻之能以時乎！　此意蓋深遠矣。宋呂祖謙呂氏家塾讀詩記卷二，宋嚴粲詩緝卷一。

此詩興也，然興之中有比焉。　唯比義輕於興，則謂之興而已。　詩中若此蓋多也。宋呂祖謙呂氏家塾讀詩記卷二，宋段昌武段氏毛詩集解卷一。

此詩興也，然興之中有比焉。　惟比義輕於興，則謂之興而已。　桃夭爲仲春昏姻之時，又以喻女子之容色，又以喻女子盛年而嫁，所謂一句而包數義者此也。　觀比興者，當以此意類推之。清嚴虞惇讀詩質疑卷一。

兔罝

桃夭言后妃之所致而已，至於兔罝則曰后妃之化，蓋和平之風，至於使兔罝之人亦興其好德之彝性，則固有不言而信、不疾而速者，其要特在於修身以齊家而已。宋吕祖謙吕氏家塾讀詩記卷二，宋嚴粲詩緝卷一。

汝墳

勞苦之極，從而寬之，曰王室雖如燬，而文王在邇，有以恤我也。玩此詩，則民心雖怨乎紂，而尚以周之故，未至於泮散也。是文王以盛德爲商之方伯，與商室係民心而維宗社者也，其德可不謂至乎！宋吕祖謙吕氏家塾讀詩記卷二，宋段昌武段氏毛詩集解卷一，元劉瑾詩傳通釋卷一，明胡廣等詩傳大全卷一，明何楷詩經世本古義卷八。

麟之趾

麟出于上古之時，蓋極治之日也。以紂之在上，而周之公子振振信厚，不減於極治之日，故詩人歌之，以爲是乃麟也。周公取之，以爲關雎之應。元劉瑾詩傳通釋卷一，明胡廣等詩傳大全卷一。

召南

鵲巢

唯其專静均一，能端然享之，是乃夫人之德也。有所作爲，則非婦道矣。宋呂祖謙呂氏家塾讀詩記卷二，宋段昌武段氏毛詩集解卷十一，元朱公遷詩經疏義會通卷一，明胡廣等詩傳大全卷一。

羔羊

重言「委蛇」，舒泰而有餘裕也。此獨賦其退食之際，蓋於此時而然，則其在公之正直可知矣。不然，有所愧于中，則其退也，亦且促迫悤遽之不暇，寧有委蛇之氣象哉！宋呂祖謙呂氏家塾讀詩記卷三，宋輔廣詩童子問卷一，宋段昌武段氏毛詩集解卷十一，宋嚴粲詩緝卷二，明胡廣等詩傳大全卷一。

野有死麕

惡無禮之辭也。但言「無動我之帨，無驚我之厖」，則其凜然不可犯之意蓋可見矣。宋吕祖謙吕氏家塾讀詩記卷三。

騶虞

麟趾言公子信厚，則在内者無不孚。騶虞言國君蒐田以時，則在外者無不孚也。未有邇之未孚而可以及遠者也。鵲巢之化，是亦關雎之所達也。然則天下之本在國，國之本在家，家之本在身，其本一而已。元劉瑾詩傳通釋卷一，明胡廣等詩傳大全卷一。

邶風

緑衣

緑衣之憂，言嫡妾之亂，其弊將至於不可勝言者，憂在宗國也，夫豈特爲一身之私哉！宋呂祖謙呂氏家塾讀詩記卷四，元劉瑾詩傳通釋卷二，明胡廣等詩傳大全卷二，明季本詩説解頤正釋卷三。

燕燕

燕燕，以興己與戴嬀嫡妾相與之善歟！獨言泣涕之情者，蓋國家之事，有不可勝悲者。晉褚太后批桓温廢立詔云：「未亡人不幸罹此百憂，感念存没，心焉如割。」其有合於詩人之情歟！宋呂祖謙呂氏家塾讀詩記卷四，明胡廣等詩傳大全卷一，元劉瑾詩傳通釋卷二。

日月

緑衣方妾上僭之時，故獨反己以自責而已。至日月之作，則在州吁弒嫡之後，於是始推原其致禍之本，以爲由己不見答於先君之所致，亦猶孟子所謂「過大而不怨，是愈疏也」。宋呂祖謙呂氏家塾讀詩記卷四。

鄘風

君子偕老

辭章之和平也如此。宋段昌武段氏毛詩集解卷四。

蝃蝀

蝃蝀見則雨止，初無東西之分，驗之多矣。陰陽和則成雨，陰氣方凝聚，而日氣自他方來感，不以正陰受其感，其正反爲之解散，故雨不能成也。明胡廣等詩傳大全卷三，元劉瑾詩傳通釋卷三，元朱公遷詩經疏義會通卷三，清顧棟高毛詩類釋卷一。

相鼠

宣公無道，國人化之。讀桑中之詩，無恥如此。文公復國，一以身率下，於是無禮者見惡於相鼠，淫奔者不齒於蝃蝀，下所趨向，係於一人如此。元劉瑾詩傳通釋卷三。

干旄

臣子多好善，則文公之好善可知。惟臣子好善，而後疎遠之賢得以畢達而無遺也。宋段昌武段氏毛詩集解卷四。

衛風

芄蘭

獨再言「容兮遂兮，垂帶悸兮」，而其驕慢無所知之氣象蓋莫掩矣。宋吕祖謙吕氏家塾讀詩記卷六。

王風

中谷有蓷

胡文定云，按邶、鄘而下多春秋時詩，而謂「詩亡然後春秋作」，何也？自黍離降爲國風，天下無復有雅，而王者之詩亡。春秋作於隱公，適當雅亡之後。夫黍離所以爲國風者，平王自爲之也。平王忘讐，於是王者之迹熄而詩亡，天下貿貿焉日趨於徇私滅理之塗〔一〕，故孔子懼而作春秋。元劉瑾詩傳通釋卷四，元朱公遷詩經疏義會通卷四，明胡廣等詩傳大全卷四。

丘中有麻

賢人放逐，越在他國，故國人思之。曰「丘中有麻」，彼蓋可以留子，嗟而使不外適也。其所以欲留之者，欲其不越吾國，庶幾猶可望其施施而來也。則其思而望之，蓋亦切矣。宋段昌武段氏毛詩集解卷六，清黄中松詩疑辨證卷二。

鄭風

女曰雞鳴

讀女曰雞鳴之末章，以婦人之見而及於其夫子問學成德之事，其道行於家人，可知

〔一〕徇私滅理之塗：詩傳大全、詩經疏義會通作「夷狄禽獸之歸」。

矣。宋段昌武段氏毛詩集解卷七。

有女同車

忽之不昏于齊，未爲失也，而詩人追恨其失大國之助者，蓋見忽之弱爲甚，追念其資於大國，或有以自立，此國人之情也。蓋忽者，先君之世子。其立也正，故其始也，國人見其逐而憐其無助。至於其再入也，不能懲創而用賢，於是至有目之爲狡童者，而猶憂之而不能餐、不能息也，又閔其無忠臣良士，而至此極也。夫忽蓋不足道，而人之情猶不欲遽絶之者，以其立之正故耳。宋吕祖謙吕氏家塾讀詩記卷八，宋嚴粲詩緝卷八。

魏風

葛屨

夫子謂「與其奢也，寧儉」，則儉雖失中，本非惡德。然而儉之過則至於吝嗇迫隘，計較分毫之閒，而謀利之心始急矣。葛屨、汾沮洳、園有桃三詩，皆言其急迫瑣碎之意。宋朱熹詩經集傳卷三，宋呂祖謙呂氏家塾讀詩記卷十，宋嚴粲詩緝卷十，元劉瑾詩傳通釋卷五，元朱公遷詩經疏義會通卷五，明胡廣等詩傳大全卷五，清康熙欽定詩經傳説彙纂卷六。

陟岵

直述所以念父之意，未若思父所以念我之心之爲深切也。宋呂祖謙呂氏家塾讀詩記卷十。

伐檀

此詩蓋譏在上者無功德於民，而享其奉，故以不稼而得禾、不獵而得獸者爲比，非必欲君子稼穡而後食也。公孫丑以君子不耕而食爲素餐，其爲詩也亦固矣，其將至于爲許行之徒之論，故孟子闢之。宋段昌武段氏毛詩集解卷九。

爲有用之物，棄置河濱，徒與映而已。猶君子之不得進仕，廢放于林谷之中也。宋段昌武段氏毛詩集解卷九。

碩鼠

碩鼠之詩，聖人所爲取者，以君失道如此，國人疾之甚，而欲去之，猶有所未忍絶也。

故著其情於詩，乃其所未忍絶者也。末章「誰之永號」，謂我將去爾而適樂郊，當誰復永號於爾之土者乎？此則無可見其情也。宋呂祖謙呂氏家塾讀詩記卷十，元劉瑾詩傳通釋卷五，明胡廣等詩傳大全卷五。

唐風

蟋蟀

僖公徒從事於儉嗇，而不知爲國專務於小而不慮於大，是以詩人閔之。人之情，惟其急迫狹隘，拘於一曲，則其思慮不能以及遠，故詩人先欲開廓其心胷，謂歲且晚矣，不可以不念所以自樂者。然樂不可過甚也，於是而思吾之所當思者。夫有以自樂，則庶幾舒泰和豫，而無拘迫之患；樂而無荒，則斯能周旋四顧；而所憂者必得，則夫政之所當務，與夫患之所當防者，斯可以次而理矣。宋呂祖謙呂氏家塾讀詩記卷十一，宋嚴粲詩緝卷十。

居，謂其位也。宋呂祖謙呂氏家塾讀詩記卷十一，宋嚴粲詩緝卷十。

山有樞

山有樞之詩，蓋傷之深也。謂他人謀子之國，後嗣且不可保矣。子有衣裳，車馬何不曳婁、不馳驅；子有廷内，何不灑掃；子有鐘鼓，何不鼓、考；子有飲食，何不鼓瑟以喜樂、以引日，一旦宛然而死，則爲他人之所有，是傷之深也。雖然，昭公唯其頹墮不立，百事廢弛，以至此極。使其於物能用之以其節，而舉以其時，則又能自强於政，凡所施爲，各有條理，不至若是其危殆矣。故不曰閔，而曰刺焉。宋吕祖謙吕氏家塾讀詩記卷十一。

綢繆

若謂爲昏姻，則不得稱邂逅。堯之遺風，只是儉而用禮一事，亦不必事事稱有遺風也。宋吕祖謙吕氏家塾讀詩記卷十一，宋楊簡慈湖詩傳卷八，元劉瑾詩傳通釋卷六，元朱公遷詩經疏義會通卷六，明胡廣等詩傳大全卷六，清康熙欽定詩經傳説彙纂卷七。

葛生

葛生之詩，雖婦人思存者而作，然以獻公之攻戰不休，知其死亡之無日也，則斷之以百歲之後，庶幾得同歸于丘而已，其亦傷之至也。宋呂祖謙呂氏家塾讀詩記卷十一，元劉瑾詩傳通釋卷六，元朱公遷詩經疏義會通卷六，明胡廣等詩傳大全卷六。

秦風

車鄰

讀車鄰、駟驖之詩，則知秦之立國，自其始創，則不過盛其車馬奉養之事，競爲射獵之爲而已，蓋不及於用賢制民也，則其流風亦習乎是而已。宋段昌武段氏毛詩集解卷十一，元朱公遷詩經疏義會通卷六，元劉瑾詩傳通釋卷六。

寺人之令，若今之通謁者也。令者役未見，君子者得以令寺人，則其謁之無壅可知矣。若後世居上者有不察，則其來見己者蓋反爲寺人所令矣。宋段昌武段氏毛詩集解卷十一。

駟驖

讀車鄰、駟驖之詩，則知秦之立國，自其始創則不過盛其車馬奉養之事，競爲射獵之爲而已，蓋不及於用賢制民也，則其流風亦習乎是而已。民以板戎狄，修習武備，高上氣力，以射獵爲先，故秦詩曰「在其板屋」，又曰「修我甲兵，與子偕行」。及車鄰、駟驖、小戎之篇，皆言車馬田狩之事。明胡廣等詩傳大全卷六。

蒹葭

「所謂伊人」，謂有禮之人也。宋段昌武段氏毛詩集解卷十一。

无衣

上有「與子同袍」之心，則下有「與子同仇」之願矣。宋段昌武段氏毛詩集解卷十一。

渭陽

康公爲太子，送舅氏，而念母之不見，是固良心也。及其即位，循是心而賦是詩，是以夫子有取焉，而卒不能自克於令狐之役，怨欲害乎良心也。使康公知循是心，養其端而充之，則怨欲可消矣。秦、晉自殽之役，日尋干戈，使康公即位，能推其愛舅之心，釋舊怨，修新好，則兩國之民不勝其幸，其爲孝豈不大哉！惜不能善推其所爲也。宋朱熹詩經集傳卷三，宋段昌武段氏毛詩集解卷十一，宋吕祖謙吕氏家塾讀詩記卷十二，元朱公遷詩經疏義會通卷五，元劉瑾詩傳通釋卷六，明胡廣等詩傳大全卷六，清康熙欽定詩經傳説彙纂卷七，清陳啓源毛詩稽古編卷七，清顧鎮虞東學詩卷五。

檜風

羔裘

羔裘之詩，言其所事惟在於衣服之間，則其不能自强於政治可知矣。宋吕祖謙吕氏家塾讀詩記卷十四，元劉瑾詩傳通釋卷七，元朱公遷詩經疏義會通卷七，明胡廣等詩傳大全卷七，清康熙欽定詩經傳説彙纂卷八。

曹風

鳲鳩

結云者，實而不他也。蓋謹其威儀於外，而後其心可得而一，心一而後威儀有度，而人有所取正。此所謂由乎中以制於外，制於外所以保其中也。宋吕祖謙吕氏家塾讀詩記卷十五，宋真德秀西山讀書記卷十八。

豳風

七月

七月之詩，皆以夏正爲斷。宋吕祖謙吕氏家塾讀詩記卷十六，元梁益詩傳旁通卷五。

鴟鴞

鳥於天未陰雨而撤桑土、葺牖户，是猶於國家安泰之日而經理備預者也。蓋消息盈虚之相盪，安危治亂之相承，理之常然，非知幾者，孰能審微於未形，而御變於將來哉？元劉瑾詩傳通釋卷八，明胡廣等詩傳大全卷八，清康熙欽定詩經傳説彙纂卷九。

小雅

小弁

小弁怨慕乃所以爲親親，故引關弓之疏戚爲喻，以見其爲親親者焉。凱風之作，則以母氏不安于室而已。七子引罪自責，以爲使母之不安，則己之故，辭氣不迫，蓋與小弁異也。當小弁之事，而怨慕不形，則是漠然而不知者也。當凱風之事，而遽形於怨，則是激於情而莫遏也。此則皆失親親之義，故皆以不孝斷之，於是舉舜之孝以爲法焉。高子徒見小弁之怨，遂以爲小人之詩，不即其事而體其親親之心，亦可謂固矣！元劉瑾詩傳通釋卷十二，明胡廣等詩傳大全卷十二。

大雅

緜

大王於狄人事以皮幣、大馬、珠玉，本期以保民也，而狄人侵陵不已，是欲吾土地也。曰：「君子不以其所養人者害人。」其言何其忠厚而不迫邪！人王之遷，本以全民，不敢必民之歸而强民以徙。特曰「二三子何患乎無君」，此天地之心，真保民之王也，民心自不庸釋乎！大王非特斯言有以感動之，蓋民之戴其仁有素矣。曰「如歸市」，以見其誠心樂趨，無一毫强勉之意也。元劉瑾詩傳通釋卷十六，元朱公遷詩經疏義會通卷十六，明胡廣等詩傳大全卷十六。

思齊

文王之刑寡妻，至兄弟，御家邦，亦舉斯心加諸彼而已，蓋無非是心之所存也。聖人雖無事乎推，然其自身以及家，自家以及國，亦固有序矣。元劉瑾詩傳通釋卷十六，明胡廣等詩傳大全卷十六。

靈臺

文王則勿亟，庶民則子來，君民之相與如此，意則可出於君之意。元劉瑾詩傳通釋卷十六，元朱公遷詩經疏義會通卷十六，明胡廣等詩傳大全卷十六。

公劉

公劉遷國，已與百姓俱，無不足之患也。元劉瑾詩傳通釋卷十七，明胡廣等詩傳大全卷十六，清康熙欽定詩經傳說彙纂卷十八。

烝民

天命所賦謂之則，人性所稟謂之彝，存於心而有所得者謂之德，其實一而已矣。孔子又加一「必」字於「有則」之上，加一「故」字於「好是」之上，其旨愈明矣。孟子舉此詩，蓋謂秉彝好德，心之所好處即是性之發動處，就性初發動處指出以示人，方見得此性之本善。元劉瑾詩傳通釋卷十八。

魯頌

閟宫

分土三等，皆以其田言之。地雖有山川相間，廣狹不齊，而制田之多寡，則自若也。故其山川、城郭、宫室、塗巷皆在百里田制之外，即所謂錫之山川者也。若邾、若須句、若顓臾，又皆魯之附庸，即所謂錫之附庸者，蓋亦在百里田制之外，是魯之疆域固不止百里矣。然作明堂位者，遽妄爲七百里之説，孔氏乃附會之，以爲封魯五百里之上，加以九同、七同、五同、三同四等附庸，共爲方百里者二十四，并魯方百里者二十五，積四十九同開方之得七百里，其説恐難信也。元劉瑾詩傳通釋卷二十，明胡廣等詩傳大全卷二十。

太極圖説解義鈎沈

太極圖説解義鈎沈

周子太極圖解序

二程先生道學之傳，發於濂溪周子，而太極圖乃濂溪自得之妙，蓋以手授二程先生者。或曰：「濂溪傳太極圖於穆修，修之學出於陳摶。」豈其然乎？此非諸子所得而知也。其言約，其義微，自孟氏以來未之有也。通書之説，大抵皆發明此意，故其首章曰：「誠者，聖人之本。大哉乾元，萬物資始，誠之原也。乾道變化，各正性命，誠斯立焉。」夫曰「聖人之本」、「誠之原」者，蓋深明萬化之一原也，以見聖人之精藴。此即易之所謂「密」，中庸之所謂「無聲無臭」者也。至於乾道變化，各正性命，則是本體之流行發見者，故曰「誠斯立焉」。其篇云五行陰陽，陰陽〔一〕太極，四時運行，萬物終始，混兮闢兮，其無窮兮。道學之

〔一〕陰陽：宋本無此二字。

傳，實在乎此。愚不敏，輒舉大端，與朋友共識焉。雖然，太極豈可以圖傳也？先生之意，特假圖以立義，使學者默會其旨歸，要當得之言意之表可也。不然，而謂可以方所求之哉？廣漢張栻敬夫序〔一〕。濂溪周元公全集卷一，明弘治刻本，日本名古屋市蓬左文庫所藏。又見宋本元公周先生濂溪集卷一，四庫本周元公集卷一，濂溪志卷首，經義考卷七一，道光永州府志卷九上。

〔一〕宋本文末七字無。

太極圖説解義〔一〕

無極而太極。

此極夫萬化之源而言之也。曰「無極而太極」，其立言猶云「莫之爲而爲之」之辭也。有無本不足以論道，而必曰「無極而太極」者，所以明動静之本，著天地之根，兼有無、貫顯微、該體用者也。必有以見乎此，而後知太極之妙不可以方所求也，其義深矣！

太極動而生陽，動極而静，静而生陰，静極復動。一動一静，互爲其根；分陰分陽，兩儀立焉。

太極涵動静之理者也。有體必有用。太極之動，始而亨也；動極而静，利而貞也。動静之端立，則陰陽之形著矣。一動一静，互爲其根，動爲静之根，而静復爲動之根，非動之能生静，静之能生動也。動而静，静而動，兩端相感，太極之道然也。故曰：「一

〔一〕案：明弘治刻本濂溪周元公全集卷一收録周敦頤太極圖説解，題下注云：「晦庵朱子、南軒張子解義。」正文各條之下，前列「朱曰」，後列「張曰」。我們的輯本删去朱熹解義，只録張栻解義。

闔一闢謂之變，往來不窮謂之通。」語其體，則無極而太極，冥漠無朕，而動静陰陽之理，無不具於其中。循其用，則動静之爲陰陽者，闔闢往來，變化無窮，而太極之體各全於其形器之内〔一〕。此易之所以爲易也。

陽變陰合而生水、火、木、金、土，五氣順布，四時行焉。

陽主乎變，陰主乎合，其性情然也。陰陽變合，五行之質形焉。五行之質形於地，而氣行乎天。質之所生，則水爲首，而火、木、金、土次焉。氣之所行，則木爲先，而火、土、金、水次焉。五氣順布，四時之所以行也。二氣五行，乃變化之功用，亦非先有此而後有彼。蓋無不具在於太極之中，而命之不已者然也。

五行一陰陽也，陰陽一太極也，太極本無極也。五行之生也，各一其性。

此復沿流以極其源也。言五行一陰陽，陰陽一太極，而太極本無極，然則萬化之源可得而推矣，非太極之上復有所謂無極也。太極本無極，言其無聲臭之可名也。五行生質雖有不同，然太極之理未嘗不存。故曰「各一其性」。原注：正本「五行之生各一其性」附於下段。

〔一〕内：原作「丙」，據真德秀西山讀書記卷一所引改。

無極之真，二五之精，妙合而凝。「乾道成男，坤道成女。」二氣交感，化生萬物，萬物生生而變化無窮焉。

無極之真與夫二五之精，妙合凝聚，故有男女之象。非無極之真爲一物，與二五之精相合也；言無極之真未嘗不存於其中也。無極而曰真，以理言也。二五而曰精，以氣言也。男女之象既成，則二象交感，而化生萬物，萬物生生而變化不窮矣。蓋有太極則有二氣五行，而萬物生焉，此所謂性外無物也。萬物之生，稟二五之氣，雖成質各不同，而莫不各具一太極，此所謂物外無性也。故通書曰「二氣五行，化生萬物」，五殊二實，是萬爲一，一實萬分，此之謂也。

唯人也，得其秀而最靈。形既生矣，神發知矣，五性感動，而善惡分，萬事出矣。

人與物均稟乎天而具太極者也。然人也，稟五行之秀，其天地之心之所存，不爲氣所昏隔，故爲最靈。物非無是，而氣則昏隔矣。然就萬物之中亦有靈者，蓋於其身有氣之所不能盡隔者也。人則爲最靈矣，然人所稟之氣，就其秀之中亦不無厚薄昏明之異，故及其形生神發，五行之性爲喜怒憂懼愛惡欲者感動於内，因其所偏，交互而形，於是有善惡之分，而萬事從此出焉。蓋原其本始，則天地之心，人與物所公共也。察其氣稟之分，則人獨爲秀而最靈，而物則有異焉。又察其成質之後，於人之中又有厚薄昏明之殊焉。然人之賦質雖有殊，而其殊者可得而反也。其可得而反者，則以其氣爲最靈。太極之未嘗不在者，有以通之故爾。物雖有昏隔，而太極之所以爲者亦何有虧欠乎哉！

聖人定之以中正仁義原注：聖人之道，仁義中正而已矣。**而主静，**原注：無欲故静。**立人極焉。故聖人與天地合其德，日月合其明，四時合其序，鬼神合其吉凶。**

人不能以反其初，則人極不立，而去庶物無幾矣。故定之以中正仁義而主静，聖人所以立人極也。動爲誠之通，静爲誠之復。中也，仁也，動而通也，始而亨者也。正也，義也，静而復也，利以貞者也。中見于用，所謂時中者也。仁主乎生，所謂能愛者也，故曰動而通也。正雖因事而可見，然其則先定。義雖以宜而得名，然其方有常。故曰：静而復也。中也、仁也本爲體，而周子則明其用。正也、義也本爲用，而周子則明其體。蓋道無不有體有用，而用之中有體存焉。此正乾始元而終貞之意。動則用行，静則體立，故聖人主静，而動者行焉。動者行而不失其静之妙，此太極之道，聖人所以爲全盡之也。太極立則天地、日月、四時、鬼神之理其有外是乎？故無所不合也，則以其一太極而已矣。

君子修之吉，小人悖之凶。

聖人者，不勉而中，不思而得。降于聖人，則貴乎修爲。君子修之而人極立，所謂吉也。小人悖之而絶于天，所謂凶也。修之之要，其惟敬乎！程子教人以敬爲本，即周子主静之意也。要當于未發之時，即其體而不失其存之之妙，已發之際，循其用而不昧乎察之之功，則人欲可息，天理可明，而聖可希矣。

故曰：「立天之道，曰陰與陽。立地之道，曰柔與剛。立人之道，曰仁與義。」又曰：「原始反終，故知死生之説。」

此説明三才之所以立也。天之陰陽，地之柔剛，人之仁義，皆太極之道然也。故易曰：「六爻之動，三極之道也。」死生之説，非别爲一事也，亦不越乎動静陰陽者而已。原始而知其所以生，則反終而知其所以死矣。

大哉易也，斯其至矣！

易有太極，是生兩儀，兩儀生四象，四象生八卦，八卦定吉凶，吉凶生大業，易之道蓋備于此圖，亦盡之矣！濂溪周元公全集卷一，明弘治刻本，日本名古屋市蓬左文庫所藏。

太極圖解後序

或曰：太極圖，周先生手授二程先生者也。今二程先生之所講論答問之見於遺書者，大略可睹，獨未及此圖，何耶？以爲未可遽示，則聖人之微辭見於中庸、易繫者，先生固多所發明矣，而何獨秘於此耶？栻應之曰：二程先生雖不及〔一〕此圖，然其説固多本之矣。試詳考之，當自可見。學者誠能從事於敬，真積力久，則夫動静之幾，將深有感於隱微之間，而是圖之妙可以默〔二〕得於胸中。不然，縱使辯説之詳，猶爲無益也。嗟乎，先生誠通誠復之論，其至矣乎！聖人與天地同用，通而復，復而通。一往一來，至誠之無内外，而天命之無終窮也。君子修之，所以戒謹恐懼之嚴者，正以須臾不在乎是，則窒其通，迷其復，而遏天命之流行故爾。此非用力之深者，孰能體之？近歲新安朱熹嘗爲圖傳，其義固多得之。栻復因之，約以己見，與同志者講焉。

〔一〕及：原作「反」，據宋本元公周先生濂溪集改。
〔二〕默：原作「嘿」，據宋本改。

噫！言之之易，蓋亦可懼也已〔一〕。濂溪周元公全集卷一，明弘治刻本，日本名古屋市蓬左文庫所藏。又見宋本元公周先生濂溪集卷一，四庫本周元公集卷一，古今源流至論前集卷一，濂溪志卷首，經義考卷七一。

〔一〕自「一往一來」之後，宋本元公周先生濂溪集因脱二頁，故闌入後篇延平師生答問前段「中庸以喜怒未發已發」一段文字。其他諸本多襲誤。

附録

目録

附録

序跋資料

南軒易説序

〔元〕胡順父

昔尹和靖語學者祁寛曰：「與其讀他書，不若專讀易；與其看伊川雜説，不若專看伊川易傳。」又曰：「一日只念一卦，閑時看繫辭。」周易程氏傳止於卦而不及繫，非不及也，以繫辭爲易大傳，不暇及也。然易繫曰：「易有聖人之道四焉：以言者尚其辭，以動者尚其變，以制器者尚其象，以卜筮者尚其占。」其通論一經之大體如此，不傳奚可？伊川議論，雖間見於遺書，而終未完，學者惜之。至元壬辰，魯人東泉王公分司廉訪章貢等路，公餘講論，因言辭謝衰病，家食數年，從事於易，嘗誦伊川易傳，特闕繫辭，留心訪求，遂得南軒解説易繫，繕寫家藏，好玩如寶。聖人之言：「無有師保，如臨父母。」欽哉欽哉！儻合以並傳，斯爲完書。乃出示知事吴將仕及路學宿儒，議若命工刊之學宫，以補遺闕，使與周易程氏傳大字舊本並行於世，可乎？將仕洎諸儒復命曰：斯文也，蓋有待於今日也，後之學者幸莫大焉！順父承命校正，敬録以付匠氏，並序其概於後。是歲季冬既望，贛州路儒學學正權管學事胡順父序。南軒易説卷首，枕碧樓叢書本。

南軒易説提要

臣等謹案：南軒易説，宋張栻撰。案曹學佺蜀中廣記載是書十一卷，以爲張浚所作。考浚紫巖易傳，其本猶存，與此别爲一書，學佺殊悮。朱彝尊經義考亦作十一卷，注云「未見」，又引董真卿説謂已闕乾、坤二卦。此本乃嘉興曹溶從至元壬辰贛州路儒學學正胡順父刊本傳寫，並六十四卦皆佚之，僅始於繫辭「天一地二」一章，較真卿所見彌爲殘闕。然卷端題曰「繫辭上卷下」，而順父序稱，魯人東泉王公分司廉訪章貢等路，公餘講論，嘗誦伊川易傳，特闕繫辭，留心訪求，因得南軒解説易繫辭，繕寫家藏，儻合以並傳，斯爲完書。乃出示知事吴將仕，刊之學宫，以補遺闕，使與周易程氏傳大字舊本同傳於世云云。是初刊此書，亦僅託始於繫辭，溶所傳寫，僅佚其上卷之上耳。序末有鉤摹舊本三小印：一作

「謙卦」；一曰「贛州胡氏」，知順父即贛人；一曰「和卿」，蓋其字也。乾隆四十六年二月恭校上。四庫全書總目卷三，中華書局，一九六五年。

南軒易説跋

〔清〕沈家本

南軒易説五卷抄本，起繫辭「天一地二」節至雜卦傳止。朱竹垞經義考云「十一卷，未見」，是傳本甚希。董真卿元初人，已言乾、坤闕。此本從胡順父本寫出。胡本刊於至元壬辰，與真卿約略同時，但稱易繫，是原無六十四卦。此本無上傳之半，蓋又殘闕矣。南軒先生爲胡五峰宏門人。五峰易外傳一卷載五峰集，自屯至剥多引史事。董真卿言南軒先生易説學本五峰胡氏，以周、程爲宗。然周、程言理，胡徵史，其宗旨微不同。此五卷中言理多而徵史者絶少，與五峰外傳宗旨不合，特未知亡卷内所言何如耳。程傳言「天一至『地十』合在『天數五』上，初未移其次第；朱子本義始連「天數五」一節移於「大衍之數」一節之前。此書次第與本義合。「能研諸侯之慮」不解「侯之」二字，當必以爲衍文，亦與本義合。是其書用本義本也。其雜卦注云：「易之雜卦乃言卦畫反對，各以類而言，非雜也。」又云：「雜卦乃以其類相生，惟乾、坤、坎、離、小過、大過、中孚、頤八卦無反對。此聖人之精意，惟穆伯長、老蘇明之，諸家並不達此。」則其所推重者不獨周、程二家。伯長，穆修字，其易説不傳，語無可考。東坡易傳紹述父書，老蘇之語自在其中。朱子嘗駁蘇氏之説，而南軒之意甚推重之。南軒與朱子爲友，而立説不苟同如此。注中謂「鄭康成溺於緯書，乃云河圖有九篇，洛書有二篇，而孔安國又以河圖爲八卦，洛書爲九疇，此皆蕪穢聖經者」，是圖書之説亦所不取，與談漢學者之宗旨殊矣。原本首卷有曹溶「鉏菜翁」、「吴城」、「繡谷亭」、「續藏書」四朱記，卷中有「吴城」、「敦復」各朱記，卷首又有翰林院印。曹倦圃晚年自號鉏菜翁，好收宋元人文集，有静惕堂書目。吴焯，錢唐人，字尺鳧，構亭曰繡谷，自號繡谷老人。其長子名城，字敦復。此書卷末跋語云：「静惕堂古林書目有此，此即其藏本也，從湖州書賈得之，識數語以志喜。」當爲吴敦復所記。後亦有「繡谷亭」、「續藏書」朱記，當爲敦復續獲之本，故以「續藏」爲别。以此推之，此書原爲倦圃所藏，後歸吴氏。乾隆間四庫館開，城弟玉墀恭進書一百數十種，此書當即在其中。四庫目録於各書中注明浙江吴玉墀家藏本，皆爲其所進之書，而此書獨注云「内府藏本」，殆編録之偶誤歟？書會入四庫館，故有翰林院印。胡序末有鉤摹三小印，一作「謙卦」，一曰「贛州胡氏」，一曰「和卿」，並同總目所説，知確爲當時真本。此流傳之蹤迹可以考見者也。不知何時流落人間，同治甲戌余於廠肆見而購歸，雖係殘帙，實有宋説易者之一家。四庫本既未流布於世，各家書目暨各叢書亦罕見此編，付諸手民，庶不至終淪於蟫蠹。原本分五卷，館本併序卦、説卦、雜卦爲一卷，故作三卷，兹仍五卷之舊第。原題曰「南軒先生張侍講易説」，今改定曰「南軒易説」，從館本也。宣統庚戌春二月，沈家本跋。（南軒易説卷首，枕碧樓叢書本。）

癸巳論語解提要

臣等謹案：癸巳論語解十卷，宋張栻撰。其書成於乾道九年，是年歲在癸巳，故名曰「癸巳論語解」。考朱子大全集中備載與栻商訂此書之語，抉摘瑕疵，多至一百一十八條，又訂其誤字二條。以今所行本校之，從朱子改正者僅二十三條，餘則悉仍舊稿，似乎斷斷不合。然「父在觀其志」一章，朱子謂舊有兩説，當從前説爲順，反覆辨論，至於二百餘言，而後作論語集註，乃竟用何晏集解所引孔安國義，仍與栻説相同。蓋講學之家，於一字一句之異同，務必極言辨難，斷不肯附合依違。中間筆舌相攻，或不免於激而求勝。迨學問漸粹，意氣漸平，乃是是非非，坦然共白，不復回護其前説。此造詣之淺深，月異而歲不同者也。然則此一百一十八條者，特一時各抒所見，共相商榷之言，未可以是爲栻病。且二十三條之外，栻不復改，朱子亦不復争，當必有涣然冰釋，始異而終同者，更不必執文集舊稿，以朱子之説相難矣。乾隆四十一年十月恭校上。四庫全書總目卷三十五。

癸巳孟子説提要

臣等謹案：癸巳孟子説七卷，宋張栻撰。是書亦成於乾道癸巳，於王霸義利之辨，言之最明。自序稱：「歲在戊子，綴所見爲孟子説。明年冬，會有嚴陵之命，未及終篇。辛卯歲自都司罷歸，秋冬行大江中，讀舊説多不滿意，從而删正之。還抵故廬，又二載，始克繕寫。」蓋其由左司員外郎出知嚴州，退而家居時作也。栻之出也，以諫除張説爲執政，故是編於「臧倉沮孟子」及「王驩爲輔行」兩章，皆微有寄託於時事。至於解「交鄰」章云，所謂畏天者，亦豈但事大國而無所爲也？蓋未嘗委於命而已。故修德行政，光啓王業者，太王也；養民訓兵，卒殄寇讎者，句踐也。末及周平王惟不怒驪山之事，故東周卒以不振。其辭感憤，亦爲南渡而發。然皆推闡經義之所有，與胡安國春秋傳務於借事抒義，而多失筆削之旨者，固有殊焉。乾隆四十四年正月恭校上。四庫全書總目卷三十五。

張南軒文集序

〔宋〕朱熹

孟子没，而義利之説不明於天下。中間董相仲舒、諸葛武侯、兩程先生屢發明之，而世之學者莫之能信，是以其所以自爲者，鮮不溺於人欲之私，而其所以謀人之國家，則亦曰功利焉而已爾。爰自國家南渡以來，乃有丞相魏國張忠獻公唱明大義以斷國論，侍讀南陽胡文定公誦説遺經以開聖學，其託於空言、見於行事雖若不同，而於孟子之言，董、葛、程氏之意，則皆有所謂千載而一轍者。若近故荆州牧張侯敬夫者，則又忠獻公之嗣子，而胡公季子五峰先生之門人也。自其幼壯，不出家庭而固已得夫忠孝之傳。既又講於五峰之門，以會其歸，則其所以默契於心者，人有所不得而知也。獨其見於論説，則義利之間，毫釐之辨，蓋有出於前哲之所欲言而未及究者。措諸事業，則凡宏綱大用、巨細顯微，莫不洞然於胸次，而無一毫功利之雜。是以論道於家，而四方學者争鄉往之；入侍經帷，出臨藩屏，則天子亦味其言，嘉其績，且將倚以大用，而敬夫不幸死矣。

敬夫既没，其弟定叟裒其故稿，得四巨編，以授予曰：「先兄不幸蚤世，而其同志之友亦少存者。今欲次其文以行於世，非子之屬而誰可？」予受書，愀然開卷亟讀，不能盡數篇，爲之廢書，太息流涕而言曰：「世復有斯人也耶！無是人而有是書，猶或可以少見其志。然吾友平生之言，蓋不止此也。」因復益爲求訪，得諸四方學者所傳凡數十篇。又發吾篋，出其往還書疏讀之，亦多有可傳者。方將爲之定著繕寫，歸之張氏，則或者已用別本摹印而流傳廣矣。遽取觀之，蓋多曩所講焉而未定之論。而凡近歲以來談經論事、發明道要之精語，反不與焉。予因慨念敬夫天資甚高，聞道甚蚤，其學之所就既足以名於一世，然察其心，蓋未嘗一日以是而自足也。比年以來，方且窮經會友，日反諸心而驗諸行事之實，蓋有所謂不知年數之不足者，是以其學日新而無窮。其見於言語文字之間，始皆極於高遠，而卒反就於平實。此其淺深疏密之際，後之君子其必有以處之矣。顧以序次之不時，使其説之出於前而棄於後者猶得以雜乎篇帙之間，而讀者或不能無疑信異同之惑，是則予之罪也已夫。於是乃復亟取前所蒐輯，參伍相校，斷以敬夫晚歲之意，定其書爲四十四卷。嗚呼！使敬夫而不死，則其學之所至、言之所及，又豈予之所得而知哉！敬夫所爲諸經訓義，唯論語説晚嘗更定，今已別行。其他往往未脱稿時學者私所傳録，敬夫蓋不善也，以故皆不著。其立朝論事及在州郡條奏民間利病，則上意多鄉納之，亦有頗施行者，以故亦不著。獨取其經筵口義一章，附於表奏之後，使敬夫所以堯舜吾君而不愧其父師之傳者，讀者有以識其端云。淳熙甲辰十有二月辛酉，新安朱熹序。（朱文公文集卷七十六，四部叢刊本。）

南軒集提要

臣等謹案：南軒集四十四卷，宋張栻撰。栻字敬夫，廣漢人，丞相浚之子。以蔭補官。孝宗時歷左司員外郎，除秘閣修撰，終於荆湖北路安撫使。事蹟具宋史道學傳。栻殁之後，其弟杓裒其故稿四巨編，屬朱子論定。朱子又訪得四方學者所傳數十篇，益以平日往還書疏，編次繕寫，未及藏事，而已有刻其别本流傳者。朱子以所刻之本多早年未定之論，而末年談經論事、發明道要之語反多所佚遺，乃取前所蒐輯，參互相校，斷以栻晚歲之意，定爲四十四卷，並詳述所以改編之故，弁於書首，即今所傳淳熙甲辰本也。栻與朱子交最善，集中與朱子書凡七十有三首，又有答問四篇，其間論辨斷斷不少假借。如第二札則致疑於辭受之間；第三札辨墓祭、中元祭；第四札辨太極圖説註；第五、六、七札辨中庸註；第八札辨游酢祠記；第十札規朱子言語少和平；第十一札論社倉之弊，責以偏袒王安石；第十五札辨胡氏所傳二程集不必追改，戒以平心易氣；第二十一札詳論仁之説有流弊；第四十四札論山中諸詩語未和平；第四十九札論易説未安，是從來許多意思未能放下；第五十四札規以信陰陽家言擇葬地。與胡季隨第五札又論朱子所編名臣言行録未精細。朱子並録之集中，不以爲忤。又栻學問淵源本出胡宏，而與朱子第二十八札謂胡寅讀史管見病敗不可言，其中有好處，亦無完篇；又第五十三札謂胡安國春秋傳其間多有合商量處。朱子亦並録之集中，不以爲嫌。足以見醇儒心術，光明洞達，無一毫黨同伐異之私。後人執門户之見，一字一句無不回護，殊失朱子之本意。至朱子作張浚墓志，本據栻所作行狀，故多溢美，語録載之甚明。而編定是集，乃削去浚行狀不載，亦足見不以朋友之私害是非之公矣。論張浚者，往往遺議於朱子，蓋未核是集也。劉昌詩蘆浦筆記駁栻堯廟歌，指堯廟在桂林失於附會，其歌今在集中，蓋取其尊崇帝德，而略其事實。昌詩又録栻愨齋銘，稱栻奉其父命爲其弟杓作，本集不載，檢之良然。然栻集即杓所輯，不應反漏。考高斯得恥堂存稿有南軒永州諸詩跋曰：「劉禹錫編柳子厚集，斷至永州以後，少作不録一篇。南軒先生永州所題三亭、陸山諸詩，時方二十餘歲，興寄已落落穆穆如此，然求之集中，則咸無焉，豈編次者以柳集之法裁之乎？」然則栻集外詩文皆朱子删其少作，非偶佚矣。乾隆四十三年恭校上。四庫全書總目卷一六一。

南軒集鈔序

〔元〕方回

孟軻氏没，由秦漢以來，士未有知道之爲何物，而學之爲何事者也。韓愈氏能言道之用，而未得其要，其學由文而入。至本朝諸大儒出，而後道與學之要大明於天下。衣冠南渡，得其傳而尤親切者，吾晦菴與南軒爾。且道何物也？仁、義、禮、智是也。即天之元、亨、利、貞也。元者善之長，即仁之所以首四德、包萬善者也。人而能全其本心之仁，則道在是矣。故曰：仁者道之要，學所以學是道也。世之爲學者，其説千蹊萬端，大者放漫倡狂，小者破碎纖巧，而其歸卒無所得。先儒獨得其説，以敬爲主，而又推廣其義，曰：「主一之謂敬，無適之謂一。」人能終始乎此敬，而仁在是矣。故曰：「敬者學之要。」南軒平生守此二者爲之準的，所謂言仁録、主一箴者，皆知要之言也。是故能以其身方駕並驅於千古之上，爲一世道學之宗主，夫豈偶然也哉？然則道之準的在乎仁，學之準的在乎敬。敬則仁，仁則道，此不可易之要也。而其所以漸磨視效者，猶有人焉。南軒以魏國忠獻公爲之父，以胡文定五峰爲之師，以晦菴、東萊爲之友，而又取諸古人。其修身也，期以顏子爲準的，著希顏録；其治世也，欲以孔明爲準的，著諸葛忠武侯傳。上下古今，内外體用，學莫不得其要以守之，其親切可概見者蓋如此。予節鈔南軒集，分類以觀，著是説於前，將以示士大夫之有志於道學者，宜不可不得其要以爲之準的也。桐江集卷一，影印文淵閣四庫全書本。

校宋本南軒先生文集跋

傅增湘

宋刊本南軒先生文集存卷五至三十二，凡二十八卷，舊爲清宫所藏，天禄琳瑯前、後目未經著録，今圖書館檢出，庋存於壽安宫。每半葉十行，每行十七字，白口，左右雙闌。前有朱子行書序，半葉七行。貞、桓、敦、擴皆缺末筆。刊工姓名列板心下方，有鄭春、江漢、江浩、方中、方淳、方茂、方忠、徐大中諸人。有「曲阿孫氏七峰山房圖籍私篆」長方朱文大印，朱文「石史」、「青霞館」、「曲阿孫仲子」朱文各印。昔人以卷二十九至三十二剜改爲第一至第四，以充全帙，當時典籍者竟未之察也。余請於圖書館，持蜀中翻華刻本對勘，凡八日而畢。補卷五自西園登山五律一首，卷十一敬齋記一首，卷十道州重建濂溪周先生祠堂記脱文二十四行，卷三十答陳平甫書中條答五則。其文字詳略視世行本迥異者，爲潭州重修嶽麓書院記、經世紀年序、孟子講義序、胡子知言序各篇。其餘奪文訛字，殆不可計，余别撰校記存之，此不贅述也。丁卯七月十二日，藏園居士記。時逭暑暘臺山清水院中。藏園群書題記卷十五，上海古籍出版社，一九八九年。

書諸葛忠武侯傳後

〔明〕程敏政

右漢丞相諸葛忠武侯傳一卷，宋南軒先生張宣公之所訂者，板刻在南京國子監，有甲、乙兩本，皆殘缺不完，文亦小異。予嘗攜入史館請閣本參校之，手自鈔補如上，而乙本殘缺爲甚，不復成編矣。然乙本有附録一卷，得可屬讀者，南軒先生論記贊詩四篇，論雖復出，而不可芟也，輒校以附甲本之後。予嘗見朱子有與何叔京書及武侯贊、跋卧龍菴詩，多與南軒此傳相發，輒録以附。宋季有清江胡洵直者，嘗考訂出師表中脱誤數處及補亡七字，見蘆浦筆記，而人多未之知也，又録以附，將寄南監補刻以傳。惟南軒先生以丞相忠獻公之長子，當宋社之南，力排和議，倡復讎之舉，其心事實與武侯同，故惓惓訂此傳以見志，且力非武侯之子瞻身兼將相，不能力諫以去黄皓，又不能奉身而退，冀主之一悟，兵敗身死，僅勝於賣國者爾，故止書子瞻嗣爵，以微見善善之長，而餘固不足書也。爲法嚴、立義精如此，是豈陳壽輩所能窺其萬一？至求其旨意所在，直將以拯天綱、紓國難，而不墜其世烈，不撓于一毫功利之私，則去今雖數百載，而讀之猶有生氣也，非有得于聖門正誼明道之説，惡足以與此哉！朱子以韓侂胄柄國殺趙忠定公，乃注楚詞，傷宋國之亡；以蔡西山之竄，決道之不行，乃注參同契，致長往不反之意。皆大賢君子之心事，非得已者，而世猶疑其長詞華之習，倡導引之端，所謂淺之爲丈夫者類如此。因併及之，以見斯傳之非徒作云爾。篁墩文集卷三十六，影印文淵閣四庫全書本。

讀張敬夫南軒集夜夢賦詩 庚申七月

〔宋〕周必大

道學人爭説，躬行少似君。宅心惟至一，餘事亦多聞。湖廣規模遠，濂伊講習深。平生忠與敬，彷彿在斯文。文忠集卷四十二，影印文淵閣四庫全書本。

跋南軒與坐忘居士房公帖

〔宋〕魏了翁

自義理不競，士不知有爲己之學，喪志於記誦，滅質於文采，乃且沾沾自喜，以爲是射名干利之具，流風益遠，頹俗莫返。而坐忘居士房君生長西南，獨能不狃於俗，旁搜博取，以求其會，心有未釋，亦不敢有愛于言，將以究詰其疑，圖爲真是之歸。今南軒遺墨謂其「拔于流俗」，謂其「剥去華飾」，謂其「白首守道，凜然如霜松雪竹者」，嗚呼，其賢矣乎！

因歸其所與南軒往來書尺于其孫興卿，而嘆美之不置也，附姓名其後。（鶴山先生大全文集卷五十九，四部叢刊本。）

跋南軒所與李季允帖

〔宋〕魏了翁

南軒先生受學於五峰胡子，久而後得見，猶未與之言也，泣涕而請，僅令思「忠清」，未得爲仁之理。蓋往返數四，而後予之。前輩所以成就後學，不肯易其言若此，故得其説者啓發於憤悱之餘，知則真知，行則篤行，卒能以學問名，是有非俗儒四寸口耳之比。今帖所謂「無急於成」，乃先生以其所以教於人者教人耳。（鶴山先生大全文集卷六十一，四部叢刊本。）

跋南軒帖

〔宋〕魏了翁

厥考以宗社生靈爲己任，厥子以聖門事業爲己任。然則士之以記覽詞章哆然自足者，其待己亦太涼矣！（鶴山集卷六十一。）

任漢州所藏朱文公與南軒先生書帖

〔宋〕真德秀

按南軒先生二書皆將去桂林時作，任侯所藏文公先生帖，正其往復者也。當乾道、淳熙間，二先生更相師友，以斯文爲己任，一言論，一著述，反復講磨，必極其至當而後已。此書所論中庸、近思，蓋其一也。夫以二先生之學，可謂深造自得者矣，而猶汲汲於友朋之助如此，況學者乎？文公記濂溪書堂，以爲斯文之傳，惟天所畀乃得與焉，此帖所謂「發明天命」之意是也。夫濂溪生千載之後，而接孔、孟不傳之統，信天之所畀矣。二先生並時而出，講明斯道，以續周、程之正脈，謂非天意可乎？雖然，天非獨私於二先生，二先生亦未嘗以自私也。學者誠能因其言以求其心，由下學之功，馴致於上達之地，則道在我矣。若曰二公天人，匪學可到，習卑守陋，姑以自賢於世俗而已，豈惟非二先生之心，實有負於天也。文公有「不謂命」之云，意或在是，故併及之。西山文集卷三十四，影印文淵閣四庫全書本。

南軒東萊帖跋

〔宋〕真德秀

南軒先生帖當在以郎官兼侍立時。方發運司之置也，一時賢士大夫争議甚衆，先生亦因對及之，至是遂罷去。自昔憸人圖進用，必以功利中時君之欲，故諫者莫能入。惟孝宗天挺聖哲，聞善若决江河，用能斥去聚斂之臣，如棄涕唾。帖中所謂「上聰明能受盡言」，謂此也。東萊先生二帖，其一爲博士太學時，其一自太學分教嚴陵時。蓋先後年歲間爾。是時中外多君子，二先生帖所謂「聖錫」者，端明汪公；「謙之」者，艾軒林公；「元晦」者，新安朱文公。而周洪道之特立，丘宗卿之盡言，趙子直之好學，亦見帖中，皆當時名流也。主德盛明，賢才林立，猶陽春正中，風日怡暢，奇葩異植，紛專天壤間，此其所以爲淳熙歟！慨慕之餘，敬再拜而書其後。西山文集卷三十五，影印文淵閣四庫全書本。

南軒與方耕道帖

〔宋〕劉克莊

「聞元晦在閩與陳丞相甚欵，不知此公近來議論趣向如何？」此南軒與耕道帖也。是時丞相方起帥金陵，與歐公起帥太原時略同，前輩尤惜晚節。南軒之憂陳公，猶韓公之憂歐公也。及丞相過闕，極論時事，故南軒别帖云：「陳公入對，有忠切之言，使人愈增巖瞻之敬」，又云：「元晦寫寄劉樞遺奏，讀之涕零。」烏虖！以正獻、忠肅二公平生所立如此，而識者必要其終而後定，此聖賢所以臨深履薄，至死而後已也夫！後村集卷三十二，影印文淵閣四庫全書本。

跋南軒所書愉色堂

〔宋〕高斯得

南軒先生名零陵唐氏之堂曰「愉色」，其孫亮徵予言發其義。予謂聖賢之言事親，類徵于色，曰「色難」，曰「下氣怡色」，曰「愉色婉容」。夫外不足以信，内于色乎何取？譬之木焉，愛其根也，色其華也，木之根深固，其韡韡之象發見于外者，詎可遏乎？故愛親之深者，色不期愉而自愉；否則雖勉强致飾，其誠中形外，有不得而揜矣。然則爲人子者，欲學閔、曾，盍想見其形容而用力焉？恥堂存稿卷五，影印文淵閣四庫全書本。

跋南軒永州諸詩

〔宋〕高斯得

杜子美詩自二十一歲以後，韓退之二十五歲以後，歐陽永叔、蘇子瞻二十六歲以後，皆載集中，至今讀者誰敢以少作少之？惟劉禹錫編柳子厚詩，斷自永州以後，少作不録一篇，故柳詩比韓、歐、蘇詩少而加嚴。南軒先生永州所題三亭、陸山諸詩，時方二十餘歲，興寄已落落穆穆如此，然求之集中，則咸無焉，豈編次者以柳集之法裁之乎？崑采夜光，要爲可寶，唐君其謹藏之。恥堂存稿卷五，影印文淵閣四庫全書本。

題張南軒先生手札後

〔明〕鄭真

栻比者祗拜鈞翰，寵報下情，不勝感激。下闕

前宋士大夫往來書問皆有定式，其首多不署其人字號爵位，而惟見于三摺外封，若南軒先生親書手劄可考也。今外封既亡，其全集世亦罕見，不知曾載與否，無以考其人爲誰何。然其曰「運動樞極，體貌益隆，精神折衝，何遠不屆」，又曰「備藩嶺右，正托蔭餘」，此必自宥府連帥上流者。按先生忠獻公長子，初蔭補右承務郎。孝宗即位，忠獻奏爲書寫機宜文字，以軍事入見，詔爲直秘閣。後復以秘閣知静江，上經略治狀，則淳熙改元之初元也。此書之作，其在斯時乎？舊制直秘閣爲卿監出帶八品職名，承務郎爲小京官，從九品階，即先生初蔭之官也。以阜陵去文武階左右字，故右字不書。先生筮仕十餘年，四典大州，而舊階尚未改轉，豈未經磨勘，有司者之失也耶？夫自南渡中興以來，先生以道德文學爲己任，交際之間，實以誠敬爲主，故其揄揚稱頌，著於言辭者如是。此聖門大賢之氣象，後生小子所當觀感而慕效者也，嗚呼，休哉！滎陽外史集卷三十八，影印文淵閣四庫全書本。

傳記資料

右文殿修撰張公神道碑

〔宋〕朱熹

淳熙七年春二月甲申，秘閣修撰、荆湖北路安撫、廣漢張公卒於江陵之府舍。其弟衡州使君枃護其柩以歸，葬於潭州衡陽縣楓林鄉龍塘之原，按令式立碑墓道，而以書來謂熹曰：「知吾兄者多矣，然最其深者莫如子，今不可以不銘。」熹嘗竊病聖門之學不傳，而道術遂爲天下裂。士之醇愨者拘於記誦，其敏秀者衒於詞章，既皆不足以發明天理而見諸人事，於是言理者歸於老、佛，而論事者騖於管、商，則於理事之正反皆有以病焉，而去道益遠矣。中間河、洛之間，先生君子得其不傳之緒而推明之。然今不能百年，而學者又失其指。近歲乃幸得吾友敬夫焉，而天下之士乃有以知理之未始不該於事，而事之未始不根於理也。然又不得盡其所爲，而中道以没，不有考焉以垂於世，吾恐後之君子將有憾於吾徒也。熹之愚固不足以及此，然於共學輩流偶獨後死，矧定叟之所以見屬者又如此，其何以辭？顧以疾病之不間，後五六年乃得考其事而敍之曰：

公諱某，字敬夫，故丞相魏國忠獻公之嗣子也。生有異質，穎悟夙成，忠獻公愛之。自其幼學，而所以教者莫非忠孝仁義之實。既長，又命往從南嶽胡公仁仲先生問河南程氏學。先生一見，知其大器，即以所聞孔門論仁親切之指告之。公退而思，若有得也，以書質焉。而先生報之曰：「聖門有人，吾道幸矣。」公以是益自奮厲，直以古之聖賢自期，作希顔録一篇，蚤夜觀省，以自警策。所造既深遠矣，而猶未敢自以爲足，則又取友四方，益務求其學之所未至。蓋玩索講評，踐行體驗，反覆不置者十有餘年，然後昔之所造深者益深，遠者益遠，而反以得乎簡易平實之地。其於天下之理，蓋皆瞭然心目之間，而實有以見其不能已者。是以決之勇，行之力，而守之固，其所以篤於君親、一於道義而没世不忘者，初非有所勉慕而强爲也。

少以蔭補右承務郎，辟宣撫司都督府書寫機宜文字，除直秘閣。是時天子新即位，慨然以奮伐仇虜、克復神州爲己任。忠獻公亦起謫籍，受重寄，開府治戎，參佐皆極一時之選。而公以藐然少年周旋其間，内贊密謀，外參庶務，其所綜畫，幕府諸人皆自以爲不及也。間以軍事入奏，始得見上，即進言曰：「陛下上念宗社之讎恥，下閔中原之塗炭，惕然於中而思有以振之，臣謂此心之發，即天理之所存也。誠願益加省察，而稽古親賢以自輔焉，無使其或少息也，則不惟今日之功可以必成，而千古因循之弊亦庶乎其可革矣。」上異其言，蓋於是始定君臣之契。

已而忠獻公辭位去，用事者遂罷兵，與虜和。虜乘其隙，反縱兵入淮甸，中外大震。然廟堂猶主和議，至勅諸將毋得以兵向虜。時忠獻公已即世，公不勝君親之念，甫畢藏事，即拜疏言：「吾與虜人乃不共戴天之讎，向來朝廷雖亦嘗興縞素之師，然玉帛之使未嘗不行乎其間，是以講和之念未忘於胸中，而至誠惻怛之心無以感格乎天人之際。此所以事屢敗而功不成也。今雖重爲群邪所誤，以蹙國而召寇，然亦安知非天欲以是開聖心哉？謂宜深察此理，使吾胸中了然，無纖芥之惑，然後明詔中外，公行賞罰，以快軍民之憤，則人心悦，士氣充，而虜不難却矣。繼今以往，益堅此志，誓不言和，專務自强，雖折不撓，使此心純一，貫徹上下，則遲以歲月，亦何功之不成哉！」疏入不報。

後六年，始以補郡。臨遣，得復見上。時宰相雖以恢復之説自任，然所以求者類非其道。且妄意公素論當與己合，數遣人致慇懃。公不答，見上，首言：「先王之治，所以建事立功無不如志，以其胸中之誠足以感格天人之心而與之無間也。今規畫雖勞而事功不立，陛下誠深察之日用之間，念慮云爲之際，亦有私意之發以害吾之誠者乎？有則克而去之，使吾中扃洞然，無所間雜，則見義必精，守義必固，而天人之應將不待求而得矣。夫欲復中原之地，當先有以得其百姓之心；欲得中原之心，當先有以得吾百姓之心。而求所以得吾民之心者，豈有它哉？不盡其力，不傷其財而已矣。今日之事，固當以明大義、正人心爲本，然其所施有先後，則其緩急不可以不詳；所務有名實，則其取舍不可以不審。此又明主所宜深察也。」

明年召還，宰相又方謂虜勢衰弱可圖，建遣泛使往責陵寢之故，士大夫有憂其無備而召兵者，皆斥去之。於是公見上，上曰：「卿知虜中事乎？」公對曰：「不知也。」上曰：「虜中饑饉連年，盜賊四起。」公又對曰：「虜中之事臣雖不知，然境中之事則知之詳矣！」上曰：「何事？」公遂言曰：「臣竊見比年諸道亦多水旱，民貧日甚，而國家兵弱財匱，官吏誕謾，不足倚仗。正使彼實可圖，臣懼我之未足以圖彼也。」上爲默然久之。公因出所奏書讀之曰：「臣竊謂陵寢隔絶，誠臣子不忍言之至痛。然今未能奉詞以討之，又不能正名以絶之，乃欲卑詞厚禮以求於彼，其於大義已爲未盡。而異論者猶以爲憂，則其昧陋畏怯又益甚矣。然臣竊揆其心，意其或者亦有以見我未有必勝之形而不能不憂也歟？蓋必勝之形當在於蚤正素定之時，而不在兩陳決機之日。」上爲竦聽，改容稱善，至於再三。公復讀曰:「今日但當下哀痛之詔,明復讎之義,顯絶虜人,不與通使,然後修德立政,用賢養民,選將帥、練甲兵,通内修外攘、進戰退守以爲一事,且必治其實而不爲虚文,則必勝之形隱然可見。雖有淺陋畏怯之人,亦且奮躍而争先矣。」上爲歎息褒諭,以爲前未始聞此論也。

其後又因賜對,反復前説,上益嘉歎,面諭:「當以卿爲講官,冀時得晤語也。」時還朝未期歲,而召對至六七。公感上非常之遇,知無不言。大抵皆修身務學、畏天恤民,抑權倖、屏讒諛之意。至論復讎之義,則反復推明所以爲名實之辨者益詳。於是宰相益憚公,而近倖尤不悦,遂合中外之力以排之,而公去國矣。蓋公自是退居三年,更歷兩鎮,雖不復得聞國論,而蚤夜孜孜,反身修德,愛民計軍,以俟國家扶義正名之舉,尤極懇至。於是天子益知公可用,嘗賜手書褒其忠實,蓋將復大用之,而公已病矣。病亟且死,猶手疏勸上以「親君子、遠小人,信任防一己之偏,好惡公天下之理,以清四海,克固丕圖」,若眷眷不能忘者。寫畢,緘付府僚,使驛上之,有頃而絶。

嗚呼!靖康之變,國家之禍亂極矣。小大之臣,奮不顧身以任其責者蓋無幾人。而其承家之孝,許國之忠,判决之明,計慮之審,又未有如公者。雖降命不長,不克卒就其業，然其志義偉然，死而後已，則質諸鬼神而不可誣也。

始，公出幕府，即罷外艱。屏居舊廬，不交人事。會盜起郴、桂間，聲摇數路。湖南帥守劉公珙雅善公，時從訪問籌策，卒用以破賊。還朝，爲上極言公學行志業非常人比，上亦記公議論本末，除知撫州。未上，改嚴州。到任問民疾苦，首以丁鹽錢絹太重爲請，得蠲是歲半輸。

召爲尚書吏部員外郎，兼權左右司侍立官。時廟堂方用史正志爲發運使，名爲均輸，而實但盡奪州郡財賦以惑上聽，遠近騷然，人不自安。賢士大夫争言其不可，而少得其要領者。公亦爲上言之，上曰：「正志以爲今但取之諸郡，非取之於民也，何傷？」公對曰：「今日州郡財賦大抵刦刦無餘，若取之不已而經用有闕，則不過巧爲名色而取之於民耳。」上聞之，矍然顧謂公曰：「論此事者多矣，未有能及此者。如卿之言，是朕假手於發運使以病吾民也。」旋閲其實，果如公言，即詔罷之。

兼侍講，除左司員外郎。經筵開，以詩入侍，因葛覃之篇以進説曰：「治常生於敬畏，亂常起於驕淫。使爲國者每念稼穡之勞，而其后妃不忘織紝之事，則心之不存者寡矣。周之先后勤儉如此，而其後世猶有以休蠶織而爲厲階者，興亡之効，於此見矣。」既又推廣其言，上陳祖宗自家刑國之懿，下斥當時興利擾民之害詳焉。上亦歎曰：「此王安石所謂人言不足恤者，所以誤國事也。」

俄而詔以知閤門事張説簽書樞密院事，公夜草手疏，極言其不可，且詣宰相質責之，語甚切。宰相慚憤不堪，而上獨不以爲忤，親劄疏尾付宰相，使諭指。公復奏曰：「文武之勢誠不可以太偏，然今欲左文右武以均二柄，而所用乃得如此之人，非惟不足以服文吏之心，正恐反激武臣之怒也。」於是上意感悟，命得中寢。然宰相實陰附説，明年，乃出公知袁州，而申説前命，於是中外讙譁，而説後竟謫死云。

淳熙改元，公家居累年矣，上復念公，詔除舊職，知静江府，經略安撫廣南西路。廣西去朝廷絶遠，諸州土曠民貧，常賦入不支出。故往時立法，諸州以漕司錢運鹽鬻之，而以其息什四爲州用，以是州得粗給而民無加賦。其後或乃奪取其息之半，則州〔一〕不能盡運，而漕司又以歲額責其虚息，則高價抑賣之弊生而公私兩病矣。公始至，未及有爲，專務以訪求一道之利病爲事。既得其所以然者，則爲奏，以鹽息什三予諸郡。又因兼攝漕臺，出

〔一〕州：原作「非」，據宋闓、浙本改。

其所積緡錢四十萬而中分之，一以爲諸倉買鹽之本，一以爲諸州運鹽之費。奏請立法，自今漕司復有多取諸州，輒行抑賣，悉以違制議罪。其敢以資燕飲、供餽餉者，仍坐贓論。詔皆從之。

所統州二十有五，遼敻荒殘，故多盜賊。徼外蠻夷俗尚讎殺，喜侵掠，間亦入塞爲暴。而州兵皆脆弱慵惰，又乏糧賜，死亡輒不復補，鄉落保伍亦名存而實廢。邕管斗入群蠻中，最爲重地，而戍兵不能千人，獨恃左、右江洞丁十餘萬爲藩蔽，而部選提舉巡檢官初不擇人。公知其弊，則又爲之簡閱州兵，汰冗補闕，籍諸州黥卒伉健者以爲効用，合親兵摧鋒等軍，日習而月按之。悉禁它役，視諸州猶有不足於糧賜若凡戈甲之費者，更斥漕司鹽本羡錢以佐之，申嚴保伍之令而信其賞罰。知流人沙世堅才勇，喻以討賊自効，所捕斬前後以十百數。又奏乞選辟邕州提舉巡檢官以撫洞丁，傳令溪洞酋豪，喻以弭怨睦鄰，愛惜人命，爲子孫長久安寧之計，毋得輒相虜掠，讎殺生事。而它所以立恩信、謹關防、示形制者，亦無不備。於是境内正清，方外柔服，幕府無南鄉之慮矣。

朝廷買馬横山，歲久弊積，邊氓告病而馬不時至，至者多道死。公究其利病，得凡六十餘條。如邕守上邊，則瀕江有買船之擾；綱馬在道，則緣道有執牽之勞。其或道死，則抑賣其肉，重爲鄰伍之患。是皆無益於馬而有害於人，首奏革之。其他如給納等量文券之姦，以至官校參司名次之弊，皆有以究其根穴而事爲之防，由是諸蠻感悦，爭以其善馬來，歲額率常先期以辦，而馬無滯留，人知愛惜，遂無復死道路者。

上聞公治行，且未嘗敘年勞，乃詔特轉承事郎、進直寶文閣，再任。五年，除秘閣修撰、荆湖北路轉運副使，改知江陵府，安撫本路。湖北尤多盜，州縣不以爲意，更共縱釋，以病良民。公入境，首劾大吏之縱賊者罷之，捕姦民之舍賊者斬之，群盜破膽，相率遁去。公又益爲條教，喻以利害，俾知革心，開其黨與，得相捕告以除罪。其餘禁令方略，大率如廣西時。於是一路肅清，善良始有安居之樂。郡去北邊不遠，雖頗有分屯大軍，而主兵官率常與帥守不相中。帥守所將獨神勁親兵及義勇民兵若干人，比年亦廢簡閱，不足恃。公既以禮遇諸將，得其驩心，而所以恤其士伍之私者亦無不至，於是將士感悦，相戒無輒犯公令。每按親兵，必使與大軍雜試，以相激厲。均犒賞，修義勇法，使從縣道階級。喻以農隙閱習武事，以俟不時按驗而加賞罰焉。其後團教，則又面加慰諭，勉以忠義而教以敦睦。首領有捕盜者，爲奏補官。由是戎政日修而士心亦益感奮。會有獻言於朝，請盡籍客户爲義勇者。公慮惑民聽，且致流亡，亟取丁籍閱之，命一户而三丁者乃籍其一以爲義勇副軍，别置總首，人給一弩，俾家習之。三歲一遣官就按，它悉無有所與。且爲奏言所以不可盡取之故，闔境賴焉。

辰、沅諸州自政和間奪民田募遊惰，號刀弩手，蓋欲以控制諸蠻而實不可用。中廢復修，議者多不以爲便，詔與諸司平處列上。公爲奏去其病民罔上者數條，詔皆施行，人亦便之。並淮姦民出塞爲盜，法皆處死。異時官吏多蔽匿弗治，至是捕得數人，仍有胡奴在黨中。公曰：「朝廷未能正名討賊，則疆埸〔一〕之事不宜使數負吾曲。」命斬之，以狥於境，而縛其亡奴歸之。北人歎其理直，且曰南朝於是爲有人矣。

信陽守劉大辯者，婺州人也，怙勢希賞，誘致流民而奪見户熟田以與之，一郡洶洶。公爲遣吏平章，乃定。及是聞北人逐盜有近淮者，則又虚驚，夜棄城郭，盡室南走數十里，軍民復大擾。公方劾奏之，而朝廷用大辯請，以見户荒田授流民。事下本道，施行如章。公復奏曰：「陛下幸哀邊民，前詔占田已墾者不復通檢，其未墾者二年不墾，乃收爲營田，德至渥也。今未及期，而大辯不務奉承宣布，反設詐諼，虧國大信，以濟凶虐。且所招流

〔一〕埸：原作「場」，據宋浙本改。

民不滿百數，而虛奏且十倍。請並下前奏，論罪如法。」章累上，大辯猶得易它郡以去。

蓋方是時，上所以知公者愈深，而惡公者忌之亦愈力。公自以不得其職，數求去不得，尋以病請，乃得之。然比詔下，以公爲右文殿修撰、提舉武夷山沖佑觀，則已不及拜矣。卒時年四十有八。柩出江陵，老稚挽車號慟，數十里不絶。訃聞，上亦深爲嗟悼。四方賢士大夫往往出涕相弔，而静江之人哭之尤哀。蓋公爲人坦蕩明白，表裏洞然，詣理既精，信道又篤，其樂於聞過而勇於徙義，則又奮厲明決，無豪髮滯吝意。以至疾病垂死而口不絶吟於天理人欲之間，則平日可知也。故其德日新，業日廣，而所以見於論説行事之間者，上下信之至於如此。雖小人以其好惡之私，或能壅害於一時，然至於公論之久長，蓋亦莫得而揜之也。

公之教人，必使之先有以察乎義利之間，而後明理居敬，以造其極。其剖析開明，傾倒切至，必竭兩端而後已。所爲郡必葺其學，於静江又特盛。暇日召諸生告語不倦，民以事至廷中者，亦必隨事教戒，而於孝弟忠信、睦婣任恤之意尤孜孜焉。猶慮其未徧也，則又刻文以開曉之。至於喪葬嫁娶之法，風土習俗之弊，亦列其事以爲戒。命閭井各推耆宿，使爲鄉老，授之夏楚，使以所下條教訓厲其子弟，不變，然後言之有司而加法刑焉。在廣西，刑獄使者陸濟之子棄家爲浮屠，聞父死，不奔喪。爲移諸路，俾執拘以付其家。官吏有犯名教者，皆斥遣之，甚或奏劾抵罪。尤惡世俗鬼神老佛之説，所至必屏絶之。蓋所毁淫祠前後以百數，而獨於社稷山川、古先聖賢之奉爲兢兢，雖法令所無，亦以義起。其水旱禱祠，無不應也。

平生所著書，唯論語説最後出，而洙泗言仁、諸葛忠武侯傳爲成書。其他如書、詩、孟子、太極圖説、經世編年之屬，則猶欲稍更定焉而未及也。然其提綱挈領，所以開悟後學，使不迷於所鄉，其功則已多矣。蓋其常言有曰：「學莫先於義利之辨，而義也者，本心之所當爲而不能自已，非有所爲而爲之者也。一有所爲而後爲之，則皆人欲之私，而非天理之所存矣。」嗚呼，至哉言也！其亦可謂擴前聖之所未發，而同於性善養氣之功者歟！

公之州里世系已見於忠獻公之碑，此不著。其配曰宇文氏，朝散大夫師申〔一〕之女，事舅姑以孝聞，佐君子無違德，封安人，前卒。子焯，承奉郎，亦蚤世。二女，長適五峰先生之子胡大時，次未行而卒。孫某、某，尚幼。後數年，胡氏女與某亦皆夭。嗚呼！敬夫已

〔一〕師申：原作「師中」，據晁公溯宇文蜀州墓志銘（嵩山集卷五三）改。

矣！吾尚忍銘吾友也哉？銘曰：

鬬尹之忠，文子之清。匪欲之狥，而仁弗稱。孰的孰張，以詔後學？公乘厥機，如寐斯覺。自時厥後，動罔弗欽。孝承考志，忠格天心。唯孝唯忠，惟一其義。惟命有嚴，豈曰爲利。群邪肆誕，公避而歸。兩鎮餘功，以德爲威。帝曰懷哉，汝忠而實。姑訖外庸，來輔來拂。上天甚神，曷監而遺？彼頑弗夭，此哲而萎。往昔茫茫，來今不盡。求仁得仁，公則奚恨？朱文公文集卷八十九，四部叢刊本。

張左司傳

〔宋〕楊萬里

張栻字敬夫。父浚，故右僕射魏國忠獻公也。生有異質，穎悟夙成，浚愛之，自幼常令在傍，教以忠孝仁義之實。既長，又命往從南嶽胡宏講求程顥及頤之學。宏告以孔門論仁之指，栻默然若有得者。宏稱之曰：「聖門有人矣！」栻益自奮厲，取友四方，初造深遠，卒歸乎平易篤實。

少以蔭補右承務郎，辟宣撫司都督府書寫機宜文字，除直秘閣。是時今上新即位，慨然以奮伐仇敵、克復神州爲己任。浚起謫籍，受重寄，開府治戎，參佐皆極一時之選。而栻以藐然少年，内贊密謀，外參庶務，幕府諸人皆自以爲不及。間以軍事入奏，始得見於上，即進言曰：「陛下上念宗社之仇恥，下閔中原之塗炭，惕然於中，而思有以振之。臣謂此心之發，即天理也。願益加省察，而稽古親賢以自輔，無使其少息，則今日之功可以必成。」上異其言，於是始定君臣之契。

已而浚辭位去，湯思退用事，遂罷兵與敵和，敵乘隙縱兵入淮甸，中外大震，然廟堂猶主和議，至敕諸將無得以兵向敵。時浚已没，栻不勝君親之念，甫襄事，即拜疏言：「吾與彼必不共戴天之仇也。異時朝廷雖嘗興縞素之師，然旋遣玉帛之使，講和之念未忘於胸中，故至誠惻怛之心無以感格乎天人之際。此所以事屢敗也。今雖重爲群邪所誤，以蹙國而召寇，然亦安知非天以是開聖心哉？謂宜深察此理，使吾胸中了然，無纖芥之惑，然後明詔中外，公行賞罰，以決軍民之憤，則人心悦，士氣充，而敵不難却矣。繼今以往，益堅此志，誓不和，專務自强，雖折不撓，使此心純一，貫徹上下，則遲以歲月，亦何功之不成哉？」疏入不報。

服除，久之，劉珙薦於上。上亦記其前論，除知撫州。未上，改嚴州，入奏。時宰相自任以恢復之説，且謂栻素論當與己合，數遣人致意，栻不答，見上曰：「古先王所以建事立功，無不如志者，以其胸中之誠，足以感格天人之心也。今規畫雖勞，而事功不立，陛下試深察之日用之間，念慮云爲之際，亦有私意之發，以害吾胸中之誠者乎？有則克而去之，使吾中扃洞然，無所間雜，則見義必精，守義必固，天人之應，將不待求而得矣。且欲復中原之地，當先有以得中原之心；欲得中原之心，當先有以得吾民之心。求所以得吾民之心者無他，不盡其力，不傷其財而已。」至郡，問民疾苦，首以丁鹽絹錢太重爲請，得蠲是歲之半。

明年，召爲吏部員外郎，兼權起居郎。時宰相謂敵衰可圖，建遣泛使往請陵寢，士夫有憂其無備而召敵者，皆斥去之。於是栻入見上，上曰：「卿知敵中事乎？」栻對曰：「臣不知也。」上曰：「彼中饑饉連年，盜賊四起。」栻又對曰：「彼中之事臣雖不知，然境內之事則知之既詳矣。」上曰：「何事？」栻遂言曰：「臣竊見比年諸道亦多水旱，民貧日甚，而國家兵弱財匱，官吏誕謾不足賴，正使彼實可圖，臣懼我之未足以圖乎彼也。」上爲默然。栻因出所奏疏曰：「臣竊謂陵寢隔絶，言之至痛。然今未能奉辭以討之，又不能正名以絶之，乃欲卑詞厚禮以求於彼，則於大義爲已乖。而度之事勢，我亦未有必勝之形。夫必勝之形，當在於早正素定之時，而不在於兩陳决機之日。今日但當下哀痛之詔，明復仇之義，顯絶金人，不與通使，然後修德立政，用賢養民，選將帥，練甲兵，以内修外攘，進戰退守之事，通而爲一，且必治其實而不爲虚文，則必勝之形隱然可見矣。」上爲之改容歎息，以爲前未始聞此論也。上因面諭當以爲講官，冀時得晤語。

廟堂用史正志爲發運使，名爲均輸，實盡奪州縣財賦，遠近騷然。栻因爲上切言之。上曰：「正志以爲今但取之諸郡，非取之於民。」對曰：「今日州郡財賦大抵無餘，若取之不已，而經用有闕，則不過巧爲之名以取之於民耳。」上聞之矍然，顧栻曰：「論此事者多矣，未有能及此者。如卿言，是朕假手於發運使以病吾民也。」旋閲其實，果如栻言，即詔罷之。

兼侍講，除左司員外郎。因講詩，至葛覃，進説：「治生於敬畏，亂起於驕淫。使爲國者每念稼穡之勞，而其后妃不忘織紝之事，則心之不存者寡矣。周之先后勤儉如此，而其後世猶有休蠶織而爲厲階者，興亡之効於此可見。」因推廣其言，上以陳祖宗自家刑國之懿，下以斥今日興利憂民之害。上歎曰：「此王安石所謂人言不足卹者所以誤國。」

知閤門事張説除僉書樞密院事，栻夜草手疏，極言其不可；且詣宰相責之，語甚切。宰相慚憤不能堪，而上獨不以爲忤，親劄疏尾付宰相，使諭指栻。後奏曰：「文武誠不可偏。然今欲右武以均二柄，而所用乃得如此之人，非惟不足以服文吏之心，正恐反激武臣之怒。」於是上意亦感悟，命得中寢。明年，乃出栻知袁州，而申說前命。於是中外諠譁，而説後竟謫死云。

栻在朝未期，而召對六七。栻感激上非常之遇，知無不言，大抵皆修身務學、畏天卹民、抑僥倖、屏讒諛之意。宰相益憚之，從臣有忌之者，而近倖尤不悦，遂合中外之力以排去之。栻退居長沙，待次三年。

淳熙改元，上復念栻，詔除舊職，改知静江府，俾經略安撫廣南西路。廣西去朝廷絶遠，土曠民貧，常賦不支。異時諸州以漕司錢運鹽鬻之，而以其息什四爲州用，故州粗給，而民無加賦。其後漕司又取其半，州既不能盡運，而漕司又以歲之常責其虚息，於是官高其估，抑賣於民，而公私兩病矣。栻奏以鹽息什三予諸郡，又因兼攝漕事，出其所積緡錢四十萬，而十分之一爲諸倉煮鹽之本，一爲諸州運鹽之費。請立法自今漕司敢有多取諸州，輒行抑賣者，論以爲違制；敢有資宴飲、供問遺者，論以贓。詔從之。所統州二十有五，荒殘多盗，徼外群蠻尚仇殺，喜侵掠，間亦入塞爲暴。而州兵皆脆惰，又乏廩給，死亡不補。鄉有保伍，名存實亡。邕管斗入蠻中，最重地，而戍兵不能千人，獨恃左右洞洞丁十餘萬爲藩蔽。而吏部以資格注提舉巡檢官，初不擇人。栻乃簡閱州兵，汰冗補闕，籍諸州黠卒伉健者爲効用，令新兵摧鋒等軍日習月按，悉禁他役，視諸司州有兵食不足、軍實不治者，更斥漕司鹽本羨錢以佐之。申嚴保伍之令，而信其賞罰。知流人沙世堅才勇，喻以討賊自効，所捕斬前後以十百數。又奏乞選辟邕州提舉巡檢官以撫洞丁，傳令溪洞酋豪，喻以弭怨睦鄰，毋相殺掠，立之恩信，謹其禁防，示以刑制。於是内寧外服，幕府無南御之慮。

朝廷買馬横山，歲久弊滋，邊氓告病，而馬不時至，至者多道死。栻究其利病，得六十餘條。如邕守上邊則瀕江，有置船之擾；綱馬在道，則所過有執率之勞；其或道死，則折賣其田，省奏華之。其他姦弊細碎，皆究其根穴，事爲之防，諸蠻感悦，争以其善馬來，歲額先辦，馬無滯留，亦無道死者。

上聞栻治行，且未嘗敘年勞，乃詔特轉承事郎、直寶文閣，再任。五年，除秘閣修撰、荆湖北路轉運副使，改知江陵府、安撫本路。湖北尤多盗，而府縣往往縱釋以病良民。栻入境，首劾大吏之縱賊者罷之，捕姦民之舍賊者斬之，群盗遁去。栻又益爲教條，喻以利害，俾之革心，開其黨與，得相捕告以除罪。於是一路肅清。郡瀕邊，屯軍主將每與帥守不相下。帥守所將獨神勁親兵、親勇民兵。栻既以禮遇諸將，得其驩心，而又加卹士伍，於是將士感悦。每按親兵，必使與大軍雜試均犒，以相激厲。修義勇法，使從縣道階級，農隙肄武大閲於府，面加慰諭，勉以忠勇。隊長有功，奏補官，戎政日修，士心感奮。有言於朝，請盡籍客户爲義勇者。栻慮其擾，亟閲民籍，家三人者乃籍其一爲義勇副軍，別置總首，人給一弩，俾家習之，三歲一遣官就按，他悉無有所與。

辰、沅諸州自政和間奪民田以募遊惰，號刀弩手，栻爲奏去其病民罔上者數條，並准姦民出塞爲盜法，皆抵死。異時置而弗治，至是捕得數人，乃有北亡奴在。栻曰：「朝廷未能正名討賊，疆埸之事毋曲在我。」命斬之以狥於境，而縛其亡奴歸之，北人歎其理直，且曰：「南朝人有信。」信陽守劉大辯怙勢希賞，廣招流民，而奪見户熟田以與之，請於朝以熟爲荒，乞授流民。事下本道施行如章。栻劾大辯詐諼凶虐，所招流民不滿百數，而虛奏十倍，請論其罪，不報。章累上，大辯易他郡。蓋宰相忌栻者沮之云。栻自以不得其職，數求去不得。尋以病請。詔以栻爲右文殿修撰、提舉武夷山沖佑觀，未拜命而卒。

病且死，手疏勸上「親君子，遠小人，信任防一己之偏，好惡公天下之理，以清四海，以固丕圖」。天下誦之。年四十有八。上深悼之，四方賢士大夫往往出涕相弔，而江陵、静江之民皆哭之哀。

栻爲人坦蕩明白，表裏洞然。詣理精，信道篤。樂於聞過，勇於從義。奮力明決，無毫髮滯吝意。所至郡，必葺其學校，暇日召諸生與之講學不倦。民以事至廷中者，必隨事教以孝悌忠信。至於昏喪之法，風俗之弊，具爲條教，擇耆艾爲鄉老，授之夏楚，使以條教訓其子弟不變，然後言之有司。廣西刑獄使者陸濟之子棄家爲浮屠，父死不奔喪，爲移諸路，俾執以付其家。官吏有犯名教者，皆斥遣，甚者或奏劾抵罪。尤惡世俗鬼神老佛之説，所至必屏絶之，毁淫祠前後百數。至社稷、山川、古先聖賢之祠奉，則兢兢焉，其水旱禱祠無不應者。所著論語、洙泗言仁、諸葛武侯傳皆成書。其他如詩、書、孟子、太極圖説、經世編年皆未及更定云。栻之言曰：「學莫先於義利之辨。義者本心之所當爲也。有爲而爲，則皆人欲，非天理。」此栻講學所得之要也。子焯，承奉郎，早卒。誠齋集卷一一六，影印文淵閣四庫全書本。

宋史張栻傳

張栻字敬夫，丞相浚子也。穎悟夙成，浚愛之，自幼學，所教莫非仁義忠孝之實。長師胡宏，宏一見，即以孔門論仁親切之旨告之。栻退而思，若有得焉，宏稱之曰：「聖門有人矣。」栻益自奮厲，以古聖賢自期，作希顔録。

以廕補官，辟宣撫司都督府書寫機宜文字，除直秘閣。時孝宗新即位，浚起謫籍，開府治戎，參佐皆極一時之選。栻時以少年，内贊密謀，外參庶務，其所綜畫，幕府諸人皆自以爲不及也。間以軍事入奏，因進言曰：「陛下上念宗社之讎恥，下閔中原之塗炭，惕然於中，而思有以振之。臣謂此心之發，即天理之所存也。願益加省察，而稽古親賢以自輔，無使其或少息，則今日之功可以必成，而因循之弊可革矣。」孝宗異其言，於是遂定君臣之契。

浚去位，湯思退用事，遂罷兵講和。金人乘間縱兵入淮甸，中外大震，廟堂猶主和議，至勅諸將無得輒稱兵。時浚已没，栻營葬甫畢，即拜疏言：「吾與金人有不共戴天之讎，異時朝廷雖嘗興縞素之師，然旋遣玉帛之使，是以講和之念未忘於胸中，而至忱惻怛之心無以感格於天人之際，此所以事屢敗而功不成也。今雖重爲群邪所誤，以蹙國而召寇，然亦安知非天欲以是開聖心哉？謂宜深察此理，使吾胸中了然無纖芥之惑，然後明詔中外，公行賞罰，以快軍民之憤，則人心悦，士氣充，而敵不難却矣。繼今以往，益堅此志，誓不言和，專務自强，雖折不撓，使此心純一，貫徹上下，則遲以歲月，亦何功之不濟哉？」疏入，不報。

久之，劉珙薦於上，除知撫州，未上，改嚴州。時宰相虞允文以恢復自任，然所以求者類非其道，意栻素論當與己合，數遣人致殷勤，栻不答。入奏，首言：「先王所以建事立功無不如志者，以其胸中之誠有以感格天人之心，而與之無間也。今規畫雖勞，而事功不立，陛下誠深察之日用之間，念慮云爲之際，亦有私意之發以害吾之誠者乎？有則克而去之，使吾中扃洞然無所間雜，則見義必精，守義必固，而天人之應將不待求而得矣。夫欲復中原之地，先有以得中原之心；欲得中原之心，先有以得吾民之心。求所以得吾民之心者，豈有他哉？不盡其力，不傷其財而已矣。今日之事，固當以明大義、正人心爲本。然其所施有先後，則其緩急不可以不詳；所務有名實，則其取舍不可以不審，此又明主所宜深察也。」

明年，召爲吏部侍郎，兼權起居郎侍立官。時宰方謂敵勢衰弱可圖，建議遣泛使往責陵寢之故，士大夫有憂其無備而召兵者，輒斥去之。栻見上，上曰：「卿知敵國事乎？」栻對曰：「不知也。」上曰：「金國饑饉連年，盜賊四起。」栻曰：「金人之事，臣雖不知，境中之事，則知之矣。」上曰：「何也？」栻曰：「臣切見比年諸道多水旱，民貧日甚，而國家兵弱財匱，官吏誕謾，不足倚賴。正使彼實可圖，臣懼我之未足以圖彼也。」上爲默然久之。栻因出所奏疏讀之曰：「臣竊謂陵寢隔絶，誠臣子不忍言之至痛，然今未能奉辭以討之，又不能正名以絶之，乃欲卑詞厚禮以求於彼，則於大義已爲未盡。而異論者猶以爲憂，則其淺陋畏怯，固益甚矣。然臣竊揆其心意，或者亦有以見我未有必勝之形，而不能不憂也歟？蓋必勝之形，當在於早正素定之時，而不在於兩陣决機之日。」上爲竦聽改容。栻復讀曰：「今日但當下哀痛之詔，明復讎之義，顯絶金人，不與通使。然後修德立政，用賢養民，選將帥，練甲兵，通内修外攘、進戰退守以爲一事，且必治其實而不爲虚文，則必勝之形隱然可見，雖有淺陋畏怯之人，亦且奮躍而争先矣。」上爲歎息褒諭，以爲前始未聞此論也。其後因賜對反復前説，上益嘉歎，面諭：「當以卿爲講官，冀時得晤語也。」

會史正志爲發運使，名爲均輸，實盡奪州縣財賦，遠近騷然，士大夫争言其害，栻亦以爲言。上曰：「正志謂但取之諸郡，非取之於民也。」栻曰：「今日州郡財賦大抵無餘，若取之不已，而經用有闕，不過巧爲名色以取之於民耳。」上矍然曰：「如卿之言，是朕假手於發運使以病吾民也。」旋閲其實，果如栻言，即詔罷之。

兼侍講，除左司員外郎。講詩葛覃，進説：「治生於敬畏，亂起於驕淫。使爲國者每念稼穡之勞，而其后妃不忘織紝之事，則心不存者寡矣。」因上陳祖宗自家刑國之懿，下斥今日興利擾民之害。上歎曰：「此王安石所謂『人言不足恤』者，所以爲誤國也。」

知閤門事張説除簽書樞密院事，栻夜草疏極諫其不可，旦詣朝堂，質責宰相虞允文曰：「宦官執政，自京、黼始，近習執政，自相公始。」允文慙憤不堪。栻復奏：「文武誠不可偏，然今欲右武以均二柄，而所用乃得如此之人，非惟不足以服文吏之心，正恐反激武臣之怒。」孝宗感悟，命得中寢。然宰相實陰附説，明年出栻知袁州，申説前命，中外諠譁，説竟以謫死。

栻在朝未期歲，而召對至六七，所言大抵皆修身務學，畏天恤民，抑僥倖，屏讒諛，於是宰相益憚之，而近習尤不悦。退而家居累年，孝宗念之，詔除舊職，知静江府，經略安撫廣南西路。所部荒殘多盜，栻至，簡州兵，汰冗補闕，籍諸州黥卒伉健者爲効用，日習月按，申嚴保伍法。諭溪峒酋豪弭怨睦鄰，毋相殺掠，於是群蠻帖服。朝廷買馬横山，歲久弊滋，邊氓告病，而馬不時至。栻究其利病六十餘條，奏革之，諸蠻感悦，争以善馬至。

孝宗聞栻治行，詔特進秩，直寶文閣，因任。尋除秘閣修撰、荆湖北路轉運副使。改知江陵府，安撫本路。一日去貪吏十四人。湖北多盜，府縣往往縱釋以病良民，栻首劾大吏之縱賊者，捕斬姦民之舍賊者，令其黨得相捕告以除罪，群盜皆遁去。郡瀕邊屯，主將與帥守每不相下，栻以禮遇諸將，得其驩心，又加恤士伍，勉以忠義，隊長有功輒補官，士咸感奮。並淮姦民出塞爲盜者，捕得數人，有北方亡奴亦在盜中。栻曰：「朝廷未能正名討敵，無使疆埸之事其曲在我。」命斬之以徇於境，而縛其亡奴歸之。北人歎曰：「南朝有人。」

信陽守劉大辯怙勢希賞，廣招流民，而奪見户熟田以與之。栻劾大辯詐諼，所招流民不滿百，而虚增其數十倍，請論其罪，不報。章累上，大辯易他郡，栻自以不得其職求去，詔以右文殿修撰提舉武夷山沖佑觀。病且死，猶手疏勸上「親君子遠小人，信任防一己之偏，好惡公天下之理」。天下傳誦之。栻有公輔之望，卒時年四十有八。孝宗聞之，深爲嗟悼，四方賢士大夫往往出涕相弔，而江陵、静江之民尤哭之哀。嘉定間，賜謚曰宣。淳祐初，詔從祀孔子廟。

栻爲人表裏洞然，勇於徙義，無毫髮滯吝。每進對，必自盟於心，不可以人主意悦輒有所隨順。孝宗嘗言伏節死義之臣難得，栻對：「當於犯顔敢諫中求之。若平時不能犯顔敢諫，他日何望其伏節死義？」孝宗又言難得辦事之臣，栻對：「陛下當求曉事之臣，不當求辦事之臣。若但求辦事之臣，則他日敗陛下事者，未必非此人也。」栻自言：「前後奏對忤上旨雖多，而上每念之，未嘗加怒者，所謂可以理奪云爾。」

其遠小人尤嚴。爲都司日，肩輿出，遇曾覿，覿舉手欲揖，栻急掩其窗櫺，覿慙，手不得下。所至郡，暇日召諸生告語。民以事至庭，必隨事開曉。具爲條教，大抵以正禮俗、明倫紀爲先。斥異端，毁淫祠，而崇社稷山川古先聖賢之祀，舊典所遺，亦以義起也。

栻聞道甚早，朱熹嘗言：「己之學乃銖積寸累而成，如敬夫，則於大本卓然先有見者也。」所著論語孟子說、太極圖說、洙泗言仁、諸葛忠武侯傳、經世紀年，皆行於世。栻之言曰：「學莫先於義利之辨。義者，本心之當爲，非有爲而爲也。有爲而爲，則皆人欲，非天理。」此栻講學之要也。

子焯。宋史卷四二九，中華書局，一九八五年。

祭張敬夫殿撰文

〔宋〕朱熹

嗚呼敬夫！遽棄予而死也耶！我昔求道，未獲其友，蔽莫予開，吝莫予剖。蓋自從公，而觀於大業之規模，察彼羣言之紛糾，於是相與切磋以究之，而又相勵以死守也。丙戌之冬，風雪南山，解袂櫧州，今十五年。公試畿輔，公翔禁省，公牧於南，我遯巖嶺。顯晦殊迹，心莫與同，書疏懇惻，鬼神可通。公尹江陵，我官廬嶽，驛騎相望，音問逾數。去臘之窮，有來自西，告我公疾，手書在攜。我觀於時，神理或僭，是疾雖微，已足深念。函遺問訊，閱月而歸，叩函發書，歎吒歔欷。時友曾子，實同我憂，揮涕請行，誼不忍留。曾行未幾，公訃果至，張侯適來，相向反袂。嗚呼敬夫！竟棄予而死也耶！惟公家傳忠孝，學造精微，外爲軍民之所屬望，内爲學者之所依歸。治民以寬，事君以敬，正大光明，表裏輝映。自我觀之，非惟十駕之弗及，蓋未必終日言而可盡也。矧聞公喪，痛徹心膂，緘詞寄哀，不遑他語。顧聞公之臨絶，手遺疏以納忠，召賓佐而與訣，委符節而告終。蓋所謂得正而斃者，又凛乎其有史魚之風。此猶足以爲吾道而增氣，抑又可以上悟於宸聰。又聞公於此時，屬其弟以語予，用斯文以爲寄，意懇懇而無餘。顧何德以堪之，然敢不竭其庸虚，并矢詞以爲報，尚精爽其鑒兹！　嗚呼哀哉！　朱文公文集卷八十七。

又祭張敬夫殿撰文

〔宋〕朱熹

維淳熙七年歲次庚子六月癸未朔六日丁亥，具位朱熹竊聞故友敬夫張兄右文修撰大葬有期，謹遣清酌時羞，奠於柩前，南望拜哭，起而言曰：嗚呼！自孔孟之云遠，聖學絶而莫繼，得周翁與程子，道乃抗而不墜。然微言之輟響，今未及乎百歲，士各私其所聞，已不勝其乖異。嗟惟我之與兄，胥志同而心契，或面講而未窮，又書傳而不置。蓋有我之所是而兄以爲非，亦有兄之所然而我之所議。又有始所共鄉而終悟其偏，亦有蚤所同擠而晚得其味。蓋繳紛往反者幾十餘年，末乃同歸而一致。由是上而天道之微，遠而聖言之秘，近則進修之方，大則行藏之義，以兄之明，固已洞照而無遺，若我之愚，亦幸竊窺其一二。然兄喬木之故家，而我衡茅之賤士；兄高明而宏博，我狷狹而迂滯。故我嘗謂兄宜以是而行之，當時兄亦謂我盍以是而傳之來裔。蓋雖隱顯之或殊，實則交須而共濟。不惟相知之甚審，抑亦自靖而無愧。嗚呼！孰謂乃使兄終在外以違其心，予亦見縻於斯而所願將不遂也！政使得閒以就其書，是亦任左肱而失右臂也，傷哉吾道之窮，予復何心於此世也！惟修身補過，以畢餘年，庶有以見兄於下地也。聞兄之葬而不得臨，獨南望長號，以寄此酹也，惟兄憐而鑒之，尚陰有以輔予之志也！嗚呼哀哉！（朱文公文集卷八十七。）

祭張敬夫城南祠文

〔宋〕朱熹

年月日，具位朱熹敬以一觴，酹於亡友敬夫侍講左司張公尊兄城南之祠。昔從公遊，登高望遠，指顧兹土，水竹之間。謂予肯來，相與卒歲，予以懷土，顧謝不能。其後聞公開鑿亭沼，帶經倚杖，日遊其間，寫景哦詩，辱以寄我，寂寥短韻，幾篇在吟。於今幾何，歲月犇逝，我復來此，白髮蒼顔。追懷舊遊，顧步涕落，未奠宿草，姑即遺祠。玉色金聲，恍如對接，草木魚鳥，莫知我哀！（朱文公文集卷八十七。）

祭南軒墓文

〔宋〕朱熹

惟公閎達之資，聞道最早，發揮事業，達於家邦。中歲閒居，益求其志。鶴鳴子和，朋簪四來。我時自閩，亦云戾止。更互切磨，羣疑乃亡。厥今幾何，俯仰一世。公逝既久，我老益衰。何意重來，獨撫陳迹。廛筵髣髴，拱木荒凉。録牒散亡，音徽莫紹。世道之感，平生之懷。交切於中，有涕横落。欲推公志，據舊圖新。衆允未孚，唯以自愧。一觴往酹，并寄此情。公平不忘，起聽我語。（朱文公文集卷八十七。）

祭張荆州文

〔宋〕吕祖謙

昔者某以郡文學事公於嚴陵，聲同氣合，莫逆無間。自是以來，一紀之間，面講書請，區區一得之慮，有時自以爲過公矣；及聞公之論，綱舉領挈，明白嚴正，無繳繞回互、激發偏倚之病，然後釋然心悦，爽然自失，邈然始知其不可及，此某所以願終身事公而不去者也。某天資澁訥，交際酬酢，心所欲言，口或不能發明，獨與公合堂同席之際，傾倒肺肝，無所留藏，意所未安，辭氣勁切，反類世之强直者，亦不自知其所以然。夫豈士爲知己盡，自應爾歟？我行天下，愛而忘其愚，亦有不減公者矣，内反諸心，豈敢負之？乃獨勇於此而怯於彼，抑有由也。蓋公孳孳求益，敦篤懇惻，有以發其冥頑，勇於改過，奮厲明决，有以起其緩縱，而不立已，不黨同，胷懷坦然，無復隔閡，雖平生退縮固滯之態，亦不掃而自除也。使我常得從公，豈無分寸之進？使公以愛我之心充而擴之，馴致於以虚受人之地，公天下之身，受天下之善，則爲社稷生民之福，孰可限量邪？嗚呼！公今其死矣，我無所復望矣！雖然，有一于此，公在三之義，上通于天：養其志，承其業，油油翼翼，左右彌縫，不以存没爲二者，公之事親也；念大恩之莫報，咎誠意之未孚，雖身在外，心靡不在王室，鞠躬盡瘁，唯力是視，不以遠近爲間者，公之事君也；義理之大，一識所歸，永矢靡它，至於參觀偏考，公而且博，未嘗如世俗學士先生之言行，暖暖姝姝，不復廣求，其進學之力，不以在亡爲勤惰者，公之事師也。公之此心，蓋未嘗死，我雖病廢，猶有尊足者存，亦安知不能追申徒而謝子産？豈復能文，直寫胷中之誠，以告公而已。（東萊集卷八，影印文淵閣四庫全書本。）

祭張欽夫文

〔宋〕楊萬里

具官某謹以清酌之奠，致祭於近故欽夫安撫左司之靈。嗚呼！孰航斯世，不挾斯楫，舍繫即濟。孰玉厥躬，不瑩厥蒙，宵征不烽。古我潛聖，天實鐸之，洌彼淵泉，飲者酌之。學外曰政，人外曰天，兹不曰欺，天其厭旃。孟聞諸伋，程聞諸孟，伋聞諸參，參聞諸聖。聖也析薪，疇荷其重，程也執柯，實胄其家。孰家乎程，紫巖先生。紫巖有子，紫巖是似。紫巖南軒，胥爲後先。聖域有疆，南軒拓之；聖門有鑰，南軒擴之；聖田有秋，南軒穫之。我稼在圃，其穀士女，其饗有昊，其烝皇祖。云胡不淑，上天雨霜，嘉穀既零，我心孔傷。孰琢我璞，孰斤我堊，孰疾我藥，九京不作。豈我之私，甿失母慈，士失宗師，邦失倚毗。已乎南軒，不耉其年，不遐其騫，天胡云然！延顔之光，揭孟之芒，昭回彼蒼，公未或亡。歲在辛卯，修門語離，相從濠梁，白首爲期。誰謂此别，是曰永訣！淚盡眼枯，續之以血。嗚呼哀哉！尚饗！（誠齋集卷一百二，影印文淵閣四庫全書本。）

祭張敬夫殿撰文

〔宋〕周必大

維淳熙七年歲次庚子三月癸丑朔十九日辛未，具位周某謹遣人以清酌庶羞之奠，致祭故右文殿修撰南軒張兄之靈。嗚呼！天生蒸民，受中惟一，或哲或愚，則係其習。嗟吾敬夫，氣稟剛直，能擴而充，又學之力。發揮伊洛，排斥老釋，有德有言，後來所式。平生忠孝，如嗜飲食，其遠佞邪，則猶鬼蜮。念昔先正，心在王室，恢圖之功，曷敢不力！根本如固，折衝可必，天子是嘉，選鎮南國。訓兵劭農，他則遑恤，孰云盛年，而抱沉疾！易簀之際，爽靈不惑，遺疏惓惓，孔明是匹。伸紙疾書，遂以絶筆，朝之忠良，士之準的。今也兩亡，孰不心惻！矧伊無似，夙賴三益。莫視絞衾，莫相窀穸，遥致奠觴，悲來塡臆。嗚呼哀哉！尚饗！（文忠集卷三十八，影印文淵閣四庫全書本。）

祭張南軒

〔宋〕陳傅良

吁嗟先生！惟以正終。如何嘆嗟，四海所同。欲知先生，當觀之公。軍旅有言，魏公之子，惠我律我，魏公是侶，如其即戎，誓與偕死。學士有言，瞻彼洛師，昔在文獻，往往闕遺，曰惟南軒，尚其嗣之。朝廷有言，豈無他人，吏道趍變，經生泥陳，必若欽夫，可以致君。去欲其歸，病欲其愈，及此蓋棺，萬事永已，亦有咎怨，莫或瑕毁。嗚呼先生！位曾不隆。曾不卑卑，與人爲通，抑不立異，收聲於躬。維學高明，維行粹夷，維其待物，一不以疑，匪即求之，人實秉彝。君子在世，勿問勿處，譬彼川嶽，無興雲雨，三農賴之，以藝稷黍。矧惟世臣，喬木勿伐，矧惟儒術，不墜一髮。生能幾何，而堪契闊！往歲玉山，前年秣陵，二公云亡，令我涕零，又哭先生，我懷實并。念昔從遊，爲日則淺，辱誨辱愛，辱待甚遠，自我不見，常懼有靦。有來湖嶺，必惠問我，對之翰墨，如在右左，蒙是曷稱，罔敢違墮。家有藏書，國有太史，雖微功業，先生不死，我心哀傷，蓋不以此！止齋集卷四十五，影印文淵閣四庫全書本。

輓張南軒先生八首

〔宋〕彭龜年

妖氛動寥廓，白日漫沙塵。忠義不可没，扶攜憫如邠。人情易勇怯，鼓舞吾當伸。忽忘天地讎，郤見玉帛鄰。淪胥五十年，鋭氣日以堙。皇皇忠獻家，正議摩秋旻。隻手提三綱，一縷挽萬鈞。狂敵不足滅，頹俗何由仁。千載諸葛公，相望吾霑巾。

世無鄒孟氏，聖道危于絲。學者迷統緒，擾擾徒外馳。況有釋老輩，竊窺如鬼魑。苦彼疑似説，陷我高明資。偉然周與程，振手而一麾。源流雖未遠，淆濁亦已隨。公如一陽復，寒烈已可知。斯文續以傳，歲晚非公誰？傷哉後來者，此世亡此師！

邪正不兩立，何異蕕與薰。寧懷愛憎念，趣尚難同羣。向來闒闒疎，杯水沃烈焚。雖無樸滅期，固亦摧炎熏。黄鐘動孤管，衆樂知有君。秖今才數年，薈蔚朝隮雲。公身雖已殞，公言猶可聞。所期動九天，從此涇渭分。寧願如曲江，一尊酹孤墳。

時平有賸賊，人顆無寬鄉。上下日逼趣，彫瘵誰得將。紛紛幾守宰，所較有短長。專利計錙銖，治法出一方。惟公作州牧，萬物驚初陽。仁心所發施，四達無門旁。丁庸省嚴瀨，鹽筴寬南荒。直惟此方人，歲時悲奉嘗。凡公不到處，今恨無甘棠。

吴楚尚機鬼，習俗久已尤。淫祠張鬱氣，馳走如奔瀧。春秋嚴報祈，夜鼓紛逢逢。娱神雜羽翿，釃酒堆罌缸。間用次睢社，千金博奇龐。公能揭正理，開此一世惷。寧關祠有無，廬屋記崆峻。要令冥行人，從兹得明釭。

平生中興念，渴飲而饑食。落落不可合，令人氣填臆。歸來牧桂州，才人用轉窄。撫摩日多暇，整整戎事飭。偏伍聯浮遊，坐作親部勒。異時了劇寇，乃此諸校力。論兵較利鈍，夫豈謂深識。牛刀何施宜，功乃在鷄肋。誰知我公心，抆淚三歎息。

拱璧墮泥塗，康瓠置壇墠。天心與人事，頗似好乖舛。賢愚真是非，每向死生辨。哀榮若相近，遺恨常不免。前年建安公，罹此二氣沴。今年公復死，殞我一世善。龍文百斛鼎，功在白玉鉉。斯人太薄命，長苦樂事鮮。時因思賢憂，終夕長展轉。

昔年清江上，再拜投漫刺。忽忽僅班荆，春風滿懷袂。自此成契潤，書郵剖疑義。此理有會通，萬徹而一致。縷縷爲我言，顛倒行間字。濯手時一觀，如烹大鼎胾。嘆我無持操，莫勵四方志。君子不再見，已負終身愧。從今一杯月，永墮湘中淚。（止堂集卷十六，影印文淵閣四庫全書本。）

祭張南軒先生文

〔明〕胡直

自孟氏没，而功利之習日倡日錮，堯、舜、孔子仁義之道日以闇蔽，漢、唐儒者徒知矜其名象，涉其藩垣，然而功利之入人者未瘳，辟之陷泥淖之中，雖有强者左傾而右跋，有能登其岸者彌寡。唯宋濂洛崛興，得千載不傳之緒，以無欲爲宗，以天理爲極，其相繼而出者，雖見有通塞，得有淺深，皆知求無欲以復天理，總之歸於爲仁，蓋皆嚮往堯、舜、孔子之徒。然人雖知功利之非，亦或有依違其見，不知念慮之微，少有所爲，即與粹然無欲、皦然天理者不相爲矣。南軒先生聞道甚早，大本卓然，先儒蓋嘗稱之。至其立教以無所爲爲義，有所爲爲利，然後斯人灼然知一念之有爲者，無論善惡，咸出功利，咸非無欲，天理之真，而天下學道者之趍，始從以定，是先生之有功於斯道，吾不知其與紫陽夫子孰後先而遠近。某少喜駘宕，長乃聞學，然質駁而習深，將就而繼涣。邇知媿奮，恨無若先生者爲之就正。兹者繆執文柄，過車遺里，高山仰止，載瞻載奠。意者以一時對越先生之心一無所爲者，即無欲天理之真，將以此自終，以此喻先生之鄉士，俾皆繇仁義不入功利，寧非先生之指？先生鑒而牖之可也。衡廬精舍藏稿卷二十一，影印文淵閣四庫全書本。

乞賜張栻謚劄子

〔宋〕衛涇

臣仰惟聖朝加惠臣下，寵榮終始，生有爵秩，既顯其身，没有易名，俾垂不朽。至於勳德節義，聲實彰著，不以官品，亦特命謚。其藴德丘園，雖無官爵，聽所屬奏賜，著爲定令，以詔來世，如邵康節之在元祐，徐節孝之在政和是也。二臣官不過學校幕屬爾，而特得賜謚者，以其學術重于時，孝行推于鄉，名位雖卑，道尊德貴，高視品秩，所以崇儒學、奬操行、厲風俗也。臣竊見故承事郎、右文殿修撰張栻，魏國忠獻公浚之子。家本廣漢，隨父出蜀，因居潭州，師事南嶽胡氏，盡傳伊洛之秘，遂以其道鳴於西南，著書立言，開廸後進，四方士子皆宗師之。其學雖本于仁義誠敬，而造理精微，遇事昭徹，更歷内外，治民訓兵，理財聽訟，所至有績可紀，超出諸儒之右。隆興初，始以軍事入奏，首勸孝宗皇帝以明義復讎、正名絶冠，孝宗異其言，而君臣之契合，凡奏對開陳，忠義憤激，未嘗不以讎耻未雪、不共戴天爲憂。此宜其鋭意用兵，輕舉躁動，而時宰有以恢復爲己任者，謂寇衰弱可圖，廼遣泛使，欲開兵隙，栻又獨爲上言，兵弱財匱，官吏誕謾，未有必勝之形；而必勝之形，當在早正素定之時，不在决機兩陣之日。又引諸葛亮、景延廣爲喻，在辨名實之分，無令小人投隙以售其姦。上爲歎息褒諭，以爲前所未聞。及詔以知閤門事張説僉書樞密院事，栻爲講官，初無言責，夜入手疏，極言不可，且詣宰相質之，宰相慚憤不堪，上獨不以爲忤，親札疏尾，使宰相諭旨。栻復再奏，上意感悟，命已終寢。宰相實陰附説，出知袁州，申説前命，言雖不盡用，説竟以罪謫。使開禧丙寅權姦擅朝妄起邊釁之時，有如栻者鑒機識變，守正不阿，沮其萌芽，則朝廷必不有過舉矣。緬懷忠賢，百世可師。孝宗皇帝重其儒學，因以引爲勸講，擢贊宰司。讒者忌嫉寵眷不衰，連帥二藩，有意召用，而栻不幸殁于盛年，位不克究，然而學者至今尊其道德，相與私號爲南軒先生。官未及謚，其家既不敢自有請，門人弟子又無通顯於朝者爲之請，士論湮鬱三十餘年。暨臣到任，列詞陳乞。臣今將去郡，若又隱嘿不爲一言，則是上無以昭聖朝崇儒重道之公，下無以慰遠人尊師尚友之義，濫居所屬，爲吏曠職甚矣。臣愚謂宜下之太常，使博士狀其行，苟應得謚，錫以美名，使天下後世知儒學節義之貴，過于品秩，於以激勸，誠非小補。（後樂集卷十二，影印文淵閣四庫全書本。）

新建宋丞相魏國張公父子祠堂碑記

〔明〕楊廷和

宋丞相魏國張公浚，在中興號爲賢相。初逃張邦昌之議，平苗、劉之亂，其風聲氣節已聳動天下。既秉軸，毅然以恢復自任，誓欲攘夷狄，鞠躬以清中原，表著天心，扶持人紀，引用賢俊英材，授任四方，人才視爲進退，天下覘其出處爲安危，忠君體國之誠，直與諸葛孔明通于千百載上下。雖困于讒忌，屢起屢躓，功未克就，而志不少。後厥嗣右文殿脩撰栻，穎悟夙成，魏公教之一以仁義忠孝之實，又嘗遊胡五峯之門。其爲學惓惓于理欲之分、義利之辨，朱子與之遊，以爲卓然先有所見，已非其匹，學者稱爲南軒先生。嘗參贊魏國公，諸所綜畫，幕中人皆自以爲不及。魏公寢疾時，手書諭南軒曰：「恨吾不能恢復中原，以雪祖宗之恥，死不當歸葬先人墓左，葬魚復下足矣！」乃葬之寧鄉潙山之南。後南軒卒，亦祔葬焉。至是蓋若干年矣，墳墓所在，鞠爲榛莽，土人父老，亦鮮有知之者。鳳陽胡士裒以明經進士補寧鄉令，一年政通人和，訪而得之，憮然歎曰：「今凡忠臣烈士有功德于國家及惠愛在民、事蹟昭著者列于其外，夔人共祀，墓禁人毁撤。若魏公所建立，載在信史，昭如日月，正應共祀之。而南軒之學，師表百世，從祀孔廟，達之天下，今其祠墓在，一日若蕪穢不治，非我有司之職而誰也？」于是亟取責贖之餘，建觀其四楹，其右則南軒書院。又買田四十畝，以備時享之用。門廡外重以周垣，俎豆載陳，衣冠動色。會衡山劉侍御擨持節按蜀，過修，故悦之，既至蜀，以告予，謂予魏公鄉後學也，屬爲文刻于神道碑下，復檄下廣漢，訪其遺胤。予惟賢人君子之用于天下，不患無才，而患學術之不足；不患無學，而患所學之不正。嘗觀魏公平日之所言，如曰：「人主之學以心爲主，一心合天，何事不濟」；又曰：「所謂天者，公理而已，必兢業自持，使清明在躬，則賞罰舉措無有不當，歸敵讐自服。」其本原皆自聖賢學問中來，非漢、唐以下規規之末者比。至南軒，每進對，必自盟于心，其言曰：「此心之發即所存，願時加省察，而稽古親賢以自輔。」是即魏公之説也。有名臣若仲淹之于純仁、韓琦之于中彦，吕夷簡之于公著，前啓後承，其詩書之澤、事功之盛，皆足以名當時而傳後世。若學術議論，視魏公之于南軒，或有間也，尚論于魏公，容有責備之意，而其大處終不可泯。予是以表而出之，觀者幸勿以予爲齊人侍御君思賢尚友，而樂成人之美。縣侯爲政，而急于先務，皆可書也，故以爲記。全蜀藝文志卷三十七，影印文淵閣四庫全書本。

張敬夫畫像贊

〔宋〕朱熹

亡友荆州牧張侯敬夫畫象，新安朱熹爲之贊曰：

擴仁義之端，至於可以彌六合；謹善利之判，至於可以析秋毫。拳拳乎其致主之切，汲汲乎其幹父之勞，仡仡乎其任道之勇，卓卓乎其立心之高。知之者識其春風沂水之樂，不知者以爲湖海一世之豪。彼其揚休山立之姿，既與其不可傳者死矣，觀於此者，尚有以卜其見伊、吕而失蕭、曹也耶！朱文公文集卷八十五。

張欽夫畫像贊

〔宋〕楊萬里

唐德明示亡友南軒先生畫像，敬爲之贊曰：

名世之學，王佐之才；一瞻一慟，非爲公哀！誠齋集卷九十八。